# Atlas der wirklichen Welt

So haben Sie die Erde noch nie gesehen

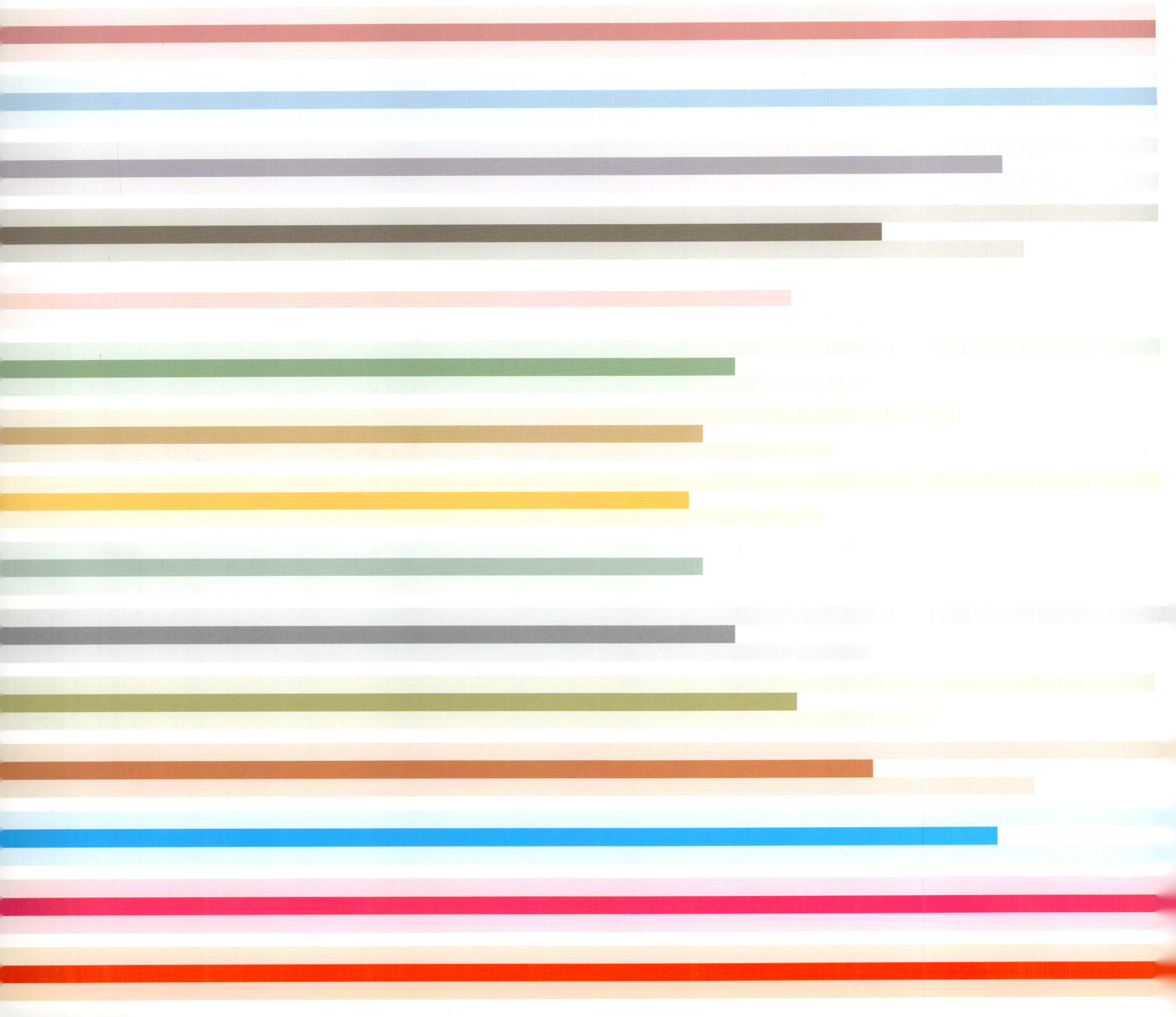

Daniel Dorling · Mark Newman · Anna Barford

# Atlas der wirklichen Welt

## So haben Sie die Erde noch nie gesehen

Neuausgabe

# Inhalt



Englische Originalausgabe: The Atlas of the Real World
Thames & Hudson, London 2010


Neuauflage 2010
© 2010 by WBG (Wissenschaftliche Buchgesellschaft), Darmstadt
1. Auflage 2008 erschienen unter dem Titel
»Der schlaue Planet«
Die Herausgabe dieses Werks wurde durch
die Vereinsmitglieder der WBG ermöglicht.
Übersetzung: Susan Haynes-Huber, Verena Küster,
Gabi Welchert und Inga Deventer
Umschlaggestaltung: Peter Lohse, Büttelborn
Einbandbild: Karte 061, S. 76
Gedruckt auf säurefreiem
und alterungsbeständigem Papier
Printed in China by Toppan Leefung Printing Limited

Besuchen Sie uns im Internet:
www.wbg-wissenverbindet.de

ISBN 978-3-534-23764-7

**Konsumgüter** **Karte**



**Bodenschätze, Naturprodukte und Petrochemie** **Karte**



## DIE WELT DER WIRTSCHAFT

**Industriegüter und Dienstleistungen** **Karte**



**Wohlstand und Armut** **Karte**

## DIE WELT DER GEFAHREN



## DIE WELT DES GLAUBENS

# Einführung

Wir wissen heute viel mehr über unsere Welt als früher. Zugegeben, wer in den letzten fünfzig Jahren herausfinden wollte, wie viele Einwohner Brasilien hat oder wie viele Fernsehgeräte es in Frankreich gibt – mit etwas Zielstrebigkeit wäre die Antwort zu finden gewesen. Für die ganze Welt hingegen hätte man bis vor Kurzem nur sehr wenige solcher Fragen beantworten können. In Erfahrung zu bringen, wie viele Fernsehgeräte etwa in Burkina Faso flimmern, wäre kaum möglich gewesen.

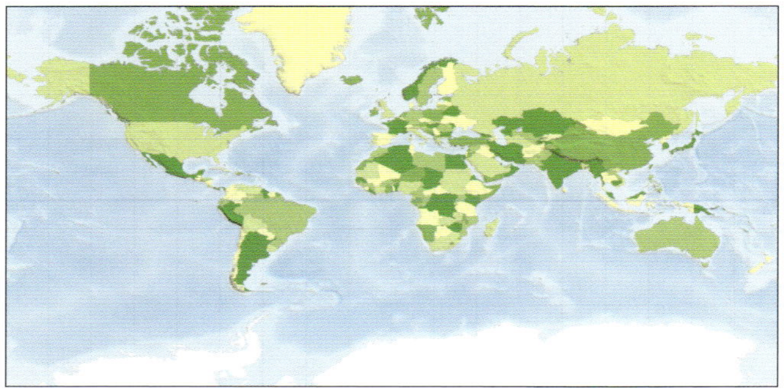

Abbildung 1 – Weltkarte in Mercatorprojektion

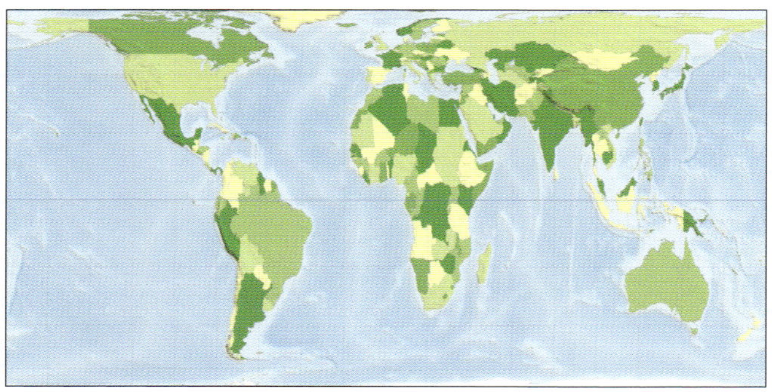

Abbildung 2 – Weltkarte in Gall-Peters-Projektion

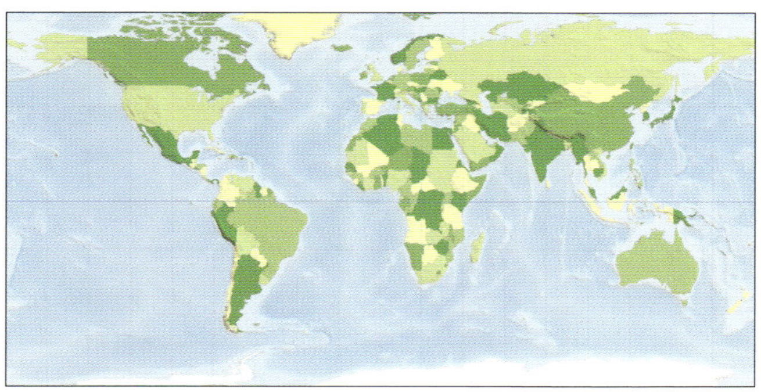

Abbildung 3 – Weltkarte in äquidistanter zylindrischer Projektion (Plate carrée)

Jetzt, am Beginn des 21. Jahrhunderts, ist das anders, was wir zum einen der Technik verdanken, denn das Internet und die nahezu flächendeckende Verbreitung von Computern haben eine verlässliche Datensammlung weit einfacher gemacht. Zum anderen setzt die Politik neue Prozesse in Gang. Zahlreiche Großprojekte der Vereinten Nationen und weiterer Organisationen haben das Ziel, ein breiteres Spektrum an Daten im globalen Maßstab zu erfassen als bisher. Heute verfügen wir über aussagekräftige weltweite Statistiken zu so unterschiedlichen Themen wie Einkommen, Alphabetisierungsraten, Anzahl des medizinischen Fachpersonals, Teenagerschwangerschaften, Zahl der Raucher, Militärausgaben, bedrohte Arten, Treibhausgase und Mobiltelefone.

Das Internet bietet freien Zugang zu diesen Informationen, meist jedoch in Form von Tabellen mit schlichten Zahlenreihen, die schwer zu lesen und noch schwerer zu interpretieren sind. Japans Haushalte verbrauchen pro Jahr 17 Milliarden Kubikmeter Wasser. Ist das viel oder wenig? Wie sieht der Vergleich mit dem gesamten Süßwasservorrat im Land aus? Oft muss man Tabellen lange und umständlich studieren, um eine Antwort zu finden. Mit Karten kann man sehr viel besser zeigen, wie die Welt wirklich ist – und genau das macht dieses Buch, denn es stellt die unterschiedlichsten geografischen und sozialen Statistiken auf 382 Karten dar. Sie zeigen uns nicht nur Basisdaten zu Bevölkerung, Gesundheit, Wohlstand und Beschäftigung. Auch die Fragen wie viel Spielzeug wir importieren oder wer wessen Gemüse isst, werden anschaulich beantwortet. Egal wo Sie dieses Buch öffnen, Sie werden etwas Neues über die Welt erfahren.

### Karten und Kartografie

Die Kartografie – die Wissenschaft der Herstellung von Landkarten – ist so alt wie die ältesten Schriftkulturen. Tausende von Jahren, bevor die Menschen die Erde verlassen konnten, lange vor der Erfindung von Ballon, Flugzeug und Satellit, stellten sie ihren Planeten zumindest partiell so dar, als ob sie ihn von oben gesehen hätten. Die Babylonier zeichneten spätestens im Jahr 2500 v. Chr. Landkarten, in Ägypten fand man Papyruskarten aus der Zeit der Pharaonen. Die alten Griechen waren besonders geschickte Kartografen, die vermutlich sogar wussten, dass die Erde eine Kugel ist.

Man schreibt diese Erkenntnis oft Aristoteles zu, obwohl der Ruhm wahrscheinlich Eratosthenes gebührt. Denn er war der Erste, der die Krümmung der Erdoberfläche vermaß und so die

Größe der Weltkugel schätzte. Dabei kam er – gemessen an seiner technischen Ausrüstung – auf ein erstaunlich genaues Ergebnis. Der von ihm errechnete Wert liegt nur um etwa 20 Prozent über dem tatsächlichen Erdumfang. Im zweiten Jahrhundert n. Chr. erreichte die Kartografie mit Ptolemäus einen neuen Höhepunkt. Dieser stellte einen mehrbändigen Atlas zusammen, der sich auf die Arbeiten früherer Landvermesser und Kartografen stützte. Als wichtigste seiner vielen Neuerungen gilt der Gebrauch von Längen- und Breitengraden, anhand derer man Positionen bestimmen kann. Seine Karten sind noch ziemlich ungenau, was vor allem an den begrenzten technischen Möglichkeiten lag. Genauere Abbilder der Erdoberfläche waren jedoch erst zu Beginn des 16. Jahrhunderts möglich. Die eingehende Erforschung der Erde und der Fortschritt in Navigation und Vermessung führten zu den ersten fast vollständigen Karten, die auch die damals bekannten Teile Amerikas zeigten, nicht aber die Antarktis und Australasien.

Kartografen erkannten schnell, wie schwierig es ist, die Erdkugel auf einer Ebene abzubilden. Stellt man sich die Oberfläche eines Globus als Hülle vor, die man von der Kugel »abschält« und auf Papier ausbreitet, dann müssten manche Teile zusammengedrückt, andere auseinandergezogen werden, um eine ebene Fläche zu erhalten. Wie auch immer man es anstellt, eine Kugeloberfläche lässt sich nicht auf eine Ebene übertragen, ohne die Proportionen der Ansicht zu verzerren.

Es gibt verschiedene Arten dieser Umsetzung der Kugel auf die Ebene – in der Terminologie der Kartografen spricht man von Projektionen. Die gängigsten führen zu einer starken Flächenverzerrung in den Polarregionen, sind jedoch nahe dem Äquator ziemlich genau. In vielen Fällen gilt dies als vernünftiger Kompromiss, weil die Polarregionen kaum besiedelt sind.

Die vielleicht bekannteste Darstellung der Erde ist die Mercatorprojektion, die der flämische Kartograf Gheert Cremer (Gerardus Mercator) 1569 entwickelte (Abbildung 1). Sie stellt die Umrisse der Weltregionen realistisch dar, nimmt jedoch eine extreme Verzerrung der Flächen zu den Polen hin in Kauf. Eine Alternative stellt die Gall-Peters-Projektion (1855) dar, die auf den Geistlichen James Gall zurückgeht. Sie ist zwar flächentreu, stellt also Länder entsprechend ihrer tatsächlichen Größe dar, führt aber zu einer Verzerrung der Umrisse, auch dies am stärksten in den Polregionen (Abbildung 2).

Einen Kompromiss bietet die äquidistante zylindrische Projektion. Hier wird eine mathematische Korrektur vorgenommen, damit die Abstände der Breitengrade gleich sind, weshalb sie auch unter dem französischen Namen »Plate carée« bekannt ist. Sie verzerrt sowohl Flächen als auch Umrisse, aber weniger stark als die anderen Projektionen (Abbildung 3).

Daneben existieren noch viele weitere Arten von Projektionen, solche ohne rechtwinkliges Kartengitter, solche, die die Welt in verschiedenen nicht zusammenhängenden Teilen darstellen, und solche, bei denen manche Merkmale mehr als einmal an unterschiedlichen Stellen der Karte auftauchen. Alle finden in irgendeinem Zusammenhang Verwendung, aber immer verzerren sie unser Bild von der Welt.

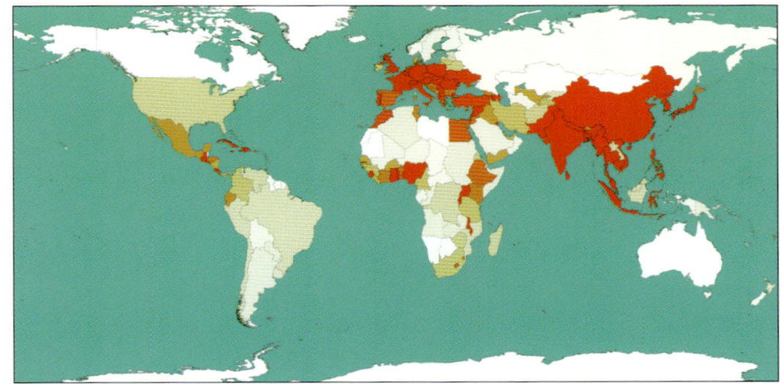

**Abbildung 4 – Karte zur weltweiten Bevölkerungsdichte (2002)**

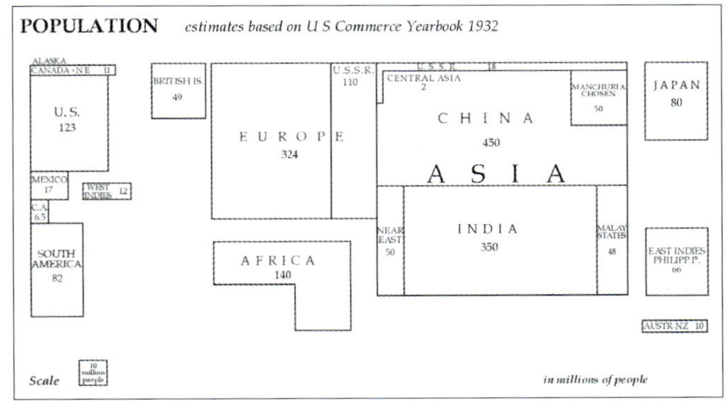


**Abbildung 5a – Kartogramm zur weltweiten Bevölkerungsdichte von Erwin Raisz (1936)**

## Karten zur Darstellung von Daten

Karten werden häufig zur Veranschaulichung von Daten verwendet. Will man zum Beispiel die Bevölkerungsdichte darstellen, druckt man Länder üblicherweise in unterschiedlichen Farben. Abbildung 4 geht so vor, verschiedene Farbtöne zeigen die Anzahl der Einwohner pro Quadratkilometer.
Karten dieser Art stoßen schnell an ihre Grenzen, vor allem kann man ihnen kaum entnehmen, ob zwei Länder mit gleicher Bevölkerungsdichte unterschiedliche Einwohnerzahlen aufweisen. So haben etwa Russland und Nigeria ungefähr die gleiche Einwohnerzahl, erscheinen aber auf der Karte in verschiedenen Tönen, weil ihre Bevölkerungsdichte so unterschiedlich ist.

Wir verändern nicht die Farbe eines Staates, sondern seine Größe. Wenn schon Kartenprojektionen Flächen und Formen zwangsläufig verzerren – warum nicht das Beste daraus machen? Hat ein Land halb so viele Einwohner wie ein anderes, sieht es auf einer Bevölkerungskarte auch nur halb so groß aus;

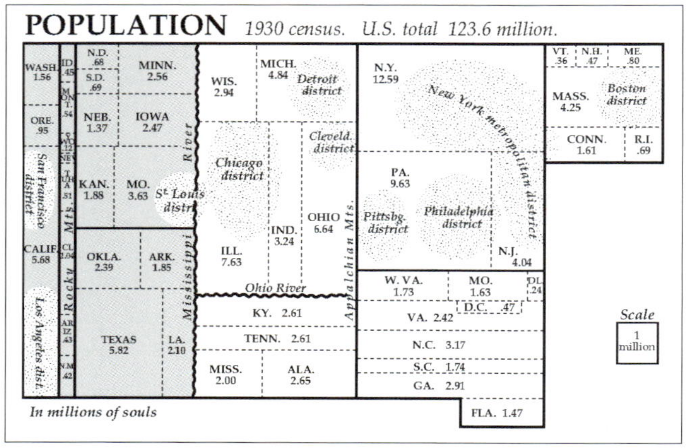


**Abbildung 5b – Kartogramm zur Bevölkerungszahl der USA von Erwin Raisz (1934)**

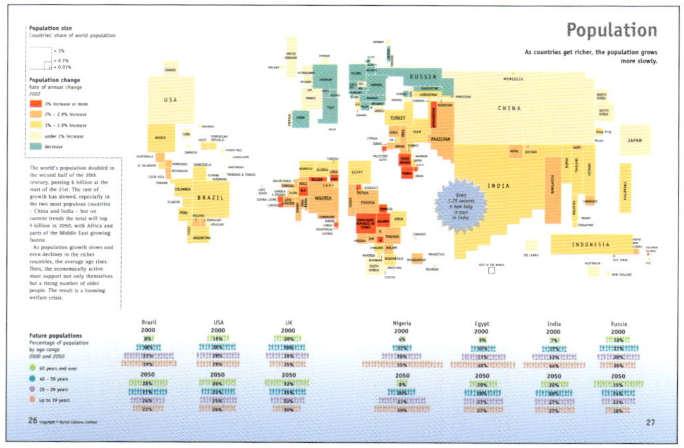


**Abbildung 6 – Kartogramm zur weltweiten Bevölkerungszahl von Daniel Smith (2002)**

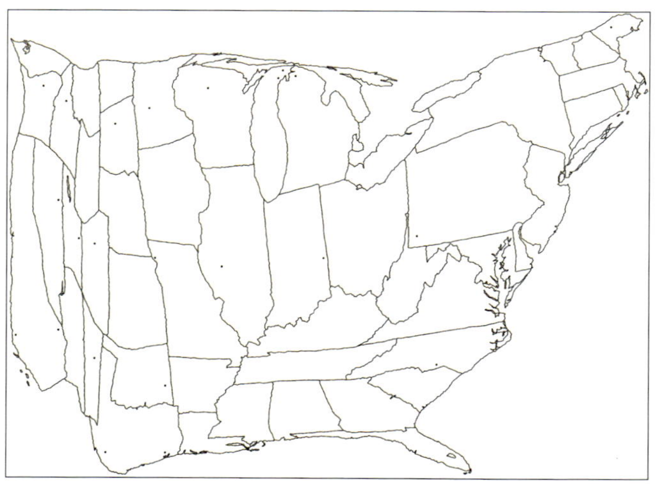

**Abbildung 7 – Kartogramm zur Bevölkerungszahl der USA von Waldo Tobler (1974)**



ist ein Staat doppelt so reich wie ein anderer, hat er auf einer Karte zum Wohlstand die doppelte Größe.

Abbildungen dieser Art nennt man Kartogramme – im Vergleich zu den Landkarten eine eher junge Erfindung. Einige wurden bereits im 19. Jahrhundert gezeichnet, die frühesten namhaften Beispiele stammen aus der ersten Hälfte des 20. Jahrhunderts (Abbildung 5a und 5b). Populär wurde die Verwendung von Kartogrammen jedoch erst in den Sechzigerjahren des 20. Jahrhunderts (Abbildung 6). Sobald die Kartografen Zugang zu Universalrechnern hatten, begannen sie computergesteuerte Kartogramme zu erstellen. Waldo Tobler, Geograf an der Universität Michigan, schrieb in den Sechzigerjahren des 20. Jahrhunderts das erste entsprechende Computerprogramm. Eines seiner Kartogramme zeigt die Abbildung 7. Die geringe Rechenleistung der damaligen Computer erschwerte die Arbeit, und die Kartogramme waren zwar eine bahnbrechende Neuerung, aber oft nicht leicht zu lesen. Die Kartogramme in diesem Buch wurden mit einer Methode erstellt, der Erkenntnisse aus der theoretischen Physik zugrunde liegen.

Was aktuelle Kartogramme so wertvoll macht, ist ihre problemlose Interpretierbarkeit. Sie verlangen weder spezielle Kenntnisse noch Übung. Es ist ganz einfach – größer gezeichnete Länder haben mehr von dem, was Thema der Karte ist, kleinere weniger. Auf einem Bevölkerungskartogramm zum Beispiel veranschaulicht die Größe eines Staates, wie viele Einwohner er hat – siehe Abbildung 8. China und Indien erscheinen riesig, denn in beiden Ländern zusammen leben mehr als zwei Milliarden Menschen, über ein Drittel der Weltbevölkerung. Kanada dagegen, der zweitgrößte Flächenstaat weltweit, ist mit nur etwa 30 Millionen Einwohnern fast unsichtbar.

Um ein gutes Kartogramm zu erstellen, muss man sicherstellen, dass die Länder nach der Größenveränderung noch erkennbar sind. Sie dürfen Umrisse und Form nicht völlig verändern. Bei extremer Vergrößerung kann es allerdings schwierig werden, manche Staaten zu identifizieren. Ein Beispiel ist das Kartogramm zum Gelbfieber in Abbildung 9. Damit man sich dennoch zurechtfindet, ist in diesem Buch jedem Land eine bestimmte Farbe zugeordnet. Sollte wegen der starken Verzerrung die Form und damit die Lage eines Staates unklar sein, hilft die entsprechende Farbe, die man auf den Referenzkarten zu Bevölkerung und Landesfläche findet. Mithilfe von Farbe und Umriss sollte man den Staat auf anderen Kartogrammen ohne große Mühe erkennen.

## Was will dieses Buch?

Viele Karten in unserem Atlas zeichnen ein besorgniserregendes Bild der Welt. Milliarden Menschen leben in Slums, in bedrückender Armut, ohne sauberes Wasser, angemessene medizinische Versorgung und ausreichende Unterkunft. Die Unge-

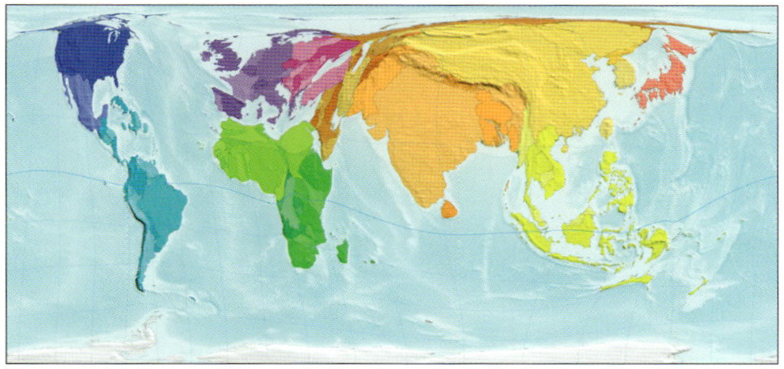

Abbildung 8 – Weltbevölkerung

Abbildung 9 – Gelbfieberfälle von 1995 bis 2004

rechtigkeit nimmt zu, die Reichen werden immer reicher, die Armen immer ärmer. Von 1972 bis heute ist die Lebenserwartung in den wohlhabenden Ländern deutlich gestiegen, in vielen Teilen Afrikas stagniert sie. Auf der Karte zum Luftverkehr ist zu erkennen, in welchen Ländern man am häufigsten das Flugzeug nimmt, aber auch, dass die meisten Menschen auf der Welt niemals ein solches besteigen. Die Zahl derer, denen kein Auto zur Verfügung steht, steigt von Jahr zu Jahr – unser Kartogramm (Karte 033) zeigt, wo man Autos besitzt. Es ist unschwer zu erkennen, wo dies nicht der Fall ist. Die Karten zum Handelsverkehr machen deutlich, dass die eine Seite des Planeten produziert, während die andere konsumiert. In den ärmsten Regionen wächst die Bevölkerung, in den reicheren stagniert sie oder geht sogar zurück, weshalb sich der Anteil derer, die im Wohlstand leben, immer weiter verringert.

Dennoch sieht nicht alles trostlos aus. Das enorme Wirtschaftswachstum in China hatte eine nahezu flächendeckende Elektrifizierung und den Ausbau anderer Errungenschaften der Moderne zur Folge. Dennoch wird die Mehrzahl der chinesischen Bevölkerung in nächster Zukunft den hohen Lebensstandard der wohlhabendsten Nationen kaum erreichen. Denn dieser hängt nicht in erster Linie von Produktionszahlen ab, sondern eher vom Finanzwesen und dem Anteil an geistigem Eigentum – Patente und Software, Literatur und Musik.

Wenn die Karten beim ersten Blättern in diesem Buch auch seltsam erscheinen mögen, können sie doch zum Nachdenken anregen über die Welt um uns und unseren Platz darin. Sie helfen, unser persönliches Leben an dem von über sechs Milliarden Menschen zu messen – in sozialer, wirtschaftlicher und geografischer Hinsicht, aber auch was Bildung und Umwelt betrifft. Im übertragenen Sinn leisten auch diese Kartogramme das, was Karten immer geleistet haben. Sie zeigen uns, wo wir gerade stehen, und helfen uns, unseren Weg durch die Welt zu finden. Aber im Gegensatz zu herkömmlichen Karten sind Umriss und Größe der Länder hier nicht festgelegt. Wann immer sich die Verteilung von Wohlstand, Fernsehgeräten oder Fahrrädern auf der Welt verändert, wird auch das entsprechende Kartogramm anders aussehen. Wenn wir auch auf bestimmte Entwicklungen keinen Einfluss haben, liegt die Zukunft der Welt doch weitgehend in den Händen der Menschen.

## Zur Benutzung

Damit man ein Land leichter finden kann, hat es in diesem Buch immer dieselbe Farbe. Die Staaten sind in zwölf Regionen gruppiert, die ebenfalls farblich gekennzeichnet sind, um großflächige geografische Zusammenhänge zu verdeutlichen. Eine Übersicht der Länder und Regionen finden Sie am Ende dieser Einführung. Zu jeder Karte gehören eine Erläuterung und eine Tabelle, die meist jeweils zehn Länder mit dem höchsten und dem niedrigsten Wert zum jeweiligen Aspekt angibt. Um Verwirrung zu vermeiden, richten sich diese Ranglisten nach den 200 Ländern, die auch in den Karten berücksichtigt werden, allerdings ist es in Einzelfällen möglich, dass nicht für alle von ihnen Daten zur Verfügung stehen (für Ranglisten mit der genauen Angabe der Anzahl der Länder, für die Daten oder Schätzwerte verfügbar sind, verweisen wir auf *www.worldmapper.org*). Dazu kommen immer wieder Diagramme, die die Daten der Karte aus einem anderen Blickwinkel betrachten, in der Regel nach Regionen geordnet. Wenn man dieses Buch der Reihe nach durchblättert, formt sich ein Gesamtbild des heutigen Weltzustands. Sucht man eine bestimmte Information, wird man über das Inhaltsverzeichnis leicht fündig, und im Anschluss an die 382 Karten folgen genaue Angaben zu den Datenquellen.

Jede Karte in diesem Atlas steht für sich allein, aber vielfach kommt man auf dem Weg des Vergleichs besser zum Kern der Botschaft. Deshalb sind auch unmittelbare Zusammenhänge paarweise auf Doppelseiten angeordnet, Karten etwa, die Export und Import oder ärmste und reichste Länder veranschaulichen. Diese Gegenüberstellungen bietet einen unmittelbaren Einblick in zahlreiche wirtschaftliche, politische, soziale und ökologische Zusammenhänge. Darüber hinaus lassen sich andere interessante Vergleiche anstellen.

## Datenquellen und Datenberechnung

Die Daten, auf denen die Kartogramme beruhen, kommen aus einer Vielzahl von Quellen, darunter sind die »World Development Indicators« der Weltbank, der »Global Environment Outlook« des Umweltprogramms der Vereinten Nationen (UNEP), der »Human Development Report« des Entwicklungsprogramms der Vereinten Nationen (UNDP), das »World Factbook« der CIA, der »World Health Report« der WHO, die wirtschaftshistorischen Statistiken von Angus Maddison, die Bevölkerungsprojektionen der Vereinten Nationen, das Statistische Jahrbuch der Welthandels- und Entwicklungskonferenz der Vereinten Nationen, die »Innocenti Report Cards« des Kinderhilfswerks der Vereinten Nationen (UNICEF) und die »Millennium Development Goal Indicators« der »United Nations Statistics Division« (UNSD). Diese Organisationen und Projekte stellen einige der umfassendsten Statistiken über die Länder der Erde zur Verfügung, doch ist dabei die Einteilung der Welt in Staaten und Regionen keineswegs einheitlich. Um der uneingeschränkten Vergleichbarkeit willen wurden hier alle Karten auf 200 Staaten vereinheitlicht. Zum Teil mussten dafür Originaldaten umgerechnet werden.

Unter den 200 befinden sich alle von den Vereinten Nationen anerkannten Staaten, aber auch einzelne Gebiete, die nicht eigenständig sind, wie Hongkong, Grönland, Puerto Rico und die Westsahara. Sie werden gesondert aufgeführt, weil sie in den ursprünglichen Datenquellen auch oft separat behandelt werden oder weil aktuelle Differenzen um ihre Souveränität bestehen. Die 200 Staaten repräsentieren 99,95 Prozent der Weltbevölkerung. Alle Länder werden als Ganzes und nicht weiter differenziert betrachtet. Viele der untersuchten Größen, zum Beispiel die Bevölkerungsdichte, unterscheiden sich nicht nur von Staat zu Staat, sondern auch innerhalb eines Landes. Meist gibt es urbane Gebiete mit höherer und ländliche mit geringerer Bevölkerungsdichte. Ein solches internes Gefälle wird in unseren Kartogrammen nicht berücksichtigt. Zu den 200 Staaten, deren Größen auf den Karten variabel sind, kommen vier weitere Gebiete: Alaska, die Falklandinseln, Neukaledonien und Französisch-Guyana.

Die uns heute zur Verfügung stehenden Daten sind zwar weit umfangreicher als noch vor wenigen Jahren, aber es bleiben nach wie vor Lücken. Wenn unsere Kartogramme einigermaßen genau sein sollen, müssen wir fehlende Angaben durch Schätzungen ersetzen. Dabei gehen wir davon aus, dass sich für ein Land ähnliche Zahlen wie für seine Nachbarstaaten errechnen. Aus diesem Grund haben wir die Welt auf der Basis sozioökonomischer und geografischer Daten in Regionen eingeteilt – Südamerika, Nordamerika, Osteuropa, Westeuropa, Nordafrika etc. Fehlen Daten für ein bestimmtes Land, ordnen wir ihm den Durchschnittswert seiner Region zu – bezogen auf seine Einwohnerzahl oder seine Fläche. Wäre beispielsweise die Zahl der jährlichen Grippefälle in der ehemaligen jugoslawischen Republik Mazedonien nicht zu ermitteln, würde man die Pro-Kopf- oder Pro-Tausend-Zahl anderer osteuropäischer Staaten errechnen und diesen Wert in Bezug zur Einwohnerzahl Mazedoniens setzen. Diese Technik liefert ziemlich genaue Schätzungen, sodass die endgültige Karte ein vertretbar präzises Bild der weltweiten Situation wiedergibt. Letztendlich sind wir jedoch immer darauf angewiesen, dass uns als Grundlage für unsere Kartogramme zuverlässige Daten zur Verfügung stehen. Sollte ein wichtiger Aspekt fehlen, waren mit hoher Wahrscheinlichkeit keine soliden Informationen zu ermitteln. Die Datensammlung geht jedenfalls weiter.

## Herstellung von Kartogrammen

Die Kartogramme in diesem Atlas beruhen auf einer Methode, die 2004 von den Physikern Michael Gastner und Mark Newman entwickelt wurde – Newman ist einer der Autoren dieses Buches. Sie gehen von der Strömungsdynamik aus und behandeln die Einwohnerzahl oder jeden anderen dichteabhängigen Aspekt wie eine Diffusionsflüssigkeit, die sich von den Bereichen ursprünglich größter Dichte auf die Bereiche mit geringerer Dichte ausdehnt. Bildlich könnte man sich vorstellen, dass eine Flasche Tinte in ein Schwimmbecken geleert wird. Zu Beginn ist die Tinte dort am dichtesten, wo sie in das Wasser gekippt wurde, aber im Lauf der Zeit verbreitet sie sich gleichmäßig über das gesamte Wasser. Dieses Phänomen kann man mithilfe von Differentialgleichungen mathematisch nachbilden. Diese erlauben es, die Verteilung der Flüssigkeit zu jedem beliebigen Zeitpunkt vorherzusagen. Bei der kartografischen Berechnung verhalten sich die Umrisse der Karte bis zu ihrer endgültigen Form entsprechend der sich verteilenden Tinte.

Es lässt sich mathematisch nachweisen, dass diese Methode tatsächlich eine Karte hervorbringt, auf der die endgültige Fläche der Staaten der Bevölkerungszahl oder anderen statistischen Größen proportional entspricht. In der Praxis sind die so entstandenen Karten sowohl grafisch ansprechend als auch leserlich, denn die Länderumrisse verändern sich dabei meist nur sehr wenig.

## Regionen und Staaten

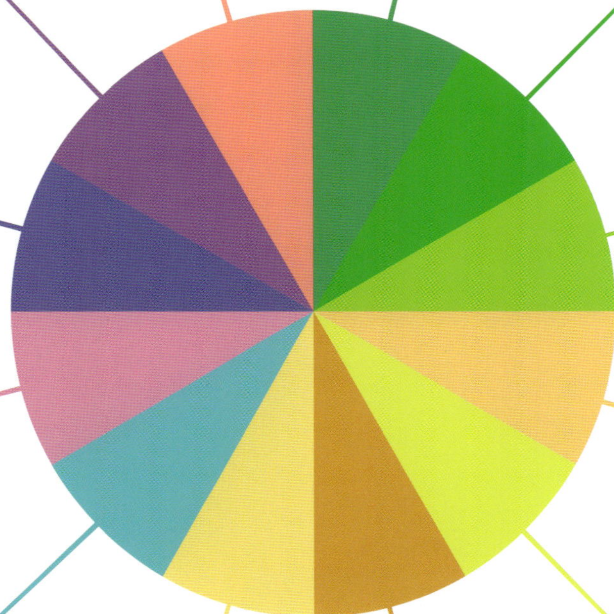

**Japan**
Japan

**Zentralafrika**
Angola
Äquatorialguinea
Burundi
DR Kongo
Gabun
Kongo
Ruanda
Sambia
São Tomé und Príncipe
Zentralafrikanische Republik

**Westeuropa**
Andorra
Belgien
Dänemark
Deutschland
Finnland
Frankreich
Griechenland
Großbritannien
Irland
Island
Italien
Liechtenstein
Luxemburg
Malta
Monaco
Niederlande
Norwegen
Österreich
Portugal
San Marino
Schweden
Schweiz
Spanien
Vatikanstadt

**Ost- und Südafrika**
Äthiopien
Botswana
Dschibuti
Eritrea
Kenia
Komoren
Lesotho
Madagaskar
Malawi
Mauritius
Mosambik
Namibia
Seychellen
Simbabwe
Somalia
Südafrika
Swasiland
Tansania
Uganda

**Nordamerika**
Bahamas
Grönland
Kanada
Mexiko
Vereinigte Staaten

**Nordafrika**
Ägypten
Algerien
Benin
Burkina Faso
Elfenbeinküste
Gambia
Ghana
Guinea
Guinea-Bissau
Kamerun
Kap Verde
Liberia
Libyen
Mali
Marokko
Mauretanien
Niger
Nigeria
Senegal
Sierra Leone
Sudan
Togo
Tschad
Tunesien
Westsahara

**Osteuropa**
Albanien
Bosnien & Herzegowina
Bulgarien
Estland
Kroatien
Lettland
Litauen
Mazedonien
Moldawien
Polen
Rumänien
Serbien & Montenegro
Slowakei
Slowenien
Tschechien
Türkei
Ukraine
Ungarn
Weißrussland
Zypern

**Südasien**
Bangladesch
Bhutan
Indien
Malediven
Nepal
Pakistan
Sri Lanka

**Südamerika**
Antigua und Barbuda
Argentinien
Barbados
Belize
Bolivien
Brasilien
Chile
Costa Rica
Dominica
Dominikanische Rep.
Ecuador
El Salvador
Grenada
Guatemala
Guyana
Haiti
Honduras
Jamaika
Kolumbien
Kuba
Nicaragua
Panama
Paraguay
Peru
Puerto Rico
St. Kitts und Nevis
St. Lucia
St. Vincent & die Grenadinen
Surinam
Trinidad und Tobago
Uruguay
Venezuela

**Asiatischer Pazifikraum und Australasien**
Australien
Brunei
Kambodscha
Cookinseln
Fidschi
Indonesien
Kiribati
Laos
Malaysia
Marshallinseln
Mikronesien
Myanmar
Nauru
Neuseeland
Niue
Palau
Papua-Neuguinea
Philippinen
Samoa
Singapur
Salomon-Inseln
Thailand
Osttimor
Tonga
Tuvalu
Vanuatu
Vietnam

**Ostasien**
China
Hongkong
Mongolei
Nordkorea
Südkorea
Taiwan

**Naher Osten und Zentralasien**
Afghanistan
Armenien
Bahrain
Gaza und Westbank
Georgien
Irak
Iran
Israel
Jemen
Jordanien
Kasachstan
Katar
Kirgisistan
Kuwait
Libanon
Oman
Russland
Saudi-Arabien
Syrien
Tadschikistan
Turkmenistan
Usbekistan
Vereinigte Arabische Emirate

# Menschen und Ressourcen

## Flächen und Bevölkerung



## Reise und Verkehr



## Natürliche Ressourcen und Energie

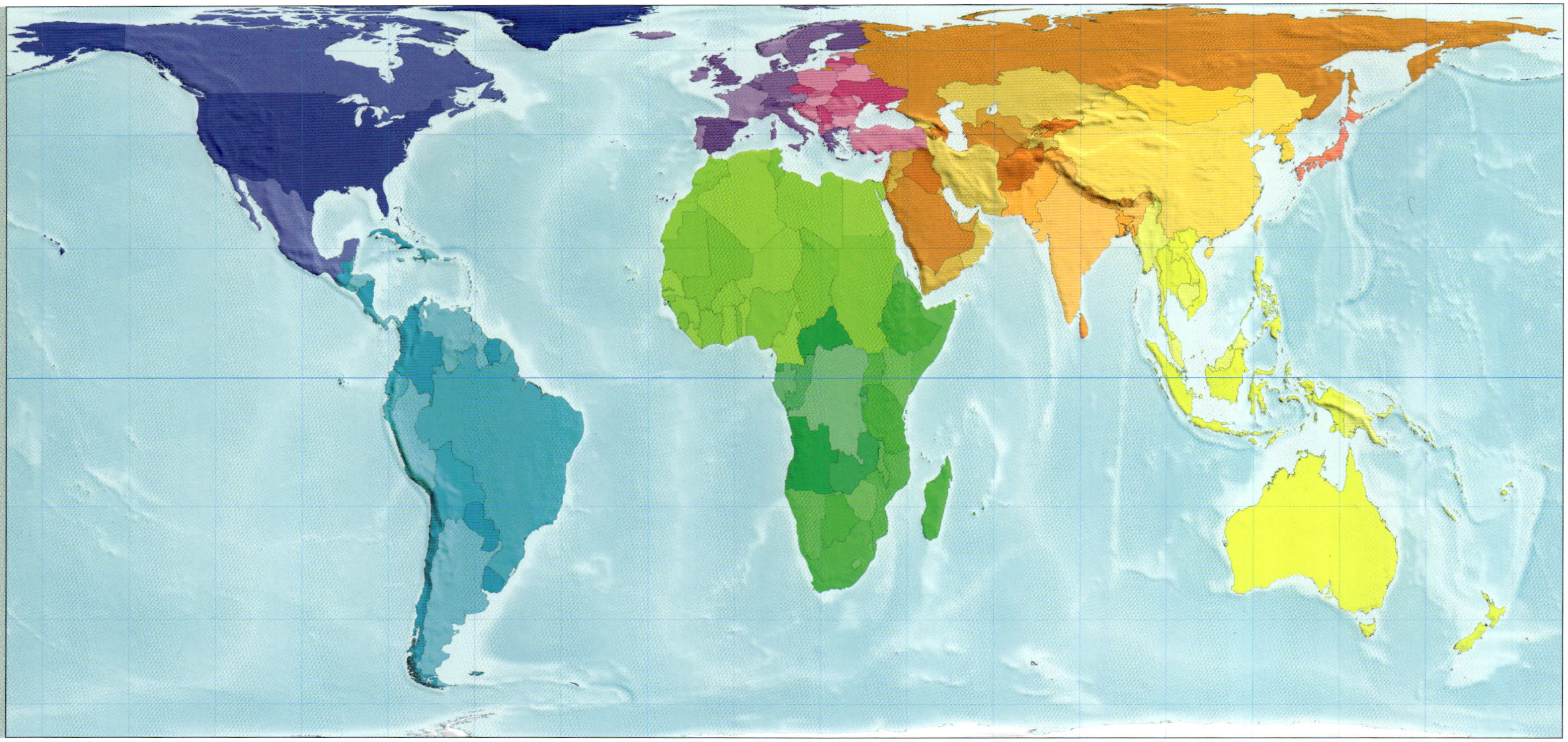



**GRÖSSTE UND KLEINSTE LANDESFLÄCHEN**

| Rang | Land | Hektar |
|---|---|---|
| 1 | Russland | 1 689 000 000 |
| 2 | China | 933 000 000 |
| 3 | Kanada | 922 000 000 |
| 4 | Vereinigte Staaten | 916 000 000 |
| 5 | Brasilien | 846 000 000 |
| 6 | Australien | 768 000 000 |
| 7 | Indien | 297 000 000 |
| 8 | Argentinien | 274 000 000 |
| 9 | Kasachstan | 270 000 000 |
| 10 | Algerien | 238 000 000 |
| 191 | St. Kitts und Nevis | 36 000 |
| 192 | Niue | 26 000 |
| 193 | Cookinseln | 23 800 |
| 194 | Marshallinseln | 18 000 |
| 195 | Liechtenstein | 16 000 |
| 196 | San Marino | 6 000 |
| 197 | Tuvalu | 3 000 |
| 198 | Nauru | 2 000 |
| 199 | Monaco | 200 |
| 200 | Vatikanstadt | 40 |

# 001 Fläche

**Im Gegensatz zur üblichen Mercatorprojektion wird hier jedes Staatsgebiet entsprechend seiner tatsächlichen Fläche im Verhältnis zu den anderen Staaten dargestellt.**

Karten, die auf der Mercatorprojektion beruhen, verzerren die Größe der Landmassen an den Polen erheblich, wodurch zum Beispiel Grönland und die Antarktis im Vergleich zu Afrika und Südamerika unverhältnismäßig groß erscheinen. Diese Karte nutzt die exakten Daten zur Fläche für jeden der 200 Staaten, die in diesem Atlas zu sehen sind, um maßstabsgetreu einen zweidimensionalen Eindruck ihrer relativen Größe zu vermitteln.

Die gesamte Ausdehnung der 200 Staaten beträgt 13 056 Millionen Hektar. Ein Hektar entspricht einer Fläche von 100 x 100 Metern. Wäre das Land gleichmäßig verteilt, stünden jedem Menschen 2,1 Hektar zur Verfügung – Land ist allerdings nicht gleichmäßig verteilt:

So ist Australien flächenmäßig 21-mal so groß wie Japan, während in Japan mehr als sechsmal so viele Menschen leben.

**LANDVERTEILUNG**

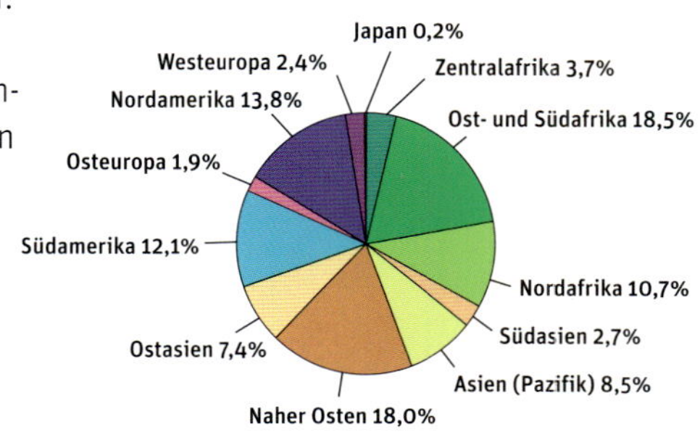


*»Gesicherte Nutzung von Land bleibt für viele Erwerbsformen unerlässlich und ist eine Voraussetzung für eine zukunftsfähige Landwirtschaft, für Wirtschaftswachstum und die Bekämpfung der Armut.«* Oxfam, 2006

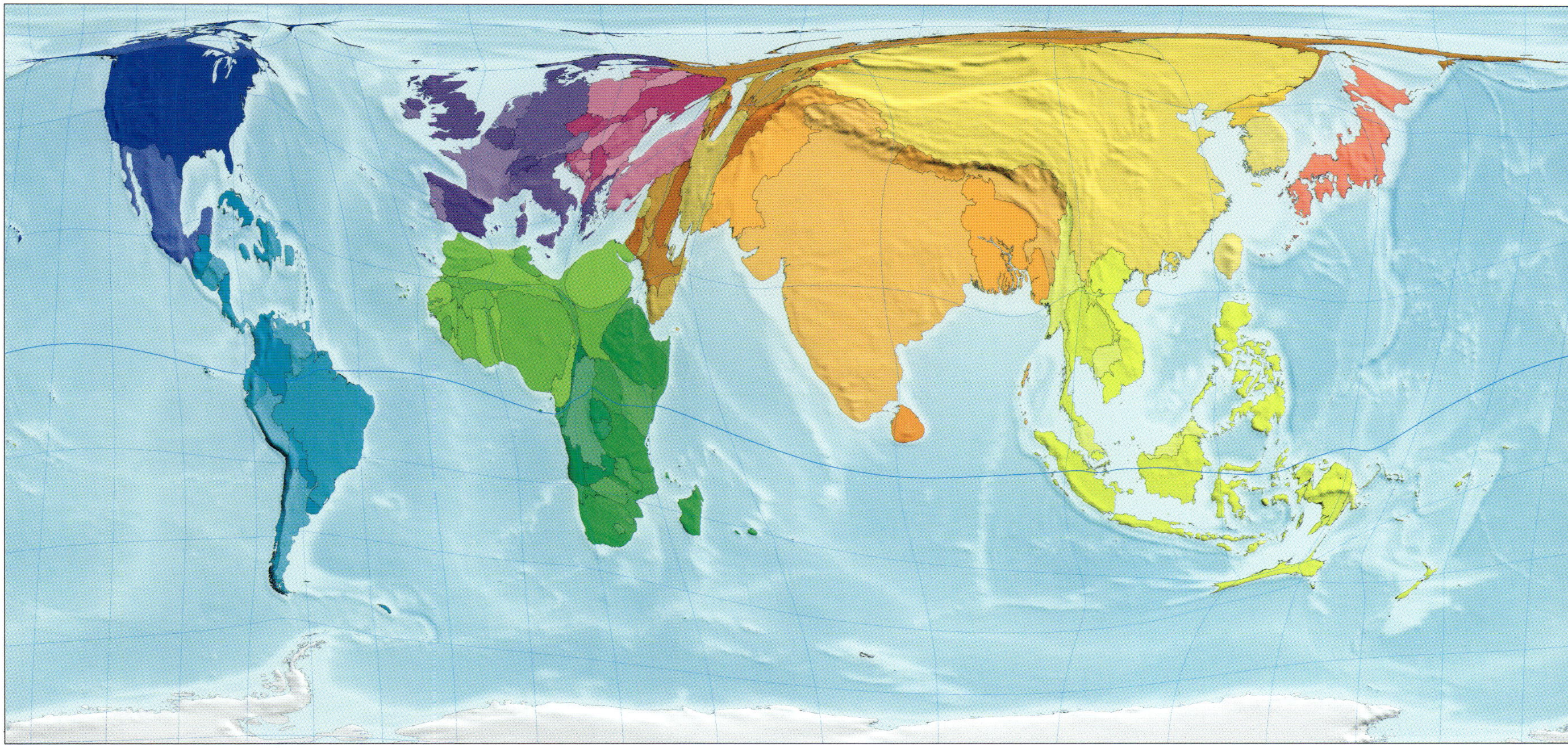

**HÖCHSTE UND NIEDRIGSTE BEVÖLKERUNGSZAHL**

| Rang | Land | Einwohner |
|---|---|---|
| 1 | China | 1 295 000 000 |
| 2 | Indien | 1 050 000 000 |
| 3 | Vereinigte Staaten | 291 000 000 |
| 4 | Indonesien | 217 000 000 |
| 5 | Brasilien | 176 000 000 |
| 6 | Pakistan | 150 000 000 |
| 7 | Bangladesch | 144 000 000 |
| 8 | Russland | 144 000 000 |
| 9 | Japan | 128 000 000 |
| 10 | Nigeria | 121 000 000 |
| 191 | St. Kitts und Nevis | 42 000 |
| 192 | Monaco | 34 000 |
| 193 | Liechtenstein | 33 000 |
| 194 | San Marino | 27 000 |
| 195 | Palau | 20 000 |
| 196 | Cookinseln | 18 000 |
| 197 | Nauru | 13 000 |
| 198 | Tuvalu | 10 000 |
| 199 | Niue | 2 000 |
| 200 | Vatikanstadt | 1 000 |

**GRÖSSTE UND KLEINSTE FLÄCHE PRO EINWOHNER**

| Rang | Land | Hektar pro Person |
|---|---|---|
| 1 | Grönland | 1821 |
| 2 | Westsahara | 97 |
| 3 | Mongolei | 60 |
| 4 | Namibia | 41 |
| 5 | Australien | 39 |
| 6 | Surinam | 39 |
| 7 | Mauretanien | 37 |
| 8 | Island | 33 |
| 9 | St. Vincent und die Grenadinen | 33 |
| 10 | Botswana | 31 |
| 191 | Nauru | 0,154 |
| 192 | Barbados | 0,143 |
| 193 | Bahrain | 0,101 |
| 194 | Malediven | 0,100 |
| 195 | Bangladesch | 0,091 |
| 196 | Malta | 0,080 |
| 197 | Vatikanstadt | 0,044 |
| 198 | Singapur | 0,016 |
| 199 | Hongkong | 0,015 |
| 200 | Monaco | 0,006 |

# 002 Weltbevölkerung

**Jeder Staat ist so groß dargestellt, wie es seinem Anteil an der Weltbevölkerung entspricht. So zeigt diese Karte, wie sich die Menschheit über unseren Planeten verteilt.**

Im Frühjahr 2006 hat die Weltbevölkerung erstmals die 6-Milliarden-Grenze überschritten. Indien, China und Japan erscheinen auf dieser Karte wegen ihrer hohen Bevölkerungszahlen groß, wogegen bevölkerungsarme Länder wie Panama, Namibia und Guinea fast nicht zu erkennen sind.

Das Verhältnis von Fläche zu Bevölkerungszahl ist sehr unausgewogen. So leben im Sudan, dem der Fläche nach größten Land Afrikas, weit weniger Menschen als in vielen anderen afrikanischen Staaten wie Nigeria, Ägypten, Äthiopien, dem Kongo, Südafrika oder Tansania.

*»97 von 100 im nächsten Jahrzehnt geborenen Menschen werden in Entwicklungsländern leben.«*
Hania Zlotnik, UNFPA, 2005

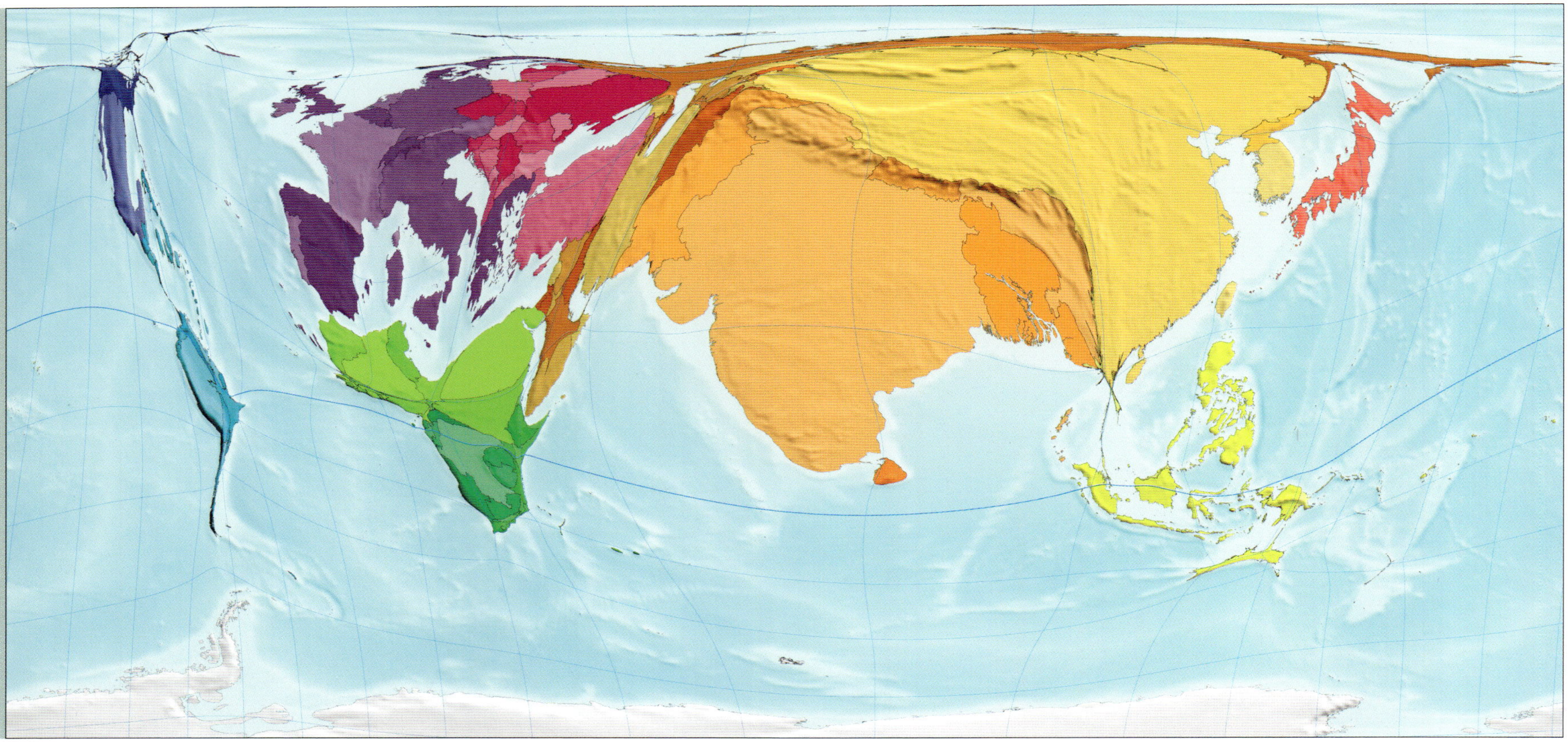

**20 LÄNDER MIT DER HÖCHSTEN BEVÖLKERUNGSZAHL IM JAHR 1**

| Rang | Land | Millionen Einwohner |
|---|---|---|
| 1 | Indien | 62 |
| 2 | China | 60 |
| 3 | Bangladesch | 8 |
| 4 | Russland | 7 |
| 5 | Italien | 7 |
| 6 | Pakistan | 7 |
| 7 | Türkei | 6 |
| 8 | Frankreich | 5 |
| 9 | Spanien | 5 |
| 10 | Ägypten | 4 |
| 10 | Iran | 4 |
| 12 | Ukraine | 4 |
| 13 | Deutschland | 3 |
| 13 | Japan | 3 |
| 15 | Indonesien | 3 |
| 16 | Philippinen | 2 |
| 17 | Mexiko | 2 |
| 18 | DR Kongo | 2 |
| 19 | Sudan | 2 |
| 19 | Algerien | 2 |

# 003 Weltbevölkerung im Jahr 1

**Verteilung der Weltbevölkerung im Jahr 1. Zu dieser Zeit lebten etwa 231 Millionen Menschen auf der Erde – weniger als vier Prozent der heutigen Erdbevölkerung.**

Diese und die folgenden fünf Karten zeigen, wie sich die Weltbevölkerung im Verlauf der Geschichte entwickelt hat. Der Vergleich untereinander sowie mit der aktuellen Situation auf Karte 002 zeigt, dass die Menschheit der Zahl nach sowohl zu-, aber zeitweilig auch abgenommen hat.

Schätzungen ergeben, dass vor 2000 Jahren 231 Millionen Menschen auf der Erde lebten, was weniger als vier Prozent der heutigen Bevölkerung entspricht. Während die Zahlen deutlich angestiegen sind, ist die Verteilung etwa gleich geblieben.

Allerdings gibt es einige markante Ausnahmen: So waren Nord- und Südamerika, der asiatische Pazifikraum und Australien damals nur dünn besiedelt, Neuseeland wahrscheinlich noch völlig unbewohnt. Kältere Zonen waren im Allgemeinen kaum bevölkert, relativ viele Menschen lebten dagegen in Südasien, Nordafrika, China und Südeuropa – Gebiete, die alle zur selben tektonischen Landmasse gehören. Am dichtesten besiedelt waren die Flusstäler des Ganges, Tigris, Jangtse, Nil und Po.

**VERTEILUNG DER WELTBEVÖLKERUNG**

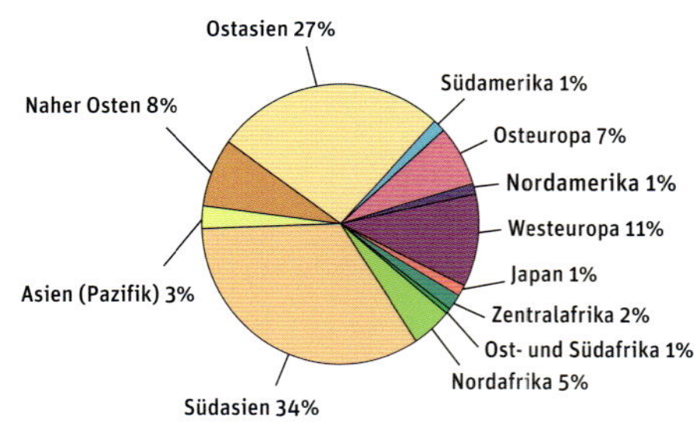

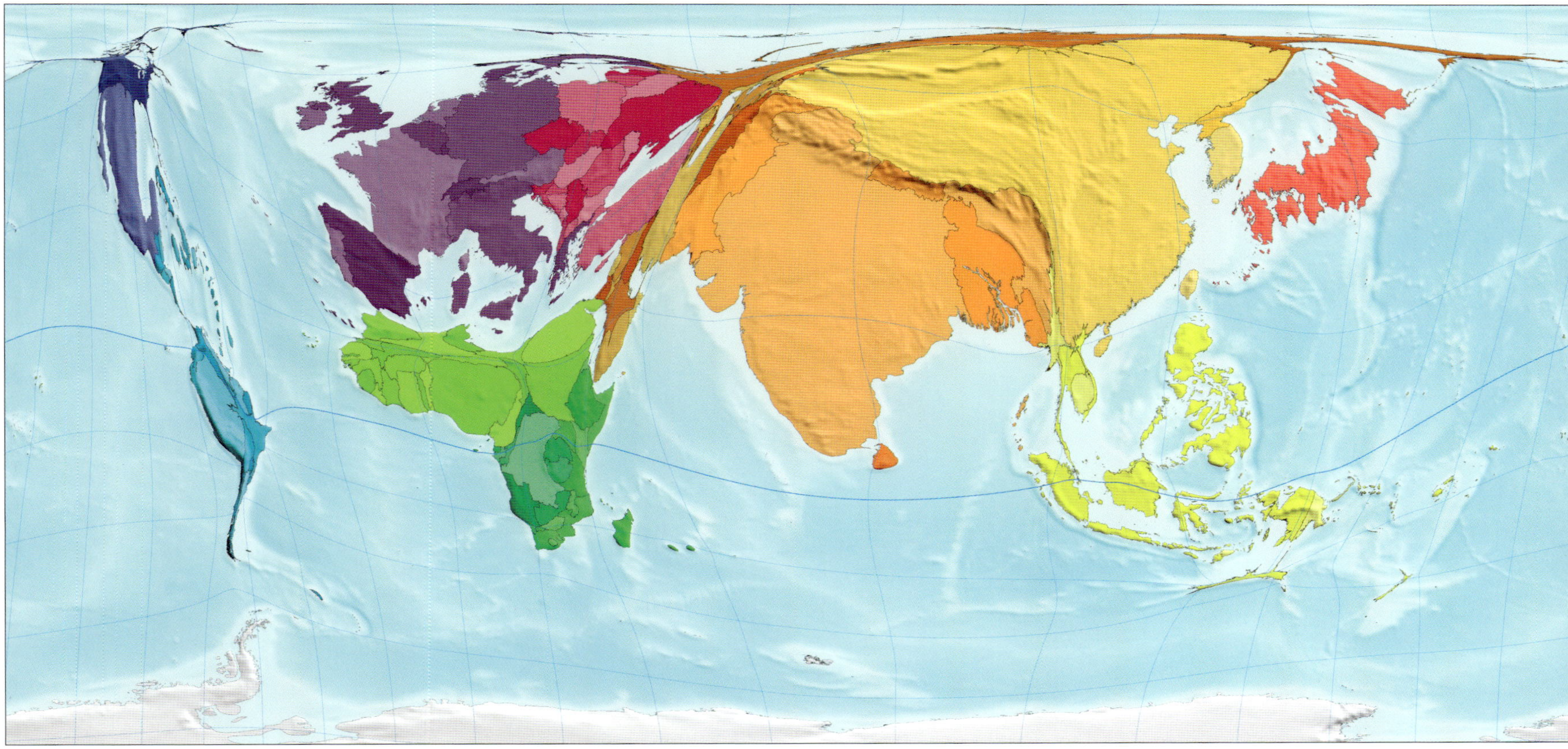

**20 LÄNDER MIT DER HÖCHSTEN BEVÖLKERUNGSZAHL IM JAHR 1500**

| Rang | Land | Millionen Einwohner |
|---|---|---|
| 1 | China | 103 |
| 2 | Indien | 90 |
| 3 | Japan | 15 |
| 4 | Frankreich | 15 |
| 5 | Deutschland | 12 |
| 6 | Bangladesch | 11 |
| 7 | Russland | 11 |
| 8 | Indonesien | 11 |
| 9 | Italien | 11 |
| 10 | Pakistan | 10 |
| 11 | Nigeria | 8 |
| 12 | Philippinen | 8 |
| 13 | Mexiko | 7 |
| 14 | Spanien | 7 |
| 15 | Ukraine | 7 |
| 16 | Türkei | 6 |
| 17 | DR Kongo | 5 |
| 18 | Sudan | 4 |
| 18 | Ägypten | 4 |
| 18 | Iran | 4 |

# 004 Weltbevölkerung im Jahr 1500

**In den Jahren kurz nach der Reformation und der Entdeckung Amerikas hatte sich die Verteilung der Weltbevölkerung kaum geändert, die Zahl aber verdoppelt.**

Verglichen mit dem Jahr 1 war die Verteilung der Bevölkerung auf der Erde ähnlich, allerdings hatte sich die Anzahl der Menschen nahezu verdoppelt. Mehr als die Hälfte davon lebten in Süd- und Ostasien, während der amerikanische Kontinent immer noch dünn besiedelt war. Dort konzentrierte sich die Besiedelung auf Mittelamerika und das nördliche Südamerika. Zusammen genommen war die Bevölkerungszahl Mexikos und Perus zur Zeit von Christoph Kolumbus und der spanischen Eroberung höher als die aller anderen amerikanischen Gebiete.

Zwar hatte sich die Weltbevölkerung innerhalb von 1500 Jahren verdoppelt, doch im Vergleich zu heute war die Entwicklung langsam. Allein in den letzten 50 Jahren wurde die gleiche Zuwachsrate erreicht.

*»Die Bevölkerung wurde dezimiert, ... die spanischen Eroberer behandelten die Ureinwohner auf grausamste Weise, und auch die europäischen Krankheiten, die sie mitbrachten, töteten viele Eingeborene.«* BBC Scotland Education Website (geography: population), 2006

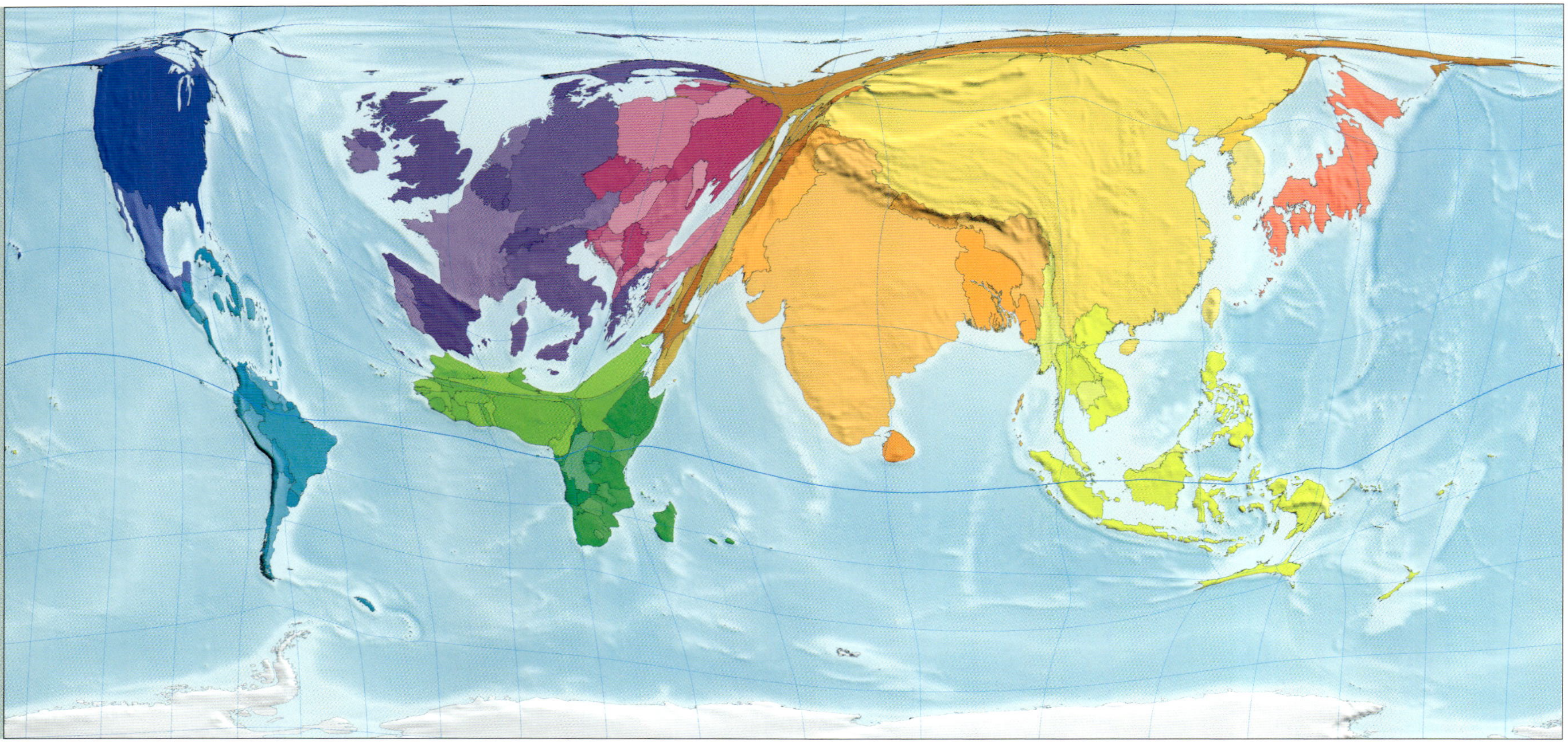

**20 LÄNDER MIT DER HÖCHSTEN BEVÖLKERUNGSZAHL IM JAHR 1900**

| Rang | Land | Millionen Einwohner |
|---|---|---|
| 1 | China | 400 |
| 2 | Indien | 234 |
| 3 | Vereinigte Staaten | 76 |
| 4 | Deutschland | 54 |
| 5 | Russland | 50 |
| 6 | Japan | 44 |
| 7 | Indonesien | 43 |
| 8 | Frankreich | 41 |
| 9 | Großbritannien | 37 |
| 10 | Italien | 34 |
| 11 | Ukraine | 28 |
| 12 | Bangladesch | 28 |
| 13 | Polen | 25 |
| 14 | Pakistan | 24 |
| 15 | Spanien | 19 |
| 16 | Brasilien | 18 |
| 17 | Vietnam | 16 |
| 18 | Nigeria | 16 |
| 19 | Türkei | 14 |
| 20 | Mexiko | 14 |

# 005 Weltbevölkerung im Jahr 1900

**Nach über 400 Jahren des Wachstums und der Ausbreitung hatte sich die Verteilung der Weltbevölkerung im Jahr 1900 wesentlich verändert.**

Zwischen 1500 und 1900 breitete sich die Menschheit rasch über nahezu den gesamten Planeten aus. Sie verdreifachte ihre Zahl und erreichte vor knapp über hundert Jahren mehr als 1,5 Milliarden. In der selben Zeit wuchsen die Einwohnerzahlen Großbritanniens sowie der Vereinigten Staaten um mehr als das Zehnfache, die der Niederlande um das Fünffache, obwohl im Jahr 1500 noch keiner dieser Staaten in der im 19. Jahrhundert bestehenden Form existiert hatte. Im Zuge des Imperialismus hatten die Staaten Europas fast die ganze Welt erobert. Willkürlich wurden neue Grenzen gezogen und traditionelle verworfen. So sind zum Beispiel viele der heute gültigen Staatsgrenzen in Afrika ein Ergebnis des Versailler Vertrages von 1919.

*»Man sagt, der Fortschritt werde dazu führen, dass Menschen in Luftschiffen reisen und jeden Teil der Welt in wenigen Stunden erreichen.«* Mahatma Gandhi, »Indiens Freiheit«, 1909

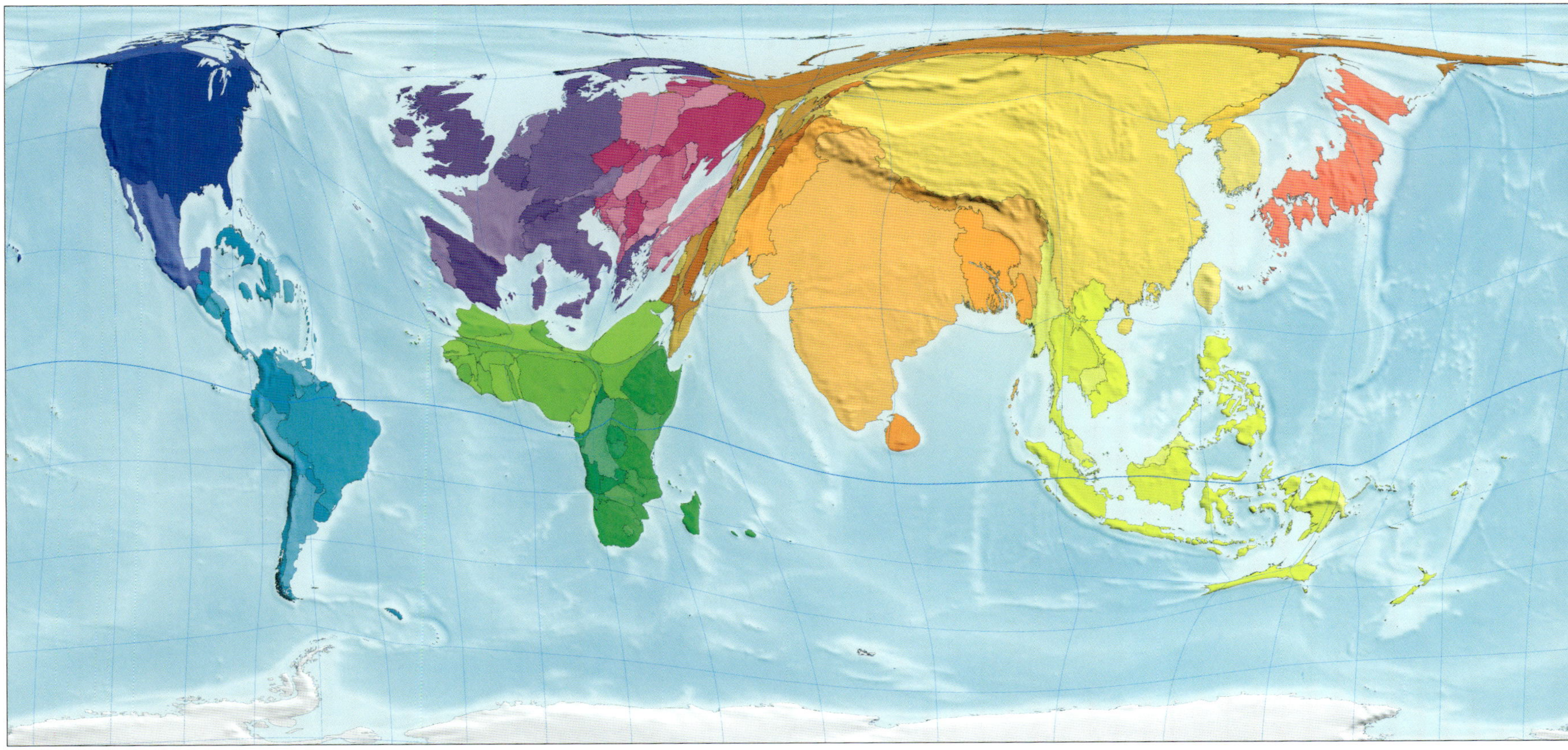

## 20 LÄNDER MIT DER HÖCHSTEN BEVÖLKERUNGSZAHL IM JAHR 1960

| Rang | Land | Millionen Einwohner |
|---|---|---|
| 1 | **China** | 667 |
| 2 | **Indien** | 434 |
| 3 | **Vereinigte Staaten** | 181 |
| 4 | **Russland** | 120 |
| 5 | **Indonesien** | 95 |
| 6 | **Japan** | 94 |
| 7 | **Deutschland** | 72 |
| 8 | **Brasilien** | 72 |
| 9 | **Bangladesch** | 55 |
| 10 | **Großbritannien** | 52 |
| 11 | **Pakistan** | 50 |
| 12 | **Italien** | 50 |
| 13 | **Frankreich** | 46 |
| 14 | **Ukraine** | 43 |
| 15 | **Nigeria** | 40 |
| 16 | **Mexiko** | 38 |
| 17 | **Vietnam** | 32 |
| 18 | **Spanien** | 31 |
| 19 | **Polen** | 30 |
| 20 | **Philippinen** | 29 |

# 006 Weltbevölkerung im Jahr 1960

**Die Verteilung der Weltbevölkerung 1960. Um diese Zeit nehmen die heute gültigen Entwicklungen und Trends Konturen an.**

1960 knackte die Menschheit die Drei-Milliarden-Grenze. Dabei hatten China und Indien jeweils mehr als doppelt so viele Einwohner wie die nächstplatzierten Länder. Diese Tendenz hat sich bis heute nicht verändert. Die Karte zeigt, dass zwischen 1900 und 1960 der Anteil Südamerikas an der Weltbevölkerung beträchtlich zugenommen hat, während jener Westeuropas im Schwinden begriffen ist. Er ging von 15 Prozent im Jahr 1900 auf elf Prozent im Jahr 1960 zurück und lag 2000 nur noch bei sechs Prozent.

**WELTBEVÖLKERUNG**
**Jede Linie entspricht einer der 12 Regionen**

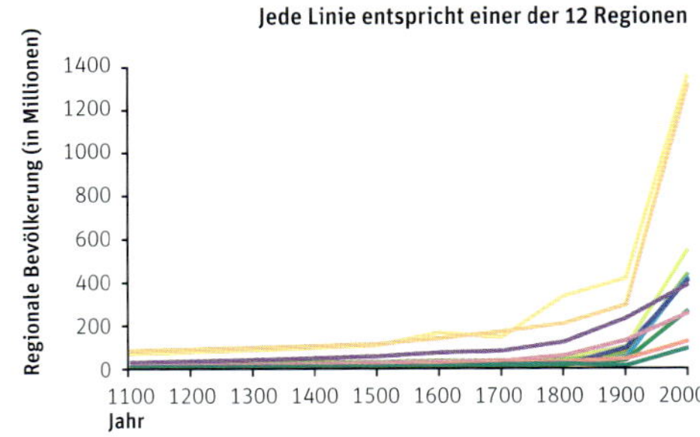

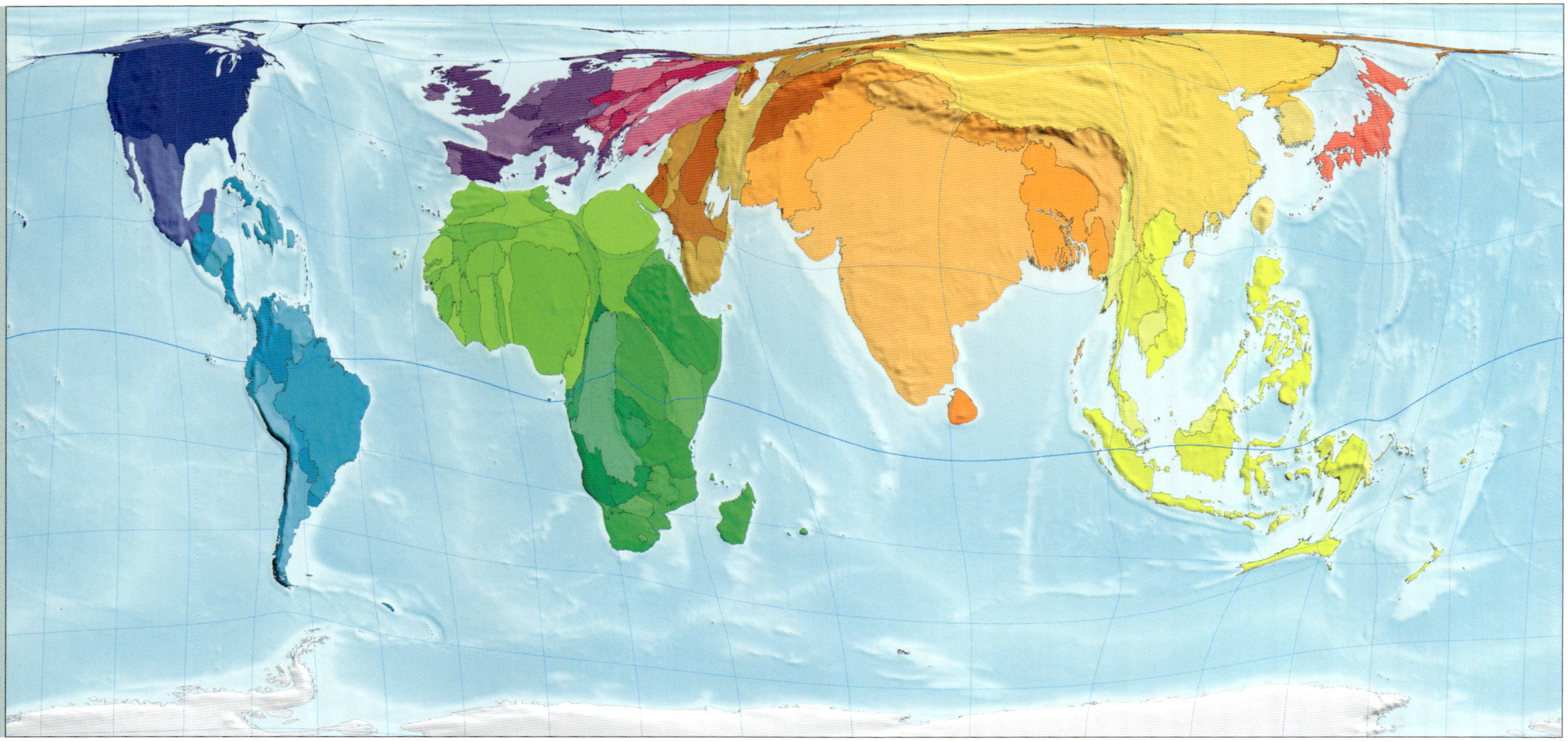

**PROGNOSTIZIERTE BEVÖLKERUNGSZAHL FÜR DAS JAHR 2050**

| Rang | Land | Millionen Einwohner |
|---|---|---|
| 1 | Indien | 1593 |
| 2 | China | 1372 |
| 3 | Vereinigte Staaten | 395 |
| 4 | Pakistan | 305 |
| 5 | Indonesien | 285 |
| 6 | Nigeria | 258 |
| 7 | Brasilien | 253 |
| 8 | Bangladesch | 243 |
| 9 | DR Kongo | 177 |
| 10 | Äthiopien | 170 |
| 11 | Mexiko | 139 |
| 12 | Philippinen | 127 |
| 12 | Uganda | 127 |
| 14 | Ägypten | 126 |
| 15 | Vietnam | 117 |
| 16 | Japan | 112 |
| 16 | Russland | 112 |
| 18 | Iran | 102 |
| 19 | Türkei | 101 |
| 20 | Afghanistan | 97 |

# 007 Geschätzte Weltbevölkerung im Jahr 2050

**Prognosen für den Bevölkerungsanstieg bis 2050. Die für jedes Land geschätzte Bevölkerungsentwicklung basiert auf aktuellen Trends.**

Die neueste Bevölkerungsprognose für 2050 sagt eine Zahl von 9,07 Milliarden Menschen voraus, ein Drittel mehr als heute. 62 Prozent davon werden in Afrika sowie in Süd- und Ostasien leben – dies entspricht der gesamten heutigen Weltbevölkerung.

**VERTEILUNG DER WELTBEVÖLKERUNG IM JAHR 2050**
in Millionen

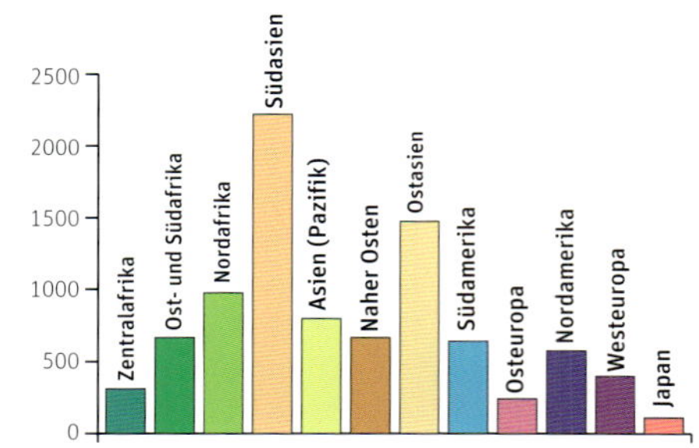


*»Die Entscheidungen, die junge Menschen von 18 bis 24 Jahren heute bezüglich der Größe ihrer Familie treffen, bestimmen, ob die Erde im Jahr 2050 acht, neun oder elf Milliarden Bewohner haben wird.«* UNFPA, 2005

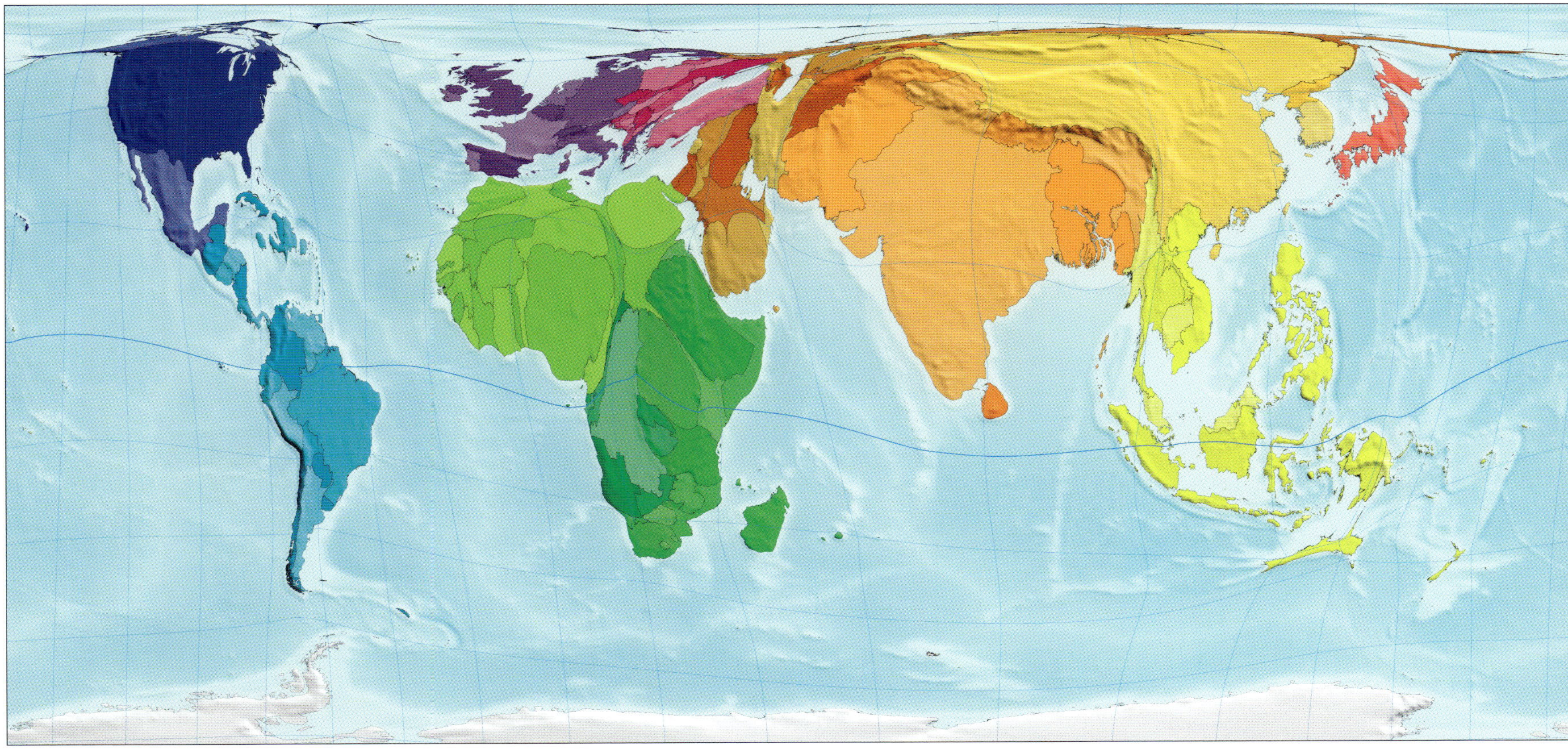

**PROGNOSTIZIERTE BEVÖLKERUNGSZAHL FÜR DAS JAHR 2300**

| Rang | Land | Millionen Einwohner |
|---|---|---|
| 1 | Indien | 1372 |
| 2 | China | 1285 |
| 3 | Vereinigte Staaten | 493 |
| 4 | Pakistan | 359 |
| 5 | Nigeria | 283 |
| 6 | Indonesien | 276 |
| 7 | Bangladesch | 243 |
| 8 | Brasilien | 223 |
| 9 | Äthiopien | 207 |
| 10 | DR Kongo | 183 |
| 11 | Uganda | 155 |
| 12 | Jemen | 130 |
| 13 | Mexiko | 127 |
| 14 | Philippinen | 126 |
| 15 | Ägypten | 125 |
| 16 | Vietnam | 114 |
| 17 | Iran | 101 |
| 17 | Japan | 101 |
| 19 | Niger | 94 |
| 20 | Russland | 92 |

# 008 Geschätzte Weltbevölkerung im Jahr 2300

**Die Schätzung der Bevölkerungszahl für das Jahr 2300 orientiert sich zum einen an der Größe des jeweiligen Landes, zum anderen an der aktuellen Bevölkerungsentwicklung und bietet ungeachtet einiger Unsicherheitsfaktoren ein hohes Maß an Wahrscheinlichkeit.**

Die UNO rechnet für das Jahr 2300 mit einem Anstieg der Weltbevölkerung auf knapp über neun Milliarden. Zwischen 2050 und 2300 wird die Zahl der auf Erden lebenden Menschen vermutlich ihren Höhepunkt erreichen und dann leicht absinken. Langfristig wird die größte Zuwachsrate für Afrika erwartet, das derzeit im Vergleich zu anderen Kontinenten unterbevölkert ist und die niedrigste Lebenserwartung aufweist. Die Einwohnerzahl anderer Regionen soll zwischen 2050 und 2300 annähernd stagnieren oder zurückgehen. Indien, China, die Vereinigten Staaten und Pakistan werden (in dieser Reihenfolge) die bevölkerungsreichsten Länder bleiben.

Die Zahlen, aufgrund derer diese Karte erstellt wurde, sind Schätzungen, die auf der erwartungsgemäßen Bevölkerungsentwicklung beruhen. Allerdings sind derart langfristige Prognosen immer auch spekulativ, sodass die Entwickung der Weltbevölkerung auch völlig anders verlaufen kann.

**VERTEILUNG DER WELTBEVÖLKERUNG IM JAHR 2300**
in Millionen

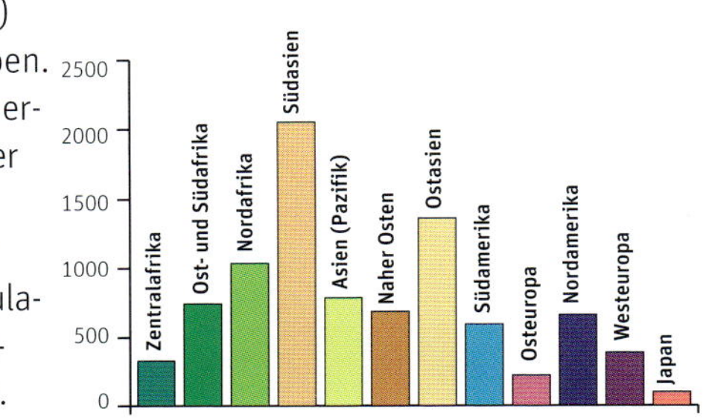

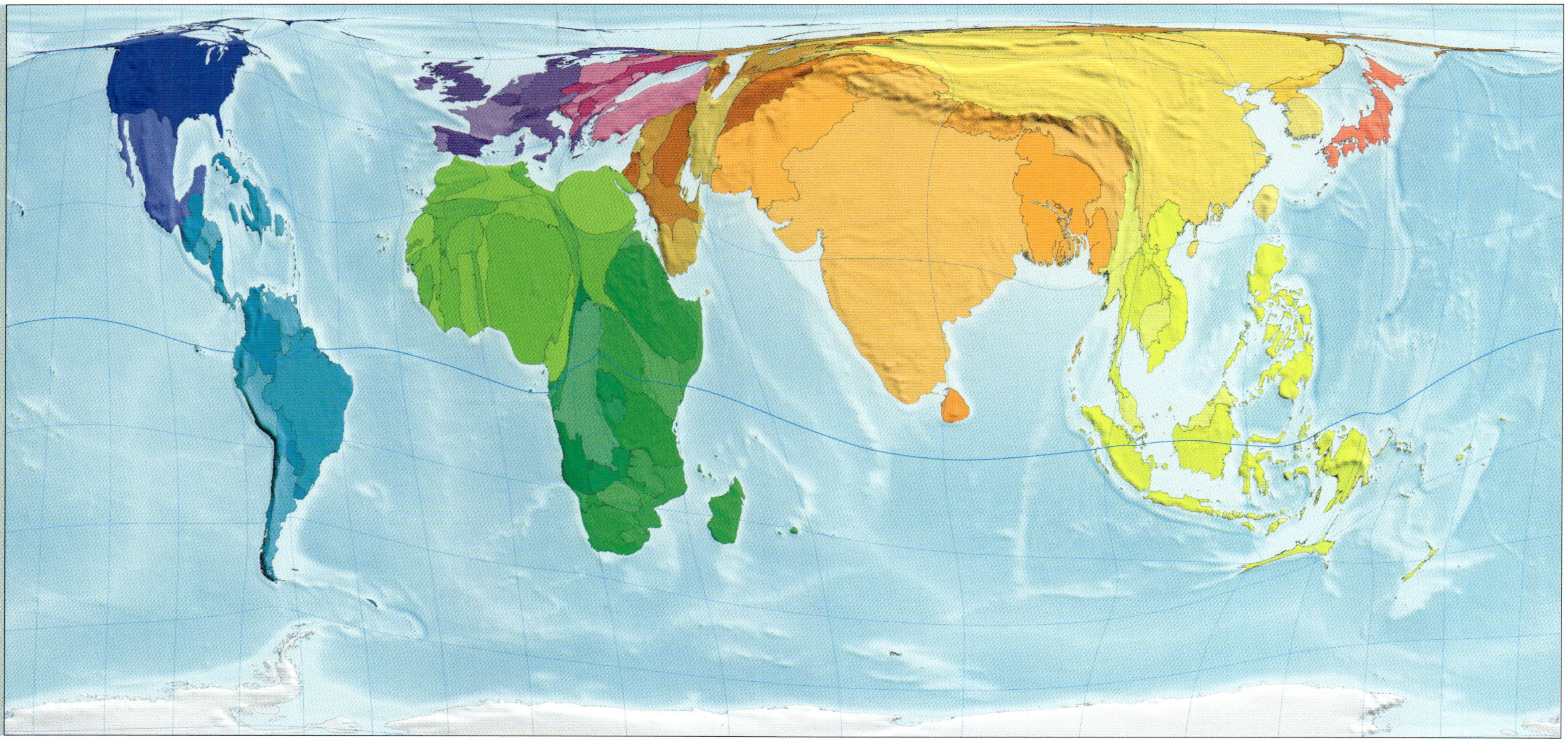



**HÖCHSTE UND NIEDRIGSTE GEBURTENRATEN**

| Rang | Land | Geburten* |
|---|---|---|
| 1 | Niger | 52 |
| 2 | Angola | 50 |
| 3 | Guinea-Bissau | 49 |
| 4 | Somalia | 49 |
| 5 | DR Kongo | 48 |
| 6 | Uganda | 48 |
| 7 | Mali | 47 |
| 8 | Sierra Leone | 47 |
| 9 | Burkina Faso | 46 |
| 10 | Tschad | 46 |
| 191 | Deutschland | 9 |
| 192 | Italien | 9 |
| 193 | Litauen | 9 |
| 194 | Weißrussland | 9 |
| 195 | Russland | 9 |
| 196 | Tschechien | 9 |
| 197 | Ukraine | 9 |
| 198 | Slowenien | 9 |
| 199 | Lettland | 8 |
| 200 | Bulgarien | 8 |

*Geburten pro 1000 Einwohner im Jahr 2000

# 009 Geburtenrate

**Obwohl die Bevölkerungsentwicklung global gesehen positiv verläuft, ist sie in einigen Gebieten rückläufig. In dieser Karte bemisst sich die Größe der Länder an der jährlichen Geburtenrate.**

Im Jahr 2000 wurden 133 121 000 Kinder geboren. Diese Karte zeigt die weltweite Verteilung, allerdings sind die Zahlen – wie bei allen Bevölkerungsstatistiken – nur geschätzt, in vielen Fällen aber ziemlich genau.

In Afrika kommen jährlich mehr Kinder zur Welt als in Nord- und Südamerika, Europa und Japan zusammen. 2008 werden weltweit täglich über 330 000 Kinder geboren, aber es gibt auch Länder, in denen die Sterberate höher ist als die Zahl der Geburten.

*»Jedes neugeborene Kind ist ein Grund, hoffnungsvoll in die Zukunft zu schauen.«* Aung San Suu Kyi, »Letters from Burma«, 1997

**GEBURTENRATE**
**Geburten pro 1000 Personen im Jahr**

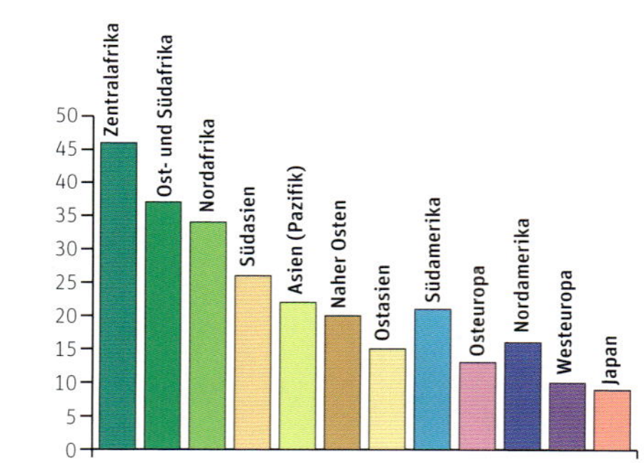

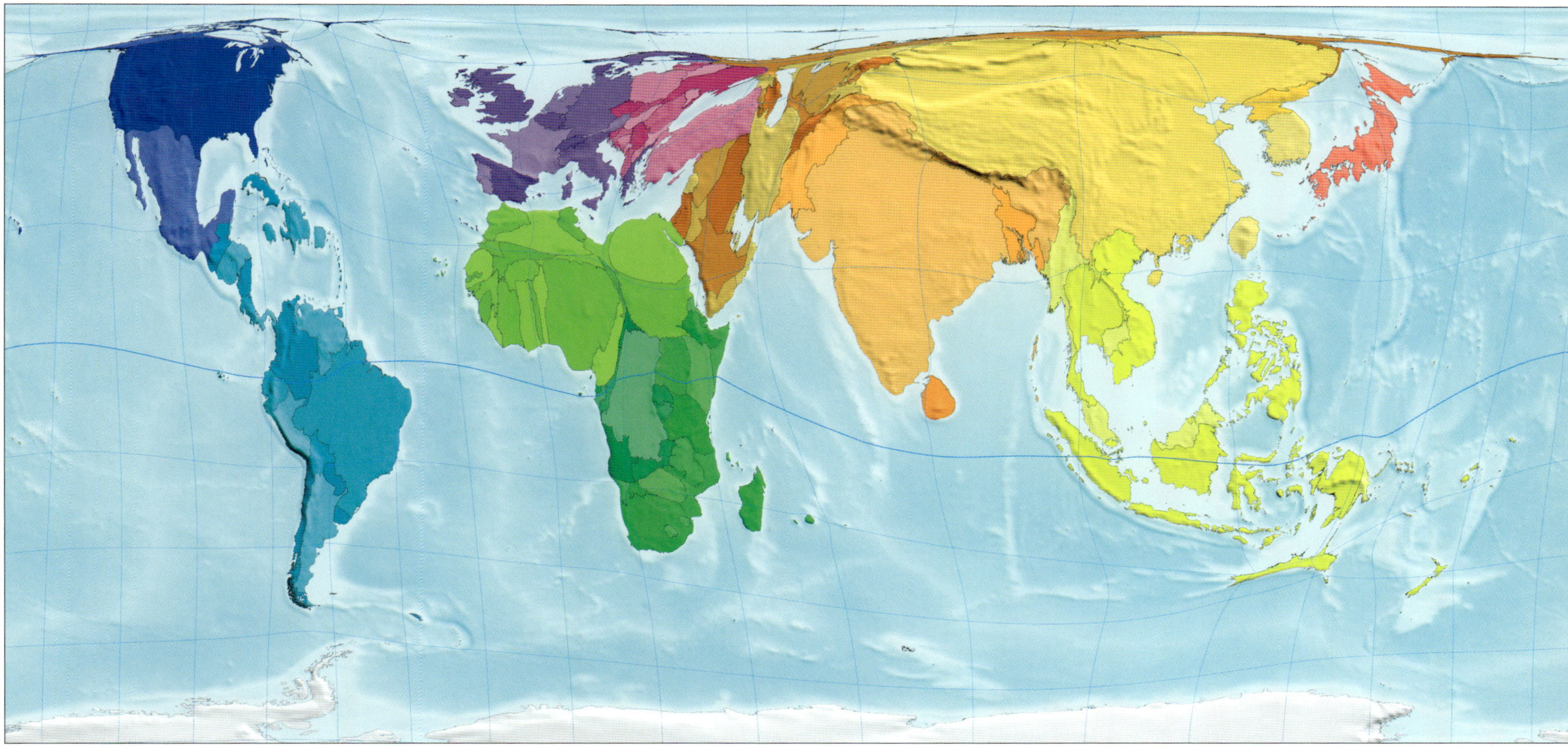

**NIEDRIGSTE GEBURTSHILFERATE**

| Rang | Land | Betreute Entbindungen* |
|---|---|---|
| 1 | Äthiopien | 6,0 |
| 2 | Nepal | 11,0 |
| 3 | Bangladesch | 13,0 |
| 4 | Afghanistan | 14,0 |
| 5 | Tschad | 16,0 |
| 5 | Niger | 16,0 |
| 7 | Laos | 19,0 |
| 8 | Pakistan | 20,0 |
| 9 | Jemen | 22,0 |
| 10 | Bhutan | 24,0 |
| 10 | Osttimor | 24,0 |
| 10 | Haiti | 24,0 |
| 13 | Eritrea | 24,5 |
| 14 | Burundi | 25,0 |
| 15 | Ruanda | 31,0 |
| 16 | Kambodscha | 32,0 |
| 17 | Somalia | 34,0 |
| 18 | Burkina Faso | 34,5 |
| 19 | Guinea-Bissau | 35,0 |
| 19 | Guinea | 35,0 |

*Prozentualer Anteil aller Entbindungen

# 010 Geburtshilfe

**In vielen Teilen der Welt ist qualifizierte Geburtshilfe eher die Ausnahme als die Regel. Die Karte zeigt, in welchem Ausmaß in den einzelnen Ländern medizinische Geburtshilfe geleistet wird.**

2000 wurden weltweit nur 62 Prozent der Gebärenden von ausgebildetem Personal betreut. Während in Japan nahezu 100 Prozent der Frauen medizinische Hilfe in Anspruch nehmen konnten, waren es in Äthiopien nur sechs Prozent. In Kambodscha werden doppelt so viele Geburten medizinisch betreut wie im Tschad.

*»… wer von uns weiß schon, dass eine Geburt in vielen Teilen der Welt immer noch die häufigste Todesursache bei Frauen im gebärfähigen Alter ist?«* Liya Kibede, WHO-Botschafterin, 2005

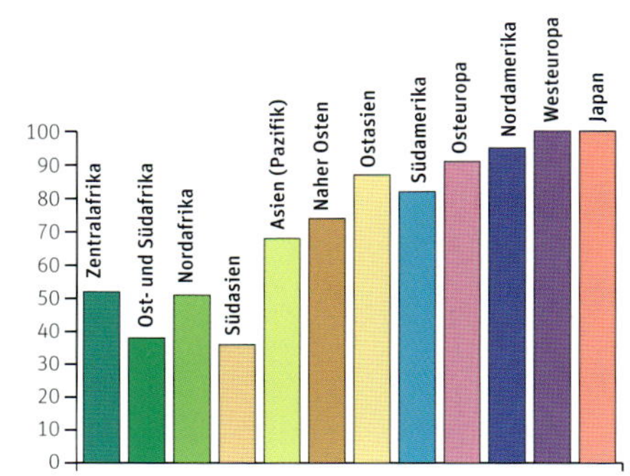


**GEBURTSHILFE**
in Prozent aller Entbindungen

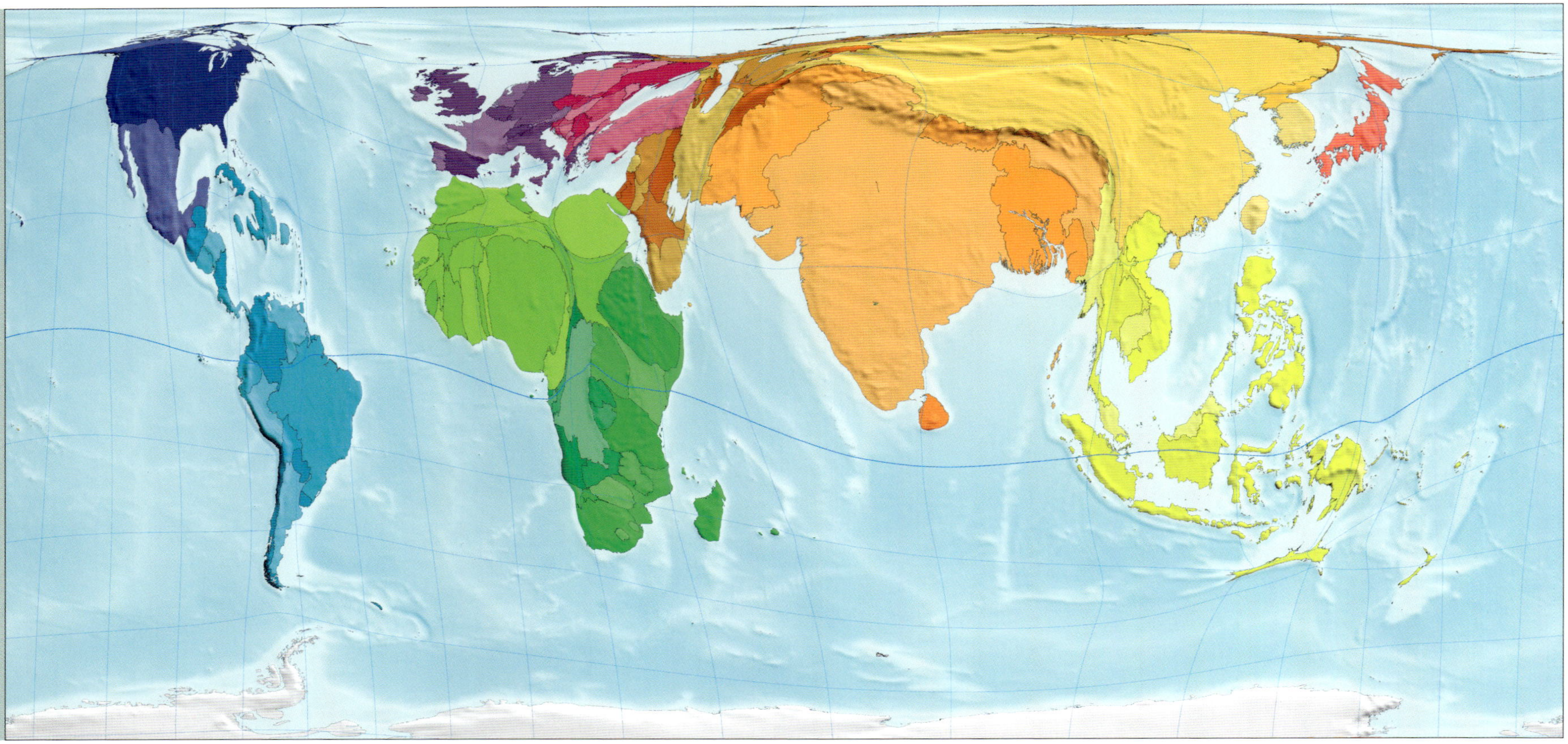

**HÖCHSTER UND GERINGSTER ANTEIL VON KINDERN AN DER GESAMTBEVÖLKERUNG**

| Rang | Land | Kinder* |
|---|---|---|
| 1 | Uganda | 50,1 |
| 2 | Niger | 50,0 |
| 3 | Mali | 49,2 |
| 4 | Burkina Faso | 48,9 |
| 5 | Jemen | 48,7 |
| 6 | Angola | 47,5 |
| 7 | Guinea-Bissau | 47,1 |
| 8 | Burundi | 46,9 |
| 9 | DR Kongo | 46,8 |
| 9 | Kongo | 46,8 |
| 191 | Schweiz | 16,2 |
| 192 | Tschechien | 15,7 |
| 192 | Hongkong | 15,7 |
| 194 | Deutschland | 15,2 |
| 195 | Slowenien | 15,0 |
| 196 | Bulgarien | 14,8 |
| 197 | Griechenland | 14,7 |
| 198 | Japan | 14,3 |
| 198 | Spanien | 14,3 |
| 200 | Italien | 14,1 |

*Prozentualer Anteil an der Gesamtbevölkerung

# 011 Kinder

**Ein Drittel der Erdbevölkerung sind Kinder im Alter bis zu 15 Jahren. Diese Karte zeigt, wie sich diese Bevölkerungsgruppe auf die einzelnen Länder verteilt.**

Sowohl die Karte als auch das Balkendiagramm machen deutlich, wo wie viele Kinder leben. 2002 waren es weltweit 1826 Millionen, was etwa einem Drittel der Weltbevölkerung entspricht. 16- und 17-Jährige gelten nach internationalem Recht zwar noch als Kinder, werden aber in den entsprechenden Statistiken oft nicht mehr berücksichtigt.

Afrika ist der Kontinent mit dem höchsten Prozentsatz an Kindern. In Uganda und Niger ist die Hälfte der Bevölkerung unter 16 Jahre alt, in Italien, Spanien und Japan dagegen liegt dieser Bevölkerungsanteil bei 14 Prozent. Der Staat mit der höchsten Kinderzahl ist Indien mit 349 Millionen Menschen im Alter unter 16 Jahren.

**EINWOHNER UNTER 16 JAHREN**
in Prozent der Gesamteinwohnerzahl

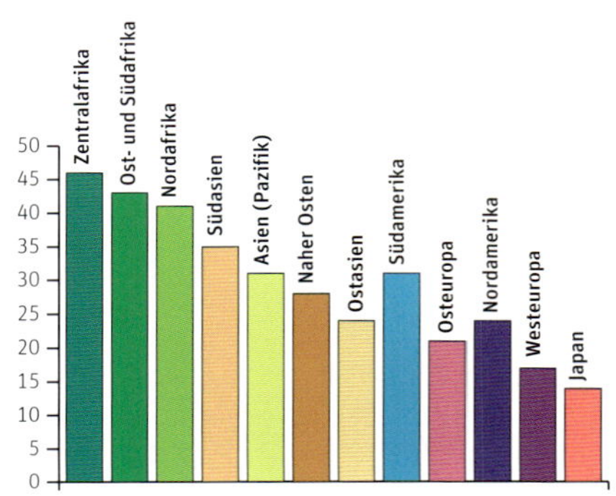

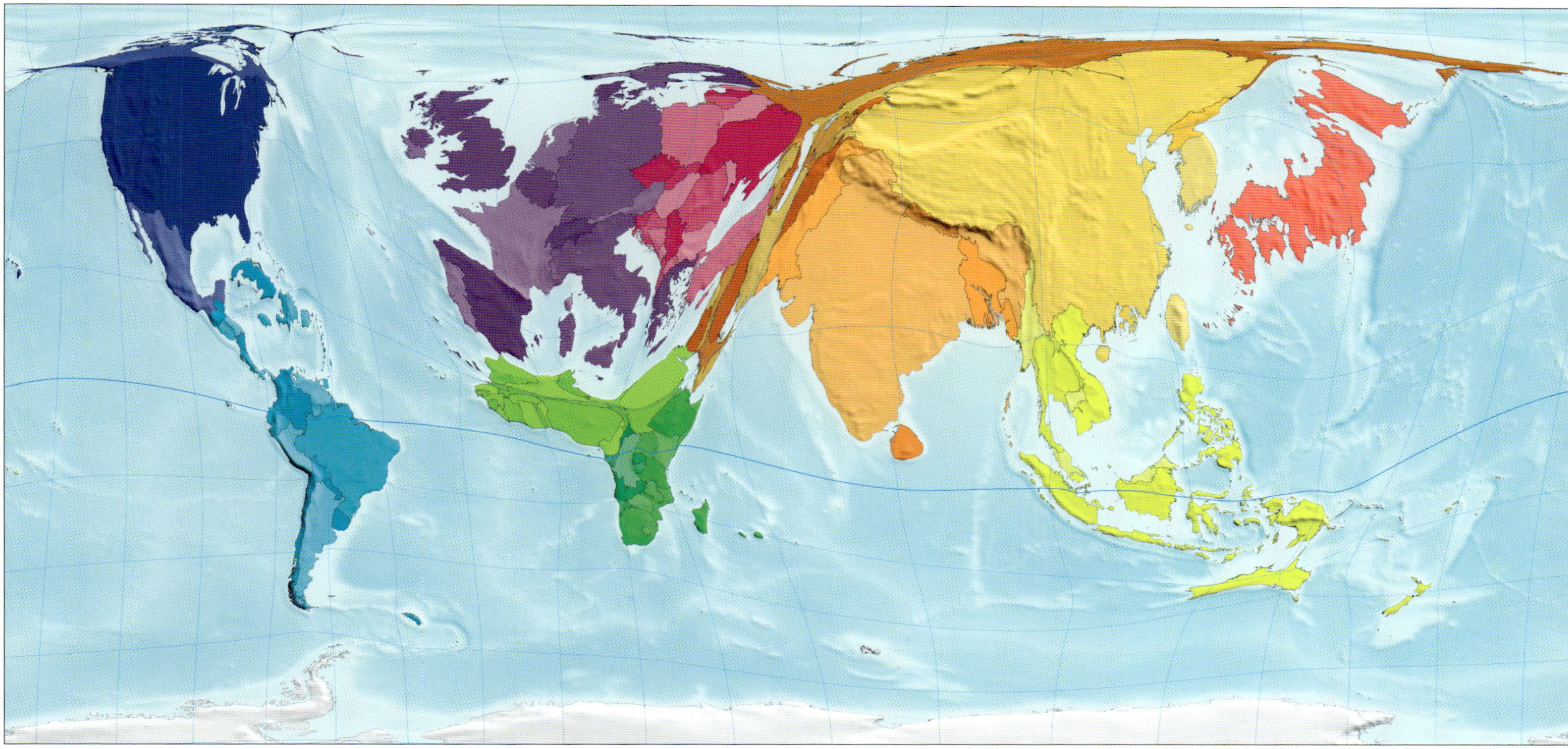

**ANTEIL DER ÜBER 65-JÄHRIGEN IM VERHÄLTNIS ZUR GESAMTBEVÖLKERUNG**

| Rang | Land | Alte Menschen* |
|---|---|---|
| 1 | Italien | 18,7 |
| 2 | Japan | 18,2 |
| 2 | Griechenland | 18,2 |
| 4 | Schweden | 17,4 |
| 5 | Belgien | 17,3 |
| 6 | Deutschland | 17,1 |
| 7 | Spanien | 17,0 |
| 8 | Schweiz | 16,4 |
| 9 | Bulgarien | 16,3 |
| 9 | Kroatien | 16,3 |
| 191 | Mali | 2,4 |
| 191 | Senegal | 2,4 |
| 193 | Tansania | 2,3 |
| 193 | Jemen | 2,3 |
| 195 | Eritrea | 2,1 |
| 195 | Oman | 2,1 |
| 197 | Niger | 2,0 |
| 198 | Katar | 1,5 |
| 199 | Kuwait | 1,4 |
| 200 | Vereinigte Arabische Emirate | 1,3 |

*Prozentualer Anteil an der Gesamtbevölkerung

# 012 Alte Menschen

**Der Anteil älterer Menschen über 65 Jahre an der Gesamtbevölkerung eines Landes ist abhängig von politischen und sozialen Faktoren sowie vom Stand der medizinischen Versorgung.**

2002 waren sieben Prozent der Weltbevölkerung 65 Jahre und älter. Dieser Anteil an der Bevölkerung weltweit und in einzelnen Ländern hängt von politischen, sozialen und gesundheitlichen Faktoren ab. Maßgebliche Parameter sind die durchschnittliche Lebenserwartung und die Geburtenrate. Eine niedrige Geburtenrate lässt eine Gesellschaft altern.

Das Land mit den meisten alten Menschen war im Jahr 2002 China. Dort lebten 92 Millionen Senioren. Erwartungsgemäß wird deren Anteil an der Gesamtbevölkerung kräftig steigen, denn dann werden sich die langfristigen Folgen der »Ein-Kind-Politik« zur Eindämmung der Bevölkerungsexplosion deutlich zeigen. In Afrika dagegen ist bei geringer Lebenserwartung und hoher Geburtenrate die Quote alter Menschen mit sechs Prozent sehr niedrig.

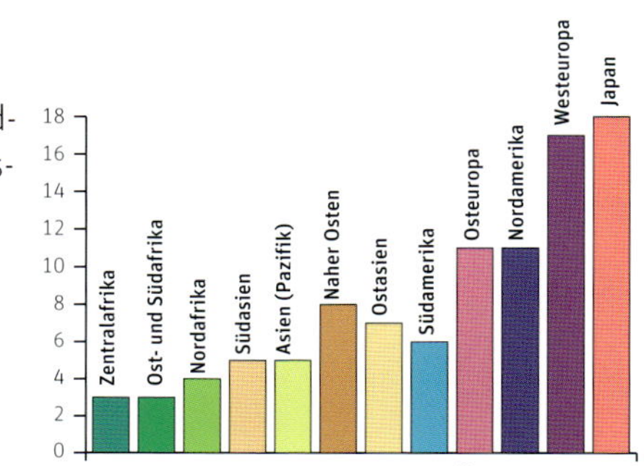


**PERSONEN ÜBER 65 JAHRE**
in Prozent der Gesamteinwohnerzahl

*»Die weltweite Alterung, deren Zeugen wir heute sind, ist beispiellos, rasant und unerbittlich.«* HelpAge International, 2002

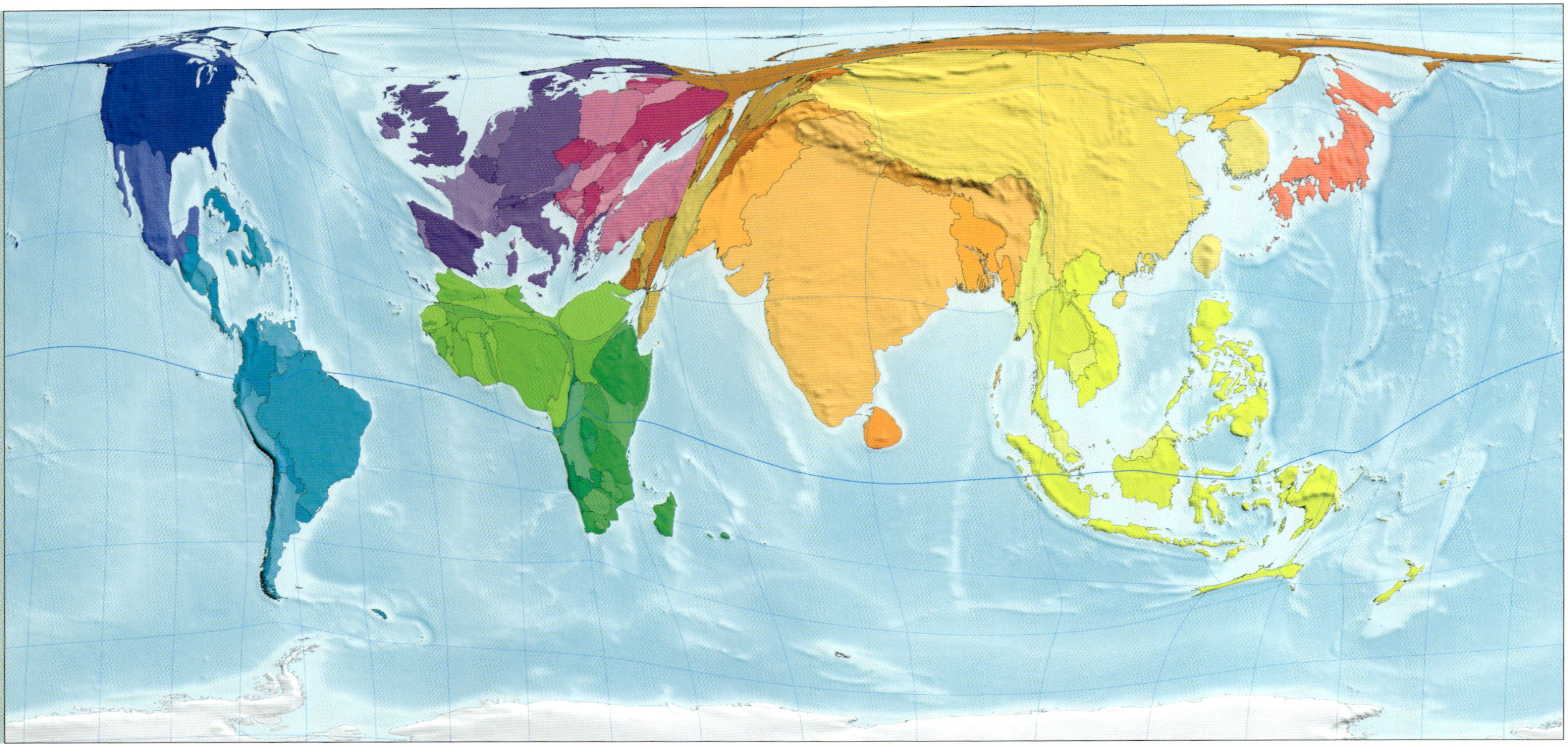

**ZEITPUNKT DER EINFÜHRUNG DES ALLGEMEINEN WAHLRECHTS**

| Rang | Land | Jahr* |
|---|---|---|
| 1 | Neuseeland | 1893 |
| 2 | Finnland | 1906 |
| 3 | Norwegen | 1913 |
| 4 | Dänemark | 1915 |
| 5 | Österreich | 1918 |
| 5 | Estland | 1918 |
| 5 | Deutschland | 1918 |
| 5 | Ungarn | 1918 |
| 5 | Kirgisistan | 1918 |
| 5 | Lettland | 1918 |
| 5 | Polen | 1918 |
| 5 | Russland | 1918 |
| 189 | Mosambik | 1975 |
| 189 | Angola | 1975 |
| 189 | São Tomé und Príncipe | 1975 |
| 192 | Portugal | 1976 |
| 193 | Guinea-Bissau | 1977 |
| 194 | Vanuatu | 1980 |
| 195 | Zentralafrikanische Republik | 1986 |
| 196 | Namibia | 1989 |
| 197 | Samoa | 1990 |
| 199 | Moldawien | 1993 |
| 199 | Kasachstan | 1993 |
| 200 | Südafrika | 1994 |

*Jahr der Einführung des allgemeinen Wahlrechts

# 013 Wahlrecht

## Gesamtzahl von Personenjahren, in denen die erwachsenen Bewohner eines Staates das allgemeine Wahlrecht besitzen

Diese Karte zeigt die Verteilung des allgemeinen Wahlrechts auf die Staaten der Welt. Maßstab sind die sogenannten »Personenjahre« Erwachsener mit allgemeinem Wahlrecht. Um sie zu ermitteln, multipliziert man die Jahre seit der Einführung des allgemeinen Wahlrechts bis 2004 mit der Gesamtzahl der Bevölkerung. Länder, die auf dieser Karte groß erscheinen, haben daher entweder eine hohe Bevölkerungszahl oder ihre Bürger sind schon sehr lange im Genuss des allgemeinen Wahlrechts.

Das Recht eines jeden erwachsenen Bürgers auf Teilnahme an Wahlen zur politischen Vertretung seines Landes wurde zuerst 1893 in Neuseeland eingeführt. Es folgten die skandinavischen Länder Finnland (1906), Norwegen (1913) und Dänemark (1915). 1994 hatten in 190 der 200 dargestellten Staaten nahezu alle erwachsenen Bürger das Recht zu wählen.

Einige Staaten auf dieser Karte existieren noch nicht lange in ihrer aktuellen politischen Form. Manchmal bestand dort bereits unter anderen politischen Voraussetzungen ein Wahlrecht, das hier aber nicht berücksichtigt wird.

**ZEITRAUM MIT ALLGEMEINEM WAHLRECHT**

Durchschnittliche Anzahl der Jahre, in denen alle erwachsenen Bürger eines Staates wählen durften – von der Einführung des Wahlrechts bis 2004

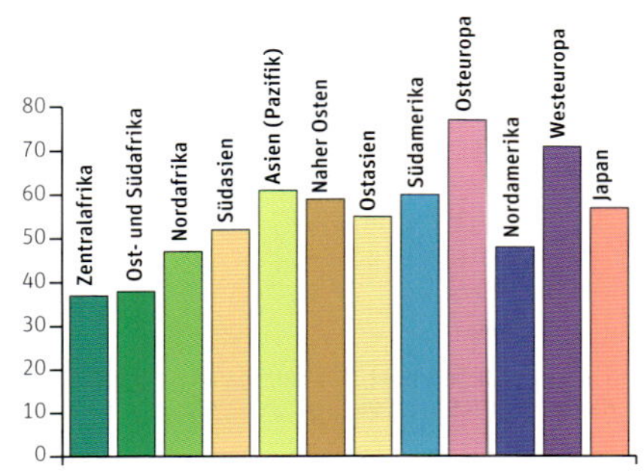

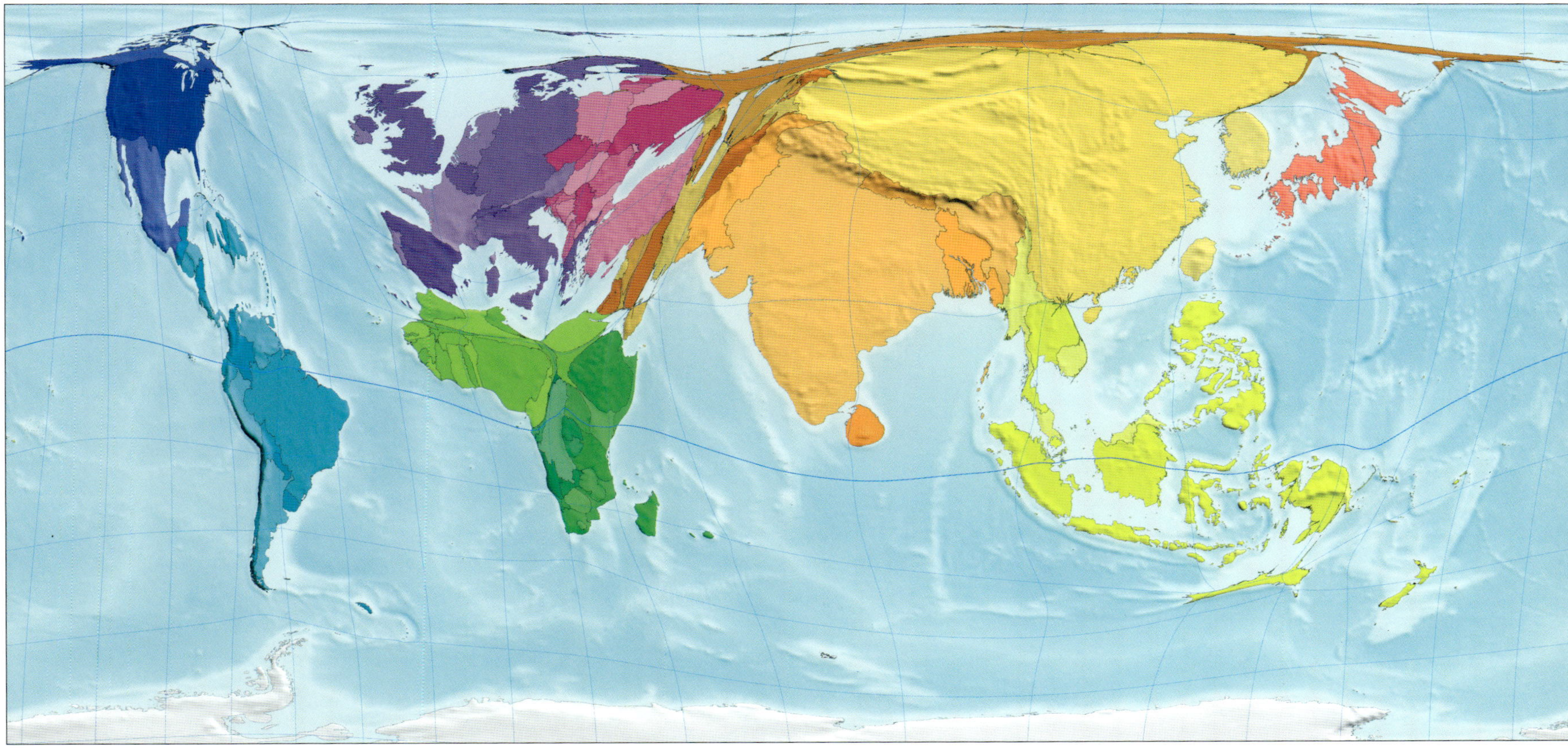

**HÖCHSTE WAHLBETEILIGUNG**

| Rang | Land | Prozent * |
|---|---|---|
| 1 | Italien | 91 |
| 2 | Seychellen | 91 |
| 3 | Angola | 88 |
| 4 | Kambodscha | 88 |
| 5 | Österreich | 88 |
| 6 | Estland | 87 |
| 7 | Deutschland | 86 |
| 8 | Ungarn | 86 |
| 9 | Kirgisistan | 86 |
| 10 | Lettland | 85 |
| 11 | Osttimor | 85 |
| 12 | Albanien | 85 |
| 12 | Cookinseln | 85 |
| 14 | Australien | 85 |
| 15 | Niederlande | 85 |
| 16 | Malawi | 85 |
| 17 | Dänemark | 84 |
| 18 | Südafrika | 84 |
| 19 | Tschechien | 84 |
| 20 | Schweden | 83 |

*Durchschnittliche Anzahl der Wähler bei nationalen Wahlen von 1945 bis 1998

# 014 Wahlbeteiligung

**Eine hohe Wahlbeteiligung spricht sowohl für das politische Interesse eines Volkes als auch für dessen Vertrauen in die politischen Institutionen. Die Beteiligung an nationalen Wahlen zwischen 1945 und 1998 bestimmt hier die Größenverhältnisse.**

Die Wahlbeteiligung bezeichnet den Prozentsatz der Wahlberechtigten, die tatsächlich ihre Stimme abgeben. Zwischen 1945 und 1998 betrug die durchschnittliche Wahlbeteiligung weltweit 64 Prozent. Allerdings besteht in den meisten Staaten keine Wahlpflicht, sodass kaum 100 Prozent erreicht werden, manchmal deutlich weniger. Der Verzicht auf die Stimmabgabe kann ein ebenso deutliches politisches Signal sein wie die Bereitschaft zu wählen. Im Allgemeinen spricht eine hohe Wahlbeteiligung für Vertrauen in die Politik und ihre Institutionen, Gewähr der Geheimhaltung und gute Erreichbarkeit der Wahllokale.

Beim Vergleich der Wahlbeteiligung in verschiedenen Staaten ist Vorsicht geboten, da es angesichts verschiedener politischer Systeme auch erhebliche Unterschiede beim Wahlrecht gibt. Die mit jeweils 91 Prozent höchsten jemals gezählten Wahlbeteiligungen bei freien Wahlen ohne Wahlpflicht gab es in Italien und auf den Seychellen.

**WAHLBETEILIGUNG**
Durchschnittlicher Prozentsatz der Wähler von 1945 bis 1998

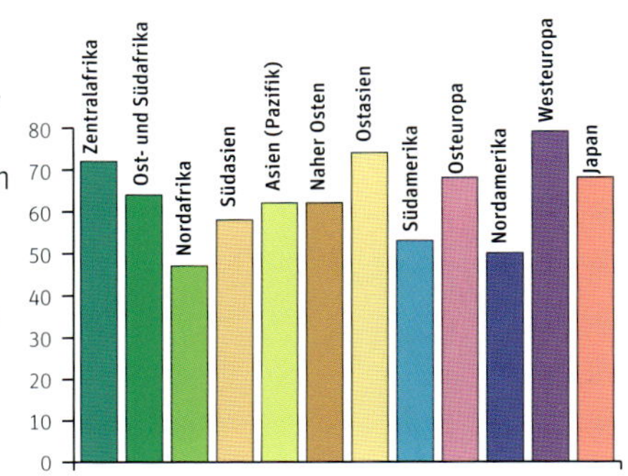

**HÖCHSTE UND NIEDRIGSTE EMIGRATIONSRATEN**

| Rang | Land | Auswanderer* |
|---|---|---|
| 1 | Andorra | 76 |
| 2 | Tonga | 69 |
| 3 | St. Lucia | 67 |
| 4 | St. Vincent und die Grenadinen | 66 |
| 5 | Monaco | 65 |
| 6 | Palästina | 60 |
| 7 | Samoa | 55 |
| 8 | Surinam | 51 |
| 9 | Guyana | 50 |
| 10 | Jamaika | 38 |
| 191 | Venezuela | 0,64 |
| 192 | Tansania | 0,64 |
| 193 | Taiwan | 0,60 |
| 194 | Kenia | 0,54 |
| 195 | Brasilien | 0,53 |
| 196 | Libyen | 0,49 |
| 197 | China | 0,43 |
| 198 | Bahamas | 0,36 |
| 199 | Zentralafrikanische Republik | 0,17 |
| 200 | Nordkorea | 0,16 |

*Anzahl der Auswanderer in Prozent der Gesamtbevölkerung

# 015 Auswanderer

**Die Größen der Länder bemessen sich nach der Anzahl der Auswanderer. Doch auch die absoluten Einwohnerzahlen der Länder spielen dabei eine Rolle.**

Diese Karte zeigt, wie viele Auswanderer ein bestimmtes Land als ihre Heimat angeben. Emigration betrifft nicht nur bestimmte Regionen, dennoch sind Schwerpunkte deutlich erkennbar. Die durchschnittliche regionale Auswanderungsrate liegt bei etwa einem Prozent in Süd- und Ostasien sowie Japan, bei acht Prozent in Osteuropa und bei immerhin neun Prozent im Nahen Osten und in Zentralasien. Trotz ihrer relativ niedrigen Auswanderungszahlen sind Süd- und Ostasien auf dieser Karte immer noch sichtbar, weil die Gesamtbevölkerung sehr groß ist, was die Proportionen der Darstellung verzerrt.

**AUSWANDERER**
in Prozent der Gesamteinwohnerzahl

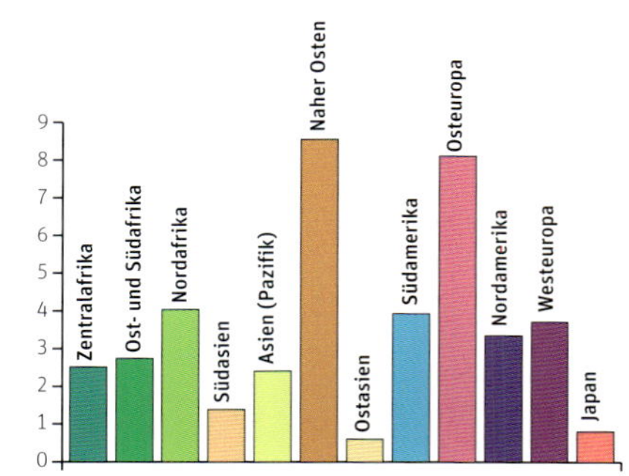

**HÖCHSTE UND NIEDRIGSTE IMMIGRATIONSRATEN**

| Rang | Land | Prozent* |
|---|---|---|
| 1 | Andorra | 80 |
| 2 | Katar | 68 |
| 3 | Monaco | 68 |
| 4 | Vereinigte Arabische Emirate | 66 |
| 5 | Gaza und Westbank | 49 |
| 6 | Kuwait | 46 |
| 7 | Luxemburg | 41 |
| 8 | Hongkong | 39 |
| 9 | Jordanien | 37 |
| 10 | Bahrain | 36 |
| 191 | Somalia | 0,23 |
| 192 | Philippinen | 0,20 |
| 193 | Guyana | 0,20 |
| 194 | Indonesien | 0,18 |
| 195 | Peru | 0,17 |
| 196 | Nordkorea | 0,16 |
| 197 | Afghanistan | 0,16 |
| 198 | Marokko | 0,09 |
| 199 | China | 0,04 |
| 200 | Vietnam | 0,03 |

*Gesamtzahl der Einwanderer in Prozent der Bevölkerung des Aufnahmelandes

# 016 Einwanderer

**Oft sind es gerade die kleinsten Länder, die extreme Einwanderungsraten aufweisen. Je mehr Immigranten in einem Land leben, desto größer wird es dargestellt.**

Um das Jahr 2000 lebten drei Prozent der Weltbevölkerung – das sind 174 Millionen Menschen – dauerhaft außerhalb ihrer Heimatländer. Die meisten Einwanderer zog es in die Vereinigten Staaten, die höchste prozentuale Zuwanderung im Verhältnis zur Bevölkerungszahl weist Andorra auf. Vier von fünf Andorranern sind eingewandert. Einige der kleinsten Staaten sind also Beispiele für die niedrigsten, andere für die höchsten Einwanderungsraten, Guyana und die Philippinen gehören zu den Ländern mit den geringsten Immigrationsraten. Nur einer von 500 Bewohnern ist Einwanderer.

**EINWANDERER**
in Prozent der Einwohnerzahl des Aufnahmelandes

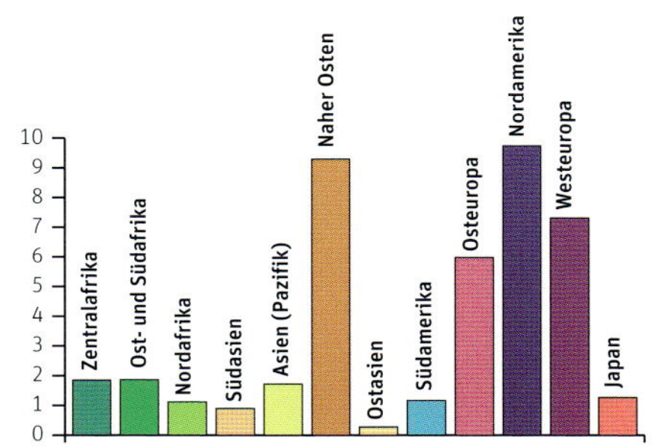

**HÖCHSTE NETTOEMIGRATION**

| Rang | Land | Emigranten* |
|---|---|---|
| 1 | Tonga | 68 |
| 2 | St. Lucia | 59 |
| 3 | St. Vincent und die Grenadinen | 58 |
| 4 | Samoa | 51 |
| 5 | Surinam | 50 |
| 6 | Guyana | 49 |
| 7 | Jamaika | 38 |
| 8 | Bosnien und Herzegowina | 30 |
| 9 | Barbados | 27 |
| 10 | Osttimor | 26 |
| 11 | Dschibuti | 26 |
| 12 | Fidschi | 25 |
| 13 | Trinidad und Tobago | 24 |
| 14 | Mikronesien | 24 |
| 15 | Albanien | 21 |
| 16 | Kap Verde | 20 |
| 17 | Georgien | 20 |
| 18 | São Tomé und Príncipe | 19 |
| 19 | Libanon | 18 |
| 20 | Lesotho | 17 |

*Nettoanzahl der Auswanderer in Prozent der Gesamtbevölkerung des Heimatlandes

# 017 Nettoauswanderung

**Bei mehr als der Hälfte aller Länder der Erde ist die Quote der Auswanderer höher als die der Einwanderer. Die Höhe der Nettoauswanderung eines Landes bestimmt die Größe der Darstellung.**

Bei knapp über der Hälfte aller Staaten liegt die Zahl der Auswanderer mehr oder weniger deutlich über jener der Einwanderer. In der Regel handelt es sich dabei um ärmere Länder. Die höchste Nettoauswanderung weist Mexiko auf. Das Land hatte 2000 einen Nettoverlust von 8,8 Millionen Einwohnern zu verzeichnen. Der Großteil davon wanderte in die Vereinigten Staaten aus. Nordamerika verzeichnet damit die höchsten Zahlen sowohl von Ein- als auch von Auswanderern. Dabei ist die hohe Einwanderungsrate der Vereinigten Staaten eine unmittelbare Folge der hohen Auswanderungsquote Mexikos.

*»Sie versuchen, das Elend zu verlassen und Länder zu erreichen, in denen sie sich bessere Lebensbedingungen erwarten.«*

Enrique Santiago, CEAR-Generalsekretär, 2005

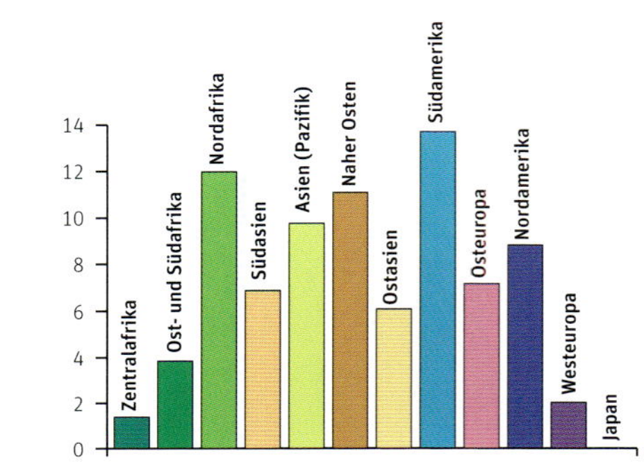


**NETTOAUSWANDERUNG**
in Millionen pro Jahr

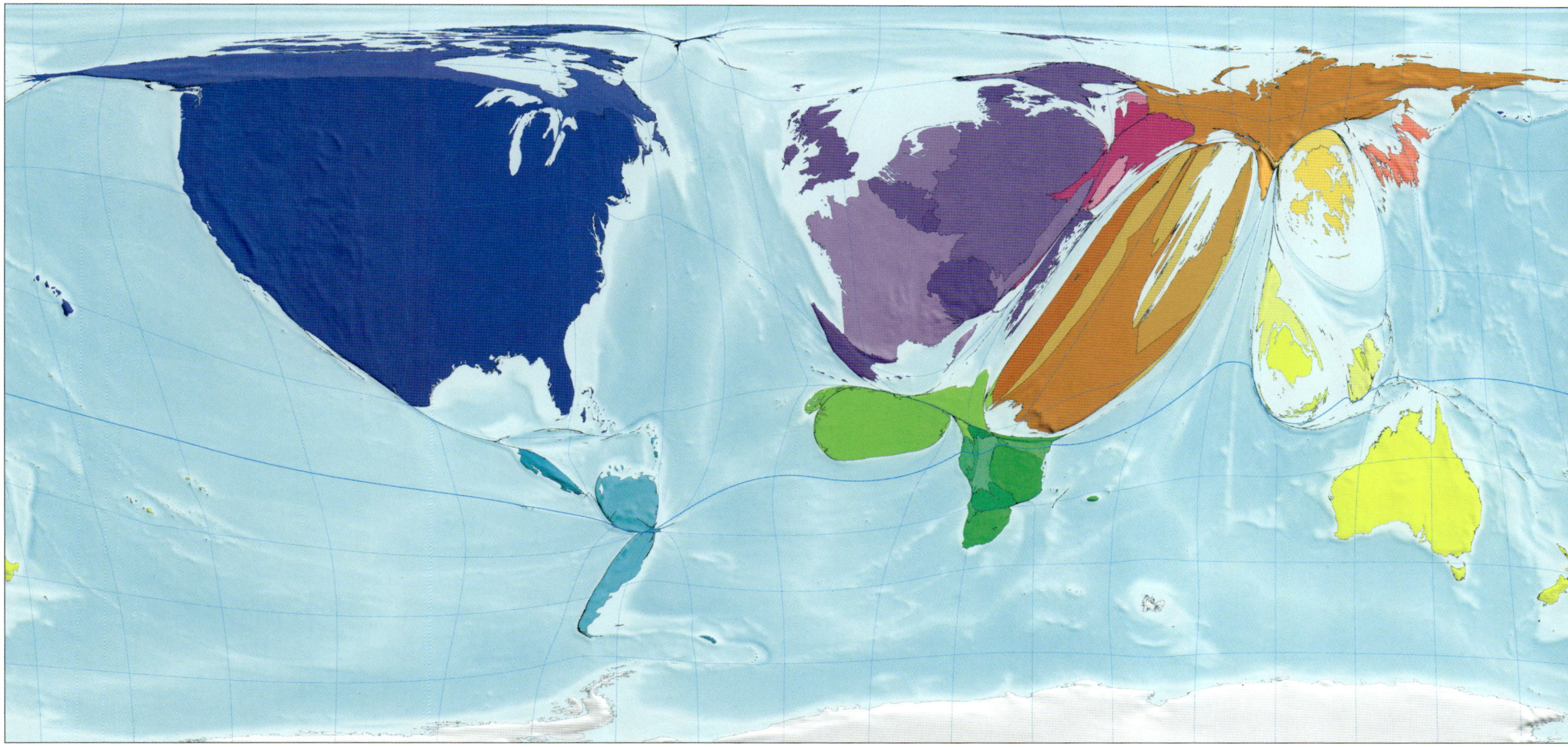

**HÖCHSTE NETTOEINWANDERUNG**

| Rang | Land | Prozent* |
|---|---|---|
| 1 | Vereinigte Arabische Emirate | 59 |
| 2 | Katar | 57 |
| 3 | Singapur | 25 |
| 4 | Israel | 24 |
| 5 | Luxemburg | 24 |
| 6 | Kuwait | 24 |
| 7 | Hongkong | 22 |
| 8 | Bahrain | 21 |
| 9 | Jordanien | 21 |
| 10 | Australien | 20 |
| 11 | Brunei | 19 |
| 12 | Saudi-Arabien | 17 |
| 13 | Kanada | 16 |
| 14 | Elfenbeinküste | 13 |
| 15 | Schweiz | 13 |
| 16 | Vereinigte Staaten | 11 |
| 17 | Libyen | 10 |
| 18 | Bahamas | 10 |
| 19 | Gabun | 9 |
| 20 | Gambia | 9 |

*Nettoanzahl der Einwanderer in Prozent der Gesamtbevölkerung des Aufnahmelandes

# 018 Nettoeinwanderung

**Die Größenverhältnisse der Länder sind ein eindrucksvoller Beweis für die Sogwirkung, die reiche Länder auf die Bewohner ärmerer Regionen ausüben.**

In mehr als der Hälfte der rund 200 Staaten der Erde ist die Zahl der Emigranten höher als die der Immigranten. Deshalb erscheinen sie nicht auf dieser Karte. Zu den reicheren Regionen, die die höchste Nettoeinwanderung aufweisen, gehören Nordamerika, Westeuropa, der Nahe Osten und Zentralasien. Gemeinsam weisen sie 80 Prozent der weltweiten Nettoeinwanderung auf, wobei davon die Vereinigten Staaten allein auf 37 Prozent kommen.

**NETTOEINWANDERUNG**
Millionen pro Jahr

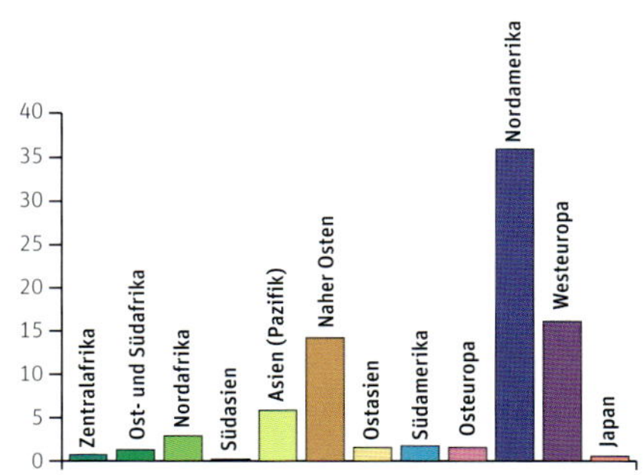


*»Und niemand wird daran zweifeln, dass unsere Auswanderung für die britische Nation von großem Nutzen war.«* Henry Carter, Dichter, 1796

**HERKUNFTSLÄNDER VON FLÜCHTLINGEN UND BINNENVERTRIEBENEN**

| Rang | Land | Prozent* |
|---|---|---|
| 1 | Bosnien und Herzegowina | 12,0 |
| 2 | Serbien und Montenegro | 12,0 |
| 3 | Afghanistan | 9,9 |
| 4 | Aserbaidschan | 9,9 |
| 5 | Irak | 9,9 |
| 6 | Palästina | 9,6 |
| 7 | Burundi | 9,5 |
| 8 | Bhutan | 5,2 |
| 9 | Kroatien | 5,2 |
| 10 | Georgien | 5,2 |
| 11 | Kolumbien | 4,7 |
| 12 | Puerto Rico | 4,7 |
| 13 | Sri Lanka | 2,5 |
| 14 | Angola | 2,4 |
| 15 | Liberia | 1,7 |
| 16 | Sudan | 1,7 |
| 17 | Westsahara | 1,7 |
| 18 | Sierra Leone | 1,6 |
| 19 | Tadschikistan | 1,0 |
| 20 | Mauretanien | 0,9 |

*Zahl der Flüchtlinge und Binnenvertriebenen in Prozent der Gesamtbevölkerung des Herkunftslandes

# 019 Herkunftsländer von Flüchtlingen

**Die Größendarstellung bemisst sich an der Anzahl der Flüchtlinge und Binnenvertriebenen, die einen Staat als Herkunftsland angeben.**

Bei der Klassifizierung von Flüchtlingen unterscheidet man herkömmliche Flüchtlinge, die in ein anderes Land fliehen, und Binnenvertriebene, die sich in einen anderen Teil des eigenen Landes retten. Auf dieser Karte sind beide Arten gemeinsam ihren Herkunftsstaaten zugeordnet.

2003 schätzte man die Zahl der Flüchtlinge und Binnenvertriebenen weltweit auf 15 Millionen. Da Fluchtbewegungen sowohl innerhalb eines Landes als auch grenzüberschreitend stattfinden können, fungieren einige Staaten sowohl als Herkunfts- als auch als Aufnahmeländer von Flüchtlingen. Dies gilt zum Beispiel für Krisengebiete wie den Irak und Afghanistan. (Vergleiche Karte 020 Aufnahmeregionen von Flüchtlingen)

**HERKUNFTSLÄNDER***
Oben: Tausende von Binnenvertriebenen
Unten: Flüchtlinge

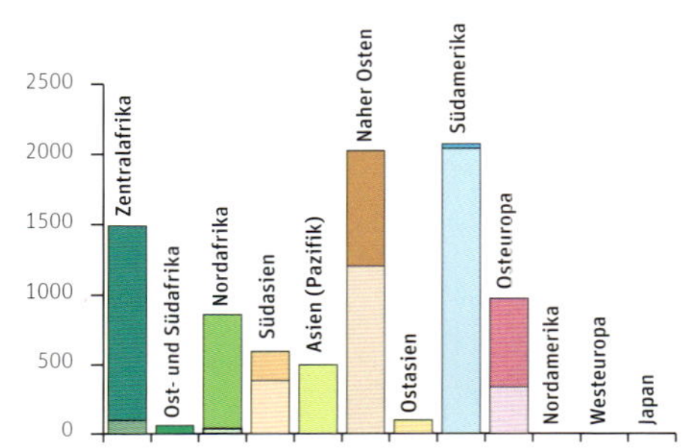


*Die Zahlen entsprechen den offiziellen Angaben. Die Karte oben berücksichtigt auch inoffizielle Daten, was insbesondere die Darstellung des Nahen Ostens beinflusst.

**AUFNAHMELÄNDER VON FLÜCHTLINGEN UND BINNENVERTRIEBENEN**

| Rang | Land | Prozent* |
|---|---|---|
| 1 | Bosnien und Herzegowina | 8,5 |
| 2 | Armenien | 7,7 |
| 3 | Aserbaidschan | 6,9 |
| 4 | Georgien | 5,1 |
| 5 | Kolumbien | 4,7 |
| 6 | Dschibuti | 3,9 |
| 7 | Serbien und Montenegro | 2,6 |
| 8 | Kongo | 2,5 |
| 9 | Afghanistan | 2,4 |
| 10 | Irak | 2,4 |
| 11 | Guinea-Bissau | 2,2 |
| 12 | Burundi | 2,1 |
| 13 | Sambia | 2,1 |
| 14 | Sri Lanka | 2,0 |
| 15 | Tschad | 1,8 |
| 16 | Tansania | 1,8 |
| 17 | Schweden | 1,6 |
| 18 | Puerto Rico | 1,5 |
| 19 | Dänemark | 1,4 |
| 19 | Iran | 1,4 |

*Zahl der Flüchtlinge und Binnenvertriebenen in Prozent der Gesamtbevölkerung des Aufnahmelandes

# 020 Aufnahmeländer von Flüchtlingen

**Der Maßstab der Länder entspricht der Anzahl der dort lebenden Flüchtlinge und Binnenvertriebenen.**

Gemäß der UNO-Definition von 1951 gilt als Flüchtling, wer »aus der begründeten Furcht vor Verfolgung aus Gründen der Rasse, Religion, Nationalität, Zugehörigkeit zu einer bestimmten sozialen Gruppe oder wegen seiner politischen Überzeugung sich außerhalb des Landes befindet, dessen Staatsangehörigkeit er besitzt«. Menschen, für die dies zutrifft und die zwar ihre Heimat verlassen müssen, um Verfolgung, Katastrophen und bewaffneten Konflikten zu entgehen, die aber keine Staatsgrenze überschreiten, werden als Binnenvertriebene bezeichnet.

2003 waren der Nahe Osten, Zentralasien und Südamerika Hauptziele beider Arten von Flüchtlingen. Pakistan, der Iran und Deutschland nahmen die meisten Menschen auf, die ihre Heimatländer verlassen hatten.

*»Mir fehlen meine Heimat, die Sonne meines Landes, sein Boden, meine Freunde, seine Art zu leben, seine unglaubliche Schlichtheit.«*

Habib Souaïdia, Autor von »Schmutziger Krieg in Algerien«, 2006

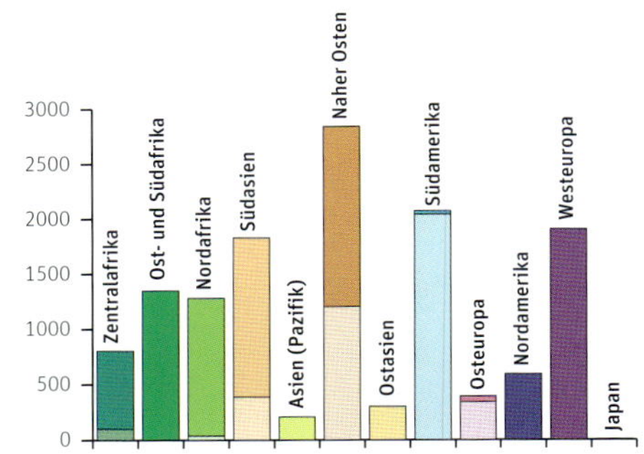


**AUFNAHMEREGIONEN**

Oben: Tausende von Binnenvertriebenen

Unten: Flüchtlinge

**HÖCHSTE UND NIEDRIGSTE ANZAHL AUSREISENDER TOURISTEN**

| Rang | Land | Prozent* |
|---|---|---|
| 1 | Antigua und Barbuda | 366 |
| 2 | Tschechien | 335 |
| 3 | Estland | 151 |
| 4 | Schweiz | 150 |
| 5 | Malaysia | 143 |
| 6 | Ungarn | 137 |
| 7 | Schweden | 134 |
| 8 | Irland | 113 |
| 9 | Finnland | 102 |
| 10 | Slowenien | 100 |
| 191 | Indien | 0,38 |
| 192 | Kambodscha | 0,34 |
| 193 | Sierra Leone | 0,26 |
| 194 | Madagaskar | 0,22 |
| 195 | Vietnam | 0,20 |
| 196 | Äthiopien | 0,18 |
| 197 | DR Kongo | 0,09 |
| 198 | Niger | 0,08 |
| 199 | Tadschikistan | 0,04 |
| 200 | Angola | 0,02 |

*Jährliche Zahl der Urlaubsreisen in Prozent der Gesamtbevölkerung des Herkunftslandes

# 021 Herkunftsländer von Touristen

**Wer macht am meisten Urlaub? Die Proportionen auf dieser Karte sind abhängig von der Zahl der Urlaubsreisen der Bewohner eines Landes.**

Woher stammten die Touristen, die im Jahr 2003 Auslandsreisen unternommen haben? Hauptsächlich kamen sie aus Westeuropa, Nordamerika und Osteuropa. Sehr wenige dagegen stammten aus Zentral-, Ost- und Südafrika sowie aus Südasien. Im Durchschnitt verreisten die Bewohner von Antigua und Barbuda 3,66-mal pro Jahr, die Einwohner Angolas dagegen nur 0,0002-mal. Das heißt weniger als 0,02 Prozent der angolanischen Bevölkerung kamen als Touristen ins Ausland. Tatsächlich ist die Anzahl noch geringer, da diejenigen, die sich solche Reisen leisten konnten, oft mehrmals verreisten.

Da dieser Karte die Gesamtzahl von Urlaubsreisen zugrunde liegt, kommt es bezüglich des touristisch aktiven Bevölkerungsanteils zu gewissen Verzerrungen, da in wohlhabenden Ländern mehrere Auslandsreisen pro Jahr nicht unüblich sind.

**URLAUBSREISEN**

Pro Jahr in Prozent der Gesamtbevölkerung

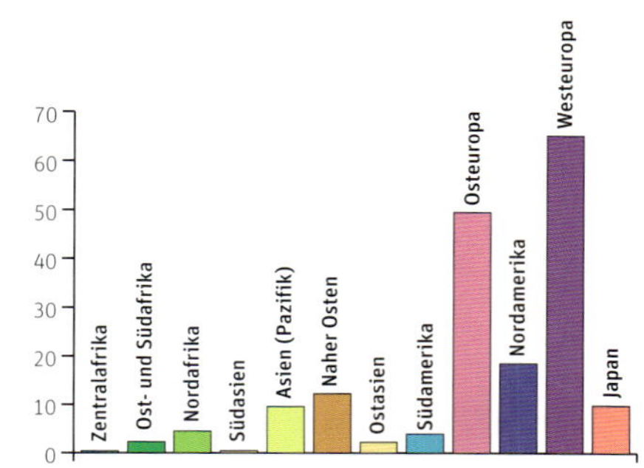

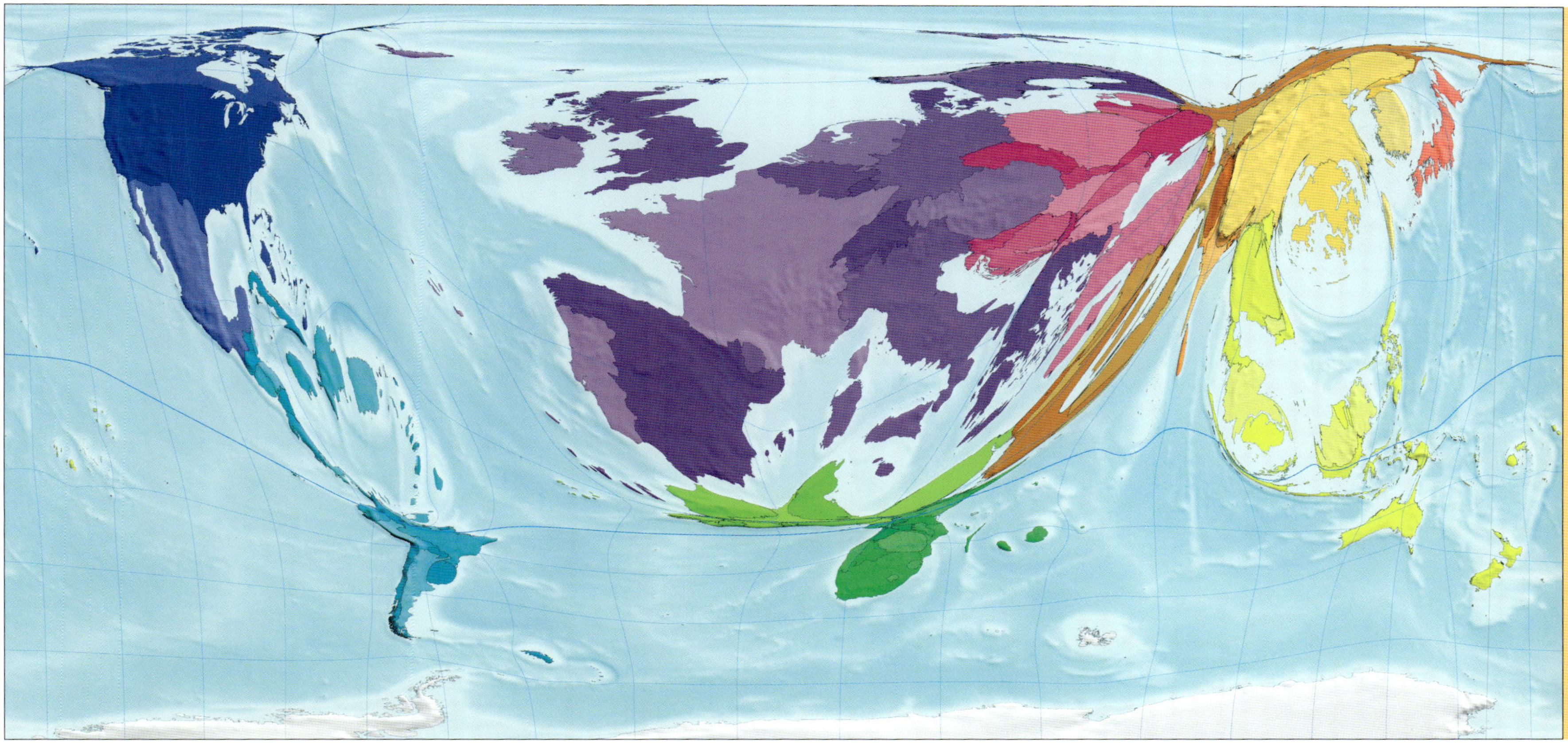

## HÖCHSTES UND NIEDRIGSTES VERHÄLTNIS VON TOURISTEN ZU EINWOHNERN

| Rang | Land | Prozent* |
|---|---|---|
| 1 | Andorra | 4548 |
| 2 | Monaco | 688 |
| 3 | Bahamas | 503 |
| 4 | Bahrain | 422 |
| 5 | Palau | 340 |
| 6 | Zypern | 288 |
| 7 | Malta | 282 |
| 8 | Brunei | 280 |
| 9 | St. Lucia | 277 |
| 10 | Island | 257 |
| 191 | Pakistan | 0,32 |
| 192 | Bhutan | 0,27 |
| 193 | Zentralafrikanische Republik | 0,26 |
| 194 | Tschad | 0,25 |
| 195 | Indien | 0,23 |
| 196 | Äthiopien | 0,23 |
| 197 | Sudan | 0,16 |
| 198 | Bangladesch | 0,14 |
| 199 | DR Kongo | 0,07 |
| 200 | Tadschikistan | 0,06 |

*Jährlich einreisende Touristen in Prozent der Gesamtbevölkerung

# 022 Tourismusziele

**Diese Karte zeigt, welche Länder die meisten Touristen anziehen. Interessanterweise haben beliebte Reiseländer oft auch eine besonders reisefreudige Bevölkerung.**

2003 zählte man weltweit 665 Millionen internationale Urlaubsreisen. Geht man von einer Weltbevölkerung von 6,2 Milliarden aus, heißt das, dass im Schnitt 10,7 Prozent aller Menschen im Ausland Urlaub machten. Die tatsächliche Anzahl war aber geringer, da manche Menschen mehrfach verreisten.

Die beliebtesten Urlaubsländer sind gleichzeitig jene, deren Bewohner selbst oft und gern ins Ausland reisen. So ist Westeuropa das häufigste Ziel im Ferntourismus. Nicht weniger als 46 Prozent aller Urlaubsreisen gehen dorthin, und die meisten konzentrieren sich auf bestimmte Tourismuszentren. Auf jeden Einwohner Andorras kommen 45 Touristenbesuche pro Jahr, in Monaco sind es sieben. Aber auch die Bahamas erreichen eine Quote von fünf Urlaubsreisen pro Einwohner.

Das andere Extrem ergibt sich für Zentralafrika – es zieht nur 0,1 Prozent des internationalen Tourismus an.

**EINREISE VON TOURISTEN**
Pro Jahr in Prozent der Gesamtbevölkerung

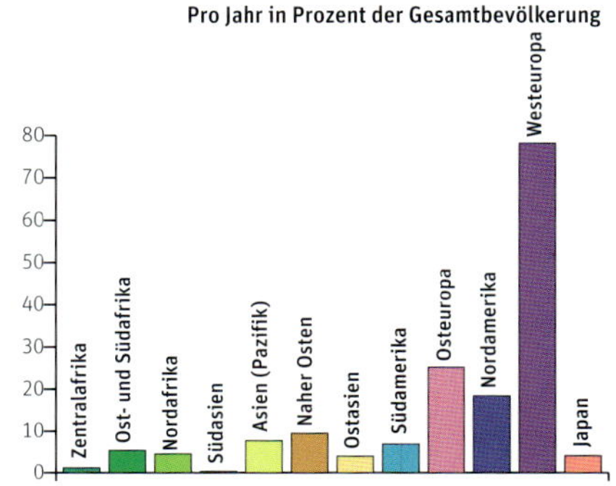


*»Touristen sind sehr wetterwendische Wesen. Allein die Vermutung, dass ein Ziel Risiken aufweisen könnte, lässt die Zahlen der Branche einbrechen.«* Howard Rosenzweig, Journalist, 2003

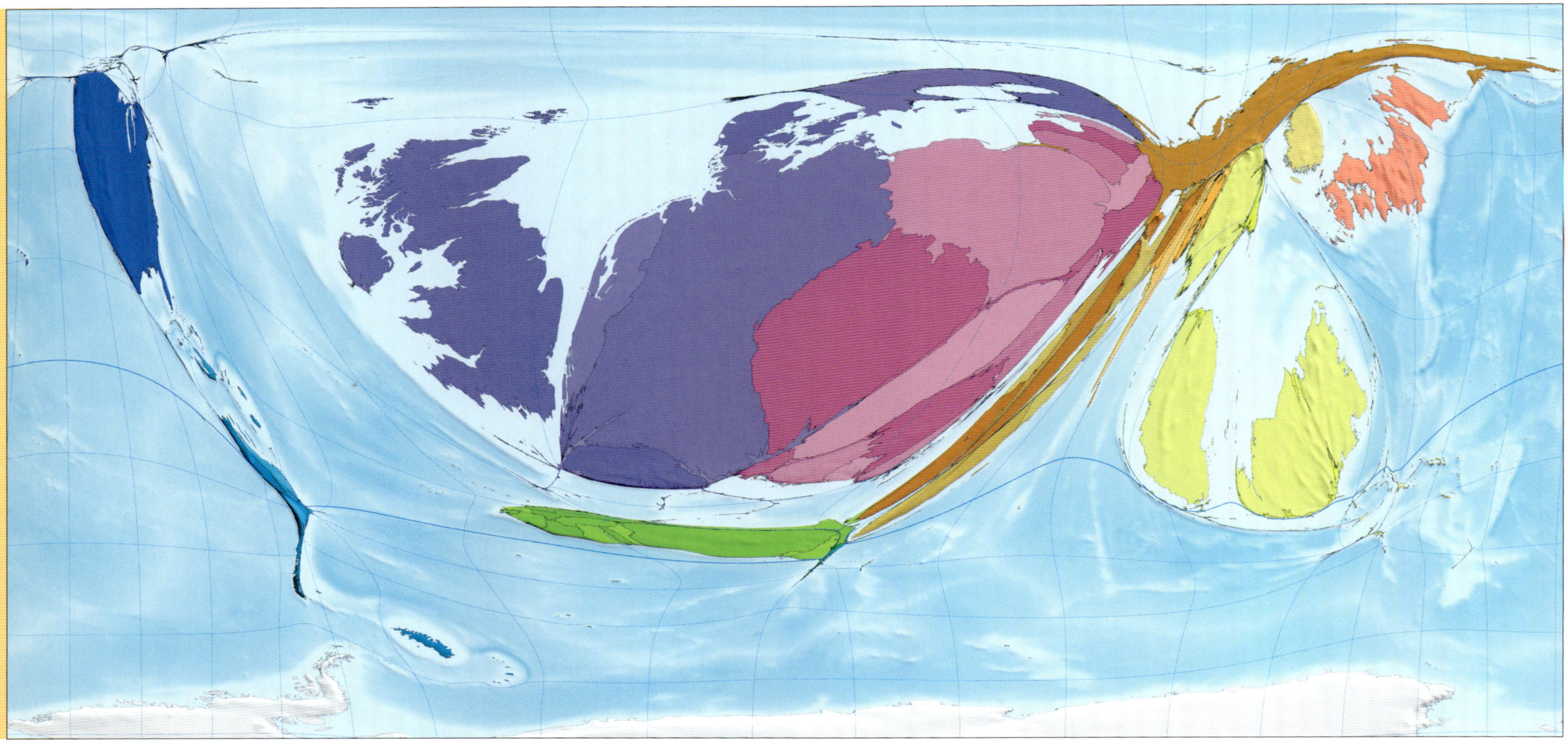

# 023 Netto-Urlaubsreisen ins Ausland

**Länder, deren Bewohner besonders viele Auslandsreisen unternehmen, ohne dass sie selbst viele Touristen anziehen würden, kommen auf dieser Karte groß heraus.**

Deutschland, Großbritannien, Tschechien, Malaysia und Polen sind die Spitzenreiter in dieser Kategorie. So machen deutsche Staatsbürger jährlich nicht weniger als 70,7 Millionen Urlaubsreisen ins Ausland, während Deutschland nur von 18,4 Millionen Touristen pro Jahr besucht wird. Die Nettoanzahl von Urlaubsreisen ins Ausland beträgt demnach für Deutschland 52,3 Millionen Reisen. Auf Bürger west- und osteuropäischer Staaten kommen über zwei Drittel der weltweiten Nettoanzahl von Auslandsreisen. Das liegt unter anderem daran, dass die Länder Europas häufig klein und die Grenzen dank der Europäischen Union so durchlässig sind, dass sie kaum mehr als solche empfunden werden. Der größte Teil der Urlaubsreisen in Europa führt daher in ein europäisches Nachbarland.

**HÖCHSTE NETTOANZAHL VON URLAUBSREISEN INS AUSLAND**

| Rang | Land | Prozent* |
|---|---|---|
| 1 | Tschechien | 285 |
| 2 | Antigua und Barbuda | 144 |
| 3 | Ungarn | 107 |
| 4 | Malaysia | 99 |
| 5 | Deutschland | 63 |
| 6 | Dänemark | 60 |
| 7 | Schweiz | 60 |
| 8 | Polen | 60 |
| 9 | Großbritannien | 57 |
| 10 | Litauen | 52 |
| 11 | Lettland | 52 |
| 12 | Finnland | 52 |
| 13 | Schweden | 48 |
| 14 | Bosnien und Herzegowina | 46 |
| 15 | Serbien und Montenegro | 45 |
| 16 | Niederlande | 42 |
| 17 | Mazedonien | 42 |
| 18 | Oman | 41 |
| 19 | Estland | 39 |
| 20 | Israel | 33 |

*Jährliche Nettoanzahl von touristischen Auslandsreisen in Prozent der Gesamtbevölkerung

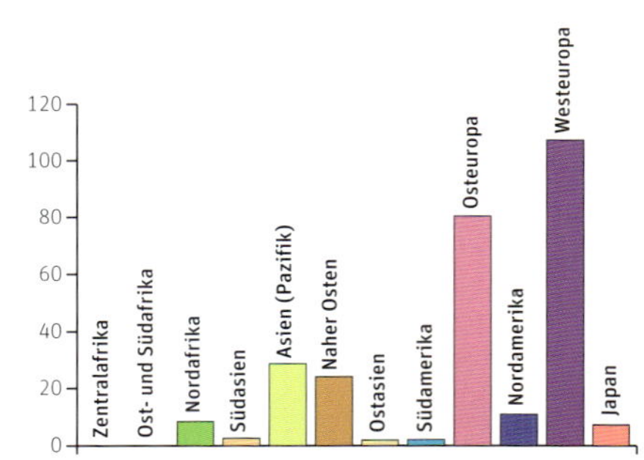


**NETTOANZAHL VON URLAUBSREISEN INS AUSLAND**
Millionen Reisen pro Jahr

**HÖCHSTE NETTOANZAHL VON URLAUBSREISEN IN EIN LAND**

| Rang | Land | Prozent* |
|---|---|---|
| 1 | Andorra | 4483 |
| 2 | Monaco | 623 |
| 3 | Bahamas | 485 |
| 4 | Bahrain | 410 |
| 5 | Palau | 297 |
| 6 | St. Lucia | 273 |
| 7 | Brunei | 270 |
| 8 | Malta | 239 |
| 9 | Zypern | 213 |
| 10 | Vereinigte Arabische Emirate | 190 |
| 11 | Österreich | 176 |
| 12 | Malediven | 174 |
| 13 | Barbados | 173 |
| 14 | Island | 168 |
| 15 | Hongkong | 158 |
| 16 | St. Kitts und Nevis | 158 |
| 17 | Luxemburg | 155 |
| 18 | Grenada | 138 |
| 19 | Kroatien | 119 |
| 20 | Spanien | 119 |

*Jährliche Nettoanzahl von Urlaubsreisen in ein Land in Prozent der Gesamtbevölkerung

# 024 Netto-Urlaubsreisen in ein Land

**Länder, die Besuchermagnete sind, ohne dass ihre eigenen Bürger viel ins Ausland reisen, erscheinen hier am größten.**

Frankreich und Spanien sind die großen Gewinner in Sachen Nettotourismus. Zusammen kommen sie auf ein Drittel des weltweiten Besucherüberschusses. Jedes dieser beiden Länder zieht mehr als dreimal so viele Urlaubsreisende aus dem Ausland an als Österreich, Italien und China zusammen.

*»Ich für meinen Teil reise nicht, um irgendwohin zu gelangen, sondern um zu reisen. Ich reise um der Reise willen. Was zählt, ist Bewegung.«*

Robert Louis Stevenson, »Reise mit dem Esel durch die Cevennen«, 1879

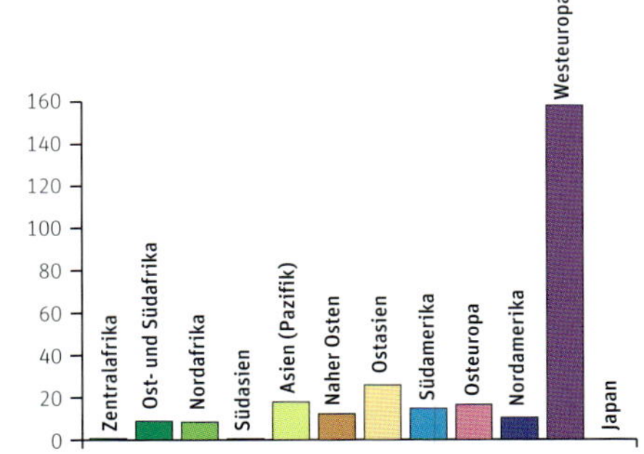


**NETTOANZAHL VON URLAUBSREISEN IN EIN LAND**
Millionen Reisen pro Jahr

**HÖCHSTE UND NIEDRIGSTE AUSGABEN IM INTERNATIONALEN REISEVERKEHR**

| Rang | Land | US-Dollar* |
|---|---|---|
| 1 | Luxemburg | 6005 |
| 2 | Kuwait | 1563 |
| 3 | Österreich | 1562 |
| 4 | Norwegen | 1499 |
| 5 | Island | 1467 |
| 6 | Vereinigte Arabische Emirate | 1365 |
| 7 | Bahamas | 1347 |
| 8 | Schweiz | 1312 |
| 9 | Belgien | 1281 |
| 10 | Irland | 1239 |
| 191 | Malawi | 4,03 |
| 192 | Ruanda | 3,98 |
| 193 | Angola | 3,94 |
| 194 | Laos | 3,09 |
| 195 | Bangladesch | 2,81 |
| 196 | Burkina Faso | 2,78 |
| 197 | Niger | 1,39 |
| 198 | Äthiopien | 0,80 |
| 199 | Myanmar | 0,74 |
| 200 | Afghanistan | 0,04 |

*Ausgaben für Auslandsreisen pro Person und Jahr

# 025 Tourismusausgaben

**Im Jahr 2003 hat jeder Mensch im Durchschnitt 92 US-Dollar für Auslandsreisen ausgegeben. Dabei zeigt sich: Die reisefreudigsten Länder sind nicht immer die großzügigsten.**

Diese Karte zeigt, wo das Geld zum Urlaubmachen am lockersten sitzt. Wie die Einnahmen aus dem Tourismus (Karte 026), so sind auch die Ausgaben sehr ungleich verteilt. Sie bewegen sich je nach Land zwischen 6005 US-Dollar und 0,04 US-Dollar pro Person und Jahr. Am meisten geben die Bürger Luxemburgs, Kuwaits und Österreichs für Auslandsreisen aus, am wenigsten die Einwohner Afghanistans, Myanmars (Burmas) und Äthiopiens. In der Nationenwertung führen die Vereinigten Staaten das Feld an, gefolgt von Deutschland, Großbritannien und Japan.

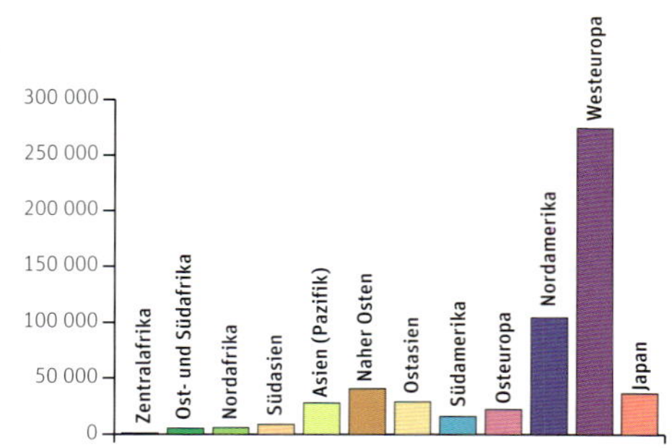


**TOURISMUSAUSGABEN IM AUSLAND**
in Millionen US-Dollar pro Jahr

**HÖCHSTE UND NIEDRIGSTE TOURISMUS-EINNAHMEN**

| Rang | Land | US-Dollar* |
|---|---|---|
| 1 | Luxemburg | 7036 |
| 2 | Bahamas | 5686 |
| 3 | Palau | 2803 |
| 4 | Zypern | 2665 |
| 5 | Barbados | 2429 |
| 6 | Seychellen | 2300 |
| 7 | Malta | 2033 |
| 8 | Österreich | 1906 |
| 9 | Island | 1539 |
| 10 | Schweiz | 1497 |
| 191 | Nigeria | 2,07 |
| 192 | Burkina Faso | 1,89 |
| 193 | Usbekistan | 1,77 |
| 194 | Myanmar | 1,32 |
| 195 | Palästina | 1,12 |
| 196 | Tadschikistan | 1,07 |
| 197 | Guinea | 0,92 |
| 198 | Zentralafrikanische Republik | 0,75 |
| 199 | Bangladesch | 0,39 |
| 200 | Burundi | 0,17 |

*Tourismuseinnahmen in US-Dollar pro Person und Jahr

# 026 Tourismuseinnahmen

**Ungleich verteilt sind auch die Einnahmen aus dem Tourismus. Reiche Länder profitieren mehr als arme, verschärft wird das Problem durch die höhere Kaufkraft des Dollars in armen Ländern.**

2003 betrugen die Einnahmen der Tourismusindustrie weltweit 573 Milliarden US-Dollar. 72,7 Prozent davon gehen an nur zehn Prozent der Staaten. Industrieländer wie die Vereinigten Staaten, Spanien, Italien und Frankreich profitieren überproportional vom Tourismus, ärmere Gegenden kaum, auch weil der Dollar dort eine höhere Kaufkraft hat. Als Gefahr für die europäische Tourismusindustrie könnte sich künftig der Kursverfall des US-Dollar gegenüber dem Euro erweisen.

**TOURISMUSEINNAHMEN**
in Millionen US-Dollar pro Jahr

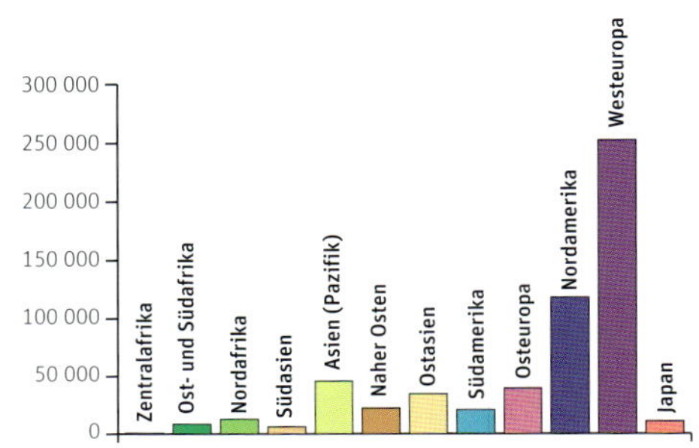

### HÖCHSTER GEWINN AUS DEM INTERNATIONALEN TOURISMUS

| Rang | Land | US-Dollar* |
|---|---|---|
| 1 | Bahamas | 4339 |
| 2 | Palau | 2703 |
| 3 | Barbados | 1916 |
| 4 | Seychellen | 1860 |
| 5 | Zypern | 1763 |
| 6 | Malta | 1438 |
| 7 | Hongkong | 1286 |
| 8 | Kroatien | 1260 |
| 9 | Luxemburg | 1031 |
| 10 | Spanien | 808 |
| 11 | Griechenland | 715 |
| 12 | Bahrain | 627 |
| 13 | Mauritius | 564 |
| 14 | Jamaika | 489 |
| 15 | Portugal | 424 |
| 16 | Puerto Rico | 400 |
| 17 | Österreich | 344 |
| 18 | Fidschi | 331 |
| 19 | Estland | 331 |
| 20 | Slowenien | 273 |

*Jährlicher Gewinn je Einwohner des bereisten Landes

# 027 Netto-Tourismuseinnahmen

## Gesamttourismuseinnahmen eines Landes minus Tourismusausgaben der eigenen Bürger im Ausland

Diese Karte zeigt die Nettoeinnahmen eines Landes, die entstehen, wenn ausländische Touristen dort mehr ausgeben als die eigenen Bürger bei Urlaubsreisen ins Ausland. An der Spitze steht Spanien mit Nettoeinnahmen in Höhe von 33 Milliarden US-Dollar, sie sind mehr als doppelt so hoch wie beim Zweitplatzierten, den Vereinigten Staaten.

Interessanterweise sind alle Staaten mit den höchsten Nettoeinnahmen pro Person Inseln: die Bahamas, Palau, Barbados, die Seychellen, Zypern, Malta und Hongkong (zu China gehörig).

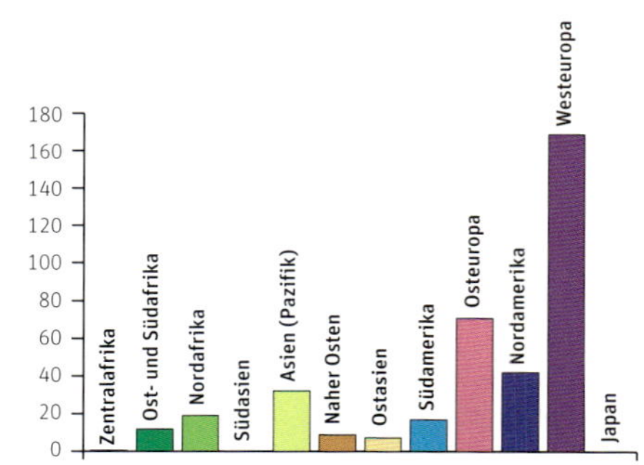


**GEWINN AUS DEM TOURISMUS**
in Millionen US-Dollar pro Person und Jahr

**HÖCHSTER NETTOVERLUST IM INTERNATIONALEN TOURISMUS**

| Rang | Land | US-Dollar* |
|---|---|---|
| 1 | Kuwait | 1433 |
| 2 | Vereinigte Arabische Emirate | 894 |
| 3 | Norwegen | 848 |
| 4 | Deutschland | 529 |
| 5 | Großbritannien | 499 |
| 6 | Belgien | 473 |
| 7 | Schweden | 354 |
| 8 | Japan | 201 |
| 9 | Malediven | 195 |
| 10 | Niederlande | 189 |
| 11 | Israel | 172 |
| 12 | Kanada | 148 |
| 13 | Oman | 142 |
| 14 | Surinam | 127 |
| 15 | Libyen | 99 |
| 16 | Tadschikistan | 95 |
| 17 | Gaza und Westbank | 95 |
| 18 | Usbekistan | 94 |
| 19 | Südkorea | 92 |
| 20 | Serbien und Montenegro | 78 |

*Jährlicher Nettoverlust in US-Dollar je Einwohner

# 028 Nettoverlust im Tourismus

## Gesamttourismusausgaben der Einwohner eines Staates minus dessen Einnahmen aus dem Tourismus

Diese Karte zeigt, in welchen Ländern der Tourismus in der Verlustzone bleibt, weil mehr Einwohner Auslandsreisen machen als Urlaubsgäste aus dem Ausland anreisen. 2003 gaben japanische Touristen beispielsweise 36,506 Milliarden US-Dollar auf Reisen im Ausland aus, während ausländische Urlaubsgäste in Japan nur 10,904 Milliarden US-Dollar ausgaben. Daraus entstand ein Nettoverlust von 25,602 Milliarden US-Dollar. Die höchsten Nettoverluste verzeichneten Deutschland (44 Milliarden US-Dollar), Großbritannien (29 Milliarden US-Dollar) und Japan (26 Milliarden US-Dollar), pro Person kam es in Kuwait mit 1433 US-Dollar und in den Arabischen Emiraten mit 894 US-Dollar zu den höchsten Nettoverlusten.

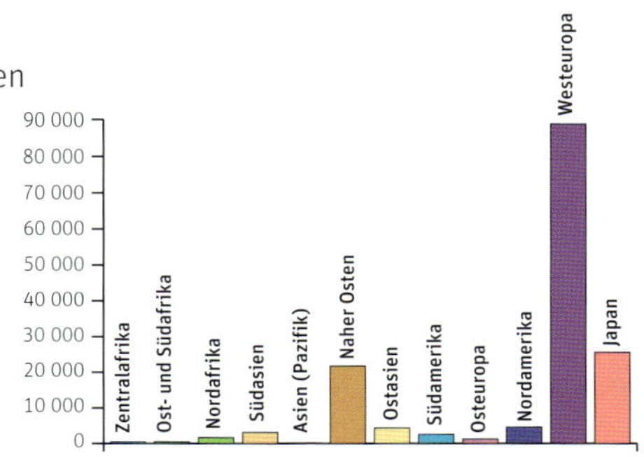


**NETTOVERLUST IM TOURISMUS**
in Millionen US-Dollar pro Jahr

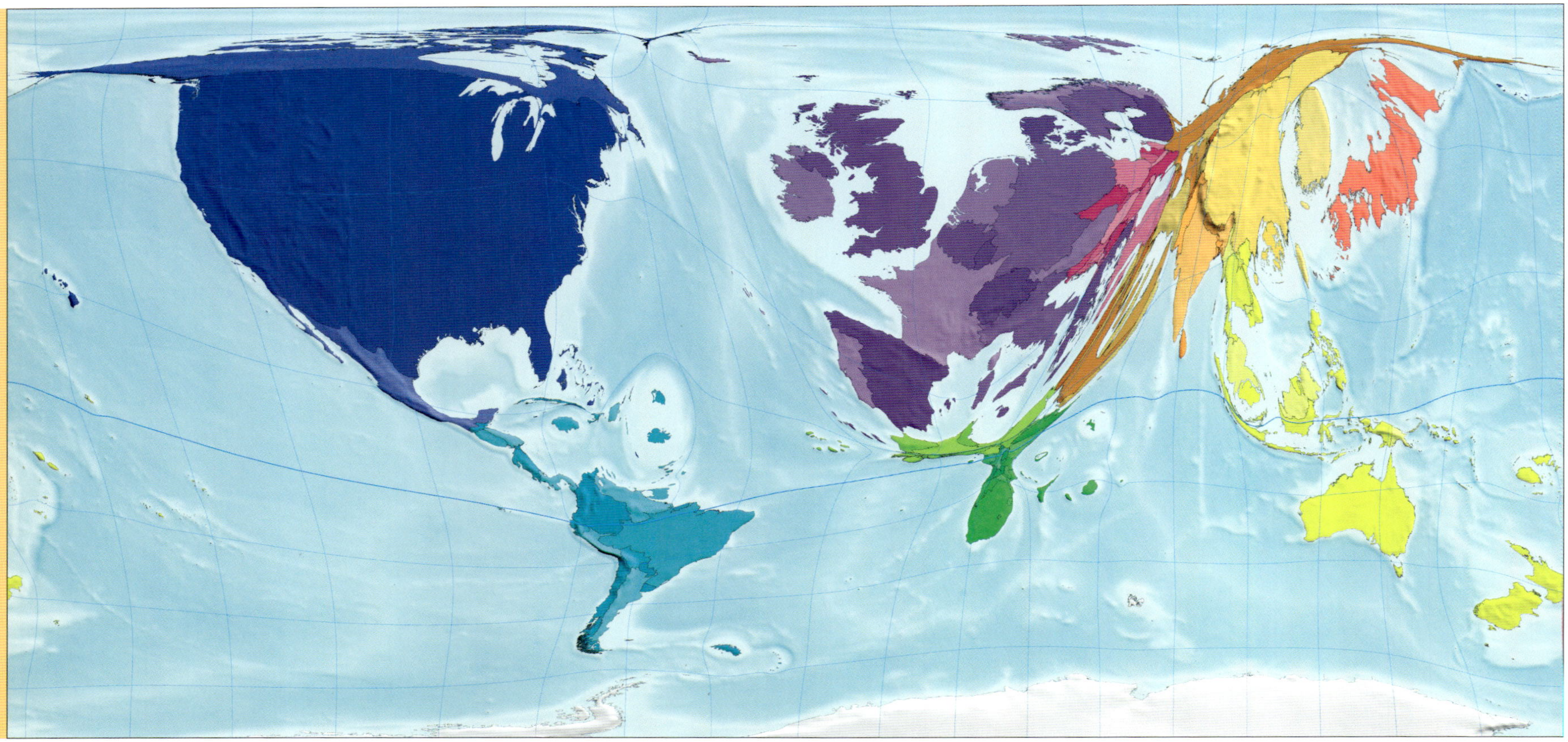

**HÖCHSTE UND NIEDRIGSTE ABFLUGZAHLEN**

| Rang | Land | Abflüge* |
|---|---|---|
| 1 | Antigua und Barbuda | 672 |
| 2 | Monaco | 412 |
| 3 | Seychellen | 186 |
| 4 | Luxemburg | 102 |
| 5 | Bahamas | 82 |
| 6 | Marshallinseln | 75 |
| 7 | Neuseeland | 65 |
| 8 | Irland | 59 |
| 9 | Norwegen | 55 |
| 10 | Fidschi | 48 |
| 191 | Guinea | 0,07 |
| 191 | Nigeria | 0,07 |
| 193 | Mali | 0,06 |
| 193 | Niger | 0,06 |
| 193 | Nordkorea | 0,06 |
| 196 | Bangladesch | 0,05 |
| 196 | Dominikanische Republik | 0,05 |
| 198 | Elfenbeinküste | 0,04 |
| 199 | Sierra Leone | 0,02 |
| 200 | Uganda | 0,01 |

*Flüge pro Jahr je 1000 Einwohner des Landes, in dem die jeweiligen Maschinen registriert sind

# 029 Flüge im zivilen Luftverkehr

**Die Anzahl der Starts im zivilen Luftverkehr bestimmt die Proportionen dieser Karte. Entscheidend ist aber nicht, von welchem Airport eine Maschine startet, sondern in welchem Land sie registriert ist.**

Jährlich verzeichnet man weltweit 21 Millionen Flüge im zivilen Luftverkehr. Mit anderen Worten: 40-mal pro Minute startet ein Verkehrsflugzeug. Auf dieser Karte werden alle Starts den Staaten zugerechnet, in denen die Flugzeuge registriert sind. Dabei spielt es keine Rolle, von welchem Airport sie abheben. Dies führt zwar nicht zu nennenswerten Verfälschungen, wohl aber zu einigen eigenartigen Ergebnissen: So verbucht zum Beispiel Monaco die zweithöchste Quote von Starts, ohne dass das Land selbst über einen internationalen Flughafen verfügt.

Auch auf diesem Gebiet ist die globale Verteilung höchst ungleichmäßig. Zwei Drittel aller Starts im zivilen Luftverkehr finden in Nordamerika und Westeuropa statt, während lediglich 2,5 Prozent auf Afrika entfallen.

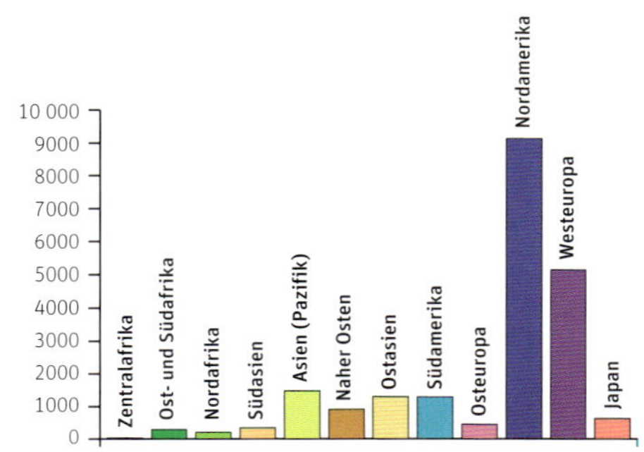


**ABFLUGZAHLEN**
in Tausend pro Jahr im Registrierungsland

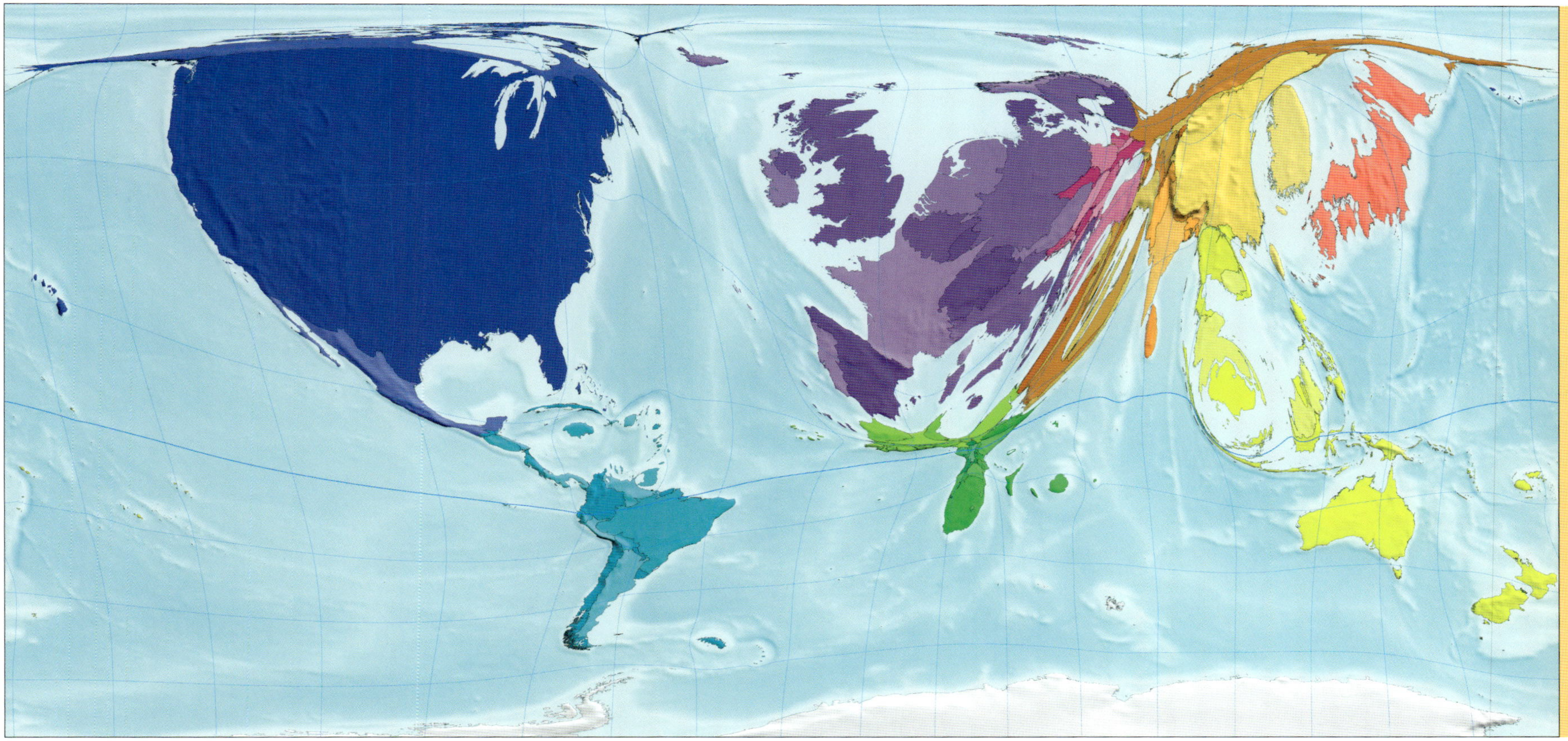

**LÄNGSTE UND KÜRZESTE ZURÜCKGELEGTE FLUGSTRECKEN**

| Rang | Land | Strecke* |
|---|---|---|
| 1 | Nauru | 231 |
| 2 | Luxemburg | 153 |
| 3 | Island | 113 |
| 4 | Antigua und Barbuda | 100 |
| 5 | Seychellen | 90 |
| 6 | Brunei | 83 |
| 7 | Singapur | 82 |
| 8 | Katar | 80 |
| 9 | Malta | 65 |
| 180 | Cookinseln | 56 |
| 191 | DR Kongo | 0,14 |
| 192 | Afghanistan | 0,13 |
| 193 | Dominikanische Republik | 0,12 |
| 194 | Guinea | 0,12 |
| 195 | Haiti | 0,12 |
| 196 | Ruanda | 0,12 |
| 197 | Tansania | 0,11 |
| 198 | Uganda | 0,08 |
| 199 | Nigeria | 0,06 |
| 200 | Nordkorea | 0,04 |

*Kilometer pro Jahr und Einwohner des Landes, in dem die Flugzeuge registriert sind

# 030 Strecken im zivilen Luftverkehr

**Manche Menschen legen Hunderttausende von Kilometern im Jahr mit dem Flugzeug zurück, andere haben noch nie eine Maschine von innen gesehen. Diese Karte zeigt, wo die Menschen die größten Strecken in der Luft zurücklegen.**

In der zivilen Luftfahrt werden derzeit jährlich 25 Milliarden Kilometer zurückgelegt. Damit fliegen alle Verkehrsflugzeuge zusammen 630 000-mal um den Globus – mit steigender Tendenz. Es gibt Leute, die im Jahr Hunderttausende von Kilometern fliegen, während andere ihr ganzes Leben lang nie ein Flugzeug betreten. Würde sich die Zahl der in der Luft zurückgelegten Kilometer gleichmäßig auf alle Menschen verteilen, würde jeder pro Jahr 317 Kilometer weit fliegen.

Vielflieger leben oft auf einer Insel, aber auch hier gibt es Ausnahmen: So gehören die Einwohner Haitis und der Dominikanischen Republik – beides Teile der karibischen Insel Hispaniola – zu den Menschen, die am seltensten ein Flugzeug benutzen.

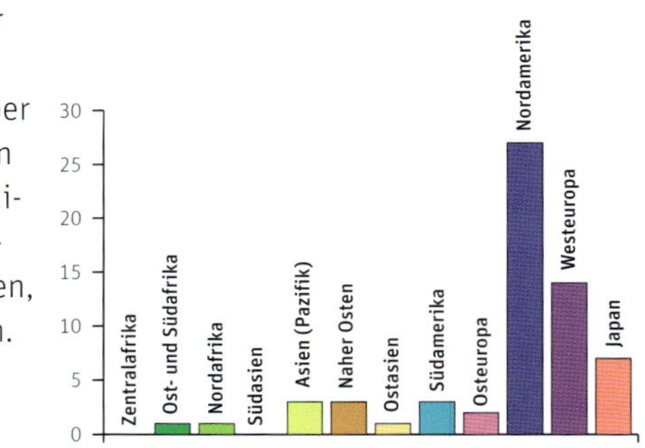


**ZURÜCKGELEGTE FLUGSTRECKEN**
Durchschnittliche Kilometerzahl pro Jahr im Registrierungsland

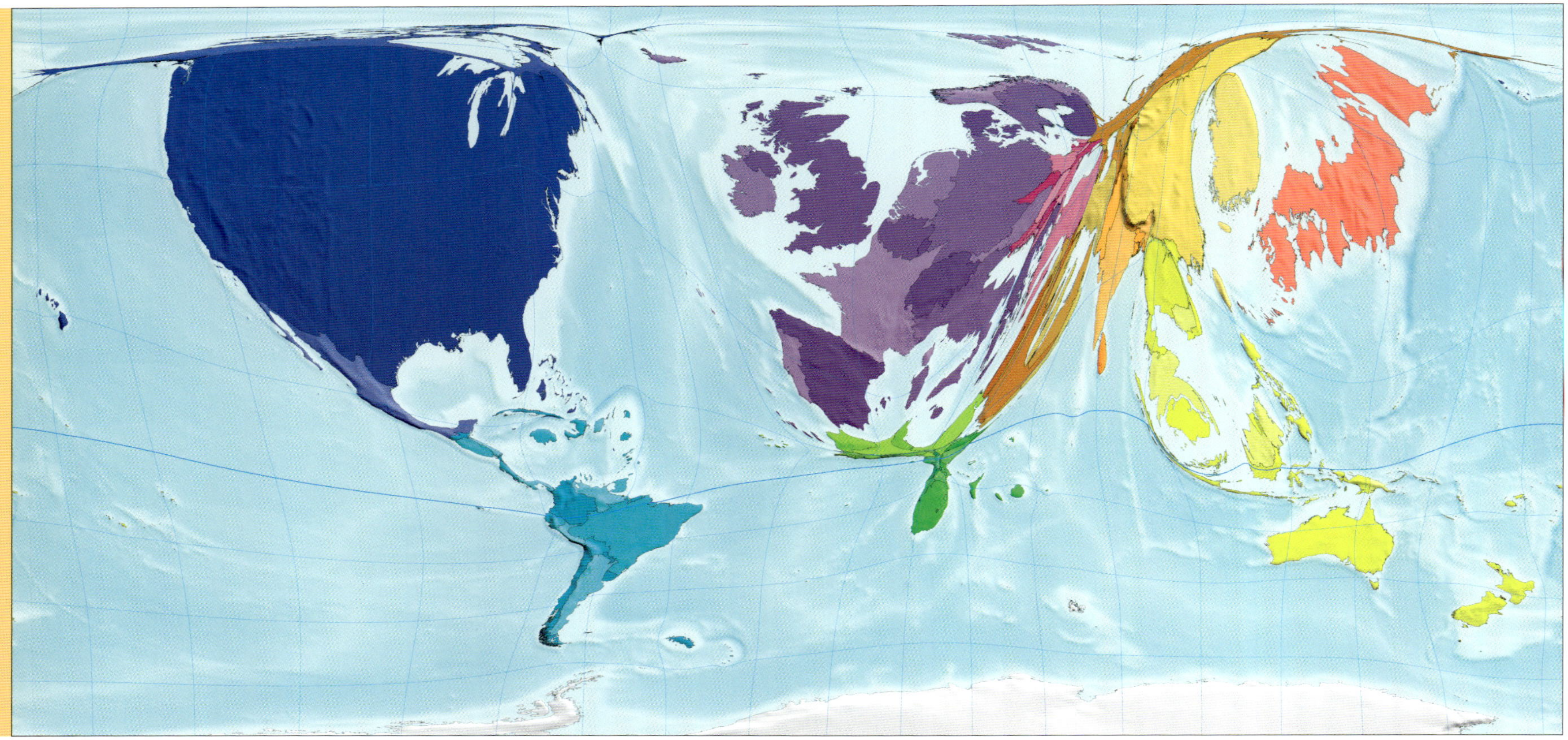

#### HÖCHSTE UND NIEDRIGSTE ZAHL VON FLUGPASSAGIEREN

| Rang | Land | Passagiere* |
|---|---|---|
| 1 | Antigua und Barbuda | 14 260 |
| 2 | Nauru | 12 385 |
| 3 | Bahamas | 6203 |
| 4 | Island | 4773 |
| 5 | Katar | 4455 |
| 6 | Singapur | 3977 |
| 7 | Seychellen | 3940 |
| 8 | Irland | 3585 |
| 9 | Malta | 3413 |
| 10 | Norwegen | 3374 |
| 191 | Tansania | 5,3 |
| 192 | Nigeria | 4,2 |
| 193 | DR Kongo | 4,0 |
| 194 | Sierra Leone | 4,0 |
| 195 | Nordkorea | 3,7 |
| 196 | Burundi | 1,8 |
| 197 | Uganda | 1,6 |
| 198 | Ruanda | 1,2 |
| 199 | Dominikanische Republik | 1,2 |
| 200 | Lesotho | 0,6 |

*Passagiere pro Jahr je 1000 Einwohner des Landes, in dem die benutzten Flugzeuge registriert sind

# 031 Passagieraufkommen im Luftverkehr

**Die Proportionen dieser Karte beschreiben das Passagieraufkommen pro 1000 Einwohner jenes Landes, in dem die Maschinen registriert sind.**

Im Jahr 2000 zählte man weltweit rund 1,6 Milliarden Fluggäste. 40 Prozent davon benutzten Flugzeuge, die in den Vereinigten Staaten registriert sind. Die Statistik verzeichnet hier In- und Auslandsflüge sowie Flüge nichtamerikanischer Passagiere mit amerikanischen Flugzeugen.

**FLUGPASSAGIERE**
in Millionen pro Jahr

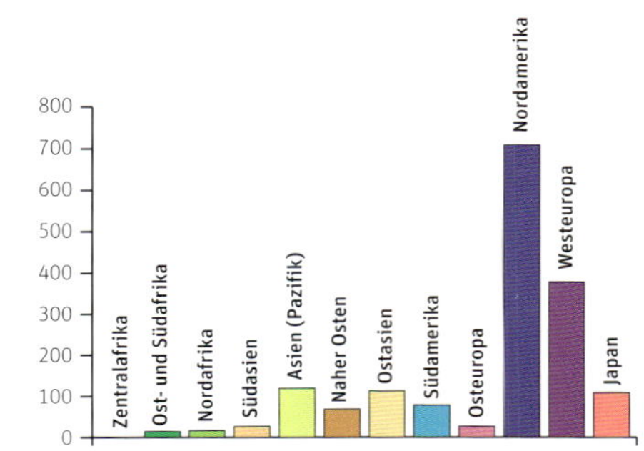


*»Die meisten Städte dieser Welt sind nicht mehr als 36 Stunden voneinander entfernt.«*

Peter Haggett, »Geography: A Global Synthesis«, 2001

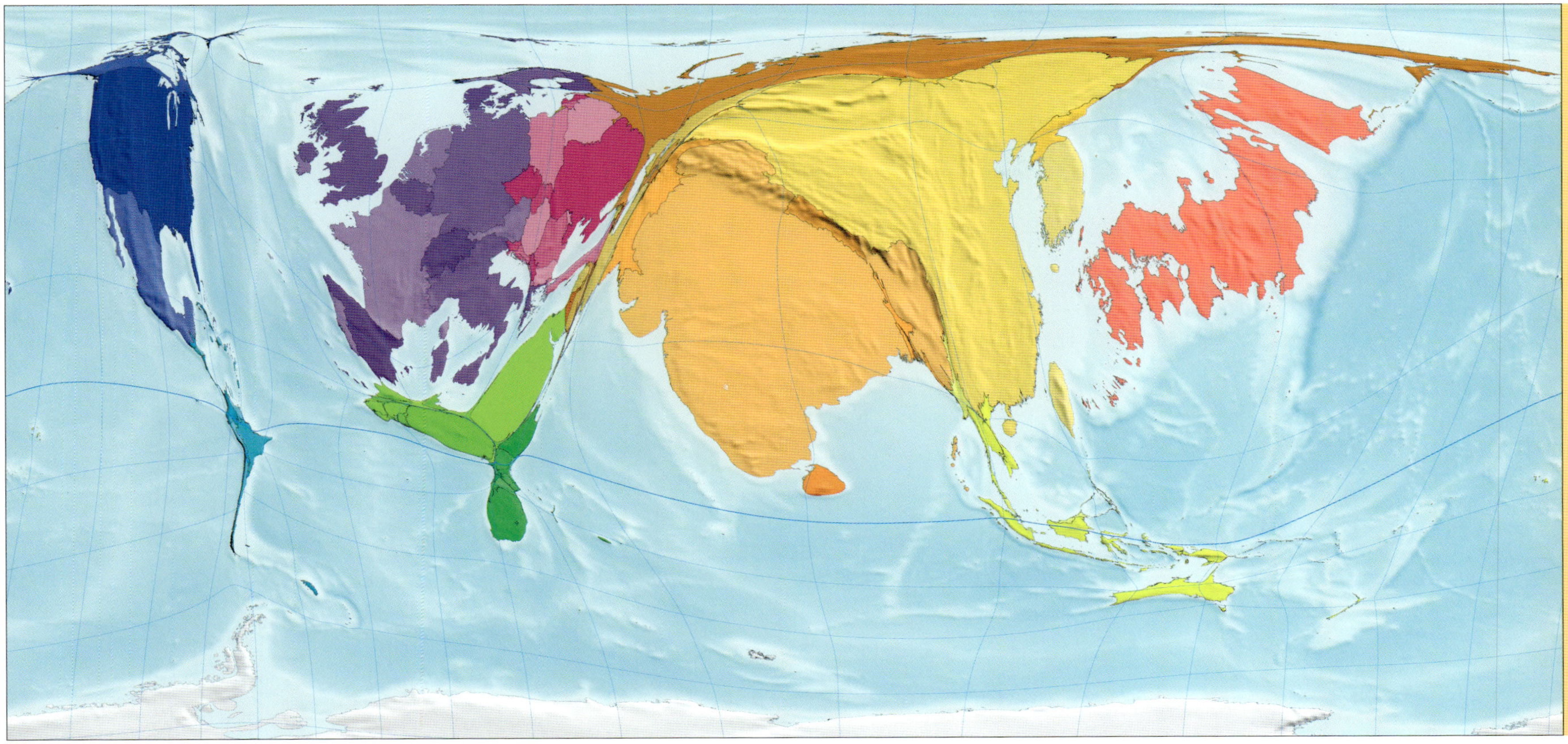



**LÄNGSTE UND KÜRZESTE ZURÜCKGELEGTE STRECKEN IM PERSONENVERKEHR DER BAHN**

| Rang | Land | Strecke* |
|---|---|---|
| 1 | Japan | 1876 |
| 2 | Schweiz | 1783 |
| 3 | Weißrussland | 1449 |
| 4 | Frankreich | 1225 |
| 5 | Russland | 1061 |
| 6 | Österreich | 1039 |
| 7 | Ukraine | 1034 |
| 8 | Dänemark | 1024 |
| 9 | Niederlande | 887 |
| 10 | Deutschland | 848 |
| 127 | Elfenbeinküste | 9,0 |
| 128 | Mosambik | 7,4 |
| 129 | Tadschikistan | 6,6 |
| 130 | Angola | 5,6 |
| 131 | Ghana | 4,1 |
| 132 | Kambodscha | 3,3 |
| 133 | DR Kongo | 3.1 |
| 134 | Sudan | 2,2 |
| 135 | Philippinen | 1,6 |
| 136 | Madagaskar | 0,6 |

*Schienenkilometer pro Person und Jahr (64 Staaten ohne Schienennetz)

# 032 Bahnreisen

**Fast ein Drittel der Länder dieser Welt haben kein ausgebautes Schienennetz. Diese Karte zeigt die Schienenkilometer pro Person und Jahr.**

2003 legten Bahnreisende weltweit 2,2 Billionen Kilometer zurück. Ein Fünftel davon entfiel auf Indien, ein weiteres Fünftel auf China und ein Zehntel auf Japan. Im Durchschnitt fährt jeder Mensch jährlich 358 Kilometer mit dem Zug. Bezogen auf einzelne Staaten erfreut sich die Eisenbahn in Japan der größten Beliebtheit. 1876 Kilometer legen die Japaner durchschnittlich auf Schienen zurück. Demgegenüber haben 64 der 200 Staaten auf dieser Karte überhaupt kein Schienennetz.

**BAHNSTRECKEN IM PERSONENVERKEHR**
Kilometer pro Person und Jahr

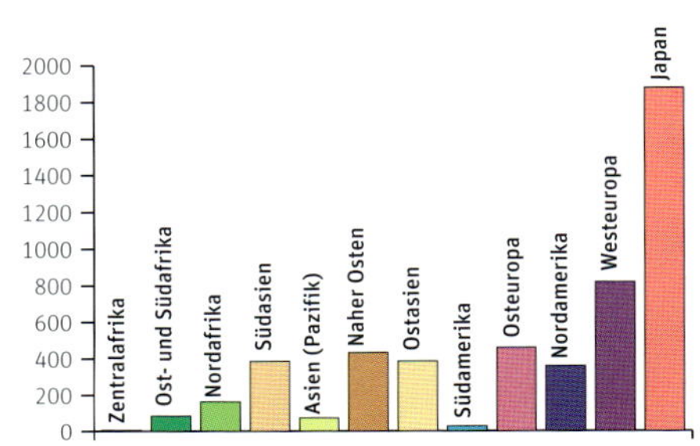

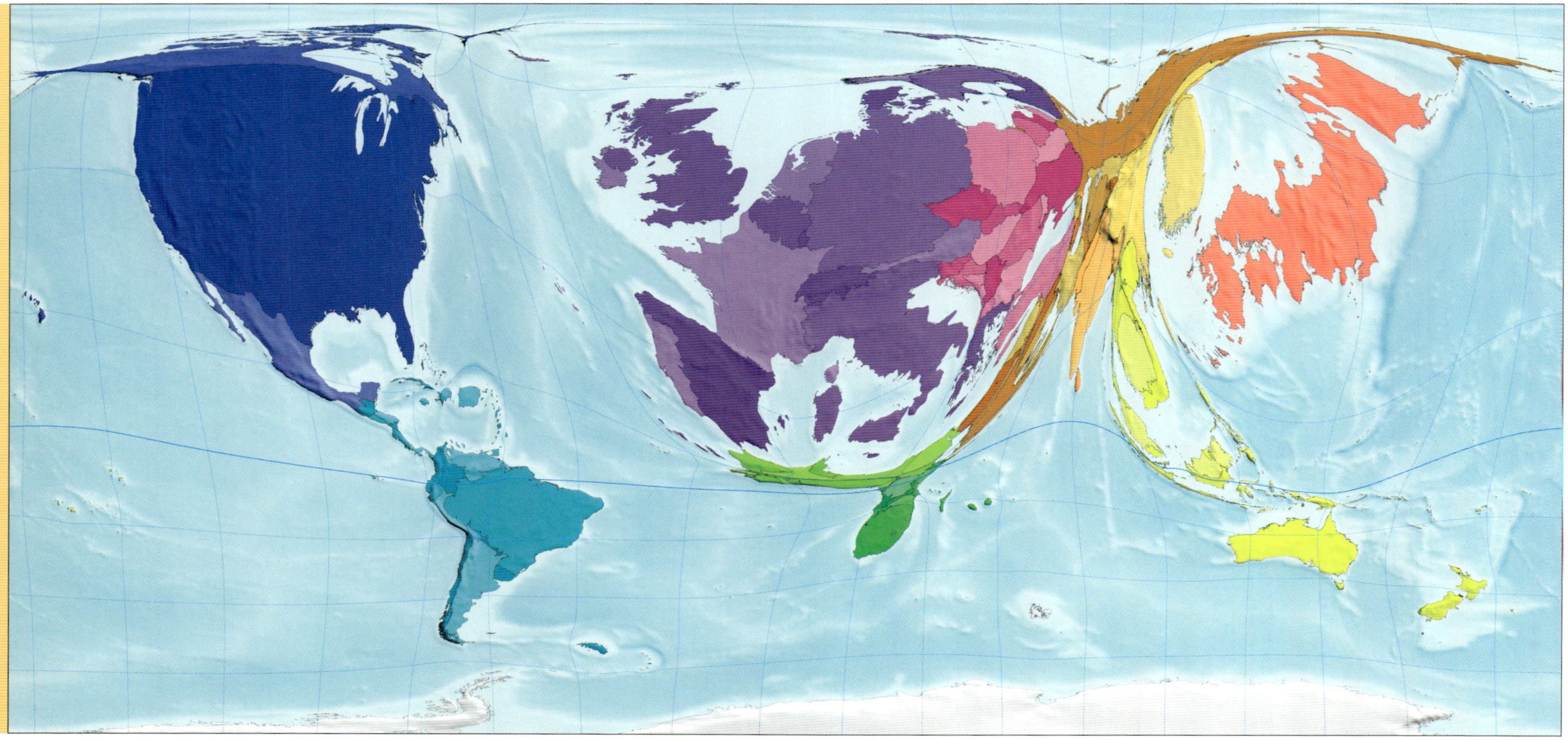



**HÖCHSTE UND NIEDRIGSTE ANZAHL VON AUTOS**

| Rang | Land | Autos* |
|---|---|---|
| 1 | Neuseeland | 61,3 |
| 2 | Luxemburg | 57,6 |
| 3 | Island | 56,1 |
| 4 | Kanada | 55,9 |
| 5 | Italien | 54,2 |
| 6 | Deutschland | 51,6 |
| 7 | Schweiz | 50,7 |
| 8 | Malta | 50,5 |
| 9 | Österreich | 49,4 |
| 10 | Australien | 49,3 |
| 191 | Afghanistan | 0,16 |
| 192 | Tschad | 0,15 |
| 193 | Nepal | 0,10 |
| 194 | Äthiopien | 0,10 |
| 195 | Armenien | 0,09 |
| 196 | Somalia | 0,08 |
| 197 | Myanmar | 0,06 |
| 198 | Zentralafrikanische Republik | 0,05 |
| 199 | Bangladesch | 0,05 |
| 200 | Tadschikistan | 0,04 |

*Anzahl der Autos je 100 Einwohner

# 033 Personenkraftwagen

**Im globalen Durchschnitt kommen zehn Menschen auf einen Pkw. Doch die Verteilung ist äußerst ungleichmäßig. Die Länder mit der höchsten Pkw-Dichte sind am größten abgebildet.**

2002 gab es weltweit 590 Millionen Autos. Allein 140 Millionen davon zählte man in den Vereinigten Staaten und 55 Millionen in Japan. In China dagegen waren neun und in Indien sogar nur sechs Millionen Pkw zugelassen. Westeuropa dominiert unter den zehn Regionen mit der höchsten Fahrzeugdichte. An erster Stelle steht allerdings Neuseeland mit 61 Pkw pro 100 Einwohner. Diese Zahl ist umso erstaunlicher, als nur 77 Prozent der Einwohner alt genug sind, um eine Fahrerlaubnis zu erhalten. Am unteren Ende der Rangliste stehen die Zentralafrikanische Republik, Bangladesch und Tadschikistan. Dort kommen mehr als 2000 Menschen auf ein Auto.

*»Das Auto bestimmt den Lebensstil. Die Amerikaner kaufen die Autos zu Millionen – egal ob sie in Los Angeles leben oder im finstersten Kansas, meilenweit von der nächsten Stadt entfernt.«* Paul Harris, Journalist, 2006

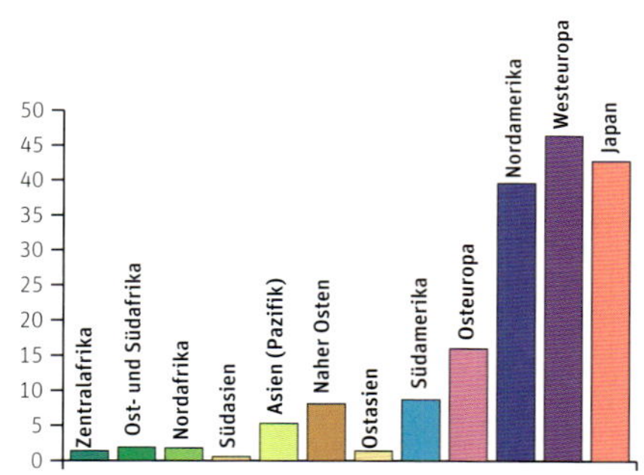


**AUTOS**
Anzahl je 100 Personen

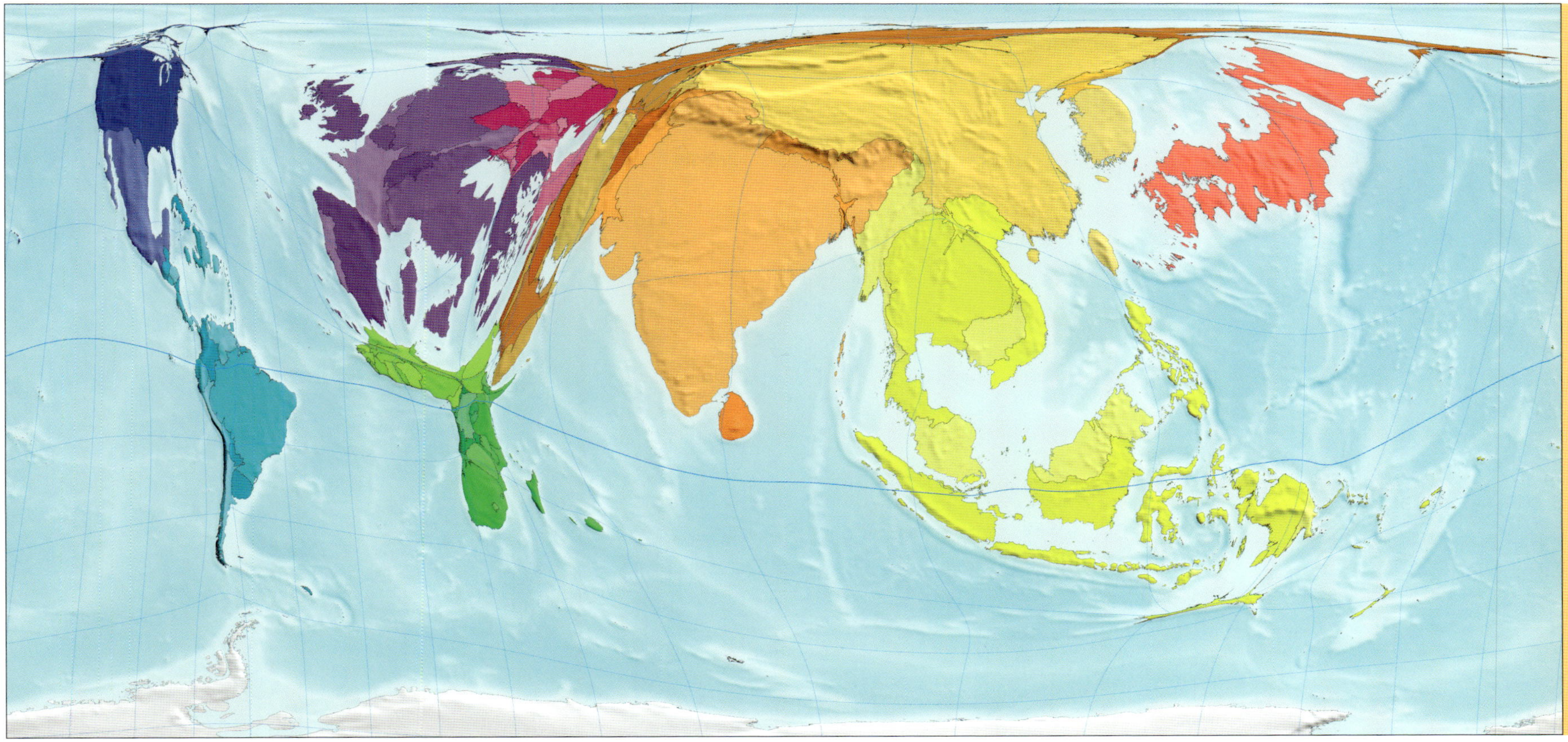

## HÖCHSTE UND NIEDRIGSTE ANZAHL VON MOTORRÄDERN/MOPEDS

| Rang | Land | Krafträder* |
|---|---|---|
| 1 | Malaysia | 238 |
| 2 | Griechenland | 220 |
| 3 | Thailand | 174 |
| 4 | Kambodscha | 134 |
| 5 | Italien | 125 |
| 6 | Japan | 106 |
| 7 | Mauritius | 104 |
| 8 | Schweiz | 102 |
| 9 | Uruguay | 101 |
| 10 | Lettland | 95 |
| 191 | Hongkong | 4,8 |
| 192 | Kirgisistan | 4,4 |
| 193 | Swasiland | 3,2 |
| 194 | Uganda | 2,7 |
| 195 | Sierra Leone | 2,3 |
| 196 | Armenien | 2,2 |
| 197 | Kenia | 1,5 |
| 198 | Bangladesch | 1,1 |
| 199 | Tschad | 0,5 |
| 200 | Äthiopien | 0,4 |

*Anzahl der Motorräder und Mopeds je 1000 Einwohner

# 034 Krafträder

**Mopeds und Motorräder weisen gegenüber Autos eine Reihe von Vorteilen auf – Sicherheit gehört nicht unbedingt dazu.**

Mopeds und Motorräder sind Autos in vieler Hinsicht überlegen: Sie sind billiger, verbrauchen weniger Kraftstoff und kommen auf engen Straßen und Wegen besser voran. Andererseits bieten sie ihrem Fahrer keinerlei passive Sicherheit.

Mopeds und Leichtkrafträder sind wesentlich leichter gebaut, haben kleinere und weniger leistungsstarke Motoren als Krafträder und erreichen nur geringere Geschwindigkeiten.

65 Prozent der Krafträder werden im asiatischen Raum gefahren (Süd- und Ostasien, asiatischer Pazifikraum und Australien sowie Japan), den höchsten Pro-Kopf-Bestand weisen Malaysia und Griechenland auf. Dort kommt mehr als ein Motorrad auf fünf Personen, wahrscheinlich also eines auf drei Führerscheininhaber. Die Statistik zeigt, dass das Zweirad nur in relativ warmen Klimazonen eine Alternative zum Auto darstellt.

**MOTORRÄDER UND MOPEDS**
Anzahl pro 100 Personen

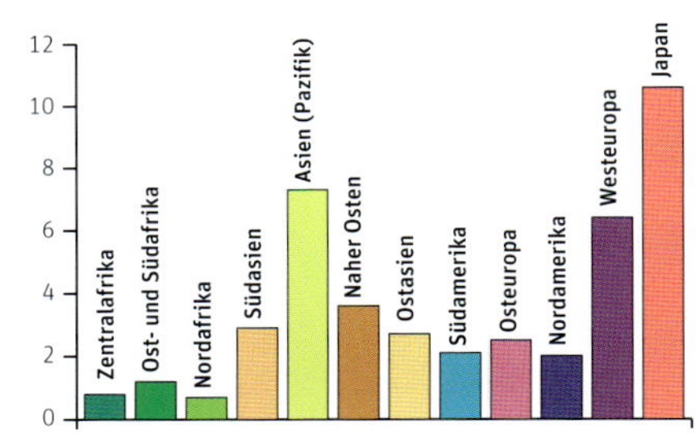

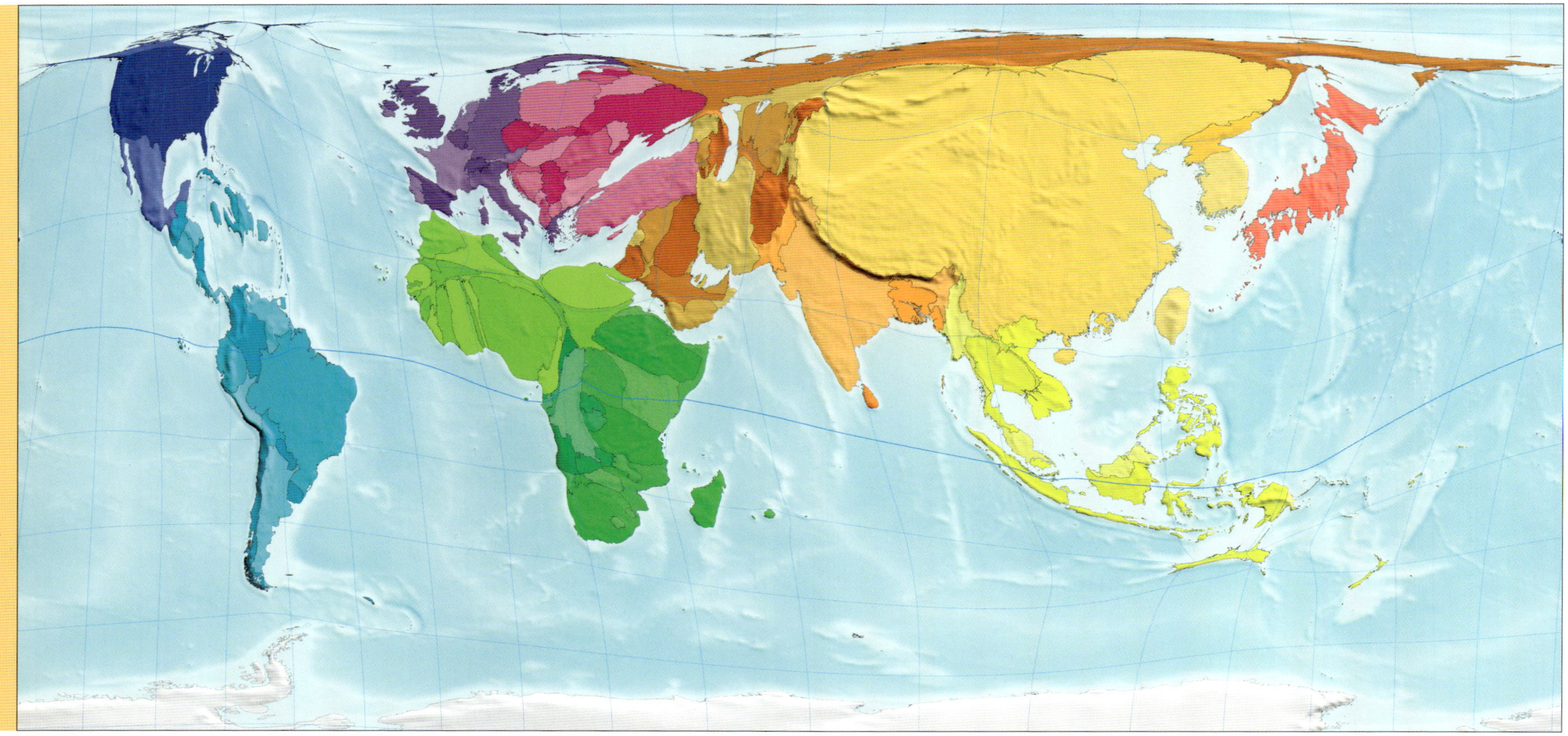

**HÄUFIGSTE UND SELTENSTE BENUTZUNG ÖFFENTLICHER VERKEHRSMITTEL AUF DEM ARBEITSWEG**

| Rang | Land | Prozent* |
|---|---|---|
| 1 | Bosnien und Herzegowina | 47 |
| 2 | Armenien | 44 |
| 3 | Russland | 43 |
| 4 | Mongolei | 42 |
| 5 | Moldawien | 42 |
| 6 | Bulgarien | 41 |
| 7 | Georgien | 39 |
| 8 | Kasachstan | 39 |
| 9 | Katar | 37 |
| 10 | Turkmenistan | 35 |
| 191 | Bangladesch | 4,3 |
| 192 | Sri Lanka | 4,1 |
| 193 | Indien | 3,8 |
| 194 | Nepal | 3,8 |
| 195 | Bhutan | 3,8 |
| 196 | Malediven | 3,8 |
| 197 | Kuba | 3,6 |
| 198 | Pakistan | 3,1 |
| 199 | Burkina Faso | 0,8 |
| 200 | Kambodscha | 0* |

*Prozent der Gesamtbevölkerung 1998 (0 Prozent in Phnom Penh)

# 035 Öffentliche Verkehrsmittel

**Mehr als ein Drittel aller Berufstätigen weltweit benutzen für den Weg zur Arbeit öffentliche Verkehrsmittel.**

Weltweit werden 35 Prozent aller Wegstrecken von und zum Arbeitsplatz mit öffentlichen Verkehrsmitteln zurückgelegt. Als solche gelten Omnibusse, Straßenbahnen und Eisenbahnzüge, nicht aber Taxis, Rikschas, Fähren oder Reit- bzw Zugtiere. Das Land mit der höchsten Quote ist Bosnien und Herzegowina. Dort benutzen 47 Prozent der Bevölkerung öffentliche Verkehrsmittel, um zur Arbeitsstelle zu gelangen. Da aber weniger als die Hälfte der Einwohner tatsächlich beschäftigt ist, bedeutet dies, dass nahezu jeder Arbeitnehmer öffentliche Verkehrsmittel benutzt.

*»Die Eröffnung der ersten exklusiven Linie des ›Bus Rapid Transit‹-Systems in Peking am 30. Dezember 2005 wird Autofahrer schnell neidisch machen …«* Yingling Liu, Bus Rapid Transit, 2006

**BENUTZER ÖFFENTLICHER VERKEHRSMITTEL**
Tägliche Fahrten zur Arbeitsstätte in Millionen

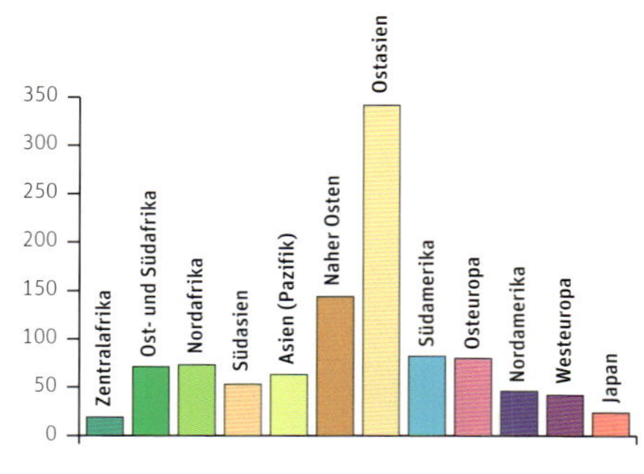

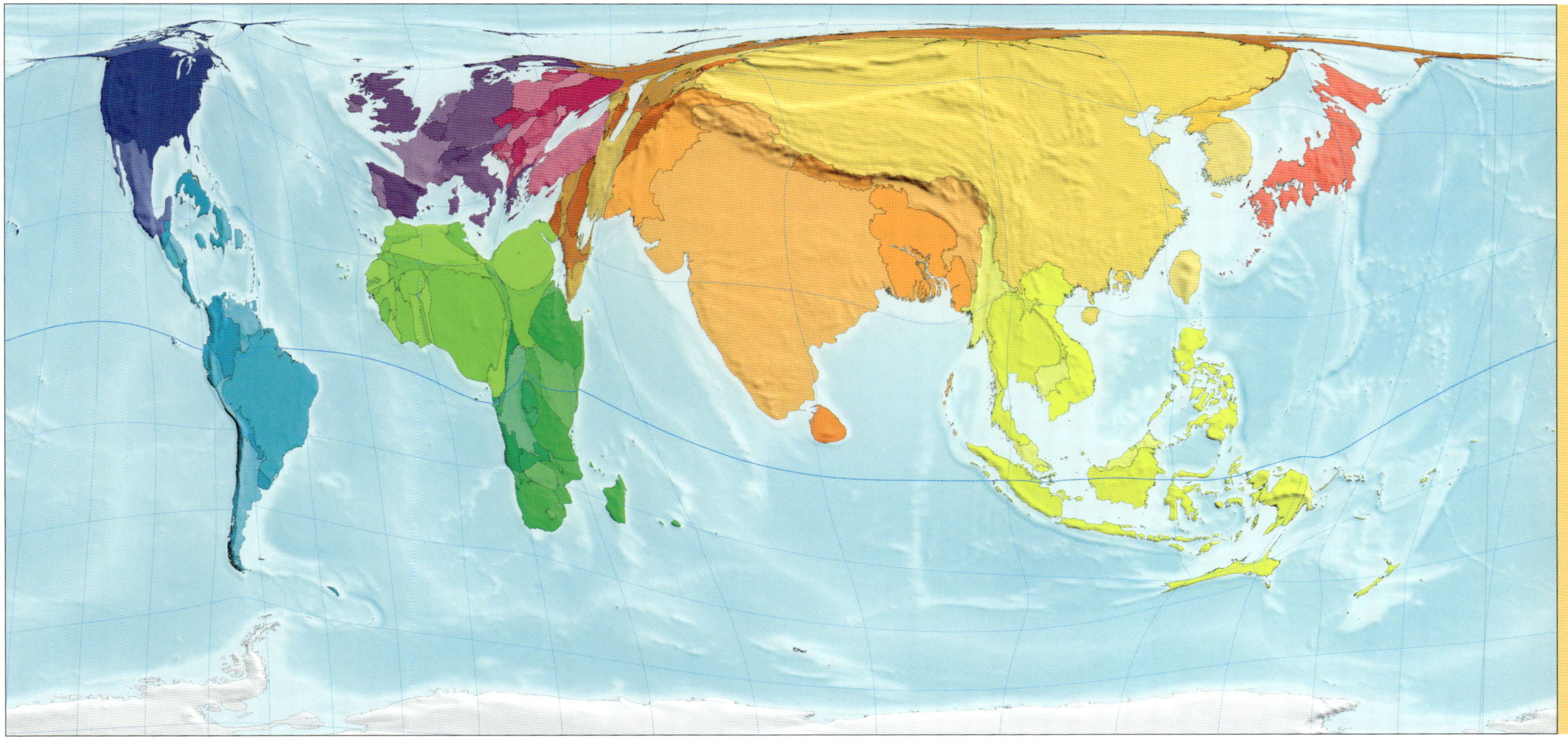

### LÄNGSTE UND KÜRZESTE WEGEZEIT

| Rang | Land | Minuten* |
|---|---|---|
| 1 | Thailand | 71 |
| 2 | Kenia | 54 |
| 3 | Algerien | 53 |
| 4 | Zentralafrikanische Republik | 52 |
| 5 | Kuba | 49 |
| 6 | Liberia | 46 |
| 7 | Gambia | 45 |
| 8 | Hongkong | 45 |
| 9 | Nigeria | 44 |
| 10 | Südkorea | 44 |
| 191 | Libyen | 14 |
| 192 | Panama | 13 |
| 193 | Oman | 12 |
| 194 | Nicaragua | 12 |
| 195 | Bosnien und Herzegowina | 11 |
| 196 | Guatemala | 11 |
| 197 | Kuwait | 8 |
| 198 | Peru | 8 |
| 199 | Libanon | 8 |
| 200 | Malawi | 4 |

*Gesamtwegezeit aller Arbeitnehmer 1998 pro Kopf der Gesamtbevölkerung

# 036 Zeitaufwand für den Weg zum Arbeitsplatz

**Für einen Arbeitsplatz nimmt man auch weite Wegstrecken in Kauf. Am zeitraubendsten gestaltet sich der Weg zur Arbeit in Thailand.**

Ob zu Fuß, mit dem Bus, dem Auto, dem Schiff, dem Fahrrad oder einem anderen Verkehrsmittel – die Zeit, die man für den Weg zur Arbeitsstelle und zurück braucht, hängt ab von der Länge der Strecke und der Geschwindigkeit, mit der man vorankommt.

Am längsten brauchen die Berufstätigen in Thailand. Pro Tag verbringen sie 74 Millionen Stunden auf dem Arbeitsweg, das sind 71 Minuten pro Einwohner. Und wenn man berücksichtigt, dass nicht jeder Bürger Thailands berufstätig ist, verlängert sich diese Zeit für die Betroffenen um einiges.

Den Rekord für den kürzesten täglichen Arbeitsweg hält Malawi. Dort benötigt ein Berufstätiger durchschnittlich nur vier Minuten für den Arbeitsweg.

**ZEITAUFWAND FÜR DEN ARBEITSWEG**
Gesamtwegezeit geteilt durch die Gesamtbevölkerung in Minuten

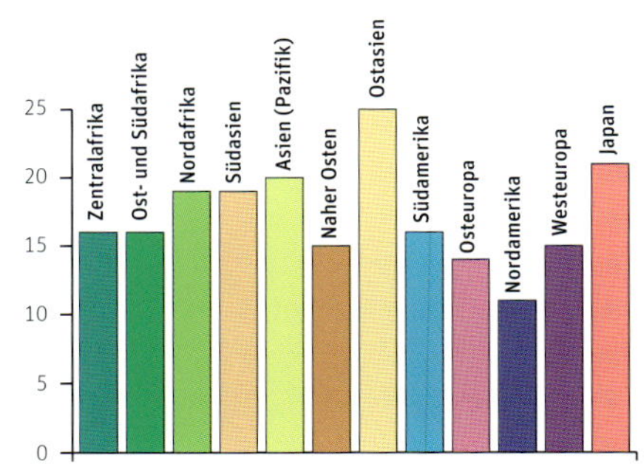


*»In der quirligen Innenstadt Bangkoks, das 7,5 Millionen Einwohner hat, beträgt die Fahrgeschwindigkeit zu Stoßzeiten derzeit nur 11,2 Kilometer pro Stunde.«* Bridges, 2005

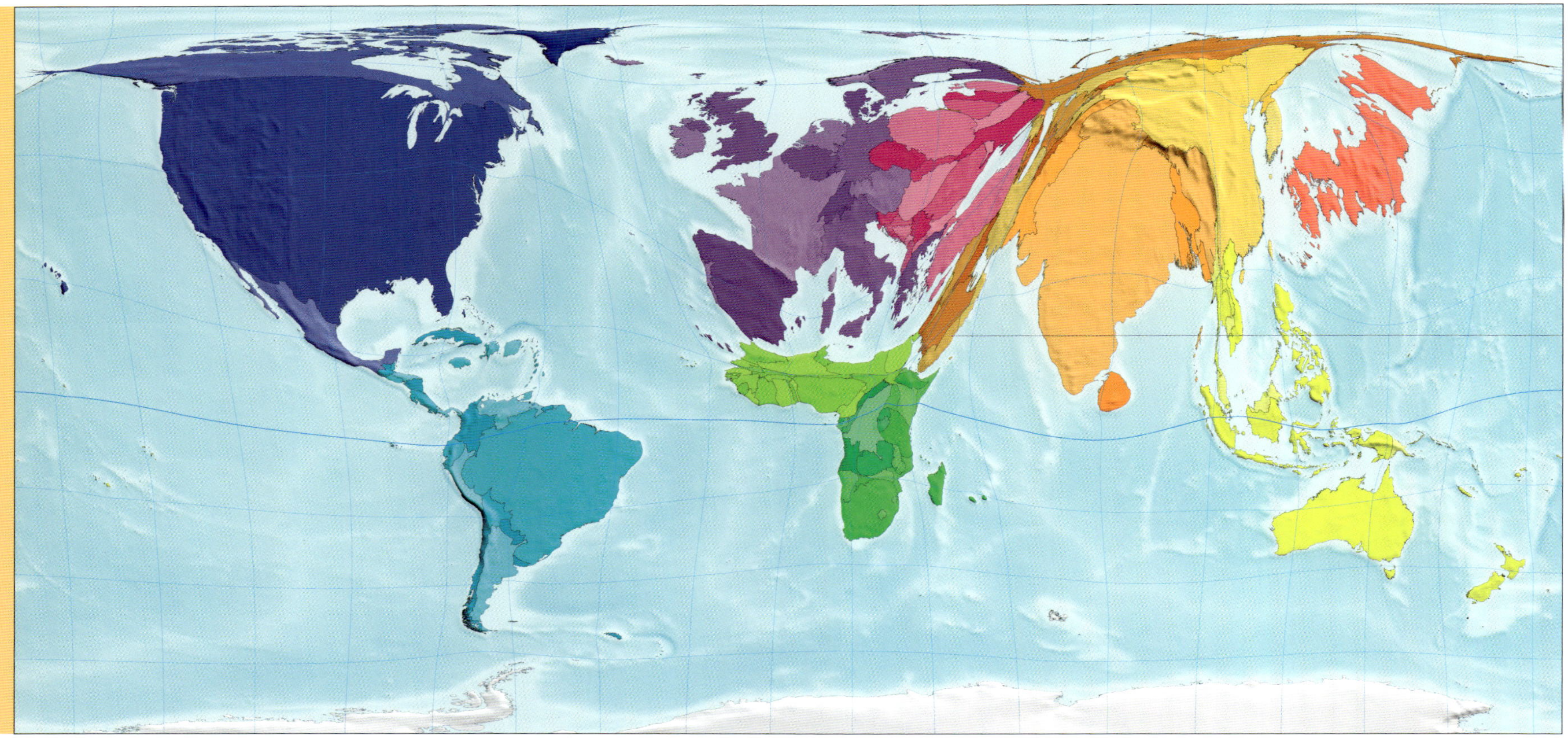



# 037 Straßen

**Während die Bewohner der großen Metropolen über den nie nachlassenden Verkehrslärm klagen, gibt es Gegenden, deren Bewohner noch nie ein Auto gesehen haben.**

2002 gab es weltweit 29 Millionen Kilometer für Kraftfahrzeuge passierbare Straßen. Wäre dieses Netz wie ein Raster gleichmäßig über die Erde verteilt, wäre man – außer auf See – nirgendwo weiter als 4,5 Kilometer von der nächsten Straße entfernt.

Aber auch Straßen sind nicht gleichmäßig verteilt. Unter den großen Industrienationen hat Japan das dichteste Straßennetz. Am dünnsten ist es im Nahen Osten und in Zentralasien, das nur ein Viertel der Straßenlänge Nordamerikas aufweist.

*»In Schwarzafrika spielt der Straßenverkehr die dominierende Rolle. 80 bis 90 Prozent des Personen- und Frachtverkehrs laufen über die Straße. Nur so lassen sich abgeschiedene ländliche Gebiete erreichen.«*

Ian Heggie, »Management and Financing of Roads: An Agenda for Reform«, 1994

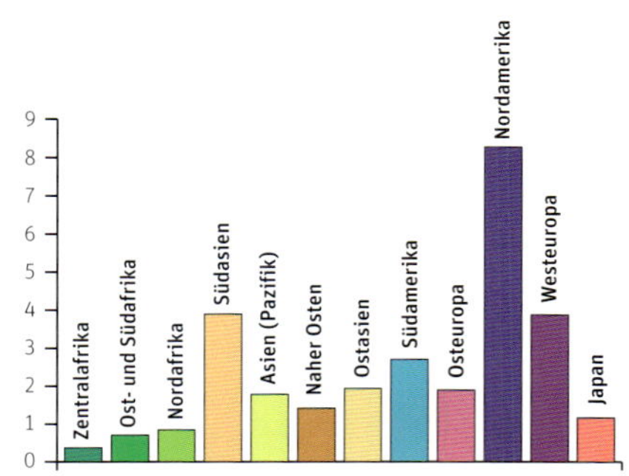


**STRASSENLÄNGE**
in Millionen Kilometer

**DICHTESTES UND DÜNNSTES STRASSENNETZ**

| Rang | Land | Meter* |
|---|---|---|
| 1 | Monaco | 25 641 |
| 2 | Malta | 6944 |
| 3 | Bahrain | 4872 |
| 4 | Singapur | 4672 |
| 5 | Belgien | 4541 |
| 6 | Barbados | 3721 |
| 7 | Niederlande | 3439 |
| 8 | Japan | 3214 |
| 9 | Grenada | 3059 |
| 10 | Puerto Rico | 2708 |
| 191 | Mongolei | 31 |
| 192 | Kasachstan | 31 |
| 193 | Surinam | 29 |
| 194 | Tschad | 27 |
| 195 | Botswana | 18 |
| 196 | Vereinigte Arabische Emirate | 13 |
| 197 | Mali | 12 |
| 198 | Niger | 8 |
| 199 | Mauretanien | 7 |
| 200 | Sudan | 5 |

*Straßenmeter pro Quadratkilometer Fläche

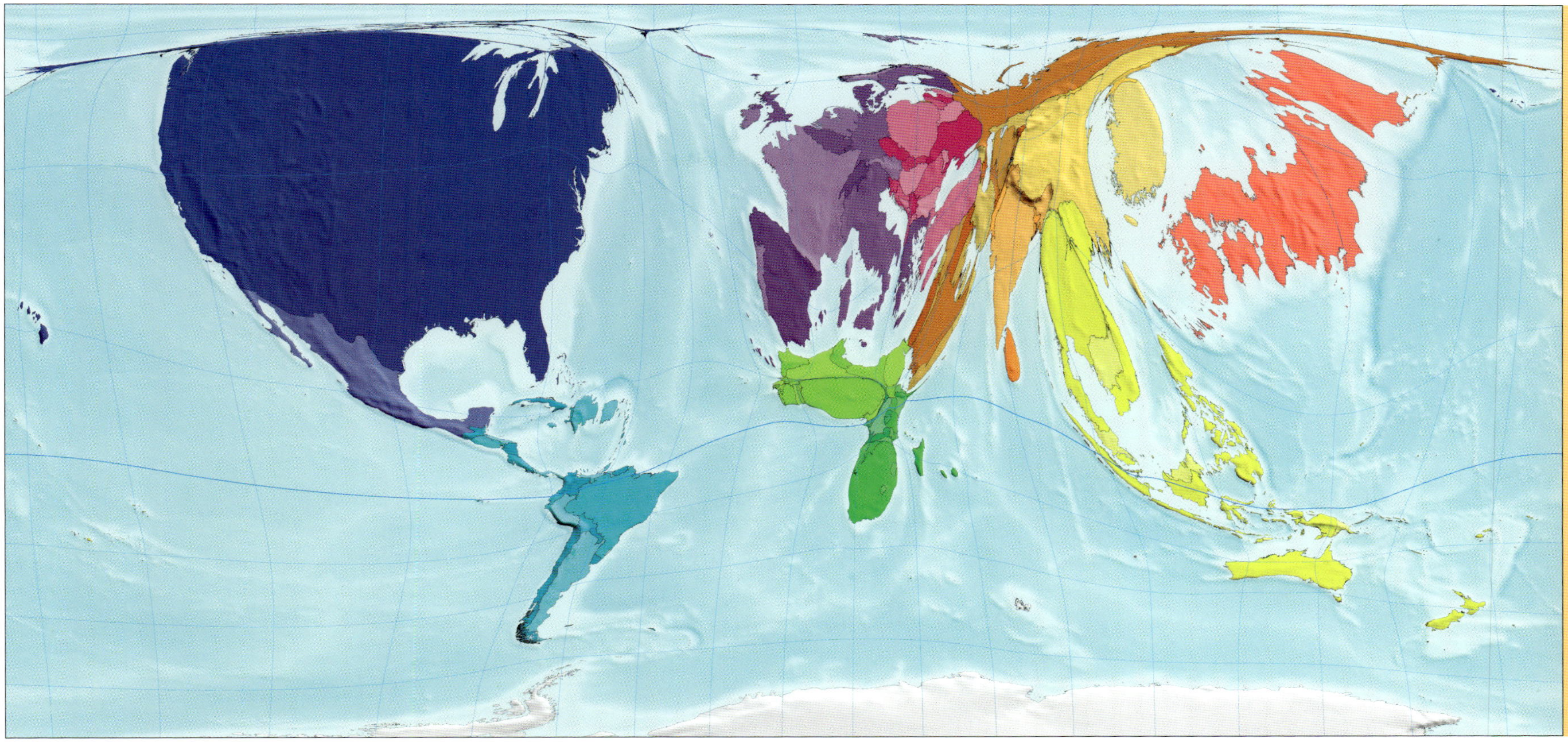

**GRÖSSTE UND KLEINSTE ANZAHL VON GÜTERFAHRZEUGEN UND BUSSEN**

| Rang | Land | Lastkraftverkehr* |
|---|---|---|
| 1 | Vereinigte Staaten | 299 |
| 2 | Grönland | 219 |
| 3 | Zypern | 168 |
| 4 | Surinam | 154 |
| 5 | Japan | 153 |
| 6 | Katar | 129 |
| 7 | Neuseeland | 118 |
| 8 | Malta | 111 |
| 9 | Australien | 108 |
| 10 | Kuwait | 106 |
| 191 | Benin | 1,4 |
| 192 | Mosambik | 1,3 |
| 193 | Somalia | 1,3 |
| 194 | Pakistan | 1,3 |
| 195 | Äquatorialguinea | 1,3 |
| 196 | Afghanistan | 1,3 |
| 197 | Niger | 1,2 |
| 198 | Myanmar | 1,0 |
| 199 | Bangladesch | 0,6 |
| 200 | Äthiopien | 0,6 |

*Lastkraftfahrzeuge und Busse pro 1000 Einwohner

# 038 Lastkraftverkehr

**Zu den Lastkraftfahrzeugen gehören Lastwagen und Lastzüge, Lieferwagen und Busse, nicht aber von Zugtieren oder Menschen gezogene Wagen.**

2002 waren weltweit 202 Millionen Lastkraftfahrzeuge registriert, drei pro hundert Menschen. Fast die Hälfte davon sind in Nordamerika zugelassen, die meisten in den Vereinigten Staaten. Damit kommen die Vereinigten Staaten auch auf die höchste Pro-Kopf-Quote von Fahrzeugen im Frachtverkehr. In Südasien und Zentralafrika findet man die niedrigsten Pro-Kopf-Zahlen. Westeuropa überragt Zentralafrika in dieser Hinsicht um das Zehnfache, während in Japan dreimal so viele Lastkraftfahrzeuge fahren wie in Westeuropa.

**VERTEILUNG DER LASTKRAFTFAHRZEUGE**

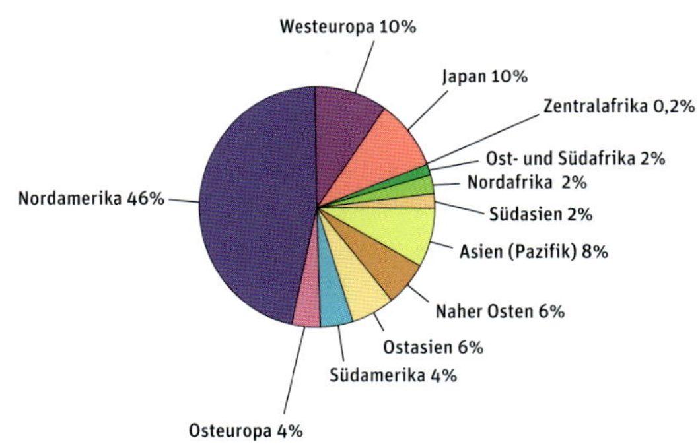

# 039 Eisenbahnlinien

**Die dichtesten Schienennetze findet man in Europa, aber Nordamerika kann die längsten Strecken aufweisen.**

2002 betrug die Länge des Schienennetzes weltweit eine Million Kilometer. Es wurden aber nicht alle Strecken befahren. Die dichtesten Schienennetze finden sich in den alten Industriestaaten Europas. Auf Südamerika hingegen entfallen zwar neun Prozent der Gesamtschienenstrecke, aber dort leistet die Bahn nur 0,5 Prozent aller Passagierkilometer und 0,1 Prozent des Frachtaufkommens.

64 der statistisch erfassten Staaten, meist relativ kleine Inseln, haben kein Schienennetz, während sich die längsten Bahnstrecken erwartungsgemäß in sechs der sieben größten Flächenstaaten der Erde finden.

*»Zum japanischen Schienennetz gehören 3800 Gebirgstunnels mit einer Gesamtlänge von 2100 Kilometern, darunter der Seikan-Tunnel, der 1988 fertiggestellte längste Tunnel der Welt.«*

Yukinori Koyama, Railway Technical Research Institute of Japan, 1997

**DICHTESTES UND DÜNNSTES SCHIENENNETZ**

| Rang | Land | Meter* |
|---|---|---|
| 1 | Tschechien | 123 |
| 2 | Belgien | 107 |
| 3 | Deutschland | 103 |
| 4 | Ungarn | 84 |
| 5 | Niederlande | 83 |
| 6 | Schweiz | 81 |
| 7 | Slowakei | 76 |
| 8 | Großbritannien | 71 |
| 9 | Österreich | 69 |
| 10 | Polen | 66 |
| 127 | Uganda | 1,31 |
| 128 | Mongolei | 1,16 |
| 129 | Paraguay | 1,11 |
| 130 | Mauretanien | 0,70 |
| 131 | Äthiopien | 0,68 |
| 132 | Mali | 0,60 |
| 133 | Saudi-Arabien | 0,50 |
| 134 | Venezuela | 0,49 |
| 135 | Nepal | 0,41 |
| 136 | Nicaragua | 0,05 |

*Schienenmeter pro Quadratkilometer Fläche (64 Länder haben kein Schienennetz)

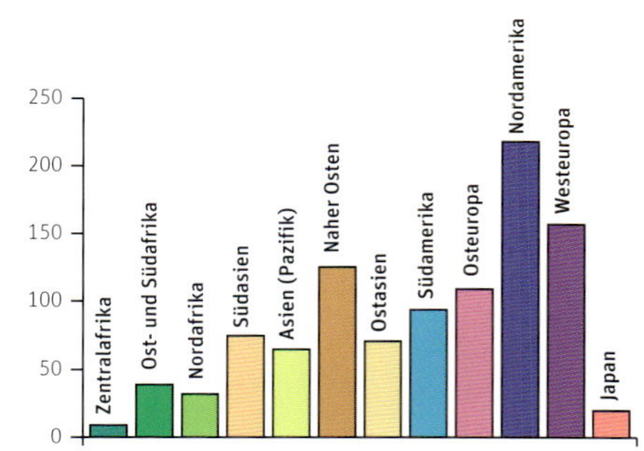


**LÄNGE DER BAHNSTRECKE**
in tausend Kilometer

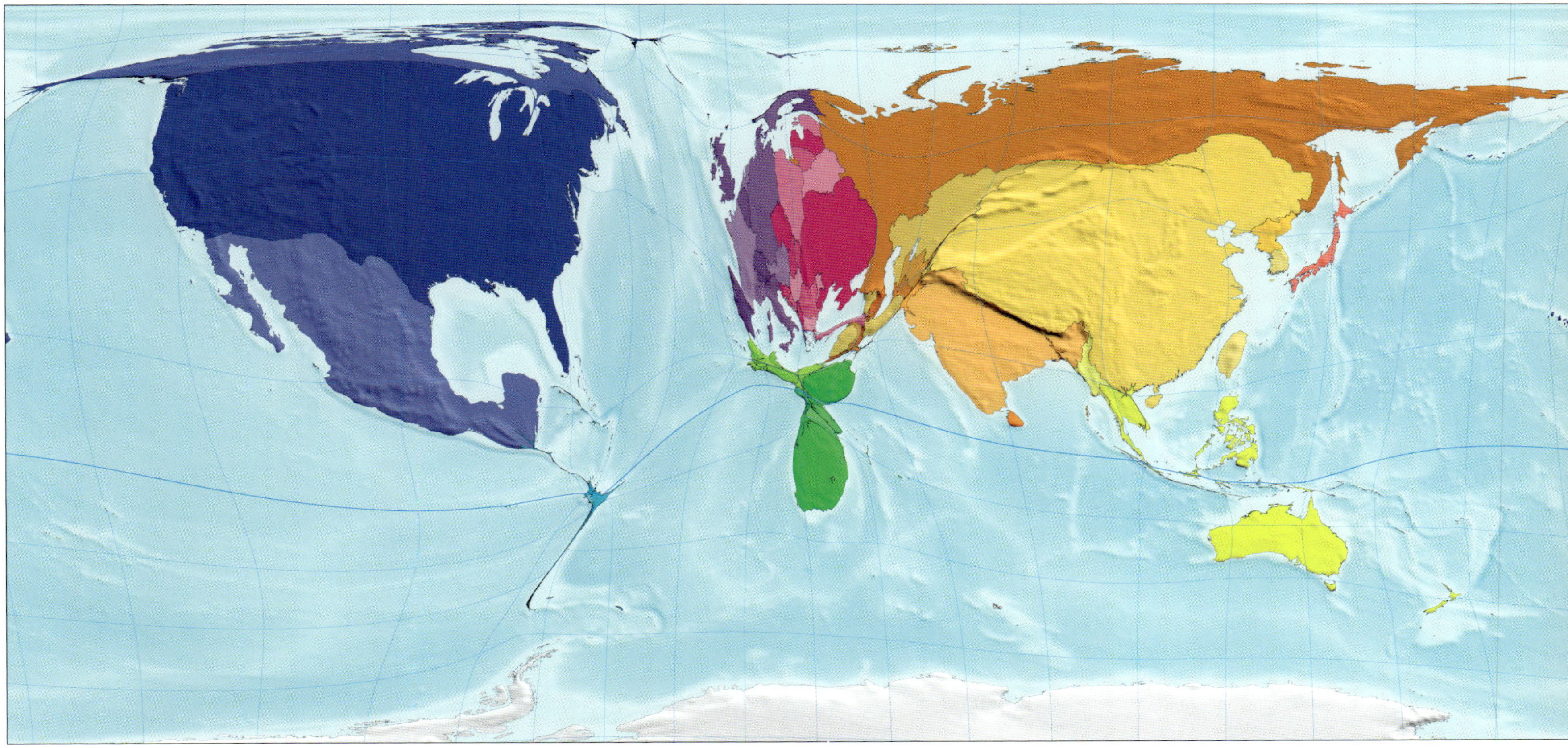

**HÖCHSTE UND GERINGSTE FRACHTLEISTUNG DER BAHN**

| Rang | Land | Tonnenkilometer* |
|---|---|---|
| 1 | Russland | 10480 |
| 2 | Kanada | 10339 |
| 3 | Kasachstan | 8586 |
| 4 | Australien | 8108 |
| 5 | Mexiko | 7822 |
| 6 | Vereinigte Staaten | 7561 |
| 7 | Estland | 7177 |
| 8 | Lettland | 6530 |
| 9 | Libanon | 4074 |
| 10 | Ukraine | 3950 |
| 127 | Mali | 15 |
| 128 | Benin | 13 |
| 129 | Ghana | 12 |
| 130 | Uganda | 9 |
| 131 | DR Kongo | 8 |
| 132 | Albanien | 7 |
| 133 | Kambodscha | 7 |
| 134 | Bangladesch | 7 |
| 135 | Venezuela | 1 |
| 136 | Madagaskar | 1 |

*Tonnenkilometer pro Einwohner und Jahr (64 Länder ohne Schienennetz)

# 040 Bahnfracht

**Wenn es um große Entfernungen geht, ist die Eisenbahn ein ideales Transportmittel.**

Die Eisenbahnen der Welt erzielten 2003 eine Transportleistung von acht Billionen Tonnenkilometern. Unter dieser Maßeinheit versteht man das Produkt aus der transportierten Last in Tonnen und dem Transportweg in Kilometern. Eine hohe Leistung in Tonnenkilometern ergibt sich bei der Beförderung großer Mengen an Fracht über sehr weite Strecken. Die höchste Beförderungsleistung auf der Schiene erbringen die Vereinigten Staaten, Russland und China.

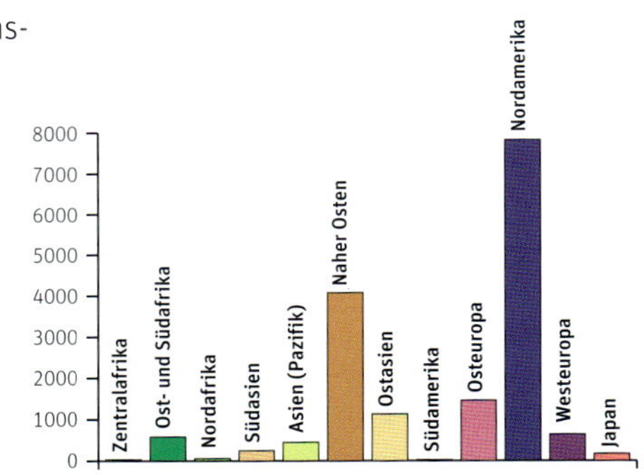


**FRACHTLEISTUNG DER BAHN**
Tonnenkilometer pro Person und Jahr

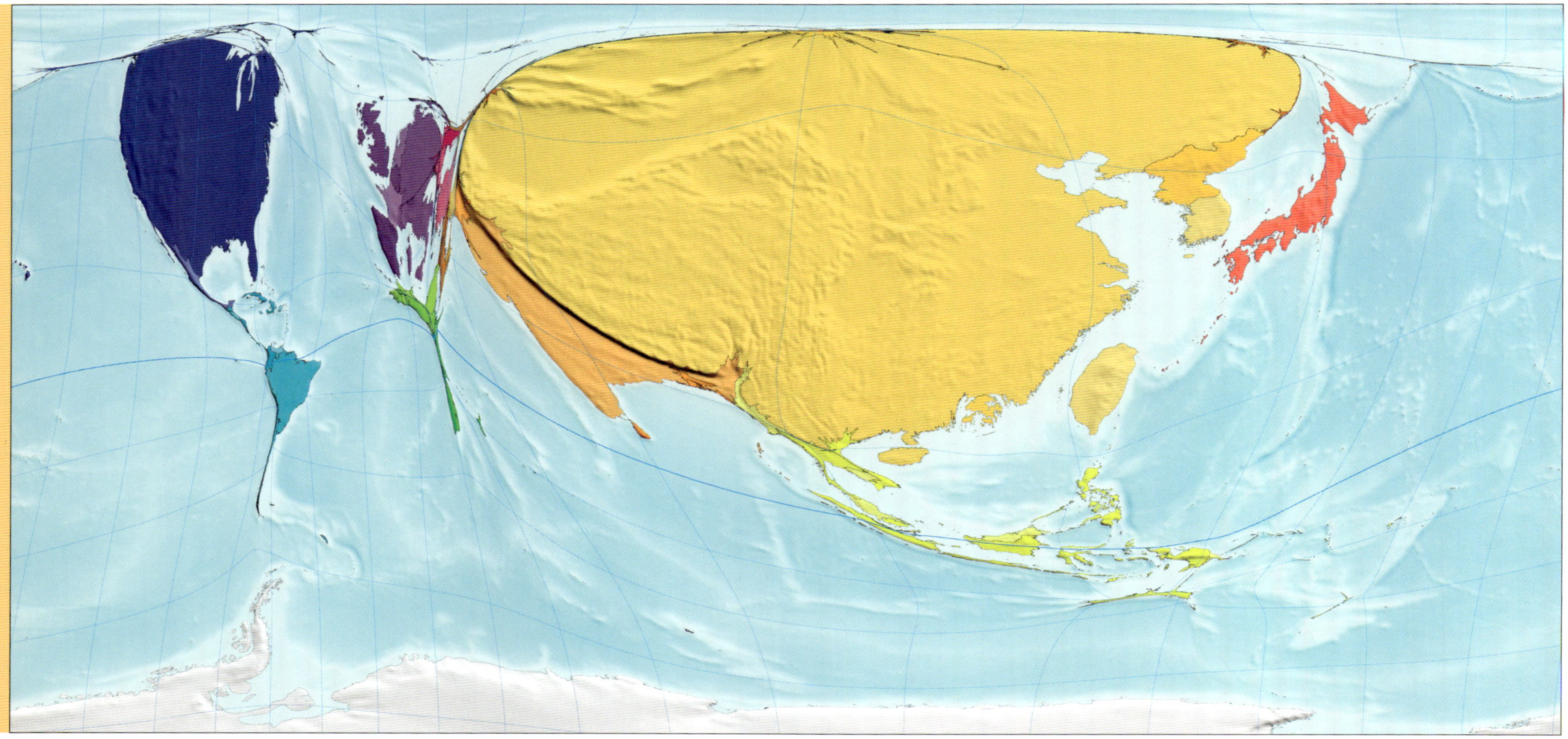

**HÖCHSTER UND GERINGSTER CONTAINER-UMSCHLAG**

| Rang | Land | Container* |
|---|---|---|
| 1 | China | 61,62 |
| 2 | Vereinigte Staaten | 32,64 |
| 3 | Grönland | 23,05 |
| 4 | Singapur | 18,44 |
| 5 | Japan | 14,57 |
| 6 | Südkorea | 12,99 |
| 7 | Deutschland | 10,50 |
| 8 | Malaysia | 10,07 |
| 9 | Italien | 8,47 |
| 10 | Spanien | 7,36 |
| 144 | Dominikanische Republik | 0,48 |
| 145 | Honduras | 0,47 |
| 146 | Trinidad und Tobago | 0,44 |
| 147 | Mauritius | 0,38 |
| 148 | Jemen | 0,38 |
| 149 | Marokko | 0,35 |
| 150 | Algerien | 0,31 |
| 151 | Uruguay | 0,30 |
| 152 | Libanon | 0,30 |
| 153 | Polen | 0,26 |

*Beladene Schiffscontainer pro Person und Jahr (47 Binnenstaaten ohne Containerhafen)

# 041 Containerhäfen

**In China werden mehr Schiffscontainer beladen und gelöscht als in allen anderen Ländern der Erde zusammen.**

China erzielt zwei Drittel der weltweiten Umschlagleistung mit Frachtcontainern. Dabei ist es keineswegs der Überseehandel, der den Löwenanteil ausmacht, sondern der Gütertransport im eigenen Land. Das ergibt sich bereits aus der Statistik. Im Fernhandel könnte das Übergewicht Chinas nie so erdrückend ausfallen, da die Ladung in einem Auslandshafen gelöscht oder geladen werden müsste. Was immer möglich ist, wird in China in Frachtcontainern transportiert: Waren für den Binnenmarkt ebenso wie Halbfertigprodukte, die in anderen Gegenden fertiggestellt werden.

**VERTEILUNG VON FRACHTCONTAINERN**

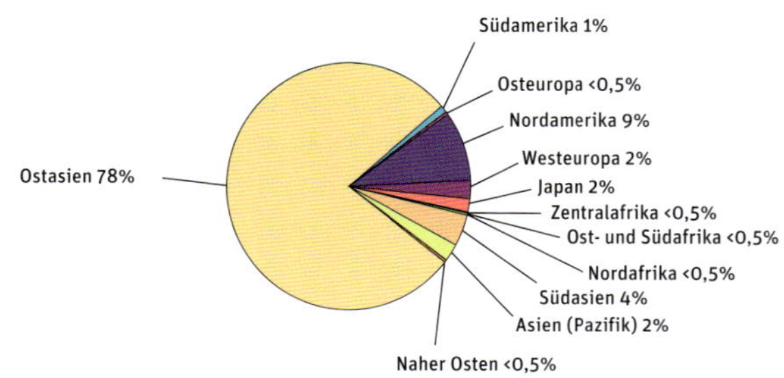


*»Mao behauptete, dass Chinas Industrieproduktion die der Vereinigten Staaten und Großbritanniens innerhalb von fünfzehn Jahren überholen könnte.«* Jung Chang, »Wilde Schwäne«, 1991

**HÖCHSTE UND NIEDRIGSTE ANZAHL REGISTRIERTER FRACHTSCHIFFE**

| Rang | Land | Tonnen* |
|---|---|---|
| 1 | St. Vincent und die Grenadinen | 8354 |
| 2 | Antigua und Barbuda | 6420 |
| 3 | Malta | 6249 |
| 4 | Bahamas | 6185 |
| 5 | Panama | 3936 |
| 6 | Zypern | 3632 |
| 7 | Liberia | 1076 |
| 8 | Vanuatu | 600 |
| 9 | Singapur | 373 |
| 10 | Belize | 367 |
| 131 | Ecuador | 0,023 |
| 132 | Somalia | 0,021 |
| 133 | Sierra Leone | 0,021 |
| 134 | Jemen | 0,021 |
| 135 | Senegal | 0,020 |
| 136 | Kasachstan | 0,019 |
| 137 | Nicaragua | 0,019 |
| 138 | Haiti | 0,012 |
| 139 | Kamerun | 0,006 |
| 140 | Kenia | 0,006 |

*BRZ (Bruttoraumzahl) je 100 Einwohner (60 Länder haben keine Handelsflotte)

# 042 Seegüterverkehr

**Die meisten seegehenden Schiffe sind Frachter oder Tanker. Die meisten von ihnen fahren unter sogenannten »Billigflaggen«.**

Die Ladekapazität aller Handelsschiffe beträgt 470 Millionen Tonnen – das sind 57 Prozent der weltweiten Gesamtladekapazität auf See. Die restlichen 43 Prozent entfallen hauptsächlich auf Tanker zum Transport von Rohöl, dem wichtigsten der weltweit verschifften Güter.

Diese Karte gehört ebenso wie die folgende (043) zu den bemerkenswertesten in diesem Atlas, da die meisten Frachtschiffe unter der Flagge einer kleinen Zahl von Staaten fahren, die für Schiffseigner durch niedrige Steuersätze und liberale Vorschriften besonders attraktiv sind. Die wichtigsten der Länder, in die »ausgeflaggt« wird, sind Panama und Liberia, gefolgt von Malta und Zypern. In Panama sind 85 Prozent aller südamerikanischen Frachtschiffe registriert, dies entspricht einem Anteil von 26 Prozent der weltweit registrierten Tonnage.

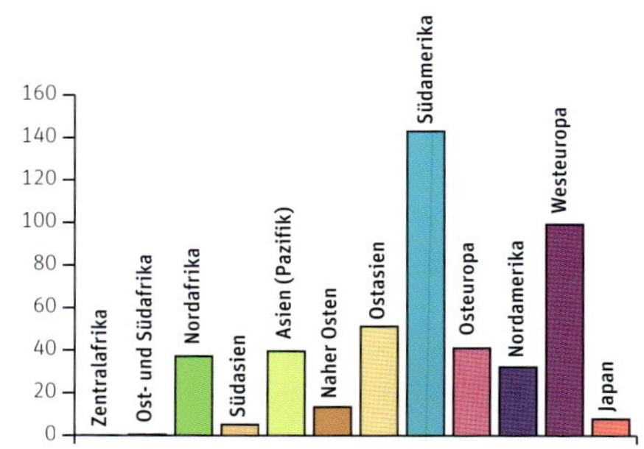


**REGISTRIERTE FRACHTSCHIFFE**
in Millionen Bruttoregistertonnen (bzw. Bruttoraumzahl BRZ)

*»Große Frachtschiffe sind erstaunlich angreifbar. Meist transportiert und sichert eine sehr kleine Mannschaft Waren im Wert von Millionen Dollar.«* Alison Gee, Journalist, 2002

**HÖCHSTE UND NIEDRIGSTE ANZAHL REGISTRIERTER ÖLTANKER**

| Rang | Land | Tonnen* |
|---|---|---|
| 1 | Bahamas | 9333 |
| 2 | Malta | 4336 |
| 3 | Panama | 1823 |
| 4 | Liberia | 1155 |
| 5 | Zypern | 830 |
| 6 | St. Vincent und die Grenadinen | 705 |
| 7 | Tuvalu | 430 |
| 8 | Singapur | 382 |
| 9 | Norwegen | 379 |
| 10 | Luxemburg | 265 |
| 108 | Kenia | 0,025 |
| 109 | Marokko | 0,023 |
| 110 | Syrien | 0,023 |
| 111 | Kolumbien | 0,023 |
| 112 | Somalia | 0,021 |
| 113 | Myanmar | 0,010 |
| 114 | Südafrika | 0,009 |
| 115 | Elfenbeinküste | 0,006 |
| 116 | Äthiopien | 0,006 |
| 117 | Sudan | 0,003 |

*BRZ (Bruttoraumzahl) je 100 Einwohner (60 Länder haben keine Handelsflotte)

# 043 Öltanker

**Wie schon bei den Frachtern sagt auch bei den Tankern die Flagge, unter der sie fahren, nichts über Eigentumsverhältnisse und Nutzung eines Schiffes aus.**

Diese Karte zeigt ebenso wie die vorhergehende (042), dass Handelsschiffe bevorzugt unter der Flagge einer kleinen Zahl von Staaten fahren, die den Eignern Vorteile bei Vorschriften und Steuern bieten. Bezeichnend ist dabei, dass die Länder mit den meisten registrierten Tankern keine nennenswerten Import- oder Exportmengen an Rohöl aufweisen (Karte 103 und 104). So steht das Binnenland Luxemburg unter den Staaten mit der höchsten Tonnage an registrierten Öltankern pro Einwohner an zehnter Stelle.

Der führende Staat sind die Bahamas, wo auf jeden Bewohner 93 Tonnen Tankertonnage kommen.

**REGISTRIERTE ÖLTANKER**
in Millionen Tonnen

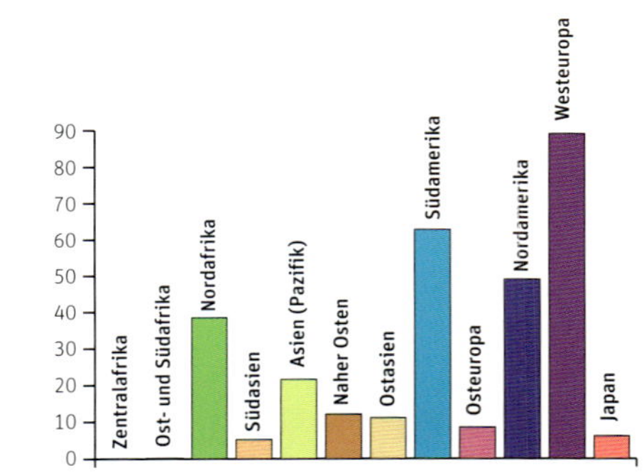

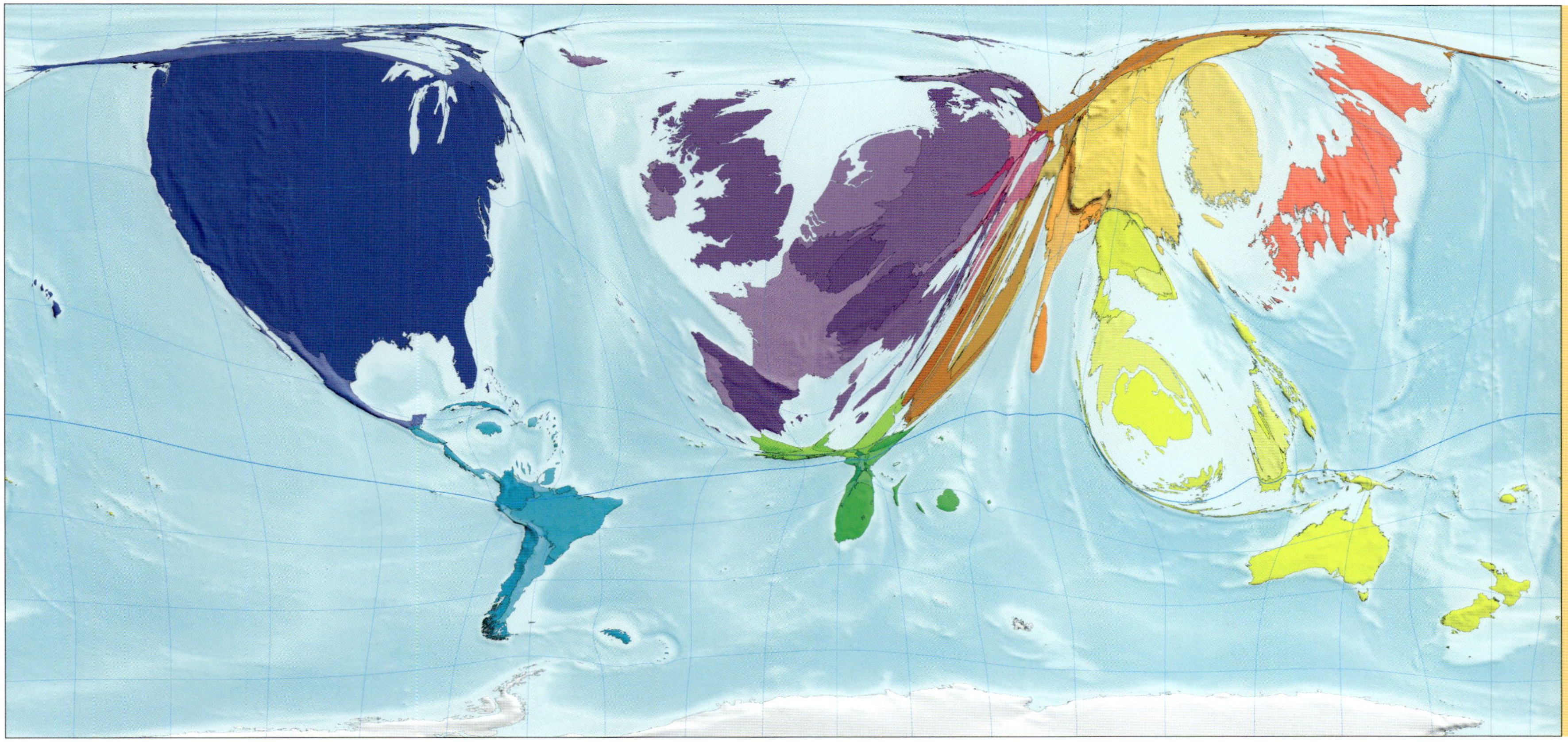

## HÖCHSTE UND GERINGSTE FRACHTLEISTUNG IM LUFTVERKEHR

| Rang | Land | Tonnenkilometer* |
|---|---|---|
| 1 | Luxemburg | 8933 |
| 2 | Singapur | 3092 |
| 3 | Nauru | 2154 |
| 4 | Island | 1637 |
| 5 | Katar | 1372 |
| 6 | Brunei | 1367 |
| 7 | Vereinigte Arabische Emirate | 1258 |
| 8 | Seychellen | 940 |
| 9 | Neuseeland | 791 |
| 10 | Schweiz | 780 |
| 191 | Tansania | 0,58 |
| 192 | Haiti | 0,49 |
| 193 | Nigeria | 0,47 |
| 194 | Sambia | 0,47 |
| 195 | Liberia | 0,31 |
| 196 | Lesotho | 0,28 |
| 197 | Ruanda | 0,24 |
| 198 | Nordkorea | 0,22 |
| 199 | Burundi | 0,15 |
| 200 | Dominikanische Republik | 0,06 |

*Tonnenkilometer pro Einwohner und Jahr

# 044 Luftfracht

**Die Proportionen verdeutlichen die Transportleistung der in einem Land registrierten Frachtflugzeuge.**

2000 erzielte der Luftverkehr weltweit eine Frachtleistung von 403 Billionen Tonnenkilometern, über die Hälfte davon mit Flugzeugen, die in Nordamerika oder Westeuropa registriert waren. In Zentralafrika registrierte Flugzeuge beförderten dagegen nur 0,1 Prozent der weltweiten Luftfracht. Eine hohe Anzahl von Tonnenkilometern ergibt sich, wenn man viele Tonnen Fracht befördert und/oder wenn man die Fracht über sehr große Entfernungen transportiert.

*»Kontroll- und Lagerkosten sind mit 400 Dollar pro Tag am Flughafen Jomo Kenyatta International weltweit am höchsten. Die Frachtgebühr für eine Blume beträgt 1,85 bis 2,20 US-Dollar.«* Kamau Ngotho, 2005

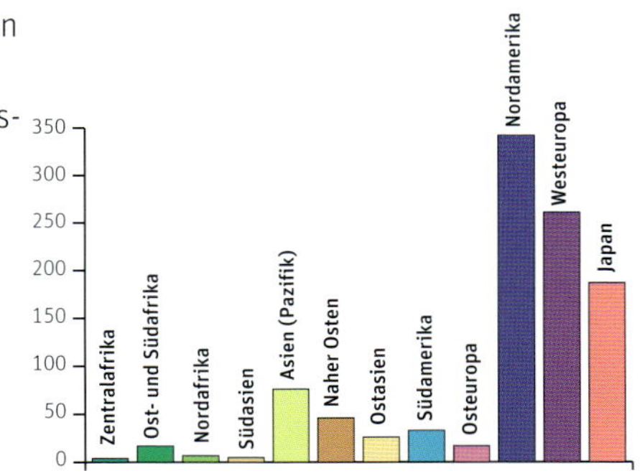


**FRACHTLEISTUNG IM LUFTVERKEHR**
Tonnenkilometer pro Einwohner und Jahr

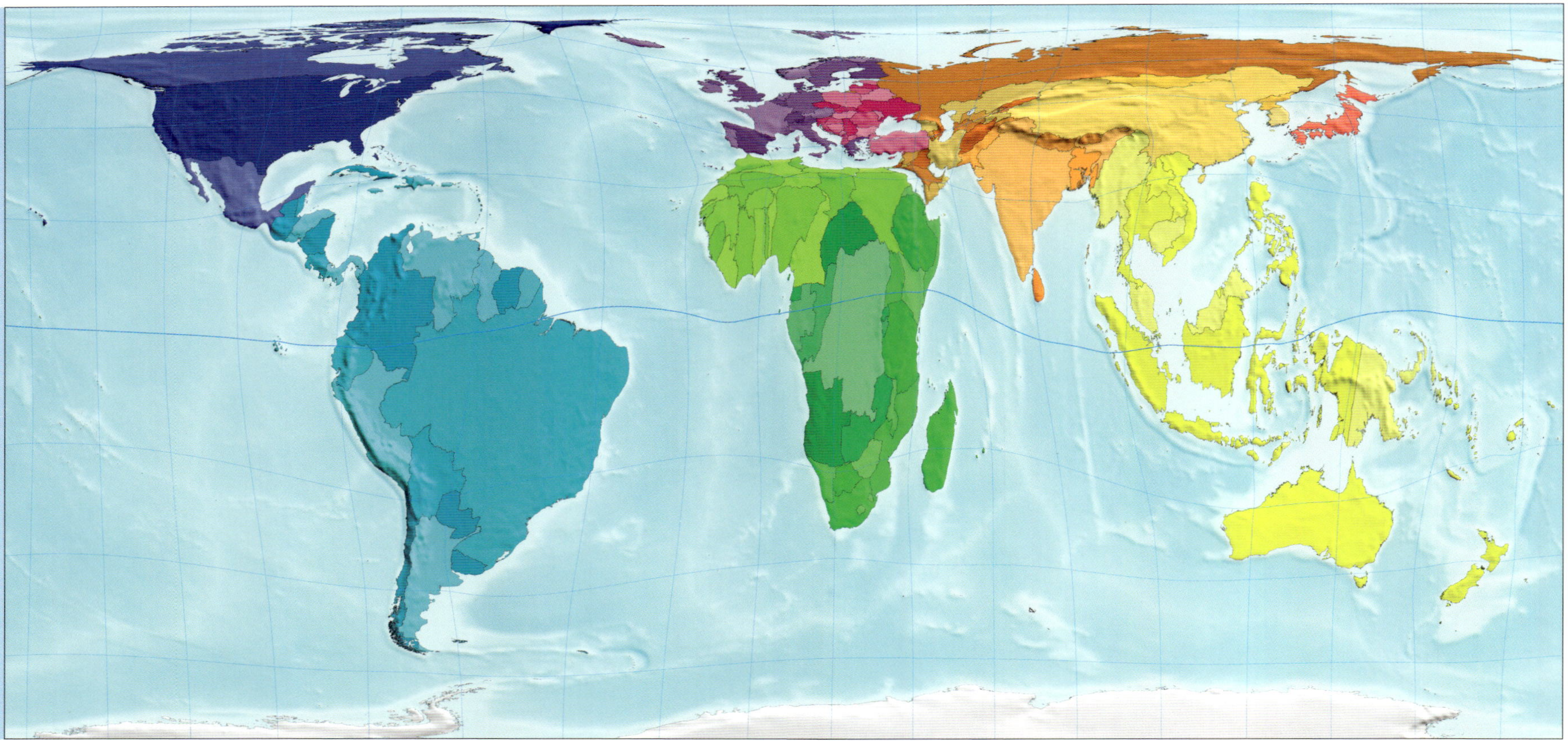

**HÖCHSTE UND GERINGSTE NIEDERSCHLAGSMENGE**

| Rang | Land | Jahresniederschlag* |
|---|---|---|
| 1 | Mikronesien | 357 |
| 2 | Dominica | 344 |
| 3 | Papua-Neuguinea | 321 |
| 4 | Salomon-Inseln | 313 |
| 5 | Tuvalu | 303 |
| 6 | Samoa | 300 |
| 7 | Brunei | 298 |
| 8 | Bangladesch | 295 |
| 9 | Costa Rica | 293 |
| 10 | Malaysia | 289 |
| 191 | Mauretanien | 9,2 |
| 192 | Algerien | 8,9 |
| 193 | Oman | 8,6 |
| 194 | Bahrain | 8,0 |
| 195 | Vereinigte Arabische Emirate | 7,8 |
| 196 | Katar | 7,4 |
| 197 | Saudi-Arabien | 5,9 |
| 198 | Libyen | 5,7 |
| 199 | Ägypten | 5,2 |
| 200 | Westsahara | 4,5 |

*Durchschnittlicher Jahresniederschlag 1961–1990 in Zentimetern

# 045 Niederschlagsmenge

## Jahresniederschlag

Brasilien erreicht die höchste absolute Niederschlagsmenge im Jahr, allerdings erklärt sich dies vor allem durch seine beträchtliche flächenmäßige Ausdehnung. Staaten mit einem hohen Jahresniederschlag pro Quadratkilometer liegen meist in der Monsunzone, so zum Beispiel Malaysia, das an zehnter Stelle der Rangliste steht. Alte Seefahrer nannten es »das Land, wo sich die Winde treffen« – damit meinten sie den Monsun, ein Wort, das möglicherweise vom arabischen *mausim* stammt und einen Wind bezeichnet, der im jahreszeitlichen Wechsel seine Richtung ändert. Malaysia und andere tropische Länder erleben zwei Arten von Monsun pro Jahr – den Südwest-Monsun von Mai bis September und den Nordost-Monsun von November bis März. Überall sonst können Monsunwinde zu verschiedenen Zeiten einsetzen.

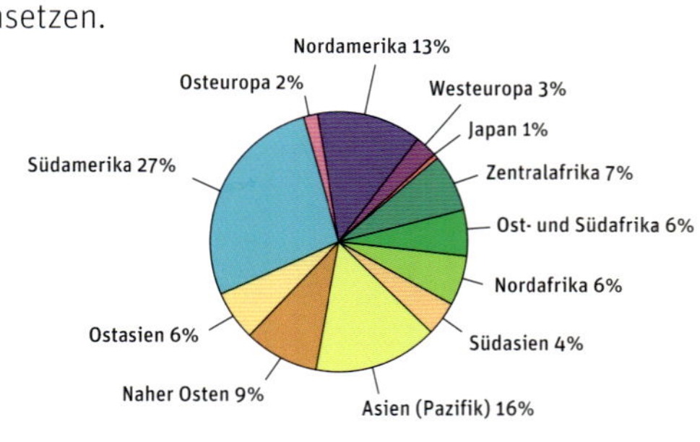


VERTEILUNG DES JAHRESNIEDERSCHLAGS

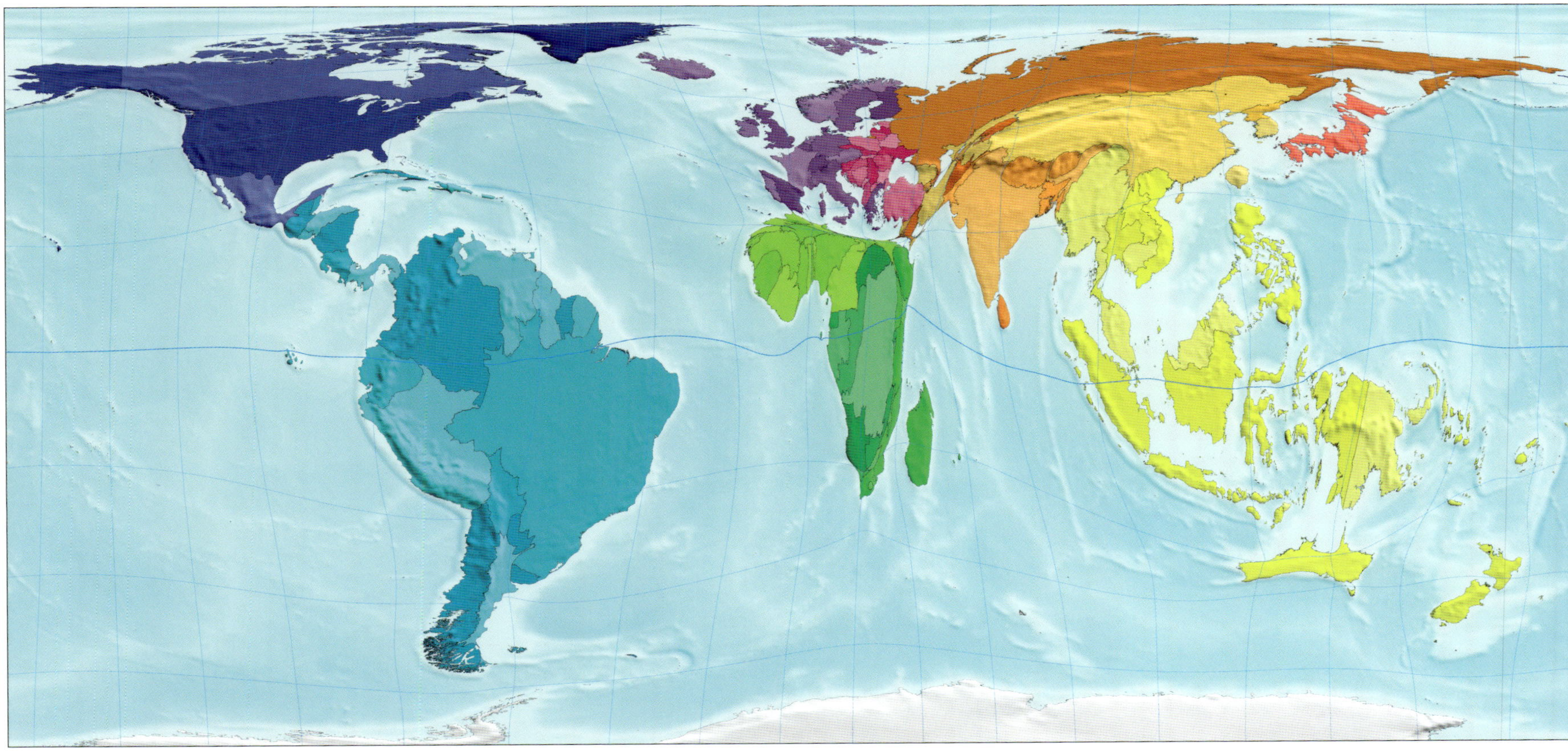

**UMFANGREICHSTE UND GERINGSTE WASSERRESSOURCEN**

| Rang | Land | Wasserressourcen* |
|---|---|---|
| 1 | São Tomé und Príncipe | 227 |
| 2 | Sierra Leone | 223 |
| 3 | Costa Rica | 220 |
| 4 | Liberia | 208 |
| 5 | Kolumbien | 203 |
| 6 | Bhutan | 202 |
| 7 | Panama | 198 |
| 8 | Taiwan | 186 |
| 9 | Papua-Neuguinea | 177 |
| 10 | Malaysia | 177 |
| 191 | Oman | 0,32 |
| 192 | Turkmenistan | 0,29 |
| 193 | Niger | 0,28 |
| 194 | Bahamas | 0,20 |
| 195 | Ägypten | 0,18 |
| 196 | Vereinigte Arabische Emirate | 0,18 |
| 197 | Saudi-Arabien | 0,11 |
| 198 | Mauretanien | 0,04 |
| 199 | Libyen | 0,03 |
| 200 | Kuwait | 0 |

*Kubikzentimeter Wasser je Quadratkilometer Fläche, 2003 oder Jahr aktuellster Datenerhebung

# 046 Wasserressourcen

## Jährlich neu hinzukommende Süßwassermenge

Diese Karte zeigt die jährliche Niederschlagsmenge, die in Flüsse und Seen gelangt, sowie die Grundwasserneubildung aus Oberflächengewässern. Weltweit werden Wasserquellen jährlich mit circa 43 000 Kubikkilometer Frischwasser gespeist, dies entspricht etwa der Hälfte der Gesamtniederschlagsmenge, der Rest verdunstet.

Regionen mit hoher Niederschlagsmenge, zum Beispiel Südamerika, der asiatische Pazifikraum und Australien, haben auch ergiebige Wasserressourcen und erscheinen deshalb auf der Karte groß.

Staaten dagegen, die Süßwasser durch Entsalzung künstlich herstellen müssen, etwa Kuwait, das keine natürlichen Süßwasserquellen besitzt, bleiben hier unsichtbar.

**VERTEILUNG DER WASSERRESSOURCEN**

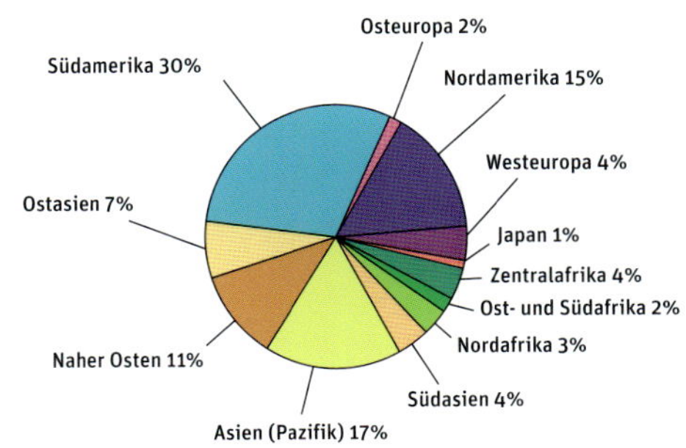


*»Das Amazonasbecken mit zehn der weltweit größten Ströme macht ein Fünftel der gesamten Süßwasserreserven des Planten aus.«*
Brasilianisches Außenministerium, 2002

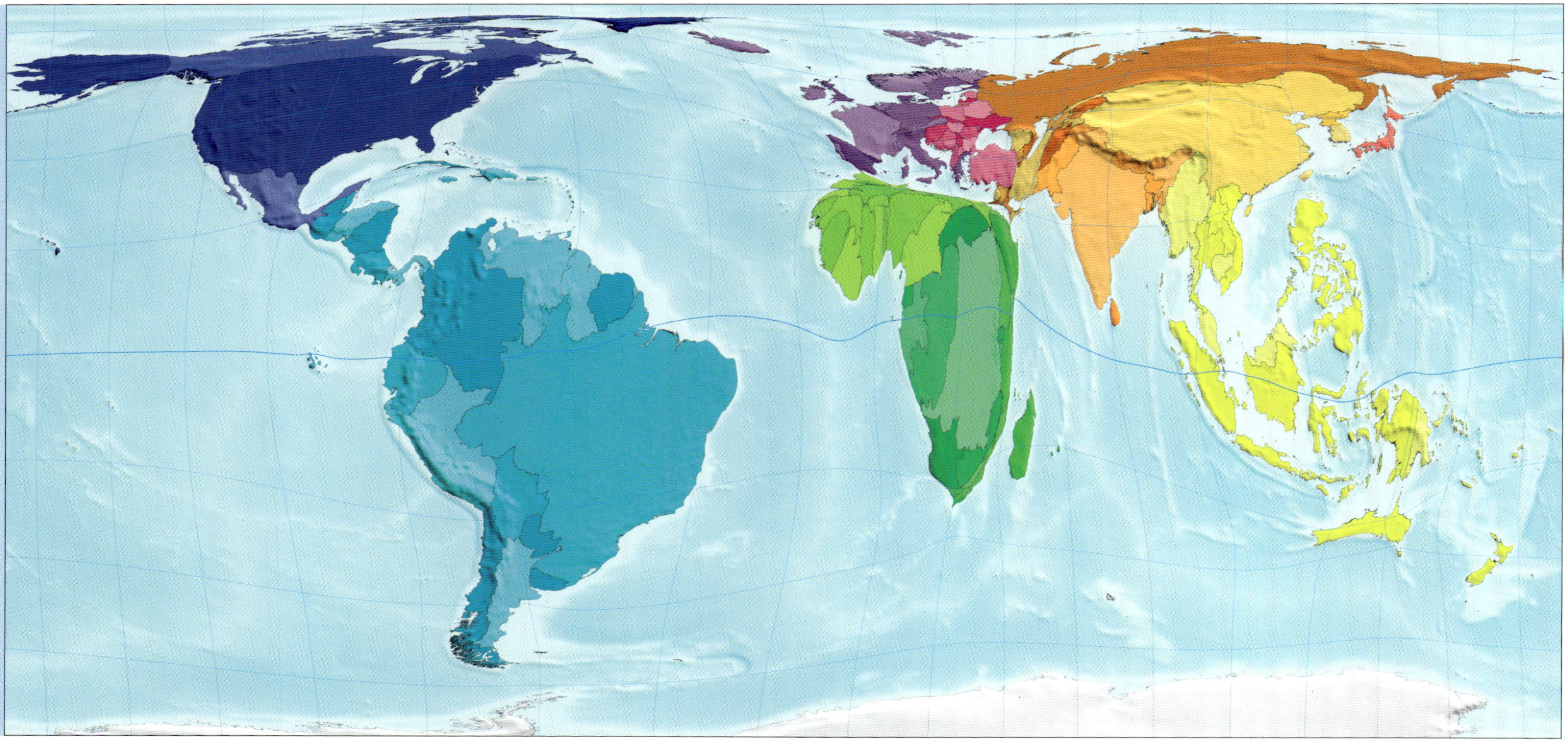

**UMFANGREICHSTE UND GERINGSTE GRUNDWASSERNEUBILDUNG**

| Rang | Land | Umfang* |
|---|---|---|
| 1 | Costa Rica | 73 |
| 2 | Sierra Leone | 70 |
| 3 | Slowenien | 67 |
| 4 | Liberia | 62 |
| 5 | Philippinen | 60 |
| 6 | Kongo | 58 |
| 7 | Guyana | 52 |
| 8 | Surinam | 51 |
| 9 | Guinea-Bissau | 50 |
| 10 | Kolumbien | 49 |
| 191 | Vereinigte Arabische Emirate | 0,14 |
| 192 | Ägypten | 0,13 |
| 193 | Saudi-Arabien | 0,10 |
| 194 | Turkmenistan | 0,08 |
| 195 | Algerien | 0,07 |
| 196 | Dschibuti | 0,06 |
| 197 | Mauretanien | 0,03 |
| 198 | Libyen | 0,03 |
| 199 | Kuwait | 0 |
| 200 | Bahrain | 0 |

*Kubikzentimeter Wasser je Quadratzentimeter Fläche, 2003 oder Jahr aktuellster Datenerhebung

# 047 Grundwasserneubildung

## Jährlicher Umfang der Grundwasserneubildung aus Oberflächenwasser

Grundwasser ist unterirdisches Wasser, das die Hohlräume der Erdrinde zusammenhängend ausfüllt. Es ist eine bedeutende Wasserquelle, da etwa 70 Prozent des gesamten Süßwassers Grundwasser ist. Jedes Jahr erhält es einen Zulauf von 11 400 Kubikkilometern aus Oberflächenwasser, was jedoch nicht überall ausreicht, um die Grundwasservorräte aufzufüllen, weil man noch größere Mengen entnimmt. Die Grundwasserneubildung ist in Südamerika am höchsten, in Japan am niedrigsten.

**GRUNDWASSERNEUBILDUNG**

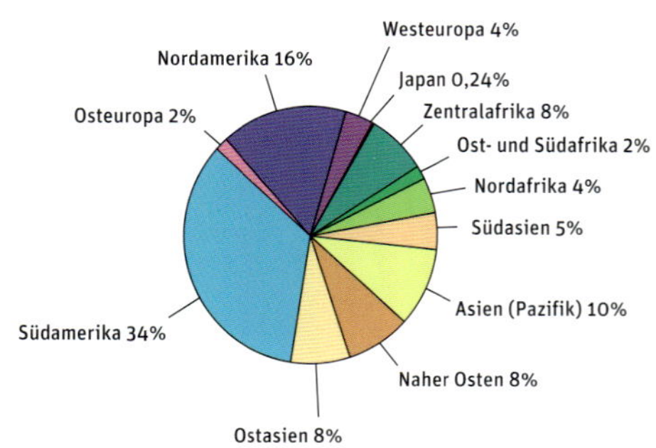


*»Grundwasser ist eine weitläufige und sich langsam erneuernde Ressource, deren Menge alle anderen Süßwasserquellen weit übersteigt.«*

Grundwasserzentrum der Universität von New South Wales, 2006

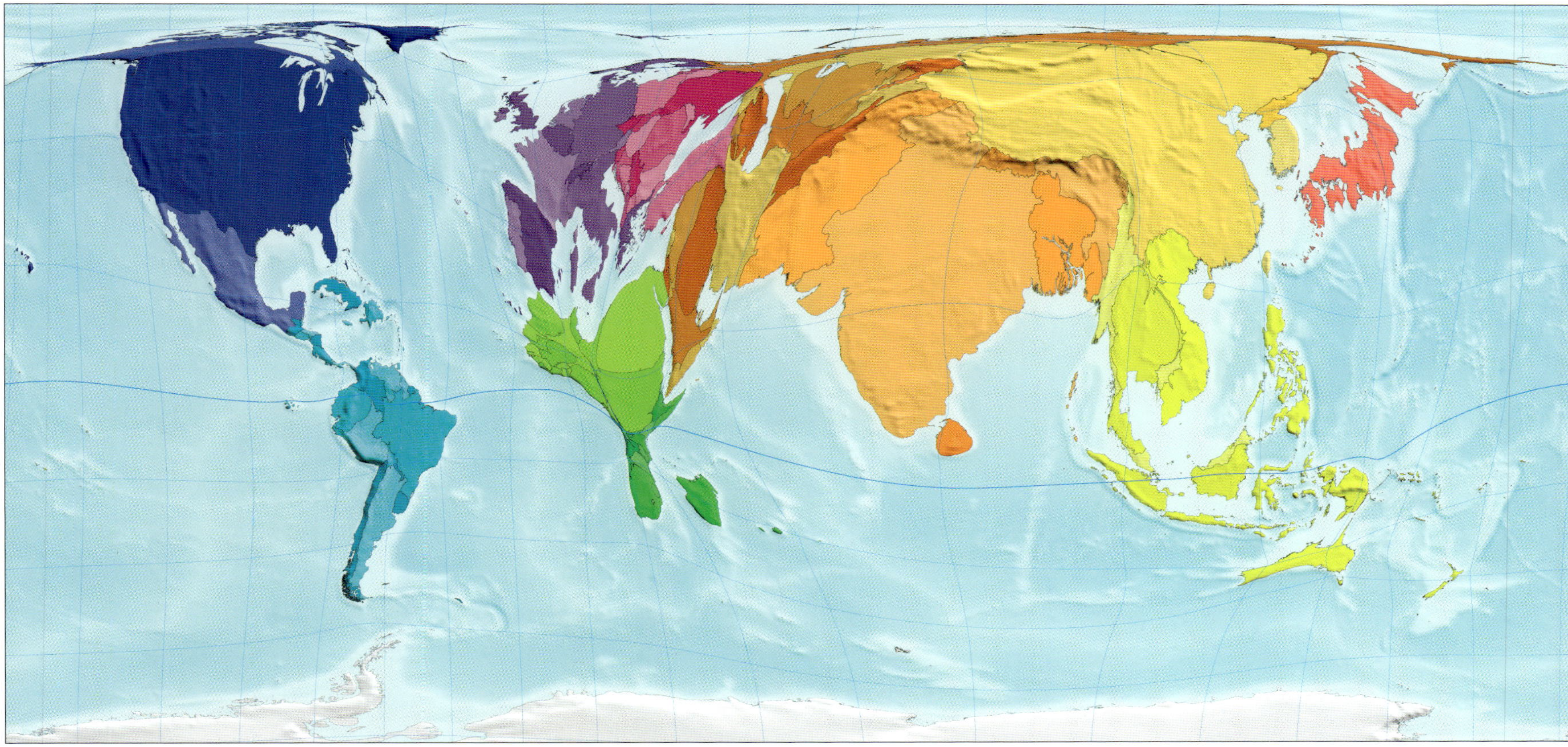

**HÖCHSTER UND GERINGSTER WASSERVERBRAUCH PRO FLÄCHE**

| Rang | Land | Umfang* |
|---|---|---|
| 1 | Bangladesch | 64 |
| 2 | Bahrain | 44 |
| 3 | Mauritius | 31 |
| 4 | Belgien | 27 |
| 5 | Japan | 24 |
| 6 | Niederlande | 24 |
| 7 | Pakistan | 23 |
| 8 | Malediven | 23 |
| 9 | Vietnam | 23 |
| 10 | Indien | 22 |
| 191 | Dschibuti | 0,036 |
| 192 | Namibia | 0,034 |
| 193 | Angola | 0,029 |
| 194 | Mongolei | 0,029 |
| 195 | Botswana | 0,026 |
| 196 | Tschad | 0,020 |
| 197 | Papua-Neuguinea | 0,017 |
| 198 | DR Kongo | 0,017 |
| 199 | Kongo | 0,012 |
| 200 | Zentralafrikanische Republik | 0,004 |

*Kubikzentimeter Wasser je Quadratkilometer Fläche, 2003 oder Jahr aktuellster Datenerhebung

# 048 Wasserverbrauch

## Jährlicher Wasserverbrauch absolut

Weltweit verbrauchen Haushalte, Landwirtschaft und Industrie jährlich 4000 Kubikkilometer Wasser. Diese Karte bezieht sich nur auf tatsächlich aufgebrauchtes Wasser, nicht verzeichnet sind die Mengen, die zum Beispiel bei der Energiegewinnung oder im Bergbau genutzt werden.

Weltweit den höchsten Wasserverbrauch haben die bevölkerungsreichsten Staaten: China, Indien und die Vereinigten Staaten. Der Pro-Kopf-Wasserverbrauch ist dabei jedoch sehr unterschiedlich, die Einwohner der Vereinigten Staaten verbrauchen etwa dreimal so viel als die Indiens oder Chinas.

Im Durchschnitt kommen auf einen Bewohner Zentralafrikas nur zwei Prozent der Wassermenge, die ein Nordamerikaner verbraucht.

**WASSERVERBRAUCH PROZENTUAL**

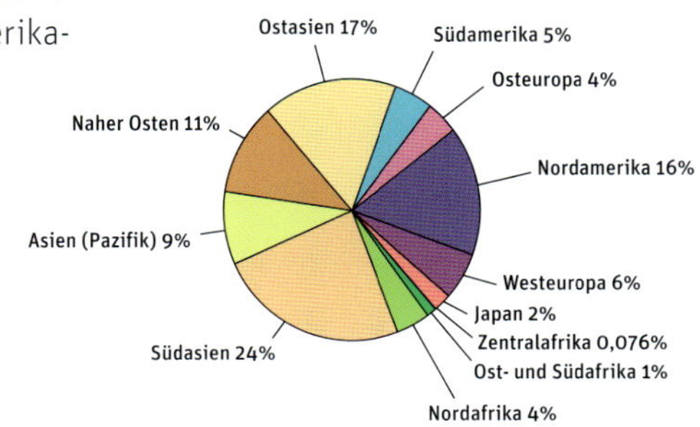


*»… der Zugang zu Wasser ist eine der fundamentalen Bedingungen zum Überleben und damit Grundlage eines angemessenen Lebensstandards.«*

Céline Dubreuil, Bericht für den Weltwasserrat, 2006

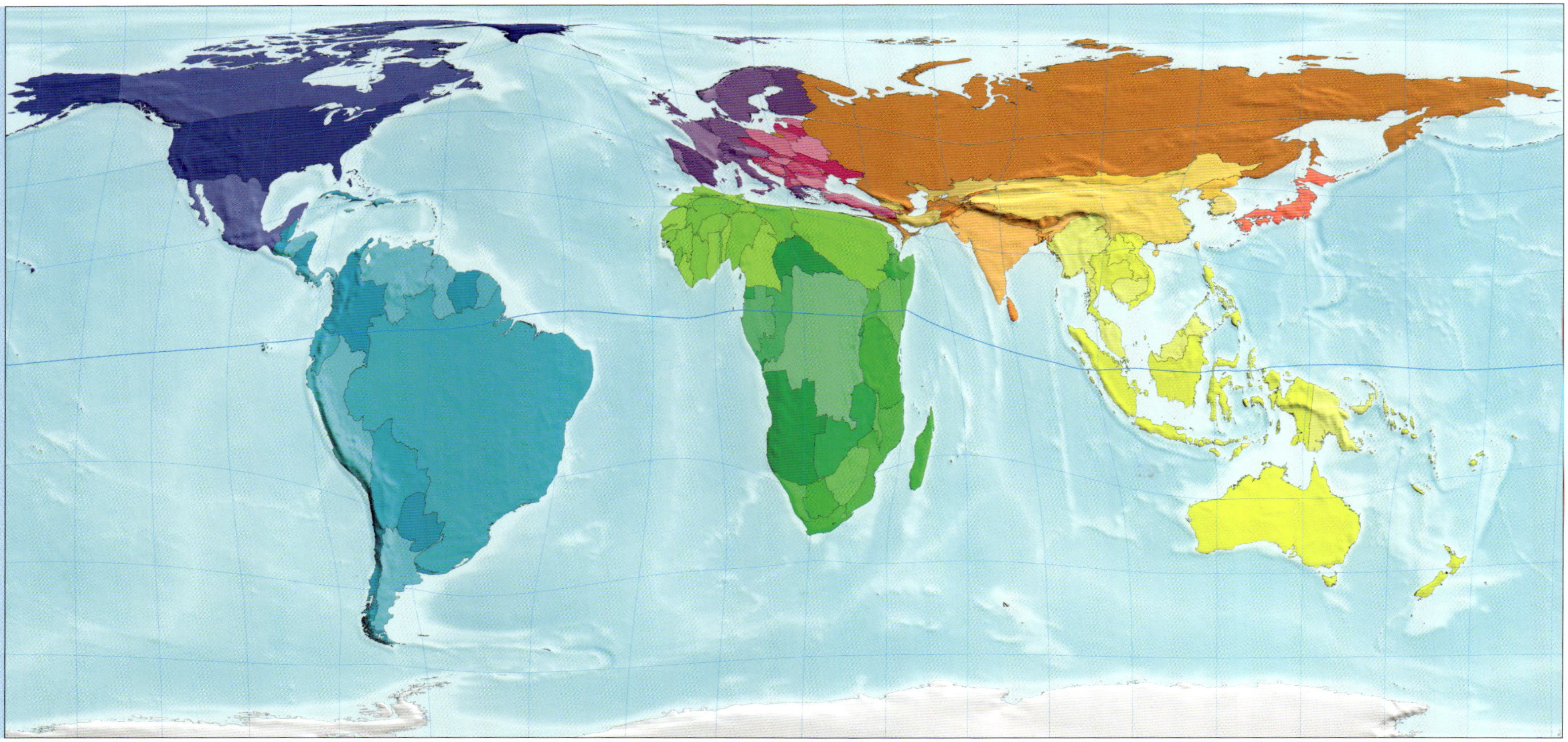

**UMFANGREICHSTE UND KLEINSTE WALDFLÄCHEN IM JAHR 1990**

| Rang | Land | Prozent* |
|---|---|---|
| 1 | Salomon-Inseln | 92 |
| 2 | Surinam | 90 |
| 3 | Guyana | 88 |
| 4 | Brunei | 86 |
| 5 | Guinea-Bissau | 85 |
| 6 | Gabun | 85 |
| 7 | Bahamas | 84 |
| 8 | Palau | 76 |
| 9 | Belize | 75 |
| 10 | Finnland | 72 |
| 191 | Lesotho | 0,46 |
| 192 | Mauretanien | 0,41 |
| 193 | Dschibuti | 0,26 |
| 194 | Island | 0,25 |
| 195 | Libyen | 0,18 |
| 196 | Kuwait | 0,17 |
| 197 | Katar | 0,09 |
| 198 | Ägypten | 0,05 |
| 199 | Oman | 0 |
| 200 | Malta | 0 |

*Waldfläche in Prozent der Landesfläche im Jahr 1990

# 049 Waldfläche im Jahr 1990

**Die größten Waldbestände weisen Russland, Brasilien und Kanada auf.**

Diese Karte orientiert sich an den Erhebungen Weltbank, deren Definition von Wäldern natürlich gewachsene und gepflanzte Bäume einschließt. Die umfangreichsten Waldflächen gab es 1990 in Russland, Brasilien und Kanada, drei der fünf flächenmäßig größten Staaten, deren Bevölkerungsdichte erheblich unter dem weltweiten Durchschnitt liegt, sodass sie einen Großteil der Fläche der nachhaltigen Waldwirtschaft widmen.

Die meisten der zehn Staaten mit der höchsten prozentualen Bewaldung (im Gegensatz zur Gesamtwaldfläche) lagen 1990 zwischen dem nördlichen und dem südlichen Wendekreis, wobei Finnland eine Ausnahme darstellt. Es liegt mit 72 Prozent an zehnter Stelle, obwohl es teilweise sogar jenseits des nördlichen Polarkreises liegt.

Interessanterweise lagen viele Länder mit der niedrigsten prozentualen Bewaldung in den Tropen – mit Ausnahme von Lesotho, Island, Kuwait, Malta und Katar.

**VERTEILUNG DER WALDFLÄCHEN**
im Jahr 1990

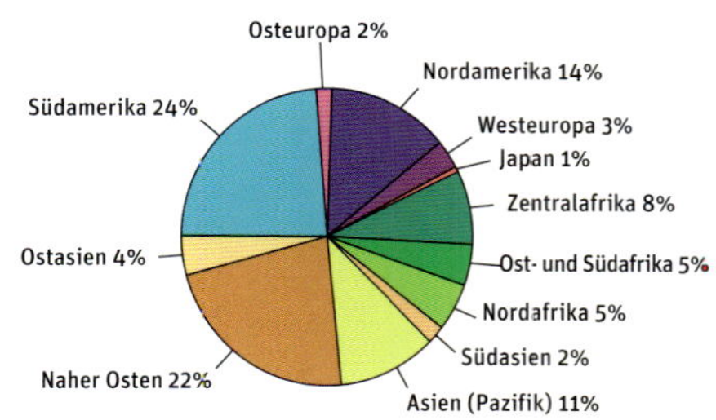


*»Die Waldfläche in der Demokratischen Republik Kongo umfasst ein Gebiet von 1,3 Millionen Quadratkilometern und ist damit zweimal so groß wie Frankreich.«* Rainforest Foundation, 2004

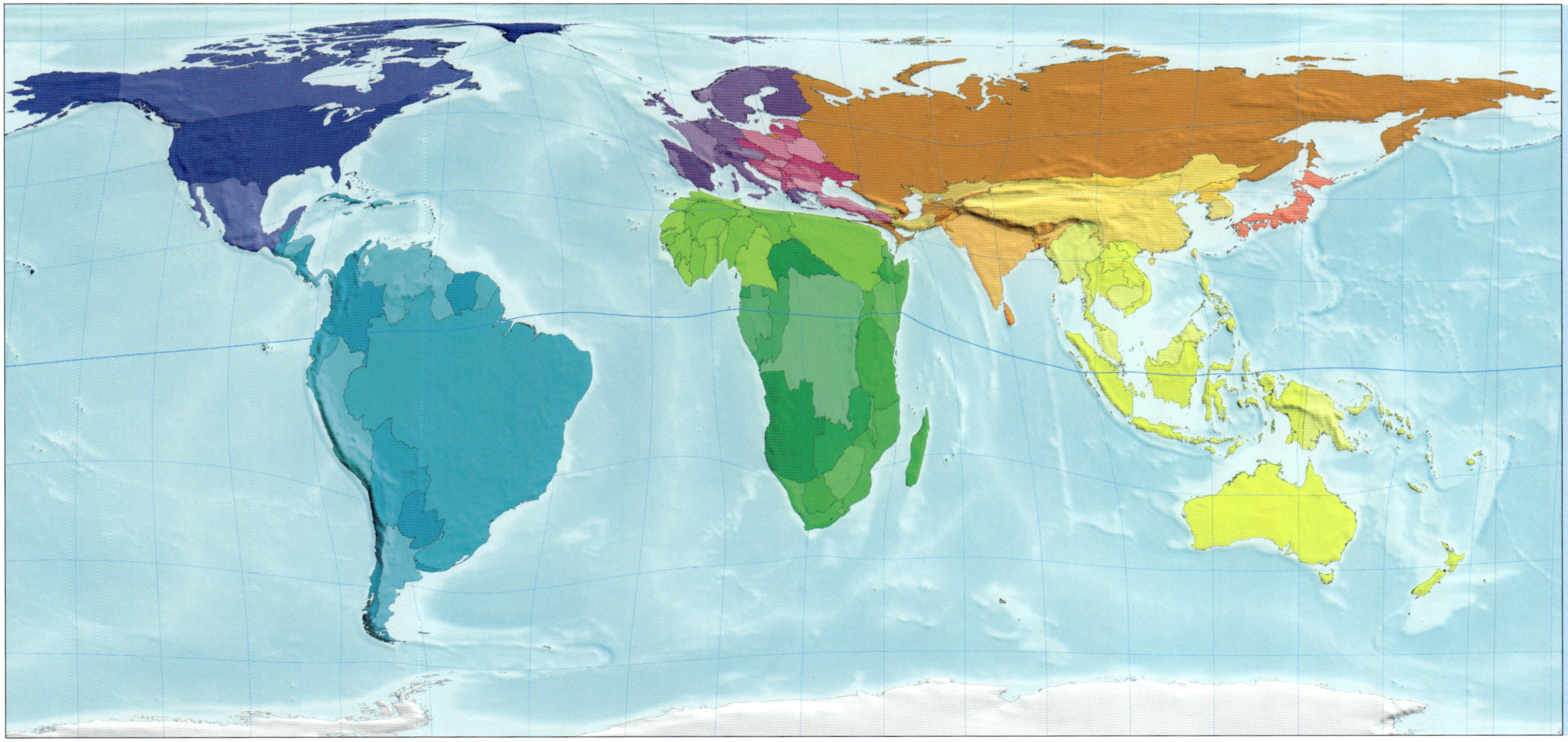



**UMFANGREICHSTE UND KLEINSTE WALDFLÄCHEN IM JAHR 2000**

| Rang | Land | Prozent* |
|---|---|---|
| 1 | Salomon-Inseln | 91 |
| 2 | Surinam | 90 |
| 3 | Guyana | 86 |
| 4 | Gabun | 85 |
| 5 | Bahamas | 84 |
| 6 | Brunei | 84 |
| 7 | Guinea-Bissau | 78 |
| 8 | Palau | 76 |
| 9 | Finnland | 72 |
| 10 | Nordkorea | 68 |
| 191 | Lesotho | 0,46 |
| 192 | Mauretanien | 0,31 |
| 193 | Island | 0,31 |
| 194 | Kuwait | 0,28 |
| 195 | Dschibuti | 0,26 |
| 196 | Libyen | 0,20 |
| 197 | Katar | 0,09 |
| 198 | Ägypten | 0,07 |
| 199 | Oman | 0 |
| 200 | Malta | 0 |

*Waldfläche in Prozent der Landesfläche im Jahr 2000

# 050 Waldfläche im Jahr 2000

**Den größten Anteil an bewaldeter Fläche weisen die Salomon-Inseln auf, den geringsten die Mittelmeerinsel Malta.**

2000 waren die Salomon-Inseln zu mehr als 90 Prozent mit Wald bedeckt, was sie zum Staat mit der höchsten Bewaldung machte. Malta dagegen steht auf der Rangliste ganz unten, wenn es dort auch Bäume gibt, so doch keine Wälder.

Vergleicht man die Situation der Jahre 1990 (Karte 049) und 2000, ergeben sich bezüglich des Waldvorkommens einige deutliche Unterschiede, aber auch viele Ähnlichkeiten. Russland, Brasilien und Kanada sind jeweils führend bei der absoluten Waldfläche, die zehn Staaten mit der umfangreichsten bzw. kleinsten prozentualen Waldfläche sind nahezu dieselben.

*»Die russischen Wälder sind nicht nur ein ökologischer Schutzschild für das eigene Land, sondern auch für den gesamten Planeten.«*
Vladimir Putin, Präsident der Russischen Föderation, 2006

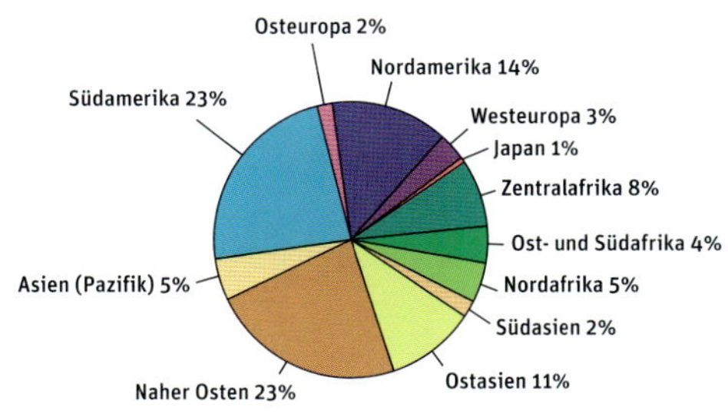


**VERTEILUNG DER WALDFLÄCHEN**
im Jahr 2000

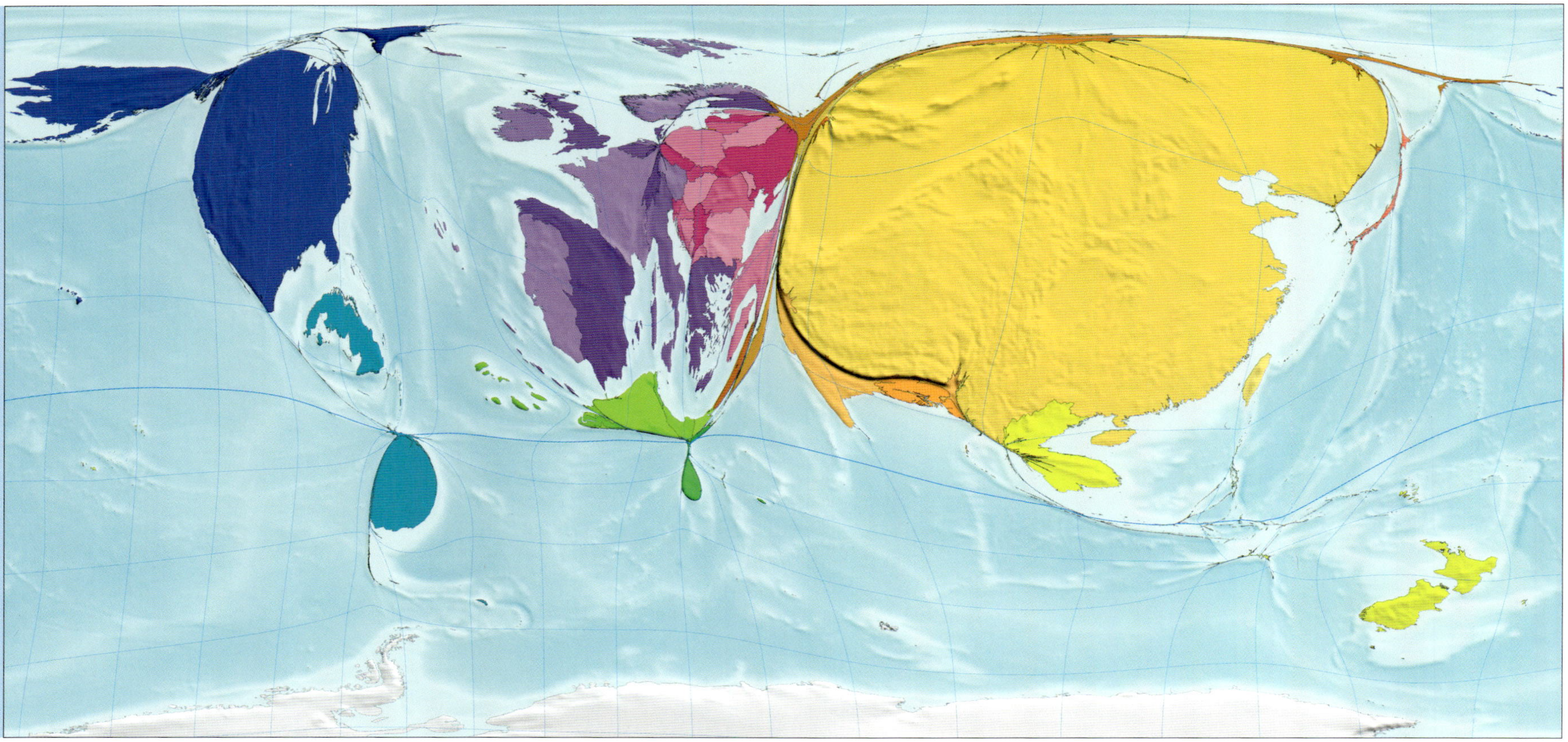



# 051 Zunahme der Waldflächen

**Obwohl es die größte Bevölkerung der Erde zu versorgen hat, war China auch das Land mit dem größten Zuwachs an Waldflächen.**

China, das bevölkerungsreichste Land der Welt, war in der Zeit von 1990 bis 2000 mit 181 000 Quadratkilometern auch der Staat mit dem höchsten Waldzuwachs. Mit 39 000 Quadratkilometern erreichten die Vereinigten Staaten zwar nur einen Bruchteil davon, stehen aber an zweiter Stelle.

Es ist nicht verwunderlich, dass flächenmäßig große Länder auch die höchsten Zuwachsraten aufweisen. Berechnet man jedoch den Waldzuwachs prozentual zur Landesfläche, führen Staaten wie Kap Verde, Liechtenstein und Portugal.

**HÖCHSTER WALDZUWACHS**

| Rang | Land | Prozent* |
|---|---|---|
| 1 | Kap Verde | 12,4 |
| 2 | Liechtenstein | 6,3 |
| 3 | Portugal | 6,2 |
| 4 | Zypern | 5,7 |
| 5 | Gambia | 4,5 |
| 6 | Swasiland | 3,4 |
| 7 | Uruguay | 2,9 |
| 8 | Kuba | 2,5 |
| 9 | Irland | 2,5 |
| 10 | Griechenland | 2,3 |
| 11 | Israel | 2,3 |
| 12 | China | 1,9 |
| 13 | Bulgarien | 1,8 |
| 14 | Spanien | 1,7 |
| 15 | Taiwan | 1,6 |
| 15 | Hongkong | 1,6 |
| 17 | Vietnam | 1,6 |
| 18 | Neuseeland | 1,5 |
| 19 | Bangladesch | 1,3 |
| 20 | Frankreich | 1,1 |

*Netto-Waldzuwachs in Prozent der Landesfläche von 1990 bis 2000

**NETTO-WALDZUWACHS**

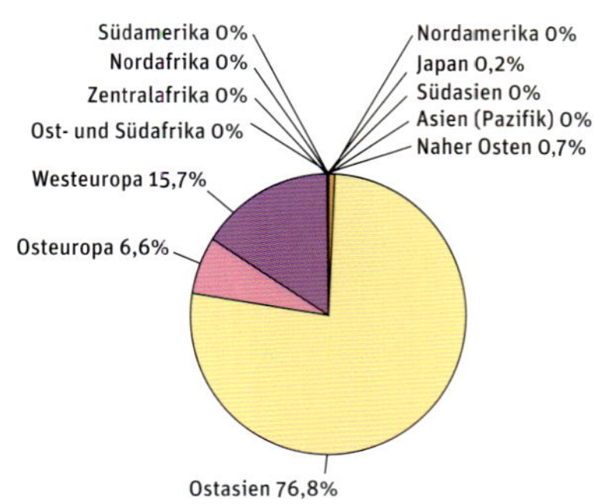


*»Eine Generation pflanzt den Baum, die nächste genießt den Schatten.«* Chinesisches Sprichwort

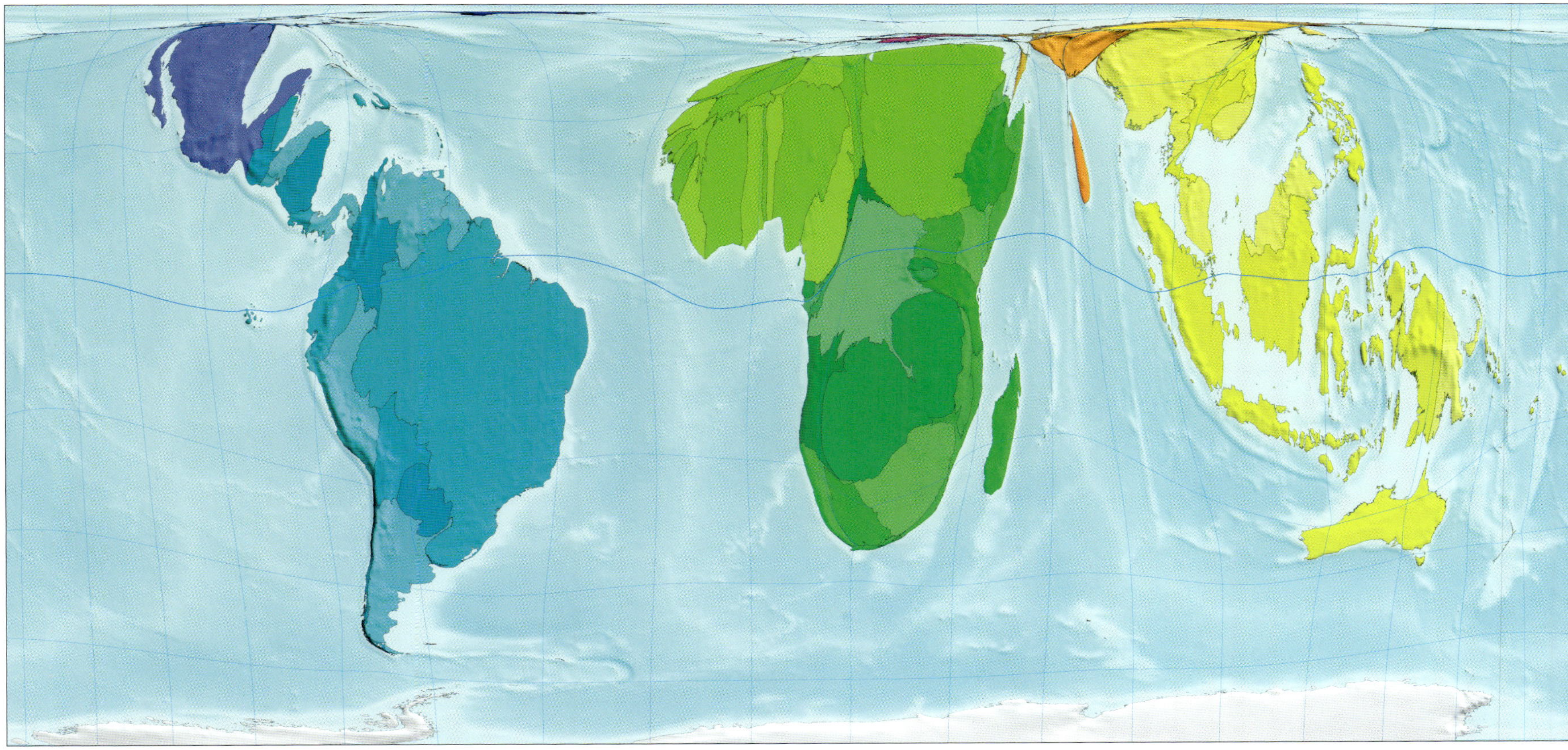

# 052 Waldverlust

**Die durch Abholzung entstandenen Verluste an Waldflächen sind besonders in Afrika und Südamerika besorgniserregend.**

Die Regionen mit dem höchsten Rückgang der Bewaldung waren in der Zeit von 1990 bis 2000 Südamerika mit 32 Prozent sowie der asiatische Pazifikraum und Australien mit 21 Prozent des weltweiten Netto-Waldverlustes. Er belief sich in diesem Jahrzehnt auf 1,33 Millionen Quadratkilometer. Trotz dieser Entwicklung war Südamerika auch 2000 noch die Region mit der größten Waldfläche.

In Afrika ging die Bewaldung zwischen 1990 und 2000 um 550 000 Quadratkilometer zurück, 11,4 Prozent der Fläche Sambias wurde in diesem Zeitraum abgeholzt.

*»Indonesien ist gesegnet mit einigen der größten und artenreichsten Regenwäldern der Erde. Tragisch ist aber, dass der Staat auch auf eine der höchsten Abholzungsraten weltweit kommt.«*

E. G. Togu Manurung, Jakarta Post, 2006

**HÖCHSTER WALDVERLUST**

| Rang | Land | Prozent* |
|---|---|---|
| 1 | Belize | 15,6 |
| 2 | Sambia | 11,4 |
| 3 | Nicaragua | 9,7 |
| 4 | Samoa | 8,8 |
| 5 | Elfenbeinküste | 8,3 |
| 6 | Simbabwe | 8,3 |
| 7 | St. Lucia | 8,2 |
| 8 | Liberia | 7,9 |
| 9 | Myanmar | 7,9 |
| 10 | Guinea-Bissau | 7,7 |
| 11 | Malawi | 7,5 |
| 12 | Indonesien | 7,2 |
| 13 | Malaysia | 7,2 |
| 14 | Panama | 7,0 |
| 15 | Benin | 6,3 |
| 16 | Ruanda | 6,1 |
| 17 | Burundi | 5,7 |
| 18 | Nepal | 5,5 |
| 19 | Sri Lanka | 5,4 |
| 20 | Dominica | 5,3 |

*Netto-Waldverlust in Prozent der Landesfläche von 1990 bis 2000

**NETTO-WALDVERLUST**

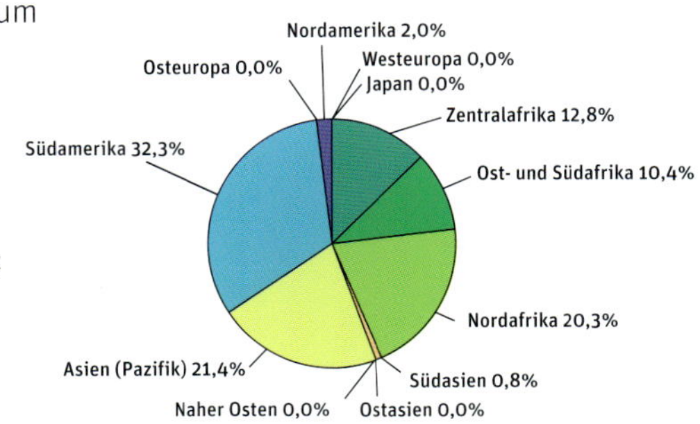

**HÖCHSTER UND GERINGSTER BRENNSTOFFVERBRAUCH**

| Rang | Land | Energiemenge* |
|---|---|---|
| 1 | Luxemburg | 13 077 |
| 2 | Vereinigte Arabische Emirate | 12 441 |
| 3 | Äquatorialguinea | 12 091 |
| 4 | Island | 11 970 |
| 5 | Bahrain | 11 304 |
| 6 | Katar | 10 845 |
| 7 | Israel | 10 760 |
| 8 | Kanada | 9 096 |
| 9 | Vereinigte Staaten | 8 682 |
| 10 | Singapur | 7 827 |
| 191 | Haiti | 286 |
| 192 | Mali | 245 |
| 193 | Madagaskar | 244 |
| 194 | Myanmar | 239 |
| 195 | Niger | 236 |
| 196 | Jemen | 224 |
| 197 | Guinea-Bissau | 210 |
| 198 | Malawi | 173 |
| 199 | Sierra Leone | 171 |
| 200 | Bangladesch | 162 |

*Kilogramm Öleinheiten pro Person im Jahr 2001

# 053 Brennstoffverbrauch

## Jährlicher Brennstoffverbrauch gemessen in Öleinheiten

Pro Jahr wird weltweit insgesamt eine Brennstoffmenge verbraucht, die 11 567 000 000 000 Kilogramm oder über 11,5 Milliarden Tonnen Erdöl entspricht, wobei die Rohstoffe unter anderem Gas, Kohle, Öl, Holz und Kernbrennstoffe sind. Da die Strommenge, die man aus einem Kilogramm Rohstoff gewinnen kann, sehr unterschiedlich ist, nutzt man zur Messung des Brennstoffverbrauchs die Menge Erdöl, die nötig wäre, um dieselbe Energie zu erzeugen. Der jährliche Pro-Kopf-Verbrauch von Brennstoffen beträgt weltweit durchschnittlich 1,853 Tonnen Öleinheiten, wobei die Einwohner Luxemburgs fast 100-mal so viel wie die Bangladeschs verbrauchen.

*»Zwei Drittel des derzeitigen jährlichen Brennstoffverbrauchs in den Vereinigten Staaten gehen auf das Konto von Fahrzeugen – doppelt so viel wie in Europa.«* Terry Costlow, »Fuel Cell Research Moving ›at Light Speed‹«, 2003

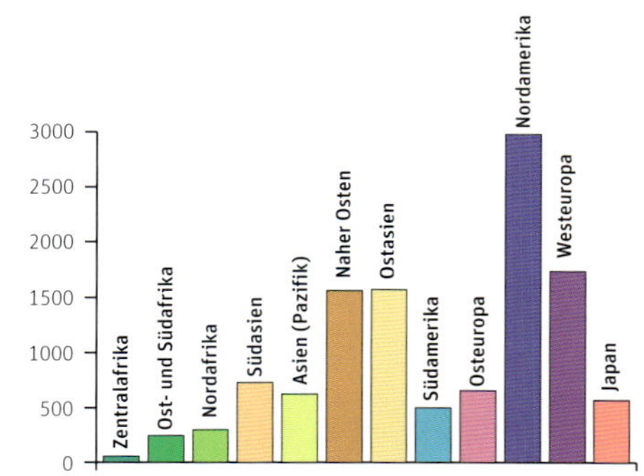


**BRENNSTOFFVERBRAUCH IM JAHR 2001**
in Milliarden Kilogramm Öleinheiten

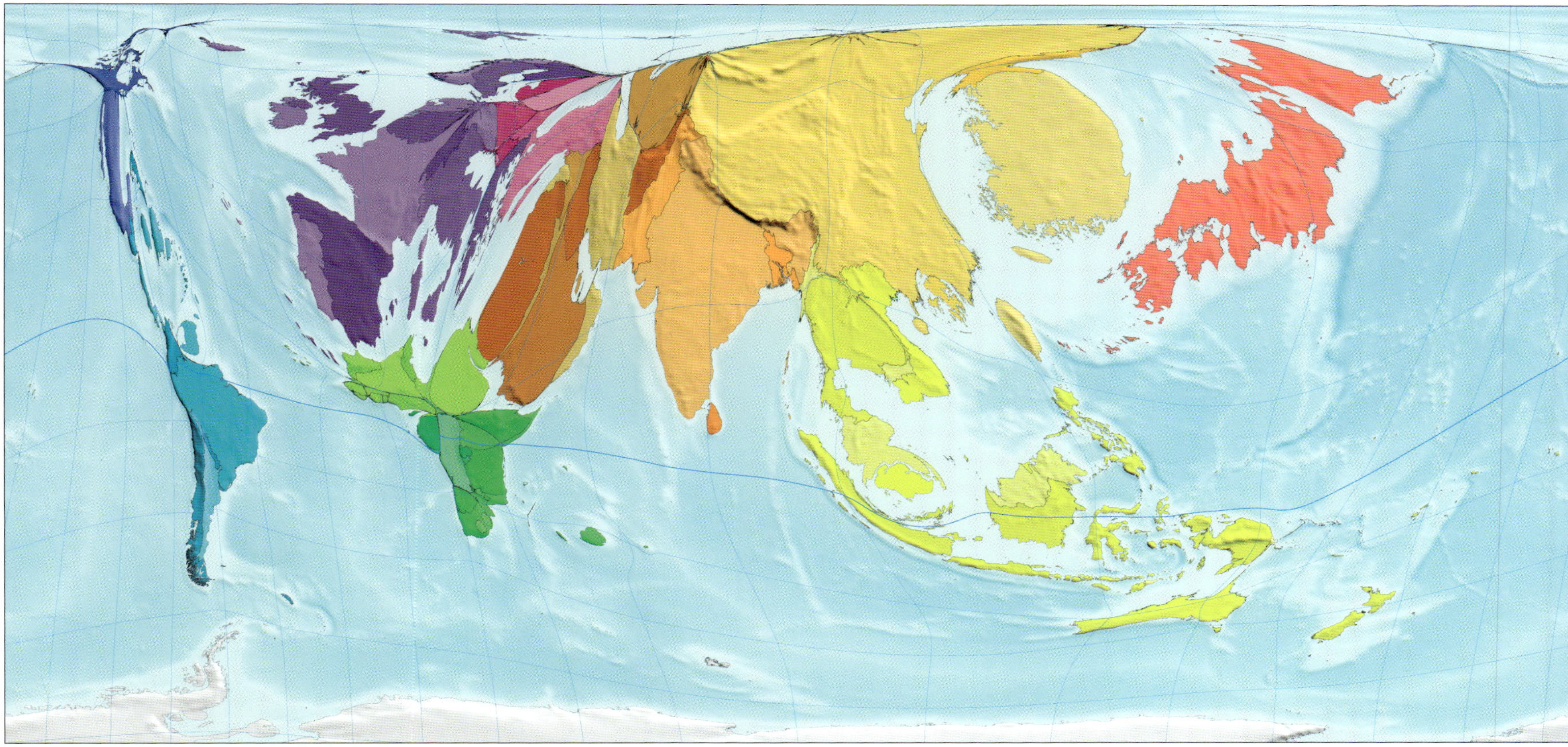

#### HÖCHSTE UND GERINGSTE ZUNAHME DES BRENNSTOFFVERBRAUCHS

| Rang | Land | Energiemenge* |
|---|---|---|
| 1 | Äquatorialguinea | 11 394 |
| 2 | Israel | 8 410 |
| 3 | Singapur | 5 431 |
| 4 | Island | 5 069 |
| 5 | Südkorea | 3 368 |
| 6 | Seychellen | 3 363 |
| 7 | Trinidad und Tobago | 3 250 |
| 8 | Oman | 2 940 |
| 9 | Mauritius | 2 393 |
| 10 | Saudi-Arabien | 2 370 |
| 11 | Lettland | 1 972 |
| 12 | Norwegen | 1 959 |
| 13 | Zypern | 1 900 |
| 14 | Neuseeland | 1 882 |
| 15 | Botswana | 1 769 |
| 16 | Bahrain | 1 679 |
| 17 | Portugal | 1 645 |
| 18 | Malaysia | 1 561 |
| 19 | Slowakei | 1 560 |
| 20 | Irland | 1 544 |

*Zusätzliche Kilogramm Öleinheiten pro Person im Jahr 2001 verglichen mit 1980

# 054 Zunahme des Brennstoffverbrauchs

## Zunahme des Brennstoffverbrauchs gemessen in Öleinheiten im Zeitraum von 1980 bis 2001

Im 20. Jahrhundert erhöhte sich der weltweite Brennstoffverbrauch unablässig, zwischen 1980 und 2001 durchschnittlich um 340 Kilogramm Öleinheiten pro Person und Jahr. Am höchsten fiel die Zunahme in China, Japan, Indien und Südkorea aus, dagegen gaben 58 Staaten keinen Anstieg an. Ostasien war die Region mit der deutlichsten Steigerung, Zentralafrika die mit der geringsten.

Der größte Pro-Kopf-Zuwachs in der Zeit von 1980 bis 2001 ergab sich in Äquatorialguinea. Nach der Entdeckung der Erdölvorkommen im »Zafiro-Field« stieg die Ölproduktion um mehr als das Zehnfache an.

*»Wir brauchen dringend höhere Ölpreise, um eine energieeffiziente Nutzung zu fördern. Aber wenn dies die Armen im Verhältnis zu ihrem Einkommen schwerer belastet, werden mehr Probleme als Lösungen entstehen.«* China Daily, 2006

#### ZUNAHME DES BRENNSTOFFVERBRAUCHS 1980 – 2001
in Milliarden Kilogramm Öleinheiten pro Jahr

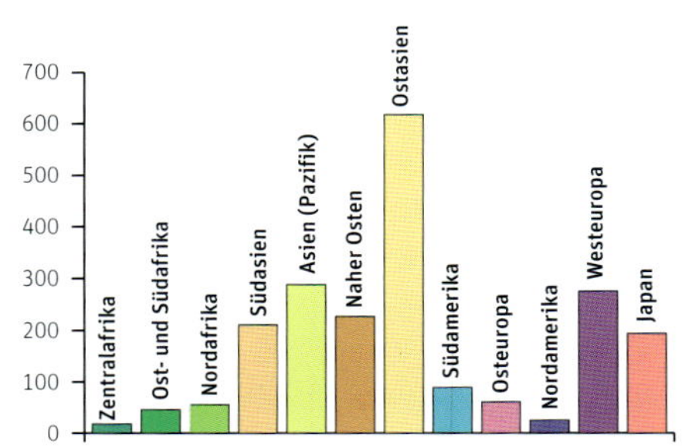

**HÖCHSTE UND NIEDRIGSTE STROMMENGE**

| Rang | Land | Energiemenge* |
|---|---|---|
| 1 | Norwegen | 28 917 |
| 2 | Island | 28 053 |
| 3 | Kanada | 19 214 |
| 4 | Katar | 16 838 |
| 5 | Schweden | 16 406 |
| 6 | Kuwait | 15 372 |
| 7 | Vereinigte Arabische Emirate | 14 535 |
| 8 | Finnland | 14 404 |
| 9 | Vereinigte Staaten | 13 721 |
| 10 | Australien | 11 385 |
| 191 | Nigeria | 127 |
| 192 | DR Kongo | 116 |
| 193 | Kongo | 110 |
| 194 | Sudan | 88 |
| 195 | Nepal | 86 |
| 196 | Tansania | 82 |
| 197 | Haiti | 77 |
| 198 | Äthiopien | 30 |
| 199 | Togo | 11 |
| 200 | Benin | 10 |

*Kilowattstunden pro Person im Jahr 2002

# 055 Stromerzeugung

**Nordeuropäern steht bis zu 3000-mal mehr elektrischer Strom zur Verfügung als Afrikanern.**

Elektrischer Strom wird erzeugt durch Verbrennung von Kohle, Öl, Erdgas, Holz und Müll, durch Nutzung von Wasser, Sonne, Wind, Erdwärme, Wellen und Gezeiten sowie durch Freisetzung von Kernenergie. Weltweit wichtigster Energieträger zur Stromerzeugung ist Kohle, gefolgt von Erdgas, Wasserkraft, Kernenergie und Erdöl. 2002 wurden für jeden Menschen 2584 Kilowattstunden Strom erzeugt, allerdings nicht gleichmäßig über die Welt verteilt. Im Durchschnitt kamen auf einen Bewohner Benins oder Togos circa 10 Kilowattstunden, während für einen Norweger oder Isländer 3000-mal so viel Strom erzeugt wurde.

*»Energieversorgung und -nachfrage spielen eine immer lebenswichtigere Rolle für unsere nationale Sicherheit und die Wirtschaftsleistung unseres Landes.«* US-Energieministerium, 2006

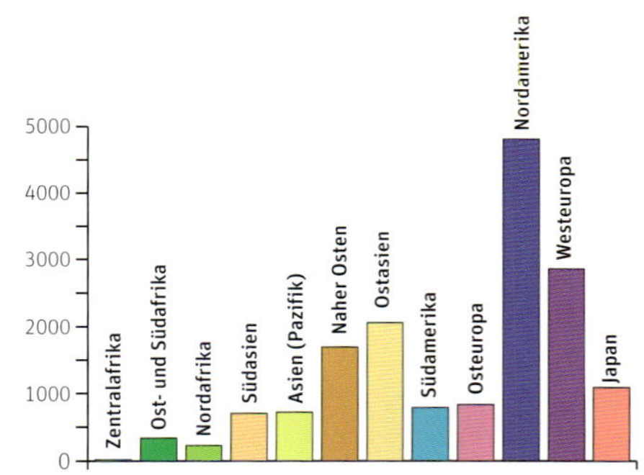


**STROMERZEUGUNG**
in Milliarden Kilowattstunden

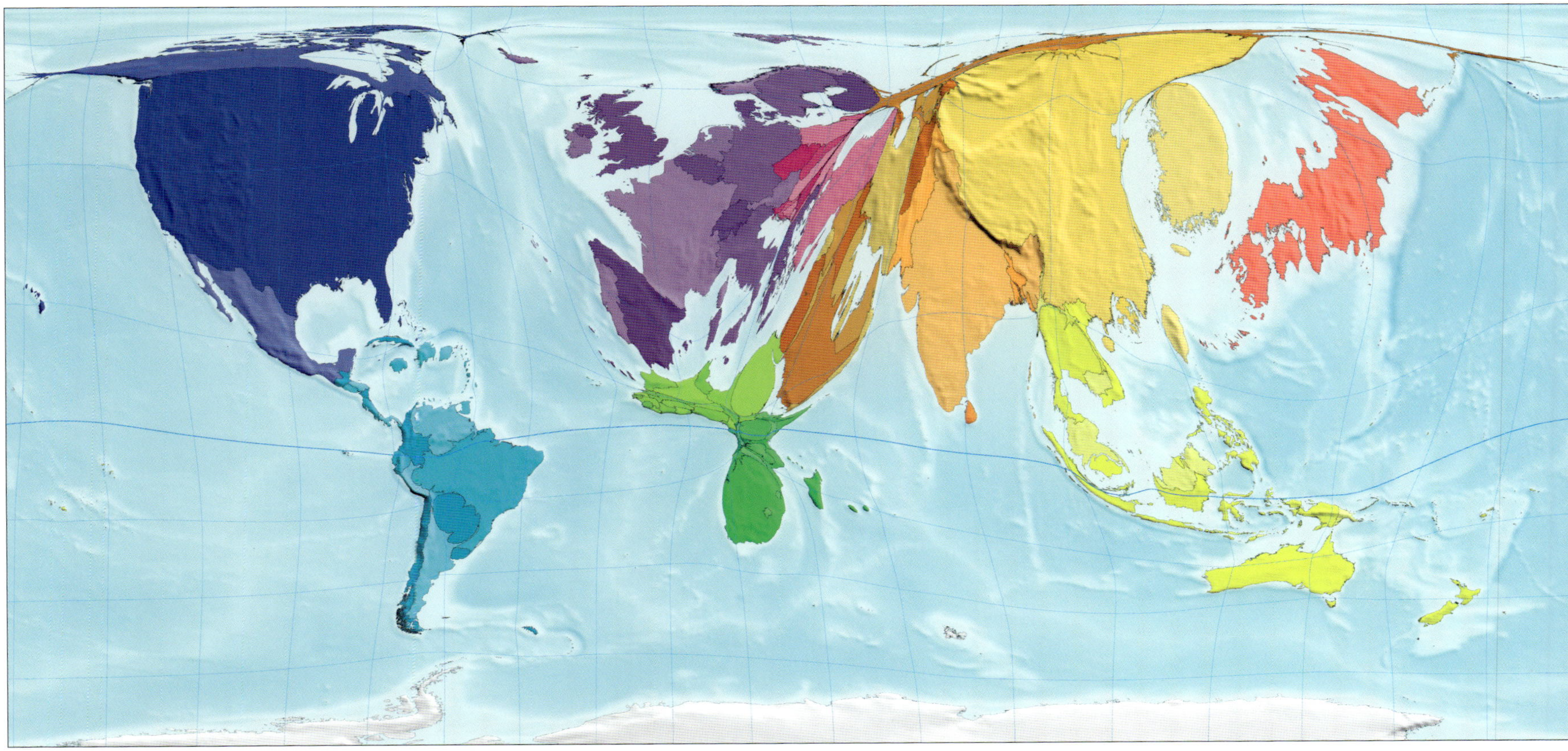

**HÖCHSTER ZUWACHS BEI DER STROMERZEUGUNG**

| Rang | Land | Energiemenge* |
|---|---|---|
| 1 | Island | 16163 |
| 2 | Katar | 12400 |
| 3 | Vereinigte Arabische Emirate | 11801 |
| 4 | Kuwait | 10199 |
| 5 | Norwegen | 7870 |
| 6 | Paraguay | 7816 |
| 7 | Brunei | 7457 |
| 8 | Schweden | 7335 |
| 9 | Bahrain | 7313 |
| 10 | Kanada | 6913 |
| 11 | Finnland | 6482 |
| 12 | Singapur | 6390 |
| 13 | Australien | 6236 |
| 14 | Südkorea | 5152 |
| 15 | Israel | 4989 |
| 16 | Saudi-Arabien | 4976 |
| 17 | Vereinigte Staaten | 4850 |
| 18 | Frankreich | 4834 |
| 19 | Neuseeland | 4422 |
| 20 | Grönland | 4172 |

*Zusätzlich erzeugte Kilowattstunden pro Person im Jahr 2001 verglichen mit 1980

# 056 Zunahme der Stromerzeugung

## Zunahme der Stromerzeugung zwischen 1980 und 2002

Die Gesamtmenge weltweit produzierter Energie verdoppelte sich zwischen 1980 und 2002. Auch die erzeugte Pro-Kopf-Menge erhöhte sich, wenn auch nicht so deutlich, da in dieser Zeit die Weltbevölkerung wuchs. Der Lebensstandard in vielen Teilen der Welt ist heute von einer konstanten Stromversorgung abhängig.

Zwischen 1980 und 2002 stieg die Stromproduktion in 187 der gezeigten Staaten an, zu einem Rückgang kam es nur in 13 Ländern, wovon mehr als die Hälfte in Osteuropa liegen. Den höchsten Anstieg verzeichneten die Vereinigten Staaten und China, ihre Zuwachsraten waren mehr als doppelt so hoch wie in jedem anderen Staat.

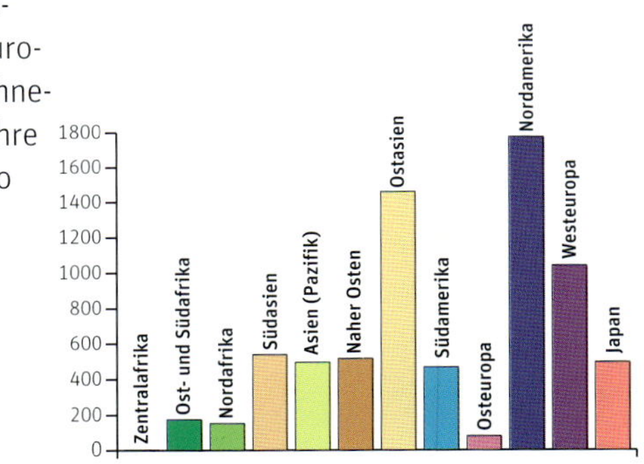


**ZUWACHS BEI DER STROMERZEUGUNG, 1980 – 2001**
Milliarden Kilowattstunden pro Jahr

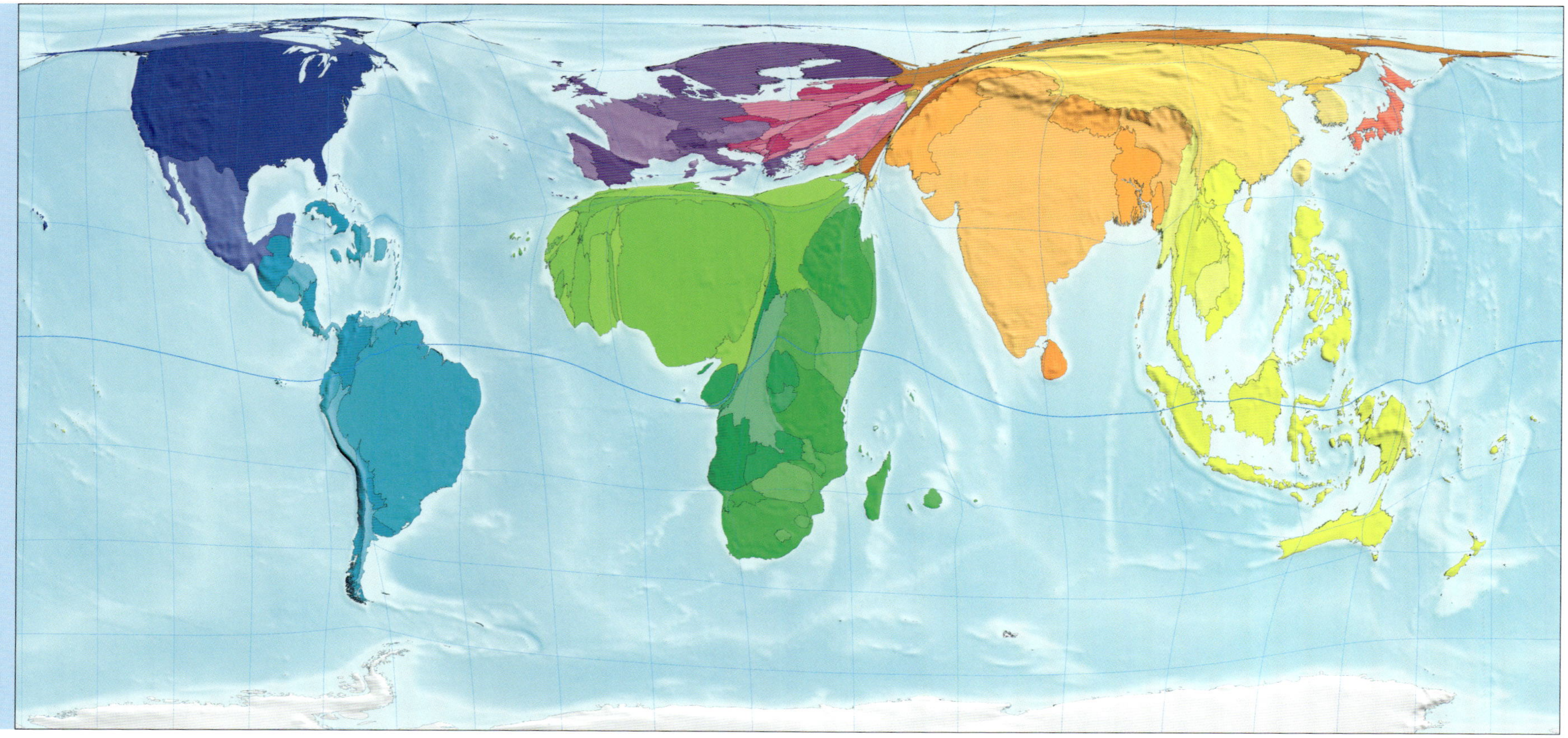

**HÖCHSTER UND GERINGSTER VERBRAUCH TRADITIONELLER BRENNSTOFFE**

| Rang | Land | Energiemenge* |
|---|---|---|
| 1 | Äquatorialguinea | 9068 |
| 2 | Seychellen | 2532 |
| 3 | Schweden | 2130 |
| 4 | Finnland | 1761 |
| 5 | St. Kitts und Nevis | 1166 |
| 6 | Lettland | 1116 |
| 7 | Botswana | 1059 |
| 8 | Mauritius | 1053 |
| 9 | Estland | 868 |
| 10 | Angola | 775 |
| 178 | Tadschikistan | 13 |
| 179 | Mongolei | 13 |
| 180 | Armenien | 10 |
| 181 | Marokko | 10 |
| 182 | Hongkong | 10 |
| 183 | Singapur | 8 |
| 184 | Jemen | 7 |
| 185 | Saudi-Arabien | 3 |
| 186 | Iran | 2 |
| 187–200 | 14 Staaten | 0 |

*Pro-Kopf-Verbrauch von Energieeinheiten, die einem Kilogramm Erdöl entsprechen, 2001

# 057 Verbrauch traditioneller Brennstoffe

## Jährlicher Verbrauch traditioneller Brennstoffe gemessen in Öleinheiten

Traditionelle Brennstoffe sind Holz, Holzkohle, Bagasse (Zuckerrohrabfall) sowie brennbare tierische und pflanzliche Abfallprodukte. Sie unterscheiden sich von Brennstoffen auf Kohlenwasserstoffbasis vor allem dadurch, dass sie vor Ort produziert werden, manchmal als Abfallprodukte anfallen und bisweilen sogar kostenlos sind. So verwundert es nicht, dass Zentralafrika mit seiner relativ dürftigen Infrastruktur und großen Armut den höchsten Pro-Kopf-Verbrauch von traditionellen Brennstoffen hat. An erster Stelle steht dabei paradoxerweise Äquatorialguinea, das auch erhebliche Mengen Erdöl exportiert. Die bedeutendsten Ölländer des Nahen Ostens und Zentralasiens kommen dagegen nur auf 77 Kilogramm Öleinheiten pro Person und Jahr. Der Pro-Kopf-Verbrauch in den Vereinigten Staaten ist – trotz des hohen Konsums fossiler Brennstoffe und trotz der Erzeugung von Kernenergie – immer noch größer als in Mexiko, Argentinien, Brasilien, Chile, Kolumbien, Costa Rica, El Salvador oder Venezuela. Die Vereinigten Staaten verbrauchen pro Kopf viermal so viel traditionelle Brennstoffe wie China und 2,5-mal so viel wie Indien.

**VERBRAUCH TRADITIONELLER BRENNSTOFFE**
Geschätzte Kilogramm Öleinheiten pro Person und Jahr

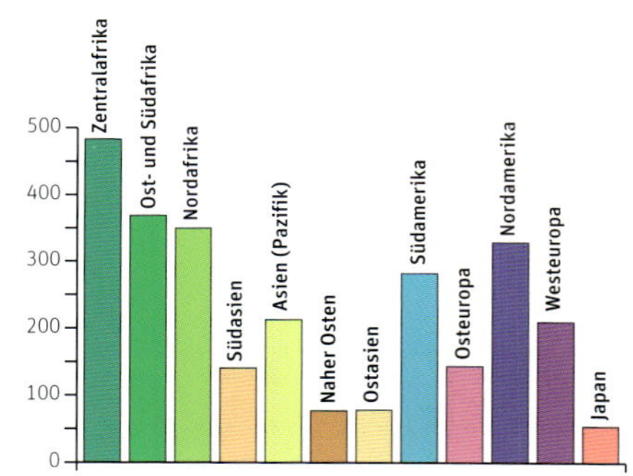

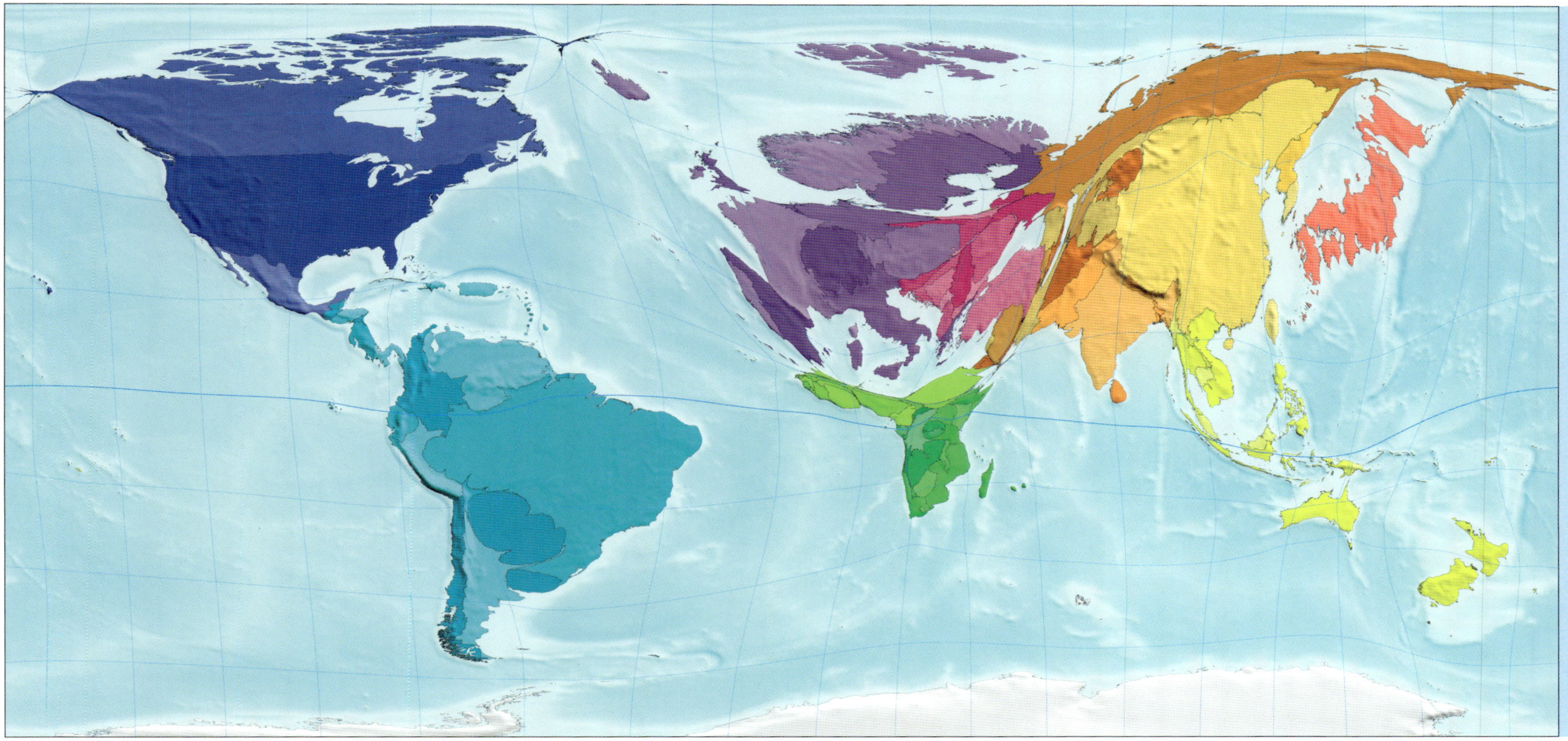

**HÖCHSTE UND GERINGSTE STROMMENGE AUS WASSERKRAFT**

| Rang | Land | Energiemenge* |
|---|---|---|
| 1 | Norwegen | 28 722 |
| 2 | Island | 23 257 |
| 3 | Kanada | 11 191 |
| 4 | Paraguay | 8458 |
| 5 | Schweden | 7475 |
| 6 | Neuseeland | 6436 |
| 7 | Österreich | 4930 |
| 8 | Schweiz | 4891 |
| 9 | Uruguay | 2805 |
| 10 | Tadschikistan | 2400 |
| 177 | Tunesien | 6,9 |
| 178 | Dänemark | 5,9 |
| 179 | Estland | 4,6 |
| 180 | Israel | 3,3 |
| 181 | Weißrussland | 2,8 |
| 182 | Algerien | 1,8 |
| 183 | Togo | 0,6 |
| 184 | Turkmenistan | 0,6 |
| 185 | Benin | 0,3 |
| 186–200 | 15 Staaten | 0 |

*Kilowattstunden pro Person im Jahr 2002

# 058 Strom aus Wasserkraft

**Wasserkraftwerke, die die Strömungsenergie von Wasser in Elektrizität umwandeln, zählen zu den umweltverträglichsten Energiequellen.**

Große Stauanlagen und Flussläufe mit genügend Gefälle erleichtern die Erzeugung von Strom aus Wasserkraft. Manchmal werden andere Energiequellen genutzt, um Wasser in Stauanlagen zu pumpen, mit deren Hilfe das Wasser dann zur Sromerzeugung genutzt werden kann.

Kanada, China, Brasilien und die Vereinigten Staaten erzeugen die höchsten Gesamtstrommengen aus Wasserkraft, insgesamt 44 Prozent der Weltproduktion. Bei der Pro-Kopf-Wertung dagegen sind Norwegen und Island führend. Sie erzeugen und verbrauchen zweimal so viel wie das drittplatzierte Kanada. Die Länder, die am wenigsten Strom aus Hydroenergie produzieren, haben meist wenig Wasser, kaum Berge und/oder nur geringe Investitionsmittel, wie Dänemark, Turkmenistan und Togo. 15 Länder nutzen die Wasserkraft nicht, darunter relativ kleine Inseln oder Öl produzierende Länder im Nahen Osten und Zentralasien mit geringen Niederschlagsmengen.

**ERZEUGUNG VON STROM AUS WASSERKRAFT**
Pro-Kopf-Verbrauch von Kilowattstunden im Jahr

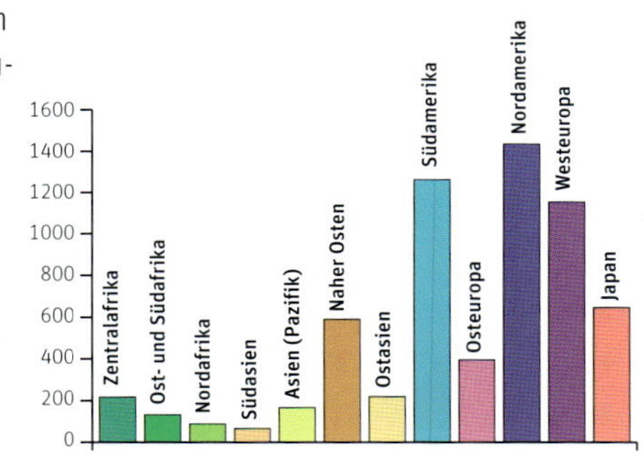

**HÖCHSTE UND GERINGSTE STROMMENGE AUS ERDÖLVERBRENNUNG**

| Rang | Land | Energiemenge* |
|---|---|---|
| 1 | Kuwait | 12 133 |
| 2 | Malta | 5130 |
| 3 | Zypern | 4731 |
| 4 | Saudi-Arabien | 4082 |
| 5 | Singapur | 3337 |
| 6 | Jamaika | 2592 |
| 7 | Libanon | 2495 |
| 8 | Libyen | 2210 |
| 9 | Israel | 1621 |
| 10 | Italien | 1526 |
| 182 | Simbabwe | 2,3 |
| 183 | Trinidad und Tobago | 2,3 |
| 184 | Kolumbien | 2,2 |
| 185 | Mosambik | 1,8 |
| 186 | Elfenbeinküste | 0,8 |
| 187 | DR Kongo | 0,4 |
| 188 | Äthiopien | 0,3 |
| 189 | Kongo | 0,3 |
| 190 | Nepal | 0,2 |
| 191–200 | 10 Staaten | 0 |

*Kilowattstunden pro Person im Jahr 2002

# 059 Strom aus Erdöl

**Erdöl wird weltweit zur Erzeugung von elektrischem Strom genutzt. Nur zehn Staaten verzichten darauf.**

Jährlich werden weltweit pro Kopf der Erdbevölkerung 183 Kilowattstunden Strom aus der Verbrennung von Erdöl gewonnen. Unter einer Kilowattstunde versteht man die Menge von Energie, die aufgewendet werden muss, um zum Beispiel eine Glühbirne mit 100 Watt zehn Stunden lang zu betreiben.

Japan, die Vereinigten Staaten und Saudi-Arabien erzeugen die größten Strommengen aus Erdöl. Pro Kopf erzeugt Saudi-Arabien mehr als dreimal so viel wie Japan, Japan mehr als dreimal so viel wie die Vereinigten Staaten. Das gleiche Verhältnis wiederholt sich auf der Rangliste nach unten zwischen den Vereinigten Staaten und Großbritannien, Großbritannien und China, China und Bangladesch, Bangladesch und Sambia, Sambia und der Elfenbeinküste, der Elfenbeinküste und Äthiopien. Saudi-Arabien produziert also mehr als 13 000-mal so viel Strom aus Erdöl wie Äthiopien.

Nur zehn Staaten verwenden kein Erdöl zur Stromerzeugung, sechs davon liegen im Nahen Osten und Zentralasien und nur einer in Afrika, nämlich Südafrika. Nach Regionen gewertet produzieren Ost-, Süd- und Zentralafrika die geringste Gesamtmenge von Elektrizität aus Erdöl.

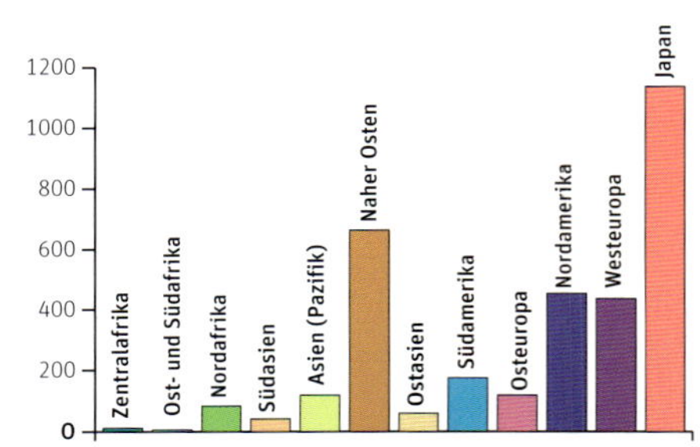


**ERZEUGUNG VON STROM AUS ERDÖLVERBRENNUNG**
Kilowattstunden pro Person und Jahr

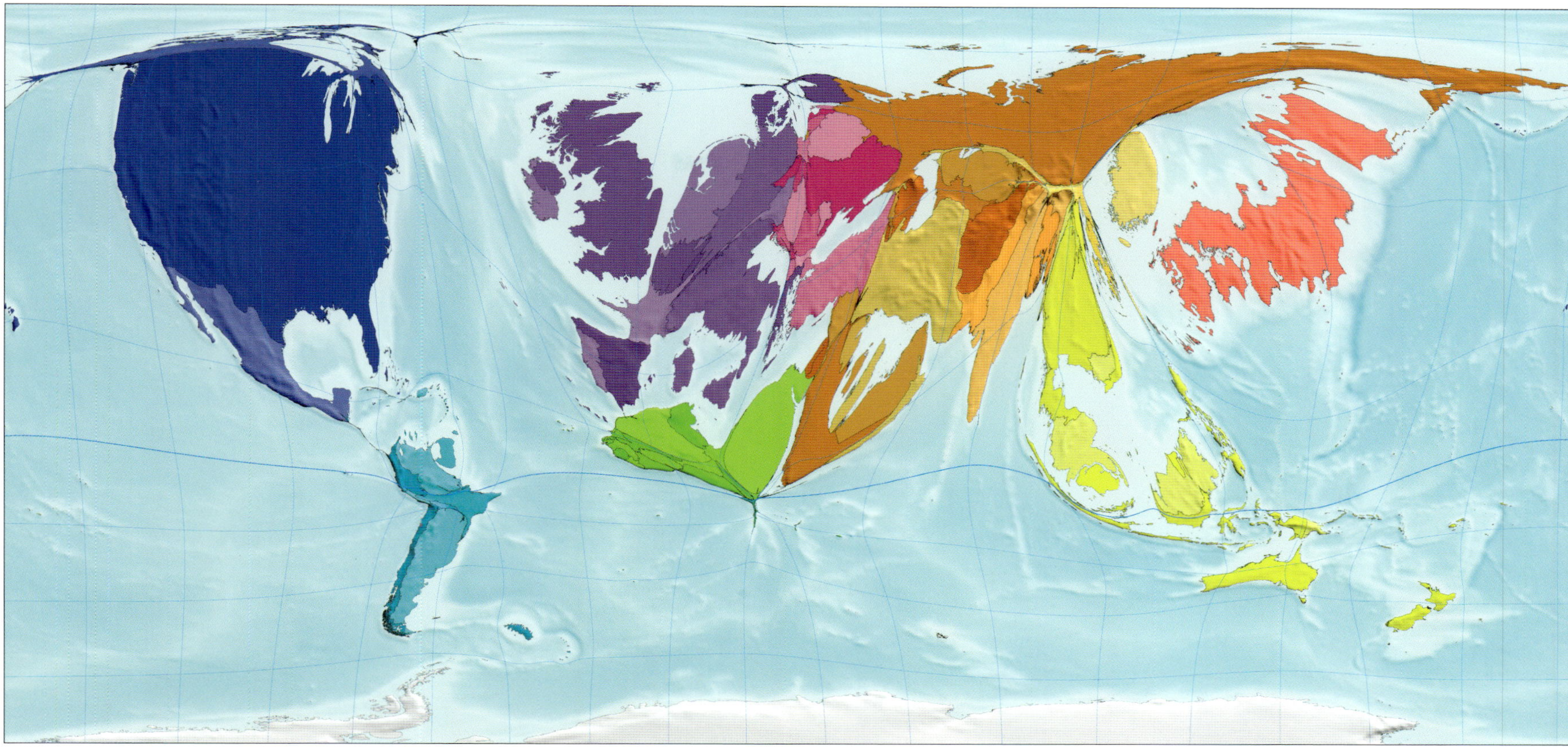

**HÖCHSTE STROMMENGE AUS ERDGASVERBRENNUNG**

| Rang | Land | Energiemenge* |
|---|---|---|
| 1 | Katar | 16 838 |
| 2 | Vereinigte Arabische Emirate | 13 388 |
| 3 | Bahrain | 10 397 |
| 4 | Brunei | 8920 |
| 5 | Luxemburg | 6485 |
| 6 | Singapur | 4917 |
| 7 | Trinidad und Tobago | 4679 |
| 8 | Niederlande | 3542 |
| 9 | Kuwait | 3239 |
| 10 | Oman | 3025 |
| 11 | Irland | 2777 |
| 12 | Russland | 2670 |
| 13 | Neuseeland | 2661 |
| 14 | Großbritannien | 2574 |
| 15 | Weißrussland | 2518 |
| 16 | Vereinigte Staaten | 2448 |
| 17 | Malaysia | 2397 |
| 18 | Turkmenistan | 2333 |
| 19 | Finnland | 2174 |
| 20 | Saudi-Arabien | 2115 |

*Kilowattstunden pro Einwohner im Jahr 2002

# 060 Strom aus Erdgas

## Strom aus Kraftwerken, die Erdgas verbrennen

Die führende Nation sind die Vereinigten Staaten, die aus Erdgas fast zweimal so viel Strom gewinnen wie das nächstplatzierte Russland – ein Netto-Exportland von Erdgas und Kohle, während die Vereinigten Staaten ein Netto-Importland sind.

Als Regionen kommen Japan und Nordamerika auf die höchste Pro-Kopf-Menge von Elektrizität aus Erdgas, gefolgt vom Nahen Osten und Zentralasien. Die geringsten Mengen erzeugen Zentral-, Ost- und Südafrika, und viele Staaten Mittelamerikas verwenden kein Erdgas zur Stromerzeugung.

*»Das russische Staatsmonopol Gazprom besitzt mehr als ein Viertel der weltweiten Erdgasreserven …«*

Bernhard A. Gelb, Experte, Resources, Science and Industry Division of the Congressional Research Service for the Government of the United States, 2006

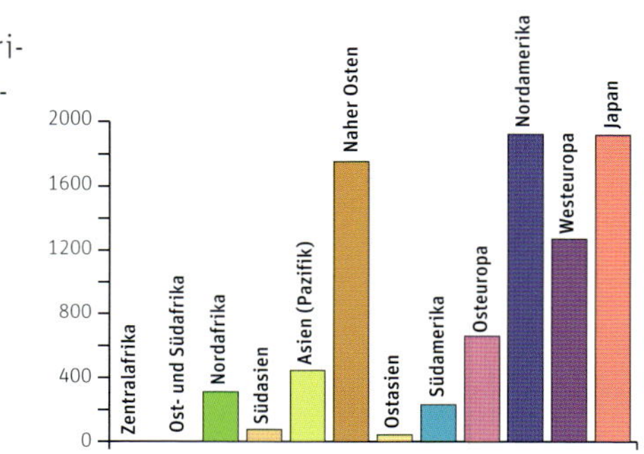


**ERZEUGUNG VON STROM AUS ERDGASVERBRENNUNG**
Kilowattstunden pro Person und Jahr

**HÖCHSTE STROMMENGE AUS KOHLEKRAFTWERKEN**

| Rang | Land | Energiemenge* |
|---|---|---|
| 1 | Australien | 8918 |
| 2 | Vereinigte Staaten | 7035 |
| 3 | Estland | 5960 |
| 4 | Israel | 5570 |
| 5 | Grönland | 5163 |
| 5 | Bahamas | 5163 |
| 7 | Tschechien | 4976 |
| 8 | Südafrika | 4537 |
| 9 | Finnland | 3794 |
| 10 | Kanada | 3751 |
| 11 | Deutschland | 3538 |
| 12 | Polen | 3489 |
| 13 | Dänemark | 3381 |
| 14 | Griechenland | 3142 |
| 15 | Hongkong | 3128 |
| 16 | Südkorea | 2755 |
| 17 | Slowenien | 2651 |
| 18 | Kasachstan | 2631 |
| 19 | Japan | 2283 |
| 20 | Irland | 2280 |

*Kilowattstunden pro Einwohner im Jahr 2002

# 061 Strom aus Kohle

**Obwohl die Vereinigten Staaten auch der größte Betreiberstaat von Kernkraftwerken sind, erzeugen sie siebenmal mehr Strom aus Kohle als China.**

Die Vereinigten Staaten, China und Indien erzeugen die höchsten Strommengen aus Kohle, wobei die Vereinigten Staaten weit in Führung liegen, sie produzieren siebenmal so viel wie China und 18-mal so viel wie Indien.

Als Region erzeugt Nordamerika über zweimal so viel Elektrizität in Kohlekraftwerken wie jede andere, die Vereinigten Staaten produzieren dabei 93 Prozent der Gesamtmenge. Die Vereinigten Staaten sind auch der weltgrößte Erzeuger von Kernenergie, aber noch gewinnen sie 2,5-mal mehr Strom in Kohle- als in Kernkraftwerken.

71 der dargestellten 200 Staaten verwenden keine Kohle zur Stromerzeugung.

**ERZEUGUNG VON STROM IN KOHLEKRAFTWERKEN**
Kilowattstunden pro Person und Jahr

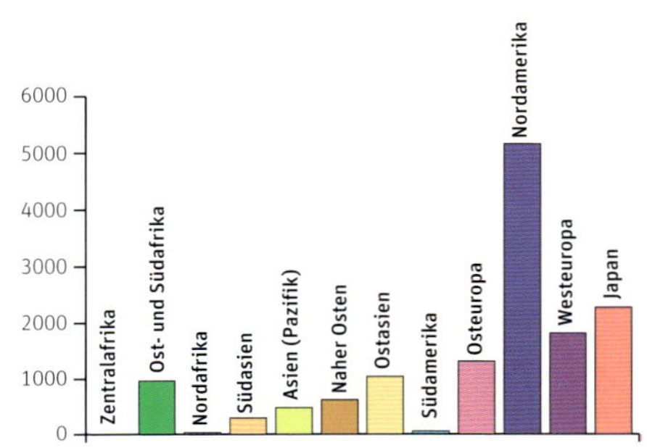

**HÖCHSTE STROMMENGE AUS KERNKRAFTWERKEN**

| Rang | Land | Energiemenge* |
|---|---|---|
| 1 | Schweden | 7593 |
| 2 | Frankreich | 7304 |
| 3 | Belgien | 4598 |
| 4 | Finnland | 4288 |
| 5 | Litauen | 4041 |
| 6 | Schweiz | 3783 |
| 7 | Slowakei | 3325 |
| 8 | Vereinigte Staaten | 2765 |
| 9 | Slowenien | 2764 |
| 10 | Bulgarien | 2528 |
| 11 | Südkorea | 2513 |
| 12 | Kanada | 2413 |
| 13 | Japan | 2314 |
| 14 | Deutschland | 2001 |
| 15 | Tschechien | 1837 |
| 16 | Ukraine | 1595 |
| 17 | Spanien | 1537 |
| 18 | Großbritannien | 1490 |
| 19 | Ungarn | 1409 |
| 20 | Russland | 983 |

*Kilowattstunden pro Person im Jahr 2002

# 062 Strom aus Kernkraft

## Nur 30 von 200 Staaten nutzen die Kernkraft zur Energiegewinnung.

17 europäische Staaten erzeugen Strom aus Atomkraft, darunter sind neun der zehn Hauptproduzenten pro Kopf. 2002 war Schweden die führende Nation, gefolgt von Frankreich. Im außereuropäischen Raum nutzen besonders die Vereinigten Staaten, Japan, Russland und Südkorea die Kernenergie. Im Nahen Osten und Zentralasien produzieren dagegen nur Armenien und Russland Strom aus Kernenergie, in Südamerika nur Brasilien und Argentinien, und zwar sehr kleine Mengen.

Die Vereinigten Staaten erzeugen insgesamt am meisten Elektrizität aus Atomkraft. Überhaupt keine Kernkraftwerke gibt es in Nord- und Zentralafrika, im asiatischen Pazifikraum und Australien.

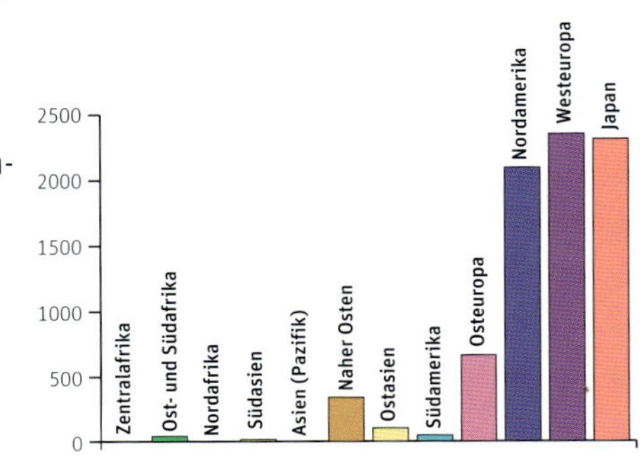


**ERZEUGUNG VON STROM IN KERNKRAFTWERKEN**
Kilowattstunden pro Person und Jahr

# Die Welt des Handels

## Globalisierung und Internationalismus



## Konsumgüter



## Bodenschätze, Naturprodukte und Petrochemie

**HÖCHSTE UND NIEDRIGSTE PRIMÄRGÜTER-ANTEILE AM EXPORTVOLUMEN 1990**

| Rang | Land | Prozent* |
|---|---|---|
| 1 | Angola | 100 |
| 2 | Ecuador | 98 |
| 3 | Algerien | 97 |
| 4 | Malawi | 95 |
| 5 | Bolivien | 95 |
| 6 | Libyen | 95 |
| 7 | Oman | 94 |
| 8 | Kuwait | 94 |
| 9 | Saudi-Arabien | 93 |
| 10 | Nicaragua | 92 |
| 191 | Haiti | 15 |
| 192 | Israel | 13 |
| 193 | Österreich | 12 |
| 194 | Italien | 11 |
| 195 | Deutschland | 10 |
| 196 | Südkorea | 6 |
| 197 | Schweiz | 6 |
| 198 | Hongkong | 4 |
| 199 | Malta | 4 |
| 200 | Japan | 3 |

*Primärgüter in Prozent aller exportierten Handelsgüter im Jahr 1990

# 063 Exporte von Primärgütern 1990

## Kaufkraftbereinigter Dollarwert des Exports unverarbeiteter Güter im Jahr 1990

Primärgüter sind unverarbeitete Waren wie Rohöl, frische Äpfel oder Erz. Sie werden häufig in Staaten geliefert, die sie zu Sekundärgütern (Industriegütern) verarbeiten und dann möglicherweise weiterexportieren. Die meisten Länder führen sowohl Primär- als auch Sekundärgüter aus, wobei es auch Ausnahmen gibt, zum Beispiel Angola, das 1990 fast nur Primärgüter exportierte.

Der Exportwert von Primärgütern hängt ab von der Menge und vom Preis, dessen Höhe in den einzelnen Staaten unterschiedlich empfunden wird, je nach dem aktuellen lokalen Wert von typischen Waren und Dienstleistungen. Um solche Schwankungen auszugleichen, wurde der Karte Kaufkraftparität (KKP) zugrunde gelegt.

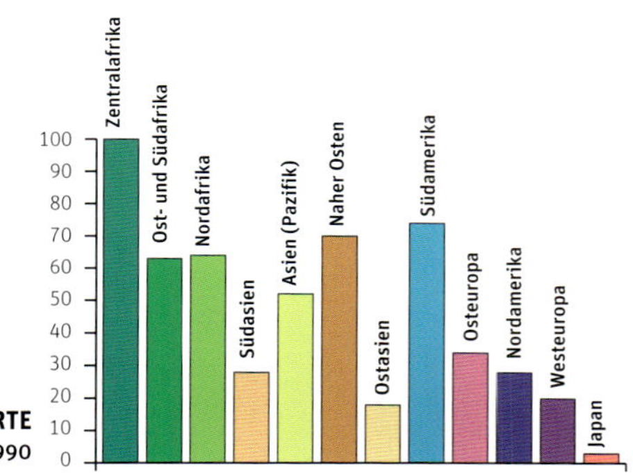


**PRIMÄRGÜTER-EXPORTE**
Prozent der Gesamtexporte im Jahr 1990

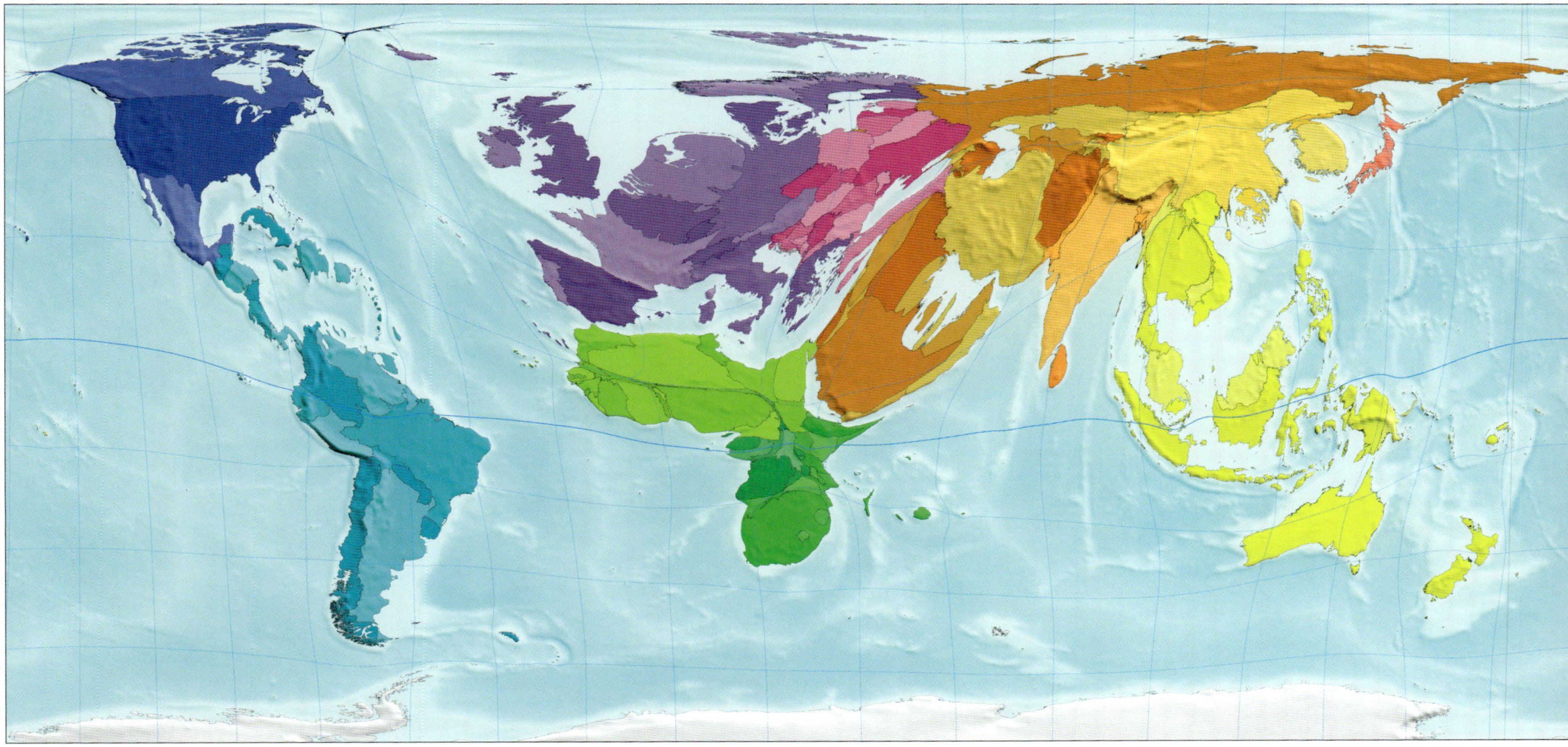

**HÖCHSTE UND NIEDRIGSTE PRIMÄRGÜTER-ANTEILE AM EXPORTVOLUMEN 2002**

| Rang | Land | Prozent* |
|---|---|---|
| 1 | Nigeria | 99 |
| 2 | Ruanda | 98 |
| 3 | Algerien | 98 |
| 4 | Papua-Neuguinea | 98 |
| 5 | Gabun | 98 |
| 6 | Sudan | 97 |
| 7 | Niger | 95 |
| 8 | Benin | 94 |
| 9 | Kamerun | 93 |
| 10 | Aserbaidschan | 93 |
| 191 | Botswana | 9 |
| 192 | Südkorea | 8 |
| 193 | Philippinen | 8 |
| 194 | Bangladesch | 8 |
| 195 | Irland | 8 |
| 196 | Schweiz | 7 |
| 197 | Israel | 7 |
| 198 | Hongkong | 5 |
| 199 | Malta | 4 |
| 200 | Japan | 3 |

*Primärgüter in Prozent aller exportierten Handelsgüter im Jahr 2002

# 064 Exporte von Primärgütern 2002

## Kaufkraftbereinigter Dollarwert des Exports unverarbeiteter Güter im Jahr 2002

Regionen, deren internationale Handelsbeziehungen vorwiegend auf dem Export von Primärgütern beruhen, sind Zentralafrika, der Nahe Osten und Zentralasien, Nordafrika und Südamerika. Am niedrigsten ist der Primärgüteranteil am Exportvolumen in Japan und Ostasien.

Auf dieser Karte ragt kein einzelner Staat heraus. Russland, China, die USA und der Iran exportieren die höchste Gesamtmenge an Primärgütern gemessen in US-Dollar, was für Russland 69 Prozent, für China 10 Prozent, für die USA 14 Prozent und für den Iran 91 Prozent des gesamten Exportvolumens ausmacht. Zwischen 1990 und 2002 stieg der Wert aller exportierten Primärgüter weltweit von 1,755 auf 3,293 Billionen US-Dollar an.

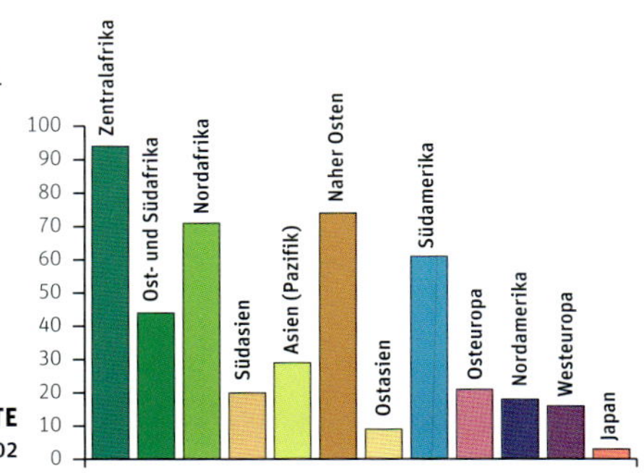


**PRIMÄRGÜTER-EXPORTE**
Prozent der Gesamtexporte im Jahr 2002

**HÖCHSTE UND NIEDRIGSTE SEKUNDÄRGÜTER-ANTEILE AM EXPORTVOLUMEN 1990**

| Rang | Land | Prozent* |
|---|---|---|
| 1 | Japan | 96 |
| 2 | Malta | 96 |
| 3 | Hongkong | 95 |
| 4 | Südkorea | 94 |
| 5 | Schweiz | 94 |
| 6 | Deutschland | 89 |
| 7 | Italien | 88 |
| 8 | Österreich | 88 |
| 9 | Israel | 87 |
| 10 | Haiti | 85 |
| 191 | Kuwait | 6 |
| 192 | Malawi | 5 |
| 193 | Bolivien | 5 |
| 194 | Oman | 5 |
| 195 | Libyen | 5 |
| 196 | Samoa | 4 |
| 197 | Algerien | 3 |
| 198 | Mali | 2 |
| 199 | Ecuador | 2 |
| 200 | Angola | 1 |

*Sekundärgüter in Prozent aller exportierten Handelsgüter im Jahr 1990

# 065 Exporte von Sekundärgütern 1990

## Kaufkraftbereinigter Dollarwert des Exports von Industriegütern im Jahr 1990

Sekundärgüter sind durch Weiterverarbeitung veredelte bzw. Industriegüter wie Kleidung, Apfelkuchen oder Autos. 1990 beliefen sich die weltweiten Gesamterträge aus dem Export von Sekundärgütern auf 3,432 Billionen US-Dollar. Im gleichen Jahr lagen die Erträge aus dem Export von Primärgütern bei 1,755 Billionen Dollar. Die fünf erfolgreichsten Exportnationen erzielten mehr als 90 Prozent aller Ausfuhreinnahmen mit Sekundärgütern.

Die westeuropäischen Staaten kamen 1990 auf 38 Prozent der weltweiten Ausfuhr von Industriegütern. Die ersten Ränge erreichten Deutschland, Frankreich, Italien und Großbritannien. Wichtigste Handelspartner waren dabei die anderen europäischen Länder.

**SEKUNDÄRGÜTER-EXPORTE**
Prozent der Gesamtexporte im Jahr 1990

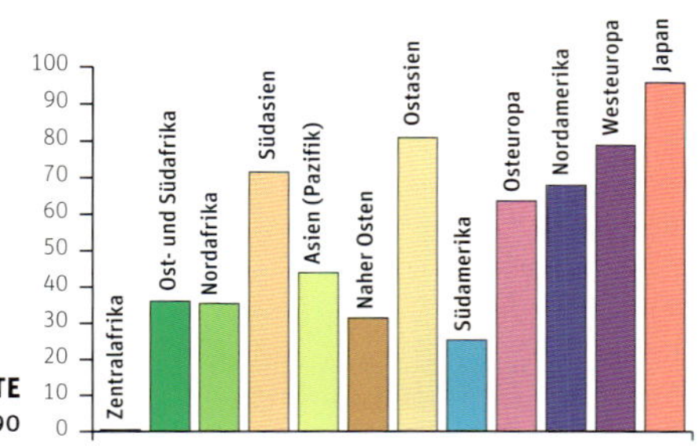

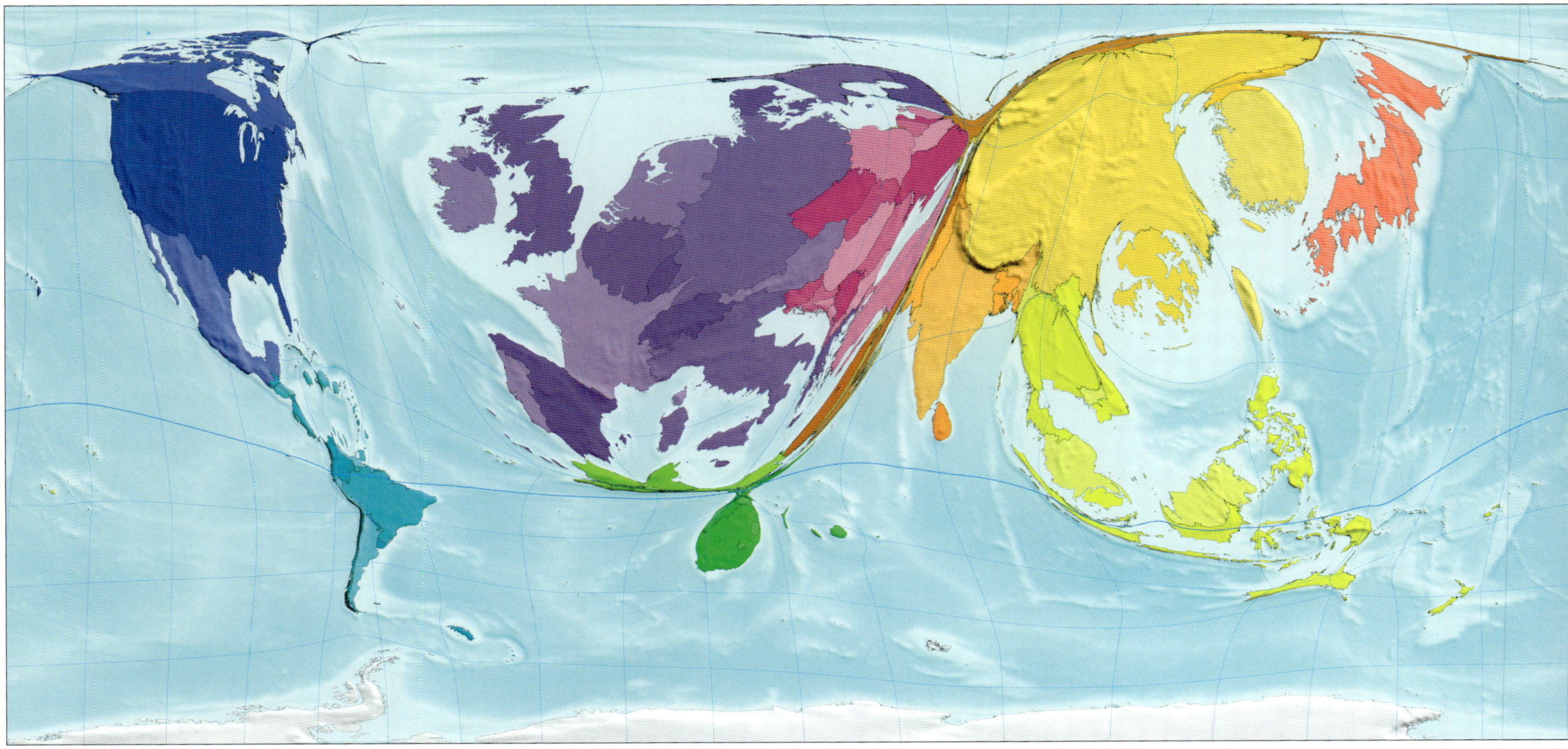

**HÖCHSTE UND NIEDRIGSTE SEKUNDÄRGÜTER-ANTEILE AM EXPORTVOLUMEN 2002**

| Rang | Land | Prozent* |
|---|---|---|
| 1 | Kap Verde | 96 |
| 2 | Malta | 96 |
| 3 | Hongkong | 95 |
| 4 | Japan | 93 |
| 5 | Schweiz | 93 |
| 6 | Israel | 93 |
| 7 | Südkorea | 92 |
| 8 | Bangladesch | 92 |
| 9 | Botswana | 91 |
| 10 | Taiwan | 91 |
| 191 | Tonga | 4 |
| 192 | Niger | 3 |
| 193 | Ruanda | 3 |
| 194 | Sudan | 3 |
| 195 | Algerien | 2 |
| 196 | Papua-Neuguinea | 2 |
| 197 | Gabun | 2 |
| 198 | Burundi | 1 |
| 199 | Belize | 1 |
| 200 | Nigeria | 1 |

*Sekundärgüter in Prozent aller exportierten Handelsgüter im Jahr 2002

# 066 Exporte von Sekundärgütern 2002

## Kaufkraftbereinigter Dollarwert des Exports von Industriegütern im Jahr 2002

Zwischen 1990 und 2002 verdoppelten sich die weltweiten Gesamterträge aus dem Export von Sekundärgütern. 2002 machten sie 71 Prozent des Weltexportvolumens aus (gemessen in US-Dollar). Daneben veränderte sich in diesem Zeitraum auch die geografische Verteilung der Exporterträge. Während China bedeutende Zuwächse erzielen konnte, sank der Anteil Westeuropas.

Die Inseln Kap Verde und Malta erzielten 96 Prozent, Nigeria dagegen nur ein Prozent aller Exporteinnahmen aus Sekundärgütern.

*»Chinas Ziel ist es, in den nächsten zehn Jahren das Exportvolumen für Fahrzeuge und Autoteile auf 120 Milliarden Dollar zu steigern. Dies entspräche zehn Prozent des weltweiten Handelsvolumens für Fahrzeuge.«*
Wei Jianguo, chinesischer Vize-Handelsminister, 2007

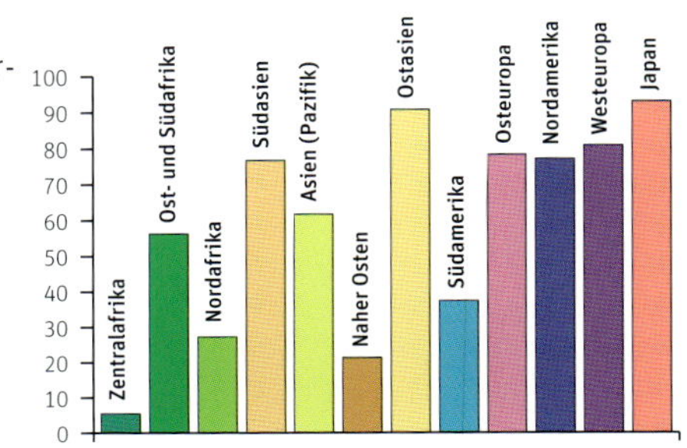


**SEKUNDÄRGÜTER-EXPORTE**
Prozent der gesamten Exportgüter im Jahr 2002

**HÖCHSTE EXPORTMENGEN VON HOCH-TECHNOLOGIE-GÜTERN IM JAHR 1990**

| Rang | Land | Prozent* |
|---|---|---|
| 1 | Malta | 45 |
| 2 | Irland | 41 |
| 3 | Singapur | 40 |
| 4 | Malaysia | 38 |
| 5 | Vereinigte Staaten | 33 |
| 6 | Japan | 24 |
| 7 | Großbritannien | 24 |
| 8 | Thailand | 21 |
| 9 | Vanuatu | 20 |
| 10 | Südkorea | 18 |
| 11 | Frankreich | 16 |
| 11 | Niederlande | 16 |
| 13 | Dänemark | 15 |
| 14 | Kanada | 14 |
| 14 | Haiti | 14 |
| 16 | Schweden | 13 |
| 17 | Fidschi | 12 |
| 17 | Norwegen | 12 |
| 17 | Schweiz | 12 |
| 18 | Deutschland | 11 |

*Wert des Hochtechnologie-Exports in Prozent des Gesamtwerts exportierter Industriegüter

# 067 Hochtechnologie-Exporte 1990

## Kaufkraftbereinigter Dollarwert des gesamten Hochtechnologie-Exports im Jahr 1990

Die Ausfuhr von Waren des Hochtechnologie-Sektors – vor allem elektronische Geräte wie Computer, Mobiltelefone, Kameras und audiovisuelle Geräte – machte 1990 16 Prozent aller Industrieexporte aus. In diesem Jahr kamen 72 Prozent aller Hochtechnologie-Erzeugnisse aus nur acht Staaten: den USA, Japan, China, Großbritannien, Frankreich, Deutschland, Hongkong und Südkorea.

*»Seit ihrer Entstehung im Jahr 1991 hat die Hochtechnologie-Zone im Pearl River Delta ein durchschnittliches jährliches Wachstum von über 40 Prozent erzielt.«* Monina Wong, Wissenschaftlerin bei Labour Action China, 2005

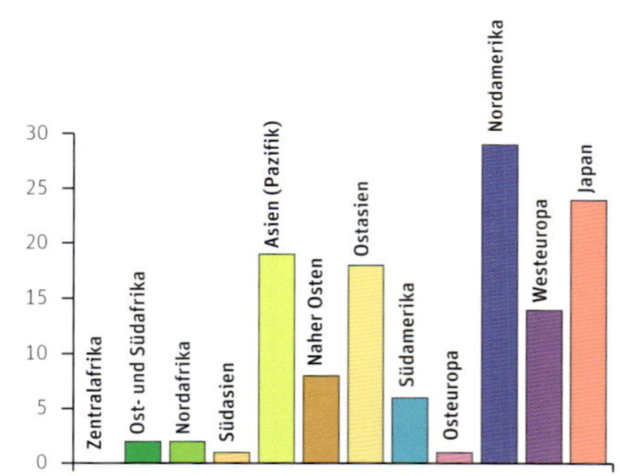


**HOCHTECHNOLOGIE-EXPORTE**
Prozent des Gesamtwerts exportierter Industriegüter 1990

**HÖCHSTE EXPORTMENGEN VON HOCHTECHNOLOGIE-GÜTERN IM JAHR 2002**

| Rang | Land | Prozent* |
|---|---|---|
| 1 | Philippinen | 65 |
| 2 | Malta | 62 |
| 3 | Singapur | 60 |
| 4 | Malaysia | 58 |
| 5 | Tadschikistan | 42 |
| 6 | Irland | 41 |
| 7 | Georgien | 38 |
| 8 | Costa Rica | 37 |
| 9 | Südkorea | 32 |
| 9 | Vereinigte Staaten | 32 |
| 11 | Thailand | 31 |
| 11 | Großbritannien | 31 |
| 13 | Kuba | 29 |
| 14 | Niederlande | 28 |
| 15 | Ungarn | 25 |
| 16 | Finnland | 24 |
| 16 | Japan | 24 |
| 18 | China | 23 |
| 19 | Dänemark | 22 |
| 19 | Norwegen | 22 |

*Wert des Hochtechnologie-Exports in Prozent des Gesamtwerts exportierter Industriegüter

# 068 Hochtechnologie-Exporte 2002

## Kaufkraftbereinigter Dollarwert des gesamten Hochtechnologie-Exports im Jahr 2002

Der Export von Hochtechnologie-Gütern ist ab 1990 stetig angestiegen, bis er 2002 schließlich 21 Prozent des gesamten Exportvolumens von Industriegütern ausmachte. Die weltweiten Einnahmen vervierfachten sich und erreichten 2002 zwei Billionen US-Dollar. Obwohl die bedeutendsten Exportnationen dieselben blieben, trugen kleinere Staaten signifikant zum globalen Wachstum bei: Malaysia und Singapur verzeichneten jeweils eine Zuwachsrate von 20 Prozent bei Hochtechnologie-Exporten, Malta, Finnland und Indonesien von circa 15 Prozent. Insgesamt erreichten die Hochtechnologie-Exporte einen Anteil von 41 Prozent von allen Industrieexporten im asiatischen Pazifikraum und Australasien. Die Ergebnisse der einzelnen Staaten reichen von 65 Prozent auf den Philippinen bis null Prozent in Samoa und Tonga.

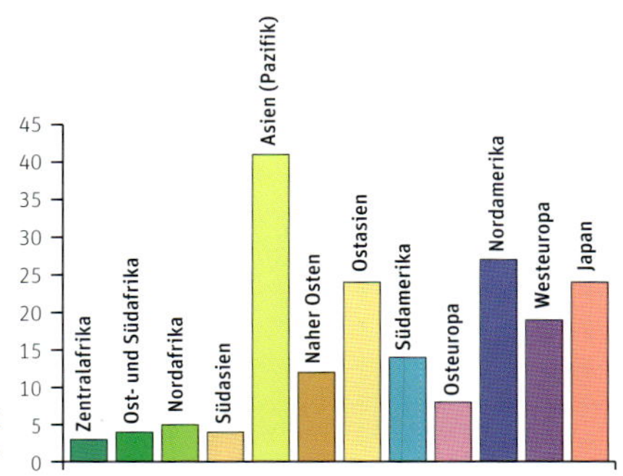


**HOCHTECHNOLOGIE-EXPORTE**
Prozent des Gesamtwerts der Industrieexporte 2002

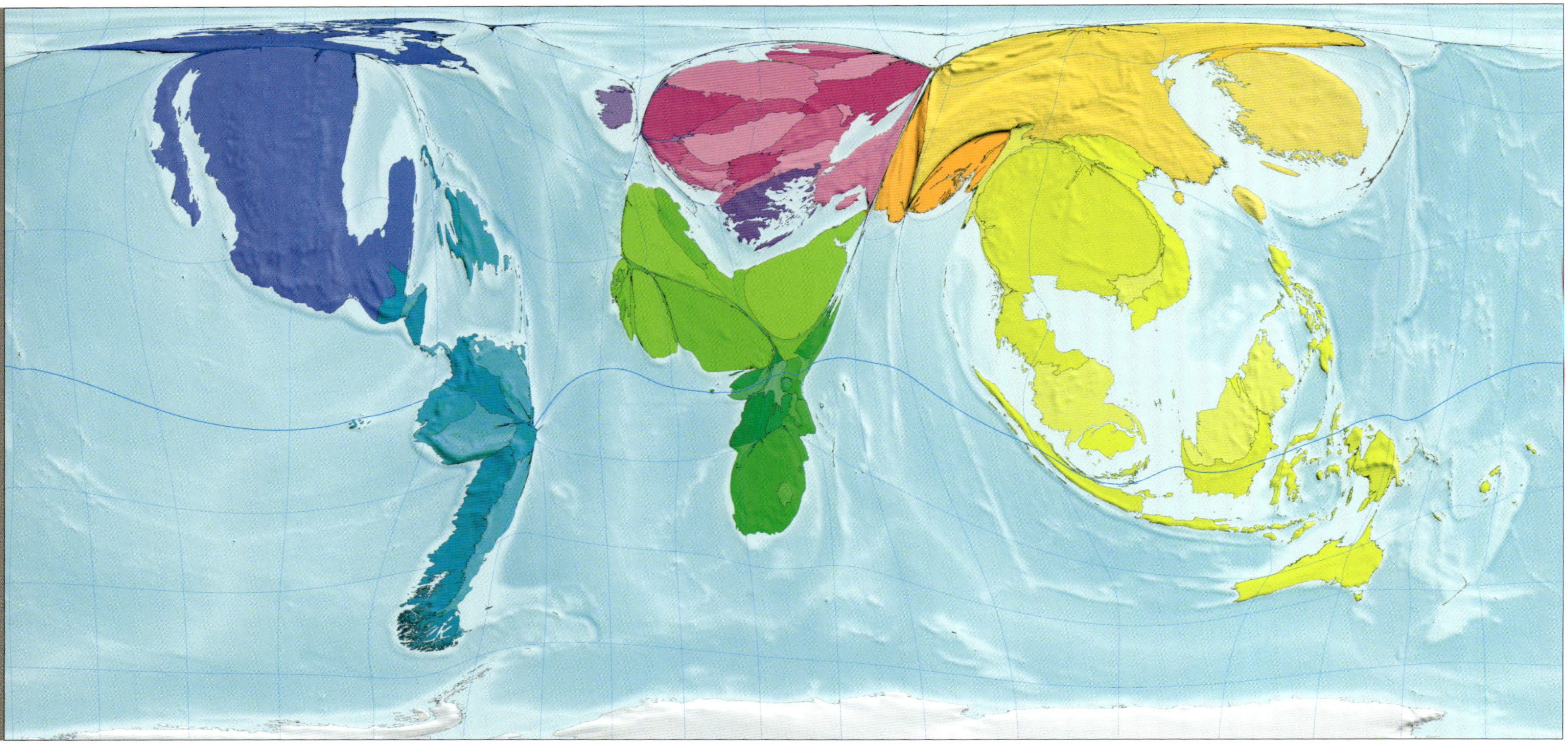

**STÄRKSTE VERSCHLECHTERUNG DES REALEN AUSTAUSCHVERHÄLTNISSES**

| Rang | Land | US-Dollar* |
|---|---|---|
| 1 | Äquatorialguinea | 3403 |
| 2 | Singapur | 2604 |
| 3 | Seychellen | 1975 |
| 4 | Chile | 1916 |
| 5 | Malaysia | 1908 |
| 6 | Brunei | 1788 |
| 7 | Mexiko | 1723 |
| 8 | Estland | 1618 |
| 9 | Thailand | 1583 |
| 10 | Tschechien | 1426 |
| 11 | Gabun | 1409 |
| 12 | Ungarn | 1382 |
| 13 | Slowakei | 1378 |
| 14 | Slowenien | 1374 |
| 15 | Irland | 1213 |
| 16 | Griechenland | 1172 |
| 17 | Zypern | 1085 |
| 18 | Südkorea | 1063 |
| 19 | Dominikanische Rep. | 978 |
| 20 | Australien | 878 |

*Durchschnittliche Verschlechterung des realen Austauschverhältnisses zwischen 1980 und 2002 pro Kopf und Jahr in US-Dollar bei Kaufkraftparität

# 069 Verschlechterung der realen Austauschverhältnisse

**Die Größe des jeweiligen Landes zeigt die Verschlechterung des realen Austauschverhältnisses zwischen 1980 und 2001.**

Das reale Austauschverhältnis eines Staates verschlechtert sich, wenn der Marktwert der exportierten Güter fällt oder die Kosten der importierten Waren ansteigen. Manchmal liegt es daran, dass andere Arten von Gütern aus- und eingeführt werden. Diese Karte zeigt, wie viel Geld ein Staat tatsächlich pro Jahr verliert, weil sich Veränderungen beim realen Austauschverhältnis ergeben.

In 126 Staaten kam es zwischen 1980 und 2002 zu einem Rückgang der realen Austauschverhältnisse. Die größten Veränderungen mussten Burundi, Mexiko, Chile und Peru hinnehmen. In Mexiko fielen die Werte in dieser Zeit um 33 Prozent. Dies hatte dieselbe volkswirtschaftliche Auswirkung wie ein Produktivitätsrückgang um 176 Milliarden US-Dollar pro Jahr bei gleichem Preisniveau.

*»Ein Traktor, der 1973 fünf Tonnen tansanischen Tees kostete, schlug zehn Jahre später mit dem doppelten Preis zu Buche. Die am geringsten entwickelten Staaten treten auf der Stelle.«* Graham Young, 1990

**AUSWIRKUNG DER VERÄNDERTEN REALEN AUSTAUSCHVERHÄLTNISSE**

Jährliche finanzielle Folgen der veränderten realen Austauschverhältnisse von 1980 bis 2001 in Milliarden US-Dollar (kaufkraftbereinigt)

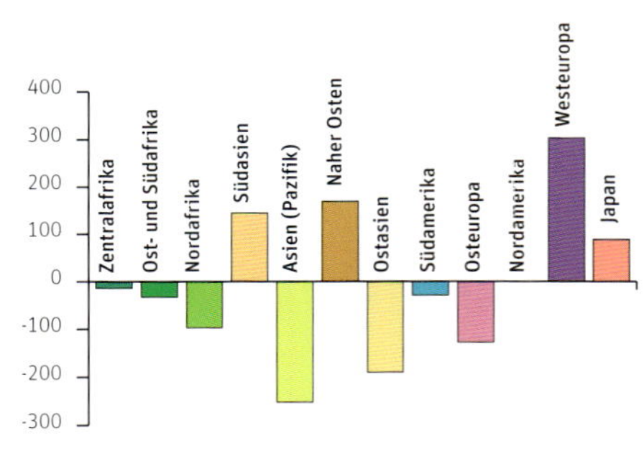

**HÖCHSTE VERBESSERUNG DER REALEN AUSTAUSCHVERHÄLTNISSE**

| Rang | Land | US-Dollar* |
|---|---|---|
| 1 | Luxemburg | 7646 |
| 2 | Norwegen | 2292 |
| 3 | Bahrain | 2252 |
| 4 | Israel | 2059 |
| 5 | Belgien | 1910 |
| 6 | Italien | 1724 |
| 7 | Spanien | 1478 |
| 8 | Malta | 1379 |
| 9 | Vereinigte Arabische Emirate | 1324 |
| 10 | Österreich | 1311 |
| 11 | Kuwait | 1273 |
| 12 | Neuseeland | 1225 |
| 13 | Katar | 1172 |
| 14 | Botswana | 1065 |
| 15 | Dänemark | 1063 |
| 16 | Schweiz | 1022 |
| 17 | Island | 942 |
| 18 | Paraguay | 901 |
| 19 | Costa Rica | 880 |
| 20 | Oman | 854 |

*Durchschnittliche Verbesserung der realen Austauschverhältnisse pro Person und Jahr in US-Dollar bei Kaufkraftparität, 1980–2002

# 070 Verbesserung der realen Austauschverhältnisse

**Die Größe des jeweiligen Landes zeigt die Verbesserung des realen Austauschverhältnisses zwischen 1980 und 2001.**

Die realen Austauschverhältnisse eines Staates verbessern sich, wenn er seine Ausfuhrpreise erhöhen kann oder wenn die Kosten für Importe zurückgehen. Diese Karte zeigt den effektiven Gewinn aus derartigen Verschiebungen zwischen 1980 und 2001. Staaten mit Verlusten erscheinen nicht.

Die USA schnitten in diesem Zeitraum am besten ab: Bis 2001 hatten sich die realen Austauschverhältnisse pro Jahr um 202 Milliarden US-Dollar zusätzlich verbessert. Indien konnte prozentual noch höhere Zuwächse, aber niedrigere Nettogewinne verbuchen: pro Jahr ein Plus von 161 Milliarden US-Dollar bis 2001.

**AUSWIRKUNG DER VERÄNDERTEN REALEN AUSTAUSCHVERHÄLTNISSE**

Jährliche finanzielle Folgen der veränderten realen Austauschverhältnisse von 1980 bis 2001 bei Kaufkraftparität

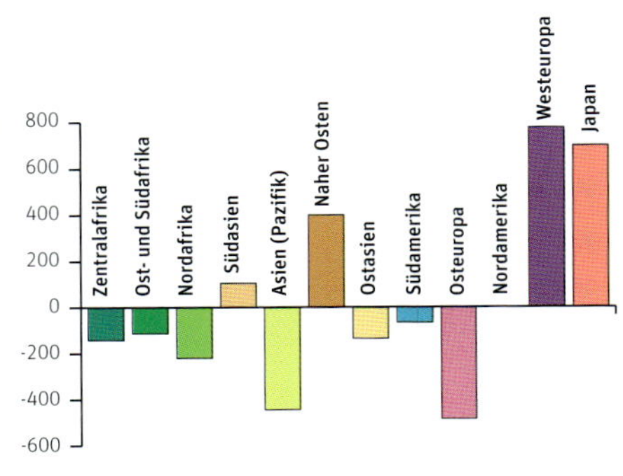

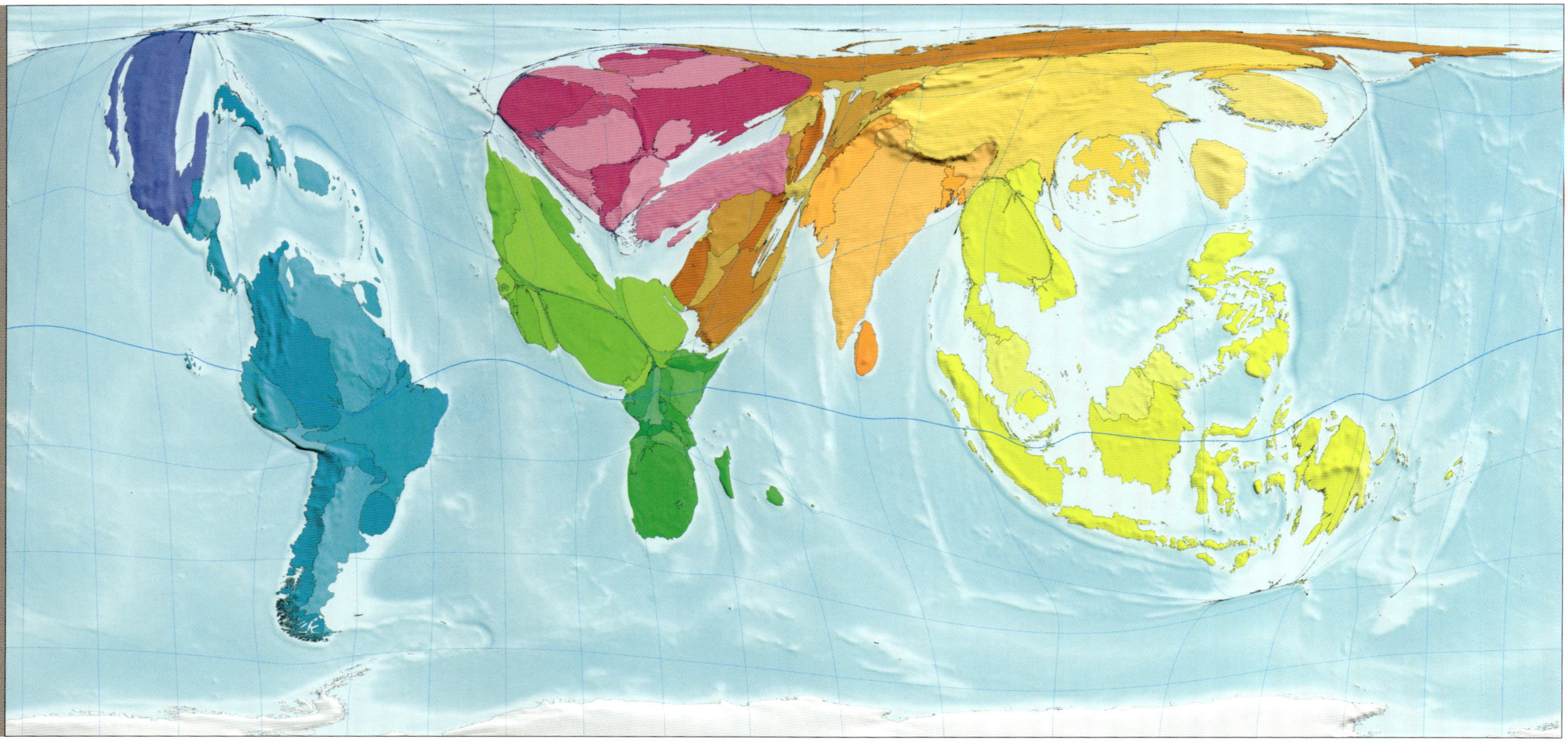

**HÖCHSTER GESAMTSCHULDENDIENST IM JAHR 1990**

| Rang | Land | Prozent* |
|---|---|---|
| 1 | Uganda | 81 |
| 2 | Algerien | 63 |
| 3 | Madagaskar | 46 |
| 4 | Burundi | 43 |
| 5 | Kolumbien | 41 |
| 6 | Uruguay | 41 |
| 7 | Äthiopien | 39 |
| 8 | Bolivien | 39 |
| 9 | Papua-Neuguinea | 37 |
| 10 | Argentinien | 37 |
| 11 | Ghana | 37 |
| 12 | Elfenbeinküste | 35 |
| 12 | Kenia | 35 |
| 14 | Kongo | 35 |
| 15 | Honduras | 35 |
| 16 | Ungarn | 34 |
| 16 | São Tomé und Príncipe | 34 |
| 18 | Indonesien | 33 |
| 19 | Tansania | 33 |
| 20 | Ecuador | 33 |

*Schuldendienst in Prozent der Exporteinnahmen aus Waren und Dienstleistungen im Jahr 1990

# 071 Schuldendienst im Jahr 1990

**So viel mussten die einzelnen Länder 1990 ausgeben, um ihre Auslandsverbindlichkeiten zu bedienen.**

Unter Schuldendienst versteht man Zins- und Tilgungsleistungen, die ein verschuldeter Staat jedes Jahr an ausländische Kreditgeber zahlen muss. Diese Karte zeigt die Aufwendungen für Langzeitkredite bei anderen Regierungen und beim Internationalen Währungsfonds. Andere Arten von Staatsschulden werden hier nicht berücksichtigt.

1990 entsprach die Höhe des Schuldendienstes in Ost-, Süd- und Nordafrika sowie in Südasien und Südamerika mehr als einem Viertel der Exporteinnahmen dieser Regionen. Derartige Statistiken führten zu Entschuldungskampagnen wie »Jubilee 2000«, die einen Erlass nicht mehr finanzierbarer und ungerechter Schulden forderte.

**AUFWAND ZUR BEDIENUNG VON STAATSSCHULDEN**

Prozentsatz der Exporteinnahmen, der 1990 für den Schuldendienst aufgewendet werden musste

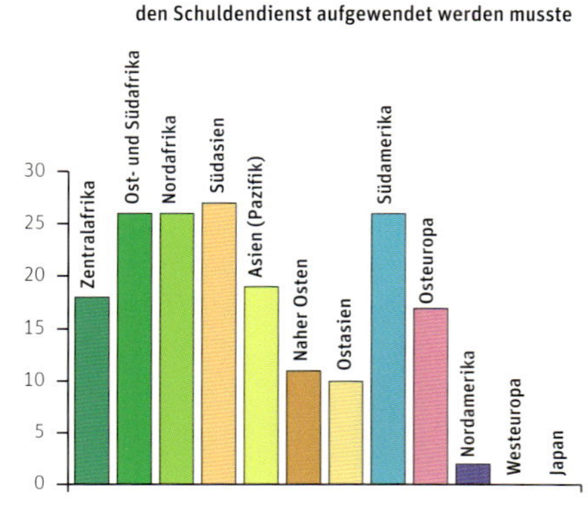

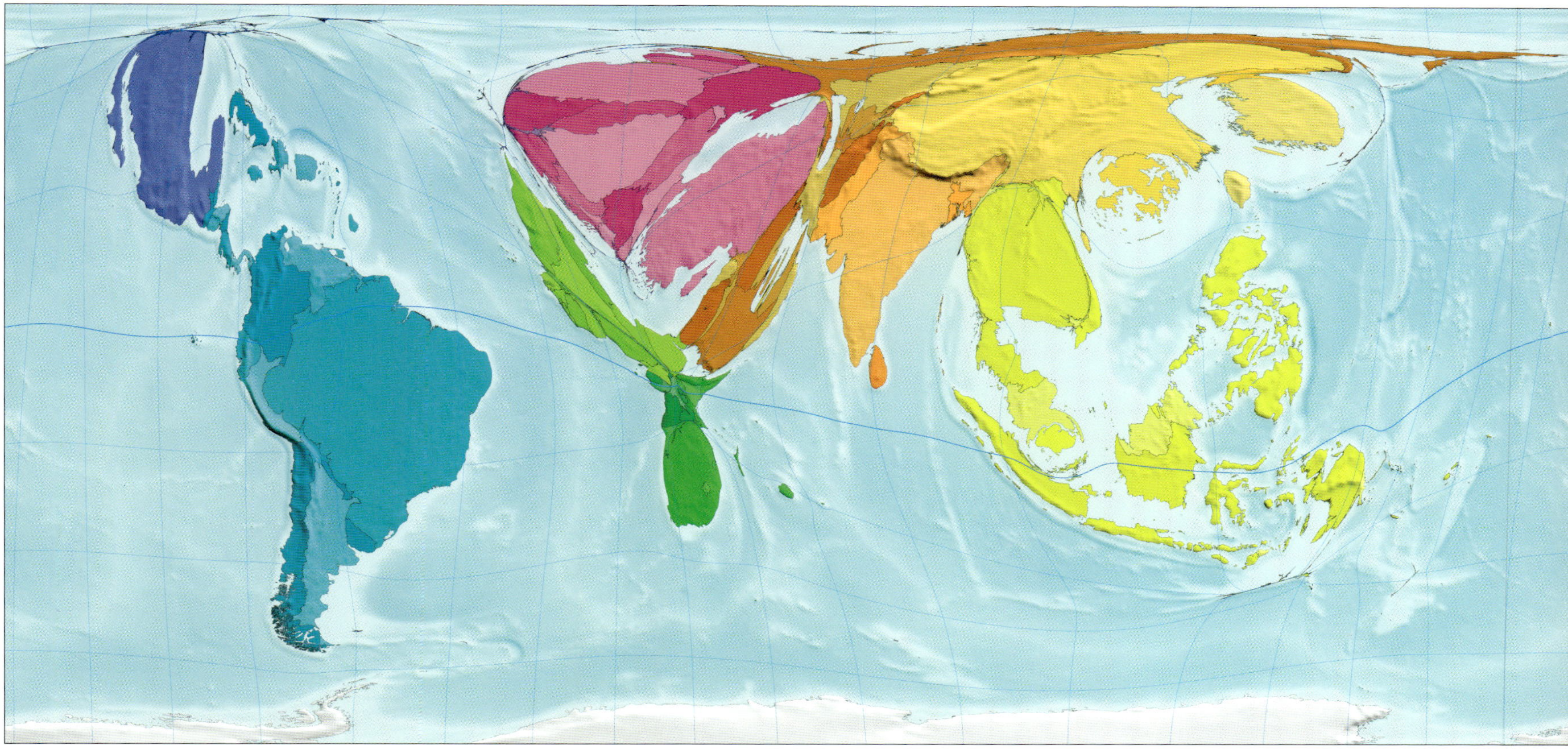

**HÖCHSTER GESAMTSCHULDENDIENST IM JAHR 2002**

| Rang | Land | Prozent* |
|---|---|---|
| 1 | Brasilien | 69 |
| 2 | Burundi | 59 |
| 3 | Libanon | 51 |
| 4 | Türkei | 47 |
| 5 | Kolumbien | 40 |
| 6 | Uruguay | 40 |
| 7 | Belize | 37 |
| 8 | Kasachstan | 34 |
| 9 | Ungarn | 34 |
| 10 | Chile | 33 |
| 11 | Peru | 33 |
| 12 | São Tomé und Príncipe | 32 |
| 13 | Ecuador | 29 |
| 14 | Bolivien | 28 |
| 15 | Sambia | 27 |
| 16 | Kroatien | 26 |
| 16 | Venezuela | 26 |
| 18 | Kirgisistan | 25 |
| 19 | Indonesien | 25 |
| 20 | Usbekistan | 24 |

*Schuldendienst in Prozent der Exporteinnahmen aus Waren und Dienstleistungen im Jahr 2002

# 072 Schuldendienst im Jahr 2002

**So viel mussten die einzelnen Länder 2002 ausgeben, um ihre Auslandsverbindlichkeiten zu bedienen.**

2002 mussten verschuldete Staaten für Kredite beim Internationalen Währungsfonds und bei anderen Regierungen weltweit 1,158 Billionen US-Dollar an Zins- und Tilgungszahlungen leisten. Das entsprach 8,9 Prozent der weltweiten Exporteinnahmen aus Waren und Dienstleistungen im selben Jahr. Brasilien benötigte den größten Teil seiner Einnahmen, nämlich 69 Prozent, zur Schuldentilgung, nur 31 Prozent blieben für Investitionen im eigenen Land oder für Einfuhren. Auf die höchsten Summen für den Schuldendienst kamen im Jahr 2002 Brasilien, China, Thailand und Indien.

Nur 30 der berücksichtigten 200 Staaten hatten 2002 keine Schulden beim Internationalen Währungsfonds. Außer Australien, Neuseeland und Simbabwe lagen alle in Westeuropa.

*»Die Gesellschaft Brasiliens gründet sich auf der Arbeit, dem Schweiß und dem Blut von Afrikanern … [Brasilien] schuldet Afrika viel.«*
Luis Inácio Lula da Silva, brasilianischer Staatspräsident, 2004

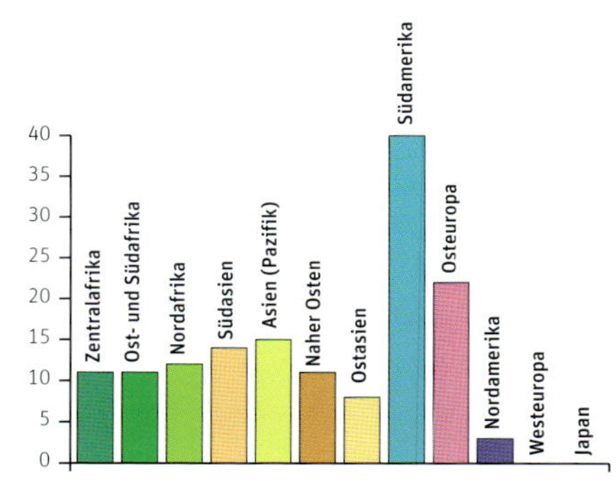


**AUFWAND ZUR BEDIENUNG VON STAATSSCHULDEN**
Prozentsatz der Exporteinnahmen, der 2002 für den Schuldendienst aufgewendet werden musste

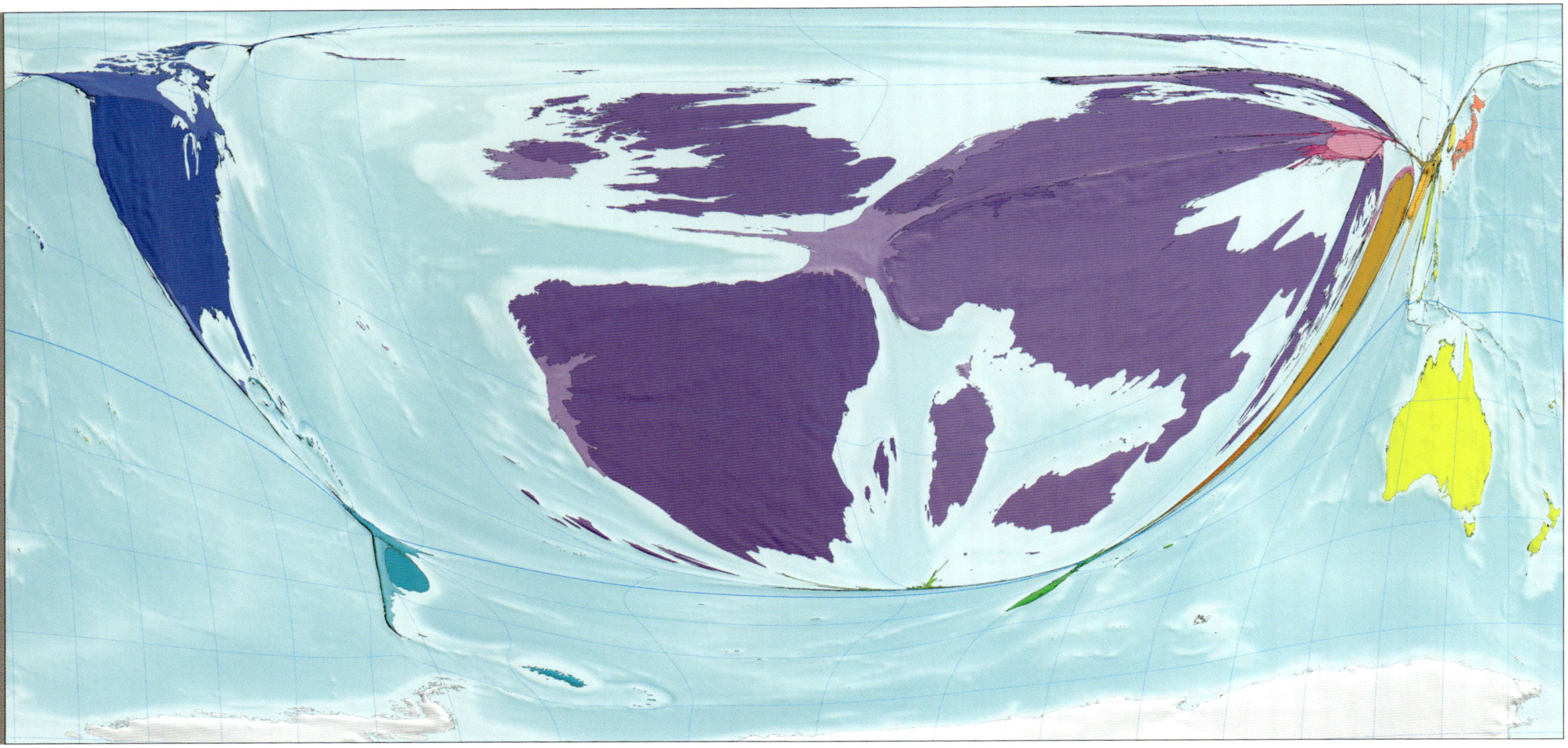

**GRÖSSTE ANZAHL VON DEMONSTRANTEN GEGEN DEN IRAKKRIEG IM JAHR 2003**

| Rang | Land | Demonstranten* |
|---|---|---|
| 1 | Spanien | 105 |
| 2 | Italien | 80 |
| 3 | Australien | 34 |
| 4 | Norwegen | 30 |
| 5 | Irland | 26 |
| 6 | Großbritannien | 26 |
| 7 | Luxemburg | 23 |
| 8 | Griechenland | 21 |
| 9 | Uruguay | 21 |
| 10 | Island | 15 |
| 11 | Syrien | 14 |
| 12 | Deutschland | 14 |
| 13 | Schweden | 12 |
| 14 | Portugal | 11 |
| 15 | Gaza und Westbank | 10 |
| 16 | Belgien | 10 |
| 16 | Finnland | 9 |
| 18 | Kanada | 8 |
| 19 | Bahrain | 7 |
| 20 | Neuseeland | 7 |

*Zahl der Demonstranten pro 1000 Einwohner vom 14. bis 16. Februar 2003

# 073 Demonstrationen gegen den Irakkrieg 2003

## Anzahl der Personen, die am 14., 15. und 16. Februar 2003 gegen den Irakkrieg demonstrierten

Es waren immerhin 15,9 Millionen Menschen, die Mitte Februar 2003 gegen den Einmarsch in den Irak demonstrierten. 25 Staaten waren an dieser Militäraktion beteiligt, darunter die USA, Großbritannien, Italien, Spanien und Polen.

In 96 der erfassten 200 Staaten kam es zu dokumentierten Protesten gegen den Krieg. Die größten Kundgebungen fanden in Italien, Spanien, Großbritannien, Deutschland und den USA statt. Zusammen zählte man in diesen Ländern 80 Prozent der Demonstranten. In Rom nahmen drei Millionen Menschen an der größten Kundgebung teil, die die Welt bis dahin gesehen hatte.

**DEMONSTRANTEN GEGEN DEN IRAKKRIEG 2003**
Anzahl pro 1000 Einwohner bei Demonstrationen vom 14. bis 16. Februar 2003

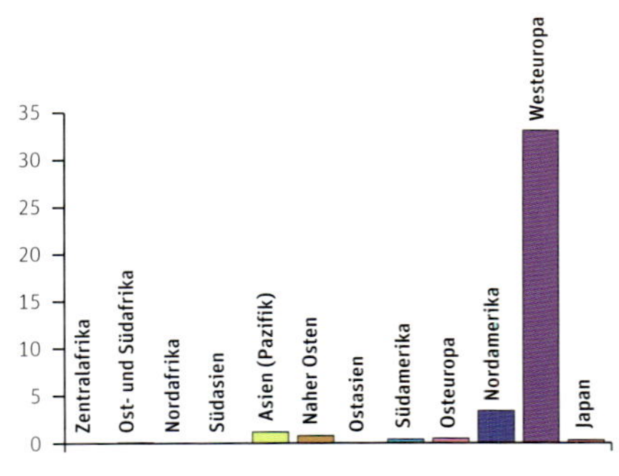

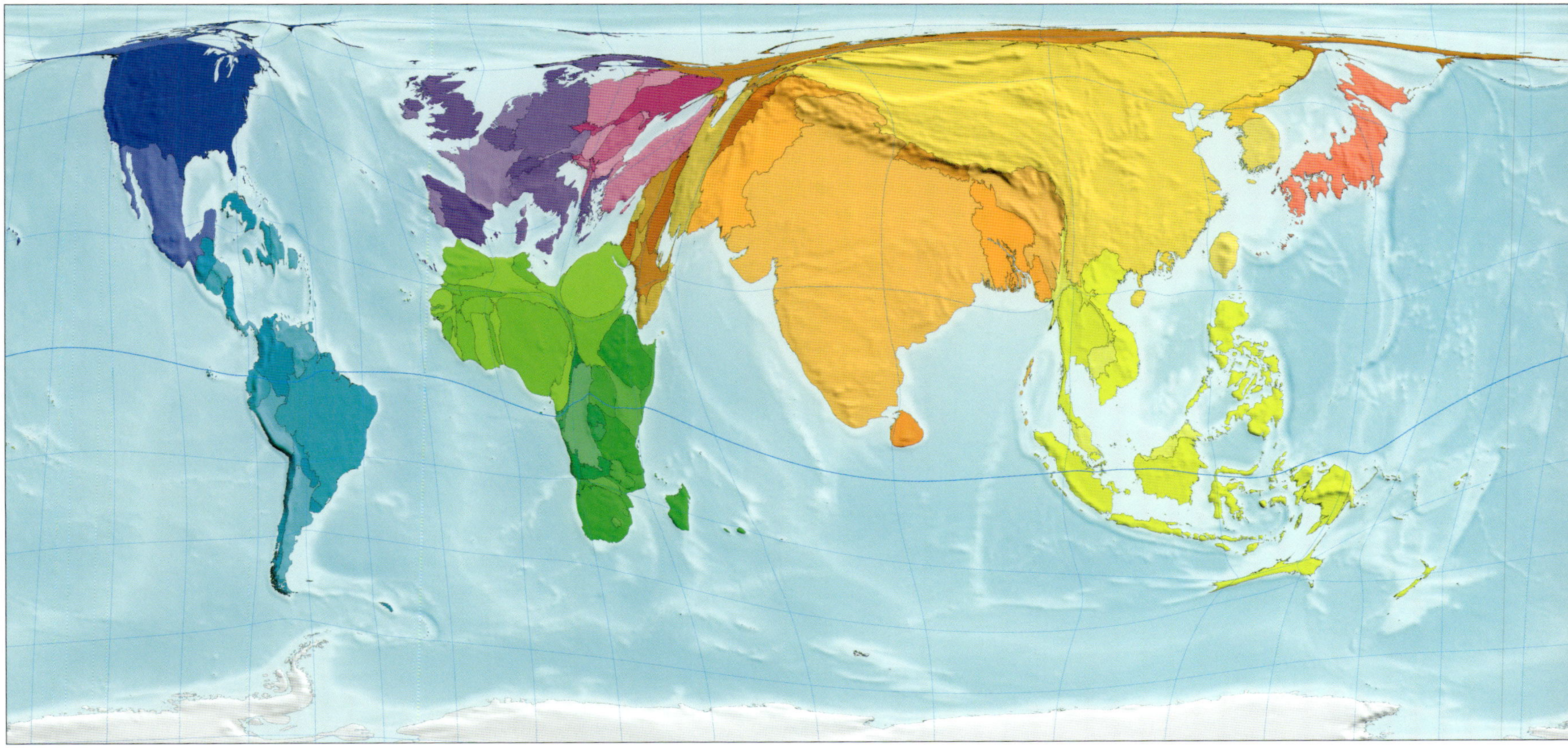

**LÄNGSTE UND KÜRZESTE VERPFLICHTUNG ZUR EINHALTUNG DER GENFER KONVENTION**

| Rang | Land | Jahre* |
|---|---|---|
| 1 | Schweiz | 55,8 |
| 2 | Monaco | 55,5 |
| 3 | Liechtenstein | 55,3 |
| 4 | Chile | 55,2 |
| 5 | Österreich | 55,1 |
| 6 | Estland | 54,9 |
| 7 | Deutschland | 54,7 |
| 8 | Ungarn | 54,6 |
| 9 | Kirgisistan | 54,6 |
| 10 | Lettland | 54,5 |
| 191 | Nauru | 11,4 |
| 192 | Mikronesien | 10,3 |
| 193 | Niue | 10,0 |
| 194 | Palau | 9,5 |
| 195 | Litauen | 9,2 |
| 196 | Eritrea | 5,4 |
| 197 | Cookinseln | 4,6 |
| 198 | Serbien und Montenegro | 4,2 |
| 199 | Osttimor | 2,7 |
| 200 | Marshallinseln | 1,6 |

*Jahre von der Unterzeichnung der Genfer Konvention (oder einer Entsprechung) bis 01. Januar 2006

# 074 Verankerung des Völkerrechts

## Anzahl der Jahre (bis 2006), die sich ein Staat zur Einhaltung der Genfer Konvention von 1949 verpflichtet hat, im Verhältnis zur Bevölkerungszahl

Als Genfer Konvention werden vier Einzelabkommen bezeichnet. Sie verpflichten die Unterzeichnerstaaten im Konfliktfall zum Schutz von Nichtkombattanten: Kranken und Verwundeten, Kriegsgefangenen und Zivilpersonen. Die erste Genfer Konvention wurde 1864 ratifiziert, diese Karte jedoch bezieht sich auf das Abkommen von 1949 – heute ein zentrales Element des Völkerrechts.

Der erste Unterzeichnerstaat war im März 1950 die Schweiz. Im gleichen Jahr ratifizierten unter anderem Monaco, Liechtenstein, Chile und Indien das Abkommen. Bis 2004 hatten alle auf dieser Karte gezeigten Länder (bzw. jene Staaten, die zu jener Zeit die Hoheit darüber beanspruchten) das Abkommen unterzeichnet. Länder, die hier groß erscheinen, sind entweder bevölkerungsreich oder frühe Signatarstaaten.

**JAHRE ALS UNTERZEICHNERSTAATEN DER GENFER KONVENTION**

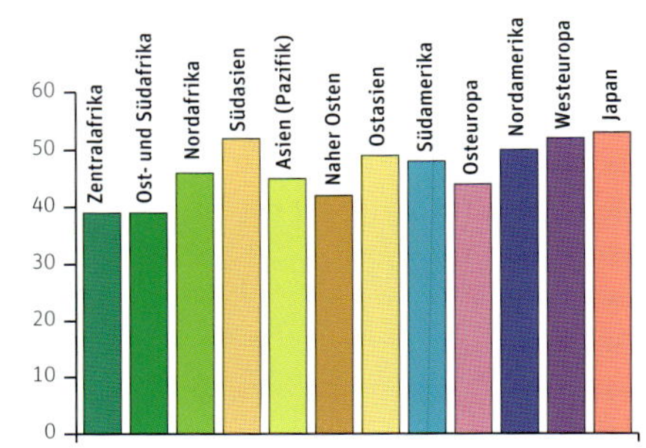


*» Wer Unrecht begeht, ist elender als der, der es erleidet. «*

Plato, griechischer Philosoph, ca. 400 v. Chr.

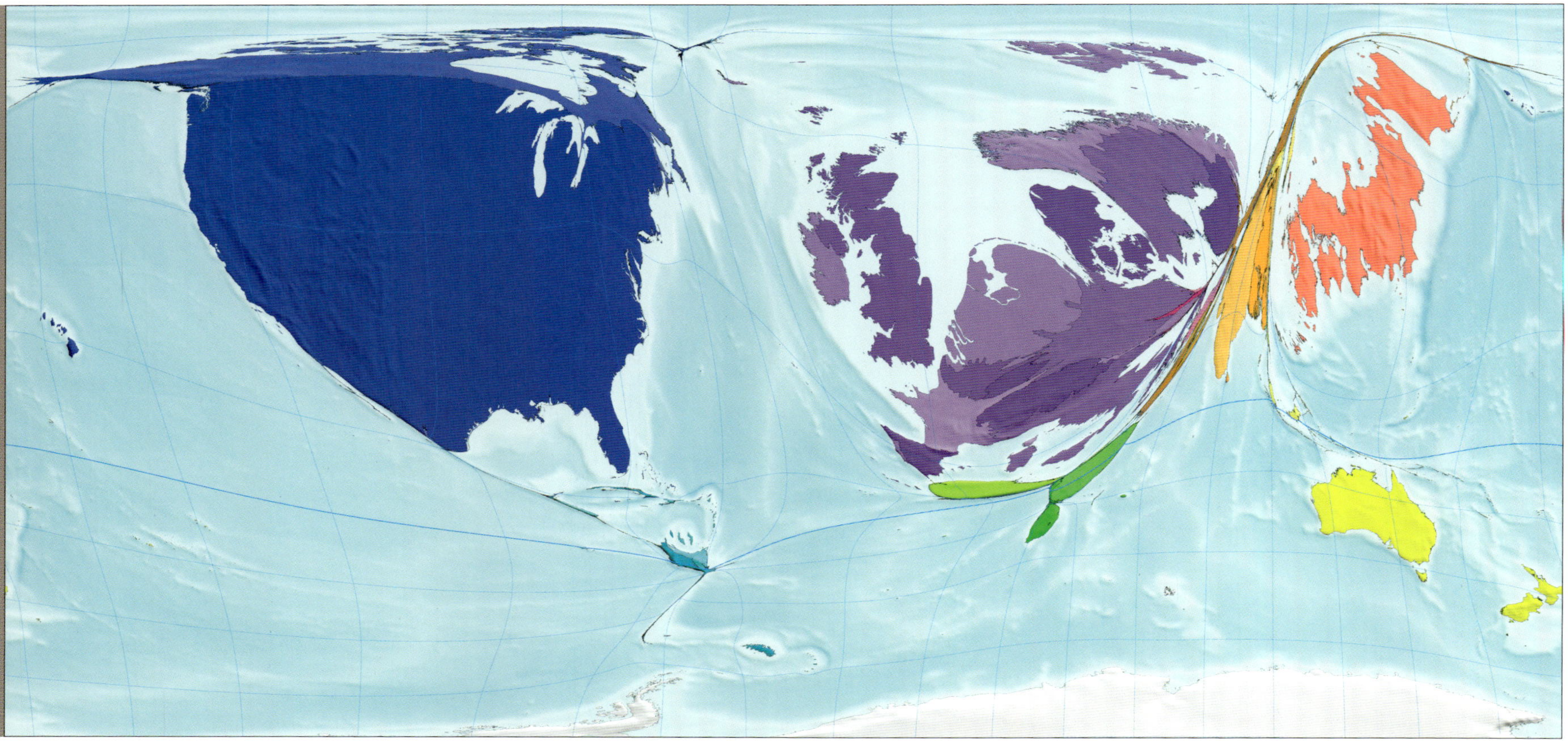

**HÖCHSTE ZAHLUNGEN AN DIE INTERNATIONALE NAHRUNGSMITTELHILFE**

| Rang | Land | US-Dollar* |
|---|---|---|
| 1 | Luxemburg | 27 |
| 2 | Norwegen | 21 |
| 3 | Vatikanstadt | 10 |
| 4 | Dänemark | 10 |
| 5 | Schweden | 9 |
| 6 | Niederlande | 7 |
| 7 | Kanada | 5 |
| 8 | Finnland | 5 |
| 9 | Irland | 5 |
| 10 | Schweiz | 5 |
| 11 | Vereinigte Staaten | 4 |
| 12 | Australien | 3 |
| 13 | Neuseeland | 3 |
| 14 | Großbritannien | 2 |
| 15 | Island | 2 |
| 16 | Liechtenstein | 1 |
| 16 | Belgien | 1 |
| 18 | Japan | 1 |
| 19 | Monaco | 1 |
| 20 | Deutschland | 1 |

*Beiträge zur internationalen Nahrungsmittelhilfe pro Person im Jahr 2005 (keine Zahlungen von 131 Staaten)

# 075 Internationale Nahrungsmittelhilfe

## Staatliche Beiträge zur internationalen Nahrungsmittelhilfe in US-Dollar

Kriege, Dürre, wirtschaftlicher Zusammenbruch und andere Katastrophen verhindern oft, dass Menschen ihre Grundbedürfnisse – zum Beispiel nach Nahrung – stillen können. Diese Karte zeigt den Dollarwert der Ausgaben eines jeden Staates für die internationale Nahrungsmittelhilfe im Jahr 2005. Es handelt sich hierbei um vorübergehende Maßnahmen zur Eindämmung von Lebensmittelknappheit. 2005 unterstützten Regierungen Programme der internationalen Nahrungsmittelhilfe mit etwa 2,5 Milliarden US-Dollar, die Hälfte davon kam aus den USA, ein Drittel aus westeuropäischen Staaten. Weitere 500 Millionen US-Dollar trugen internationale Organisationen, Einzelpersonen und Wohlfahrtsverbände bei.

*»Wenn ich den Armen zu essen gebe, nennen sie mich einen Heiligen. Wenn ich frage, warum die Armen arm sind, nennen sie mich einen Kommunisten.«*

Dom Helder Camara, brasilianischer Priester, 2004

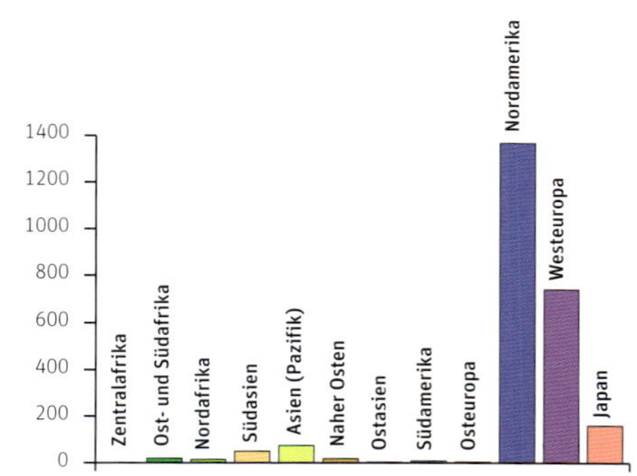


**BEITRAG ZUR INTERNATIONALEN NAHRUNGSMITTELHILFE**
Millionen US-Dollar im Jahr 2005

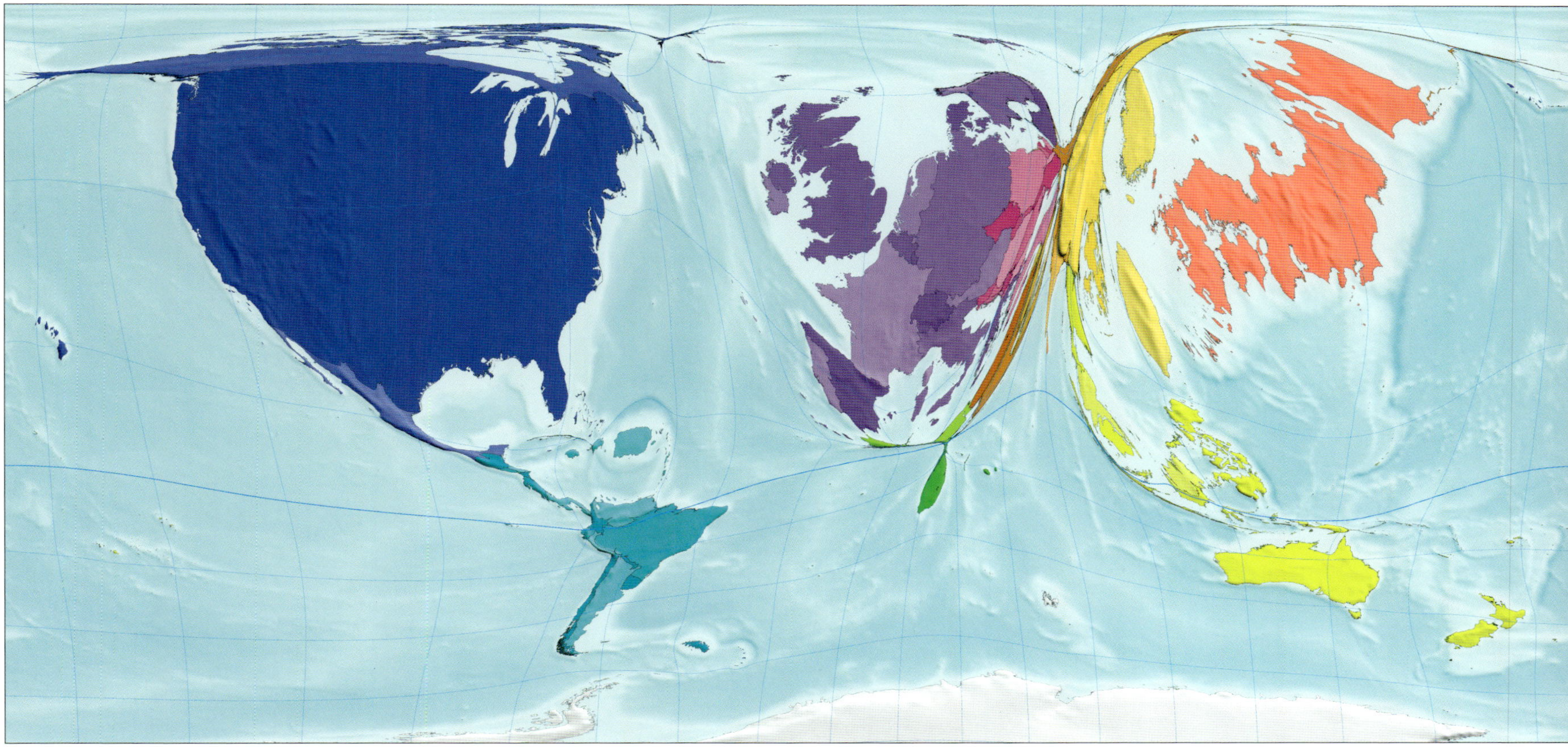



**HÖCHSTE ANZAHL VON MCDONALD'S-RESTAURANTS**

| Rang | Land | Restaurants* |
|---|---|---|
| 1 | Vereinigte Staaten | 47 |
| 2 | Kanada | 44 |
| 3 | Andorra | 43 |
| 4 | Neuseeland | 38 |
| 5 | Australien | 37 |
| 6 | San Marino | 37 |
| 7 | Singapur | 31 |
| 8 | Hongkong | 30 |
| 9 | Japan | 30 |
| 10 | Liechtenstein | 30 |
| 11 | Monaco | 29 |
| 12 | Puerto Rico | 29 |
| 13 | Schweden | 27 |
| 14 | Großbritannien | 21 |
| 15 | Malta | 20 |
| 16 | Österreich | 20 |
| 16 | Schweiz | 20 |
| 18 | Zypern | 19 |
| 19 | Irland | 18 |
| 20 | Frankreich | 18 |

*McDonald's-Restaurants pro einer Million Menschen im Jahr 2004. In 102 Länder gibt es kein Restaurant dieser Kette.

# 076 Fast Food

**Die Anzahl der McDonald's Fast-Food-Restaurants ist ein Maßstab für den Einfluss des American Way of Life.**

2004 gab es weltweit 30 496 McDonald's-Restaurants, 45 Prozent davon befanden sich in den USA, gefolgt von Japan, Kanada und Deutschland.

Im globalen Durchschnitt kommen allein von dieser Fast-Food-Kette fünf Restaurants auf eine Million Menschen. In den USA sind es 47, in Argentinien und Chile gerade mal ein Zehntel und in China und Georgien sogar nur ein Hundertstel dieses Werts. Alle Staaten Afrikas zusammen kommen auf nur 150 McDonald's-Restaurants, die meisten davon in Südafrika. Und in 102 Ländern ist die Kette gar nicht vertreten.

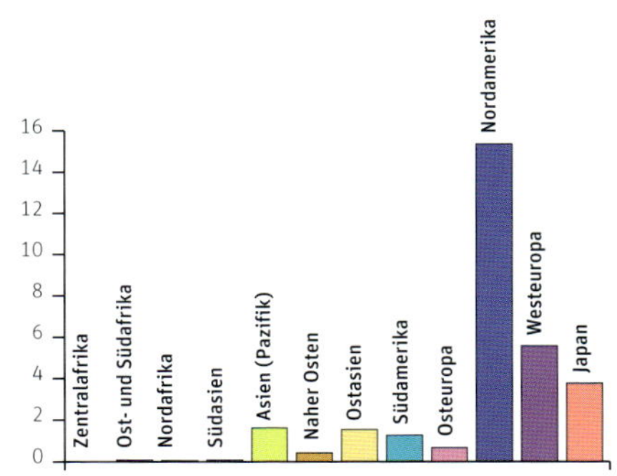


**FAST-FOOD-RESTAURANTS**
Verbreitung von McDonald's-Restaurants im Jahr 2004

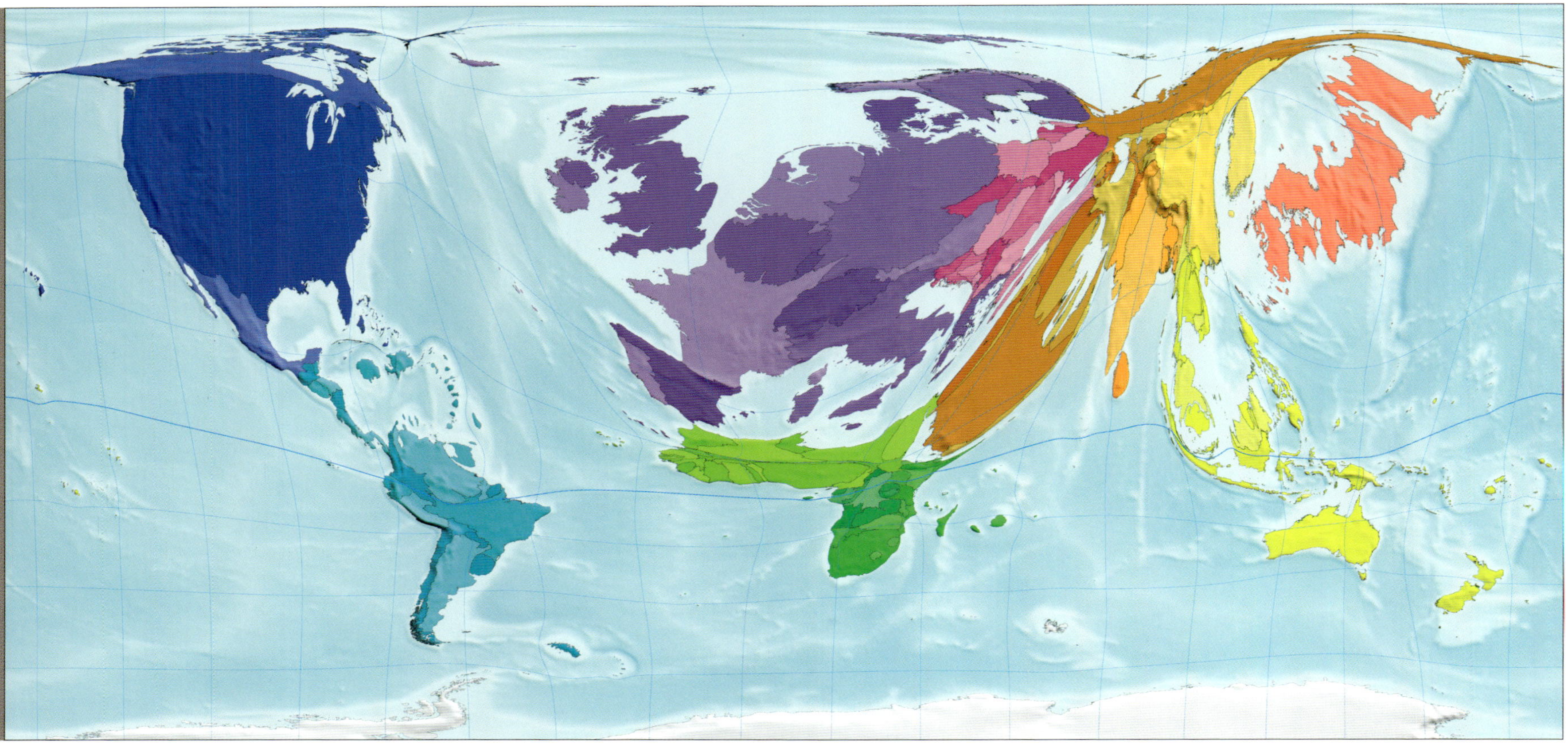



**HÖCHSTE UND NIEDRIGSTE ZAHL VON STIMMEN IM INTERNATIONALEN WÄHRUNGSFONDS**

| Rang | Land | Stimmen* |
|---|---|---|
| 1 | San Marino | 15,6 |
| 2 | Palau | 14,1 |
| 3 | St. Kitts und Nevis | 8,1 |
| 4 | Brunei | 8,0 |
| 5 | Luxemburg | 7,6 |
| 6 | Kuwait | 5,9 |
| 7 | Marshallinseln | 5,5 |
| 8 | Bahamas | 5,2 |
| 9 | Schweiz | 4,8 |
| 10 | Katar | 4,8 |
| 177 | Sudan | 0,06 |
| 178 | Myanmar | 0,06 |
| 179 | China | 0,05 |
| 179 | Hongkong | 0,05 |
| 181 | Vietnam | 0,04 |
| 182 | Indien | 0,04 |
| 183 | Nepal | 0,04 |
| 184 | Bangladesch | 0,04 |
| 185 | Äthiopien | 0,02 |
| 186–200 | 15 Staaten | nahe 0 |

*Stimmen im Internationalen Währungsfonds pro 1000 Personen im Jahr 2006

# 077 Stimmanteile im Internationalen Währungsfonds

## Stimmrechte nach Kapitalanteil im Internationalen Währungsfonds (IWF)

Der Internationale Währungsfonds ist eine Sonderorganisation der Vereinten Nationen mit Hauptsitz in Washington, D.C., die Kredite an Staaten vergibt und die internationale Zusammenarbeit in der Währungspolitik unterstützt, um Wirtschaftswachstum und Beschäftigung zu fördern. 2006 hatte der IWF 184 Mitgliedsstaaten, deren Stimmrecht sich nach ihrem Kapitalanteil richtet.

Die Karte zeigt die Stimmenverteilung unter den Mitgliedsstaaten im Jahr 2006. Die meisten hatten die USA – so viele wie die nächsten drei Länder – Japan, Deutschland und Großbritannien– zusammen. Zentralafrika, dessen Finanzschwäche keine wesentlichen Einlagen im IWF zulässt, kam auf weniger als ein Prozent der Stimmen, Ost- und Südafrika auf knapp unter zwei Prozent.

*»Geht und sagt dem Internationalen Währungsfonds, dass Privatisierung in Sambia eine Katastrophe ist …«*

Joyce Nonde, zitiert im »New Statesman«, 2004

**STIMMEN IM IWF**

Stimmen pro 1000 Personen im Jahr 2006

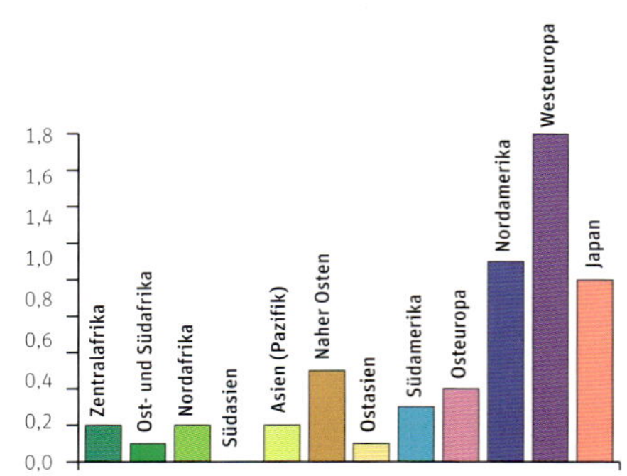

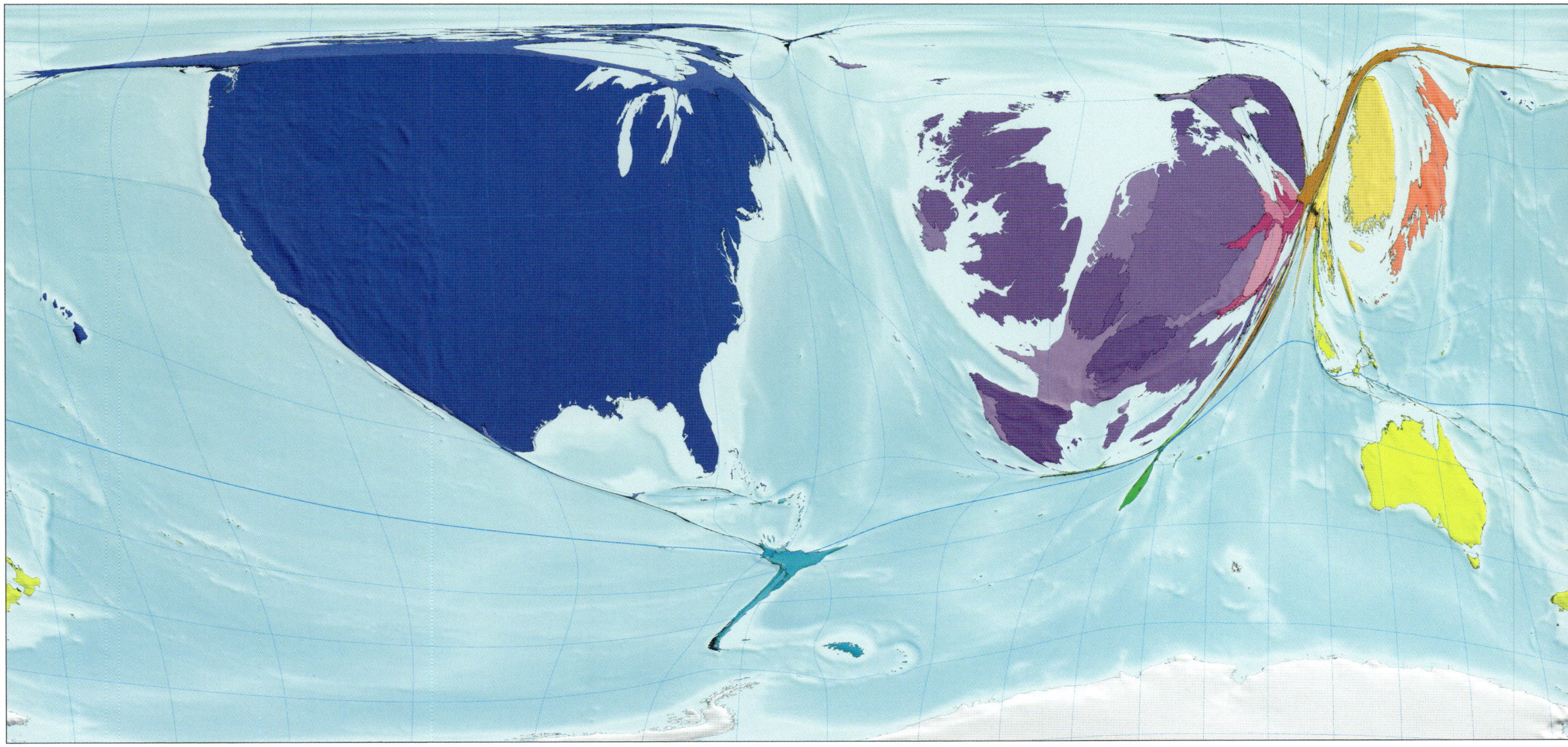

**AUFRUFE DER WEBSITE DER AUTOREN**

| Rang | Land | Aufrufe* |
|---|---|---|
| 1 | Luxemburg | 76 |
| 2 | Finnland | 61 |
| 3 | Liechtenstein | 54 |
| 4 | Vereinigte Staaten | 50 |
| 5 | Australien | 43 |
| 6 | Schweiz | 41 |
| 7 | Island | 32 |
| 8 | Großbritannien | 30 |
| 9 | Kanada | 28 |
| 10 | Belgien | 27 |
| 150 | Angola | 0,005 |
| 151 | São Tomé und Príncipe | 0,005 |
| 152 | Syrien | 0,005 |
| 153 | Madagaskar | 0,004 |
| 154 | Bangladesch | 0,004 |
| 155 | Kamerun | 0,004 |
| 156 | Sambia | 0,003 |
| 157 | Ruanda | 0,002 |
| 158 | Mosambik | 0,001 |
| 159–200 | 42 Staaten | 0,000 |

*Aufrufe der Website *http://www.worldmapper.org* pro 1000 Personen von Januar bis Oktober 2006

# 078 Wer besucht unsere Website?

**Anzahl von Besuchern auf der Website der Autoren. Sie zeigt spezielle Karten, um über den aktuellen sozialen, wirtschaftlichen und geografischen Zustand der Welt zu informieren.**

Viele Informationen dieses Buches erscheinen auch auf der Website der Autoren (*www.worldmapper.org*). Diese Karte zeigt die geografische Verteilung der Besucher des Internetauftritts bis zum Oktober 2006. Dort wird jeder Aufruf registriert, sodass Personen, die die Website mehrfach besuchen, auch mehrfach gezählt werden.

Die meisten Aufrufe kommen aus den USA, Großbritannien, Deutschland, Kanada, Australien und Südkorea, was sicherlich auch daher rührt, dass die Website zumindest momentan nur in englischer Sprache existiert. Bis 2007, zur Zeit der Vorbereitung dieses Buches, hatten über eine Million Menschen die Internetseite besucht. Es war nicht zuletzt dieser Erfolg, der uns zu diesem Atlas angeregt hat.

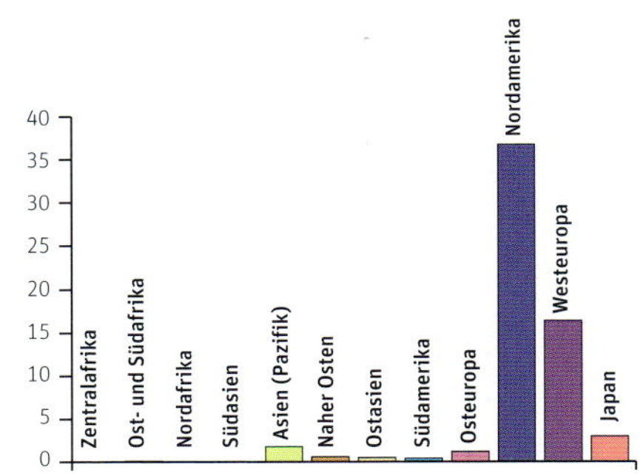


**AUFRUFE DER WEBSITE WWW.WORLDMAPPER.ORG**
Aufrufe der Website während der ersten zehn Monate ihrer Internetpräsenz pro 1000 Personen im Jahr 2006

*»… es ist von größter Wichtigkeit, dass die Menschen lernen, einander über Entfernungen und Grenzen hinweg als Individuen zu begreifen.«*
Bertil Lindblad, Direktor des Stockholmer Observatoriums in Saltsjöbaden, 1938

# 079 Obstexporte

## Nettoexporte von frischen, konservierten und anderweitig verarbeiteten Früchten sowie Nüssen in US-Dollar

Die Kaufkraft eines Dollars hängt einerseits ab vom jeweiligen Preisniveau, andererseits vom Kurs der Landeswährung.

Obst wird vorwiegend in wärmeren Ländern angebaut, aber überall auf der Welt gegessen. Die meisten Staaten nördlich des 50. Breitengrades importieren deshalb mehr Obst, als sie exportieren. Sie erscheinen nicht auf dieser Karte. Nahezu alle Staaten Südamerikas dagegen sind Netto-Exportländer von Obst, und als Region steht Südamerika sogar an der Weltspitze. Westeuropa führt mehr Obst ein als aus, obwohl auch dort einige Staaten bedeutende Erzeugerländer sind, die als Nettoexporteure auftreten.

**HÖCHSTE NETTO-OBSTEXPORTE**

| Rang | Land | US-Dollar* |
|---|---|---|
| 1 | Costa Rica | 187 |
| 2 | St. Lucia | 187 |
| 3 | St. Vincent und die Grenadinen | 160 |
| 4 | Dominica | 119 |
| 5 | Neuseeland | 107 |
| 6 | Chile | 95 |
| 7 | Spanien | 89 |
| 8 | Ecuador | 79 |
| 9 | Belize | 61 |
| 10 | Griechenland | 43 |
| 11 | Panama | 40 |
| 12 | Zypern | 31 |
| 13 | Honduras | 27 |
| 14 | Israel | 20 |
| 15 | Italien | 20 |
| 16 | Türkei | 20 |
| 17 | Guatemala | 18 |
| 18 | Belgien | 18 |
| 19 | Südafrika | 17 |
| 20 | Guinea-Bissau | 17 |

*Jährlicher Pro-Kopf-Wert der Netto-Obstexporte in US-Dollar

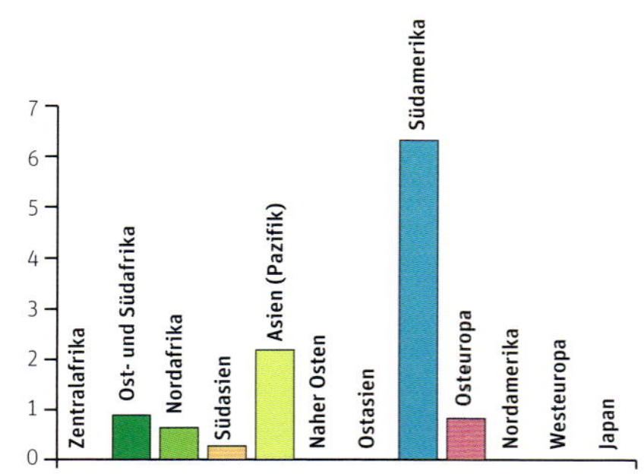


**NETTO-OBSTEXPORTE**
Jährlicher Ertrag in Milliarden US-Dollar

# 080 Obstimporte

## Nettoimporte von frischen Früchten und Nüssen

Westeuropa ist die Region, die weltweit am meisten Obst einführt. Der Geldwert des Nettoimports ist dort doppelt so hoch wie in jeder anderen Region. Über die Hälfte der 20 wichtigsten Netto-Importländer von Obst liegen in Westeuropa.

**HÖCHSTE NETTO-OBSTIMPORTE**

| Rang | Land | US-Dollar* |
|---|---|---|
| 1 | Luxemburg | 113,7 |
| 2 | Bahrain | 108,4 |
| 3 | Vereinigte Arabische Emirate | 97,2 |
| 4 | Hongkong | 89,5 |
| 5 | Andorra | 82,4 |
| 6 | Schweiz | 73,3 |
| 7 | Katar | 72,0 |
| 8 | Norwegen | 68,2 |
| 9 | Grönland | 65,8 |
| 10 | Island | 63,6 |
| 11 | Malta | 60,2 |
| 12 | Schweden | 58,8 |
| 13 | Dänemark | 51,7 |
| 14 | Kanada | 51,2 |
| 15 | Großbritannien | 51,0 |
| 16 | Irland | 50,5 |
| 17 | Brunei | 49,9 |
| 18 | Finnland | 49,2 |
| 19 | Barbados | 46,6 |
| 20 | St. Kitts und Nevis | 46,5 |

*Jährlicher Pro-Kopf-Wert der Netto-Obstimporte in US-Dollar

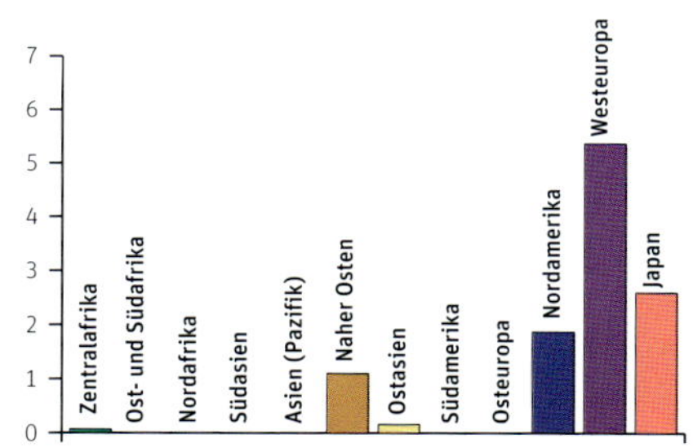


**NETTO-OBSTIMPORTE**
Jährliche Ausgaben in Milliarden US-Dollar

**HÖCHSTE NETTO-GEMÜSEEXPORTE**

| Rang | Land | US-Dollar* |
|---|---|---|
| 1 | Niederlande | 190,9 |
| 2 | Belgien | 83,1 |
| 3 | Spanien | 75,2 |
| 4 | Tonga | 61,3 |
| 5 | Neuseeland | 43,5 |
| 6 | Vanuatu | 21,9 |
| 7 | Mexiko | 19,9 |
| 8 | Israel | 19,8 |
| 9 | Jordanien | 18,3 |
| 10 | Ungarn | 15,9 |
| 11 | Griechenland | 15,6 |
| 12 | St. Vincent und die Grenadinen | 14,9 |
| 13 | Italien | 13,4 |
| 14 | Zypern | 12,8 |
| 15 | Australien | 11,9 |
| 16 | Honduras | 10,8 |
| 17 | Peru | 9,4 |
| 18 | Marokko | 9,3 |
| 19 | Thailand | 8,4 |
| 20 | Mazedonien | 7,8 |

*Jährlicher Pro-Kopf-Wert der Netto-Gemüseexporte in US-Dollar

# 081 Gemüseexporte

## Nettoexporte von frischem, konserviertem und anderweitig verarbeitetem Gemüse in US-Dollar

Die Dollarwerte hängen einerseits ab vom jeweiligen Preisniveau, andererseits vom Kurs der Landeswährung sowie von der Menge der gehandelten Güter.

Spanien, die Niederlande, China und Mexiko sind die wichtigsten Netto-Exportländer von Gemüse. Gemeinsam kommen sie auf 64 Prozent der weltweiten Gemüseausfuhren (in US-Dollar).

Diese Karte sähe anders aus, würden Exporte nicht in amerikanischer Währung, sondern in Gewicht gemessen. Staaten, die auf billigere, aber schwerere Gemüsesorten wie Kartoffeln spezialisiert sind, würden dann erheblich größer erscheinen als solche, die leichtere, hochpreisige Luxusgemüse wie Artischocken und Spargel anbauen.

**NETTO-GEMÜSEEXPORTE**
Jährliche Erträge in Milliarden US-Dollar

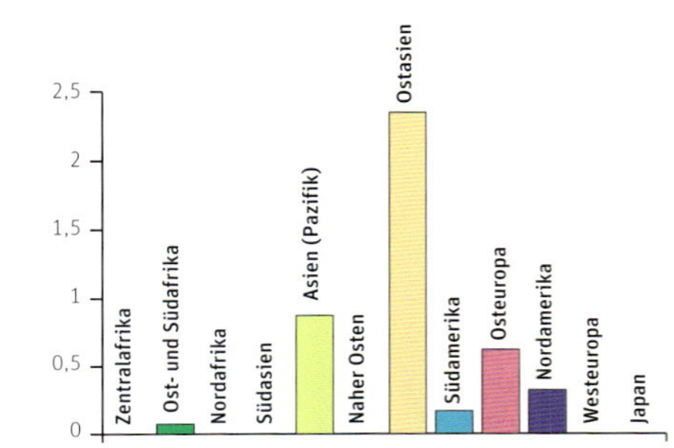

## HÖCHSTE NETTO-GEMÜSEIMPORTE

| Rang | Land | US-Dollar* |
|---|---|---|
| 1 | Andorra | 178,2 |
| 2 | Luxemburg | 149,3 |
| 3 | Vereinigte Arabische Emirate | 88,5 |
| 4 | Grönland | 83,3 |
| 5 | Bahrain | 70,9 |
| 6 | Katar | 69,0 |
| 7 | Bahamas | 64,8 |
| 8 | Schweiz | 60,0 |
| 9 | St. Lucia | 51,3 |
| 10 | St. Kitts und Nevis | 51,1 |
| 11 | Singapur | 47,6 |
| 12 | Kuwait | 46,5 |
| 13 | Schweden | 44,2 |
| 14 | Island | 43,2 |
| 15 | Barbados | 43,1 |
| 16 | Großbritannien | 42,2 |
| 17 | Cookinseln | 40,7 |
| 18 | Deutschland | 38,8 |
| 19 | Norwegen | 36,4 |
| 20 | Malediven | 36,4 |

*Jährlicher Pro-Kopf-Wert der Netto-Gemüseimporte in US-Dollar

# 082 Gemüseimporte

## Nettoimporte von Frischgemüse und verarbeitetem Gemüse

Deutschland und Großbritannien sind die wichtigsten Netto-Importländer von Gemüse (gemessen in US-Dollar). Westeuropäische Staaten sind im Allgemeinen bei allen Arten von Gütern als Import- und Exportnationen gleichermaßen von Bedeutung, auch weil die Region aus einer großen Zahl vergleichsweise kleiner Länder mit vielen Nachbarstaaten besteht, die untereinander regen Handel treiben. Begünstigt wird dies durch die Europäische Union, die mit der Beseitigung von Zoll- und Grenzschranken einen florieren-den Binnenmarkt geschaffen hat. Wären die USA, deren Fläche etwa 2,5-mal so groß wie die Westeuropas ist, in 27 Staaten unterteilt, würde ein Großteil ihres Binnenhandels als Außenhandel gewertet, und die Vereinigten Staaten erschienen auf dieser Karte wesentlich größer. Binnenhandel soll aber hier nicht berücksichtigt werden.

**NETTO-GEMÜSEIMPORTE**
Jährliche Ausgaben in Milliarden US-Dollar

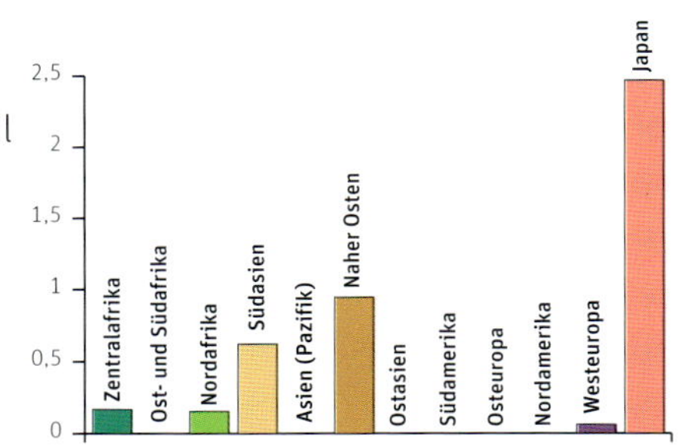

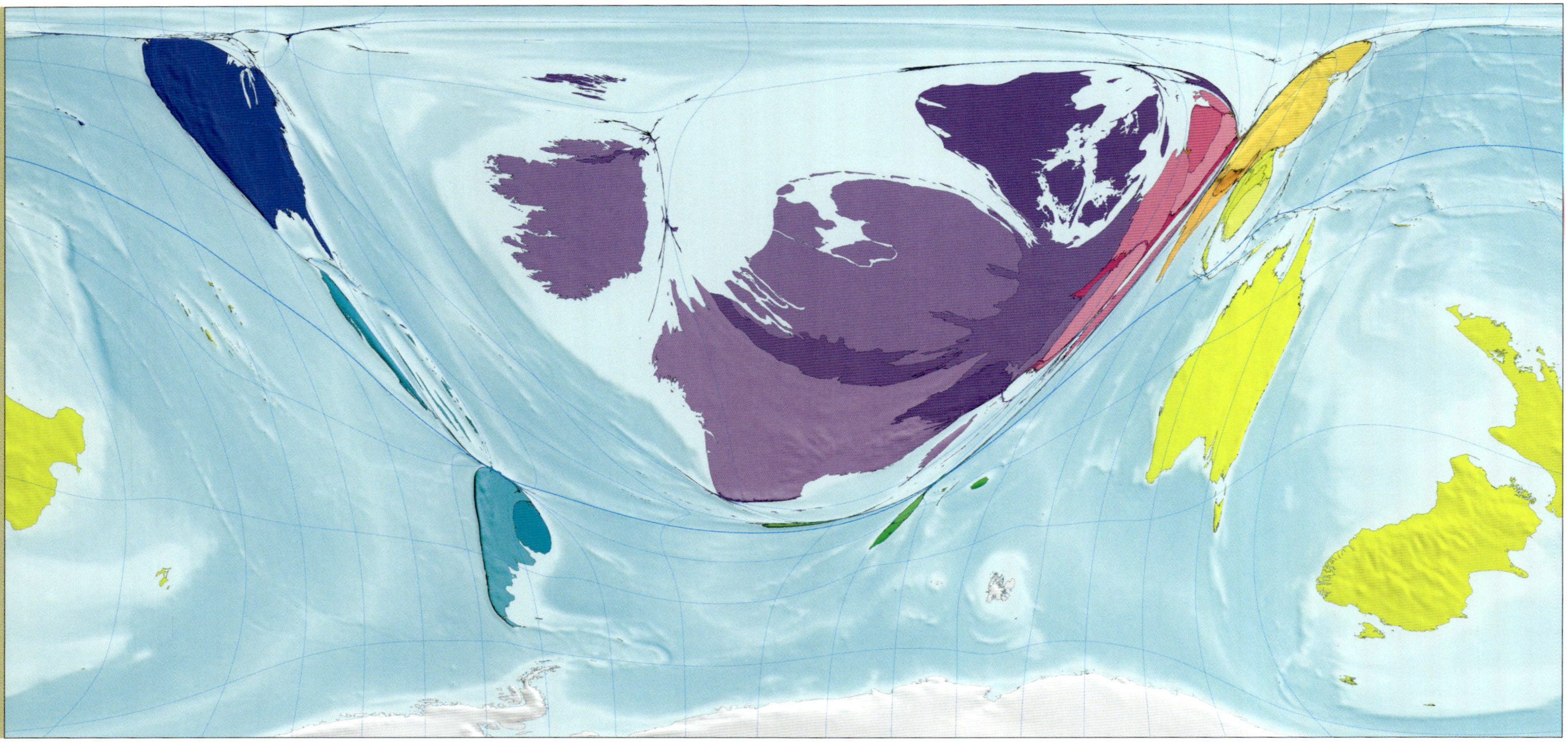

### HÖCHSTE NETTOEXPORTE VON MILCHPRODUKTEN

| Rang | Land | US-Dollar* |
|---|---|---|
| 1 | Neuseeland | 640,6 |
| 2 | Irland | 320,0 |
| 3 | Dänemark | 282,1 |
| 4 | Niederlande | 170,3 |
| 5 | Australien | 59,5 |
| 6 | Frankreich | 38,1 |
| 7 | Belgien | 36,0 |
| 8 | Litauen | 29,4 |
| 9 | Schweiz | 28,9 |
| 10 | Uruguay | 28,7 |
| 11 | Costa Rica | 24,9 |
| 12 | Estland | 17,7 |
| 13 | Ungarn | 14,4 |
| 14 | Weißrussland | 10,8 |
| 15 | Argentinien | 9,0 |
| 16 | Österreich | 9,0 |
| 17 | Deutschland | 8,6 |
| 18 | Polen | 5,1 |
| 19 | Finnland | 4,6 |
| 20 | Vereinigte Staaten | 3,7 |

*Jährlicher Pro-Kopf-Wert der Nettoexporte von Milchprodukten in US-Dollar

# 083 Exporte von Milchprodukten

## Nettoexporte von Frisch- und Molkereiprodukten – Milch, Butter, Käse, Eier – in US-Dollar

Milchprodukte machen 0,8 Prozent des Welthandels aus. Weniger als ein Viertel der hier erfassten Staaten treten als Nettoexporteure von Molkereiprodukten auf.

Wie bei vielen Karten zu Themen aus dem Bereich der Weltwirtschaft, erscheint auch hier Europa groß und Afrika klein. Das liegt am Zusammenspiel von transportierter Gütermenge und dem vergleichsweise niedrigen Dollarwert dieser Waren.

Neuseeland ist bewertet in US-Dollar das bedeutendste Netto-Exportland von Milchprodukten. Es führt jährlich pro Kopf einschlägige Waren im Wert von 641 US-Dollar aus. Auf den Weiden der Inseln werden 3,5 Millionen Milchkühe gehalten, die Exporte von Molkereiprodukten gehen in 140 Länder.

**NETTOEXPORTE VON MILCHPRODUKTEN**
Jährliche Erlöse in Milliarden US-Dollar

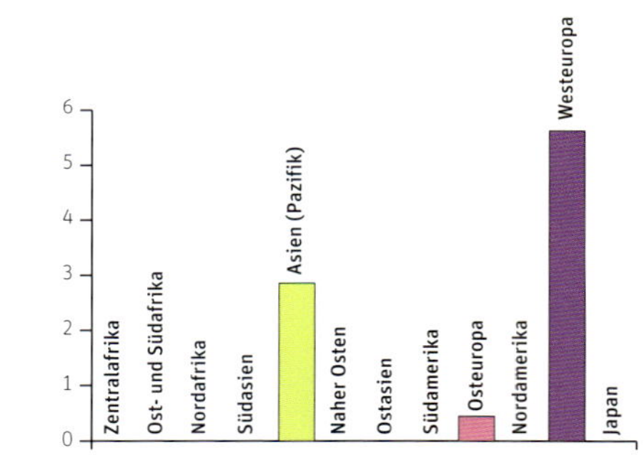

# 084 Importe von Milchprodukten

## Nettoimporte von Frisch- und Molkereiprodukten

**HÖCHSTE NETTOIMPORTE VON MILCHPRODUKTEN**

| Rang | Land | US-Dollar* |
|---|---|---|
| 1 | Andorra | 531 |
| 2 | Grönland | 257 |
| 3 | Katar | 190 |
| 4 | Bahamas | 169 |
| 5 | St. Lucia | 141 |
| 6 | Tuvalu | 135 |
| 7 | Bahrain | 133 |
| 8 | St. Kitts und Nevis | 132 |
| 9 | Vereinigte Arabische Emirate | 131 |
| 10 | Niue | 129 |
| 11 | Cookinseln | 127 |
| 12 | Grenada | 116 |
| 13 | Antigua and Barbuda | 112 |
| 14 | Kuwait | 102 |
| 15 | Hongkong | 87 |
| 16 | St. Vincent und die Grenadinen | 86 |
| 17 | Brunei | 77 |
| 18 | Island | 76 |
| 19 | Belize | 72 |
| 20 | Libanon | 56 |

*Jährlicher Pro-Kopf-Wert der Nettoimporte von Milchprodukten in US-Dollar

In allen Regionen außer im asiatischen Pazifikraum und Australien sowie in Ost- und Westeuropa werden mehr Milchprodukte ein- als ausgeführt. Der Nahe Osten und Zentralasien, Nordafrika und Japan sind die bedeutendsten Netto-Importregionen.

**NETTOIMPORTE VON MILCHPRODUKTEN**
Jährliche Ausgaben in Milliarden US-Dollar

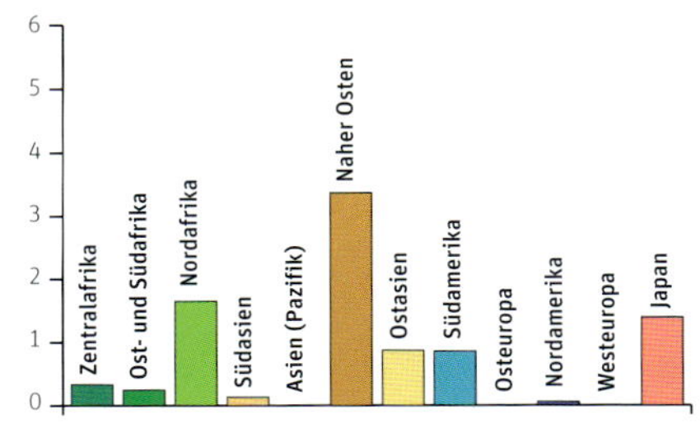

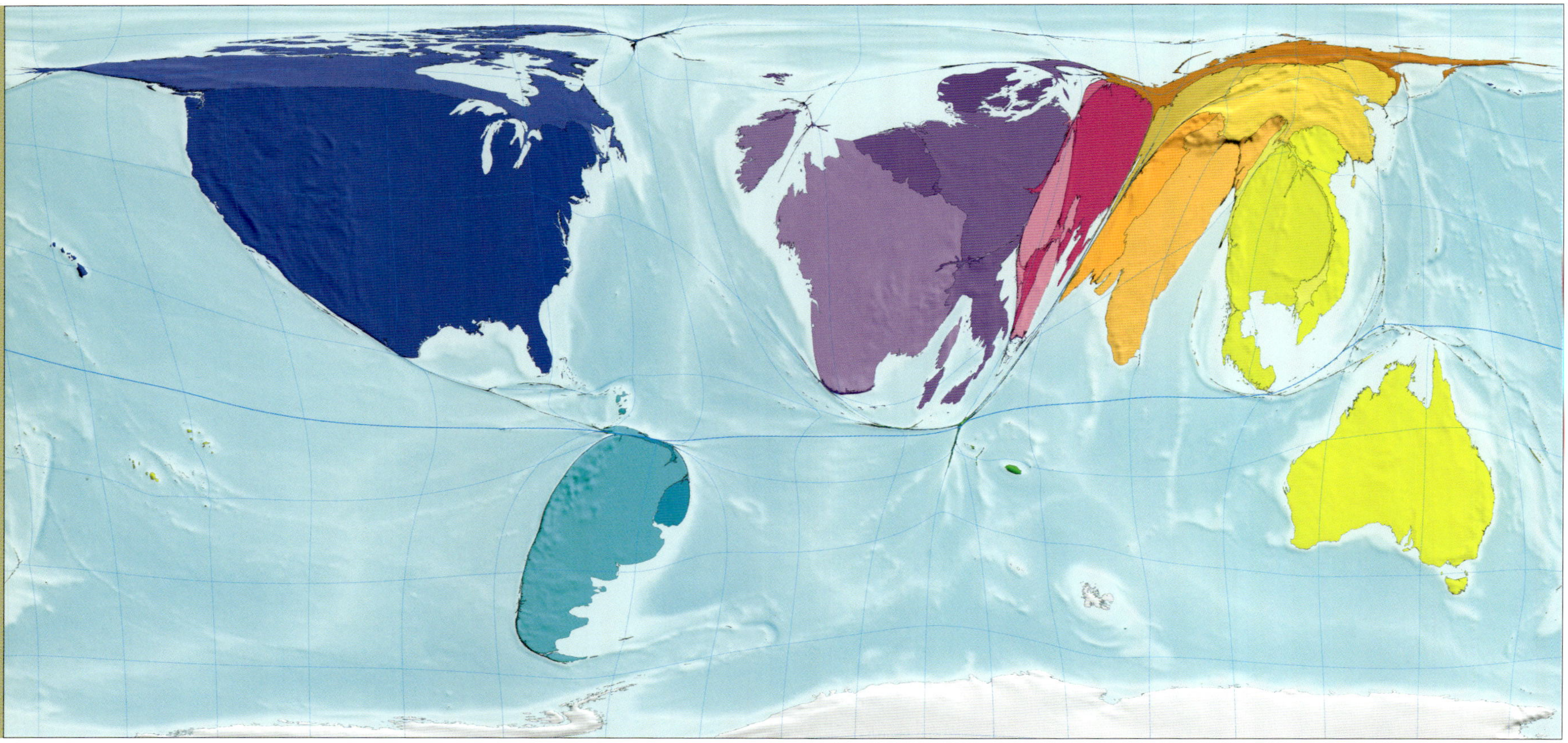

**HÖCHSTE NETTO-GETREIDEEXPORTE**

| Rang | Land | US-Dollar* |
|---|---|---|
| 1 | Australien | 157,9 |
| 2 | Irland | 84,4 |
| 3 | Kanada | 73,1 |
| 4 | Dänemark | 69,5 |
| 5 | Frankreich | 60,8 |
| 6 | Argentinien | 60,6 |
| 7 | Uruguay | 39,6 |
| 8 | Belgien | 37,3 |
| 9 | Guyana | 35,1 |
| 10 | Ungarn | 32,6 |
| 11 | Vereinigte Staaten | 30,7 |
| 12 | Thailand | 26,5 |
| 13 | Kasachstan | 24,7 |
| 14 | Bulgarien | 20,5 |
| 15 | Ukraine | 20,2 |
| 16 | Deutschland | 19,4 |
| 17 | Italien | 9,1 |
| 18 | Serbien und Montenegro | 8,7 |
| 19 | Moldawien | 8,0 |
| 20 | Litauen | 7,5 |

*Jährlicher Netto-Getreideexport in US-Dollar pro Kopf

# 085 Getreideexporte

**In den meisten Regionen der Welt decken die Menschen ihren Bedarf an Kohlenhydraten überwiegend mit Getreideprodukten.**

Getreide und Getreideprodukte liefern in den meisten Teilen der Welt den Löwenanteil an Kohlenhydraten für die menschliche Ernährung. Berücksichtigt werden an dieser Stelle Weizen, Reis, Gerste, Mais und daraus gewonnenes Mehl.

Die USA, Frankreich und Australien sind die drei bedeutendsten Netto-Exportländer von Getreide und Getreideprodukten. Regional gesehen gibt es im Getreideexport keine auffällige Dominanz. Denn in jeder Region gibt es zumindest ein Netto-Exportland, dessen Ausfuhren oft die Ernährung in anderen Teilen derselben Region sicherstellen.

*»Die traditionelle Beilage zu Gerichten in Laos ist klebriger Reis, mit den Fingern gegessen. Auf dem Land teilt man – auf dem Boden sitzend – wenige Gerichte.«* Visit Laos, Tourismus-Website, 2006

**NETTO-GETREIDEEXPORTE**
Jährliche Erlöse in Milliarden US-Dollar

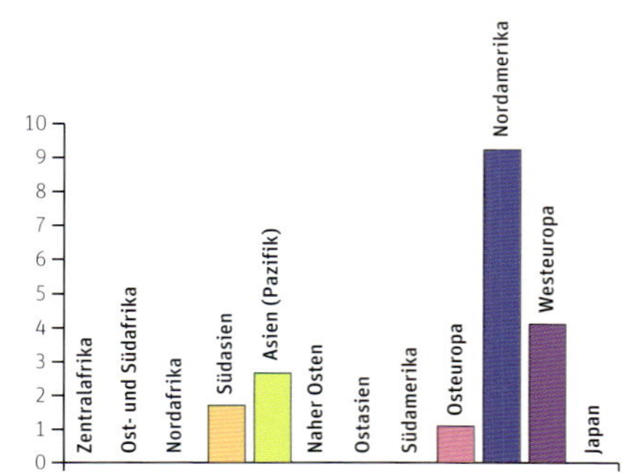

**HÖCHSTE NETTO-GETREIDEIMPORTE**

| Rang | Land | US-Dollar* |
|---|---|---|
| 1 | Andorra | 165,9 |
| 2 | Brunei | 133,3 |
| 3 | Zypern | 124,6 |
| 4 | Luxemburg | 119,1 |
| 5 | Malta | 116,9 |
| 6 | St. Lucia | 115,2 |
| 7 | Tuvalu | 112,5 |
| 8 | Vereinigte Arabische Emirate | 111,0 |
| 9 | Grönland | 109,4 |
| 10 | Island | 108,8 |
| 11 | Niue | 93,1 |
| 12 | Bahamas | 92,6 |
| 13 | Cookinseln | 83,8 |
| 14 | St. Kitts und Nevis | 83,8 |
| 15 | Katar | 78,8 |
| 16 | Bahrain | 73,3 |
| 17 | Israel | 70,2 |
| 18 | Barbados | 70,0 |
| 19 | Libyen | 66,6 |
| 20 | Kuwait | 63,8 |

*Jährlicher Netto-Getreideimport in US-Dollar pro Kopf

# 086 Getreideimporte

**Nur wenige Länder erzeugen mehr Getreide, als sie verbrauchen. Die meisten Staaten hingegen sind auf Importe angewiesen.**

Vier von fünf Staaten sind Netto-Importländer von Getreide. Regional betrachtet zählen Afrika, der Nahe Osten und Zentralasien, Ostasien, Südamerika und Japan zu den Nettoimporteuren. Bei den afrikanischen Ländern ist der Anteil am globalen Netto-Importvolumen beim Getreide höher als bei Obst, Gemüse, Fleisch, sonstigen Lebensmitteln, Alkohol und Zigaretten.

**NETTO-GETREIDEIMPORTE**
Jährliche Ausgaben in Milliarden US-Dollar

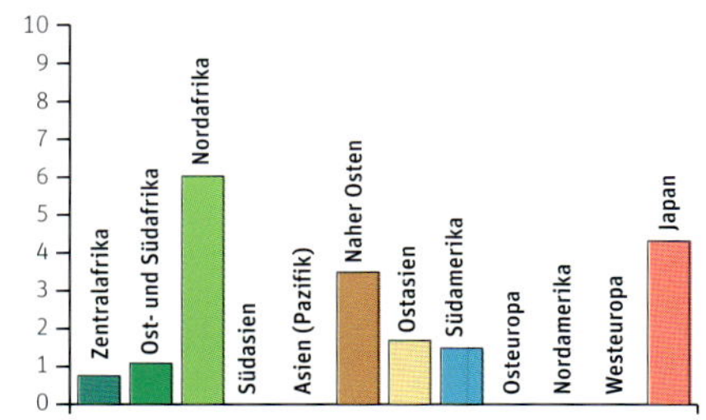

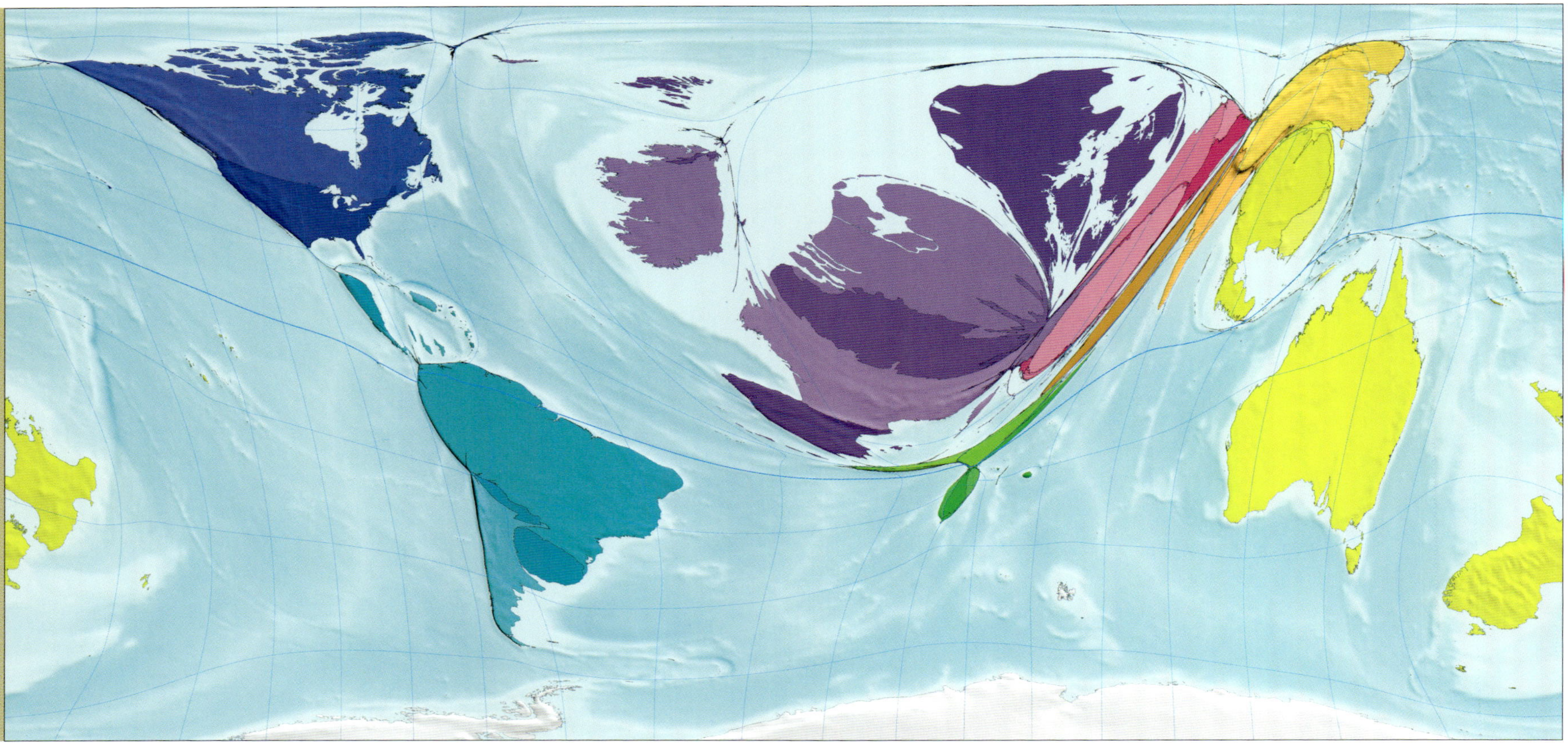

# 087 Fleischexporte

**Dollarwert des Netto-Fleischexports. Zu dieser Warengruppe gehört gekühltes, gefrorenes, getrocknetes, gepökeltes und geräuchertes Fleisch, aber auch Schlachtvieh.**

Dänemark – berühmt für seinen Speck – und Neuseeland – berühmt für sein Lammfleisch – verdienen jeweils über 500 US-Dollar pro Kopf und Jahr am Außenhandel mit Fleisch. Die Regionen mit dem höchsten Netto-Fleischexport sind der asiatische Pazifikraum und Australien sowie Südamerika. Der Nettoexport Brasiliens ist fünfmal so hoch wie der jedes anderen südamerikanischen Staates.

*»Zwischen 1990 und 2001 stieg der Anteil der europäischen Importe von Fleischprodukten aus Brasilien von 40 auf 74 Prozent.«*
Center for International Forestry Research, 2004

**HÖCHSTE NETTO-FLEISCHEXPORTE**

| Rang | Land | US-Dollar* |
|---|---|---|
| 1 | Dänemark | 592,4 |
| 2 | Neuseeland | 524,0 |
| 3 | Irland | 341,2 |
| 4 | Australien | 190,2 |
| 5 | Niederlande | 180,9 |
| 6 | Belgien | 147,8 |
| 7 | Kanada | 105,8 |
| 8 | Uruguay | 86,5 |
| 9 | Ungarn | 68,0 |
| 10 | Botswana | 31,1 |
| 11 | Island | 30,0 |
| 12 | Frankreich | 27,4 |
| 13 | Nicaragua | 19,4 |
| 14 | Syrien | 18,6 |
| 15 | Brasilien | 17,2 |
| 16 | Thailand | 16,5 |
| 17 | Argentinien | 14,7 |
| 18 | Paraguay | 14,4 |
| 19 | Österreich | 13,4 |
| 20 | Vanuatu | 12,7 |

*Jährlicher Netto-Fleischexport in US-Dollar pro Kopf

**NETTO-FLEISCHEXPORTE**
Jährliche Erlöse in Milliarden US-Dollar

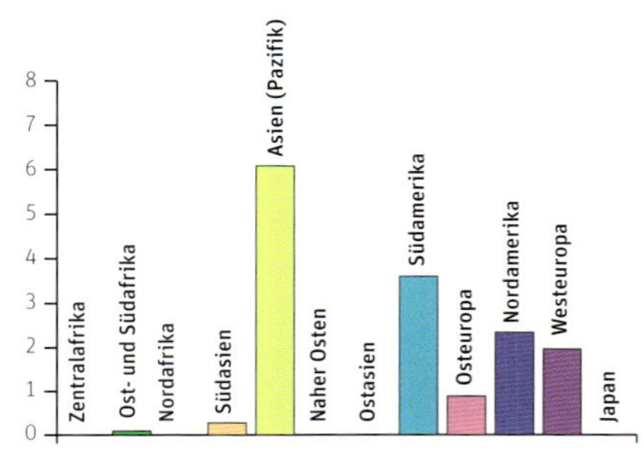

# 088 Fleischimporte

## Dollarwert des Netto-Fleischimports

**HÖCHSTE NETTO-FLEISCHIMPORTE**

| Rang | Land | US-Dollar* |
|---|---|---|
| 1 | Andorra | 405 |
| 2 | Tuvalu | 248 |
| 3 | Grönland | 242 |
| 4 | Bahamas | 196 |
| 5 | Luxemburg | 192 |
| 6 | Cookinseln | 175 |
| 7 | Katar | 158 |
| 8 | Niue | 151 |
| 9 | Hongkong | 148 |
| 10 | St. Lucia | 143 |
| 11 | Vereinigte Arabische Emirate | 124 |
| 12 | Bahrain | 111 |
| 13 | St. Kitts und Nevis | 106 |
| 14 | Singapur | 102 |
| 15 | Tonga | 95 |
| 16 | Grenada | 84 |
| 17 | St. Vincent und die Grenadinen | 82 |
| 18 | Kuwait | 77 |
| 19 | Malta | 77 |
| 20 | Griechenland | 71 |

*Jährlicher Netto-Fleischimport in US-Dollar pro Kopf

Nach US-Dollar verzeichnet Japan die höchsten Netto-Fleischimporte pro Jahr – immerhin ein Viertel der weltweiten Nettoeinfuhren. Als einziger Staat in diesem Atlas, der gleichzeitig als selbstständige Region gilt, kommt Japan auch auf den höchsten Netto-Fleischimport pro Region.

Pro Kopf errechnen sich die höchsten Netto-Fleischimporte für Andorra. Der Kleinstaat in den Pyrenäen hat nur 70 000 Einwohner, aber er führt jährlich Fleisch für 405 US-Dollar pro Einwohner ein.

**NETTO-FLEISCHIMPORTE**
Jährliche Ausgaben in Milliarden US-Dollar

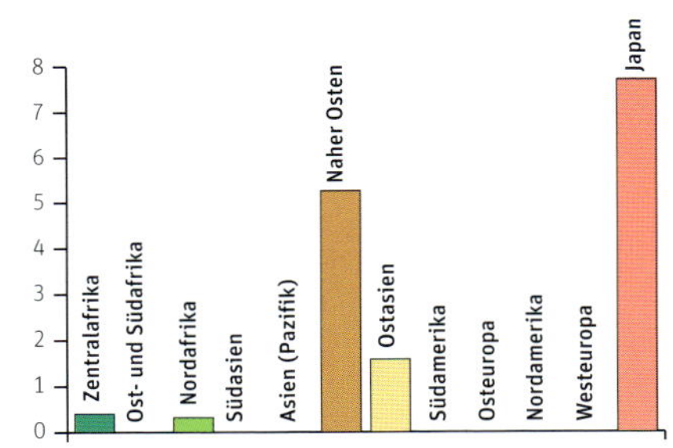

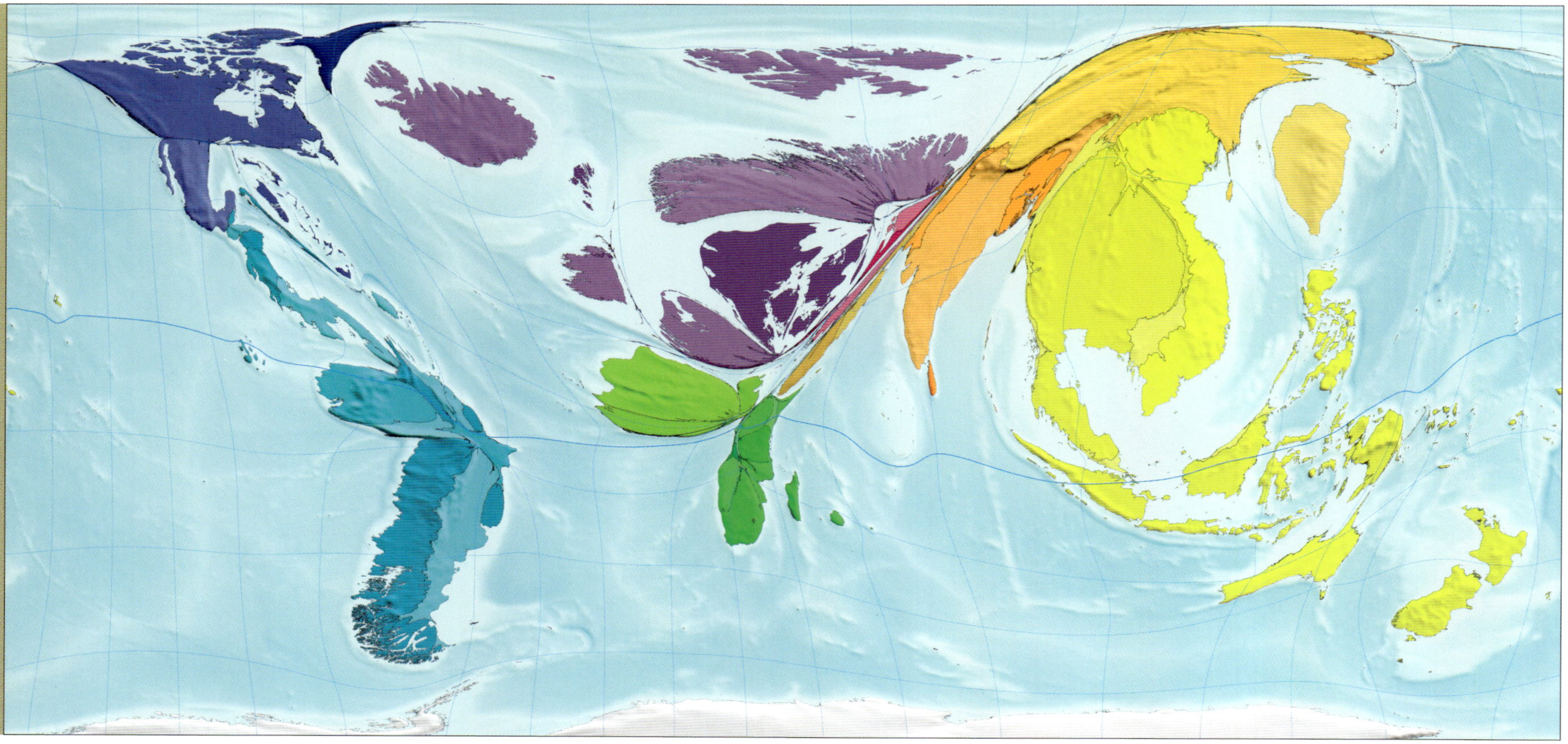

# 089 Fischexporte

**Anders als zu erwarten wäre, haben nicht alle Inselstaaten nennenswerte Fischexporte.**

Nach Regionen betrachtet und in US-Dollar bewertet, kommen der asiatische Pazifikraum und Australien sowie Südamerika auf die höchsten Netto-Fischexporte. Bei den Einzelstaaten liegen Thailand, China und Norwegen an der Spitze. Zusammen gesehen erzielen sie ein Drittel der weltweiten Nettoausfuhr. Häufig können Inseln mit einem dynamischen Fischereigewerbe hohe Netto-Exportquoten pro Kopf aufweisen, so im asiatischen Pazifikraum und Australien. Doch lässt sich daraus keine Regel ableiten. Ausnahmen bilden viele mittelamerikanische Inseln, aber auch Japan, das mit einer hoch entwickelten Fischindustrie glänzen kann. Sie sind Netto-Importländer und erscheinen nicht auf dieser Karte.

*»Es gibt keinen Beweis dafür, dass Fischexporte die Nahrungsmittelversorgung im Ausfuhrland gefährden, da sich exportierte Waren im Allgemeinen von den vor Ort konsumierten unterscheiden.«*

Helga Josupeit, Fish Utilization and Marketing Service, Rom, 2003

**HÖCHSTE NETTO-FISCHEXPORTE**

| Rang | Land | US-Dollar* |
|---|---|---|
| 1 | Grönland | 4681 |
| 2 | Island | 3751 |
| 3 | Norwegen | 677 |
| 4 | Bahamas | 362 |
| 5 | Dänemark | 264 |
| 6 | Malediven | 174 |
| 7 | Neuseeland | 169 |
| 8 | Kiribati | 101 |
| 9 | Panama | 100 |
| 10 | Chile | 97 |
| 11 | Surinam | 85 |
| 12 | Mauretanien | 75 |
| 13 | Irland | 73 |
| 14 | Guyana | 66 |
| 15 | Kanada | 61 |
| 16 | Estland | 57 |
| 17 | Namibia | 55 |
| 18 | Thailand | 54 |
| 19 | Salomon-Inseln | 53 |
| 20 | Ecuador | 52 |

*Jährlicher Netto-Fischexport in US-Dollar pro Kopf

**NETTO-FISCHEXPORTE**

Jährliche Einnahmen in Milliarden US-Dollar

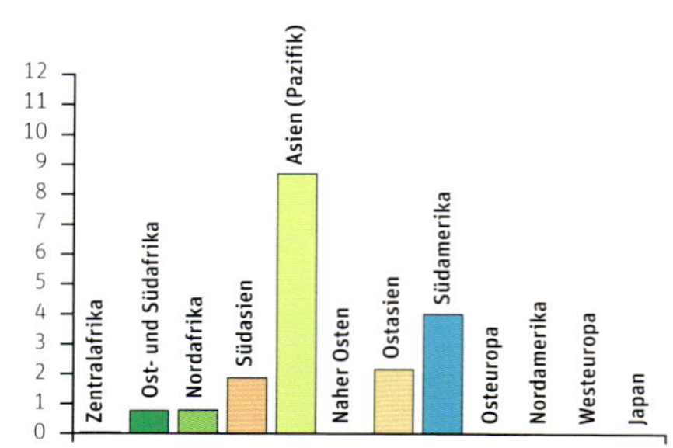

**HÖCHSTE NETTO-FISCHIMPORTE**

| Rang | Land | US-Dollar* |
|---|---|---|
| 1 | Andorra | 187 |
| 2 | Hongkong | 176 |
| 3 | Luxemburg | 98 |
| 4 | Japan | 88 |
| 5 | Seychellen | 63 |
| 6 | Portugal | 56 |
| 7 | Niue | 51 |
| 8 | Schweiz | 43 |
| 9 | Belgien | 42 |
| 10 | Spanien | 41 |
| 11 | Italien | 38 |
| 12 | St. Lucia | 37 |
| 13 | Barbados | 37 |
| 14 | Singapur | 33 |
| 15 | Brunei | 32 |
| 16 | Frankreich | 30 |
| 17 | St. Kitts und Nevis | 28 |
| 18 | Zypern | 24 |
| 19 | Schweden | 23 |
| 20 | Vereinigte Staaten | 22 |

*Jährlicher Netto-Fischimport in US-Dollar pro Kopf

# 090 Fischimporte

**Wie überall in der Weltwirtschaft treten auch hier reiche Staaten als größte Importeure auf.**

Man könnte erwarten, dass die führenden Netto-Importländer von Fisch unter den Binnenstaaten zu suchen sind. Tatsächlich aber trifft dies nur auf drei von zehn zu, da deren Bedarf zu erheblichen Teilen durch die Süßwasserfischerei in Flüssen und Seen gedeckt wird.

Für die gesamte Weltwirtschaft gilt, dass es stets reiche Staaten sind, die als große Im- und Exporteure auftreten. Die Fischwirtschaft macht da keine Ausnahme: Die höchsten Gesamteinfuhren – nicht Pro-Kopf-Importe – bezieht Japan, gefolgt von westeuropäischen Staaten und den USA. Zusammen kommen sie auf 89 Prozent aller Netto-Fischimporte weltweit.

**NETTO-FISCHIMPORTE**
Jährliche Ausgaben in Milliarden US-Dollar

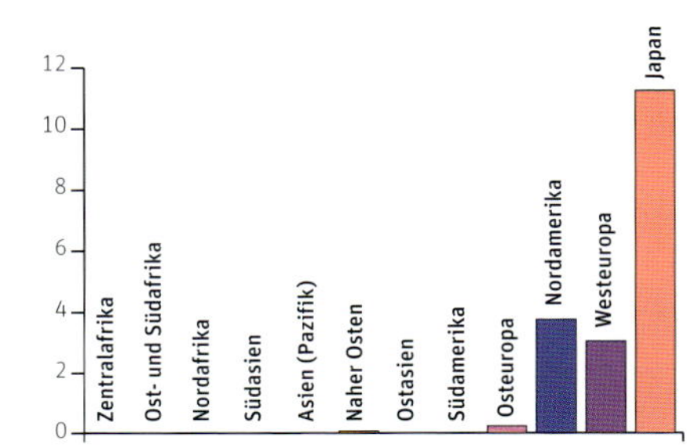

# 091 Kolonialwarenexporte

**Der veraltete Begriff »Kolonialwaren« wird in Europa zunehmend durch »außereuropäische Güter« ersetzt.**

Unter Kolonialwaren versteht man Produkte aus den früheren überseeischen Kolonialgebieten wie Rohrzucker, Honig, Speiseöle, Kakao, Schokolade, Tee und Gewürze. Fast die Hälfte aller Ausfuhren sind aber tierische und pflanzliche Speisefette.

Drei Viertel der Nettoexporte von Kolonialwaren erzielen Staaten in Südamerika, im asiatischen Pazifikraum und Australien. Bei den Regionen führen Südamerika, der asiatische Pazifikraum und Australien sowie Nordamerika, Ost-, Süd- und Nordafrika. Die meisten Länder Asiens und Europas sind auf dieser Karte nicht sichtbar, weil sie zu den Netto-Importländern von Kolonialwaren gehören. Mauritius, das als einer der Hauptproduzenten von Rohrzucker beim weltweiten Nettoexport von Kolonialwaren an 19. Stelle steht, erreicht aufgrund seiner relativ geringen Einwohnerzahl Platz 1 beim Pro-Kopf-Export.

*»›Die Speise der Götter‹, wie Kakao vor 500 Jahren genannt wurde, als die Spanier ihn entdeckten, bleibt eine wertvolle Handelsware.«*
Internationale Kakao-Organisation, 2006

**HÖCHSTE NETTOEXPORTE VON KOLONIALWAREN**

| Rang | Land | US-Dollar* |
|---|---|---|
| 1 | Mauritius | 211 |
| 2 | Malaysia | 174 |
| 3 | Fidschi | 152 |
| 4 | Elfenbeinküste | 145 |
| 5 | St. Kitts und Nevis | 126 |
| 6 | Grenada | 99 |
| 7 | Guyana | 96 |
| 8 | Argentinien | 94 |
| 9 | Belize | 91 |
| 10 | Paraguay | 72 |
| 11 | Vanuatu | 58 |
| 12 | Swasiland | 54 |
| 13 | Guatemala | 46 |
| 14 | Österreich | 44 |
| 15 | Island | 43 |
| 16 | Brasilien | 42 |
| 17 | Honduras | 40 |
| 18 | Costa Rica | 39 |
| 19 | Kuba | 36 |
| 20 | Papua-Neuguinea | 34 |

*Jährliche Nettoexporte von Kolonialwaren in US-Dollar pro Person

**NETTOEXPORTE VON KOLONIALWAREN**
Jährliche Einnahmen in Milliarden US-Dollar

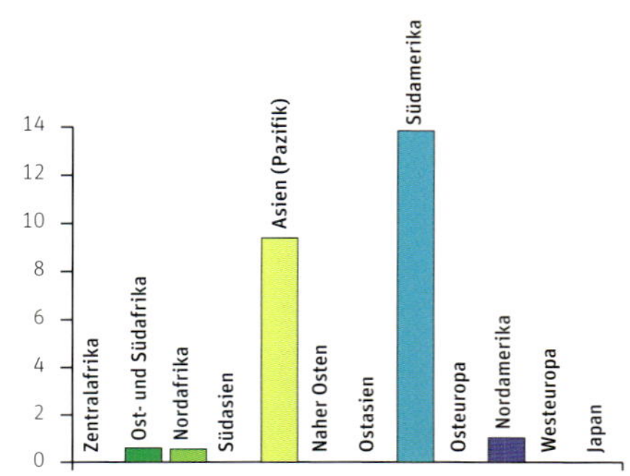

# 092 Kolonialwarenimporte

**Das bedeutendste Netto-Importland von Kolonialwaren ist Japan.**

62 Prozent der dargestellten Staaten sind Netto-Importländer von Kolonialwaren, diese Karte zeigt, dass es in nördlicheren Breiten eher Netto-Einfuhrländer, in südlicheren Breiten – vor allem im asiatischen Pazifikraum und Australien sowie Südamerika – eher Netto-Ausfuhrländer gibt. Südafrika hat weder bedeutende Nettoimporte noch Nettoexport. Japan ist das wichtigste Netto-Importland von Kolonialwaren, die Zahlen sind 1,5-mal so hoch wie beim zweitplatzierten China, was umso bemerkenswerter ist, als China zehnmal so viele Einwohner wie Japan hat. In der Folge sind Japans Pro-Kopf-Nettoimporte von Kolonialwaren gemessen in US-Dollar etwa 15-mal so hoch wie die Chinas.

**HÖCHSTE NETTOIMPORTE VON KOLONIALWAREN**

| Rang | Land | US-Dollar* |
|---|---|---|
| 1 | Andorra | 431 |
| 2 | Luxemburg | 301 |
| 3 | Grönland | 135 |
| 4 | Vereinigte Arabische Emirate | 128 |
| 5 | Katar | 122 |
| 6 | Tuvalu | 122 |
| 7 | Hongkong | 121 |
| 8 | Bahamas | 120 |
| 9 | Antigua und Barbuda | 114 |
| 10 | Malta | 108 |
| 11 | Brunei | 104 |
| 12 | Seychellen | 102 |
| 13 | Norwegen | 102 |
| 14 | Niue | 83 |
| 15 | Cookinseln | 79 |
| 16 | Bahrain | 79 |
| 17 | Zypern | 77 |
| 18 | St. Lucia | 77 |
| 19 | Portugal | 64 |
| 20 | Barbados | 60 |

*Jährlicher Nettoimport von Kolonialwaren in US-Dollar pro Person

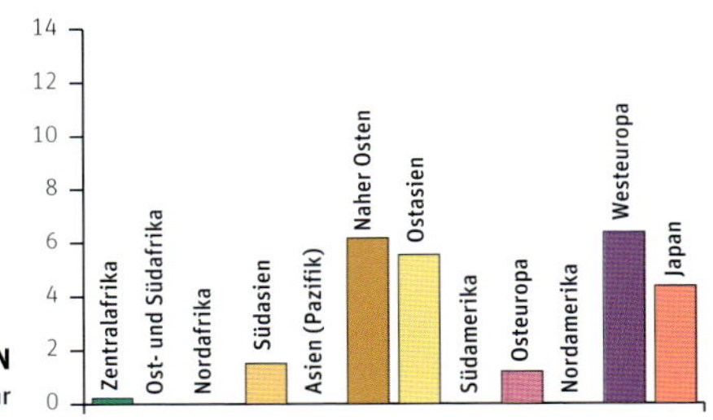


**NETTOIMPORTE VON KOLONIALWAREN**
Jährliche Ausgaben in Milliarden US-Dollar

# 093 Exporte von Alkohol und Tabak

**Westeuropa ist die »Quelle des Lasters«. Beim Export von Alkoholika und Tabakwaren steht es ganz oben.**

Alkohol und Tabak machen gemessen in US-Dollar immerhin 0,9 Prozent des gesamten internationalen Handels aus. Westeuropa ist mit mehr als zwei Drittel des Gesamtvolumens die bedeutendste Netto-Exportregion, wobei Frankreich und die Niederlande auch unter den ersten zehn Staaten sind, wenn man den Pro-Kopf-Export berechnet. Südamerika ist die zweitplatzierte Region, wobei nur Chile unter die ersten zehn Staaten beim Pro-Kopf-Export kommt.

*»Ein Brauch, abscheulich für das Auge, der Nase verhasst, schädlich dem Gehirn, gefährlich der Lunge, und der schwarze, übel riechende Qualm daraus …«* König James I. von England und VI. von Schottland, 1604

**HÖCHSTE NETTOEXPORTE VON ALKOHOL UND TABAK**

| Rang | Land | US-Dollar* |
|---|---|---|
| 1 | Niederlande | 211 |
| 2 | Niue | 126 |
| 3 | Vereinigte Arabische Emirate | 117 |
| 4 | Bahamas | 104 |
| 5 | Irland | 83 |
| 6 | Frankreich | 82 |
| 7 | Australien | 49 |
| 8 | Mazedonien | 47 |
| 9 | Moldawien | 44 |
| 10 | Chile | 38 |
| 11 | Portugal | 31 |
| 12 | Singapur | 28 |
| 13 | Großbritannien | 28 |
| 14 | Italien | 24 |
| 15 | Liechtenstein | 23 |
| 16 | Monaco | 23 |
| 17 | San Marino | 23 |
| 18 | Vatikanstadt | 23 |
| 19 | Kuba | 20 |
| 20 | Simbabwe | 20 |

*Jährlicher Dollarwert des Nettoexports von Alkohol und Tabak pro Person

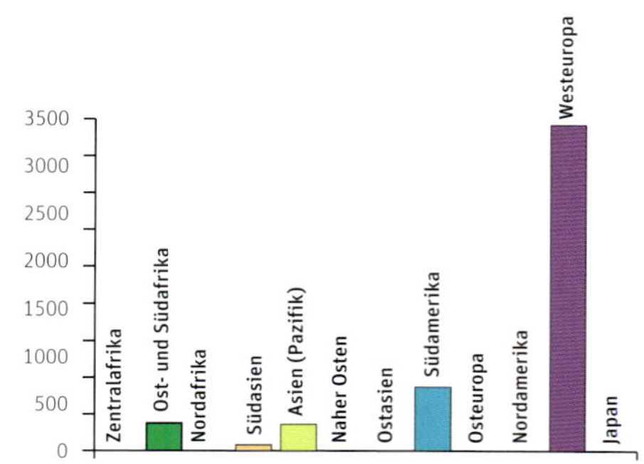


**NETTOEXPORTE VON ALKOHOL UND TABAK**
Jährliche Einnahmen in Milliarden US-Dollar

#### HÖCHSTE UND GERINGSTE NETTOIMPORTE VON ALKOHOL UND TABAK

| Rang | Land | US-Dollar* |
|---|---|---|
| 1 | Andorra | 1172 |
| 2 | Luxemburg | 302 |
| 3 | Grönland | 213 |
| 4 | Brunei | 123 |
| 5 | Island | 117 |
| 6 | Bahrain | 92 |
| 7 | Schweiz | 77 |
| 8 | Tuvalu | 75 |
| 9 | Norwegen | 58 |
| 10 | Belgien | 48 |
| 11 | Malta | 43 |
| 12 | Estland | 42 |
| 13 | St. Kitts und Nevis | 41 |
| 14 | Katar | 40 |
| 15 | Libanon | 36 |
| 16 | Malediven | 36 |
| 17 | Antigua and Barbuda | 35 |
| 18 | Finnland | 35 |
| 19 | Taiwan | 33 |
| 20 | Grenada | 29 |

*Jährlicher Dollarwert des Nettoimports von Alkohol und Tabak pro Person

# 094 Importe von Alkohol und Tabak

**Die Europäer lieben den Genuss. Auch bei der Einfuhr von Alkoholika und Tabakwaren liegen sie gut im Rennen.**

Die USA und Japan kommen gemessen in US-Dollar auf den höchsten Nettoimport von Alkohol und Tabak. Die Staaten mit den höchsten Nettoimporten pro Kopf liegen dagegen meist in Westeuropa, Wohlstand und Tradition erklären ihren hohen Alkohol- und Tabakkonsum.

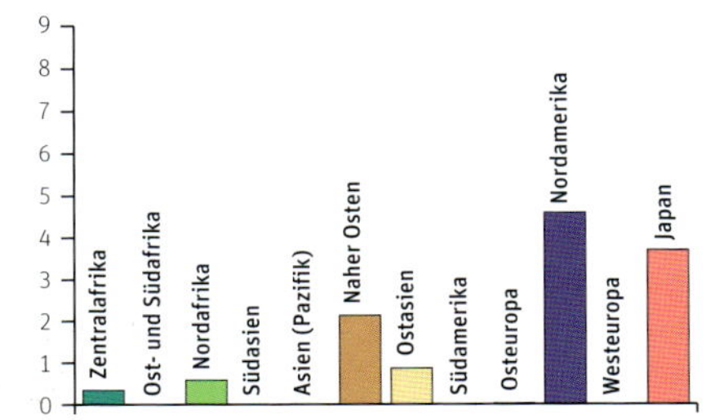


**NETTOIMPORTE VON ALKOHOL UND TABAK**
Jährliche Ausgaben in Milliarden US-Dollar

**HÖCHSTE NETTO-ERZEXPORTE**

| Rang | Land | US-Dollar* |
|---|---|---|
| 1 | Surinam | 751 |
| 2 | Australien | 356 |
| 3 | Jamaika | 273 |
| 4 | Chile | 145 |
| 5 | Papua-Neuguinea | 141 |
| 6 | Bahamas | 103 |
| 7 | Mauretanien | 71 |
| 8 | Mongolei | 65 |
| 9 | Jordanien | 60 |
| 10 | Botswana | 59 |
| 11 | Irland | 46 |
| 12 | Peru | 41 |
| 13 | Kanada | 40 |
| 14 | Niue | 39 |
| 15 | Guyana | 38 |
| 16 | Kuba | 36 |
| 17 | Gabun | 34 |
| 18 | Kasachstan | 34 |
| 19 | Guinea | 32 |
| 20 | Singapur | 27 |

*Jährlicher Netto-Erzexport pro Kopf in US-Dollar

# 095 Erzexporte

**Erze sind wirtschaftlich nutzbare Mineralien in unbearbeiteter Form.**

Minerale werden zu verschiedensten Zwecken verarbeitet: zur Herstellung von Düngemitteln, zur Verhüttung von Stahl und zur Gewinnung von Edelmetallen. An den weltweiten Exporteinnahmen haben Erze einen Anteil von 1,2 Prozent. Die bedeutendsten Netto-Exportländer für Erz liegen in Südamerika sowie im asiatischen Pazifikraum und Australien, ebenso die fünf Staaten, die – in US-Dollar – die höchste Netto-Exportquote pro Kopf erzielen.

**NETTO-ERZEXPORTE**
Jährliche Erlöse in Milliarden US-Dollar

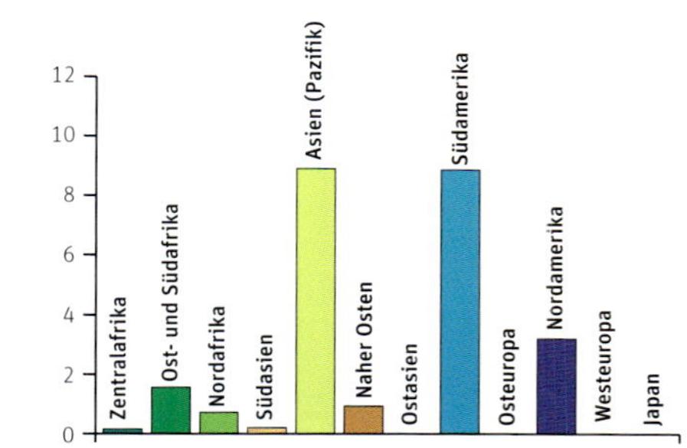


*»Da die Metallpreise weltweit steigen, erlebt der lateinamerikanische Bergbau erneut einen lebhaften Aufschwung.«* Kelly Hearn, »South America's Mining Wars Heat Up«, 2005

**HÖCHSTE NETTO-ERZIMPORTE**

| Rang | Land | US-Dollar* |
|---|---|---|
| 1 | Luxemburg | 809 |
| 2 | Island | 244 |
| 3 | Norwegen | 193 |
| 4 | Finnland | 147 |
| 5 | Belgien | 85 |
| 6 | Südkorea | 72 |
| 7 | Katar | 71 |
| 8 | Taiwan | 67 |
| 9 | Slowenien | 60 |
| 10 | Japan | 49 |
| 11 | Tuvalu | 46 |
| 12 | Andorra | 46 |
| 13 | Neuseeland | 36 |
| 14 | Italien | 34 |
| 15 | Bahrain | 33 |
| 16 | Spanien | 28 |
| 17 | Slowakei | 27 |
| 18 | St. Kitts und Nevis | 25 |
| 19 | Grönland | 23 |
| 20 | Malediven | 22 |

*Jährlicher Netto-Erzimport pro Kopf in US-Dollar

# 096 Erzimporte

**Zusammen mit den Erzen werden hier auch Sand, Stein, Kies und Altmetall erfasst.**

Ostasien, Westeuropa und Japan sind die Regionen, die am meisten Erz importieren. Nach US-Dollar bewertet, sind dort über zwei Drittel der Staaten Nettoimporteure von Erzen im weitesten Sinne. In den Staaten aller anderen Regionen ist das Importvolumen gering oder sie sind sogar Netto-Exportländer.

In der Regel wird das Erz in den Importländern veredelt und die daraus gewonnenen Güter – Eisen, Stahl, andere Metalle sowie Fertigwaren – in andere Staaten ausgeführt. Dort können Metalle weiterverarbeitet und Fertigprodukte dem Konsum zugeführt werden (Karte 097 und 099).

**NETTO-ERZIMPORTE**
Jährliche Ausgaben in Milliarden US-Dollar

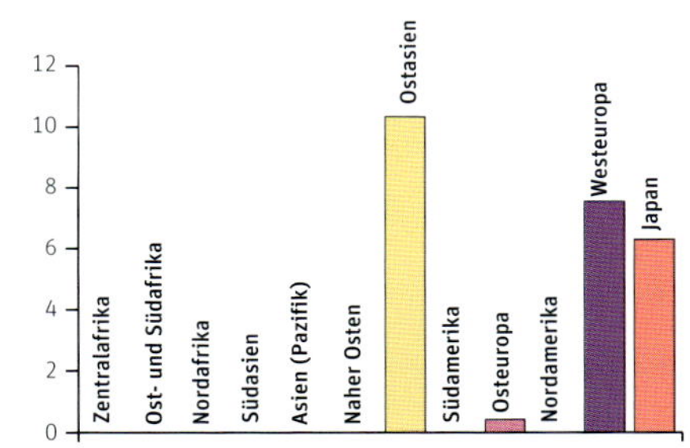

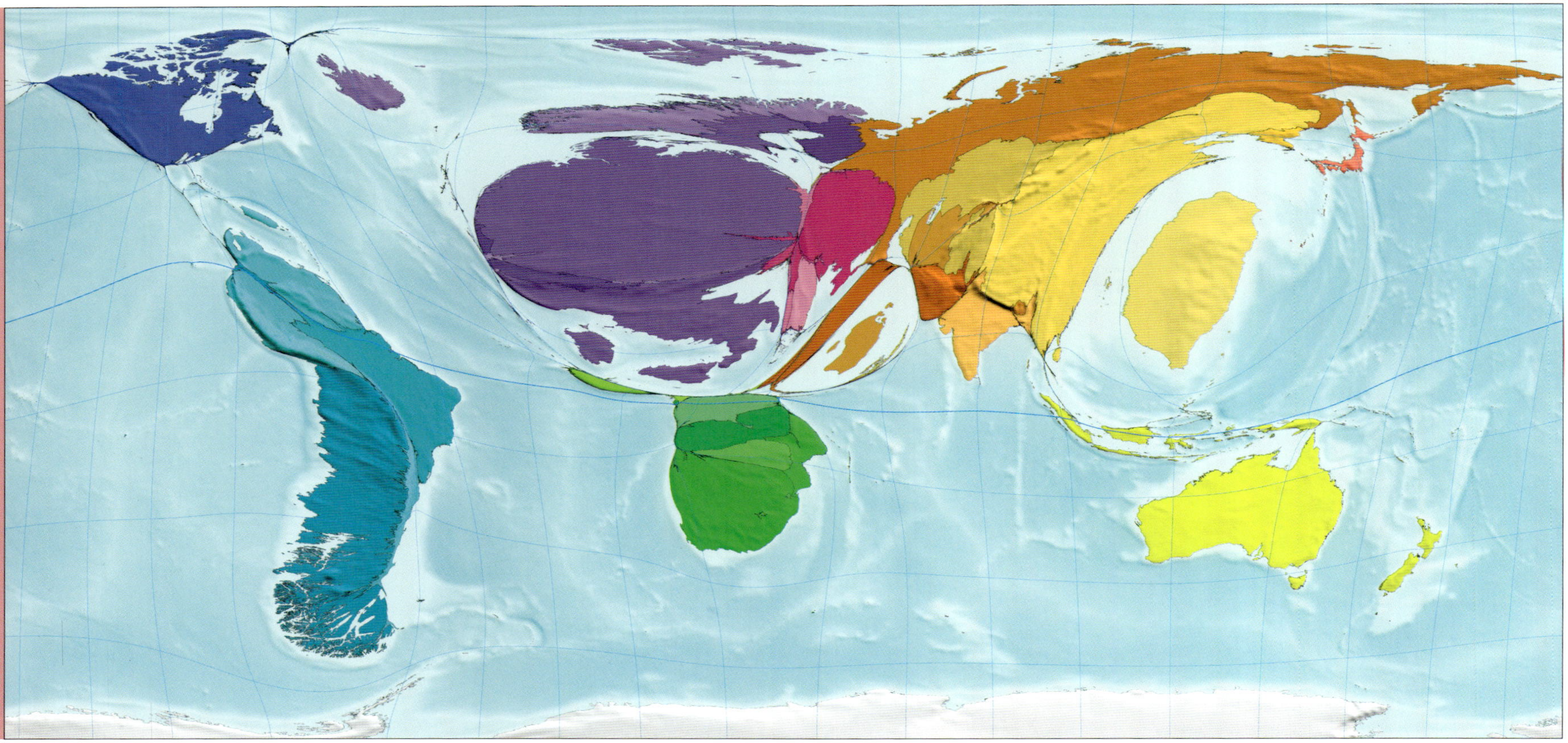



# 097 Metallexporte

**Zu den Metallexporten werden auch Altmetall und Metallwaren wie Werkzeug und Schneidegeräte gerechnet.**

Diese Karte zeigt die Nettoexporte von Kupfer, Nickel, Aluminium und Zink gemessen in US-Dollar. Eigene Statistiken gibt es für Eisen (Karte 099) und Edelmetalle (berücksichtigt auf Karte 131). Der dargestellte Metallexport macht 3,8 Prozent des gesamten internationalen Handels aus.

Nur 52 von den 200 Staaten sind Netto-Exportländer von Metall, auf den vordersten Rängen liegen Deutschland, Russland, China und Chile. Obwohl ein Viertel aller Netto-Metallexporte aus Staaten Westeuropas stammt, kommt die Region insgesamt nur auf ein relativ geringes Netto-Exportvolumen, weil es dort auch Netto-Importländer gibt.

**HÖCHSTE NETTO-METALLEXPORTE**

| Rang | Land | US-Dollar* |
|---|---|---|
| 1 | **Island** | 1222 |
| 2 | **Bahrain** | 948 |
| 3 | **Norwegen** | 429 |
| 4 | **Chile** | 271 |
| 5 | **Australien** | 154 |
| 6 | **Taiwan** | 132 |
| 7 | **Luxemburg** | 116 |
| 8 | **Kanada** | 83 |
| 9 | **Kasachstan** | 82 |
| 10 | **Deutschland** | 81 |
| 11 | **Finnland** | 72 |
| 12 | **Tadschikistan** | 64 |
| 13 | **Sambia** | 55 |
| 14 | **Neuseeland** | 47 |
| 15 | **Schweden** | 46 |
| 16 | **Russland** | 45 |
| 17 | **Italien** | 43 |
| 18 | **Südafrika** | 41 |
| 19 | **Schweiz** | 38 |
| 20 | **Venezuela** | 33 |

*Jährlicher Netto-Metallexport in US-Dollar pro Kopf

**NETTO-METALLEXPORTE**
Jährliche Erlöse in Milliarden US-Dollar

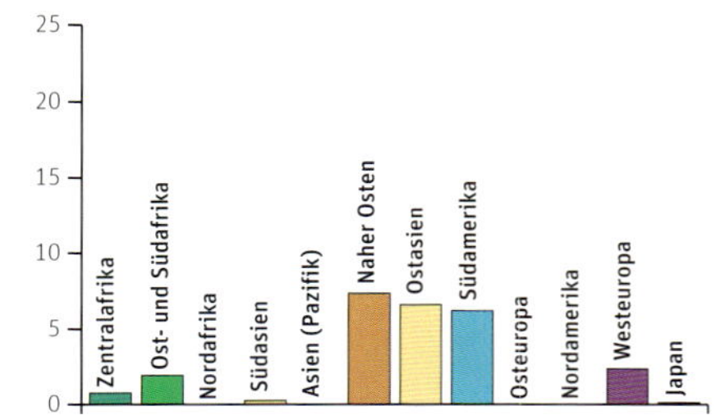

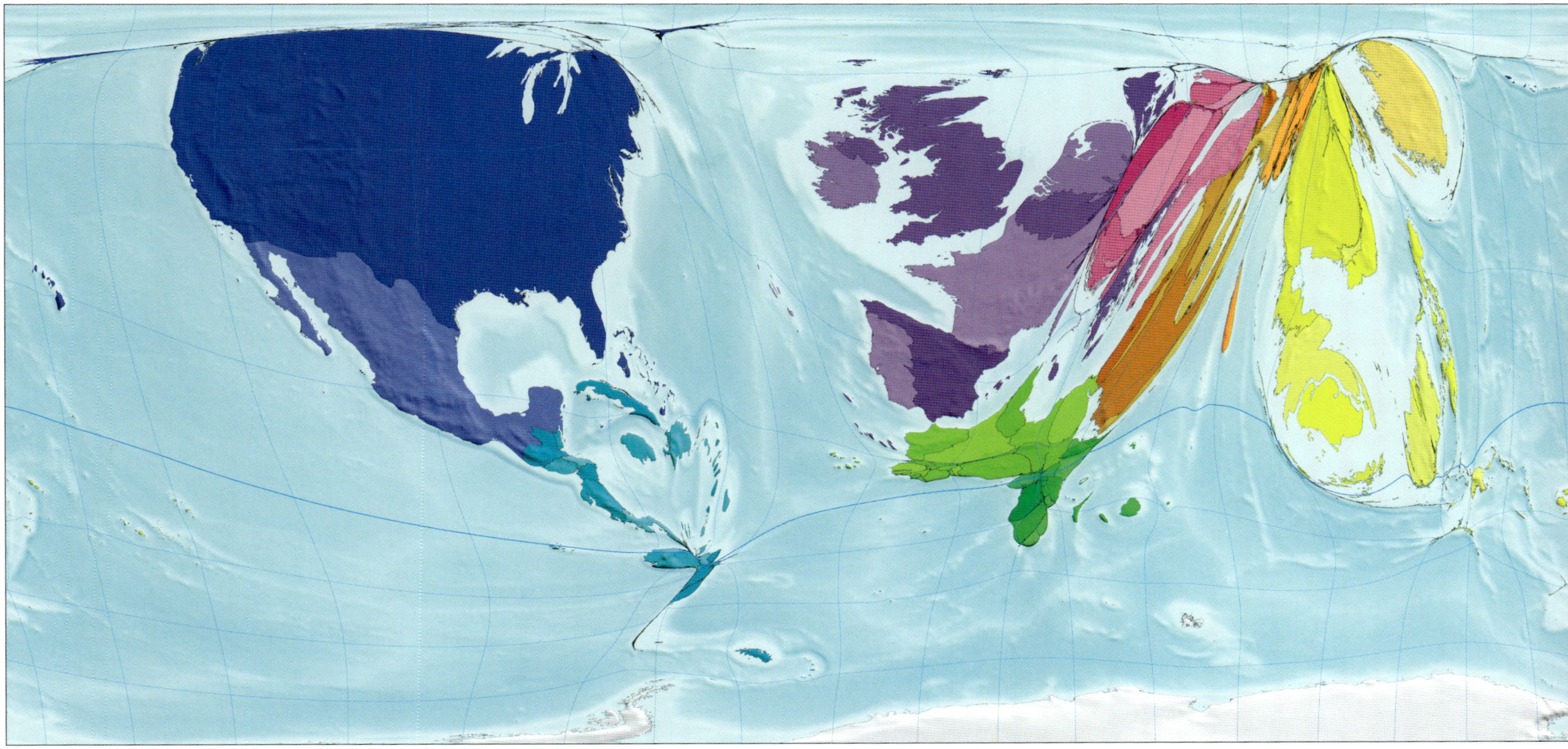

# 098 Metallimporte

**Rund drei Viertel der hier erfassten Länder sind Nettoimporteure von Metall und Metallwaren.**

**HÖCHSTE NETTO-METALLIMPORTE**

| Rang | Land | US-Dollar* |
|---|---|---|
| 1 | Andorra | 460 |
| 2 | Grönland | 353 |
| 3 | Katar | 323 |
| 4 | St. Kitts und Nevis | 283 |
| 5 | Singapur | 281 |
| 6 | Bahamas | 239 |
| 7 | Tuvalu | 226 |
| 8 | Seychellen | 178 |
| 9 | Irland | 161 |
| 10 | Zypern | 156 |
| 11 | St. Lucia | 126 |
| 12 | Malta | 123 |
| 13 | Brunei | 119 |
| 14 | Cookinseln | 117 |
| 15 | Kuwait | 109 |
| 16 | Barbados | 108 |
| 17 | Antigua und Barbuda | 99 |
| 18 | Grenada | 96 |
| 19 | Ungarn | 83 |
| 20 | Niue | 77 |

*Jährlicher Netto-Metallimport in US-Dollar pro Kopf

Nordamerika ist die Region, die – bewertet in US-Dollar – mit 82 Prozent den bei weitem größten Anteil am Netto-Metallimport hält. Auch die in der Länderwertung führenden Staaten, die Vereinigten Staaten und Mexiko, liegen in dieser Region. Auf sie folgen Angola in Zentralafrika, Botswana in Ost- und Südafrika, Algerien in Nordafrika, Bangladesch im asiatischen Pazifikraum und Australien, dann Saudi-Arabien im Nahen Osten sowie Zentralasien, dann Taiwan in Ostasien, Guatemala in Südamerika, Ungarn in Osteuropa und Großbritannien in Westeuropa. Japan, das hier auch als eine selbstständige Region gilt, ist im Metallhandel ein Netto-Exportland.

*»Seit Tausenden von Jahren verwenden die Menschen Kupfer, Blei und Zinn, heute jedoch übersteigt die Produktion von Aluminium die aller nichteisenhaltigen Metalle zusammen.«* World Aluminium Institute, 2000

**NETTO-METALLIMPORTE**
Jährliche Ausgaben in Milliarden

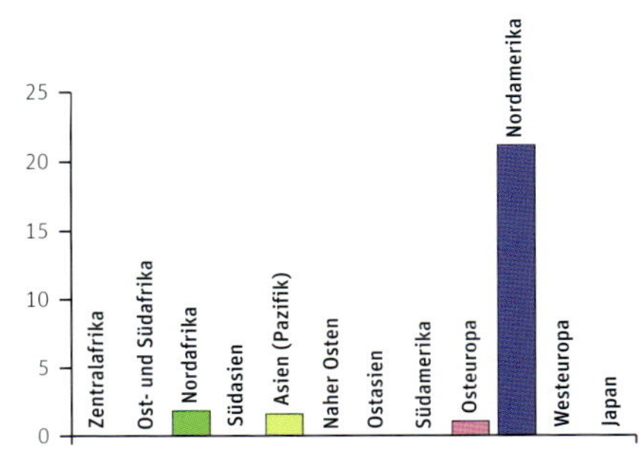

**HÖCHSTE NETTO-STAHLEXPORTE**

| Rang | Land | US-Dollar* |
|---|---|---|
| 1 | Luxemburg | 2339,0 |
| 2 | Belgien | 331,6 |
| 3 | Finnland | 215,3 |
| 4 | Schweden | 192,2 |
| 5 | Österreich | 147,2 |
| 6 | Slowakei | 120,5 |
| 7 | Japan | 101,5 |
| 8 | Ukraine | 94,1 |
| 9 | Taiwan | 73,0 |
| 10 | Deutschland | 51,0 |
| 11 | Mazedonien | 39,8 |
| 12 | Russland | 33,0 |
| 13 | Frankreich | 30,3 |
| 14 | Niederlande | 25,8 |
| 15 | Südkorea | 22,9 |
| 16 | Südafrika | 22,5 |
| 17 | Tschechien | 22,1 |
| 18 | Bulgarien | 21,6 |
| 19 | Bosnien und Herzegowina | 19,7 |
| 20 | Rumänien | 17,4 |

*Jährlicher Netto-Stahlexport pro Kopf in US-Dollar

# 099 Stahl- und Eisenexporte

**Unter den Nettoexporteuren von Stahl und Eisen sowie daraus hergestellten Handels- und Konsumgütern stehen die Länder Westeuropas an der Spitze.**

Die Exporte von Stahl und Eisen machen 2,2 Prozent aller weltweiten Ausfuhrerlöse aus. Diese Karte zeigt die Exporte von Stahl und Eisen, nicht jedoch von Eisenerz (Karte 095). Aus Stahl und Eisen fertigt man unter anderem Rohre, Draht, Baustoffe, Eisenbahnschienen, aber auch Konsumgüter wie Autos.

Nur 32 der 200 erfassten Staaten sind Netto-Exportländer von Stahl und Eisen, keiner davon liegt in Nord- und Zentralafrika, Nordamerika oder im asiatischen Pazifikraum und Australien.

Die nach der Pro-Kopf-Wertung erfolgreichsten Netto-Exportländer von Stahl und Eisen liegen in Westeuropa. Dasselbe gilt für die fünf bedeutendsten Netto-Exportländer von Erzen.

**NETTO-STAHLEXPORTE**
**Jährliche Erlöse in Milliarden US-Dollar**

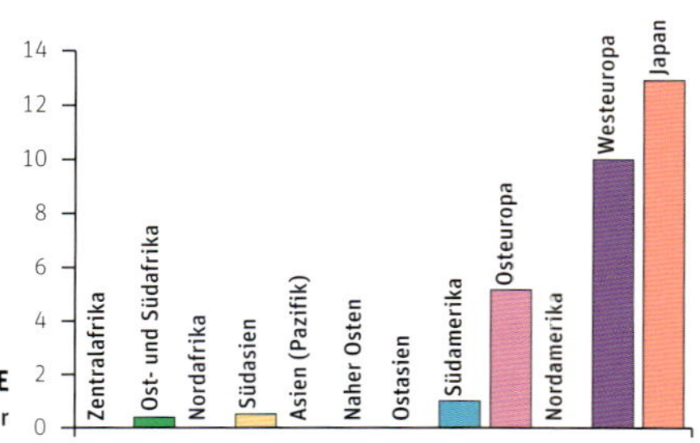

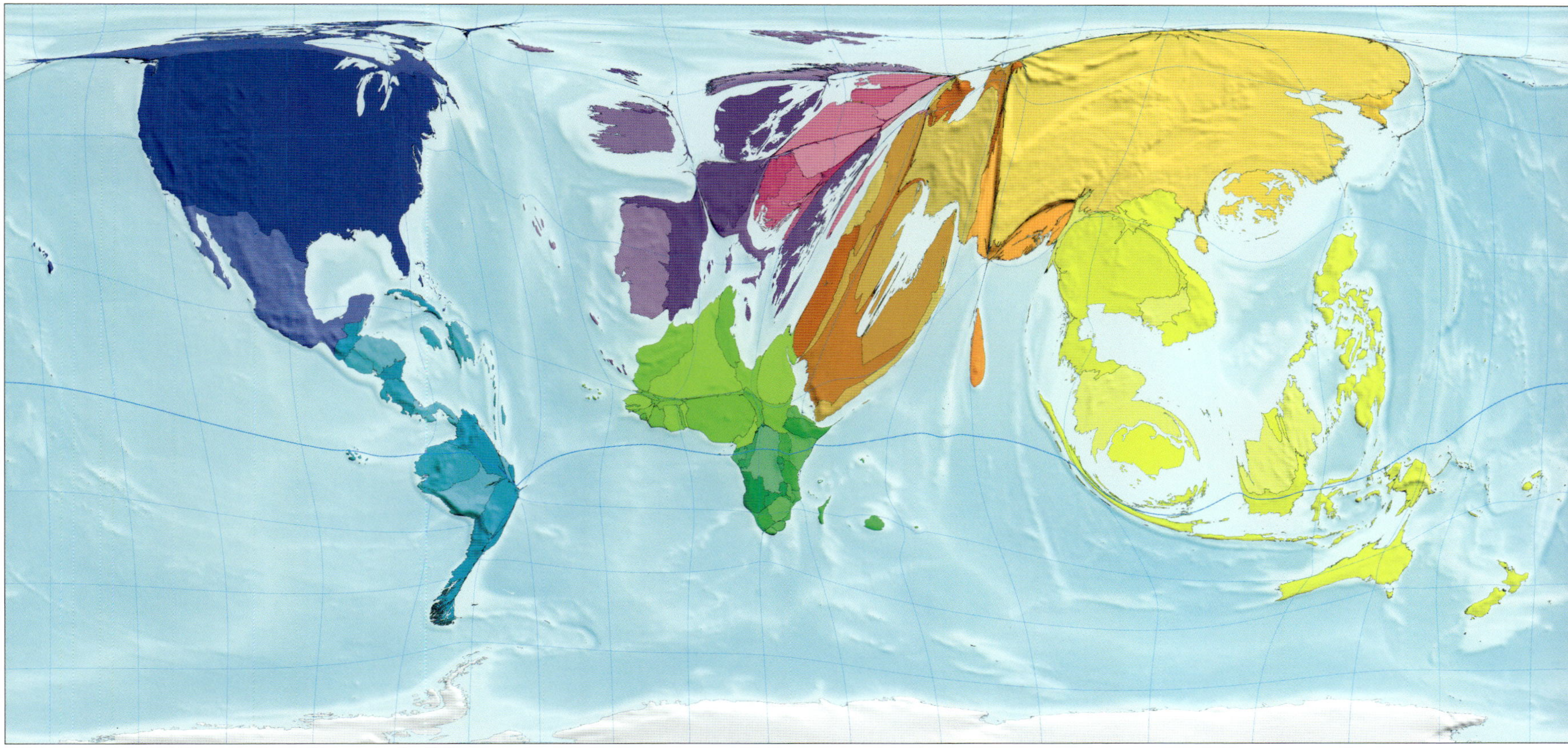

# 100 Stahl- und Eisenimporte

**Die Proportionen der Karte veranschaulichen den Dollarwert der Nettoimporte von Stahl, Eisen und daraus gefertigten Gütern.**

Von den 200 erfassten Staaten sind 162 Netto-Importländer von Stahl und Eisen. In diese Rubrik gehören auch Produkte aus diesen Materialien bis hin zu hochwertigen Erzeugnissen wie Autos. Führende Nettoimporteure sind China und die Vereinigten Staaten, gefolgt von Thailand, Mexiko und Malaysia.

*»Indische Stahlerzeugnisse werden derzeit über Dubai nach Pakistan exportiert. Nordpakistan erhält Importe von Stahl und geschmolzenem Altstahl über das 1500 Kilometer entfernte Karachi …«*

Anand S.T. Das, Chandigarh Newsline, 2006

**HÖCHSTE NETTO-STAHLIMPORTE**

| Rang | Land | US-Dollar* |
|---|---|---|
| 1 | Vereinigte Arabische Emirate | 295 |
| 2 | Brunei | 243 |
| 3 | Singapur | 230 |
| 4 | Kuwait | 197 |
| 5 | Andorra | 162 |
| 6 | Irland | 147 |
| 7 | Dänemark | 146 |
| 8 | St. Kitts und Nevis | 130 |
| 9 | Bahrain | 128 |
| 10 | Norwegen | 107 |
| 11 | Grönland | 105 |
| 12 | Zypern | 105 |
| 13 | Estland | 97 |
| 14 | Hongkong | 96 |
| 15 | Slowenien | 93 |
| 16 | Portugal | 92 |
| 17 | Island | 91 |
| 18 | Tuvalu | 89 |
| 19 | Schweiz | 80 |
| 20 | Seychellen | 76 |

*Jährlicher Netto-Stahlimport pro Kopf in US-Dollar

**NETTO-STAHLIMPORTE**
Jährliche Ausgaben in Milliarden US-Dollar

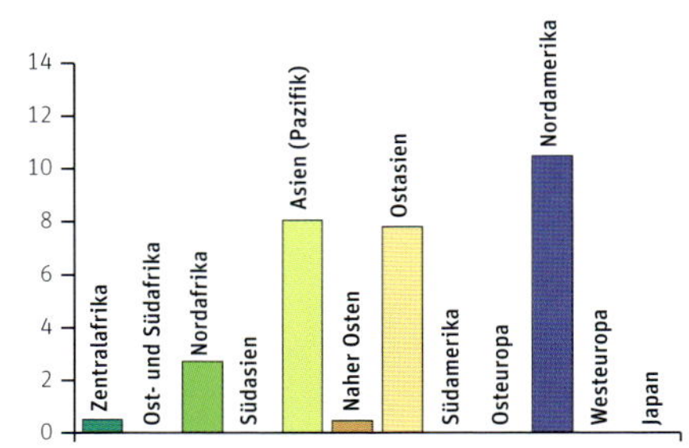

**HÖCHSTE BRENNSTOFFEXPORTE**

| Rang | Land | US-Dollar* |
|---|---|---|
| 1 | Katar | 16 420 |
| 2 | Brunei | 11 861 |
| 3 | Norwegen | 8041 |
| 4 | Bahrain | 5734 |
| 5 | Oman | 3083 |
| 6 | Saudi-Arabien | 2735 |
| 7 | Singapur | 2296 |
| 8 | Trinidad und Tobago | 1793 |
| 9 | Kanada | 1023 |
| 10 | Belgien | 952 |
| 11 | Venezuela | 780 |
| 12 | Australien | 722 |
| 13 | Dänemark | 659 |
| 14 | Algerien | 578 |
| 15 | Gaza und Westbank | 417 |
| 16 | Russland | 388 |
| 17 | Iran | 367 |
| 18 | Großbritannien | 367 |
| 19 | Malaysia | 333 |
| 20 | Litauen | 296 |

*Brutto-Brennstoffexport 2002 pro Kopf in US-Dollar

# 101 Brennstoffexporte

**Unter dieser Rubrik sind Erdöl, Erdgas, Kohle, nukleare und traditionelle Brennstoffe zusammengefasst. Über die Hälfte aller Länder exportiert Brennstoffe.**

Von den 200 erfassten Staaten exportieren 123 Brennstoffe. Allerdings liegen aus manchen Gegenden keine zuverlässigen Daten vor. Ausfuhrländer importieren oft gleichzeitig Brennstoffe.

Die höchsten Bruttoerlöse aus Brennstoffexporten erzielen Staaten im Nahen Osten und in Zentralasien. Berechnet man die Brennstoffexporte nicht pro Einwohner (was in kleinen Ländern zu sehr hohen Zahlen führt), sondern in Dollar pro Jahr, so sind die beiden wichtigsten Ausfuhrländer Saudi-Arabien und Russland, gefolgt von Norwegen. Bei diesen Ländern sind die Einnahmen aus Erdöl und Erdgas höher als jene aus Kohle und anderen traditionellen Brennstoffen.

**BRUTTO-BRENNSTOFFEXPORTE**
Pro Jahr in Milliarden US-Dollar

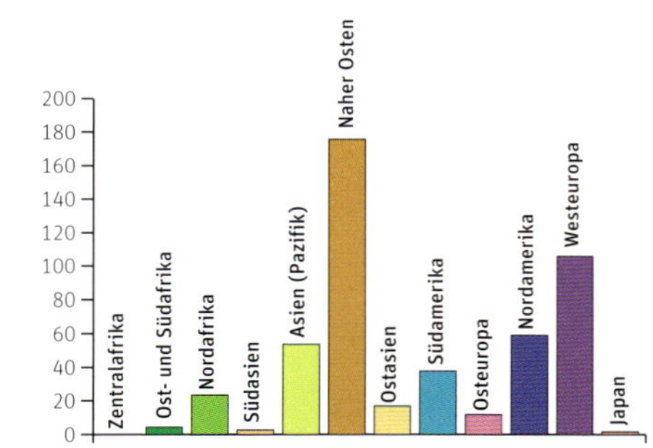


*»… der hohe Entwicklungsstand einiger Länder wie Norwegen beruht auf einer Wirtschaftsleistung, die zum Teil durch Ausbeutung natürlicher Ressourcen möglich wurde.«* Melissa Dell, »The Devil's Excrement«, 2004

# 102 Brennstoffimporte

**Wie in fast allen Bereichen der Weltwirtschaft sind die reichen Staaten und Regionen auch die größten Importeure.**

Bewertet nach US-Dollar sind Nordamerika und Westeuropa die Regionen mit den höchsten Brutto-Brennstoffimporten, während Zentralafrika die geringsten aufweist. Sechs der zehn Staaten dieser Region geben überhaupt keine Brennstoffimporte an.

Der höchste Pro-Kopf-Import ergibt sich für Singapur und Bahrain, beides kleine, relativ wohlhabende Inselstaaten. Singapur ist ein bedeutender Handelshafen, Bahrain, eine Inselgruppe im Persischen Golf, war einst ein wichtiges Erdöl-Exportland, führt aber nunmehr wegen versiegender Ölquellen Rohöl ein, das raffiniert und wieder ausführt wird.

Unter den zwölf Regionen ist der Pro-Kopf-Import von Brennstoffen in Japan am höchsten, dicht gefolgt von Westeuropa. Japan führt pro Einwohner 338-mal so viel ein wie Zentralafrika.

*»Die Gaswerke japanischer Städte importieren Erdgas aus sieben Staaten: Alaska, Malaysia, Indonesien, Australien, Brunei, Katar und Oman.«* Kunio Anzai, Vorstandsvorsitzender der Japan Gas Association, 2004

**HÖCHSTE BRENNSTOFFIMPORTE**

| Rang | Land | US-Dollar* |
|---|---|---|
| 1 | Singapur | 3640 |
| 2 | Bahrain | 2455 |
| 3 | Belgien | 1619 |
| 4 | Niederlande | 1214 |
| 5 | Trinidad und Tobago | 776 |
| 6 | Finnland | 763 |
| 7 | Grönland | 696 |
| 8 | Südkorea | 686 |
| 9 | Schweden | 653 |
| 10 | Island | 651 |
| 11 | Österreich | 625 |
| 12 | Hongkong | 599 |
| 13 | Zypern | 559 |
| 14 | Israel | 523 |
| 15 | Japan | 514 |
| 16 | Frankreich | 506 |
| 17 | Deutschland | 499 |
| 18 | Schweiz | 492 |
| 19 | Irland | 437 |
| 20 | Spanien | 437 |

*Brutto-Brennstoffimport 2002 pro Kopf in US-Dollar

**BRUTTO-BRENNSTOFFIMPORTE**
Pro Jahr in Milliarden US-Dollar

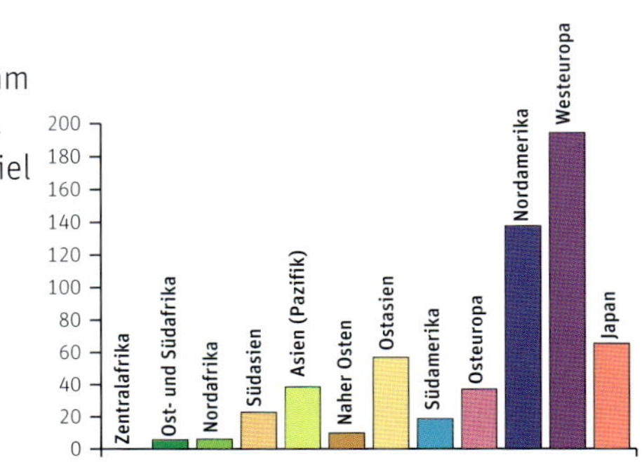

**HÖCHSTE NETTO-ROHÖLEXPORTE**

| Rang | Land | US-Dollar* |
|---|---|---|
| 1 | Vereinigte Arabische Emirate | 5964 |
| 2 | Norwegen | 5706 |
| 3 | Katar | 4802 |
| 4 | Brunei | 4370 |
| 5 | Kuwait | 3634 |
| 6 | Oman | 2690 |
| 7 | Saudi-Arabien | 2267 |
| 8 | Gabun | 1705 |
| 9 | Libyen | 1550 |
| 10 | Venezuela | 727 |
| 11 | Angola | 367 |
| 12 | Iran | 351 |
| 13 | Kongo | 330 |
| 14 | Dänemark | 314 |
| 15 | Kasachstan | 294 |
| 16 | Syrien | 232 |
| 17 | Algerien | 197 |
| 18 | Russland | 187 |
| 19 | Aserbaidschan | 178 |
| 20 | DR Kongo | 173 |

*Netto-Rohölexport pro Kopf und Jahr in US-Dollar

# 103 Rohölexporte

**An den Werten der Nettoexporte (in US-Dollar) von Rohöl zeigt sich die Dominanz des Mittleren Ostens und Zentralasiens.**

Rohöl macht 5,3 Prozent der weltweiten Netto-Exporterlöse aus. Länder im Nahen Osten und Zentralasien exportieren nicht weniger als 58 Prozent des weltweit geförderten Rohöls. Der Dollarwert der Nettoexporte Saudi-Arabiens ist allein doppelt so hoch wie die entsprechenden Zahlen eines jeden anderen Landes. Auf die höchsten Nettoeinnahmen pro Kopf kommen die Vereinigten Arabischen Emirate. Weitere wichtige Exportländer sind Norwegen, Venezuela, Nigeria und Mexiko. Keinerlei Rohölexporte gibt es in Ost- und Südafrika, Südasien und Japan.

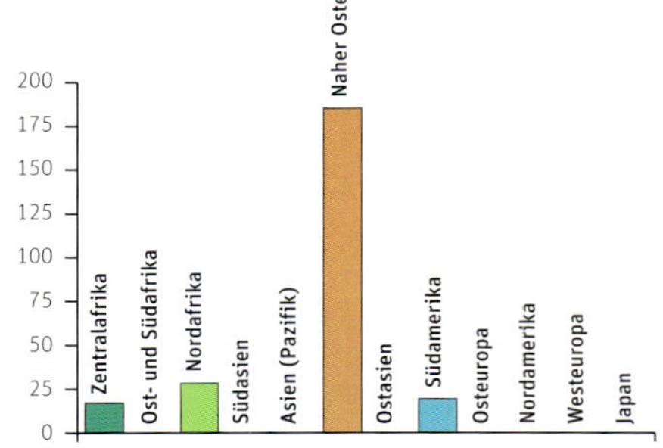


**NETTO-ROHÖLEXPORTE**
Jährliche Einnahmen in Milliarden US-Dollar

*»Die Förderung von Erdöl wird teurer, der Wassergehalt darin immer höher, und es gibt weniger und weniger wirklich gutes Öl da unten. All das treibt die Preise nach oben.«*

James Brock, Energie-Analyst, 2006

**GRÖSSTE NETTO-ROHÖLIMPORTE**

| Rang | Land | US-Dollar* |
|---|---|---|
| 1 | Singapur | 1808 |
| 2 | Niederlande | 733 |
| 3 | Belgien | 618 |
| 4 | Finnland | 430 |
| 5 | Südkorea | 417 |
| 6 | Schweden | 392 |
| 7 | Litauen | 340 |
| 8 | Taiwan | 331 |
| 9 | Griechenland | 316 |
| 10 | Japan | 294 |
| 11 | Vereinigte Staaten | 292 |
| 12 | Trinidad und Tobago | 278 |
| 13 | Israel | 269 |
| 14 | Zypern | 259 |
| 15 | Spanien | 255 |
| 16 | Italien | 254 |
| 17 | Frankreich | 253 |
| 18 | Deutschland | 225 |
| 19 | Portugal | 214 |
| 2C | Tschechien | 203 |

*Netto-Rohölimport pro Kopf und Jahr in US-Dollar

# 104 Rohölimporte

## Wohlstand und reger Handel erhöhen den Verbrauch an Rohöl und damit die Einfuhrmenge.

Singapur importiert Rohöl im Wert von etwa 1808 US-Dollar pro Person und Jahr und liegt damit deutlich vor allen anderen Ländern der Erde. Der asiatische Inselstaat, begünstigt durch seine Lage an den wichtigen Handelsrouten, ist vergleichsweise wohlhabend und kann es sich leisten, große Mengen Erdöl zu verbrauchen. Benötigt wird Erdöl auch, um Singapurs Transport- und Logistikindustrie voranzutreiben.

**NETTO-ROHÖLIMPORTE**
Jahresausgaben in Milliarden US-Dollar

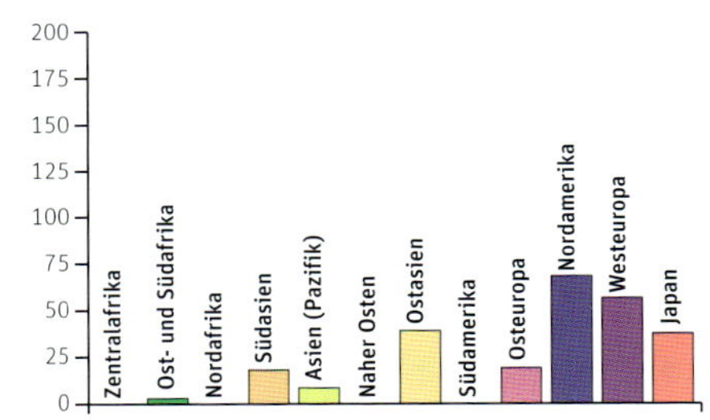


*»Abgesehen von den Auswirkungen hoher Ölpreise können steigende Importzahlen generell als Zeichen einer stabilen Inlandsnachfrage gewertet werden – ein weiterer Beweis dafür, dass die japanische Wirtschaft auf dem richtigen Weg ist.«* Koji Kobayashi, leitender Volkswirt am Mizuho Research Institute, 2006

**HÖCHSTE NETTOEXPORTE VON ERDÖLPRODUKTEN**

| Rang | Land | US-Dollar* |
|---|---|---|
| 1 | Bahrain | 3160 |
| 2 | Kuwait | 1995 |
| 3 | Vereinigte Arabische Emirate | 1285 |
| 4 | Katar | 869 |
| 5 | Trinidad und Tobago | 853 |
| 6 | Niederlande | 447 |
| 7 | Singapur | 380 |
| 8 | Litauen | 278 |
| 9 | Belgien | 230 |
| 10 | Libyen | 225 |
| 11 | Norwegen | 173 |
| 12 | Finnland | 146 |
| 13 | Weißrussland | 141 |
| 14 | Seychellen | 121 |
| 15 | Kanada | 105 |
| 16 | Slowakei | 100 |
| 17 | Turkmenistan | 77 |
| 18 | Russland | 76 |
| 19 | Schweden | 71 |
| 20 | Algerien | 67 |

*Jährlicher Nettoexport von Erdölprodukten pro Kopf in US-Dollar

# 105 Exporte von Erdölprodukten

**Die verschiedenen Endprodukte aus raffiniertem Erdöl werden sowohl industriell als auch privat genutzt.**

Der Export von Produkten aus raffiniertem Erdöl macht 2,4 Prozent der weltweiten Exporteinnahmen aus. Gemessen in US-Dollar sind der Nahe Osten und Zentralasien die Regionen mit den höchsten Nettoexporten. Dort wird das meiste Öl gefördert und dort befinden sich auch die größten bekannten Ölvorkommen.

Das Raffinieren von Erdöl umfasst mehrere verschiedene Vorgänge: Trennung der Kohlenwasserstoffverbindungen im Rohöl, Umwandlung von schwereren Kohlenwasserstoffen in leichtere und damit wertvollere, Entfernung von Verunreinigungen und schließlich das Verschneiden zum Endprodukt. So entstehen Heizöl, Kerosin, Benzin und Schmieröle. Sie alle tragen zu den Exporteinnahmen bei, die auf dieser Karte dargestellt sind.

*»Der Motor für das enorme Wirtschaftswachstum in den Sechziger Jahren war die Expansion einer energieintensiven Industrie und ihr verschwenderischer Umgang mit billigem Öl aus dem Nahen Osten.«*

Yoko Kitazawa, The Japanese Economy and South-East Asia, 1990

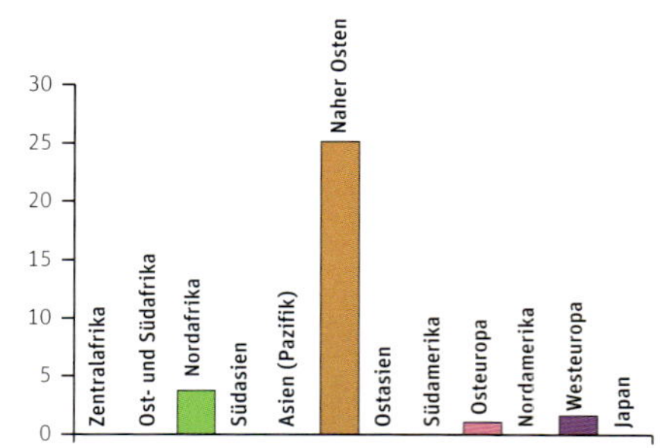


**NETTOEXPORTE VON RAFFINIERTEM ERDÖL**
Jahreserlöse in Milliarden US-Dollar

**HÖCHSTE NETTOIMPORTE VON ERDÖLPRODUKTEN**

| Rang | Land | US-Dollar* |
|---|---|---|
| 1 | **Luxemburg** | 1547,4 |
| 2 | **Andorra** | 776,9 |
| 3 | **Grönland** | 632,7 |
| 4 | **Island** | 538,5 |
| 5 | **Bahamas** | 389,4 |
| 6 | **Hongkong** | 372,5 |
| 7 | **Antigua und Barbuda** | 301,9 |
| 8 | **Malta** | 288,6 |
| 9 | **Slowenien** | 277,4 |
| 10 | **Schweiz** | 252,6 |
| 11 | **Libanon** | 245,7 |
| 12 | **St. Kitts und Nevis** | 243,3 |
| 13 | **St. Lucia** | 234,2 |
| 14 | **Irland** | 219,6 |
| 15 | **Zypern** | 209,7 |
| 16 | **Belize** | 180,3 |
| 17 | **Grenada** | 179,9 |
| 18 | **Mauritius** | 164,3 |
| 19 | **Cookinseln** | 154,4 |
| 20 | **Malediven** | 154,3 |

*Jährlicher Nettoimport von Erdölprodukten pro Kopf in US-Dollar

# 106 Importe von Erdölprodukten

**Mehr als zwei Drittel aller Länder sind Nettoimporteure von raffinierten Erdölprodukten.**

Erdölprodukte finden breite Verwendung z. B. beim Betrieb von Flug- und Kraftfahrzeugen oder bei der Erzeugung von Wärme und elektrischem Strom. Über zwei Drittel aller Staaten sind Nettoimportländer von Erdölprodukten. Die bedeutendsten sind die Vereinigten Staaten, Japan und Hongkong, wobei die Vereinigten Staaten mit Abstand an der Spitze liegen – ihre Einfuhrmenge ist nahezu dreimal so hoch wie die des zweitplatzierten Japan.

Auch im regionalen Maßstab ist Nordamerika führend beim Nettoimport von Erdölprodukten, gefolgt von Westeuropa sowie dem asiatischen Pazifikraum und Australien. Dort importieren Indonesien und Vietnam viermal so viel wie alle anderen Staaten.

**NETTOIMPORTE VON ERDÖLPRODUKTEN**
Jährliche Ausgaben in Milliarden US-Dollar

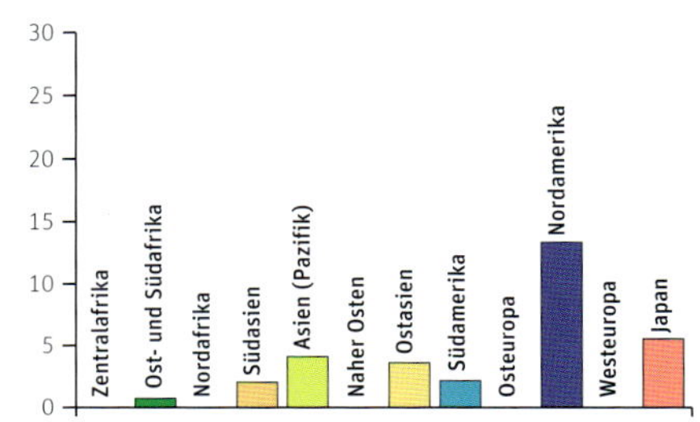


*»Obwohl in China ein Fünftel der Weltbevölkerung lebt, verbraucht es nur vier Prozent des täglich weltweit geförderten Erdöls und importiert etwa drei Millionen Barrel pro Tag. Das ist viel, aber weit weniger als die USA.«*
Rupert Wingfield-Hayes, BBC-Korrespondent in China, 2006

**HÖCHSTE NETTOEXPORTE VON CHEMIKALIEN**

| Rang | Land | US-Dollar* |
|---|---|---|
| 1 | **Irland** | 4552 |
| 2 | **Singapur** | 1106 |
| 3 | **Belgien** | 921 |
| 4 | **Niederlande** | 645 |
| 5 | **Schweiz** | 629 |
| 6 | **Katar** | 426 |
| 7 | **Deutschland** | 344 |
| 8 | **Swasiland** | 337 |
| 9 | **Trinidad und Tobago** | 299 |
| 10 | **Tuvalu** | 183 |
| 11 | **Israel** | 178 |
| 12 | **Bahamas** | 144 |
| 13 | **Saudi-Arabien** | 130 |
| 14 | **Japan** | 78 |
| 15 | **Dominikanische Republik** | 72 |
| 16 | **Frankreich** | 57 |
| 17 | **Südkorea** | 35 |
| 18 | **Kuwait** | 24 |
| 19 | **Bhutan** | 22 |
| 20 | **Weißrussland** | 18 |

*Jährlicher Nettoexport von Chemikalien pro Kopf in US-Dollar

# 107 Exporte von Chemikalien

**Diese Rubrik umfasst Chemikalien zur Produktion von Farben, Parfum, Kunstdünger, Pestiziden, Seife und Computerchips.**

Chemikalien sind aus unserem Alltagsleben nicht wegzudenken, auch wenn die meisten Menschen nicht direkt mit ihnen umgehen. Sie sorgen für Farbe an unseren Wänden oder in Form von Kunstdünger für reiche Ernten auf den Feldern. So ist es nicht verwunderlich, dass Erzeugnisse der chemischen Industrie mit etwa acht Prozent einen beträchtlichen Anteil am globalen Gesamtexportvolumen haben. Allerdings machen nur drei der erfassten Regionen mit dem Export von Chemikalien Gewinne: Unangefochten an der Spitze steht Westeuropa mit über sechsmal so viel Nettoexport in US-Dollar pro Jahr wie die zweitplatzierte Region Japan.

*»Der Umsatz der niederländischen Chemieindustrie nahm 2004 um neun Prozent zu, aber acht Prozent dieses Anstiegs kamen durch höhere Preise und nur ein Prozent durch mehr Produktion zustande.«*

Patricia L. Short, Chemical and Engineering News, 2005

**NETTOEXPORTE VON CHEMIKALIEN**
Jährliche Einnahmen in Milliarden US-Dollar

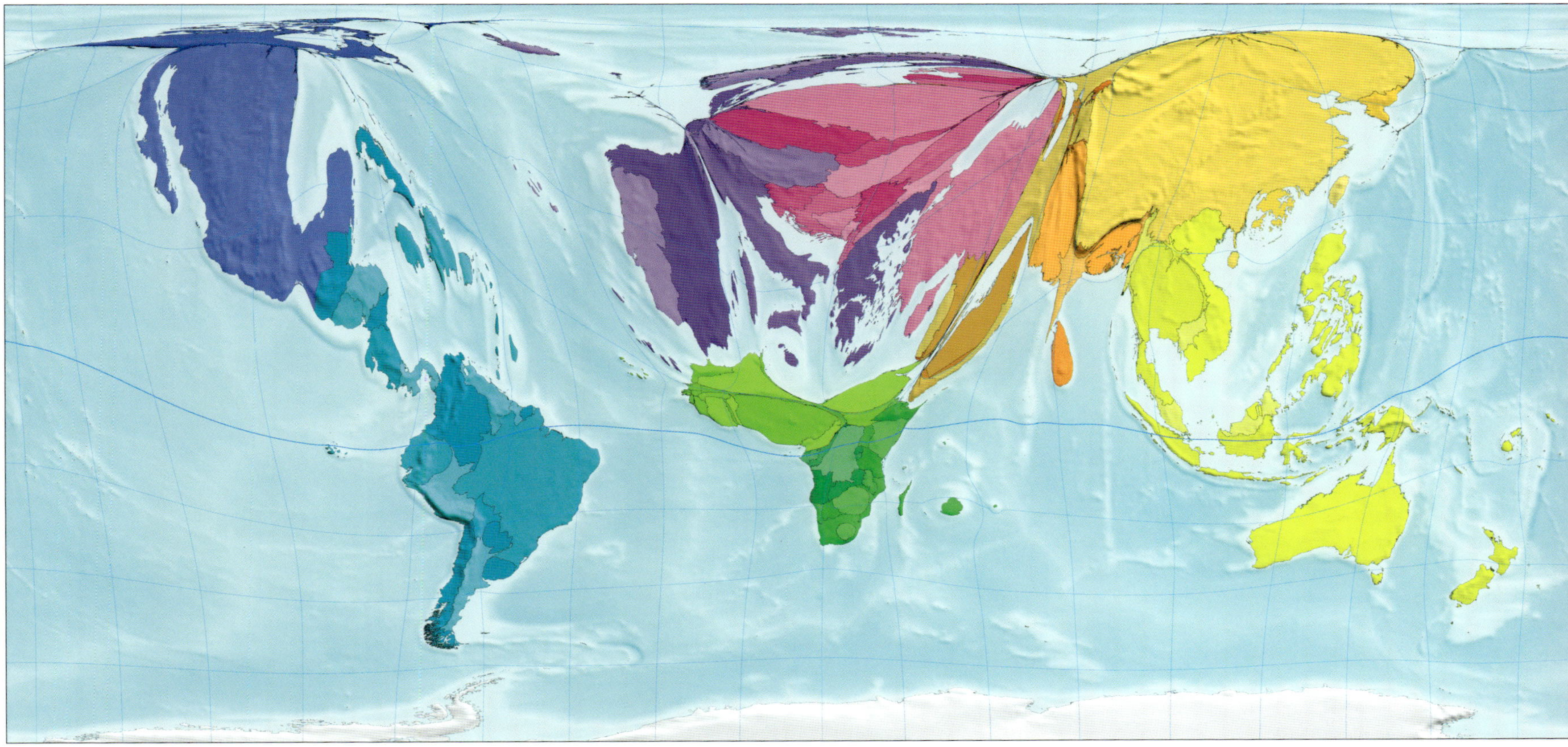

**HÖCHSTE NETTOIMPORTE VON CHEMIKALIEN**

| Rang | Land | US-Dollar* |
|---|---|---|
| 1 | Andorra | 1467 |
| 2 | Island | 529 |
| 3 | Niue | 486 |
| 4 | Vereinigte Arabische Emirate | 449 |
| 5 | St. Kitts und Nevis | 382 |
| 6 | Malta | 333 |
| 7 | Zypern | 324 |
| 8 | Grönland | 302 |
| 9 | Barbados | 269 |
| 10 | St. Lucia | 264 |
| 11 | Brunei | 262 |
| 12 | Norwegen | 216 |
| 13 | Cookinseln | 203 |
| 14 | Slowenien | 195 |
| 15 | Portugal | 190 |
| 16 | Estland | 187 |
| 17 | Österreich | 183 |
| 18 | Australien | 179 |
| 19 | Griechenland | 171 |
| 20 | Luxemburg | 169 |

*Jährlicher Nettoimport von Chemikalien pro Kopf in US-Dollar

# 108 Importe von Chemikalien

**Chemikalien sind zur Herstellung verschiedenster Güter notwendig – von der Plastiktüte bis hin zu Nahrungsmitteln.**

Die meisten Staaten der Erde sind Netto-Importländer von Chemikalien. Bewertet in US-Dollar, sind dabei die Ausgaben Chinas und Mexikos am höchsten. Zusammen kommen sie auf 28 Prozent aller weltweiten Nettoeinfuhren. Dennoch ist die Kumulation der Importmengen in anderen Branchen weit höher. So vereinen zum Beispiel in der Textilbranche die Vereinigten Staaten und Japan 58 Prozent der Nettoimporte auf sich. Eine solche Dominanz ist beim Handel mit Chemikalien nicht möglich, weil auf diesem Gebiet sehr viele Staaten Netto-Importländer sind.

*»… ein endloser Strom neuer Chemikalien kommt aus unseren Laboratorien …«*
Rachel Carson, »Der stumme Frühling«, 1962

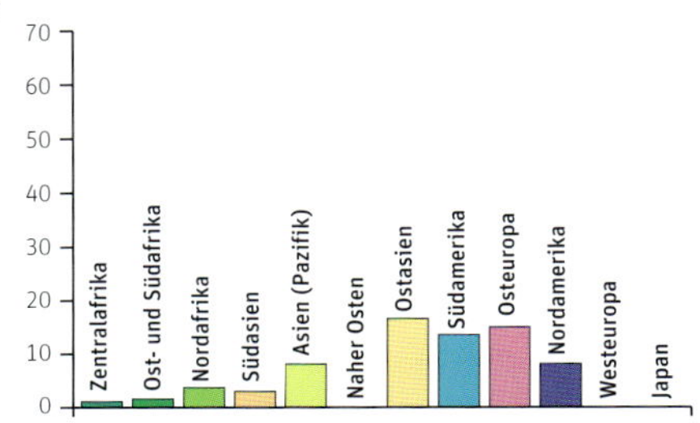


**NETTOIMPORTE VON CHEMIKALIEN**
Jährliche Ausgaben in Milliarden US-Dollar

**HÖCHSTE NETTOEXPORTE VON GAS UND KOHLE**

| Rang | Land | US-Dollar* |
|---|---|---|
| 1 | Katar | 6225 |
| 2 | Brunei | 3943 |
| 3 | Norwegen | 1872 |
| 4 | Vereinigte Arabische Emirate | 628 |
| 5 | Kanada | 447 |
| 6 | Australien | 445 |
| 7 | Oman | 406 |
| 8 | Kuwait | 323 |
| 9 | Trinidad und Tobago | 300 |
| 10 | Turkmenistan | 194 |
| 11 | Algerien | 190 |
| 12 | Malaysia | 118 |
| 13 | Russland | 116 |
| 14 | Luxemburg | 63 |
| 14 | Singapur | 56 |
| 14 | Südafrika | 39 |
| 14 | Indonesien | 34 |
| 18 | Libyen | 33 |
| 19 | Bolivien | 31 |
| 20 | DR Kongo | 24 |

*Nettoexport von Gas und Kohle pro Kopf und Jahr in US-Dollar

# 109 Exporte von Gas und Kohle

**Die Exporte von Gas und Kohle machen etwa zwei Prozent des globalen Exportvolumens aus.**

Der Nahe Osten und Zentralasien sind die bedeutendsten Ausfuhrregionen für Gas und Kohle. Zusammen kommen sie auf bis zu 60 Prozent der weltweiten Nettoausfuhren. 15 der 53 Netto-Exportländer liegen im asiatischen Pazifikraum und Australien, 13 im Nahen Osten und Zentralasien.

In einigen Regionen gibt es nur einen Nettoexporteur: In Südasien ist dies Bhutan, in Osteuropa Polen, in Nordamerika Kanada. Das an Bodenschätzen arme Japan ist vollständig von Gas- und Kohleimporten abhängig.

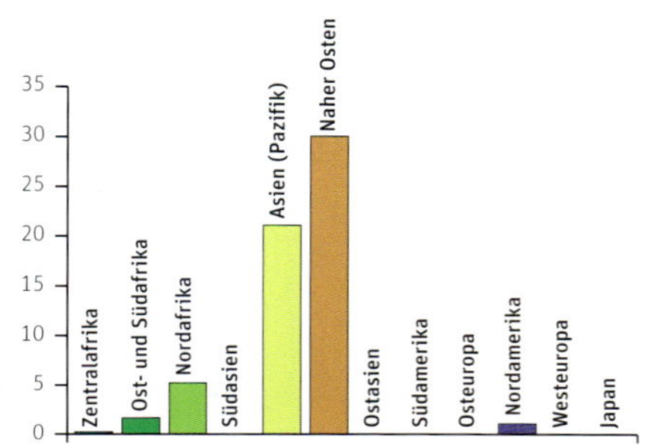


**NETTOEXPORTE VON GAS UND KOHLE**
Jährliche Erlöse in Milliarden US-Dollar

**HÖCHSTE NETTOIMPORTE VON GAS UND KOHLE**

| Rang | Land | US-Dollar* |
|---|---|---|
| 1 | Belgien | 199 |
| 2 | Finnland | 170 |
| 3 | Slowakei | 164 |
| 4 | Japan | 157 |
| 5 | Niederlande | 156 |
| 6 | Südkorea | 150 |
| 7 | Hongkong | 146 |
| 8 | Tschechien | 138 |
| 9 | Taiwan | 136 |
| 10 | Ungarn | 134 |
| 11 | Deutschland | 116 |
| 12 | Spanien | 86 |
| 13 | Portugal | 75 |
| 14 | Israel | 71 |
| 15 | Schweden | 67 |
| 16 | Schweiz | 67 |
| 17 | Weißrussland | 65 |
| 18 | Ukraine | 63 |
| 19 | Irland | 59 |
| 20 | Lettland | 54 |

*Nettoimport von Gas und Kohle pro Kopf und Jahr in US-Dollar

# 110 Importe von Gas und Kohle

**Gas und Kohle werden in erster Linie zur Wärmeerzeugung und zum Betrieb von Kraftwerken eingesetzt.**

Gas und Kohle sind in einigen, wenn auch nicht allen Ländern wichtige Energielieferanten, vor allem zum Betrieb von Heizkraftwerken und privaten Heizanlagen. Daneben spielen Holz, Erdöl, Kernenergie und Wasserkraft eine bedeutende Rolle. Von der Verfügbarkeit solcher Energiequellen und vom Energiebedarf hängt es ab, wie viel Gas und Kohle ein Land importieren muss.

Das größte Importvolumen an Gas und Kohle weist Japan aus, Belgien mit seinen 10,3 Millionen Einwohnern die größte Pro-Kopf-Menge: 199 US-Dollar pro Jahr.

**NETTOIMPORTE VON GAS UND KOHLE**
Jährliche Ausgaben in Milliarden US-Dollar

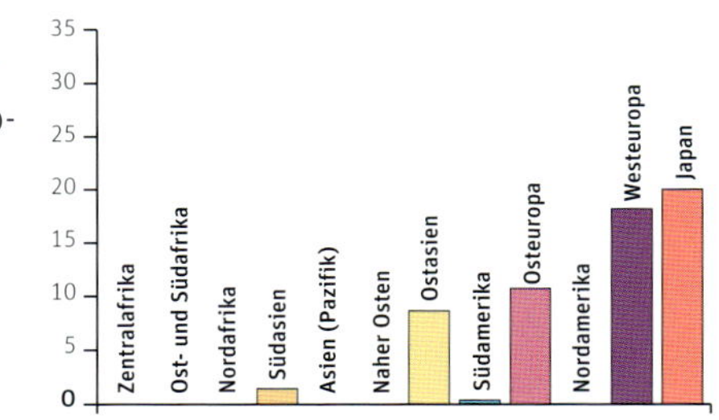


*»Achtzig Prozent der russischen Gasexporte werden durch die Ukraine geführt, ein entscheidender Schwachpunkt für die Außenpolitik Russlands, das mit seinem Gas eigentlich ein wichtiges Druckmittel besitzt.«* Steven Eke, BBC, 2005

**HÖCHSTE NETTOEXPORTE VON HOLZ UND PAPIER**

| Rang | Land | US-Dollar* |
|---|---|---|
| 1 | Finnland | 1959 |
| 2 | Schweden | 1089 |
| 3 | Kanada | 746 |
| 4 | Estland | 485 |
| 5 | Slowenien | 421 |
| 6 | Österreich | 345 |
| 7 | Neuseeland | 291 |
| 8 | Lettland | 286 |
| 9 | Gabun | 255 |
| 10 | Malaysia | 143 |
| 11 | Slowakei | 129 |
| 12 | Salomon-Inseln | 119 |
| 13 | Chile | 113 |
| 14 | Portugal | 111 |
| 15 | Tschechien | 106 |
| 16 | Italien | 88 |
| 17 | Polen | 77 |
| 18 | Litauen | 72 |
| 19 | Dänemark | 58 |
| 20 | Swasiland | 40 |

*Nettoexport von Holz und Papier pro Kopf und Jahr in US-Dollar

# 111 Exporte von Holz und Papier

**Holz, Bauholz, Holz- und Korkprodukte, Sperrholz, Zellstoff und Papier – die wichtigsten Exporteure sind die waldreichen Länder des Nordens.**

Immerhin 4,2 Prozent des globalen Exportvolumens stammen aus dem Handel mit Holz und Papier. Die meisten Staaten sind Netto-Importländer, die bedeutendsten Nettoexporteure sind Kanada, Finnland, Schweden und Indonesien. Zusammen kommen sie auf fast zwei Drittel aller Nettoexporte. Bei den Pro-Kopf-Exporten für Holz und Papier liegt Finnland an erster Stelle, Schweden folgt mit großem Abstand und erreicht gut die Hälfte der finnischen Zahlen.

**NETTOEXPORTE VON HOLZ UND PAPIER**

Jährliche Erlöse in Milliarden US-Dollar

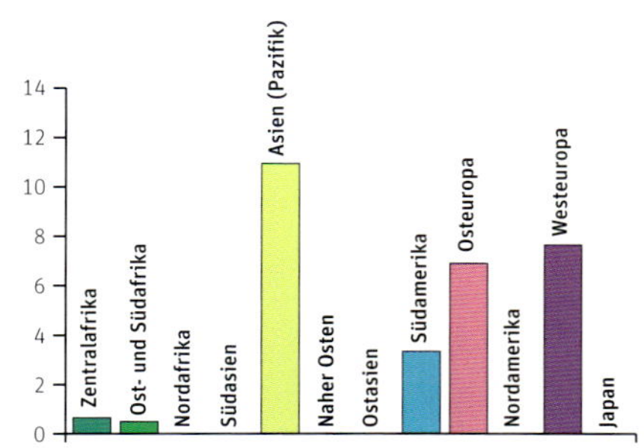


*»Zellstoff- und Papierfabriken in Abholzungsgebieten sind berüchtigte Umweltverschmutzer.«*

Eduardo Tadem, »Conflict over Land-Based Natural Ressources in the ASEAN Countries«, 1990

**HÖCHSTE NETTOIMPORTE VON HOLZ UND PAPIER**

| Rang | Land | US-Dollar* |
|---|---|---|
| 1 | Andorra | 693 |
| 2 | Grönland | 631 |
| 3 | Tuvalu | 457 |
| 4 | Island | 448 |
| 5 | Bahamas | 414 |
| 6 | St. Kitts und Nevis | 284 |
| 7 | Luxemburg | 284 |
| 8 | Cookinseln | 260 |
| 9 | Irland | 258 |
| 10 | Barbados | 254 |
| 11 | Katar | 244 |
| 12 | Vereinigte Arabische Emirate | 242 |
| 13 | Zypern | 236 |
| 14 | Schweiz | 217 |
| 15 | Niue | 210 |
| 16 | St. Lucia | 209 |
| 17 | Malta | 200 |
| 18 | Norwegen | 191 |
| 19 | Großbritannien | 186 |
| 20 | Antigua und Barbuda | 171 |

*Nettoimport von Holz und Papier pro Kopf und Jahr in US-Dollar

# 112 Importe von Holz und Papier

**Der Löwenanteil der Nettoimporte an Holz und Papier geht in die wohlhabenden Länder.**

Nahezu vier Fünftel der Nettoausgaben für Holz- und Papiereinfuhren insgesamt, gemessen in US-Dollar, leisten sich wohlhabende Regionen wie Nordamerika, Westeuropa und Japan. So importiert das asiatische Inselreich pro Kopf und Jahr Holz und Papier im Wert von 98 Dollar.

Der Zwergstaat Andorra kommt auf das Siebenfache dieser Summe, nämlich 693 Dollar pro Kopf und Jahr. Dennoch ist Andorra auf dieser Karte kaum sichtbar, da der Dollarwert seiner Gesamtnettoimporte von Holz und Papier im globalen Maßstab unbedeutend ist.

**NETTOIMPORTE VON HOLZ UND PAPIER**
Jährliche Ausgaben in Milliarden US-Dollar

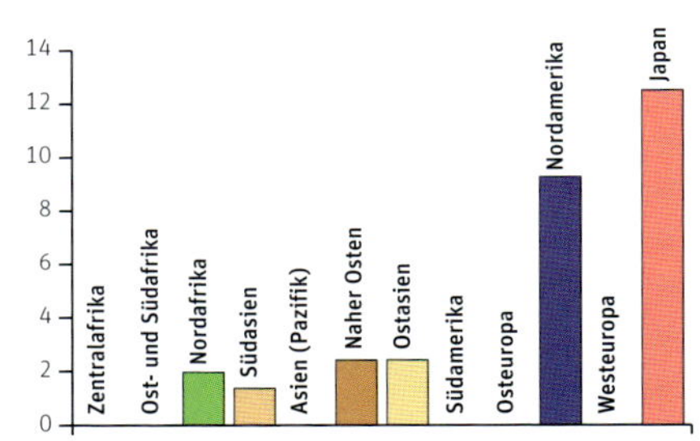


*»Viele Konsumenten von Holz und Papier und viele Holzwirtschaftsunternehmen glauben, dass man Abholzung ohne negative Folgen betreiben kann.«*
Forestry Stewardship Council (FSC), 2004

**HÖCHSTE NETTOEXPORTE VON NATURPRODUKTEN**

| Rang | Land | US-Dollar* |
|---|---|---|
| 1 | Island | 596 |
| 2 | Luxemburg | 307 |
| 3 | Niederlande | 272 |
| 4 | Belgien | 261 |
| 5 | Dänemark | 151 |
| 6 | Italien | 95 |
| 7 | Argentinien | 90 |
| 8 | Irland | 86 |
| 9 | Tschechien | 64 |
| 10 | Taiwan | 53 |
| 11 | Neuseeland | 44 |
| 12 | Uruguay | 40 |
| 13 | Thailand | 35 |
| 14 | Costa Rica | 34 |
| 15 | Spanien | 33 |
| 16 | Deutschland | 23 |
| 17 | Peru | 21 |
| 18 | Brasilien | 20 |
| 19 | Paraguay | 20 |
| 20 | Bolivien | 19 |

*Nettoexport von Naturprodukten pro Kopf und Jahr in US-Dollar

# 113 Exporte von Naturprodukten

## Dollarwert der Nettoexporte von Naturprodukten wie Naturkautschuk, Tiernahrung und Leder

Auch Haus- und Zootiere – aber kein Schlachtvieh – gehören in diese Kategorie, obwohl sie nur einen geringen Anteil am Gesamtvolumen haben.

Naturprodukte haben einen Anteil von 6,7 Prozent an allen Exporteinnahmen weltweit. In der Bewertung nach Einzelstaaten wie nach Regionen steht Westeuropa an der Spitze – was freilich weniger dem quantitativen Exportvolumen als vielmehr den teilweise sehr hohen Kosten geschuldet ist.

Umgekehrt exportieren einige südamerikanische Länder große Mengen niedrigpreisiger Güter und kommen so ebenfalls auf hohe Nettoerlöse aus dem Export von Naturprodukten, allen voran Argentinien und Brasilien mit zusammen 80 Prozent der südamerikanischen Nettoexporte.

**NETTOEXPORTE VON NATURPRODUKTEN**
Jährliche Erlöse in Milliarden US-Dollar

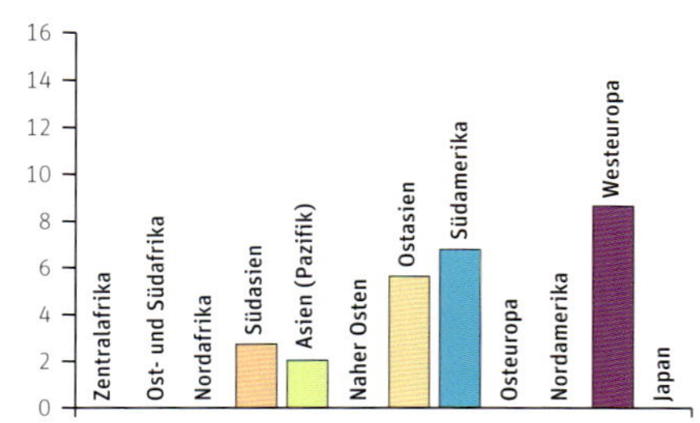


*»Malaysia blickt auf eine lange Tradition international begehrter Exporte zurück. Seit vorchristlicher Zeit ist es bekannt als Quelle … exotischer Waren wie Vogelfedern, essbare Vogelnester, wohlriechende Hölzer, Baumharze etc.«* John Drabble, Wirtschaftshistoriker, Universität Sydney, 2004

**HÖCHSTE NETTOIMPORTE VON NATURPRODUKTEN**

| Rang | Land | US-Dollar* |
|---|---|---|
| 1 | Andorra | 609 |
| 2 | Grönland | 359 |
| 3 | Bahamas | 314 |
| 4 | Katar | 305 |
| 5 | Tuvalu | 260 |
| 6 | Vereinigte Arabische Emirate | 258 |
| 7 | Bahrain | 234 |
| 8 | Zypern | 225 |
| 9 | Norwegen | 216 |
| 10 | St. Kitts und Nevis | 208 |
| 11 | Brunei | 198 |
| 12 | Kuwait | 177 |
| 13 | St. Lucia | 159 |
| 14 | Cookinseln | 140 |
| 15 | Hongkong | 127 |
| 16 | Barbados | 104 |
| 17 | Niue | 103 |
| 18 | St. Vincent und die Grenadinen | 102 |
| 19 | Grenada | 100 |
| 20 | Österreich | 95 |

*Nettoimport von Naturprodukten pro Kopf und Jahr in US-Dollar

# 114 Importe von Naturprodukten

## Drei Viertel der erfassten 200 Staaten sind Nettoimporteure von Naturprodukten.

Bei der Pro-Kopf-Menge an der Spitze steht das winzige Fürstentum Andorra mit einem Nettowert von über 600 Dollar pro Jahr. Dieser hohe Betrag zeugt einerseits vom Wohlstand dieses Zwergstaates, illustriert andererseits aber auch die Tatsache, dass von dort nahezu keine Naturprodukte ausgeführt werden. Andorras Nachbar Frankreich – ein ebenfalls reiches Land – erreicht auf der anderen Seite bei Naturprodukten einen Netto-Exportwert von nur 0,27 US-Dollar, da die Importe die durchaus beträchtlichen Exporte nahezu ausgleichen.

Den Kontrast dazu bildet die Zentralafrikanische Republik, deren Pro-Kopf-Import ebenfalls gering ist, was aber daran liegt, dass dieser Staat so gut wie keine Naturprodukte ein- und ausführt.

*»Saudi-Arabien hat den Handel mit wild lebenden Tieren eingeschränkt und damit erneut den Versuch unternommen, seltene Arten zu schützen.«* M. Ghazanfar Ali Khan, Arab News, 2004

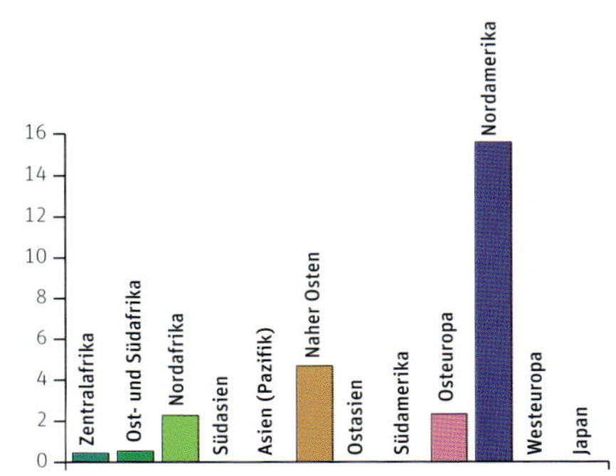


**NETTOIMPORTE VON NATURPRODUKTEN**
Jährliche Ausgaben in Milliarden US-Dollar

# Die Welt der Wirtschaft

## Industriegüter und Dienstleistungen



## Wohlstand und Armut



## Beschäftigung und Produktivität

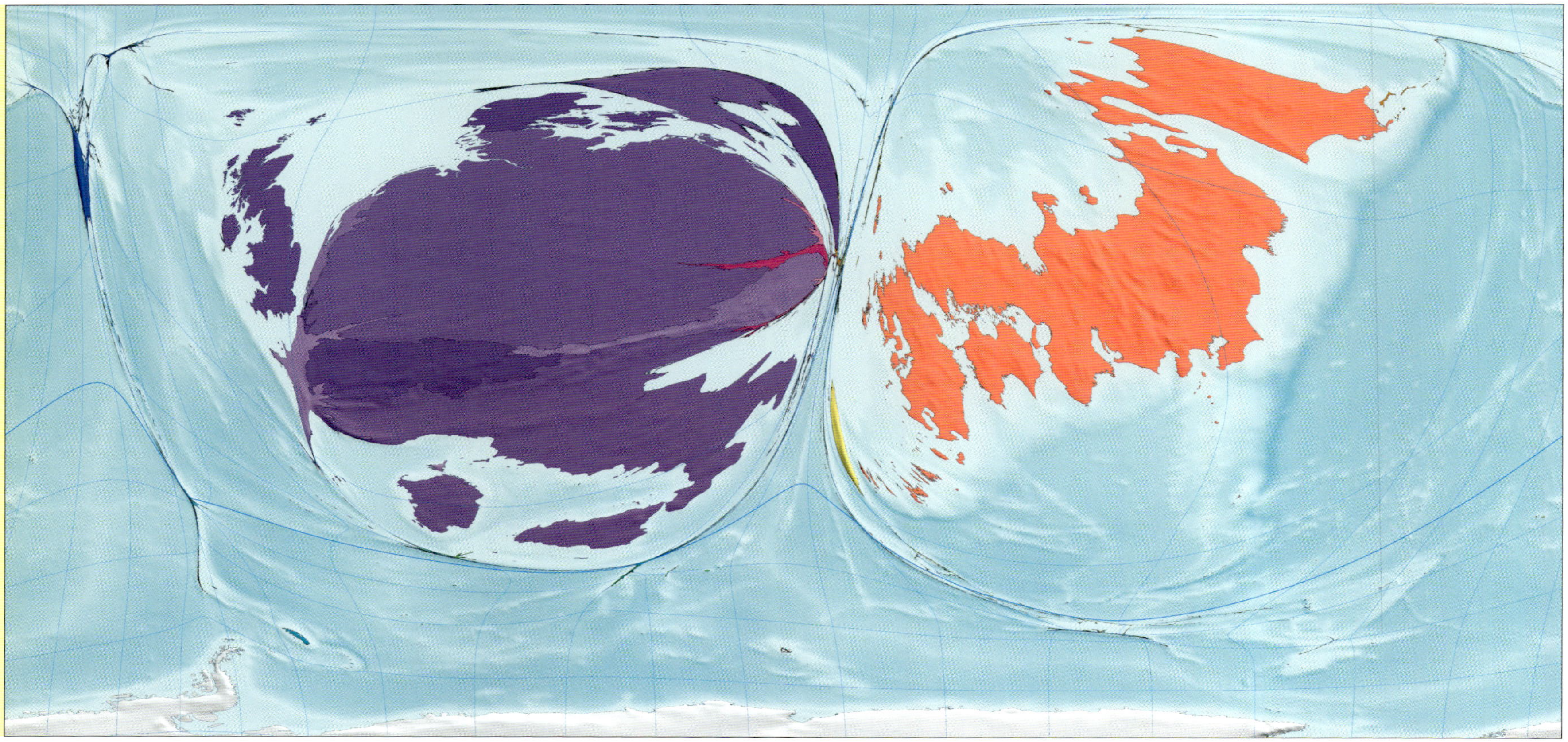

**HÖCHSTE NETTOEXPORTE VON MASCHINEN**

| Rang | Land | US-Dollar* |
|---|---|---|
| 1 | Schweiz | 1075 |
| 2 | Deutschland | 659 |
| 3 | Dänemark | 506 |
| 4 | Italien | 502 |
| 5 | Schweden | 486 |
| 6 | Österreich | 485 |
| 7 | Finnland | 441 |
| 8 | Japan | 423 |
| 9 | Großbritannien | 84 |
| 10 | Niederlande | 47 |
| 11 | Tschechien | 25 |
| 12 | Taiwan | 24 |
| 13 | Frankreich | 22 |
| 14 | Vereinigte Staaten | 2 |
| 15 | Ungarn | 1 |

*Jährlicher Nettoexport von Maschinen pro Kopf und Jahr in US-Dollar. (Die Datenquellen geben nur 15 Netto-Exportländer an. Die Werte für Liechtenstein, Monaco, San Marino und Vatikanstadt beruhen auf Schätzungen anhand der Ergebnisse von Nachbarstaaten und bleiben deshalb unberücksichtigt.)

# 115 Exporte von Maschinen

**Als Maschinen und Anlagen gelten z. B. Motoren, Turbinen und Pumpen, aber auch Maschinen zur Nahrungsmittel- oder Buchproduktion sowie Werkzeugmaschinen.**

Der Maschinenbau ist lukrativ. Mit dem Export von Maschinen werden 10,5 Prozent aller weltweiten Ausfuhreinnahmen erzielt. Den größten Pro-Kopf-Gewinn erzielt die Schweiz mit knapp über 1000 US-Dollar.

Aber nur 19 Staaten, vorwiegend in Westeuropa, dazu Japan, teilen sich diesen Reichtum und sind Nettoexporteure von Maschinen, während der Nettoexport in den übrigen Weltregionen keine große Rolle spielt.

*»Da, im flackernden Licht der Lampe, da war sie, die Maschine, plump, hässlich und verquer, ein Ding aus Messing, Ebenholz, Elfenbein und durchsichtig schimmerndem Quarz.«* H. G. Wells, »Die Zeitmaschine«, 1898

**NETTOEXPORTE VON MASCHINEN**
Jährliche Erlöse in Milliarden US-Dollar

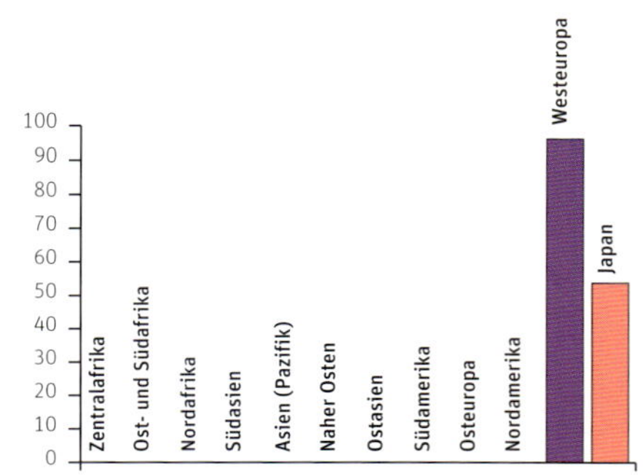

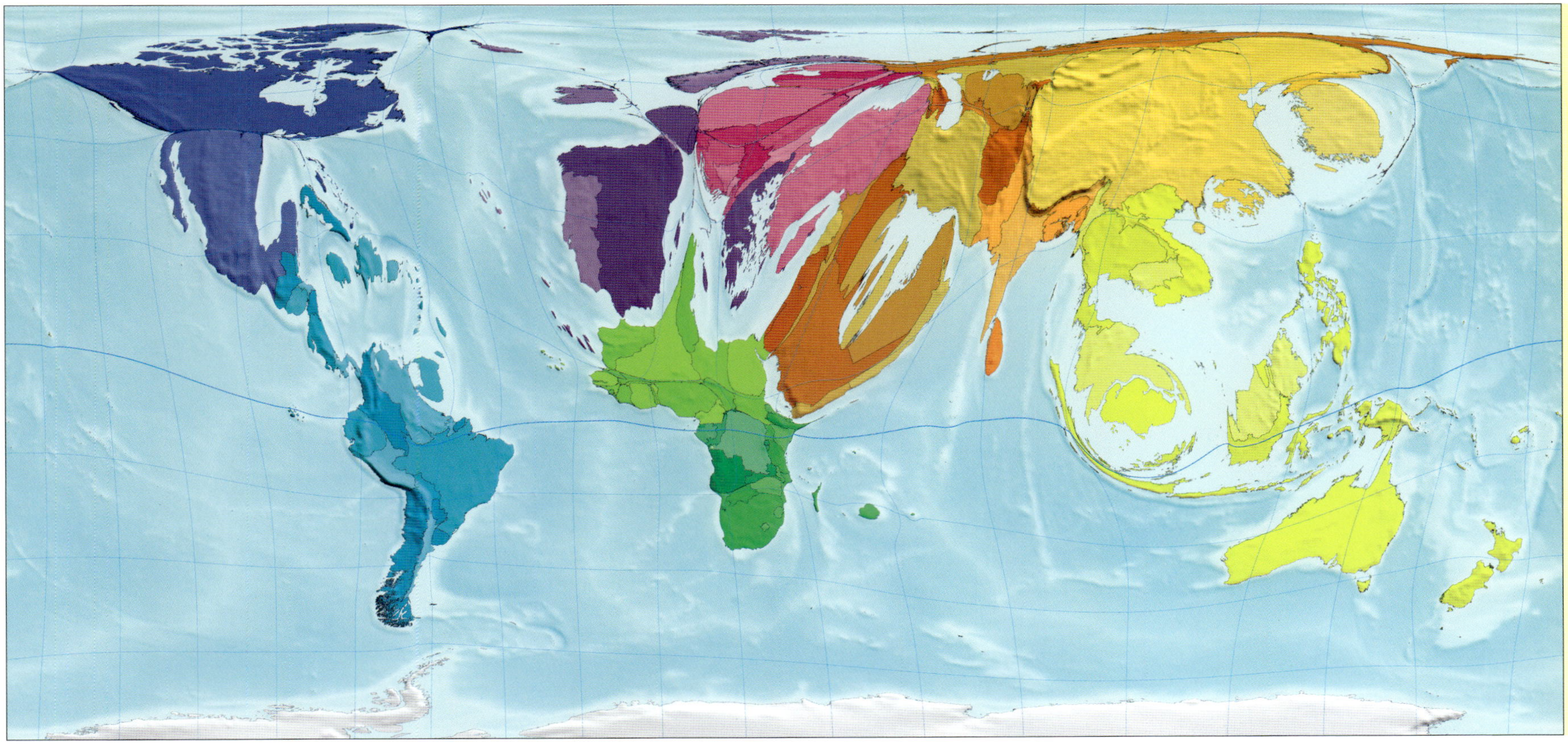

**HÖCHSTE NETTOIMPORTE VON MASCHINEN**

| Rang | Land | US-Dollar* |
|---|---|---|
| 1 | Katar | 1317 |
| 2 | Vereinigte Arabische Emirate | 1026 |
| 3 | Singapur | 883 |
| 4 | Andorra | 861 |
| 5 | Grönland | 799 |
| 6 | Zypern | 606 |
| 7 | Brunei | 592 |
| 8 | Bahrain | 535 |
| 9 | Trinidad und Tobago | 478 |
| 10 | Kuwait | 448 |
| 11 | Kanada | 395 |
| 12 | Island | 362 |
| 13 | Bahamas | 350 |
| 14 | St. Kitts und Nevis | 345 |
| 15 | Australien | 339 |
| 16 | Norwegen | 332 |
| 17 | Malta | 315 |
| 18 | Estland | 303 |
| 19 | Neuseeland | 303 |
| 20 | Oman | 274 |

*Nettoimport von Maschinen pro Kopf und Jahr in US-Dollar

# 116 Importe von Maschinen

**90 Prozent aller Länder der Erde importieren mehr Maschinen, als sie exportieren.**

Katar und die Vereinigten Emirate im Nahen Osten geben mit über 1000 US-Dollar pro Kopf und Jahr am meisten Geld für Maschinen aus. Diese Warengruppe umfasst eine große Bandbreite von Gütern. Den Löwenanteil der Importe machen nichtelektronische Bauteile aus. Das können Ersatzteile für bestehende Anlagen sein, aber auch Teile, aus denen am Bestimmungsort eine neue Maschine zusammengebaut wird.

**NETTOIMPORTE VON MASCHINEN**
Jährliche Ausgaben in Milliarden US-Dollar

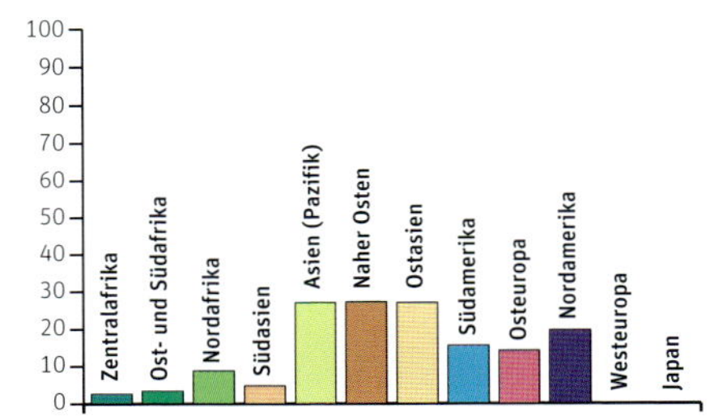

# 117 Elektronikexporte

**Unter diesem Begriff subsumiert man Hochtechnologie von der Unterhaltungselektronik bis zu medizinischen Geräten.**

Der Begriff Elektronik umfasst in erster Linie das weite Feld der Unterhaltungselektronik, etwa Fernsehgeräte, Radios, Hi-Fi-Anlagen und Fotoartikel, aber auch medizinische Geräte.

Weltweit erzielen elektronische Geräte 10,2 Prozent aller Exporterlöse. Führende Hersteller sind asiatische Nationen wie Japan, China, Taiwan und Malaysia. Der in den Achtzigerjahren des vergangenen Jahrhunderts für Taiwan, Hongkong und Singapur geprägte Begriff »Tigerstaaten«, als Synonym für Länder mit hohem Wirtschaftswachstum, rasanter Industrialisierung und exportorientierten Handelsstrategien, passt mittlerweile auch auf Großmächte wie China. Exporte aus Asien decken 85 Prozent des Bedarfs an elektronischen Geräten in den Netto-Importländern.

*»Korea, Taiwan, Singapur, Hongkong und Malaysia beweisen, dass auch kleine Länder in der Lage sind, im weltweiten Wettbewerb zu bestehen.«*

Michael J. Kelly, School of Engineering and Technology, California State University, Los Angeles, 1997

**HÖCHSTE NETTO-ELEKTRONIKEXPORTE**

| Rang | Land | US-Dollar* |
|---|---|---|
| 1 | Irland | 716 |
| 2 | Taiwan | 535 |
| 3 | Malaysia | 404 |
| 4 | Hongkong | 342 |
| 5 | Japan | 326 |
| 6 | Singapur | 279 |
| 7 | Slowenien | 270 |
| 8 | Schweiz | 219 |
| 9 | St. Kitts und Nevis | 203 |
| 10 | Samoa | 187 |
| 11 | Costa Rica | 151 |
| 12 | Deutschland | 130 |
| 13 | Südkorea | 116 |
| 14 | Thailand | 78 |
| 15 | Mexiko | 75 |
| 16 | Nordkorea | 27 |
| 17 | Ungarn | 26 |
| 18 | Indonesien | 18 |
| 19 | China | 14 |
| 20 | Portugal | 12 |

*Netto-Elektronikexport pro Kopf und Jahr in US-Dollar

**NETTO-ELEKTRONIKEXPORTE**
Jährliche Einnahmen in Milliarden US-Dollar

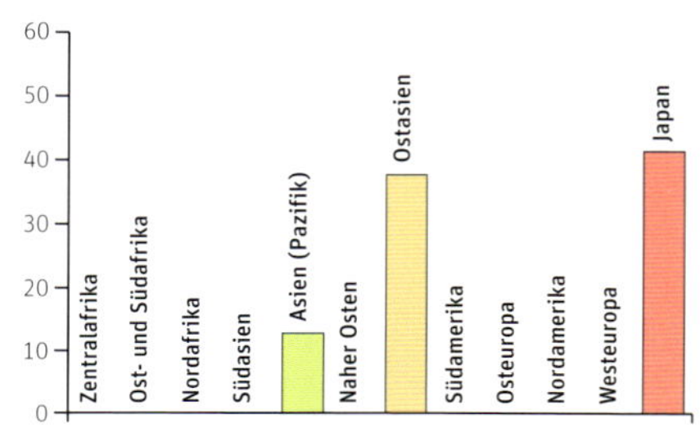

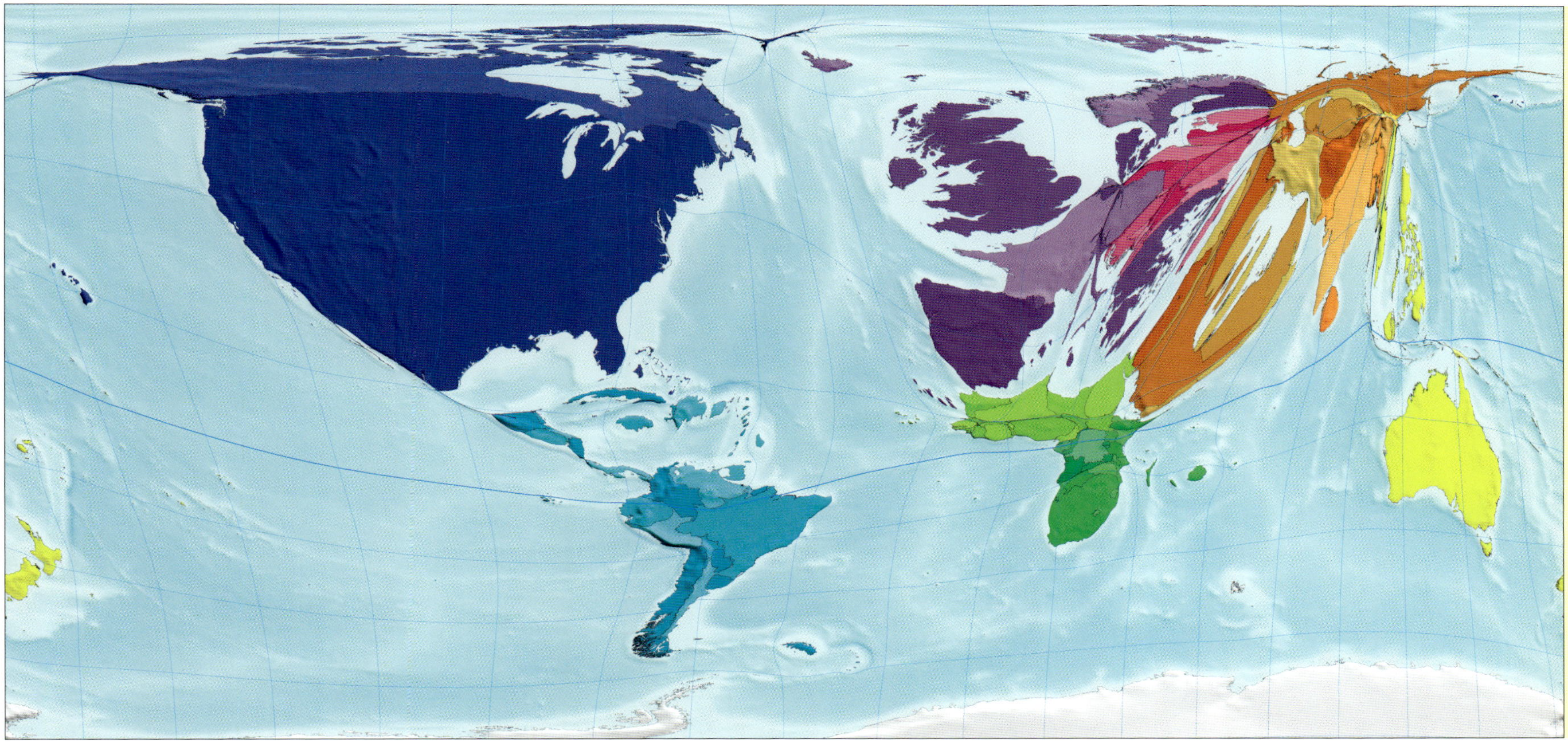

# 118 Elektronikimporte

**Das breite Angebot an preisgünstiger Ware macht Unterhaltungselektronik auch für weniger wohlhabende Länder erschwinglich.**

Für viele Menschen ist der tägliche Umgang mit elektronischen Geräten selbstverständlich, andere kommen kaum damit in Berührung, vor allem Menschen, die in Gegenden leben, in denen es keine oder nur eine unzureichende Stromversorgung gibt. Diese wird freilich weltweit immer zuverlässiger, vor allem in China, und damit wird auch die Nutzung elektronischer Geräte zunehmen.

Global gesehen ergeben sich für die Vereinigten Staatendie höchsten Nettoimporte. Im Jahr 2002 gaben US-Bürger 47 Milliarden Dollar für importierte Elektronikartikel aus. Auch als Region steht Nordamerika mit fast der Hälfte aller weltweiten Netto-Elektronikimporte an der Spitze. Das ähnlich bevölkerungsreiche Nordafrika kommt hingegen auf nur fünf Prozent.

**HÖCHSTE NETTO-ELEKTRONIKIMPORTE**

| Rang | Land | US-Dollar* |
|---|---|---|
| 1 | Andorra | 1680 |
| 2 | Katar | 658 |
| 3 | Island | 649 |
| 4 | Vereinigte Arabische Emirate | 611 |
| 5 | Bahrain | 403 |
| 6 | Norwegen | 400 |
| 7 | Kanada | 399 |
| 8 | Brunei | 396 |
| 9 | Estland | 306 |
| 10 | Kuwait | 287 |
| 11 | Zypern | 279 |
| 12 | Australien | 269 |
| 13 | Tuvalu | 243 |
| 14 | Bahamas | 241 |
| 15 | Barbados | 203 |
| 16 | Neuseeland | 197 |
| 17 | Cookinseln | 196 |
| 18 | Antigua und Barbuda | 188 |
| 19 | Niue | 175 |
| 20 | Griechenland | 173 |

*Netto-Elektronikimport pro Kopf und Jahr in US-Dollar

**NETTO-ELEKTRONIKIMPORTE**
Jährliche Ausgaben in Milliarden US-Dollar

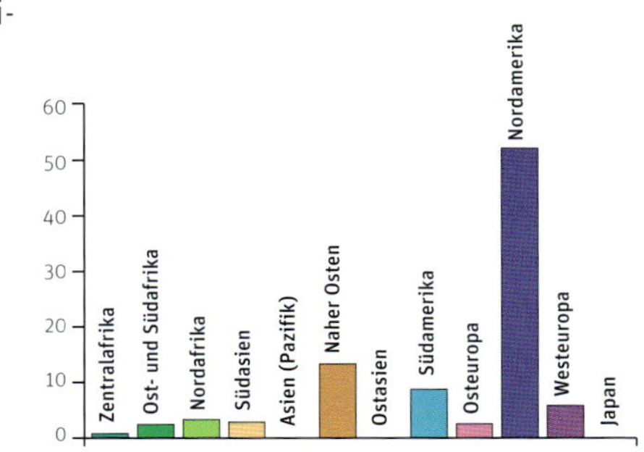

**HÖCHSTE NETTO-COMPUTEREXPORTE**

| Rang | Land | US-Dollar* |
|---|---|---|
| 1 | Singapur | 4450 |
| 2 | Irland | 1787 |
| 3 | Finnland | 922 |
| 4 | Malta | 764 |
| 5 | Südkorea | 344 |
| 6 | Taiwan | 339 |
| 7 | Schweden | 316 |
| 8 | Malaysia | 238 |
| 9 | Israel | 208 |
| 10 | Japan | 137 |
| 11 | Niederlande | 132 |
| 12 | Großbritannien | 122 |
| 13 | Philippinen | 106 |
| 14 | Estland | 73 |
| 15 | Ungarn | 71 |
| 16 | Nordkorea | 11 |
| 17 | Indonesien | 10 |
| 18 | Mali | 2 |

*Netto-Computerexport pro Kopf und Jahr in US-Dollar. (Die Datenquellen geben nur 18 Netto-Exportländer an.)

# 119 Computerexporte

**In den reicheren Ländern der Erde sind Computer mittlerweile geradezu allgegenwärtig.**

In den reicheren Staaten der Welt beherrschen Computer viele Bereiche des täglichen Lebens. Sie helfen bei der Arbeit, kontrollieren Maschinen, Autos, den Luft- und Eisenbahnverkehr und ermöglichen eine verzögerungsfreie Kommunikation mit Geschäftspartnern, Kollegen und Freunden rund um die Welt.

10,6 Prozent aller weltweiten Exporterlöse werden mit Computern erzielt. Auf die höchsten Pro-Kopf-Einnahmen kommt Singapur, das 2,5-mal so viel erlöst wie das zweitplatzierte Irland. Unter den Regionen liegen der asiatische Pazifikraum und Australien, Ostasien und Japan vorne. In Westeuropa gibt es zwar eine Reihe von Staaten mit erheblichen Nettoexporten, auf die gesamte Region gesehen gleichen sich aber Import und Export weitgehend aus.

*»Singapur soll zu einer intelligenten Insel werden, wo die Informationstechnologie jeden Bereich der Gesellschaft durchdringt – zu Hause, am Arbeitsplatz, beim Spiel.«* Chun Wei Choo, »Singapore's Vision of an Intelligent Island«, 1997

**NETTO-COMPUTEREXPORTE**

Jährliche Einnahmen in Milliarden US-Dollar

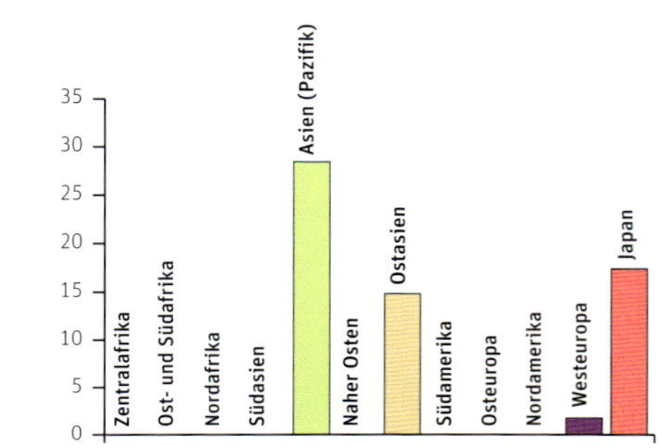

**HÖCHSTE NETTO-COMPUTERIMPORTE**

| Rang | Land | US-Dollar* |
|---|---|---|
| 1 | Andorra | 722 |
| 2 | Hongkong | 616 |
| 3 | Schweiz | 476 |
| 4 | Luxemburg | 437 |
| 5 | Island | 373 |
| 6 | Costa Rica | 291 |
| 7 | Norwegen | 270 |
| 8 | Australien | 246 |
| 9 | St. Lucia | 231 |
| 10 | Dänemark | 203 |
| 11 | Kanada | 201 |
| 12 | Neuseeland | 187 |
| 13 | Antigua und Barbuda | 186 |
| 14 | Vereinigte Arabische Emirate | 183 |
| 15 | Barbados | 179 |
| 16 | Zypern | 178 |
| 17 | Portugal | 177 |
| 18 | Grönland | 171 |
| 19 | Katar | 163 |
| 20 | Bahamas | 156 |

*Netto-Computerimport pro Kopf und Jahr in US-Dollar

# 120 Computerimporte

**Ein Blick auf die Proportionen zeigt den nahezu unstillbaren Appetit der Vereinigten Staaten, die alle übrigen Netto-Importstaaten weit hinter sich lassen.**

Der erste kommerzielle Computer wurde vor nur 60 Jahren verkauft. Seitdem aber Preise und Größe der Geräte rapide geschwunden, Prozessorleistung und Speicherkapazität aber ebenso schnell gewachsen sind, wird die Welt von Rechnern geradezu überschwemmt. Wie bei vielen anderen Handelsgütern liegen die Vereinigten Staaten auch beim Netto-import von Computern weltweit an erster Stelle – sie führen fünfmal so viele ein wie jeder andere Staat.

*»Aufgrund der geringen Nutzungsdauer von Geräten im EDV-Bereich entstehen ganze Berge von Müll.«*
Tim Hirsch, BBC-Umweltkorrespondent, 2004

**NETTO-COMPUTERIMPORTE**
Jährliche Ausgaben in Milliarden US-Dollar

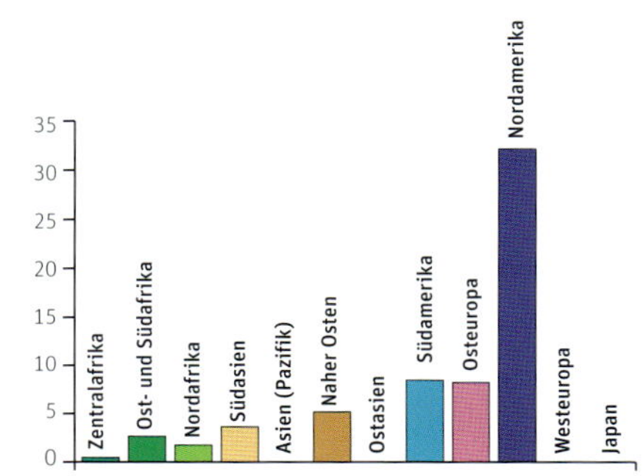

**HÖCHSTE NETTOEXPORTE VON TRANSPORT- UND REISEDIENSTLEISTUNGEN**

| Rang | Land | US-Dollar* |
|---|---|---|
| 1 | Antigua und Barbuda | 2606 |
| 2 | Luxemburg | 2163 |
| 3 | Hongkong | 1848 |
| 4 | Zypern | 1837 |
| 5 | Seychellen | 1738 |
| 6 | St. Lucia | 1530 |
| 7 | Barbados | 1415 |
| 8 | Malta | 1009 |
| 9 | Griechenland | 908 |
| 10 | Malediven | 834 |
| 11 | Spanien | 665 |
| 12 | St. Kitts und Nevis | 635 |
| 13 | Grenada | 611 |
| 14 | St. Vincent und die Grenadinen | 564 |
| 15 | Estland | 491 |
| 16 | Österreich | 478 |
| 17 | Norwegen | 364 |
| 18 | Slowenien | 351 |
| 19 | Dänemark | 341 |
| 20 | Mauritius | 329 |

*Nettoexport von Transport- und Reisedienstleistungen pro Kopf und Jahr in US-Dollar

# 121 Exporte von Transport- und Reisedienstleistungen

**Die Logistikindustrie sorgt weltweit für den Transport von Personen und Gütern auf dem Land-, See- und Luftweg.**

Es liegt an der Logistik, dass die Importkosten inzwischen höher sind als die Gewinne der Exporteure. Denn der Käufer muss zu den Gütern auch den Transport bezahlen, der Verkäufer erhält nur das Geld für die Waren. Wertet man Transportdienstleistungen ebenfalls als »Export« und weist sie getrennt aus, erhöht sich der Exportwert. Diese Karte zeigt die Gesamterlöse der einzelnen Länder aus Transportdienstleistungen.

Derselbe Zusammenhang besteht beim Transport von Touristen, nur wird er hier als Reisedienstleistungen bezeichnet. Hier bietet sich ein Vergleich mit Karte 027 an, die die Nettoeinnahmen aus dem Tourismus zeigt. Beide Karten unterscheiden sich, da die Fremdenverkehrsindustrie nicht nur am Transport verdient, sondern auch an Unterbringung und Verpflegung. Außerdem sind in Karte 027 Handelstransporte nicht berücksichtigt.

**NETTOEXPORTE VON TRANSPORT- UND REISEDIENSTLEISTUNGEN**
Jährliche Erlöse in Milliarden US-Dollar

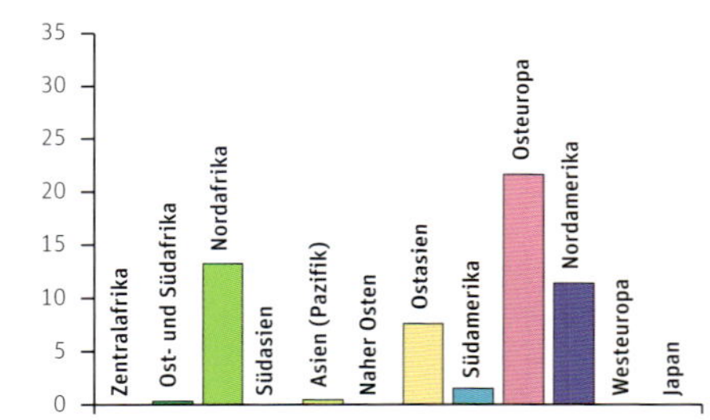


*»Dienstleistungen, sei es Architektur, Voicemail-Kommunikation oder Weltraumtransporte, sind der Wachstumsmotor in Industrie- und Entwicklungsländern.«* WTO, 2006

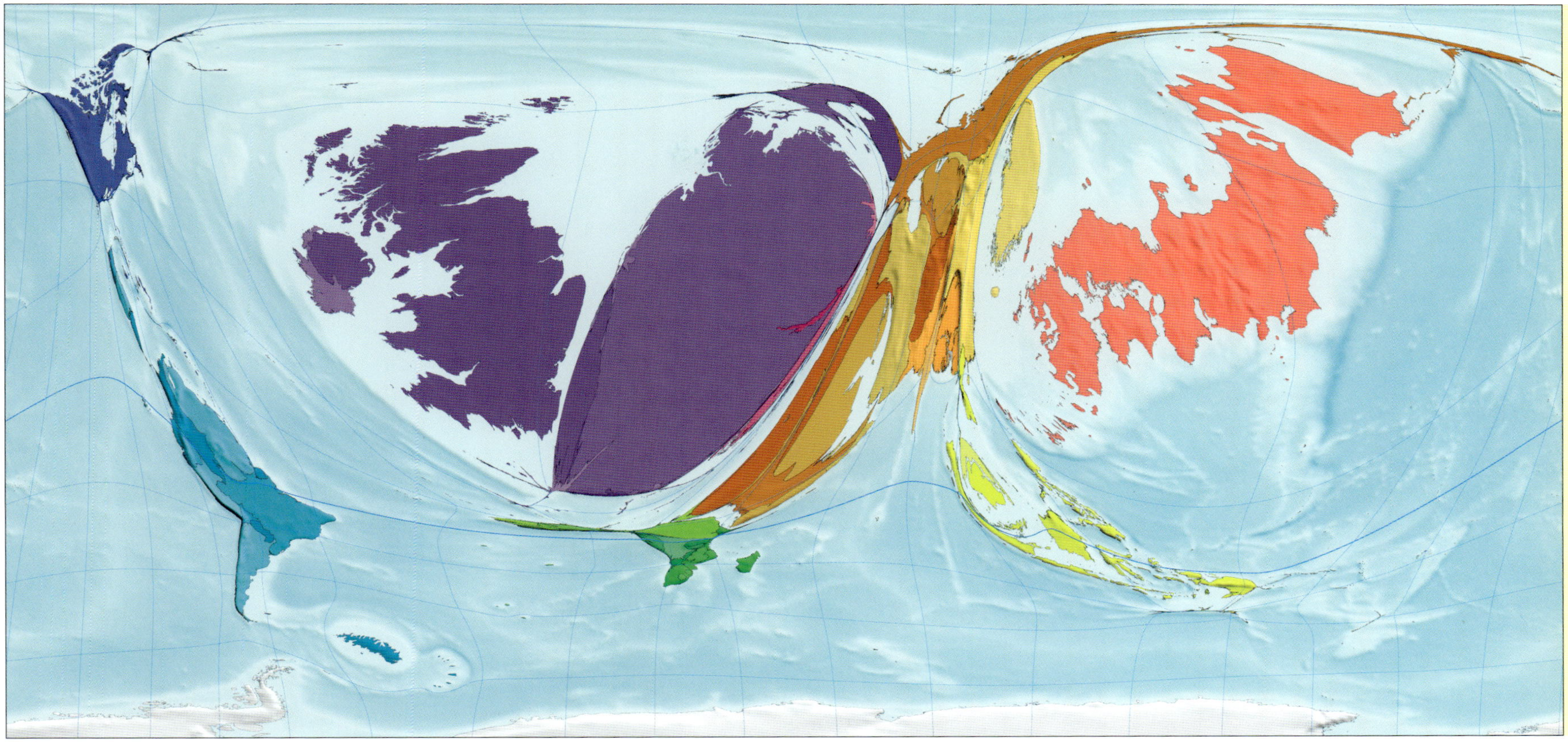

# 122 Importe von Transport- und Reisedienstleistungen

**Die Proportionen zeigen, wie viel die einzelnen Länder für im Ausland eingekaufte Transport- und Reisedienstleistungen ausgeben.**

Japan sowie der Nahe Osten und Zentralasien sind die Regionen mit den höchsten Ausgaben für importierte Transport- und Reisedienstleistungen. Diese Länder geben mehr Geld für die Leistungen von Transport- und Reiseunternehmen anderer Länder aus, als die einheimische Branche ihrerseits ins Ausland verkauft.

Der Staat mit den höchsten Pro-Kopf-Ausgaben ist Kuwait. In US-Dollar bewertet, importiert es dreimal so viele Transport- und Reisedienstleistungen wie die folgenden Länder Großbritannien und Deutschland.

**HÖCHSTE NETTOIMPORTE VON TRANSPORT- UND REISEDIENSTLEISTUNGEN**

| Rang | Land | US-Dollar* |
|---|---|---|
| 1 | Kuwait | 1467 |
| 2 | Großbritannien | 482 |
| 3 | Deutschland | 477 |
| 4 | Israel | 370 |
| 5 | Japan | 240 |
| 6 | Belgien | 233 |
| 7 | Singapur | 228 |
| 8 | Irland | 213 |
| 9 | Finnland | 196 |
| 10 | Kroatien | 171 |
| 11 | Surinam | 139 |
| 12 | Schweden | 104 |
| 13 | Kanada | 93 |
| 14 | Venezuela | 69 |
| 15 | Südkorea | 55 |
| 16 | DR Kongo | 35 |
| 17 | Russland | 31 |
| 18 | Argentinien | 27 |
| 19 | Ecuador | 24 |
| 20 | Jemen | 21 |

*Nettoimport von Transport- und Reisedienstleistungen pro Kopf und Jahr in US-Dollar

**NETTOIMPORTE VON TRANSPORT- UND REISEDIENSTLEISTUNGEN**
Jährliche Ausgaben in Milliarden US-Dollar

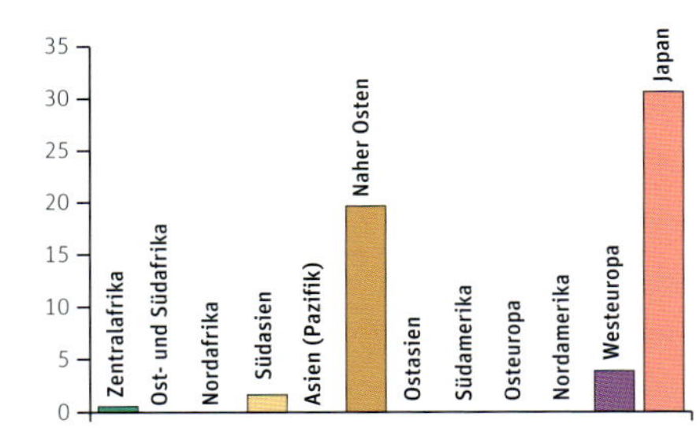

**HÖCHSTE NETTOEXPORTE VON VERKEHRSMITTELN**

| Rang | Land | US-Dollar* |
|---|---|---|
| 1 | Japan | 255 |
| 2 | Südkorea | 239 |
| 3 | Deutschland | 235 |
| 4 | Frankreich | 191 |
| 5 | Taiwan | 83 |
| 6 | Italien | 75 |
| 7 | Schweden | 68 |
| 8 | Tschechien | 41 |
| 9 | Weißrussland | 35 |
| 10 | Finnland | 30 |
| 11 | Niederlande | 14 |
| 12 | Elfenbeinküste | 13 |
| 13 | Brasilien | 12 |
| 14 | Polen | 11 |
| 15 | Trinidad und Tobago | 10 |
| 16 | Vereinigte Staaten | 9 |
| 17 | Nordkorea | 9 |
| 18 | Mexiko | 9 |
| 19 | Argentinien | 7 |
| 20 | Liberia | 5 |

*Nettoexport von Verkehrsmitteln pro Kopf und Jahr in US-Dollar

# 123 Exporte von Verkehrsmitteln

**Nur 27 Länder weisen bei Verkehrsmitteln eine Netto-Exportquote auf. Die Rubrik umfasst alle mechanischen Transportmittel außer Pkw.**

Unter Verkehrsmitteln sind hier Lastkraftwagen, Fahrräder, Krafträder, Leichtkrafträder, Eisenbahnzüge, Omnibusse, Schiffe, Flugzeuge und Autoteile zu verstehen, aber keine Pkw. Diese werden gesondert auf Karte 125 erfasst.

Sechs Prozent aller weltweiten Exporterlöse werden mit Verkehrsmitteln erzielt.

Die bedeutendsten Ausfuhrländer sind Japan, Deutschland, Frankreich und Südkorea. Demgegenüber gibt es in Südasien, dem Nahen Osten und Zentralasien, Zentral-, Ost- und Südafrika kein einziges Netto-Exportland. Japan weist die höchsten Gesamtnettoexporte auf und erzielt auch das beste Pro-Kopf-Ergebnis.

*»Wir werden viel mehr als 250 [vom Airbus A380] verkaufen, wir werden 700 oder 750 verkaufen. Wissen Sie, es ist ein Flugzeug, das 30 oder 40 Jahre lang fliegen wird.«*

Noël Forgeard, Airbus-Vorstandsvorsitzender, 2005

**NETTOEXPORTE VON VERKEHRSMITTELN**

Jährliche Erlöse in Milliarden US-Dollar

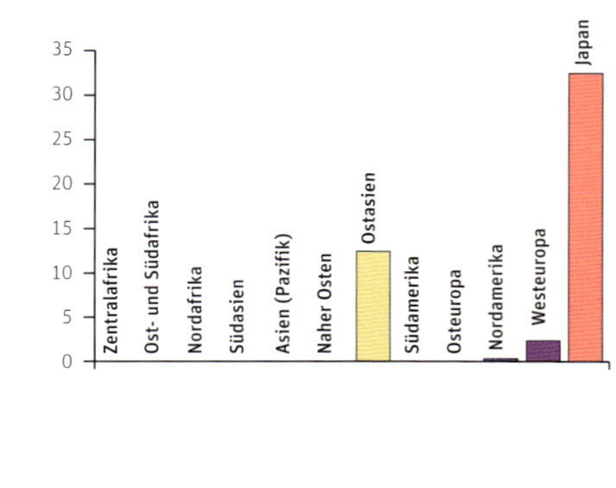

**HÖCHSTE NETTOIMPORTE VON VERKEHRSMITTELN**

| Rang | Land | US-Dollar* |
|---|---|---|
| 1 | Tuvalu | 3315 |
| 2 | Antigua und Barbuda | 2138 |
| 3 | Luxemburg | 2094 |
| 4 | Brunei | 814 |
| 5 | Singapur | 748 |
| 6 | Vereinigte Arabische Emirate | 605 |
| 7 | Katar | 575 |
| 8 | Irland | 537 |
| 9 | Island | 532 |
| 10 | Andorra | 521 |
| 11 | Seychellen | 404 |
| 12 | Griechenland | 379 |
| 13 | Dänemark | 363 |
| 14 | Zypern | 311 |
| 15 | Norwegen | 286 |
| 16 | Australien | 274 |
| 17 | Bahamas | 266 |
| 18 | Cookinseln | 263 |
| 19 | Großbritannien | 242 |
| 20 | Neuseeland | 229 |

*Nettoimporte von Verkehrsmitteln pro Kopf und Jahr in US-Dollar

# 124 Importe von Verkehrsmitteln

**Auch diese Karte erfasst die Gesamtheit der Verkehrsmittel zu Lande, zu Wasser und in der Luft mit Ausnahme von Pkw.**

Der asiatische Pazifikraum und Australien sowie der Nahe Osten und Zentralasien sind die bedeutendsten Importregionen von Verkehrsmitteln. Jede davon verbucht Nettoausgaben von über 15 Milliarden US-Dollar pro Jahr. Dieser Betrag ist mehr als dreimal so hoch wie bei der nächstfolgenden Weltregion auf der Rangliste. In Westeuropa gibt es zwar einige wichtige Importländer, aber insgesamt führt die Region deutlich mehr Verkehrsmittel aus.

In der Pro-Kopf-Wertung stehen erwartungsgemäß vergleichsweise wohlhabende Länder mit geringer Bevölkerung und ohne eigene Produktion von Verkehrsmitteln an der Spitze.

**NETTOIMPORTE VON VERKEHRSMITTELN**
Jährliche Ausgaben in Milliarden US-Dollar

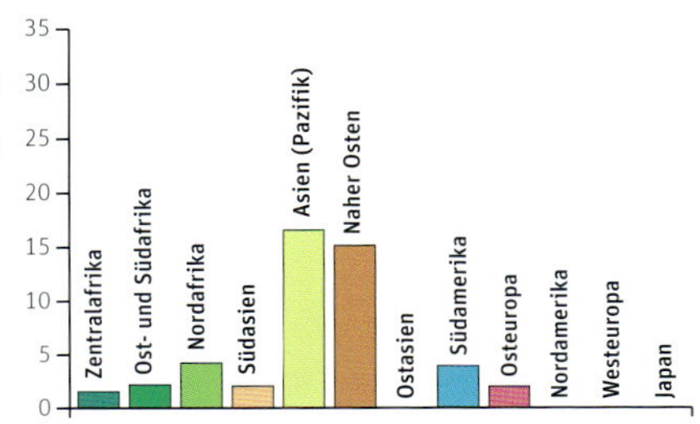

### HÖCHSTE NETTO-AUTOEXPORTE

| Rang | Land | US-Dollar* |
|---|---|---|
| 1 | Belgien | 695,0 |
| 2 | Deutschland | 589,4 |
| 3 | Kanada | 480,9 |
| 4 | Japan | 442,9 |
| 5 | Tschechien | 317,1 |
| 6 | Slowakei | 300,2 |
| 7 | Südkorea | 271,4 |
| 8 | Schweden | 197,8 |
| 9 | Slowenien | 182,2 |
| 10 | Spanien | 133,0 |
| 11 | Frankreich | 122,7 |
| 12 | Mexiko | 77,4 |
| 13 | Ungarn | 29,2 |
| 14 | Portugal | 19,8 |
| 15 | Niue | 16,6 |
| 16 | Südafrika | 14,7 |
| 17 | Argentinien | 11,4 |
| 18 | Thailand | 8,3 |
| 19 | Bosnien und Herzegowina | 7,7 |
| 20 | Brasilien | 7,2 |

*Nettoexport von Pkw pro Kopf und Jahr in US-Dollar

# 125 Pkw-Exporte

**Der globale Pkw-Markt wird von zwei »Auto-Nationen« beherrscht: Japan und Deutschland.**

Autos erzielen 5,3 Prozent aller weltweiten Außenhandelsüberschüsse gemessen in US-Dollar. Davon entfallen 61 Prozent auf Japan und Deutschland. Japanische Marken sind Honda, Mazda, Mitsubishi, Nissan, Subaru, Suzuki und Toyota, die führenden deutschen Hersteller sind Audi, BMW, Daimler-Benz, Ford, Opel, Volkswagen und Porsche. Die höchsten Pro-Kopf-Einnahmen erzielen Deutschland, Belgien, Kanada und Japan. Dass Belgien auf höhere Pro-Kopf-Ergebnisse als Deutschland kommt, Kanada auf höhere als Japan, ist Folge der riesigen Unterschiede in der Bevölkerungszahl.

Diese Karte zeigt nicht die Anzahl der ausgeführten Autos, sondern den gesamten Exportwert. Selbst ein Land, das mehr Autos aus- als einführt, kann somit als Netto-Importland erscheinen, wenn der Gesamtwert der Einfuhren den der Ausfuhren übersteigt, weil zwar viele billige Autos exportiert, aber eine geringere Zahl an hochpreisigen importiert werden.

**NETTO-AUTOEXPORTE**
Jährliche Erlöse in Milliarden US-Dollar

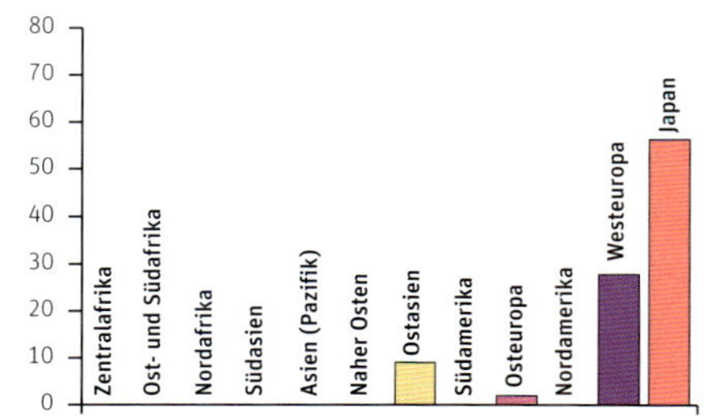


*»In Wolfsburg werden täglich 1500 Tonnen Blech gepresst …«* Volkswagen, 2006

# 126 Pkw-Importe

**Die Vereinigten Staaten stehen mit weitem Abstand an der Spitze der Autos importierenden Länder.**

55 Prozent aller Nettoausgaben für Pkw-Importe entfallen auf die Vereinigten Staaten. An zweiter Stelle steht Italien, an dritter Großbritannien, aber jedes dieser europäischen Länder kommt auf weniger als ein Sechstel der amerikanischen Ausgaben.

Die höchsten Nettoimporte pro Kopf leisten sich freilich westeuropäische Länder, allen voran Luxemburg, sowie Länder des Nahen Ostens und Zentralasiens.

Westeuropäische Länder geben zusammen 43 Milliarden US-Dollar pro Jahr für den Nettoimport von Autos aus, dennoch zählt die Region dank der Exportstärke Deutschlands zu den Nettoexporteuren. Nordamerika bleibt trotz des Netto-Exportlandes Kanada mit einem Einfuhrwert von 94 Milliarden US-Dollar die bedeutendste Netto-Importregion.

**HÖCHSTE NETTO-AUTOIMPORTE**

| Rang | Land | US-Dollar* |
|---|---|---|
| 1 | Luxemburg | 1598,9 |
| 2 | Andorra | 911,6 |
| 3 | Schweiz | 664,8 |
| 4 | Kuwait | 635,7 |
| 5 | Vereinigte Arabische Emirate | 537,8 |
| 6 | Brunei | 503,6 |
| 7 | Irland | 499,8 |
| 8 | Bahrain | 484,5 |
| 9 | Katar | 429,8 |
| 10 | Norwegen | 385,8 |
| 11 | Neuseeland | 371,7 |
| 12 | Vereinigte Staaten | 323,3 |
| 13 | Island | 274,5 |
| 14 | Dänemark | 246,0 |
| 15 | Italien | 242,5 |
| 16 | Zypern | 238,0 |
| 17 | Bahamas | 237,9 |
| 18 | Niederlande | 228,9 |
| 19 | Malta | 227,7 |
| 20 | Großbritannien | 197,7 |

*Nettoimport von Pkw pro Kopf und Jahr in US-Dollar

**NETTO-AUTOIMPORTE**
Jährliche Ausgaben in Milliarden US-Dollar

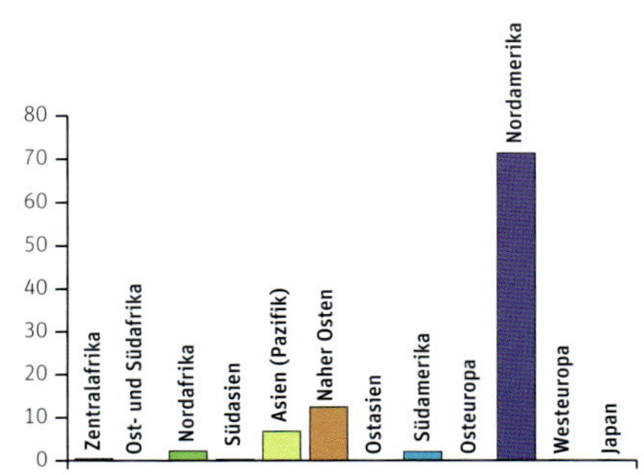

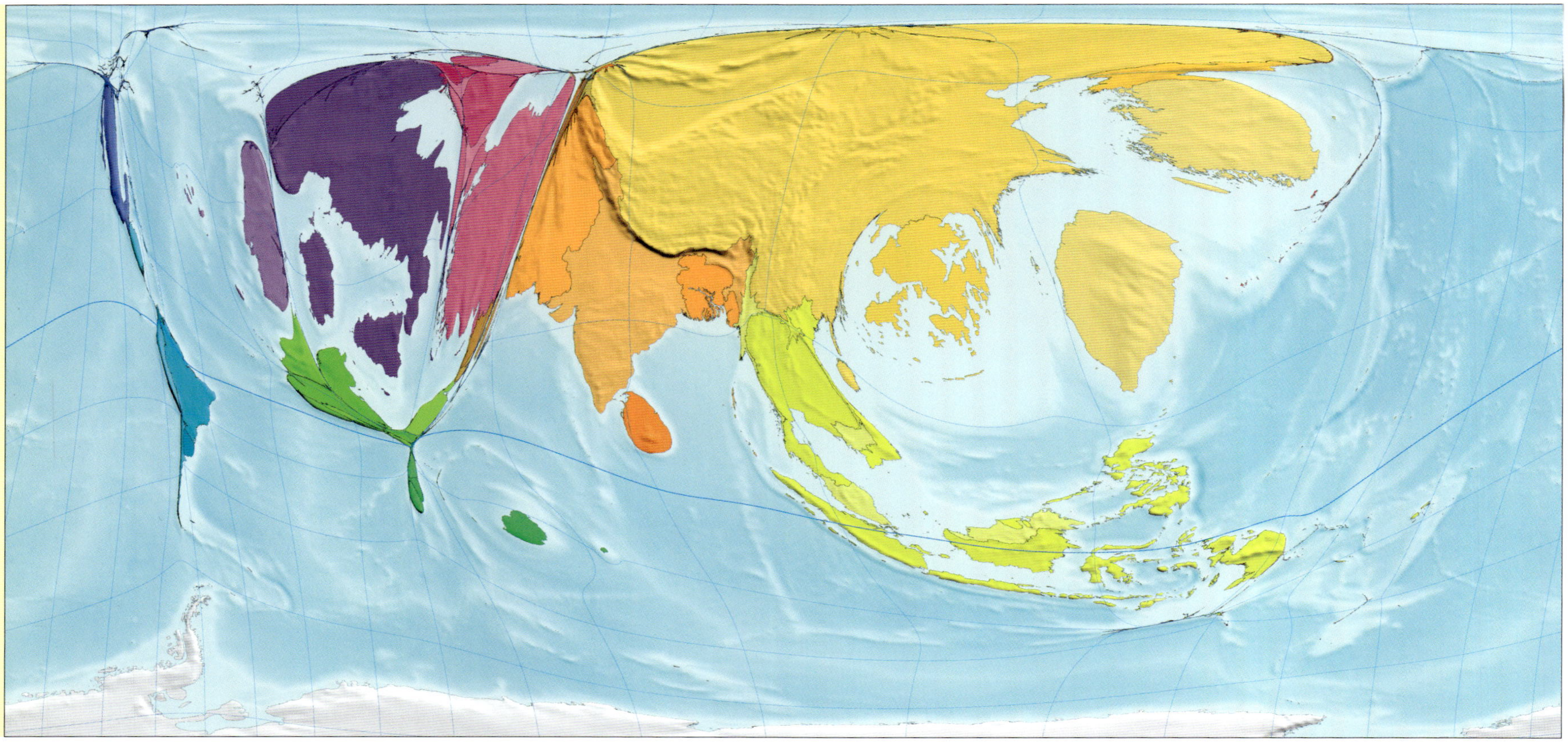

**HÖCHSTE EXPORTE VON BEKLEIDUNG**

| Rang | Land | US-Dollar* |
|---|---|---|
| 1 | Hongkong | 1377 |
| 2 | Mauritius | 525 |
| 3 | Brunei | 492 |
| 4 | Taiwan | 476 |
| 5 | Italien | 299 |
| 6 | Bahrain | 287 |
| 7 | Portugal | 280 |
| 8 | Südkorea | 198 |
| 9 | Mazedonien | 175 |
| 10 | Belgien | 131 |
| 11 | Türkei | 117 |
| 12 | Tunesien | 111 |
| 13 | Lesotho | 83 |
| 14 | Thailand | 79 |
| 15 | Malaysia | 76 |
| 16 | Swasiland | 73 |
| 17 | Nordkorea | 66 |
| 18 | Rumänien | 65 |
| 19 | Sri Lanka | 64 |
| 20 | Litauen | 62 |

*Nettoexport von Textilien pro Kopf und Jahr in US-Dollar

# 127 Exporte von Textilien

**Mit sieben Prozent Anteil am Gesamtvolumen der im Außenhandel erwirtschafteten Erträge ist die Textilindustrie ein international bedeutender Wirtschaftsfaktor.**

Zum Export von Textilien gehören auch Schuhe, Taschen und Stoffe. Sieben Prozent aller internationalen Handelseinnahmen werden damit erzielt. Dabei erscheint China als bedeutendster Nettoexporteur. In US-Dollar führt es mehr aus als alle anderen Länder der Erde. Regional gesehen exportiert Ostasien über fünfmal so viel wie jede andere Weltregion.

Häufig werden Stoffe von einem Land in ein anderes exportiert, wo man sie zu Konfektion veredelt, die man schließlich zum Verkauf in ein drittes ausführt. Dieser Ablauf erbringt einen Wertzuwachs, da das Fertigprodukt einen sehr viel höheren Handelswert hat als Rohmaterialien. Außerdem erzielen Fertigprodukte in reicheren Ländern höhere Preise.

**NETTOEXPORTE VON BEKLEIDUNG**
Erlöse in Milliarden US-Dollar pro Jahr

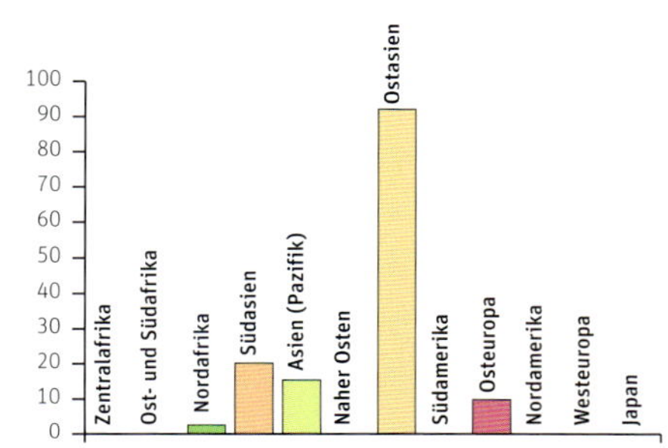


*»… Bangladeschs Export besteht zu drei Vierteln aus Textilien.«*
Ronald Buerk, Journalist, BBC, 2005

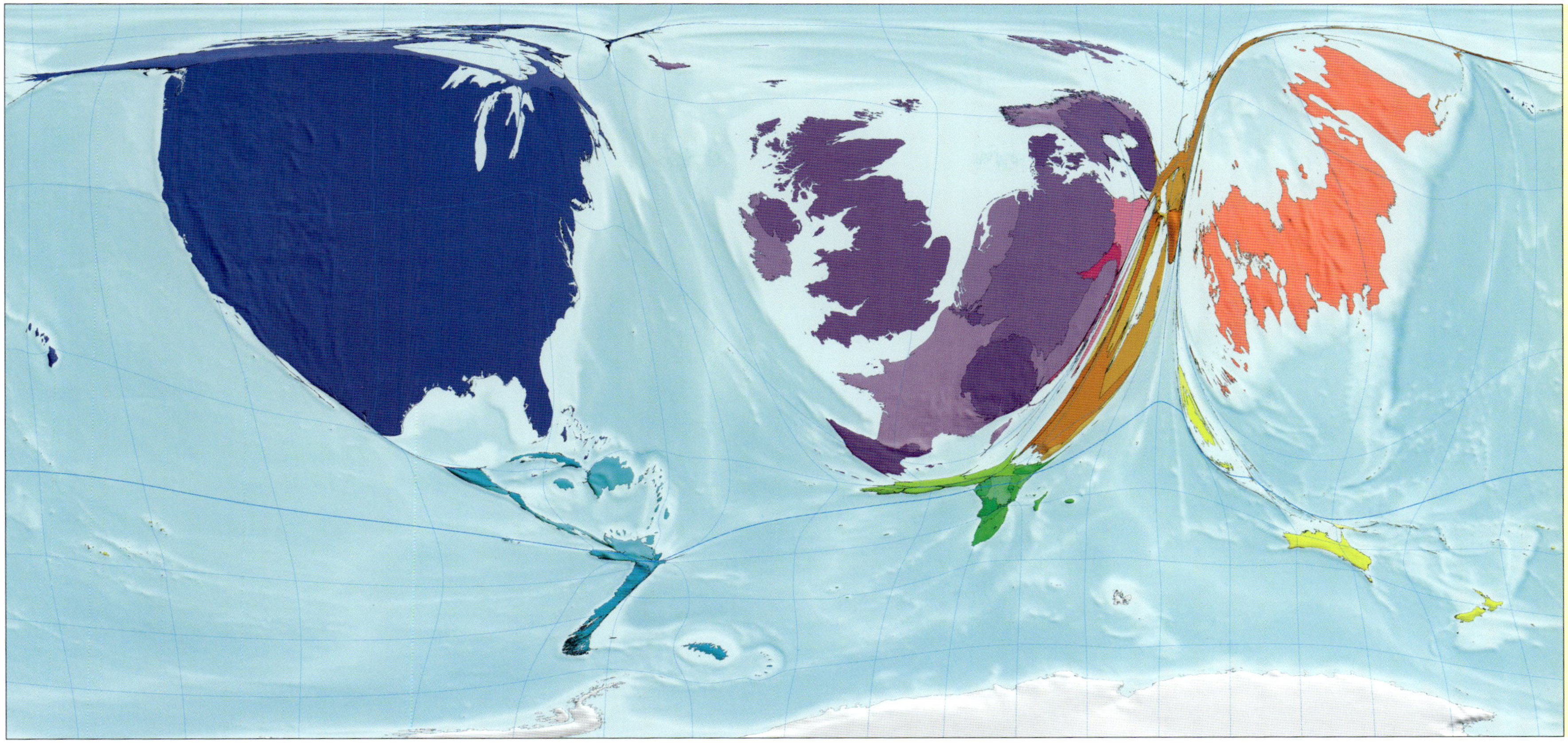

**HÖCHSTE NETTOIMPORTE VON BEKLEIDUNG**

| Rang | Land | US-Dollar* |
|---|---|---|
| 1 | Niue | 3102 |
| 2 | Andorra | 2071 |
| 3 | Vereinigte Arabische Emirate | 523 |
| 4 | Schweiz | 435 |
| 5 | Norwegen | 410 |
| 6 | Island | 365 |
| 7 | Grönland | 359 |
| 8 | Zypern | 346 |
| 9 | Irland | 318 |
| 10 | Großbritannien | 279 |
| 11 | Luxemburg | 277 |
| 12 | Vereinigte Staaten | 276 |
| 13 | Kuwait | 260 |
| 14 | Österreich | 232 |
| 15 | Bahamas | 227 |
| 16 | Schweden | 207 |
| 17 | Finnland | 172 |
| 18 | Japan | 155 |
| 19 | Niederlande | 151 |
| 20 | Barbados | 150 |

*Nettoimport von Textilien pro Kopf und Jahr in US-Dollar

# 128 Importe von Textilien

**Ungeachtet der unterschiedlichen Bekleidungsgewohnheiten der einzelnen Völker floriert der weltweite Außenhandel mit Textilien.**

Verschiedene Kulturen pflegen in Sprache, Küche und Kleidung unterschiedliche Traditionen. Allerdings hat sich der westliche Kleidungsstil zumindest innerhalb bestimmter sozialer Schichten auf globaler Ebene weitgehend durchgesetzt. Dieser Umstand begünstigt den umfangreichen internationalen Handel mit Textilien. Die Vereinigten Staaten, Westeuropa und Japan importieren große Mengen an Konfektion, und dort ist Kleidung auch zum schnelllebigen Wegwerfartikel geworden.

Konfektion wird meist in Ländern mit niedrigem Lohnniveau hergestellt. Das führt zu einer Verbilligung in den Importländern und zu einer höheren Kaufbereitschaft beim Konsumenten. Die hohen Pro-Kopf-Ausgaben in Westeuropa ergeben sich auch aus der Bereitschaft der Verbraucher, Importware zu kaufen.

*»... wir versuchen hier verschiedene Interessen auszugleichen, da die Leute offensichtlich weniger teure Waren kaufen wollen ...«*
Tony Blair, britischer Premierminister, 2005

**NETTOIMPORTE VON BEKLEIDUNG**
Jährliche Ausgaben in Milliarden US-Dollar

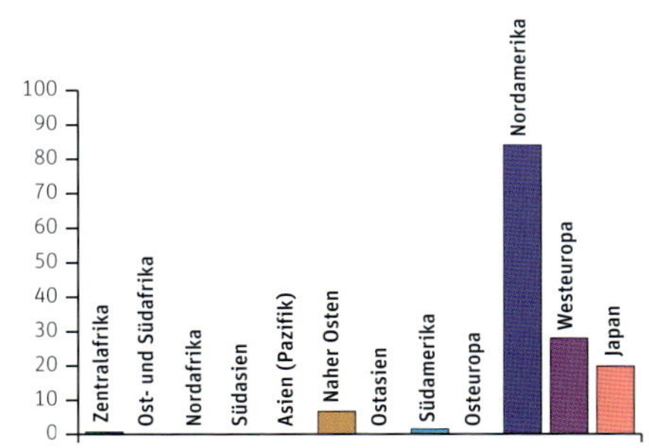

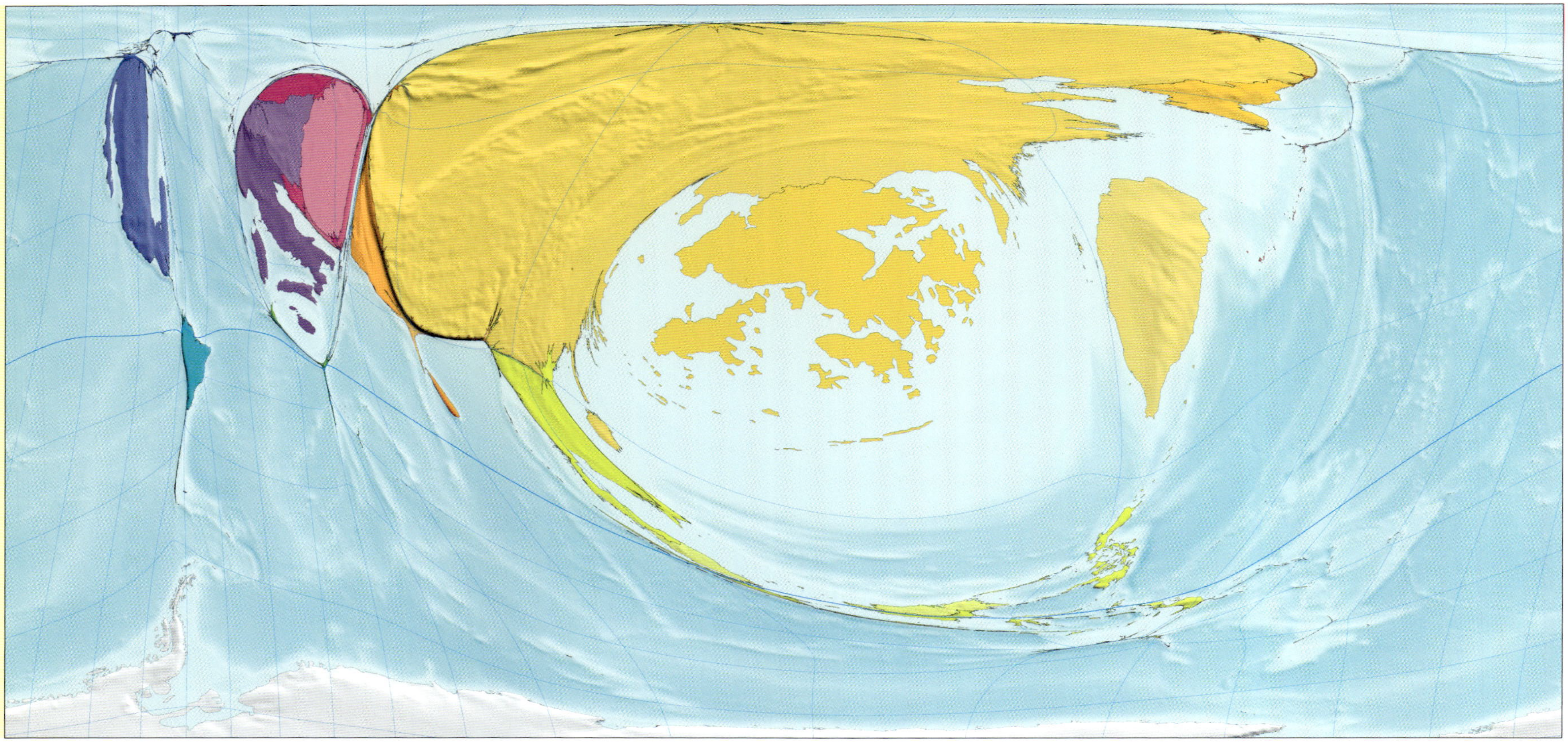

# 129 Exporte von Spielzeug und Sportartikeln

**Auf dem Spielzeugsektor hat sich China eine monopolartige Stellung geschaffen – vielfach auf Kosten der Beschäftigten.**

**HÖCHSTE SPIELZEUGEXPORTE**

| Rang | Land | US-Dollar* |
|---|---|---|
| 1 | Hongkong | 799,8 |
| 2 | Malta | 91,3 |
| 3 | Taiwan | 74,7 |
| 4 | Ungarn | 61,9 |
| 5 | Österreich | 38,0 |
| 6 | Slowenien | 15,0 |
| 7 | Nordkorea | 14,1 |
| 8 | Tschechien | 11,1 |
| 9 | China | 9,5 |
| 10 | Italien | 8,4 |
| 11 | Thailand | 7,5 |
| 12 | Malaysia | 6,3 |
| 13 | Mexiko | 6,0 |
| 14 | Bosnien und Herzegowina | 2,3 |
| 15 | Rumänien | 2,2 |
| 16 | Pakistan | 1,7 |
| 17 | Philippinen | 1,2 |
| 18 | Sri Lanka | 1,1 |
| 19 | Weißrussland | 0,6 |
| 20 | Brasilien | 0,6 |

*Netto-Spielzeugexport pro Kopf und Jahr in US-Dollar

Spielzeug und Sportartikel spielen mit einem Anteil von einem Prozent am internationalen Außenhandel keine dominierende Rolle in der Weltwirtschaft. Dabei bewegen sich Sportartikel eher im höher-, Spielzeug eher im niedrigpreisigen Marktsegment.

In US-Dollar gerechnet, exportiert keine andere Region so viel Spielzeug wie Ostasien, und der überwältigende Anteil stammt aus China (einschließlich Hongkong). Die Nettoeinnahmen pro Kopf klaffen in dieser Region weit auseinander. In Hongkong sind sie – wegen der im Verhältnis geringeren Bevölkerungszahl – mehr als zehnmal so hoch wie in Taiwan und mehr als 100-mal so hoch wie im restlichen China.

**NETTO-SPIELZEUGEXPORTE**
Jährliche Erlöse in Milliarden US-Dollar

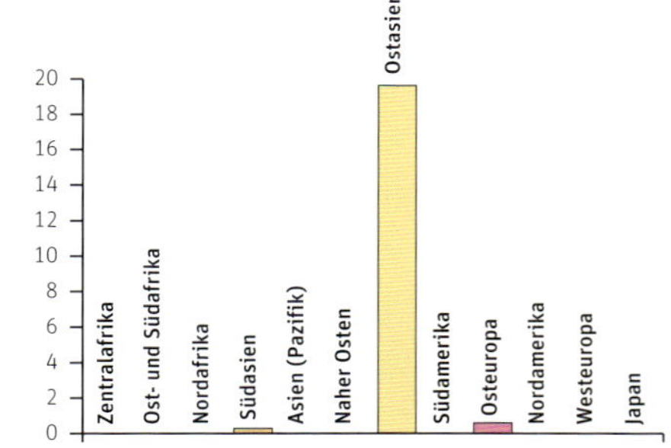


*»… bei City Toys Ltd., … Shenzhen, arbeiteten Kinder 16 Stunden am Tag, sieben Tage die Woche.«* Agence France-Presse, 2000

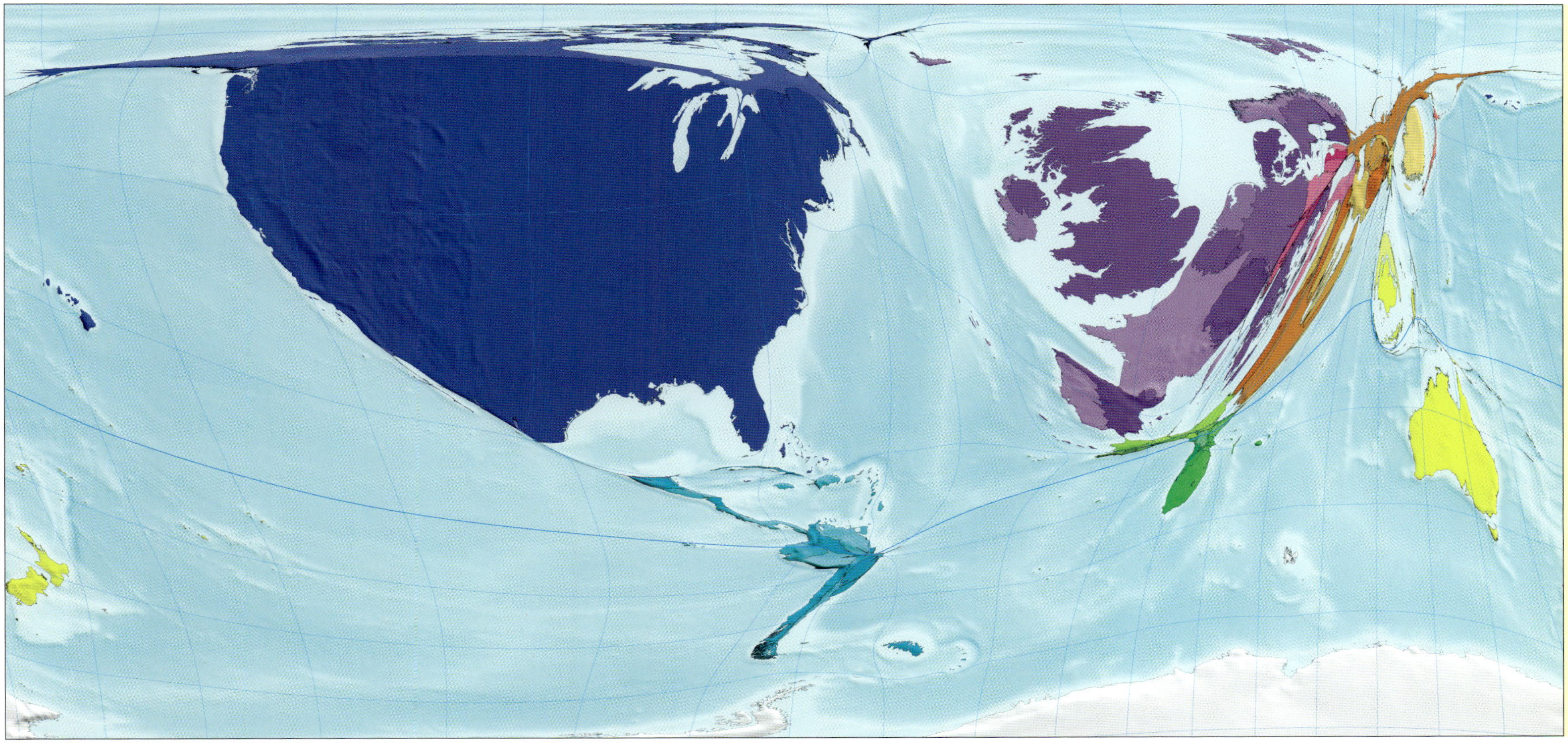

# 130 Importe von Spielzeug und Sportartikeln

**Spielzeug und Sportartikel gehören nicht zum Grundbedarf des Menschen. Kein Wunder, dass die Importe überwiegend in wohlhabende Länder gehen.**

Spielzeug und Sportartikel machen Spaß, befriedigen aber keine elementaren Bedürfnisse. Deshalb sind die Importzahlen ein guter Indikator für den Wohlstand eines Landes. Nicht unerwartet treten deshalb die Vereinigten Staaten als größter Nettoimporteur von Spielzeug (bewertet in Dollar) auf, gefolgt von Großbritannien.

Die höchsten Pro-Kopf-Importe verzeichnen ebenfalls Länder in Westeuropa und Nordamerika, aber auch solche im asiatischen Pazifikraum und Australien sowie in Osteuropa.

Die ärmsten Staaten der Welt liegen in Zentral-, Ost- und Südafrika, Südasien und Nordafrika. Diese Regionen sind auf der Karte kaum zu erkennen, weil es dort nur sehr wenige Länder gibt, die sich nennenswerte Importe von Spielzeug und Sportartikeln leisten können.

**HÖCHSTE NETTO-SPIELZEUGIMPORTE**

| Rang | Land | US-Dollar* |
|---|---|---|
| 1 | Andorra | 340 |
| 2 | Grönland | 57 |
| 3 | Vereinigte Staaten | 51 |
| 4 | Island | 48 |
| 5 | Norwegen | 48 |
| 6 | Niue | 39 |
| 7 | Luxemburg | 36 |
| 8 | Neuseeland | 36 |
| 9 | Zypern | 35 |
| 10 | Kanada | 33 |
| 11 | Schweiz | 32 |
| 12 | Großbritannien | 31 |
| 13 | Bahamas | 30 |
| 14 | Australien | 30 |
| 15 | Singapur | 29 |
| 16 | Dänemark | 23 |
| 17 | Brunei | 23 |
| 18 | Irland | 22 |
| 19 | Katar | 21 |
| 20 | Barbados | 20 |

*Netto-Spielzeugimport pro Kopf und Jahr in US-Dollar

**NETTO-SPIELZEUGIMPORTE**
Jährliche Ausgaben in Milliarden US-Dollar

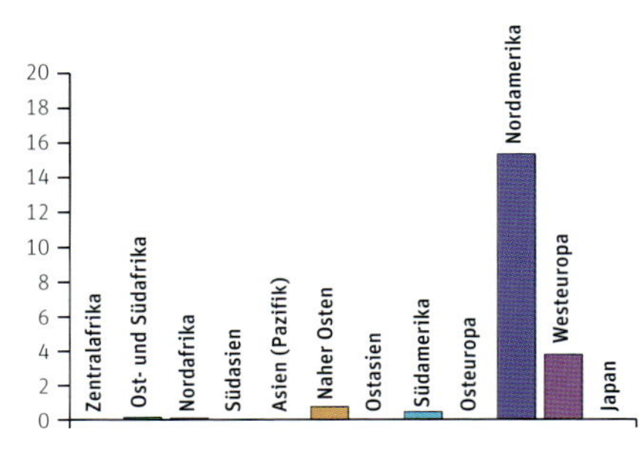

**HÖCHSTE NETTOEXPORTE VON LUXUSARTIKELN**

| Rang | Land | US-Dollar* |
|---|---|---|
| 1 | Botswana | 1051 |
| 2 | Singapur | 926 |
| 3 | Luxemburg | 754 |
| 4 | Schweiz | 653 |
| 5 | Irland | 506 |
| 6 | Israel | 498 |
| 7 | Kanada | 373 |
| 8 | Norwegen | 370 |
| 9 | Australien | 245 |
| 10 | Schweden | 232 |
| 11 | Hongkong | 223 |
| 12 | Belgien | 216 |
| 13 | Dänemark | 187 |
| 14 | Guyana | 148 |
| 15 | Surinam | 127 |
| 16 | Cookinseln | 112 |
| 17 | Namibia | 107 |
| 18 | Neuseeland | 81 |
| 19 | Japan | 64 |
| 20 | Russland | 63 |

*Nettoexport von Luxusartikeln pro Kopf und Jahr in US-Dollar

# 131 Exporte von Luxusartikeln

**Zu den Luxusgütern zählen z. B. Kunstwerke, Uhren, Schmuck, Musikinstrumente, Edelsteine und -metalle – in jedem Fall Güter von geringer Menge und hohem Preis.**

Immerhin 3,4 Prozent aller Exporterlöse werden im Außenhandel mit Luxusartikeln erzielt. Die höchsten Pro-Kopf-Einnahmen in US-Dollar erzielt Botswana als Hauptexporteur von Diamanten. Wäre das Geld gleichmäßig auf dessen Bevölkerung verteilt, würde jeder Einwohner pro Jahr 1051 US-Dollar erhalten. Tatsächlich lebt aber mehr als ein Viertel der 1,6 Millionen Einwohner dieses südafrikanischen Landes von weniger als einem US-Dollar pro Tag.

**NETTOEXPORTE VON LUXUSARTIKELN**
Einnahmen in Milliarden US-Dollar pro Jahr

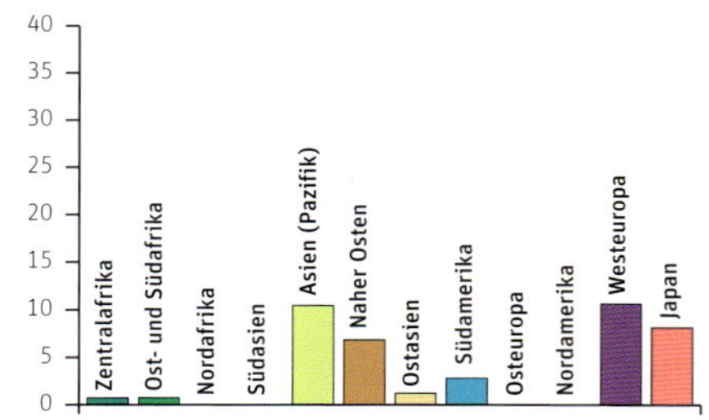

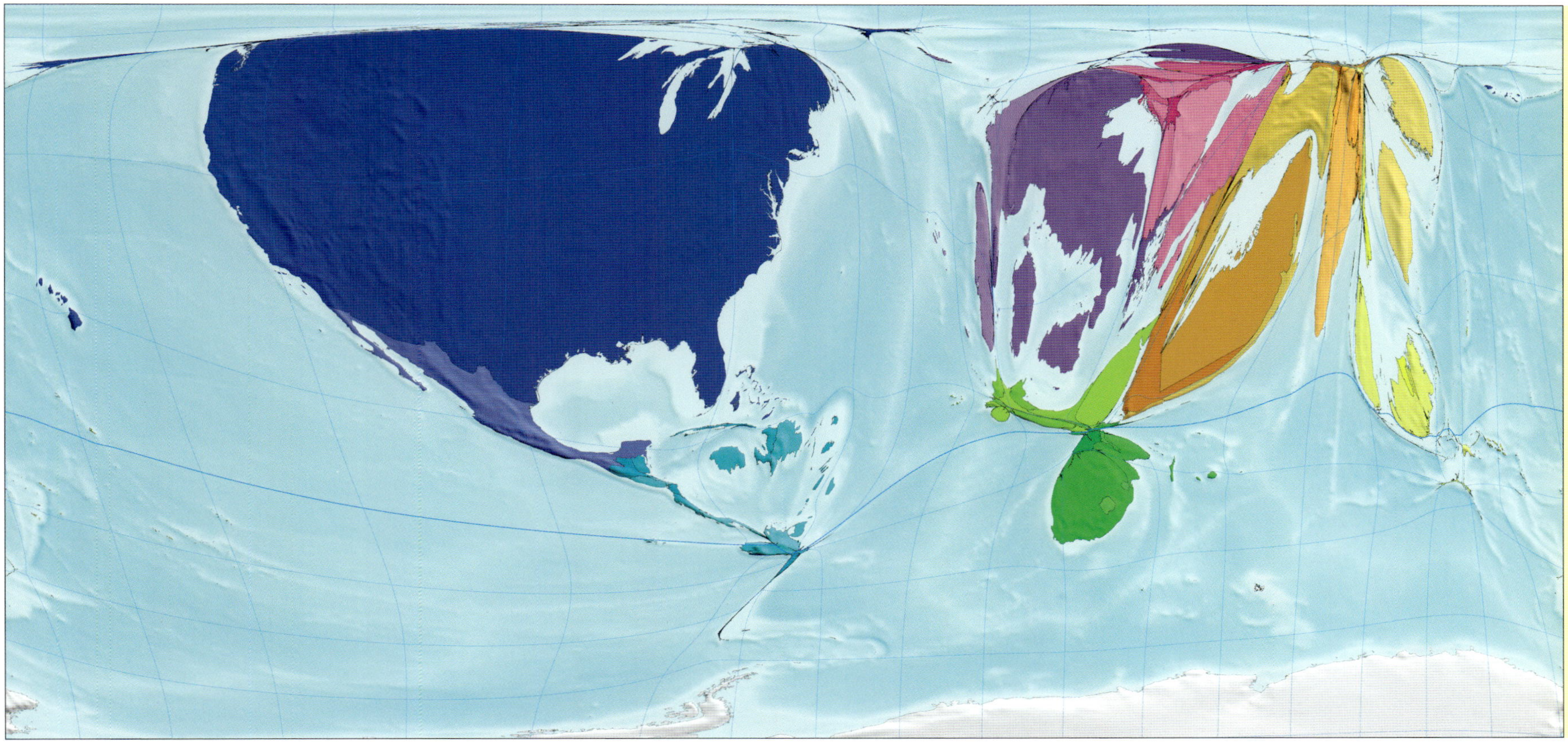

**HÖCHSTE NETTOIMPORTE VON LUXUSARTIKELN**

| Rang | Land | US-Dollar* |
|---|---|---|
| 1 | Vereinigte Arabische Emirate | 1270 |
| 2 | Andorra | 1186 |
| 3 | Antigua und Barbuda | 648 |
| 4 | Grönland | 644 |
| 5 | Brunei | 304 |
| 6 | Niue | 273 |
| 7 | Bahamas | 206 |
| 8 | Mazedonien | 200 |
| 9 | Belize | 199 |
| 10 | Tuvalu | 188 |
| 11 | St. Lucia | 160 |
| 12 | Vereinigte Staaten | 156 |
| 13 | Katar | 138 |
| 14 | Bulgarien | 131 |
| 15 | Zypern | 128 |
| 16 | Barbados | 120 |
| 17 | Italien | 108 |
| 18 | Kuwait | 104 |
| 19 | Oman | 96 |
| 20 | St. Kitts und Nevis | 95 |

*Nettoimport von Luxusartikeln pro Kopf und Jahr in US-Dollar

# 132 Importe von Luxusartikeln

**Im globalen Durchschnitt wird mehr Geld für Luxusartikel ausgegeben als für Medikamente.**

Weltweit wird mehr Geld für den Import von Luxusartikeln als für den von Arzneien ausgegeben (siehe Karte 264). Dabei kommen die Vereinigten Staaten auf 59 Prozent aller Nettoeinfuhren. Mit nur einem Zehntel der amerikanischen Ausgaben liegt Italien an zweiter Stelle, danach folgen die Vereinigten Arabischen Emirate, die immerhin zwei Drittel der italienischen Zahlen erreichen, aber mit 1270 Dollar pro Person am meisten für Luxus ausgeben. Dass dieser Hang zum Luxus den üppig sprudelnden Ölquellen zu verdanken ist, wird niemand bestreiten.

Ein überraschendes Ergebnis liefert Südafrika: Es exportiert große Mengen von Diamanten und Platin, erzielt in diesem Sektor aber dennoch keine Außenhandelsüberschüsse, da die entsprechenden Importe relativ hoch sind.

**NETTOIMPORTE VON LUXUSARTIKELN**
Jährliche Ausgaben in Milliarden US-Dollar

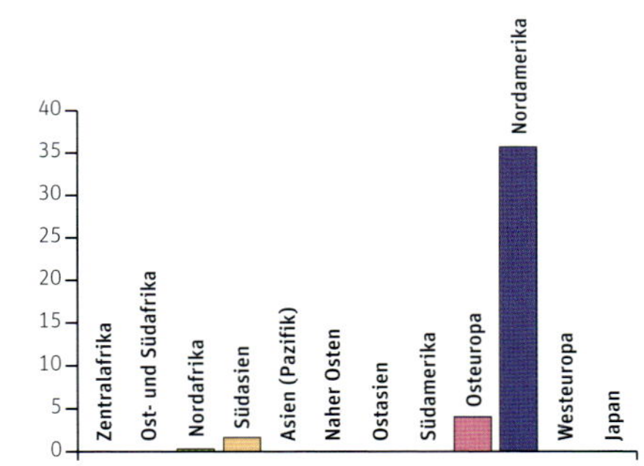

**HÖCHSTE NETTOEXPORTE VON HANDELS- UND GESCHÄFTSDIENSTLEISTUNGEN**

| Rang | Land | US-Dollar* |
|---|---|---|
| 1 | Luxemburg | 1893 |
| 2 | Zypern | 1450 |
| 3 | Hongkong | 905 |
| 4 | Singapur | 901 |
| 5 | Schweiz | 461 |
| 6 | Belgien | 451 |
| 7 | Großbritannien | 437 |
| 8 | Barbados | 390 |
| 9 | Israel | 368 |
| 10 | St. Vincent und die Grenadinen | 109 |
| 11 | Norwegen | 94 |
| 12 | Niederlande | 90 |
| 13 | Vereinigte Staaten | 88 |
| 14 | Kanada | 75 |
| 15 | Malta | 67 |
| 16 | Island | 64 |
| 17 | Costa Rica | 49 |
| 18 | Frankreich | 48 |
| 19 | Swasiland | 44 |
| 20 | Dänemark | 42 |

*Nettoexport von Handels- und Geschäftsdienstleistungen pro Kopf und Jahr in US-Dollar

# 133 Exporte von Handels- und Geschäftsdienstleistungen

**Nur drei Länder teilen sich die Hälfte dieses Marktes.**

Unter Handels- und Geschäftsdienstleistungen ist eine Vielzahl von Tätigkeiten wie Beratung, Buchführung, Kommunikationstechnik und Marktforschung zu verstehen, aber auch Leistungen für staatliche Auftraggeber wie Konsulate und militärische Einrichtungen.

Die Erlöse aus diesem Geschäftsfeld machen 8,9 Prozent aller internationalen Handelsleistungen aus. Großbritannien, die Vereinigten Staaten und Indien sind mit 60 Prozent aller Ausfuhren die bedeutendsten Nettoexporteure dieser Art Dienstleistungen. 136 der erfassten 200 Länder erzielen hier keine Nettoexporte. Kein Land in Zentralafrika und nur drei in Ost- und Südafrika sind Netto-Exportländer.

*»… Unternehmensberater sind Teil des Tagesgeschäfts bei Spitzenunternehmen von Weltrang, und je öfter sie eingesetzt werden, desto wertvoller und angesehener wird ihre Arbeit.«*

Brian O'Rorke, Geschäftsführer der Management Consultancies Association, 1996

**NETTOEXPORTE VON HANDELS- UND GESCHÄFTSDIENSTLEISTUNGEN**

Jährliche Erlöse in Milliarden US-Dollar

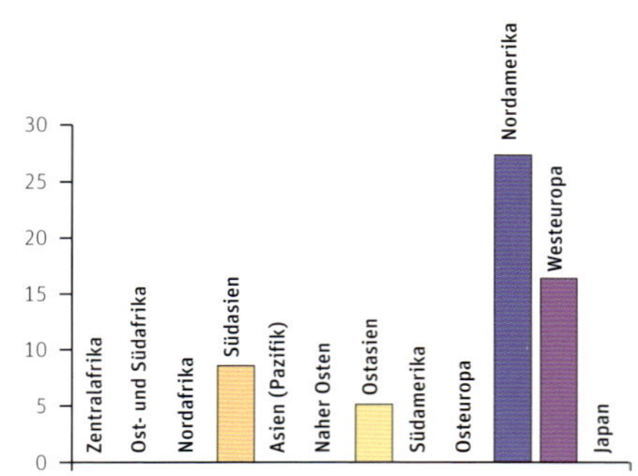

**HÖCHSTE NETTOIMPORTE VON HANDELS- UND GESCHÄFTSDIENSTLEISTUNGEN**

| Rang | Land | US-Dollar* |
|---|---|---|
| 1 | Irland | 897 |
| 2 | Seychellen | 639 |
| 3 | Saudi-Arabien | 517 |
| 4 | Kuwait | 293 |
| 5 | St. Kitts und Nevis | 285 |
| 6 | Österreich | 274 |
| 7 | Antigua und Barbuda | 251 |
| 8 | Surinam | 175 |
| 9 | DR Kongo | 168 |
| 10 | St. Lucia | 135 |
| 11 | Italien | 131 |
| 12 | Jamaika | 119 |
| 13 | Kasachstan | 118 |
| 14 | Grenada | 116 |
| 15 | Deutschland | 114 |
| 16 | Aserbaidschan | 109 |
| 17 | Tschechien | 88 |
| 18 | Malaysia | 87 |
| 19 | Südkorea | 74 |
| 20 | Finnland | 71 |

*Nettoimport von Handels- und Geschäftsdienstleistungen pro Kopf und Jahr in US-Dollar

# 134 Importe von Handels- und Geschäftsdienstleistungen

**Die meisten Länder importieren mehr Geschäftsdienstleistungen, als sie exportieren.**

In US-Dollar gerechnet, sind Saudi-Arabien, Deutschland, Japan und Indonesien die bedeutendsten Netto-Einfuhrländer. Von den zwölf Weltregionen importieren der Nahe Osten und Zentralasien am meisten, und zwar Handels- und Geschäftsdienstleistungen im Nettowert von 76 US-Dollar pro Kopf und Jahr. In der Länderwertung kommen Irland, die Seychellen, Saudi-Arabien und Kuwait auf die höchsten Pro-Kopf-Ausgaben. Auch Österreich liegt in der Spitzengruppe.

**NETTOIMPORTE VON HANDELS- UND GESCHÄFTSDIENSTLEISTUNGEN**
Jährliche Ausgaben in Milliarden US-Dollar

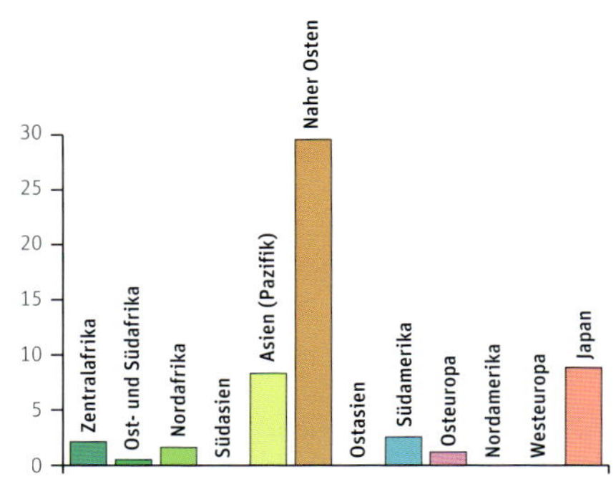

**HÖCHSTE NETTOEXPORTE VON FINANZ- UND VERSICHERUNGSDIENSTLEISTUNGEN**

| Rang | Land | US-Dollar* |
|---|---|---|
| 1 | Luxemburg | 12 834,0 |
| 2 | Schweiz | 1226,7 |
| 3 | Irland | 431,3 |
| 4 | Großbritannien | 411,8 |
| 5 | Zypern | 113,1 |
| 6 | Barbados | 96,0 |
| 7 | St. Vincent und die Grenadinen | 93,6 |
| 8 | Deutschland | 89,6 |
| 9 | Norwegen | 38,3 |
| 10 | Schweden | 17,9 |
| 11 | Kuwait | 15,1 |
| 12 | Panama | 10,6 |
| 13 | Uruguay | 10,1 |
| 14 | Australien | 5,4 |
| 15 | Estland | 3,4 |
| 16 | Slowenien | 3,2 |
| 17 | Bosnien und Herzegowina | 3,1 |
| 18 | Lettland | 3,1 |
| 19 | Honduras | 2,7 |
| 20 | Südkorea | 1,9 |

*Nettoexport von Finanz- und Versicherungsdienstleistungen pro Kopf und Jahr in US-Dollar

# 135 Exporte von Finanzdienstleistungen

**Der Markt der Finanz- und Versicherungsdienstleistungen wird eindeutig von Westeuropa dominiert.**

Über 99 Prozent aller Nettoerlöse aus dem Export von Finanz- und Versicherungsdienstleistungen erzielen westeuropäische Staaten, und dennoch weisen fast die Hälfte der 24 Länder dieser Region in diesem Wirtschaftszweig keine Nettoexporte auf.

Die bedeutendsten Exporteure von Finanz- und Versicherungsdienstleistungen sind Großbritannien, die Schweiz, Deutschland und Luxemburg. Die winzige Insel Südgeorgien erscheint auf dieser Karte riesig, da sie als Teil Großbritanniens maßstabsgetreu mitvergrößert wird.

*»Edward Lloyd eröffnete 1688 in der Tower Street in London ein Kaffeehaus, das später zu ›Lloyd's of London‹ wurde – dem Versicherer der Welt.«* Jack Schofield, »Guardian Unlimited«, 2006

**NETTOEXPORTE VON FINANZ- UND VERSICHERUNGSDIENSTLEISTUNGEN**
Erlöse in Milliarden US-Dollar pro Jahr

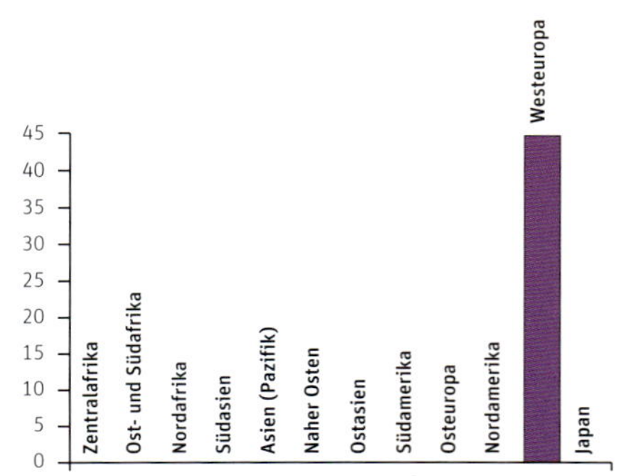

**HÖCHSTE NETTOIMPORTE VON FINANZ- UND VERSICHERUNGSDIENSTLEISTUNGEN**

| Rang | Land | US-Dollar* |
|---|---|---|
| 1 | Antigua und Barbuda | 178,4 |
| 2 | Singapur | 101,2 |
| 3 | Hongkong | 85,4 |
| 4 | Niederlande | 77,1 |
| 5 | St. Kitts und Nevis | 70,6 |
| 6 | Belize | 68,8 |
| 7 | Guyana | 63,3 |
| 8 | Kanada | 63,2 |
| 9 | Tschechien | 58,3 |
| 10 | Israel | 57,7 |
| 11 | Island | 56,8 |
| 12 | Mexiko | 54,0 |
| 13 | Bahrain | 45,0 |
| 14 | Grenada | 42,1 |
| 15 | Seychellen | 41,0 |
| 16 | Malta | 38,9 |
| 17 | Jamaika | 37,9 |
| 18 | St. Lucia | 37,6 |
| 19 | Neuseeland | 37,1 |
| 20 | Grönland | 30,2 |

*Nettoimport von Finanz- und Versicherungsdienstleistungen pro Kopf und Jahr in US-Dollar

# 136 Importe von Finanzdienstleistungen

**Während sich das Angebot an Finanz- und Versicherungsdienstleistungen auf wenige Länder beschränkt, ist die Nachfrage breiter gestreut.**

Von den 200 erfassten Ländern sind 83,5 Prozent Netto-Importländer von Finanz- und Versicherungsdienstleistungen, kaufen also mehr, als sie verkaufen. Mexiko, die Vereinigten Staaten und China importieren am meisten, gefolgt von Kanada. Dass zwei der vier wichtigsten Einfuhrländer in Nordamerika liegen, erklärt, warum die Region ein bedeutender Nettoimporteur ist.

*»Die ägyptische Kultur ringt noch immer damit, Geld in etwas zu investieren, das keine greifbaren Erträge bringt. Versicherer müssen hier nicht nur für ihre Policen werben, sondern für die Idee des Versicherns an sich.«*

Sherine Abdel-Razek, Al-Ahram, 2005

**NETTOIMPORTE VON FINANZ- UND VERSICHERUNGSDIENSTLEISTUNGEN**
Jährliche Ausgaben in Milliarden US-Dollar

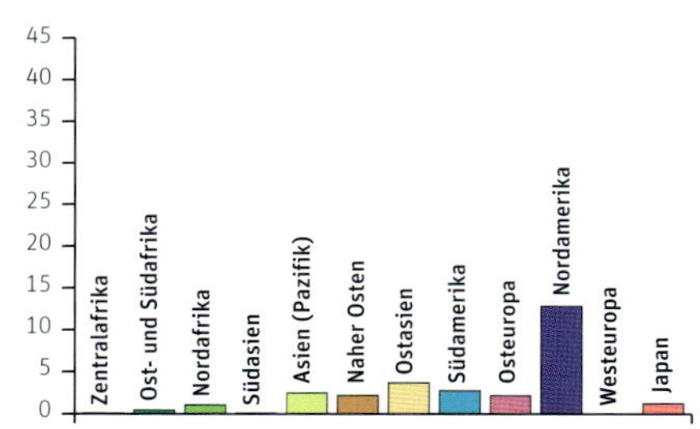

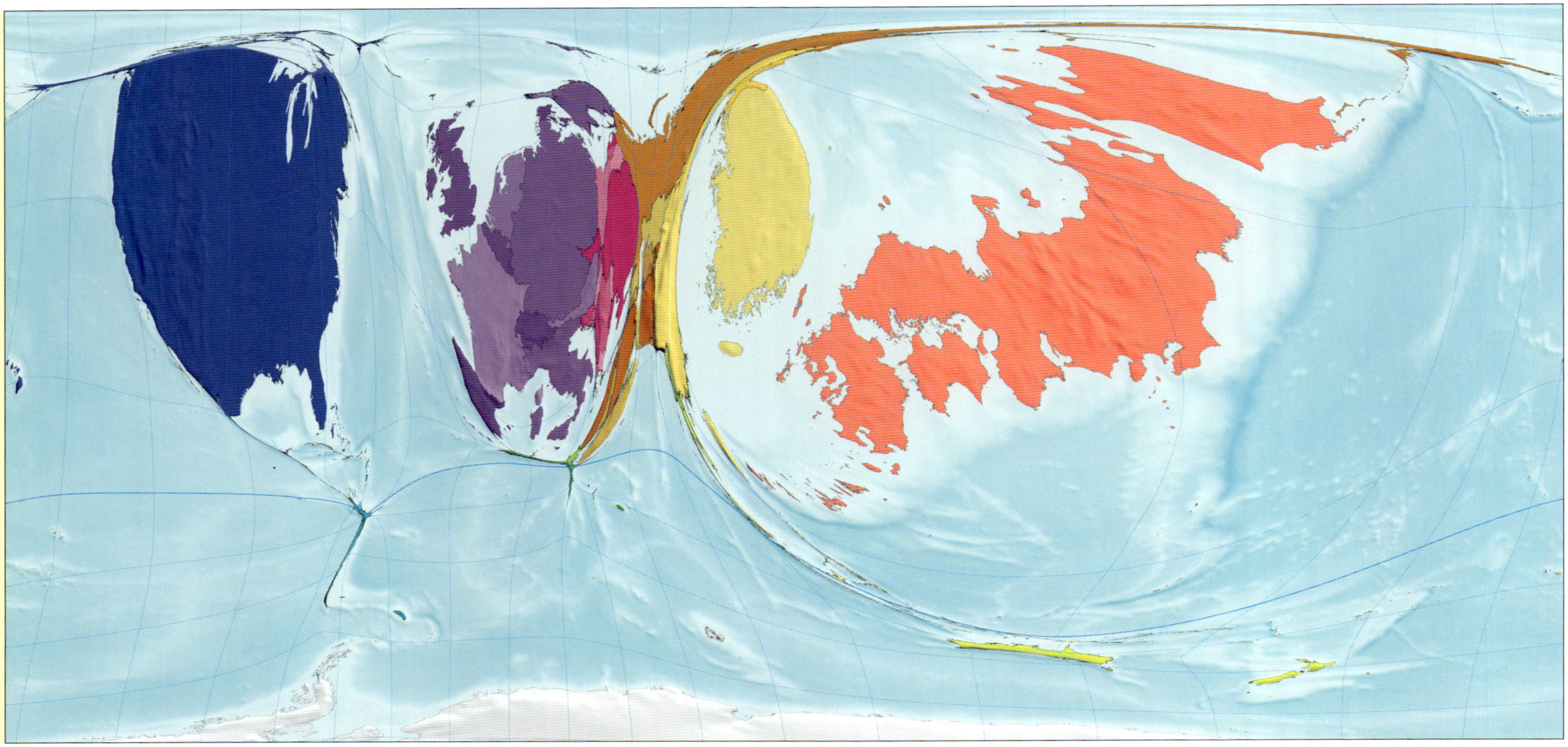

# 137 Patente

**Patente schützen Erfindungen und sollen verhindern, dass das geistige Eigentum des Erfinders von anderen wirtschaftlich genutzt wird.**

Ein Patent ist ein hoheitlich erteiltes, gewerbliches Schutzrecht auf eine Erfindung, das es dem Patenthalter innerhalb eines begrenzten Zeitraums ermöglicht, anderen die Nutzung seiner Erfindung zu untersagen. Das Patentrecht belohnt also die Intelligenzleistung eines Menschen, ist global gesehen aber auch ein zweischneidiges Schwert, da es vor allem ärmere Länder oft daran hindert, von Erfindungen zu profitieren und damit am Fortschritt der Menschheit teilzuhaben, weil neue Produkte oder Verfahren für sie unbezahlbar sind.

Diese Karte erfasst das Jahr 2002, in dem weltweit 312 000 Patente erteilt wurden, mehr als ein Drittel davon in Japan und fast so viele in den Vereinigte Staaten.

*»... die ärmsten Länder der Welt warten noch immer auf die versprochene Unterstützung durch einen besseren Schutz ihrer Patente.«*
The Economist, 2001

**HÖCHSTE UND NIEDRIGSTE ZAHL VON PATENTEN**

| Rang | Land | Patente* |
|---|---|---|
| 1 | Japan | 884 |
| 2 | Südkorea | 490 |
| 3 | Vereinigte Staaten | 298 |
| 4 | Schweden | 235 |
| 5 | Bahamas | 208 |
| 6 | Grönland | 207 |
| 7 | Deutschland | 205 |
| 8 | Schweiz | 188 |
| 9 | Niederlande | 177 |
| 10 | Frankreich | 174 |
| 57 | Bulgarien | 18 |
| 57 | Ungarn | 18 |
| 59 | Mazedonien | 17 |
| 60 | Usbekistan | 16 |
| 61 | Slowakei | 15 |
| 62 | Kirgisistan | 13 |
| 63 | Irland | 9 |
| 64 | Island | 7 |
| 65 | Hongkong | 6 |
| 66–200 | 135 Länder | <5 |

*Zahl der Patente pro einer Million Einwohner im Jahr 2002

**VERTEILUNG DER PATENTE**
2002 bewilligte Patente

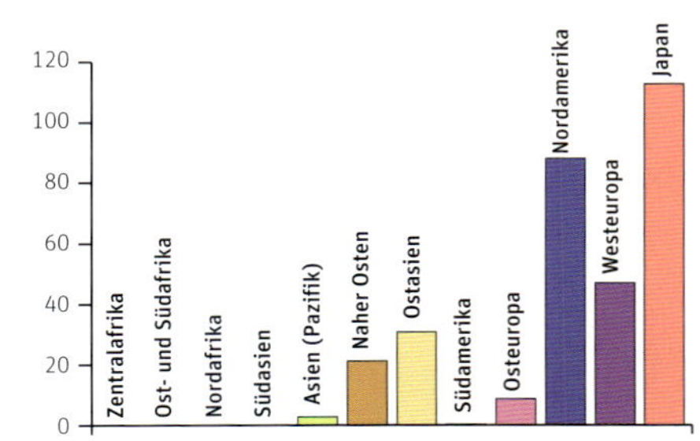

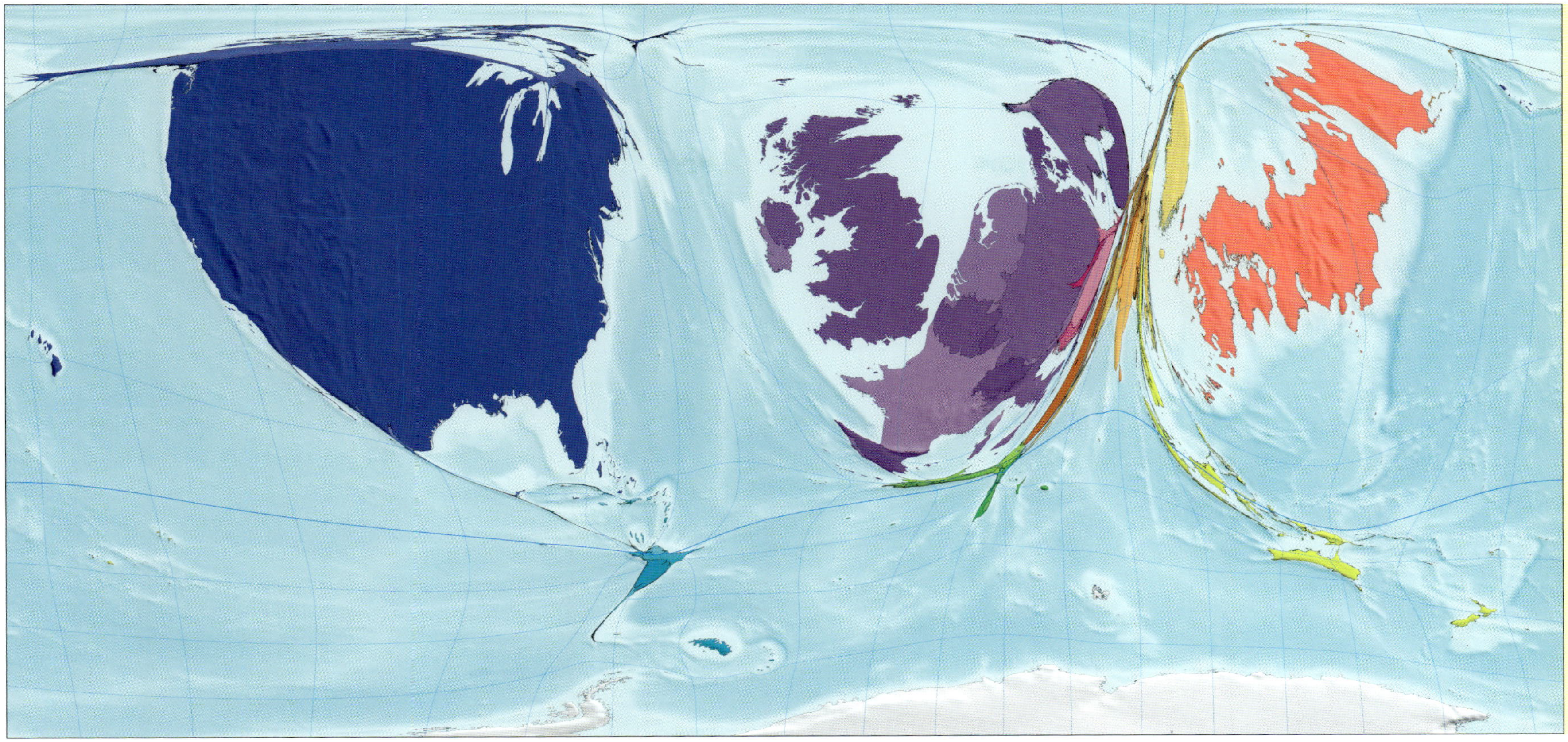

**HÖCHSTE UND NIEDRIGSTE ERHALTENE TANTIEMEN UND LIZENZGEBÜHREN**

| Rang | Land | US-Dollar* |
|---|---|---|
| 1 | Luxemburg | 275 |
| 2 | Schweden | 170 |
| 3 | Vereinigte Staaten | 152 |
| 4 | Großbritannien | 130 |
| 5 | Niederlande | 122 |
| 6 | Grönland | 108 |
| 7 | Bahamas | 108 |
| 8 | Finnland | 108 |
| 9 | Belgien | 86 |
| 10 | Japan | 82 |
| 28 | Neuseeland | 23 |
| 29 | Kroatien | 19 |
| 30 | Südkorea | 17 |
| 31 | Australien | 16 |
| 32 | Österreich | 14 |
| 33 | Malediven | 12 |
| 34 | Italien | 9 |
| 35 | Spanien | 9 |
| 36 | Lesotho | 6 |
| 37–200 | 164 Staaten | <5 |

*Wert der erhaltenen Tantiemen und Lizenzgebühren pro Person im Jahr 2002

# 138 Tantiemen und Lizenzgebühren

**Verteilung der Einnahmen aus Tantiemen und Lizenzgebühren. Dank des Urheberrechts kann eine schöpferische Leistung langfristiges Einkommen sichern.**

Tantiemen und Lizenzgebühren werden bezahlt, um das geistige Eigentum – die Idee, die Erfindung oder die künstlerische Leistung – eines anderen kommerziell verwerten zu dürfen. Um einen Anspruch zu haben, muss der Erfinder oder Künstler im Besitz eines Patents bzw. des Urheberrechts (Copyright ©) an der betreffenden geistigen Leistung sein. Beides gilt im Allgemeinen für einen begrenzten Zeitraum. Deshalb beziehen sich die meisten Zahlungen auf Leistungen, die früher erbracht wurden.

2002 gingen über die Hälfte (53 Prozent) aller Tantiemen und Lizenzgebühren in ein einziges Land, die Vereinigten Staaten. Große Summen flossen auch nach Japan und Großbritannien.

*»Der Streit um Tantiemen ist in Hollywood altbekannt, Schauspieler, Regisseure und Drehbuchautoren kämpfen gegen die Studios …«*
Bryan Chaffin, Mac Observer, 2005

**EINGANG VON TANTIEMEN UND LIZENZGEBÜHREN**
Jährliche Einnahmen in Milliarden US-Dollar bei Kaufkraftparität

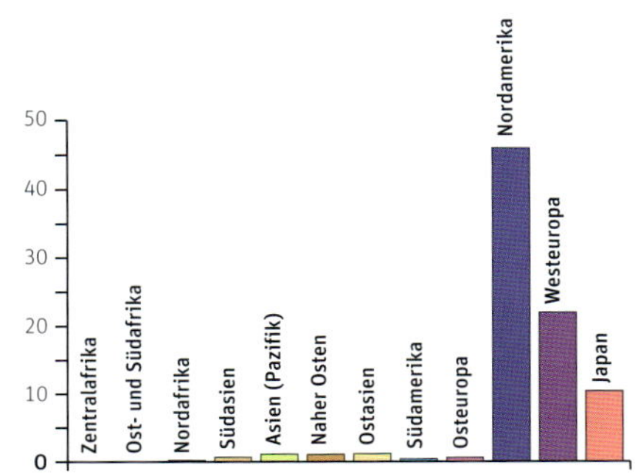

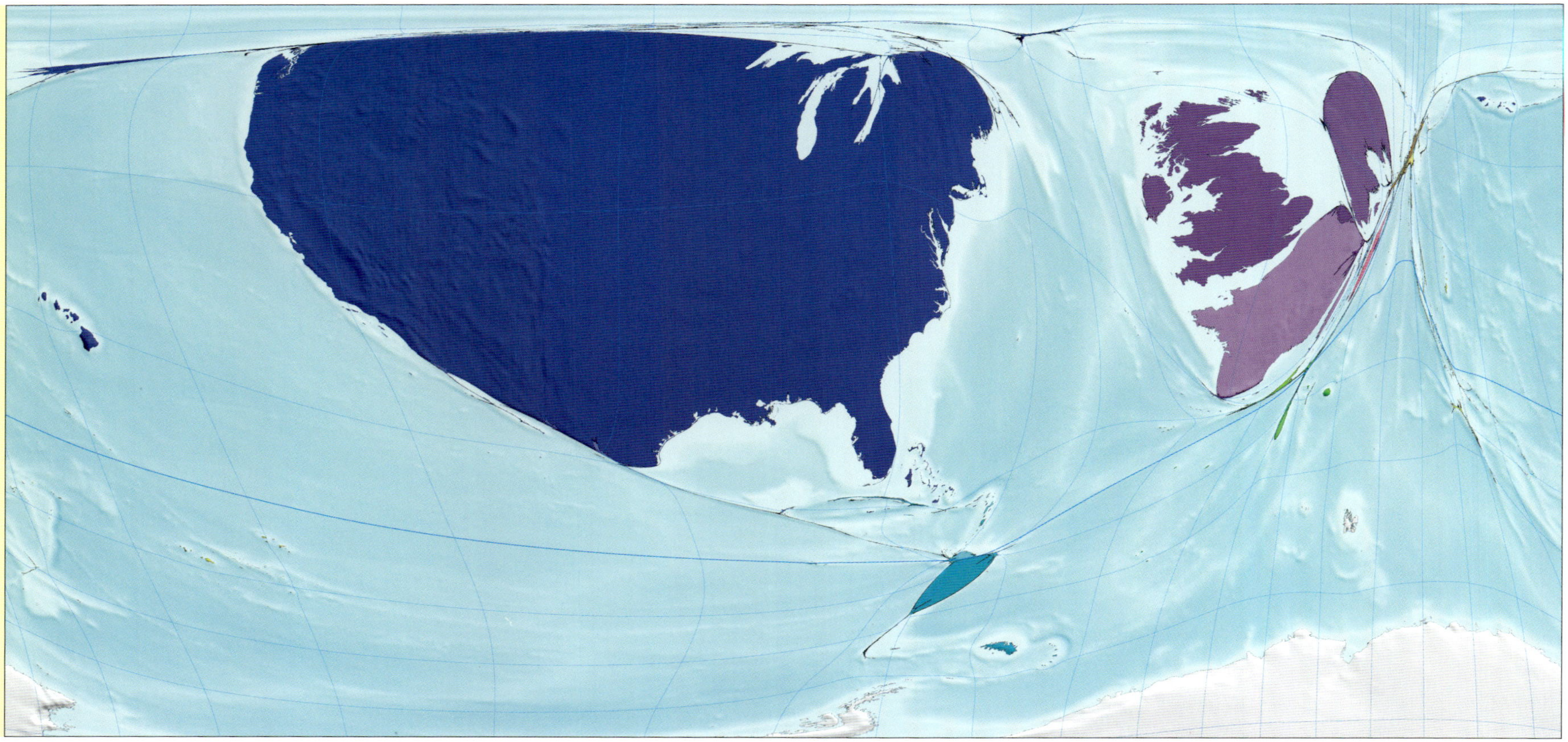

**HÖCHSTE NETTOEXPORTE VON TANTIEMEN UND LIZENZGEBÜHREN**

| Rang | Land | US-Dollar* |
|---|---|---|
| 1 | Vereinigte Staaten | 85,86 |
| 2 | Schweden | 70,18 |
| 3 | Grönland | 52,93 |
| 4 | Bahamas | 52,93 |
| 5 | Luxemburg | 49,03 |
| 6 | Zypern | 34,38 |
| 7 | Paraguay | 32,47 |
| 8 | Großbritannien | 29,62 |
| 9 | Frankreich | 24,30 |
| 10 | Guyana | 16,00 |
| 11 | Malediven | 12,77 |
| 12 | Lesotho | 5,83 |
| 13 | Namibia | 1,07 |
| 14 | Tunesien | 1,02 |
| 15 | Kap Verde | 0,73 |
| 16 | Kuba | 0,68 |
| 17 | Kirgisistan | 0,03 |
| 18 | Moldawien | 0,02 |

*Nettoexport von Tantiemen und Lizenzgebühren pro Kopf und Jahr in US-Dollar (Die Datenquellen geben nur 18 Netto-Exportländer an.)

# 139 Exporte von Tantiemen und Lizenzgebühren

**Die Wirtschaft profitiert vom Austausch von Ideen nicht weniger als vom Handel mit konkreter Ware.**

Der Internationale Währungsfonds definiert Tantiemen und Lizenzgebühren als »Zahlungen und Einnahmen für die autorisierte Verwendung von immateriellem, nichtfinanziellem und nichtproduziertem Eigentum und Eigentumsrechten (...) sowie für die durch Lizenzverträge festgelegte Verwendung von produzierten Originalen oder Prototypen«. Exporte von Tantiemen und Lizenzgebühren sind demnach Erlöse aus internationalen Zahlungen für die Erlaubnis, das geistige Eigentum des Patent- oder Copyrighthalters zu nutzen.

Nur 18 Länder erwirtschaften aus Tantiemen und Lizenzgebühren einen Außenhandelsüberschuss. Im Gegensatz zu den 182 Netto-Importländern nehmen sie mehr als 30 Milliarden US-Dollar ein.

**NETTOEXPORTE VON TANTIEMEN UND LIZENZGEBÜHREN**

Jährliche Erlöse in Milliarden US-Dollar

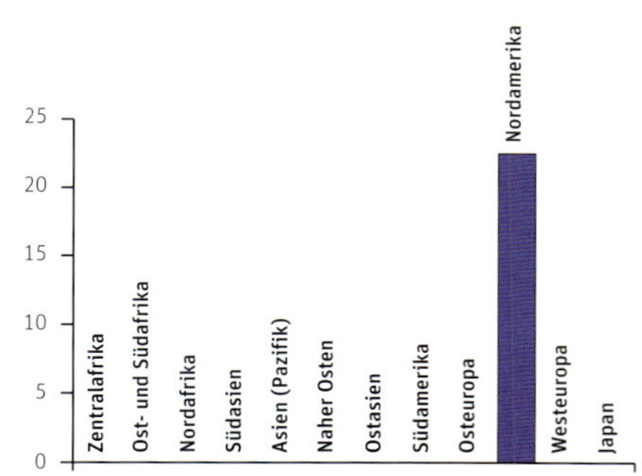


*»Ideen gestalten unsere Welt. Sie sind das Rohmaterial, von dem unser künftiger Wohlstand und unser Erbe abhängen werden.«*

Kamil Idris, Generaldirektor der WIPO, 2006

# 140 Importe von Tantiemen und Lizenzgebühren

**Das Beispiel Irlands und Österreichs zeigt, dass ein Land wirtschaftlich prosperieren kann, auch wenn es in großem Umfang auf das geistige Eigentum anderer zurückgreift.**

Irland gibt mehr als jedes andere Land der Welt für Tantiemen und Lizenzgebühren aus. Es investiert dabei mehr als dreimal so viel wie China, das zweitgrößte Nettoimportland. Für Irland errechnen sich auch die höchsten Pro-Kopf-Ausgaben. Das zweitplatzierte Hongkong zahlt nur ein Fünfzehntel davon.

*»[Der Vertrag von Singapur zum Markenrecht] wird den internationalen Handel ankurbeln sowie den Markenschutz vergrößern und harmonisieren, wovon Nationen, Marken und Unternehmen profitieren können.«*
Burhan Gafoor, Repräsentant Singapurs bei WTO und UNO, Genf, 2006

**HÖCHSTE NETTOIMPORTE VON TANTIEMEN UND LIZENZGEBÜHREN**

| Rang | Land | US-Dollar* |
|---|---|---|
| 1 | Irland | 2748,3 |
| 2 | Hongkong | 181,2 |
| 3 | Österreich | 116,4 |
| 4 | Barbados | 80,3 |
| 5 | Neuseeland | 68,1 |
| 6 | Kanada | 59,2 |
| 7 | Südkorea | 45,7 |
| 8 | Swasiland | 41,3 |
| 9 | Niederlande | 40,8 |
| 10 | Australien | 36,4 |
| 11 | Slowenien | 35,5 |
| 12 | Spanien | 35,2 |
| 13 | Norwegen | 35,0 |
| 14 | Malta | 28,2 |
| 15 | Portugal | 26,7 |
| 16 | Malaysia | 25,7 |
| 17 | Griechenland | 25,0 |
| 18 | St. Lucia | 21,6 |
| 19 | St. Kitts und Nevis | 19,4 |
| 20 | Thailand | 17,6 |

*Nettoimport von Tantiemen und Lizenzgebühren pro Kopf und Jahr in US-Dollar

**NETTOIMPORTE VON TANTIEMEN UND LIZENZGEBÜHREN**
Ausgaben in Milliarden US-Dollar pro Jahr

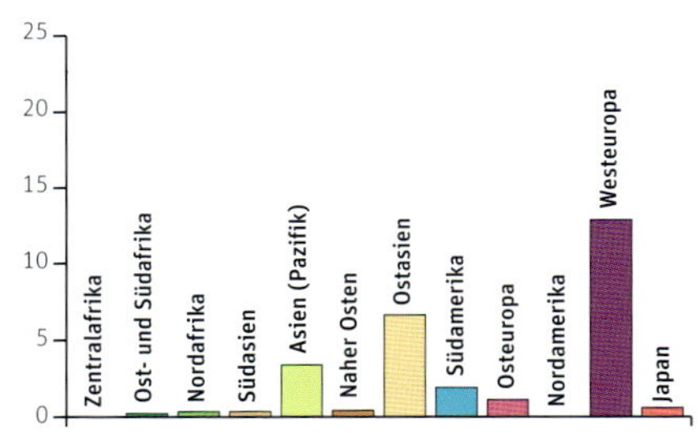

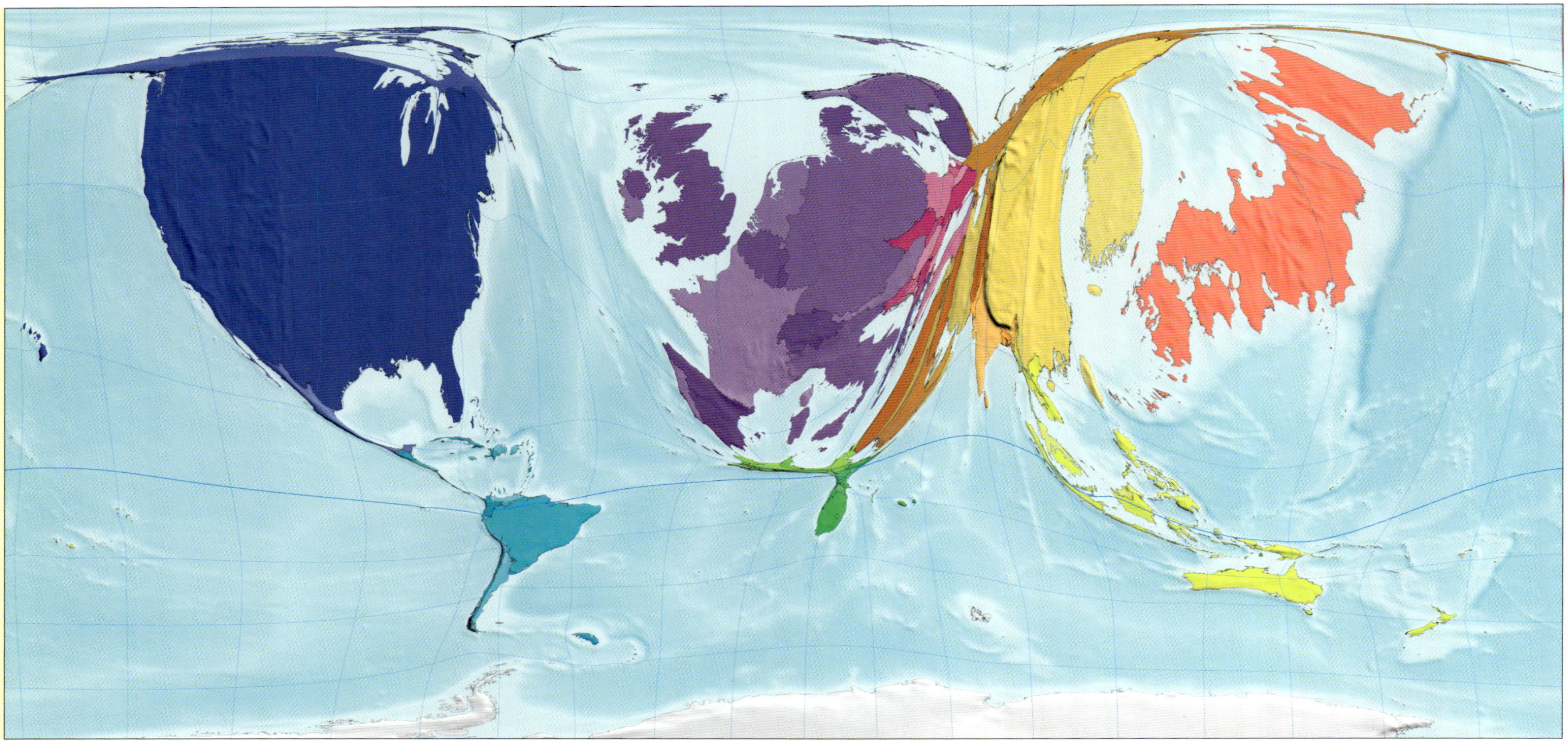

# 141 Ausgaben für Forschung und Entwicklung

**Forschungs- und Entwicklungskosten sind immer hoch und dennoch meistens lohnend.**

Regierungen, Unternehmen und wissenschaftliche, technologische oder medizinische Einrichtungen betreiben Forschung und Entwicklung, um neue Verfahren und Produkte zu finden. Das Streben nach Innovation kann teuer sein, wenn man die Kosten für Fachkräfte, Material und Geräte bedenkt, aber die Ergebnisse können auch hohe Gewinne abwerfen. 2002 wurden in den Vereinigte Staaten 289 Milliarden Dollar für Forschung und Entwicklung ausgegeben, in Angola praktisch nichts. Dementsprechende Unterschiede weisen die Zahlen der Patente und der eingenommenen Lizenzgebühren (Karten 137, 139) auf.

*»Wenn wir die Armut nicht verringern und unsere Wirtschaft nicht aufbauen, wird keiner mehr da sein, um Grundlagenforschung zu betreiben. Wenn die afrikanische Wirtschaft wächst, sind genug Zeit und Geld zum Nachdenken vorhanden.«* Asifa Nanyaro, Generaldirektor der Tanzania Industrial Research and Development Organization, 2004

**HÖCHSTE UND NIEDRIGSTE AUSGABEN FÜR FORSCHUNG UND ENTWICKLUNG**

| Rang | Land | US-Dollar* |
|---|---|---|
| 1 | Luxemburg | 1310 |
| 2 | Schweden | 1202 |
| 3 | Israel | 1017 |
| 4 | Vereinigte Staaten | 992 |
| 5 | Finnland | 890 |
| 6 | Island | 840 |
| 7 | Japan | 833 |
| 8 | Schweiz | 790 |
| 9 | Deutschland | 678 |
| 10 | Dänemark | 647 |
| 181 | Nepal | 2,7 |
| 182 | Nigeria | 2,5 |
| 183 | Nicaragua | 2,5 |
| 184 | Mali | 2,3 |
| 185 | Niger | 2,1 |
| 186 | Burkina Faso | 2,1 |
| 187 | Guinea-Bissau | 1,9 |
| 188 | Sierra Leone | 1,5 |
| 189 | Madagaskar | 0,7 |
| 190–200 | 11 Staaten | ‹0,1 |

*Ausgaben pro Person in US-Dollar bei Kaufkraftparität

**AUSGABEN FÜR FORSCHUNG UND ENTWICKLUNG**
Jährliche Kosten pro Person in US-Dollar bei Kaufkraftparität

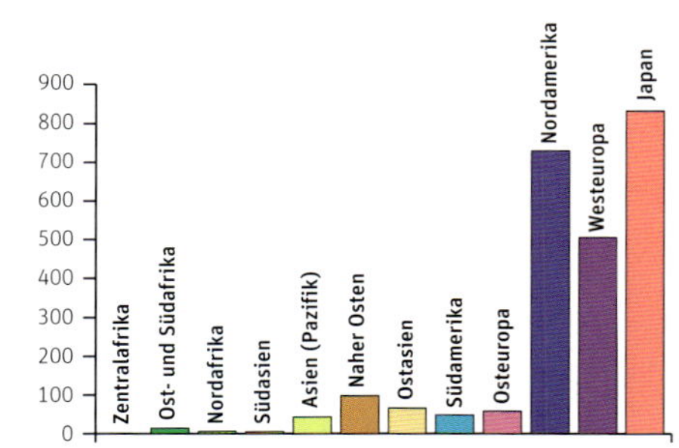

**HÖCHSTE UND NIEDRIGSTE ANZAHL DER BESCHÄFTIGTEN IN FORSCHUNG UND ENTWICKLUNG**

| Rang | Land | Beschäftigte* |
|---|---|---|
| 1 | Finnland | 7057 |
| 2 | Island | 6443 |
| 3 | Japan | 5268 |
| 4 | Schweden | 5155 |
| 5 | Norwegen | 4339 |
| 6 | Vereinigte Staaten | 4015 |
| 7 | Singapur | 3875 |
| 8 | Schweiz | 3557 |
| 9 | Russland | 3476 |
| 10 | Dänemark | 3461 |
| 191 | Syrien | 27 |
| 192 | Uganda | 23 |
| 193 | Burundi | 20 |
| 194 | Burkina Faso | 15 |
| 195 | Madagaskar | 14 |
| 196 | Nigeria | 14 |
| 197 | Jamaika | 8 |
| 198 | Oman | 4 |
| 199 | Kamerun | 3 |
| 200 | Senegal | 2 |

*Zahl der Beschäftigten pro einer Million Einwohner im Jahr 2002

# 142 Beschäftigte in Forschung und Entwicklung

**Die Anzahl der Beschäftigten, die in Forschung und Entwicklung tätig sind, hängt zum einen von der Bevölkerungszahl, zum anderen vom wirtschaftlichen Wohlergehen eines Landes ab.**

In den meisten Ländern der Welt arbeiten zumindest einige Menschen in Forschung und Entwicklung. In 80 Ländern sind es insgesamt weniger als 1000, in zwölf Staaten sogar weniger als 20. Letzteres trifft eher auf kleine Länder zu. Bei allen – mit Ausnahme des Senegal – liegt die Einwohnerzahl unter drei Millionen.

In den Vereinigten Staaten dagegen sind 1,2 Millionen Menschen in Forschung und Entwicklung tätig, doch Finnland kommt auf die höchste Pro-Kopf-Quote. Dort arbeiten nicht weniger als sieben von 1000 Einwohnern – Kinder, Senioren und Arbeitslose eingeschlossen – in Forschung und Entwicklung.

**BESCHÄFTIGTE IN FORSCHUNG UND ENTWICKLUNG**

Zahl der Beschäftigten pro 1000 Personen

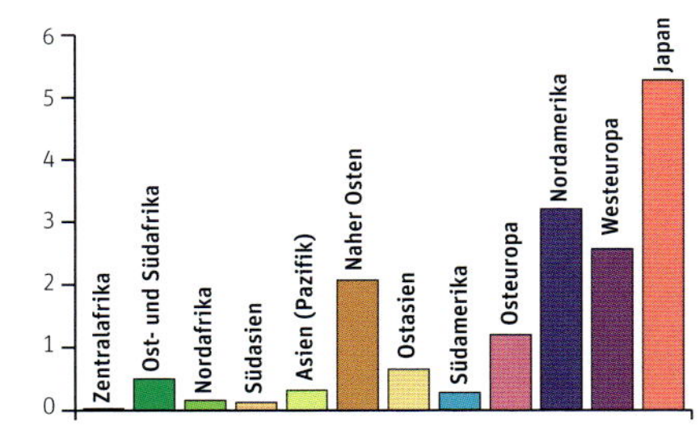

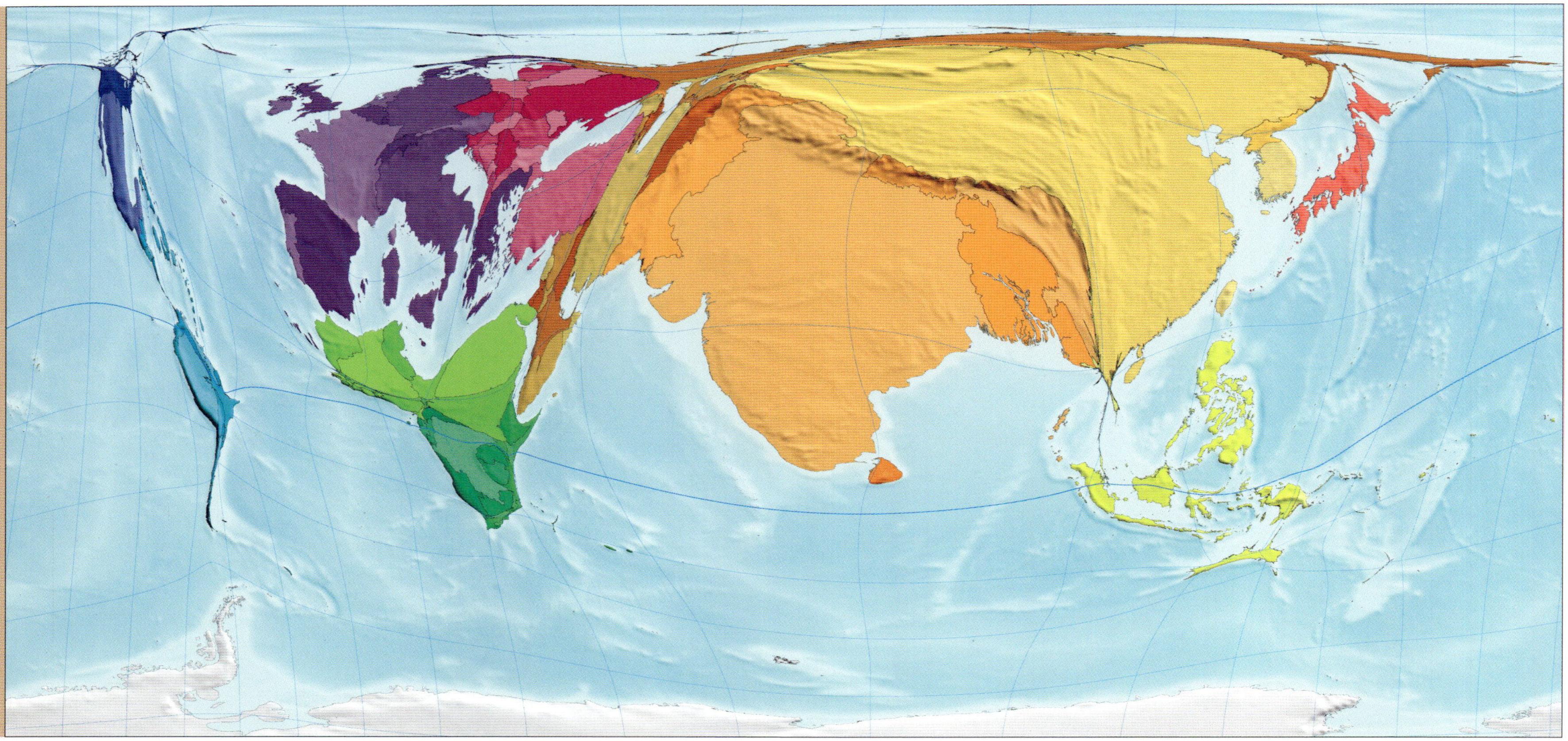

**REICHSTE UND ÄRMSTE LÄNDER IM JAHR 1**

| Rang | Land | US-Dollar* |
|---|---|---|
| 1 | Bangladesch | 454 |
| 2 | Indien | 453 |
| 3 | Italien | 453 |
| 4 | Griechenland | 452 |
| 5 | Frankreich | 452 |
| 6 | Südkorea | 452 |
| 7 | Pakistan | 452 |
| 8 | Spanien | 452 |
| 9 | Deutschland | 452 |
| 10 | China | 452 |
| 191 | Paraguay | 400 |
| 192 | Brasilien | 400 |
| 193 | Uruguay | 400 |
| 194 | Argentinien | 400 |
| 195 | Kanada | 400 |
| 196 | Panama | 400 |
| 197 | Grönland | 400 |
| 198 | Madagaskar | 0 |
| 198 | Singapur | 0 |
| 198 | Neuseeland | 0 |

*Geschätztes Bruttoinlandsprodukt pro Kopf und Jahr in heutigem Dollarwert bei Kaufkraftparität

# 143 Wohlstandsverteilung im Jahr 1

**Bruttoinlandsprodukt (kaufkraftbereinigt) im Jahr 1. Die generell sehr geringe Kaufkraft ist in allen Teilen der Erde annähernd gleich.**

Diese Karte zeigt, wie Wohlstand – bezogen auf moderne Grenzen – vor 2000 Jahren verteilt war. Er wird gemessen am Bruttoinlandsprodukt, dem Marktwert aller in einem Jahr neu zur Verfügung stehenden Waren und Dienstleistungen. Das Bruttoinlandsprodukt ist kaufkraftbereinigt angegeben.

Neueste Schätzungen besagen, dass das durchschnittliche Bruttoinlandsprodukt pro Kopf im Jahr 1 nach aktuellem Dollarwert 445 Dollar betrug. 1990 entsprachen dem 5248 Dollar. Allerdings war die Kaufkraft vor 2000 Jahren wesentlich gleichmäßiger verteilt, deshalb entspricht diese Karte fast genau jener der Weltbevölkerung im Jahr 1 (Karte 003). Der amerikanische Kontinent erscheint hier klein, weil im Jahr 1 dort weniger Menschen lebten und weil Südamerika mit 400 Dollar das niedrigste Bruttoinlandsprodukt pro Kopf erzielte.

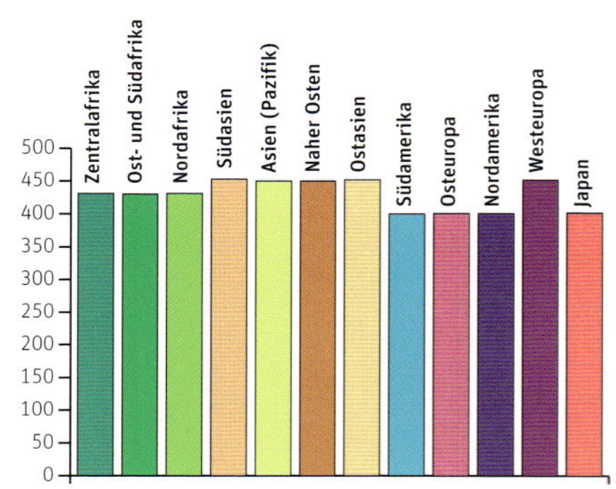


**VERTEILUNG DES WOHLSTANDS IM JAHR 1**
Geschätztes Bruttoinlandsprodukt pro Kopf und Jahr in US-Dollar bei Kaufkraftparität

*»Reisende und Gelehrte, die seit undenklichen Zeiten von Zauber und Ruhm Bangladeschs angezogen wurden, … priesen überschwänglich Fülle und Wohlstand, Reichtum und Überfluss des Landes …«* UN-Mission in Bangladesch, 2006

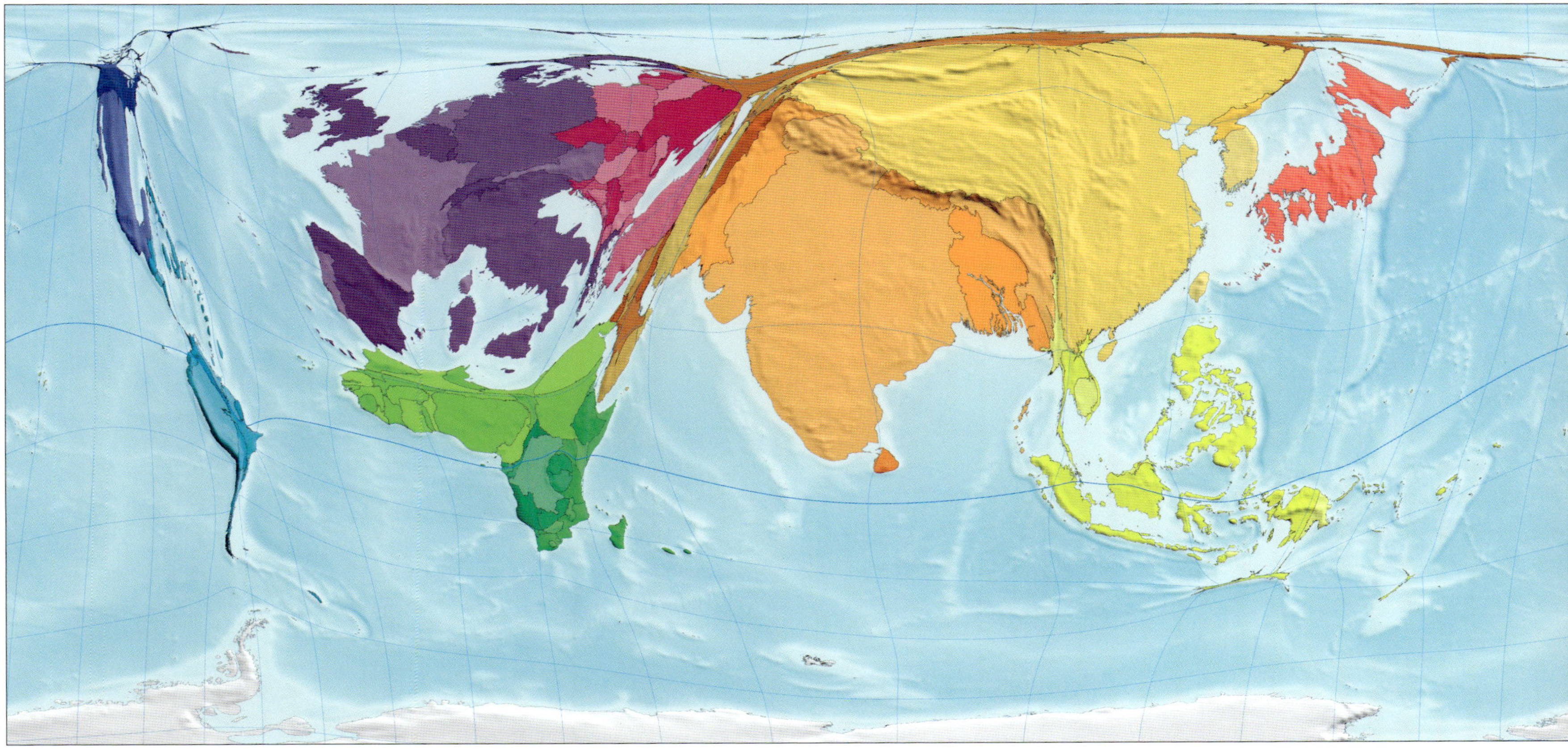



**REICHSTE UND ÄRMSTE LÄNDER IM JAHR 1500**

| Rang | Land | US-Dollar* |
|---|---|---|
| 1 | Italien | 1100 |
| 2 | Belgien | 875 |
| 3 | Niederlande | 761 |
| 4 | Dänemark | 738 |
| 5 | Frankreich | 727 |
| 6 | Großbritannien | 714 |
| 7 | Österreich | 707 |
| 8 | Schweden | 695 |
| 9 | Deutschland | 688 |
| 10 | Spanien | 661 |
| 11 | Norwegen | 640 |
| 12 | Schweiz | 632 |
| 21 | Portugal | 606 |
| 23 | China | 600 |
| 53 | Indien | 550 |
| 60 | Irland | 526 |
| 61 | Japan | 500 |
| 65 | Irak | 499 |
| 86 | Türkei | 496 |
| 106 | Ägypten | 475 |

*Geschätztes Bruttoinlandsprodukt pro Kopf und Jahr in heutigem Dollarwert bei Kaufkraftparität

# 144 Wohlstandsverteilung im Jahr 1500

**Um 1500 gehörte Mitteleuropa bereits zu den wohlhabendsten Regionen der Erde.**

Im Jahr 1500 gehörten westeuropäische Länder gemessen am Pro-Kopf-Bruttoinlandsprodukt (kaufkraftbereinigt) bereits zu den reichsten der Welt. Die Regionen mit dem höchsten Gesamt-Bruttoinlandsprodukt waren Ost- und Südasien, was nicht weiter überrascht, da sie zu dieser Zeit auch die bevölkerungsreichsten waren.

In Zentral-, Ost- und Südafrika war das Bruttoinlandsprodukt im Jahr 1500 sowohl insgesamt als auch pro Kopf gerechnet am niedrigsten – ein bis heute zementiertes Wohlstandsgefälle. Allerdings war 2002 der Anteil dieser Regionen an der Summe der weltweiten Gesamt-Bruttoinlandsprodukte noch geringer als im Jahr 1500.

*»Eine immer attraktivere Handelsware waren Sklaven, die man bei Überfällen oder im Krieg gefangen nahm, … auch Kolanüsse waren interessant, ebenso Farbstoffe aus dem Norden Nigerias. Im Mittelmeerraum erzielten diese Güter hohe Preise.«* Richard Effland, The Rest of the Story about Africa, 2003

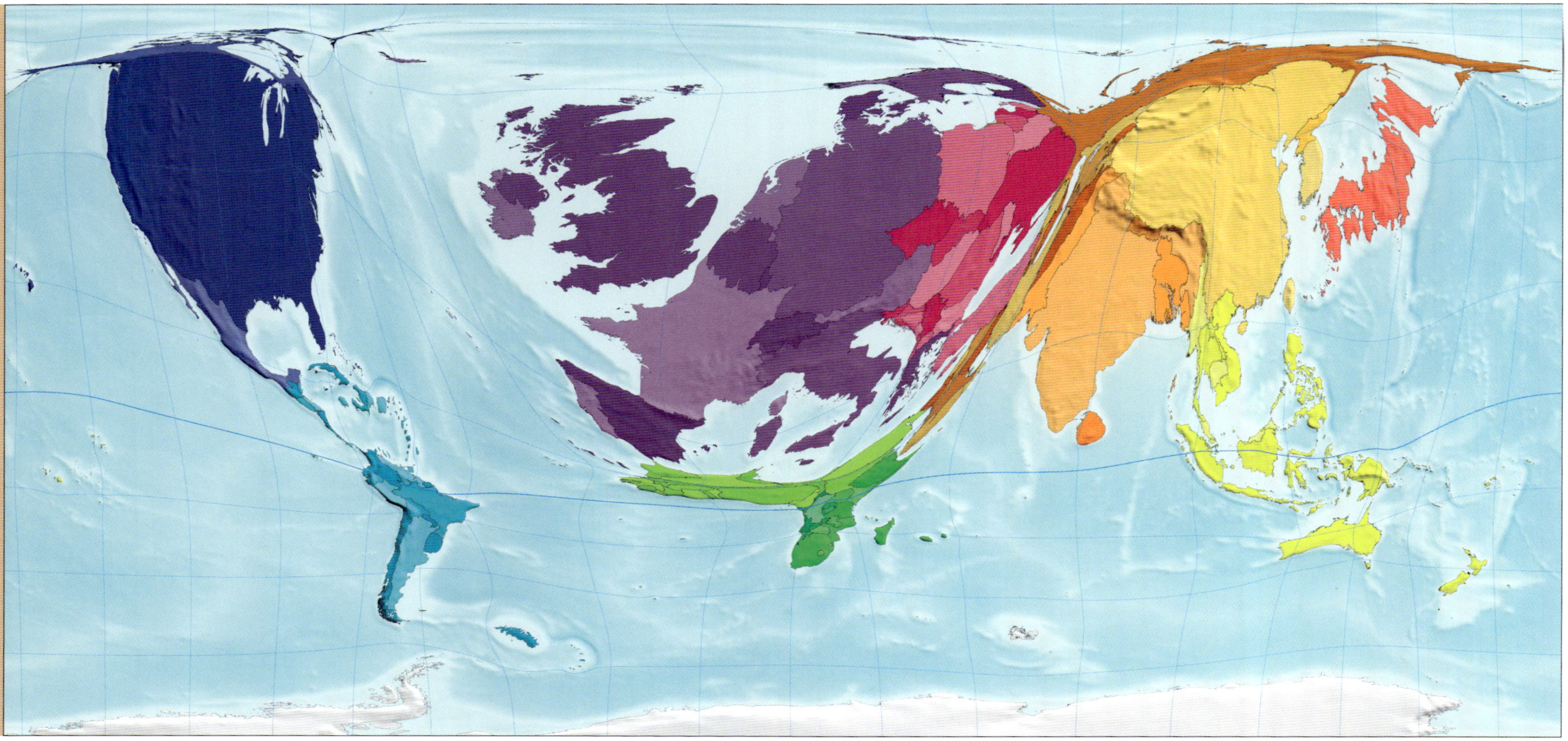



# 145 Wohlstandsverteilung im Jahr 1900

**Um die Wende zum 20. Jahrhundert hatte sich die industrielle Revolution nahezu in ganz Europa vollzogen und für einen deutlichen Zuwachs an Wohlstand gesorgt.**

Zwischen 1500 und 1900 verdoppelte sich weltweit das durchschnittliche Pro-Kopf-Bruttoinlandsprodukt. Das war vor allem eine Auswirkung der industriellen Revolution, die für einen sprunghaften Zuwachs an Produktivität gesorgt hatte. Ein wesentlicher Anteil der Produktion wurde in mechanisierte Fabriken mit dementsprechend spezialisierten Abläufen verlagert. Die Herstellung von Waren fand nicht mehr zu Hause oder in kleinen Werkstätten statt, wo ein einzelner Arbeiter alle Produktionsschritte ausführte.

Auch die Weltbevölkerung nahm in diesem Zeitraum beträchtlich zu, sodass der Anstieg des Gesamt-Bruttoinlandsprodukts sogar noch höher war, als die Pro-Kopf-Berechnung vermuten lässt. 1900 erreichte die Summe des gesamten Bruttoinlandsprodukts weltweit zwei Billionen Dollar auf der Grundlage des Dollarwertes von 1990.

*»Die industrielle Revolution … erhöhte zunächst vor allem in Europa in erheblichem Maße die Kapazität, bestimmte Waren und Dienstleistungen zu produzieren. Sie hat die Verteilung von Reichtum und Armut in der Welt grundlegend verändert.«* San Diego State University/United States National Center for History, 2006

**REICHSTE UND ÄRMSTE LÄNDER IM JAHR 1900**

| Rang | Land | US-Dollar* |
|---|---|---|
| 1 | Großbritannien | 4492 |
| 2 | Neuseeland | 4298 |
| 3 | Vereinigte Staaten | 4091 |
| 4 | Australien | 4013 |
| 5 | Schweiz | 3833 |
| 6 | Belgien | 3731 |
| 7 | Niederlande | 3424 |
| 8 | Dänemark | 3017 |
| 9 | Deutschland | 2985 |
| 10 | Kanada | 2911 |
| 141 | Myanmar | 685 |
| 142 | Albanien | 685 |
| 143 | Brasilien | 678 |
| 165 | Bangladesch | 607 |
| 169 | Indien | 599 |
| 170 | Somalia | 557 |
| 188 | Mongolei | 553 |
| 189 | China | 545 |
| 190 | Nepal | 539 |
| 193 | DR Kongo | 483 |

*Bruttoinlandsprodukt pro Kopf und Jahr in heutigem Dollarwert bei Kaufkraftparität

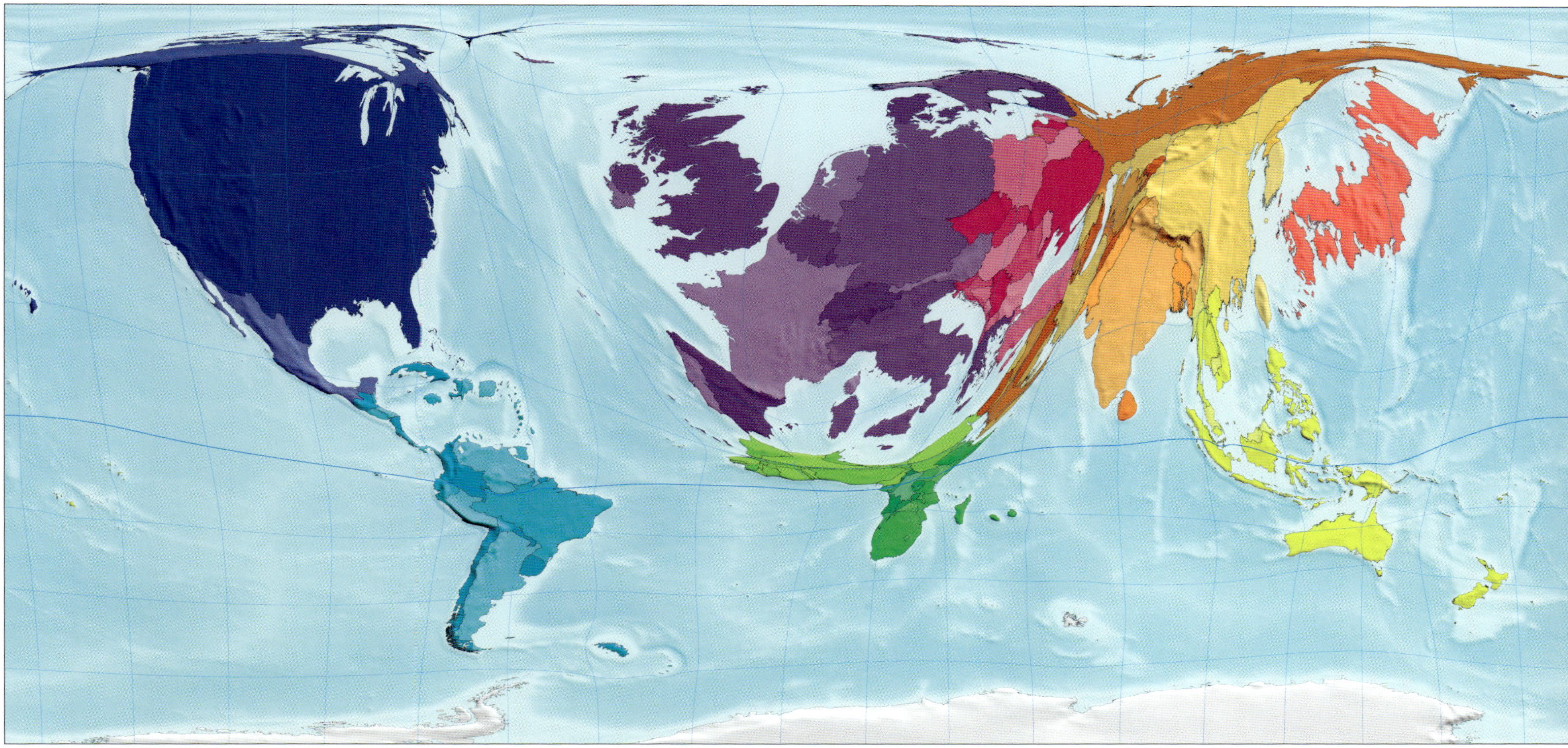





**REICHSTE UND ÄRMSTE LÄNDER IM JAHR 1960**

| Rang | Land | US-Dollar* |
|---|---|---|
| 1 | Katar | 33 104 |
| 2 | Kuwait | 28 813 |
| 3 | Vereinigte Arabische Emirate | 22 433 |
| 4 | Schweiz | 12 457 |
| 5 | Vereinigte Staaten | 11 328 |
| 6 | Frankreich | 9785 |
| 7 | Venezuela | 9646 |
| 8 | Neuseeland | 9465 |
| 9 | Dänemark | 8812 |
| 10 | Australien | 8791 |
| 191 | Mali | 535 |
| 192 | Cape Verde | 508 |
| 193 | Guinea-Bissau | 501 |
| 194 | Tansania | 459 |
| 195 | Lesotho | 458 |
| 196 | Burundi | 444 |
| 197 | Äthiopien | 439 |
| 198 | Botswana | 403 |
| 199 | Malawi | 394 |
| 200 | Guinea | 392 |

*Bruttoinlandsprodukt pro Kopf und Jahr in heutigem Dollarwert bei Kaufkraftparität

# 146 Wohlstandsverteilung im Jahr 1960

**In dieser Phase wurde Wohlstand vor allem in Nordamerika und Westeuropa geschaffen. In Deutschland war es die Zeit des »Wirtschaftswunders«.**

1960 war der Wohlstand in den Weltregionen aufs Ganze gesehen ähnlich verteilt wie im Jahr 1900. Allerdings hatte sich der Anteil Asiens etwas verringert, jener Südamerikas hingegen erhöht. Der größte allgemeine Wohlstand herrschte in Nordamerika und Westeuropa, wo die Zerstörungen, die der Zweite Weltkrieg angerichtet hatte, mit Hilfe des Marshallplans überwunden waren. Die Bundesrepublik Deutschland war im Zuge des »Wirtschaftswunders« zur zweitgrößten Wirtschaftsmacht nach den Vereinigten Staaten aufgestiegen. Das höchste Pro-Kopf-Bruttoinlandsprodukt aber erreichten 1960 die kleineren Staaten des Nahen Ostens: Katar, Kuwait und die Vereinigten Arabischen Emirate. Länder mit dem niedrigsten Bruttoinlandsprodukt lagen vorwiegend in Nord-, Ost- und Südafrika.

**ZEITACHSE DES WELTWEITEN WOHLSTANDS**
Jährliches Bruttoinlandsprodukt pro Kopf in US-Dollar bei Kaufkraftparität

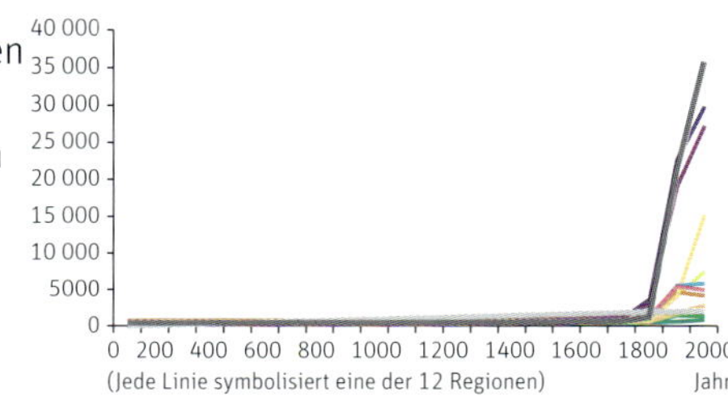


*»Das erste asiatische Wirtschaftswunder erlebte Japan nach dem Zweiten Weltkrieg, begründet im Umbruch der Meiji-Restauration … Die asiatischen Tigerstaaten … entwickelten sich ab 1960.«*

Luis Alberto Moreno, Latin Business Chronicle, 2006

# 147 Wohlstandsverteilung im Jahr 1990

**Obwohl keine grundlegenden Veränderungen in der globalen Wohlstandsverteilung stattfanden, wurden doch einige neue Faktoren wirksam.**

**REICHSTE UND ÄRMSTE LÄNDER IM JAHR 1990**

| Rang | Land | US-Dollar* |
|---|---|---|
| 1 | Vereinigte Staaten | 23 201 |
| 2 | Frankreich | 22 603 |
| 3 | Schweiz | 21 482 |
| 4 | Kanada | 18 872 |
| 5 | Japan | 18 789 |
| 6 | Grönland | 18 662 |
| 7 | Norwegen | 18 466 |
| 8 | Dänemark | 18 452 |
| 9 | Schweden | 17 695 |
| 10 | Hongkong | 17 541 |
| 191 | Bangladesch | 640 |
| 192 | Afghanistan | 601 |
| 193 | Uganda | 592 |
| 194 | Äthiopien | 581 |
| 195 | Niger | 562 |
| 196 | Malawi | 558 |
| 197 | Tansania | 540 |
| 198 | Guinea | 526 |
| 199 | DR Kongo | 525 |
| 200 | Tschad | 421 |

*Bruttoinlandsprodukt pro Kopf und Jahr in heutigem Dollarwert bei Kaufkraftparität

Zwischen 1960 und 1990 konnte das durchschnittliche Pro-Kopf-Bruttoinlandsprodukt im globalen Maßstab mehr als verdoppelt werden. Das Gesamt-Bruttoinlandsprodukt stieg von acht auf 27 Billionen US-Dollar bei Kaufkraftparität. Dieser Zuwachs verteilte sich auf die Regionen der Erde ähnlich wie der bereits bestehende Wohlstand, Ausnahmen waren Staaten mit deutlich überdurchschnittlichem Wirtschaftswachstum wie Japan, China, Südkorea und Taiwan.

Zentralafrika war 1990 die Region mit dem niedrigsten Bruttoinlandsprodukt. Es betrug nur 0,8 Prozent des Ergebnisses von Nordamerika. Mit anderen Worten: Ein Prozent der Wirtschaftsleistung Nordamerikas hätte ausgereicht, um das Bruttoinlandsprodukt Zentralafrikas zu verdoppeln.

**BRUTTOINLANDSPRODUKT 1990**
Bruttoinlandsprodukt pro Kopf in US-Dollar bei Kaufkraftparität im Jahr 1990

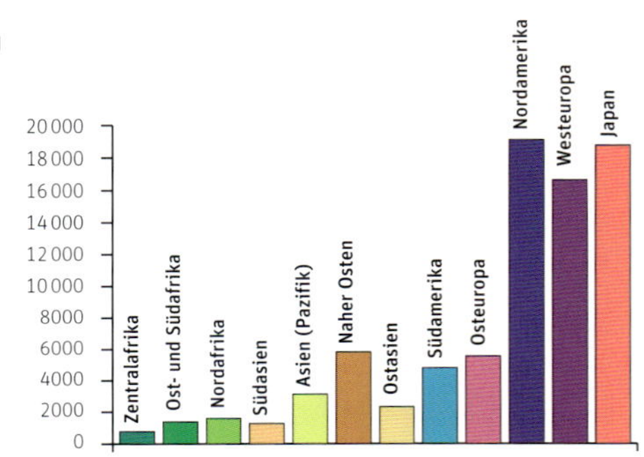

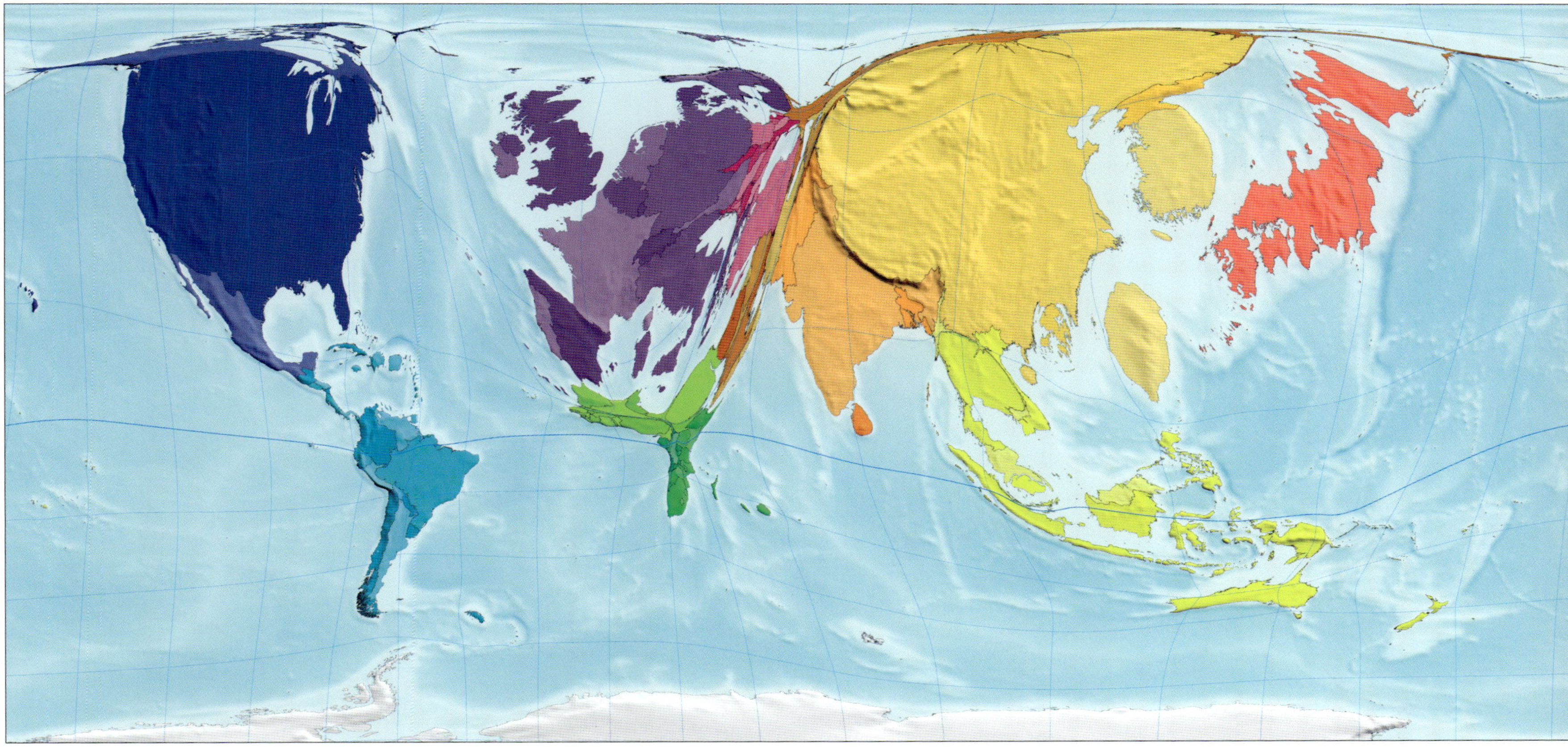



**REICHSTE UND ÄRMSTE LÄNDER IM JAHR 2015**

| Rang | Land | US-Dollar* |
|---|---|---|
| 1 | **Taiwan** | 64 519 |
| 2 | **Hongkong** | 51 470 |
| 3 | **Singapur** | 48 645 |
| 4 | **Malta** | 42 407 |
| 5 | **Luxemburg** | 38 526 |
| 6 | **Südkorea** | 38 249 |
| 7 | **Vereinigte Staaten** | 38 063 |
| 8 | **Norwegen** | 36 830 |
| 9 | **Japan** | 35 694 |
| 10 | **Irland** | 34 677 |
| 191 | **Komoren** | 533 |
| 192 | **DR Kongo** | 525 |
| 193 | **Tschad** | 493 |
| 194 | **Zentralafrikanische Republik** | 485 |
| 195 | **Sambia** | 480 |
| 196 | **Dschibuti** | 446 |
| 197 | **Sierra Leone** | 443 |
| 198 | **Afghanistan** | 423 |
| 199 | **Tadschikistan** | 361 |
| 200 | **Niger** | 348 |

*Geschätztes Bruttoinlandsprodukt pro Kopf und Jahr in heutigem Dollarwert bei Kaufkraftparität

# 148 Wohlstandsverteilung im Jahr 2015

## Wird China wieder so mächtig werden wie vor 2000 Jahren und kann Europa seine Position behaupten?

Sollten sich die Prognosen erfüllen, die dieser Karte zugrunde liegen, wird China im Jahr 2015 rund 27 Prozent der weltweiten Wirtschaftsleistung erbringen. Damit könnte sich der Kreis schließen, bereits vor 2000 Jahren hat es mit geschätzten 26 Prozent ein Ergebnis in gleicher Höhe erzielt. Nach dem Niedergang auf nur noch fünf Prozent im Jahr 1960 wird nun die Rückkehr zu seiner alten Position vorhergesagt.

Ansonsten wird sich die Situation 2015 wesentlich von der im Jahr 1 unterscheiden. Vor 2000 Jahren trug der amerikanische Kontinent nur sehr wenig zur Weltwirtschaftsleistung bei, heute erzielt er den größten Anteil, und dabei wird es wohl bleiben. Ökonomisch wird Afrika auf der internationalen Bühne weiterhin keine bedeutende Rolle spielen, den osteuropäischen Ländern sagt man abnehmenden Wohlstand voraus.

**PROGNOSTIZIERTES BRUTTOINLANDSPRODUKT FÜR 2015**

Bruttoinlandsprodukt pro Kopf in US-Dollar bei Kaufkraftparität

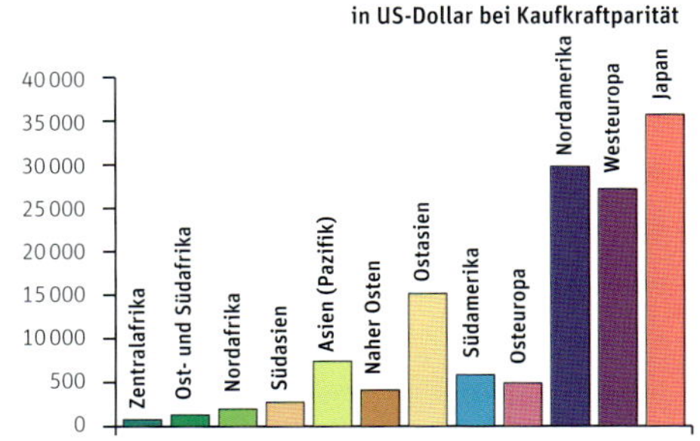


*»Asiens Aufstieg ist das ökonomische Ereignis unserer Ära. Sollte die Entwicklung so wie in den letzten beiden Jahrzehnten weitergehen, wird Asien die zweihundert Jahre dauernde Weltherrschaft Europas und danach die seines nordamerikanischen Sprösslings beenden.«* Martin Wolf, Financial Times, 2003

### EINKOMMEN DES ÄRMSTEN ZEHNTELS DER BEVÖLKERUNG

| Rang | Land | US-Dollar* |
|---|---|---|
| 1 | Luxemburg | 23 800 |
| 2 | Norwegen | 14 395 |
| 3 | Japan | 12 894 |
| 4 | Finnland | 10 469 |
| 5 | Irland | 10 231 |
| 6 | Schweden | 9 404 |
| 7 | Österreich | 9 001 |
| 8 | Deutschland | 8 683 |
| 9 | Niederlande | 8 172 |
| 10 | Belgien | 8 021 |
| 191 | Madagaskar | 137 |
| 192 | Haiti | 123 |
| 193 | Eritrea | 122 |
| 194 | Lesotho | 119 |
| 195 | Burundi | 116 |
| 196 | Malawi | 99 |
| 197 | Sambia | 88 |
| 198 | Zentralafrikanische Republik | 83 |
| 199 | Niger | 63 |
| 200 | Sierra Leone | 28 |

*Durchschnittliches Pro-Kopf-Einkommen der ärmsten zehn Prozent der Bevölkerung im Jahr 2002

# 149 Armut

## Gesamteinkommen der jeweils ärmsten zehn Prozent der Bevölkerung

Auf dieser Karte können Länder überproportional groß erscheinen, entweder weil das ärmste Zehntel ihrer Bevölkerung relativ gut versorgt ist oder weil dort viele Menschen leben, sodass sich das Einkommen der Ärmsten zu einem hohen Betrag summiert. Für Japan etwa trifft Ersteres zu: Trotz vergleichsweise geringer Einwohnerzahl kommen die ärmsten zehn Prozent auf ein relativ hohes Gesamteinkommen verglichen mit anderen Ländern. Indien dagegen erscheint groß aufgrund seiner immensen Bevölkerungszahl. Dort leben ungefähr achtmal so viele Menschen wie in Japan, und obwohl der Einzelne sehr wenig verdient, addiert sich das Einkommen der Ärmsten auf eine hohe Gesamtsumme.

Im Durchschnitt müssen die Ärmsten der armen Länder mit weniger als einem Prozent des Einkommens auskommen, das den Ärmsten der reichen Länder zur Verfügung steht.

### EINKOMMEN DES ÄRMSTEN ZEHNTELS DER BEVÖLKERUNG

Durchschnittliches Einkommen pro Person und Jahr in US-Dollar bei Kaufkraftparität

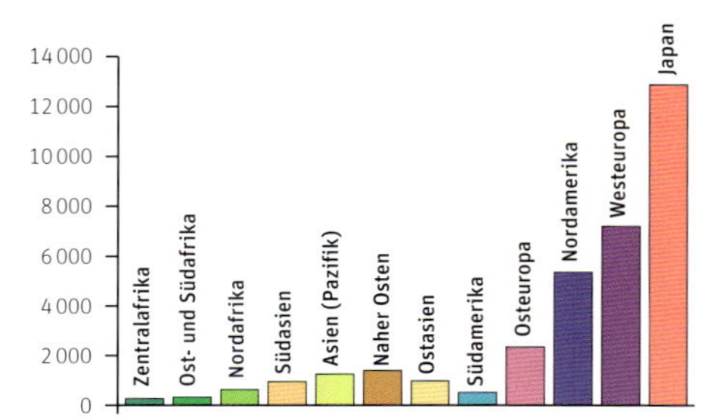

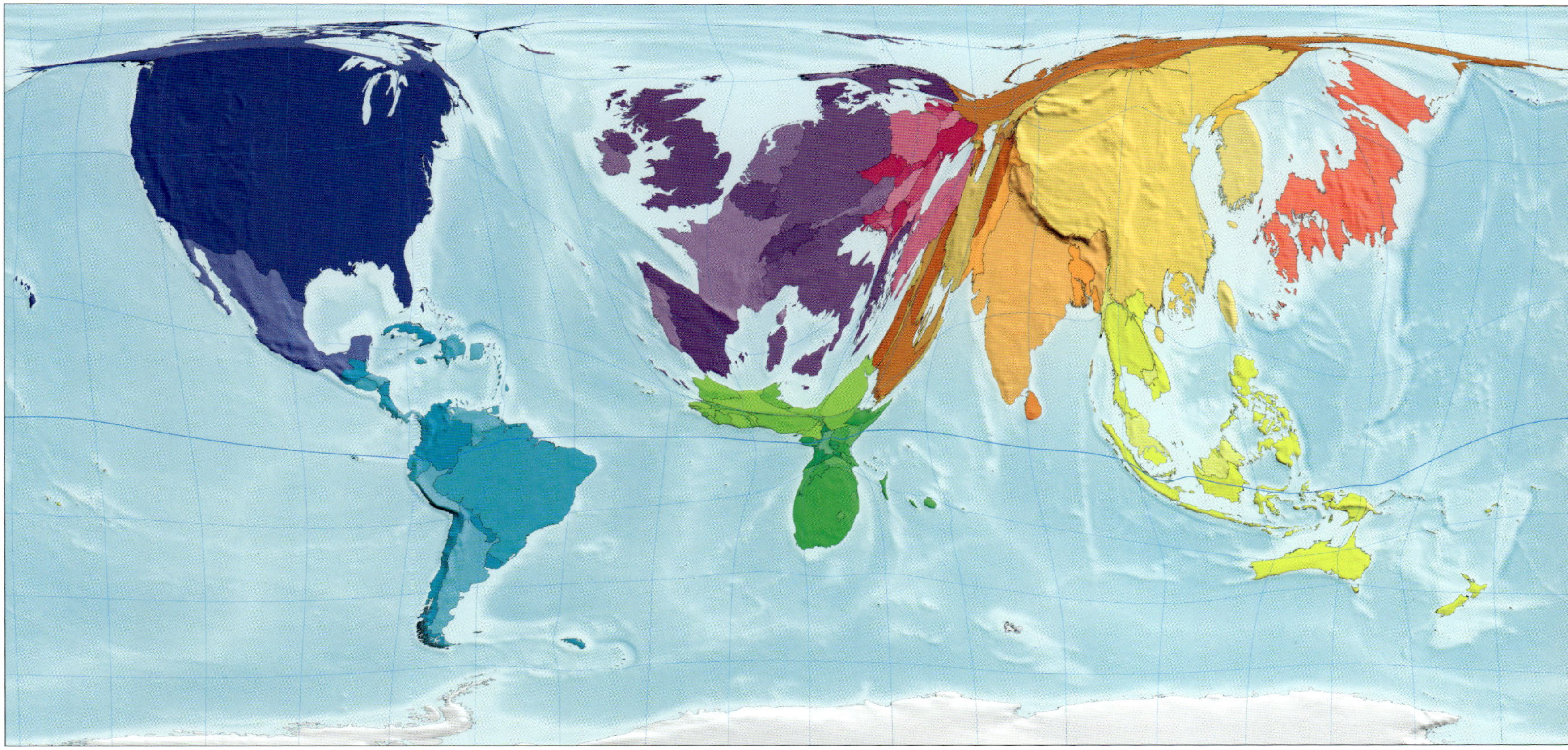

**EINKOMMEN DES REICHSTEN ZEHNTELS DER BEVÖLKERUNG**

| Rang | Land | US-Dollar* |
|---|---|---|
| 1 | Luxemburg | 161 840 |
| 2 | Vereinigte Staaten | 105 914 |
| 3 | Irland | 100 846 |
| 4 | Äquatorialguinea | 96 653 |
| 5 | Hongkong | 91 039 |
| 6 | Grönland | 87 252 |
| 7 | Norwegen | 86 372 |
| 8 | Seychellen | 79 000 |
| 9 | Singapur | 78 173 |
| 10 | Schweiz | 76 580 |
| 191 | Niger | 2801 |
| 192 | Madagaskar | 2642 |
| 193 | Tadschikistan | 2479 |
| 194 | Sierra Leone | 2453 |
| 195 | DR Kongo | 2272 |
| 196 | Burundi | 2236 |
| 197 | Malawi | 2199 |
| 198 | Jemen | 2174 |
| 199 | Äthiopien | 1944 |
| 200 | Tansania | 1692 |

*Durchschnittliches Pro-Kopf-Einkommen der reichsten zehn Prozent der Bevölkerung im Jahr 2002 (bei KKP)

# 150 Reichtum

## Gesamteinkommen der reichsten zehn Prozent der Bevölkerung

Der Staat, in dem das reichste Zehntel der Bevölkerung das geringste Gesamteinkommen erwirtschaftet, ist Tansania. Das liegt zum einen an einer mit 40 Millionen relativ niedrigen Bevölkerungszahl, zum anderen am vergleichsweise geringen Abstand zwischen der Oberschicht und dem Durchschnitt der Bevölkerung sowie am insgesamt niedrigen Lohnniveau. Pro Kopf verdienen die wohlhabendsten zehn Prozent der Tansanier wenig mehr als ein Prozent der entsprechenden Bevölkerungsgruppe in Luxemburg.

Die höchsten Gesamteinnahmen erzielen die reichsten zehn Prozent in den Vereinigten Staaten, gefolgt von China und Indien. Während die Kopfzahl der amerikanischen Oberschicht nur ein Viertel der chinesischen ausmacht, verdient sie doch eineinhalbmal so viel. Außerdem verdient sie über viermal so viel wie die reichsten zehn Prozent in jedem anderen Land. Bei den afrikanischen Staaten macht Südafrika eine Ausnahme: Die reichsten zehn Prozent verdienen dort dreimal so viel wie im restlichen Afrika.

**EINKOMMEN DES REICHSTEN ZEHNTELS DER BEVÖLKERUNG**

Durchschnittliches Einkommen pro Person und Jahr in US-Dollar bei Kaufkraftparität

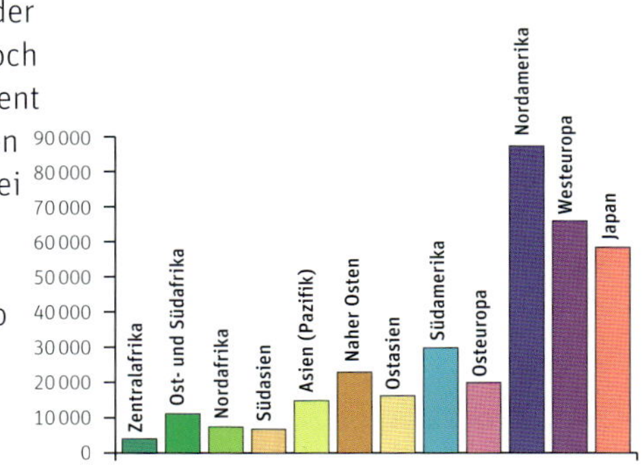

# 151 Armut – die ärmsten 20 Prozent

## Gesamteinkommen des ärmsten Fünftels der Bevölkerung

In Japan leben die reichsten Armen der Welt, in Afrika die bedürftigsten. Das ärmste Fünftel der Bevölkerung Südamerikas ist im Vergleich mit dem Durchschnittseinkommen dieser Region besonders schlecht gestellt.

*»Man kann wohl sagen, dass die ungebremsten Kräfte einer kapitalistischen Gesellschaft dazu tendieren, die Reichen reicher und die Armen ärmer zu machen, die Schere öffnet sich immer weiter.«*
Jawaharlal Nehru, Staatsmann und Premierminister Indiens von 1947–64, 1960

**EINKOMMEN DES ÄRMSTEN FÜNFTELS DER BEVÖLKERUNG**

| Rang | Land | US-Dollar* |
|---|---|---|
| 1 | Luxemburg | 28 560 |
| 2 | Norwegen | 17 717 |
| 3 | Japan | 14 238 |
| 4 | Irland | 12 971 |
| 5 | Dänemark | 12 780 |
| 6 | Finnland | 12 563 |
| 7 | Schweden | 11 886 |
| 8 | Österreich | 11 760 |
| 9 | Deutschland | 11 532 |
| 10 | Belgien | 11 479 |
| 191 | Guinea-Bissau | 186 |
| 192 | Lesotho | 179 |
| 193 | Madagaskar | 177 |
| 194 | Burundi | 174 |
| 195 | Eritrea | 159 |
| 196 | Sambia | 133 |
| 197 | Malawi | 128 |
| 198 | Zentralafrikanische Republik | 118 |
| 199 | Niger | 103 |
| 200 | Sierra Leone | 31 |

*Durchschnittliches Pro-Kopf-Einkommen der ärmsten 20 Prozent der Bevölkerung im Jahr 2002 (bei KKP)

**EINKOMMEN DES ÄRMSTEN FÜNFTELS DER BEVÖLKERUNG**
Durchschnittliches Einkommen pro Person und Jahr in US-Dollar bei Kaufkraftparität

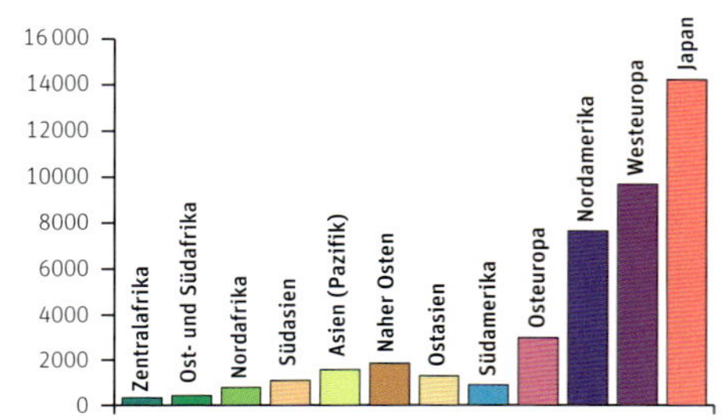

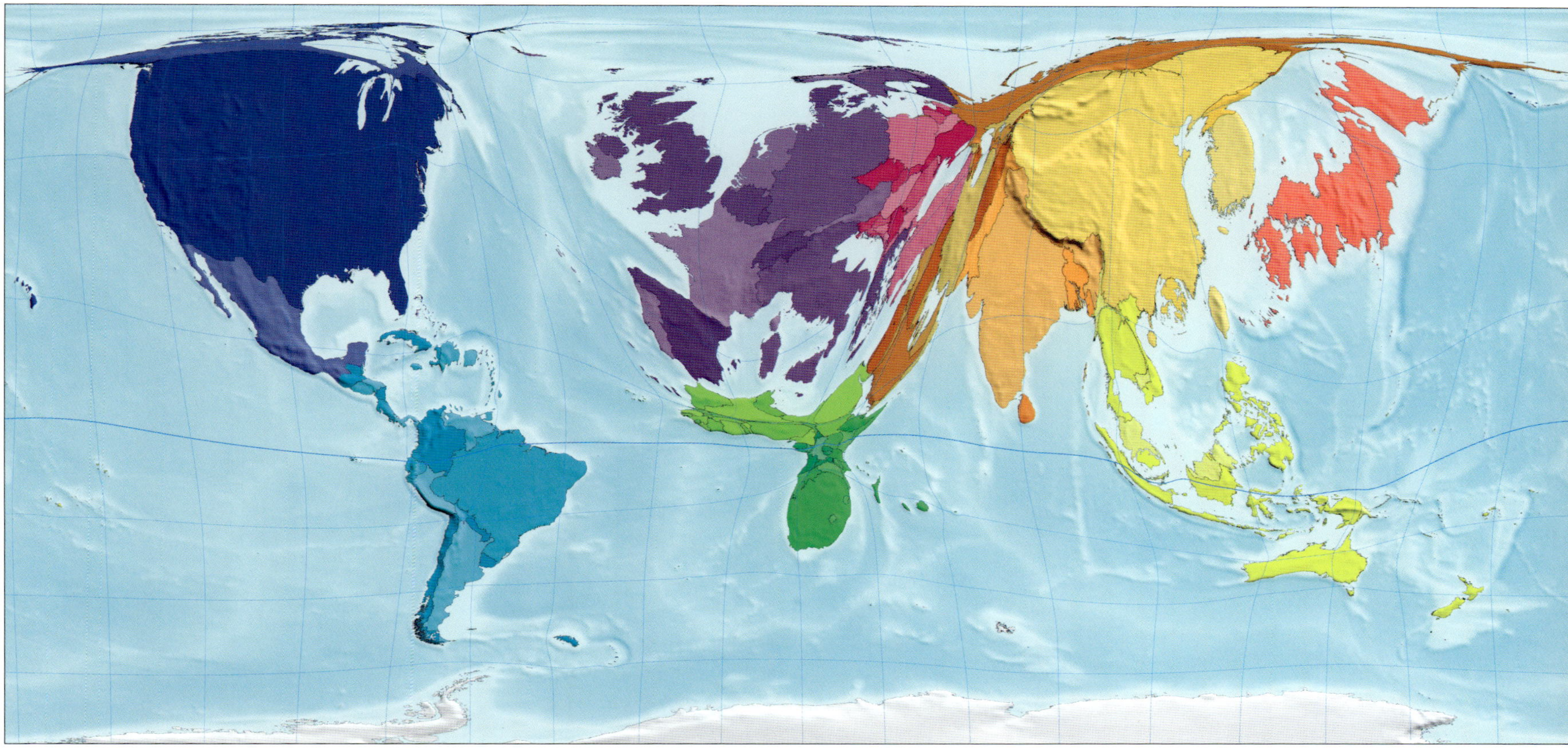

**EINKOMMEN DES REICHSTEN FÜNFTELS DER BEVÖLKERUNG**

| Rang | Land | US-Dollar* |
|---|---|---|
| 1 | Luxemburg | 132 260 |
| 2 | Vereinigte Staaten | 81 118 |
| 3 | Irland | 79 106 |
| 4 | Äquatorialguinea | 70 095 |
| 5 | Norwegen | 68 655 |
| 6 | Grönland | 66 317 |
| 7 | Hongkong | 66 127 |
| 8 | Schweiz | 61 234 |
| 9 | Kanada | 59 677 |
| 10 | Australien | 58 847 |
| 191 | Tadschikistan | 1968 |
| 192 | Madagaskar | 1931 |
| 193 | Guinea-Bissau | 1907 |
| 194 | Sierra Leone | 1783 |
| 195 | Jemen | 1729 |
| 196 | DR Kongo | 1648 |
| 197 | Burundi | 1636 |
| 198 | Äthiopien | 1502 |
| 199 | Malawi | 1461 |
| 200 | Tansania | 1279 |

*Durchschnittliches Pro-Kopf-Einkommen der reichsten 20 Prozent der Bevölkerung im Jahr 2002 (bei KKP)

# 152 Reichtum – die reichsten 20 Prozent

## Gesamteinkommen des reichsten Fünftels der Bevölkerung

Das durchschnittliche Pro-Kopf-Einkommen der reichsten 20 Prozent der Bevölkerung ist in der Region Zentralafrika am niedrigsten – mit der bemerkenswerten Ausnahme Äquatorialguineas, das weltweit das vierthöchste Ergebnis erzielt, vor allem wegen seines Erdölexports. Trotzdem erscheint der Staat nur ziemlich klein auf dieser Karte, da er mit 500 000 eine sehr niedrige Einwohnerzahl aufweist. Im benachbarten Burundi und der Demokratischen Republik Kongo dagegen ist das reichste Fünftel der Bevölkerung ärmer als irgendwo sonst auf der Welt. Die Regionen mit dem höchsten Pro-Kopf-Einkommen in dieser Bevölkerungsgruppe sind Nordamerika, Westeuropa und Japan.

**EINKOMMEN DES REICHSTEN FÜNFTELS DER BEVÖLKERUNG**
Durchschnittliches Einkommen pro Person und Jahr in US-Dollar bei Kaufkraftparität

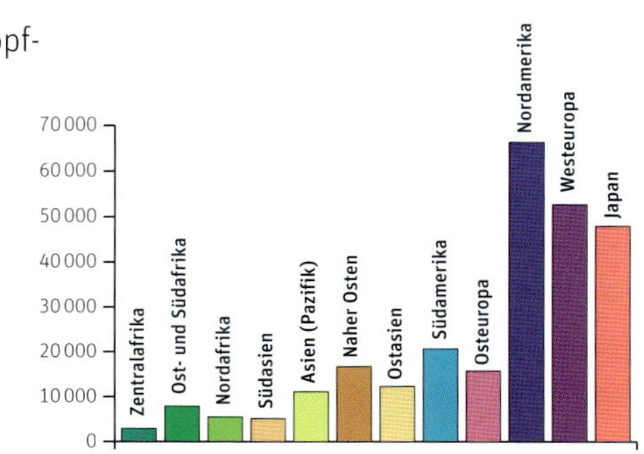

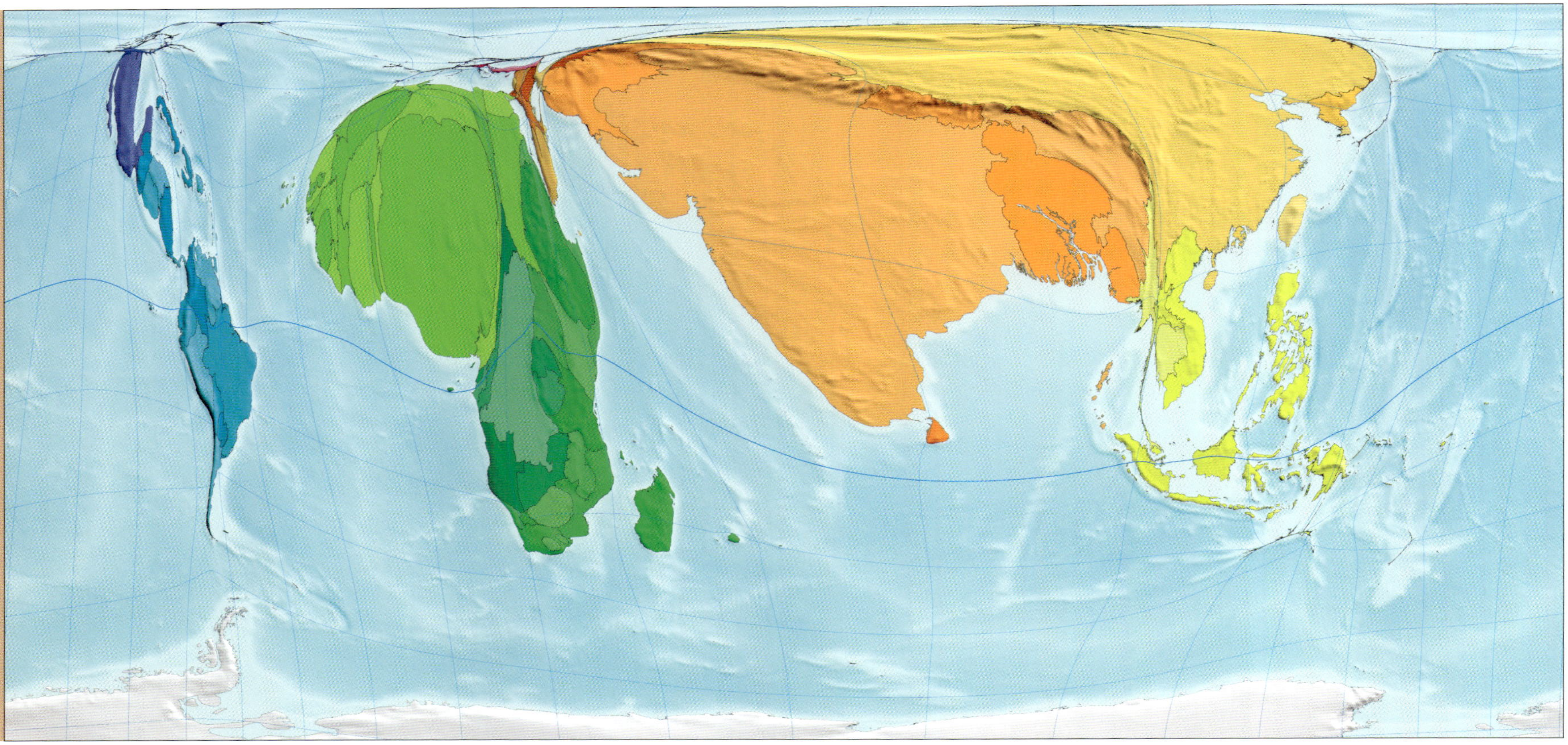

**HÖCHSTE ANZAHL VON MENSCHEN, DIE VON BIS ZU EINEM US-DOLLAR PRO TAG LEBEN**

| Rang | Land | Prozent* |
|---|---|---|
| 1 | Mali | 73 |
| 2 | Nigeria | 70 |
| 3 | Zentralafrikanische Republik | 67 |
| 4 | Sambia | 64 |
| 5 | Niger | 61 |
| 6 | Gambia | 59 |
| 7 | Burundi | 58 |
| 8 | Sierra Leone | 57 |
| 9 | Madagaskar | 49 |
| 10 | Nicaragua | 45 |
| 11 | Burkina Faso | 45 |
| 12 | Ghana | 45 |
| 13 | Malawi | 42 |
| 14 | Mosambik | 38 |
| 15 | Nepal | 38 |
| 16 | Lesotho | 36 |
| 17 | Bangladesch | 36 |
| 17 | Simbabwe | 36 |
| 19 | Ruanda | 36 |
| 20 | Namibia | 35 |

*Prozentsatz der Bevölkerung, der 2002 weniger als ein US-Dollar pro Tag zur Verfügung stand (bei KKP, keine Angaben für einige afrikanische Staaten)

# 153 Absolute Armut

**Anzahl extrem armer Menschen, die ihren Lebensunterhalt mit weniger als dem Gegenwert eines US-Dollars pro Tag bestreiten müssen.**

2000 unterzeichneten die Mitgliedsstaaten der Vereinten Nationen die Millenniumserklärung, einen Katalog von acht Entwicklungszielen zur Verbesserung der Lebensbedingungen im neuen Jahrtausend. Die Staatengemeinschaft hat es sich zum ersten Ziel gesetzt, bis 2015 den Prozentsatz der Menschen zu halbieren, die weniger als einen US-Dollar (bei Kaufkraftparität) zum Leben haben. 2002 waren dies geschätzte 17 Prozent der Weltbevölkerung. In über 20 Ländern – 18 davon in Afrika – lag das Pro-Kopf-Einkommen von mehr als einem Drittel der Bewohner unter einem Dollar. Regional betrachtet ist die Zahl der in absoluter Armut lebenden Menschen in Südasien, vor allem in Indien, am höchsten.

*»Die Masse der Menschen kämpft gegen dieselbe Armut, quält sich mit denselben Gesten ab. Es ist eine unterentwickelte Welt mit unmenschlicher Armut …«* Frantz Fanon, »Die Verdammten dieser Erde«, 1961

**LEBEN VON BIS ZU EINEM US-DOLLAR PRO TAG**
Millionen Menschen

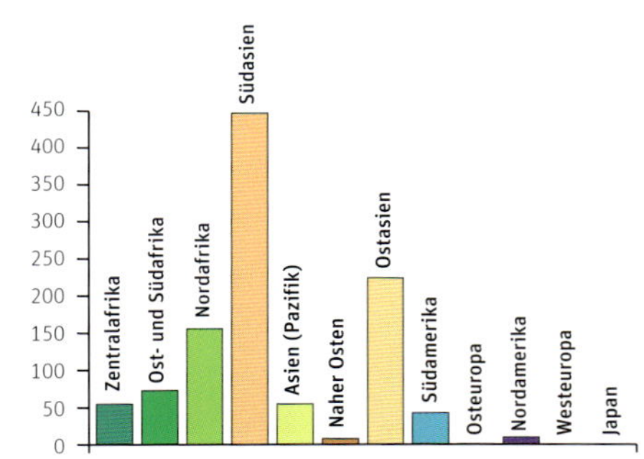

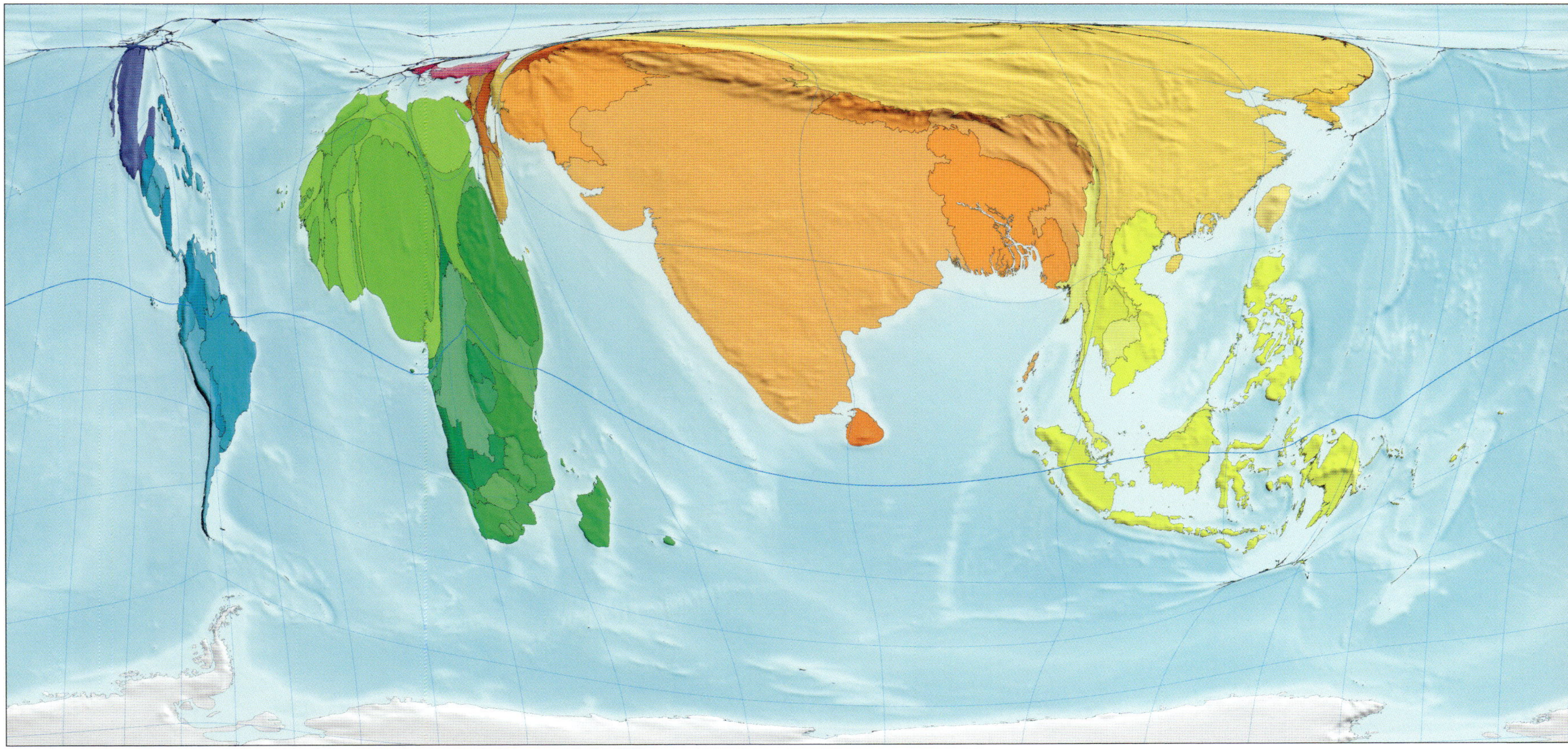

**HÖCHSTE ANZAHL VON MENSCHEN, DIE VON BIS ZU ZWEI US-DOLLAR PRO TAG LEBEN**

| Rang | Land | Prozent* |
|---|---|---|
| 1 | Nigeria | 91 |
| 2 | Mali | 91 |
| 3 | Burundi | 89 |
| 4 | Sambia | 87 |
| 5 | Niger | 85 |
| 6 | Ruanda | 85 |
| 7 | Zentralafrikanische Republik | 84 |
| 8 | Madagaskar | 83 |
| 9 | Gambia | 83 |
| 10 | Bangladesch | 83 |
| 11 | Nepal | 83 |
| 12 | Burkina Faso | 81 |
| 13 | Äthiopien | 81 |
| 14 | Indien | 80 |
| 14 | Nicaragua | 80 |
| 16 | Ghana | 79 |
| 17 | Mosambik | 78 |
| 18 | Kambodscha | 78 |
| 19 | Malawi | 76 |
| 20 | Sierra Leone | 75 |

*Prozentsatz der Bevölkerung, der 2002 mit bis zu zwei US-Dollar pro Tag bei Kaufkraftparität auskommen musste

# 154 Leben von bis zu zwei US-Dollar pro Tag

**Anzahl der Menschen, die zum Leben zu wenig und zum Sterben zu viel haben.**

2002 belief sich das Pro-Kopf-Einkommen von 43 Prozent der Weltbevölkerung auf zwei Dollar oder weniger. Diese Zahl schließt auch jene ein, die in absoluter Armut leben (Karte 153). Das Geld muss reichen, um sich Grundnahrungsmittel, Obdach und Wasser zu verschaffen, wohingegen Medikamente, neue Kleidung oder Schulbücher unerschwinglich bleiben.

In Ländern, in denen fast die gesamte Bevölkerung in so bitterer Armut lebt, leiden zwangsläufig zahllose Menschen an Unterernährung, ist der Zugang zu Schulbildung gering und die Lebenserwartung niedrig. In Nigeria und Mali stehen neun von zehn Menschen weniger als zwei Dollar pro Tag für den Lebensunterhalt zur Verfügung.

**LEBEN VON BIS ZU ZWEI US-DOLLAR PRO TAG**
Millionen Menschen

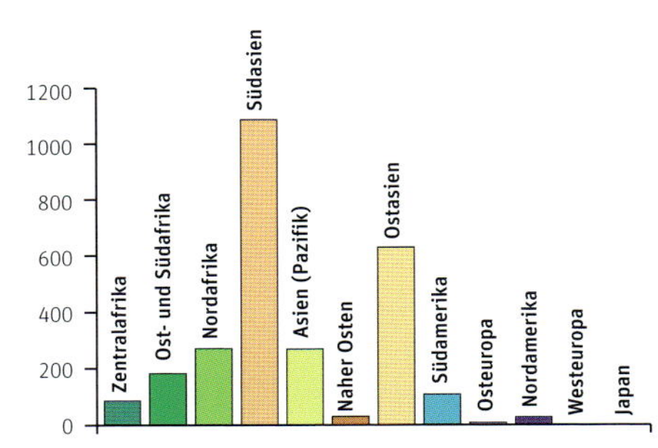

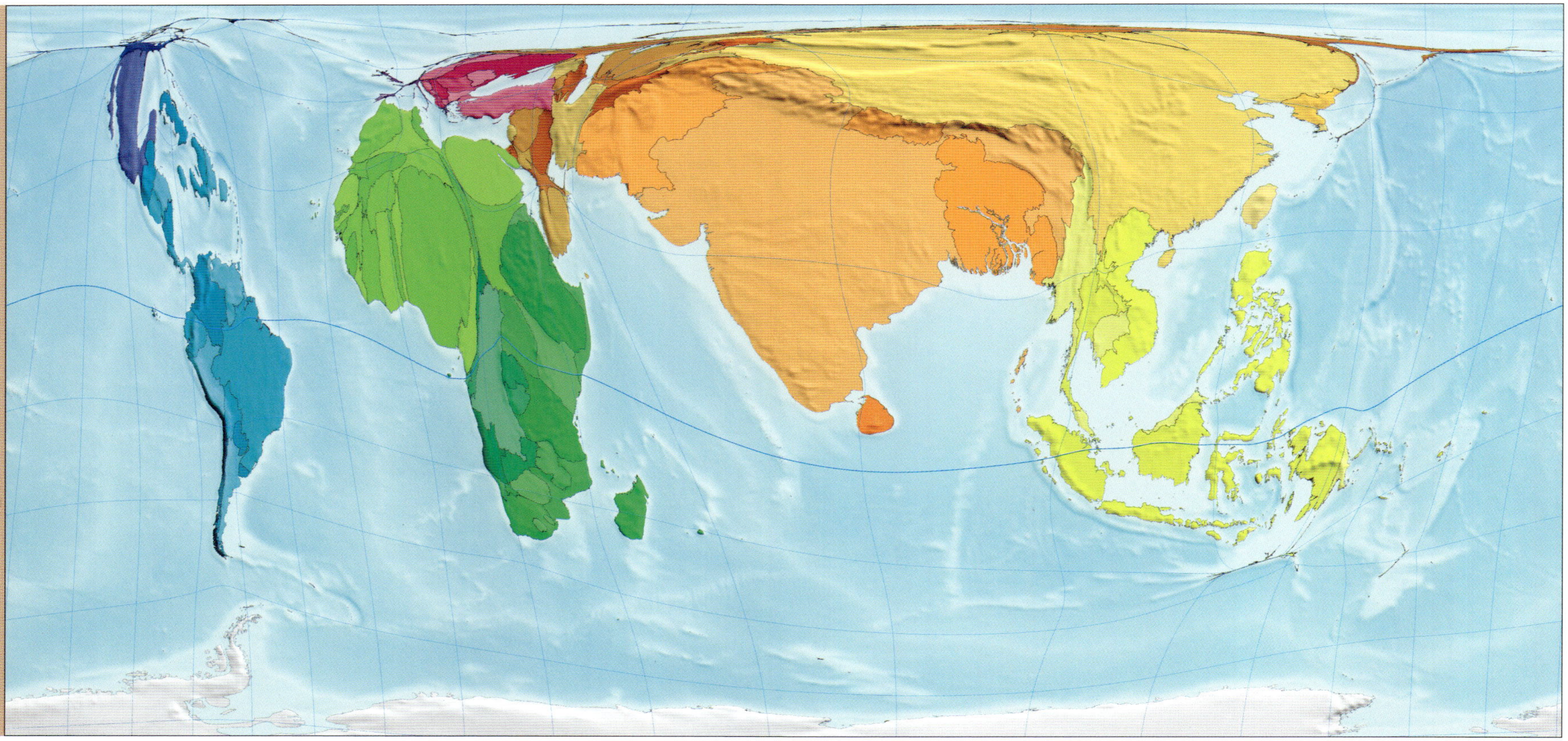

**HÖCHSTE UND GERINGSTE ANZAHL VON MENSCHEN, DIE VON BIS ZU ZEHN US-DOLLAR PRO TAG LEBEN**

| Rang | Land | Prozent* |
|---|---|---|
| 1 | Äthiopien | 100 |
| 2 | Tansania | 100 |
| 3 | Burundi | 100 |
| 4 | Jemen | 99 |
| 5 | Malawi | 99 |
| 6 | DR Kongo | 99 |
| 7 | Ruanda | 99 |
| 8 | Tadschikistan | 99 |
| 9 | Guinea-Bissau | 98 |
| 10 | Madagaskar | 98 |
| 191 | Tschechien | 0,072 |
| 192 | Österreich | 0,039 |
| 193 | Deutschland | 0,019 |
| 194 | Finnland | 0,004 |
| 195 | Belgien | 0,003 |
| 196 | Schweden | 0,001 |
| 197 | Dänemark | 0,001 |
| 198 | Japan | ‹0,001 |
| 199 | Norwegen | ‹0,001 |
| 200 | Luxemburg | ‹0,001 |

*Prozentsatz der Bevölkerung, der 2002 zehn US-Dollar oder weniger pro Tag (bei KKP) zur Verfügung stand

# 155 Leben von bis zu zehn US-Dollar pro Tag

**Nirgendwo auf der Welt läßt sich mit maximal zehn Dollar pro Tag besonders gut leben.**

Für zehn US-Dollar bekommt man in Indonesien weit mehr als in den Vereinigten Staaten. Deshalb kann man mit einer Einkommensberechnung, die nur anhand der Wechselkurse Summen aus der jeweiligen Landeswährung in Dollar umrechnet, keine realistischen weltweiten Vergleiche anstellen. Also müssen die Zahlen kaufkraftbereinigt werden, das heißt man rechnet nach dem Prinzip der Kaufkraftparität. Wenn z. B. angegeben wird, dass das Durchschnittseinkommen einer gesellschaftlichen Gruppierung zehn Dollar bei Kaufkraftparität beträgt, so bedeutet das, dass sich diese Menschen in ihrer Landeswährung Waren kaufen können, die in den Vereinigten Staaten zehn Dollar kosten würden.

In sieben der zwölf Weltregionen lebt mehr als die Hälfte der Bevölkerung in Haushalten, deren Pro-Kopf-Einkommen kaufkraftbereinigt unter zehn US-Dollar pro Tag liegt. In Zentralafrika sind es 95 Prozent, in Westeuropa und Japan weniger als ein Prozent.

**LEBEN VON BIS ZU ZEHN US-DOLLAR PRO TAG**
Prozentsatz der Bevölkerung

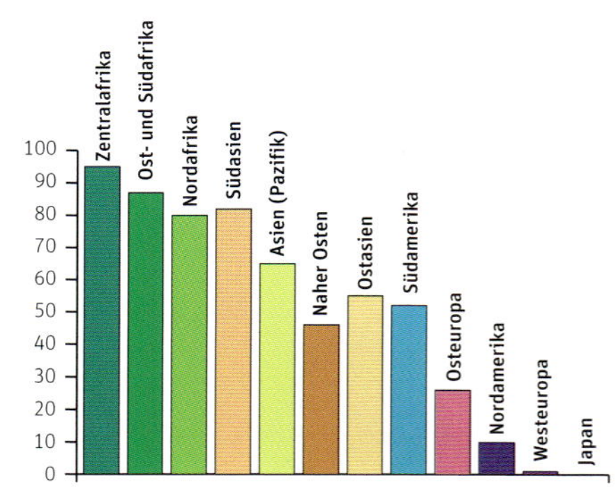

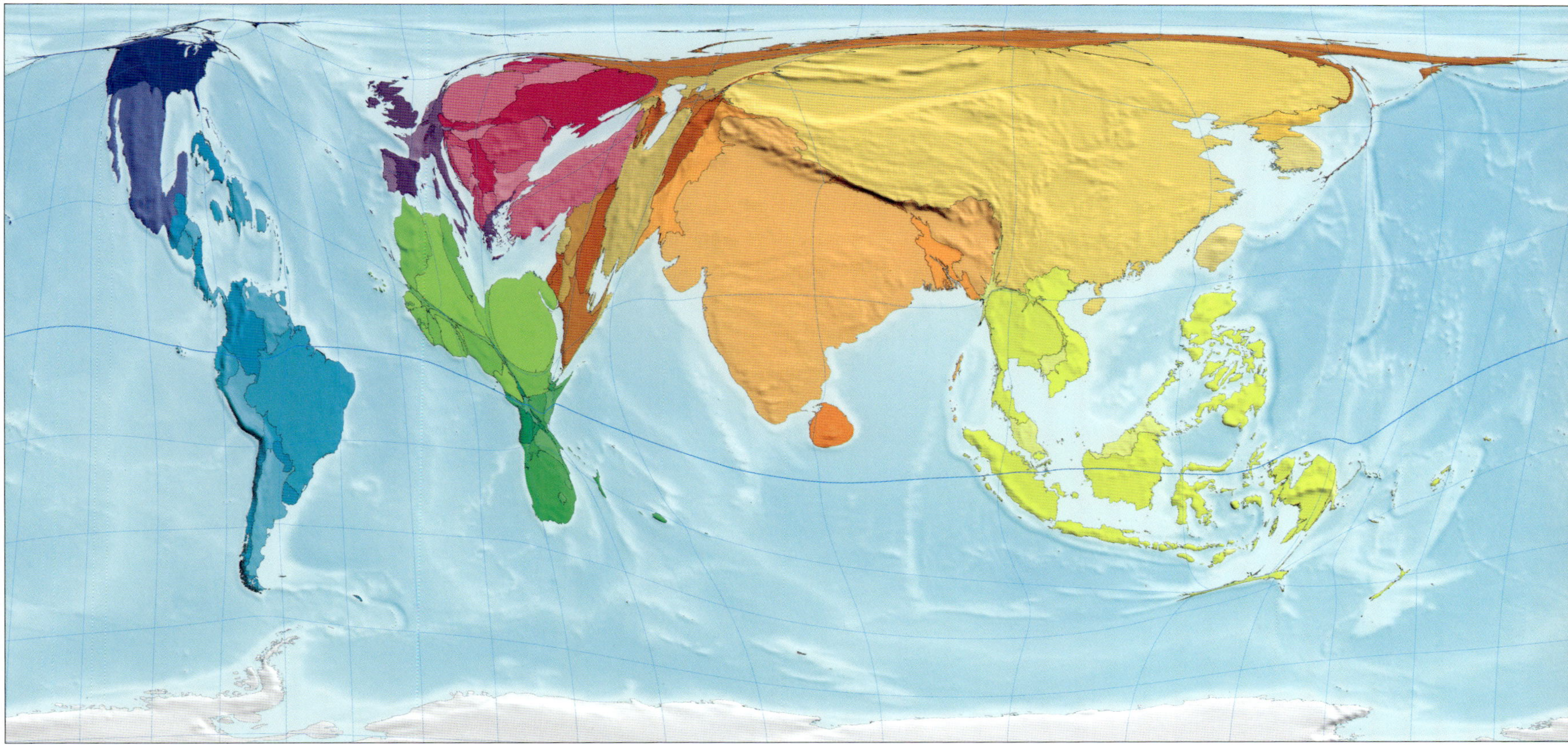



**HÖCHSTE UND NIEDRIGSTE ANZAHL VON MENSCHEN, DIE MIT 10 BIS 20 US-DOLLAR PRO TAG AUSKOMMEN MÜSSEN**

| Rang | Land | Prozent* |
|---|---|---|
| 1 | Bosnien und Herzegowina | 55 |
| 2 | Albanien | 48 |
| 3 | Mazedonien | 48 |
| 4 | Ukraine | 46 |
| 5 | Weißrussland | 45 |
| 6 | Rumänien | 45 |
| 7 | Kasachstan | 44 |
| 8 | Bulgarien | 40 |
| 9 | Malediven | 40 |
| 10 | Algerien | 38 |
| 191 | Jemen | 0,51 |
| 192 | Belgien | 0,47 |
| 193 | Burundi | 0,47 |
| 194 | Schweden | 0,39 |
| 195 | Dänemark | 0,24 |
| 196 | Tansania | 0,22 |
| 197 | Japan | 0,12 |
| 198 | Äthiopien | 0,10 |
| 199 | Norwegen | 0,05 |
| 200 | Luxemburg | 0,01 |

*Prozentsatz der Bevölkerung, der 2002 10 bis 20 US-Dollar pro Tag bei Kaufkraftparität zur Verfügung standen

# 156 Leben von 10 bis 20 US-Dollar pro Tag

**Diese Einkommensgruppe zählt in armen Ländern zu den relativ reichen, in reichen Ländern zu den relativ armen Menschen.**

Wer über ein Einkommen zwischen zehn und zwanzig US-Dollar pro Tag verfügen kann, ist in armen Ländern vergleichsweise wohlhabend, in reichen Ländern hingegen eher arm. In China leben 332 Millionen Menschen, 26 Prozent der Bevölkerung, von einer Summe, die dieser Kaufkraft entspricht – mehr als irgendwo sonst auf der Welt. Regional gesehen liegt mit 34 Prozent der höchste Anteil dieser Einkommensgruppe in Osteuropa, mit 25 Prozent im Nahen Osten sowie in Zentralasien und Ostasien.

Sowohl in den reichsten als auch in den ärmsten Regionen leben nur wenige Menschen von einem Einkommen zwischen zehn und zwanzig Dollar pro Tag, aber aus unterschiedlichen Gründen: In bedürftigen Regionen verdienen die meisten weniger, in wohlhabenden mehr.

**LEBEN VON 10 BIS 20 US-DOLLAR PRO TAG**
Prozentsatz der Bevölkerung

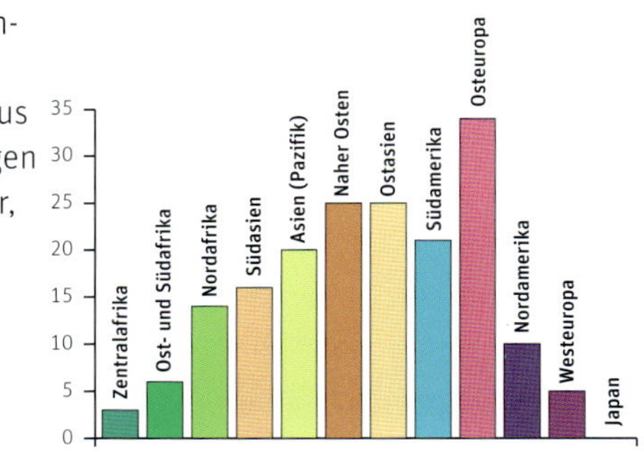

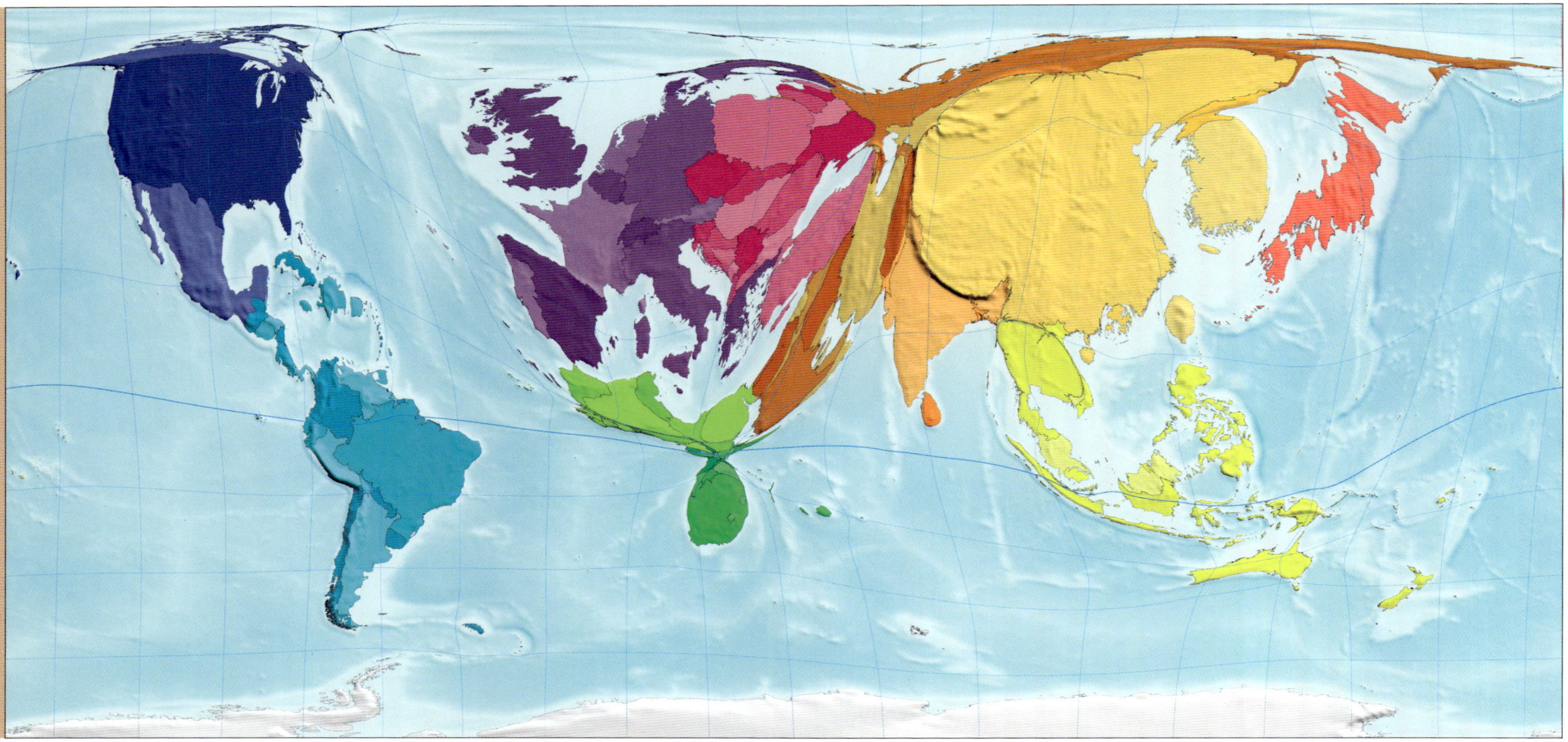

**HÖCHSTE UND NIEDRIGSTE ANZAHL VON MENSCHEN, DIE VON 20 BIS 50 US-DOLLAR PRO TAG LEBEN**

| Rang | Land | Prozent* |
|---|---|---|
| 1 | Slowakei | 67 |
| 2 | Ungarn | 66 |
| 3 | Tschechien | 65 |
| 4 | Kroatien | 55 |
| 5 | Slowenien | 53 |
| 6 | Südkorea | 52 |
| 7 | Zypern | 51 |
| 8 | Malta | 50 |
| 9 | Litauen | 50 |
| 10 | Polen | 49 |
| 191 | Malawi | 0,095 |
| 192 | Kirgisistan | 0,082 |
| 193 | DR Kongo | 0,069 |
| 194 | Usbekistan | 0,045 |
| 195 | Tadschikistan | 0,042 |
| 196 | Burundi | 0,022 |
| 197 | Jemen | 0,014 |
| 198 | Ruanda | 0,014 |
| 199 | Tansania | 0,009 |
| 200 | Äthiopien | 0,001 |

*Prozentsatz der Bevölkerung, dem 2002 zwischen 20 und 50 US-Dollar pro Kopf und Tag bei Kaufkraftparität zur Verfügung standen

# 157 Leben von 20 bis 50 US-Dollar pro Tag

**Anzahl der Menschen, die den Gegenwert von 20 bis 50 US-Dollar pro Tag zur Verfügung haben. Viele Europäer zählen zu dieser Einkommensgruppe.**

Auch in dieser Einkommensgruppe liegt China an der Spitze: 192 Millionen Chinesen leben von 20 bis 50 US-Dollar pro Tag bei Kaufkraftparität. Es folgen die Vereinigten Staaten mit 80 Millionen und Russland mit 41 Millionen.

Rechnet man die Kopfzahlen in Prozentanteile der Bevölkerung um, führen Ost- und Westeuropa die Statistik an, wobei in Osteuropa die Zahl derer größer ist, die mit 10 bis 20 US-Dollar auskommen müssen, während in Westeuropa eine größere Bevölkerungsgruppe auf 50 bis 100 US-Dollar pro Tag zurückgreifen kann.

**LEBEN VON 20 BIS 50 US-DOLLAR PRO TAG**
Prozentsatz der Bevölkerung

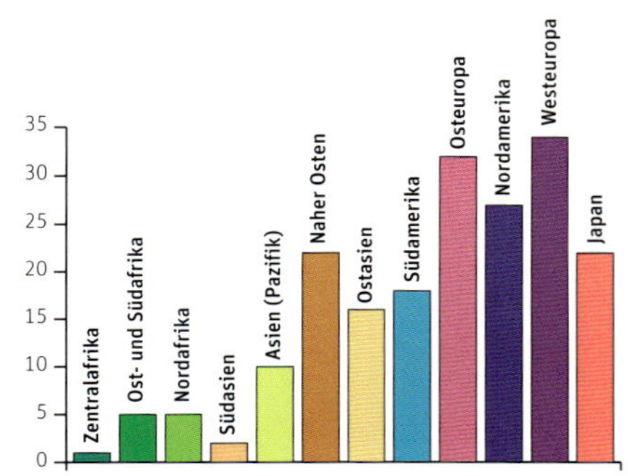

**HÖCHSTE UND NIEDRIGSTE ANZAHL VON MENSCHEN, DIE VON 50 BIS 100 US-DOLLAR PRO TAG LEBEN**

| Rang | Land | Prozent* |
|---|---|---|
| 1 | Japan | 61 |
| 2 | Schweden | 56 |
| 3 | Belgien | 53 |
| 4 | Dänemark | 53 |
| 5 | Finnland | 53 |
| 6 | Deutschland | 48 |
| 7 | Norwegen | 48 |
| 8 | Österreich | 45 |
| 9 | Niederlande | 41 |
| 10 | Island | 41 |
| 191 | DR Kongo | 0,0010 |
| 192 | Bangladesch | 0,0006 |
| 193 | Tadschikistan | 0,0001 |
| 194 | Burundi | 0,0001 |
| 195 | Kirgisistan | <0,0001 |
| 196 | Tansania | <0,0001 |
| 197 | Jemen | <0,0001 |
| 198 | Usbekistan | <0,0001 |
| 199 | Ruanda | <0,0001 |
| 200 | Äthiopien | <0,0001 |

*Prozentsatz der Bevölkerung, der 2002 50 bis 100 US-Dollar pro Tag bei Kaufkraftparität zur Verfügung hatte

# 158 Leben von 50 bis 100 US-Dollar pro Tag

**Wer 50 bis 100 US-Dollar pro Tag zur Verfügung hat, gehört zu den wohlhabenden Menschen. Sie leben in den reichen Regionen der Erde.**

Die Mehrheit der japanischen Bevölkerung, nämlich 61 Prozent, lebt in Haushalten mit einem täglichen Einkommen von 50 bis 100 US-Dollar bei Kaufkraftparität. Auch Nordamerika und Westeuropa erscheinen auf dieser Karte besonders groß, während Südasien und Zentralafrika fast vollständig verschwinden. Indonesien, Vietnam, Kambodscha, Laos, Myanmar, Osttimor und weite Teile Ost- und Südafrikas sind völlig unsichtbar, da in diesen Ländern so gut wie niemand über ein Einkommen in dieser Höhe verfügt.

*»Es ist, als hätte man Indiens Einwohner zusammengetrommelt und auf zwei Lastwagenkonvois geladen … Eine winzige Kolonne fährt auf ein glitzerndes Leben zu … Der andere Konvoi verschwimmt in der Dunkelheit und verschwindet.«*

Arundhati Roy, Schriftstellerin und Aktivistin, The Nation, 2002

**LEBEN VON 50 BIS 100 US-DOLLAR PRO TAG**
Prozentsatz der Bevölkerung

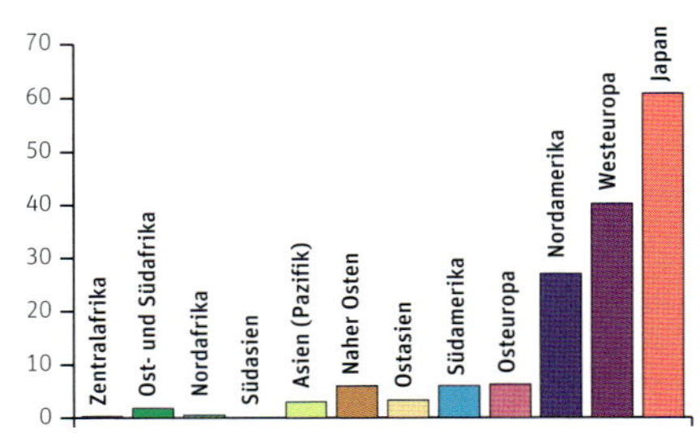

**HÖCHSTE UND NIEDRIGSTE ANZAHL VON MENSCHEN, DIE VON 100 BIS 200 US-DOLLAR PRO TAG LEBEN**

| Rang | Land | Prozent* |
|---|---|---|
| 1 | Luxemburg | 44 |
| 2 | Norwegen | 38 |
| 3 | Irland | 28 |
| 4 | Dänemark | 26 |
| 5 | Vereinigte Staaten | 23 |
| 6 | Schweiz | 23 |
| 7 | Österreich | 22 |
| 8 | Kanada | 22 |
| 9 | Niederlande | 22 |
| 10 | Island | 20 |
| 174 | Madagaskar | 0,00024 |
| 175 | Indien | 0,00023 |
| 176 | Salomon-Inseln | 0,00023 |
| 177 | DR Kongo | 0,00022 |
| 178 | Guinea-Bissau | 0,00019 |
| 179 | Benin | 0,00017 |
| 180 | Ghana | 0,00015 |
| 181 | Tschad | 0,00014 |
| 182 | Malawi | 0,00012 |
| 183–200 | 18 Länder | <0,0001 |

*Prozentsatz der Bevölkerung, der 2002 100 bis 200 US-Dollar pro Tag bei Kaufkraftparität zur Verfügung standen

# 159 Leben von 100 bis 200 US-Dollar pro Tag

**Die überwältigende Mehrzahl aller Menschen auf der Erde kann von einem Einkommen in dieser Größenordnung nur träumen.**

Weite Teile der Erde sind auf dieser Karte unsichtbar, denn in allen Regionen mit Ausnahme Nordamerikas, Westeuropas und Japans beträgt der Anteil der Menschen in dieser Einkommensgruppe weniger als 2,1 Prozent. In den klassischen Industrienationen aber verfügen immerhin 16 bis 19 Prozent über eine Kaufkraft, die dem Wert von 100 bis 200 US-Dollar pro Tag entspricht.

In 75 der erfassten 200 Länder kann weniger als einer von tausend Menschen über ein Einkommen dieser Größenordnung verfügen.

*»Jeder ist reich oder arm, je nachdem wie sehr er sich die Teilhabe an den Notwendigkeiten, Annehmlichkeiten und Vergnügungen der menschlichen Gesellschaft leisten kann.«* Adam Smith, »Wohlstand der Nationen – Eine Untersuchung seiner Natur und seiner Ursachen«, 1776

**LEBEN VON 100 BIS 200 US-DOLLAR PRO TAG**
Prozentsatz der Bevölkerung

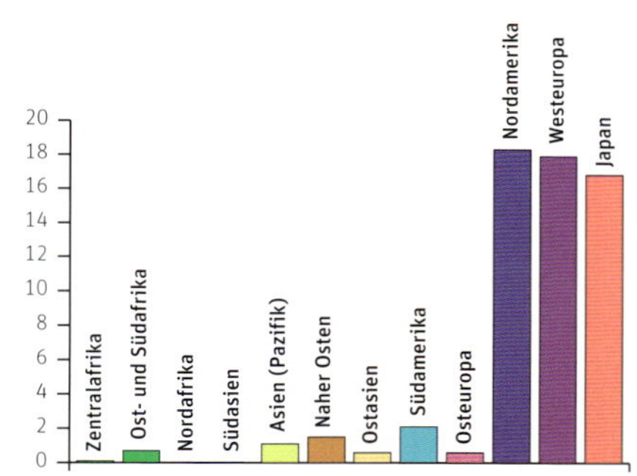

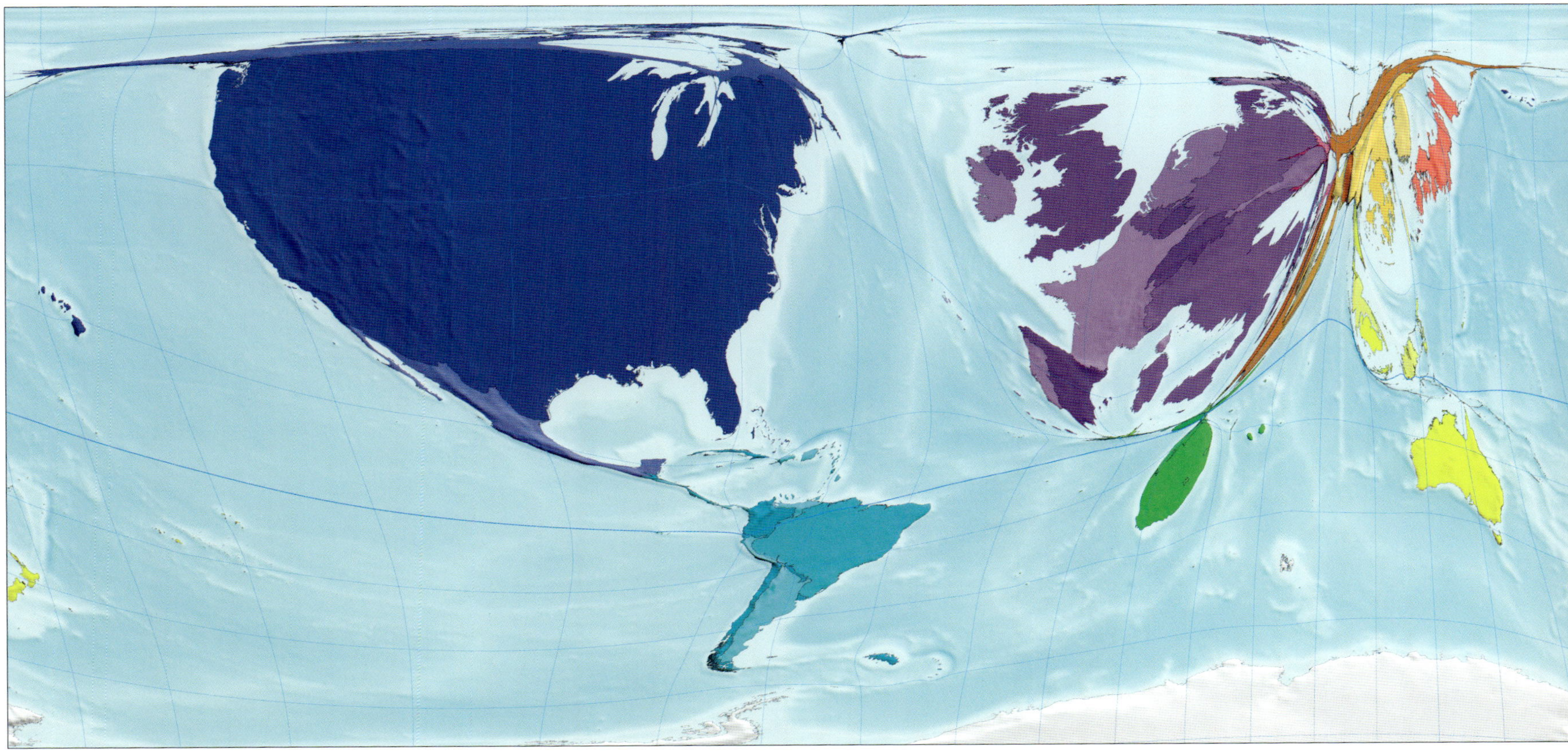

**PROZENTSATZ VON MENSCHEN, DENEN ÜBER 200 US-DOLLAR PRO TAG ZUR VERFÜGUNG STEHEN**

| Rang | Land | Prozent* |
|---|---|---|
| 1 | Luxemburg | 35 |
| 2 | Vereinigte Staaten | 11 |
| 3 | Irland | 10 |
| 4 | Grönland | 8 |
| 5 | Äquatorialguinea | 7 |
| 6 | Hongkong | 6 |
| 7 | Australien | 5 |
| 8 | Schweiz | 5 |
| 9 | Kanada | 5 |
| 10 | Singapur | 5 |
| 11 | Norwegen | 4 |
| 12 | Großbritannien | 4 |
| 13 | Italien | 4 |
| 14 | Niederlande | 4 |
| 15 | Vereinigte Arabische Emirate | 4 |
| 16 | Island | 4 |
| 17 | Frankreich | 3 |
| 18 | St. Kitts und Nevis | 3 |
| 19 | Neuseeland | 3 |
| 20 | Katar | 3 |

*Prozentsatz der Bevölkerung, der 2002 mehr als 200 US-Dollar pro Tag bei Kaufkraftparität zur Verfügung standen

# 160 Einkommen über 200 US-Dollar pro Tag

**Anzahl der Menschen, die über mehr als 200 US-Dollar pro Tag verfügen können. Die meisten dieser Spitzenverdiener leben in den Vereinigten Staaten.**

2002 konnten 53 Millionen Menschen weltweit über ein Pro-Kopf-Einkommen in dieser Höhe verfügen. 58 Prozent davon lebten in den Vereinigten Staaten, relativ viele auch in Westeuropa und Südamerika. Die meisten Spitzenverdiener Westeuropas gibt es in Großbritannien, Italien und Frankreich, in Südamerika leben sie vorwiegend in Brasilien und Argentinien. Südasien, Nordafrika, Osteuropa und Zentralafrika weisen nur sehr wenige Menschen in dieser Einkommensgruppe auf.

**EINKOMMEN VON MEHR ALS 200 US-DOLLAR PRO TAG**
Prozentsatz der Bevölkerung

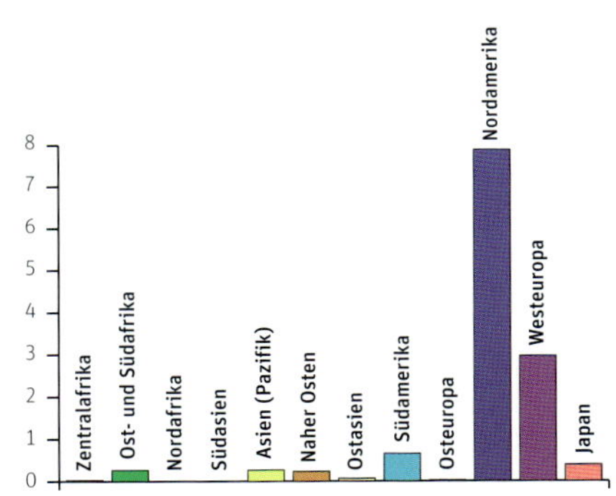

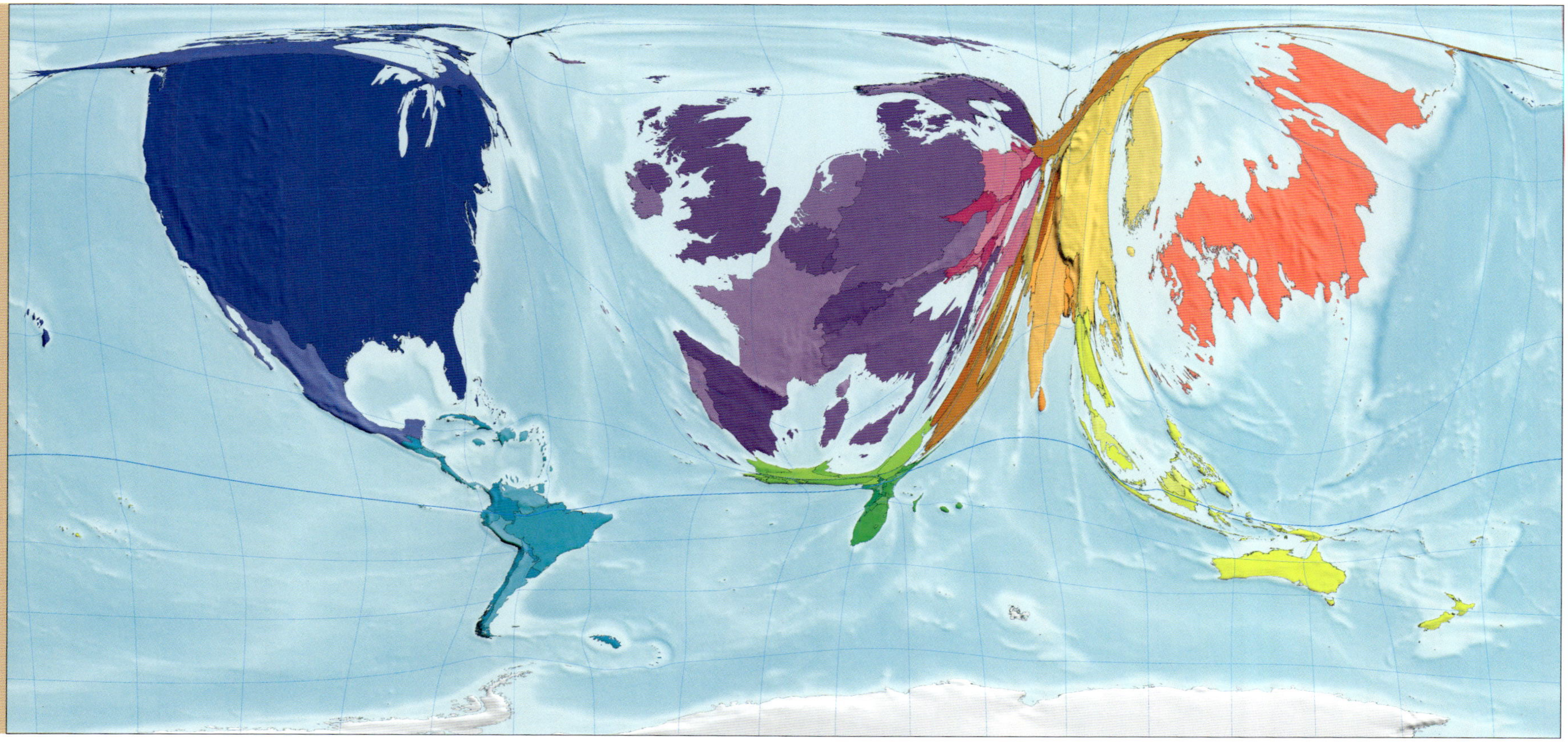

**HÖCHSTES UND NIEDRIGSTES BRUTTOINLANDS-PRODUKT UMGERECHNET IN US-DOLLAR NACH WECHSELKURSEN**

| Rang | Land | US-Dollar* |
|---|---|---|
| 1 | Luxemburg | 47 354 |
| 2 | Norwegen | 41 974 |
| 3 | Schweiz | 36 687 |
| 4 | Vereinigte Staaten | 36 006 |
| 5 | Dänemark | 32 179 |
| 6 | Japan | 31 407 |
| 7 | Irland | 30 982 |
| 8 | Island | 29 749 |
| 9 | Katar | 28 634 |
| 10 | Grönland | 27 648 |
| 191 | Tadschikistan | 193 |
| 192 | Niger | 190 |
| 193 | Myanmar | 185 |
| 194 | Malawi | 177 |
| 195 | Sierra Leone | 150 |
| 195 | Eritrea | 150 |
| 197 | Guinea-Bissau | 141 |
| 198 | DR Kongo | 111 |
| 199 | Burundi | 102 |
| 200 | Äthiopien | 90 |

*Pro-Kopf-Bruttoinlandsprodukt umgerechnet in US-Dollar nach Wechselkursen im Jahr 2002

# 161 Wohlstandsberechnung ohne Kaufkraftparität

**Nicht kaufkraftbereinigtes Bruttoinlandsprodukt. Die Kaufkraftunterschiede beeinflussen die Mobilität der Menschen.**

Diese Karte zeigt das Bruttoinlandsprodukt 2002 eines jeden Staates in US-Dollar entsprechend den zu dieser Zeit gültigen Wechselkursen, jedoch ohne Kaufkraftbereinigung. Sie ist also ein Maßstab für den Wert der jeweiligen Landeswährung. Die Wechselkurse entsprechen nur selten der realen Kaufkraft. Für die einen gewinnt das eigene Geld im Ausland an Wert, weil die Waren dort billiger sind, für die andern verliert es an Wert, weil sie höhere Preise bezahlen müssen. Dieser Unterschied in der Kaufkraft erhöht für einige Menschen die Mobilität, während er sie für andere stark einschränkt.

Gemessen am Pro-Kopf-Bruttoinlandsprodukt ist der Wohlstand in Luxemburg, Norwegen und der Schweiz am höchsten, in Äthiopien, Burundi und der Demokratischen Republik Kongo am niedrigsten.

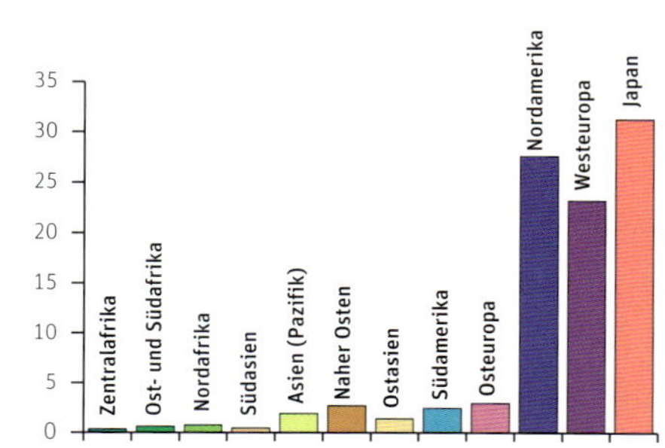


**VERTEILUNG DES WOHLSTANDS**
Bruttoinlandsprodukt pro Kopf und Jahr in 1000 US-Dollar (umgerechnet nach Wechselkurs)

*»… in der heutigen rauen Welt des globalen Wettbewerbs ist für die Bürger der meisten Staaten der ökonomische Erfolg vorrangig.«*
Deanne Julius, »US Economic Power: Waxing or Waning?«, 2005

**HÖCHSTES UND NIEDRIGSTES BRUTTO-INLANDSPRODUKT BEI KAUFKRAFTPARITÄT**

| Rang | Land | US-Dollar* |
|---|---|---|
| 1 | Luxemburg | 61 190 |
| 2 | Norwegen | 36 600 |
| 3 | Irland | 36 360 |
| 4 | Vereinigte Staaten | 35 750 |
| 5 | Dänemark | 30 940 |
| 6 | Schweiz | 30 010 |
| 7 | Äquatorialguinea | 29 780 |
| 8 | Island | 29 750 |
| 9 | Kanada | 29 480 |
| 10 | Österreich | 29 220 |
| 191 | Sambia | 840 |
| 192 | Niger | 800 |
| 193 | Äthiopien | 780 |
| 194 | Madagaskar | 740 |
| 195 | Guinea-Bissau | 710 |
| 196 | DR Kongo | 650 |
| 197 | Burundi | 630 |
| 198 | Tansania | 580 |
| 198 | Malawi | 580 |
| 200 | Sierra Leone | 520 |

*Pro-Kopf-Bruttoinlandsprodukt bei Kaufkraftparität im Jahr 2002

# 162 Wohlstandsberechnung bei Kaufkraftparität

**Im globalen Maßstab wirkt die Kaufkraftbereinigung nivellierend, ohne aber die ungerechte Verteilung des Wohlstands ausgleichen zu können.**

Berücksichtigt man die Unterschiede der lokalen Kaufkraft, konzentrierten sich im Jahr 2002 nicht weniger als 46 Prozent des weltweiten Wohlstands auf Nordamerika und Westeuropa. Die Regionen mit der höchsten Pro-Kopf-Kaufkraft sind mit großem Vorsprung Nordamerika, Japan und Westeuropa.

Der Anteil vieler ärmerer Gegenden am weltweiten Wohlstand ist höher, wenn man ihn in Kaufkraftparität und nicht an Valuten misst, dennoch weist Zentralafrika auch nach dieser Berechnung das niedrigste Bruttoinlandsprodukt pro Kopf auf. Es erreicht nur die Hälfte der zweitärmsten Region.

**VERTEILUNG DER KAUFKRAFT**
Bruttoinlandsprodukt pro Kopf und Jahr in 1000 US-Dollar bei Kaufkraftparität

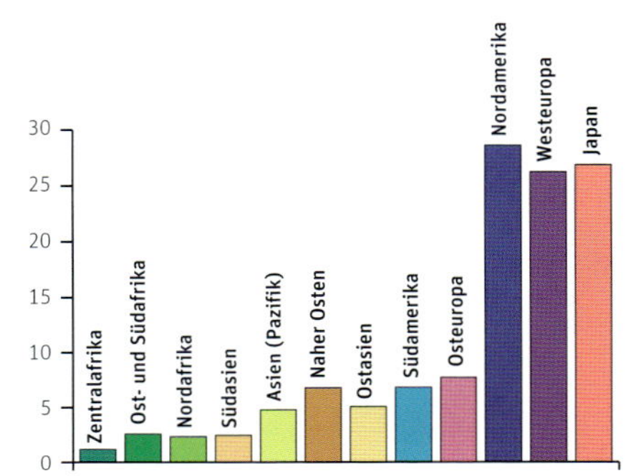

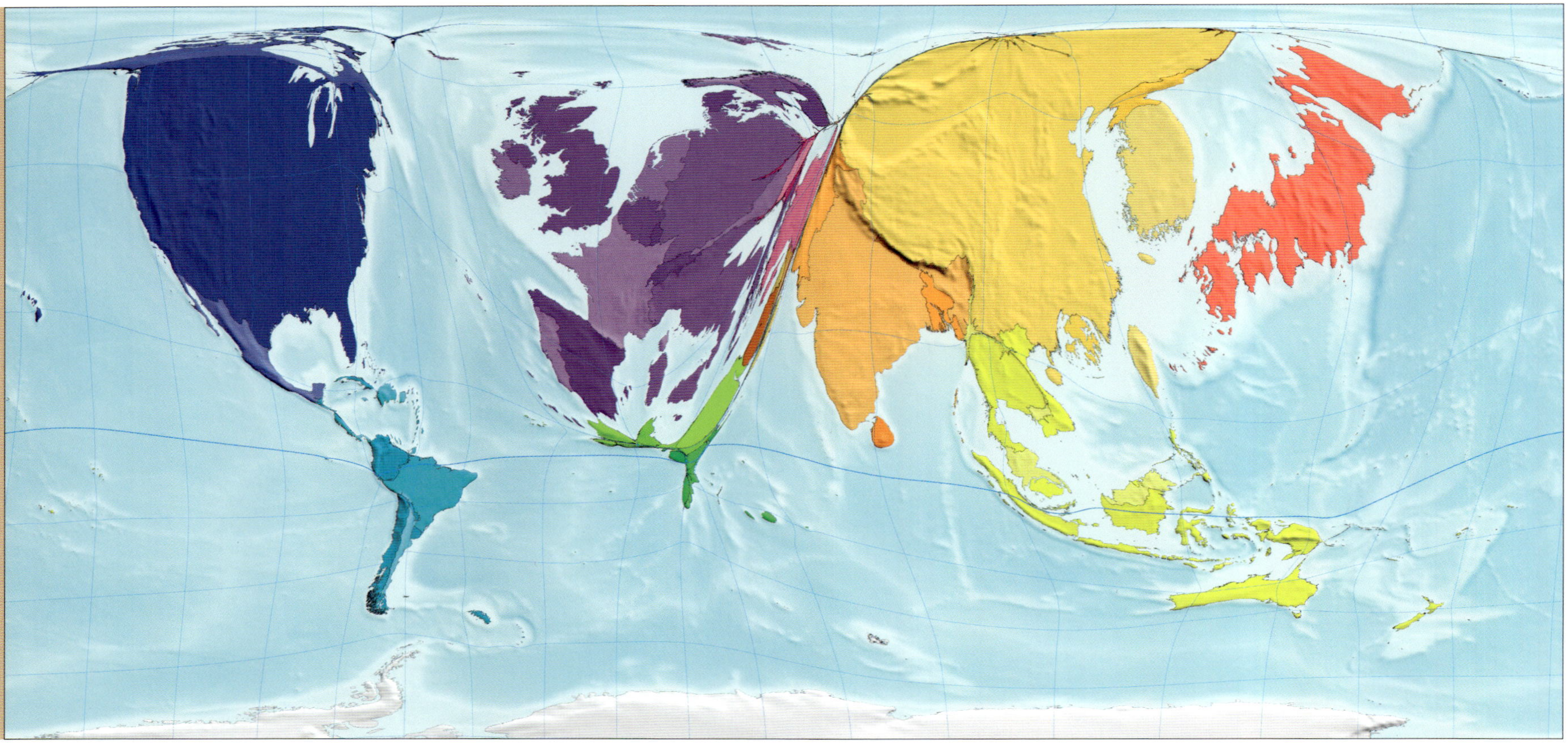

# 163 Wohlstandswachstum

**Zunahme des kaufkraftbereinigten Bruttoinlandsprodukts von 1975 bis 2002. Zwei Drittel der erfassten Länder konnten in diesem Zeitraum ihren Wohlstand steigern.**

Die größten Steigerungen des Bruttoinlandsprodukts in diesem Vierteljahrhundert verzeichnete China, gefolgt von den Vereinigten Staaten, Japan, Indien und Deutschland. In China und Indien beruhte dieses Wachstum hauptsächlich auf den sehr hohen Bevölkerungszahlen: Das relativ geringe Wachstum des Pro-Kopf-Bruttoinlandsprodukts von 1975 bis 2002 summierte sich so zu einem erheblichen Zuwachs des Gesamt-Bruttoinlandsprodukts.

Leider kamen die meisten Länder, die zu Beginn dieses Zeitraums nur ein geringes Bruttoinlandsprodukt aufweisen konnten, im besten Fall auf kleine Steigerungen. Obgleich sich die Verteilung des Wohlstands veränderte, erzielten doch die Regionen, die bereits relativ reich waren, das höchste Wachstum.

### HÖCHSTES WOHLSTANDSWACHSTUM

| Rang | Land | US-Dollar* |
|---|---|---|
| 1 | Luxemburg | 39968 |
| 2 | Äquatorialguinea | 28600 |
| 3 | Irland | 24991 |
| 4 | Norwegen | 19235 |
| 5 | Hongkong | 18496 |
| 6 | Singapur | 17601 |
| 7 | Vereinigte Staaten | 14805 |
| 8 | Südkorea | 13523 |
| 9 | Japan | 13468 |
| 10 | Zypern | 12898 |
| 11 | Österreich | 12548 |
| 12 | Malta | 12124 |
| 13 | Niederlande | 11594 |
| 14 | Australien | 11259 |
| 15 | Großbritannien | 11230 |
| 16 | Deutschland | 11223 |
| 17 | Grönland | 11101 |
| 18 | Belgien | 10984 |
| 19 | Italien | 10946 |
| 20 | Island | 10878 |

*Zuwachs des Pro-Kopf-Bruttoinlandsprodukts von 1975 bis 2002

### VERÄNDERUNG DES WOHLSTANDS VON 1975 BIS 2002

Jährliche prozentuale Veränderung des Bruttoinlandsprodukts in US-Dollar bei Kaufkraftparität

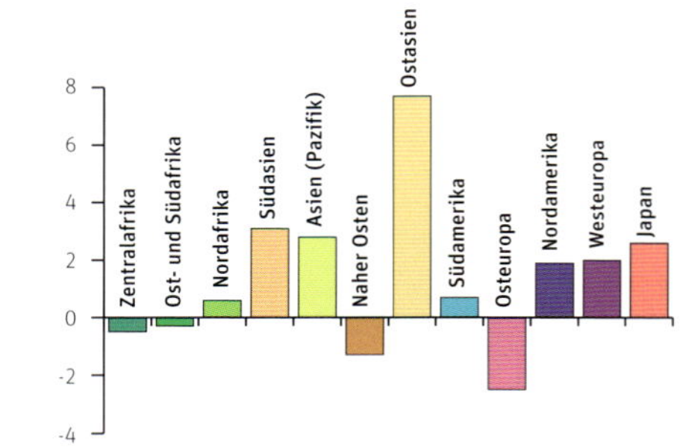

### HÖCHSTER RÜCKGANG DES WOHLSTANDS

| Rang | Land | US-Dollar* |
|---|---|---|
| 1 | Ukraine | 25 903 |
| 2 | Vereinigte Arabische Emirate | 25 847 |
| 3 | Slowenien | 17 826 |
| 4 | Tschechien | 15 172 |
| 5 | Saudi-Arabien | 12 409 |
| 6 | Polen | 10 153 |
| 7 | Turkmenistan | 10 073 |
| 8 | Litauen | 9922 |
| 9 | Kroatien | 9845 |
| 10 | Tadschikistan | 8608 |
| 11 | Katar | 8477 |
| 12 | Georgien | 7296 |
| 13 | Kuwait | 6258 |
| 14 | Mazedonien | 6221 |
| 15 | Bosnien und Herzegowina | 5740 |
| 16 | Weißrussland | 5307 |
| 17 | Moldawien | 5110 |
| 18 | Dschibuti | 5107 |
| 19 | Russland | 3516 |
| 20 | Gabun | 3321 |

*Abnahme des Pro-Kopf-Bruttoinlandsprodukts (bei KKP) von 1975 bis 2002

# 164 Rückgang des Wohlstands

**Abnahme des Bruttoinlandsprodukts von 1975 bis 2002. Über die Hälfte der Länder, die in diesem Zeitraum verarmten, liegen in Osteuropa.**

Knapp ein Drittel aller Länder musste in diesem Zeitraum einen Rückgang des kaufkraftbereinigten Bruttoinlandsprodukts hinnehmen, mehr als die Hälfte davon lag in Osteuropa, fast alle anderen im Nahen Osten und Zentralasien. Die Ukraine, Russland, Polen und Saudi-Arabien erlitten die höchsten Einbußen, in der Ukraine war der Rückgang mehr als doppelt so hoch wie in jedem anderen Land. Bei den meisten der betroffenen Länder handelte es sich um ehemals kommunistische Staaten, die vom Niedergang und schließlichen Zusammenbruch des Sozialismus in Mitleidenschaft gezogen wurden.

In einigen Regionen musste kein Staat eine Abnahme des Bruttoinlandsprodukts verzeichnen, nämlich in Süd- und Ostasien, dem asiatischen Pazifikraum und Australien, Nordamerika, Westeuropa und Japan.

**VERÄNDERUNG DES WELTWEITEN WOHLSTANDS VON 1975 BIS 2002**

**Prozentuale Veränderung des Bruttoinlandsprodukts in US-Dollar bei Kaufkraftparität**

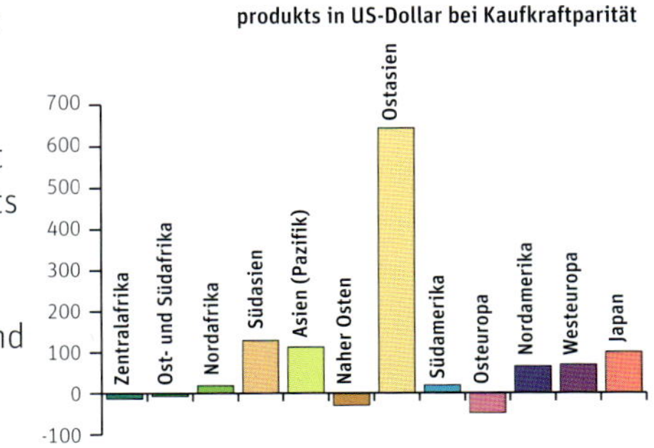

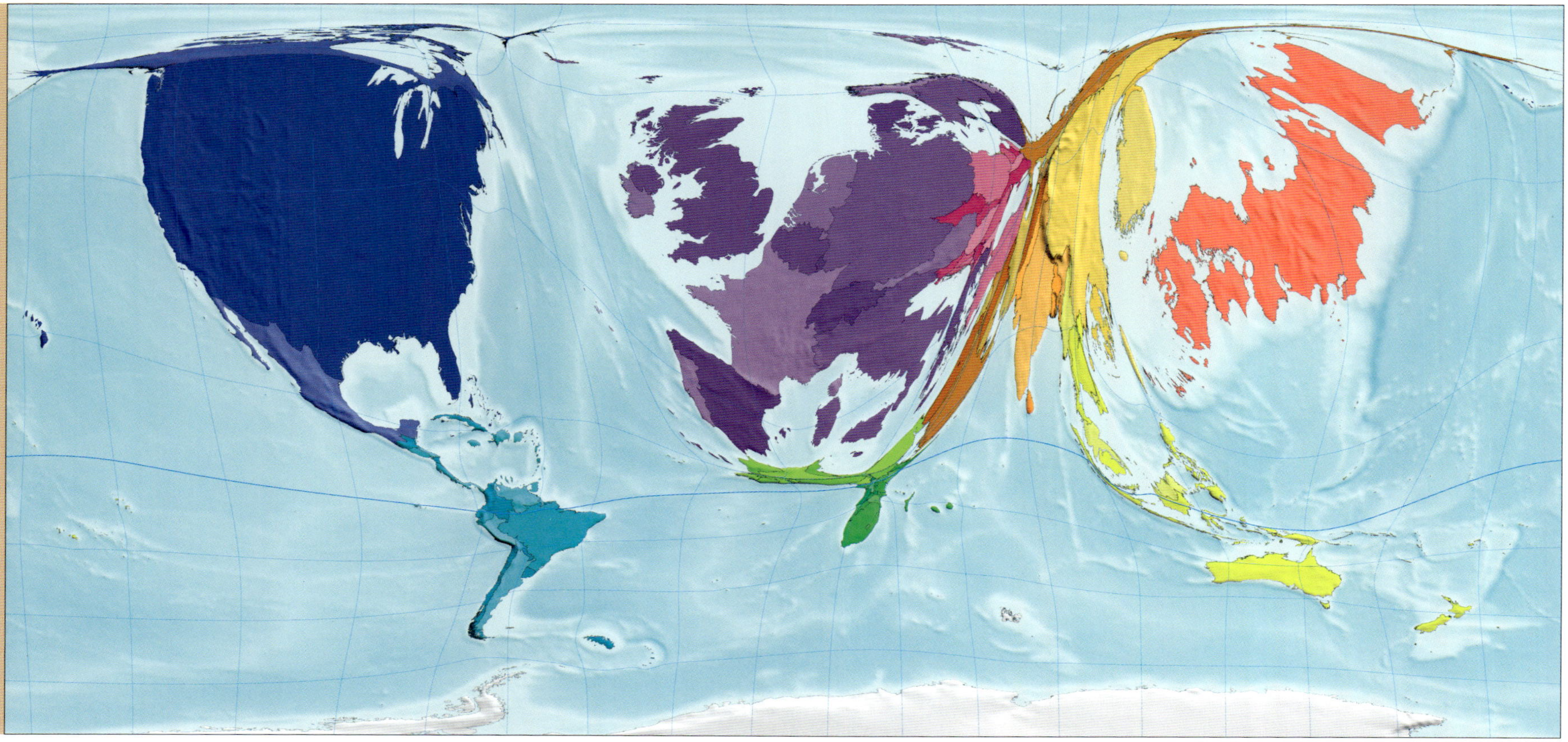

**HÖCHSTES UND NIEDRIGSTES BRUTTO-NATIONALEINKOMMEN**

| Rang | Land | US-Dollar* |
|---|---|---|
| 1 | Norwegen | 44 000 |
| 2 | Schweiz | 41 258 |
| 3 | Vereinigte Staaten | 37 844 |
| 4 | Japan | 34 202 |
| 5 | Dänemark | 33 500 |
| 6 | Grönland | 29 280 |
| 7 | Bahamas | 29 280 |
| 8 | Schweden | 29 090 |
| 9 | Großbritannien | 28 428 |
| 10 | Irland | 27 667 |
| 191 | Ruanda | 217 |
| 192 | Niger | 209 |
| 193 | Tadschikistan | 209 |
| 194 | Sierra Leone | 167 |
| 195 | Malawi | 151 |
| 196 | Guinea-Bissau | 143 |
| 197 | Liberia | 123 |
| 198 | DR Kongo | 105 |
| 199 | Äthiopien | 93 |
| 200 | Burundi | 91 |

*Pro-Kopf-Bruttonationaleinkommen im Jahr 2003

# 165 Bruttonationaleinkommen

**Bruttonationaleinkommen in US-Dollar. Dieser Wert wurde bis 1999 als Bruttosozialprodukt bezeichnet.**

Unter Bruttonationaleinkommen versteht man das gesamte Einkommen aus Waren und Dienstleistungen im eigenen Land, aber auch Gelder, die von heimischen Firmen im Ausland erwirtschaftet werden oder aus Auslandsinvestitionen stammen. Vom Bruttoinlandsprodukt unterscheidet es sich dadurch, dass es auch außerhalb der Landesgrenzen erzielte Erlöse berücksichtigt. Multinationale Konzerne können im Ausland extrem viel Geld verdienen, das statistisch nicht ins Bruttoinlandsprodukt (Karte 161) einfließt.

Das Pro-Kopf-Bruttonationaleinkommen ist in Westeuropa, den Vereinigten Staaten und Japan am höchsten, in Burundi und Äthiopien am niedrigsten. Dabei fallen 33 Prozent auf die Vereinigten Staaten, 28 Prozent auf Westeuropa und 13 Prozent auf Japan.

*»[Das Bruttosozialprodukt] misst weder die Schönheit unserer Dichtung noch die Festigkeit unserer Ehen, weder die Klugheit unserer öffentlichen Debatte noch die Integrität unserer Beamten, … es misst alles … abgesehen von dem, was das Leben lebenswert macht.«* Robert Francis Kennedy

**BRUTTONATIONALEINKOMMEN**
in Milliarden US-Dollar, 2003

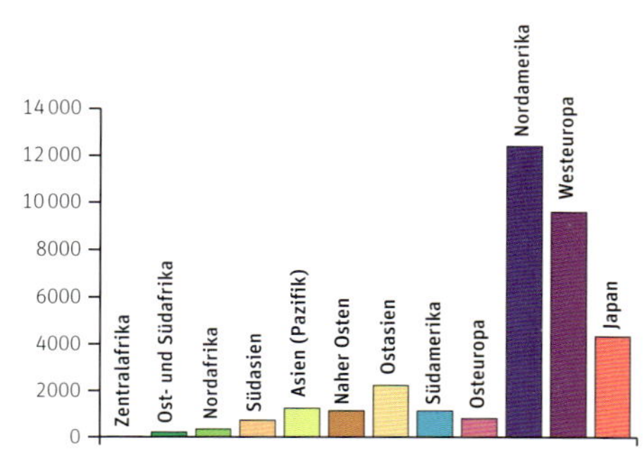

# 166 Gesamtwirtschaftliches Sparguthaben

**Bruttoergebnis der nationalen Ersparnisse in US-Dollar. Dieser Wert gibt an, wie viel Geld einem Land für Zukunftsinvestitionen übrig bleibt.**

Als gesamtwirtschaftliche Ersparnis eines Staates bezeichnet man die Differenz zwischen dem Bruttonationaleinkommen und allen öffentlichen und privaten Ausgaben. Es zeigt, um wie viel mehr in einem Land verdient als ausgegeben wird – Geld, das für Investitionen zur Verfügung steht, um die Wirtschaftsleistung und Infrastruktur zu erhalten und auszubauen.

Die höchste gesamtwirtschaftliche Ersparnis erreichen die Vereinigten Staaten, Japan, China und Deutschland. In den Vereinigten Staaten sind die Werte zehnmal so hoch wie in Indien, hundertmal so hoch wie in Taiwan, tausendmal so hoch wie in Aserbaidschan, 10 000-mal so hoch wie in Benin und 100 000-mal so hoch wie in Sierra Leone.

*»… die Armut in der Welt ist vom Menschen gemacht. Sie ist kein Teil unserer Zivilisation, und wir können sie verhindern …, wir müssen nur unsere Institutionen und unsere Politik neu gestalten …«*
Muhammad Yunnus, Friedensnobelpreisträger, 2006

**HÖCHSTES UND NIEDRIGSTES BRUTTOERGEBNIS DER NATIONALEN ERSPARNISSE**

| Rang | Land | US-Dollar* |
|---|---|---|
| 1 | Norwegen | 13 332 |
| 2 | Singapur | 9621 |
| 3 | Japan | 9132 |
| 4 | Hongkong | 8634 |
| 5 | Dänemark | 7873 |
| 6 | Irland | 7304 |
| 7 | Schweden | 6720 |
| 8 | Finnland | 6643 |
| 9 | Belgien | 6228 |
| 10 | Niederlande | 6159 |
| 191 | Togo | 6 |
| 192 | Sierra Leone | 3 |
| 193 | Liberia | 1 |
| 194 | Serbien und Montenegro | <1 |
| 195 | Guinea-Bissau | <1 |
| 196 | Malawi | <1 |
| 197 | Lesotho | <1 |
| 198 | Tadschikistan | <1 |
| 199 | Gaza und Westbank | <1 |
| 200 | Libanon | <1 |

*Pro-Kopf-Bruttoergebnis der nationalen Ersparnisse im Jahr 2003

**BRUTTOERGEBNIS DER NATIONALEN ERSPARNISSE**
In Milliarden US-Dollar, 2003

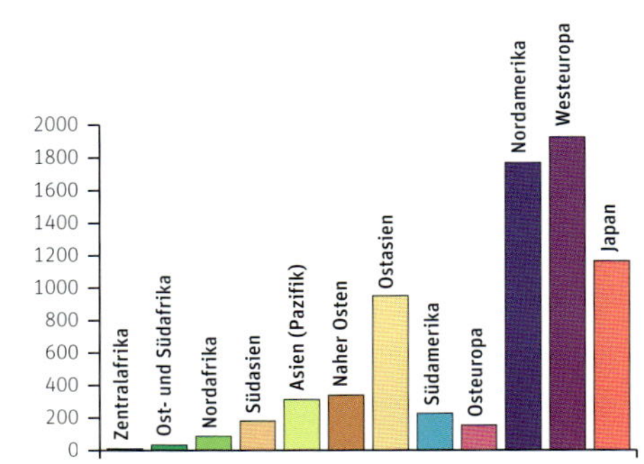

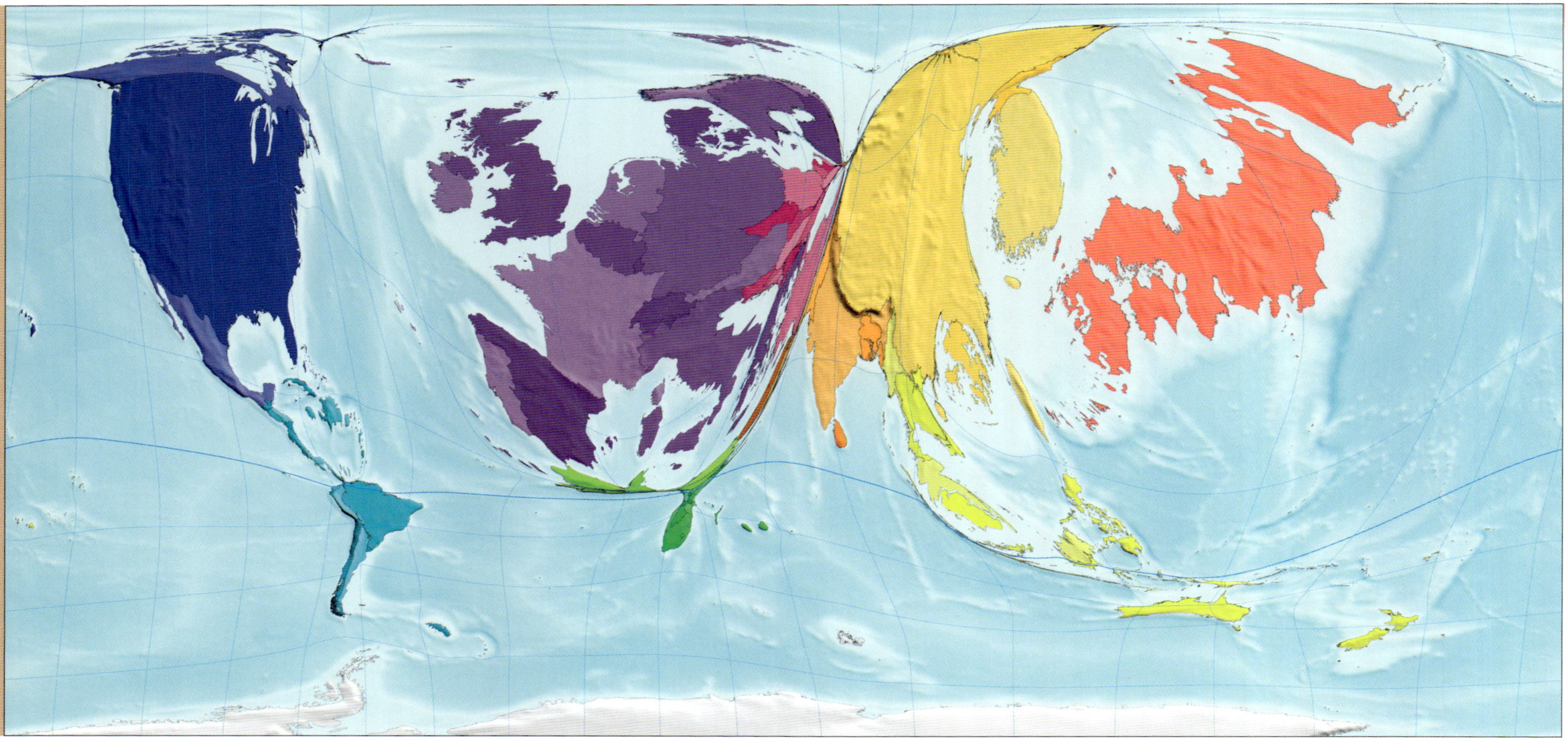

### HÖCHSTE POSITIVE SPARQUOTE

| Rang | Land | US-Dollar* |
|---|---|---|
| 1 | Singapur | 6829 |
| 2 | Hongkong | 6167 |
| 3 | Norwegen | 5852 |
| 4 | Irland | 5257 |
| 5 | Dänemark | 5092 |
| 6 | Schweden | 4858 |
| 7 | Japan | 4617 |
| 8 | Finnland | 4013 |
| 9 | Österreich | 3561 |
| 10 | Belgien | 3166 |
| 11 | Frankreich | 3130 |
| 12 | Niederlande | 3093 |
| 13 | Neuseeland | 2717 |
| 14 | Südkorea | 2542 |
| 15 | Spanien | 2392 |
| 16 | Deutschland | 2354 |
| 17 | Kanada | 2225 |
| 18 | Slowenien | 2106 |
| 19 | Großbritannien | 1990 |
| 20 | Italien | 1924 |

*Positive Sparquote pro Kopf im Jahr 2003

# 167 Positive Sparquote

**Ersparnisse eines Landes nach Abzug negativer Investitionen im sozialen und ökologischen Bereich.**

Karte 166 zeigt die gesamtwirtschaftliche Ersparnis eines Staates, das heißt die Differenz zwischen dessen jährlichem Einkommen und dessen Ausgaben.

Die Weltbank hat nun eine Formel entwickelt, nach der man die tatsächlichen Ersparnisse berechnen kann: Zur gesamtwirtschaftlichen Ersparnis addiert man alle Investitionen in die Bildung und zieht den geschätzten Geldwert sogenannter negativer Investitionen ab. Das sind die künftigen Kosten von Schäden, die durch aktuelles Handeln verursacht werden, etwa durch den Raubbau an fossilen Brennstoffen und Bodenschätzen, das Abholzen von Wäldern, Kohlendioxid- und Feinstaubemissionen, die Abnutzung von Gebäuden und Infrastruktur. Die Karte zeigt, welche Länder nach dieser Rechnung noch Ersparnisse ausweisen können. Staaten mit negativem Ergebnis erscheinen nicht auf der Karte.

2003 hatten Japan, die Vereinigten Staaten und China hohe positive Sparquoten, gemeinsam erzielten sie 48 Prozent. Staaten im Nahen Osten und Zentralasien sowie in Afrika dagegen sind kaum sichtbar, weil sie auf niedrige Ergebnisse kommen.

**BEREINIGTE NETTO-SPARQUOTE**
in 1000 US-Dollar pro Person, 2003

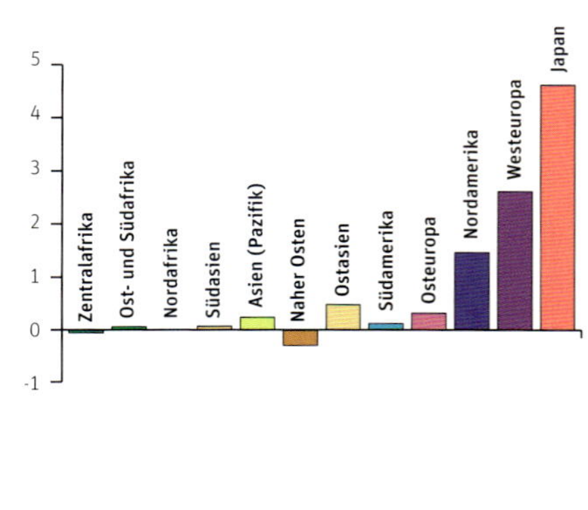

**HÖCHSTE NEGATIVE SPARQUOTE**

| Rang | Land | US-Dollar* |
|---|---|---|
| 1 | Kuwait | 5536 |
| 2 | Trinidad und Tobago | 1789 |
| 3 | Saudi-Arabien | 1665 |
| 4 | Libanon | 915 |
| 5 | Venezuela | 698 |
| 6 | Kasachstan | 378 |
| 7 | Aserbaidschan | 333 |
| 8 | Russland | 278 |
| 9 | Angola | 216 |
| 10 | Usbekistan | 192 |
| 11 | DR Kongo | 175 |
| 12 | Syrien | 161 |
| 13 | Nigeria | 123 |
| 14 | Algerien | 57 |
| 15 | Tadschikistan | 36 |
| 16 | Bolivien | 35 |
| 17 | Togo | 22 |
| 18 | Kolumbien | 20 |
| 19 | Malawi | 18 |
| 20 | Sierra Leone | 13 |

*Negative Sparquote pro Kopf im Jahr 2003

# 168 Negative Sparquote

**Schulden, die ein Land nach Abzug negativer Investitionen im sozialen und ökologischen Bereich anhäuft.**

Diese Karte beruht auf denselben Daten wie Karte 167, zeigt jedoch nur diejenigen Staaten, bei denen die Bereinigung der gesamtwirtschaftlichen Ersparnis zu einer negativen Sparquote führt. Deren Entwicklung ist nachhaltig erschwert, weil eine negative Sparquote mit wachsenden Schulden gleichgesetzt werden kann.

Trotzdem kann ein solches Land wirtschaftlich durchaus gesund erscheinen, wenn die Verluste beispielsweise aus dem Raubbau an natürlichen Ressourcen resultieren. 2003 kamen 75 Prozent der negativen Ergebnisse in Ländern des Nahen Ostens und Zentralasiens zustande, wo die Vorkommen an fossilen Brennstoffen allmählich zur Neige gehen. Die schlechtesten Resultate erzielten Russland, Saudi-Arabien und Venezuela.

*»Viele sehen Schulden nicht länger als rückzahlbare und endliche Größe, sondern als dauerhaften Zustand, der Schuldknechtschaft ähnlich.«* Lezak Shallat, New Internationalist, 2006

**POSITIVE UND NEGATIVE NETTO-SPARQUOTEN**
in Milliarden US-Dollar im Jahr 2003

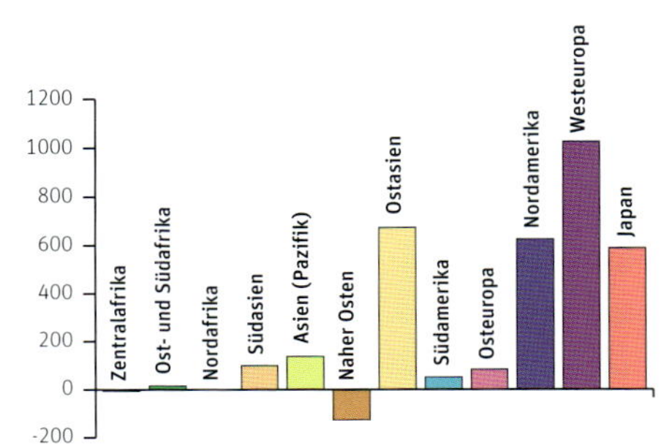

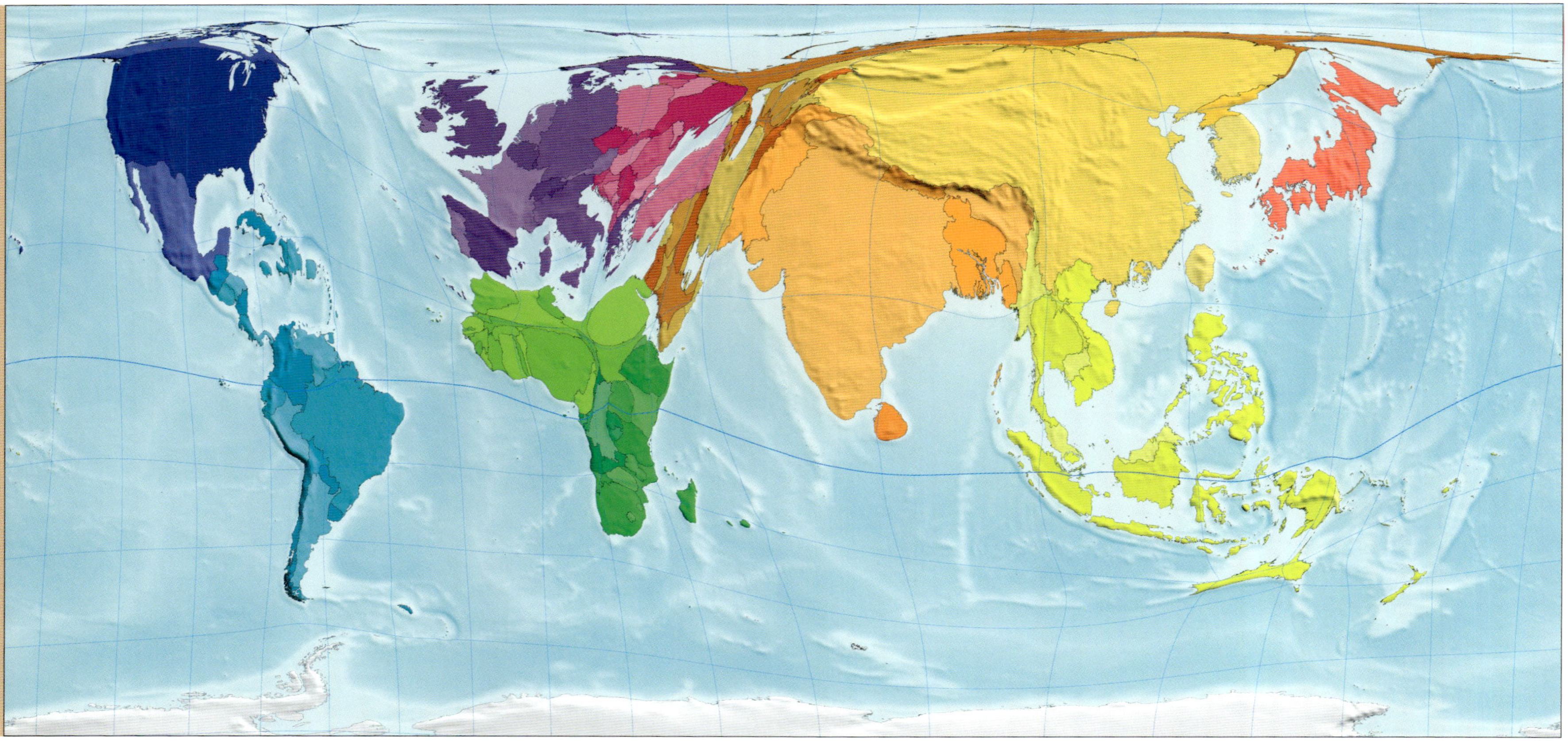

### HÖCHSTER UND NIEDRIGSTER ENTWICKLUNGSINDEX (HDI)

| Rang | Land | HDI* |
|---|---|---|
| 1 | Norwegen | 956 |
| 2 | Australien | 946 |
| 2 | Schweden | 946 |
| 4 | Kanada | 943 |
| 5 | Belgien | 942 |
| 5 | Niederlande | 942 |
| 7 | Island | 941 |
| 8 | Vereinigte Staaten | 939 |
| 9 | Japan | 938 |
| 10 | Großbritannien | 936 |
| 191 | Äthiopien | 359 |
| 192 | Mosambik | 354 |
| 193 | Guinea-Bissau | 350 |
| 194 | Afghanistan | 346 |
| 195 | Burundi | 339 |
| 196 | Mali | 326 |
| 197 | Burkina Faso | 302 |
| 198 | Somalia | 294 |
| 199 | Niger | 292 |
| 200 | Sierra Leone | 273 |

*»Human Development Index« (HDI) von 0 bis 1000 Punkten

# 169 Entwicklungsstand

**Weltweiter Stand der menschlichen Entwicklung, errechnet aus dem Produkt der Bevölkerungszahl und dem »Human Development Index« der Vereinten Nationen**

Der »Human Development Index« (HDI) ist ein Instrument des Entwicklungsprogramms der Vereinten Nationen, um die Lebensqualität in einem Staat zu messen, wobei materieller Wohlstand, Gesundheitsfürsorge und Bildungsstand berücksichtigt werden. Maximal erreichbar sind 1000 Punkte. Sie würden einer durchschnittlichen Lebenserwartung von 85 Jahren oder mehr, einer 100-prozentigen Alphabetisierungsrate bei Erwachsenen, einer 100-prozentigen Einschulungsrate und einem Bruttoinlandsprodukt von über 40 000 US-Dollar pro Person und Jahr entsprechen. Mit einem Index von 956 Punkten kommt Norwegen auf das beste Ergebnis, Sierra Leone mit 273 Punkten auf das schlechteste, der weltweite Durchschnitt liegt bei 698.

In Ländern, die auf dieser Karte groß erscheinen, haben viele Einwohner nach dem HDI eine hohe Lebensqualität.

**ENTWICKLUNGSSTAND**
»Human Development Index« (HDI),
Minimum: 0 Punkte, Maximum: 1000 Punkte

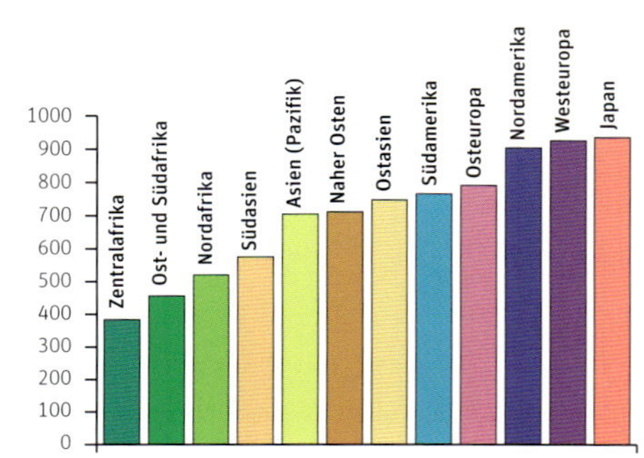

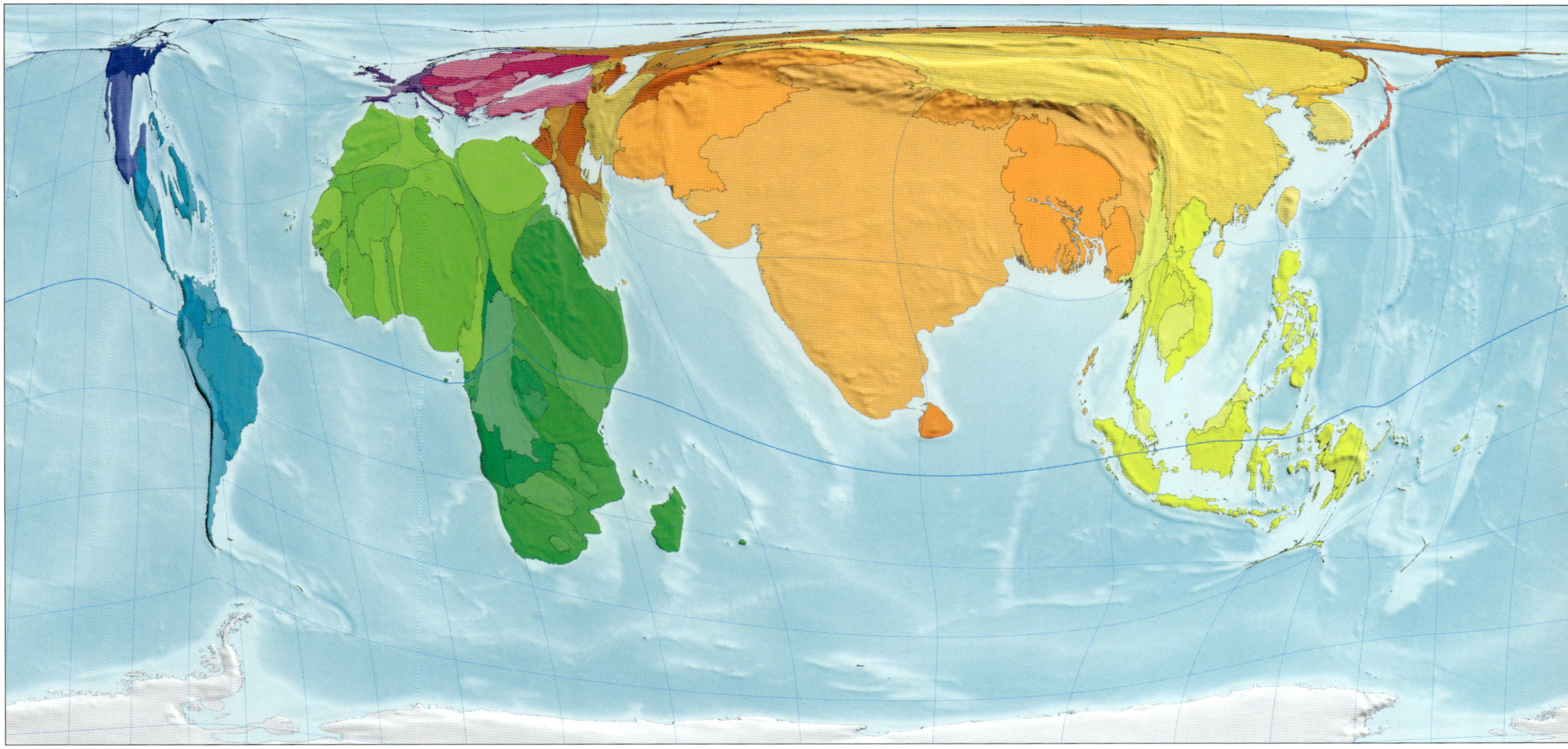

**HÖCHSTE UND NIEDRIGSTE ANZAHL VON MENSCHEN, DIE IN ARMUT LEBEN**

| Rang | Land | Prozent* |
|---|---|---|
| 1 | Burkina Faso | 66 |
| 2 | Niger | 61 |
| 3 | Mali | 59 |
| 4 | Äthiopien | 56 |
| 5 | Simbabwe | 52 |
| 6 | Sambia | 50 |
| 7 | Mosambik | 50 |
| 8 | Tschad | 50 |
| 9 | Mauretanien | 48 |
| 10 | Guinea-Bissau | 48 |
| 191 | Japan | 1,1 |
| 192 | Spanien | 1,1 |
| 193 | Frankreich | 1,1 |
| 194 | Luxemburg | 1,1 |
| 195 | Deutschland | 1,0 |
| 196 | Dänemark | 0,9 |
| 197 | Finnland | 0,8 |
| 198 | Niederlande | 0,8 |
| 199 | Norwegen | 0,7 |
| 200 | Schweden | 0,7 |

*Prozentsatz der Bevölkerung, der 2002 in Armut lebte, gemessen an den Armutsindizes 1 und 2

# 170 Armut nach dem HPI

**Die Bevölkerungszahl eines Landes multipliziert mit dem »Human Poverty Index« der Vereinten Nationen bietet einen Vergleichsmaßstab für Armut.**

Das Entwicklungsprogramm der Vereinten Nationen benutzt den »Human Poverty Index« (HPI), um den Stand der Armut in den verschiedenen Staaten zu quantifizieren. Diese Beurteilung ist schwierig, wenn man nur Finanzdaten heranzieht, weil oft ganz andere Faktoren die Lebensqualität beeinflussen. So kann sich die Situation von Menschen, die zwar dasselbe Einkommen haben, aber in verschiedenen Gebieten leben, sehr stark unterscheiden. Der Armutsindex versucht dem gerecht zu werden, indem er zum Beispiel Lebenserwartung und Alphabetisierung Erwachsener als nicht materielle Aspekte genauso berücksichtigt wie materielle, etwa das Haushaltseinkommen und die Arbeitslosenquote. Es gibt einen Index für Entwicklungsländer (HPI-1) und einen für Industrieländer (HPI-2), das Ergebnis ist eine Gesamtpunktzahl, die in bedürftigen Staaten hoch, in wohlhabenden niedrig ist. Zentralafrika kommt auf den höchsten Armutsindex, für Schweden errechnet sich die niedrigste Zahl.

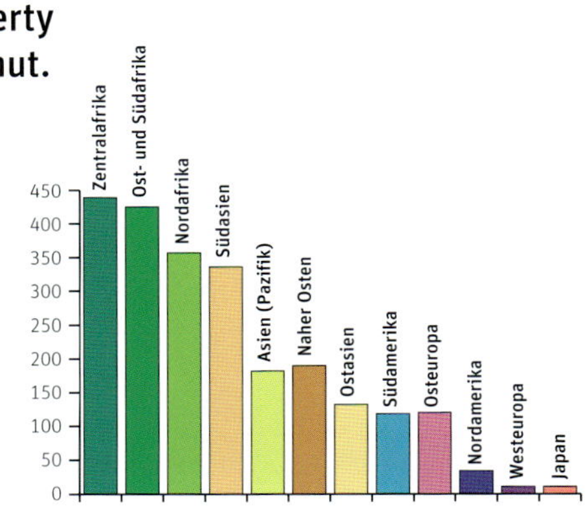


**ARMUT**
Punktzahl des Armutsindex
(1000 entspricht 100 Prozent Armut)

*»Nach meiner Feldforschung zur Komplexität von Lebensbedingungen in den verschiedenen Ländern betrachte ich die Verallgemeinerungen über die ›Dritte Welt‹ mit Zurückhaltung.«* Angus Maddison, 2002

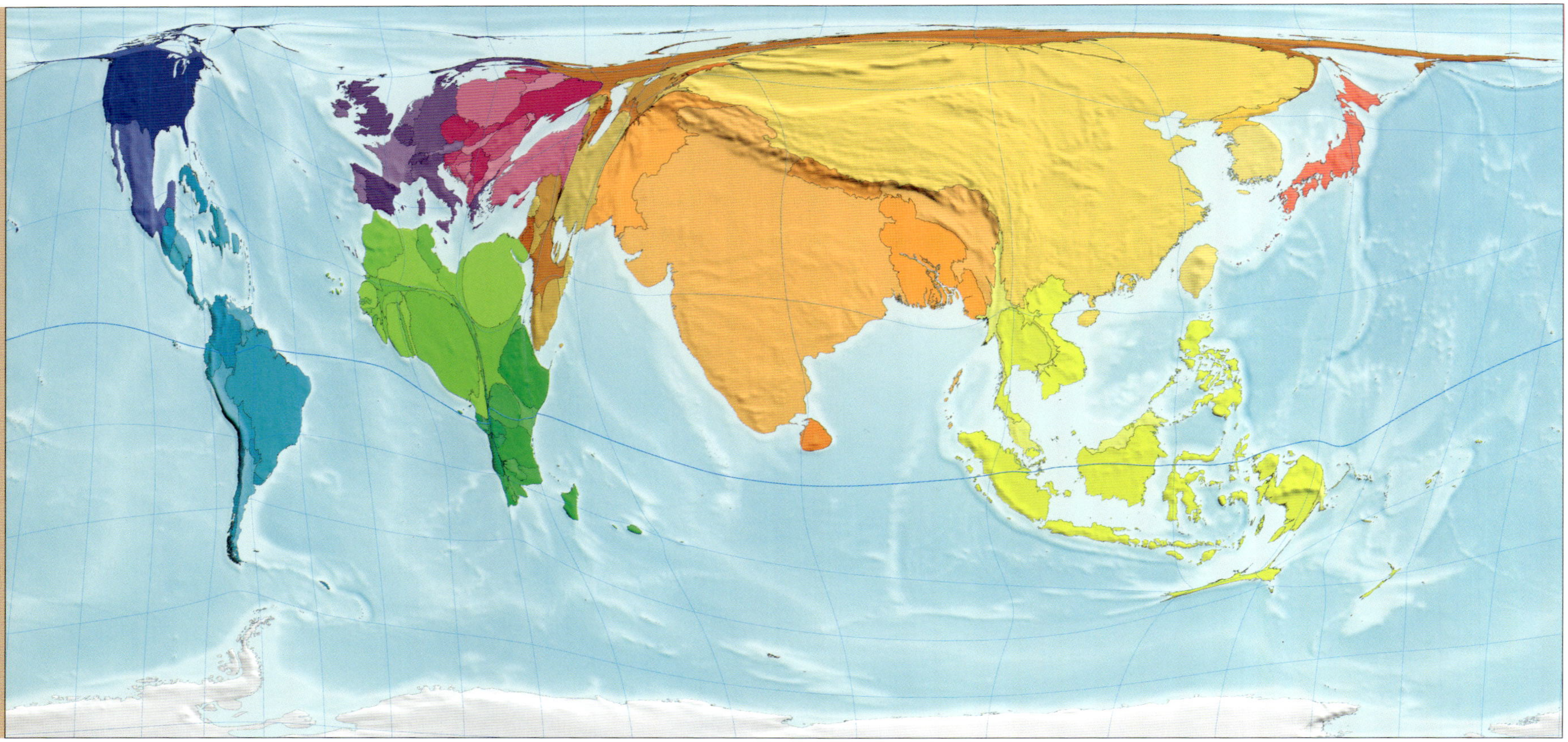



# 171 Verbesserung des Entwicklungsstandes

## Erhöhung des »Human Development Index« (HDI) zwischen 1975 und 2002

**GRÖSSTE STEIGERUNG DES ENTWICKLUNGSSTANDES NACH DEM HDI**

| Rang | Land | HDI* |
|---|---|---|
| 1 | Libyen | 417 |
| 2 | Malediven | 352 |
| 3 | Kap Verde | 340 |
| 4 | Seychellen | 324 |
| 5 | Brunei | 310 |
| 6 | Äquatorialguinea | 307 |
| 7 | Oman | 277 |
| 8 | Slowenien | 267 |
| 9 | Bahrain | 259 |
| 10 | Mauritius | 256 |
| 11 | Zypern | 255 |
| 12 | Gabun | 252 |
| 13 | São Tomé und Príncipe | 249 |
| 14 | Katar | 249 |
| 15 | Tschechien | 240 |
| 16 | Jemen | 239 |
| 17 | Tonga | 230 |
| 18 | Tunesien | 229 |
| 19 | Indonesien | 225 |
| 20 | Estland | 225 |

*Erhöhung des »Human Development Index« (HDI) von 1975 bis 2002 (Skala von 0 bis 1000 Punkten)

Diese Karte zeigt, in welchen Ländern und Regionen sich der Stand der menschlichen Entwicklung gemäß »Human Development Index« (HDI) verbessert hat, und erlaubt so einen Vergleich mit Karte 169. Staaten, in denen eine Verschlechterung eintrat, erscheinen hier nicht, wobei dies nur bei wenigen der Fall ist. Da der HDI verschiedene Faktoren misst, kann er sich für ein Land verbessern, auch wenn sich die Lage in einigen Bereichen verschlechtert hat, sofern unter genügend anderen Aspekten Verbesserungen erreicht wurden.

Die umfangreichste Gesamtverbesserung trat in China und Indien ein, wo sich bereits eine kleine Veränderung der durchschnittlichen Lebensqualität auf eine große Zahl von Menschen auswirkt – bis zu 2,3 Milliarden allein in diesen beiden Staaten.

**VERÄNDERUNG DES ENTWICKLUNGSSTANDES**

Veränderter Punktestand des »Human Development Index« (HDI) (Skala von 0 bis 1000 Punkten)

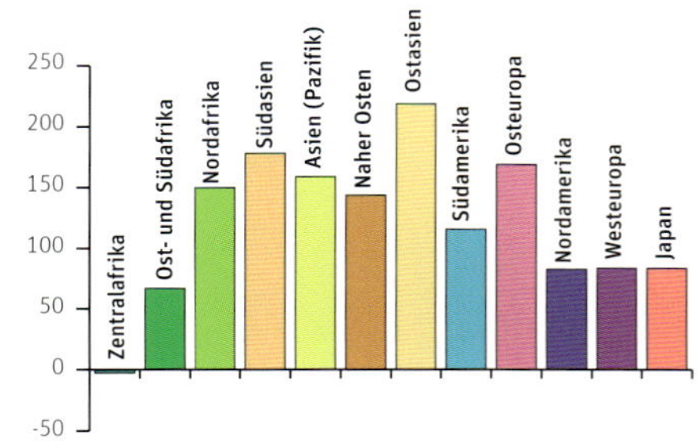

**STÄRKSTE VERSCHLECHTERUNG DES ENTWICKLUNGSSTANDES**

| Rang | Land | HDI* |
|---|---|---|
| 1 | **Afghanistan** | 0,38 |
| 2 | **Somalia** | 0,35 |
| 3 | **Irak** | 0,86 |
| 4 | **Sambia** | 0,77 |
| 5 | **Simbabwe** | 0,56 |
| 6 | **DR Kongo** | 0,045 |
| 7 | **Osttimor** | 0,032 |

*Rückgang der Punktzahl des »Human Development Index« (HDI) von 1975 bis 2002 (Skala von 0 = niedrig bis 1 = hoch)

# 172 Verschlechterung des Entwicklungsstandes

**Rückgang des »Human Development Index« (HDI) zwischen 1975 und 2002. Die wenigen Länder, die einen Rückgang zu verzeichnen hatten, haben schwer gelitten.**

Zwischen 1975 und 2002 ging der »Human Development Index« (HDI) nur in sieben Staaten zurück, dort aber deutlich: Afghanistan, Somalia, Irak, Sambia, Simbabwe, Demokratische Republik Kongo und Osttimor. Sie alle litten unter Krieg und Bürgerkrieg, Staatsstreichen, Dürre, Krankheiten, Wirtschaftskrisen und erheblicher internationaler Verschuldung. In diesen Ländern kam es bei allen Faktoren, die der HDI bewertet, zu einem Rückgang: bei der Lebenserwartung ebenso wie bei der Alphabetisierungs- und Einschulungsrate sowie beim Bruttoinlandsprodukt. Die einzige Region, in der der Index insgesamt absank, ist Zentralafrika.

*»Während der nächsten Jahre hatten viele Leute in Kabul die Wörter Wirtschaftswachstum und Reform auf den Lippen … Ein Gefühl von Verjüngung und neuer Zielsetzung durchzog eine Zeit lang das Land.«*

Khaled Hosseini, »Der Drachenläufer«, 2003

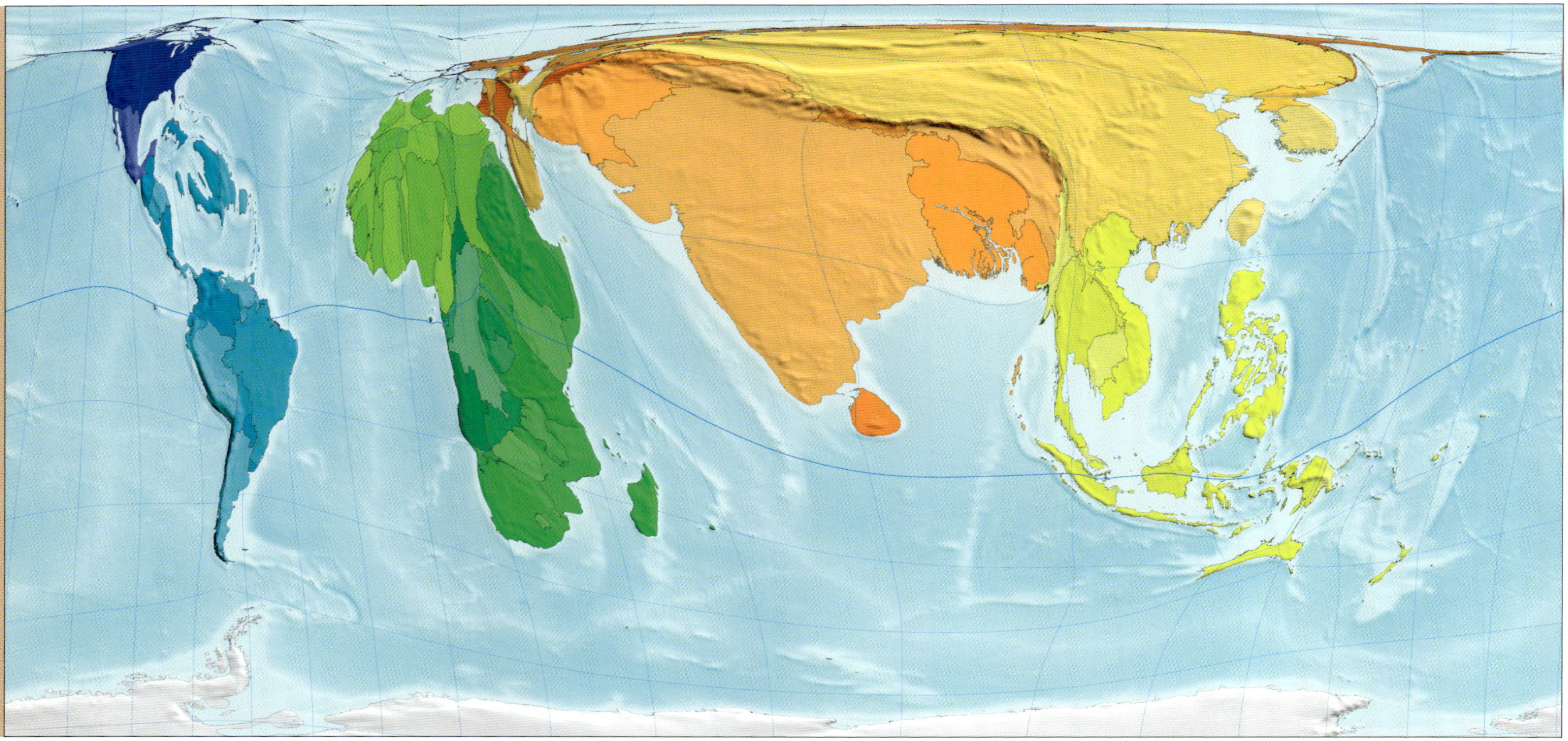

# 173 Unterernährung im Jahr 1990

**In fast drei Viertel aller Länder der Erde leben Menschen, die nicht genug zu essen haben.**

**HÖCHSTE ANZAHL UNTERERNÄHRTER EINWOHNER IM JAHR 1990**

| Rang | Land | Prozent* |
|---|---|---|
| 1 | Mosambik | 69 |
| 2 | Haiti | 65 |
| 3 | Angola | 61 |
| 4 | Tschad | 58 |
| 5 | Zentralafrikanische Republik | 50 |
| 6 | Burundi | 49 |
| 6 | Malawi | 49 |
| 8 | Sierra Leone | 46 |
| 9 | Sambia | 45 |
| 10 | Kenia | 44 |
| 11 | Ruanda | 43 |
| 11 | Simbabwe | 43 |
| 11 | Kambodscha | 43 |
| 14 | Niger | 42 |
| 15 | Peru | 40 |
| 15 | Guinea | 40 |
| 15 | São Tomé und Príncipe | 40 |
| 15 | Äquatorialguinea | 40 |
| 19 | DR Kongo | 37 |
| 20 | 5 Länder | 35 |

*Unterernährte Menschen in Prozent der Bevölkerung im Jahr 1990

Ein Mensch gilt als unterernährt, wenn er über längere Zeit nicht einmal jenes Minimum an Kalorien zu sich nimmt, das ihm erlaubt, einfachste alltägliche Aufgaben zu erledigen. Das Mindestkörpergewicht, bei dessen Unterschreitung man von Unterernährung spricht, hängt von der Körpergröße, dem Alter und dem Geschlecht ab. 840 Millionen Menschen, 16 Prozent der Weltbevölkerung, waren 1990 unterernährt, die meisten in Indien und China. Die höchste Quote unterernährter Einwohner wies Mosambik auf. 1990 hatten dort 69 Prozent der Bevölkerung nicht genug zu essen. Nur in etwa einem Viertel aller Länder war Unterernährung kein Thema. Als Regionen sind Japan sowie Ost- und Westeuropa auf der Karte kaum erkennbar, da dieses Problem dort insgesamt kaum eine Rolle spielt.

*»Sollen wir unser Volk wirklich verhungern lassen, damit wir unsere Schulden bezahlen können?«* Julius Nyerere, Präsident Tanganjikas (1962–1964) und Tansanias (1964–1985), 1985

**UNTERERNÄHRUNG IM JAHR 1990**
In Prozent der Bevölkerung

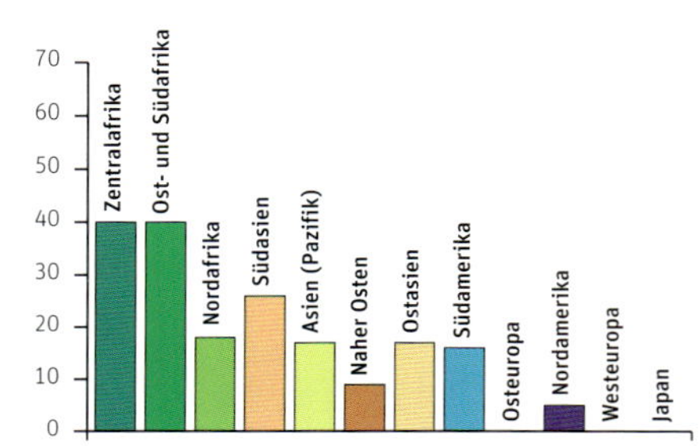

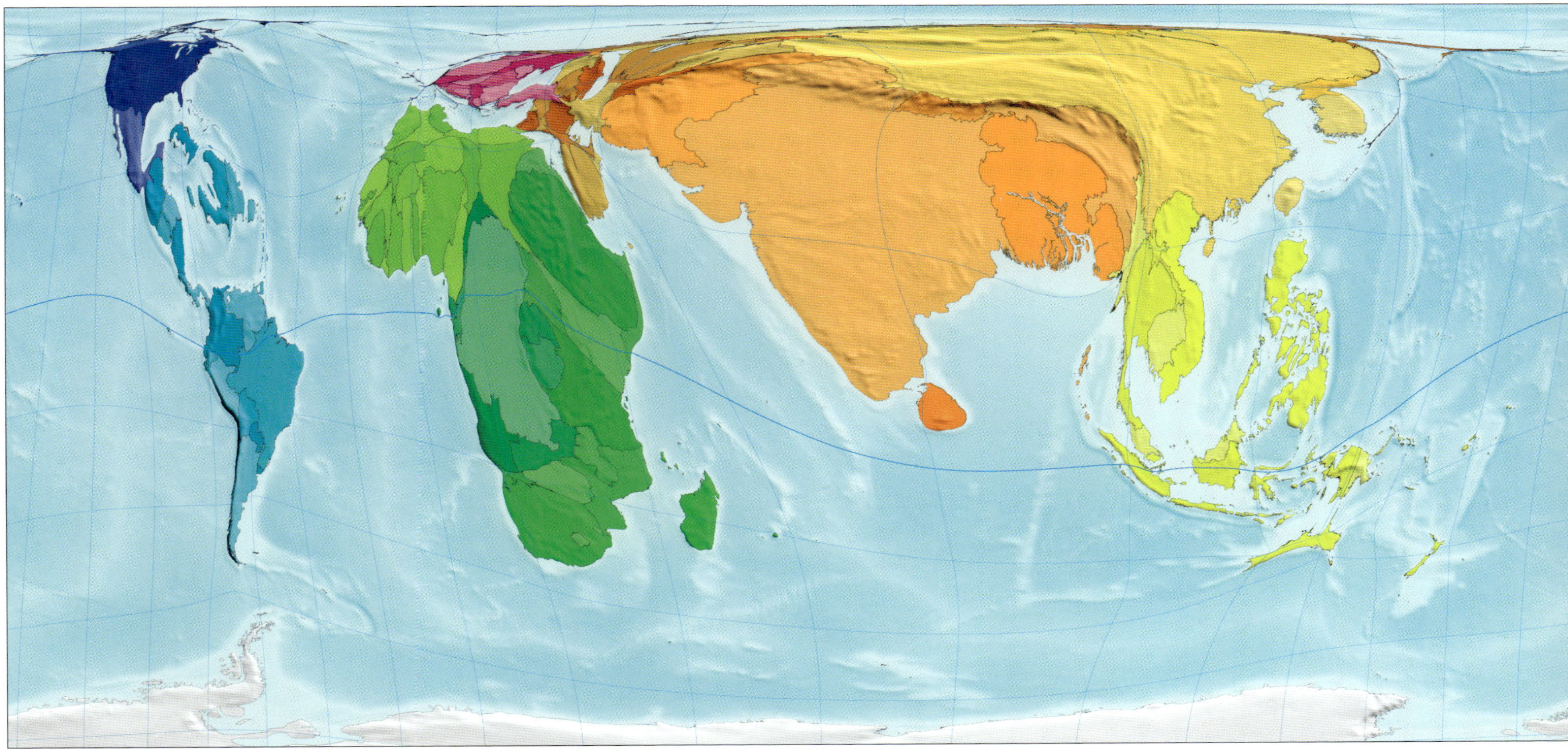

**HÖCHSTE ANZAHL UNTERERNÄHRTER EINWOHNER IM JAHR 2000**

| Rang | Land | Prozent* |
|---|---|---|
| 1 | DR Kongo | 75 |
| 2 | Tadschikistan | 71 |
| 3 | Burundi | 70 |
| 4 | Eritrea | 61 |
| 5 | Mosambik | 53 |
| 6 | Armenien | 51 |
| 7 | Sierra Leone | 50 |
| 7 | Sambia | 50 |
| 9 | Angola | 49 |
| 9 | Haiti | 49 |
| 11 | Zentralafrikanische Republik | 44 |
| 12 | Tansania | 43 |
| 13 | Äthiopien | 42 |
| 14 | Ruanda | 41 |
| 15 | Simbabwe | 39 |
| 16 | Kambodscha | 38 |
| 17 | Mongolei | 38 |
| 18 | Kenia | 37 |
| 19 | Madagaskar | 36 |
| 20 | Tschad | 34 |

*Unterernährte Menschen in Prozent der Bevölkerung im Jahr 2000

# 174 Unterernährung im Jahr 2000

**Die wachsende Anzahl unterernährter Menschen ist vor allem auf das Bevölkerungswachstum zurückzuführen.**

Von 1990 bis 2000 erhöhte sich die Anzahl unterernährter Menschen weltweit von 840 auf 858 Millionen. Da aber die Gesamtbevölkerung in der gleichen Zeit wesentlich schneller wuchs, ging der Prozentsatz unterernährter Menschen tatsächlich zurück, nämlich von 16 auf 14 Prozent.

Über 60 Prozent aller derzeit in Zentralafrika lebenden Menschen sind unterernährt, in der Demokratischen Republik Kongo sogar drei von vier Einwohnern.

*»Die Zahl hungernder Menschen ist nach wie vor unerträglich hoch, der Erfolg von Hilfsmaßnahmen skrupellos langsam und der Verlust durch vernichtetes Leben und verschwendete Ressourcen unvorstellbar hoch.«* Lynn Brown, FAO, 2004

**UNTERERNÄHRUNG IM JAHR 2000**
in Prozent der Bevölkerung

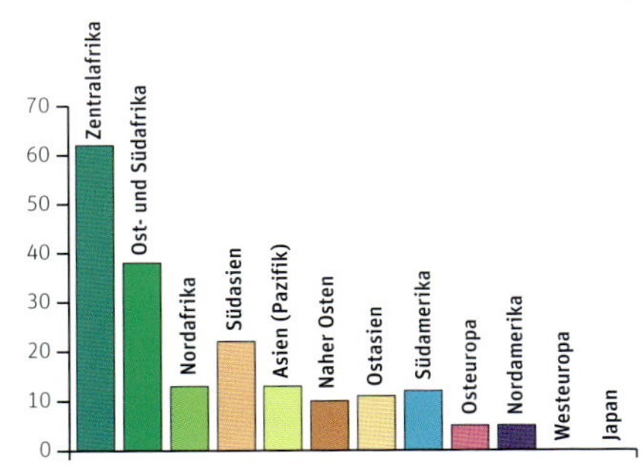

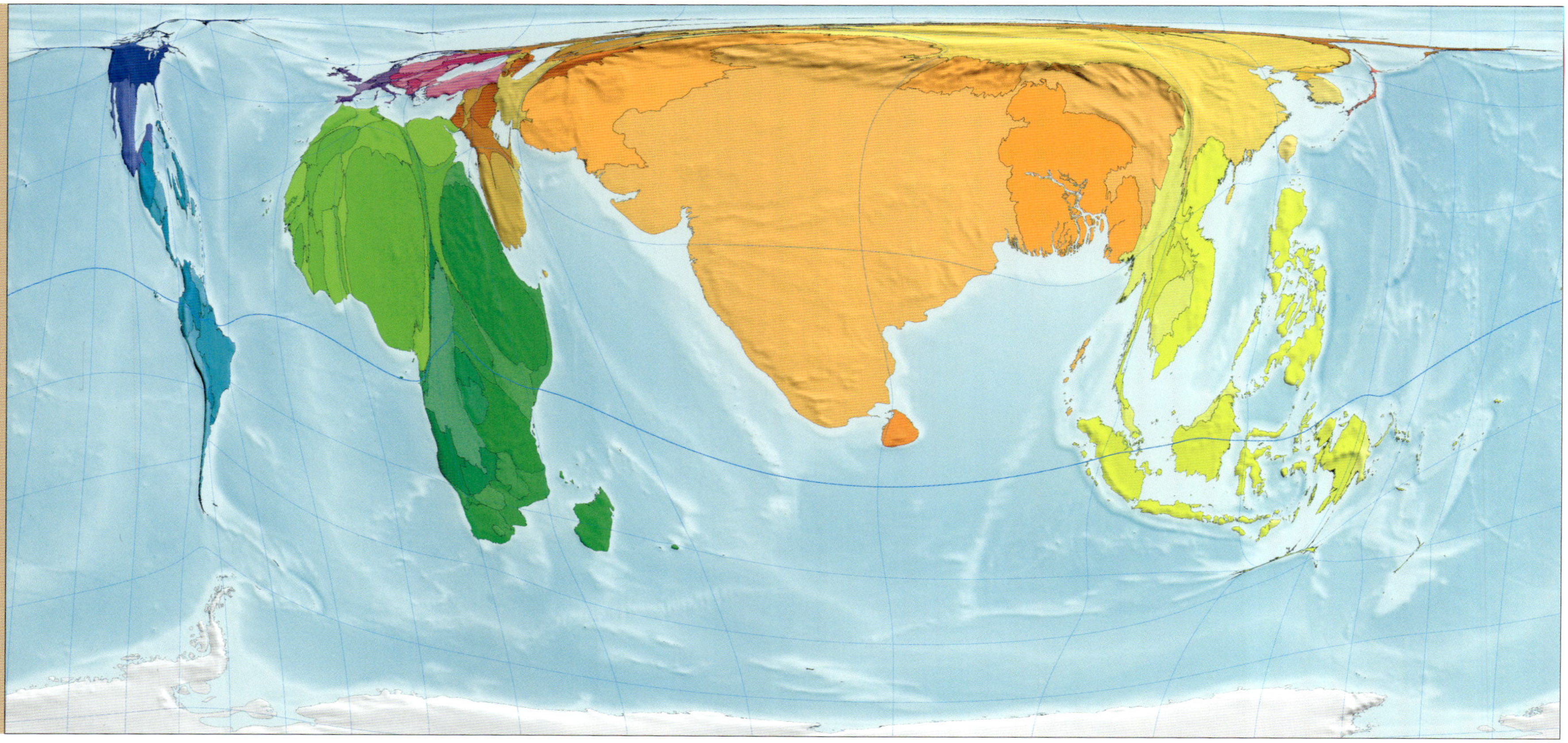

**UNTERGEWICHTIGE KINDER**

| Rang | Land | Prozent* |
|---|---|---|
| 1 | Bangladesch | 48 |
| 2 | Nepal | 48 |
| 3 | Indien | 47 |
| 3 | Äthiopien | 47 |
| 5 | Jemen | 46 |
| 6 | Burundi | 45 |
| 6 | Kambodscha | 45 |
| 8 | Eritrea | 44 |
| 9 | Osttimor | 43 |
| 10 | Niger | 40 |
| 11 | Laos | 40 |
| 12 | Pakistan | 38 |
| 13 | Nigeria | 36 |
| 14 | Myanmar | 35 |
| 14 | Papua-Neuguinea | 35 |
| 16 | Burkina Faso | 34 |
| 17 | Mali | 33 |
| 18 | Madagaskar | 33 |
| 19 | Vietnam | 33 |
| 20 | Mauretanien | 32 |

*Prozentsatz untergewichtiger Kinder unter fünf Jahren

# 175 Untergewichtige Kinder

## Anzahl von Kindern unter fünf Jahren, die gegenüber dem globalen Durchschnitt dieser Altersgruppe ein signifikantes Untergewicht aufweisen

Das Körpergewicht, das als gesund angesehen wird, ist von Gesellschaft zu Gesellschaft verschieden, und dementsprechend auch die Definition von Untergewicht. Kinder gelten als untergewichtig, wenn sie mehr als zwei Standardabweichungen unter dem durchschnittlichen Gewicht liegen.

Überall auf der Welt gibt es untergewichtige Kinder. Allerdings liegt die Rate z. B. in Chile oder Japan nur bei einem Prozent. Das andere Extrem stellen Bangladesch, Nepal und Indien dar, wo fast die Hälfte aller Kinder unter fünf Jahren untergewichtig sind.

Ein großes Problem ist Unterernährung bei Kindern auch in Ost-, Süd- und Nordafrika, Ostasien, dem asiatischen Pazifikraum und Australien. Äthiopien, Nigeria, China und Indonesien weisen in diesen Regionen die höchsten Zahlen an untergewichtigen Kindern auf.

**UNTERGEWICHTIGE KINDER**

Prozentsatz untergewichtiger Kinder unter fünf Jahren

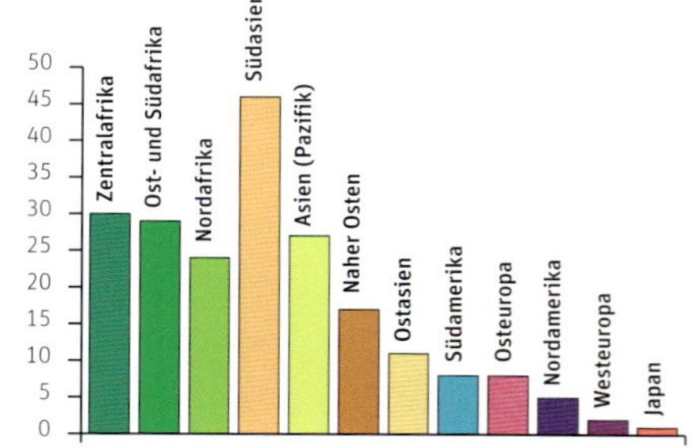


*»Mangelernährung spielt bei mehr als der Hälfte aller weltweiten Todesfälle im Kindesalter eine Rolle – seit der Pest hat nie eine Infektionskrankheit diese Mortalitätsrate erreicht.«* Jean-Louis Sarbib, World Bank, 2006

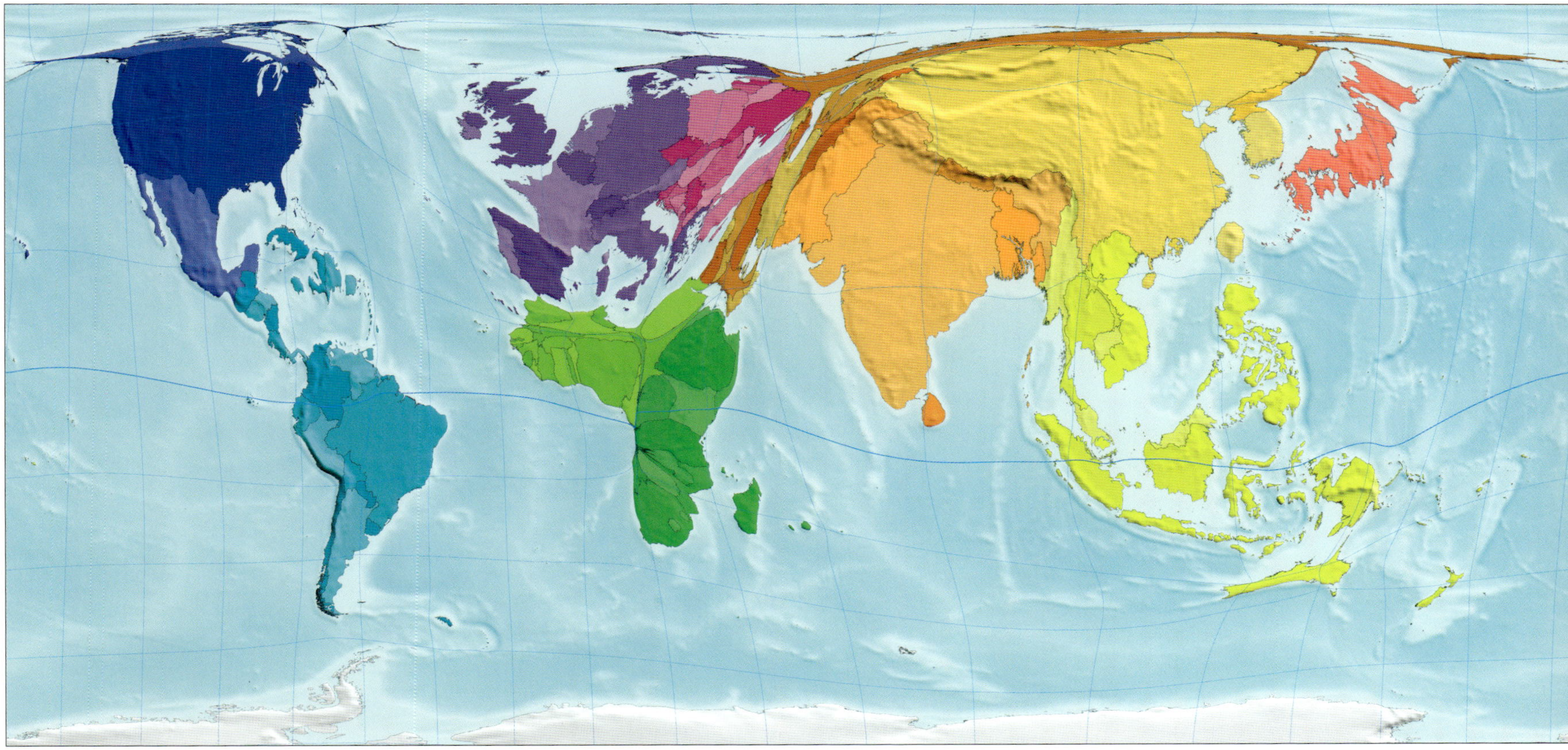

**HÖCHSTES MASS AN GLEICHSTELLUNG VON FRAUEN**

| Rang | Land | GEM* |
|---|---|---|
| 1 | Norwegen | 0,91 |
| 2 | Schweden | 0,85 |
| 3 | Dänemark | 0,85 |
| 4 | Finnland | 0,82 |
| 5 | Niederlande | 0,82 |
| 6 | Island | 0,82 |
| 7 | Belgien | 0,81 |
| 8 | Australien | 0,81 |
| 9 | Deutschland | 0,80 |
| 10 | Kanada | 0,79 |
| 11 | Neuseeland | 0,77 |
| 12 | Schweiz | 0,77 |
| 13 | Österreich | 0,77 |
| 14 | Vereinigte Staaten | 0,77 |
| 15 | Grönland | 0,72 |
| 16 | Spanien | 0,72 |
| 17 | Irland | 0,71 |
| 18 | Bahamas | 0,70 |
| 19 | Großbritannien | 0,70 |
| 20 | Costa Rica | 0,66 |

*»Gender Empowerment Measure« (GEM) im Jahr 2002 (Skala von 0 bis 1)

# 176 Gleichstellung von Mann und Frau

**Weltweiter Stand der Gleichstellung von Mann und Frau, errechnet aus dem Produkt der Bevölkerungszahl und dem »Gender Empowerment Measure«-Index (GEM)**

»Gender Empowerment Measure« (GEM) ist ein Index aus dem Entwicklungsprogramm der Vereinten Nationen, der untersucht, wie groß die Chancengleichheit für Männer und Frauen in einem Land ist. Man misst verschiedene Indikatoren, zum Beispiel die Geschlechterverteilung in den politischen und wirtschaftlichen Führungsebenen (Sitzverteilung in den Parlamenten, Anteil in Beamtenschaft und Management) und den Einfluss des Geschlechts auf das Einkommen.

Diese Karte zeigt die Bevölkerungszahl eines jeden Staates multipliziert mit dem Index »Gender Empowerment Measure«, sodass jene Länder groß erscheinen, die Frauen und Männern weitgehend gleiche Chancen bieten.

Westeuropa verwirklicht die Gleichstellung am besten, am schlechtesten ist die Lage der Frauen in Staaten des Nahen Ostens, wie dem Jemen und Saudi-Arabien. Für Zentralafrika liegen keine Daten vor.

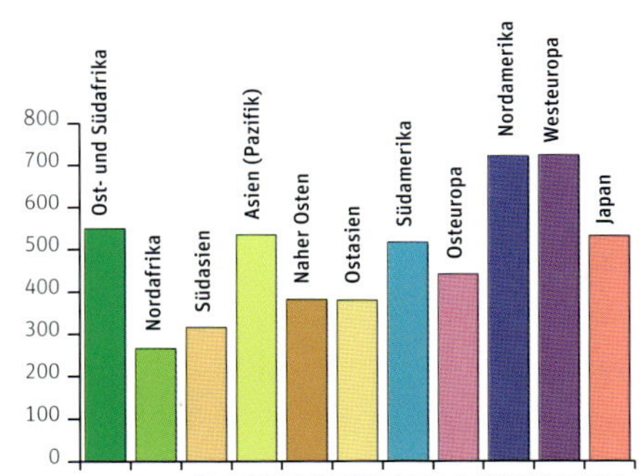


**GLEICHSTELLUNG DER GESCHLECHTER**
Punktzahl gemäß »Gender Empowerment Measure«
(1000 = vollständige Gleichstellung)

*»In vielen Ländern besitzen Frauen nichts, erben nichts und verdienen nichts. Drei von vier Milliarden der ärmsten Menschen weltweit sind Frauen.«* Gro Harlem Brundtland, Generaldirektorin der WHO, 2006

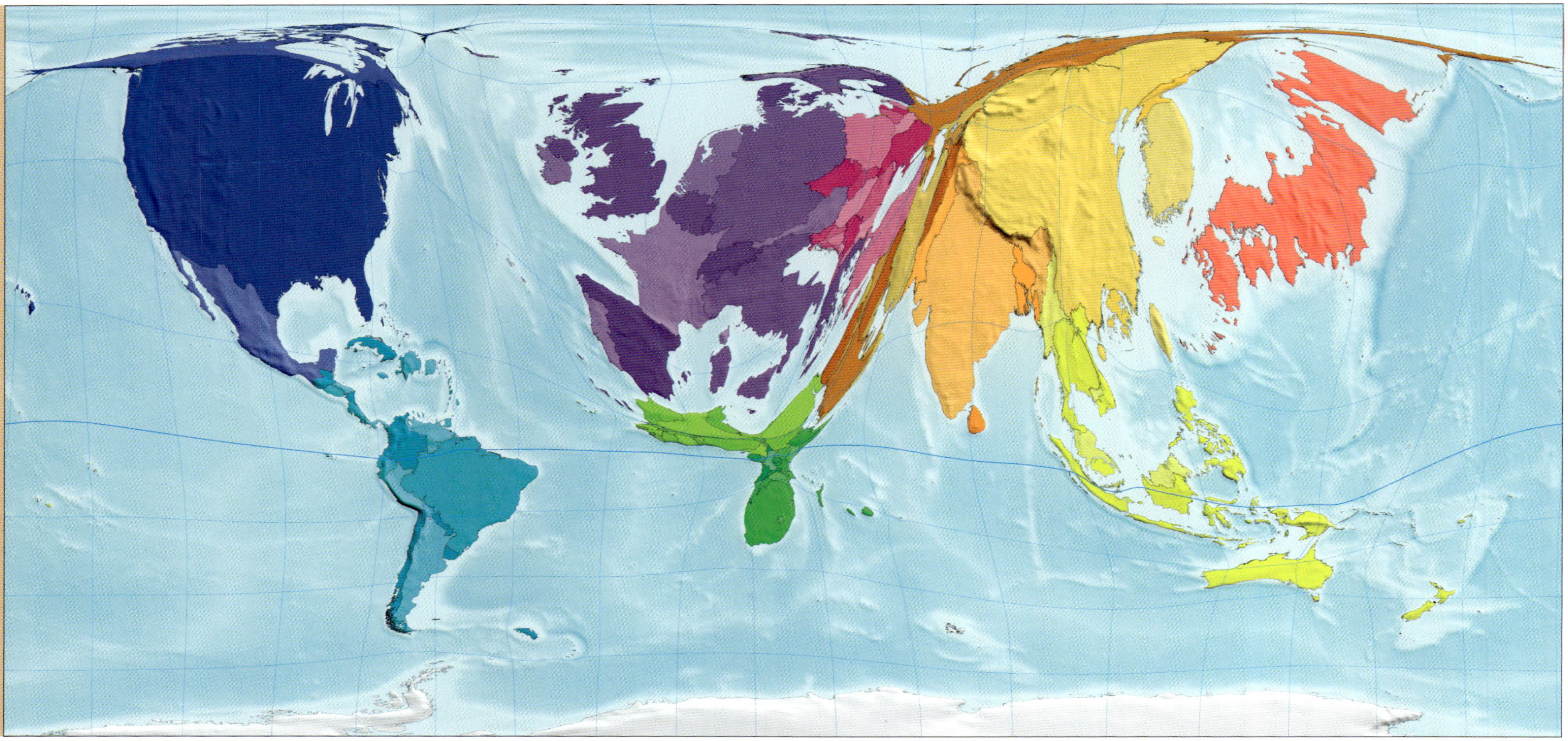



# 177 Einkommen von Männern

## Kaufkraftbereinigtes Gesamteinkommen der männlichen Bevölkerung

Im Durchschnitt verdienen Männer in Zentralafrika am wenigsten. Ihr Jahreseinkommen entspricht 3,7 Prozent der Summe, die Männer in Nordamerika und Westeuropa einnehmen. Die Ungleichheit ist noch größer, wenn man bei den Berechnungen den Valutawert und nicht die Kaufkraftparität zugrunde legt.

Global gesehen ist das Einkommen aller Männer doppelt so hoch wie das aller Frauen. Am größten ist die Ungleichheit in Südasien, wo Männer im Durchschnitt fünfmal so viel wie Frauen verdienen, am geringsten in Ostasien. Dennoch haben Männer auch dort ein doppelt so hohes Einkommen.

**HÖCHSTES UND NIEDRIGSTES EINKOMMEN VON MÄNNERN**

| Rang | Land | US-Dollar* |
|---|---|---|
| 1 | Luxemburg | 47 375 |
| 2 | Irland | 29 418 |
| 3 | Schweiz | 26 400 |
| 4 | Vereinigte Staaten | 24 831 |
| 5 | Österreich | 24 172 |
| 6 | Japan | 23 962 |
| 7 | Norwegen | 23 959 |
| 8 | Hongkong | 22 384 |
| 9 | Island | 22 303 |
| 10 | Dänemark | 21 682 |
| 191 | Mali | 469 |
| 192 | Äthiopien | 467 |
| 193 | Niger | 464 |
| 194 | Guinea-Bissau | 459 |
| 195 | Madagaskar | 444 |
| 196 | Burundi | 388 |
| 197 | Sierra Leone | 379 |
| 198 | DR Kongo | 378 |
| 199 | Tansania | 316 |
| 200 | Malawi | 291 |

*Durchschnittliches Jahreseinkommen von Männern im Jahr 2002 (unter Berücksichtigung männlicher Kinder und einiger nicht berufstätiger Erwachsener)

**VERTEILUNG DES EINKOMMENS VON MÄNNERN**

Jährliches Gesamteinkommen der Männer in Milliarden US-Dollar bei Kaufkraftparität

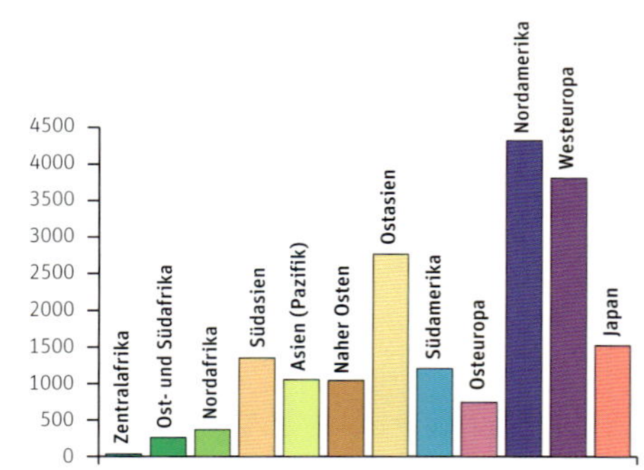

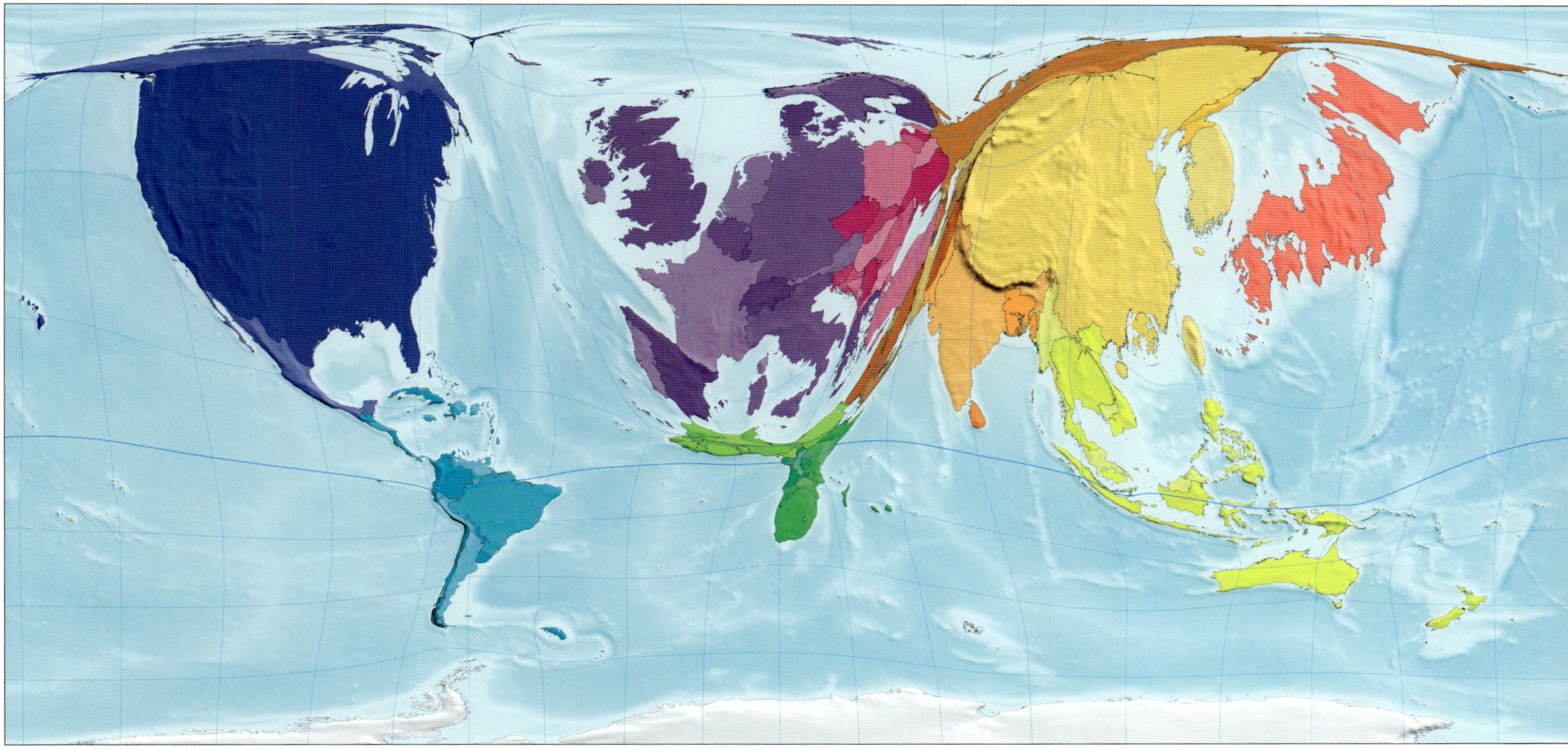



**HÖCHSTES UND NIEDRIGSTES EINKOMMEN VON FRAUEN**

| Rang | Land | US-Dollar* |
|---|---|---|
| 1 | Norwegen | 15082 |
| 2 | Dänemark | 13133 |
| 3 | Vereinigte Staaten | 12710 |
| 4 | Schweden | 12242 |
| 5 | Island | 11667 |
| 6 | Kanada | 11337 |
| 7 | Australien | 10654 |
| 8 | Luxemburg | 10371 |
| 9 | Finnland | 10124 |
| 10 | Grönland | 9870 |
| 191 | Sambia | 196 |
| 192 | Pakistan | 194 |
| 193 | Sudan | 185 |
| 194 | Malawi | 178 |
| 195 | Äthiopien | 160 |
| 196 | DR Kongo | 150 |
| 197 | Nigeria | 149 |
| 198 | Guinea-Bissau | 140 |
| 199 | Sierra Leone | 85 |
| 200 | Jemen | 61 |

*Durchschnittliches Jahreseinkommen der Frauen im Jahr 2002 (unter Berücksichtigung weiblicher Kinder und einiger nicht berufstätiger Erwachsener)

# 178 Einkommen von Frauen

**Kaufkraftbereinigtes Gesamteinkommen der weiblichen Bevölkerung. In allen Regionen der Erde verdienen die Frauen weniger als die Männer.**

Überall auf der Welt verdienen Frauen weniger als Männer. Am höchsten ist das Gesamteinkommen der weiblichen Bevölkerung in den Vereinigten Staaten, gefolgt von China. In den Vereinigten Staaten beziehen Frauen weltweit die höchsten Gehälter, in China liegt ihr individuelles Einkommen zwar unter dem weltweiten Durchschnitt, aber aus der riesigen Bevölkerungszahl resultiert ein hohes Gesamteinkommen.

Pro Kopf verdienen Frauen am besten in Norwegen und Dänemark, am schlechtesten im Jemen und in Sierra Leone, wo die Einkommen 150- bis 250-mal niedriger sind als in den beiden nordeuropäischen Ländern.

*»In immer mehr Ehen verdient die Frau das große Geld. Ist sie im Stress? Ja. Grollt sie? Ein bisschen. Möchte sie mit ihrem Ehemann tauschen? Nie im Leben.«*

Kimberly Goad, »Big-Earning Wives (and the Men Who Love Them)«, 2005

**VERTEILUNG DES EINKOMMENS VON FRAUEN**
Jährliches Gesamteinkommen von Frauen in Milliarden US-Dollar bei Kaufkraftparität

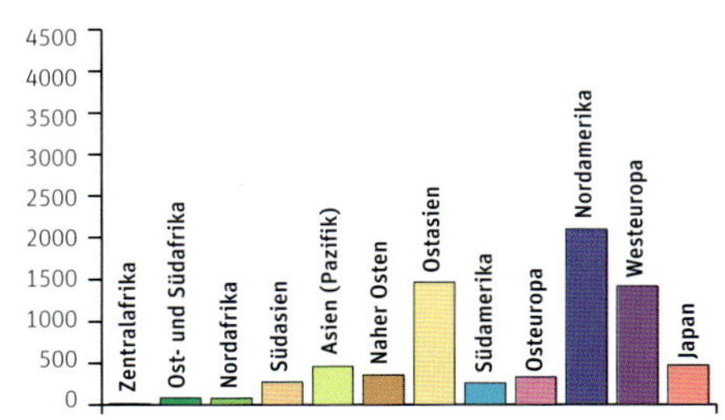

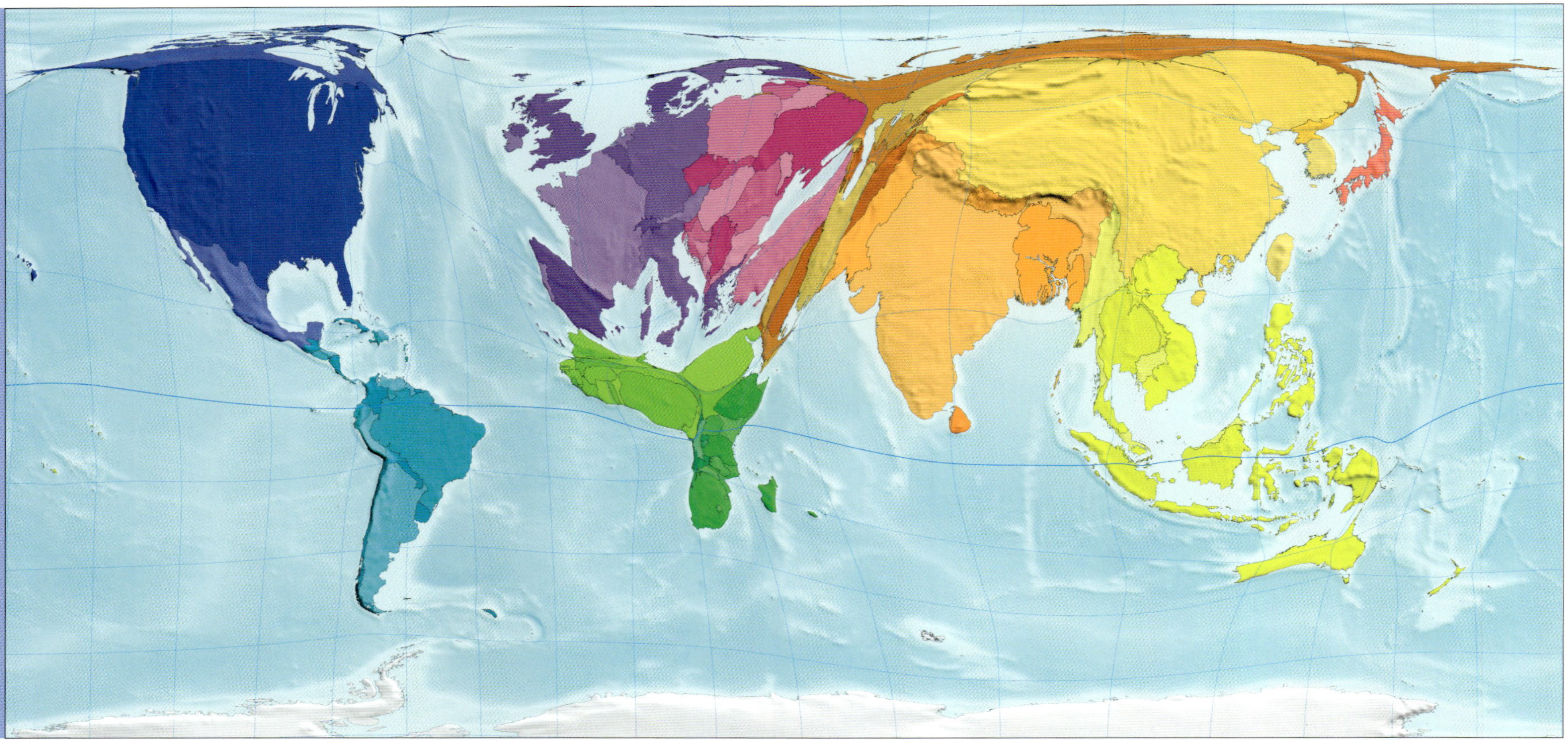

**HÖCHSTE UND GERINGSTE GETREIDEPRODUKTION**

| Rang | Land | Tonnen* |
|---|---|---|
| 1 | Dänemark | 1632 |
| 2 | Ungarn | 1182 |
| 3 | Frankreich | 1165 |
| 4 | Kanada | 1160 |
| 5 | Kasachstan | 1028 |
| 6 | Vereinigte Staaten | 1027 |
| 7 | Australien | 965 |
| 8 | Grönland | 857 |
| 9 | Bulgarien | 846 |
| 10 | Kroatien | 846 |
| 191 | Bahamas | 1,02 |
| 192 | Barbados | 0,73 |
| 193 | Jamaika | 0,68 |
| 194 | Antigua und Barbuda | 0,50 |
| 195 | Mauritius | 0,25 |
| 196 | Puerto Rico | 0,12 |
| 197 | Vereinigte Arabische Emirate | 0,04 |
| 198 | Dschibuti | 0,02 |
| 199 | Malediven | 0,02 |
| 200 | St. Lucia | 0 |

*Getreideproduktion in Tonnen pro 1000 Einwohner im Jahr 2002

# 179 Getreideproduktion

**Jährliche Getreideproduktion in Tonnen. Getreide ist das Grundnahrungsmittel jeder menschlichen Gesellschaft.**

Weltweit wurden im Jahr 2002 zwei Milliarden Tonnen Getreide produziert, entweder zum Verbrauch im Anbauland oder für den Export. Als Region ist Ostasien bei der Gesamtproduktion führend. Die höchsten Pro-Kopf-Erträge werden aber in Nordamerika erwirtschaftet. Sie sind dort 20-mal so hoch wie in Zentralafrika.

Getreideanbau wird in praktisch allen Ländern der Erde betrieben, am wenigsten allerdings auf Inseln – unter den zehn Staaten mit der geringsten Anbaumenge sind acht Inseln.

*»Für etwa ein Drittel der Weltbevölkerung bedeutet Reis Leben. Er liefert mehr als die Hälfte der täglichen Kalorienmenge, die diese Menschen zu sich nehmen.«* John Travis, »Hot Dereal: Rice Reveals Bumper Crop of Genes«, 2002

**GETREIDEPRODUKTION**
Tonnen pro 1000 Menschen im Jahr

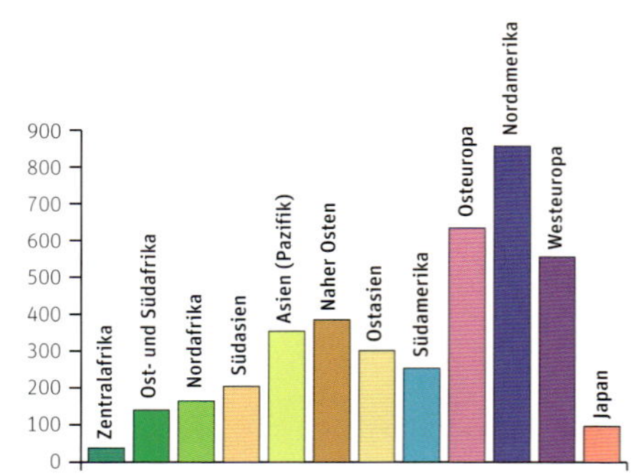

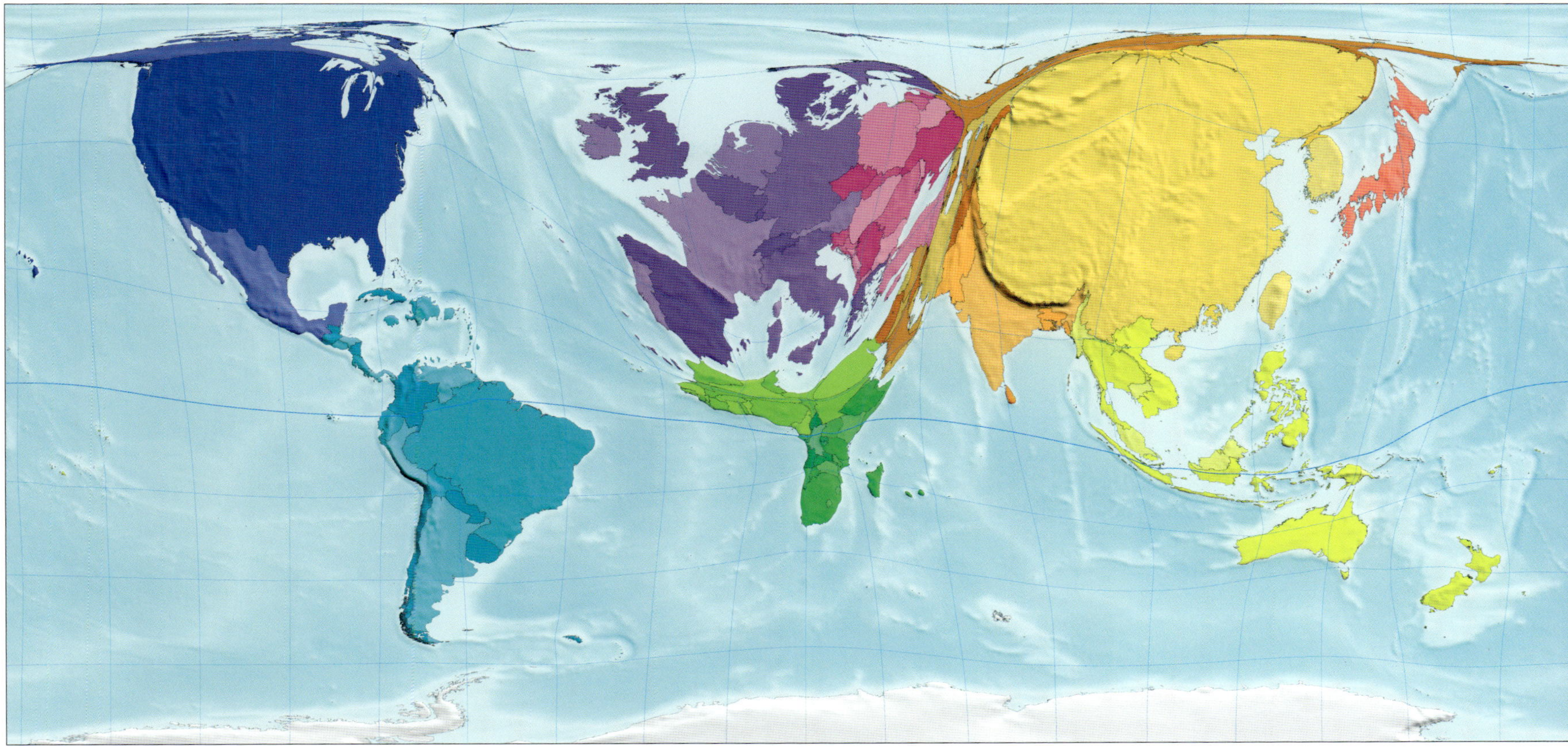

**HÖCHSTE UND GERINGSTE FLEISCHPRODUKTION**

| Rang | Land | Tonnen* |
|---|---|---|
| 1 | Dänemark | 373 |
| 2 | Neuseeland | 351 |
| 3 | Irland | 261 |
| 4 | Australien | 187 |
| 5 | Niederlande | 178 |
| 6 | Uruguay | 174 |
| 7 | Belgien | 162 |
| 8 | Vereinigte Staaten | 129 |
| 9 | Kanada | 129 |
| 10 | Zypern | 125 |
| 191 | Malawi | 4,2 |
| 192 | Ruanda | 4,2 |
| 193 | Bhutan | 3,5 |
| 194 | São Tomé und Príncipe | 3,5 |
| 195 | Guinea | 3,5 |
| 196 | Malediven | 3,3 |
| 197 | Burundi | 3,2 |
| 198 | Bangladesch | 2,9 |
| 199 | Komoren | 2,7 |
| 200 | Äquatorialguinea | 0,9 |

*Tonnen von Fleisch pro 1000 Einwohner im Jahr 2000

# 180 Fleischproduktion

**Jährliche Fleischerzeugung in Tonnen. Drei Länder teilen sich die Hälfte der Weltproduktion.**

Die Hälfte der weltweit erzeugten Fleischmenge kommt aus nur drei Ländern: China, den Vereinigten Staaten und Brasilien. Selbst die Produktionsmenge Brasiliens als des kleinsten der »Großen Drei« ist noch doppelt so hoch wie die des nächsten Landes auf dieser Rangliste.

Am wenigsten Fleisch produzieren die Pazifikinseln Niue, Nauru und Tuvalu sowie der Vatikan als kleinster Staat der Welt, auf die niedrigste Pro-Kopf-Menge kommen Südasien und Zentralafrika.

Nach Gewicht wird weltweit zehnmal so viel Getreide wie Fleisch produziert. Allerdings hat Fleisch einen deutlich höheren Brennwert – etwa fünf- bis zehnmal so viel wie die entsprechende Getreidemenge. Daher ist die Gesamtmenge an Kalorien, die aus Fleisch und aus Getreide gewonnen werden, ähnlich hoch.

*»Britische Rindfleischproduzenten könnten nicht mehr existieren, gäbe es keine Subventionen und europäische Einfuhrzölle. Brasilianisches Fleisch bedroht sie nur, weil es so billig ist, dass es trotz aller Abgaben noch eine Konkurrenz darstellt.«* George Monbiot, Guardian, 2006

**FLEISCHPRODUKTION**
Tonnen pro 1000 Einwohner im Jahr 2000

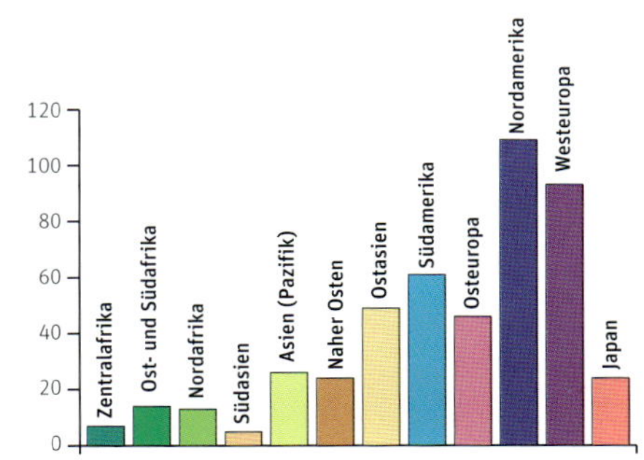

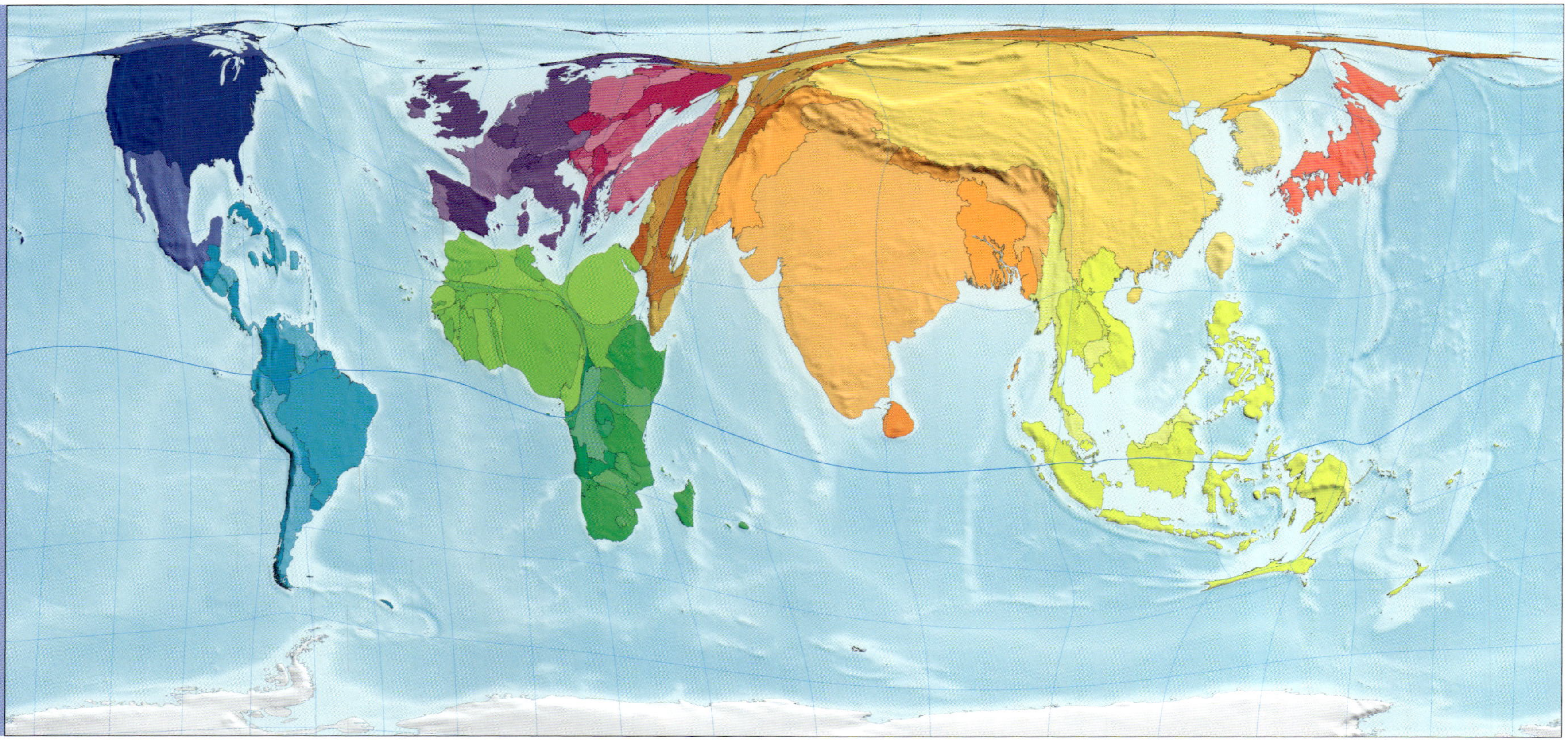

**HÖCHSTER UND NIEDRIGSTER VERBRAUCH VON PFLANZLICHER NAHRUNG**

| Rang | Land | Kalorien* |
|---|---|---|
| 1 | Türkei | 3128 |
| 2 | Ägypten | 3066 |
| 3 | Tunesien | 3003 |
| 4 | Syrien | 2953 |
| 5 | Libyen | 2948 |
| 6 | Marokko | 2868 |
| 7 | Griechenland | 2851 |
| 8 | Libanon | 2829 |
| 9 | Indonesien | 2752 |
| 10 | Jordanien | 2748 |
| 191 | Kenia | 1736 |
| 192 | DR Kongo | 1708 |
| 193 | Bahamas | 1693 |
| 194 | Nordkorea | 1688 |
| 195 | Burundi | 1641 |
| 196 | Afghanistan | 1606 |
| 197 | Antigua und Barbuda | 1594 |
| 198 | Eritrea | 1530 |
| 199 | Mongolei | 1071 |
| 200 | Somalia | 828 |

*Kalorien pro Person und Tag im Jahr 1997

# 181 Konsum von pflanzlicher Nahrung

**Gesamtverzehr von Lebensmitteln, die aus Pflanzen gewonnen werden. Nordamerikaner verbrauchen so viel davon, dass sie auf Fleisch verzichten könnten.**

Unter Pflanzenprodukten versteht man alle aus Pflanzen gewonnenen Lebensmittel, also nicht nur Obst und Gemüse, sondern auch Brot und Zucker. Auf den höchsten Gesamtverbrauch kommen China und Indien, was nicht verwundert, da dort auch die meisten Menschen leben.

Zwar unterscheidet sich auch der Pro-Kopf-Verbrauch an pflanzlichen Lebensmitteln von Land zu Land, aber die Differenzen sind deutlich geringer als in anderen Bereichen. Somalia als letztes Land auf der Rangliste verbraucht immerhin ein Viertel der Kalorienmenge des erstplatzierten Staates, der Türkei.

Das liegt daran, dass Menschen in armen Ländern ihren Kalorienbedarf weitgehend aus pflanzlicher Nahrung decken müssen. Den höchsten Pro-Kopf-Verbrauch haben Länder mit guter Nahrungsmittelversorgung, aber fleischarmen Ernährungsgewohnheiten.

Die Region mit dem höchsten Pro-Kopf-Verbrauch von Pflanzen und Pflanzenprodukten ist Nordamerika mit 2642 Kalorien pro Person und Tag. Diese Menge reicht für einen Menschen mit durchschnittlicher Arbeitsleistung völlig aus. Nordamerikaner könnten also auf Fleisch ganz verzichten, ohne hungern zu müssen.

**TÄGLICHER VERBRAUCH AN PFLANZLICHER NAHRUNG PRO PERSON**

Kalorien pro Person und Tag

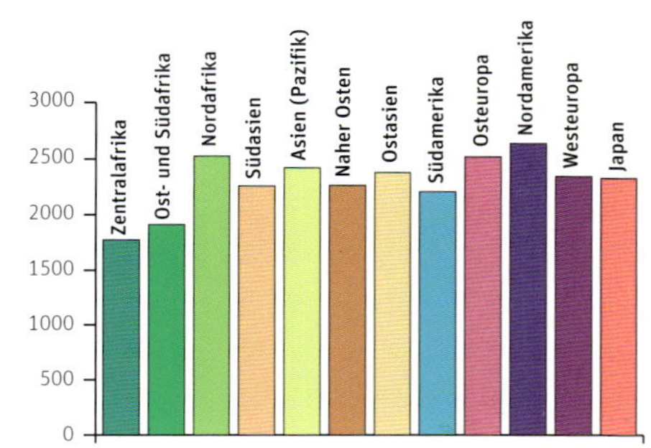

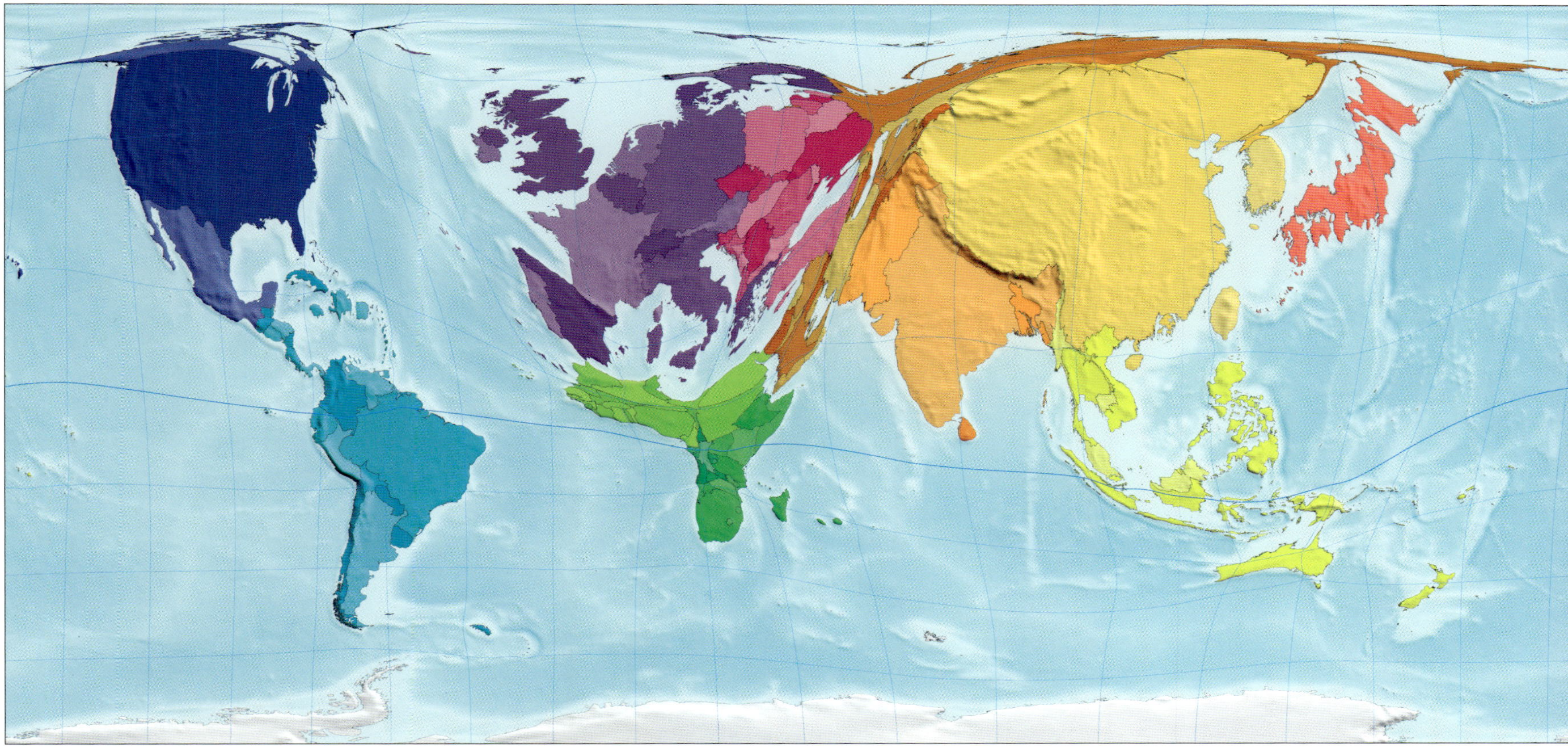

**HÖCHSTER UND NIEDRIGSTER FLEISCHKONSUM**

| Rang | Land | Kalorien* |
|---|---|---|
| 1 | Frankreich | 1334 |
| 2 | Neuseeland | 1303 |
| 3 | Dänemark | 1259 |
| 4 | Österreich | 1256 |
| 5 | Island | 1224 |
| 6 | Finnland | 1195 |
| 7 | Belgien | 1151 |
| 8 | Niederlande | 1135 |
| 9 | Irland | 1126 |
| 10 | Norwegen | 1124 |
| 191 | Äquatorialguinea | 80 |
| 192 | Bangladesch | 69 |
| 193 | Sierra Leone | 66 |
| 194 | Liberia | 65 |
| 195 | Guinea | 62 |
| 196 | Ruanda | 60 |
| 197 | Malawi | 56 |
| 198 | DR Kongo | 47 |
| 199 | Burundi | 44 |
| 200 | Mosambik | 44 |

*Kalorien pro Person und Tag

# 182 Konsum von Fleisch und Fleischprodukten

## Gesamtverbrauch an tierischen Nahrungsmitteln außer Milchprodukten

Den höchsten Pro-Kopf-Verbrauch an Fleisch und Fleischprodukten weisen die westeuropäischen Länder auf. Neun der zehn Hauptkonsumenten liegen in dieser Region. Dazu kommt Neuseeland, das Land der Schafzüchter und der weltweit größte Exporteur von Schaffleisch.

Die größte Gesamtmenge an Fleisch wird in China konsumiert, ein Viertel des weltweiten Verbrauchs. Dort leben 20 Prozent der Weltbevölkerung; jeder Chinese nimmt im Durchschnitt 510 Kalorien pro Tag in Form von Fleisch zu sich und liegt damit knapp über der weltweiten Durchschnittsmenge von 432 Kalorien. Im Vergleich dazu verzehrt ein Westeuropäer mit 1058 Kalorien im Durchschnitt pro Tag mehr als zweimal so viel.

**TÄGLICHER FLEISCHKONSUM PRO PERSON**
Kalorien pro Person und Tag

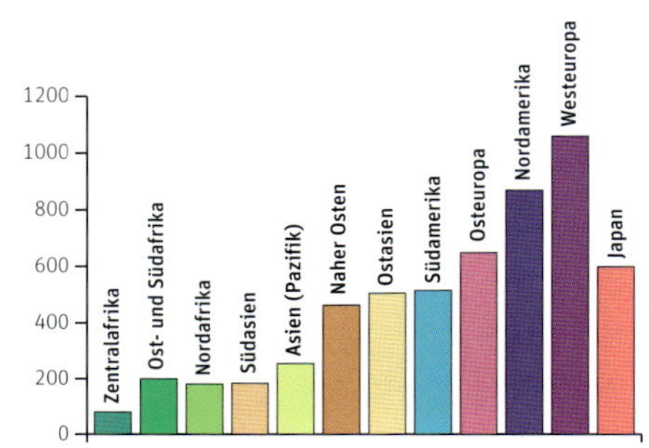

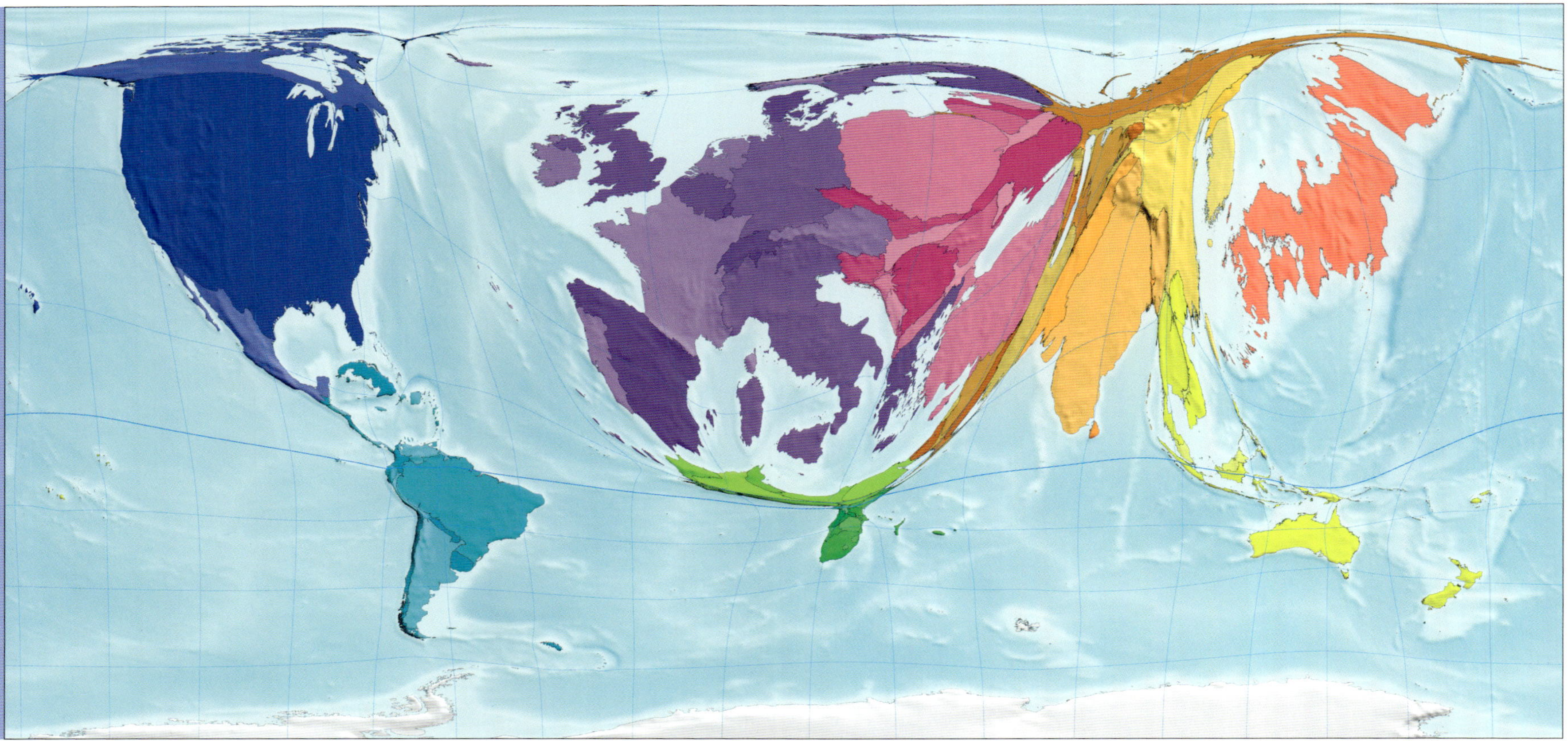

# 183 Traktoren

**Zahl der in der Landwirtschaft betriebenen Traktoren. Nicht erfasst sind Traktoren zum Rasenmähen.**

Traktoren sind so ungleich verteilt, dass sie die Welt in zwei Bereiche spalten. Die Mehrheit der Menschen lebt in Ländern, in denen auf 1000 Einwohner nur vier Traktoren kommen, die anderen in Staaten mit mehr als 13 pro 1000 Einwohner. Noch immer sind Kauf, Unterhalt und Treibstoff in vielen Teilen der Welt so teuer, dass eine Mechanisierung der Landwirtschaft unmöglich ist und der Großteil der Arbeiten von Hand geleistet werden muss, manchmal mit Hilfe von Ochsen, Yaks, Pferden oder Büffeln.

Die zehn Staaten mit der höchsten Quote von Traktoren liegen alle in Westeuropa, die mit der niedrigsten hauptsächlich in Afrika. Diese Karte verzeichnet nur landwirtschaftliche Zugmaschinen, die als Maßstab für die Mechanisierung der Landwirtschaft dienen können.

*»Die erfolgreichsten Bauern … leben in großen, weitläufigen, gemauerten Ziegelhäusern. Alle besitzen mindestens einen Traktor.«*

Bharat Dogra, »Indien: Green Revolution – Bad News for Poor Labourers«, 2000

**HÖCHSTE UND NIEDRIGSTE ANZAHL VON TRAKTOREN**

| Rang | Land | Traktoren* |
|---|---|---|
| 1 | Slowenien | 54 |
| 2 | Österreich | 41 |
| 3 | Estland | 40 |
| 4 | Irland | 40 |
| 5 | Serbien und Montenegro | 39 |
| 6 | Finnland | 37 |
| 7 | Island | 36 |
| 8 | Polen | 35 |
| 9 | Litauen | 29 |
| 10 | Norwegen | 29 |
| 191 | Salomon-Inseln | 0,018 |
| 192 | Sierra Leone | 0,017 |
| 193 | Haiti | 0,017 |
| 194 | Togo | 0,017 |
| 195 | Singapur | 0,015 |
| 196 | Guinea-Bissau | 0,014 |
| 197 | Niger | 0,011 |
| 198 | Dschibuti | 0,009 |
| 199 | Zentralafrikanische Republik | 0,008 |
| 200 | Ruanda | 0,007 |

*Fahrtüchtige Traktoren pro 1000 Einwohner im Jahr 2002

**FAHRTÜCHTIGE TRAKTOREN**
Pro 1000 Einwohner

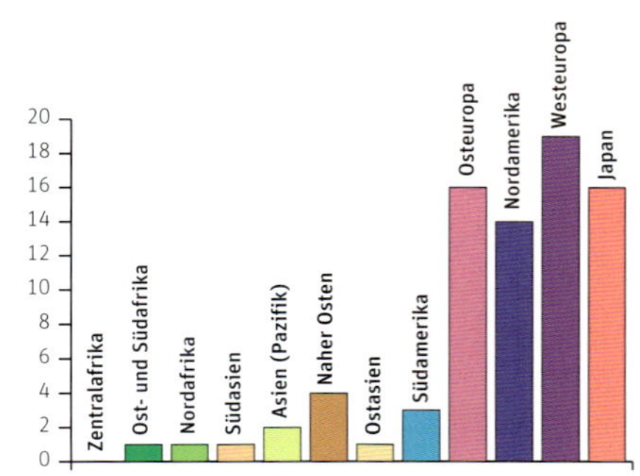

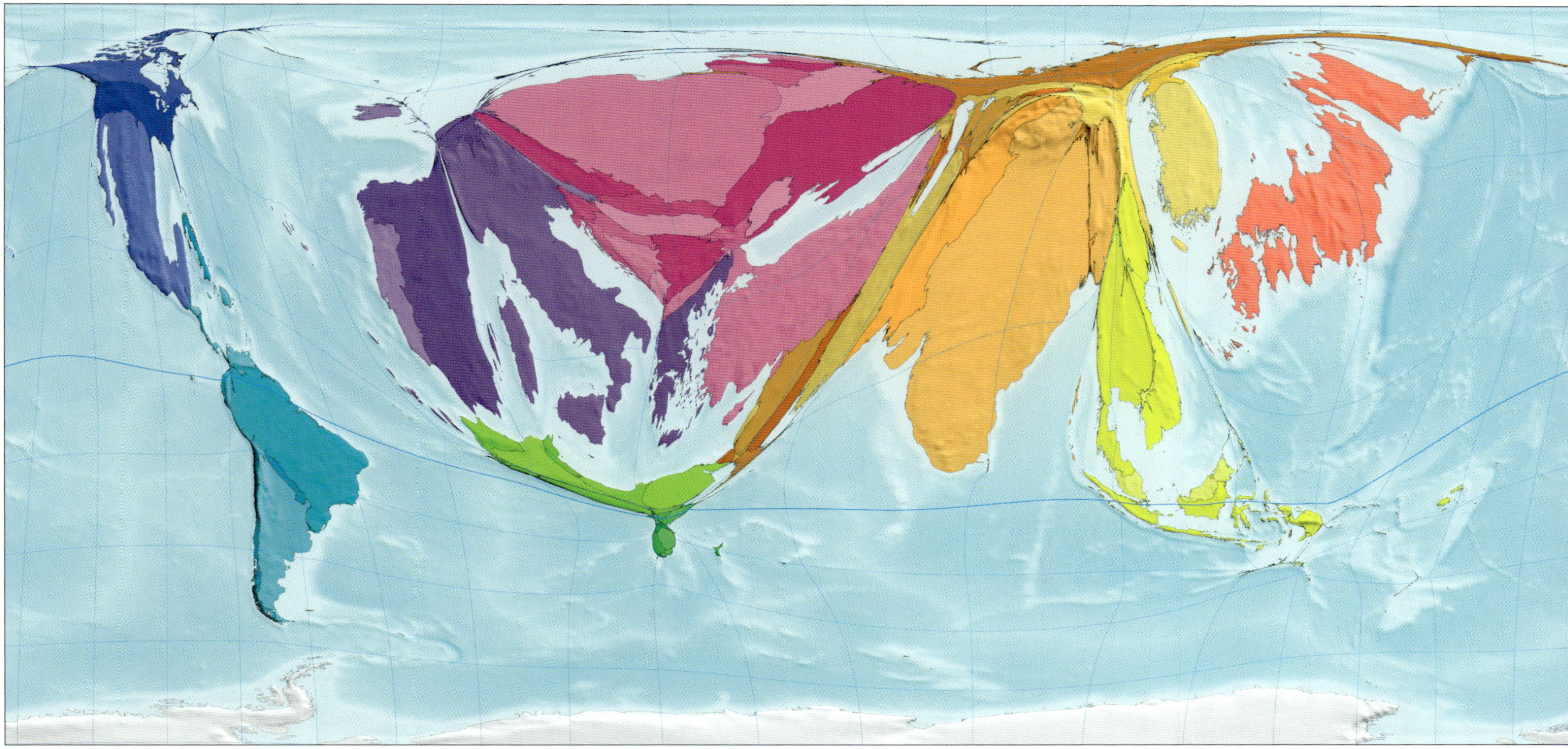

**ZUNAHME AN TRAKTOREN**

| Rang | Land | zusätzliche Traktoren* |
|---|---|---|
| 1 | Polen | 17,9 |
| 2 | Italien | 10,0 |
| 3 | Griechenland | 10,0 |
| 4 | Spanien | 9,8 |
| 5 | Portugal | 8,4 |
| 6 | Zypern | 7,9 |
| 7 | Türkei | 7,3 |
| 8 | Ungarn | 5,9 |
| 9 | Japan | 4,4 |
| 10 | Südkorea | 4,2 |
| 11 | Syrien | 4,2 |
| 12 | Irland | 3,7 |
| 13 | Argentinien | 3,5 |
| 14 | Fidschi | 3,4 |
| 15 | Thailand | 3,2 |
| 16 | Libyen | 3,1 |
| 17 | Schweiz | 2,4 |
| 18 | Kanada | 2,4 |
| 19 | Iran | 2,3 |
| 20 | Botswana | 2,1 |

*Zunahme pro 1000 Einwohner von 1980 bis 2001

# 184 Zunahme an Traktoren

**Gestiegene Anzahl von Traktoren zwischen 1980 und 2001. Das stärkste Plus verzeichnete Osteuropa.**

In diesem Zeitraum stieg die Zahl der funktionstüchtigen landwirtschaftlichen Zugmaschinen weltweit um 6,5 Millionen von 20,4 auf 26,9 Millionen.

Fast überall kam es in diesen 20 Jahren zu einem Zuwachs, nur an 36 Staaten scheint der Fortschritt vorbeigegangen zu sein. Am stärksten stiegen die Zahlen in Osteuropa, wo zwischen 1980 und 2001 ein Plus von acht Traktoren pro 1000 Einwohner verzeichnet werden konnte.

**VERÄNDERTE ANZAHL VON TRAKTOREN**
Zu- oder Abnahme pro 1000 Menschen von 1980 bis 2001

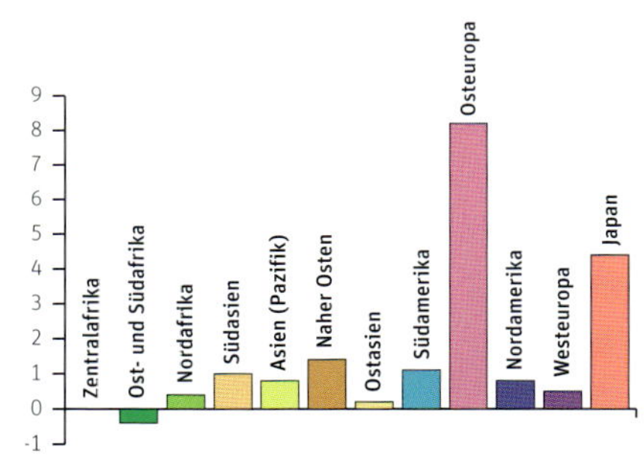

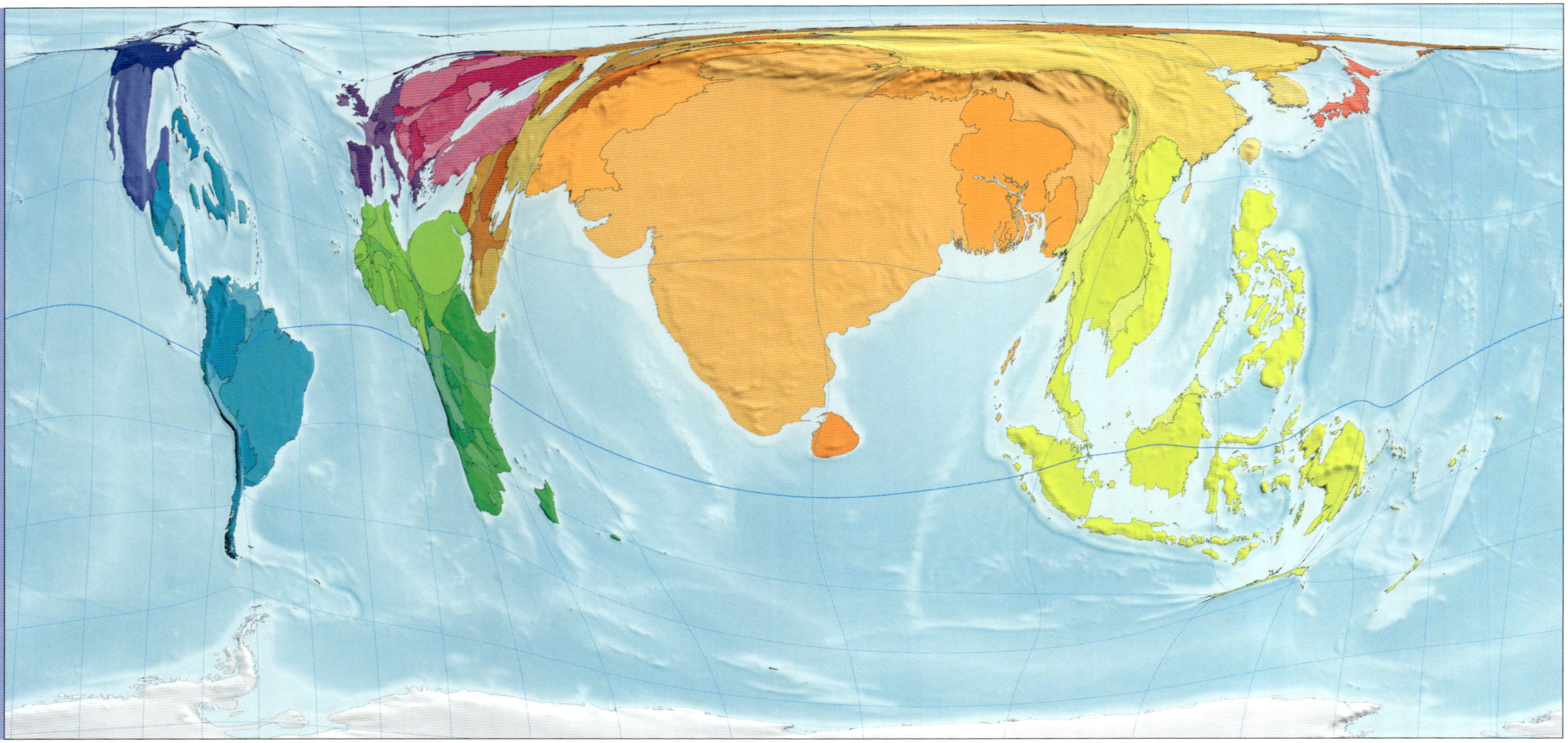

**HÖCHSTE UND NIEDRIGSTE ZAHL MÄNNLICHER ARBEITSKRÄFTE IN DER LANDWIRTSCHAFT**

| Rang | Land | Prozent* |
|---|---|---|
| 1 | Thailand | 16,1 |
| 2 | Vereinigte Arabische Emirate | 16,0 |
| 3 | Georgien | 15,3 |
| 4 | Haiti | 14,9 |
| 5 | Moldawien | 14,6 |
| 6 | Bangladesch | 14,4 |
| 7 | Indien | 13,7 |
| 8 | Kirgisistan | 12,5 |
| 9 | Bhutan | 12,4 |
| 10 | Guatemala | 12,3 |
| 191 | Nigeria | 0,93 |
| 192 | Schweden | 0,90 |
| 193 | Deutschland | 0,83 |
| 194 | Großbritannien | 0,82 |
| 195 | Frankreich | 0,72 |
| 196 | Vereinigte Staaten | 0,67 |
| 197 | Hongkong | 0,50 |
| 198 | Belgien | 0,48 |
| 199 | Argentinien | 0,42 |
| 200 | Singapur | 0,31 |

*In der Landwirtschaft beschäftigte Männer in Prozent der Bevölkerung, 2002

# 185 Männliche Arbeitskräfte in der Landwirtschaft

**Anzahl der in der Landwirtschaft beschäftigten Männer. Je entwickelter die Landwirtschaft eines Landes ist, desto weniger Arbeitskräfte sind dafür erforderlich.**

Der Vergleich dieser Karte mit der gegenüberliegenden zeigt, dass die Verteilung männlicher und weiblicher Arbeitskräfte in der Landwirtschaft ziemlich gleich ist. In Brasilien, Kolumbien und Mexiko ist der Anteil der Männer jedoch höher.

Die Vereinigten Arabischen Emirate sind der Staat mit der zweithöchsten Quote von Männern und gleichzeitig der niedrigsten Quote von Frauen in der Landwirtschaft. Im Gegensatz dazu ist in anderen Ländern, in denen nur wenige männliche Arbeitskräfte in der Landwirtschaft tätig sind, wie Singapur und Argentinien, auch die Frauenquote niedrig.

Weltweit kommen in der Landwirtschaft 1,4 Männer auf eine Frau, viele davon sind Kleinbauern und Selbstversorger.

Die mechanisierte Landwirtschaft benötigt relativ wenige Arbeitskräfte, und deshalb erscheinen Gebiete, in denen viele Maschinen eingesetzt werden, auf dieser Karte klein.

**VERTEILUNG MÄNNLICHER ARBEITSKRÄFTE IN DER LANDWIRTSCHAFT**

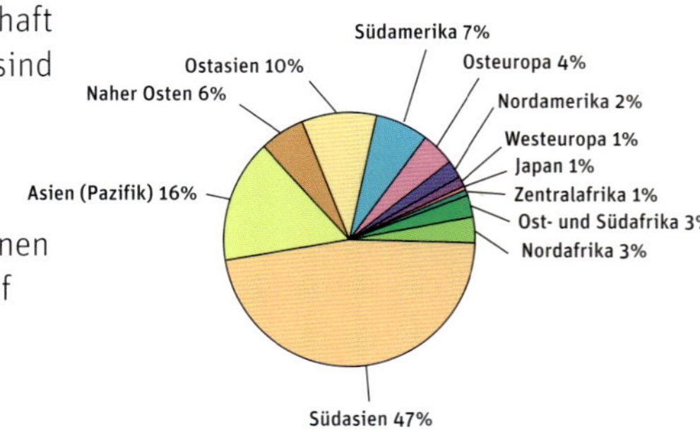

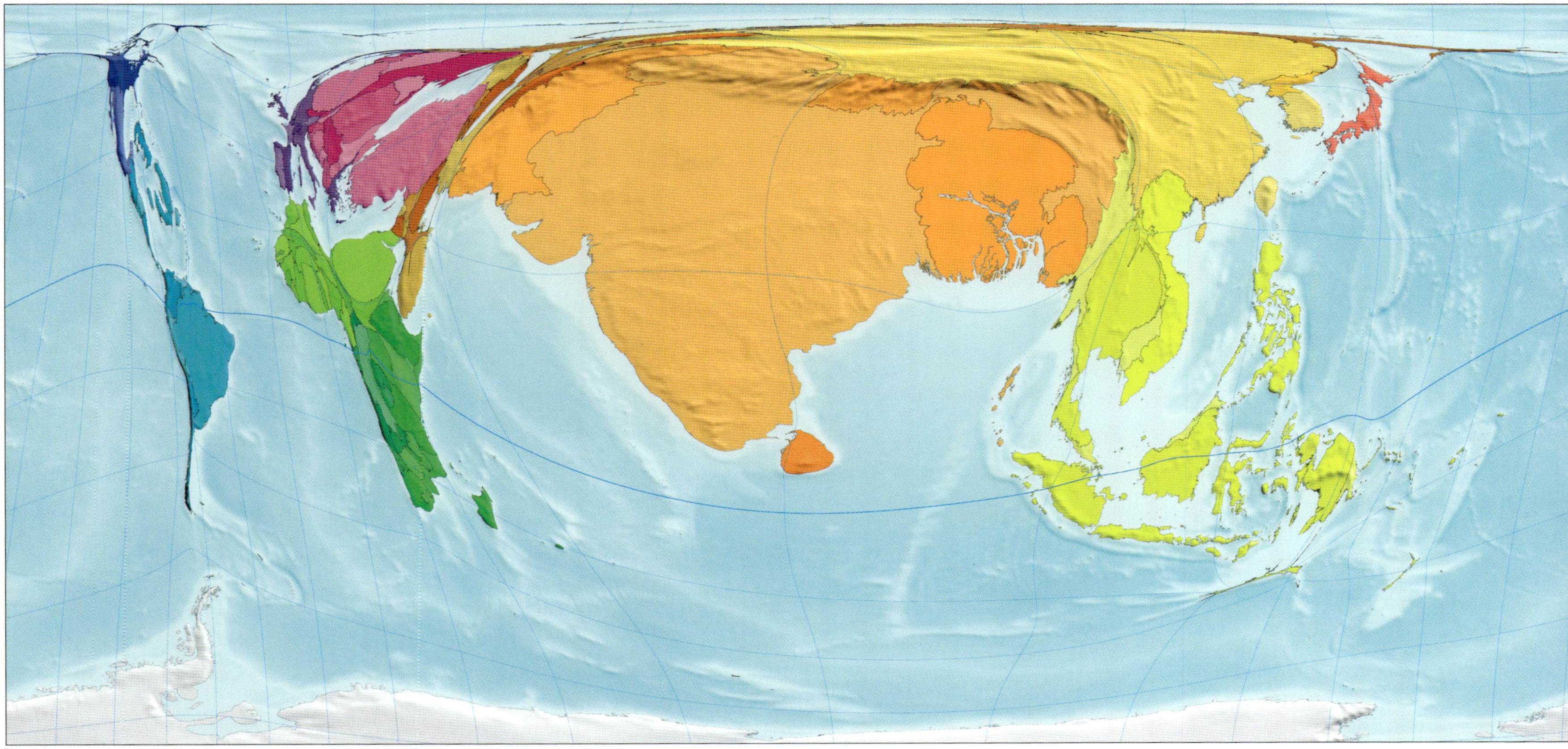

### HÖCHSTE UND NIEDRIGSTE ZAHL WEIBLICHER ARBEITSKRÄFTE IN DER LANDWIRTSCHAFT

| Rang | Land | Prozent* |
|---|---|---|
| 1 | Bangladesch | 15,8 |
| 2 | Thailand | 13,0 |
| 3 | Nepal | 12,5 |
| 4 | Bhutan | 12,3 |
| 5 | Georgien | 11,9 |
| 6 | Moldawien | 11,9 |
| 7 | Kirgisistan | 10,9 |
| 8 | Indien | 10,4 |
| 9 | Türkei | 9,9 |
| 10 | Rumänien | 9,4 |
| 191 | Bahamas | 0,24 |
| 192 | Vereinigte Staaten | 0,23 |
| 193 | Großbritannien | 0,22 |
| 194 | Frankreich | 0,20 |
| 195 | Belgien | 0,17 |
| 196 | Hongkong | 0,11 |
| 197 | Malta | 0,11 |
| 198 | Singapur | 0,10 |
| 199 | Argentinien | 0,07 |
| 200 | Vereinigte Arabische Emirate | 0,06 |

*Frauen in der Landwirtschaft in Prozent der Bevölkerung, 2002

# 186 Weibliche Arbeitskräfte in der Landwirtschaft

**Die Anzahl weiblicher Arbeitskräfte in der Landwirtschaft ist in unterentwickelten Regionen deutlich höher als in entwickelten.**

Der Gegensatz zwischen dieser Karte und Karte 183, auf der die Zahl der Traktoren erfasst wird, könnte nicht deutlicher sein. Während in Asien viele Frauen Landarbeit verrichten müssen, tun dies in reicheren Regionen die Maschinen.

Mehr als die Hälfte der weiblichen Arbeitskräfte in der Landwirtschaft leben in Südasien, 39 Prozent davon in Indien. Dort werden Jute, Reis, Ölsaat, Baumwolle, Zuckerrohr, Weizen, Tee und Kartoffeln angebaut, die Tierhaltung umfasst Rinder, Wasserbüffel, Ziegen, Geflügel, Schafe und Fische. Die Vereinigten Arabischen Emirate verzeichnen den geringsten Prozentsatz an landwirtschaftlichen Arbeitskräften im Verhältnis zur Gesamtbevölkerung.

*»Wer zwei Ähren Getreide oder zwei Grashalme auf einem Stück Land wachsen lassen kann, wo zuvor nur einer war, erweist der Menschheit einen größeren Dienst als die gesamte Bande von Politikern zusammen.«*
König von Brobdingnag, in Jonathan Swifts »Gullivers Reisen«, 1754

### VERTEILUNG WEIBLICHER ARBEITSKRÄFTE IN DER LANDWIRTSCHAFT

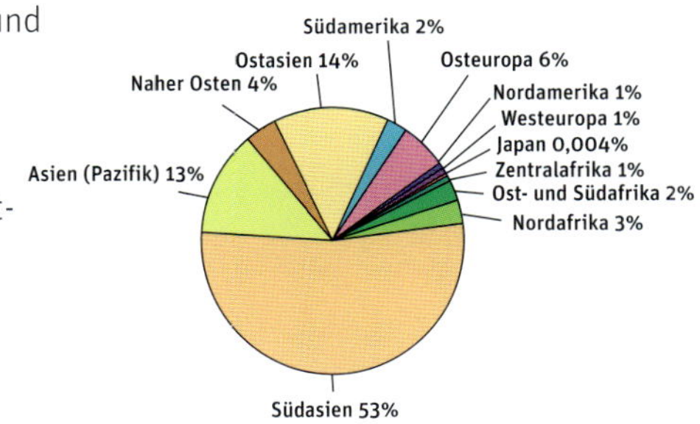

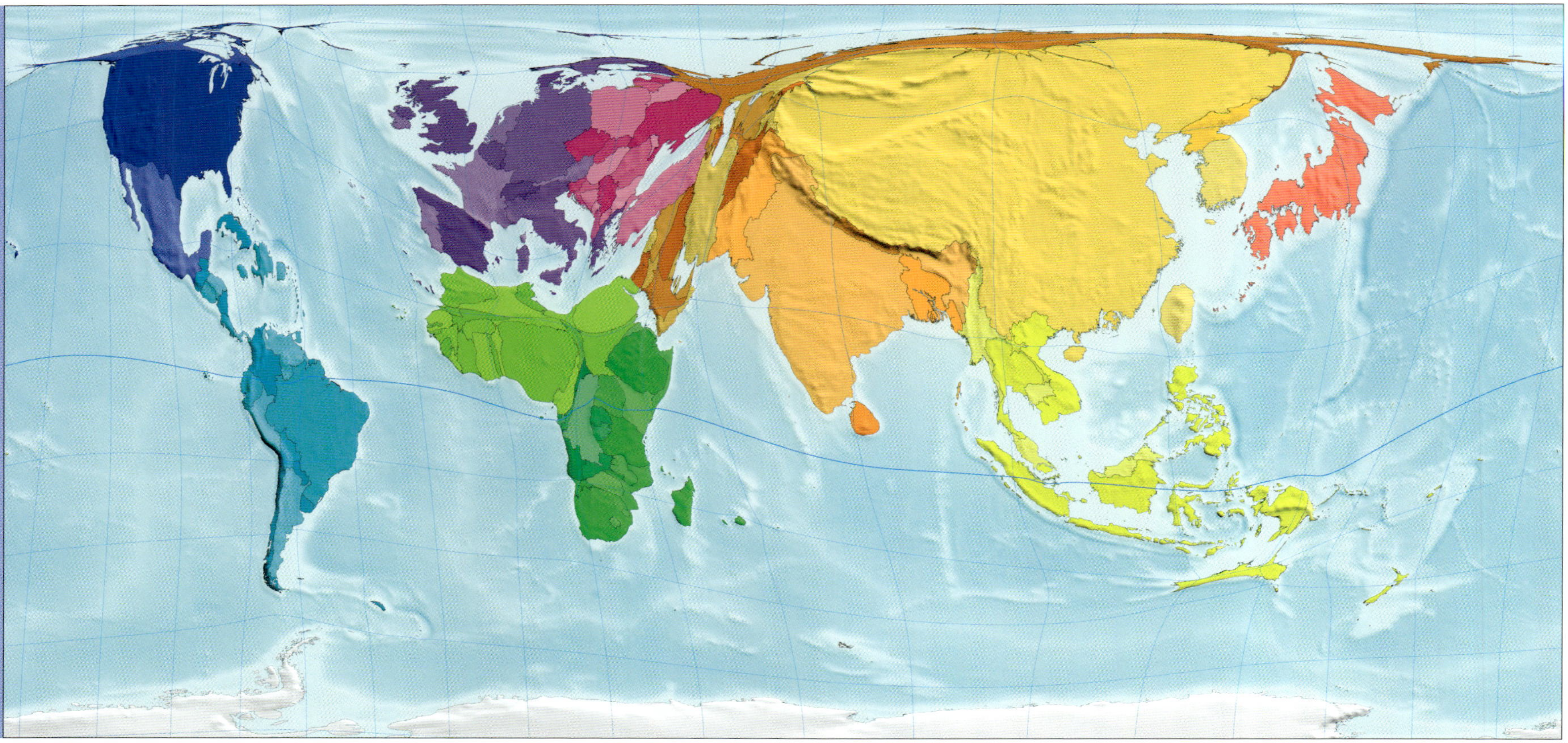

**HÖCHSTE UND NIEDRIGSTE QUOTE AN MÄNNLICHEN ARBEITSKRÄFTEN IN DER INDUSTRIE**

| Rang | Land | Prozent* |
|---|---|---|
| 1 | Tschechien | 15,3 |
| 2 | Slowakei | 14,9 |
| 3 | Portugal | 13,5 |
| 4 | Slowenien | 13,4 |
| 5 | Deutschland | 13,1 |
| 6 | Estland | 12,8 |
| 7 | Surinam | 12,8 |
| 8 | China | 12,5 |
| 9 | Japan | 12,3 |
| 10 | Spanien | 12,3 |
| 191 | Namibia | 4,1 |
| 192 | Bhutan | 4,0 |
| 193 | Nepal | 4,0 |
| 194 | Malediven | 3,7 |
| 195 | Georgien | 3,7 |
| 196 | Haiti | 3,5 |
| 197 | Aserbaidschan | 3,5 |
| 198 | Kirgisistan | 3,2 |
| 199 | Jemen | 3,1 |
| 200 | Bangladesch | 3,0 |

*Fabrikarbeiter in Prozent der Bevölkerung, 2002

# 187 Männliche Arbeitskräfte in der Industrie

**In vielen Ländern ist die Industrialisierung Geschichte, aber in manchen aktuelle Realität.**

Unter Industrie versteht man die arbeitsteilige Fertigung von Gütern. Weltweit sind 519 Millionen Arbeiter damit beschäftigt, ein Drittel davon lebt in Ostasien und dort wiederum die meisten in China.

Die Staaten, die den höchsten Prozentsatz an männlichen Industriearbeitern verzeichnen, liegen in Osteuropa – es sind Tschechien und die Slowakei. Bangladesch kommt auf den geringsten Anteil.

Die Industrialisierung setzte in einigen Ländern bereits im 18. Jahrhundert ein. In den meisten Ländern Mitteleuropas war sie um die Wende zum 20. Jahrhundert weitgehend vollzogen. In anderen ist sie hingegen ein relativ aktuelles Phänomen, und für viele Menschen beginnt sie in der Gegenwart. Dies hat zur Folge, dass die Industriearbeiter weltweit die am schnellsten wachsende soziale Schicht bilden.

**VERTEILUNG MÄNNLICHER ARBEITSKRÄFTE IN DER INDUSTRIE**

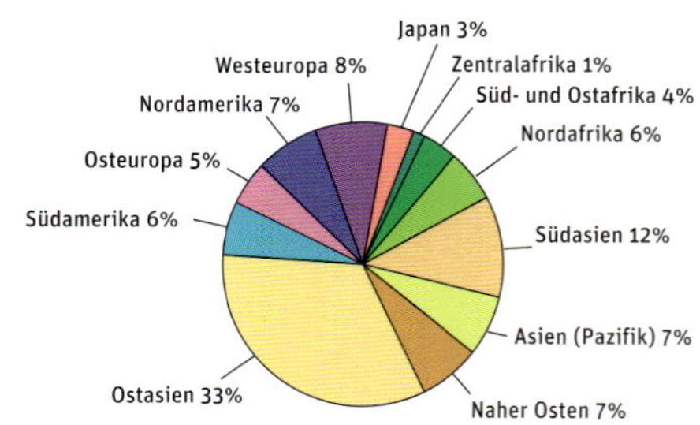

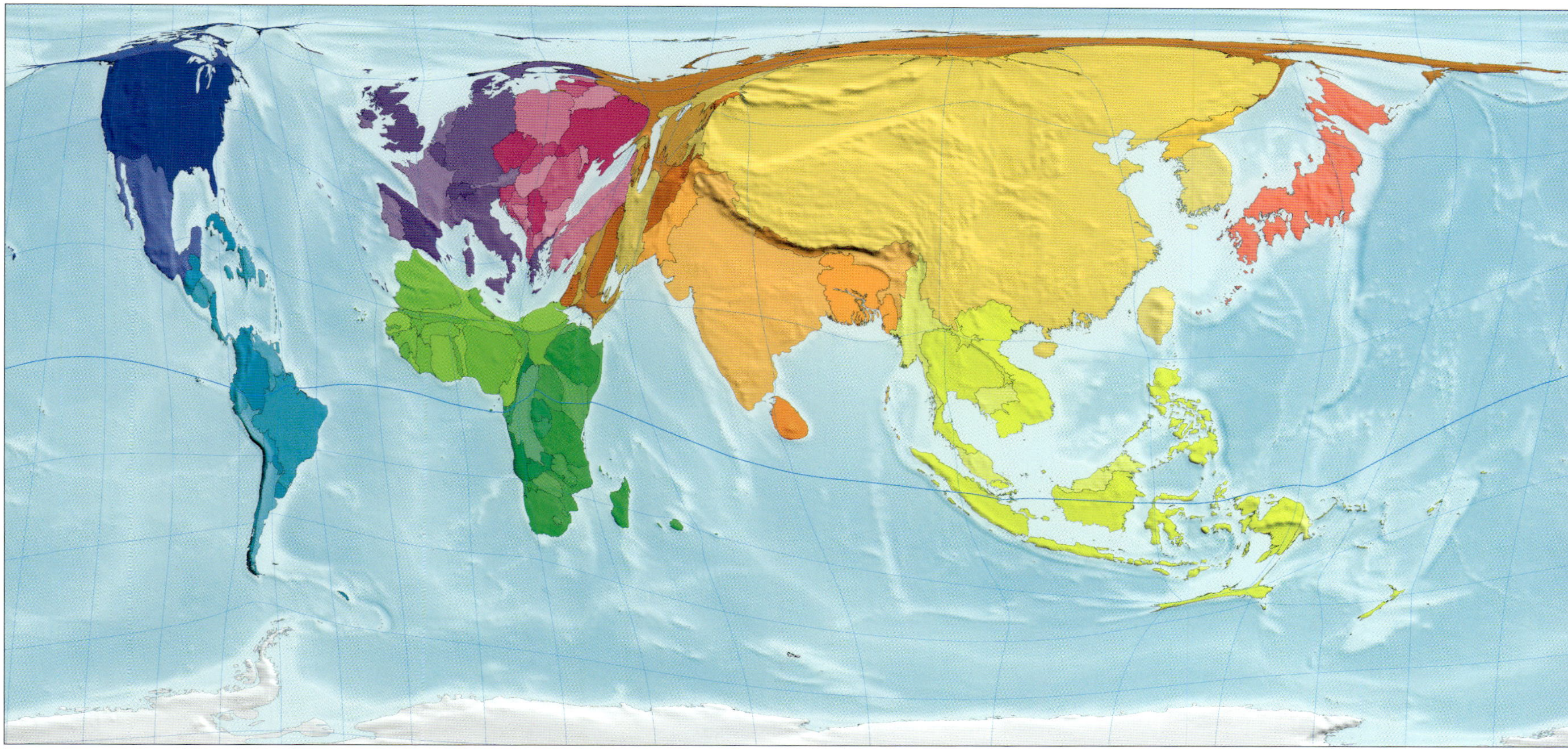

**HÖCHSTE UND NIEDRIGSTE ZAHL WEIBLICHER ARBEITSKRÄFTE IN DER INDUSTRIE**

| Rang | Land | Prozent* |
|---|---|---|
| 1 | Tschechien | 7,2 |
| 2 | Slowenien | 6,7 |
| 3 | Slowakei | 6,7 |
| 4 | Mauritius | 6,2 |
| 5 | Estland | 5,8 |
| 6 | Marokko | 5,7 |
| 7 | Russland | 5,7 |
| 8 | Ungarn | 5,3 |
| 9 | Ukraine | 5,1 |
| 10 | Armenien | 5,1 |
| 191 | Peru | 1,2 |
| 192 | Paraguay | 1,1 |
| 193 | Namibia | 1,1 |
| 194 | Belize | 1,0 |
| 195 | Haiti | 1,0 |
| 196 | Pakistan | 1,0 |
| 197 | Ägypten | 0,8 |
| 198 | Israel | 0,3 |
| 199 | Jemen | 0,2 |
| 200 | Surinam | 0,1 |

*Fabrikarbeiterinnen in Prozent der Bevölkerung, 2002

# 188 Weibliche Arbeitskräfte in der Industrie

**Anzahl der Fabrikarbeiterinnen. Mehr als ein Drittel von ihnen arbeitet in chinesischen Fabriken.**

Wenn es um die Gesamtzahl an Industriearbeiterinnen geht, liegt China uneinholbar an der Spitze. Hauptproduktionszweige sind dort Eisen, Stahl, Maschinen, Rüstung, Textilien, chemische Düngemittel, Nahrungsmittel, Spielwaren, Autos und Elektronik. Geht es aber um den höchsten Prozentsatz an weiblichen Beschäftigten in der Industrie, führt Osteuropa, und einige Staaten Südasiens. Der asiatische Pazifikraum und Australien weisen ebenfalls hohe Zahlen auf.

Fabrikarbeit war nie eine rein männliche Domäne. Sowohl in den reichsten als auch in den ärmsten Regionen sind in diesem Bereich auch Frauen beschäftigt. Sie waren bereits Stützen der frühesten mechanischen Webereien und stellen auch heute noch einen wesentlichen Anteil der weltweiten Arbeiterschaft.

**VERTEILUNG WEIBLICHER ARBEITSKRÄFTE IN DER INDUSTRIE**

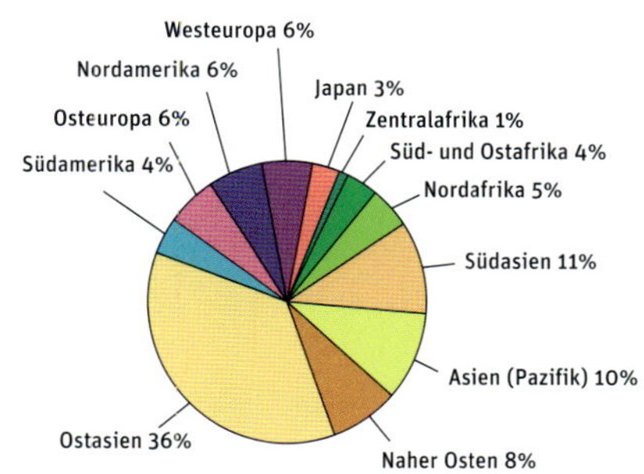


*»Was die Produktion betrifft, sind Frauen vor allem in der Bekleidungs- und Textilindustrie stark vertreten.«*
UNDP China, 2003

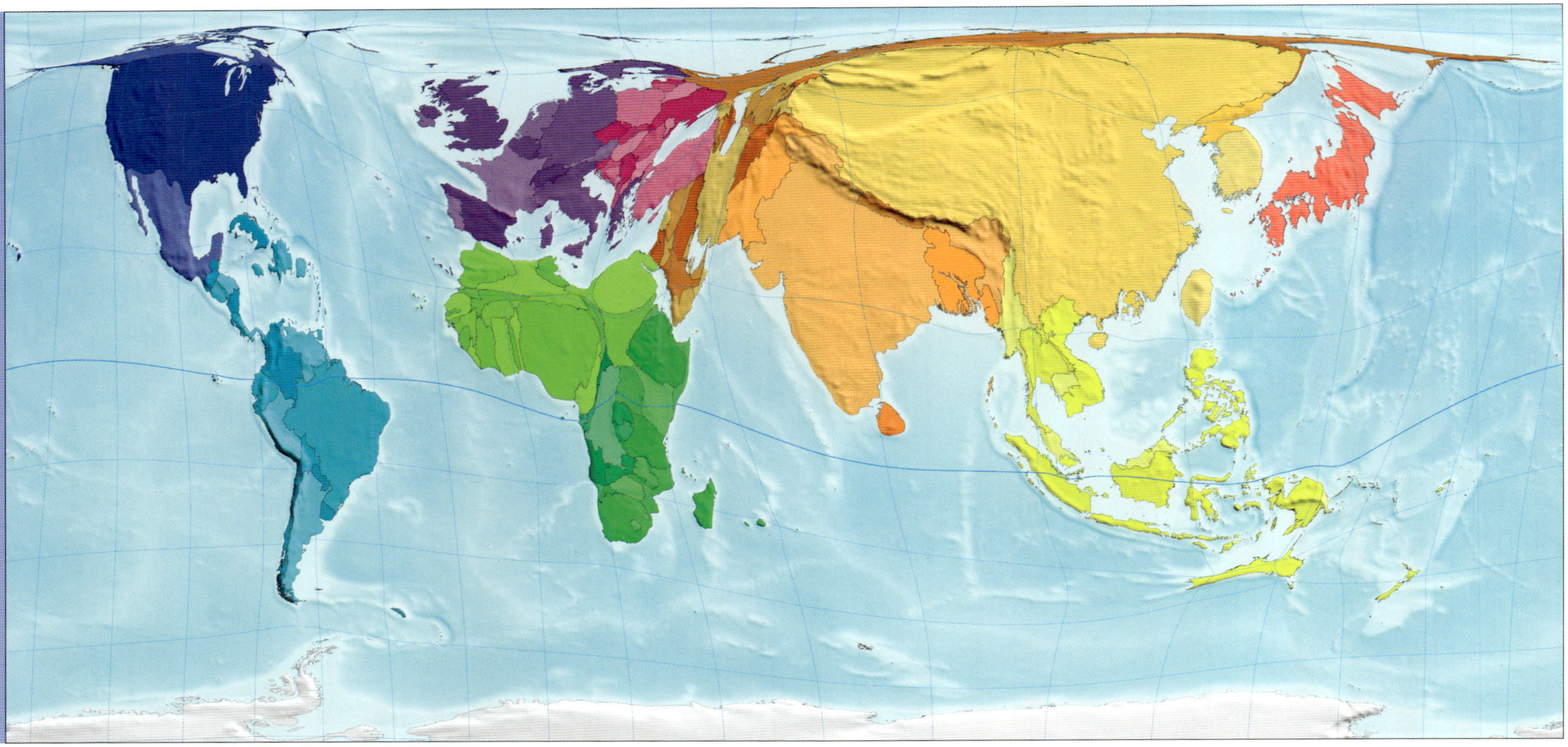

**HÖCHSTE UND NIEDRIGSTE ZAHL MÄNNLICHER ARBEITSKRÄFTE IM DIENSTLEISTUNGSBEREICH**

| Rang | Land | Prozent* |
|---|---|---|
| 1 | Hongkong | 24,2 |
| 2 | Singapur | 21,0 |
| 3 | Bahamas | 19,7 |
| 4 | Schweiz | 19,3 |
| 5 | China | 19,1 |
| 6 | Argentinien | 19,0 |
| 7 | Kanada | 18,9 |
| 8 | Australien | 18,6 |
| 9 | Vereinigte Staaten | 18,4 |
| 10 | Japan | 18,4 |
| 191 | Jemen | 9,2 |
| 192 | Moldawien | 8,7 |
| 193 | Pakistan | 8,7 |
| 194 | Bhutan | 8,5 |
| 195 | Nepal | 8,4 |
| 196 | Kirgisistan | 8,2 |
| 197 | Rumänien | 8,2 |
| 198 | Bangladesch | 8,1 |
| 199 | Guatemala | 6,8 |
| 200 | Haiti | 5,5 |

*Männer in Dienstleistungsberufen in Prozent der Bevölkerung, 2002

# 189 Männer in Dienstleistungsberufen

**Im Dienstleistungsbereich sind weltweit mehr Männer als Frauen beschäftigt.**

In diesen Bereich fallen alle Berufe, in denen keine Güter produziert werden, etwa im Gesundheitsbereich, in Callcentern, bei der Armee und im Transportwesen. 14 Prozent der männlichen Weltbevölkerung sind im Dienstleistungssektor tätig. Ihr Anteil ist insgesamt höher als jener der weiblichen Kräfte. Die meisten davon arbeiten in China, gefolgt von Indien und den Vereinigten Staaten.

Viele Serviceleistungen, wie Reinigung, Lehrtätigkeiten und Sicherheitsdienste, müssen vor Ort erbracht werden. Deshalb werden diese Dienstleistungen in jedem Land angeboten. Andere Tätigkeiten, etwa Telefonservice und Dateneingabe, kann man an weit entfernten Standorten verrichten, solange gute Kommunikationswege bestehen – ein Grund für den Erfolg indischer Computerfachkräfte.

**VERTEILUNG MÄNNLICHER DIENSTLEISTUNGSKRÄFTE**

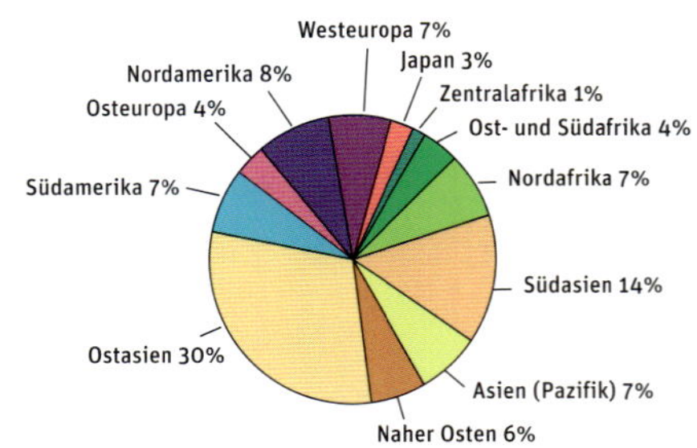


*»Diese Jungs können Buchführung, haben EDV-Kenntnisse, sprechen Englisch und sind hoch motiviert – eine hervorragende Kombination!«*
Kiran Karnik, Präsident der Nasscom, indischer IT-Dachverband, 2003

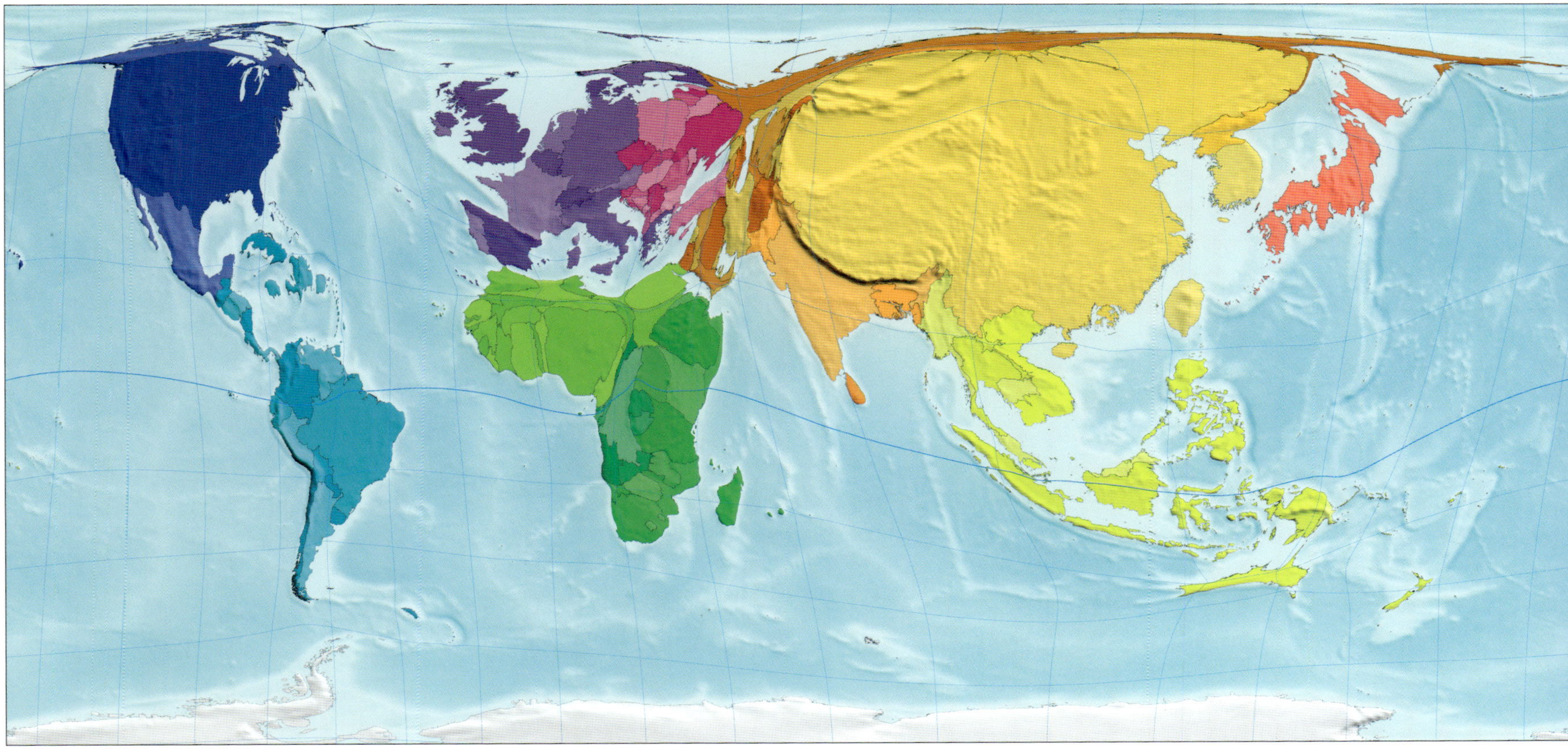

**HÖCHSTE UND NIEDRIGSTE ZAHL WEIBLICHER ARBEITSKRÄFTE IN DIENSTLEISTUNGSBERUFEN**

| Rang | Land | Prozent* |
|---|---|---|
| 1 | Schweden | 23,0 |
| 2 | Bahamas | 22,1 |
| 3 | Island | 21,8 |
| 4 | Kanada | 21,5 |
| 5 | Dänemark | 21,4 |
| 6 | Norwegen | 21,2 |
| 7 | Vereinigte Staaten | 20,2 |
| 8 | China | 20,1 |
| 9 | Australien | 19,6 |
| 10 | Hongkong | 19,4 |
| 191 | Sri Lanka | 4,4 |
| 192 | Saudi-Arabien | 4,3 |
| 193 | Oman | 4,1 |
| 194 | Nepal | 2,5 |
| 195 | Bhutan | 2,5 |
| 196 | Bangladesch | 2,5 |
| 197 | Indien | 2,1 |
| 198 | Pakistan | 1,9 |
| 199 | Israel | 1,6 |
| 200 | Jemen | 0,7 |

*Frauen im Dienstleistungssektor in Prozent der Bevölkerung, 2002

# 190 Frauen in Dienstleistungsberufen

**Frauen sind häufig in der Dienstleistungsbranche beschäftigt. Den höchsten Anteil weist Schweden auf.**

China ist das Land, in dem weltweit die meisten Frauen im Dienstleistungssektor beschäftigt sind, nämlich 260 Millionen – 35 Prozent aller Mitarbeiterinnen in dieser Branche.

Auf die höchsten Prozentsätze kommen dagegen Staaten in Westeuropa, Nordamerika und Ostasien, auf die niedrigsten Länder in Südasien sowie im Nahen Osten und in Zentralasien. In Schweden stellen die in Dienstleistungsberufen beschäftigten Frauen 23 Prozent der Gesamtbevölkerung und mehr als die Hälfte aller dort berufstätigen Frauen.

**VERTEILUNG WEIBLICHER DIENSTLEISTUNGSKRÄFTE**

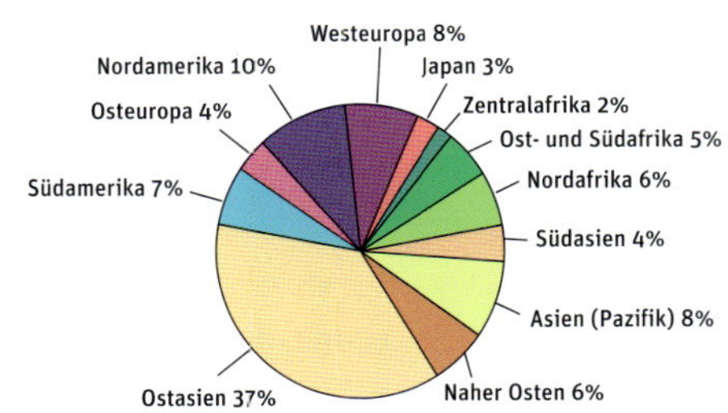


*»Junge Frauen fragen: ›Werden die Überstunden bezahlt? Welche Sozialleistungen gibt es?‹ Guangdong braucht Arbeiterinnen, Zhejiang und Shanghai brauchen Arbeiterinnen. Sie können wählen und so ist es schwer, welche zu finden.«* Kathy Deng, Inhaberin einer Personalagentur in Guangzhou, China, 2006

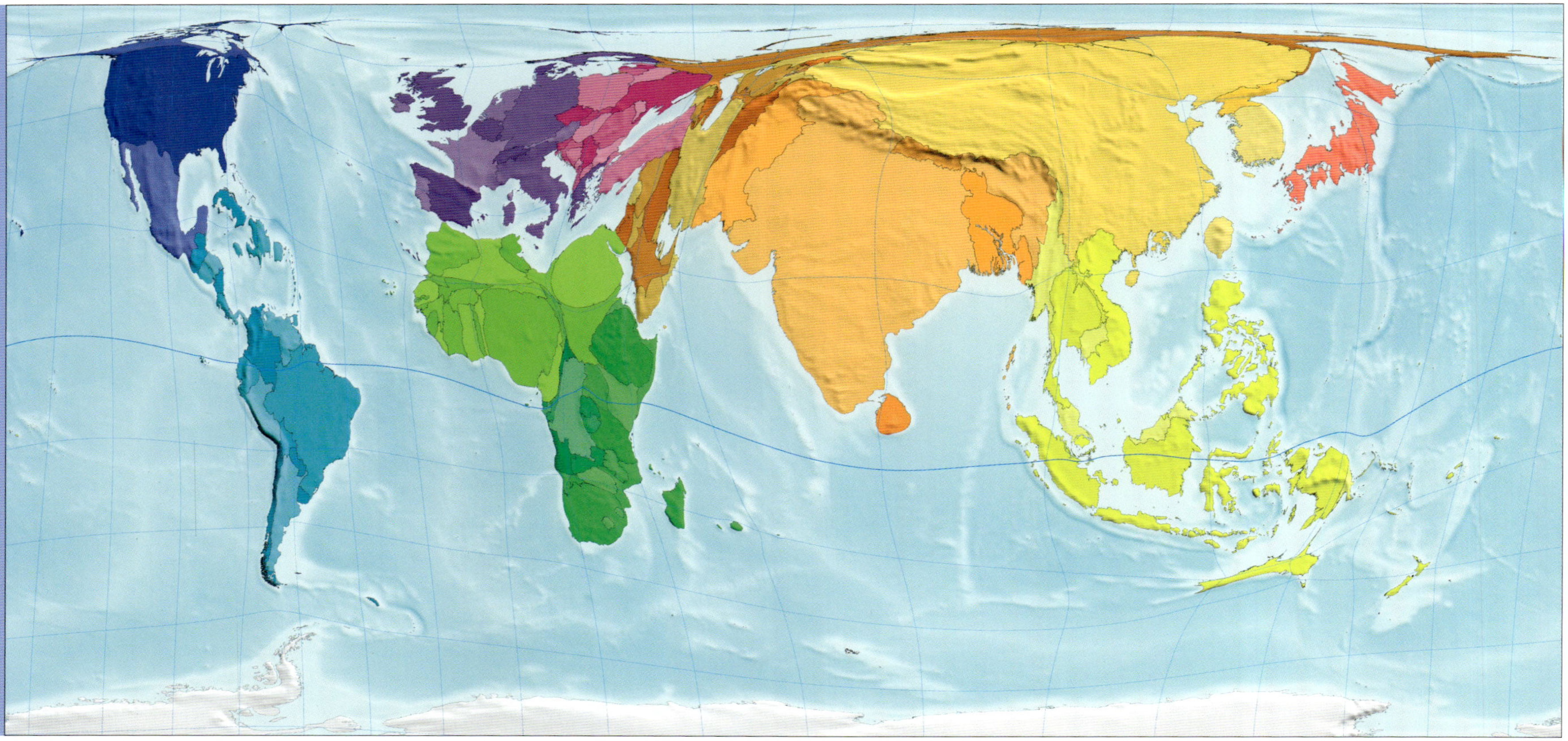

**HÖCHSTER UND NIEDRIGSTER AUFWAND VON FRAUEN FÜR DIE HAUSARBEIT**

| Rang | Land | Stunden* |
|---|---|---|
| 1 | **Mauritius** | 6,35 |
| 2 | **Libyen** | 5,73 |
| 3 | **Tunesien** | 5,53 |
| 4 | **Singapur** | 5,47 |
| 5 | **Algerien** | 5,37 |
| 6 | **Australien** | 5,32 |
| 7 | **Südafrika** | 5,25 |
| 8 | **Marokko** | 5,12 |
| 9 | **Neuseeland** | 5,10 |
| 10 | **Vereinigte Arabische Emirate** | 5,09 |
| 191 | **Tansania** | 2,95 |
| 192 | **Bhutan** | 2,91 |
| 193 | **Nicaragua** | 2,83 |
| 194 | **Albanien** | 2,81 |
| 195 | **Uganda** | 2,77 |
| 196 | **Haiti** | 2,73 |
| 197 | **Jamaika** | 2,69 |
| 198 | **Island** | 2,67 |
| 199 | **Bangladesch** | 2,67 |
| 200 | **Malediven** | 2,51 |

*Durchschnittliche tägliche Arbeitsstunden von Frauen, 2002

# 191 Hausarbeit von Frauen

**Anzahl der Stunden, die Frauen täglich mit unbezahlter Hausarbeit verbringen. Überall auf der Welt leisten Frauen und Mädchen mehr Hausarbeit als Männer.**

Der größte Unterschied zwischen den Geschlechtern besteht in Zentralafrika, wo Frauen auf durchschnittlich sieben Stunden und sechs Minuten pro Tag kommen, Männer hingegen nur auf eine Stunde und 30 Minuten, wobei jede Altersgruppe in die Berechnung einbezogen ist.

Nach Regionen betrachtet, leisten die Frauen Nordafrikas mit sieben Stunden und zwölf Minuten pro Tag am meisten häusliche und unbezahlte Arbeit, während die Japanerinnen mit drei Stunden und 43 Minuten eher wenig belastet sind.

**VON FRAUEN VERRICHTETE HAUSARBEIT**
Durchschnittliche Stundenzahl pro Tag
(einige Länderdaten beruhen auf Schätzungen)

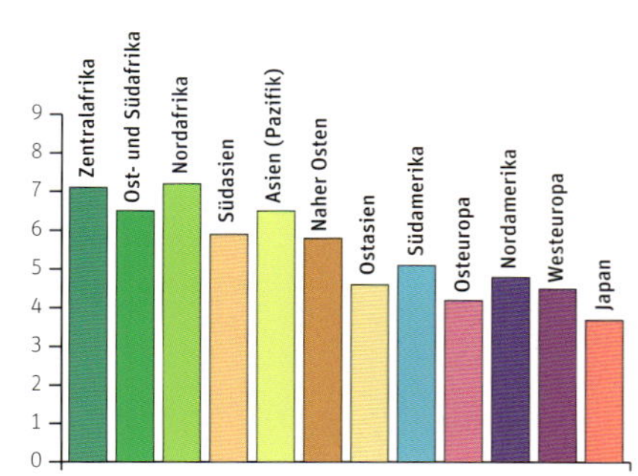


*»Viele Frauen hatten einen Säugling auf dem Arm und arbeiteten mit der freien Hand am Herd.«* Franz Kafka, »Das Urteil«, 1913

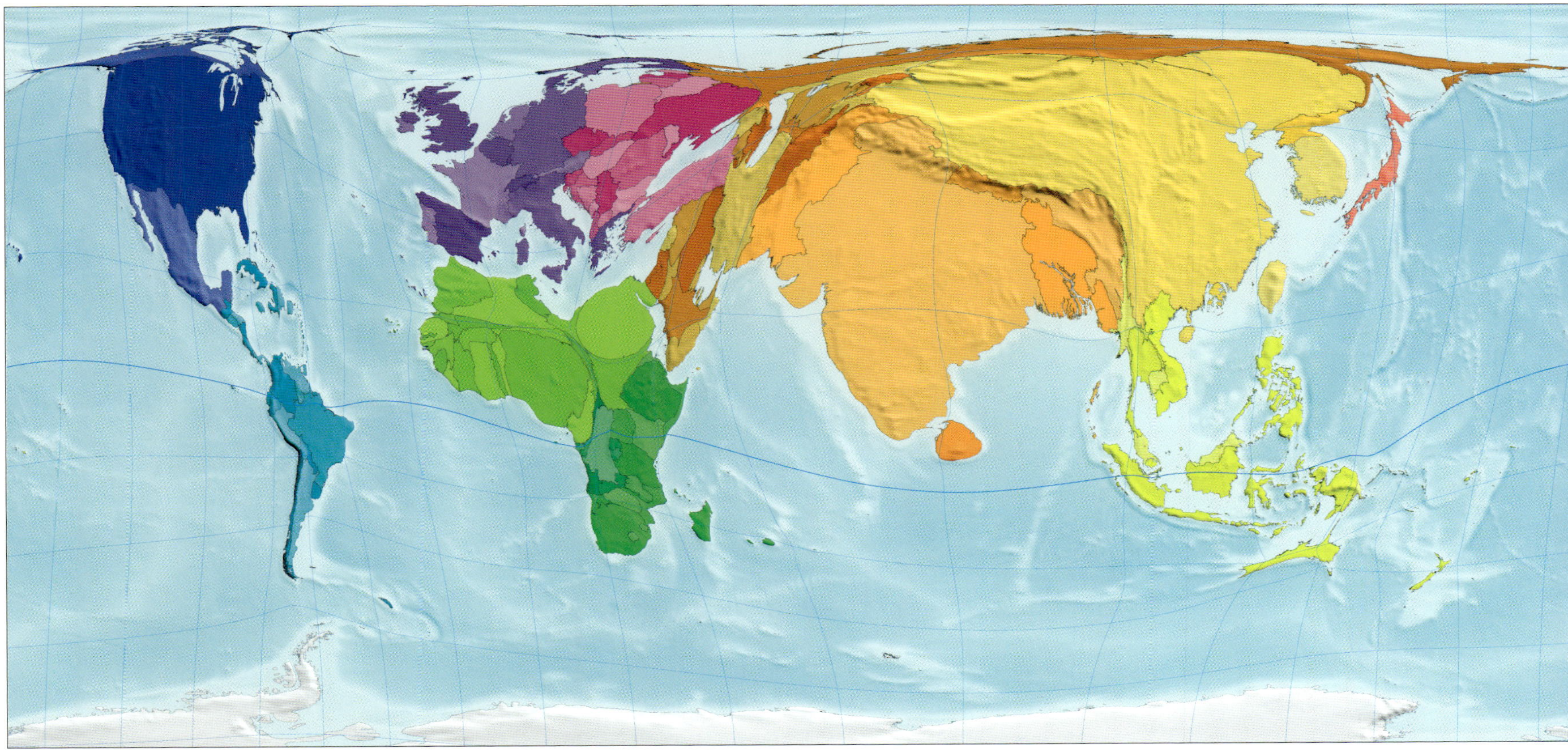

**HÖCHSTER UND NIEDRIGSTER AUFWAND VON MÄNNERN FÜR DIE HAUSARBEIT**

| Rang | Land | Stunden* |
|---|---|---|
| 1 | Russland | 2,94 |
| 2 | Bulgarien | 2,93 |
| 3 | Georgien | 2,88 |
| 4 | Armenien | 2,83 |
| 5 | Slowenien | 2,82 |
| 6 | Rumänien | 2,79 |
| 7 | Kroatien | 2,77 |
| 8 | Ungarn | 2,76 |
| 9 | Ukraine | 2,67 |
| 10 | Israel | 2,57 |
| 191 | Laos | 0,46 |
| 192 | Ruanda | 0,46 |
| 193 | Dominikanische Republik | 0,45 |
| 194 | Salomon-Inseln | 0,44 |
| 195 | Paraguay | 0,42 |
| 196 | Nicaragua | 0,41 |
| 197 | Belize | 0,37 |
| 198 | Japan | 0,36 |
| 199 | Honduras | 0,36 |
| 200 | Guatemala | 0,33 |

*Durchschnittliche tägliche Arbeitsstunden von Männern, 2002

# 192 Hausarbeit von Männern

**Die Anzahl der Stunden, die Männer mit unbezahlten Beschäftigungen und Hausarbeit verbringen, ist immer niedriger als bei Frauen, auch wenn die Differenzen deutlich schwanken.**

In Japan und Südamerika verbringen die Männer am wenigsten Zeit mit unbezahlter Arbeit und Hausarbeit. Der durchschnittliche Japaner kommt auf nur 24 Minuten pro Tag, wobei Männer und Jungen jeder Altersgruppe berücksichtigt sind. Die meisten Arbeitsstunden in diesem Bereich leisten Männer im Nahen Osten und in Zentralasien – wozu auch Russland gezählt wird. In allen Regionen ist freilich zu beobachten, dass selbst die höchste durchschnittliche Stundenzahl von Männern noch unter der niedrigsten Stundenzahl von Frauen liegt.

**VON MÄNNERN VERRICHTETE HAUSARBEIT**
Durchschnittliche Stundenzahl pro Tag
(einige Länderdaten beruhen auf Schätzungen)

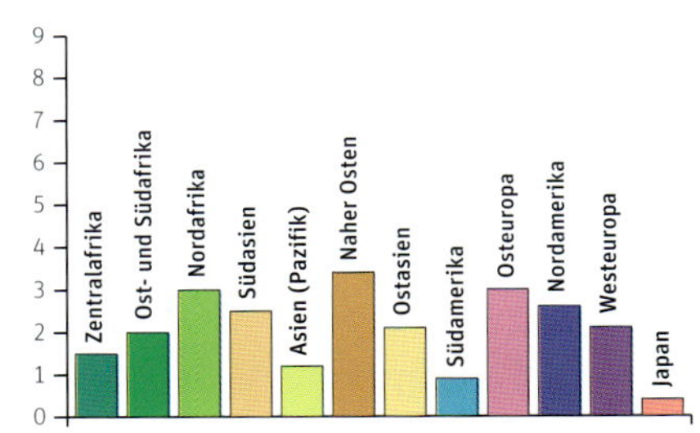

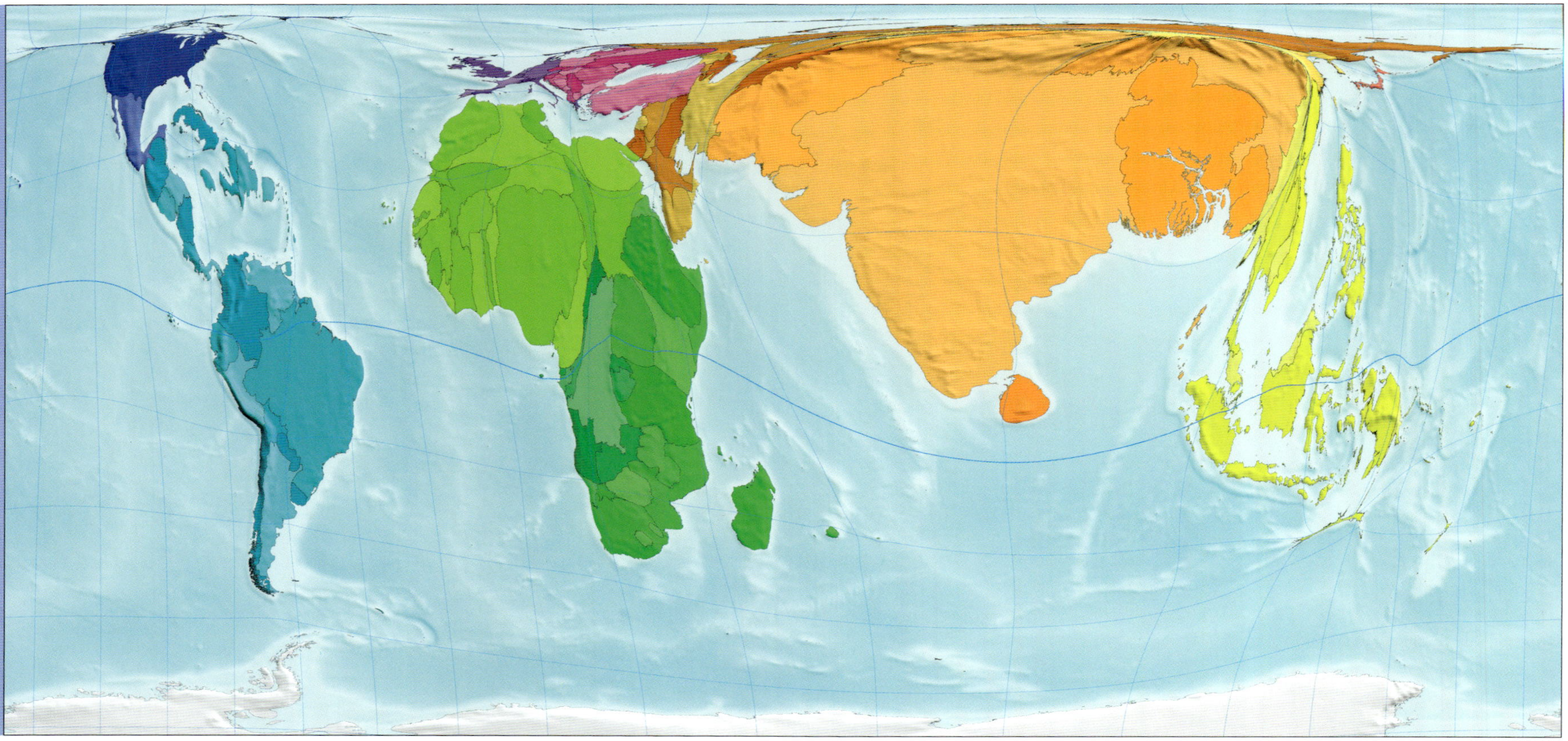

**HÖCHSTE UND NIEDRIGSTE ZAHL VON JUGENDLICHEN MÜTTERN**

| Rang | Land | junge Mütter* |
|---|---|---|
| 1 | Niger | 16,2 |
| 2 | Mali | 15,0 |
| 3 | Mosambik | 14,9 |
| 4 | Tschad | 14,5 |
| 5 | Guinea | 13,8 |
| 6 | Madagaskar | 13,4 |
| 7 | Zentralafrikanische Republik | 13,3 |
| 8 | Bangladesch | 13,0 |
| 9 | Malawi | 12,2 |
| 10 | Gabun | 12,1 |
| 191 | Finnland | 0,26 |
| 192 | Frankreich | 0,26 |
| 193 | Belgien | 0,25 |
| 194 | Niederlande | 0,20 |
| 195 | Schweiz | 0,19 |
| 196 | Spanien | 0,19 |
| 197 | Schweden | 0,19 |
| 198 | Italien | 0,19 |
| 199 | Japan | 0,13 |
| 200 | Südkorea | 0,07 |

*Mütter zwischen 15 und 19 Jahren pro 1000 Einwohner im Jahr 2003

# 193 Teenager-Mütter

**Anzahl der jungen Frauen, die vor Erreichen des zwanzigsten Lebensjahres Mutter werden. Ein Drittel davon lebt in Indien.**

Von einer Teenager-Mutter sprechen wir, wenn ein Mädchen oder eine Frau zwischen 15 und 19 Jahren mindestens ein Kind geboren hat. Junge Mütter unter 15 sind nicht berücksichtigt.

In Südasien gibt es dreimal so viele Mütter dieser Altersgruppe als in jeder anderen Region, die niedrigste bekannte Zahl stammt aus Japan.

In jugendlichem Alter Kinder zu bekommen, ist in manchen Teilen der Welt üblich, anderswo hingegen eher ungewöhnlich.

In Ländern mit niedrigem Anteil an jungen Müttern gibt es zwangsläufig mehr Spätgebärende. Hierzu stehen aber noch keine verlässlichen statistischen Daten zur Verfügung.

*»Das Verhalten gegenüber jungen Müttern … ändert sich je nach den herrschenden Moralvorstellungen und ist in gewissem Maße ein Spiegelbild der wirtschaftlichen Bedingungen.«*

Debbie A. Lawlor, Professorin für Epidemiologie, University of Bristol, 2002

**MÜTTER IM TEENAGERALTER**
in Millionen

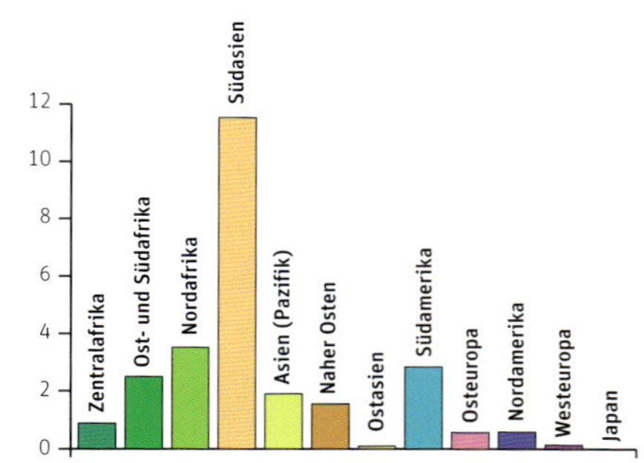

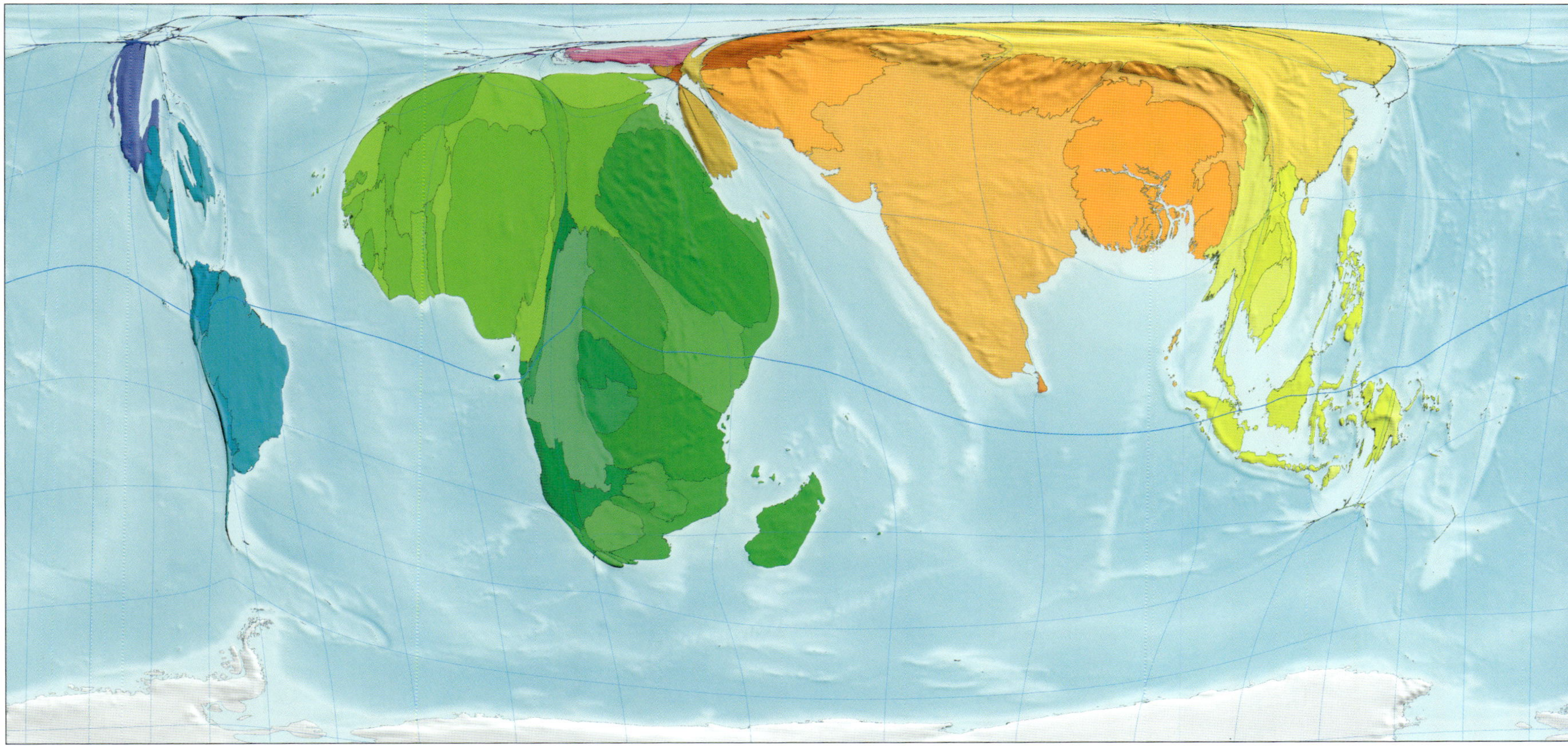

**HÖCHSTE ZAHL VON KINDERN, DIE ZUR ARBEIT EINGESETZT WERDEN**

| Rang | Land | Kinder* |
|---|---|---|
| 1 | Mali | 81 |
| 2 | Burundi | 75 |
| 3 | Uganda | 72 |
| 4 | Niger | 71 |
| 5 | Bhutan | 68 |
| 6 | Burkina Faso | 63 |
| 7 | Ruanda | 62 |
| 8 | Äthiopien | 62 |
| 9 | Eritrea | 57 |
| 10 | Guinea-Bissau | 56 |
| 11 | Tschad | 55 |
| 12 | Nepal | 54 |
| 13 | Tansania | 53 |
| 14 | Kenia | 53 |
| 15 | Komoren | 52 |
| 16 | Madagaskar | 49 |
| 17 | Mosambik | 46 |
| 18 | Osttimor | 46 |
| 19 | Malawi | 45 |
| 20 | Äquatorialguinea | 45 |

*Arbeitende Kinder pro 1000 Einwohner im Jahr 2003

# 194 Kinderarbeit

**Anzahl der Menschen, die schon im Kindesalter zwischen 10 und 14 Jahren arbeiten müssen. Kinderarbeit gibt es vor allem in Afrika und Südasien.**

Diese Karte weist nur die Kinder der Altersstufe zwischen 10 und 14 Jahren aus, obwohl auch die Kleineren vielfach schon zur Arbeit herangezogen werden. Von den zehn Staaten mit der höchsten Pro-Kopf-Quote an Kinderarbeit liegen neun in Afrika, der zehnte ist Bhutan.

Den geringsten Anteil an Kinderarbeit weist Italien auf. Aufgrund der extrem niedrigen Geburtenraten leben dort allerdings auch die wenigsten Kinder im Verhältnis zur Einwohnerzahl.

Die meisten arbeitenden Kinder leben in Indien. Ihre Zahl ist zweimal so hoch wie jene aus China, das an zweiter Stelle liegt. In Japan dagegen ist Kinderarbeit praktisch unbekannt, während es in Westeuropa immerhin 13 000 Fälle gibt.

**ARBEITENDE KINDER**
in Millionen

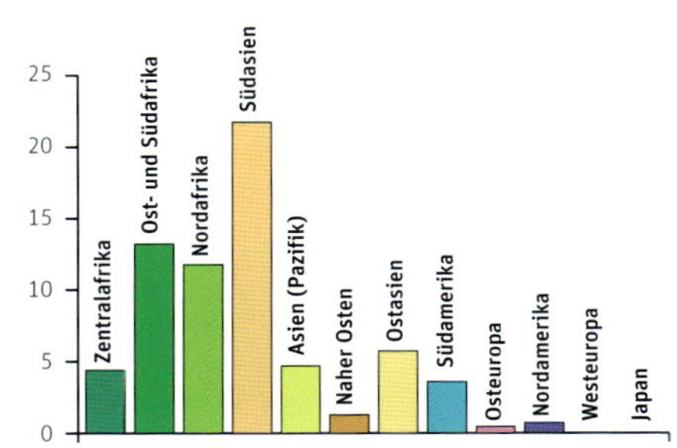


*»Zu Hause hatten wir oft gepflügt, gepflanzt, gegossen, gejätet und geerntet, wir hatten Holz gemacht und Wasser geholt, wir hatten Schafe, Ziegen und Rinder gehütet, wir hatten unsere hunderterlei Aufgaben erfüllt.«* Ndabaninga Sithole, »African Nationalism«, 1959

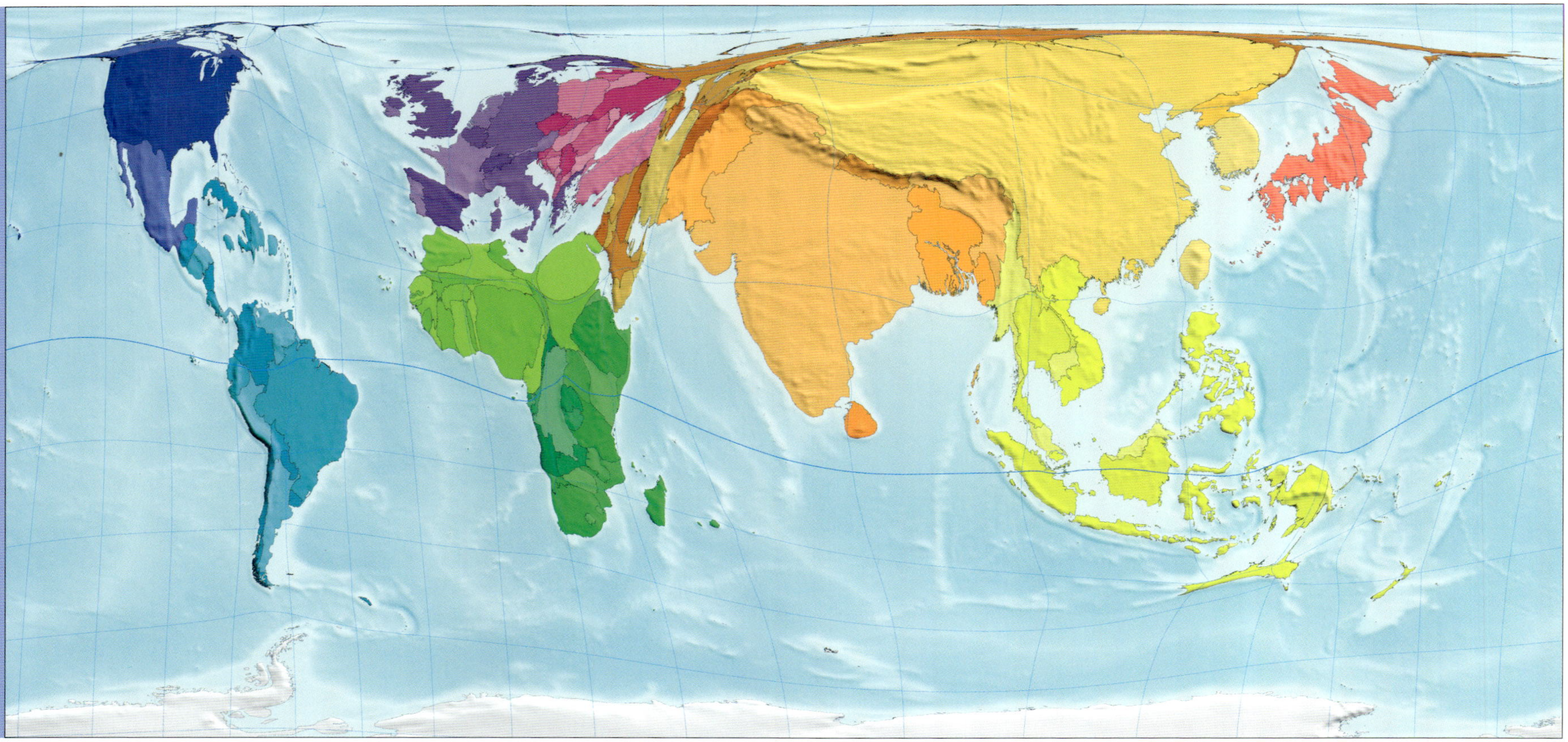

#### HÖCHSTE UND NIEDRIGSTE ZAHL DER ARBEITSSTUNDEN BEI MÄNNERN

| Rang | Land | Stunden* |
|---|---|---|
| 1 | Hongkong | 4,94 |
| 2 | Thailand | 4,91 |
| 3 | São Tomé und Príncipe | 4,85 |
| 4 | Ruanda | 4,83 |
| 5 | Japan | 4,82 |
| 6 | China | 4,80 |
| 7 | Taiwan | 4,79 |
| 8 | Nordkorea | 4,79 |
| 9 | Singapur | 4,74 |
| 10 | Äquatorialguinea | 4,66 |
| 191 | Turkmenistan | 3,11 |
| 192 | Kirgisistan | 3,03 |
| 193 | Usbekistan | 3,02 |
| 194 | Oman | 3,01 |
| 195 | Jordanien | 2,96 |
| 196 | Syrien | 2,96 |
| 197 | Saudi-Arabien | 2,88 |
| 198 | Tadschikistan | 2,82 |
| 199 | Jemen | 2,66 |
| 200 | Gaza und Westbank | 2,28 |

*Tägliche Anzahl von Arbeitsstunden erwerbstätiger Männer bezogen auf die Anzahl aller Männer, 2002

# 195 Männer in Erwerbstätigkeit

## Gesamtstundenzahl, die Männer täglich außerhalb ihres Haushalts arbeiten, um ihren Lebensunterhalt in Geld oder Naturalien zu verdienen

In Ost- und Westeuropa sowie in Nordamerika verbringt ein Mann im Durchschnitt 4 Stunden und 30 Minuten mit Erwerbstätigkeit. Das ist etwa die Hälfte der Zeit, die man dafür in Zentralafrika aufwenden muss. Dort sind es acht Stunden und sechs Minuten. Die tatsächliche Arbeitszeit ist jedoch beträchtlich höher, denn in dieser Statistik werden alle Männer erfasst, nicht nur jene, die in einem Beschäftigungsverhältnis stehen.

Die geringste durchschnittliche Stundenzahl errechnet sich für Gaza und die Westbank, wo außerordentlich viele Männer arbeitslos sind.

Alle zehn Staaten, in denen die Männer auf eine durchschnittliche Arbeitszeit von nur wenigen Stunden kommen, liegen im Nahen Osten und in Zentralasien. Nach Zeitaufwand am fleißigsten sind die Männer in Hongkong und Thailand.

#### ERWERBSTÄTIGKEIT VON MÄNNERN IN STUNDEN

Durchschnittliche Stundenzahl pro Tag

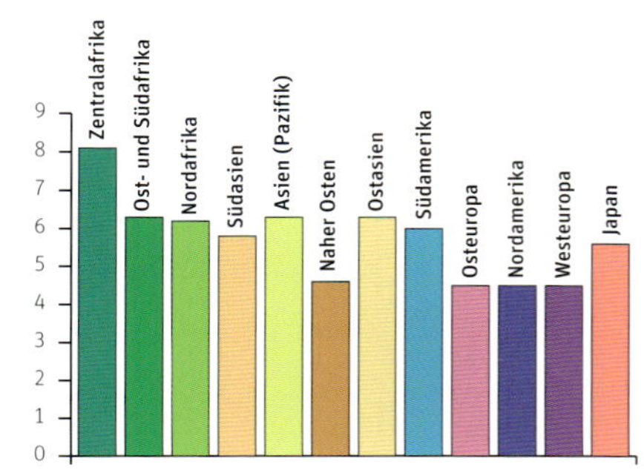

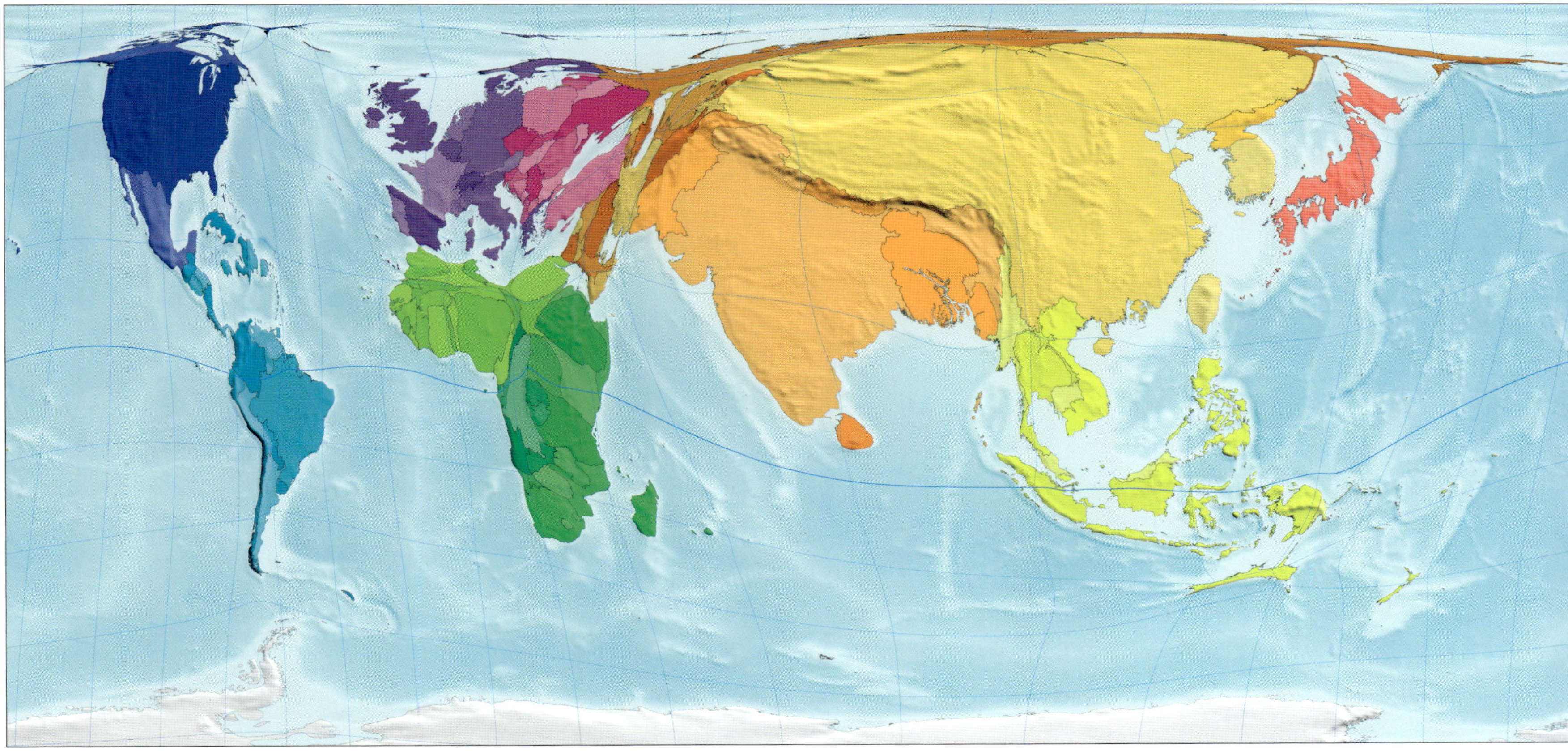

# 196 Frauen in Erwerbstätigkeit

## Gesamtzahl an Arbeitsstunden, die Frauen täglich außerhalb ihres Haushalts arbeiten, um ihren Lebensunterhalt zu verdienen

**HÖCHSTE UND NIEDRIGSTE ZAHL DER ARBEITSSTUNDEN BEI FRAUEN**

| Rang | Land | Stunden* |
|---|---|---|
| 1 | China | 3,43 |
| 2 | Taiwan | 3,40 |
| 3 | Nordkorea | 3,40 |
| 4 | Mosambik | 3,33 |
| 5 | Tansania | 3,21 |
| 6 | Russland | 3,18 |
| 7 | Armenien | 3,16 |
| 8 | Kenia | 3,12 |
| 9 | Mongolei | 3,06 |
| 10 | Malawi | 3,01 |
| 191 | Sudan | 1,09 |
| 192 | Guatemala | 1,08 |
| 193 | Malta | 1,08 |
| 194 | Algerien | 1,05 |
| 195 | Jemen | 1,02 |
| 196 | Libyen | 0,90 |
| 197 | Belize | 0,87 |
| 198 | Saudi-Arabien | 0,86 |
| 199 | Oman | 0,81 |
| 200 | Gaza und Westbank | 0,33 |

*Tägliche Anzahl von Arbeitsstunden erwerbstätiger Frauen bezogen auf die Anzahl aller Frauen, 2002

Um einen exakten Vergleich zu ermöglichen, wird in diese Berechnung die weibliche Bevölkerung aller Altersgruppen, auch Mädchen, einbezogen; denn das Alter, in dem Frauen mit der Berufstätigkeit beginnen bzw. diese beenden, ist von Land zu Land unterschiedlich. Dies verzerrt den Durchschnitt.

Bei der Gesamtstundenzahl liegt China an erster Stelle, was zunächst an der sehr hohen Einwohnerzahl mit großer weiblicher Arbeiterschaft liegt. Aber auch die überdurchschnittlich langen Arbeitszeiten treiben diesen Wert in die Höhe. In Ostasien verbringen Frauen – bezogen auf die gesamte weibliche Bevölkerung – im Durchschnitt 4 Stunden und 30 Minuten pro Tag mit Erwerbstätigkeit – der zweithöchste Durchschnitt unter allen Regionen der Erde.

An der Spitze liegen Ost- und Südafrika, wo der Durchschnitt mit 4 Stunden und 32 Minuten pro Tag und Frau noch etwas höher liegt. Auf den geringsten Tagesdurchschnitt kommt Südamerika mit zwei Stunden und zwölf Minuten.

**ERWERBSTÄTIGKEIT VON FRAUEN IN STUNDEN**
Durchschnittliche Stundenzahl pro Tag

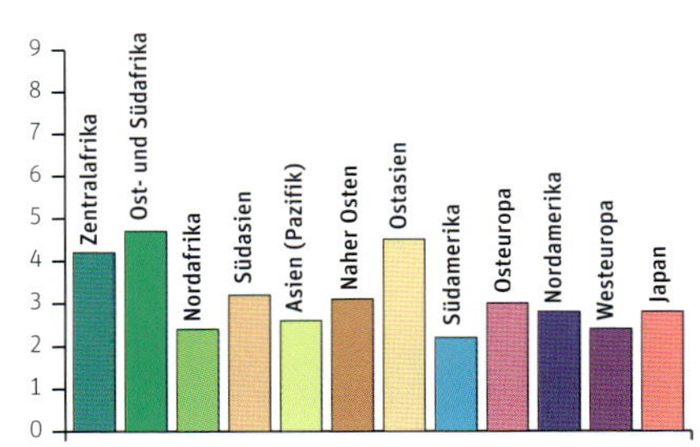

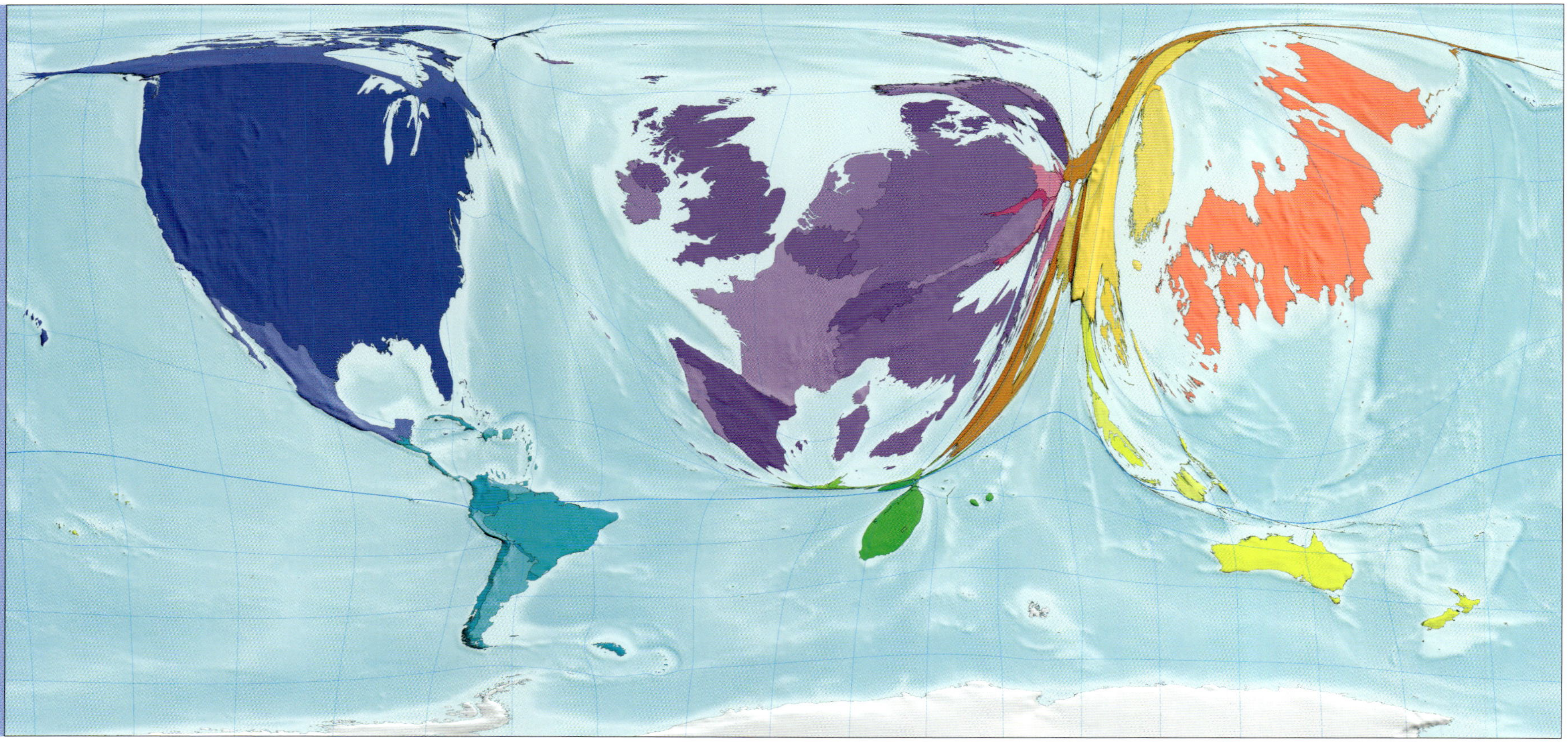

**HÖCHSTE ZAHL VON MÄNNERN IN QUALIFIZIERTEN UND LEITENDEN POSITIONEN**

| Rang | Land | Prozent* |
|---|---|---|
| 1 | Luxemburg | 52 |
| 2 | Norwegen | 32 |
| 3 | Äquatorialguinea | 28 |
| 4 | Irland | 26 |
| 5 | Dänemark | 23 |
| 6 | Schweiz | 22 |
| 7 | Niederlande | 20 |
| 8 | Österreich | 20 |
| 9 | Vereinigte Staaten | 19 |
| 10 | Kanada | 18 |
| 11 | Japan | 18 |
| 12 | Italien | 18 |
| 13 | Belgien | 17 |
| 14 | Island | 17 |
| 15 | Hongkong | 17 |
| 16 | Vereinigte Arabische Emirate | 17 |
| 17 | Frankreich | 17 |
| 18 | Australien | 17 |
| 19 | Großbritannien | 16 |
| 20 | San Marino | 16 |

*Männliche Fach- und Führungskräfte in Prozent der männlichen Bevölkerung, 2002

# 197 Männer als Führungskräfte

**Anzahl männlicher Angestellter im Management. Für einen begabten jungen Japaner bietet sich der Weg ins Management als wahrscheinlichste Karriere an.**

In Japan sind 18 Prozent der männlichen Bevölkerung Angestellte, die als Fach- und Führungskräfte arbeiten. Da nur etwa die Hälfte der Einwohner männlich ist und alle, die noch nicht im Arbeitsprozess stehen oder bereits ausgeschieden sind, unberücksichtigt bleiben müssen, besteht für einen japanischen Jungen heute eine gute Chance, dass er den Beruf des Managers ergreifen wird, falls die Entwicklung so weitergeht. Diese Prognose muss sich aber keineswegs erfüllen. Denn auch in Japan ist die Zahl der berufstätigen Frauen stark angestiegen, und wie in anderen Industrieländern auch, drängen sie mit zunehmendem Selbstbewusstsein in Führungspositionen.

In Nordamerika und Westeuropa ist die Gesamtzahl von männlichen und weiblichen Managern mehr als zweimal so hoch wie in jeder anderen Region. Mit 73 Prozent aller leitenden Angestellten weltweit stehen diese beiden Regionen unangefochten an der Spitze.

**MÄNNLICHE FACH- UND FÜHRUNGSKRÄFTE**
in Millionen

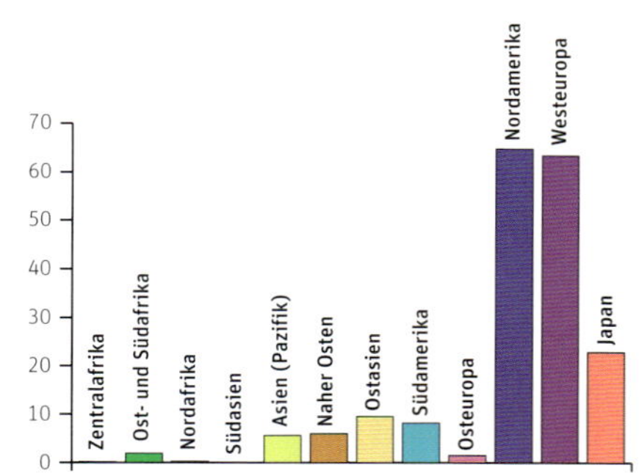

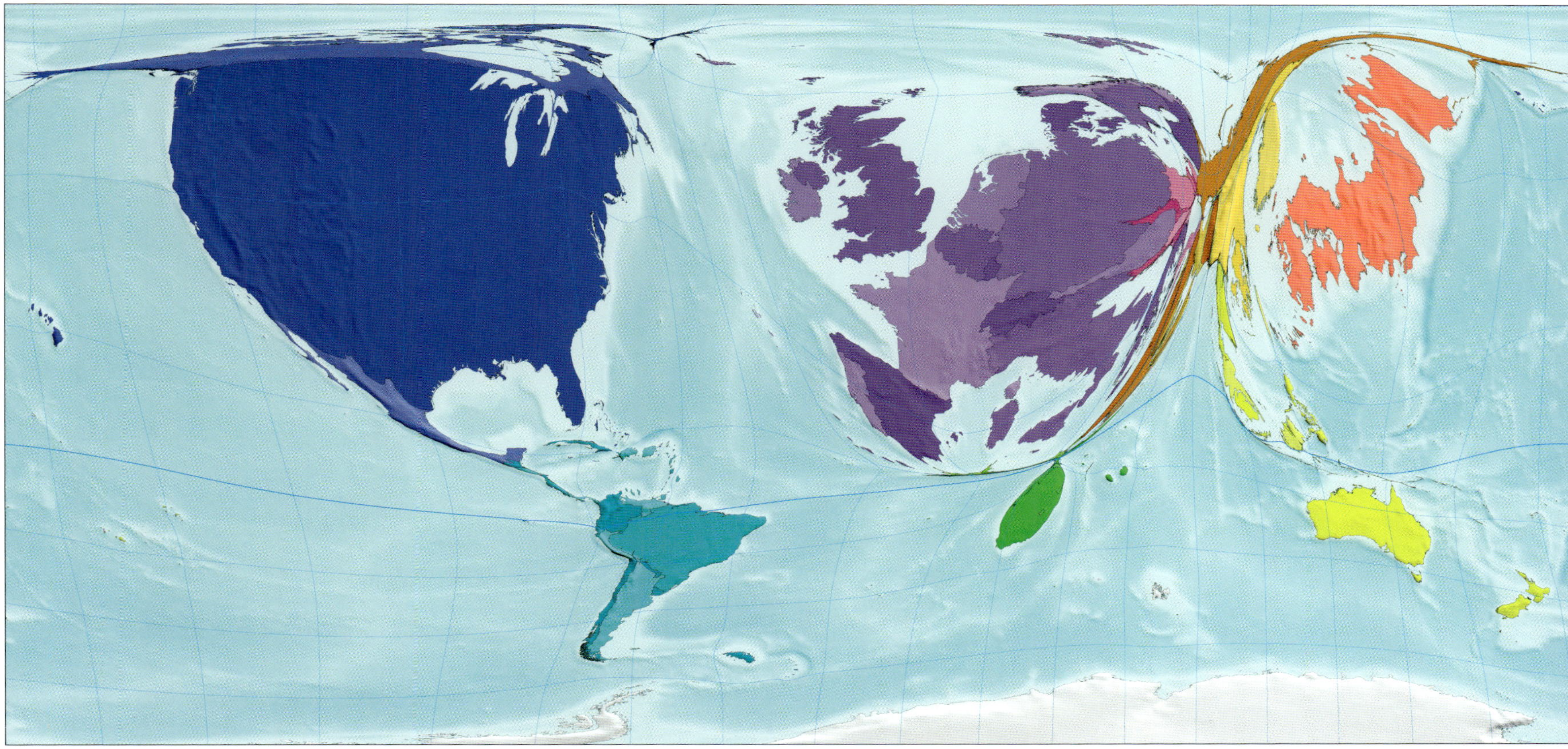



**HÖCHSTE ZAHL VON FRAUEN IN QUALIFIZIERTEN UND LEITENDEN POSITIONEN**

| Rang | Land | Prozent* |
|---|---|---|
| 1 | Luxemburg | 32 |
| 2 | Norwegen | 20 |
| 3 | Vereinigte Staaten | 20 |
| 4 | Irland | 17 |
| 5 | Grönland | 15 |
| 6 | Kanada | 14 |
| 7 | Australien | 14 |
| 8 | Dänemark | 13 |
| 9 | Island | 12 |
| 10 | Schweiz | 12 |
| 11 | Österreich | 12 |
| 12 | Niederlande | 12 |
| 13 | Deutschland | 11 |
| 14 | Belgien | 11 |
| 15 | Frankreich | 10 |
| 16 | Großbritannien | 10 |
| 17 | Finnland | 10 |
| 18 | Schweden | 10 |
| 19 | Neuseeland | 9 |
| 20 | Italien | 9 |

*Weibliche Fach- und Führungskräfte in Prozent der weiblichen Bevölkerung, 2002

# 198 Frauen als Führungskräfte

**Anzahl weiblicher Angestellter im Management. Allmählich schließt sich überall auf der Welt die Kluft zwischen den Geschlechtern, aber die regionalen Unterschiede sind groß.**

2001 waren weltweit 130 Millionen Frauen als Fach- und Führungskräfte angestellt, und damit waren 41 Prozent der Manager weiblich. Die Unterschiede zwischen den Geschlechtern gleichen sich immer mehr aus, allerdings sind die Unterschiede zwischen den Regionen unübersehbar. Die meisten Frauen in leitenden Positionen findet man in Nordamerika und Westeuropa, nur sehr wenige gibt es auf dem gesamten afrikanischen Kontinent und in Südasien.

Die Karten 198 und 197 beruhen weitgehend auf Schätzungen, die aus dem Einkommen resultieren, da die Anteile von Managern an der berufstätigen Gesamtbevölkerung in den einzelnen Ländern nicht statistisch erhoben werden. Selbst wenn solche Daten vorlägen, müsste man sie mit großer Vorsicht analysieren. Denn Titel werden oft wahllos verwendet und lassen keine verlässlichen Rückschlüsse auf die tatsächliche Position im Betrieb zu.

**WEIBLICHE FACH- UND FÜHRUNGSKRÄFTE**
in Millionen

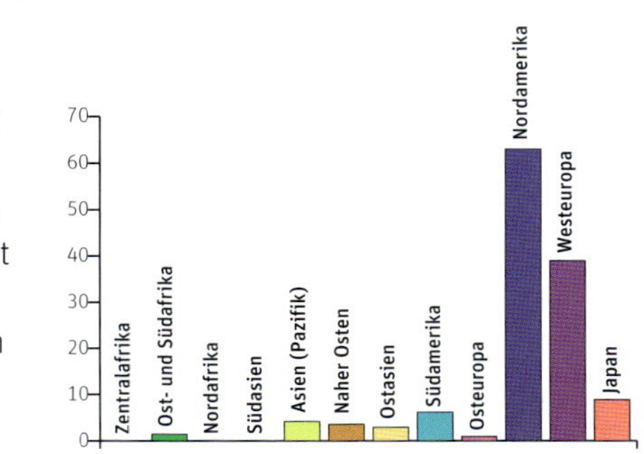

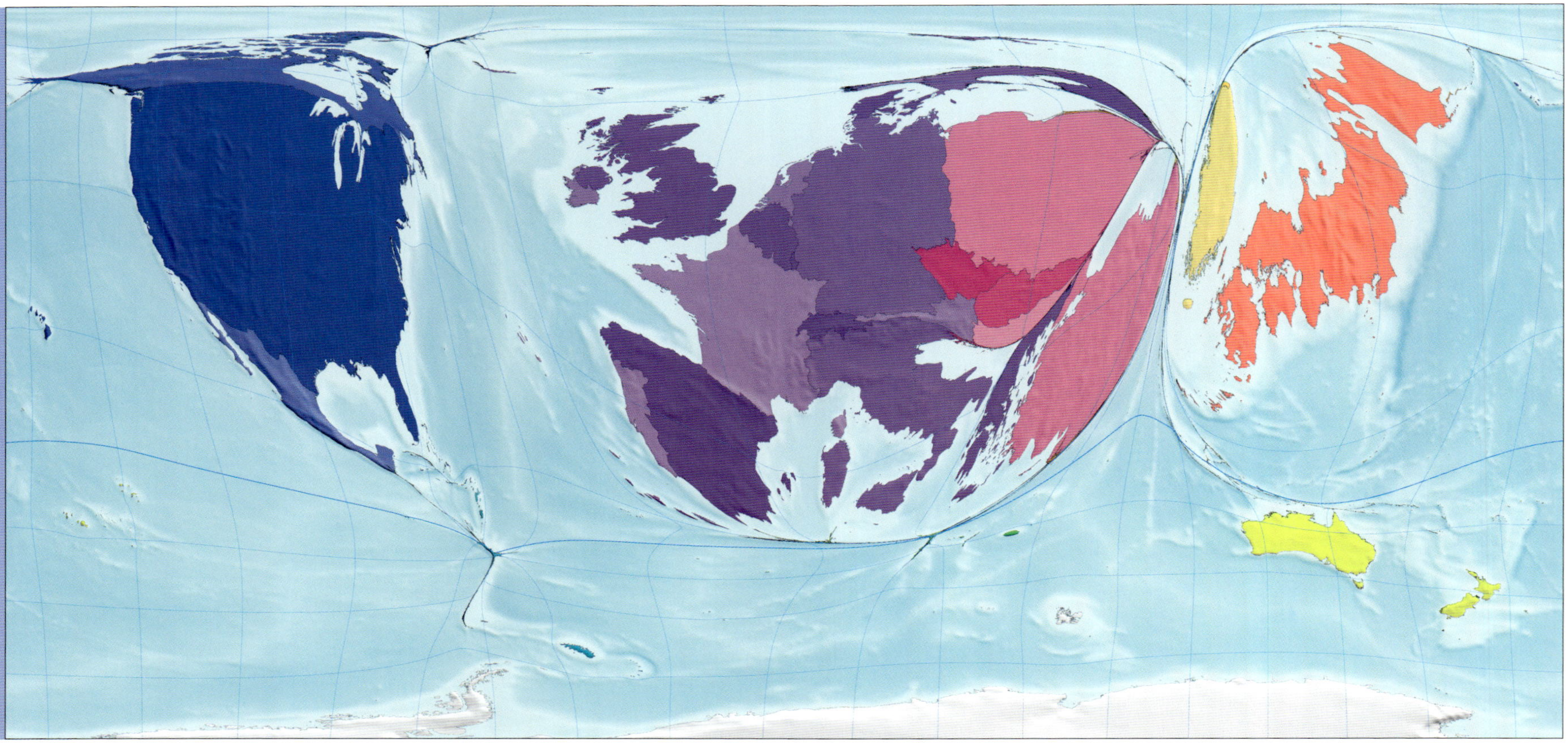

**HÖCHSTE UND NIEDRIGSTE ARBEITSLOSENRATEN**

| Rang | Land | Prozent* |
|---|---|---|
| 1 | Slowakei | 9,0 |
| 2 | Polen | 8,9 |
| 3 | Spanien | 5,1 |
| 4 | Finnland | 4,6 |
| 5 | Deutschland | 4,1 |
| 6 | Frankreich | 4,1 |
| 7 | Kanada | 4,1 |
| 8 | Griechenland | 4,0 |
| 9 | Italien | 3,8 |
| 10 | Tschechien | 3,7 |
| 21 | Dänemark | 2,4 |
| 22 | Irland | 2,1 |
| 23 | Norwegen | 2,1 |
| 24 | Schweden | 2,0 |
| 25 | Schweiz | 1,8 |
| 26 | Island | 1,8 |
| 27 | Südkorea | 1,5 |
| 28 | Luxemburg | 1,5 |
| 29 | Niederlande | 1,1 |
| 30 | Mexiko | 0,5 |

*Prozent der Gesamtbevölkerung, die im Jahr 2002 Arbeitslosenunterstützung bezog (nur OECD-Mitgliedsstaaten)

# 199 Arbeitslose

**In jedem Land und zu allen Zeiten ist ein bestimmter Anteil der Gesamtbevölkerung ohne Beschäftigung.**

Die Daten, auf denen diese Karte beruht, erfassen nur OECD-Mitgliedsländer, die alle eher wohlhabend sind. Die meisten anderen, die der OECD nicht angehören, sind ärmer, bezahlen keine Arbeitslosenunterstützung und führen deshalb keine Statistiken über die dort lebenden Erwerbslosen, obwohl es dort natürlich ebenfalls Arbeitslosigkeit gibt.

Die Arbeitslosigkeit ist in jenen Ländern vergleichsweise höher, in denen es zwar wenig Stellen gibt, aber Unterstützung bezahlt wird, sodass die Betroffenen nicht gezwungen sind, irgendeine Arbeit anzunehmen, nur um zu überleben.

Als die Daten für diese Karte zusammengetragen wurden, waren etwa vier Prozent der westeuropäischen Bevölkerung arbeitslos, in Osteuropa und Japan waren es drei Prozent, nur zwei Prozent in Nordamerika. In der Summe ergeben sich 36 Millionen Erwerbslose, das ist etwas mehr als ein halbes Prozent der Weltbevölkerung.

**ARBEITSLOSE IN OECD-MITGLIEDSSTAATEN**
Prozent der Erwerbslosen bezogen auf die regionale Bevölkerung

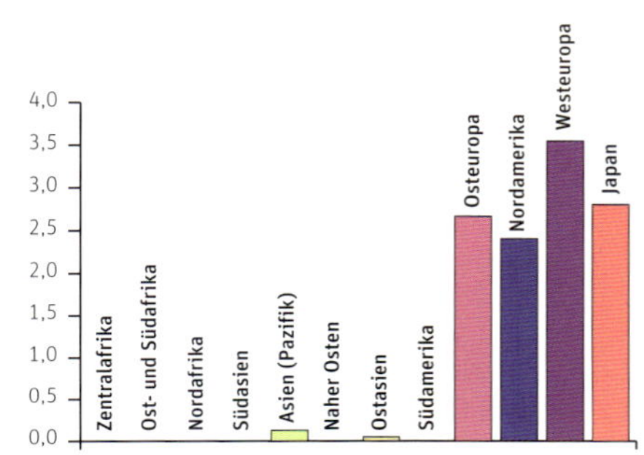

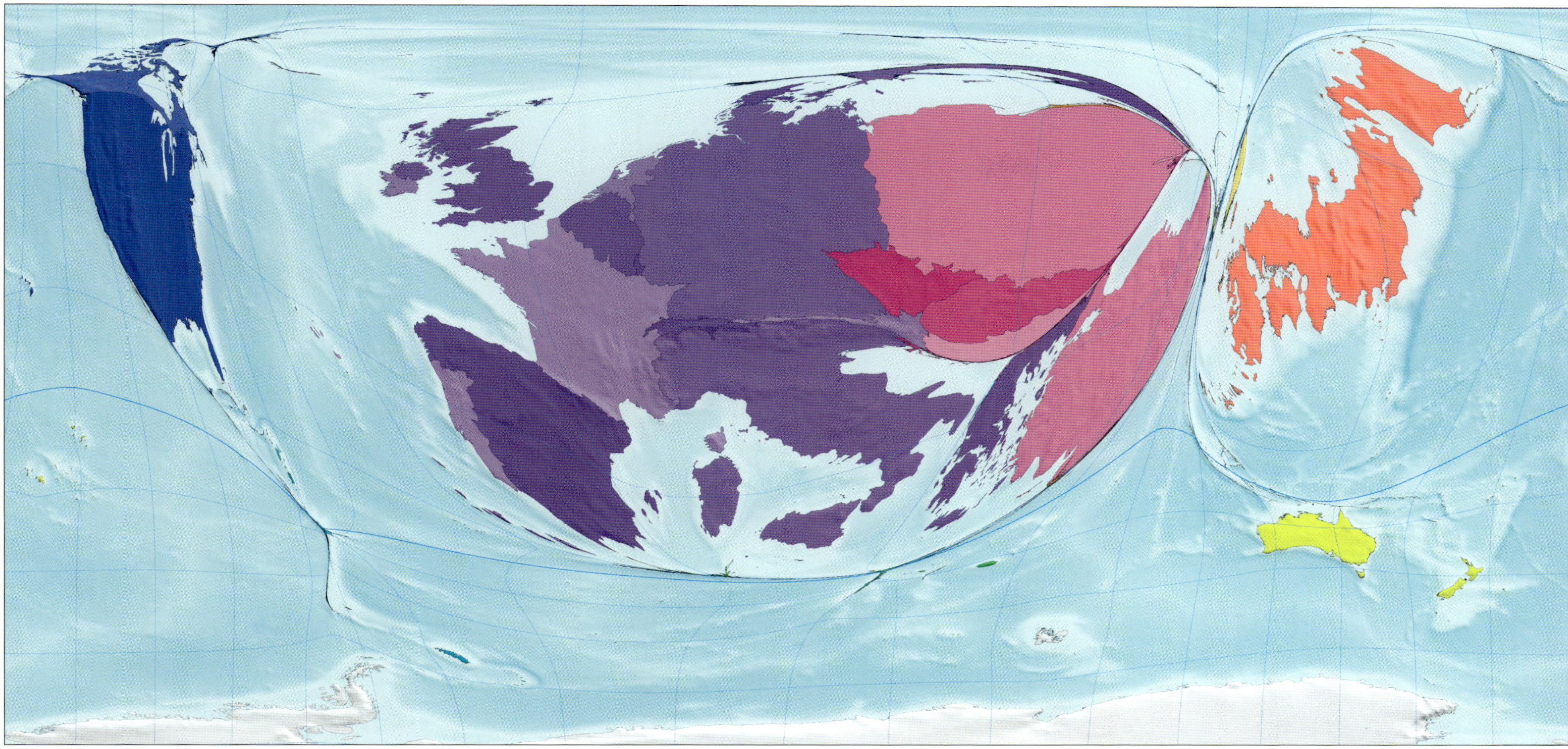

**HÖCHSTE UND NIEDRIGSTE RATE VON LANGZEITARBEITSLOSIGKEIT**

| Rang | Land | Prozent* |
|---|---|---|
| 1 | Slowakei | 5,4 |
| 2 | Polen | 4,3 |
| 3 | Italien | 2,2 |
| 4 | Griechenland | 2,0 |
| 5 | Spanien | 2,0 |
| 6 | Deutschland | 2,0 |
| 7 | Tschechien | 1,9 |
| 8 | Belgien | 1,6 |
| 9 | Frankreich | 1,4 |
| 10 | Türkei | 1,1 |
| 21 | Schweiz | 0,40 |
| 22 | Luxemburg | 0,40 |
| 23 | Kanada | 0,39 |
| 24 | Neuseeland | 0,38 |
| 25 | Niederlande | 0,28 |
| 26 | Vereinigte Staaten | 0,25 |
| 27 | Island | 0,20 |
| 28 | Norwegen | 0,13 |
| 29 | Südkorea | 0,03 |
| 30 | Mexiko | 0,00 |

*Prozent der Gesamtbevölkerung, die im Jahr 2002 als Langzeitarbeitslose registriert waren (nur OECD-Mitglieder)

# 200 Langzeitarbeitslose

**Als Langzeitarbeitslose bezeichnet man Menschen, die ein Jahr oder länger erwerbslos waren. Die meisten Langzeitarbeitslosen gibt es in Europa.**

2002 lebten fast elf Millionen Langzeitarbeitslose in OECD-Mitgliedsländern.

In der Slowakei sind 5,4 Prozent der Gesamtbevölkerung Langzeitarbeitslose, die Quote steigt jedoch auf fast zehn Prozent, wenn man sich auf die Erwerbsfähigen beschränkt und jene Menschen nicht berücksichtigt, die zu alt, zu jung oder nicht arbeitsfähig sind.

Mexiko ist der OECD-Staat mit der geringsten Quote an Langzeitarbeitslosen. Dort ist eine relativ geringe staatliche Unterstützung üblich.

**LANGZEITARBEITSLOSE IN OECD-MITGLIEDSSTAATEN**
Prozent der Erwerbslosen bezogen auf die regionale Bevölkerung

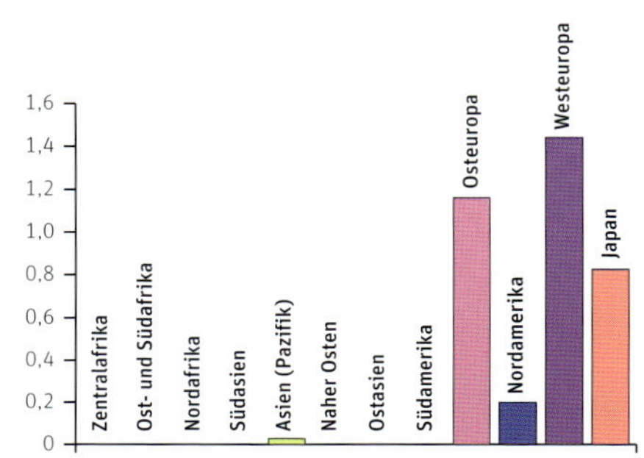

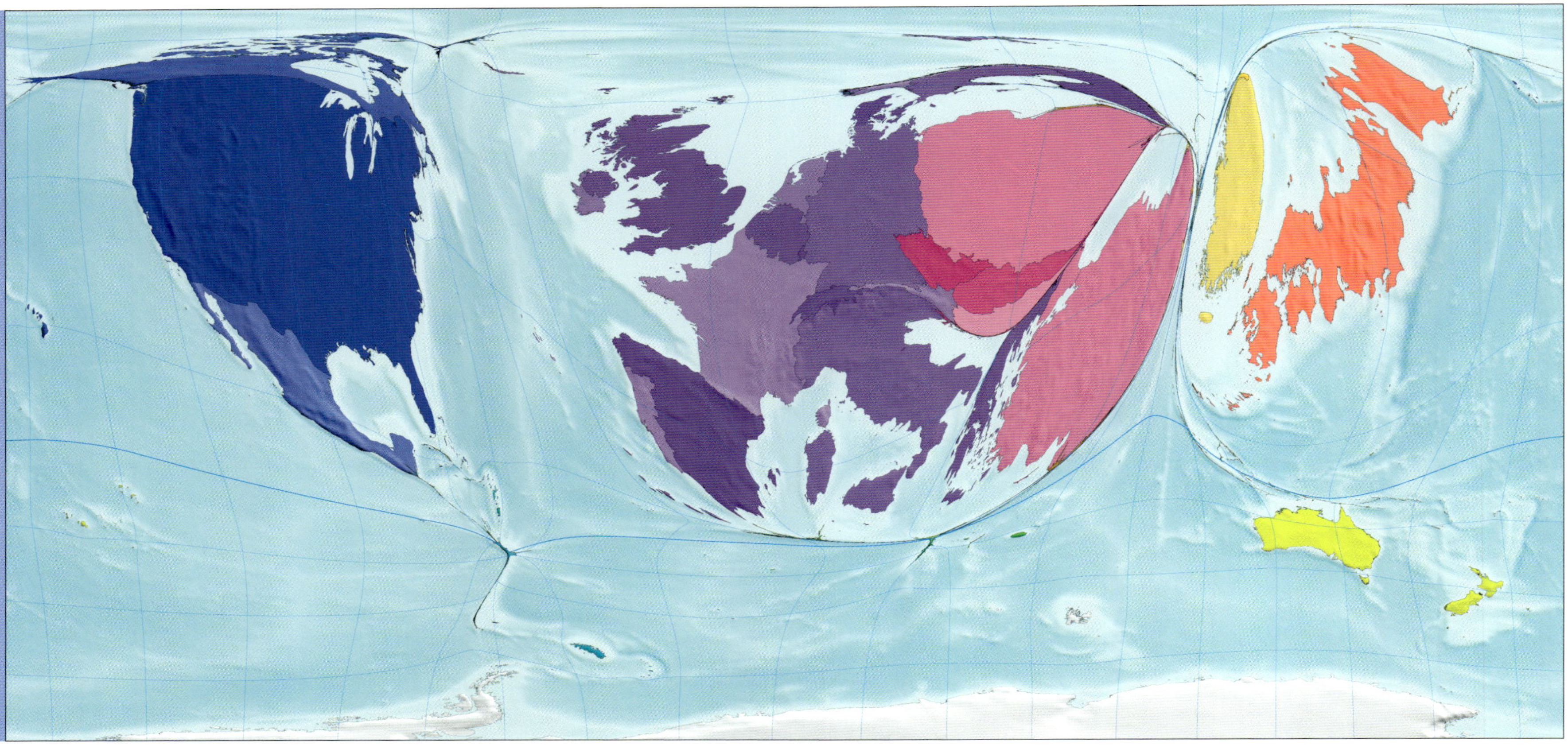

**HÖCHSTE UND GERINGSTE ARBEITSLOSIGKEIT UNTER DER MÄNNLICHEN JUGEND**

| Rang | Land | Prozent* |
|---|---|---|
| 1 | Polen | 2,9 |
| 2 | Slowakei | 2,7 |
| 3 | Türkei | 1,5 |
| 4 | Italien | 1,4 |
| 5 | Finnland | 1,4 |
| 6 | Frankreich | 1,2 |
| 7 | Griechenland | 1,2 |
| 8 | Spanien | 1,1 |
| 9 | Kanada | 1,0 |
| 10 | Belgien | 1,0 |
| 21 | Südkorea | 0,68 |
| 22 | Island | 0,67 |
| 23 | Portugal | 0,61 |
| 24 | Irland | 0,60 |
| 25 | Dänemark | 0,58 |
| 26 | Schweiz | 0,48 |
| 27 | Österreich | 0,42 |
| 28 | Niederlande | 0,42 |
| 29 | Luxemburg | 0,35 |
| 30 | Mexiko | 0,32 |

*Arbeitslose junge Männer in Prozent der männlichen Gesamtbevölkerung im Jahr 2002 (nur OECD-Mitglieder)

# 201 Arbeitslose junge Männer

**Anzahl arbeitsloser Jungen und Männer zwischen 16 und 24 Jahren. Einige osteuropäische Länder haben in dieser Bevölkerungsgruppe besonders hohe Quoten.**

Die OECD-Länder mit dem höchsten Anteil an arbeitslosen männlichen Jugendlichen waren 2002 Polen, die Slowakei und die Türkei. In Polen und der Slowakei ist diese Quote doppelt so hoch wie in jedem anderen OECD-Land. Am niedrigsten sind die Zahlen in Mexiko, dort ist auch die staatliche Unterstützung am geringsten. Die höchste Gesamtzahl an arbeitslosen 16- bis 24-jährigen Männern weisen die Vereinigten Staaten mit 1,2 Millionen aus, die niedrigste Luxemburg mit 700.

**ARBEITSLOSE JUNGE MÄNNER IN OECD-MITGLIEDSSTAATEN**

Junge männliche Erwerbslose in OECD-Ländern in Millionen

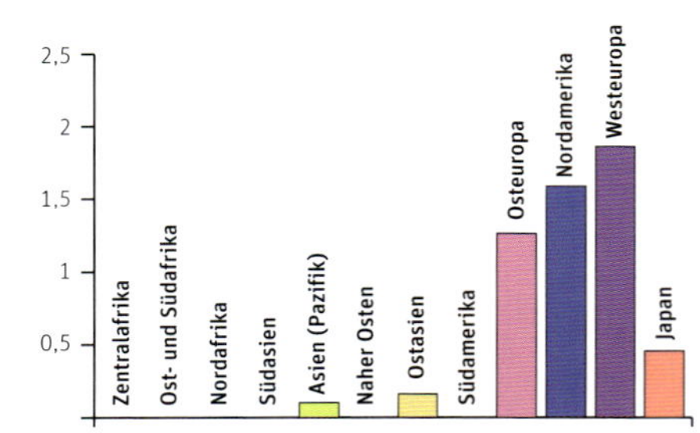


*»Wenn wir das Problem nicht angehen, werden unsere arbeitslosen Jugendlichen in zehn Jahren Arbeitslose mittleren Alters sein …«*

Nikos Koutsiaras, Universität Athen, 2006

**HÖCHSTE UND GERINGSTE ARBEITSLOSIGKEIT UNTER DER WEIBLICHEN JUGEND**

| Rang | Land | Prozent* |
|---|---|---|
| 1 | Polen | 3,0 |
| 2 | Slowakei | 2,4 |
| 3 | Griechenland | 2,1 |
| 4 | Italien | 1,9 |
| 5 | Spanien | 1,7 |
| 6 | Frankreich | 1,4 |
| 7 | Finnland | 1,3 |
| 8 | Türkei | 1,3 |
| 9 | Tschechien | 1,1 |
| 10 | Belgien | 1,0 |
| 21 | Japan | 0,54 |
| 22 | Deutschland | 0,51 |
| 23 | Südkorea | 0,47 |
| 24 | Irland | 0,45 |
| 25 | Mexiko | 0,40 |
| 26 | Österreich | 0,40 |
| 27 | Niederlande | 036 |
| 28 | Dänemark | 0,34 |
| 29 | Island | 0,31 |
| 30 | Schweiz | 0,26 |

*Junge arbeitslose Frauen in Prozent der weiblichen Gesamtbevölkerung im Jahr 2002 (nur OECD-Mitglieder)

# **202 Arbeitslose junge Frauen**

**Anzahl arbeitsloser Mädchen und Frauen zwischen 16 und 24 Jahren. Westeuropa weist in dieser Bevölkerungsgruppe besonders hohe Arbeitslosenzahlen aus.**

Diese Karte zeigt die Zahl der weiblichen Jugendlichen und jungen Frauen, die in OECD-Staaten ohne Beschäftigung sind. Die meisten leben in Westeuropa, am größten ist das Problem in Griechenland, Italien, Spanien und Frankreich.

*»In der Mehrzahl der europäischen [Länder] sind mehr junge Frauen als Männer arbeitslos, aber in vielen Ländern besteht kein großer Unterschied mehr…«* ECE, 2003

**ARBEITSLOSE JUNGE FRAUEN IN OECD-MITGLIEDSSTAATEN**
Junge weibliche Erwerbslose in Millionen

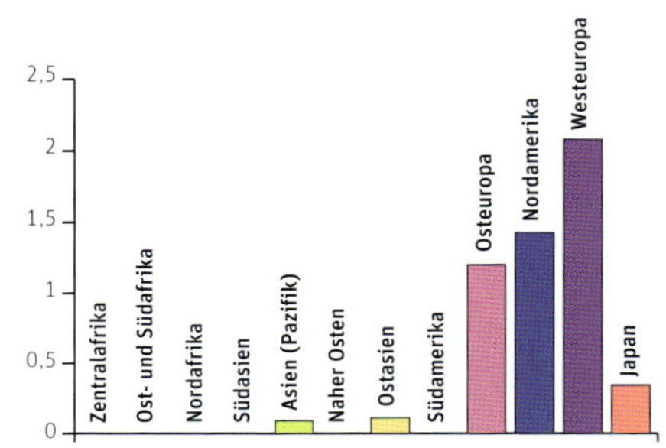

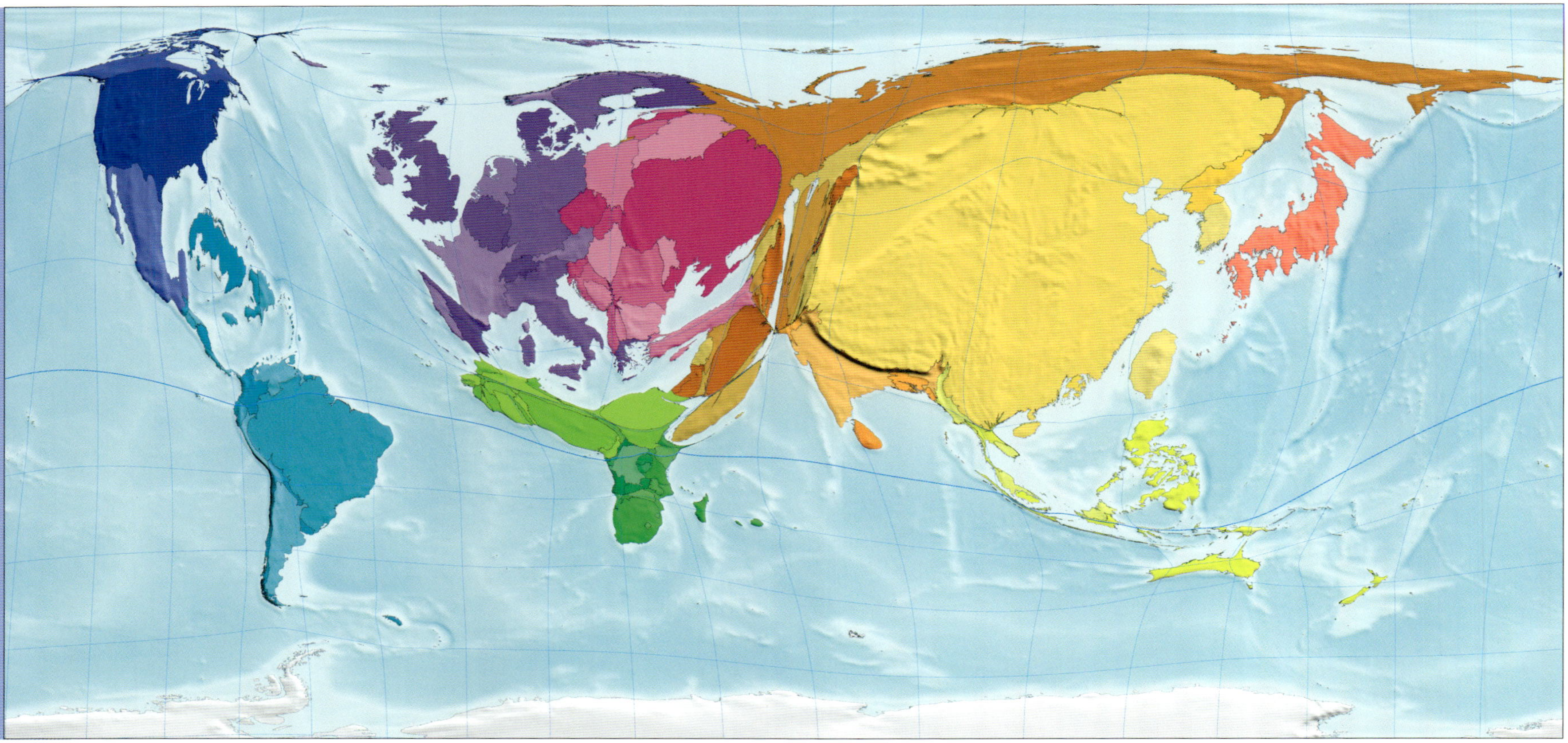



**HÖCHSTE UND NIEDRIGSTE ANZAHL VON GEWERKSCHAFTSMITGLIEDERN**

| Rang | Land | Mitglieder* |
|---|---|---|
| 1 | Ukraine | 447 |
| 2 | Schweden | 419 |
| 3 | Weißrussland | 418 |
| 4 | Finnland | 417 |
| 5 | Island | 403 |
| 6 | Dänemark | 394 |
| 7 | Norwegen | 335 |
| 8 | Russland | 294 |
| 9 | Belgien | 262 |
| 10 | Kuba | 245 |
| 191 | Thailand | 6,7 |
| 192 | Indien | 6,1 |
| 193 | Mauretanien | 5,4 |
| 194 | Indonesien | 4,6 |
| 195 | Eritrea | 4,5 |
| 196 | Gabun | 3,8 |
| 197 | Uganda | 2,5 |
| 198 | Äthiopien | 2,2 |
| 199 | Pakistan | 1,8 |
| 200 | Guinea | 1,5 |

*Gewerkschaftsmitglieder je 1000 Einwohner im Jahr 2004

# 203 Gewerkschaften

## Anzahl von Gewerkschaftsmitgliedern

Gewerkschaften sind Arbeitnehmerorganisationen, die dazu dienen, bessere Arbeitsbedingungen – seien es Löhne, Sozialleistungen oder Sicherheitsstandards – zu erkämpfen. Sie beruhen auf dem Grundsatz, dass Veränderungen nur gemeinsam herbeigeführt werden können.

2004 gab es weltweit 404 Millionen Gewerkschaftsmitglieder, ein Drittel davon in China. Weitere Staaten mit starken Arbeitnehmerorganisationen waren Russland, die Ukraine und Brasilien. In der Ukraine leben besonders viele Gewerkschaftsmitglieder – 45 Prozent der Gesamteinwohnerzahl. Wenn man Kinder und ältere Menschen unberücksichtigt lässt, zeigt sich, dass dort die große Mehrheit der arbeitenden Bevölkerung organisiert ist.

*»Wir kämpfen für das Recht der Arbeitnehmer, sich zu organisieren, und für die Würde der menschlichen Arbeit.«*
Lech Walesa, Friedensnobelpreisträger, 1983

**GEWERKSCHAFTSMITGLIEDER**
Pro 1000 Personen im Jahr 2004

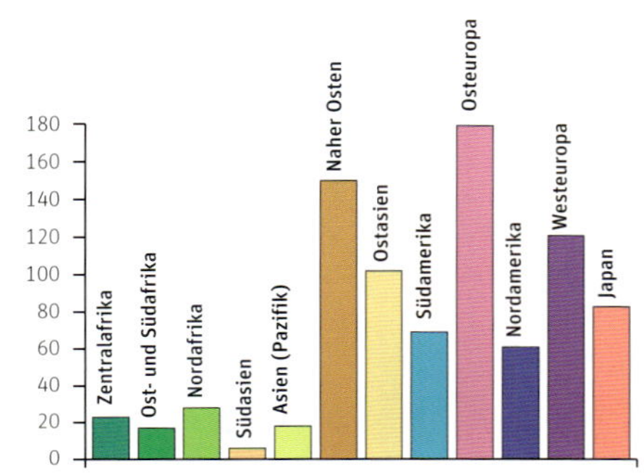

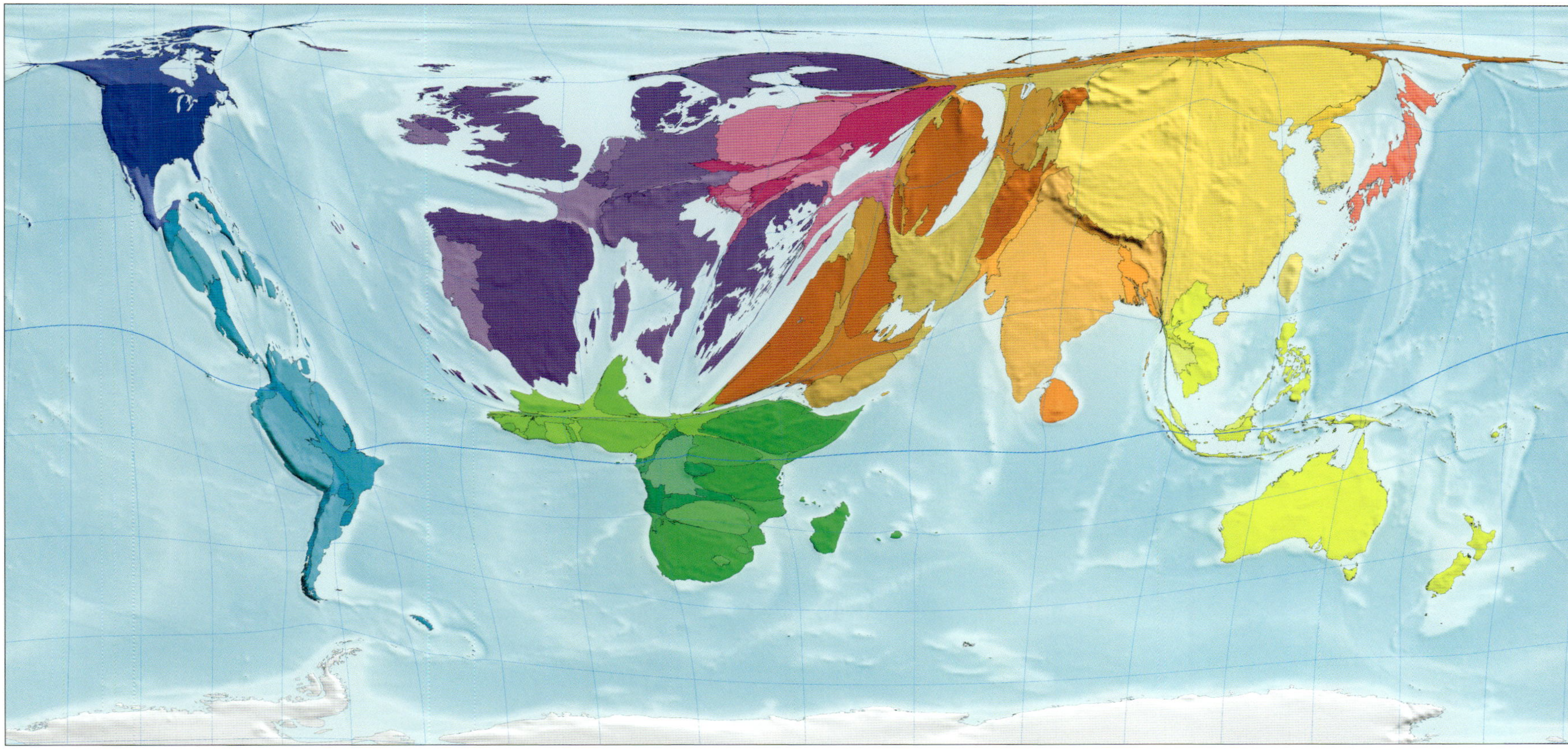

**HÖCHSTE UND NIEDRIGSTE ZAHL VON ARBEITNEHMERN IN ARBEITSKÄMPFEN**

| Rang | Land | Personen* |
|---|---|---|
| 1 | Guyana | 83 |
| 2 | Israel | 44 |
| 3 | Aserbaidschan | 41 |
| 4 | Finnland | 30 |
| 5 | Australien | 28 |
| 6 | Griechenland | 27 |
| 7 | Zypern | 27 |
| 8 | Dänemark | 22 |
| 9 | Spanien | 19 |
| 10 | Neuseeland | 16 |
| 191 | Schweiz | 0,21 |
| 192 | Hongkong | 0,18 |
| 193 | Malawi | 0,08 |
| 194 | Thailand | 0,07 |
| 195 | Ägypten | 0,02 |
| 196 | Burundi | 0,00 |
| 197 | Mali | 0,00 |
| 198 | Myanmar | 0,00 |
| 199 | Bahamas | 0,00 |
| 200 | Singapur | 0,00 |

*Streikende und von Aussperrungen Betroffene pro 1000 Einwohner unc Jahr, 1980 bis 1995

# 204 Streiks und Aussperrungen

**Anzahl der Menschen, die zwischen 1980 und 1995 in Arbeitskämpfe verwickelt wurden. Natürlich findet das Streikrecht für Arbeiter keinen uneingeschränkten Beifall.**

Diese Karte zeigt die Anzahl von Menschen, die in Arbeitskämpfe verwickelt waren, entweder durch Verweigerung der Arbeit vonseiten der Arbeitnehmer (Streik) oder durch Verweigerung des Zutritts zur Arbeitsstelle vonseiten der Arbeitgeber (Aussperrung). Dass die Verweigerung von Arbeit auf beiden Seiten als Kampfmittel eingesetzt werden kann, lässt die gegenseitige Abhängigkeit erkennen. Zwischen 1980 und 1995 waren pro Jahr durchschnittlich 13,5 Millionen Menschen in Arbeitskämpfe verwickelt. Die höchsten Gesamtzahlen wurden in China, Indien, Spanien und Australien ermittelt. Prozentual zur Einwohnerzahl war das Ergebnis in Guyana, Israel und Aserbaidschan am höchsten.

Nicht überall auf der Welt ist ein Streikrecht festgeschrieben, aber in fast allen Staaten haben zumindest einige Arbeitnehmer das Recht dazu. Manchmal jedoch müssen sie schwerwiegende Folgen in Kauf nehmen.

*»Wenn du denkst, wir sind zu klein, um etwas zu verändern, dann versuch, mit einer Mücke im Zimmer zu schlafen.«* Anonym

**STREIKENDE UND VON AUSSPERRUNGEN BETROFFENE**
Pro 1000 Menschen, 1980 bis 1995

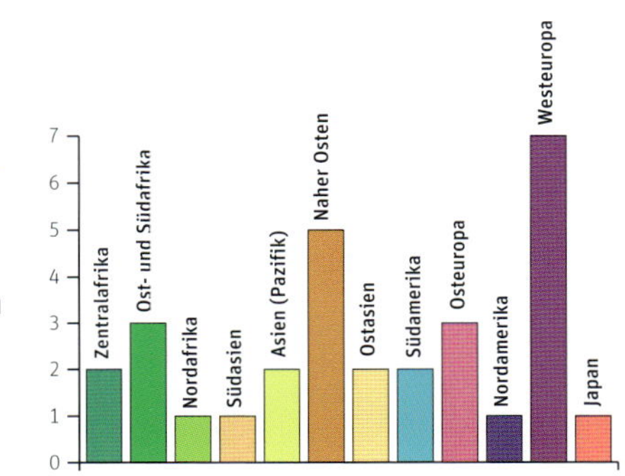

# Die soziale Welt

## Wohnen und Bildung



## Kommunikation und Medien



## Gesundheit und Krankheit

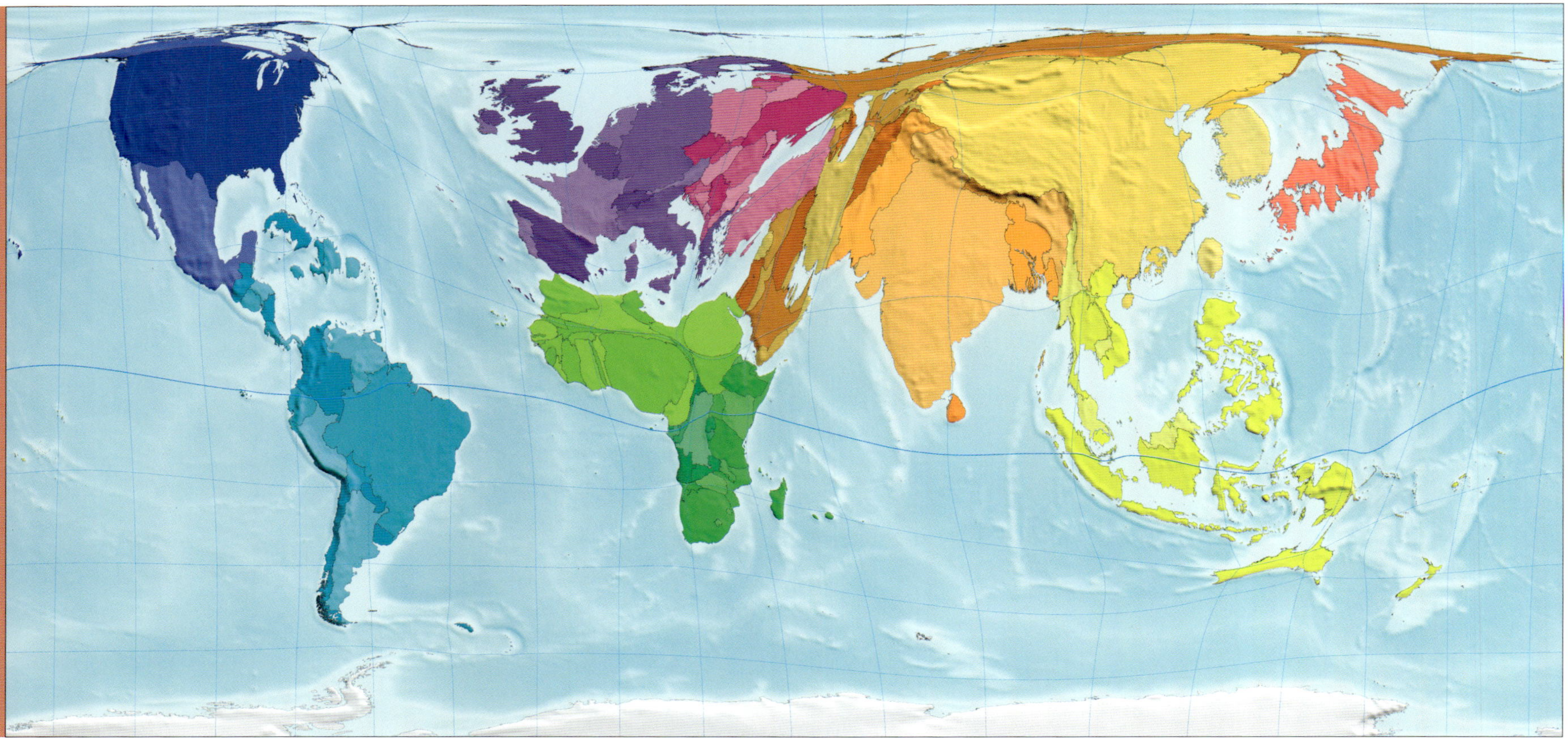

# 205 Städtische Bevölkerung

**Die Größe eines Landes gibt die Anzahl der Menschen an, die in Groß- und Kleinstädten wohnen. Insgesamt lebt etwa die Hälfte der Weltbevölkerung in einer urbanen Umgebung.**

Städte bieten dank höherer Bevölkerungsdichte bessere Bedingungen für Handel, Gewerbe und Industrie. Deshalb wurden sie gegründet – die erste von den Sumerern vor mehr als 6000 Jahren im heutigen Irak. 2002 lebten 48 Prozent der Weltbevölkerung in urbanen Gebieten, und zum heutigen Zeitpunkt wird dieser Anteil mit ziemlicher Sicherheit schon bei über 50 Prozent liegen. In jedem Land der Erde leben zahlreiche Menschen in urbaner Umgebung. Trotzdem gibt es insoweit große Unterschiede, als einige Länder einen weit höheren Anteil an Stadtbewohnern haben als andere.

Die Regionen mit dem höchsten Grad an Verstädterung sind nicht unbedingt die wohlhabendsten. In Brasilien leben 145 Millionen Menschen bzw. 82 Prozent der Bevölkerung in städtischen Zentren. In Bhutan liegen die entsprechenden Zahlen bei gerade einmal 180 000 bzw. 8 Prozent.

Nur in zwei Staaten leben nahezu alle Einwohner in einem urbanen Umfeld: in den Stadtstaaten Hongkong (das mittlerweile zu China gehört) und Singapur.

**LÄNDER MIT DEM GRÖSSTEN UND KLEINSTEN ANTEIL AN STADTBEWOHNERN**

| Rang | Land | Prozent* |
|---|---|---|
| 1 | Singapur | 99 |
| 2 | Hongkong | 99 |
| 3 | Belgien | 97 |
| 4 | Kuwait | 96 |
| 5 | Island | 93 |
| 6 | Uruguay | 92 |
| 7 | Katar | 92 |
| 8 | Israel | 92 |
| 8 | Luxemburg | 92 |
| 8 | Australien | 92 |
| 191 | Ruanda | 17 |
| 192 | Salomon-Inseln | 16 |
| 193 | Malawi | 16 |
| 194 | Äthiopien | 15 |
| 195 | Nepal | 15 |
| 196 | Papua-Neuguinea | 13 |
| 197 | Uganda | 12 |
| 198 | Burundi | 10 |
| 199 | Bhutan | 8 |
| 200 | Osttimor | 8 |

*Prozent der Bevölkerung, die in Städten leben (2002)

**BEVÖLKERUNG IN URBANER UMGEBUNG**
in Prozent der Gesamtbevölkerung

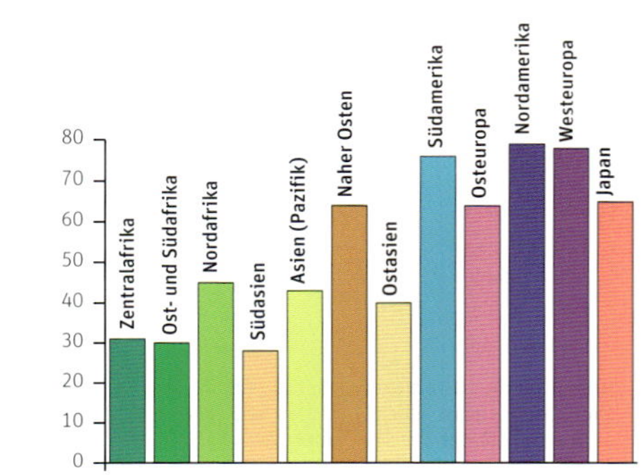

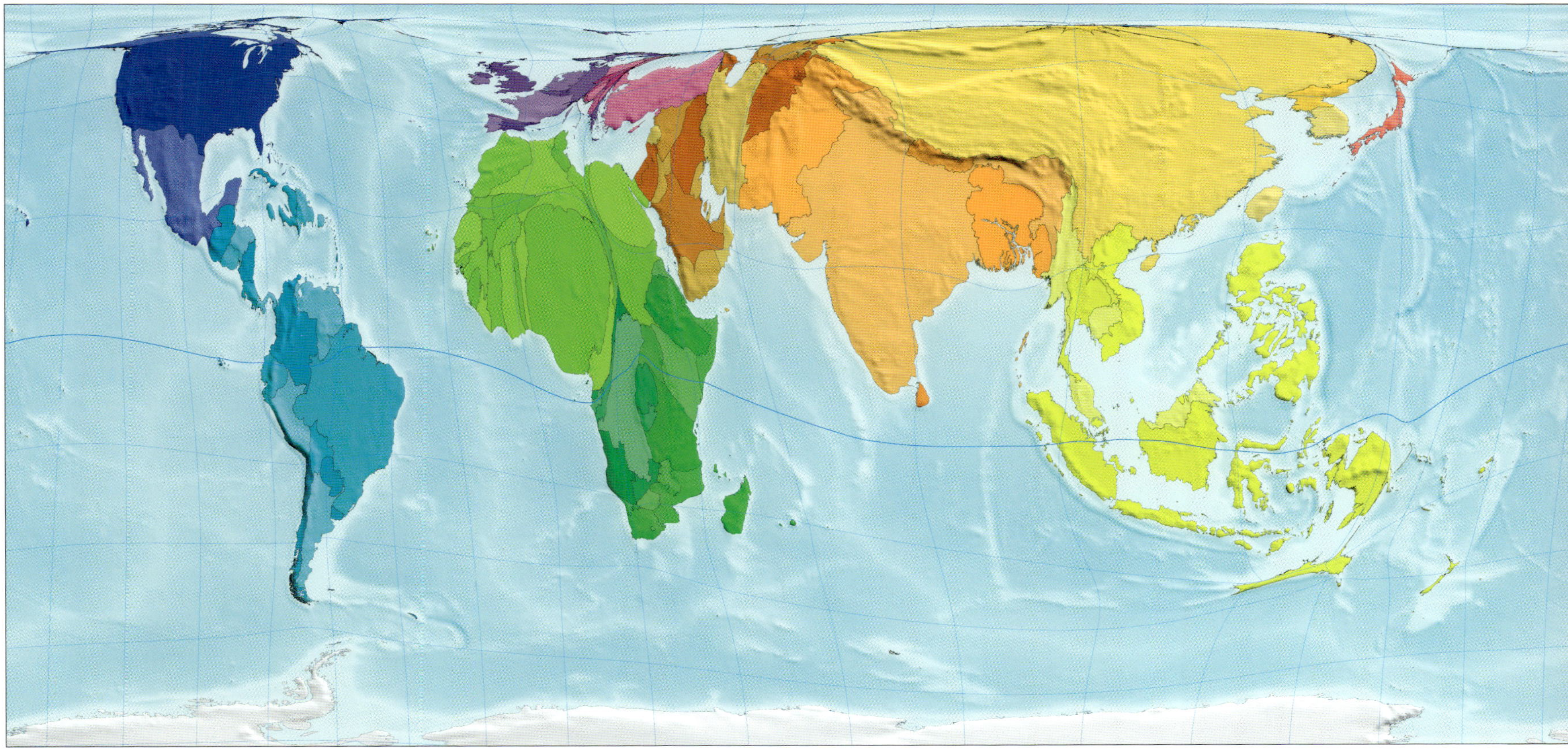

**GRÖSSTES UND GERINGSTES PROGNOSTIZIERTES STÄDTISCHES WACHSTUM BIS 2015**

| Rang | Land | Prozent* |
|---|---|---|
| 1 | Brunei | 63 |
| 2 | Gaza und Westbank | 47 |
| 3 | Mauretanien | 45 |
| 4 | St. Lucia | 44 |
| 5 | Kuwait | 41 |
| 6 | Saudi-Arabien | 40 |
| 7 | Oman | 38 |
| 8 | Ruanda | 35 |
| 9 | Äquatorialguinea | 34 |
| 10 | Afghanistan | 33 |
| 178 | Kasachstan | 1,6 |
| 179 | Dänemark | 1,6 |
| 180 | Polen | 1,5 |
| 181 | Österreich | 1,4 |
| 182 | Island | 1,4 |
| 183 | Ungarn | 1,1 |
| 184 | Weißrussland | 0,9 |
| 185 | Tschechien | 0,8 |
| 186 | Niue | 0,7 |
| 187–200 | 14 Länder | 0 |

*Menschen, die 2002 nicht in Städten gelebt haben, aber 2015 voraussichtlich in Städten leben als prozentualer Anteil der Bevölkerung von 2002

# 206 Prognostizierter Anstieg der Stadtbevölkerung

**Die Größenverhältnisse geben den bis 2015 erwarteten Anstieg der Stadtbevölkerung wieder. Die Zahl der Menschen, die in Städten leben, wird weltweit in den meisten Ländern prozentual weiter ansteigen.**

In 186 der 200 auf dieser Karte verzeichneten Länder wird die Zahl der Stadtbewohner weiter steigen. Nur ein Teil dieses Anstieges wird auf Geburtenüberschuss zurückzuführen sein, während der größere Teil auf Zuwanderung beruhen wird. Viele Gründe sprechen dafür, in die Stadt zu ziehen, wie z. B. bessere Chancen auf einen Arbeitsplatz, höherer Lebensstandard oder das Schwinden ländlicher Strukturen. In den 186 Ländern, in denen man einen Anstieg der urbanen Bevölkerung erwartet, wird es bis 2015 ein Plus von insgesamt 888 Millionen Stadtbewohnern geben. In den verbleibenden 14 Ländern wird dagegen ein Rückgang von etwa 6,5 Millionen zu verzeichnen sein.

*»Massive Urbanisierung heißt, dass die Probleme, die London und New York in 150 Jahren kaum meistern konnten, in Hunderten von Städten, die so gut wie bankrott sind, in einem Zeitraum von nur 20 Jahren bewältigt werden müssen.«* John Vidal, Guardian, 2004

**STÄDTISCHE BEVÖLKERUNG 2002 UND WACHSTUM BIS 2015**

Unten: Städtische Bevölkerung 2002
Oben: Stadtbevölkerung bis 2015 in Millionen

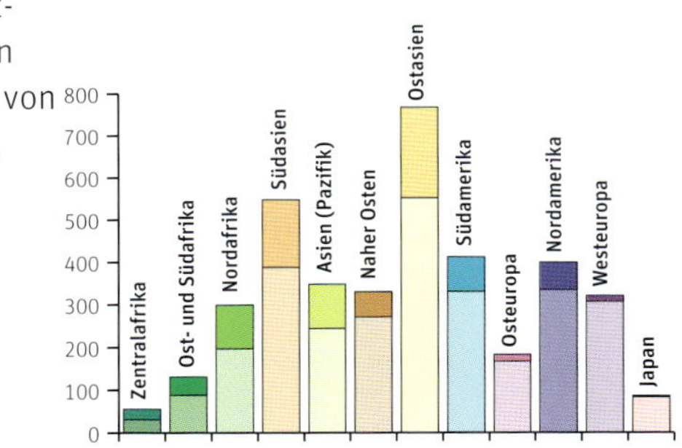

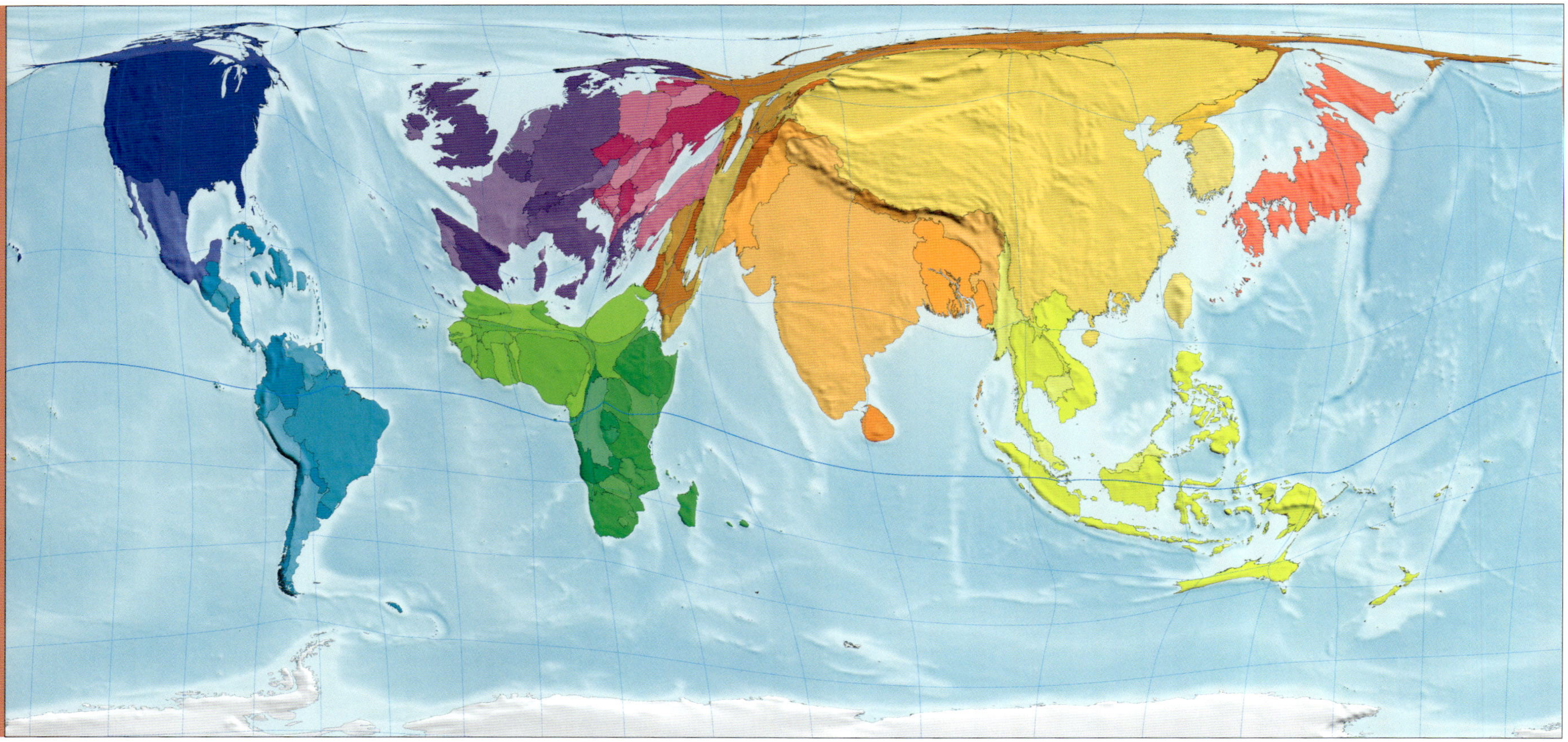

**GRÖSSTE UND KLEINSTE DURCHSCHNITTLICHE HAUSHALTSGRÖSSE**

| Rang | Land | Personen* |
|---|---|---|
| 1 | Irak | 7,7 |
| 2 | Äquatorialguinea | 7,5 |
| 3 | Pakistan | 6,8 |
| 4 | Jemen | 6,7 |
| 5 | Salomon-Inseln | 6,3 |
| 6 | Jordanien | 6,2 |
| 7 | Bahrain | 5,9 |
| 8 | Fidschi | 5,8 |
| 9 | Tadschikistan | 5,8 |
| 10 | Sudan | 5,8 |
| 191 | Österreich | 2,4 |
| 192 | Belgien | 2,4 |
| 193 | Frankreich | 2,4 |
| 194 | Großbritannien | 2,3 |
| 195 | Niederlande | 2,3 |
| 196 | Schweiz | 2,3 |
| 197 | Deutschland | 2,2 |
| 198 | Dänemark | 2,2 |
| 199 | Norwegen | 2,2 |
| 200 | Finnland | 2,1 |

*Durchschnittliche Zahl der Personen je Haushalt

# 207 Zahl der Privathaushalte

**Die Größenverhältnisse geben die Zahl der Haushalte wieder. Die durchschnittlichen Haushaltsgrößen variieren aber von Land zu Land.**

Ein Privathaushalt wird definiert als eine soziale Gruppierung, oft eine Familie, die sich den Wohnraum teilt und die Mahlzeiten meist gemeinsam einnimmt. Die Zahl der Haushalte eines Landes hängt nicht nur von der jeweiligen Bevölkerungszahl ab, sondern auch von der Durchschnittsgröße der Haushalte, die sehr unterschiedlich ausfällt. Unter den Staaten weist der Irak mit 7,7 Menschen die größte durchschnittliche Haushaltsgröße auf, unter den Regionen Zentralafrika mit fünf Menschen. In der Regel sind die Lebenshaltungskosten pro Person in größeren Haushalten niedriger, weil die Ausstattung gemeinsam genutzt wird.

*» Wenn weniger Menschen in mehr Haushalten leben, werden mehr Ressourcen verbraucht und die Umwelt stärker belastet. «*

Jianguo Lin, Professor für Ökologie, Michigan State University, 2003

**HAUSHALTE**
je 100 Personen, 2002

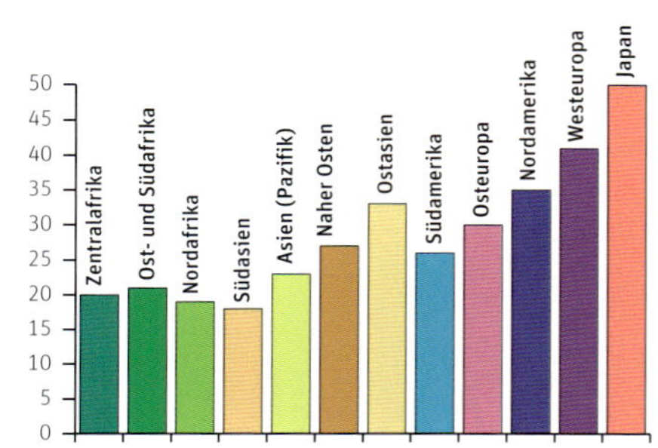

**DIE TEUERSTEN UND DIE GÜNSTIGSTEN WOHNOBJEKTE**

| Rang | Land | US-Dollar/Person* |
|---|---|---|
| 1 | Luxemburg | 378 166 |
| 2 | Schweiz | 227 936 |
| 3 | Irland | 221 475 |
| 4 | Japan | 186 040 |
| 5 | Österreich | 183 834 |
| 6 | Norwegen | 180 304 |
| 7 | Vereinigte Staaten | 164 239 |
| 8 | Niederlande | 162 955 |
| 9 | Belgien | 158 330 |
| 10 | Italien | 157 389 |
| 191 | Burundi | 1841 |
| 192 | Guinea-Bissau | 1803 |
| 193 | Äthiopien | 1559 |
| 194 | Sierra Leone | 1533 |
| 195 | Madagaskar | 1373 |
| 196 | Tadschikistan | 1232 |
| 197 | Malawi | 1081 |
| 198 | Jemen | 1053 |
| 199 | Tansania | 1000 |
| 200 | Libyen | 485 |

*Wert aller Wohnobjekte in US-Dollar, geteilt durch die Gesamtbevölkerung, 1998

# 208 Kosten für Wohnobjekte

## Gesamtwert der als Wohnraum genutzten Immobilien in US-Dollar

Am teuersten ist das Wohnen in Europa. Doch obwohl die Kosten für Wohnungen und Häuser in reicheren Ländern um vieles höher liegen, ist die durchschnittliche Haushaltsgröße in Europa kleiner.

Die günstigsten Wohnobjekte findet man in den afrikanischen Regionen und in Südasien – sogar dann, wenn man berücksichtigt, dass dort die Kaufkraft, am Dollar gemessen, sehr viel höher ist.

**WOHNOBJEKTPREISE WELTWEIT**
pro Person, KKP in 1000 US-Dollar

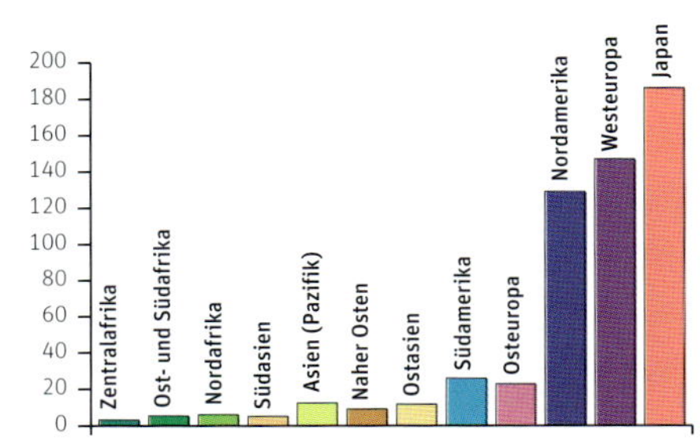

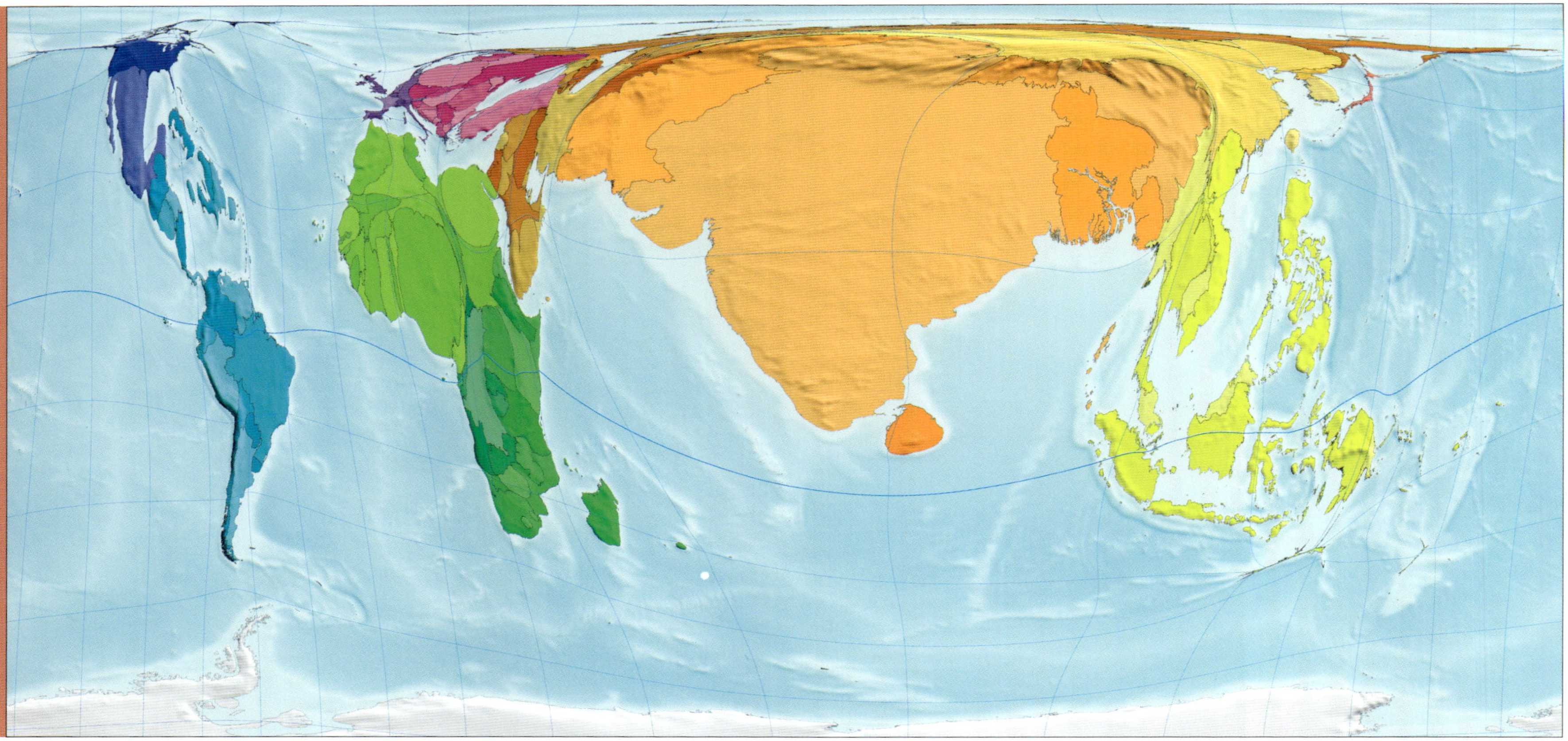

# 209 Menschen in beengten Wohnverhältnissen

**Wenn sich mehr als zwei Personen einen Raum teilen müssen, spricht man von beengten Wohnverhältnissen.**

Welche Wohndichte als angemessen gilt, hängt sowohl von sozialen und kulturellen Normen als auch von den finanziellen Mitteln ab. Wenn es aber eine Wahlmöglichkeit gibt, ziehen die meisten Menschen großzügige Wohnverhältnisse vor.

In reicheren Ländern leben die Menschen generell weniger beengt als in ärmeren. Es gibt hinsichtlich der Wohndichte aber auch große regionale Unterschiede innerhalb von Ländern. In Indien leben 77 Prozent der Bevölkerung in Verhältnissen, die als sehr beengt gelten. Auch in anderen Ländern Südasiens ist dieser Anteil sehr hoch: 72 Prozent beträgt er in Pakistan, 61 Prozent in Bangladesch und 48 Prozent in Nepal.

Auf der anderen Seite sind Australien, Neuseeland, Japan, Westeuropa und Kanada auf dieser Karte kaum zu erkennen, weil dort die Wohnverhältnisse im Allgemeinen sehr großzügig sind.

**LÄNDER MIT DER HÖCHSTEN WOHNDICHTE**

| Rang | Land | Prozent* |
|---|---|---|
| 1 | Indien | 77 |
| 2 | Pakistan | 72 |
| 3 | Mauretanien | 64 |
| 4 | Jemen | 62 |
| 5 | Madagaskar | 62 |
| 6 | Bangladesch | 61 |
| 7 | El Salvador | 56 |
| 8 | Kap Verde | 56 |
| 9 | Botswana | 54 |
| 10 | Eritrea | 53 |
| 11 | Uganda | 53 |
| 12 | Nicaragua | 53 |
| 13 | Haiti | 51 |
| 14 | Salomon-Inseln | 50 |
| 15 | Jordanien | 50 |
| 16 | Nepal | 48 |
| 17 | Guatemala | 48 |
| 18 | Tschad | 47 |
| 19 | Niger | 45 |
| 20 | Sambia | 43 |

*Prozent der Menschen, die sehr beengt wohnen, 2002

**BEENGTE WOHNVERHÄLTNISSE**
Prozent der Bevölkerung, die sehr beengt wohnen

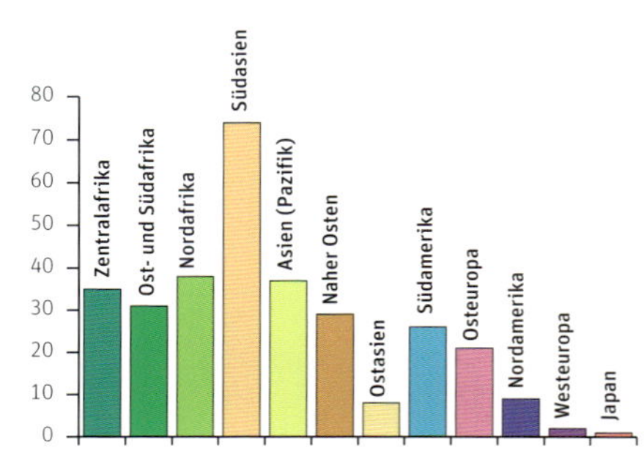

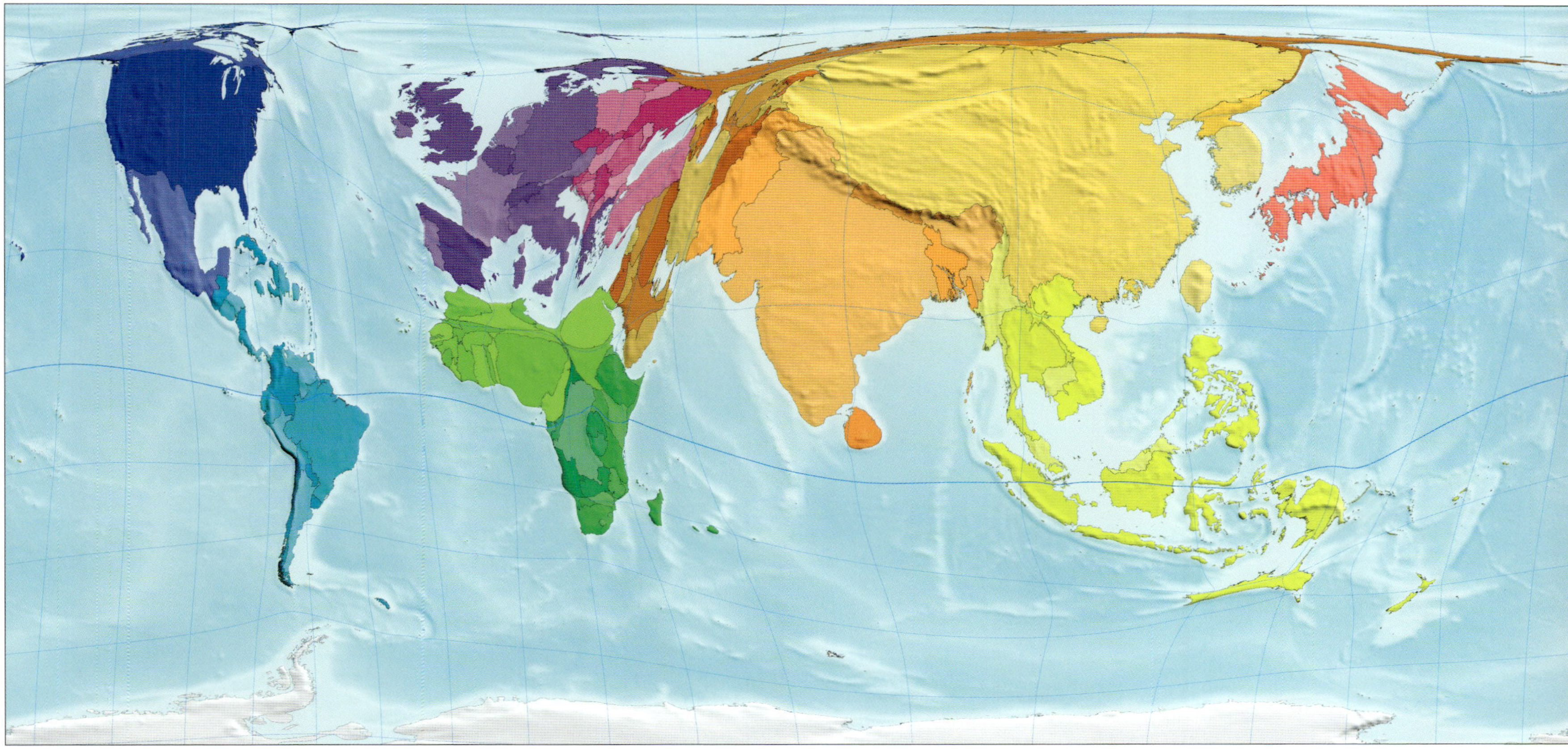

**HÖCHSTER ANTEIL AN MINDERWERTIGEM WOHNRAUM**

| Rang | Land | Prozent* |
|---|---|---|
| 1 | Tschad | 99 |
| 2 | Mosambik | 86 |
| 3 | Äthiopien | 77 |
| 4 | Peru | 54 |
| 5 | Belize | 46 |
| 6 | Bolivien | 46 |
| 7 | Chile | 41 |
| 8 | Ruanda | 36 |
| 9 | El Salvador | 29 |
| 10 | Kenia | 28 |
| 11 | Fidschi | 28 |
| 12 | Ecuador | 27 |
| 13 | Kamerun | 24 |
| 14 | Iran | 24 |
| 15 | Jordanien | 23 |
| 16 | Indien | 19 |
| 17 | Malawi | 16 |
| 18 | Pakistan | 14 |
| 19 | Bulgarien | 11 |
| 20 | Irak | 4 |

*Prozent der Unterkünfte, die nicht als massiv gebaut gelten (die Studie deckt nur Städte ab und nicht alle 200 Länder)

# 210 Feste Unterkünfte

**Ohne massiv gebaute Wohnungen ist das Leben der Menschen von Haus aus gefährdeter. Es gibt aber immer noch Länder, in denen feste Unterkünfte eher Ausnahme als Regel sind.**

In einem Großteil der Regionen stehen den meisten Menschen feste Unterkünfte zur Verfügung, d.h. Bauten, die für einen Nutzungszeitraum von vielen Jahren konzipiert wurden. In Ost- und Südafrika jedoch leben nur 29 Prozent der Bevölkerung in massiven Gebäuden. Im Tschad, dessen Bevölkerung zu einem beträchtlichen Anteil aus Nomaden besteht, leben nicht einmal drei Prozent der Menschen in solchen Schutz bietenden Bauten. Auch Sippen und Stämme, die aus freien Stücken bzw. aus Tradition ein Nomadenleben führen, können unter einem Mangel an Unterkünften leiden. Das Risiko, dass ihr Lebensraum und ihre Habe durch widrige Witterungseinflüsse beschädigt oder zerstört werden, ist für sie wesentlich höher als für Menschen, die in festen Unterkünften wohnen. Oft haben sie auch keine Eigentumsrechte an dem Land, auf dem sie leben, und ihre Wohnverhältnisse sind fast immer dürftiger als bei Menschen, die in soliden Häusern wohnen.

**DAUERHAFTE UNTERKÜNFTE**
Prozent der Bevölkerung

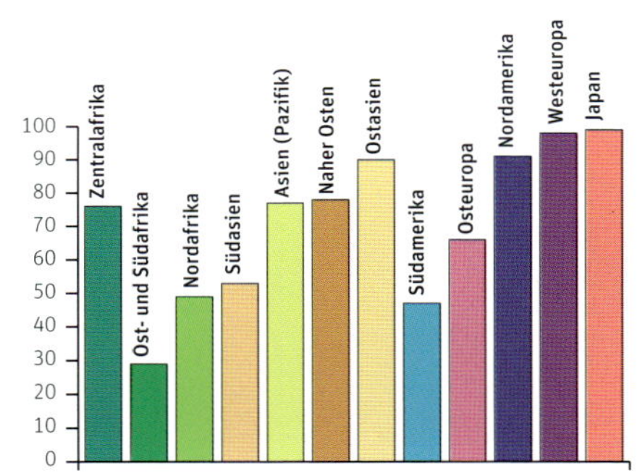

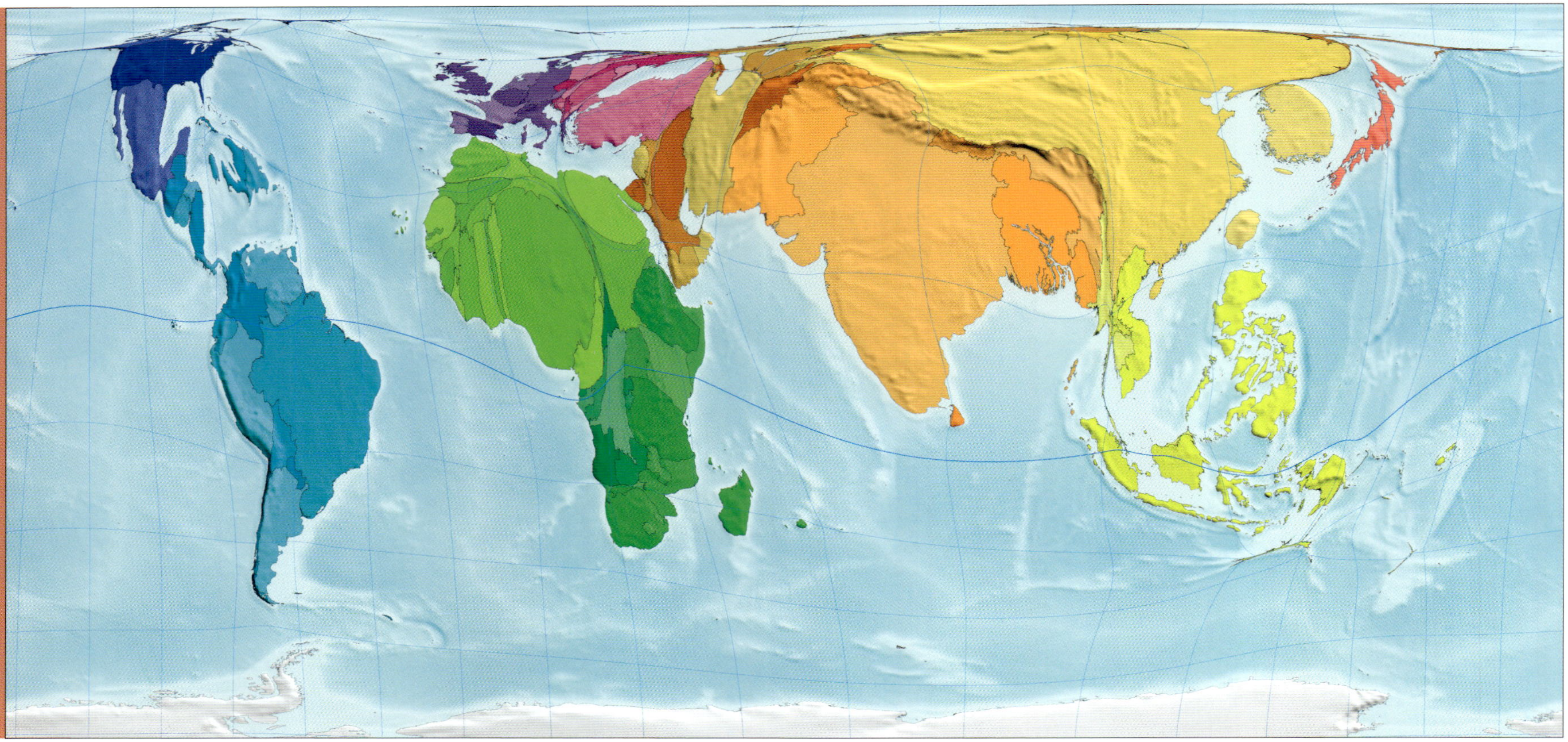

**LÄNDER MIT DEN HÖCHSTEN UND NIEDRIGSTEN ANTEILEN AN SLUMS**

| Rang | Land | Prozent* |
|---|---|---|
| 1 | Mauretanien | 55 |
| 2 | Gabun | 53 |
| 3 | Kongo | 51 |
| 4 | Peru | 48 |
| 5 | Nicaragua | 45 |
| 6 | Libanon | 44 |
| 7 | Oman | 43 |
| 8 | Äquatorialguinea | 40 |
| 9 | Gaza und Westbank | 39 |
| 10 | Kap Verde | 39 |
| 185 | Neuseeland | 0,9 |
| 186 | São Tomé und Príncipe | 0,7 |
| 187 | Mikronesien | 0,7 |
| 188 | Irland | 0,5 |
| 189 | Barbados | 0,5 |
| 190 | Nordkorea | 0,4 |
| 191 | Thailand | 0,4 |
| 192 | Tonga | 0,3 |
| 193 | Uruguay | 0,1 |
| 194–200 | 7 Länder | 0,0 |

*Prozent der Bevölkerung, die in städtischen Slums leben, 2001

# 211 Städtische Slums

**Als Slums gelten offiziell Wohnungen, die aufgrund ihrer schlechten Bauweise nicht sicher sind.**

2001 lebten 927 Millionen Menschen – das sind 15 Prozent der Weltbevölkerung – in Slums. Deren Bewohner sind in der Regel arm und haben wenig Mittel zur Verfügung, um ihre Häuser und ihr Umfeld instand zu setzen. Auch der oft ungeklärte rechtliche Status der Unterkünfte beeinträchtigt die Bereitschaft der Menschen, Verbesserungen vorzunehmen. Wer investiert schon in Wohnraum, wenn er unter Umständen gezwungen wird, seine Behausung wieder aufzugeben?

Slums gibt es fast überall auf der Welt. Den mit 26 Prozent höchsten Anteil an Slumbewohnern weist Südamerika auf, gefolgt von Nordafrika mit 25 Prozent.

*»… es gibt zwei Städte in einer …[Ein] Teil bietet all die Vorteile des urbanen Lebens, der andere [besteht aus] Slums und Barackensiedlungen, in denen die Armen oft unter schlimmeren Bedingungen hausen als ihre Verwandten auf dem Land.«* Anna Tibaijuka, Exekutiv-Direktorin von UN-Habitat, 2006

**MENSCHEN, DIE IN STÄDTISCHEN SLUMS LEBEN**
Prozent der Bevölkerung, die in städtischen Slums leben, 2001

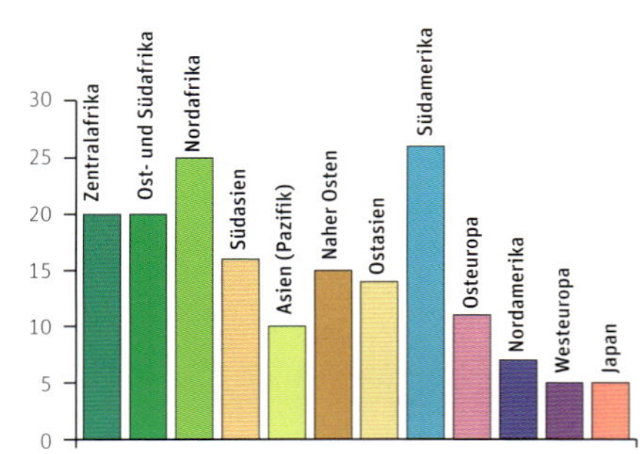

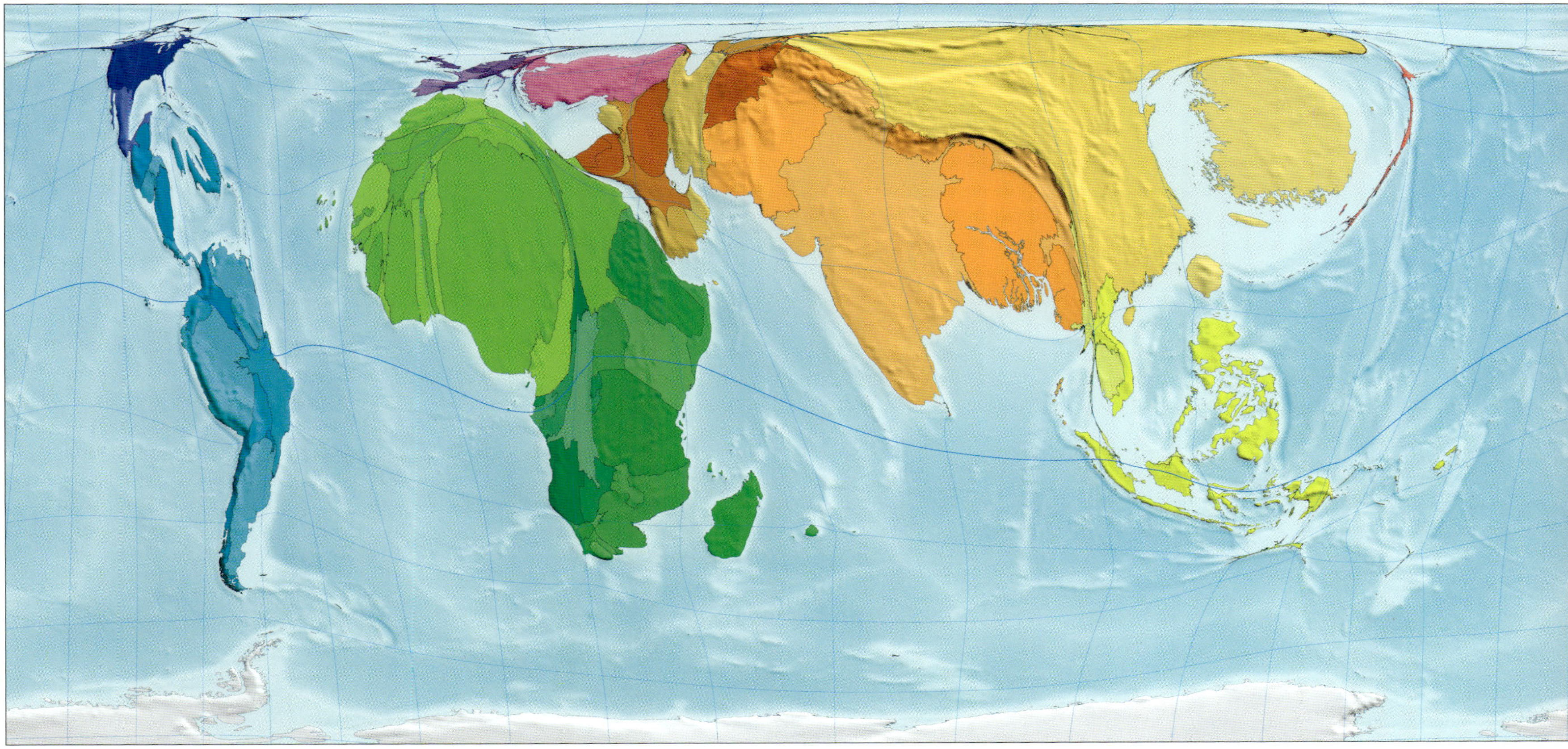



**HÖCHSTER ANSTIEG DER ZAHL DER SLUMBEWOHNER**

| Rang | Land | Prozent* |
|---|---|---|
| 1 | Gaza und Westbank | 39 |
| 2 | Südkorea | 29 |
| 3 | Gabun | 25 |
| 4 | Mauretanien | 25 |
| 5 | Kongo | 22 |
| 6 | Oman | 19 |
| 7 | Äquatorialguinea | 18 |
| 8 | Kap Verde | 17 |
| 9 | Mosambik | 17 |
| 10 | Benin | 16 |
| 11 | Peru | 15 |
| 12 | Tansania | 15 |
| 13 | Nigeria | 14 |
| 14 | Elfenbeinküste | 14 |
| 15 | Nicaragua | 14 |
| 16 | Kamerun | 14 |
| 17 | Sudan | 13 |
| 18 | Angola | 13 |
| 19 | Senegal | 13 |
| 20 | Libanon | 13 |

*Zuwachs an Slumbewohnern zwischen 1990 und 2001 in Prozent der Gesamtbevölkerung

# 212 Wachstum der Slums

**In dem Maße, in dem sich die Städte ausdehnen, wachsen auch ihre Barackensiedlungen. Die Proportionen verdeutlichen den Bevölkerungszuwachs in den Slums zwischen 1990 und 2001.**

Zwischen 1990 und 2001 stieg die Zahl der Menschen, die in Slums lebten, um 220 Millionen. Den größten Anstieg verzeichneten die Länder Süd- und Ostasiens , die ohnehin schon die größte Zahl an Slumbewohnern aufwiesen. Auf Länderebene war der stärkste Anstieg in China, Indien und Nigeria zu beobachten, alles sehr bevölkerungsreiche Länder. Die Zahl der Slumbewohner ist zwar in den ärmeren Ländern stärker angestiegen als in den reicheren, insgesamt stieg die Zahl der Slumbewohner im untersuchten Zeitraum aber in 85 Prozent aller Länder.

**SLUMBEWOHNER 1990 UND SLUMWACHSTUM BIS 2001**
Unten: Slumbewohner in Millionen, 1990
Oben: Neue Slumbewohner in Millionen, 1990–2001

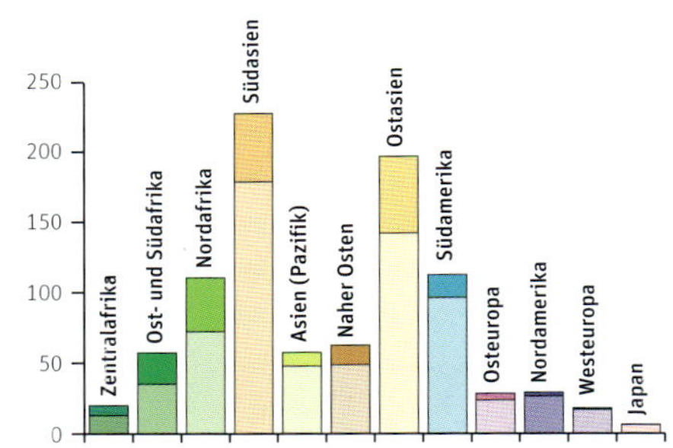

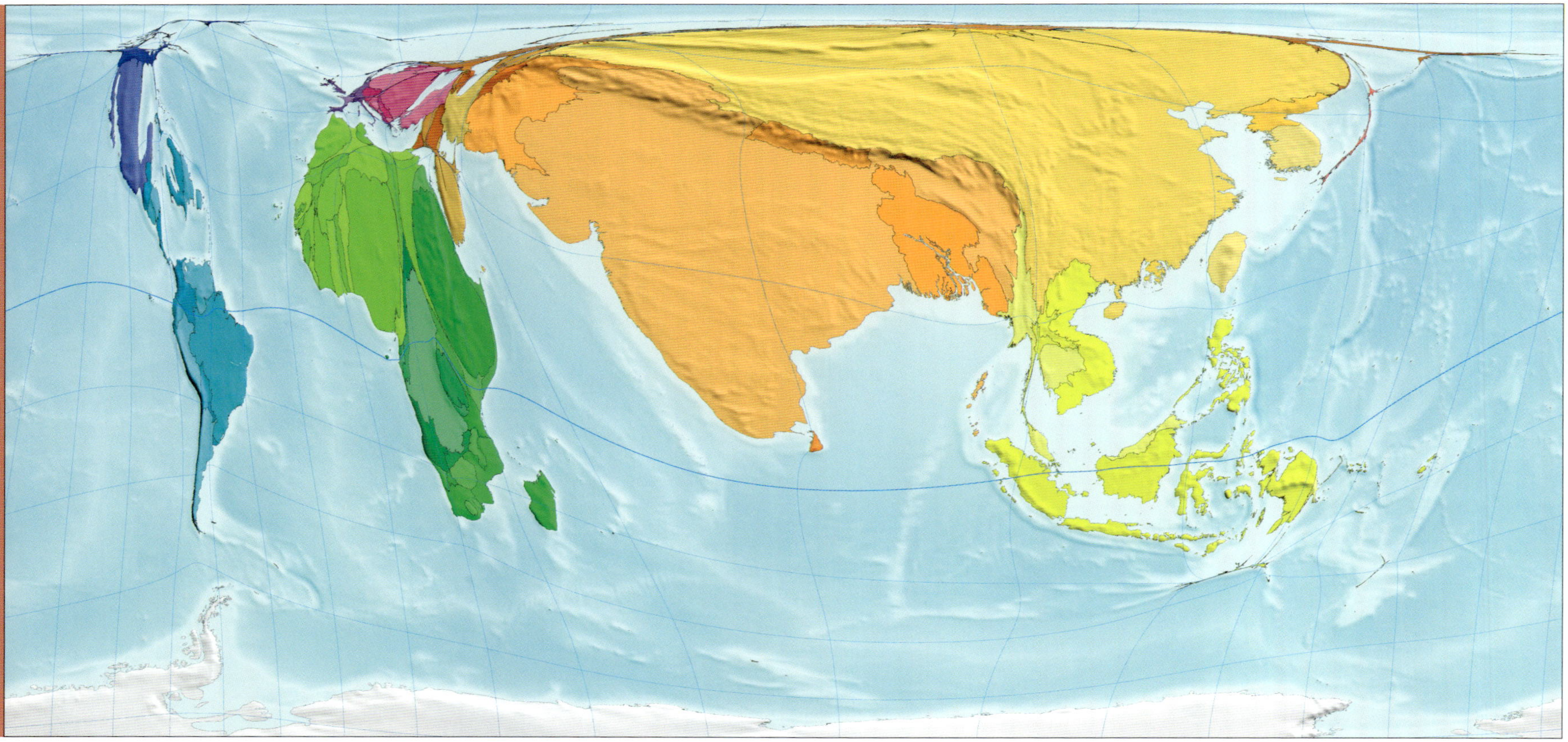



# 213 Minimale Sanitärversorgung

**Die Proportionen zeigen den prozentualen Bevölkerungsanteil, der keinen oder keinen ausreichenden Zugang zu sanitären Einrichtungen hat.**

Eine ausreichende Versorgung mit sanitären Anlagen ist wichtig, um der Ausbreitung vieler Krankheiten vorzubeugen. Weltweit haben zwei von fünf Menschen keinen Zugang zu sanitärer Grundversorgung, d.h. zu Latrinen oder Toiletten jeglicher Art. In Südasien und Zentralafrika müssen sogar 65 Prozent der Menschen auf eine Grundversorgung mit sanitären Anlagen verzichten. Allein in Indonesien haben 98 Millionen Menschen – das sind 45 Prozent der Bevölkerung – keine Möglichkeit, Toiletten zu benutzen. Damit leben in diesem Staat mehr Menschen ohne Zugang zu sanitären Einrichtungen als in ganz Südamerika, wo 22 Prozent der Bevölkerung ohne sanitäre Grundversorgung auskommen müssen.

*»... niemand von uns sollte eine Welt akzeptieren, in der über eine Million Kinder sterben, nur weil ihnen ein Glas Wasser und eine Toilette fehlen.«*
Kevin Watkins, Direktor des UNDP-Büros, im Bericht über die menschliche Entwicklung, 2006

**UNZUREICHENDE VERSORGUNG MIT SANITÄRANLAGEN**

| Rang | Land | Prozent* |
|---|---|---|
| 1 | Ruanda | 92 |
| 2 | Äthiopien | 88 |
| 3 | Eritrea | 87 |
| 4 | Kambodscha | 83 |
| 5 | Niger | 80 |
| 6 | DR Kongo | 79 |
| 7 | Benin | 77 |
| 8 | Zentralafrikanische Republik | 75 |
| 9 | Indien | 72 |
| 10 | Haiti | 72 |
| 11 | Nepal | 72 |
| 12 | Burkina Faso | 71 |
| 13 | Tschad | 71 |
| 14 | Laos | 70 |
| 15 | Mongolei | 70 |
| 16 | Mauretanien | 67 |
| 17 | Togo | 66 |
| 18 | Salomon-Inseln | 66 |
| 19 | Gambia | 63 |
| 20 | Jemen | 62 |

*Prozent der Bevölkerung, denen nur unzureichende sanitäre Anlagen zur Verfügung stehen, z. B. nur öffentliche Latrinen

**MANGELHAFTE GRUNDVERSORGUNG MIT SANITÄREN ANLAGEN**

Prozent der Bevölkerung ohne dauerhaften Zugang zu sanitären Anlagen

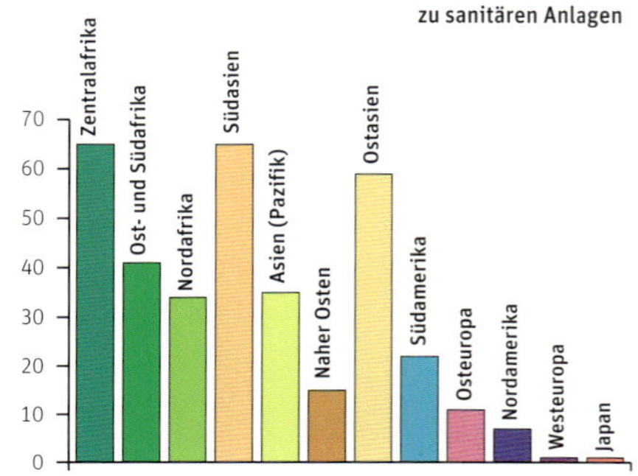

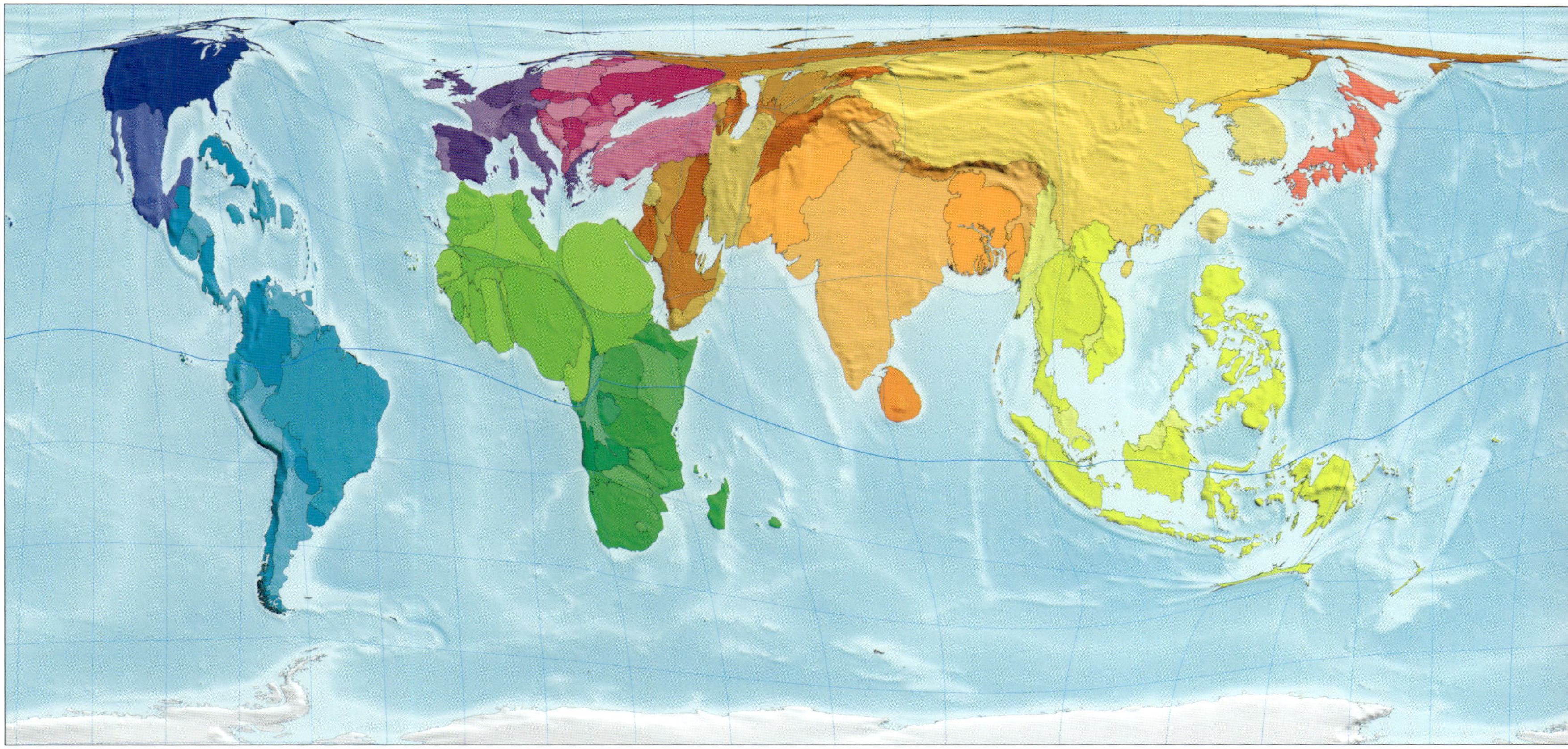

**MENSCHEN, DIE ZUGANG ZU GRUNDLEGENDEN (PRIVATEN ODER GEMEINSCHAFTLICH GENUTZTEN) SANITÄREN EINRICHTUNGEN HABEN**

| Rang | Land | Prozent* |
|---|---|---|
| 1 | Komoren | 97 |
| 2 | Ägypten | 97 |
| 3 | Kuba | 97 |
| 4 | Grenada | 96 |
| 5 | Libyen | 96 |
| 6 | St. Vincent und die Grenadinen | 95 |
| 7 | Thailand | 95 |
| 8 | Chile | 95 |
| 9 | St. Kitts und Nevis | 95 |
| 10 | Antigua und Barbuda | 94 |
| 11 | Sri lanka | 93 |
| 12 | Paraguay | 93 |
| 13 | Uruguay | 93 |
| 14 | Surinam | 92 |
| 15 | Costa Rica | 92 |
| 16 | Grönland | 92 |
| 17 | Algerien | 91 |
| 18 | Oman | 91 |
| 19 | Panama | 91 |
| 20 | Dschibuti | 90 |

*Prozent der Bevölkerung mit Zugang zu besseren sanitären Einrichtungen, die jedoch nicht an ein Abwasserentsorgungsnetz angeschlossen sind, 2000

# 214 Sanitäre Grundversorgung

**Die Größe des jeweiligen Landes zeigt die Zahl der Menschen, die nur zu sanitärer Grundversorgung Zugang haben.**

Unter sanitärer Grundversorgung versteht man Grubenlatrinen oder Toiletten, die nicht an ein Abwasserentsorgungssystem angeschlossen sind. Fast die Hälfte (48 Prozent) der Weltbevölkerung nutzt diesen Typ der sanitären Einrichtung. Der Rest hat entweder gar keine sanitären Einrichtungen oder ist an ein Abwasserentsorgungssystem angeschlossen. In Ruanda sowie in Großbritannien z.B. nutzen sieben Prozent der Bevölkerung sanitäre Einrichtungen, die nicht an ein Abwasserentsorgungsnetz angeschlossen sind. In Großbritannien hat der Rest der Bevölkerung einen Kanalanschluss, wohingegen in Ruanda der Rest der Bevölkerung keinerlei sanitäre Einrichtungen hat.

*»Sollen wir über die Priorität einer Angelegenheit entscheiden, indem wir uns fragen, ob das Thema gerade im Trend liegt oder ob es prestigeträchtig ist? Oder indem wir uns die Frage stellen, wie stark und wie viele Menschen davon betroffen sind?«* Nelson Mandela, Weltgipfel für nachhaltige Entwicklung, 2002

**SANITÄRE GRUNDVERSORGUNG**
Prozent der Bevölkerung mit dauerhaftem Zugang zu sanitärer Grundversorgung

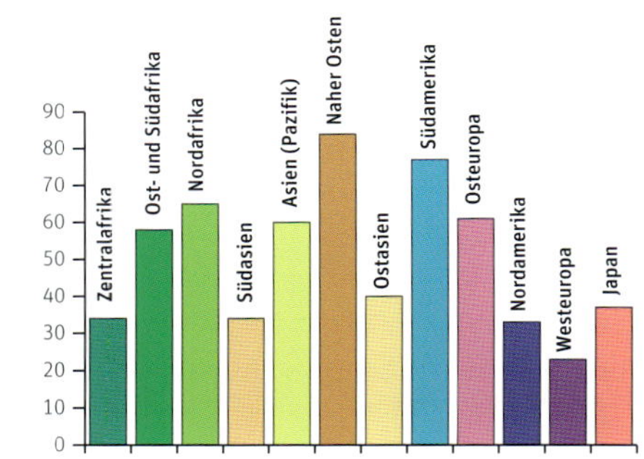

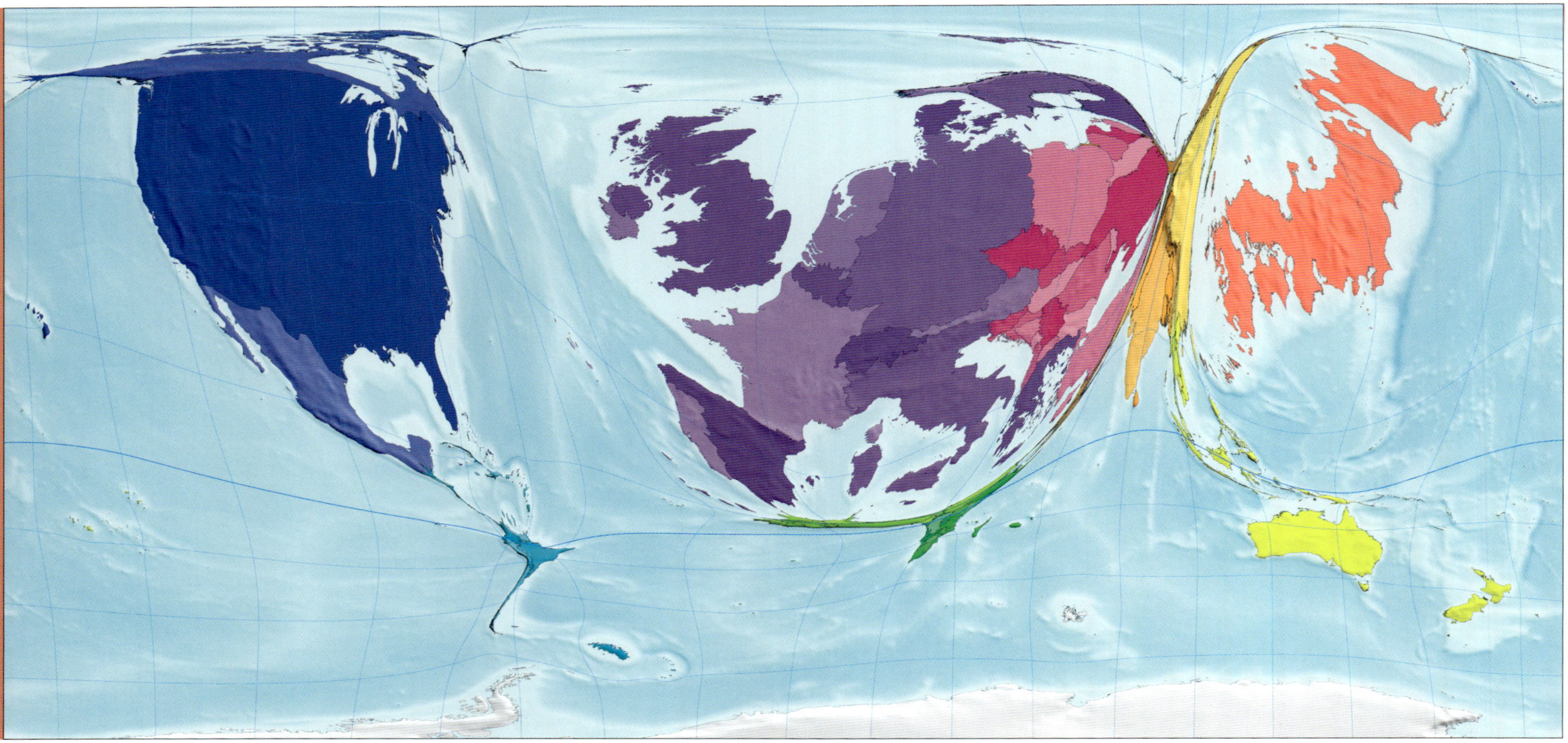



**LÄNDER MIT GUTER SANITÄRAUSSTATTUNG – SANITÄRE EINRICHTUNGEN UND KANALISATION**

| Rang | Land | Prozent* |
|---|---|---|
| 1 | Niederlande | 98 |
| 2 | Schweiz | 96 |
| 3 | Luxemburg | 95 |
| 4 | Schweden | 93 |
| 5 | Großbritannien | 92 |
| 6 | Deutschland | 91 |
| 7 | Dänemark | 89 |
| 8 | Österreich | 81 |
| 9 | Neuseeland | 80 |
| 10 | Finnland | 80 |
| 11 | Australien | 80 |
| 12 | Frankreich | 77 |
| 13 | Kanada | 75 |
| 14 | Norwegen | 73 |
| 15 | Vereinigte Staaten | 71 |
| 16 | Italien | 63 |
| 17 | Tschechien | 62 |
| 18 | Slowenien | 62 |
| 19 | Japan | 62 |
| 20 | Irland | 61 |

*Prozent der Bevölkerung mit Zugang zu sanitären Einrichtungen, die an eine Kanalisation angeschlossen sind, 1999

# 215 Abwasserentsorgung

**Nur in wenigen Ländern sind Toiletten Standard, die an eine öffentliche Kanalisation angeschlossen sind. Diese sind hier groß abgebildet.**

Abwasserentsorgungssysteme helfen Verunreinigungen von Gewässern zu reduzieren, die zur Trinkwasserversorgung dienen. Grubenlatrinen und Senkgruben erfüllen diese Aufgabe nur unzulänglich.

In mehr als drei Viertel aller Länder stehen nur zehn Prozent der Bevölkerung oder weniger Toiletten zur Verfügung, die an eine Kanalisation mit Kläranlage angeschlossen sind. In nur sechs Ländern sind solche Toiletten für über 90 Prozent der Bevölkerung vorhanden. Den mit 98 Prozent höchsten Anteil weisen die Niederlande auf.

In acht von zwölf Regionen der Erde benutzen weniger als fünf Prozent der Bevölkerung Toiletten, die an eine Kläranlage angeschlossen sind.

*»Reiche Gesellschaften haben sehr komplizierte und teure Systeme entwickelt, um menschliche Exkremente aus Wohngebieten und Städten zu entsorgen. Für gewöhnlich werden diese, nachdem sie zum einen oder anderen Grad aufbereitet wurden, im Boden abgelagert oder in die Gewässer eingeleitet.«* Peter Bane, »The Activist«, 2006

**ANBINDUNG AN ÖFFENTLICHE ABWASSERAUFBEREITUNG**
Prozent der Bevölkerung mit Toiletten, die an ein Kanalisationsnetz angeschlossen sind

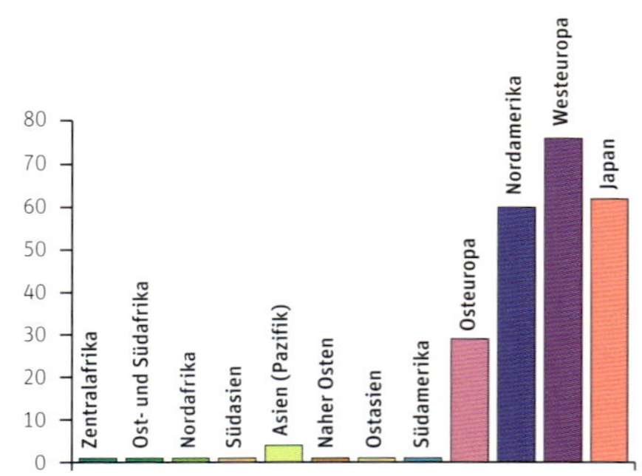

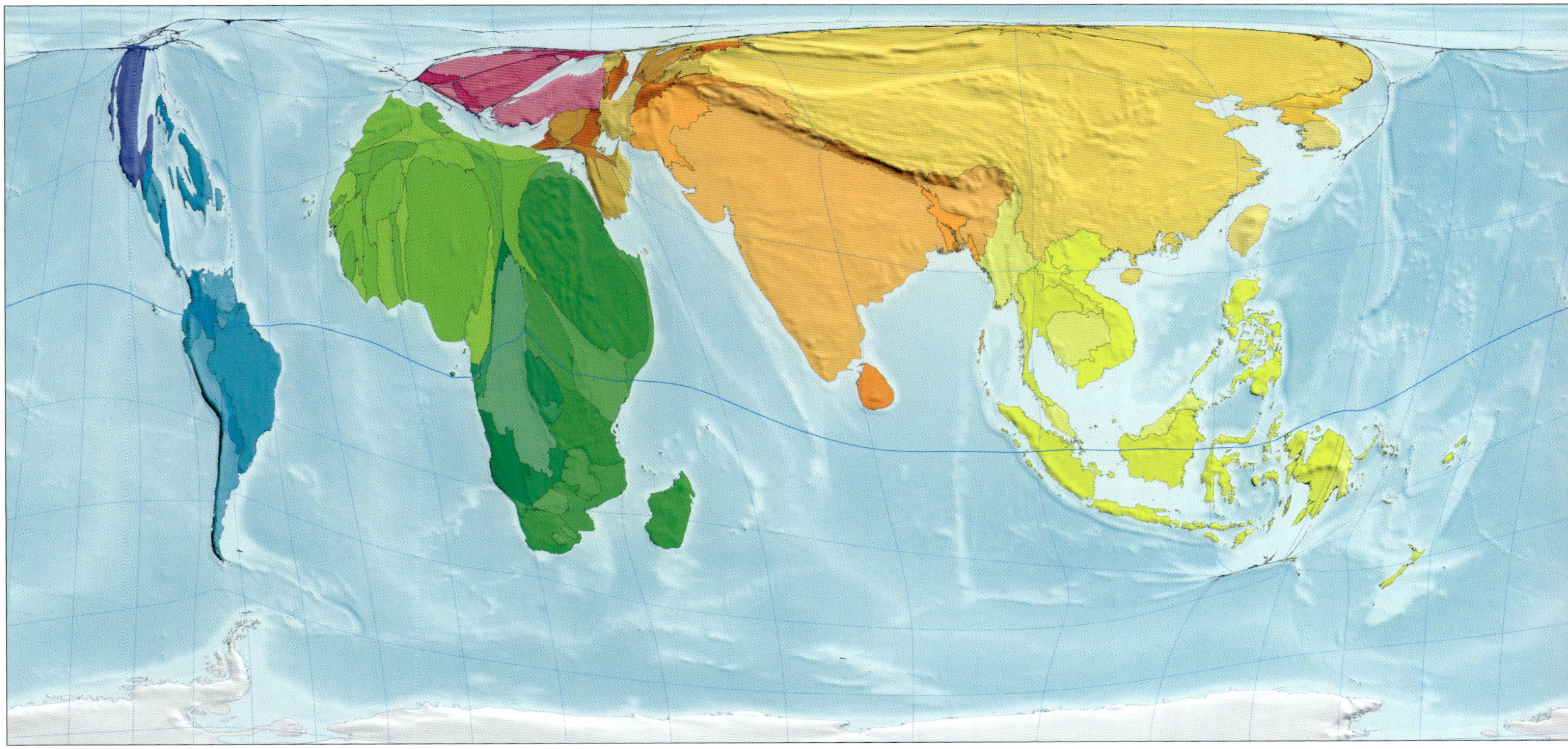

**ALLGEMEINER MANGEL AN SAUBEREM TRINKWASSER**

| Rang | Land | Prozent* |
|---|---|---|
| 1 | Äthiopien | 76 |
| 2 | Tschad | 73 |
| 3 | Kambodscha | 70 |
| 4 | Mauretanien | 63 |
| 4 | Laos | 63 |
| 6 | Angola | 62 |
| 7 | Oman | 61 |
| 8 | Ruanda | 59 |
| 9 | Burkina Faso | 58 |
| 10 | Papua-Neuguinea | 58 |
| 11 | Äquatorialguinea | 56 |
| 12 | DR Kongo | 55 |
| 13 | Eritrea | 54 |
| 14 | Haiti | 54 |
| 15 | Madagaskar | 53 |
| 16 | Fidschi | 53 |
| 17 | Guinea | 52 |
| 18 | São Tomé und Príncipe | 50 |
| 19 | Kongo | 49 |
| 20 | Uganda | 48 |

*Prozent der Bevölkerung, die nur zu verunreinigtem Wasser Zugang haben, 2000

# 216 Mangelhafte Wasserqualität

**Die Größe des jeweiligen Landes zeigt die Anzahl der Menschen, die keinen verlässlichen Zugang zu sauberem Trinkwasser haben.**

Trinkwasser ist lebensnotwendig, aber verunreinigtes Wasser ist eine der Hauptursachen von Krankheiten. Sauberes Wasser kann aus Quellen oder aus dem Grundwasser entnommen werden. Wasser, das nicht sauber genug ist, kann aufbereitet werden, wobei Verunreinigungen und Keime entfernt werden.

In Westeuropa ist die Mehrzahl der Bevölkerung ausreichend mit sauberem Trinkwasser versorgt. In Zentralafrika trifft das aber nur für 50 Prozent der Menschen zu. Weltweit haben 18 Prozent der Menschen kein sauberes Trinkwasser. Den quantitativen Negativrekord hält China, wo für 324 Millionen oder 25 Prozent der Bevölkerung kein sauberes Trinkwasser zur Verfügung steht.

*»Das ist bei der Mehrzahl der Kinder die Ursache von schwächenden Krankheiten. So gravierend ist ein Mangel an sanitären Einrichtungen und sauberem Wasser.«*

Hans Spruijt, Leiter der Abteilung Wasserhygiene für UNICEF Äthiopien, 2004

**MANGEL AN SAUBEREM TRINKWASSER**

Prozent der Bevölkerung, die ohne dauerhaften Zugang zu sauberem Trinkwasser leben

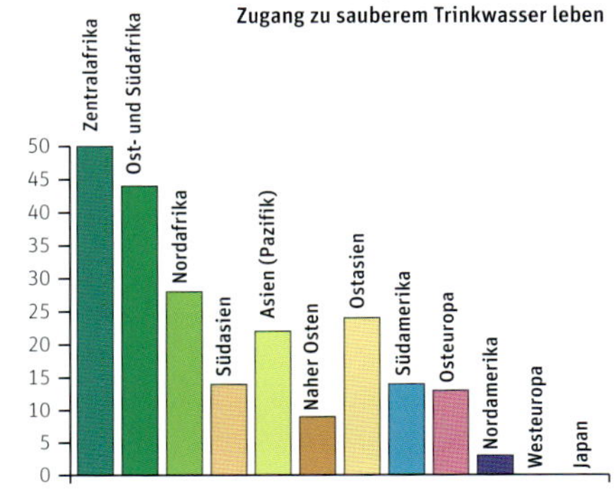

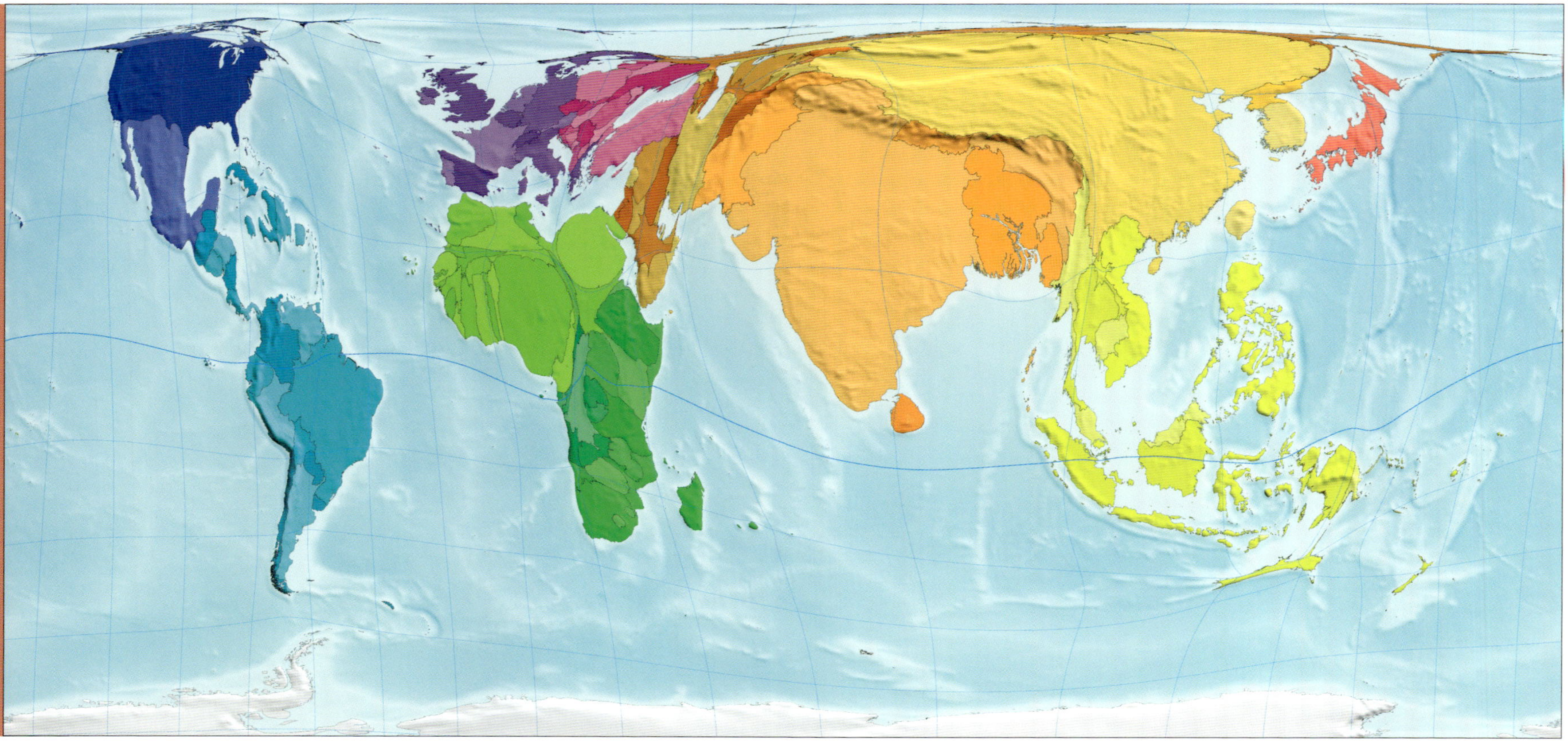

**HÖCHSTE UND NIEDRIGSTE EINSCHREIBQUOTE AN GRUNDSCHULEN**

| Rang | Land | Prozent* |
|---|---|---|
| 1 | Argentinien | 108 |
| 2 | Seychellen | 106 |
| 3 | Tadschikistan | 105 |
| 3 | Sri lanka | 105 |
| 3 | Tonga | 105 |
| 6 | Spanien | 104 |
| 7 | St. Lucia | 103 |
| 8 | Barbados | 103 |
| 9 | Ecuador | 102 |
| 10 | St. Kitts und Nevis | 102 |
| 191 | Guinea-Bissau | 45 |
| 192 | Zentralafrikanische Republik | 44 |
| 192 | Kongo | 44 |
| 194 | Eritrea | 43 |
| 195 | Mali | 38 |
| 196 | DR Kongo | 35 |
| 196 | Burkina Faso | 35 |
| 198 | Niger | 34 |
| 198 | Dschibuti | 34 |
| 200 | Angola | 30 |

*In Prozent geschätzte Zahl der Kinder in der Grundschule, die mit der Vorschulbildung beginnt, 2002

# **217** Kinder in Grundschulen

**Die Größe eines Landes zeigt den Prozentsatz der Kinder an, die dort an Grundschulen eingeschrieben werden und so zumindest eine theoretische Chance auf Schulbildung erhalten.**

»Jeder hat das Recht auf Bildung.« So steht es in der Allgemeinen Erklärung der Menschenrechte von 1948. In der UN-Liste der Millenniumsentwicklungsziele (Karte 153) steht an zweiter Stelle die Forderung, dass allen Kindern eine Grundschulausbildung ermöglicht werden soll. 2002 waren fünf von sechs Kindern der entsprechenden Altersgruppe an einer Grundschule angemeldet. Obwohl sich diese Zahl vielversprechend anhört, ist sie irreführend, da sie nicht zum Ausdruck bringt, wie stark sich die Quoten je nach Land unterscheiden. In einigen Teilen der Welt ist die Schulbesuchsquote beeindruckend hoch, sie kann sogar über 100 Prozent klettern, wenn die Kinder länger als vorgesehen in der Grundschule bleiben. Für Argentinien z. B. ergibt sich dadurch die stolze Schulbesuchsquote von 108 Prozent. Unterdessen sind auf der anderen Seite des Atlantiks, in Angola, nur 30 Prozent der Kinder an einer Grundschule angemeldet. Außerdem lassen die Zahlen nicht erkennen, wie viele Kinder die Schule abschließen.

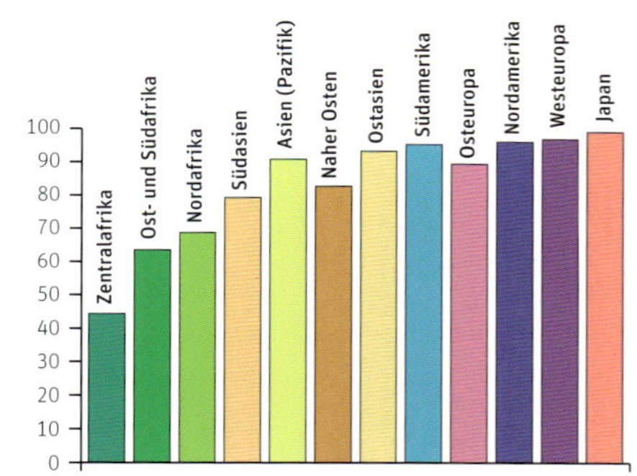


**BESUCHSQUOTE AN GRUNDSCHULEN**
Prozent der Kinder, die in Grundschulen eingeschult werden

*»Wer für ein Jahr plant, säe Korn; wer für ein Jahrzehnt plant, pflanze Bäume; wer auf Lebenszeit plant, bilde Menschen.«*
Chinesisches Sprichwort

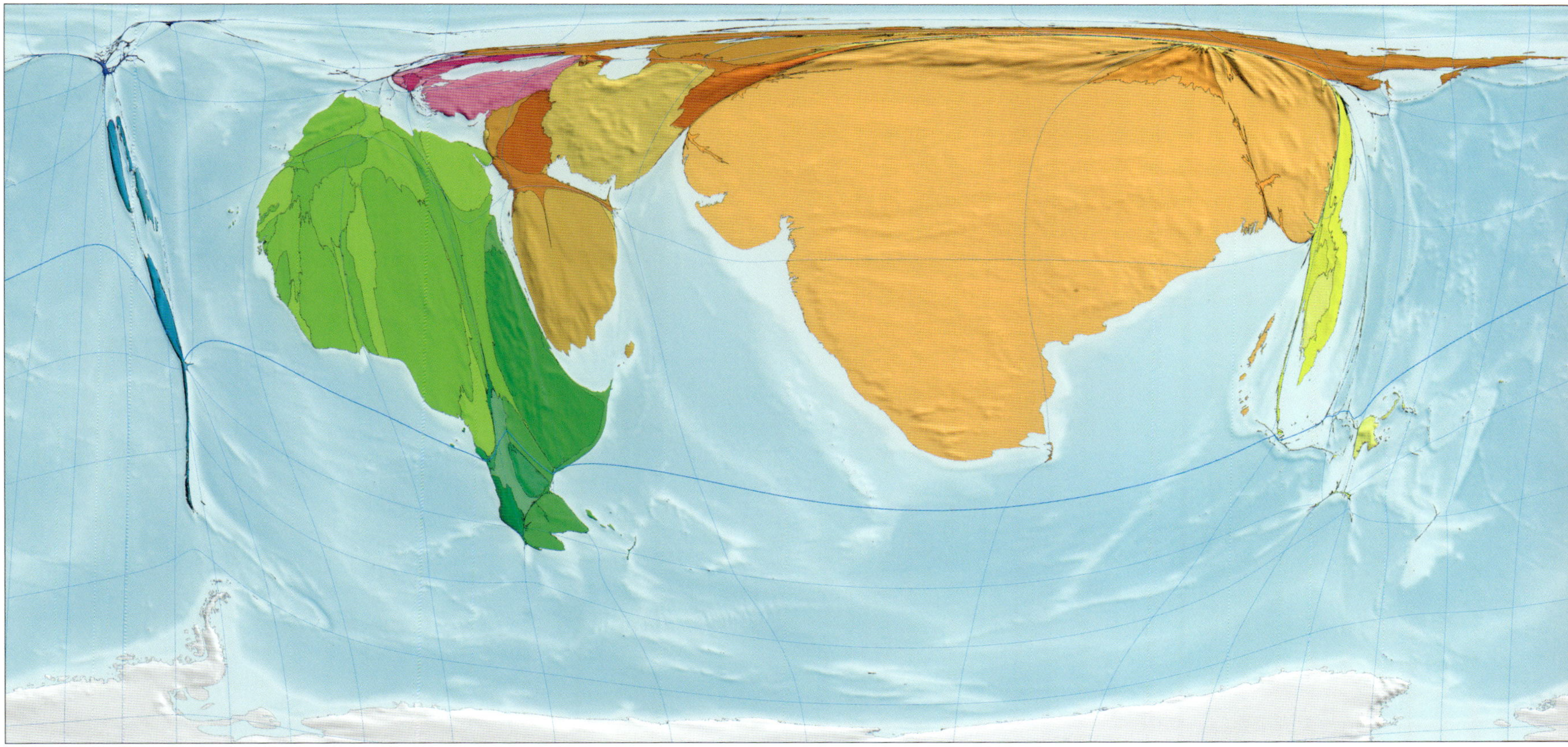

**GRÖSSTER ÜBERHANG AN JUNGEN GEGENÜBER MÄDCHEN IN DER PRIMÄRBILDUNG**

| Rang | Land | Prozent* |
|---|---|---|
| 1 | Jemen | 20 |
| 2 | Benin | 13 |
| 3 | Tschad | 11 |
| 4 | Elfenbeinküste | 10 |
| 5 | Iran | 9 |
| 6 | Togo | 9 |
| 7 | Guinea-Bissau | 7 |
| 8 | Indien | 7 |
| 9 | Guinea | 7 |
| 10 | Äquatorialguinea | 7 |
| 11 | Irak | 6 |
| 12 | Afghanistan | 6 |
| 13 | Russland | 6 |
| 14 | Usbekistan | 6 |
| 15 | Turkmenistan | 6 |
| 16 | Mali | 6 |
| 17 | Burkina Faso | 6 |
| 18 | Niger | 6 |
| 19 | Äthiopien | 5 |
| 20 | Burundi | 5 |

*Prozent, um die der Anteil der Jungen in der Grundschule den der Mädchen übertrifft

# 218 Geschlechterverteilung in Grundschulen

**Nach wie vor gibt es in der Schulbildung keine weltweite Gleichberechtigung zwischen Mädchen und Jungen. Die größte Kluft zwischen den Geschlechtern tritt meist in den ärmeren Ländern auf.**

Diese Karte zeigt, um welchen Prozentsatz die Zahl der an Grundschulen eingeschriebenen Jungen die der Mädchen übertrifft. Länder, in denen weniger Jungen als Mädchen eingeschrieben sind, haben die Größe null und erscheinen nicht auf der Karte. Die größte Kluft zwischen Jungen und Mädchen besteht in Indien, wo die Differenz zwischen Jungen und Mädchen an den Primärschulen etwa acht Millionen beträgt: das Zehnfache gegenüber allen anderen Ländern. Diese numerische Kluft erklärt sich nur zum Teil aus der großen Bevölkerungszahl des Subkontinents, da es im ähnlich bevölkerungsreichen China in dieser Hinsicht wenig oder keine Unterschiede gibt. Prozentual gesehen gibt es die größten Unterschiede in der Schulbesuchsquote zwischen den Jungen und Mädchen im Jemen, in Benin, im Tschad und in der Elfenbeinküste. Regional betrachtet bestehen die größten Unterschiede in Nordafrika, da dort 2,5 Millionen weniger Mädchen als Jungen die Grundschule besuchen. In 102 Ländern – mehr als der Hälfte – ist das Geschlechterverhältnis an den Grundschulen in etwa ausgeglichen. In einigen wenigen Fällen sind es sogar etwas mehr Mädchen als Jungen.

**GESCHLECHTERKLUFT IN DER PRIMÄRBILDUNG**
Überhang an Jungen gegenüber Mädchen, die an einer Primärschule eingeschrieben sind, in Prozent

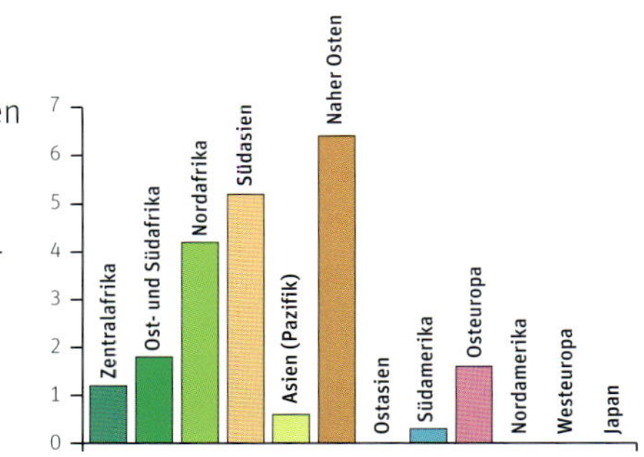

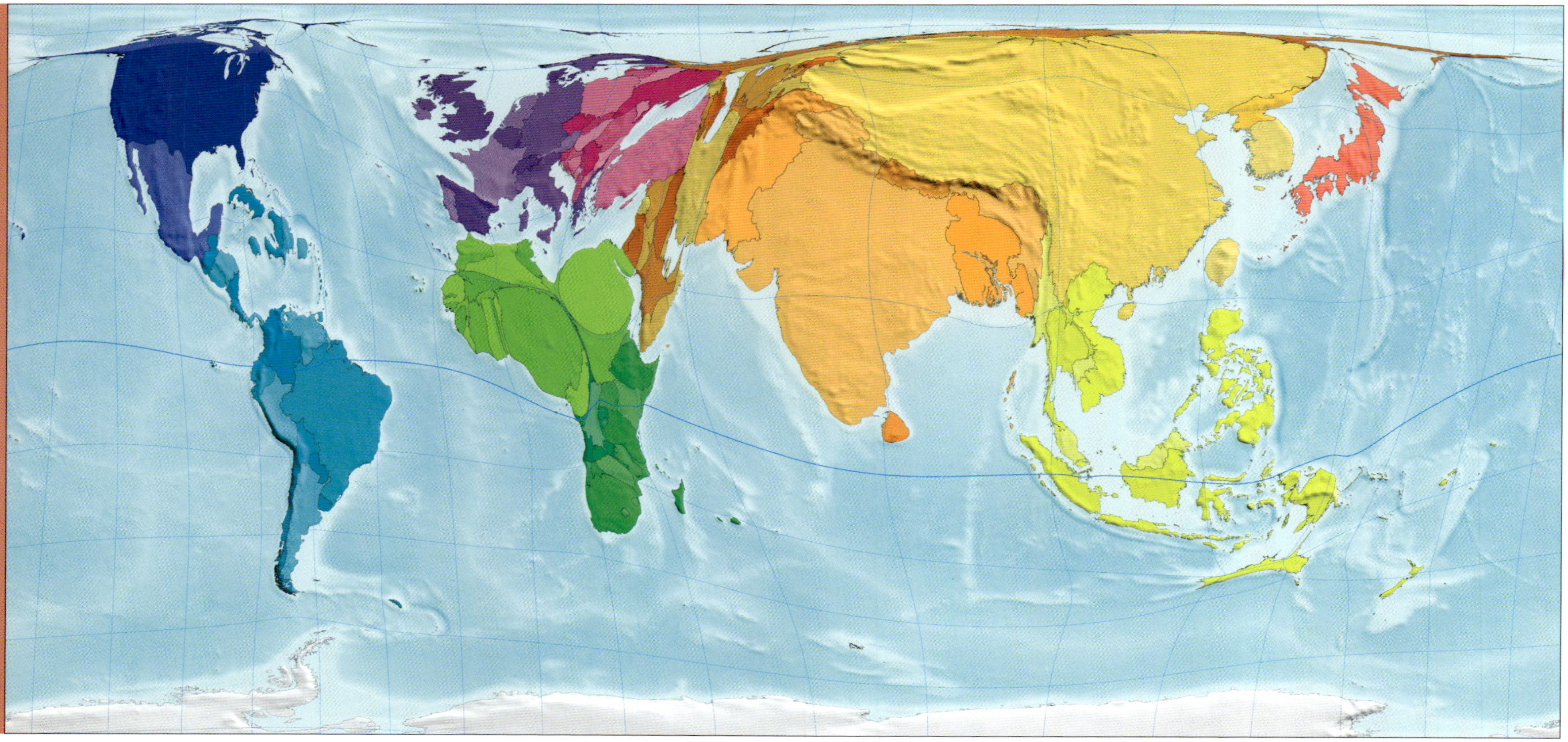



**HÖCHSTE UND NIEDRIGSTE SCHÜLERQUOTE AN WEITERFÜHRENDEN SCHULEN**

| Rang | Land | Prozent* |
|---|---|---|
| 1 | St. Kitts und Nevis | 106 |
| 2 | Japan | 99 |
| 3 | Schweden | 99 |
| 4 | Seychellen | 98 |
| 5 | Kanada | 98 |
| 6 | Slowenien | 96 |
| 7 | Großbritannien | 95 |
| 8 | Finnland | 95 |
| 9 | Norwegen | 95 |
| 10 | Spanien | 94 |
| 191 | São Tomé und Príncipe | 13 |
| 192 | Gabun | 13 |
| 193 | DR Kongo | 12 |
| 194 | Guinea | 12 |
| 195 | Mosambik | 11 |
| 196 | Madagaskar | 11 |
| 197 | Burkina Faso | 8 |
| 198 | Burundi | 8 |
| 199 | Tschad | 8 |
| 200 | Niger | 5 |

*An einer weiterführenden Schule eingeschriebene Schüler in Prozent der Bevölkerung

# 219 Kinder an weiterführenden Schulen

**Wie viele Kinder besuchen eine weiterführende Schule? In Indien und einem Großteil von Afrika sind es weniger als die Hälfte, in manchen Industriestaaten fast alle.**

Weltweit sind von jedem Jahrgang durchschnittlich 73 von 122 Millionen Kindern in weiterführenden Schulen eingeschrieben. Selbst wenn man davon ausgeht, dass alle, die angemeldet sind, auch hingehen, erhalten trotzdem im Durchschnitt nur 60 Prozent eine höhere Schulbildung.

In China besuchen 89 Prozent der Kinder die Sekundarstufe, in Indien sind es nur 49 und in Afrika sogar noch weniger: 45 Prozent in Nordafrika, 25 Prozent in Ost- und Südafrika und 13 Prozent in Zentralafrika. Die geringste Schulbesuchsquote in der Sekundarstufe hat Niger mit fünf Prozent. Der Besuch weiterführender Schulen ist in einigen Ländern Pflicht, in anderen hingegen die Ausnahme. Die größte Schülerzahl in der Sekundarstufe findet sich in China, wo ein Viertel aller Sekundarstufenschüler lebt.

**ZAHL DER ANGEMELDETEN SCHÜLER IN DER SEKUNDARBILDUNG**

in Prozent der Bevölkerung der entsprechenden Altersgruppe

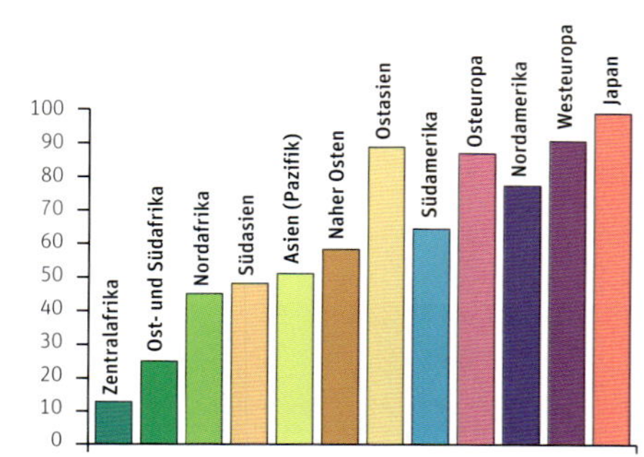

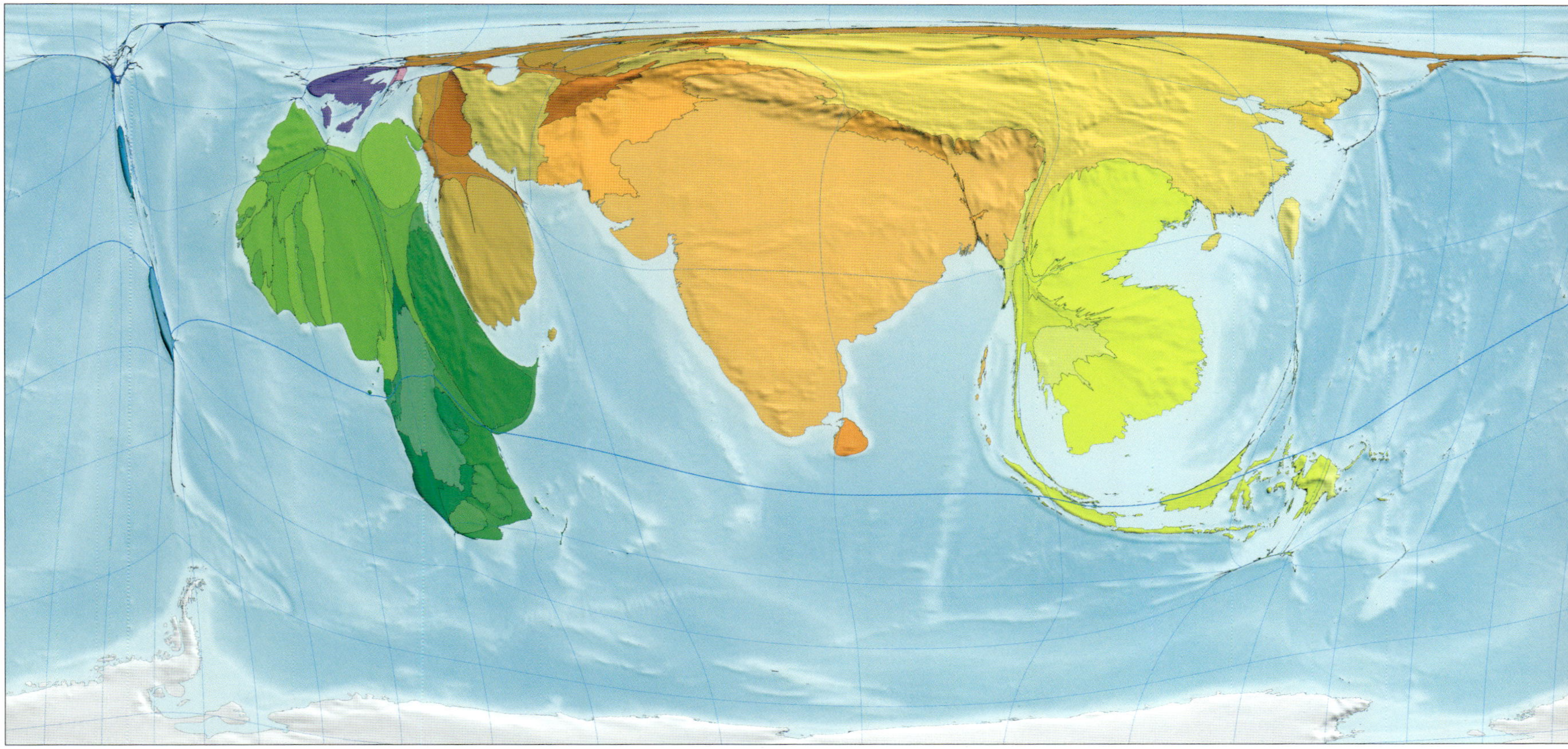

**GRÖSSTER ÜBERHANG AN JUNGEN GEGENÜBER MÄDCHEN IN DER SEKUNDARSTUFE**

| Rang | Land | Prozent* |
|---|---|---|
| 1 | Vietnam | 16 |
| 2 | Jemen | 14 |
| 3 | Togo | 10 |
| 4 | Benin | 7 |
| 4 | Tadschikistan | 7 |
| 4 | Äquatorialguinea | 7 |
| 7 | Kambodscha | 6 |
| 8 | Guinea | 5 |
| 9 | Irak | 4 |
| 10 | Afghanistan | 4 |
| 11 | Äthiopien | 4 |
| 12 | Tschad | 4 |
| 13 | Gambia | 4 |
| 14 | Dschibuti | 4 |
| 15 | Russland | 4 |
| 16 | Iran | 4 |
| 17 | Usbekistan | 4 |
| 18 | Kirgisistan | 4 |
| 19 | Turkmenistan | 4 |
| 20 | Libanon | 4 |

*Prozent, um die der Anteil der Jungen den der Mädchen beim Besuch weiterführender Schulen übertrifft

# 220 Geschlechterverteilung in der Sekundarbildung

**Trends, die sich in der Grundschule abgezeichnet haben, verstärken sich in der Regel bei den weiterführenden Schulen.**

In Ländern, in denen es schon bei der Primärstufe große Unterschiede bezüglich der Besuchszahlen von Jungen und Mädchen gibt, sind die Unterschiede in der Sekundarstufe noch weit ausgeprägter. In 104 Ländern sind Jungen und Mädchen entweder zu gleichen Teilen vertreten oder die Zahl der Mädchen ist etwas höher als die der Jungen. (Länder, in denen weniger Jungen eingeschrieben sind als Mädchen, haben die Größe null und erscheinen somit nicht auf der Karte.) Die meisten dieser Länder befinden sich in Südamerika, Nordamerika, Osteuropa und Westeuropa, auch wenn es Abweichungen in diesen Regionen gibt und dort insgesamt mehr Jungen die Sekundarstufe besuchen als Mädchen, wie es z. B. in Peru, Guatemala, Bulgarien, Italien und der Schweiz der Fall ist.

**GESCHLECHTERKLUFT IN DER SEKUNDARSTUFE**

Prozentualer Überhang an schulpflichtigen Jungen gegenüber Mädchen, die die Sekundarstufe besuchen

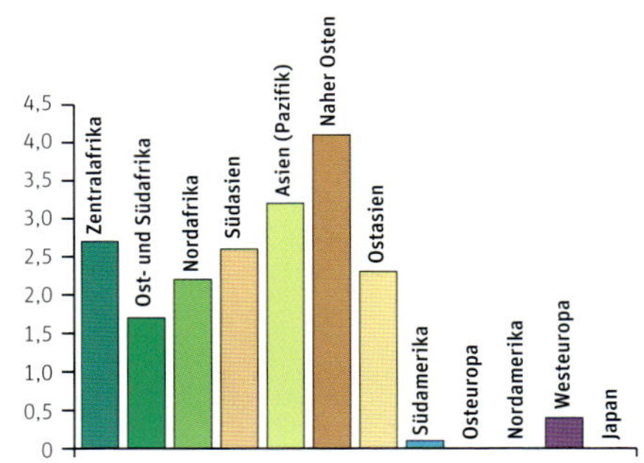

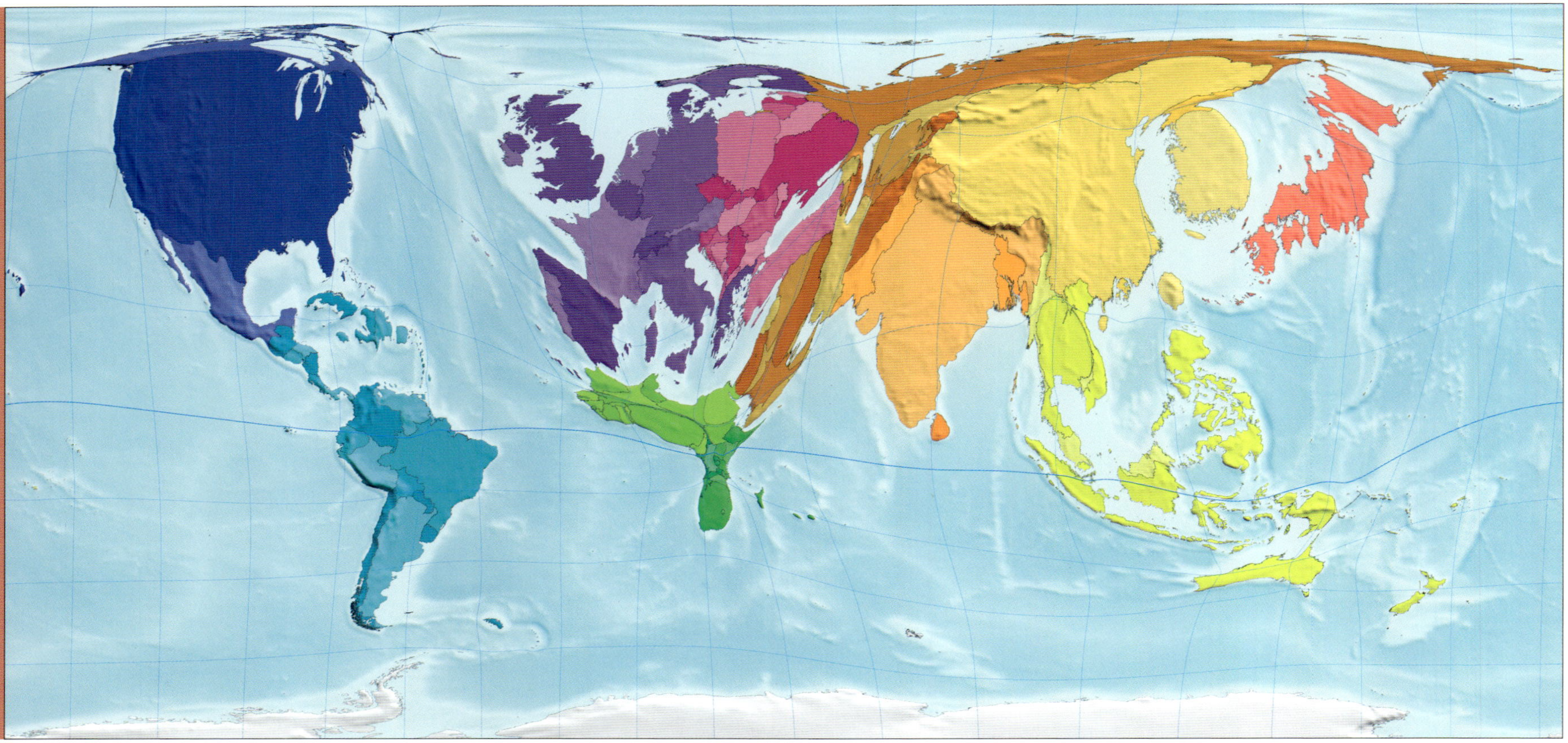

#### HÖCHSTE UND GERINGSTE AUSBILDUNGSQUOTE IN DER TERTIÄREN BILDUNG

| Rang | Land | Prozent* |
|---|---|---|
| 1 | Finnland | 43 |
| 2 | Vereinigte Staaten | 41 |
| 3 | Südkorea | 41 |
| 4 | Schweden | 38 |
| 5 | Neuseeland | 36 |
| 6 | Norwegen | 35 |
| 7 | Russland | 35 |
| 8 | Australien | 33 |
| 9 | Grönland | 32 |
| 10 | Bahamas | 32 |
| 191 | Burundi | 0,8 |
| 192 | Guinea-Bissau | 0,8 |
| 193 | Papua-Neuguinea | 0,7 |
| 194 | São Tomé und Príncipe | 0,7 |
| 195 | Angola | 0,6 |
| 196 | Komoren | 0,6 |
| 197 | Dschibuti | 0,6 |
| 198 | Tansania | 0,5 |
| 199 | Malawi | 0,5 |
| 200 | Mosambik | 0,3 |

*Einschreibungen im tertiären Bildungssektor in Prozent der Bevölkerung im Alter von 15–24 Jahren

# 221 Tertiäre Bildung (Hochschul- und Berufsausbildung)

**Die Abbildungsgröße eines Landes zeigt die Zahl der Menschen im tertiären Bildungssektor. Darunter fallen die Hochschulstudiengänge und die Berufsausbildung nach der Sekundarstufe.**

2002 besuchten in etwa 105 Millionen Personen weltweit Bildungseinrichtungen des tertiären Bildungswegs. Die höchste Ausbildungsquote in der Altersgruppe von 15–24 weist Finnland auf. Dort sind derzeit 3,6-mal so viele Menschen an den entsprechenden Bildungsanstalten eingeschrieben wie im weltweiten Durchschnitt. Ein junger Mensch im Alter von 15–24 hat in Finnland eine 140-fach höhere Chance auf tertiäre Bildung als in Mosambik. In den meisten Ländern genießen zumindest einige Menschen eine Hochschul- oder Berufsausbildung, sodass sie auf der Karte erkennbar eingezeichnet sind. Die Länder, deren tertiäre Bildungsrate so gering ist, dass sie nicht sichtbar sind, liegen zum Großteil in Zentralafrika.

**MENSCHEN IM TERTIÄREN BILDUNGSBEREICH**
in Prozent der Bevölkerung im Alter von 15–24 Jahren

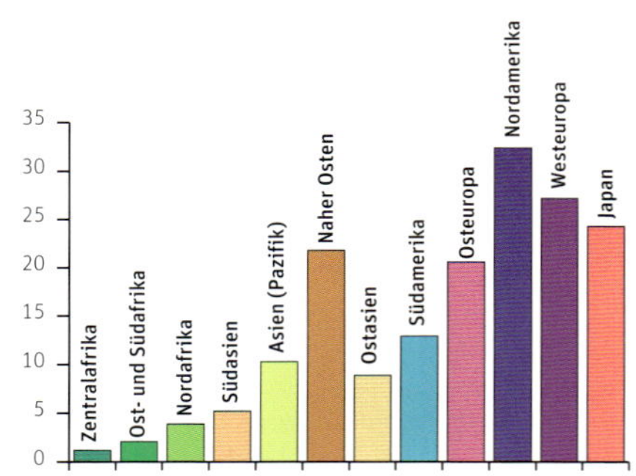

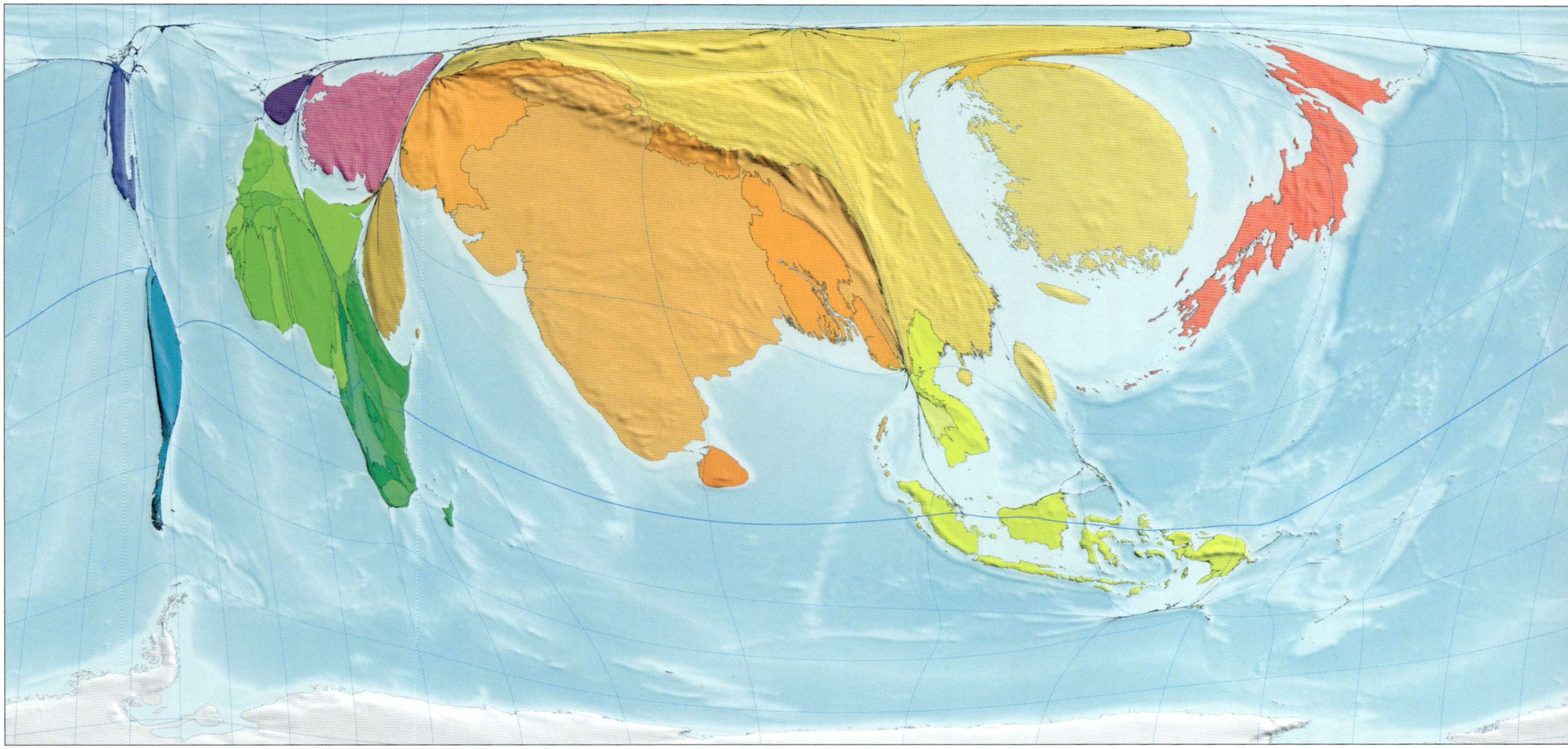

**GRÖSSTER UND GERINGSTER ÜBERHANG AN MÄNNERN GEGENÜBER FRAUEN IN DER TERTIÄREN BILDUNG**

| Rang | Land | Prozent* |
|---|---|---|
| 1 | Südkorea | 10 |
| 2 | Bolivien | 5 |
| 3 | Tadschikistan | 4 |
| 4 | Jemen | 3 |
| 5 | Schweiz | 3 |
| 6 | Türkei | 2 |
| 7 | Japan | 2 |
| 8 | Elfenbeinküste | 2 |
| 9 | Nepal | 1 |
| 10 | Zentralafrikanische Republik | 1 |
| 69 | Peru | 0,16 |
| 70 | Gaza und Westbank | 0,15 |
| 71 | Angola | 0,15 |
| 72 | Kap Verde | 0,14 |
| 73 | Sudan | 0,13 |
| 74 | Madagaskar | 0,10 |
| 75 | Komoren | 0,09 |
| 76 | Hongkong | 0,07 |
| 77 | Dschibuti | 0,06 |
| 78 | Mosambik | 0,05 |

*Prozent der 15 – 24-Jährigen, um die der Anteil der Männer den der Frauen in der tertiären Bildung überschreitet – in 122 Ländern ist der Anteil der Frauen größer als der der Männer.

# 222 Geschlechterverteilung in der tertiären Bildung

**Im globalen Maßstab gibt es bei der Hochschul- und Berufsausbildung keine nennenswerten Unterschiede zwischen den Geschlechtern, aber das täuscht über die großen lokalen Differenzen hinweg.**

In den meisten Ländern, in denen Mädchen und Jungen gleiche Chancen an weiterführenden Schulen haben, schlagen anschließend mehr junge Frauen den tertiären Bildungsweg ein als junge Männer. Dies gilt für immerhin 122 Länder. Ausnahmen von dieser Regel sind Japan, wo nur 46 Prozent der Frauen tertiäre Bildungsanstalten besuchen, und Südkorea mit 34 Prozent. In Ländern, in denen die Mädchen bereits beim Besuch weiterführender Schulen benachteiligt werden, öffnet sich die Kluft zwischen den Geschlechtern sogar noch weiter. Sie ist am größten in den Gebieten, in denen selbst der Besuch von Grundschulen für Mädchen nicht selbstverständlich ist. In Zentralafrika, Nordafrika, Südasien, Ost- und Südafrika z. B. beginnen die Unterschiede in den Bildungschancen bereits in der Primärstufe.

Länder, in denen weniger Männer als Frauen studieren, haben in dieser Statistik die Größe null und erscheinen deshalb nicht auf der Karte. Weltweit sind die Gesamtzahlen der Männer und Frauen in der tertiären Bildung aber in etwa ausgeglichen. Denn die Länder, in denen mehr Frauen als Männer studieren, gleichen in etwa diejenigen aus, in denen mehr Frauen benachteiligt sind.

**GESCHLECHTERKLUFT IN DER TERTIÄREN BILDUNG**

Überhang an Männern gegenüber Frauen in der tertiären Bildung in Prozent der 15–24-Jährigen.

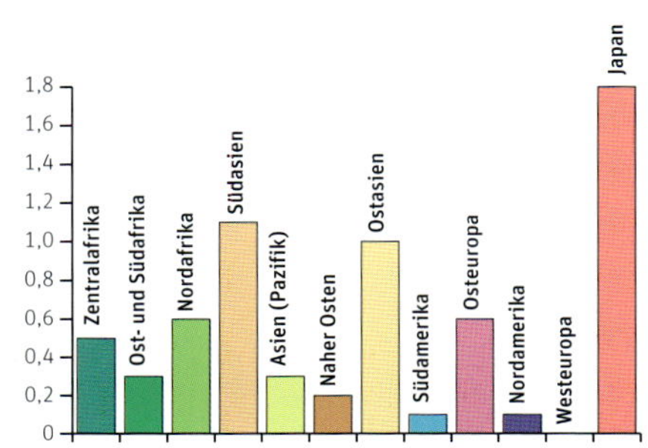

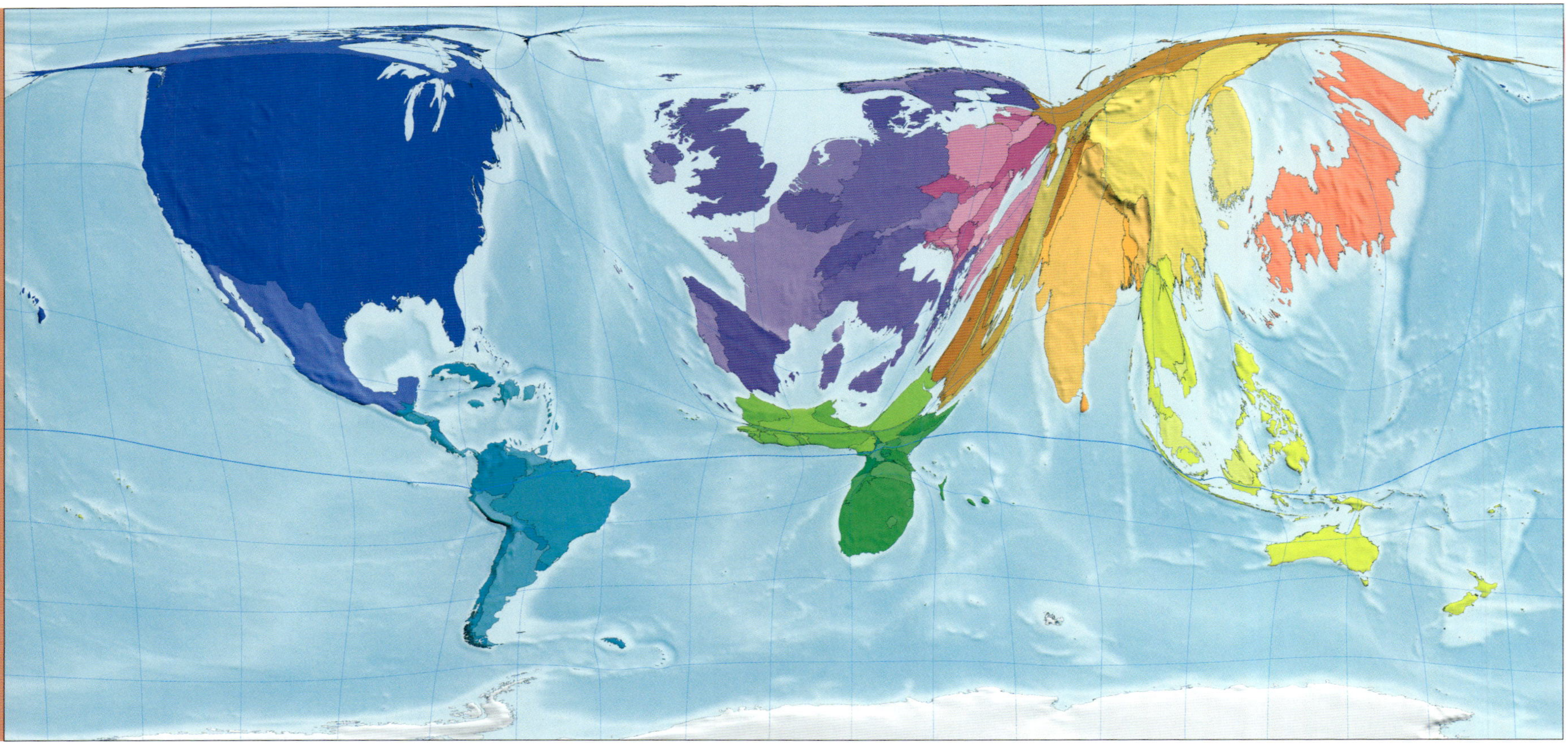



**HÖCHSTE UND GERINGSTE AUSGABEN FÜR PRIMÄRBILDUNG**

| Rang | Land | US-Dollar* |
|---|---|---|
| 1 | Norwegen | 6151 |
| 2 | Luxemburg | 4346 |
| 3 | Dänemark | 4074 |
| 4 | Schweiz | 3777 |
| 5 | Schweden | 3621 |
| 6 | Vereinigte Staaten | 3460 |
| 7 | Italien | 3119 |
| 8 | Belgien | 3074 |
| 9 | Kanada | 2915 |
| 10 | Österreich | 2864 |
| 191 | Malawi | 23 |
| 192 | Tschad | 22 |
| 193 | Burundi | 22 |
| 194 | Madagaskar | 21 |
| 195 | Mali | 21 |
| 196 | Niger | 20 |
| 197 | DR Kongo | 19 |
| 198 | Sambia | 17 |
| 199 | Myanmar | 17 |
| 200 | Guinea-Bissau | 14 |

*Ausgaben pro Kind und Jahr im Primärschulalter, 2001

# 223 Ausgaben für Primärbildung

**Die Größe eines jeweiligen Landes zeigt die Ausgaben für Primärbildung im Jahr 2001, in US-Dollar in lokaler Kaufkraft.**

2001 wurden weltweit 784 Milliarden US-Dollar in lokaler Kaufkraft für Primärbildung ausgegeben. Der absolut größte Betrag entfiel dabei auf die Vereinigten Staaten und belief sich auf allein 28 Prozent der weltweiten Ausgaben. Im Gegensatz dazu investierte z. B. Nigeria nur 0,28 Prozent der weltweiten Ausgaben.

Die Ausgaben pro Kind variieren ebenfalls stark. Unter den Regionen gaben Japan, Nordamerika und Westeuropa am meisten aus – oft mehr als dreimal so viel als andernorts üblich. In Zentralafrika, das auch den geringsten Schulbesuch im Primärbereich aufweist, wird dafür auch am wenigsten Geld ausgegeben.

**AUSGABEN FÜR PRIMÄRBILDUNG**

US-Dollar ausgegeben pro Kind im Primärschulalter, 2001

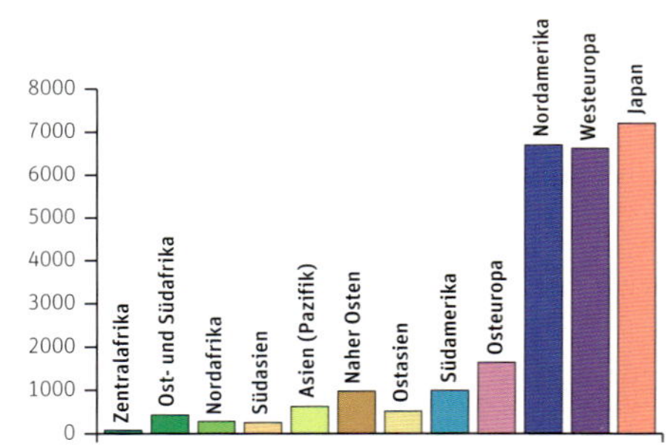

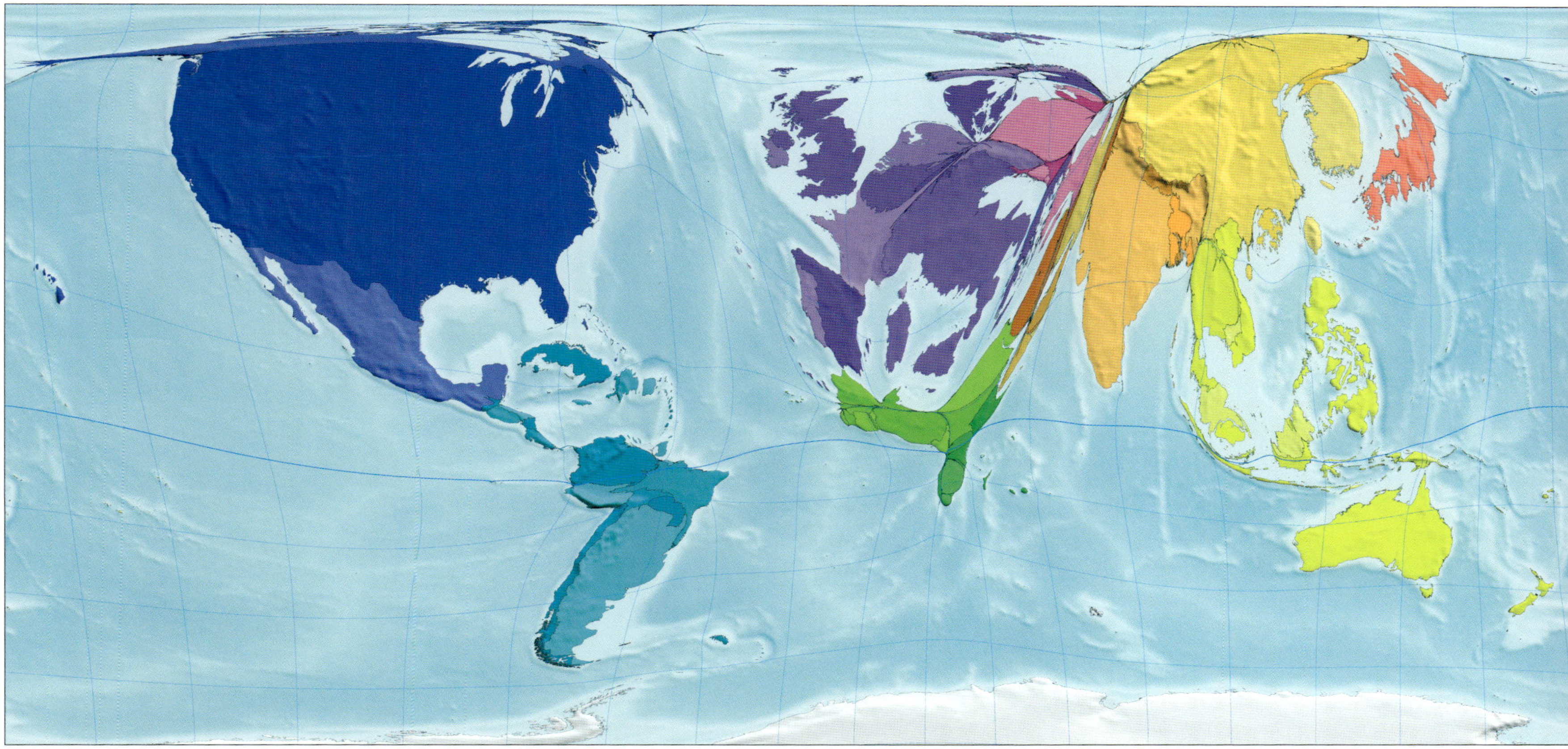



**HÖCHSTER UND NIEDRIGSTER ANSTIEG DER AUSGABEN FÜR PRIMÄRBILDUNG**

| Rang | Land | US-Dollar* |
|---|---|---|
| 1 | Australien | 2101 |
| 2 | Dänemark | 2029 |
| 3 | Luxemburg | 2028 |
| 4 | Italien | 1712 |
| 5 | Norwegen | 1509 |
| 6 | Vereinigte Staaten | 1312 |
| 7 | Belgien | 1245 |
| 8 | Estland | 1104 |
| 9 | Singapur | 1039 |
| 10 | Grönland | 961 |
| 121 | Benin | 15 |
| 122 | Äthiopien | 14 |
| 123 | Guatemala | 14 |
| 124 | Somalia | 14 |
| 125 | Tansania | 12 |
| 126 | Swasiland | 12 |
| 127 | Togo | 12 |
| 128 | Salomon-Inseln | 6 |
| 129 | Malawi | 4 |
| 130 | Madagaskar | 4 |

*Anstieg der Ausgaben pro Kind und Jahr im Grundschulalter von 1990 bis 2001. In 70 Ländern blieben die Ausgaben konstant oder gingen sogar zurück.

# 224 Anstieg der Bildungsausgaben im Primärbereich

**Der Anstieg der Ausgaben für Primärbildung zwischen 1990 und 2001 bestimmt die Proportionen auf dieser Karte. Etwa zwei Drittel der Länder registrierten zumindest einen kleinen Zuwachs.**

Zwischen 1990 und 2001 stiegen die Ausgaben für Primärbildung in 130 der 200 hier erfassten Länder. Der größte Anstieg bei den Ausgaben pro Kind war in Australien zu verzeichnen, danach kam Dänemark, gefolgt von Luxemburg.

*»Man kann den Zugang zu Grundbildung nur verbessern, wenn man genügend Lehrer hat, die qualifiziert sind, als Grundschullehrer zu arbeiten. Man kann diese Lehrer nicht ausbilden, ohne dass dadurch das Bildungsniveau der ganzen Gesellschaft gehoben wird.«* Adriana Puiggros, Professorin an der Universität von Buenos Aires und Vertreterin der Lehrergewerkschaft CTERA in Argentinien, 1996

**ANSTIEG DER AUSGABEN FÜR PRIMÄRBILDUNG**
pro Kind im Grundschulalter in US-Dollar von 1990–2001

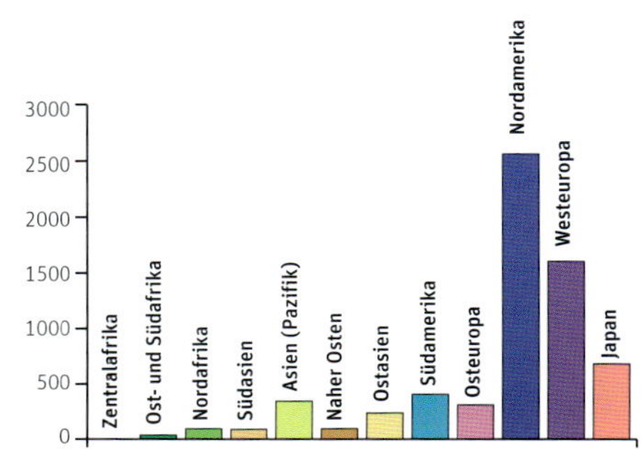

# 225 Ausgaben für Sekundarbildung

**Die Größe eines Landes zeigt die Ausgaben für Sekundarbildung im Jahr 2001 in US-Dollar, gemessen an der lokalen Kaufkraft.**

Unglaublich, aber wahr: Im Bereich der weiterführenden Schulen profitiert nur ein Sechstel der Kinder von Geldmitteln, die über dem Weltdurchschnitt liegen. In die Bildung dieses privilegierten Sechstels wird aber so viel investiert, dass diese Ausgaben, sogar kaufkraftbereinigt, durchschnittlich so hoch sind, dass die Ausgaben für alle anderen Kinder der Welt unter dem Durchschnitt liegen. In Westeuropa, Nordamerika und Japan wird etwa das Fünffache des Weltdurchschnitts pro Kind für weiterführende Schulen aufgewendet. Am unteren Ende der Skala geben die betreffenden Länder hauptsächlich deswegen so wenig für sekundäre Bildung aus, weil die meisten Kinder gar keine erhalten. Aber in der Regel wird auch sehr wenig für die ausgegeben, die weiterführende Schulen besuchen dürfen.

**HÖCHSTE UND NIEDRIGSTE AUSGABEN FÜR WEITERFÜHRENDE SCHULEN**

| Rang | Land | US-Dollar* |
|---|---|---|
| 1 | Luxemburg | 6353 |
| 2 | Dänemark | 5051 |
| 3 | Österreich | 4774 |
| 4 | Italien | 4494 |
| 5 | Schweiz | 4173 |
| 6 | Belgien | 4154 |
| 7 | Deutschland | 4072 |
| 8 | Schweden | 4039 |
| 9 | Frankreich | 4015 |
| 10 | San Marino | 3644 |
| 191 | Madagaskar | 15 |
| 192 | Tschad | 14 |
| 193 | Guinea-Bissau | 14 |
| 194 | Ruanda | 13 |
| 195 | Niger | 10 |
| 196 | Kambodscha | 10 |
| 197 | Myanmar | 10 |
| 198 | DR Kongo | 9 |
| 199 | Sambia | 8 |
| 200 | Eritrea | 8 |

*Ausgaben pro Kind und Jahr im Sekundarschulalter, 2001

**AUSGABEN FÜR SEKUNDARBILDUNG**
US-Dollar pro Kind im Sekundarschulalter

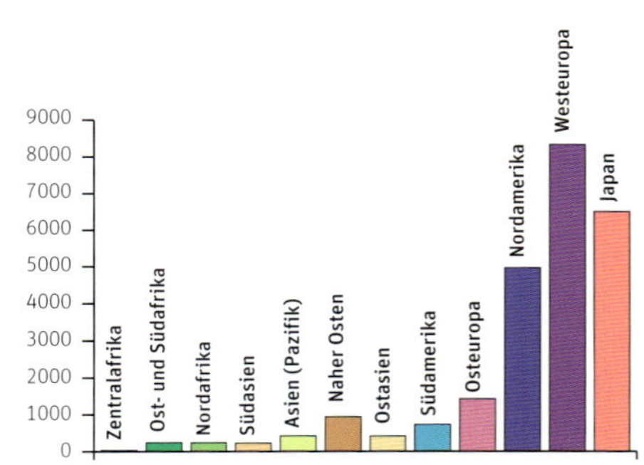

# 226 Anstieg der Ausgaben bei weiterführenden Schulen

**Nur wenige Länder haben im letzten Jahrzehnt des vergangenen Jahrhunderts ihre Ausgaben für weiterführende Schulen überhaupt nicht erhöht. Die Karte zeigt den Anstieg der Ausgaben für Sekundarbildung.**

Die Ausgaben für Sekundarbildung sind in den meisten Ländern zwischen 1990 und 2001 gestiegen, am meisten in China, Italien und Indien. Der Anstieg in China lag bei 146 Prozent, in Italien bei 67 und in Indien bei 37 Prozent. Indien und China geben nun etwa den gleichen Betrag pro Kind aus, Italien aber 30-mal so viel. Von den 32 Ländern in Südamerika haben 28 die Ausgaben für Sekundarbildung während dieses Zeitraumes erhöht. Die größten Summen investierten die bevölkerungsreichsten Länder Brasilien, Argentinien und Kolumbien. Den größten Pro-Kopf-Anstieg verzeichnete freilich der karibische Inselstaat St. Kitts und Nevis, wo die Ausgaben um 2375 US-Dollar pro Kind stiegen.

*»Wenn die Gehälter immer zu spät gezahlt werden (teilweise bis zu drei Wochen), dann sind die Lehrer verständlicherweise frustriert, demoralisiert und leiden unter finanziellen Engpässen.«*

Sutapa Choudhury, »Teacher Professionalism in Punjab: Raising Teachers' Voices«, 2005

**ANSTIEG DER AUSGABEN FÜR SEKUNDARBILDUNG**
Anstieg pro Kind im Sekundarschulalter 1990–2001 in US-Dollar

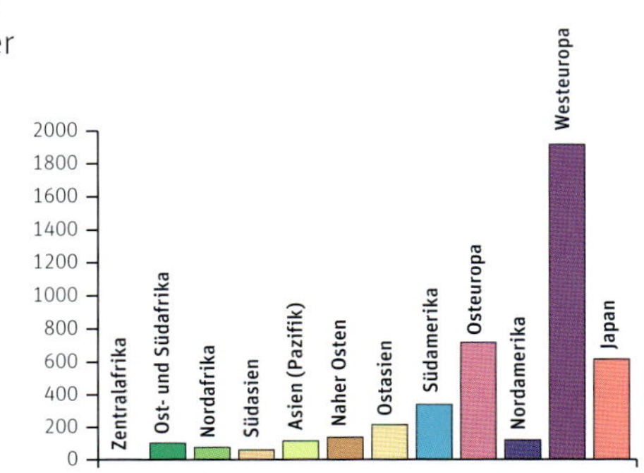


**HÖCHSTER UND NIEDRIGSTER ANSTIEG DER AUSGABEN FÜR SEKUNDARBILDUNG**

| Rang | Land | US-Dollar* |
|---|---|---|
| 1 | Luxemburg | 3073 |
| 2 | Dänemark | 2158 |
| 3 | Schweden | 1966 |
| 4 | Island | 1951 |
| 5 | Italien | 1800 |
| 6 | Schweiz | 1756 |
| 7 | Portugal | 1545 |
| 8 | Tschechien | 1471 |
| 9 | Estland | 1393 |
| 10 | Neuseeland | 1345 |
| 137 | Tansania | 14 |
| 138 | Kenia | 14 |
| 139 | El Salvador | 14 |
| 140 | Senegal | 13 |
| 141 | Äthiopien | 13 |
| 142 | Malawi | 10 |
| 143 | Gambia | 9 |
| 144 | Mosambik | 6 |
| 145 | Zentralafrikanische Republik | 4 |
| 146 | Madagaskar | 2 |

*Jährlicher Anstieg pro Kind im Sekundarschulalter (1990 – 2001). In 54 Ländern blieben die Ausgaben konstant oder sanken.

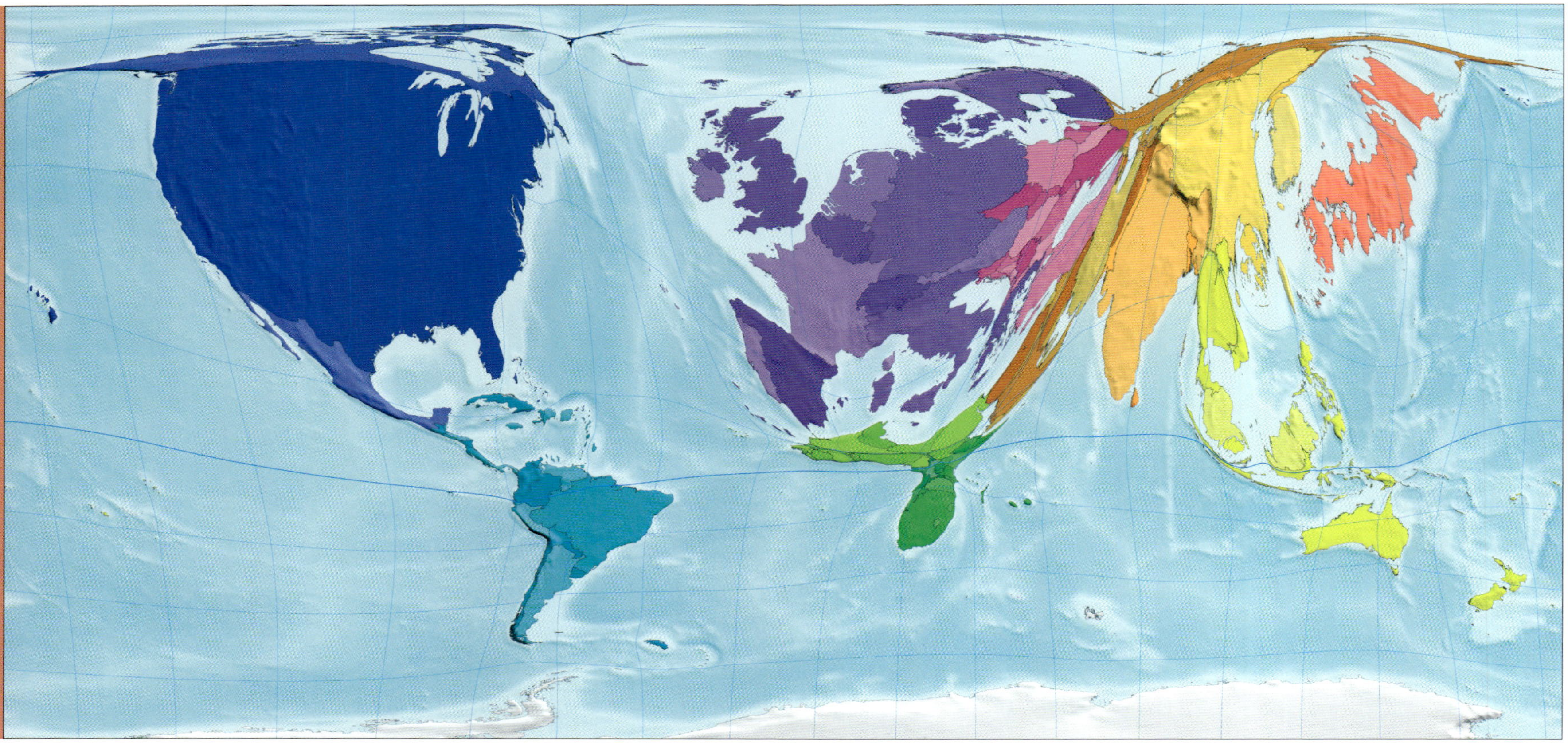

**HÖCHSTE UND NIEDRIGSTE AUSGABEN FÜR TERTIÄRE BILDUNG**

| Rang | Land | US-Dollar* |
|---|---|---|
| 1 | Dänemark | 4129 |
| 2 | Norwegen | 3235 |
| 3 | Schweden | 3000 |
| 4 | Luxemburg | 2947 |
| 5 | Finnland | 2904 |
| 6 | Kanada | 2583 |
| 7 | Österreich | 2546 |
| 8 | Schweiz | 2472 |
| 9 | Hongkong | 2379 |
| 10 | Vereinigte Staaten | 2322 |
| 191 | Mosambik | 8 |
| 192 | Sambia | 8 |
| 193 | Malawi | 7 |
| 194 | Mali | 7 |
| 195 | Niger | 7 |
| 196 | Guinea-Bissau | 6 |
| 197 | Madagaskar | 5 |
| 198 | Papua-Neuguinea | 5 |
| 199 | Kambodscha | 4 |
| 200 | Marokko | 2 |

*Ausgaben für dreijährige Tertiärbildung pro Person einer Altersgruppe in US-Dollar

# 227 Ausgaben für Tertiärbildung

**Die Proportionen veranschaulichen die Ausgaben in den Bereichen Hochschule und berufliche Bildung entsprechend der lokalen Kaufkraft.**

Kaufkraftbereinigt werden 61 Prozent aller Mittel für tertiäre Bildung in Nordamerika und Westeuropa aufgewandt. Auf der anderen Seite haben ganz Zentral-, Ost- und Südafrika an den Gesamtinvestitionen aller Staaten der Welt für diesen Bildungszweig einen Anteil von nur 1,5 Prozent.

Der Begriff »tertiäre Bildung« umfasst den Gesamtbereich der Berufs- und Hochschulbildung, also auch die Ausbildung von Ärzten, Ingenieuren und Wissenschaftlern, das heißt, sie ist für jene Länder, die in der Lage sind, in diesem Bereich zu investieren, von beachtlichem Nutzen.

*»In Bezug auf die gerechte Verteilung der sozialen Ausgaben kommen Investitionen in die Grundbildung bei einem viel breiteren Querschnitt der Gesellschaft an, als das bei Ausgaben für höhere Bildung der Fall ist …«*
Michael C. Gonzales, Africa Today, 1999

**AUSGABEN FÜR DREIJÄHRIGE TERTIÄRBILDUNG**
US-Dollar pro Person, 2001

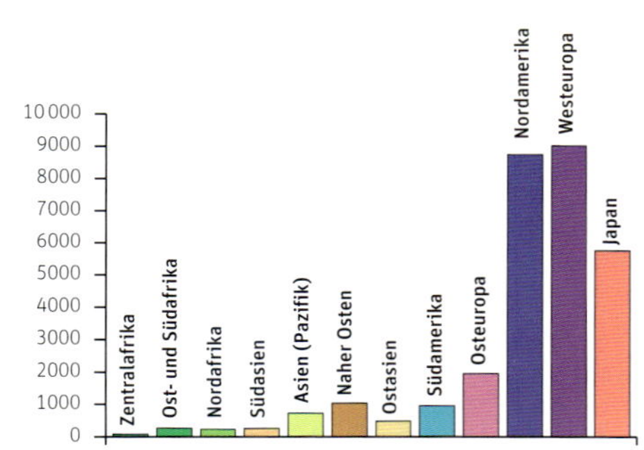

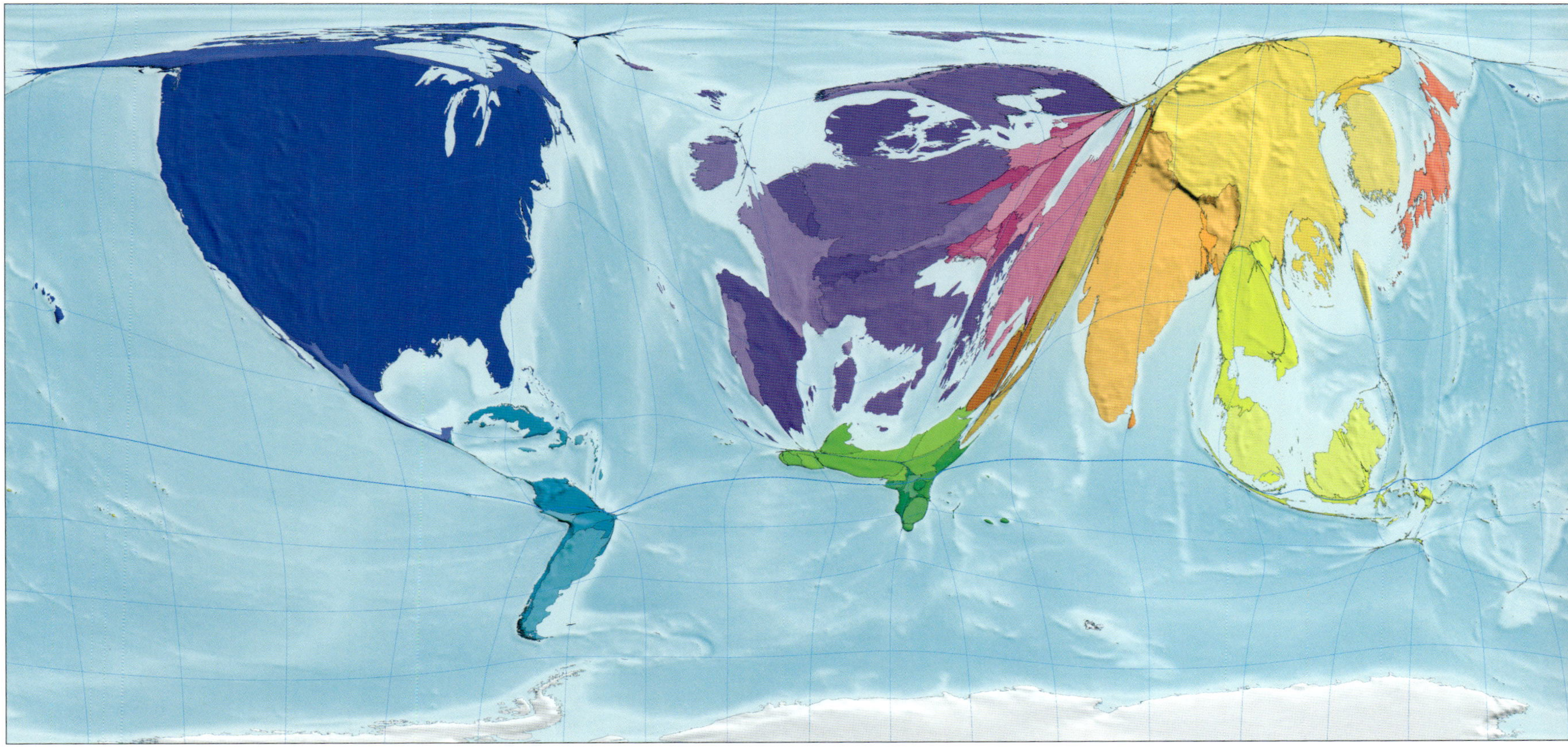

**HÖCHSTER ANSTIEG DER AUSGABEN IM BEREICH DER TERTIÄREN BILDUNG**

| Rang | Land | US-Dollar* |
|---|---|---|
| 1 | Dänemark | 2942 |
| 2 | Schweden | 1604 |
| 3 | Luxemburg | 1602 |
| 4 | Norwegen | 1449 |
| 5 | Hongkong | 1345 |
| 6 | Finnland | 1299 |
| 7 | Irland | 1239 |
| 8 | Österreich | 896 |
| 9 | Vereinigte Staaten | 815 |
| 10 | Island | 750 |
| 11 | Italien | 739 |
| 12 | Kanada | 716 |
| 13 | Griechenland | 664 |
| 14 | Slowenien | 648 |
| 15 | Deutschland | 637 |
| 16 | Zypern | 625 |
| 17 | St. Kitts und Nevis | 611 |
| 18 | Schweiz | 575 |
| 19 | Spanien | 574 |
| 20 | Portugal | 552 |

*Zusätzliche Ausgaben für 3-jährige Tertiärbildung im Jahr 2001 verglichen mit 1990, pro Person einer Altersgruppe in US-Dollar

# 228 Anstieg der Bildungsausgaben im Tertiärbereich

**Auch im Bereich der Tertiärbildung konnte in vielen Ländern zumindest ein geringer Anstieg verzeichnet werden, aber die Höhe der Ausgaben variiert beträchtlich.**

Zwischen 1990 und 2001 konnten 135 von 200 Ländern einen Anstieg der Ausgaben im tertiären Bildungsbereich verzeichnen. Nordamerika und Südasien sind die einzigen Regionen, in denen jedes Land die Ausgaben erhöht hat. In Ostasien haben alle Länder bis auf die Mongolei ihre Ausgaben erhöht, und in Zentralafrika gab es nur in Burundi eine Stagnation der Mittel. Die Steigerungsraten variieren allerdings enorm. Der Anstieg der Ausgaben pro Person war innerhalb dieser Dekade in Nordamerika und Westeuropa dreimal so hoch wie die jeder anderen Region.

*»… wenn Europa seinen Wettbewerbsvorteil an der Spitze der globalen Wertschöpfungskette behalten möchte, dann muss das Bildungssystem flexibler, effektiver und leichter zugänglich für mehr Menschen gestaltet werden.«* Andreas Schleicher, Mitglied im OECD-Bildungsdirektorat, 2006

**ANSTIEG DER AUSGABEN IM TERTIÄRBEREICH**
Anstieg pro Person in US-Dollar, 1990–2001

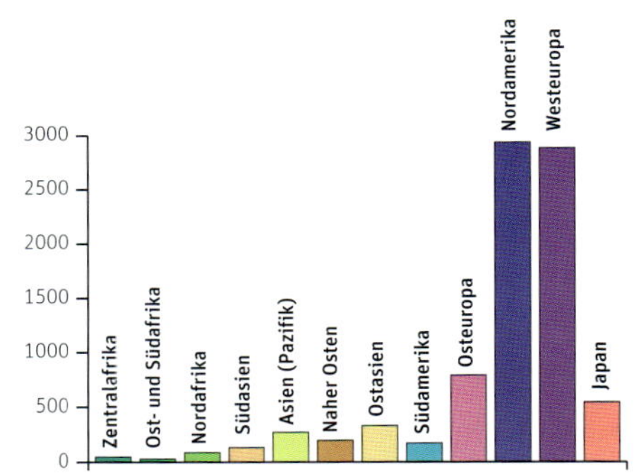

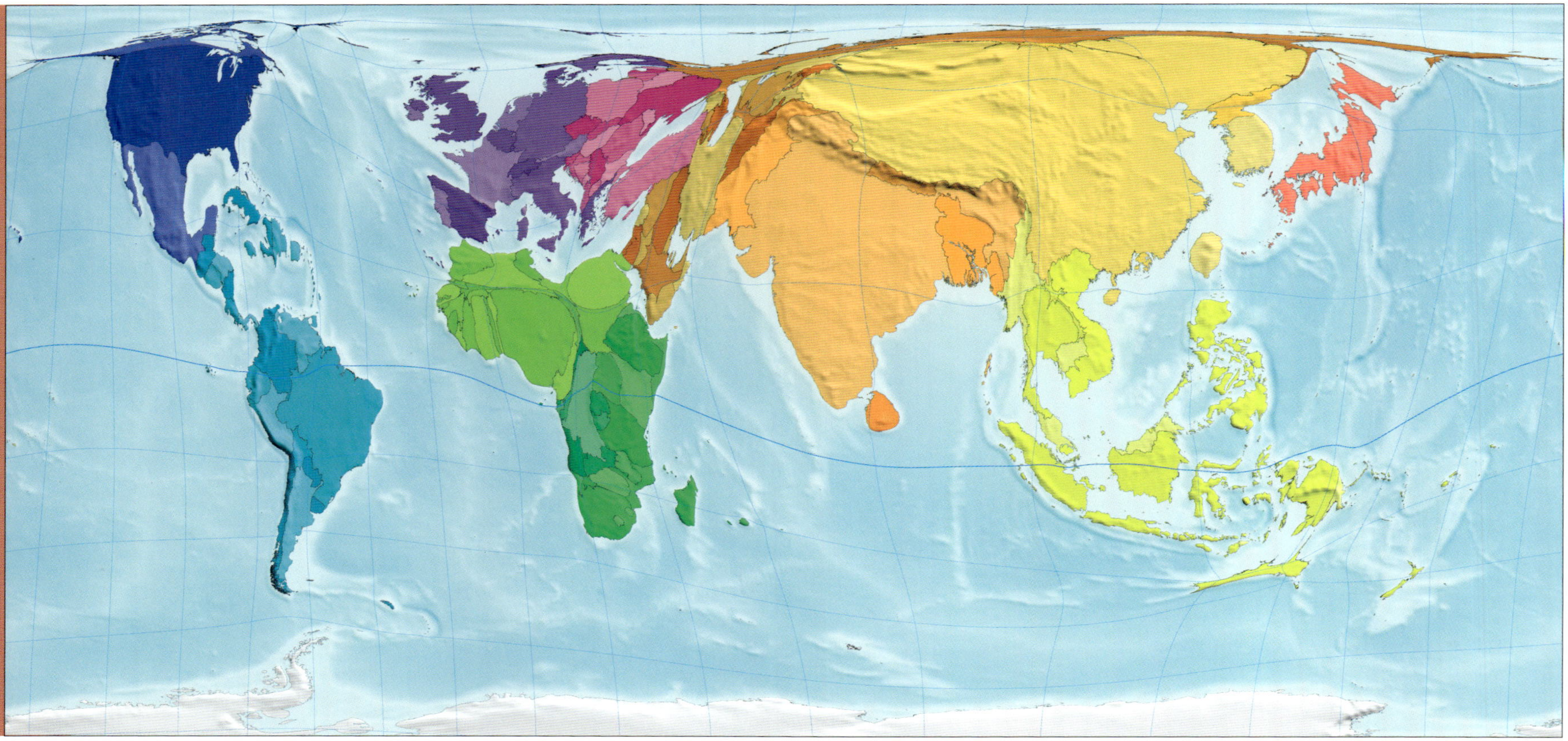

**DIE NIEDRIGSTEN ALPHABETISIERUNGSRATEN BEI JUGENDLICHEN**

| Rang | Land | Prozent* |
|---|---|---|
| 1 | Burkina Faso | 19,4 |
| 2 | Mali | 24,2 |
| 3 | Niger | 24,5 |
| 4 | Mauretanien | 49,6 |
| 5 | Bangladesch | 49,7 |
| 6 | Senegal | 52,9 |
| 7 | Pakistan | 53,9 |
| 8 | Benin | 55,5 |
| 9 | Äthiopien | 57,4 |
| 10 | Zentralafrikanische Republik | 58,5 |
| 11 | Komoren | 59,0 |
| 12 | Elfenbeinküste | 59,9 |
| 13 | Nepal | 62,7 |
| 14 | Mosambik | 62,8 |
| 15 | Burundi | 66,1 |
| 16 | Haiti | 66,2 |
| 17 | Bhutan | 67,3 |
| 18 | Jemen | 67,9 |
| 19 | Marokko | 69,5 |
| 20 | Tschad | 69,9 |

*Prozent der Menschen im Alter von 15–24 Jahren, die lesen und schreiben können, 2002

# 229 Alphabetisierungsrate bei Jugendlichen

**In einigen afrikanischen Ländern können weniger als die Hälfte der Jugendlichen im Alter von 15 bis 24 Jahren lesen und schreiben.**

Als lese- und schreibkundig gelten hier Personen, die als Mindestanforderung einen kurzen, einfachen Satz über ihren Alltag lesen, schreiben und verstehen können. 88 Prozent aller jungen Menschen in der Altersgruppe zwischen 15 und 24 Jahren können lesen und schreiben.

In den meisten Regionen der Erde können die jungen Menschen mehrheitlich lesen und schreiben. In nur fünf Ländern liegt die Alphabetisierungsrate unter 50 Prozent. Von diesen liegen vier in Schwarzafrika.

In acht der zwölf Regionen der Erde liegt die Alphabetisierungsrate über 95 Prozent. Die höchste Quote hat Japan.

*»Die Freiheit, die durch Alphabetisierung erreicht wird, ist sowohl die Freiheit von Ignoranz, Unterdrückung und Armut als auch die Freiheit, Neues zu wagen, Entscheidungen zu treffen, zu lernen.«*

Koïchiro Matsuura, Generaldirektor der UNESCO, 2001

**ALPHABETISIERUNGSRATE BEI JUGENDLICHEN**

Anzahl der lese- und schreibkundigen Menschen im Alter von 15–24 Jahren in Millionen, 2002

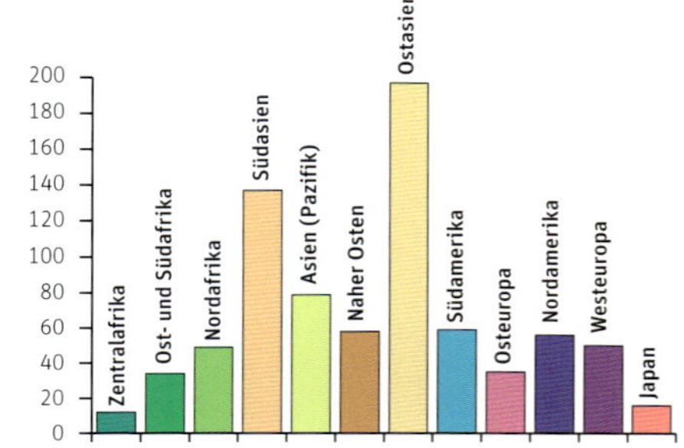

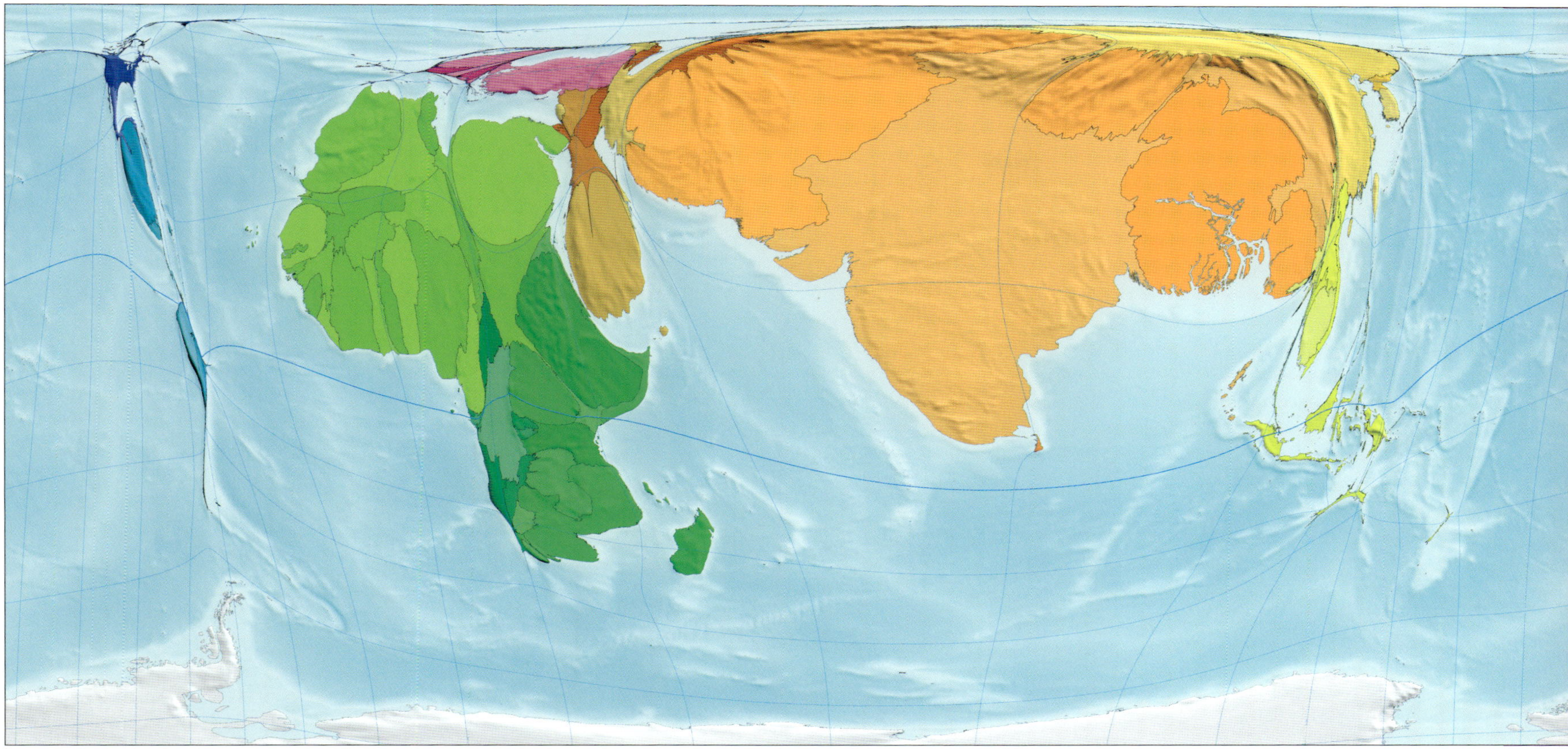



**GRÖSSTER ÜBERHANG VON ANALPHABETISMUS BEI JUNGEN FRAUEN VERGLICHEN MIT JUNGEN MÄNNERN**

| Rang | Land | Prozent* |
|---|---|---|
| 1 | Benin | 17 |
| 2 | Jemen | 17 |
| 3 | Nepal | 17 |
| 4 | Mosambik | 14 |
| 5 | Pakistan | 12 |
| 6 | Zentralafrikanische Republik | 12 |
| 7 | Togo | 11 |
| 8 | Malawi | 10 |
| 9 | Niger | 9 |
| 10 | Bangladesch | 9 |
| 11 | Senegal | 8 |
| 12 | Elfenbeinküste | 8 |
| 13 | Marokko | 8 |
| 14 | Mauretanien | 8 |
| 15 | Mali | 7 |
| 16 | Komoren | 7 |
| 17 | Laos | 7 |
| 18 | Ägypten | 6 |
| 19 | Guatemala | 6 |
| 20 | Uganda | 6 |

*Überhang Analphabetismus bei der weiblichen Bevölkerung im Alter von 15–24 Jahren verglichen mit jungen Männern der gleichen Altersgruppe in Prozent

# 230 Geschlechtsabhängiger Analphabetismus

**Die Proportionen zeigen, um wie viel stärker der Analphabetismus unter Frauen im Vergleich zu gleichaltrigen Männern verbreitet ist.**

Die Alphabetisierungsrate der Menschen unterscheidet sich nicht nur nach Land und Kulturkreis, sondern auch nach dem Geschlecht. Diese Karte zeigt, wie viele Mädchen und junge Frauen lesen und schreiben lernen müssten, um die Alphabetisierungsrate der männlichen Bevölkerung ihrer Altersgruppe zu erreichen. Gebiete, in denen es weniger weibliche als männliche Analphabeten gibt, haben den Wert null und erscheinen daher nicht auf der Karte.

Die größten Diskrepanzen zwischen der Alphabetisierungsrate bei Frauen und Männern gibt es in Südasien, Nordafrika sowie im östlichen und südlichen Afrika. In Pakistan zum Beispiel gibt es 2,6 Millionen mehr Mädchen, die nicht lesen und schreiben können, als Jungen – 24 Prozent der Mädchen und jungen Frauen sind Analphabeten.

Nach Regionen geordnet öffnet sich die Schere bei der Alphabetisierung in dieser Altersgruppe am weitesten in den folgenden Ländern: für den Nahen Osten und Zentralasien im Jemen, für Osteuropa in der Türkei, für den Asien-Pazifik-Raum und Australien in Indonesien, für Südamerika in Guatemala und für Nordamerika in den Vereinigten Staaten.

**HÖHERES ANALPHABETENTUM BEI JUNGEN FRAUEN GEGENÜBER JUNGEN MÄNNERN**

Überhang junger analphabetischer Frauen zwischen 15–24 Jahren verglichen mit Männern der gleichen Altersgruppe in Prozent der jungen Bevölkerung

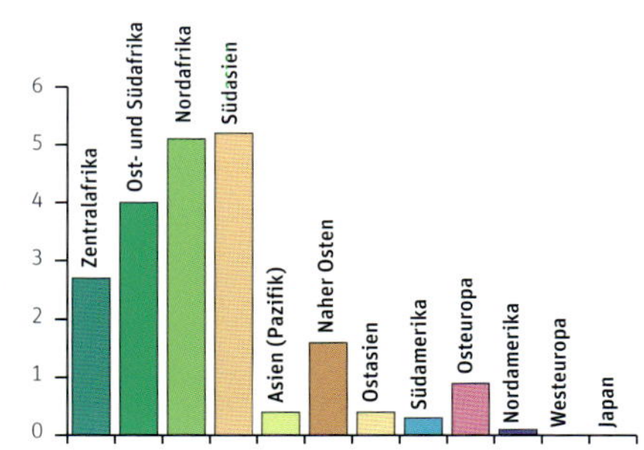

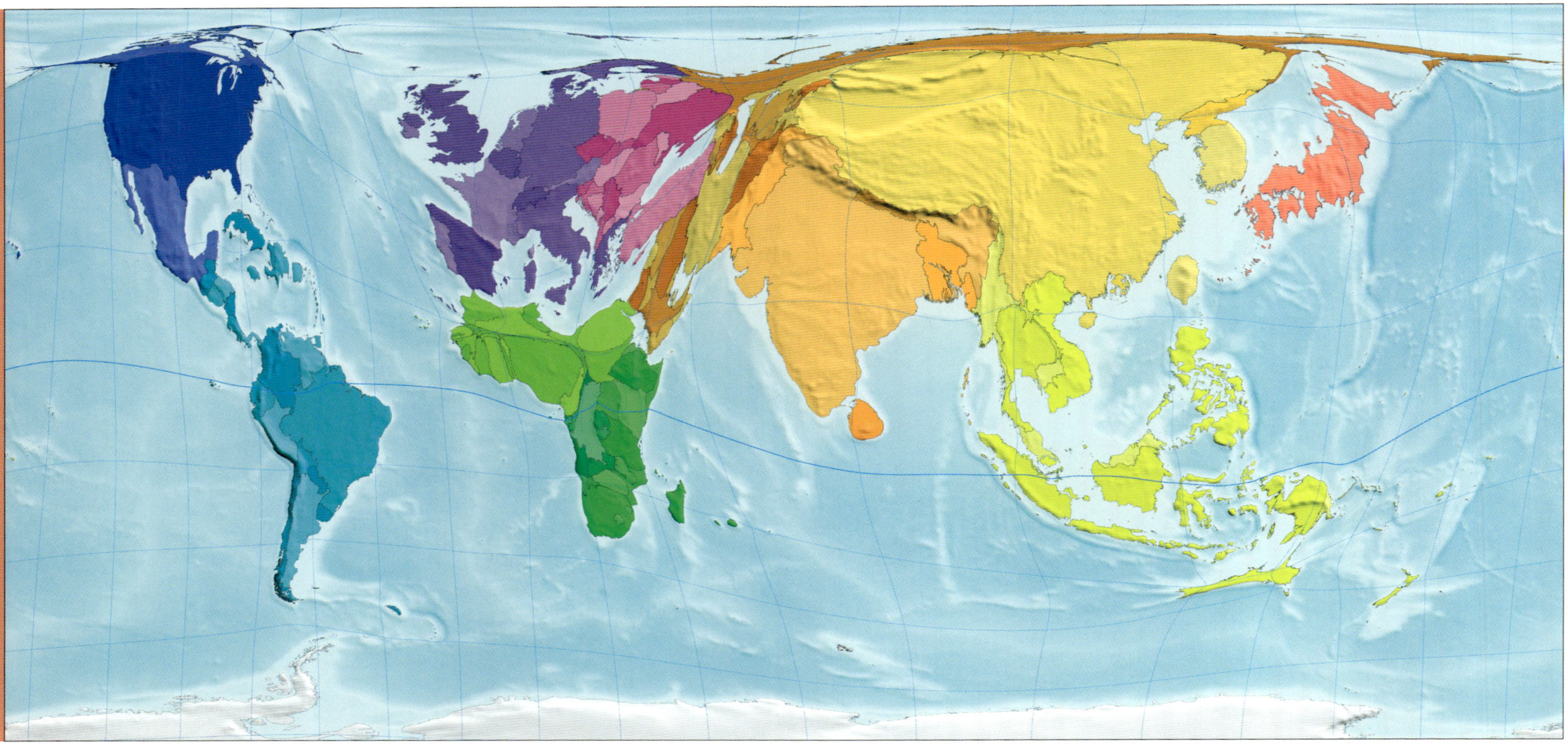

**NIEDRIGSTE ALPHABETISERUNGSRATEN BEI ERWACHSENEN**

| Rang | Land | Prozent* |
|---|---|---|
| 1 | Burkina Faso | 13 |
| 2 | Niger | 17 |
| 3 | Mali | 19 |
| 4 | Senegal | 39 |
| 5 | Benin | 40 |
| 6 | Bangladesch | 41 |
| 7 | Mauretanien | 41 |
| 8 | Pakistan | 42 |
| 9 | Äthiopien | 42 |
| 10 | Nepal | 44 |
| 11 | Tschad | 46 |
| 12 | Mosambik | 47 |
| 13 | Zentralafrikanische Republik | 49 |
| 14 | Jemen | 49 |
| 15 | Burundi | 50 |
| 16 | Marokko | 51 |
| 17 | Haiti | 52 |
| 18 | Ägypten | 56 |
| 19 | Komoren | 56 |
| 20 | Bhutan | 58 |

*Prozent der Bevölkerung über 15 Jahre, die lesen und schreiben können

# 231 Alphabetisierungsrate bei Erwachsenen

**Die Größe eines Landes zeigt die Anzahl der Menschen im Alter von 15 Jahren und mehr, die lesen und schreiben können. Bei jungen Menschen steigt die Alphabetisierungsrate schneller an als bei älteren.**

Weltweit gibt es 3,6 Milliarden Erwachsene, das sind 82 Prozent, die lesen und schreiben können, wobei Menschen ab 15 Jahre als Erwachsene gelten.

Gleichzeitig ist in jeder Region der Welt die Anzahl der Erwachsenen, die des Lesens und Schreibens kundig sind, niedriger als die Anzahl bei jüngeren Menschen. Die größte Kluft zwischen der Alphabetisierungsrate bei Erwachsenen und der bei der jüngeren Bevölkerung gibt es in Nord- und Zentralafrika und im östlichen und südlichen Afrika. Japan, China, Indien und die Vereinigten Staaten haben die höchsten Alphabetisierungsraten bei Erwachsenen. In Indien liegt die Rate bei 61 Prozent, während in China und den Vereinigten Staaten 91 Prozent der Menschen im Alter von 15 Jahren und älter lesen und schreiben können.

*»Ich bin weniger am Gewicht und den Windungen von Einsteins Gehirn interessiert, als an der generellen Tatsache, dass Menschen mit demselben Talent in Baumwollfeldern und Ausbeutungsbetrieben gearbeitet haben und gestorben sind.«* Stephen Jay Gould, Anthropologe, Evolutionsbiologe und Wissenschaftshistoriker, 1980

**VERTEILUNG DER ALPHABETISIERUNG BEI ERWACHSENEN**
Anzahl der Menschen im Alter von 15 Jahren und mehr, die lesen und schreiben können, in Millionen

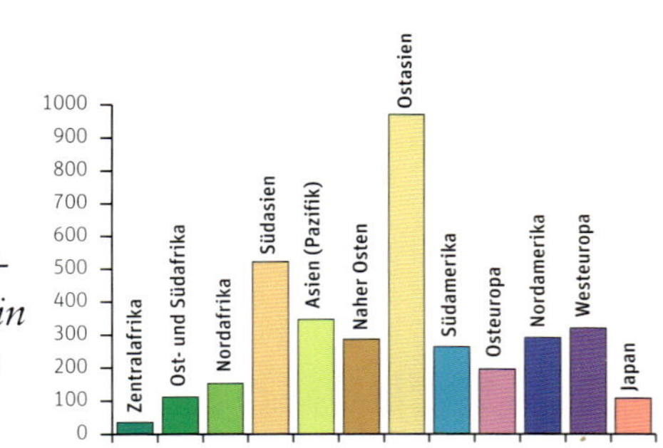

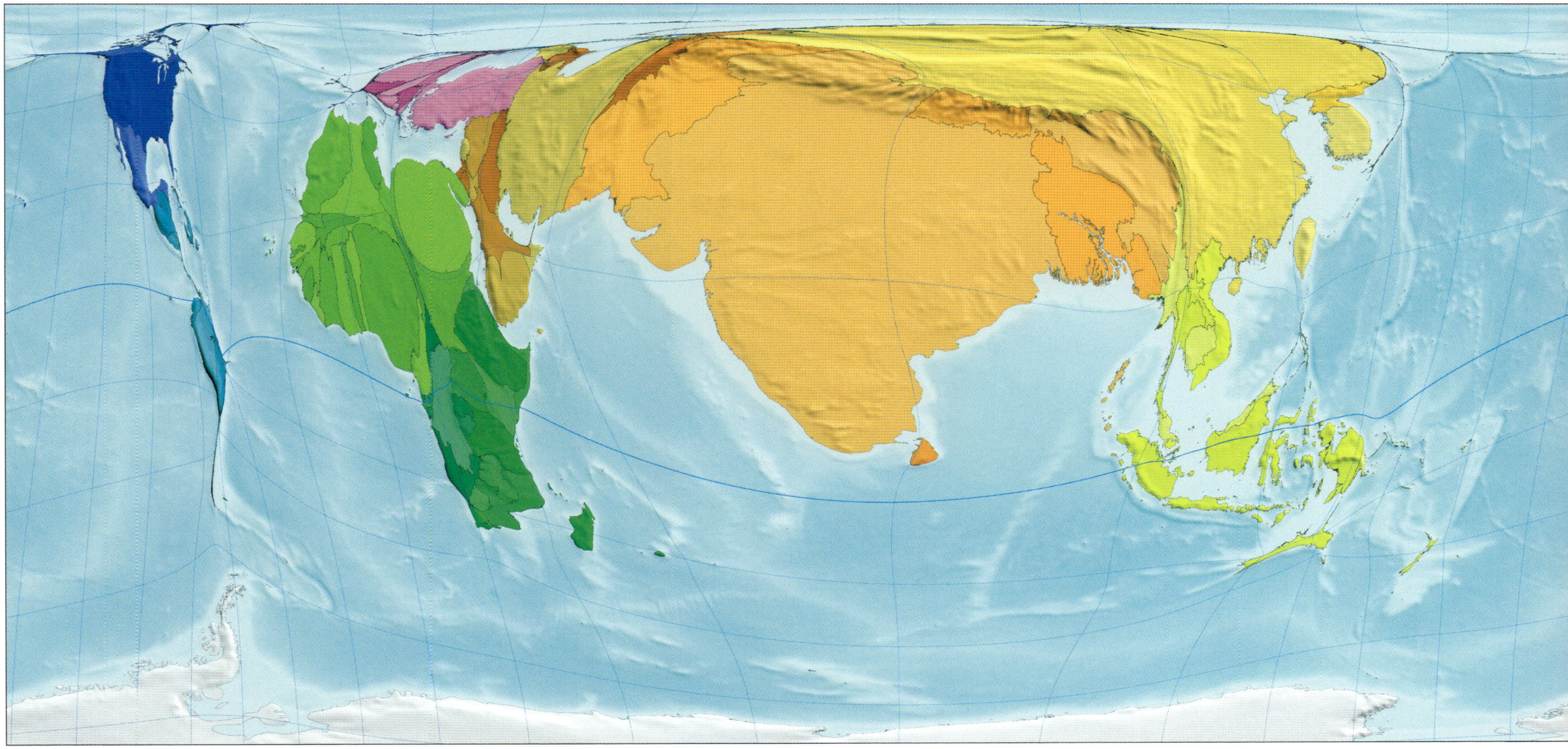



# 232 Geschlechterverteilung Analphabetentum

**Die Größe eines Landes zeigt die Anzahl der weiblichen Analphabeten im Alter von 15 Jahren und älter abzüglich der Anzahl der männlichen Analphabeten der gleichen Altersgruppe.**

In Westeuropa, Japan und Südamerika ist die Alphabetisierungsrate bei Männern und Frauen in etwa gleich; daher sind diese Regionen auf dieser Karte nur sehr klein (in manchen Fällen unsichtbar). Anderswo jedoch, und besonders in Indien, China, Pakistan und im Iran, gibt es weitaus mehr Frauen, die nicht lesen und schreiben können, als Männer. Betrachtet man die Alphabetisierungsrate als Prozentsatz der Bevölkerung anstatt als Gesamtzahl, zeigt sich die größte Diskrepanz im Jemen, wo die Alphabetisierungsrate bei Männern 69 Prozent, bei Frauen 28 Prozent beträgt, in Nepal (62 Prozent zu 26 Prozent), Mosambik (62 Prozent zu 31 Prozent) und der Zentralafrikanischen Republik (64 Prozent zu 34 Prozent).

*»Das Analphabetentum ist im Wesentlichen der Ausdruck sozialer Ungerechtigkeit, der ungleichen Verteilung von Macht und Ressourcen in der Gesellschaft.«*

Bharati Siliawal-Giri, UNDP, Nepal 2003

### GRÖSSTER ÜBERHANG WEIBLICHER ANALPHABETEN

| Rang | Land | Prozent* |
|---|---|---|
| 1 | Jemen | 21 |
| 2 | Nepal | 18 |
| 3 | Mosambik | 15 |
| 4 | Zentralafrikanische Republik | 15 |
| 5 | Benin | 14 |
| 6 | Togo | 14 |
| 7 | Indien | 14 |
| 8 | Malawi | 13 |
| 9 | Pakistan | 13 |
| 10 | Bhutan | 13 |
| 11 | Marokko | 12 |
| 12 | Ägypten | 12 |
| 13 | Libyen | 11 |
| 14 | Laos | 11 |
| 15 | Sudan | 11 |
| 16 | Kambodscha | 10 |
| 17 | Tunesien | 10 |
| 18 | Mauretanien | 10 |
| 19 | Bangladesch | 10 |
| 20 | Uganda | 10 |

*Überhang beim Analphabetentum der weiblichen Erwachsenen verglichen mit der männlichen Bevölkerung ab 15 Jahren in Prozent

### GESCHLECHTERVERTEILUNG ALPHABETISIERUNGSRATE BEI ERWACHSENEN

Überhang weiblicher Analphabeten ab 15 Jahren im Vergleich zu Männern in Prozent der erwachsenen Bevölkerung

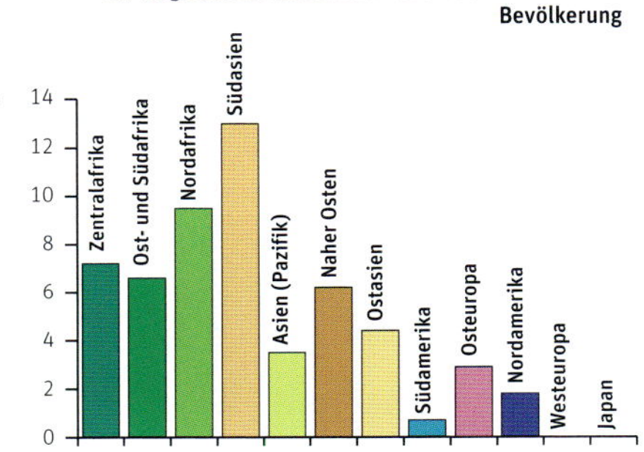

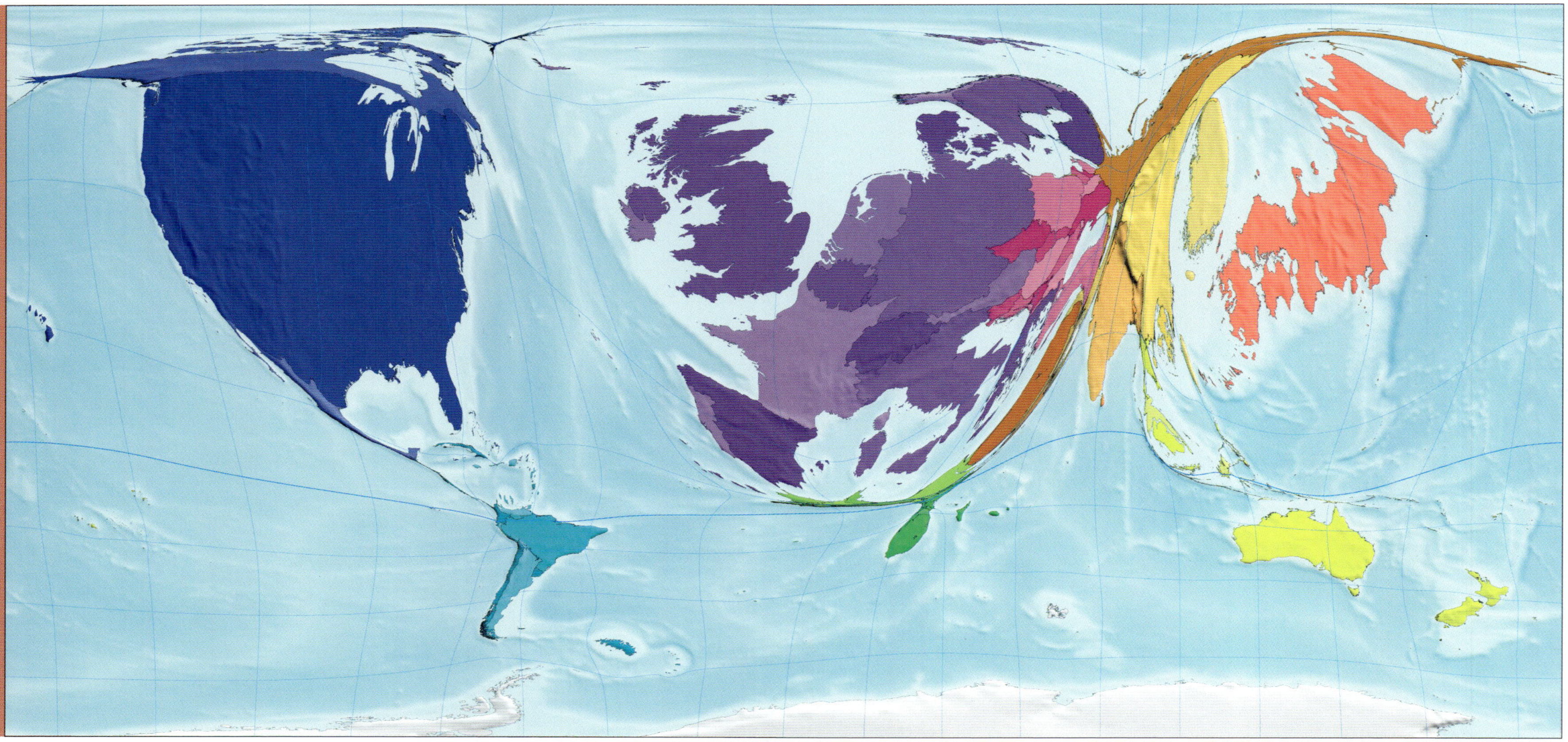



# 233 Wissenschaftliche Forschung

**Der Stand der wissenschaftlichen Forschung ist entscheidend für den Erfolg eines Landes. Ein Maßstab ist die Anzahl der wissenschaftlichen Publikationen.**

Artikel, die in Fachzeitschriften veröffentlicht werden, sind der bevorzugte Weg, auf dem Wissenschaftler das Interesse der Fachwelt und die Öffentlichkeit auf ihre Ergebnisse lenken. Der Begriff »Wissenschaft« umfasst hier allerdings nur die Teilbereiche von Naturwissenschaft und Technik – Physik, Biologie, Chemie, Mathematik, Medizin, biomedizinische Forschung, Ingenieurwesen, Informatik, Technik, Geowissenschaften und Weltraumwissenschaften.

Forscher in den Vereinigten Staaten können mehr als dreimal so viele Veröffentlichungen pro Jahr aufweisen als ihre Kollegen in anderen Ländern. Japanische Wissenschaftler stehen an zweiter Stelle. In der Regel wird in reicheren Ländern mehr Forschung betrieben und daher mehr publiziert. Das erklärt, warum in Westeuropa, Nordamerika und Japan mehr als viermal so viele wissenschaftliche Abhandlungen pro Kopf der Bevölkerung erscheinen als in den übrigen Ländern.

**HÖCHSTE ANZAHL AN WISSENSCHAFTLICHEN VERÖFFENTLICHUNGEN**

| Rang | Land | Anzahl* |
|---|---|---|
| 1 | Schweden | 1159 |
| 2 | Schweiz | 1126 |
| 3 | Israel | 1030 |
| 4 | Finnland | 980 |
| 5 | Dänemark | 924 |
| 6 | Großbritannien | 806 |
| 7 | Niederlande | 783 |
| 8 | Neuseeland | 764 |
| 9 | Australien | 758 |
| 10 | Kanada | 723 |
| 11 | Norwegen | 723 |
| 12 | Vereinigte Staaten | 690 |
| 13 | Singapur | 620 |
| 14 | Belgien | 581 |
| 15 | Island | 580 |
| 16 | Österreich | 559 |
| 17 | Deutschland | 529 |
| 18 | Frankreich | 524 |
| 19 | Japan | 450 |
| 20 | Slowenien | 438 |

*Anzahl der wissenschaftlichen Veröffentlichungen pro Million Einwohner, 2001

**WISSENSCHAFTLICHE PUBLIKATIONEN**
pro Million Bevölkerung

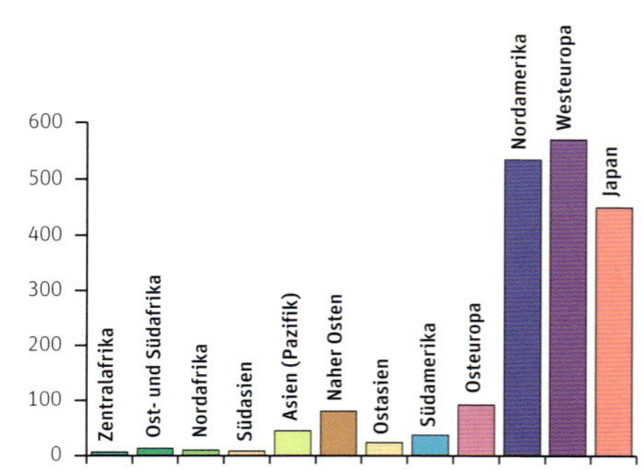

**GRÖSSTE ZUNAHME DER ANZAHL WISSENSCHAFTLICHER VERÖFFENTLICHUNGEN**

| Rang | Land | Anzahl* |
|---|---|---|
| 1 | Singapur | 484 |
| 2 | Finnland | 390 |
| 3 | Schweiz | 306 |
| 4 | Island | 283 |
| 5 | Israel | 241 |
| 6 | Schweden | 241 |
| 7 | Dänemark | 236 |
| 8 | Österreich | 227 |
| 9 | Spanien | 213 |
| 10 | Australien | 211 |
| 11 | Südkorea | 208 |
| 12 | Irland | 196 |
| 13 | Norwegen | 184 |
| 14 | Belgien | 183 |
| 15 | Neuseeland | 178 |
| 16 | Griechenland | 176 |
| 17 | Italien | 161 |
| 18 | Portugal | 156 |
| 19 | Niederlande | 151 |
| 20 | Japan | 148 |

*Anstieg der Anzahl wissenschaftlicher Publikationen pro Million Einwohner im Jahre 2001 verglichen mit 1990

# 234 Wachstum bei der wissenschaftlichen Forschung

**Während sich die Rate der wissenschaftlichen Publikationen in den USA schon lange auf hohem Niveau bewegt, hat Westeuropa kräftig zugelegt und sich an die Weltspitze gesetzt.**

Im Jahre 1980 wurden pro Million Weltbevölkerung 80 naturwissenschaftliche Arbeiten publiziert. 2001 war diese Zahl auf 106 pro Million angestiegen. Der Zuwachs konzentrierte sich hauptsächlich auf Länder mit langer wissenschaftlicher Tradition und leistungsfähigen Forschungseinrichtungen. In den USA jedoch, wo weitaus mehr publiziert wird als in fast allen anderen Ländern, fiel er deutlich kleiner aus als beispielsweise in Japan, China, Deutschland und Südkorea. Pro Kopf gemessen konnte Singapur den stärksten Zuwachs verbuchen.

*»Singapur forciert die Forschung auf dem Gebiet der Materialwissenschaften im Zuge einer Positionierung des Landes in Vorbereitung auf die globale, wissensbasierte Wirtschaft und auf die nächste Phase unserer Entwicklung als Gesellschaft.«*

Tharman Shanmugaratnam, Stellvertretender Minister für Erziehung in Singapur, 2003

**ZUNAHME DER WISSENSCHAFTLICHEN VERÖFFENTLICHUNGEN 1990–2001**

Zuwachs bei der Anzahl der veröffentlichten Abhandlungen pro Million Bevölkerung

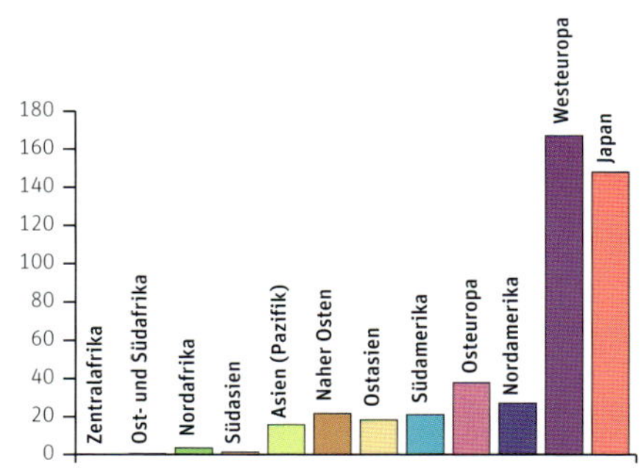

**DIE HÖCHSTEN UND NIEDRIGSTEN ERTRÄGE DER TELEFONDIENSTANBIETER**

| Rang | Land | US-Dollar* |
|---|---|---|
| 1 | Uganda | 5002 |
| 2 | Gabun | 3712 |
| 3 | Dschibuti | 3262 |
| 4 | Japan | 2805 |
| 5 | Bahrain | 2787 |
| 6 | Äquatorialguinea | 2728 |
| 7 | Katar | 2548 |
| 8 | Monaco | 2398 |
| 9 | Mauretanien | 2390 |
| 10 | Malediven | 2277 |
| 191 | Turkmenistan | 145 |
| 192 | Moldawien | 134 |
| 193 | Sierra Leone | 129 |
| 194 | Usbekistan | 118 |
| 195 | Kirgisistan | 110 |
| 196 | Iran | 104 |
| 197 | Aserbaidschan | 93 |
| 198 | Weißrussland | 72 |
| 199 | Myanmar | 32 |
| 200 | Tadschikistan | 32 |

*Erträge der Telefondienstanbieter in US-Dollar pro Festnetzleitung, 2002

# 235 Kosten einer vollständigen Telefonversorgung

**Was würde es kosten, jeden Bürger eines Landes mit einem Festnetzanschluss zu versorgen? Diese Karte ist auch ein Indikator für die von Land zu Land unterschiedlichen Telefonkosten.**

Diese Karte ist rein hypothetisch. Sie zeigt, wie viel es insgesamt in jedem der 200 Länder kosten würde, für jeden Einwohner einen Festnetzanschluss bereitzustellen. Da die Kosten für einen Telefonanschluss von Land zu Land variieren, ist sie keineswegs identisch mit einer bloßen Darstellung der Bevölkerungszahlen. In der Regel ist ein Festnetzanschluss in den ärmsten und in den reichsten Regionen am teuersten, in Gebieten mit mittlerem Wohlstand am billigsten. Im globalen Durchschnitt kostet er 630 US-Dollar pro Jahr, aber die Kosten variieren von Land zu Land sehr stark und bewegen sich zwischen 265 Dollar in Südasien und 2805 Dollar in Japan.

In Wirklichkeit hat bei weitem nicht jeder Mensch auf diesem Planeten einen eigenen Telefonanschluss. Bezogen auf die gesamte Weltbevölkerung gibt es nur zwölf Festnetzanschlüsse pro 100 Menschen. In Westeuropa sind es 57 und in Zentralafrika nur drei pro 100 Menschen.

**ERTRAG AUS EINEM FESTNETZANSCHLUSS**

Ein Hauptanschluss kostete im Jahr 2002 in US-Dollar

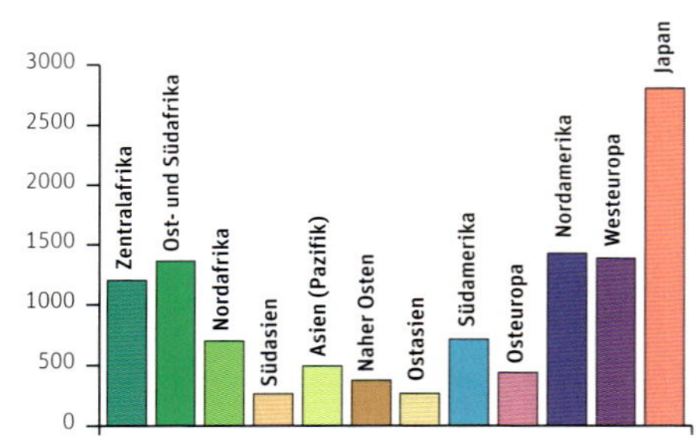

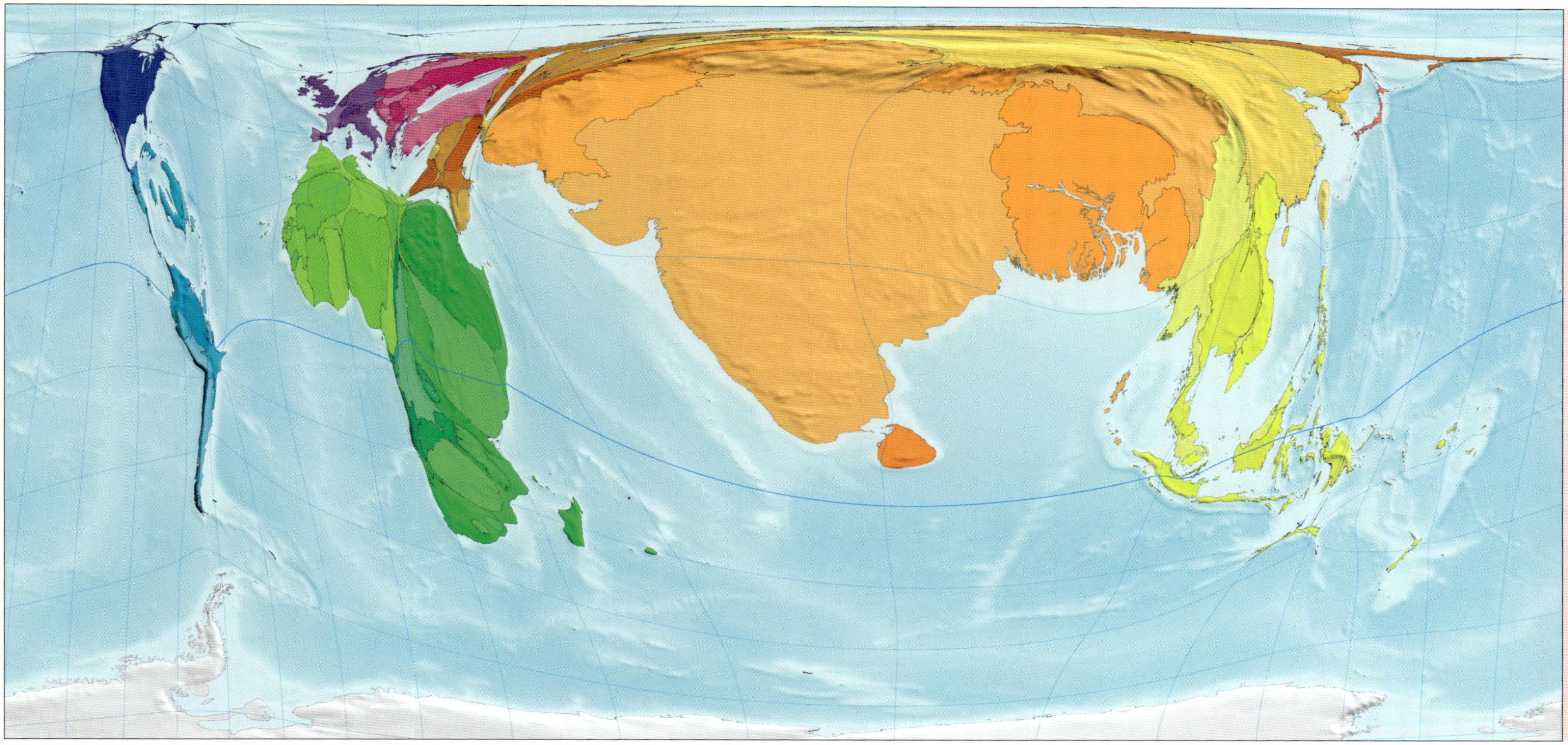

**LÄNDER MIT DEN MEISTEN UND WENIGSTEN STÖRUNGEN IM TELEFONNETZ**

| Rang | Land | Störungsfälle* |
|---|---|---|
| 1 | Tonga | 761 |
| 2 | Simbabwe | 223 |
| 3 | Kenia | 221 |
| 4 | Bangladesch | 208 |
| 5 | Mali | 178 |
| 6 | Myanmar | 169 |
| 7 | Swasiland | 160 |
| 8 | Liberia | 144 |
| 9 | Bhutan | 130 |
| 10 | Indien | 126 |
| 191 | Oman | 1,8 |
| 192 | Brasilien | 1,7 |
| 193 | Japan | 1,7 |
| 194 | Spanien | 1,5 |
| 195 | Südkorea | 1,5 |
| 196 | Hongkong | 1,3 |
| 197 | Ägypten | 1,0 |
| 198 | Gabun | 0,5 |
| 199 | Niederlande | 0,5 |
| 200 | Vereinigte Arabische Emirate | 0,3 |

*Störungen pro Jahr und 100 Festnetzanschlüsse, 2002

# 236 Störungen im Telefonnetz

**Die Proportionen der Länder verdeutlichen die Anzahl der Menschen, die sich jedes Jahr über Störungen im Telefonnetz ärgern.**

Als Störung wird hier ein Problem mit einer Telefonleitung bezeichnet, das Kommunikation unmöglich macht. Die Karte zeigt, wie häufig solche Störungen in den einzelnen Ländern auftreten. Dabei zählt nicht die numerische Anzahl der Störungen, sondern die Anzahl der davon betroffenen Menschen. Denn in manchen Gebieten gibt es nur ein Telefon für ein ganzes Dorf, was zur Folge hat, dass viel mehr Menschen von einer Störung betroffen sind als im Falle eines Telefonanschlusses in einem Singlehaushalt. Die weitverzweigten Leitungen in weniger erschlossenen Gebieten sind oft besonders störungsanfällig, sodass in diesen Gegenden häufig viele Menschen zugleich betroffen sind.

Die Zuverlässigkeit von Telefonverbindungen ist von Gebiet zu Gebiet sehr ungleichmäßig. So treten in Südasien 58 Prozent aller Störungen auf, obwohl sich dort nur 19 Prozent aller weltweit verlegten Telefonleitungen befinden.

**HÄUFIGKEIT DER STÖRUNGEN IM TELEFONNETZ**

Gemeldete Störungen im Jahr pro 100 Hauptanschlüsse, 2002

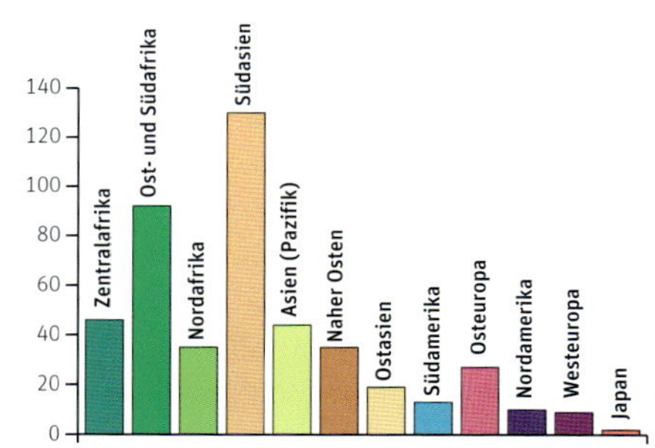

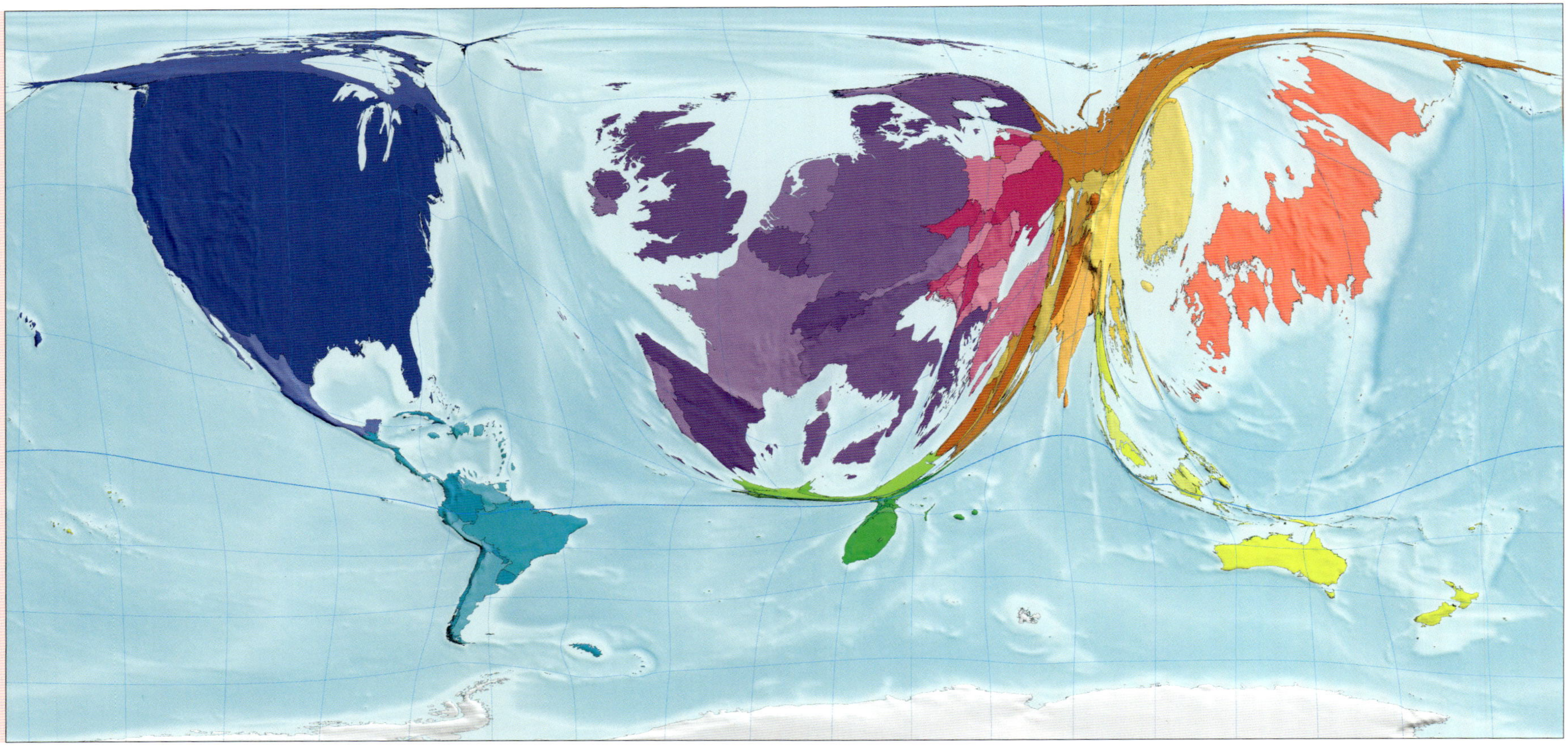

**LÄNDER MIT DEN MEISTEN UND WENIGSTEN TELEFONANSCHLÜSSEN (STAND 1990)**

| Rang | Land | Anschlüsse* |
|---|---|---|
| 1 | Schweden | 681 |
| 2 | Schweiz | 574 |
| 3 | Dänemark | 567 |
| 4 | Kanada | 565 |
| 5 | Vereinigte Staaten | 547 |
| 6 | Finnland | 534 |
| 7 | Island | 510 |
| 8 | Norwegen | 502 |
| 9 | Frankreich | 495 |
| 10 | Luxemburg | 481 |
| 191 | Uganda | 2 |
| 192 | Myanmar | 2 |
| 193 | Laos | 2 |
| 194 | Niger | 1 |
| 195 | Mali | 1 |
| 196 | DR Kongo | 1 |
| 197 | Burundi | 1 |
| 198 | Tschad | 1 |
| 199 | Vietnam | 1 |
| 200 | Kambodscha | 0,5 |

*Zahl der Festnetzanschlüsse pro 1000 Einwohner

# 237 Anzahl der Telefonanschlüsse 1990

**In einigen der reicheren Regionen hatte die Mehrheit der Haushalte einen Festnetzanschluss, während es in den ärmeren Regionen ganze Gebiete ohne Telefonverbindung gab.**

1990 gab es weltweit 51,6 Millionen Telefonanschlüsse. Davon befanden sich 63 Prozent in Westeuropa und Nordamerika – zusammen mit Japan die einzigen Gegenden der Erde, in denen es mehr als vier Festnetzanschlüsse auf zehn Einwohner gab. Das entspricht in etwa einem Festnetzanschluss pro Familie.

In Zentralafrika und Südasien hingegen gab es weniger als einen Anschluss pro 100 Einwohner.

Nach absoluten Zahlen bestanden 1990 die meisten Festnetzanschlüsse in den USA mit 141 Millionen Anschlüssen, in Japan mit 53 Millionen und in Deutschland mit 36 Millionen.

*»… der allgemeine Zugang zu einfachen Kommunikationsverbindungen und Informationsdiensten ist ein Grundrecht.«*

Pekka Tarjanne, ITU-Generalsekretär, 1997

**FESTNETZANSCHLÜSSE**
pro 1000 Einwohner, 1990

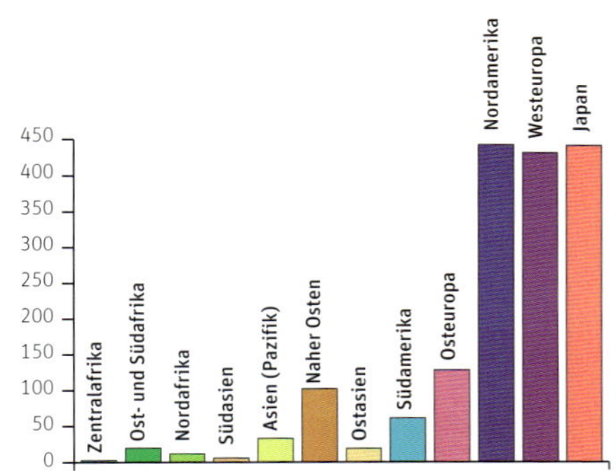

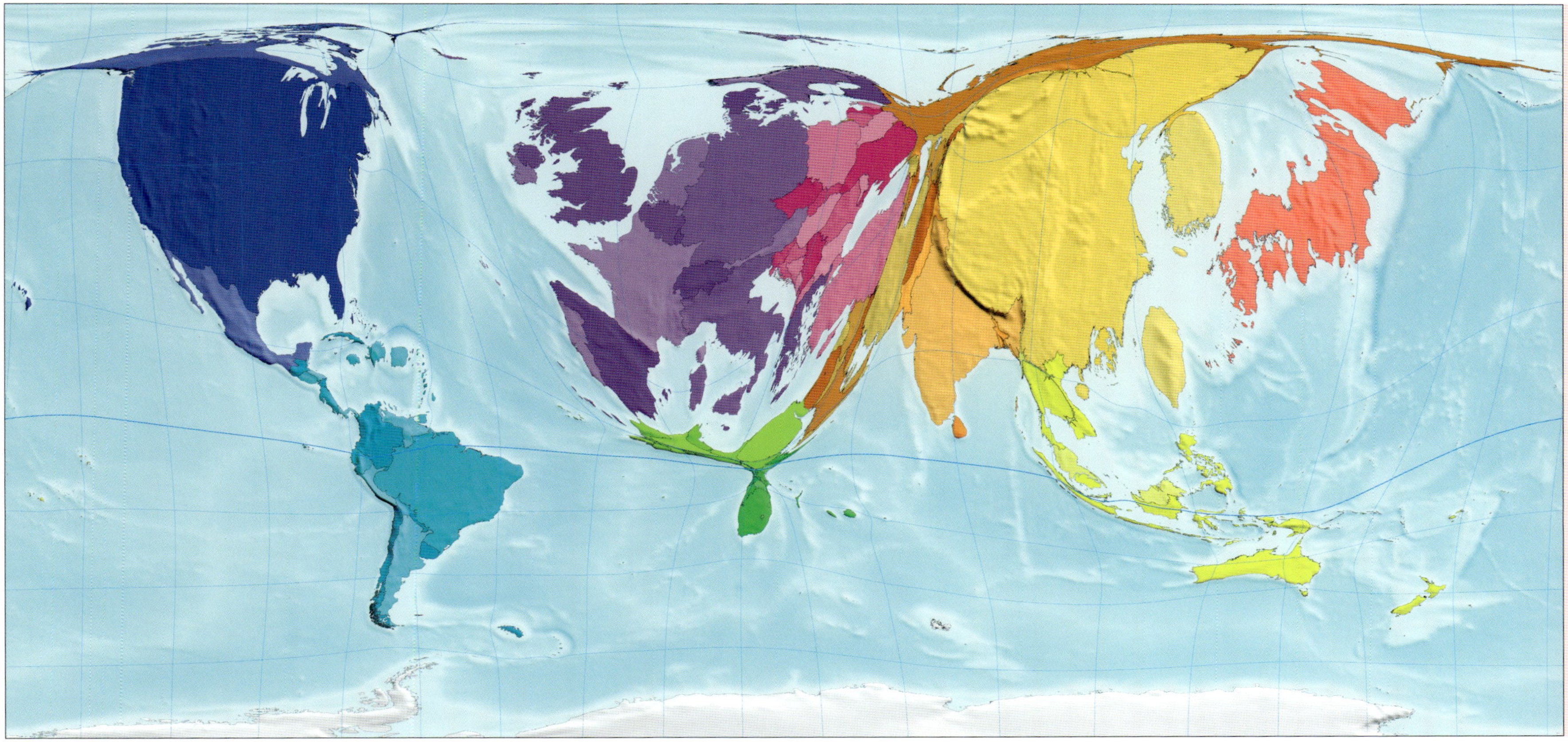

**LÄNDER MIT DEN MEISTEN UND WENIGSTEN TELEFONANSCHLÜSSEN (STAND 2002)**

| Rang | Land | Anschlüsse* |
|---|---|---|
| 1 | Luxemburg | 797 |
| 2 | Schweiz | 744 |
| 3 | Schweden | 736 |
| 4 | Norwegen | 734 |
| 5 | Dänemark | 689 |
| 6 | Zypern | 688 |
| 7 | Island | 653 |
| 8 | Deutschland | 651 |
| 9 | Vereinigte Staaten | 646 |
| 10 | Kanada | 635 |
| 191 | Guinea | 3 |
| 192 | Ruanda | 3 |
| 193 | Kambodscha | 3 |
| 194 | Liberia | 2 |
| 195 | Niger | 2 |
| 196 | Zentralafrikanische Republik | 2 |
| 197 | Tschad | 2 |
| 198 | Uganda | 2 |
| 199 | Andorra | 1 |
| 200 | DR Kongo | 0,2 |

*Zahl der Festnetzanschlüsse pro 1000 Einwohner

# 238 Anzahl der Telefonanschlüsse 2002

**Die Karte zeigt, dass Asien im Vergleich zu den traditionellen Industriestaaten entscheidend aufgeholt hat – auch ein Maßstab für die gesamtwirtschaftliche Entwicklung.**

2002 wurden knapp über eine Milliarde Festnetzanschlüsse weltweit gezählt – fast doppelt so viel wie im Jahr 1990. Und interessanterweise verteilten sich die sechs Länder mit den meisten Telefonanschlüssen nunmehr über den Globus. An erster Stelle stand China, gefolgt von den USA, Japan, Deutschland, Indien und Brasilien. Die Staaten mit den wenigsten Telefonanschlüssen waren Andorra und Niue, beides Länder mit sehr niedriger Bevölkerungszahl.

Nach Regionen und der Anzahl der Anschlüsse pro Einwohner betrachtet standen 2002, wie schon 1990, Nordamerika, Westeuropa und Japan an der Spitze. Die größten Zuwächse verzeichnete jedoch Ostasien, wo sich die Anzahl der Festnetzanschlüsse – sowohl numerisch als auch pro Einwohner – im Vergleich zu 1990 nahezu verzehnfacht hat.

**ZUNAHME DER ANZAHL DER FESTNETZANSCHLÜSSE**

Unten: Anschlüsse pro 1000 Einwohner, 1990

Oben: Anschlüsse pro 1000 Einwohner, 2002

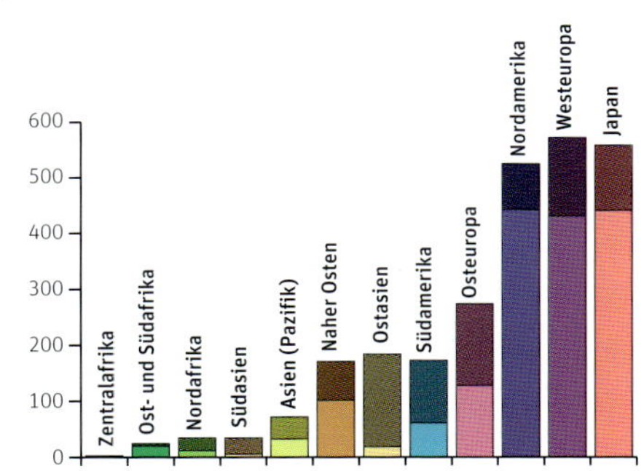

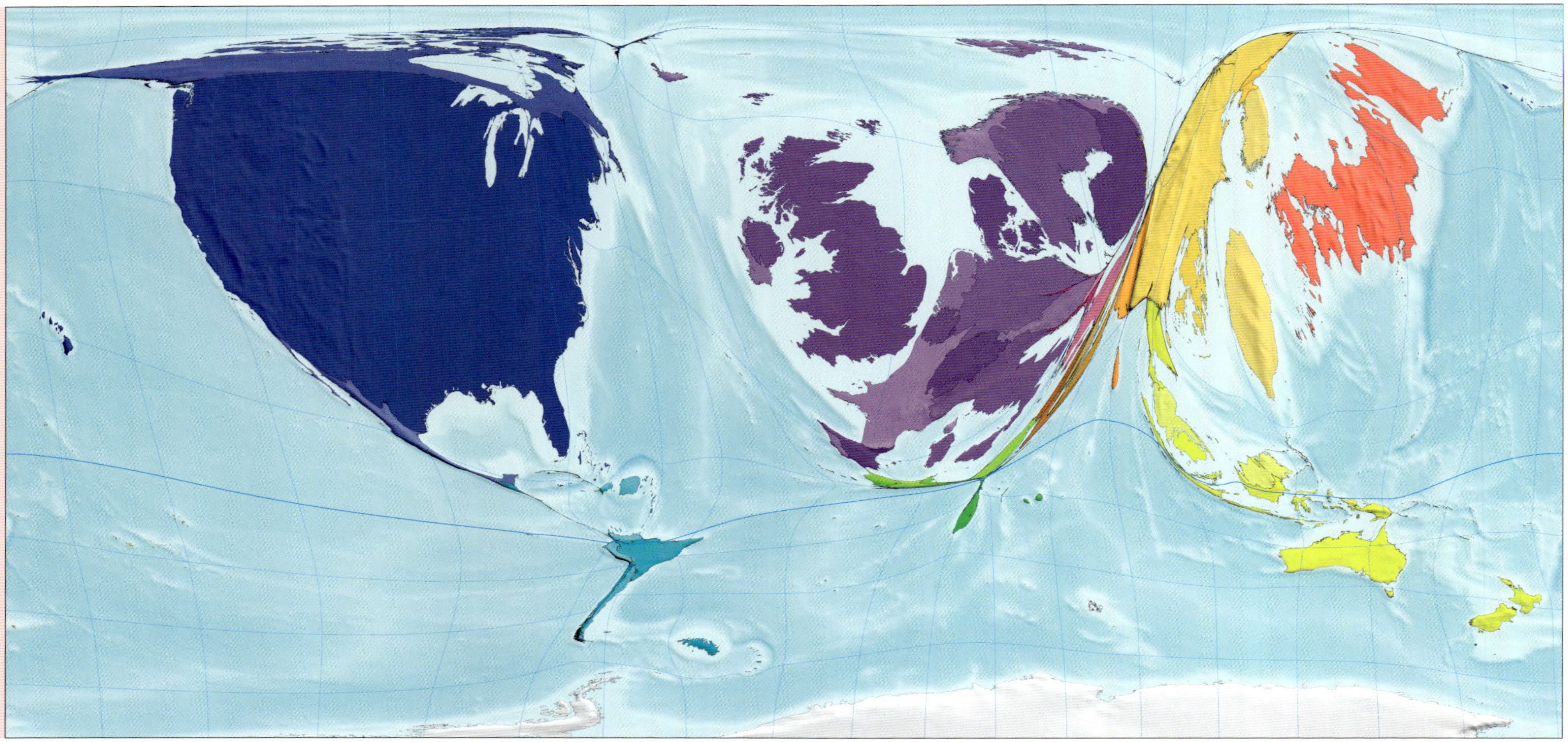



**LÄNDER MIT DEN MEISTEN MOBILTELEFONEN (STAND 1990)**

| Rang | Land | Handys* |
|---|---|---|
| 1 | Schweden | 54 |
| 2 | Finnland | 52 |
| 3 | Norwegen | 46 |
| 4 | Island | 39 |
| 5 | Dänemark | 29 |
| 6 | Hongkong | 24 |
| 7 | Kanada | 22 |
| 8 | Vereinigte Staaten | 21 |
| 9 | Vereinigte Arabische Emirate | 19 |
| 10 | Großbritannien | 19 |
| 11 | Schweiz | 18 |
| 12 | Singapur | 17 |
| 13 | Taiwan | 12 |
| 14 | Kuwait | 12 |
| 15 | Australien | 11 |
| 16 | Bahrain | 10 |
| 17 | Österreich | 10 |
| 18 | Bahamas | 8 |
| 19 | Brunei | 7 |
| 20 | Japan | 7 |

*Anzahl der Handys pro 1000 Einwohner, 1990

# 239 Anzahl der Mobiltelefone 1990

**In diesem Jahr waren Mobiltelefone noch recht sperrig und sehr teuer. Die Darstellung umfasst Vertrags- und Prepaid-Handys.**

Im Jahre 1990 hatten nur zwölf Millionen Menschen ein Mobiltelefon. Anders gerechnet waren es 2,4 Handys pro 1000 Menschen. Damals waren solche Telefone noch groß und teuer, und man hatte an vielen Orten keinen Empfang.

In den USA gab es die meisten Handys (5 Millionen), dann folgten Großbritannien (1 Million), Japan (800 000), Kanada und Chile (je 600 000).

In vielen Regionen gab es 1990 noch kein Mobilfunknetz, und in 138 der 200 Länder waren weniger als 1000 Mobiltelefone in Betrieb. Daher sind große Teile des Mittleren Ostens und Zentralasiens, Südasiens und Zentralafrikas auf dieser Karte überhaupt nicht zu sehen.

**HANDYBENUTZER**
in Millionen, 1990

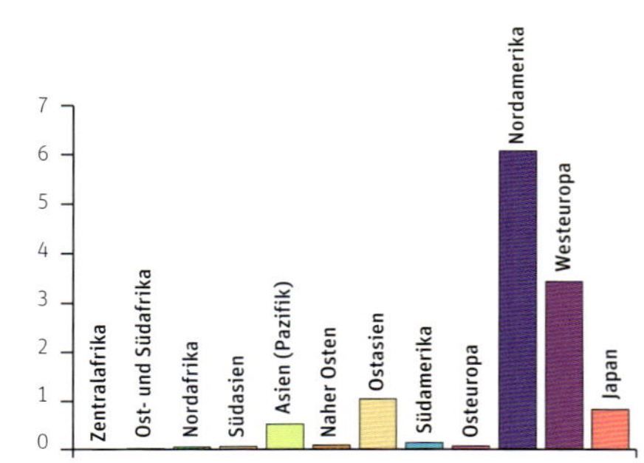


*»Als sie etwas Neues waren, prahlten die Reichen damit, um zu zeigen, dass sie vernetzt waren.«*

Anthony Zwane, Soziologe an der Universität von Swasiland, 2004

**LÄNDER MIT DEN MEISTEN MOBILTELEFONEN (STAND 2002)**

| Rang | Land | Handys* |
|---|---|---|
| 1 | **Taiwan** | 1083 |
| 2 | **Luxemburg** | 1061 |
| 3 | **Israel** | 955 |
| 4 | **Hongkong** | 942 |
| 5 | **Italien** | 939 |
| 6 | **Island** | 906 |
| 7 | **Schweden** | 889 |
| 8 | **Finnland** | 867 |
| 9 | **Tschechien** | 849 |
| 10 | **Griechenland** | 845 |
| 191 | **Niger** | 1,0 |
| 192 | **Nepal** | 1,0 |
| 193 | **Myanmar** | 1,0 |
| 194 | **Mikronesien** | 0,9 |
| 195 | **Irak** | 0,8 |
| 196 | **Liberia** | 0,6 |
| 197 | **Guinea-Bissau** | 0 |
| 198 | **Eritrea** | 0 |
| 199 | **Komoren** | 0 |
| 200 | **Bhutan** | 0 |

*Anzahl der Handys pro 1000 Einwohner, 2002

# 240 Anzahl der Mobiltelefone 2002

**Die Karte zeigt, wie schnell sich diese Technik über die ganze Welt verbreitet hat und wie stark die Nutzung von Mobiltelefonen (Vertrags- und Prepaid-Handys) angestiegen ist.**

Zwischen 1990 und 2002 hat das Mobiltelefon seine Exklusivität verloren. Die Anzahl wuchs um das Hundertfache, da in diesen Jahren in vielen Gebieten die erforderliche Infrastruktur geschaffen wurde. Viele mittelgroße und große Flächen sind auf dieser Karte zu sehen, die auf der Karte für das Jahr 1990 noch kaum sichtbar waren, darunter Bangladesch, Kamerun, El Salvador und Georgien. 2002 gab es weltweit insgesamt 1,88 Handys je 1000 Menschen. Aber obwohl in so vielen Gebieten Mobilfunknetze eingerichtet wurden, konzentrieren sich die Mobiltelefone 2002 noch in denselben Regionen wie 1990.

Die Länder mit den meisten Handys pro Kopf der Bevölkerung sind Taiwan und Luxemburg. Hier gibt es inzwischen mehr Handys als Einwohner. Manche Länder, in denen die Festnetze nicht flächendeckend waren, sind dazu übergegangen, fast ausschließlich in den Ausbau der Mobilfunknetze zu investieren.

**STEIGENDE VERBREITUNG DER MOBILTELEFONE**
**Unten (dunkel): Mobiltelefone pro 1000 Einwohner, 1990**
**Oben: zusätzliche Mobiltelefone pro 1000 Einwohner, 2002**

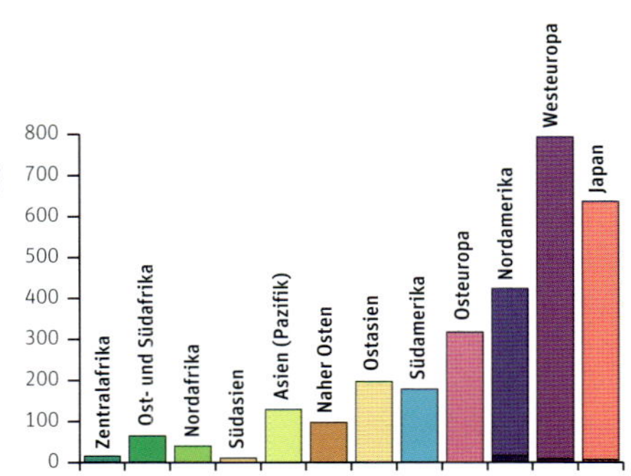

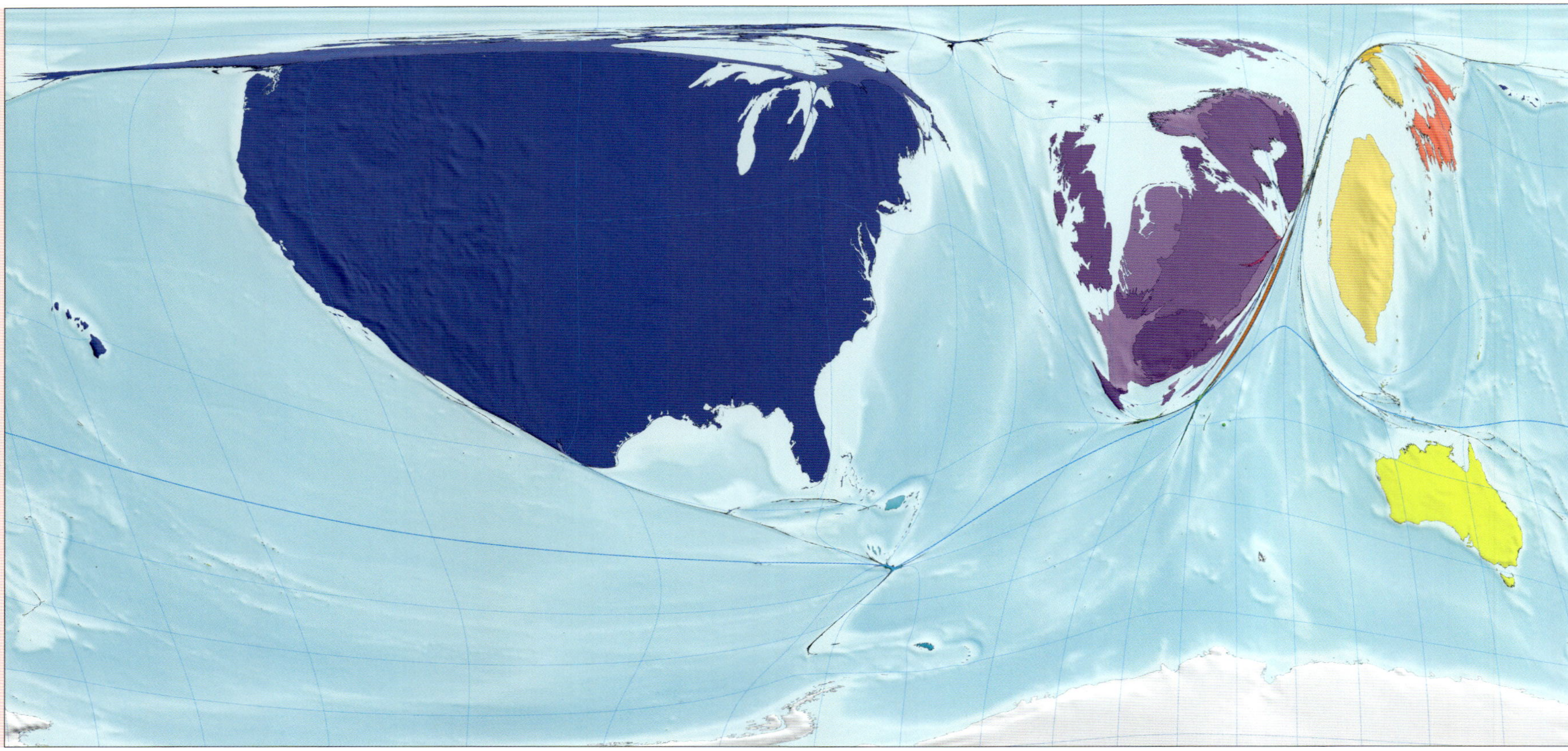

**HÖCHSTE ZAHL DER INTERNETNUTZER 1990**

| Rang | Land | Internetnutzer* |
|---|---|---|
| 1 | **Vereinigte Staaten** | 8,0 |
| 2 | **Norwegen** | 7,1 |
| 3 | **Australien** | 5,9 |
| 4 | **Schweiz** | 5,8 |
| 5 | **Schweden** | 5,8 |
| 6 | **Finnland** | 4,0 |
| 7 | **Kanada** | 3,7 |
| 8 | **Niederlande** | 3,3 |
| 9 | **Deutschland** | 1,4 |
| 10 | **Österreich** | 1,3 |
| 11 | **Israel** | 1,1 |
| 12 | **Dänemark** | 1,0 |
| 13 | **Andorra** | 0,9 |
| 14 | **Großbritannien** | 0,5 |
| 15 | **Belgien** | 0,5 |
| 16 | **Frankreich** | 0,2 |
| 17 | **Südkorea** | 0,2 |
| 18 | **Japan** | 0,2 |
| 19 | **Italien** | 0,2 |
| 20 | **Spanien** | 0,1 |

*Internetnutzer pro 1000 Einwohner, 1990 (nur in 20 Ländern war eine Nutzung möglich)

# 241 Internetnutzer 1990

**Damals steckte das Internet noch in den Kinderschuhen, dementsprechend wenige Menschen in noch weniger Ländern nutzten es.**

1990 diente das Internet vor allem zur Vernetzung von Universitäten und wissenschaftlichen Forschungsstätten. Erst drei Jahre später wurde es durch die Einführung des ersten Webbrowsers nach der Erfindung des »World Wide Web« (www) 1989 zur privaten wie kommerziellen elektronischen Datenplattform für jedermann.

Weltweit verfügten damals nur drei Millionen Menschen über einen Internetzugang: 73 Prozent aller Anschlüsse befanden sich in den Vereinigten Staaten und 15 Prozent in Westeuropa. Vereinzelt gab es Anschlüsse in anderen Ländern wie z. B. Kanada, Australien, Japan, Südkorea und Israel. Darüber hinaus gab es so gut wie gar keinen Zugang.

*»Ich setze mich bequem in das moderne Computerlabor der Universität und nutze die verfügbare Technologie, um die digitale Welt zu betreten. Die digitale Welt!«* Gabriela Tôrres Barbosa lebt in einer Favela (Slum) in Rio de Janeiro, zitiert im New Internationalist, 2006

**ZAHL DER INTERNETNUTZER 1990**
in 1000

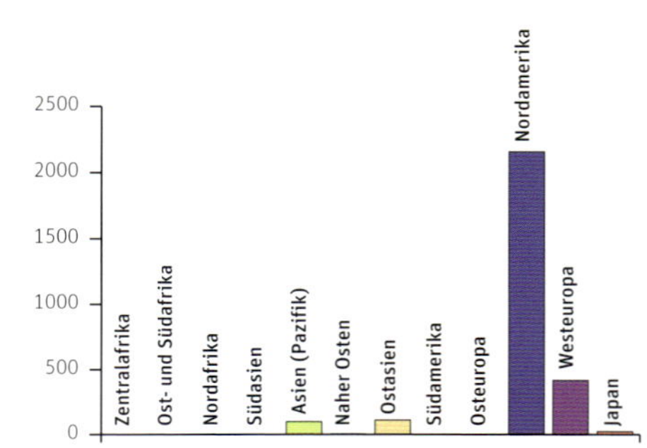

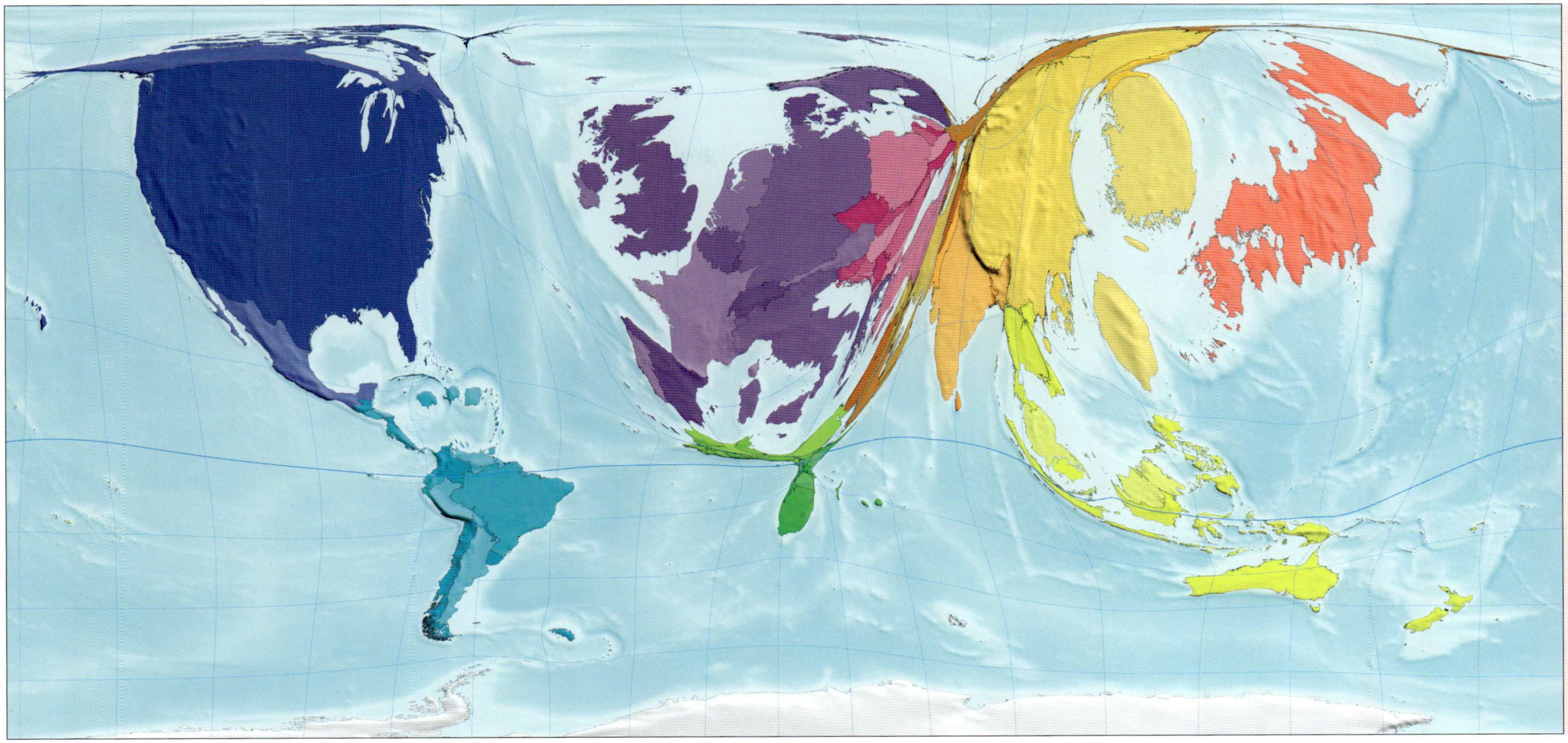

**GRÖSSTE UND GERINGSTE INTERNET-NUTZUNG**

| Rang | Land | Internetnutzer* |
|---|---|---|
| 1 | Island | 648 |
| 2 | Schweden | 573 |
| 3 | Südkorea | 552 |
| 4 | Vereinigte Staaten | 551 |
| 5 | Dänemark | 513 |
| 6 | Kanada | 513 |
| 7 | Finnland | 509 |
| 8 | Niederlande | 506 |
| 9 | Singapur | 504 |
| 10 | Norwegen | 503 |
| 191 | Bangladesch | 1,5 |
| 192 | Kongo | 1,5 |
| 193 | Niger | 1,3 |
| 194 | Zentralafrikanische Republik | 1,3 |
| 195 | Burundi | 1,2 |
| 196 | Irak | 1,0 |
| 197 | DR Kongo | 0,9 |
| 198 | Äthiopien | 0,7 |
| 199 | Myanmar | 0,5 |
| 200 | Tadschikistan | 0,5 |

*Internetnutzer pro 1000 Einwohner

# 242 Internetnutzer 2002

**Innerhalb von rund zehn Jahren hat sich das Internet weltweit verbreitet und technisch massiv weiterentwickelt.**

Die Zahl der Menschen, die das Internet nutzten, stieg zwischen 1990 und 2002 um das 200-Fache. 2002 waren bereits 631 Millionen Menschen »online«. Die Verteilung der Nutzer veränderte sich ebenfalls recht deutlich. 1990 saß noch die Mehrzahl der Internetnutzer in den Vereinigten Staaten, Westeuropa, Australien, Japan und Taiwan. Bis 2002 gab es bereits eine beträchtliche Zahl von Internetnutzern im asiatisch-pazifischen Raum, in Australien/Ozeanien sowie in Südasien, Südamerika, Osteuropa und China. Eine kleine, aber signifikante Anzahl von Nutzern gab es in Nordafrika, Ost- und Südafrika, in Nahost und Zentralasien.

*»Wir [streben] eine warmherzige digitale Welt an, in der jeder, die Alten und die Jungen, Männer und Frauen, flächendeckenden Zugang zu Kommunikationstechnologien zum Wohl aller hat …«* Yeon Gi Son, Präsident und CEO von Korea Agency for Digital Opportunity and Promotion, 2006

**INTERNETNUTZER 2002**
Nutzer pro 1000 Einwohner

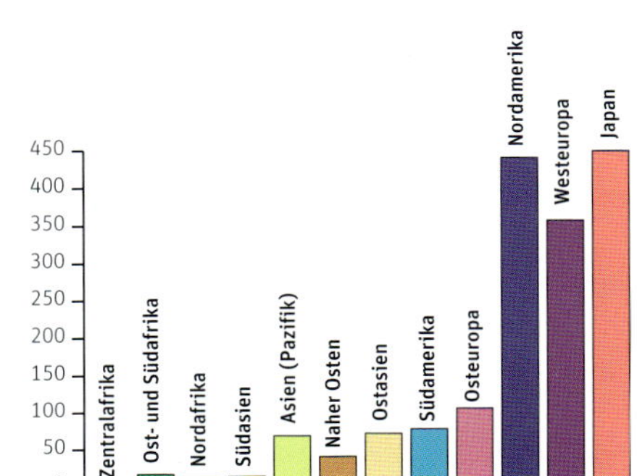

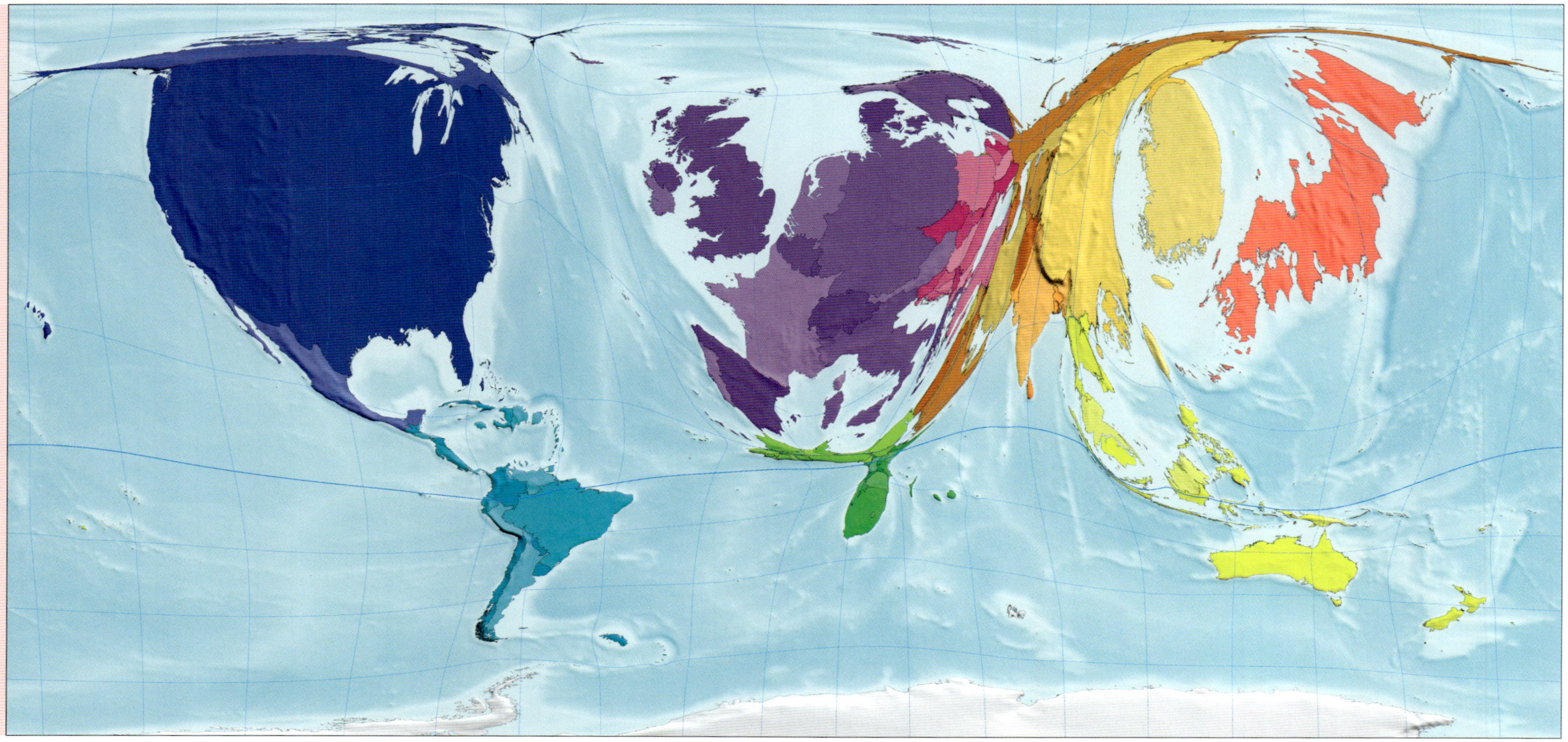

# 243 Personal Computer

**Der weltweite Bestand an Computern konzentriert sich auf die Industrienationen.**

Personal Computer sind Rechner, die von Einzelpersonen genutzt werden können. Der Begriff umfasst tragbare Laptops und stationär betriebene Desktopcomputer – Rechner, die am Arbeitsplatz und zu Hause genutzt werden. 2002 waren weltweit fast 600 Millionen dieser Computer in Betrieb, d. h. auf zehn Personen kam etwa ein Rechner.

Nach absoluten Zahlen gibt es die meisten Computer in den Vereinigten Staaten, Japan, China und Deutschland. Tatsächlich stehen in den zwölf Ländern, die die größte Zahl an Computern aufweisen, nicht weniger als 75 Prozent aller PCs. Die verbleibenden 25 Prozent verteilen sich ungleichmäßig auf die übrigen 188 Länder.

**WO DIE MEISTEN UND WENIGSTEN PERSONAL COMPUTER STEHEN**

| Rang | Land | Computer* |
|---|---|---|
| 1 | San Marino | 760 |
| 2 | Schweiz | 709 |
| 3 | Vereinigte Staaten | 659 |
| 4 | Singapur | 622 |
| 5 | Schweden | 621 |
| 6 | Luxemburg | 594 |
| 7 | Dänemark | 577 |
| 8 | Australien | 565 |
| 9 | Südkorea | 556 |
| 10 | Norwegen | 528 |
| 191 | Zentralafrikanische Republik | 2,0 |
| 192 | Kambodscha | 20 |
| 193 | Angola | 1,9 |
| 194 | Tschad | 1,7 |
| 195 | Burkina Faso | 1,6 |
| 196 | Äthiopien | 1,5 |
| 197 | Mali | 1,4 |
| 198 | Malawi | 1,3 |
| 199 | Burundi | 0,7 |
| 200 | Niger | 0,6 |

*Computer pro 1000 Einwohner, 2002

**PERSONAL COMPUTER**
Anzahl pro 1000 Einwohner, 2002

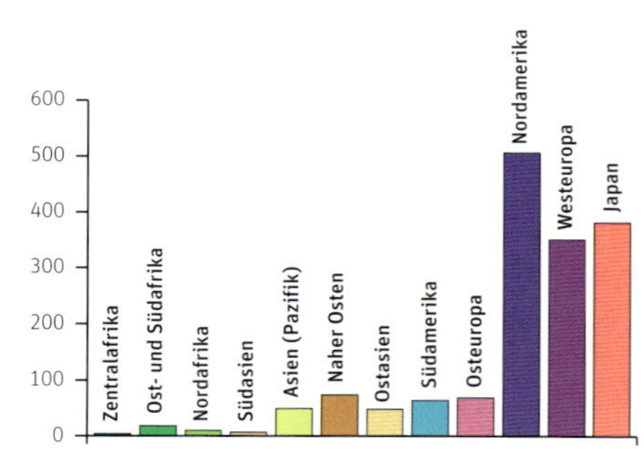

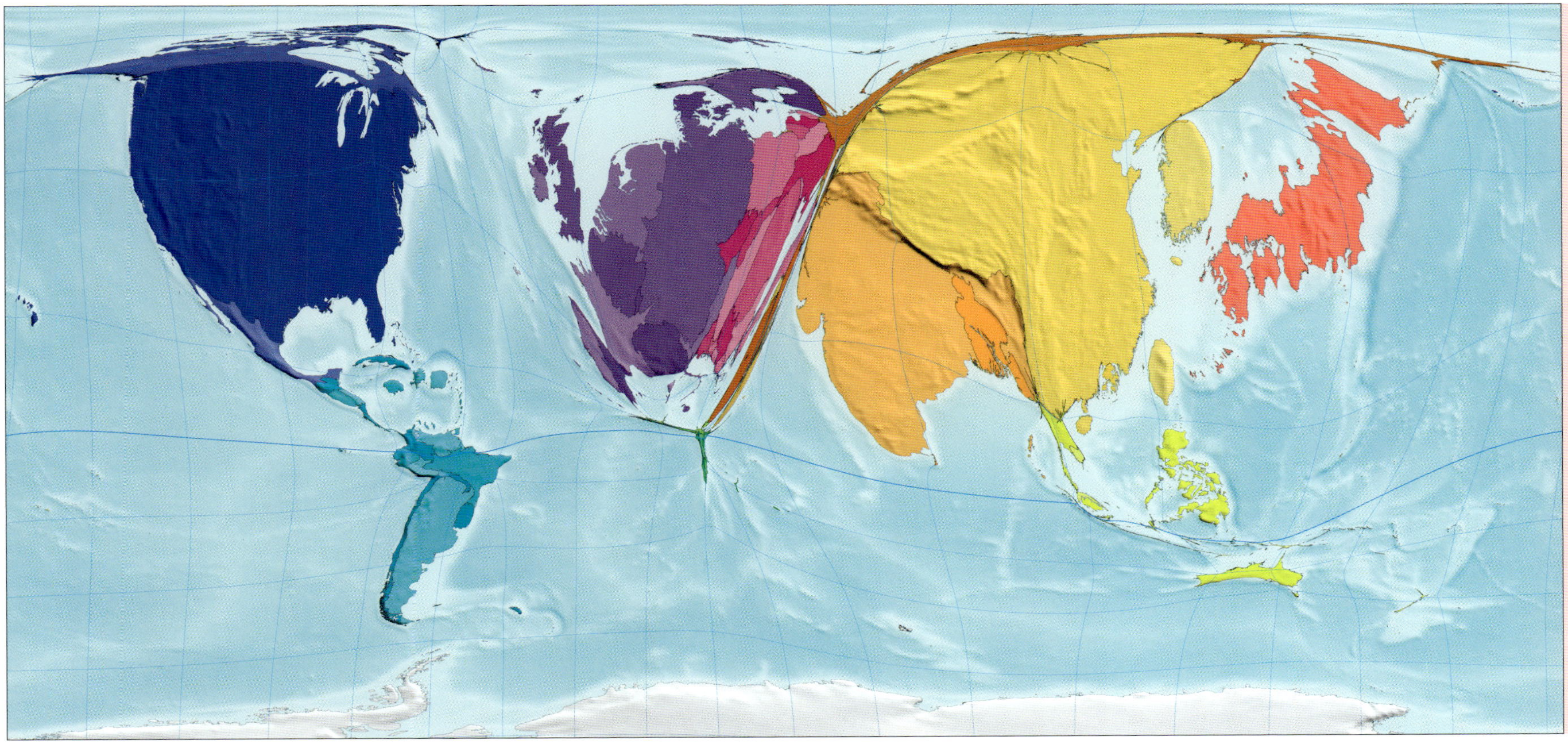

**HÖCHSTE QUOTE AN ABONNEMENTS FÜR KABELFERNSEHEN**

| Rang | Land | Abonnements* |
|---|---|---|
| 1 | Monaco | 590 |
| 2 | Liechtenstein | 404 |
| 3 | Niederlande | 401 |
| 4 | Schweiz | 376 |
| 5 | Belgien | 375 |
| 6 | Luxemburg | 314 |
| 7 | Vereinigte Staaten | 255 |
| 8 | Kanada | 253 |
| 9 | Deutschland | 250 |
| 10 | Schweden | 246 |
| 11 | Malta | 240 |
| 12 | Dänemark | 201 |
| 13 | Finnland | 200 |
| 14 | Grönland | 199 |
| 15 | Norwegen | 185 |
| 16 | Israel | 184 |
| 17 | Japan | 183 |
| 18 | Ungarn | 170 |
| 19 | Argentinien | 163 |
| 20 | Bahamas | 163 |

*Kabelfernsehen-Abonnements pro 1000 Einwohner, 2002

# 244 Kabelfernsehen

**Gebührenpflichtiges Kabelfernsehen nutzen nicht nur die Bürger von Industrienationen. Auch in Schwellenländern ist die Technik sehr beliebt.**

Kabelfernsehen ist ein Fernsehservice, der über eine feste Kabelverbindung eine Vielzahl an Rundfunk- und Fernsehprogrammen überträgt und dem Nutzer über einen gebührenpflichtigen Zugang zur Verfügung stellt. 2002 waren 355 Millionen Haushalte an das Kabelnetz angeschlossen, davon 27 Prozent in China, 21 Prozent in den Vereinigten Staaten und 12 Prozent in Indien. Andererseits wurde in 36 Ländern überhaupt kein Kabelfernsehen angeboten. Zwölf davon lagen im nördlichen Afrika, sieben im asiatisch-pazifischen Raum, fünf im Nahen Osten und Zentralasien, weitere fünf in Ost- und Südafrika und die verbleibenden sieben in anderen Regionen. Die Verbreitung des Kabelfernsehens war prozentual gesehen in Monaco, Liechtenstein und den Niederlanden am höchsten.

*»In den Vereinigten Staaten entstand Pay-TV, weil in den ländlichen und entlegenen Gebieten über Antenne kein guter Empfang möglich war.«* StarHub, Anbieter von Kabelfernsehen in Singapur, 2007

**TEILNEHMER KABELFERNSEHEN**
Zahl pro 1000 Einwohner, 2002

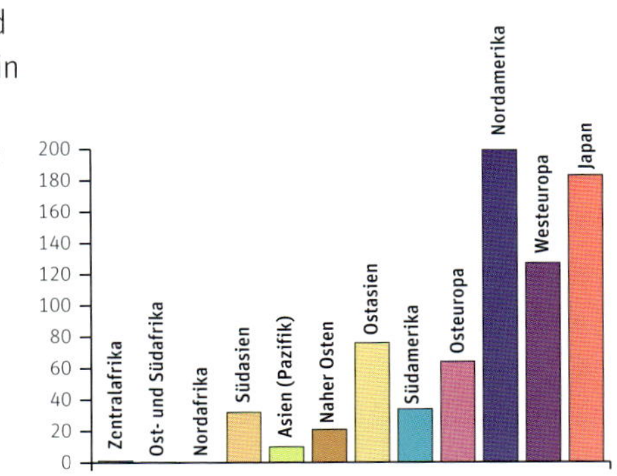

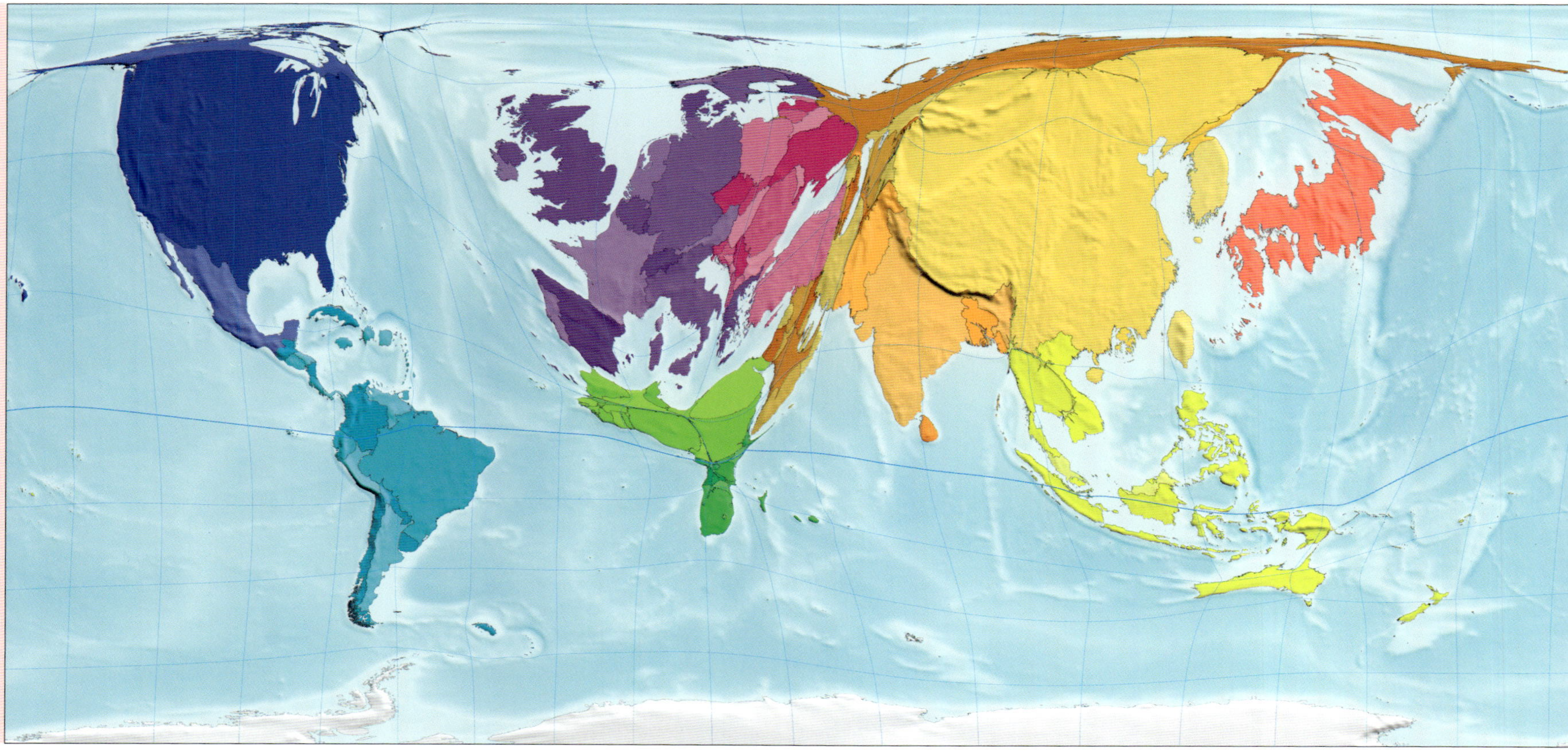

# 245 Fernsehgeräte

**Mehr als die Hälfte der Weltbevölkerung hat im Durchschnitt mindestens einen Fernseher pro Haushalt.**

Im Jahr 2002, weniger als 100 Jahre nach der Erfindung des Fernsehens, gab es weltweit fast zwei Milliarden Fernsehgeräte, d.h. auf drei Personen kommt ein Gerät. Fernsehgeräte werden hauptsächlich zur Unterhaltung genutzt. Darüber hinaus jedoch dienen sie als wichtige Informationsquelle über das Weltgeschehen und als primäre Werbeplattform für Waren und Dienstleistungen.

Das Land mit der höchsten Zahl an Fernsehgeräten ist China mit 454 Millionen. Dies entspricht 35 Geräten pro 100 Personen. In den Vereinigten Staaten, die die zweithöchste absolute Zahl (273 Millionen) an Fernsehgeräten aufweisen, kommen 94 TV-Geräte auf 100 Personen. Etwa 52 Prozent der Weltbevölkerung leben in Ländern, in denen mindestens ein TV-Gerät auf vier Personen kommt.

**DIE MEISTEN UND WENIGSTEN FERNSEHGERÄTE IN GEBRAUCH**

| Rang | Land | Fernsehgeräte* |
|---|---|---|
| 1 | Schweden | 965 |
| 2 | Großbritannien | 950 |
| 3 | Vereinigte Staaten | 938 |
| 4 | Norwegen | 884 |
| 5 | Katar | 869 |
| 6 | San Marino | 863 |
| 7 | Dänemark | 859 |
| 8 | Lettland | 850 |
| 9 | Japan | 785 |
| 10 | Monaco | 761 |
| 191 | Myanmar | 7,6 |
| 192 | Kambodscha | 7,6 |
| 193 | Haiti | 6,0 |
| 194 | Zentralafrikanische Republik | 5,8 |
| 195 | Äthiopien | 5,7 |
| 196 | Malawi | 3,9 |
| 197 | Komoren | 3,7 |
| 198 | DR Kongo | 1,9 |
| 199 | Tschad | 1,9 |
| 200 | Ruanda | 0,1 |

*Fernsehgeräte pro 1000 Einwohner, 2002

**FERNSEHGERÄTE IN GEBRAUCH**
Zahl pro 1000 Einwohner, 2002

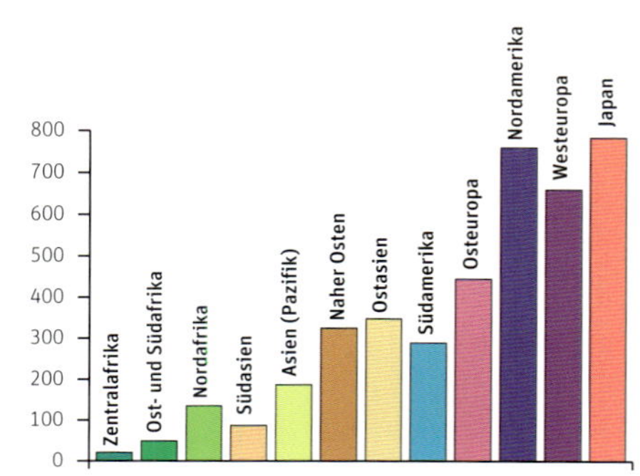

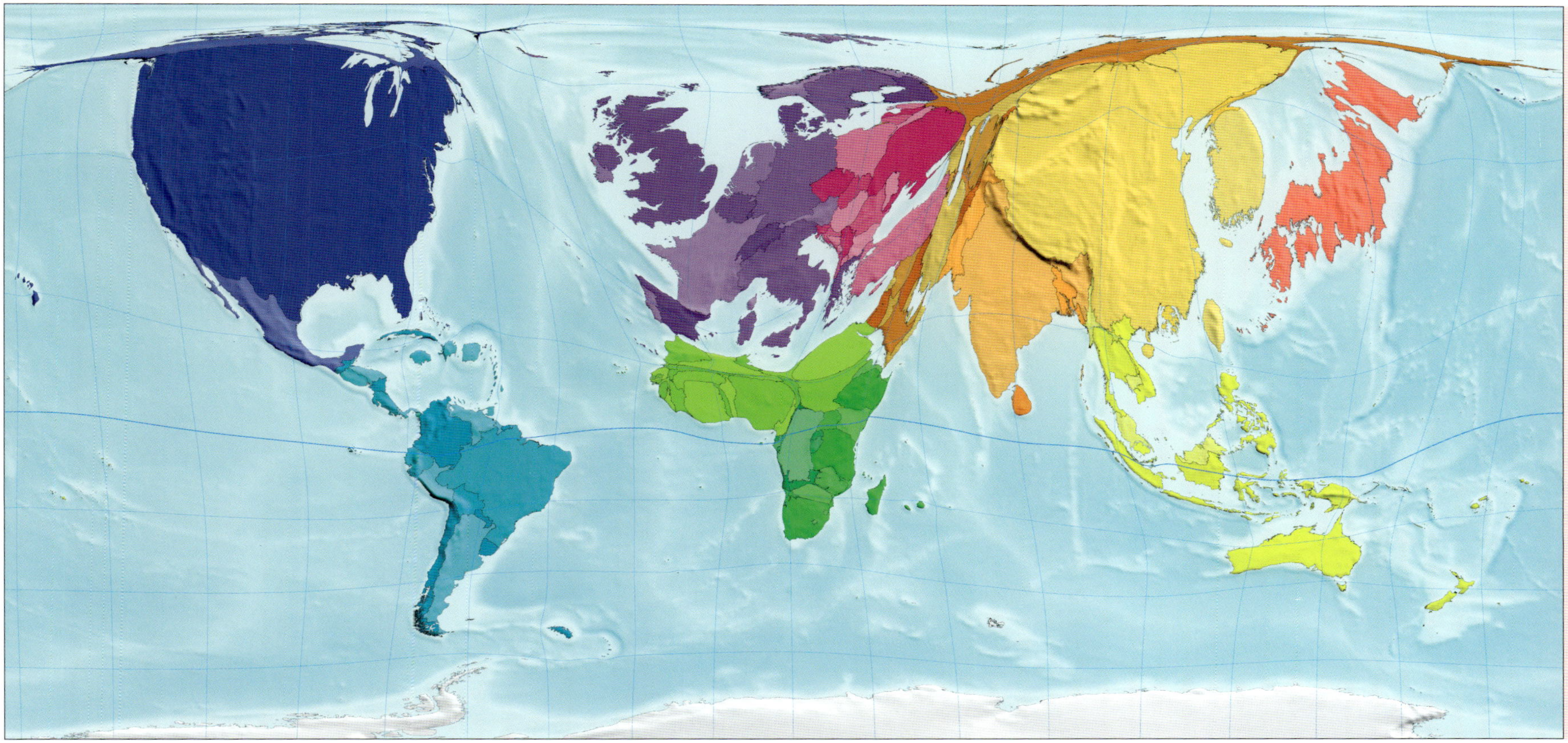

**DIE MEISTEN UND DIE WENIGSTEN RADIOGERÄTE IN GEBRAUCH**

| Rang | Land | Radios* |
|---|---|---|
| 1 | Norwegen | 3324 |
| 2 | Schweden | 2811 |
| 3 | Vereinigte Staaten | 2109 |
| 4 | Australien | 1996 |
| 5 | Finnland | 1624 |
| 6 | Großbritannien | 1445 |
| 7 | Dänemark | 1400 |
| 8 | Estland | 1136 |
| 9 | Island | 1081 |
| 10 | Samoa | 1063 |
| 191 | Lesotho | 61 |
| 192 | Somalia | 60 |
| 193 | Guinea | 52 |
| 194 | Bhutan | 50 |
| 195 | Mongolei | 50 |
| 196 | Bangladesch | 49 |
| 197 | Mosambik | 44 |
| 198 | Nepal | 39 |
| 199 | Aserbaidschan | 22 |
| 200 | Haiti | 18 |

*Radios pro 1000 Einwohner, 2002

# 246 Radiogeräte

**In den Ländern mit geringem Alphabetisierungsgrad spielt die Kommunikation mittels Tonübertragung eine sehr wichtige Rolle.**

Rundfunkübertragungen stellen ein sehr effektives Mittel der flächendeckenden Kommunikation dar. Damit können Menschen meist schneller erreicht werden als mit gedruckten Medien wie Zeitungen – vor allem dann, wenn sie sich an entlegenen Orten aufhalten. Hinzu kommt, dass es weit mehr Analphabeten als gehörlose Menschen gibt. Das Radio wurde in den 1920er-Jahren zum Massenmedium. Heute sind weltweit 2,6 Milliarden Radios in Gebrauch. In 13 Ländern übersteigt die Zahl der Radios die der Einwohner. In 55 Ländern kommt mindestens ein Radio auf zwei Personen, und in 126 Ländern beträgt dieses Verhältnis eins zu vier. Da die weltweite durchschnittliche Haushaltsgröße vier Personen beträgt, entspricht dies etwa einem Radio pro Haushalt.

Die größte Zahl an Radios pro Person findet man in Norwegen, wo es mehr als drei Radios pro Einwohner gibt. Im Gegensatz dazu kommt in Haiti nur ein Radio auf 50 Personen.

**RADIOS IN GEBRAUCH**
Zahl pro 1000 Einwohner, 2002

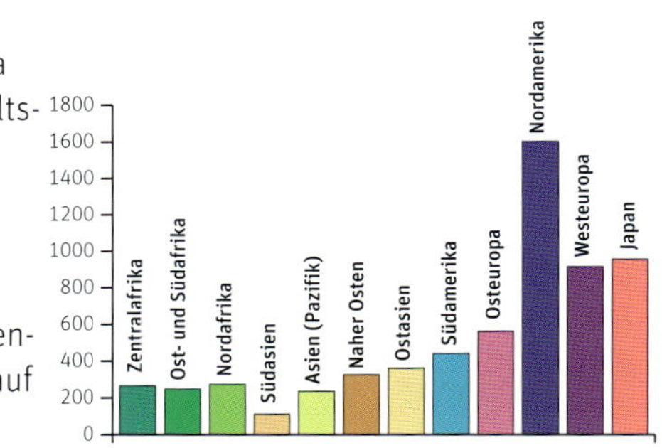

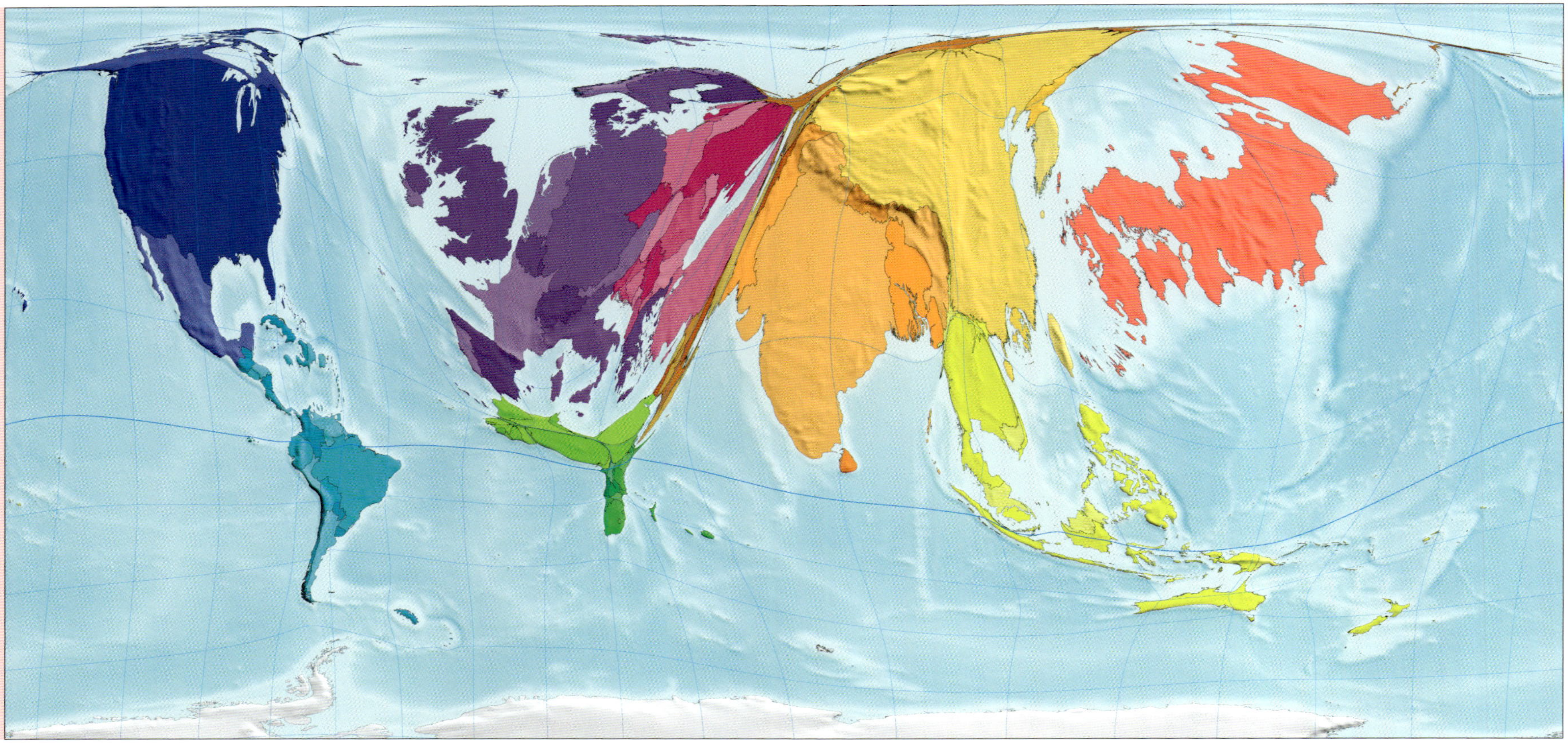

**HÖCHSTE UND NIEDRIGSTE VERBREITETE AUFLAGE VON TAGESZEITUNGEN**

| Rang | Land | Exemplare* |
|---|---|---|
| 1 | Norwegen | 569 |
| 2 | Japan | 566 |
| 3 | Finnland | 445 |
| 4 | Schweden | 410 |
| 5 | Schweiz | 372 |
| 6 | Großbritannien | 326 |
| 7 | Island | 322 |
| 8 | Österreich | 309 |
| 9 | Deutschland | 291 |
| 10 | Dänemark | 283 |
| 191 | Burundi | 2,5 |
| 192 | Togo | 2,2 |
| 193 | Zentralafrikanische Republik | 1,7 |
| 194 | Gambia | 1,7 |
| 195 | Burkina Faso | 1,3 |
| 196 | Mali | 1,1 |
| 197 | Ruanda | 0,9 |
| 198 | Äthiopien | 0,4 |
| 199 | Tschad | 0,2 |
| 200 | Niger | 0,2 |

*Exemplare der Tageszeitungen pro 1000 Einwohner, 2002

# 247 Tageszeitungen

**Tageszeitungen gibt es in jedem Land der Welt. Unter den modernen Massenmedien sind sie das älteste.**

2002 wurden weltweit täglich 507 Millionen Tageszeitungen vertrieben. Diese Zahl setzt sich zusammen aus Zeitungen, die kostenlos verteilt, und solchen, die verkauft werden. An dieser gewaltigen Zahl hat China den größten Anteil, dann folgen Japan und Indien. In Japan kommen 556 Zeitungen auf 1000 Einwohner. Die Pro-Kopf-Rechnung ergibt für China und Indien zwar nur ein Verhältnis von eins zu zehn, aber wegen der großen Bevölkerungszahlen dieser Länder sind die Auflagen dennoch sehr hoch. Im globalen Schnitt kommen 81 Zeitungen auf 1000 Einwohner.

*»Ich glaube, es ist die Pflicht eines Arztes, seine Patienten zu heilen, die Pflicht eines Sängers, zu singen. Die Pflicht [einer] Journalistin [ist] es, zu schreiben, was diese Journalistin in der Realität sieht. Es ist ihre einzige Pflicht.«*

Anna Politkowskaja, russische Journalistin, 2006 ermordet

**GEDRUCKTE AUFLAGE TAGESZEITUNGEN**
Millionen Exemplare, 2000

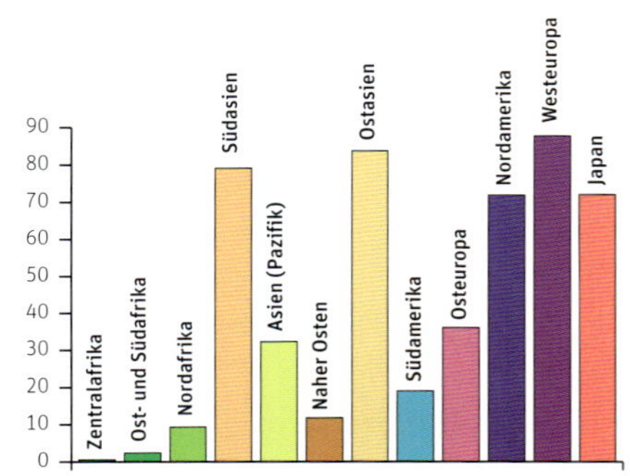

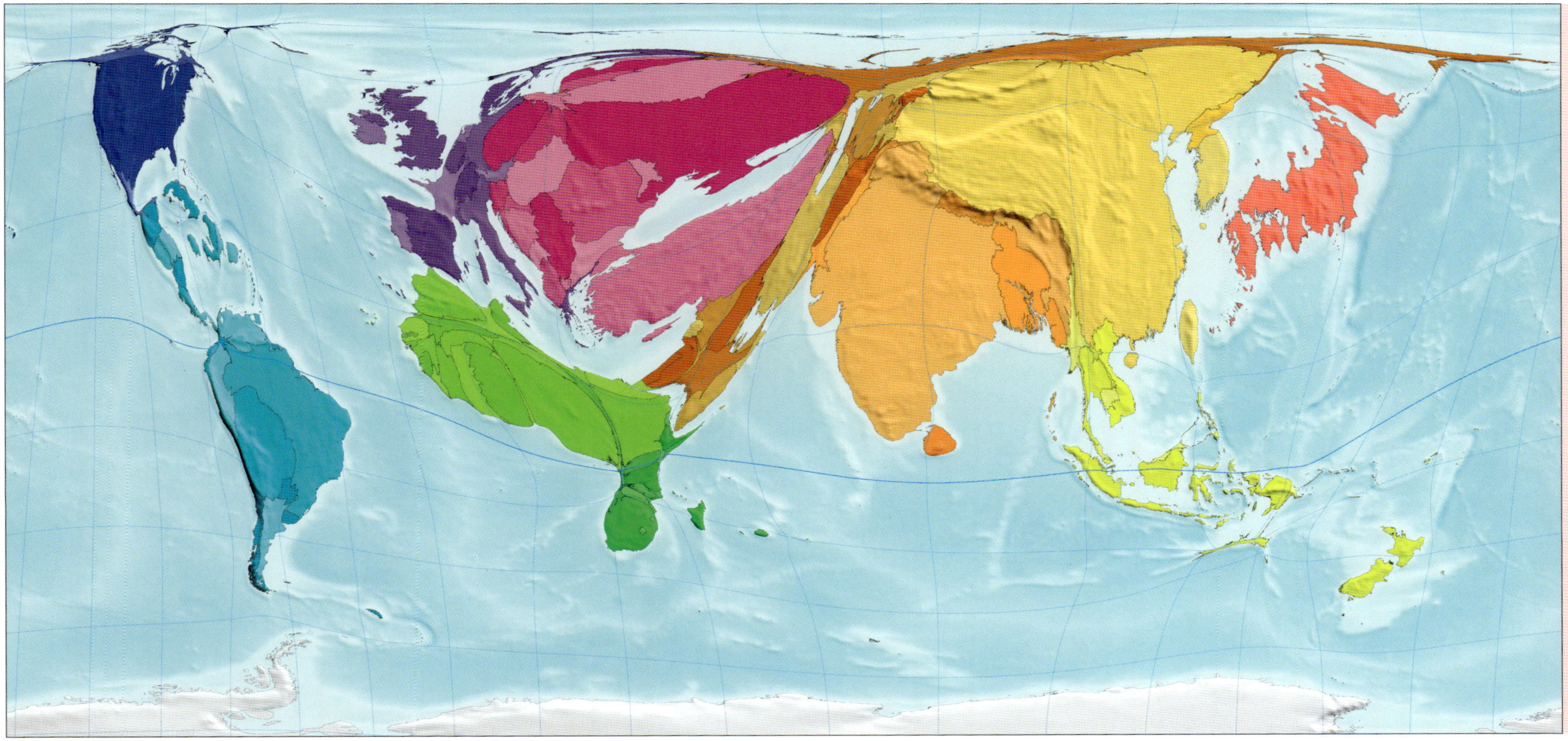

**HÖCHSTE UND NIEDRIGSTE VERBREITETE AUFLAGE VON WOCHENZEITUNGEN**

| Rang | Land | Exemplare* |
|---|---|---|
| 1 | Togo | 1136 |
| 2 | Weißrussland | 1030 |
| 3 | Bolivien | 988 |
| 4 | Neuseeland | 813 |
| 5 | Ukraine | 785 |
| 6 | Lettland | 739 |
| 7 | Gaza und Westbank | 645 |
| 8 | Ungarn | 514 |
| 9 | Slowakei | 492 |
| 10 | Serbien und Montenegro | 464 |
| 191 | Hongkong | 9,7 |
| 192 | Benin | 7,3 |
| 193 | Äthiopien | 6,5 |
| 194 | Mexiko | 6,2 |
| 195 | Kamerun | 4,8 |
| 196 | Kenia | 3,7 |
| 197 | Kolumbien | 3,2 |
| 198 | Philippinen | 2,8 |
| 199 | Ruanda | 1,7 |
| 200 | DR Kongo | 1,5 |

*Exemplare der nicht täglich erscheinenden Zeitungen pro 1000 Einwohner, 2002

# 248 Wochenzeitungen

**Neben den Tageszeitungen sind gedruckte Periodika verbreitet, die in weniger als vier Ausgaben pro Woche erscheinen. Die meisten davon sind Wochenzeitungen.**

Diese Karte zeigt die Verteilung von Zeitungen, die nicht täglich erscheinen. Berücksichtigt werden Periodika, die direkt verkauft, über Abonnements vertrieben und kostenlos verteilt werden. Die Auflagen sind in der Regel in den Regionen am höchsten, in denen das Einkommens- und Bildungsniveau im mittleren Bereich liegt, d.h. in Osteuropa, Ostasien, Südasien, Nordafrika und Südamerika. Sowohl in Togo als auch in Weißrussland werden mehr Wochenzeitungen gedruckt, als es dort Leser gibt. Daraus folgt, dass viele Menschen mehr als eine Wochenzeitung lesen. Die Auflage solcher Medien ist nicht nur in ärmeren Gegenden deutlich geringer, sondern ebenso in reicheren, in denen das Fernsehen die Zeitung als führendes Nachrichtenmedium verdrängt hat.

*»Die geschickte Art und Weise, die Menschen passiv und lenkbar zu machen, ist, das Spektrum der akzeptablen Meinungen stark zu begrenzen, aber innerhalb dieses Rahmens eine lebhafte Debatte zuzulassen.«*

Noam Chomsky, Emeritus für Linguistik am Massachusetts Institute of Technology (MIT)

**GEDRUCKTE AUFLAGE WOCHENZEITUNGEN**
Millionen Exemplare, 2000

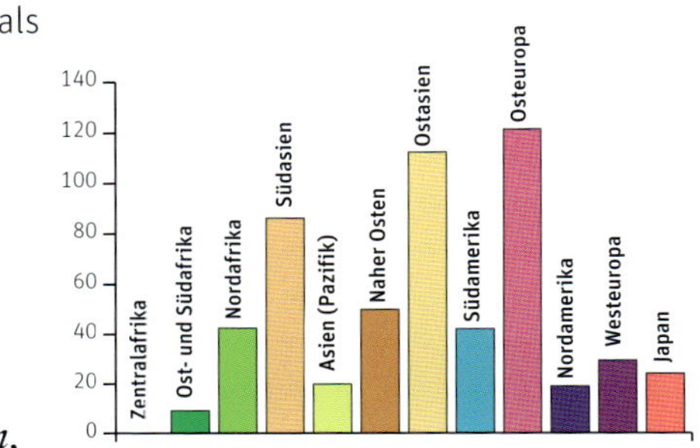

**HÖCHSTE UND GERINGSTE ZAHL DER NEU ERSCHIENENEN BUCHTITEL**

| Rang | Land | Anzahl* |
|---|---|---|
| 1 | Vatikanstadt | 228 000 |
| 2 | Island | 5987 |
| 3 | Dänemark | 2677 |
| 4 | Schweiz | 2538 |
| 5 | Finnland | 2533 |
| 6 | Estland | 2512 |
| 7 | Andorra | 2507 |
| 8 | Luxemburg | 2195 |
| 9 | Irland | 2135 |
| 10 | Monaco | 2118 |
| 191 | Algerien | 4,2 |
| 192 | Kenia | 3,8 |
| 193 | Mali | 2,6 |
| 194 | DR Kongo | 2,2 |
| 195 | Angola | 1,7 |
| 196 | Benin | 1,4 |
| 197 | Togo | 1,0 |
| 198 | Indonesien | 0,6 |
| 199 | Burkina Faso | 0,4 |
| 200 | Ghana | 0,3 |

*pro Million Einwohner. Die Zahlenwerte für Vatikanstadt und Island erscheinen sehr hoch, weil dort weniger als 1 Million Einwohner leben.

# 249 Neuerscheinungen Bücher

**Der alte Kontinent pflegt ein klassisches Kulturgut. Die Zahl der jährlichen Neuerscheinungen ist in Westeuropa am größten.**

Diese Karte zeigt die Anzahl an Neuerscheinungen auf dem Buchmarkt auf dem Stand von 1999. Erfasst werden Bücher mit mehr als 50 Seiten Umfang sowie Broschüren mit 5–49 Seiten. Dabei bleibt der kommerzielle Erfolg – die Anzahl der verkauften Exemplare – unberücksichtigt.

Weltweit wurden 1999 etwa eine Million Neuerscheinungen veröffentlicht, die meisten davon in Großbritannien, China und Deutschland. Aufs Ganze gesehen wird diese Karte von Westeuropa dominiert, wo es viele renommierte Verlagshäuser gibt.

Die höchste Quote an Veröffentlichungen von neuen Titeln pro Person wurde in Vatikanstadt verzeichnet, wo 1999 eine Novität auf fünf Einwohner kam. Im Vergleich dazu kam im weltweiten Durchschnitt ein neuer Titel auf 6000 Menschen. Dass in Europa die kleinen Länder Spitzenpositionen einnehmen, liegt auch daran, dass manche von ihnen Teile größerer Kulturnationen sind. So profitiert die Schweiz von den Neuerscheinungen auf dem deutschen, französischen und italienischen Buchmarkt.

**NEUERSCHEINUNGEN AUF DEM BUCHMARKT**
Zahl pro Millionen Menschen, 1999

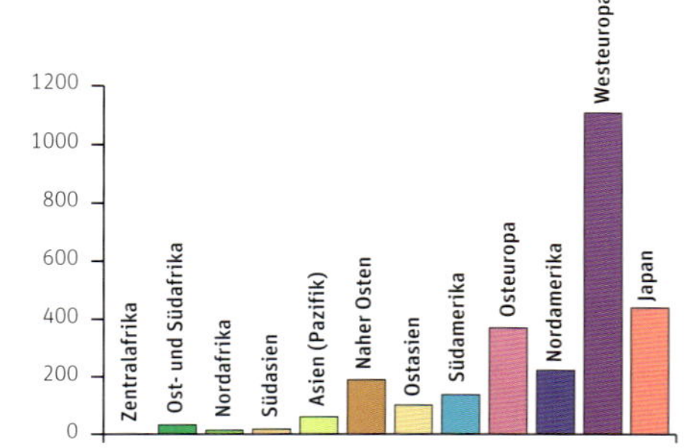

**HÖCHSTE UND NIEDRIGSTE ZAHL DER AUS ÖFFENTLICHEN BIBLIOTHEKEN ENTLIEHENEN BÜCHER**

| Rang | Land | ausgeliehene Bücher* |
|---|---|---|
| 1 | Finnland | 19 |
| 2 | Dänemark | 14 |
| 3 | Estland | 12 |
| 4 | Niederlande | 10 |
| 5 | Lettland | 9 |
| 6 | Schweden | 9 |
| 7 | Russland | 8 |
| 8 | Slowenien | 8 |
| 9 | Großbritannien | 8 |
| 10 | Island | 7 |
| 191 | Ecuador | 0,0938 |
| 192 | Bahamas | 0,0681 |
| 193 | Türkei | 0,0577 |
| 194 | Togo | 0,0288 |
| 195 | Sierra Leone | 0,0094 |
| 196 | Saudi-Arabien | 0,0033 |
| 197 | Uganda | 0,0030 |
| 198 | Myanmar | 0,0019 |
| 199 | Ruanda | 0,0018 |
| 200 | Burkina Faso | 0,0005 |

*Zahl der ausgeliehenen Bücher pro Person, 1999

# 250 Nutzung von Leihbüchereien

**Länder mit florierendem Buchmarkt schneiden auch bei den Leihbüchereien gut ab. In Osteuropa und Asien leisten öffentliche Bibliotheken einen wichtigen Beitrag zur Erhaltung der Lesekultur.**

Öffentliche Büchereien sind Bibliotheken, bei denen Bücher von jedem Mitglied der Gesellschaft kostenlos oder gegen eine geringe Gebühr ausgeliehen werden können. Die Karte zeigt die Gesamtzahl der Ausleihvorgänge pro Jahr. Ein Titel, der beispielsweise in der Stadtbücherei der Stadt X 20-mal jährlich nachgefragt wurde, erscheint in der Statistik dieser Stadt mit dem Wert 20.

Die größte Zahl an Büchern wird in Russland ausgeliehen, aber auch in Westeuropa, Japan und Osteuropa sind öffentliche Büchereien gut frequentiert.

Andernorts werden seltener Bücher ausgeliehen, und viele Länder haben nur ein sehr geringes Angebot an öffentlichen Bibliotheken. Selbstverständlich ist ein Teil dieser Unterschiede auf den ungleichmäßigen Alphabetisierungsgrad zurückzuführen. Auch die wirtschaftliche Situation spielt eine Schlüsselrolle – arme Länder haben meist andere Sorgen als öffentliche Büchereien. Daraus folgt freilich, dass Menschen, denen ihre Armut den Kauf von Büchern nicht erlaubt, auch kein ausreichendes Angebot an Leihbüchern zur Verfügung steht.

**AUS LEIHBÜCHEREIEN GELIEHENE BÜCHER**
pro Person, 1999

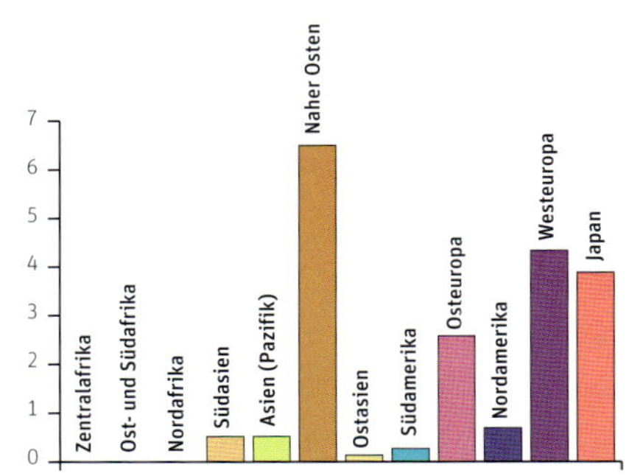

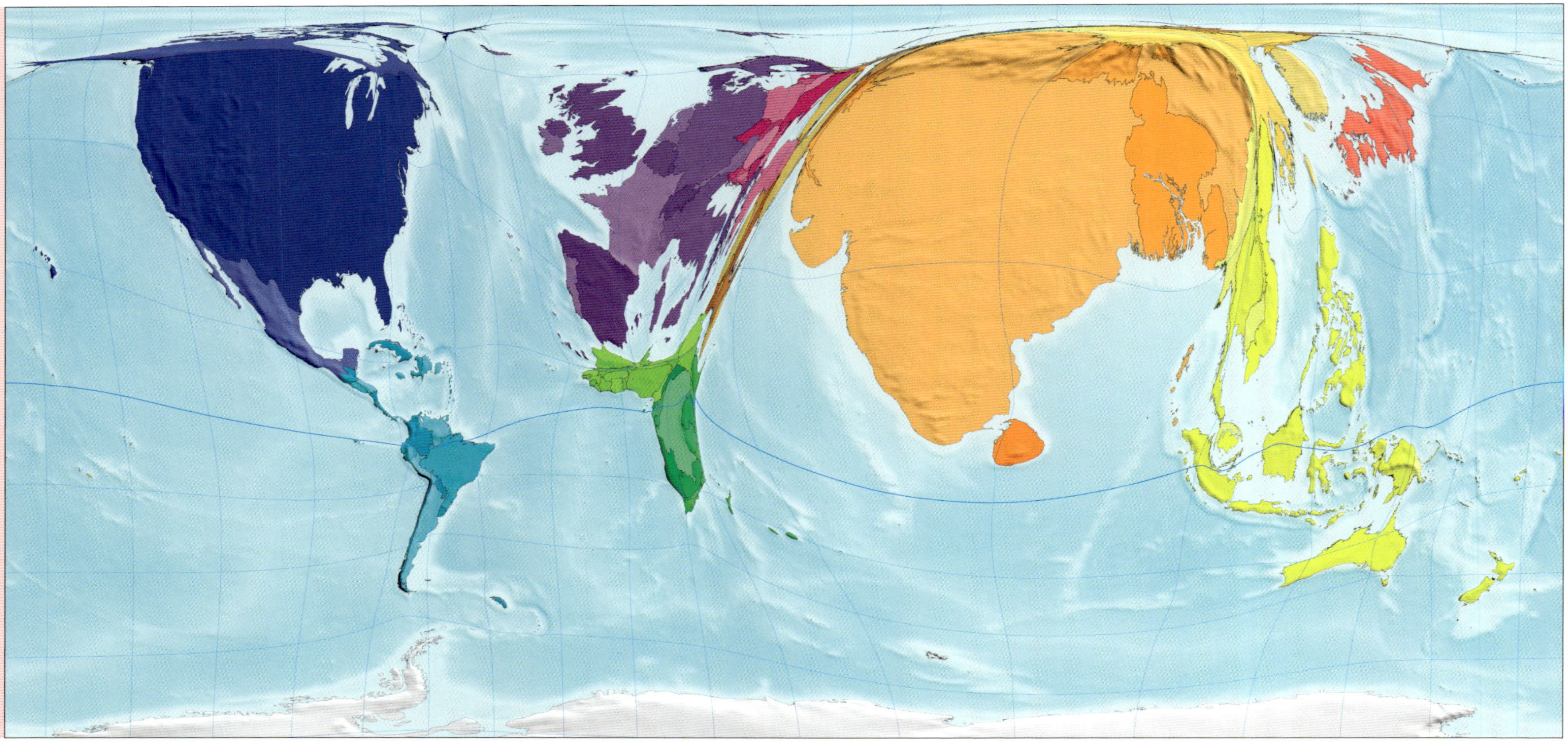

**DIE HÖCHSTE UND GERINGSTE ZAHL AN KINOBESUCHEN PRO JAHR**

| Rang | Land | Besuche* |
|---|---|---|
| 1 | Island | 5,1 |
| 2 | Vereinigte Staaten | 5,0 |
| 3 | Australien | 4,5 |
| 4 | Neuseeland | 4,4 |
| 5 | Singapur | 4,0 |
| 6 | Grönland | 4,0 |
| 7 | Bahamas | 4,0 |
| 8 | Hongkong | 4,0 |
| 9 | Kanada | 3,6 |
| 10 | Georgien | 3,6 |
| 191 | Tadschikistan | 0,07 |
| 192 | Pakistan | 0,06 |
| 193 | Kasachstan | 0,06 |
| 194 | Kirgisistan | 0,06 |
| 195 | Benin | 0,04 |
| 196 | Kenia | 0,03 |
| 197 | Moldawien | 0,02 |
| 198 | Algerien | 0,02 |
| 199 | Aserbaidschan | 0,02 |
| 200 | Malaysia | 0,01 |

*Durchschnittliche Zahl der Kinobesuche pro Person, 1999

# 251 Kinobesuche

**Hollywood zieht im eigenen Land am besten. Das Land mit der weltweit führenden Filmindustrie hat auch beim Konsum die Nase ganz weit vorn.**

Die Proportionen dieser Karte zeigen, wo die meisten Filme im Rahmen eines Kinobesuchs angesehen wurden. Von den weltweit 7,6 Milliarden Filmbesuchen entfielen etwa 3 Milliarden auf Indien. In einigen Ländern zieht man es heute vor, Filme zu Hause anstatt in Kinos anzusehen. Moderne Unterhaltungselektronik macht es möglich. Aber auch in diesen Ländern überleben die Kinos, weil viele neue Filme nur dort laufen. Die größte Zahl an Kinobesuchen pro Person weist Island auf. Dort geht jeder Bürger im Durchschnitt fünfmal pro Jahr ins Kino. In Malaysia hingegen kommt nur ein Kinobesuch jährlich auf 100 Menschen.

*»Momentan gibt es etwa 12 000 Kinos in Indien. Das Spektrum reicht von kleinen Vorführräumen in heruntergekommenen Vierteln bis zu extravaganten Lichtspieltheatern.«* Phurba Gyalzen, Green-Cine-Webmagazin, 2005

**KINOBESUCHE PRO JAHR**
Kinobesuche pro Person pro Jahr, jüngste Daten 1995–99

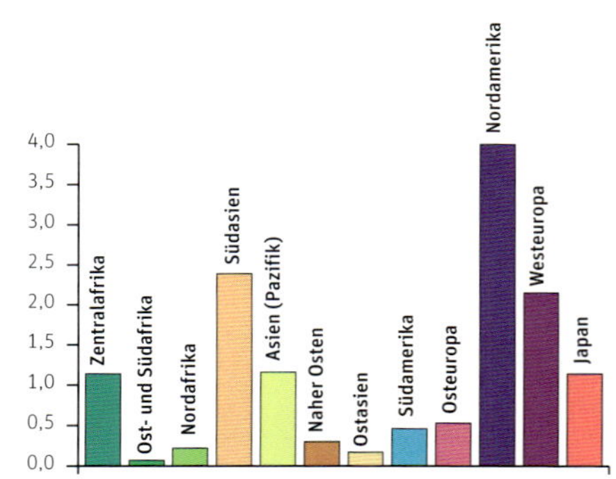

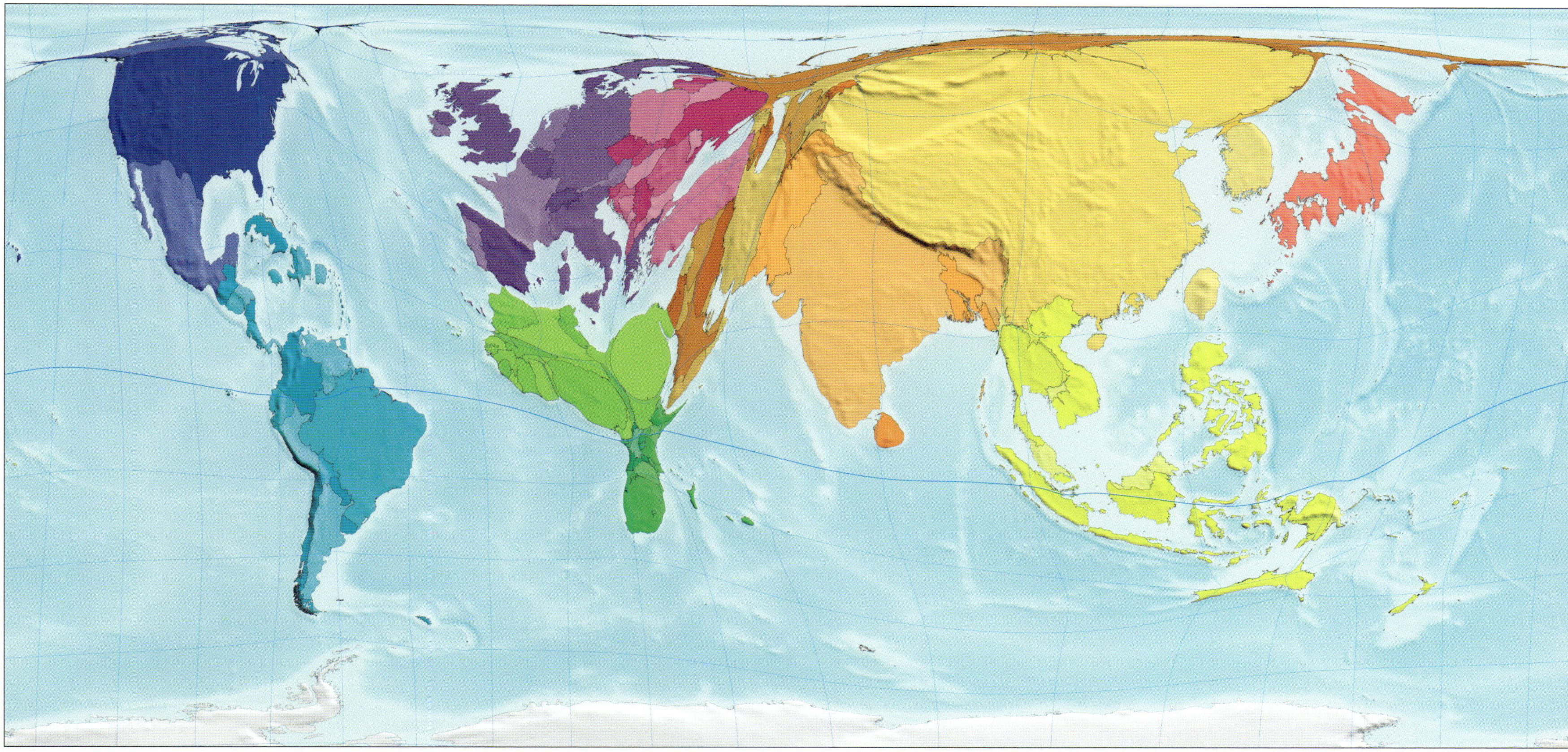

# 252 Elektrifizierung

## Viele Entwicklungsländer verfügen nur über eine rudimentäre Stromversorgung.

Diese Karte zeigt die Zahl der Menschen eines Landes, deren Wohnung in irgendeiner Form an eine Stromversorgung angeschlossen ist, sei es in Form von Elektrizität aus einem öffentlichen Stromnetz, sei es aus lokalen Energiequellen wie z. B. Solar- und Windanlagen oder Wasserkraft. Dabei kommt es nur auf die Existenz eines Anschlusses an, nicht auf die Höhe des Verbrauchs.

Elektrizität in Häusern kann zur Beleuchtung, zum Heizen und Kochen, für den Betrieb von Radios, Fernsehgeräten, Computern, Waschmaschinen und anderen Haushaltsgeräten genutzt werden.

Eine zuverlässige Stromversorgung zählt zumindest in den Industrieländern zum selbstverständlichen Komfort, den in Ostasien, Osteuropa, Nordamerika, Westeuropa und Japan über 97 Prozent der Menschen genießen. Anders sieht es in Entwicklungsländern aus. Sieben der zehn Länder mit der schlechtesten Stromversorgung liegen in Ost- und Südafrika.

**GERINGSTE ELEKTRIFIZIERUNGSGRADE**

| Rang | Land | Prozent* |
|---|---|---|
| 1 | Afghanistan | 2 |
| 2 | Uganda | 4 |
| 3 | Äthiopien | 5 |
| 4 | Myanmar | 5 |
| 5 | Malawi | 5 |
| 6 | Lesotho | 5 |
| 7 | DR Kongo | 7 |
| 8 | Mosambik | 7 |
| 9 | Kenia | 8 |
| 10 | Madagaskar | 8 |
| 11 | Togo | 9 |
| 12 | Tansania | 11 |
| 13 | Angola | 12 |
| 14 | Sambia | 12 |
| 15 | Burkina Faso | 13 |
| 16 | Nepal | 15 |
| 17 | Kambodscha | 16 |
| 18 | Eritrea | 17 |
| 19 | Nordkorea | 20 |
| 20 | Kamerun | 20 |

*Prozent der Bevölkerung, deren Wohnung mit Strom versorgt wird, 2000

**ZUGANG ZUR STROMVERSORGUNG**
Prozent der Einwohner, die Zugang zur Stromversorgung haben, 2000

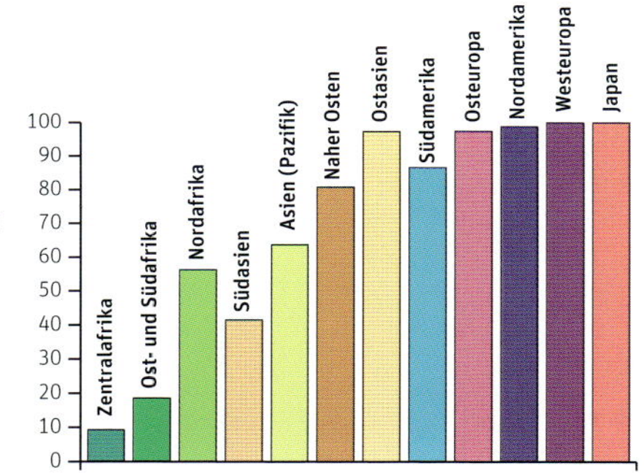

**HÖCHSTE UND NIEDRIGSTE ÖFFENTLICHE AUSGABEN FÜR GESUNDHEIT**

| Rang | Land | US-Dollar* |
|---|---|---|
| 1 | Luxemburg | 3304 |
| 2 | Norwegen | 2525 |
| 3 | Island | 2261 |
| 4 | Vereinigte Staaten | 2217 |
| 5 | Deutschland | 2195 |
| 6 | Dänemark | 2166 |
| 7 | Kanada | 2005 |
| 8 | Frankreich | 1965 |
| 9 | Schweden | 1954 |
| 10 | Schweiz | 1891 |
| 191 | Burundi | 13 |
| 192 | Sudan | 13 |
| 193 | Tansania | 12 |
| 194 | Niger | 11 |
| 195 | Äthiopien | 11 |
| 196 | Tadschikistan | 10 |
| 197 | DR Kongo | 10 |
| 198 | Madagaskar | 10 |
| 199 | Nigeria | 7 |
| 200 | Myanmar | 4 |

*Öffentliche Pro-Kopf-Ausgaben, kaufkraftbereinigt, für Gesundheit, 2001

# 253 Öffentliche Ausgaben für Gesundheit

**Die öffentlichen Ausgaben für Gesundheit senken die Kosten der medizinischen Versorgung für den einzelnen Bürger.**

Öffentliche Ausgaben für Gesundheit beinhalten sämtliche Ausgaben der öffentlichen Hand sowie Gelder, die aus Zuschüssen, Sozialversicherungen oder anderen öffentlichen Organisationen stammen. Die höchsten öffentlichen Pro-Kopf-Ausgaben für Gesundheit leisten sich die Regionen Westeuropa, Nordamerika und Japan. Auf Länderebene sind es Luxemburg, Norwegen und Island.

Die Zahlen, die dieser Karte zugrunde liegen, basieren auf dem Konzept der Kaufkraftparität (KKP). Diese misst die Höhe der Ausgaben nicht am Wert der Valuta, sondern an der Menge der Güter und Leistungen, die man mit dem gleichen Geld in dem jeweiligen Land bezahlen könnte. Dabei ist jedoch zu beachten, dass in manchen Ländern ein großer Teil der Medikamente importiert wird. Deren Preise schwanken deshalb nicht so stark wie die Preise der Produkte vor Ort. Aus diesem Grund sind kaufkraftbereinigte Zahlen in diesem Fall möglicherweise weniger aussagekräftig als in anderen Fällen.

**ÖFFENTLICHE AUSGABEN FÜR GESUNDHEIT**
US-Dollar pro Person, 2001

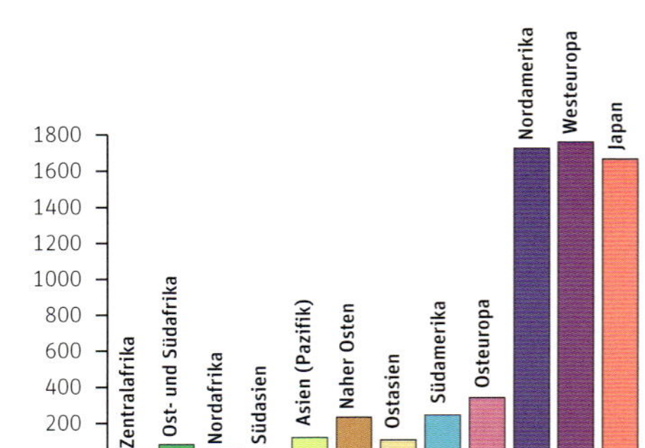

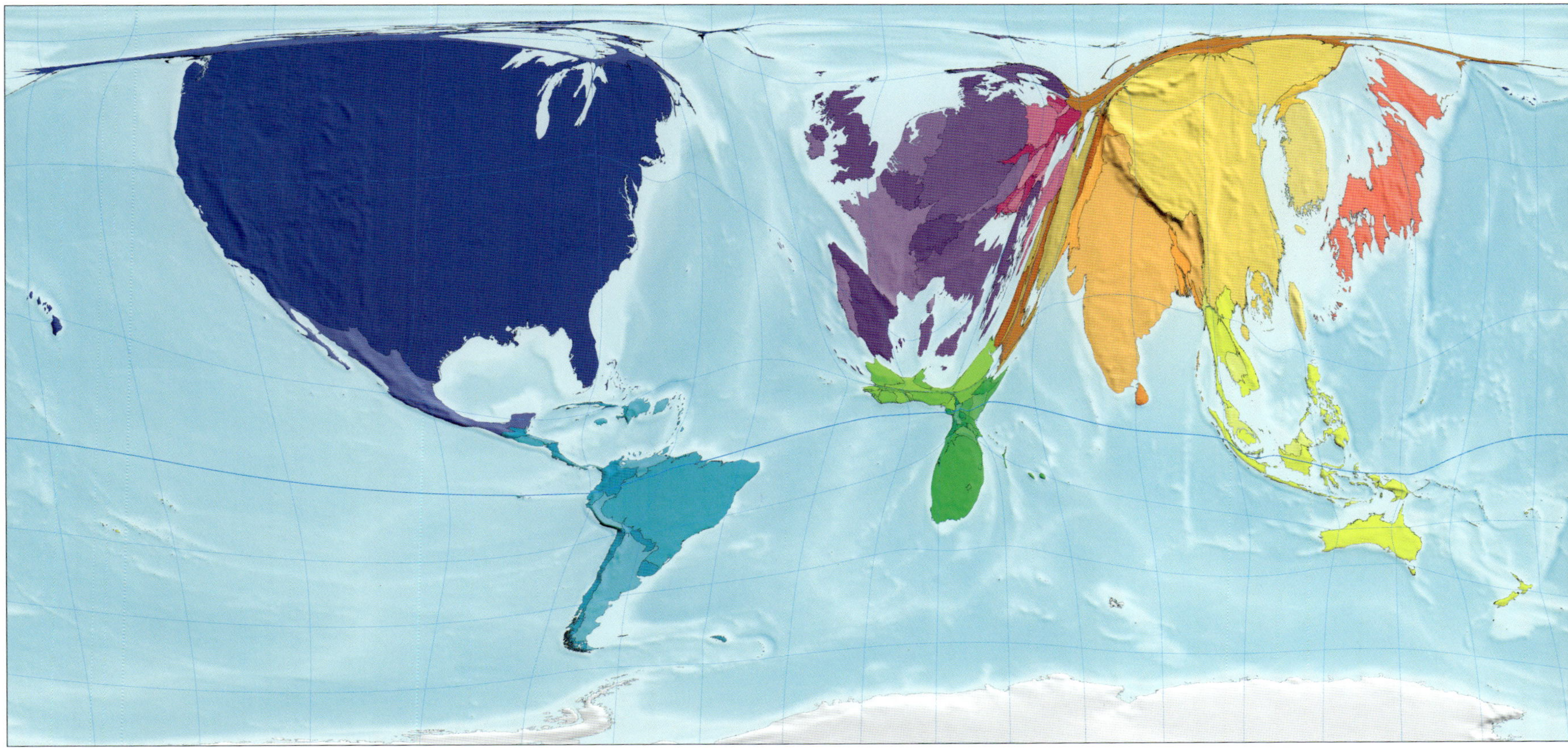

# 254 Private Ausgaben für Gesundheit

**Die Größe der Flächen zeigt die privaten Ausgaben für medizinische Versorgung in lokaler Kaufkraft.**

Private Ausgaben für Gesundheit umfassen direkte Ausgaben für Leistungen und Güter im Gesundheitswesen, die von Einzelpersonen oder Unternehmen entrichtet werden. Die Höhe der privaten Ausgaben hängt nicht nur davon ab, ob die Leistungen benötigt werden, sondern eben auch von der individuellen Finanzkraft. Betrachtet man die zwölf Regionen auf der Karte, so ist zu erkennen, dass die Gesamtausgaben in Nordamerika sich auf das 100-Fache dessen beliefen, was in Zentralafrika ausgegeben wurde.

*»Die Gesundheitsbranche konzentriert sich auf die Menschen, die es sich leisten können, am meisten dafür zu bezahlen, und nicht auf die, die Hilfe benötigen.«* Phineas Bayandall, »Dollars and Sense«, 2001

**HÖCHSTE UND NIEDRIGSTE PRIVATE AUSGABEN FÜR GESUNDHEIT**

| Rang | Land | US-Dollar* |
|---|---|---|
| 1 | Vereinigte Staaten | 2753 |
| 2 | Grönland | 2019 |
| 3 | Schweiz | 1410 |
| 4 | Niederlande | 960 |
| 5 | Hongkong | 911 |
| 6 | Australien | 848 |
| 7 | Kanada | 825 |
| 8 | Zypern | 789 |
| 9 | Griechenland | 768 |
| 10 | Deutschland | 732 |
| 191 | DR Kongo | 12 |
| 192 | Papua-Neuguinea | 11 |
| 193 | Burundi | 9 |
| 194 | São Tomé und Príncipe | 9 |
| 195 | Sierra Leone | 9 |
| 196 | Bhutan | 8 |
| 197 | Kongo | 8 |
| 198 | Tschad | 6 |
| 199 | Madagaskar | 5 |
| 200 | Salomon-Inseln | 5 |

*Private Pro-Kopf-Ausgaben, kaufkraftbereinigt, für Gesundheit, 2001

**PRIVATE AUSGABEN FÜR GESUNDHEIT**
US-Dollar pro Person, 2001

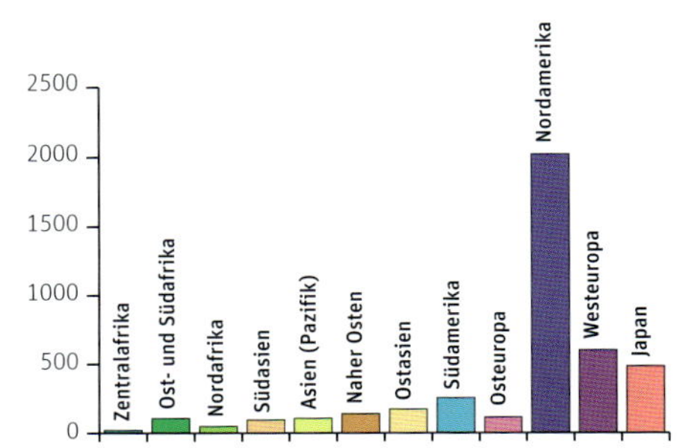

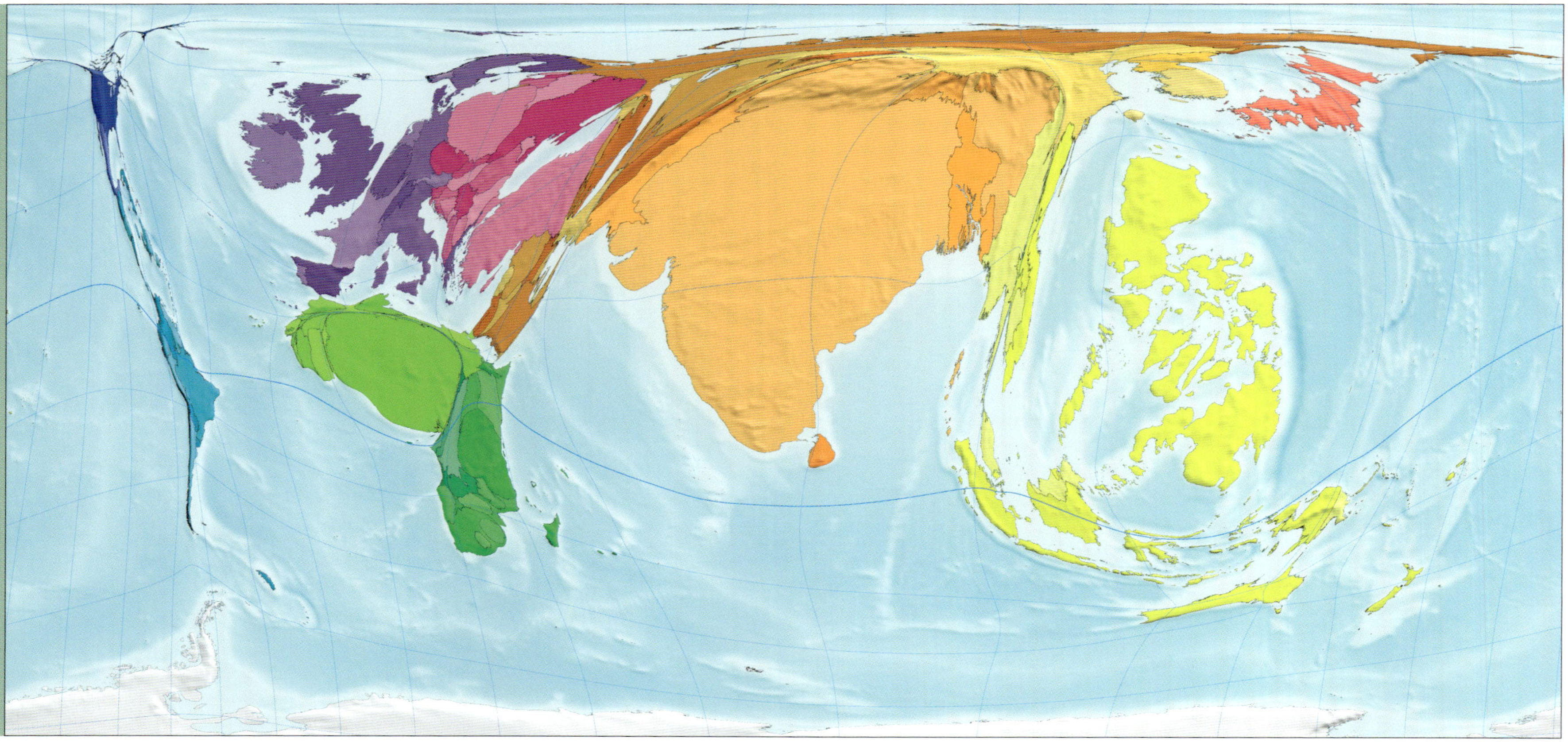

### HÖCHSTE UND GERINGSTE ZAHL AN HEBAMMEN

| Rang | Land | Zahl der Hebammen* |
|---|---|---|
| 1 | Seychellen | 395 |
| 2 | Malediven | 185 |
| 3 | Philippinen | 179 |
| 4 | Aserbaidschan | 122 |
| 5 | Brunei | 121 |
| 6 | Namibia | 117 |
| 7 | Tuvalu | 96 |
| 8 | Niue | 95 |
| 9 | Turkmenistan | 83 |
| 10 | Usbekistan | 82 |
| 191 | China | 3,5 |
| 192 | Uganda | 3,4 |
| 193 | Mali | 2,4 |
| 194 | Eritrea | 2,2 |
| 194 | Äquatorialguinea | 2,2 |
| 196 | Tschad | 2,0 |
| 197 | Äthiopien | 1,7 |
| 198 | Samoa | 1,6 |
| 199 | Kamerun | 0,5 |
| 200 | Ruanda | 0,1 |

*Pro 100 000 Einwohner, 2002

# 255 Hebammen

**Die Anzahl der Hebammen variiert je nach Kultur und Tradition sowie Wohlstand und Bildungsniveau der entsprechenden Länder.**

Hebammen helfen Frauen bei der Entbindung. Ob und wie viele professionelle Hebammen es in einem Land gibt, ist nicht nur eine Frage des Wohlstands oder eines entwickelten Gesundheitssystems. In einigen Ländern gibt es nur wenige Hebammen, weil dieser Beruf dort keine Tradition hat. In anderen Ländern wiederum leistet ein Arzt Geburtshilfe. In Nordamerika zum Beispiel hat man die Vorzüge von Hebammen erst kürzlich entdeckt, sodass die Zahl der Frauen, die diesem Beruf in qualifizierter Weise nachgehen, dort immer noch gering ist. Das Land mit der absolut höchsten Zahl ist Indien, wo es schätzungsweise fast eine halbe Million Hebammen gibt. Auf dem zweiten Platz liegen die Philippinen. Die Pro-Kopf-Zahlen professioneller Hebammen sind auf den Seychellen und Malediven am höchsten und in Kamerun und Ruanda am niedrigsten.

*»Das Leben und die Gesundheit unzähliger Millionen Menschen blieben erhalten, wenn mehr in Hebammen investiert würde.«*

Thoraya Ahmed Obaid, Exekutiv-Direktorin UNFPA, 2006

**BERUFSTÄTIGE HEBAMMEN**

Hebammen pro 100 000 Menschen, 2004

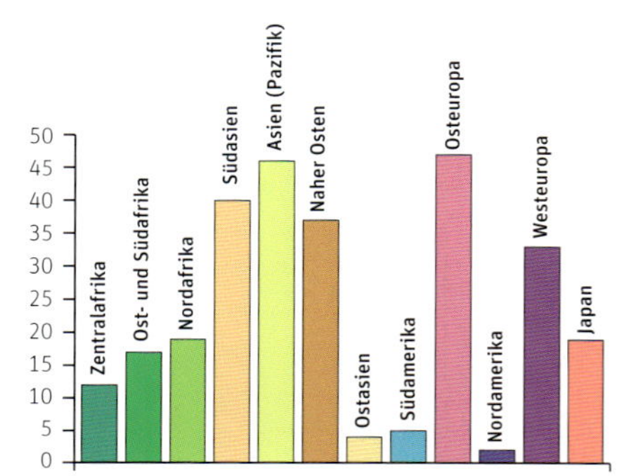

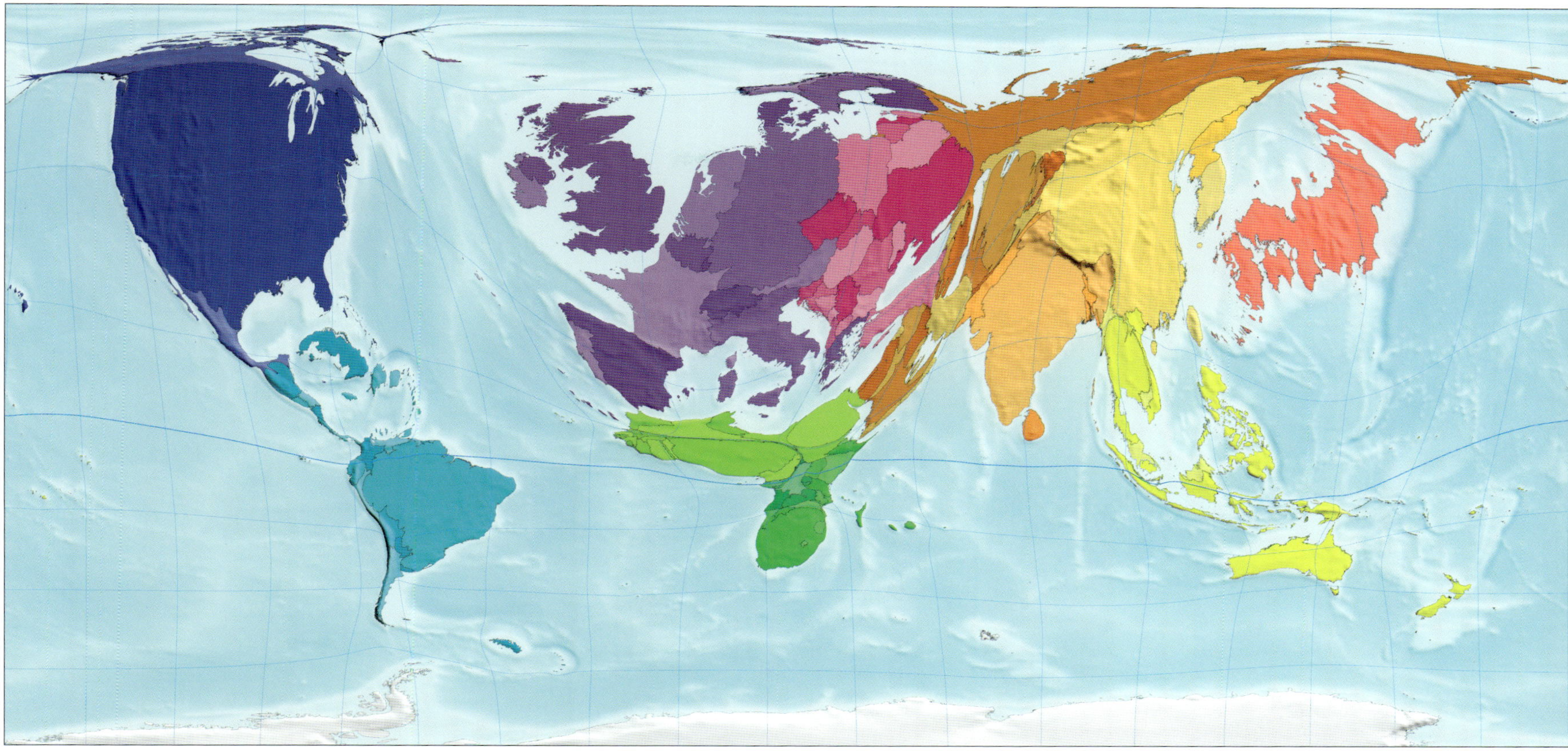





**HÖCHSTE UND NIEDRIGSTE ZAHL AN BERUFSTÄTIGEN KRANKENSCHWESTERN**

| Rang | Land | Zahl der Krankenschwestern* |
|---|---|---|
| 1 | Finnland | 2171 |
| 2 | Norwegen | 2065 |
| 3 | Irland | 1662 |
| 4 | Monaco | 1430 |
| 5 | Niederlande | 1334 |
| 6 | Weißrussland | 1234 |
| 7 | Belgien | 1074 |
| 8 | Kanada | 1010 |
| 9 | Usbekistan | 997 |
| 10 | Schweden | 977 |
| 191 | Togo | 17 |
| 192 | Eritrea | 16 |
| 193 | Tschad | 15 |
| 194 | Bangladesch | 13 |
| 195 | Mali | 13 |
| 196 | Gambia | 13 |
| 197 | Haiti | 11 |
| 198 | Zentralafrikanische Republik | 9 |
| 199 | Liberia | 6 |
| 200 | Uganda | 5 |

*Pro 100 000 Menschen

# 256 Krankenschwestern

**Krankenschwestern stellen heutzutage ein »Gut« mit hohem Exportpotenzial dar.**

In den Vereinigten Staaten, China und Russland gibt es numerisch die meisten berufstätigen Krankenschwestern. Der höchste prozentuale Anteil ist hingegen in westeuropäischen Ländern wie Finnland und Norwegen zu finden, der niedrigste in der Zentralafrikanischen Republik, Liberia und Uganda – Länder, in denen ein gravierender Mangel an ausgebildetem Pflegepersonal herrscht.

*»[Krankenschwestern] werden auch von Industrieländern abgeworben. So gibt es in Manchester mehr Krankenschwestern aus Malawi als in Malawi selbst.«*

Glenys Kinnock, EU-Abgeordnete, 2005

**BERUFSTÄTIGE KRANKENSCHWESTERN**

Krankenschwestern pro 100 000 Einwohner, 2004

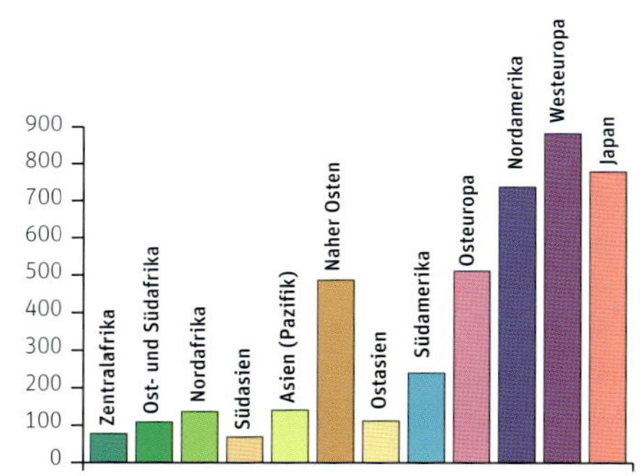

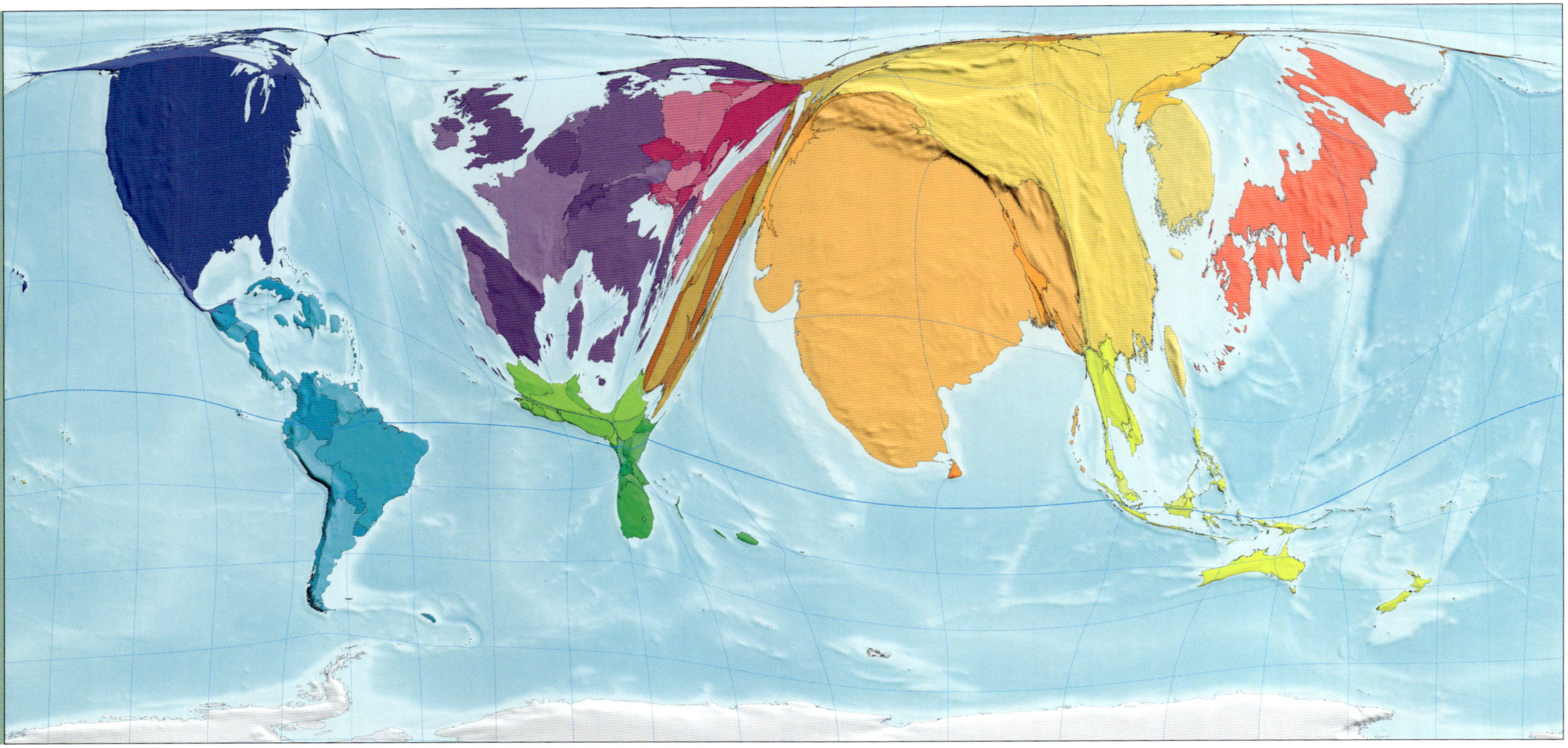

**HÖCHSTE UND NIEDRIGSTE ANZAHL AN BERUFSTÄTIGEN APOTHEKERN**

| Rang | Land | Zahl der Apotheker* |
|---|---|---|
| 1 | Monaco | 192 |
| 2 | Malta | 192 |
| 3 | Finnland | 149 |
| 4 | Belgien | 145 |
| 5 | Japan | 121 |
| 6 | Italien | 110 |
| 7 | Südkorea | 108 |
| 8 | Frankreich | 101 |
| 9 | Neuseeland | 100 |
| 10 | Zypern | 97 |
| 191 | Burkina Faso | 0,49 |
| 192 | Eritrea | 0,49 |
| 193 | Tschad | 0,47 |
| 194 | Malawi | 0,32 |
| 195 | Angola | 0,21 |
| 196 | Äthiopien | 0,18 |
| 197 | Ruanda | 0,13 |
| 198 | Somalia | 0,10 |
| 199 | Simbabwe | 0,09 |
| 200 | Madagaskar | 0,05 |

*Pro 100 000 Einwohner, 2002

# 257 Apotheker

**In vielen Entwicklungsländern gibt es viel zu wenig Apotheken, um eine auch nur halbwegs ausreichende Versorgung mit Arzneimitteln zu gewährleisten.**

Die Aufgabe eines Apothekers ist die Versorgung der Bevölkerung mit Arzneien – vom einfachen Schmerzmittel über Rehydrationssalze bis hin zu komplizierten Rezepturen wie antiretroviralen Medikamenten zur Behandlung von HIV.

Die höchste Anzahl an praktizierenden Apothekern gibt es in den bevölkerungsreichsten Ländern Indien und China, wo immerhin 42 Prozent aller Apotheker tätig sind.

Die Länder mit der geringsten Zahl an Apothekern liegen in den Regionen des asiatisch-pazifischen Raumes und Australien, Zentralafrika, Nordafrika und Ost- und Südafrika.

*»Wenn wir Rezepte ausstellen, müssen wir auch an die finanzielle Lage unserer Patienten denken. Wenn wir Arzneien verschreiben, die zu teuer sind, dann kaufen sie diese einfach nicht …«*

Alphonsine, Krankenschwester in Togo, 2006

**BERUFSTÄTIGE APOTHEKER**

Apotheker pro 100 000 Einwohner, 2004

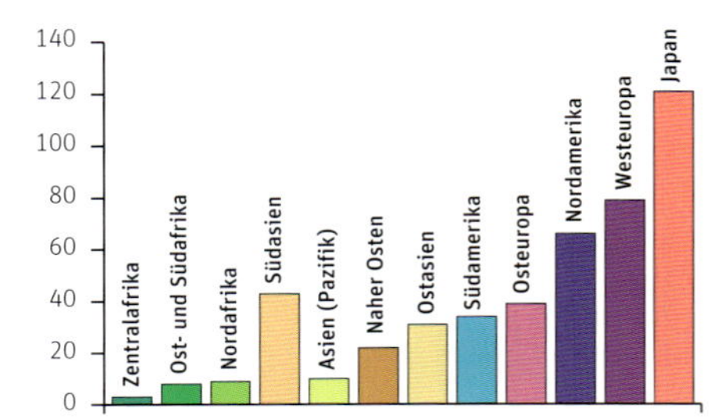

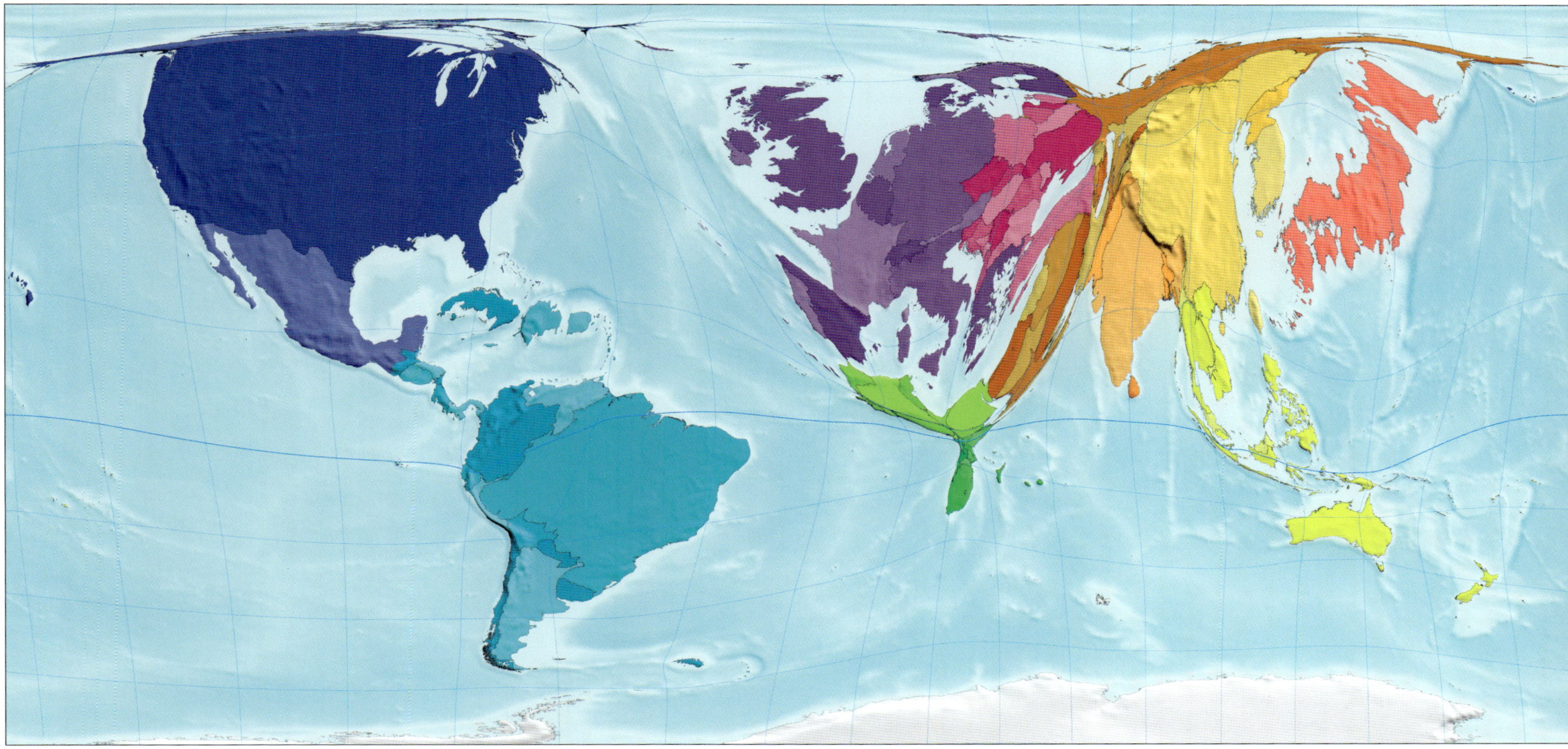

**HÖCHSTE UND NIEDRIGSTE ZAHL AN PRAKTIZIERENDEN ZAHNÄRZTEN**

| Rang | Land | Zahl der Zahnärzte* |
|---|---|---|
| 1 | Vereinigte Staaten | 163 |
| 2 | Jordanien | 129 |
| 3 | Estland | 128 |
| 4 | Finnland | 128 |
| 5 | Libanon | 121 |
| 6 | Israel | 117 |
| 7 | Seychellen | 117 |
| 8 | Uruguay | 116 |
| 9 | Griechenland | 113 |
| 10 | Brasilien | 111 |
| 191 | DR Kongo | 0,29 |
| 192 | Ruanda | 0,25 |
| 193 | Burundi | 0,20 |
| 194 | Somalia | 0,19 |
| 195 | Benin | 0,17 |
| 196 | Tschad | 0,17 |
| 197 | Äthiopien | 0,13 |
| 198 | Niger | 0,12 |
| 199 | Sierra Leone | 0,10 |
| 200 | Angola | 0,02 |

*Pro 100 000 Einwohner, 2002

# 258 Zahnärzte

## Die Größe der Flächen zeigt die Zahl der berufstätigen Zahnärzte.

2004 gab es weltweit 1,8 Millionen praktizierende Zahnärzte oder 29 Zahnärzte pro 100 000 Menschen. Die drei Länder mit der größten Anzahl an Zahnärzten sind die Vereinigten Staaten, Brasilien und China – wobei es in Brasilien zehnmal so viele Zahnärzte gibt wie in China.

In Nordamerika gibt es fast zweimal so viele Zahnärzte pro Kopf wie in jeder anderen Region. In vielen afrikanischen Ländern dagegen oft nicht einmal einen Zahnarzt pro 100 000 Einwohner. Die niedrigste Anzahl an Zahnärzten weist Angola auf.

**BERUFSTÄTIGE ZAHNÄRZTE**
Zahnärzte pro 100 000 Einwohner, 2004

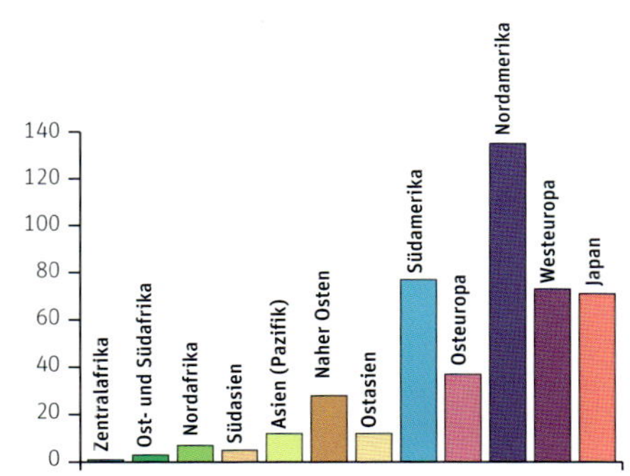

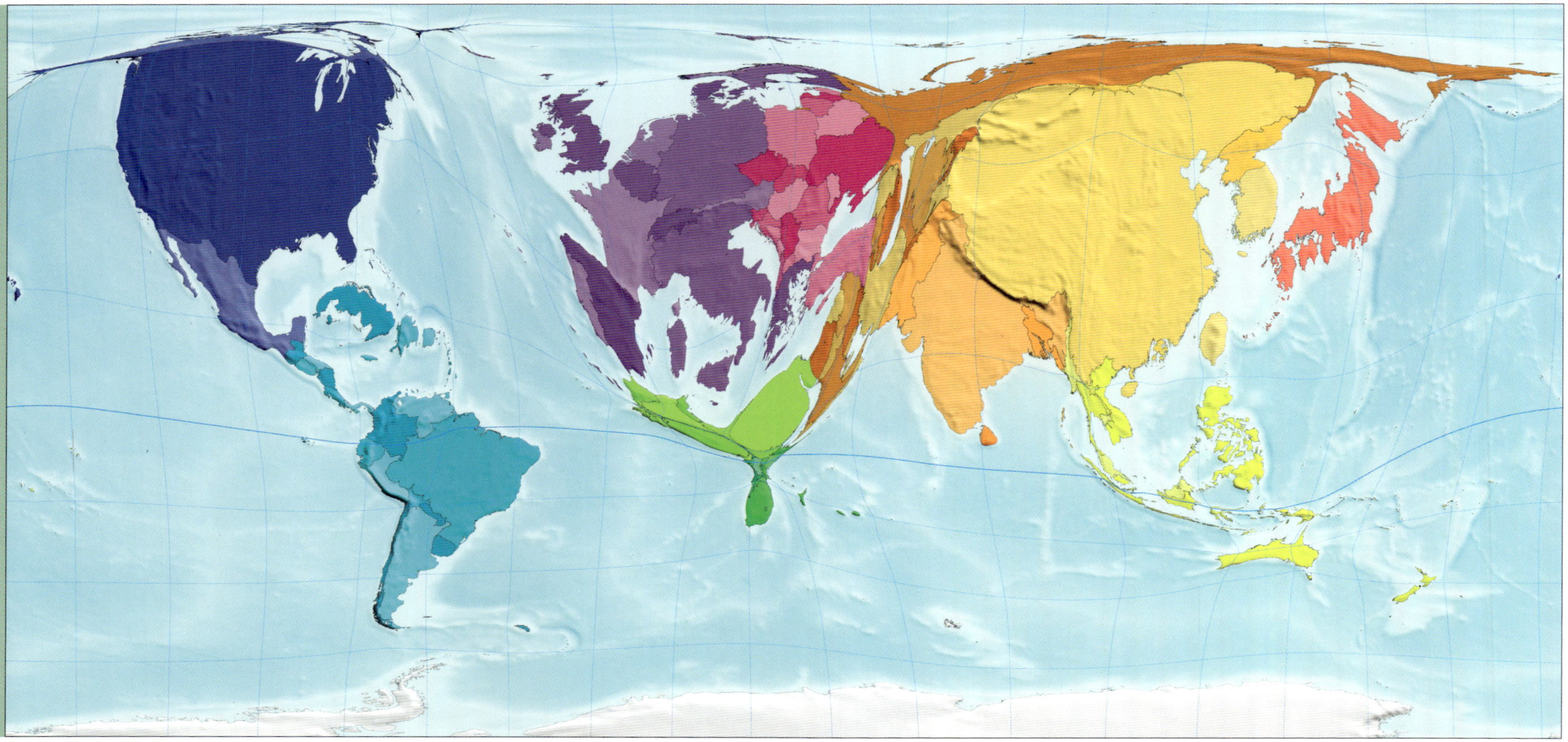

**HÖCHSTE UND GERINGSTE ZAHL AN PRAKTIZIERENDEN ÄRZTEN**

| Rang | Land | Zahl der Ärzte* |
|---|---|---|
| 1 | Italien | 606 |
| 2 | Kuba | 591 |
| 3 | Monaco | 586 |
| 4 | Vereinigte Staaten | 549 |
| 5 | St. Lucia | 518 |
| 6 | Weißrussland | 450 |
| 7 | Griechenland | 440 |
| 8 | Grönland | 433 |
| 9 | Belgien | 418 |
| 10 | Russland | 417 |
| 191 | Gambia | 4 |
| 192 | Niger | 3 |
| 193 | Eritrea | 3 |
| 194 | Äthiopien | 3 |
| 195 | Tschad | 3 |
| 196 | Mosambik | 2 |
| 197 | Liberia | 2 |
| 198 | Tansania | 2 |
| 199 | Ruanda | 2 |
| 200 | Malawi | 1 |

*Pro 100 000 Einwohner, 2002

# 259 Ärzte

**Die beste medizinische Versorgung gibt es in den Industriestaaten. Aber auch Kuba nimmt einen absoluten Spitzenplatz ein.**

2004 gab es weltweit 7,7 Millionen praktizierende Ärzte, die meisten davon in China, das allerdings auch die größte Gesamtbevölkerung aufweist. Wären die Ärzte gleichmäßig über die Länder der Erde verteilt, kämen 124 auf 100 000 Menschen.

Dem ist aber nicht so. Die Hälfte aller Ärzte praktiziert in jenen Ländern, in denen ein Fünftel der Weltbevölkerung lebt, das damit den besten Zugang zu medizinischer Versorgung genießt. Das Fünftel mit der schlechtesten medizinischen Versorgung wird von zwei Prozent der Ärzte betreut. Italien und Kuba weisen die meisten, die afrikanischen Länder Malawi und Ruanda die wenigsten praktizierenden Ärzte pro 100 000 Einwohner aus.

**PRAKTIZIERENDE ÄRZTE**
Ärzte pro 100 000 Menschen, 2002

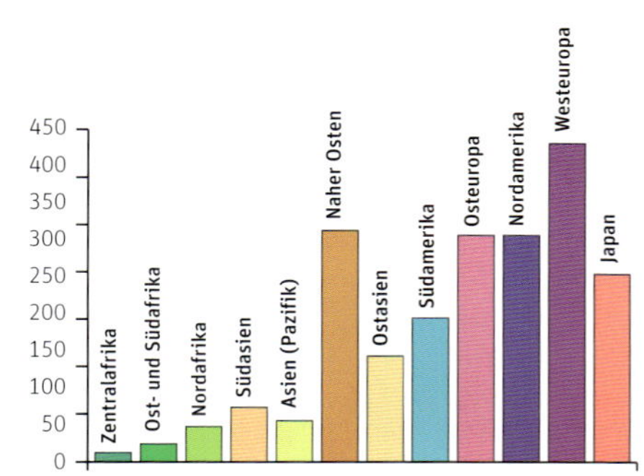

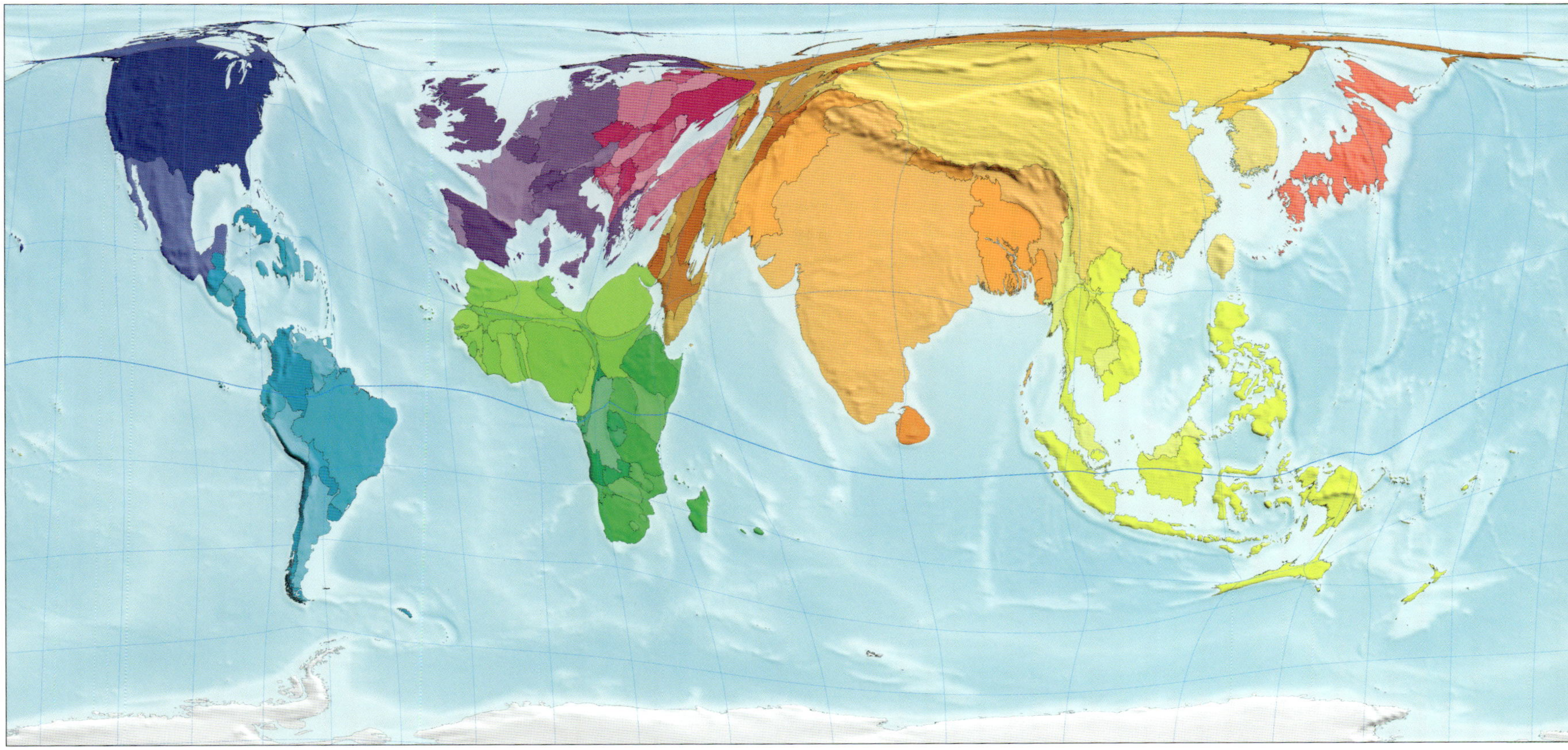

**HÖCHSTE UND GERINGSTE QUALITÄT DER GESUNDHEITSVERSORGUNG**

| Rang | Land | Punkte* |
|---|---|---|
| 1 | Japan | 93 |
| 2 | Schweiz | 92 |
| 3 | Norwegen | 92 |
| 4 | Schweden | 92 |
| 5 | Luxemburg | 92 |
| 6 | Frankreich | 92 |
| 7 | Kanada | 92 |
| 8 | Niederlande | 92 |
| 9 | Großbritannien | 92 |
| 10 | Österreich | 91 |
| 191 | Malawi | 52 |
| 192 | Afghanistan | 52 |
| 193 | Nigeria | 52 |
| 194 | Mosambik | 51 |
| 195 | Äthiopien | 51 |
| 196 | Liberia | 50 |
| 197 | Niger | 50 |
| 198 | Somalia | 49 |
| 199 | Zentralafrikanische Republik | 46 |
| 200 | Sierra Leone | 36 |

*WHO Health Service Quality Score 1997 (0 = niedrig, 100 = hoch), misst die Qualität der primären Gesundheitsversorgung

# 260 Medizinische Grundversorgung

**Die Größe der Flächen zeigt die Zahl der Menschen, die eine medizinische Grundversorgung erhalten.**

Die Proportionen dieser Karte veranschaulichen, ob und inwieweit in einem Land die medizinische Grundversorgung gewährleistet ist. Die Berechnung erfolgt durch Multiplikation der Bevölkerungszahl mit dem Health Service Quality Score. Dieser Index wird von der Weltgesundheitsorganisation (WHO) verwendet, um die Qualität der Gesundheitsversorgung zu messen. Er entspricht dem geschätzten Anteil der Bevölkerung, der Zugang zu medizinischer Grundversorgung hat. Die Werte, die dieser Karte zugrunde liegen, stammen von 1997, dem Jahr, für das die aktuellsten Daten von ausreichend vielen Ländern vorlagen.

Der Weltdurchschnitt des Health Service Quality Scores liegt bei 72 von 100, d.h., dass die medizinische Grundversorgung für 72 Prozent der Weltbevölkerung bzw. 4,5 Milliarden Menschen einigermaßen gesichert ist. Am schlechtesten versorgt sind die Menschen in Sierra Leone und der Zentralafrikanischen Republik. Das Gesundheitswesen von Sierra Leone erreichte einen Wert von nur 36 Punkten – das ist gerade mal die Hälfte des Weltdurchschnitts. Dabei ist zu beachten, dass mit diesem Index nur das absolute Minimum an medizinischer Versorgung bewertet wird.

**QUALITÄT DER MEDIZINISCHEN VERSORGUNG**

Prozent der Menschen, die medizinische Grundversorgung erhalten, 1997

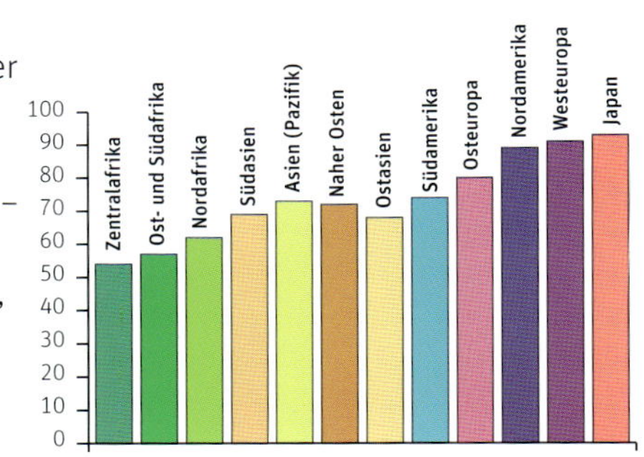

#### HÖCHSTES UND NIEDRIGSTES ANGEBOT AN KRANKENHAUSBETTEN

| Rang | Land | Betten* |
|---|---|---|
| 1 | São Tomé und Príncipe | 403 |
| 2 | Monaco | 217 |
| 3 | Schweiz | 179 |
| 4 | Island | 167 |
| 5 | Japan | 165 |
| 6 | Norwegen | 146 |
| 7 | Grönland | 144 |
| 8 | Weißrussland | 126 |
| 9 | Kiribati | 123 |
| 10 | Mongolei | 115 |
| 191 | Pakistan | 6,5 |
| 192 | Jemen | 6,0 |
| 193 | Madagaskar | 4,2 |
| 194 | Senegal | 4,0 |
| 195 | Afghanistan | 3,1 |
| 196 | Bangladesch | 3,1 |
| 197 | Äthiopien | 3,0 |
| 198 | Mali | 2,4 |
| 199 | Nepal | 1,7 |
| 200 | Niger | 1,2 |

* Betten pro 10 000 Einwohner, 2002

# 261 Krankenhausbetten

## Die Proportionen der Länder zeigen die Anzahl der Krankenhausbetten.

2002 gab es schätzungsweise 19,6 Millionen Krankenhausbetten. Die meisten davon verzeichneten China, Japan und Russland. Die größte Anzahl an Betten pro Kopf der Bevölkerung gibt es in São Tomé und Príncipe sowie in Monaco. In São Tomé und Príncipe kommt ein Bett auf 25 Menschen und in Monaco ein Bett auf 46 Einwohner. Dagegen steht in Niger für jeweils 10 000 Menschen nur ein Krankenhausbett zur Verfügung.

**KRANKENHAUSBETTEN**
Betten pro 10 000 Einwohner, 2002

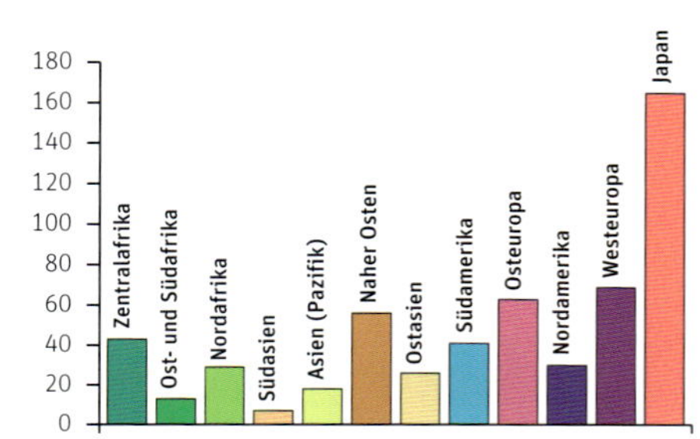

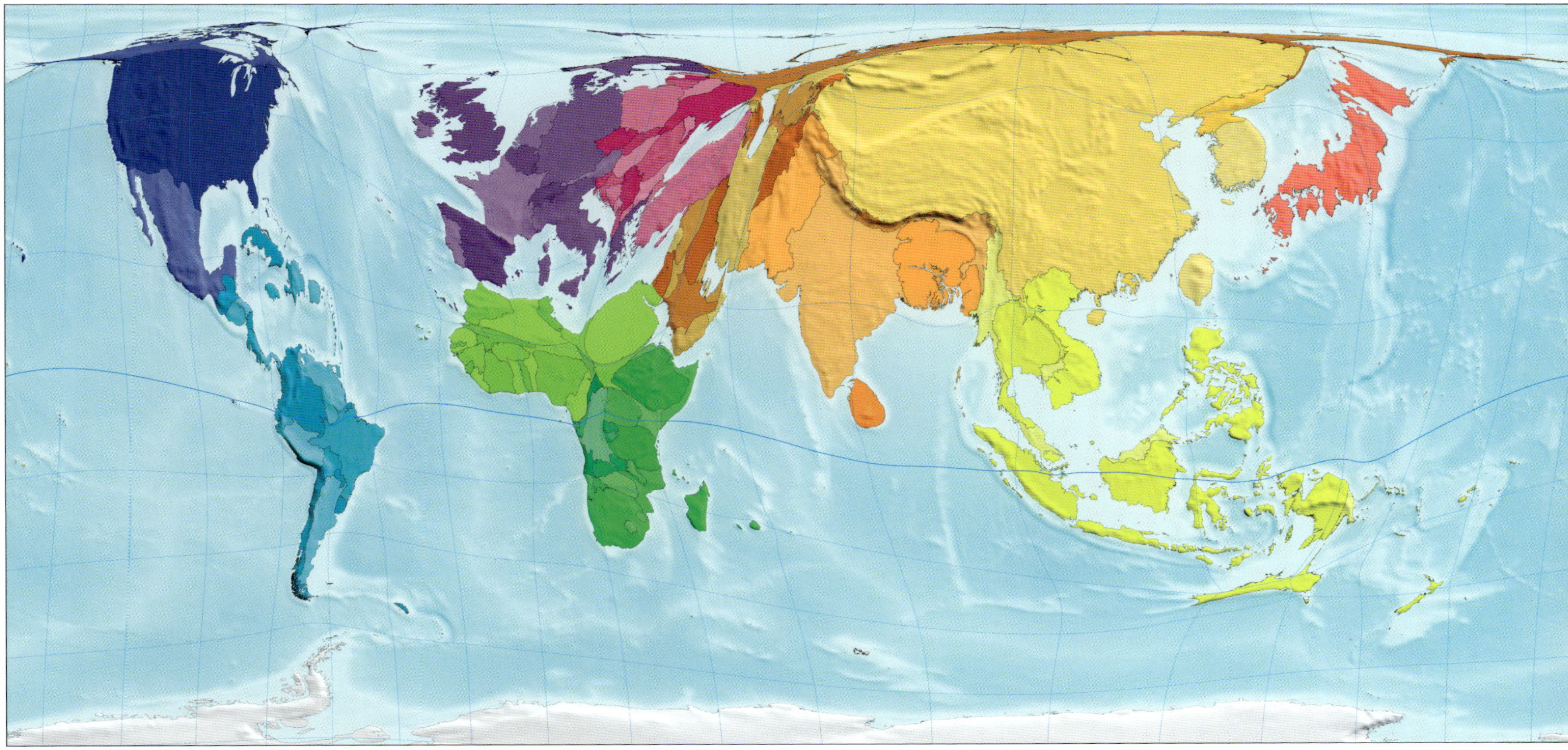

**MILLIONEN MENSCHEN, DIE ZUGANG ZU ERSCHWINGLICHEN MEDIKAMENTEN HABEN**

| Rang | Land | Bevölkerung* |
|---|---|---|
| 1 | Vereinigte Staaten | 291 |
| 2 | Japan | 128 |
| 3 | Deutschland | 82 |
| 4 | Türkei | 70 |
| 5 | Thailand | 62 |
| 6 | Frankreich | 60 |
| 7 | Großbritannien | 59 |
| 8 | Italien | 58 |
| 9 | Südkorea | 47 |
| 10 | Spanien | 41 |
| 11 | Indien | 257 |
| 12 | Brasilien | 43 |
| 13 | Nigeria | 30 |
| 14 | Sudan | 8 |
| 15 | Kenia | 8 |
| 16 | Nepal | 6 |
| 17 | Ghana | 5 |
| 18 | Kambodscha | 3 |
| 19 | Angola | 3 |
| 20 | Ecuador | 3 |

*in Millionen, 1–10: 95–100% haben Zugang zu erschwinglichen Medikamenten, 1999–2002; 11–20: 0–49% haben dazu Zugang, 1999–2002

# 262 Erschwingliche Medikamente

**Selbst lebensnotwendige Medikamente sind nicht überall zu erschwinglichen Preisen erhältlich.**

Die Weltgesundheitsorganisation definiert lebensnotwendige Arzneien als solche, die die wichtigsten Gesundheitsbedürfnisse der Bevölkerung befriedigen, und fordert weiterhin, dass diese in angemessener Menge und geprüfter Qualität einschließlich Packungsbeilage vor Ort zur Verfügung stehen müssen – und das zu erschwinglichen Preisen. Für 69 Prozent aller Menschen auf der Welt ist diese Forderung erfüllt. Der Rest von 1,9 Milliarden kann davon nur träumen.

*»Eine indische Firma … ermöglicht die Behandlung von Aids für 350 Dollar im Jahr und hat damit an der weltweit üblichen Verfahrensweise gerüttelt und an das globale Gewissen appelliert – in den Industrieländern kostet der gleiche Medikamentencocktail 15 000 Dollar im Jahr.«*

Salil Tripathi, Index on Censorship, Spezialausgabe über Aids, 2004

**ERSCHWINGLICHE MEDIKAMENTE**

Prozent der Bevölkerung, die dauerhaften Zugang zu erschwinglichen Medikamenten haben

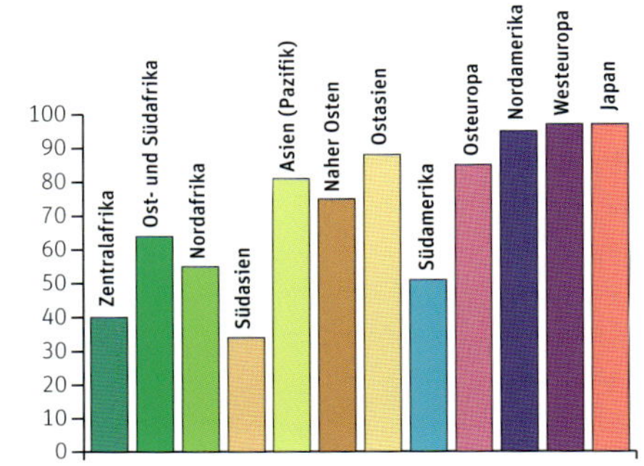

**HÖCHSTES NETTO-EXPORTVOLUMEN MEDIZINISCHER PRODUKTE**

| Rang | Land | US-Dollar* |
|---|---|---|
| 1 | Irland | 3619,3 |
| 2 | Schweiz | 1178,7 |
| 3 | Dänemark | 495,6 |
| 4 | Schweden | 354,8 |
| 5 | Belgien | 192,5 |
| 6 | Slowenien | 154,0 |
| 7 | Singapur | 128,3 |
| 8 | Frankreich | 76,6 |
| 9 | Großbritannien | 71,1 |
| 10 | Costa Rica | 52,6 |
| 11 | Niederlande | 44,3 |
| 12 | Israel | 42,4 |
| 13 | Deutschland | 20,6 |
| 14 | Malta | 20,1 |
| 15 | Italien | 7,2 |
| 16 | Jordanien | 5,5 |
| 17 | Mexiko | 5,3 |
| 18 | Hongkong | 5,2 |
| 19 | Indien | 1,0 |
| 20 | China | 0,9 |

*Volumen der Nettoexporte von medizinischen Produkten pro Kopf und Jahr

# 263 Exporte medizinischer Produkte

**Drei Viertel der Erlöse aus dem Export von Medikamenten und medizintechnischen Produkten gehen nach Westeuropa.**

Exporte medizinischer Produkte machen weltweit 3,2 Prozent aller Ausfuhrerlöse aus. 74 Prozent dieser Einnahmen fließen in die Länder Westeuropas. Den höchsten Netto-Exporterlös in Dollar weist Irland aus, obwohl ein großer Teil dieser Summe mit der Wiederausfuhr von Importen erwirtschaftet wird.

Doch auch außerhalb Europas gibt es in dieser Branche einige Nettoexporteure. Dazu gehören beispielsweise China, Indien, Mexiko und Singapur. Indien exportiert von manchen Präparaten die größten Mengen. Da aber indische Medikamente in der Regel zu einem weitaus geringeren Preis angeboten werden als europäische, sind die Dollar-Einnahmen aus den Geschäften in Indien geringer, weshalb der Subkontinent auf der Karte kleiner dargestellt ist.

*»Auf pharmazeutischem Gebiet werden die großen multinationalen Unternehmen mit Sitz im Norden die Gewinner sein …«*

John Sulston, Mitbegründer des Human Genome Project, 2001

**NETTOEXPORTE VON MEDIZINISCHEN PRODUKTEN**

Jährliche Erlöse in Milliarden US-Dollar

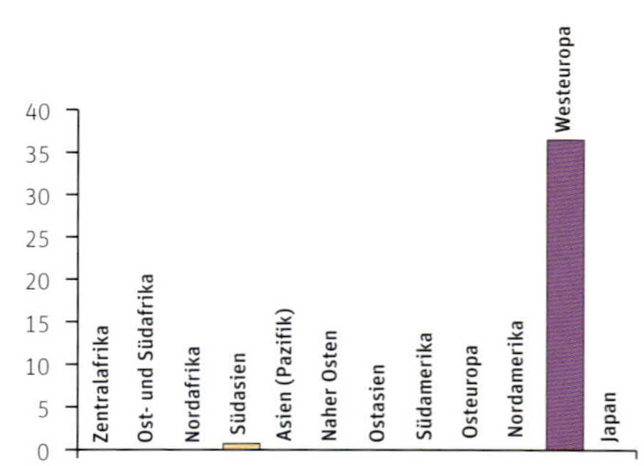

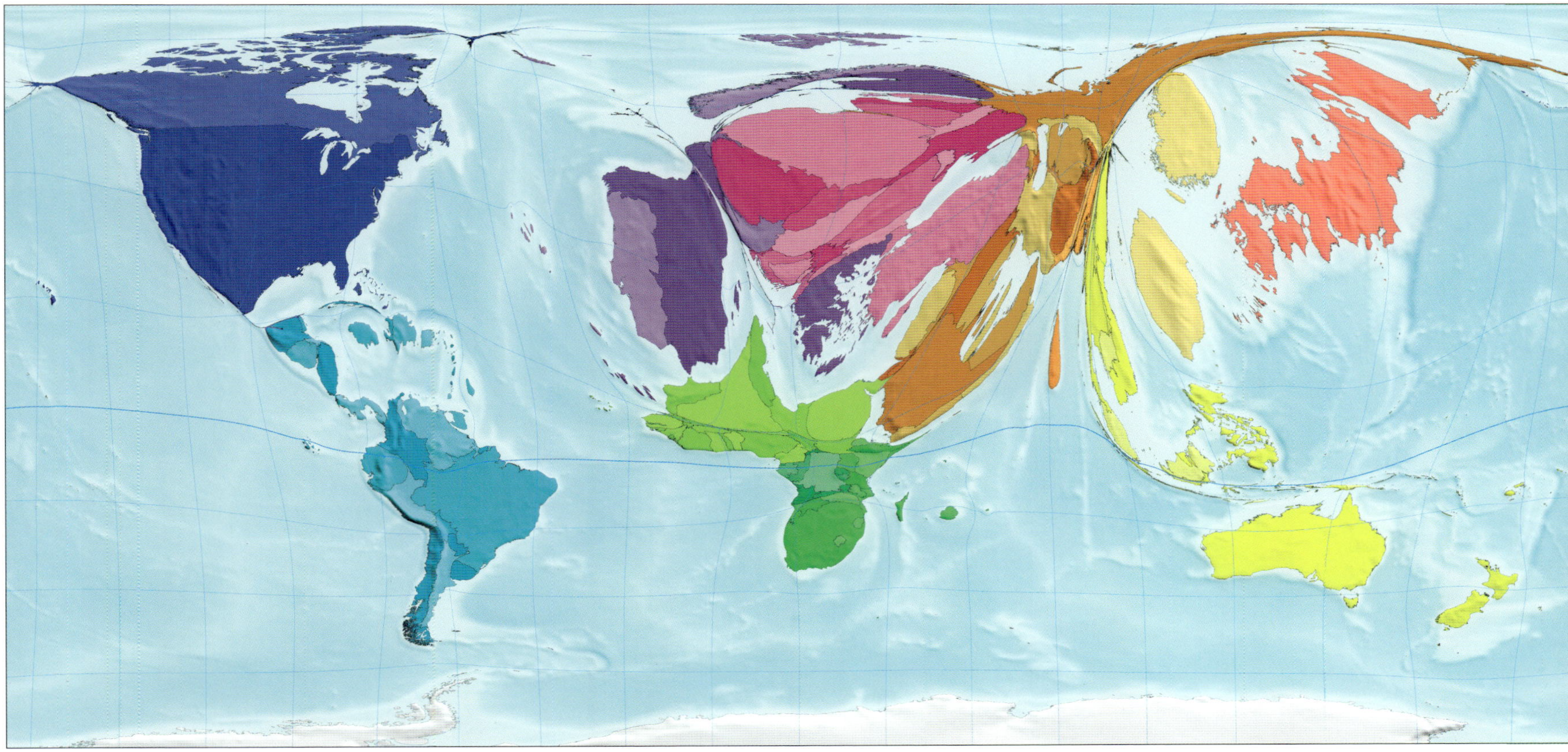

**HÖCHSTES NETTO-IMPORTVOLUMEN MEDIZINISCHER PRODUKTE**

| Rang | Land | US-Dollar* |
|---|---|---|
| 1 | Luxemburg | 406 |
| 2 | Andorra | 235 |
| 3 | Norwegen | 155 |
| 4 | Katar | 124 |
| 5 | Kanada | 121 |
| 6 | Grönland | 109 |
| 7 | Vereinigte Arabische Emirate | 108 |
| 8 | Portugal | 103 |
| 9 | Tschechien | 100 |
| 10 | Libanon | 94 |
| 11 | Kuwait | 93 |
| 12 | Bahrain | 92 |
| 13 | Australien | 91 |
| 14 | Finnland | 88 |
| 15 | Bahamas | 81 |
| 16 | Barbados | 79 |
| 17 | Brunei | 77 |
| 18 | Tuvalu | 70 |
| 19 | Neuseeland | 69 |
| 20 | Zypern | 68 |

*Jahresvolumen der Nettoimporte von medizinischen Produkten pro Person

# 264 Importe medizinischer Produkte

**Die Größe der Flächen zeigt den Wert der Nettoimporte von Arzneien und medizinischen Gegenständen in Dollar.**

Nahezu 90 Prozent aller hier erfassten Länder sind Nettoimporteure von Arzneimitteln, medizintechnischem Gerät und sonstiger medizinischer Ausrüstung. Zwischen den Regionen gibt es jedoch enorme Unterschiede bei den Pro-Kopf-Ausgaben für medizinische Importe. In Luxemburg wird mit 406 US-Dollar pro Person und Jahr am meisten ausgegeben.

*»Die Patentregeln der Welthandelsorganisation (WTO) behindern den Zugang zu Medikamenten und treiben die Preise in die Höhe.«*
Phil Bloomer, Leiter der Oxfam-Kampagne »Make Trade Fair«, 2005

**NETTOIMPORTE VON MEDIZINISCHEN PRODUKTEN**
Jährliche Ausgaben in Milliarden US-Dollar

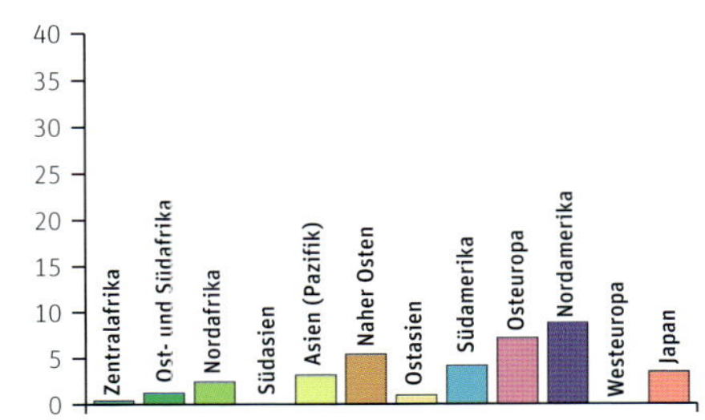

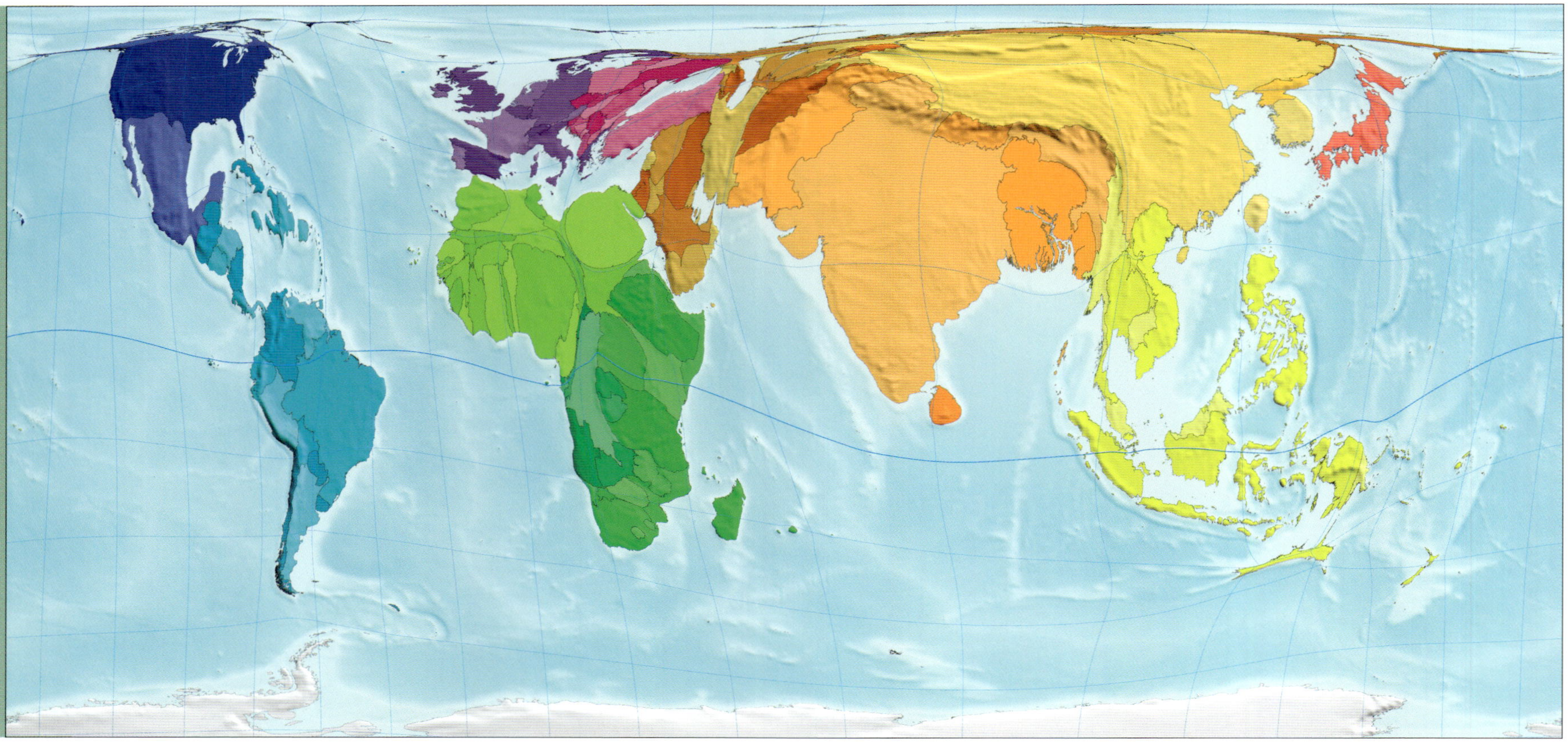

**NIEDRIGSTE MASERNIMPFUNGSRATEN**

| Rang | Land | Prozent* |
|---|---|---|
| 1 | Mali | 33 |
| 2 | Zentralafrikanische Republik | 35 |
| 3 | Kongo | 37 |
| 4 | Nigeria | 40 |
| 5 | Vanuatu | 44 |
| 6 | DR Kongo | 45 |
| 7 | Burkina Faso | 46 |
| 8 | Guinea-Bissau | 47 |
| 9 | Osttimor | 47 |
| 10 | Niger | 48 |
| 11 | Sudan | 49 |
| 12 | Äquatorialguinea | 51 |
| 13 | Äthiopien | 52 |
| 14 | Kambodscha | 52 |
| 15 | Haiti | 53 |
| 16 | Guinea | 54 |
| 17 | Senegal | 54 |
| 18 | Tschad | 55 |
| 19 | Laos | 55 |
| 20 | Gabun | 55 |

*Prozentsatz der Säuglinge und Kleinkinder, die 2002 gegen Masern geimpft waren

# 265 Masernimpfung

**Masern sind eine Virusinfektion, die manchmal nur wie eine lästige Infektion verläuft, aber auch tödlich verlaufen kann.**

Bis in die Sechzigerjahre waren Masern auch in Mitteleuropa eine verbreitete Infektionskrankheit, an der die meisten Menschen im Verlauf ihrer Kindheit erkrankten. Doch seit 40 Jahren gibt es dagegen eine wirkungsvolle Schutzimpfung. Im Jahre 2002 waren weltweit schätzungsweise 75 Prozent aller einjährigen Kinder gegen diese Krankheit geimpft, die meisten davon in Indien und China. Aber in ebendiesen Ländern gab es auch die höchste Anzahl nicht geimpfter Kinder.

Die zehn Länder mit den höchsten Mortalitätsraten durch Masern liegen alle in Afrika. Platz 1 bis 5 belegten Guinea-Bissau, Somalia, Niger, Sierra Leone und Guinea.

**MASERNIMPFUNG**
Prozentsatz geimpfter Kinder, 2002

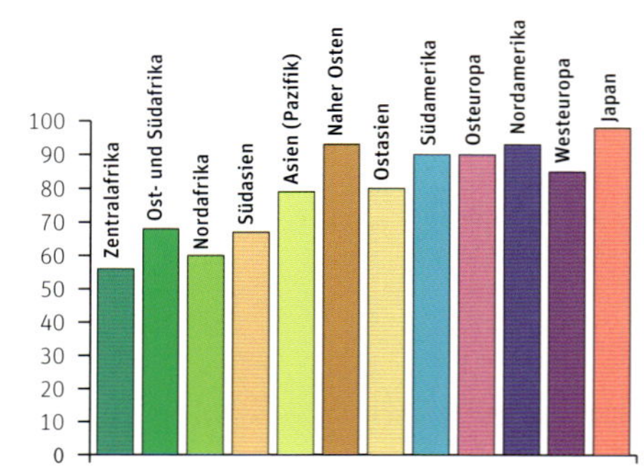

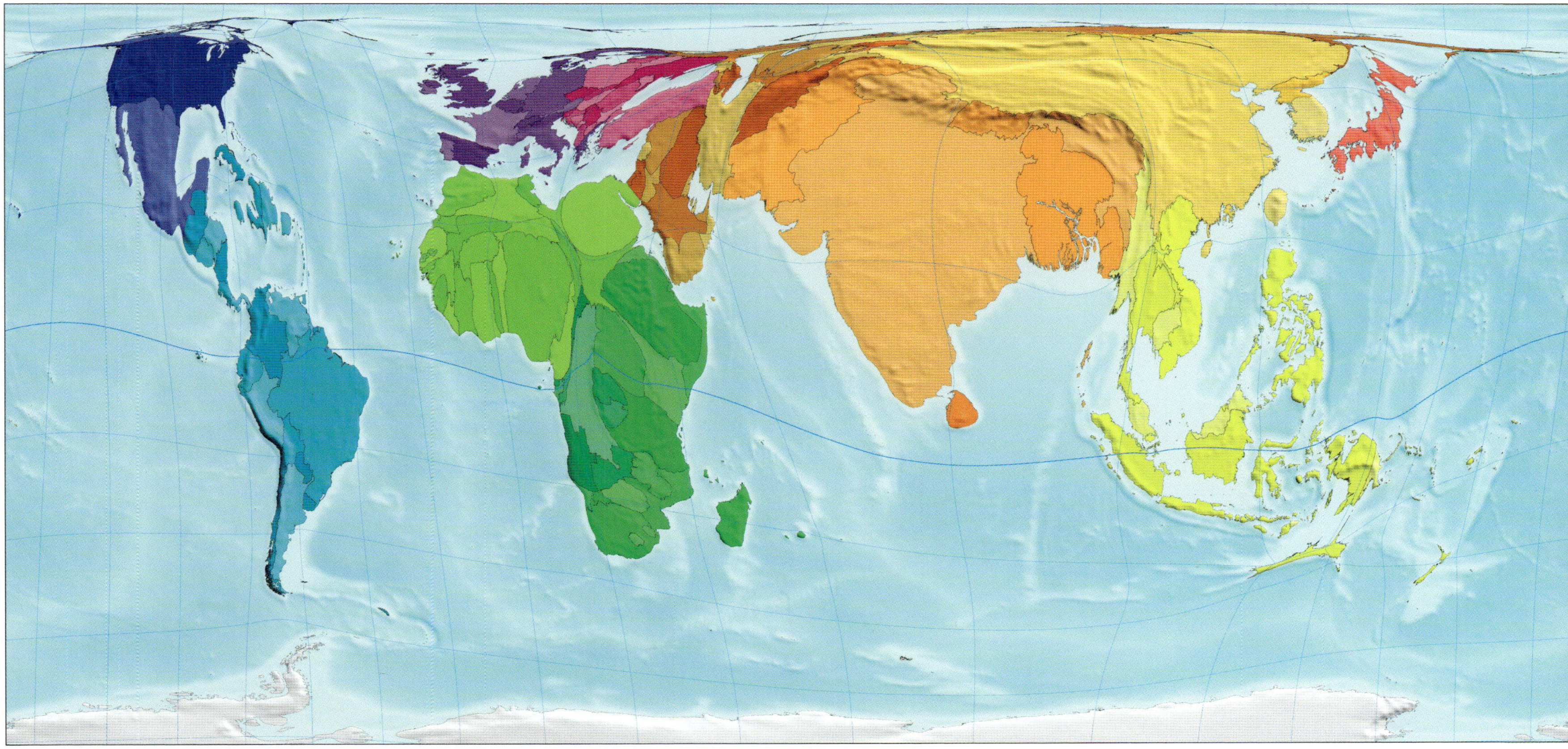





# 266 TB-geschützte Säuglinge und Kleinkinder

**Entweder eine Impfung oder der fehlende Kontakt mit Tuberkuloseerregern schützen vor der Krankheit.**

In manchen Regionen kommt Tuberkulose (TBC) gar nicht oder kaum vor, sodass eine Impfung nicht erforderlich ist. In anderen Gebieten jedoch tritt die Krankheit häufiger auf, sodass eine Schutzimpfung obligatorisch ist.

81 Prozent aller Kinder der Welt sind vor Tuberkulose geschützt, was jedoch bedeutet, dass immer noch fast eines von fünf Kindern ohne Schutz ist. Die meisten geschützten Kinder leben in Indien und China. In 36 Ländern sind mindestens 99 Prozent aller Kinder geschützt, und es gibt nur zwei Länder, in denen mehr als die Hälfte aller Kinder tuberkulosegefährdet ist – der Sudan und Niger.

*»Ich bekam mit 14 Jahren Tuberkulose und verbrachte 20 Monate im Krankenhaus. Ich bin der lebende Beweis dafür, dass Tuberkulose eine heilbare und vermeidbare Krankheit ist.«*

Desmond Tutu, Erzbischof von Kapstadt, 2006

**NIEDRIGSTE IMPFRATE GEGEN TUBERKULOSE**

| Rang | Land | Prozent* |
|---|---|---|
| 1 | Niger | 47 |
| 2 | Sudan | 48 |
| 3 | Kongo | 51 |
| 4 | Dschibuti | 52 |
| 5 | Nigeria | 54 |
| 6 | DR Kongo | 55 |
| 7 | Kambodscha | 63 |
| 8 | Laos | 65 |
| 9 | Paraguay | 65 |
| 10 | Elfenbeinküste | 66 |
| 11 | Pakistan | 67 |
| 12 | Tschad | 67 |
| 13 | Vereinigte Staaten | 70 |
| 14 | Sierra Leone | 70 |
| 15 | Senegal | 70 |
| 16 | Zentralafrikanische Republik | 70 |
| 17 | Guinea-Bissau | 70 |
| 18 | Bahamas | 70 |
| 19 | Kanada | 70 |
| 20 | Liberia | 71 |

*Prozentsatz der Säuglinge und Kleinkinder, die gegen Tuberkulose geimpft sind

**TUBERKULOSEIMPFUNG**
Prozentsatz geschützter Kinder

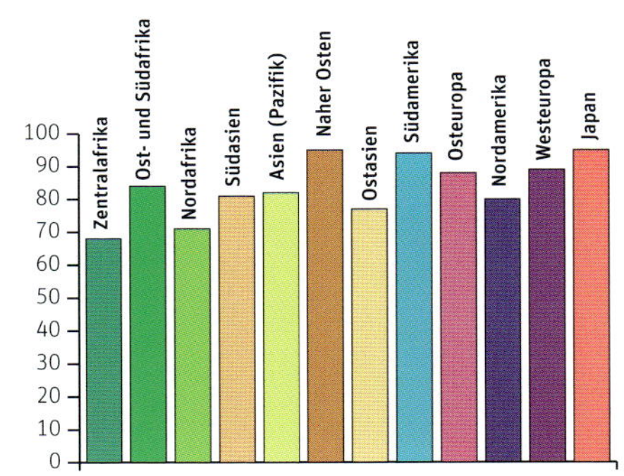

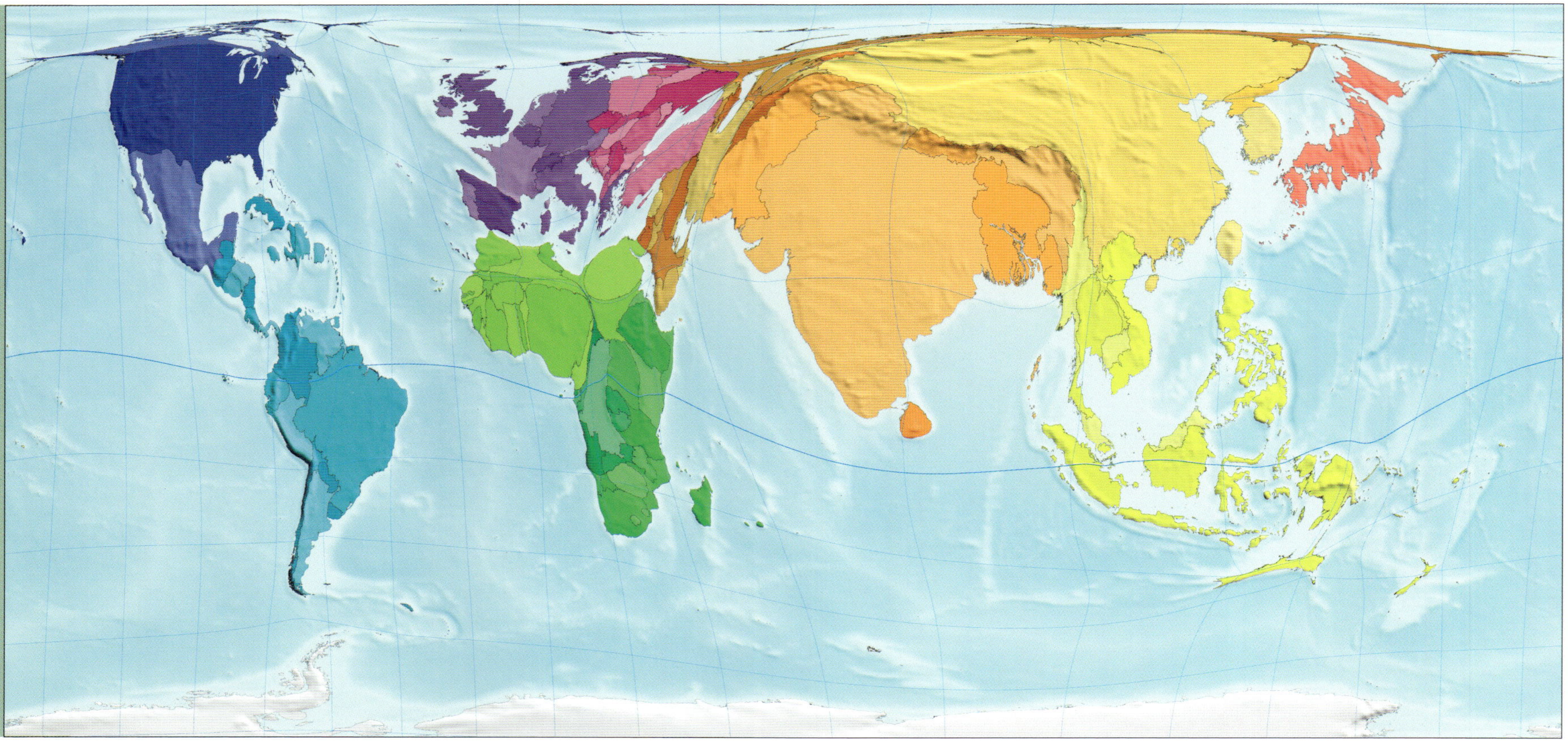

**HÖCHSTE UND NIEDRIGSTE ANZAHL VON MÄNNERN, DIE KONDOME BENUTZEN**

| Rang | Land | Prozent* |
|---|---|---|
| 1 | Botswana | 88 |
| 2 | Kanada | 72 |
| 3 | Simbabwe | 69 |
| 4 | Libanon | 69 |
| 5 | Litauen | 69 |
| 6 | Vereinigte Staaten | 65 |
| 6 | Grönland | 63 |
| 8 | Bahamas | 63 |
| 8 | Uganda | 62 |
| 10 | Brasilien | 59 |
| 191 | Tansania | 31 |
| 192 | Kamerun | 31 |
| 193 | Äthiopien | 30 |
| 194 | Mali | 30 |
| 195 | Haiti | 30 |
| 196 | Kasachstan | 28 |
| 196 | Mauritius | 26 |
| 198 | Bolivien | 22 |
| 199 | Slowenien | 17 |
| 200 | Tschad | 2 |

*Prozent der Männer zwischen 15 und 24 Jahren, die beim letzten Risikoverkehr Kondome verwendeten, 2002

# 267 Anzahl der Männer, die Kondome verwenden

**Kondome schützen nicht nur vor ungewollten Schwangerschaften, sondern auch vor gefährlichen Infektionen.**

Kondome sind eines der wenigen Verhütungsmittel, die dem Benutzer zusätzlich Schutz gegen Geschlechtskrankheiten bieten. Es ist immer ratsam, Kondome zu verwenden, sofern nicht feststeht, dass der Partner frei von Infektionen ist. Viele Betroffene wissen gar nicht, dass sie an einer Geschlechtskrankheit leiden.

Weltweit erklären 47 Prozent der jungen Männer, sie hätten beim letzten Risikoverkehr ein Kondom benutzt. Als Risikokontakt gilt hier Geschlechtsverkehr mit einem Partner, mit dem man weder verheiratet ist noch in fester Beziehung zusammenlebt – eine sehr vage Definition, denn die Ehe an sich schützt natürlich nicht vor Krankheiten, die beim Sex übertragen werden können.

Regional gesehen werden Kondome am häufigsten in Nordamerika benutzt. 63,5 Prozent schützen sich auf diese Weise. Am wenigsten scheint man sie mit 36,8 Prozent im Mittleren Osten und in Zentralasien zu schätzen.

*»Wo Kondome teuer sind, zahlt man einen hohen Preis für sexuelle Freiheit.«* Dan Smith, »The State of the World Atlas«, 2003

**ANZAHL DER MÄNNER, DIE KONDOME VERWENDEN**

Prozentsatz der Männer im Alter von 15–24 Jahren, 2002

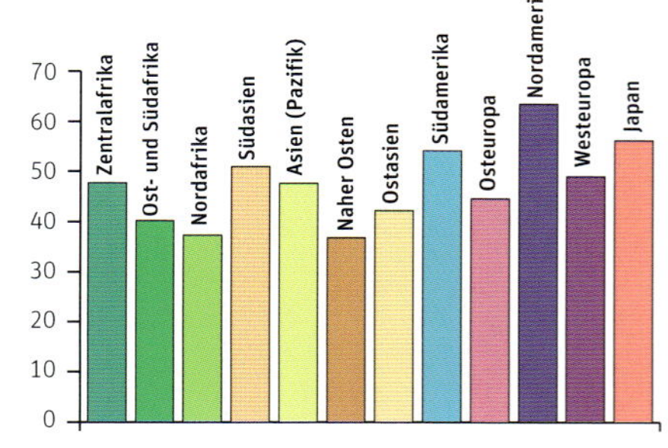

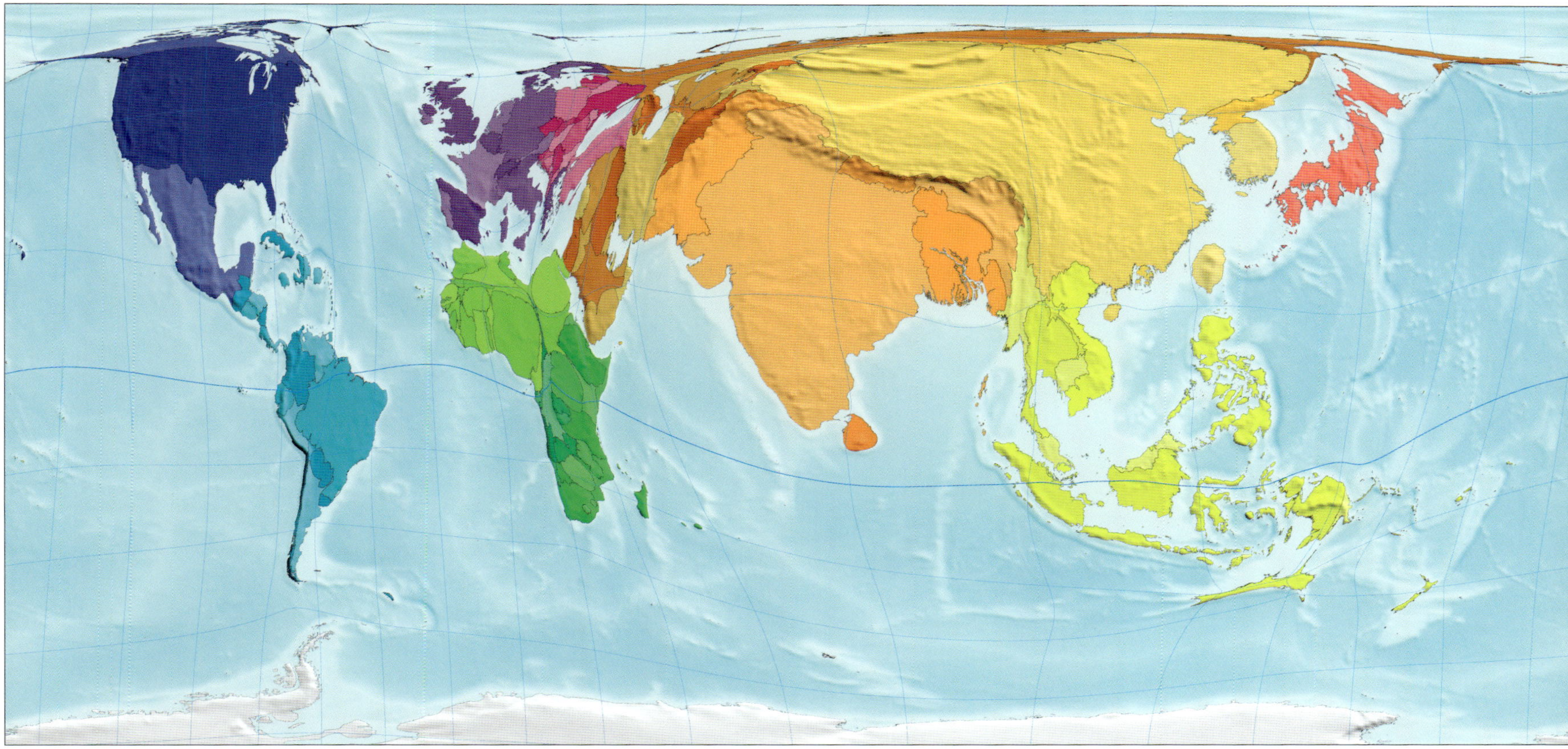

# 268 Anzahl der Frauen, die Kondome verwenden

**Die Größe der Flächen zeigt die Anzahl der Mädchen und jungen Frauen zwischen 15 und 24 Jahren, die beim letzten Risikokontakt ein Kondom benutzten.**

Nicht jeder Mensch hat Zugang zu Kondomen, kann auf ihren Gebrauch bestehen oder will sie benutzen. Insgesamt schützten sich nur 40 Prozent der jungen Frauen weltweit mit Kondomen beim letzten Risikokontakt.
Die Zahlen für den Kondomgebrauch bei Männern und Frauen stimmen aus verschiedenen Gründen nicht genau überein. Kondome werden auch von Homosexuellen benutzt oder ein Mann hat mehrere Partnerinnen oder eine Frau viele Partner. Insbesondere die weibliche Prostitution, die sehr weit verbreitet ist, stellt einen wichtigen Faktor bei der Übertragung von Geschlechtskrankheiten dar.

*»In vielen Gesellschaften ist es sogar innerhalb der Familie tabu, über Sex zu reden, über sexuelle Orientierung und sexuell übertragbare Krankheiten …«* Clive Wing, UNESCO, Bangkok, 2005

**HÖCHSTE UND NIEDRIGSTE ANZAHL MÄDCHEN UND JUNGER FRAUEN, DIE KONDOME BENUTZEN**

| Rang | Land | Prozent* |
|---|---|---|
| 1 | Paraguay | 79 |
| 2 | Botswana | 75 |
| 3 | Kanada | 72 |
| 4 | Libanon | 69 |
| 5 | Litauen | 66 |
| 6 | Kasachstan | 65 |
| 6 | Vereinigte Staaten | 65 |
| 8 | Grönland | 63 |
| 8 | Bahamas | 63 |
| 10 | Mexiko | 57 |
| 191 | Kamerun | 16 |
| 192 | Mali | 14 |
| 192 | Kenia | 14 |
| 194 | DR Kongo | 13 |
| 195 | Madagaskar | 13 |
| 196 | Kongo | 12 |
| 196 | Dominikanische Republik | 12 |
| 198 | Bolivien | 8 |
| 199 | Tschad | 3 |
| 200 | Georgien | 0 |

*Prozent der Frauen zwischen 15 und 24 Jahren, die beim letzten Risikokontakt Kondome verwendeten, 2002

**ANZAHL DER FRAUEN, DIE KONDOME VERWENDEN**
Prozentsatz der Frauen im Alter von 15–24 Jahren, die Kondome verwenden, 2002

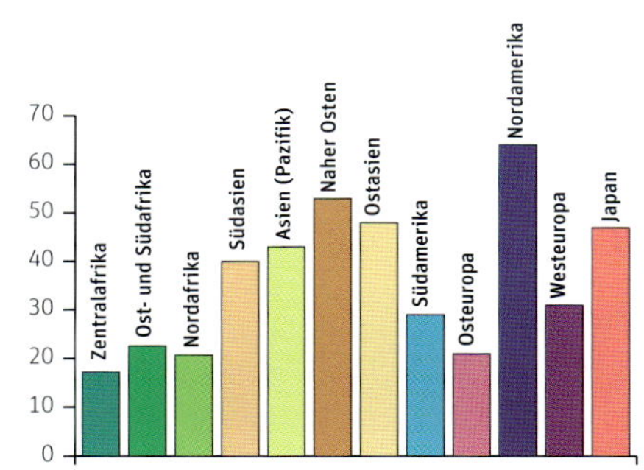

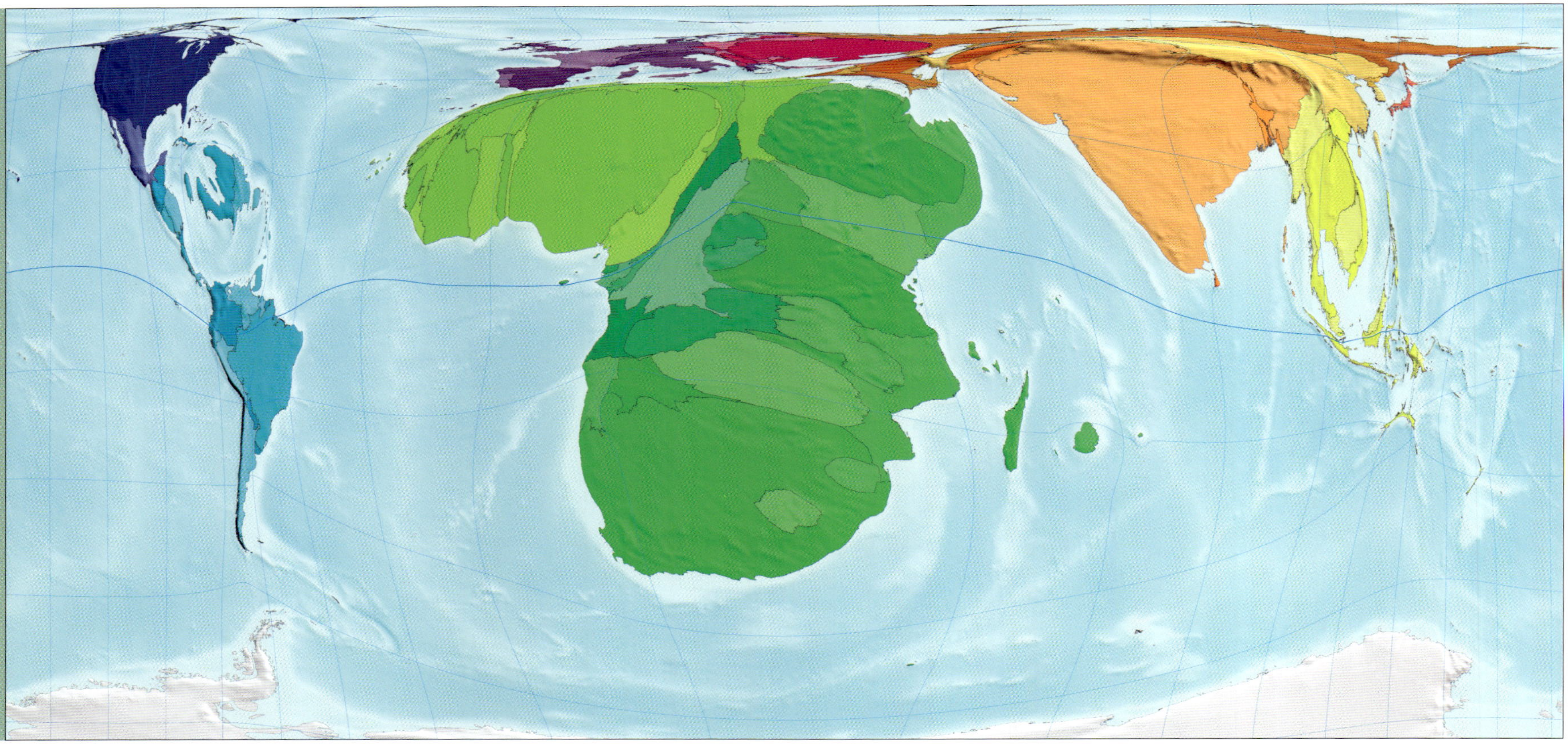

#### HÖCHSTE HIV-RATEN

| Rang | Land | Prozent* |
|---|---|---|
| 1 | Swasiland | 38 |
| 2 | Botswana | 37 |
| 3 | Lesotho | 28 |
| 4 | Simbabwe | 24 |
| 5 | Südafrika | 21 |
| 6 | Namibia | 21 |
| 7 | Sambia | 16 |
| 8 | Malawi | 14 |
| 9 | Zentralafrikanische Republik | 13 |
| 10 | Mosambik | 12 |
| 11 | Tansania | 9 |
| 12 | Gabun | 8 |
| 13 | Elfenbeinküste | 7 |
| 14 | Kamerun | 7 |
| 15 | Kenia | 7 |
| 16 | Äthiopien | 6 |
| 17 | Burundi | 6 |
| 18 | Haiti | 6 |
| 19 | Nigeria | 5 |
| 20 | Ruanda | 5 |

*Prozent der Bevölkerung im Alter von 15–49, die im Jahr 2003 HIV-positiv war

# 269 HIV-Rate

**Die Gebiete mit den höchsten Raten an Aidskranken befinden sich alle in Schwarzafrika.**

Das HI-Virus greift das Immunsystem an und verursacht Aids, das »Acquired Immune Deficiency Syndrome«. Die ersten Aidsfälle wurden 1981 in den Vereinigten Staaten diagnostiziert, obwohl die Krankheit mit ziemlicher Sicherheit schon Jahre zuvor weit verbreitet war. Aids zerstört die Immunabwehr, sodass der Körper nicht mehr in der Lage ist, Infektionen und Tumore zu bekämpfen. Unbehandelt führt Aids zum Tod.

Das HI-Virus kann beim Geschlechtsverkehr, durch infizierte Spritzen, in der Gebärmutter und beim Geburtsvorgang übertragen werden. Des Weiteren wird das Virus mit der Muttermilch und bei Transfusionen mit verseuchtem Blut und Blutprodukten übertragen. Mit dem HI-Virus infizierte Kinder erscheinen jedoch nicht auf dieser Karte.

Im Jahr 2003 war Swasiland das Land mit der höchsten HIV-Rate. Dort waren 38 Prozent der Bevölkerung im Alter zwischen 15 und 49 Jahren HIV positiv getestet worden. Die zehn Länder mit den höchsten HIV-Raten befinden sich alle in Zentral- oder Ostafrika oder im Süden des Kontinents.

**HIV-RATE**

Prozent der Bevölkerung im Alter zwischen 15 und 49 Jahren, die 2003 HIV-positiv waren

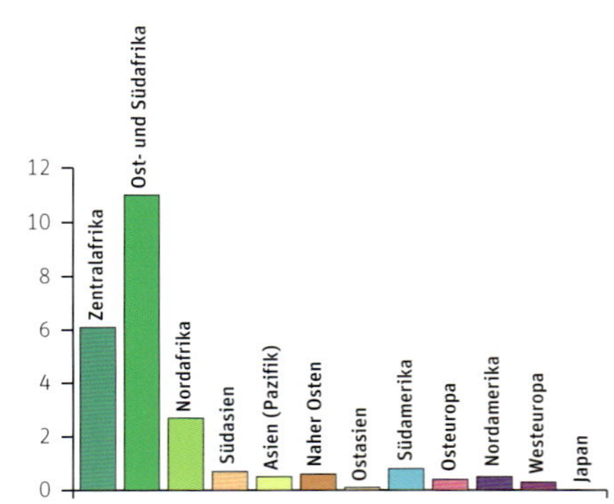

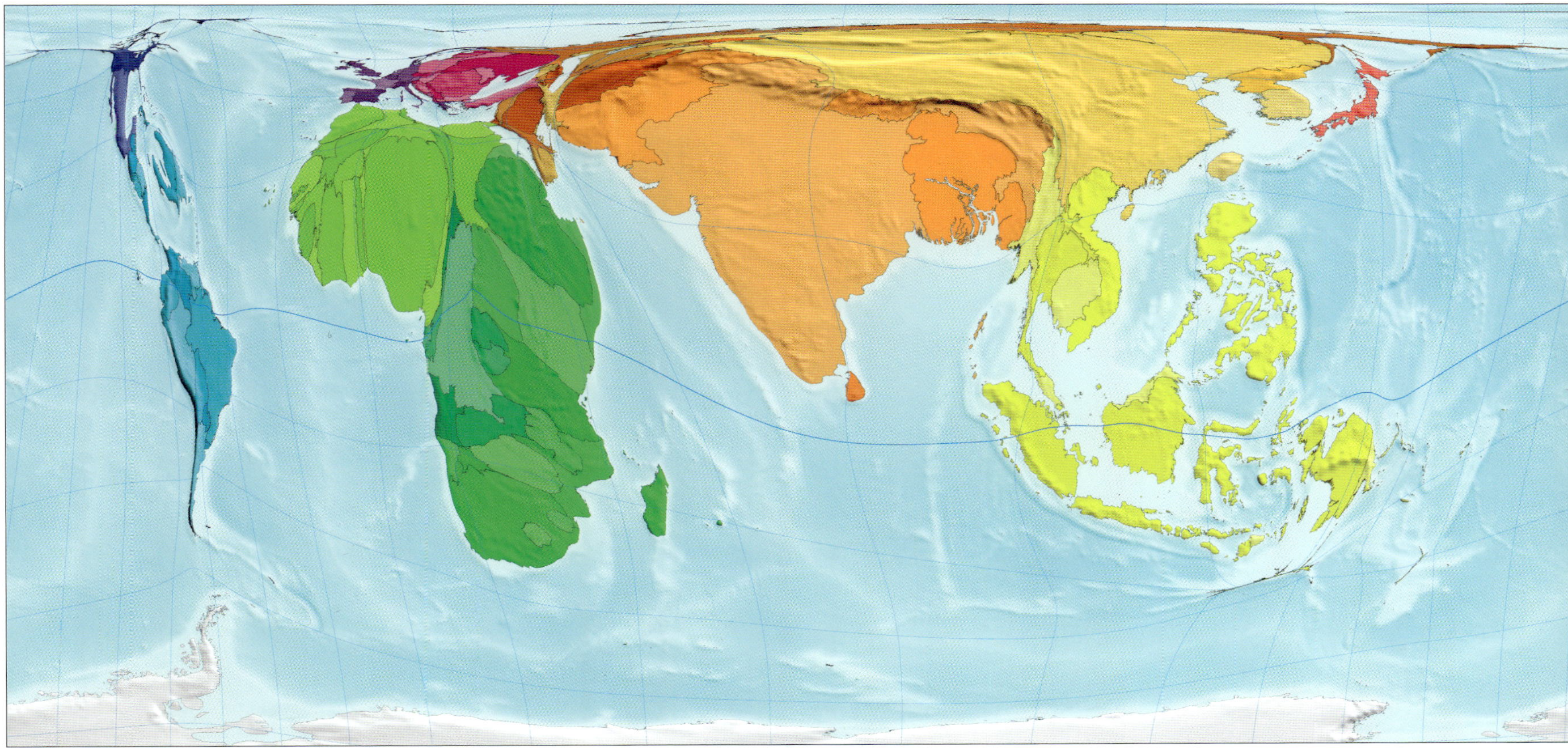

# 270 Tuberkulosefälle

**Die Größe der Flächen zeigt die Anzahl der Fälle von Tuberkulose, einer Krankheit, die durch Tröpfcheninfektion übertragen wird.**

Laut Weltgesundheitsorganisation kann ein Mensch, der an »offener« Tuberkulose leidet – der ansteckendsten Form der Krankheit – pro Jahr 10 bis 15 weitere Personen anstecken. Daher ist es sehr schwierig, die Ausbreitung dieser gefährlichen Krankheit einzudämmen, sobald eine bestimmte Anzahl Menschen infiziert wurde.

In den letzten 50 Jahren wurden wirksame Medikamente zur Behandlung von Tuberkulose entwickelt. Es treten jedoch vermehrt resistente Bakterienstämme auf. Im Jahre 2003 waren weltweit 8,7 Millionen Menschen an Tuberkulose erkrankt, die meisten von ihnen in Asien und Afrika. In Europa, Nord- und Südamerika gab es nur sehr wenig Fälle.

**HÖCHSTE TUBERKULOSERATEN**

| Rang | Land | Fälle* |
|---|---|---|
| 1 | Swasiland | 1083 |
| 2 | Dschibuti | 735 |
| 3 | Lesotho | 733 |
| 4 | Namibia | 722 |
| 5 | Simbabwe | 659 |
| 6 | Sambia | 656 |
| 7 | Botswana | 633 |
| 8 | Kenia | 610 |
| 9 | Osttimor | 556 |
| 10 | Südafrika | 536 |
| 11 | Kambodscha | 508 |
| 12 | Mosambik | 457 |
| 13 | Malawi | 442 |
| 14 | Sierra Leone | 427 |
| 15 | Somalia | 412 |
| 16 | Uganda | 411 |
| 17 | Elfenbeinküste | 396 |
| 18 | DR Kongo | 380 |
| 19 | Ruanda | 374 |
| 20 | Tansania | 371 |

*Tuberkulosefälle pro 100 000 Menschen, 2003

**TUBERKULOSE**
Fälle pro 100 000 Menschen

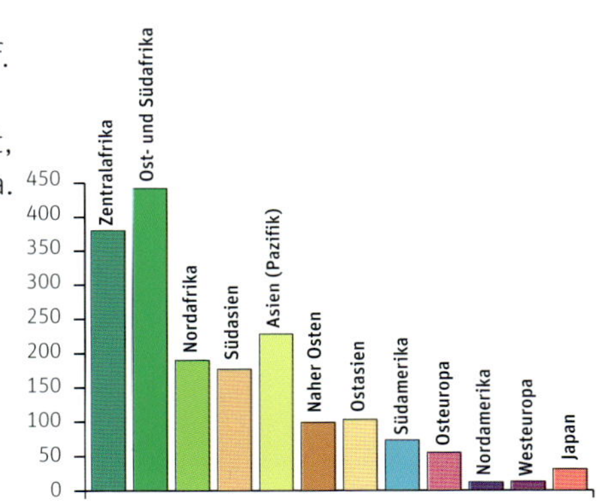

**HÖCHSTE MALARIARATEN**

| Rang | Land | Fälle* |
|---|---|---|
| 1 | Uganda | 494 |
| 2 | São Tomé und Príncipe | 316 |
| 3 | Tansania | 295 |
| 4 | Mosambik | 275 |
| 5 | Burundi | 274 |
| 6 | Liberia | 240 |
| 7 | Malawi | 240 |
| 8 | Namibia | 222 |
| 9 | Sambia | 188 |
| 10 | Salomon-Inseln | 181 |
| 11 | Ghana | 173 |
| 12 | Guinea-Bissau | 139 |
| 13 | Madagaskar | 125 |
| 14 | Lesotho | 124 |
| 15 | Seychellen | 124 |
| 16 | Benin | 118 |
| 17 | Burkina Faso | 115 |
| 18 | Senegal | 113 |
| 19 | Angola | 107 |
| 20 | Guinea | 106 |

*Fälle pro 1000 Menschen, 2003

# 271 Malariafälle

## Die Zahl der Menschen mit Malaria, einer parasitären Infektion, die von Mücken übertragen wird

Zu den Symptomen der Malaria gehören Fieber und Erbrechen. Die Ausbreitung der Krankheit kann durch Bekämpfung der Mückenpopulationen oder durch die prophylaktische Einnahme von Anti-Malaria-Medikamenten verhindert werden.

Der Name Malaria kommt aus dem Italienischen. »Mala aria« bedeutet »schlechte Luft«. Der Begriff stammt aus der Zeit, in der man noch nicht wusste, dass die Krankheit von Mücken übertragen wird.

Malaria ist heilbar. Dennoch lebt eine große Anzahl von Menschen mit dieser Krankheit in ihrer chronischen Form. 2003 litten weltweit schätzungsweise 72 Millionen Menschen an Malaria, davon 92 Prozent in afrikanischen Ländern. Fast die Hälfte der Bevölkerung Ugandas ist malariakrank. Da die meisten Länder außerhalb Afrikas nur sehr niedrige Malariaraten verzeichnen, sind sie auf dieser Karte kaum sichtbar.

*»Malaria bleibt Todesursache Nummer eins für Kinder unter fünf Jahren in Afrika.«* Jong-Wook Lee, Generaldirektor der WHO, 2006

**MALARIAFÄLLE**
Fälle pro 100 Einwohner, 2003

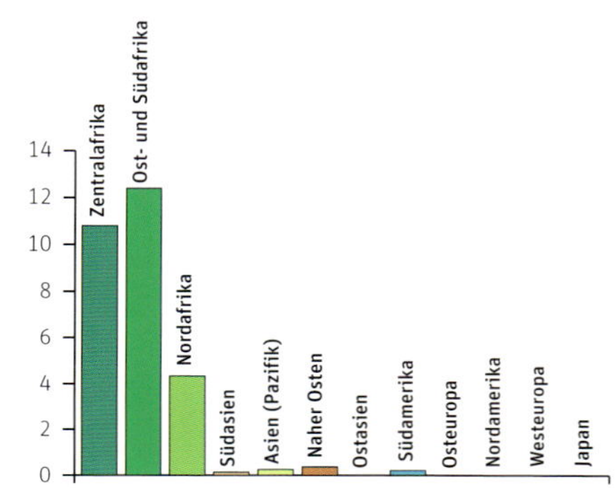

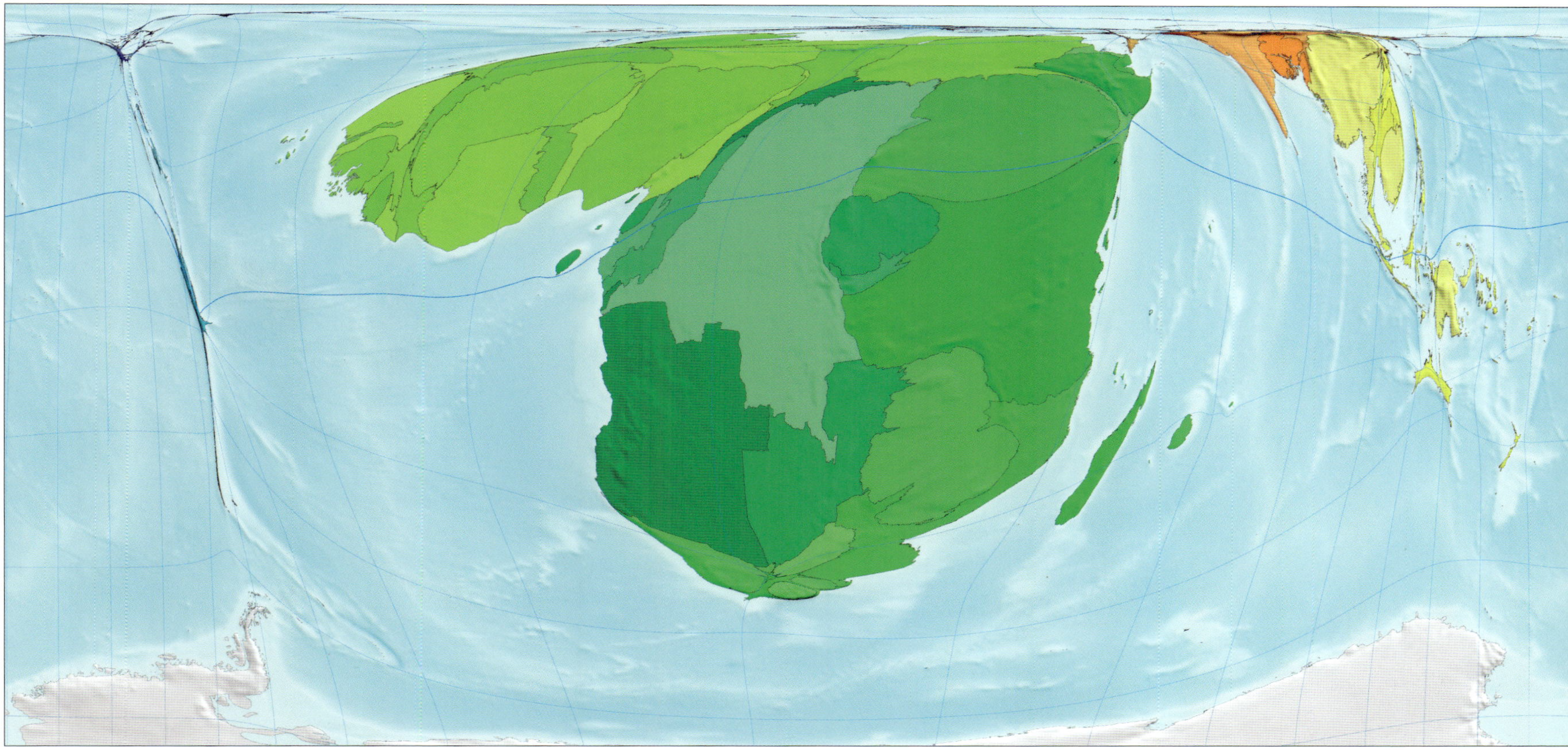

# 272 Todesfälle durch Malaria

**Gemessen an der großen Zahl der Infizierten verursacht die Malaria nur verhältnismäßig wenig Todesfälle.**

2003 verzeichnete man 94 Prozent aller durch Malaria verursachten Todesfälle in Afrika. Die anderen sechs Prozent entfielen hauptsächlich auf Südasien, den asiatisch-pazifischen Raum und Australien.

Die Malaria tötet ihre Opfer langsam, und viele Menschen leben noch jahrelang mit der Krankheit. Daher gibt es typischerweise viel weniger Malariatote als Malariafälle. Im Jahr 2003 zum Beispiel starben nur 0,15 Prozent der Infizierten. Während jedoch die meisten Krankheitsfälle im östlichen und südlichen Afrika auftraten, gab es die meisten Malariatoten in Zentralafrika.

**DIE MEISTEN TODESFÄLLE DURCH MALARIA**

| Rang | Land | Todesfälle* |
|---|---|---|
| 1 | Angola | 86 |
| 2 | São Tomé und Príncipe | 77 |
| 3 | Malawi | 59 |
| 4 | Guinea-Bissau | 56 |
| 5 | Namibia | 55 |
| 6 | Sambia | 54 |
| 7 | Tansania | 39 |
| 8 | Burkina Faso | 35 |
| 9 | Uganda | 34 |
| 10 | Ruanda | 32 |
| 11 | DR Kongo | 32 |
| 12 | Mosambik | 19 |
| 13 | Togo | 16 |
| 14 | Ghana | 16 |
| 15 | Salomon-Inseln | 14 |
| 16 | Swasiland | 14 |
| 17 | Senegal | 14 |
| 18 | Zentralafrikanische Republik | 13 |
| 19 | Tschad | 12 |
| 20 | Mali | 10 |

*Todesfälle durch Malaria pro 100 000 Einwohner, 2003

**TODESFÄLLE DURCH MALARIA**
im Jahr 2003

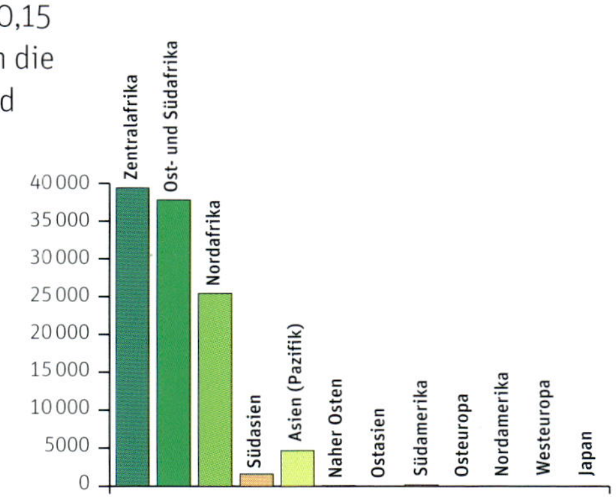

**HÖCHSTE CHOLERARATEN**

| Rang | Land | Fälle* |
|---|---|---|
| 1 | Malediven | 3779 |
| 2 | Tuvalu | 2930 |
| 3 | Marshallinseln | 577 |
| 4 | Kiribati | 568 |
| 5 | Nauru | 385 |
| 6 | Dschibuti | 261 |
| 7 | Tonga | 145 |
| 8 | Sambia | 114 |
| 9 | Mosambik | 109 |
| 10 | Swasiland | 98 |
| 11 | Liberia | 86 |
| 12 | Tschad | 67 |
| 13 | Kamerun | 51 |
| 14 | Gabun | 48 |
| 15 | Somalia | 47 |
| 16 | Brunei | 31 |
| 17 | Tansania | 28 |
| 18 | Kap Verde | 27 |
| 19 | Papua-Neuguinea | 23 |
| 20 | Mali | 23 |

*Fälle pro 100 000 Einwohner, 2004

# 273 Cholerafälle

**Cholera ist eine Darminfektion, die Durchfall, Erbrechen und Beinkrämpfe verursacht und meist auf verschmutztes Wasser zurückzuführen ist.**

Obwohl eine Cholerainfektion nicht unbedingt tödlich verläuft, können Betroffene ohne medizinische Hilfe schnell dehydrieren und sterben. Cholera wird durch verschmutztes Wasser oder verseuchte Lebensmittel übertragen und tritt am häufigsten dort auf, wo sanitäre Anlagen fehlen und/oder der Bevölkerung kein ausreichend sauberes Wasser zur Verfügung steht.

Diese Karte wurde mit den 2004 gewonnenen Daten erstellt. In diesem Jahr traten 70 Prozent aller Cholerafälle im östlichen und südlichen Afrika, Nord- und Zentralafrika auf. In Mosambik gab es mit 20 000 die meisten Fälle. 1997 brach auf den Malediven eine Choleraepidemie aus, bei der 3,8 Prozent der Bevölkerung erkrankten. Auf dieser Karte für das Jahr 2004 sind die Malediven jedoch kaum zu sehen.

*»Cholera ist eine Krankheit der Armen, verursacht dadurch, dass zu viele Menschen auf zu engem Raum ohne Kanalisation oder sauberes Trinkwasser leben.«* Pascale Harter, BBC-News-Webseite, 2005

**AUFTRETEN VON CHOLERA**
Fälle pro 100 000 Personen pro Jahr

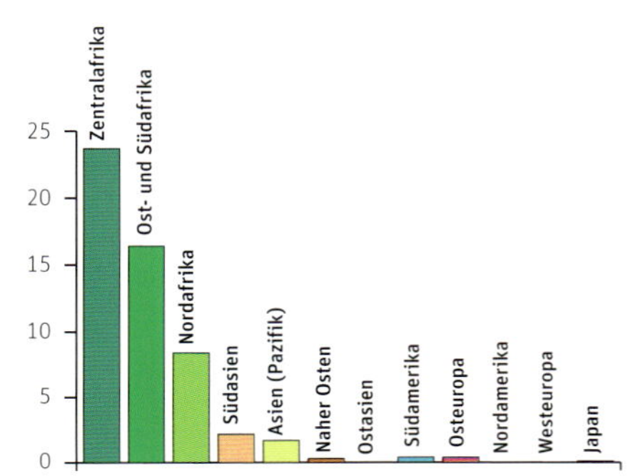

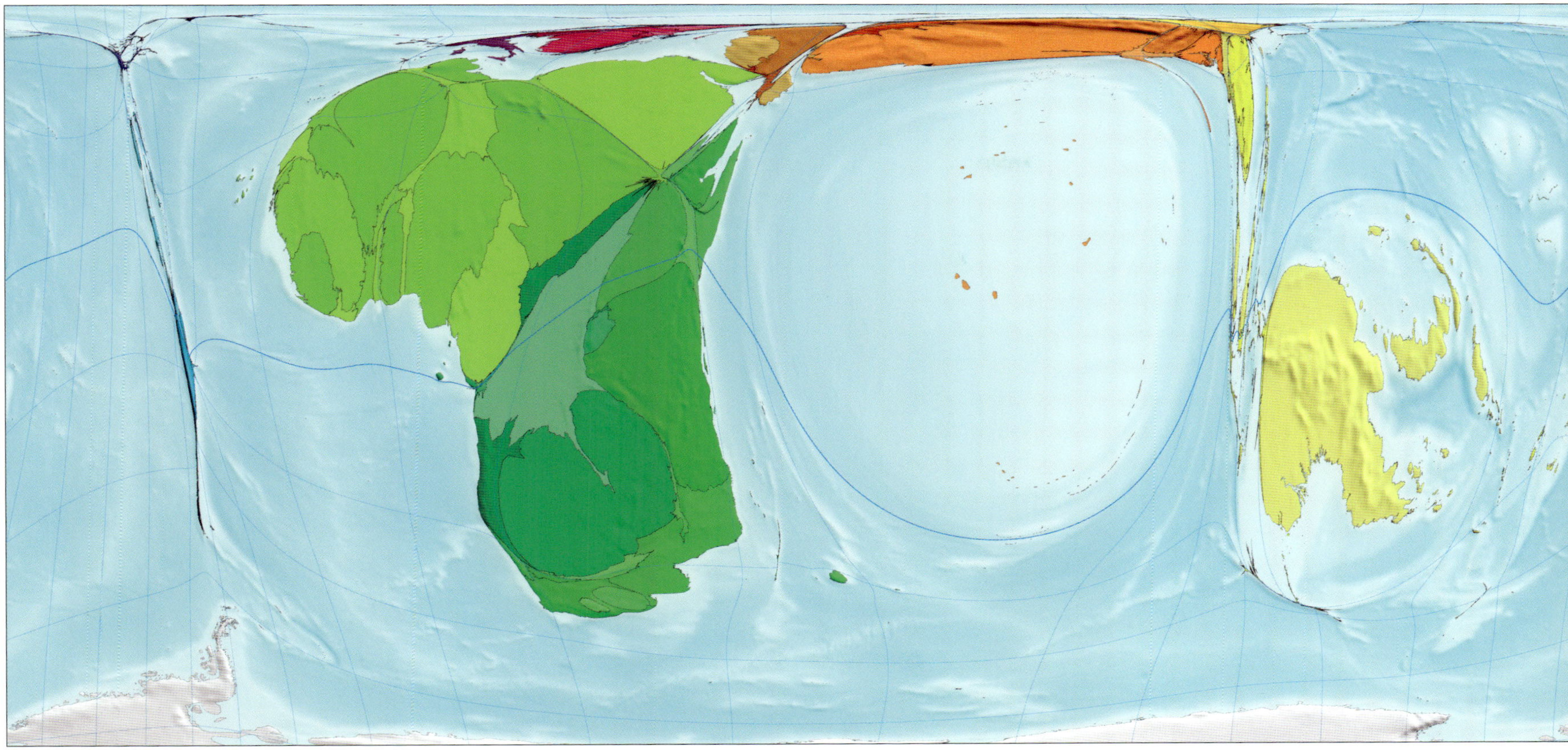

**LÄNDER MIT DEN MEISTEN TODESFÄLLEN DURCH CHOLERA**

| Rang | Land | Todesfälle* |
|---|---|---|
| 1 | Tuvalu | 80,0 |
| 2 | Malediven | 73,3 |
| 3 | Marshallinseln | 11,5 |
| 4 | Papua-Neuguinea | 8,3 |
| 5 | Dschibuti | 4,6 |
| 6 | Sambia | 3,5 |
| 7 | Tschad | 3,3 |
| 8 | Tonga | 2,0 |
| 9 | Mali | 1,6 |
| 10 | Swasiland | 1,5 |
| 11 | Guinea | 1,4 |
| 12 | Zentralafrikanische Republik | 1,3 |
| 13 | Sierra Leone | 0,9 |
| 14 | Kamerun | 0,9 |
| 15 | Albanien | 0,8 |
| 16 | Tansania | 0,7 |
| 17 | Togo | 0,7 |
| 18 | Libanon | 0,6 |
| 19 | Laos | 0,6 |
| 20 | Mosambik | 0,6 |

*Todesfälle durch Cholera pro 100 000 Einwohner, Daten von 2004 oder neueste verfügbare Daten

# 274 Todesfälle durch Cholera

**Die Größe der Flächen zeigt die Anzahl der Todesfälle durch Cholera.**

Cholerainfizierte sterben durch Dehydrierung als Folge von Durchfall. Cholera kann gut therapiert werden – 2004 starben nur 2,5 Prozent der Infizierten an der Krankheit. Die Verteilung der Cholerafälle und der Todesfälle durch Cholera wird durch die lokalen Behandlungsmöglichkeiten wesentlich beeinflusst. So starben 2004 in der Zentralafrikanischen Republik 36 Prozent der an Cholera erkrankten Menschen, während es in 73 Ländern keinen einzigen Choleratoten gab, weil sanitäre Anlagen und sauberes Wasser in ausreichender Menge vorhanden waren und infizierte Menschen umgehend behandelt wurden.

*»Die Choleraepidemie greift um sich …, das in Tankwagen zur Verfügung stehende Wasser reicht nicht aus, und die Menschen versorgen sich aus Brunnen, die offen stehen. Der Regen spült Fäkalien und andere Verunreinigungen in diese Brunnen …«*
Pierre Kahozi, 2004 für die WHO in Mosambik tätig

**TODESFÄLLE DURCH CHOLERA**
2004

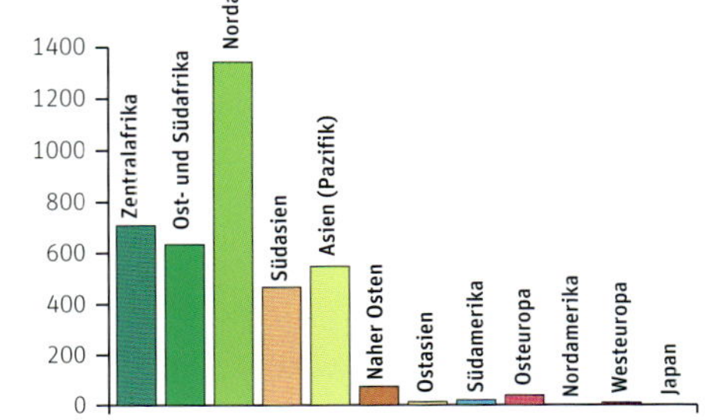

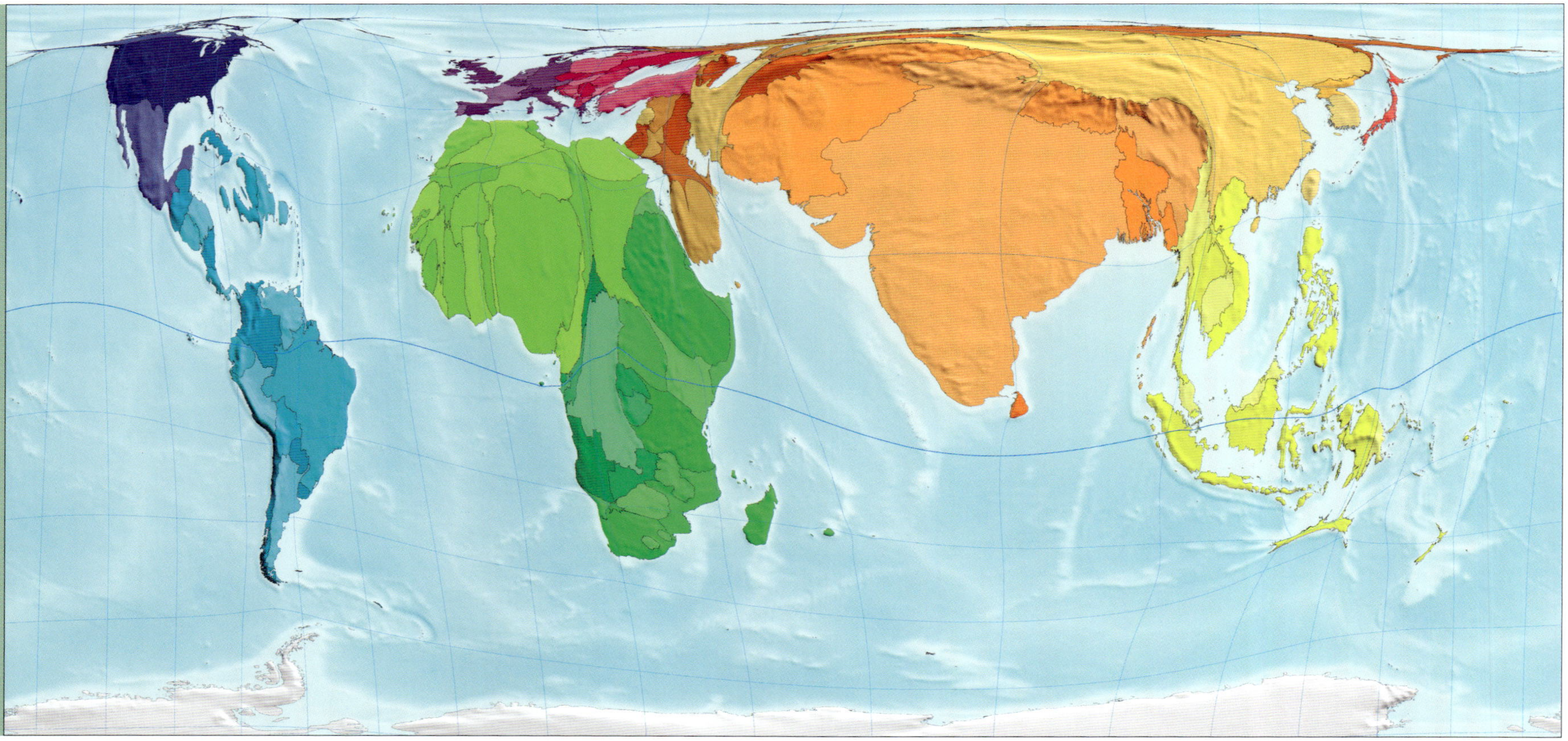

### HÖCHSTE RATEN AN DURCHFALL BEI KINDERN

| Rang | Land | Prozent* |
|---|---|---|
| 1 | Niger | 40 |
| 2 | Guinea-Bissau | 32 |
| 3 | Tschad | 31 |
| 4 | Togo | 31 |
| 5 | Sudan | 29 |
| 6 | Angola | 28 |
| 7 | Nepal | 28 |
| 8 | Jemen | 28 |
| 9 | Zentralafrikanische Republik | 27 |
| 10 | Pakistan | 26 |
| 11 | Haiti | 26 |
| 12 | Sierra Leone | 25 |
| 13 | Bolivien | 25 |
| 14 | Äthiopien | 24 |
| 15 | Eritrea | 24 |
| 16 | Somalia | 23 |
| 17 | DR Kongo | 23 |
| 18 | Aserbaidschan | 22 |
| 19 | Gambia | 22 |
| 20 | Sambia | 21 |

*Prozentsatz der Kinder, die 2002 in einem festgelegten Zeitraum von zwei Wochen an Durchfall erkrankten

# 275 Durchfall bei Kindern

**Gelegentliche Durchfallerkrankungen bei Kindern sind kein Grund zur Aufregung – häufige starke Durchfälle aber können gefährlich werden.**

Durchfall ist eine häufige Erkrankung bei Kindern überall auf der Welt. Es wird geschätzt, dass weltweit 82 Millionen Kinder unter vier Jahren in einem beliebig festgelegten Zeitraum von zwei Wochen unter Durchfall leiden.

Wird die Erkrankung richtig behandelt, erholen sich die meisten Kinder schnell. Manche aber sterben daran, vor allem wenn es an sauberem Wasser und Rehydrationssalzen fehlt. Beides kann das Auftreten und die Auswirkungen von Durchfallerkrankungen mindern.

Die meisten Fälle von Durchfall bei Kindern gab es in Niger, wo die Krankheit typischerweise innerhalb von zwei Wochen bei vier von zehn Kindern auftritt. Die meisten Kinder in diesem Land erkranken also mehrmals im Jahr an Durchfall, was eine chronische Schwächung des gesamten Organismus zur Folge haben kann.

**DURCHFALL BEI KINDERN**
Prozentuales Vorkommen

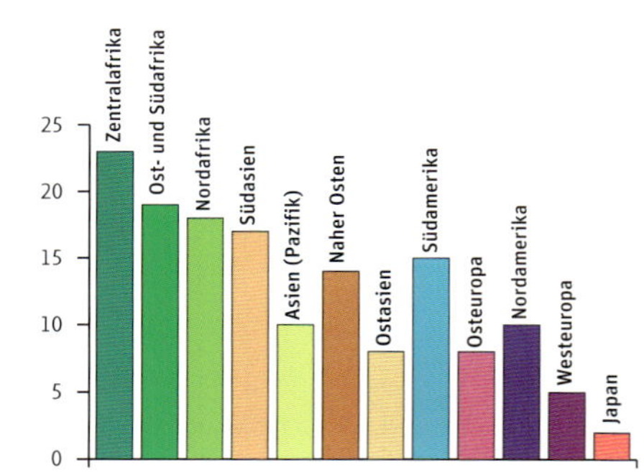

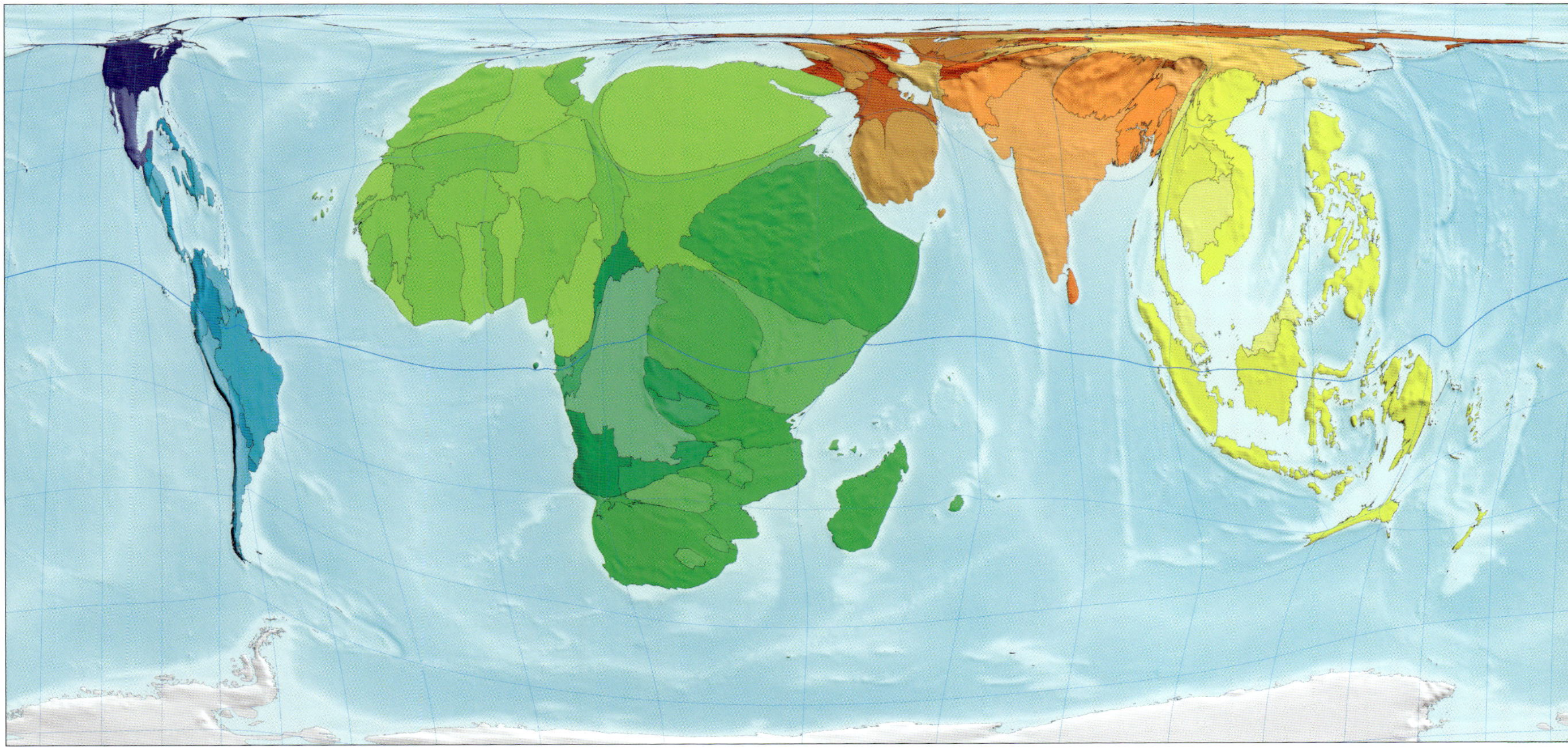

**HÖCHSTE TRACHOMRATEN BEI KINDERN**

| Rang | Land | Prozent* |
|---|---|---|
| 1 | Vanuatu | 74 |
| 2 | Niger | 41 |
| 3 | Uganda | 38 |
| 4 | Mali | 36 |
| 5 | Ägypten | 36 |
| 6 | Äthiopien | 35 |
| 7 | Zentralafrikanische Republik | 33 |
| 8 | Elfenbeinküste | 33 |
| 9 | Mosambik | 30 |
| 10 | Kenia | 30 |
| 11 | Jemen | 30 |
| 12 | Tschad | 30 |
| 13 | Guinea | 28 |
| 14 | Kamerun | 28 |
| 15 | Sudan | 28 |
| 16 | Burkina Faso | 27 |
| 17 | Benin | 27 |
| 18 | Togo | 27 |
| 19 | Madagaskar | 26 |
| 20 | Lesotho | 26 |

*Prozentsatz der Kinder, bei denen 2004 Symptome eines Trachoms festgestellt wurden

# 276 Trachom

**Ein Trachom ist eine bakterielle Augeninfektion, die unbehandelt zur Erblindung führen kann.**

Weltweit leiden 128 Millionen Kinder und mehr als doppelt so viele Erwachsene an Trachomen. Die Bakterien, die diese Krankheit auslösen, werden von Fliegen oder durch Körperflüssigkeiten übertragen.

Es kostet nicht viel, diese Infektion im Anfangsstadium wirksam zu behandeln. Im fortgeschrittenen Stadium kann jedoch eine Operation notwendig werden. Laut Weltgesundheitsorganisation tritt die Krankheit vorwiegend in Regionen auf, in denen schlechte Lebensbedingungen wie Überbevölkerung und schlechte hygienische Verhältnisse herrschen.

**TRACHOM BEI KINDERN**
Fälle pro 100 Kinder, 2003

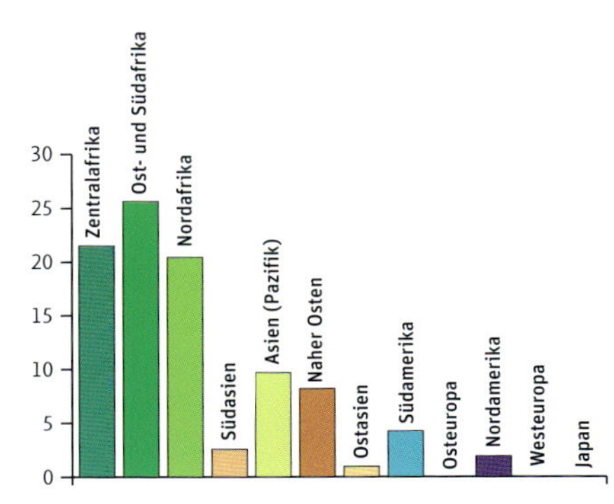

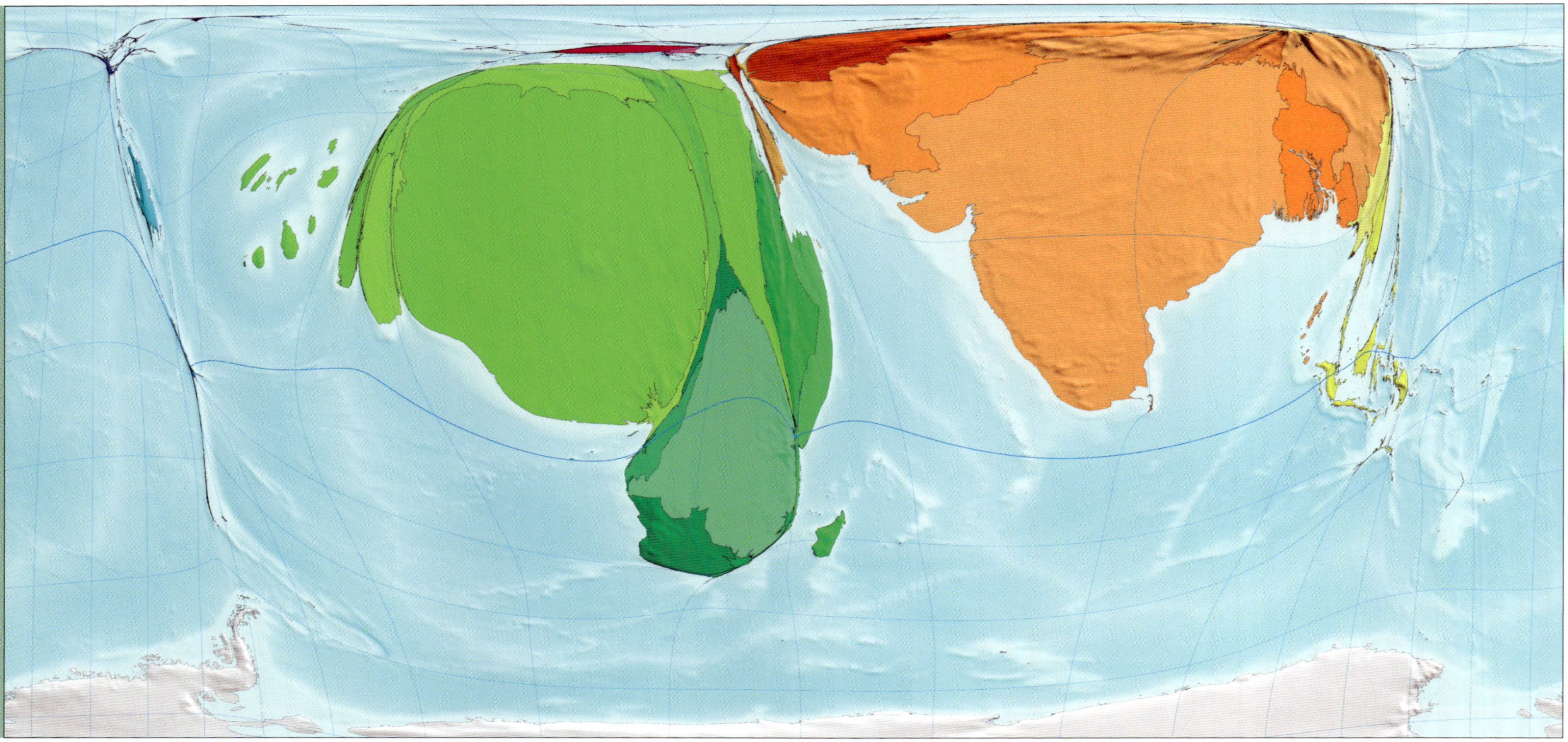

**HÖCHSTE POLIORATEN**

| Rang | Land | Fälle* |
|---|---|---|
| 1 | Kap Verde | 1,87 |
| 2 | Nigeria | 0,29 |
| 3 | Tschad | 0,22 |
| 4 | Kongo | 0,22 |
| 5 | DR Kongo | 0,20 |
| 6 | Somalia | 0,19 |
| 7 | Niger | 0,16 |
| 8 | Zentralafrikanische Republik | 0,15 |
| 9 | Angola | 0,15 |
| 10 | Sierra Leone | 0,12 |

*Fälle pro 100 000 Einwohner, 2000–2005

**HÖCHSTE ANZAHL VON POLIOFÄLLEN**

| Rang | Land | Fälle* |
|---|---|---|
| 1 | Nigeria | 77 |
| 2 | Sudan | 24 |
| 3 | Jemen | 22 |
| 4 | Indien | 14 |
| 5 | Pakistan | 7 |
| 6 | Äthiopien | 5 |
| 7 | Indonesien | 4 |
| 8 | Kamerun | 1 |
| 8 | Niger | 1 |

*Registrierte Fälle im Jahr 2005 (in den anderen Ländern wurden 2005 keine Fälle von Polio gemeldet)

# 277 Polio

## Kinderlähmung ist eine Virusinfektion, die oft eine bleibende Lähmung ganzer Muskelgruppen zur Folge hat.

Einmal ausgebrochen, ist Poliomyelitis – meist Polio oder Kinderlähmung genannt – unheilbar. Die Krankheit befällt hauptsächlich Kinder unter fünf Jahren.

Durch Massenimpfungen in der zweiten Hälfte des 20. Jahrhunderts ist die Anzahl der Poliofälle seit den Achtzigerjahren deutlich zurückgegangen. Zwischen 2000 und 2003 ging die Anzahl der Neuerkrankungen von 2971 auf 155 zurück, und 2005 wurden in nur neun Ländern neue Fälle von Polio gemeldet. Zwischen 2000 und 2003 sind die meisten Poliofälle in Indien (2508 Fälle) und Nigeria (2120 Fälle) aufgetreten. In den meisten Ländern gilt die Krankheit als ausgerottet, weswegen sie auf dieser Karte gar nicht erscheinen.

*»Die Demokratische Republik Kongo ... könnte die weltweite Ausrottung von Poliomyelitis gefährden. Schuld daran sind die wirtschaftlichen und sozialen Krisen ..., von denen das Land seit den frühen Neunzigern geschüttelt wird.«* Matthieu Kamwa, African Health Monitor, 2002

**FÄLLE VON POLIO**
Neue Fälle pro Jahr, 2000–2005

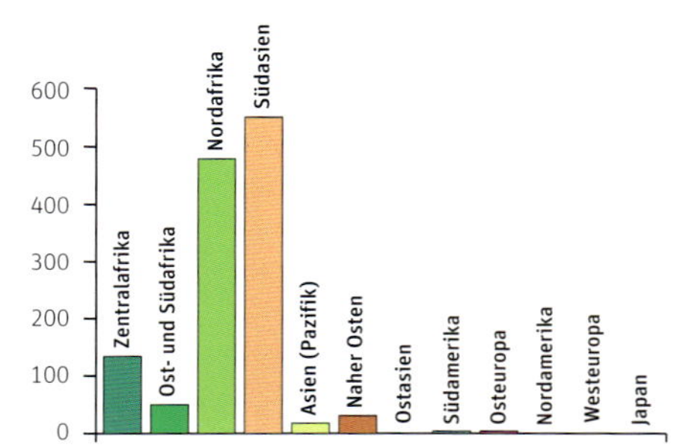

**HÖCHSTE GELBFIEBERRATEN**

| Rang | Land | Fälle* |
|---|---|---|
| 1 | Liberia | 1,8 |
| 2 | Guinea | 1,1 |
| 3 | Elfenbeinküste | 0,4 |
| 4 | Peru | 0,4 |
| 5 | Senegal | 0,3 |
| 6 | Bolivien | 0,3 |
| 7 | Benin | 0,3 |
| 8 | Sierra Leone | 0,3 |
| 9 | Gabun | 0,1 |
| 10 | Westsahara | 0,1 |

*Anzahl der Fälle pro 100 000 Einwohner, 1995–2004

**HÖCHSTE ANZAHL VON GELBFIEBERFÄLLEN**

| Rang | Land | Fälle* |
|---|---|---|
| 1 | Elfenbeinküste | 92 |
| 2 | Peru | 61 |
| 3 | Kolumbien | 30 |
| 4 | Bolivien | 10 |
| 5 | Burkina Faso | 10 |
| 6 | Kamerun | 6 |
| 7 | Guinea | 6 |
| 8 | Brasilien | 5 |
| 9 | Liberia | 5 |
| 10 | Venezuela | 5 |

*Anzahl der im Jahr 2004 registrierten Fälle

# 278 Gelbfieber

**Die Größe der Flächen zeigt die Anzahl der Fälle von Gelbfieber, einer Krankheit, die wie Malaria von Mücken übertragen wird.**

Anders als Malaria tritt Gelbfieber fast ausschließlich in Nordafrika (68 Prozent der Fälle) und Südamerika (31 Prozent der Fälle) auf, nicht aber in Südasien.

Gelbfieber wird auch das »Schwarze Erbrechen« genannt. Beide Bezeichnungen beziehen sich auf die häufigsten Symptome: Die Patienten leiden unter Übelkeit und hohem Fieber. Im zweiten Stadium der Krankheit kommt häufig Gelbsucht dazu, und sie erbrechen geronnenes, schwarzes Blut. Es gibt eine Impfung gegen diese Virusinfektion, doch der Impfstoff ist nicht überall verfügbar. Gelbfieber führt in zehn Prozent aller Fälle zum Tod.

**GELBFIEBER**
Fälle pro Jahr, 1995–2004

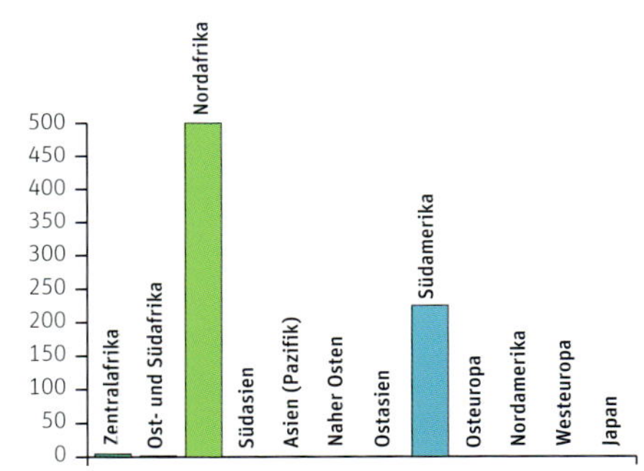

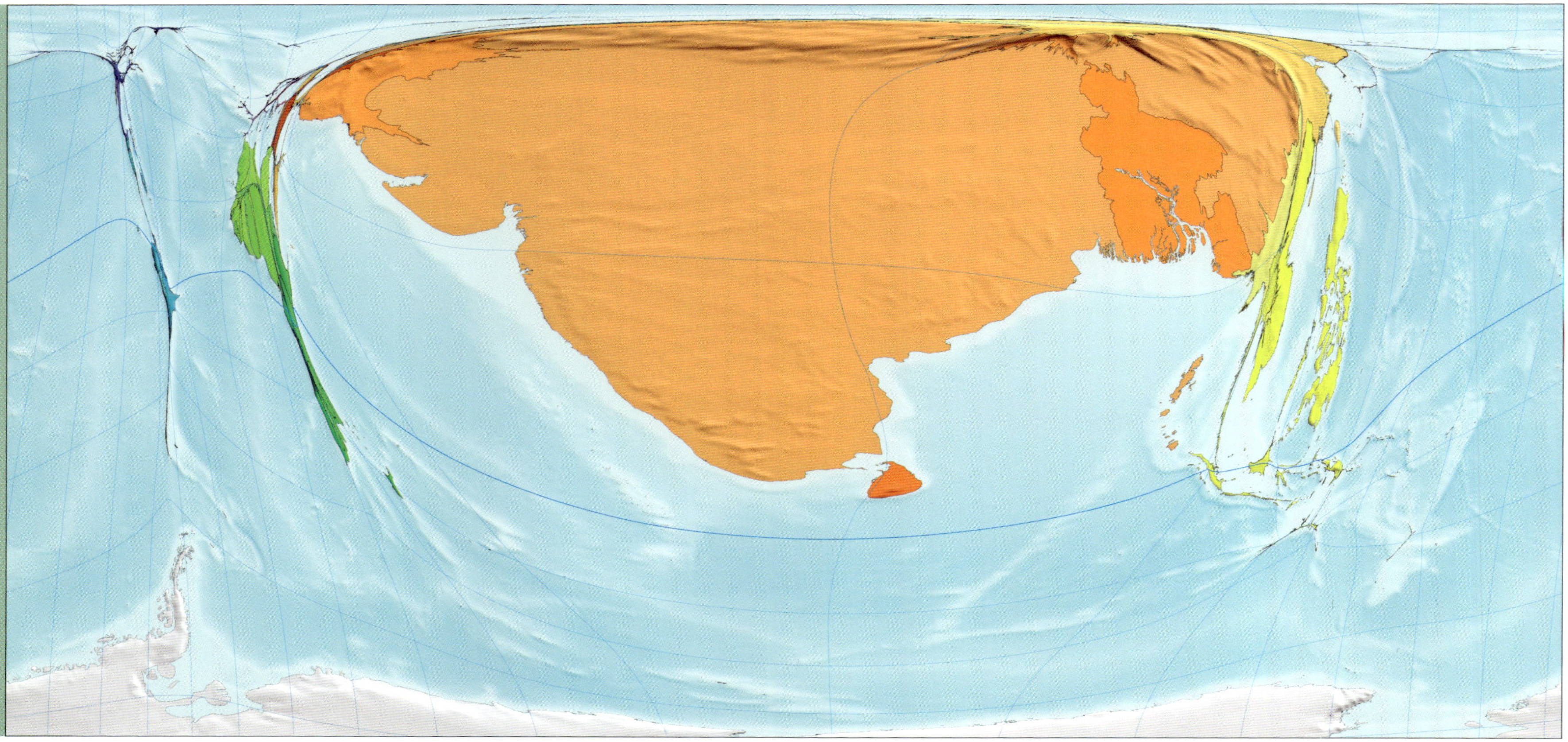

**HÖCHSTE TOLLWUTRATEN**

| Rang | Land | Todesfälle* |
|---|---|---|
| 1 | Indien | 2,0 |
| 2 | Malediven | 1,7 |
| 3 | Bangladesch | 1,0 |
| 4 | Sri Lanka | 0,5 |
| 5 | Namibia | 0,4 |
| 6 | Philippinen | 0,4 |
| 7 | Vietnam | 0,3 |
| 8 | Myanmar | 0,3 |
| 9 | Pakistan | 0,2 |
| 10 | Eritrea | 0,1 |

*Todesfälle pro 100 000 Einwohner, 1994–2004

**HÖCHSTE STERBLICHKEITSRATE AN TOLLWUT**

| Rang | Land | Fälle* |
|---|---|---|
| 1 | Indien | 17 000 |
| 2 | China | 2009 |
| 3 | Bangladesch | 1550 |
| 4 | Myanmar | 1100 |
| 5 | Philippinen | 284 |
| 6 | Uganda | 105 |
| 7 | Sri Lanka | 76 |
| 8 | Nepal | 44 |
| 9 | Indonesien | 40 |
| 10 | Eritrea | 34 |

*Registrierte Fälle im Jahr 2003

# 279 Tollwut

## Tollwut wird in der Regel durch einen Hundebiss übertragen.

Die Tollwut kommt hauptsächlich bei Tieren vor, kann aber auf den Menschen übertragen werden, zum Beispiel durch den Biss eines erkrankten Tieres. Gründliche Reinigung der Bisswunde und eine sofortige Impfung kann den Ausbruch der Krankheit verhindern. Nach Auftreten der Symptome (bis zu 90 Tage nach dem Biss) verläuft Tollwut jedoch fast immer tödlich.

Die meisten Tollwutopfer wurden von einem Hund gebissen. In Ländern, in denen die Krankheit häufiger auftritt, herrscht daher oft große Angst vor streunenden Hunden. 85 Prozent der Todesfälle durch Tollwut zwischen 1995 und 2004 ereigneten sich in Indien, wo in dieser Zeit durchschnittlich 21 404 Menschen pro Jahr daran starben.

*»Jedes Jahr werden in Indien etwa 3,5 Millionen Menschen von Hunden gebissen. Die Regierung kann die Kosten für eine Impfung der Gesamtbevölkerung nicht tragen. Ein Anstieg im Impfstoffpreis wird spätestens 2006 erwartet …«* K. Sandeep, The Hindu, 2002

**TODESFÄLLE DURCH TOLLWUT**
Todesfälle pro Jahr, 1995–2004, in Tausenden

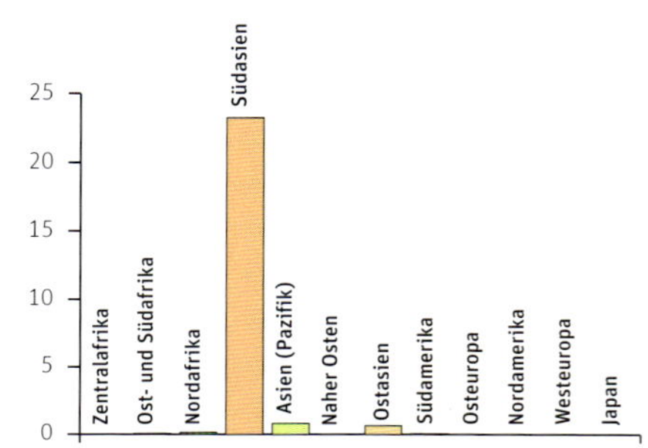

# 280 Grippeepidemien

**Die Influenza fordert jedes Jahr zahllose Todesopfer. Hier die Zahlen aus einem Zeitraum von sechs Jahren.**

Die Influenza, besser bekannt als Grippe, ist eine Virusinfektion, die in unregelmäßigen Abständen epidemisch auftritt. Diese Karte zeigt das Produkt aus den Wochen zwischen 2000 und 2005, in denen Grippeepidemien herrschten, und der Anzahl der Grippepatienten. Die Bevölkerung Russlands und Kolumbiens zum Beispiel war 20 Prozent dieses Zeitraums Grippewellen ausgesetzt. Daher erscheinen diese Länder besonders groß.

Influenza-Epidemien betreffen weitaus mehr Menschen als nur jene, die sich infizieren, da die meisten Grippepatienten nicht in der Lage sind zu arbeiten oder ihre Kinder zu versorgen und gepflegt werden müssen.

**HÄUFIGSTES AUFTRETEN VON GRIPPEEPIDEMIEN**

| Rang | Land | Prozent* |
|---|---|---|
| 1 | Kolumbien | 20,4 |
| 2 | Russland | 20,1 |
| 3 | Neuseeland | 16,4 |
| 4 | Vereinigte Staaten | 15,7 |
| 5 | Schweiz | 15,7 |
| 6 | Frankreich | 14,2 |
| 7 | Japan | 13,8 |
| 8 | Norwegen | 13,8 |
| 9 | Deutschland | 13,2 |
| 10 | Italien | 12,6 |
| 11 | Grönland | 12,2 |
| 12 | Bahamas | 12,2 |
| 13 | Kroatien | 11,6 |
| 14 | Island | 10,4 |
| 15 | Ukraine | 10,1 |
| 16 | Litauen | 10,1 |
| 17 | Australien | 10,1 |
| 18 | Argentinen | 9,4 |
| 19 | San Marino | 9,4 |
| 20 | Spanien | 9,4 |

*Prozent des Zeitraums in Wochen, in denen von 2000 bis 2005 Grippeepidemien auftraten

**ANZAHL DER MENSCHEN, DIE VON GRIPPEEPIDEMIEN BETROFFEN WAREN**
Millionen Betroffene, gemessen in Wochen pro Jahr, 2000–2005

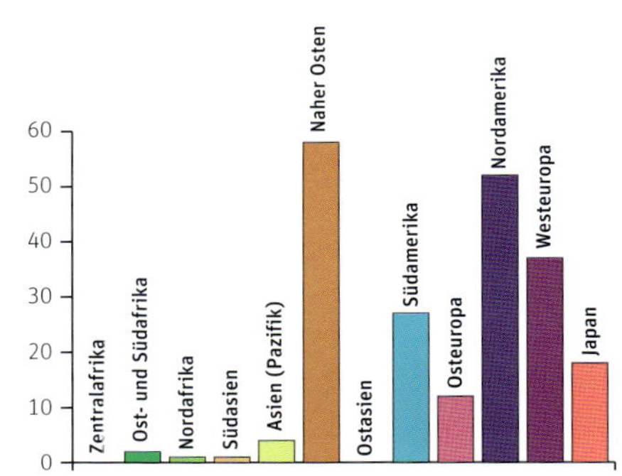

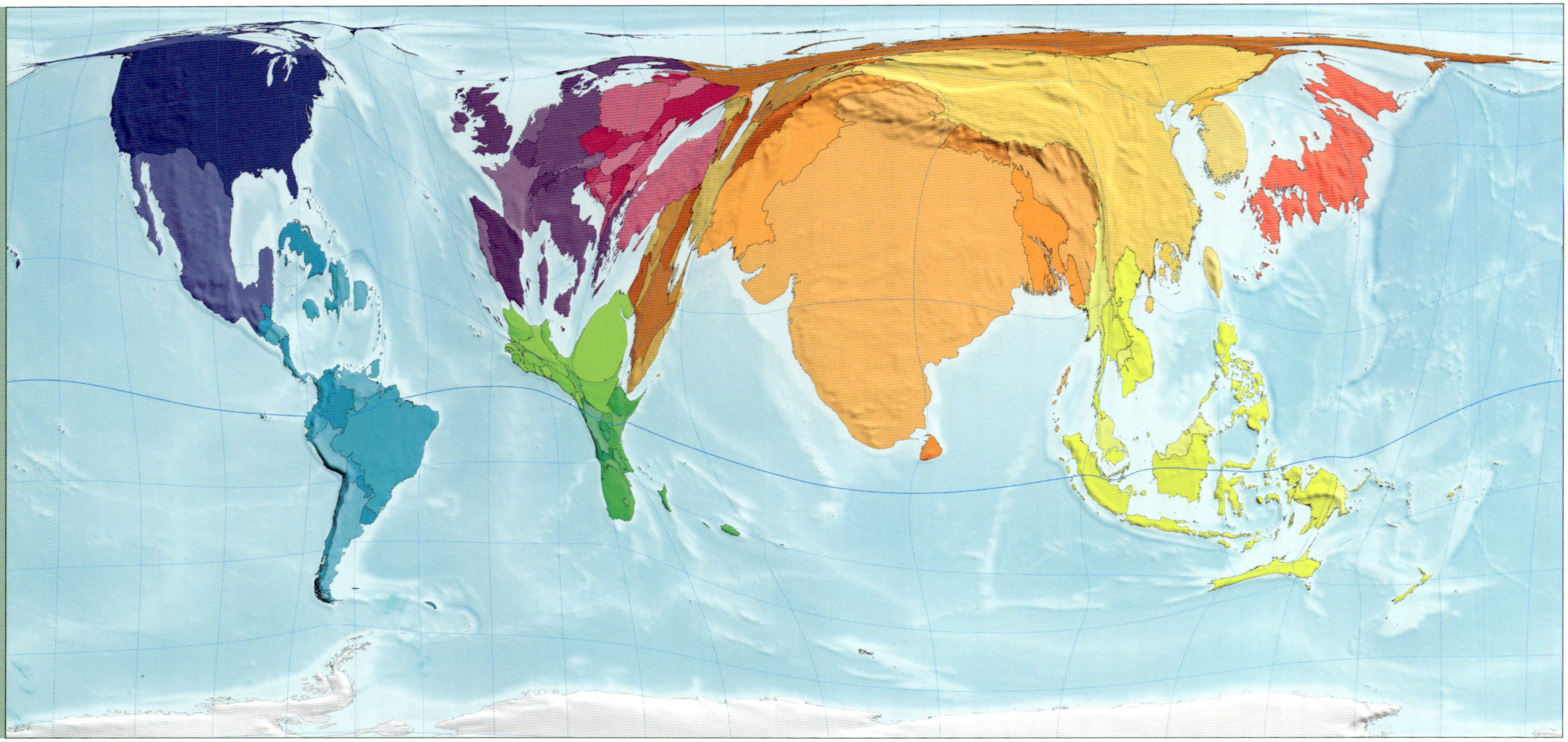

**HÖCHSTE UND NIEDRIGSTE DIABETESRATEN**

| Rang | Land | Häufigkeit* |
|---|---|---|
| 1 | Mexiko | 14,2 |
| 2 | Trinidad und Tobago | 14,1 |
| 3 | Saudi-Arabien | 12,3 |
| 4 | Mauritius | 12,1 |
| 5 | Hongkong | 12,1 |
| 6 | Papua-Neuguinea | 11,7 |
| 7 | Kuba | 11,5 |
| 8 | Puerto Rico | 11,3 |
| 9 | Singapur | 11,3 |
| 10 | Jamaika | 11,1 |
| 191 | Kongo | 0,9 |
| 192 | Elfenbeinküste | 0,8 |
| 193 | Senegal | 0,8 |
| 194 | Uganda | 0,8 |
| 195 | Kamerun | 0,8 |
| 196 | Nigeria | 0,4 |
| 197 | Ghana | 0,4 |
| 198 | Mali | 0,3 |
| 199 | Gambia | 0,3 |
| 200 | Togo | 0,3 |

*Prozent der Erwachsenen mit Diabetes, 2001

# 281 Diabetes

**Die Proportionen der Karte veranschaulichen die Anzahl der Menschen über 15 Jahren, die unter Diabetes leiden.**

Diabetes entsteht, wenn der Körper nicht mehr in der Lage ist, das Hormon Insulin zu erzeugen (Typ 1) oder wenn er dagegen mehr oder weniger resistent ist (Typ 2). Insulin reguliert die Fähigkeit des Körpers, Zucker zu verarbeiten. Typ-2- Diabetiker können oft mit einer speziellen Diät und Medikamenten behandelt werden.

Den höchsten Prozentsatz an Diabetikern verzeichnet der nordamerikanische Kontinent. 62 Prozent der Fälle wurden in den Vereinigten Staaten registriert, 33 Prozent in Mexiko und vier Prozent in Kanada. Das Land mit der höchsten Gesamtanzahl an Diabetikern im Jahr 2001 war Indien mit insgesamt 56 Millionen Patienten.

*»Diabetes ist verantwortlich für über eine Million Amputationen pro Jahr. Die Krankheit ist eine der Hauptursachen für Erblindung.«*
Unite For Diabetes, 2006

**DIABETESRATE**
Prozent der Bevölkerung im Alter von 15 Jahren und älter mit Diabetes

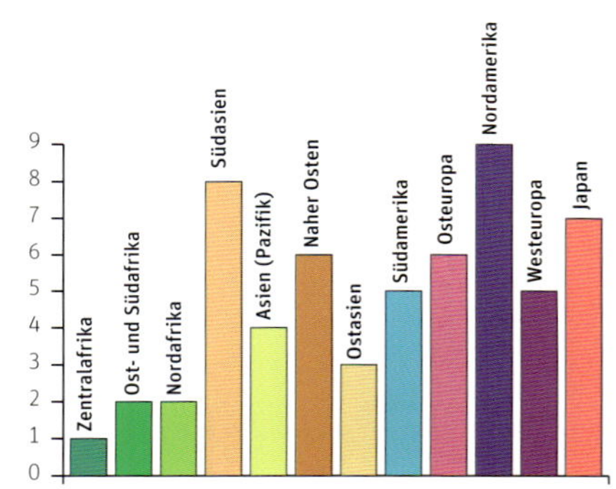

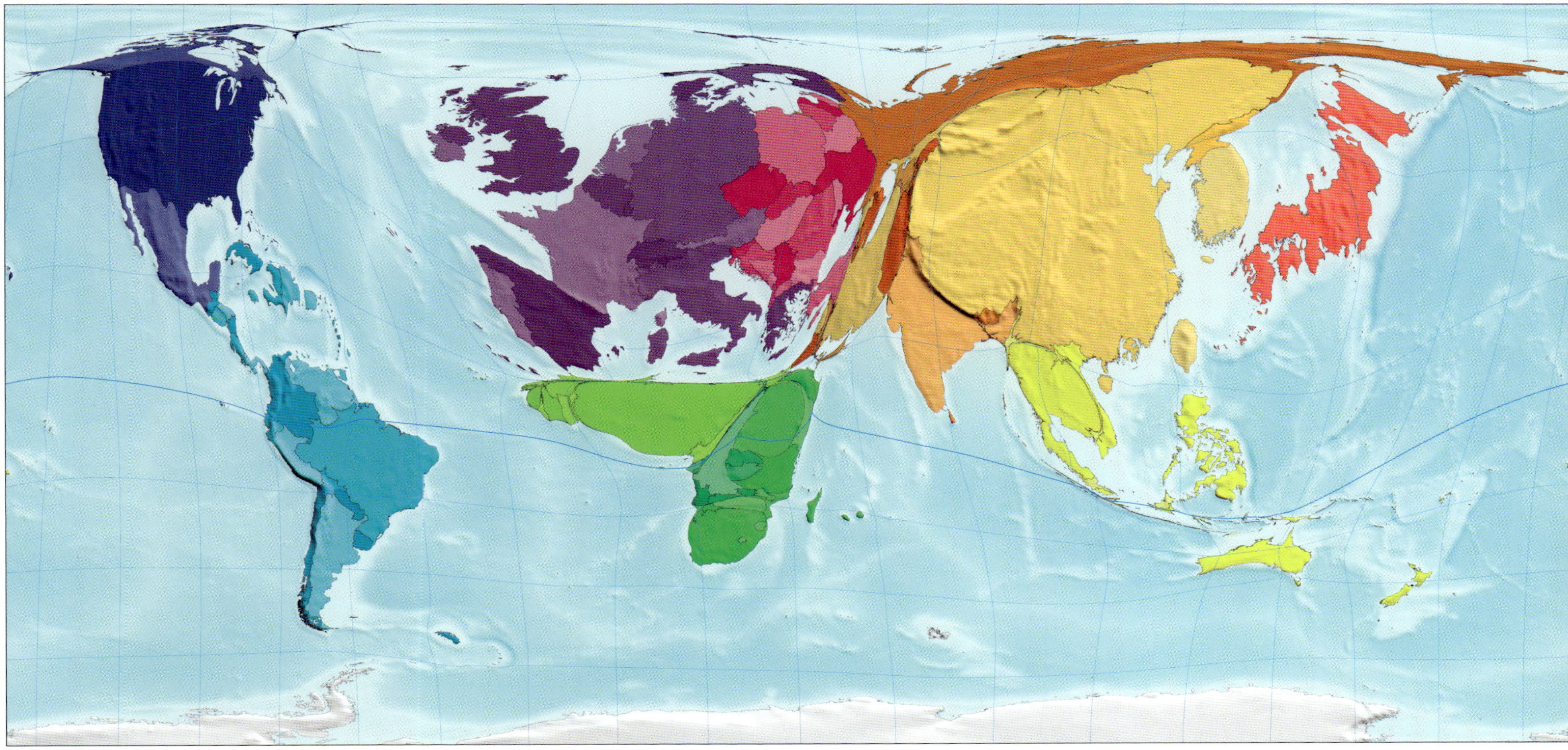

**HÖCHSTER ALKOHOLKONSUM BEI ERWACHSENEN**

| Rang | Land | Alkoholkonsum* |
|---|---|---|
| 1 | Uganda | 19,5 |
| 2 | Luxemburg | 17,5 |
| 3 | Tschechien | 16,2 |
| 4 | Irland | 14,5 |
| 5 | Moldawien | 13,9 |
| 6 | Frankreich | 13,5 |
| 7 | Bhutan | 12,9 |
| 8 | Deutschland | 12,9 |
| 9 | Kroatien | 12,7 |
| 10 | Österreich | 12,6 |

*Liter reinen Alkohols pro Kopf und Jahr, 2000–2005

**HÖCHSTE ZAHL ABSTINENTER ERWACHSENER**

| Rang | Land | Personen* |
|---|---|---|
| 1 | Indonesien | 152 |
| 2 | Bangladesch | 89 |
| 3 | Pakistan | 88 |
| 4 | Iran | 46 |
| 5 | Ägypten | 46 |
| 6 | Myanmar | 33 |
| 7 | Algerien | 21 |
| 8 | Marokko | 21 |
| 9 | Sudan | 20 |
| 10 | Irak | 18 |

*Millionen Erwachsene, 2002

# 282 Alkoholkonsum

**Westeuropa zählt aufgrund seines Wohlstands und seiner kulturellen Traditionen zu den Gebieten mit dem höchsten Alkoholkonsum.**

Im Durchschnitt ist bei den Westeuropäern der Alkoholverbrauch um ein Drittel höher als in den restlichen Regionen. Südasien ist das Gebiet mit dem niedrigsten Alkoholkonsum. Hier trinken die Menschen im Durchschnitt kaum ein Drittel dessen, was sonst konsumiert wird.

In manchen Gebieten, vor allem in islamischen Ländern, wird so gut wie kein Alkohol konsumiert. Daher tauchen viele Regionen im Mittleren Osten, Zentralasien und in Nordafrika auf dieser Karte gar nicht auf. China, die Vereinigten Staaten und Russland erscheinen dagegen sehr groß, da hier große Mengen an Alkohol getrunken werden – einerseits bedingt durch die hohen Bevölkerungszahlen, andererseits aber auch das Ergebnis eines hohen Pro-Kopf-Konsums.

**ALKOHOLKONSUM**

**Jährlicher Konsum, gerechnet in Liter reinen Alkohols pro Person im Alter von 15 Jahren und darüber**

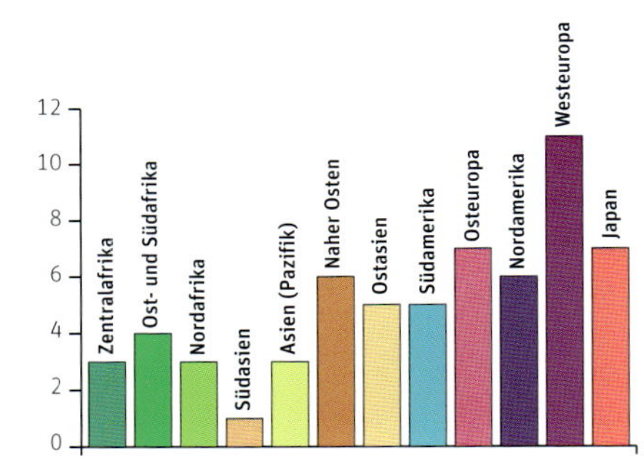

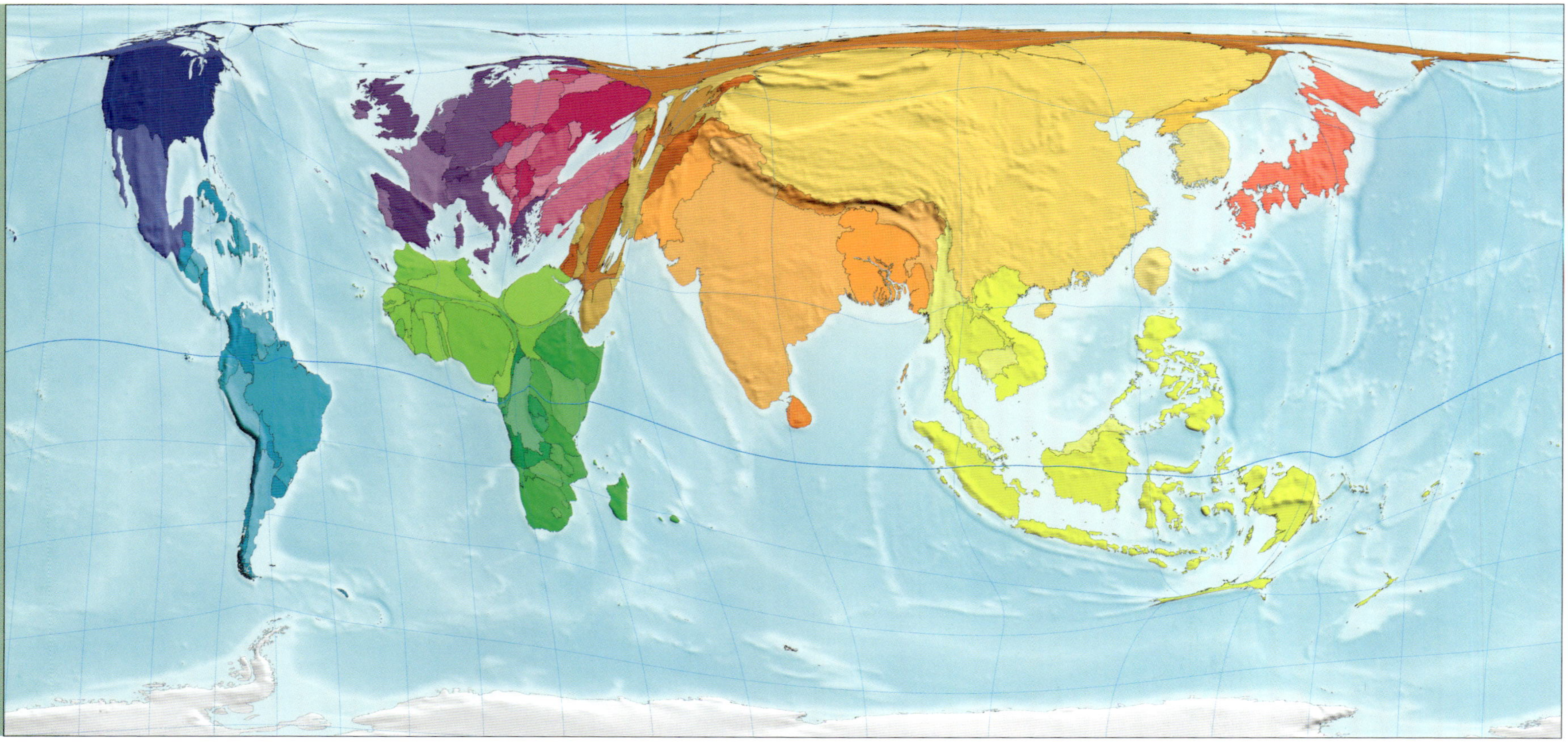

# 283 Männliche Raucher

**Im weltweiten Durchschnitt kommen vier Raucher auf eine Raucherin.**

Im Jahre 2002 waren 941 Millionen Männer im Alter von 15 Jahren und darüber Raucher. Dies entspricht 43 Prozent der Männer in dieser Altersgruppe. Die größte Anzahl an Rauchern hatte China aufzuweisen, wo die Mehrheit der Männer raucht. Sogar in Puerto Rico und in Schweden, den Ländern mit dem geringsten Anteil an Rauchern unter der männlichen Bevölkerung, waren noch 17 Prozent der Männer Anhänger des blauen Dunstes. Wo so viele Menschen rauchen, gefährden sie nicht nur ihre eigene Gesundheit, sondern auch die der Menschen in ihrer Umgebung. So wird vermutet, dass das Passivrauchen zu erhöhter Anfälligkeit für Asthma und Atemwegsinfektionen und zu vermehrtem Auftreten des plötzlichen Kindstod führt.

*»Während der Weltkriege nahm das Rauchen stark zu, hauptsächlich weil man die alliierten Truppen mit kostenlosen Zigaretten versorgte, um die Kampfmoral zu stärken.«* The Cancer Council, 2006

**LÄNDER MIT DEN MEISTEN UND DEN WENIGSTEN RAUCHERN**

| Rang | Land | Prozent* |
|---|---|---|
| 1 | Jemen | 77 |
| 2 | Indonesien | 69 |
| 3 | Mongolei | 68 |
| 4 | Armenien | 68 |
| 5 | Kenia | 67 |
| 6 | Kambodscha | 67 |
| 7 | Russland | 64 |
| 8 | Uruguay | 62 |
| 9 | Kirgisistan | 60 |
| 10 | Georgien | 60 |
| 191 | Sudan | 24 |
| 192 | Singapur | 24 |
| 193 | Kanada | 24 |
| 194 | Tansania | 23 |
| 195 | Iran | 22 |
| 196 | Australien | 21 |
| 197 | Panama | 20 |
| 198 | Saudi-Arabien | 19 |
| 199 | Puerto Rico | 17 |
| 200 | Schweden | 17 |

*Prozent an Männern, die im Jahr 2002 rauchten

**RAUCHER**

Prozent der Bevölkerung, 2000–2003

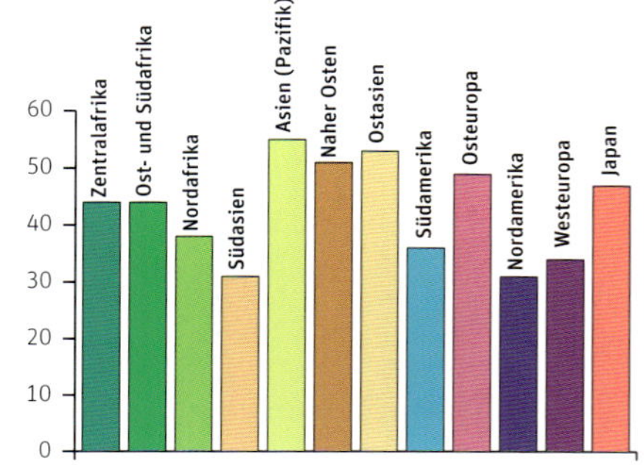

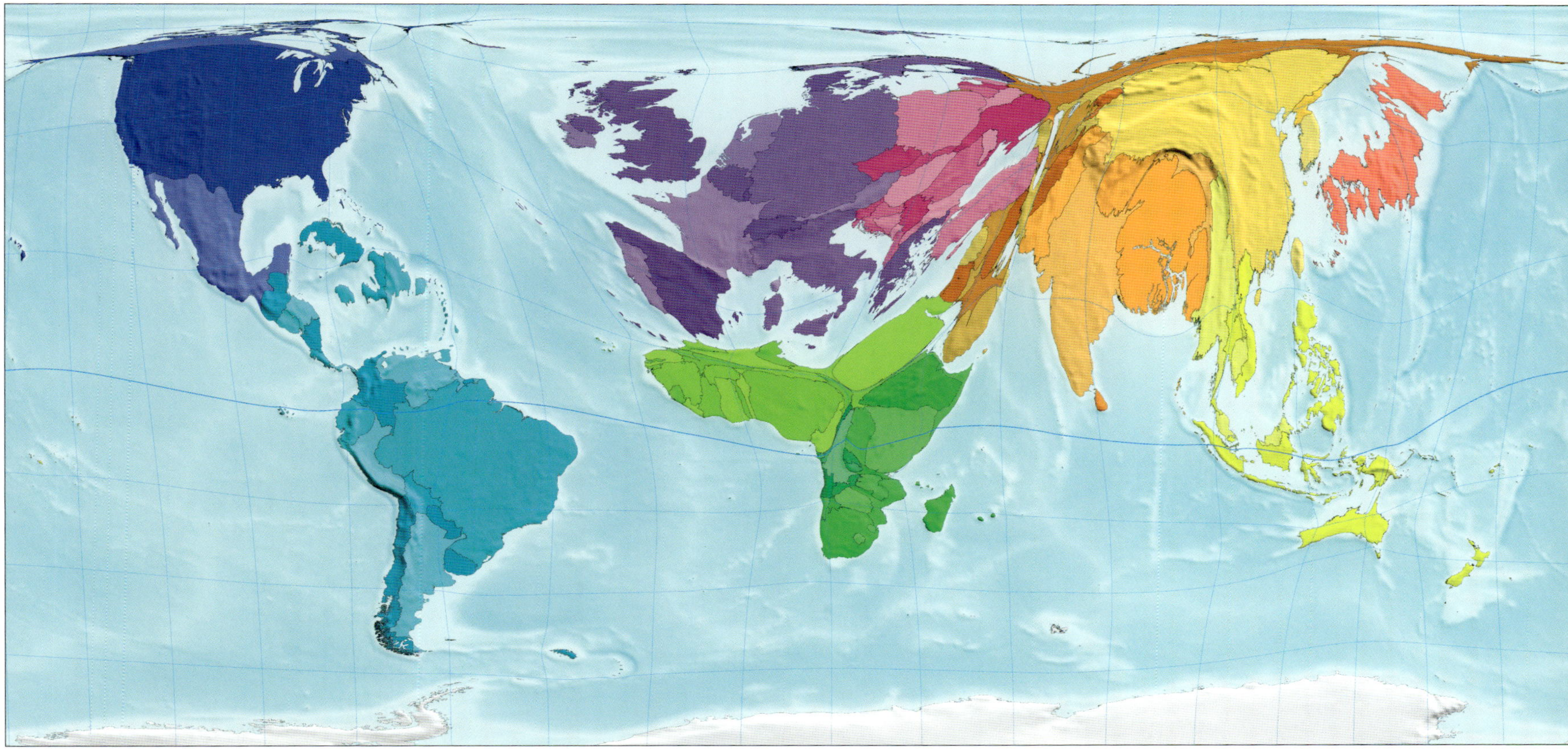

**LÄNDER MIT DEN MEISTEN UND DEN WENIGSTEN RAUCHERINNEN**

| Rang | Land | Prozent* |
|---|---|---|
| 1 | Guinea | 47 |
| 2 | Uruguay | 39 |
| 3 | Libanon | 35 |
| 4 | Chile | 34 |
| 5 | Kenia | 32 |
| 6 | Norwegen | 32 |
| 7 | Deutschland | 31 |
| 8 | Irland | 31 |
| 9 | Ungarn | 30 |
| 10 | Jemen | 29 |
| 191 | Indonesien | 3 |
| 192 | Armenien | 3 |
| 193 | Mauritius | 3 |
| 194 | Sudan | 2 |
| 195 | Marokko | 2 |
| 196 | Iran | 2 |
| 197 | Sri Lanka | 2 |
| 198 | Thailand | 2 |
| 199 | Tansania | 1 |
| 200 | Aserbaidschan | 1 |

*Prozentsatz an Frauen, die im Jahr 2002 rauchten

# 284 Weibliche Raucher

**In jedem Land der Erde gibt es Frauen, die am Glimmstängel hängen, die meisten insgesamt in Nordamerika.**

Seit mindestens 2000 Jahren rauchen oder kauen Menschen Tabak. Eine Tabakindustrie gibt es seit etwa 300 Jahren, und in den letzten 100 Jahren – seit der Erfindung der automatischen Zigarettenmaschine, ist sie stark gewachsen. Inzwischen kennt man die gesundheitlichen Risiken des Rauchens und Passivrauchens, und so ist mancherorts das Rauchen an öffentlichen Plätzen oder am Arbeitsplatz verboten.

Die Anzahl der Raucherinnen variiert erheblich von Land zu Land. Das Schlusslicht bildet Aserbaidschan, wo nur ein Prozent der Frauen rauchen, Spitzenreiter ist Guinea mit 47 Prozent.

Im weltweiten Durchschnitt raucht jede zehnte Frau über 15 Jahre. Insgesamt 232 Millionen Frauen – 29 Prozent aller Raucherinnen – leben auf dem amerikanischen Kontinent.

*»Wenn die Tabakindustrie gegen eine Politik zu Felde zieht, kann man sicher sein, dass sie den Zigarettenkonsum erfolgreich eindämmt.«* Simon Chapman, Professor für Public Health, Sydney, 2001

**RAUCHERINNEN**
Prozent der Bevölkerung, 2000–2003

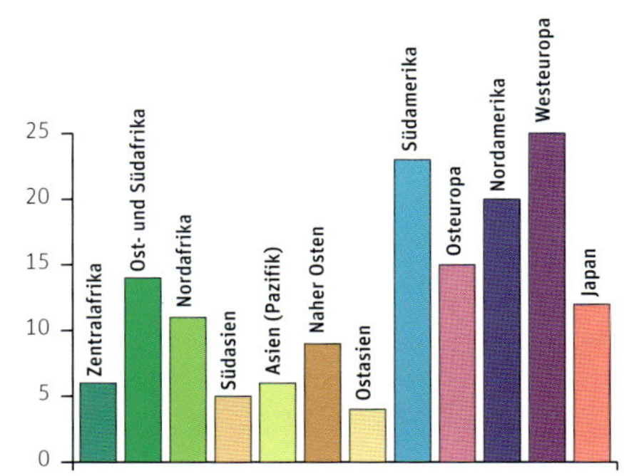

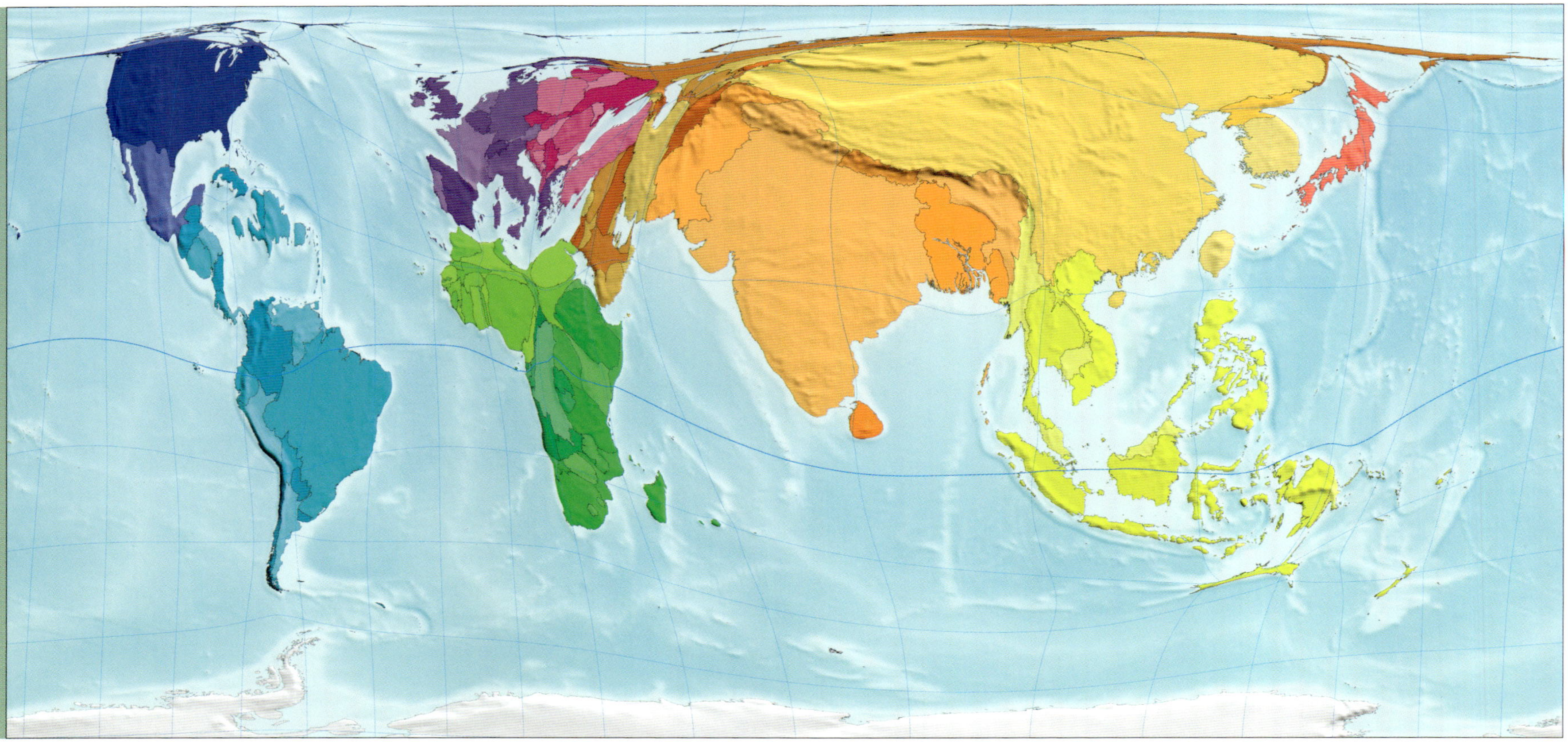

**LÄNDER MIT DEN MEISTEN UND DEN WENIGSTEN VERKEHRSTOTEN**

| Rang | Land | Tote* |
|---|---|---|
| 1 | El Salvador | 41,7 |
| 2 | Dominikanische Republik | 41,1 |
| 3 | Brasilien | 25,6 |
| 4 | Kolumbien | 24,2 |
| 5 | Kuwait | 23,7 |
| 6 | Venezuela | 23,1 |
| 7 | Litauen | 22,7 |
| 8 | Südkorea | 21,9 |
| 9 | Thailand | 21,0 |
| 10 | Nicaragua | 20,1 |
| 191 | Aserbaidschan | 6,9 |
| 192 | Niederlande | 6,7 |
| 193 | Georgien | 62 |
| 194 | Israel | 5,9 |
| 195 | Schweden | 5,7 |
| 196 | Tadschikistan | 5,6 |
| 197 | Armenien | 5,6 |
| 198 | Großbritannien | 5,6 |
| 199 | Singapur | 5,2 |
| 200 | Mazedonien | 5,1 |

*Verkehrstote pro 100 000 Einwohner, 2001

# 285 Verkehrstote

**Es gibt circa 29 Millionen Kilometer Straßen auf der Welt. Die gefährlichsten liegen in Südamerika.**

2001 starben weltweit 984 000 Menschen bei Verkehrsunfällen, die Hälfte von ihnen in Ost- und Südasien. Prozentual sterben aber in Südamerika die meisten Menschen auf den Straßen, am wenigsten dagegen in Japan und Nordafrika.

Im Durchschnitt gibt es einen Verkehrstoten pro Jahr auf 30 km Straße. Manche Straßen aber sind besonders unfallträchtig. Die gefährlichste der Welt ist 70 km lang und liegt in Bolivien. Sie fordert rund 100 Opfer pro Jahr.

**VERKEHRSTOTE**

Verkehrstote pro 100 000 Einwohner, 2001

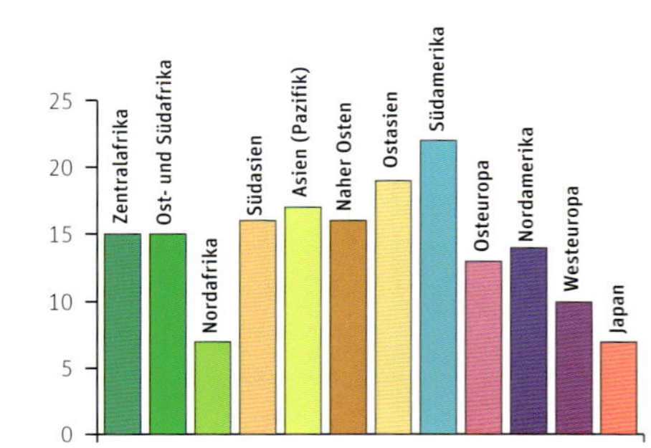

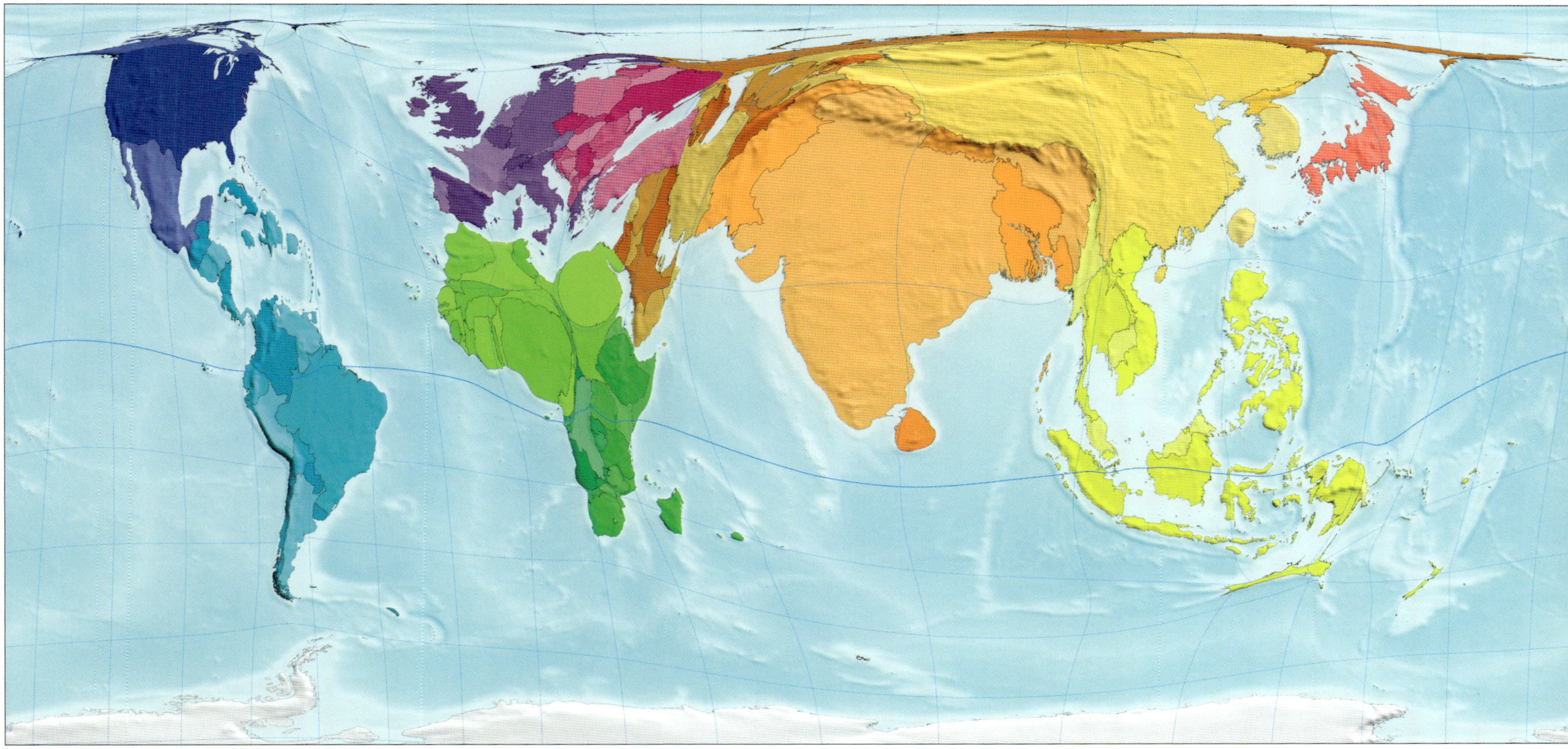

## HÖCHSTE UND NIEDRIGSTE ANZAHL JAHRE BEI SCHLECHTER GESUNDHEIT

| Rang | Land | Jahre* |
|---|---|---|
| 1 | Aserbaidschan | 20,4 |
| 2 | Tadschikistan | 19,2 |
| 3 | São Tomé und Príncipe | 18,5 |
| 4 | Kirgisistan | 17,0 |
| 5 | Turkmenistan | 16,7 |
| 6 | Usbekistan | 16,1 |
| 7 | Malediven | 16,1 |
| 8 | Eritrea | 15,2 |
| 9 | Albanien | 15,0 |
| 10 | Mauritius | 14,7 |
| 191 | Liberia | 4,4 |
| 192 | Haiti | 4,3 |
| 193 | Kenia | 3,8 |
| 194 | Namibia | 3,5 |
| 195 | Elfenbeinküste | 3,2 |
| 196 | Mosambik | 2,2 |
| 197 | Simbabwe | 1,9 |
| 198 | Sambia | 1,6 |
| 199 | Lesotho | 1,4 |
| 200 | Swasiland | 0,3 |

*Jahre bei schlechter Gesundheit pro Person, 2000–2005

# 286 Krankheitsjahre

**Wie lange bleiben wir gesund? Die Proportionen zeigen an, wie viele Jahre Krankheit und Siechtum den Menschen bevorstehen.**

Die »Health-Adjusted Life Expectancy Estimate« der WHO misst die Anzahl der Jahre, die ein Mensch voraussichtlich bei guter Gesundheit verbringen wird. Wenn man diese Zahl von der durchschnittlichen Lebenserwartung abzieht, kommt man auf die schlechten Jahre. Multipliziert man diesen Wert mit der Bevölkerungszahl, kommt man auf die Gesamtanzahl der Jahre, die die Einwohner des jeweiligen Landes kränkelnd verbringen werden.

Im Weltdurchschnitt muss ein Mensch damit rechnen, ungefähr zehn Jahre zu kränkeln. Diese Zeitspanne variiert von Land zu Land, aber aus unterschiedlichen Gründen. In Aserbaidschan zum Beispiel wird ein Mensch über 20 Jahre lang kränkeln, in Swasiland hingegen weniger als ein Jahr – nicht weil die Menschen in Swasiland gesünder wären, sondern weil die Lebenserwartung dort bei nur 39 Jahren liegt.

*»Kinder, die immer wieder an Durchfall, Atemwegsinfektionen, Würmern oder Malaria leiden, können lebenslange körperliche und geistige Schäden davontragen.«* Jeffrey D. Sachs, 2000

**KRANKHEITSJAHRE**
Anzahl Jahre pro Kopf

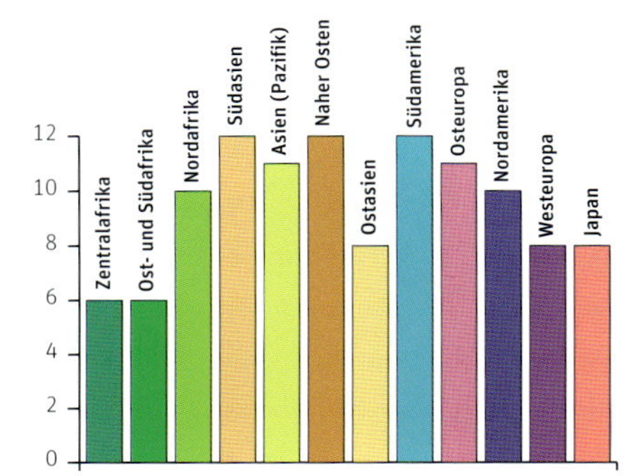

# Die Welt der Gefahren

## Tod und Naturkatastrophen



## Krieg und Kriminalität



## Verschmutzung und Ausbeutung



## Ausrottung und Gefährdung

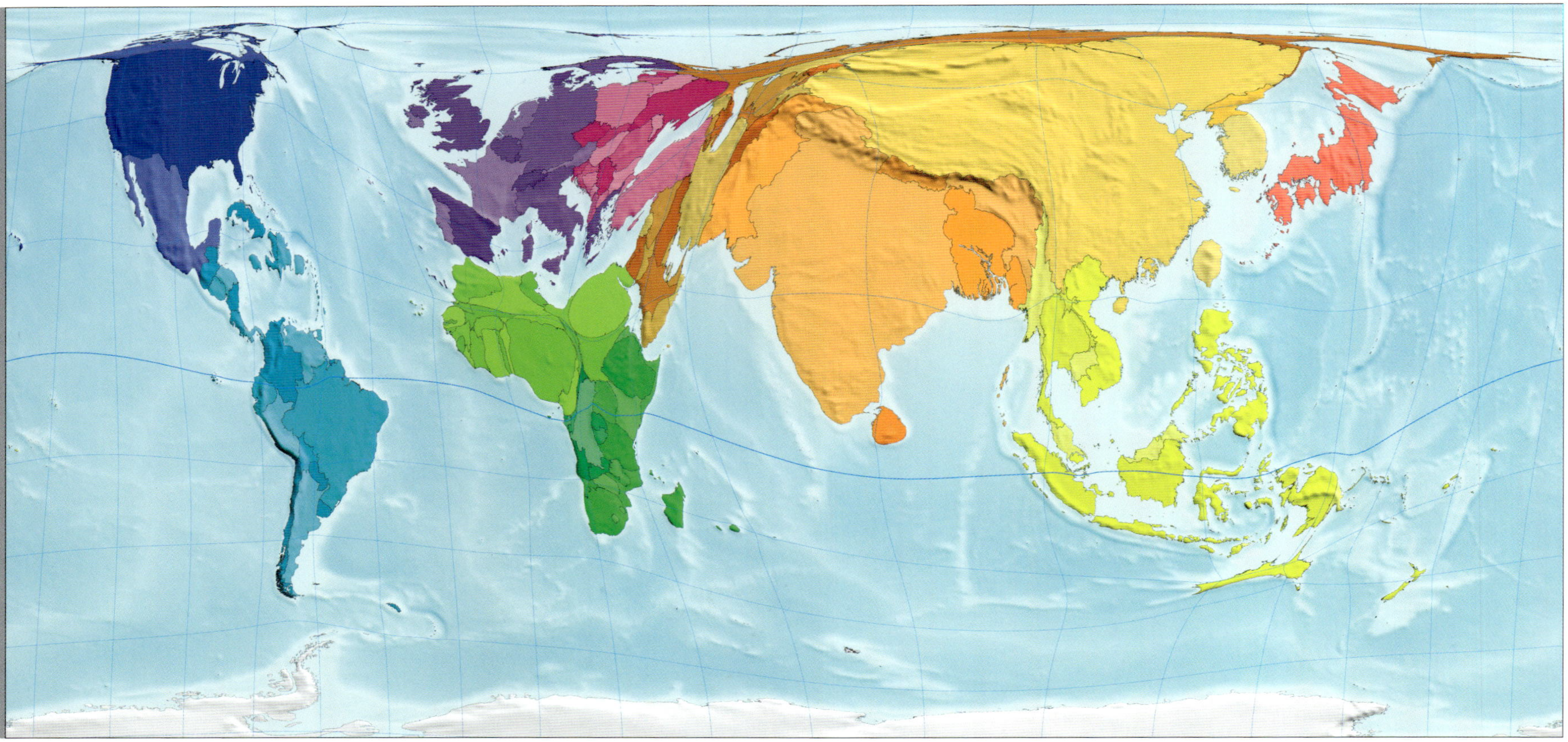

**HÖCHSTE UND NIEDRIGSTE LEBENSERWARTUNG**

| Rang | Land | Jahre* |
|---|---|---|
| 1 | Japan | 82 |
| 2 | Monaco | 81 |
| 3 | San Marino | 81 |
| 4 | Andorra | 80 |
| 5 | Schweden | 80 |
| 6 | Hongkong | 80 |
| 7 | Island | 80 |
| 8 | Kanada | 79 |
| 9 | Spanien | 79 |
| 10 | Australien | 79 |
| 191 | Angola | 40 |
| 192 | Zentralafrikanische Republik | 40 |
| 193 | Ruanda | 39 |
| 194 | Mosambik | 39 |
| 195 | Malawi | 38 |
| 196 | Lesotho | 36 |
| 197 | Swasiland | 36 |
| 198 | Sierra Leone | 34 |
| 199 | Simbabwe | 34 |
| 200 | Sambia | 33 |

*Durchschnittliche Lebenserwartung, für die Geburtsjahrgänge 2000–05

# 287 Lebenserwartung

**In Japan lebt man am längsten, in Sambia am kürzesten. Abgesehen von Afrika ist die Lebenserwartung rund um die Erde recht ausgeglichen.**

Diese Karte zeigt die durchschnittliche Lebenserwartung auf der Welt. Dabei handelt es sich natürlich nur um eine Statistik, und es gibt zahlreiche Faktoren, die eine Prognose erschweren. So haben zum Beispiel Männer und Frauen unterschiedliche Lebenserwartungen, und je nach Jahrgang können die Prognosen ebenfalls sehr voneinander abweichen. So kann es in bestimmten Gebieten vorkommen, dass ein Neugeborenes eine Lebenserwartung von nur 50 Jahren hat, während die Statistik für einen 60-Jährigen, der im gleichen Gebiet lebt, eine weit höhere Lebenserwartung angibt. Auch die persönliche Konstitution, Einkommen und Umweltbedingungen spielen im Einzelfall eine wichtige Rolle. Neugeborene haben mit 81 Jahren und 6 Monaten die höchste Lebenserwartung in Japan, die mit 32 Jahren und 8 Monaten kürzeste in Sambia. Der globale Durchschnitt liegt bei 67 Jahren.

*»Die Sterberate bei Erwachsenen (in Sambia) ist im Laufe des letzten Jahrzehnts gestiegen … Aids hat die Lebenserwartung um circa elf Jahre verkürzt …«* Buleti Nsemukila, Direktor des Zambian Central Statistics Office, 2003

**LEBENSERWARTUNG**

In Jahren für Menschen, die im Jahr 2002 geboren wurden

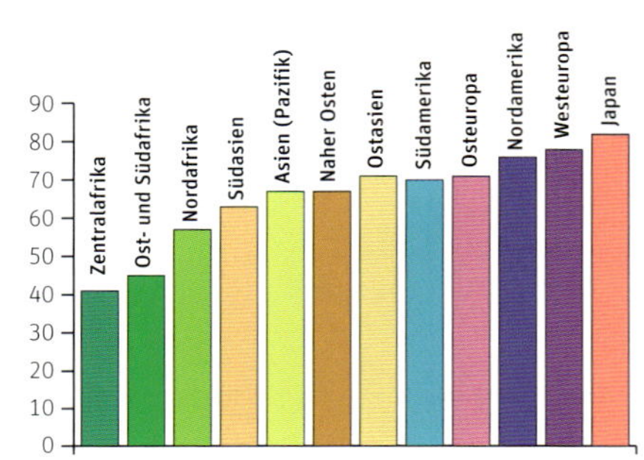

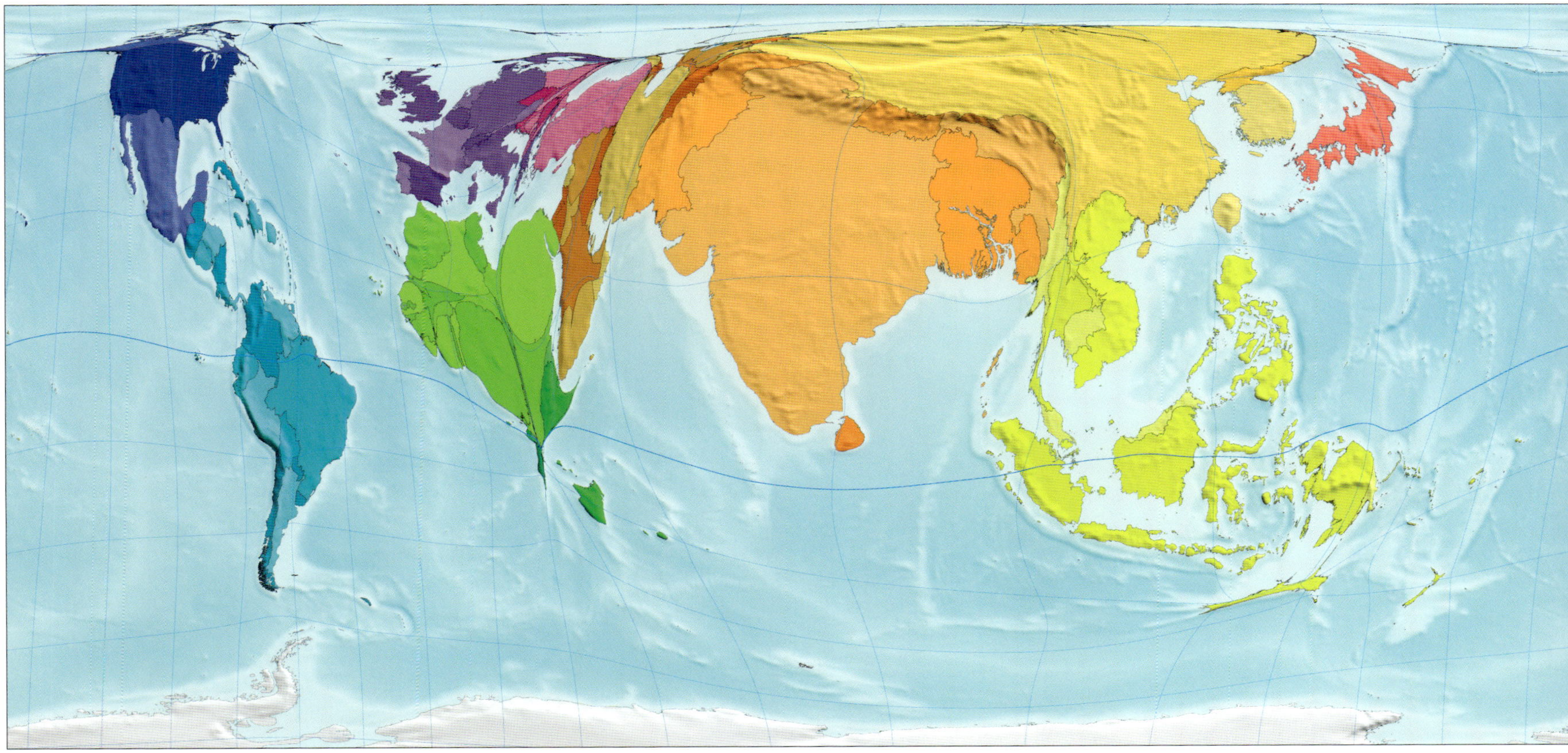

**HÖCHSTE UND NIEDRIGSTE ZUWÄCHSE AN LEBENSERWARTUNG**

| Rang | Land | Jahre* |
|---|---|---|
| 1 | Oman | 20,2 |
| 2 | Jemen | 20,0 |
| 3 | Bhutan | 19,8 |
| 4 | Libyen | 19,8 |
| 5 | Vietnam | 18,7 |
| 6 | Saudi-Arabien | 18,2 |
| 7 | Indonesien | 17,4 |
| 8 | Kambodscha | 17,1 |
| 9 | Tunesien | 17,1 |
| 10 | Bolivien | 17,0 |
| 191 | Kasachstan | 1,8 |
| 192 | Somalia | 1,6 |
| 193 | Seychellen | 1,6 |
| 194 | Rumänien | 1,3 |
| 195 | Litauen | 1,2 |
| 196 | Kamerun | 1,1 |
| 197 | Estland | 1,1 |
| 198 | Haiti | 0,9 |
| 199 | Lettland | 0,8 |
| 200 | Bahamas | 0,6 |

*Zunahme der Lebenserwartung für Kinder aus den Geburtsjahrgängen 2000-05 im Vergleich zu den Geburtsjahrgängen 1970-75

# 288 Anstieg der Lebenserwartung

**Die Größe der Flächen zeigt den zu erwartenden Gesamtanstieg in der Lebenserwartung als Folge der gestiegenen Lebenserwartung in den Jahren 1972–2002.**

In 88 Prozent der Länder der Welt ist die Lebenserwartung zwischen 1972 und 2002 gestiegen. Einen erheblichen Anstieg gab es in Nordafrika (10 Jahre), Südasien (13 Jahre), im asiatisch-pazifischen Raum und in Australien (14 Jahre). In Ländern, in denen die Lebenserwartung schon relativ hoch war, ist sie nur leicht angestiegen, zum Beispiel in Westeuropa und Nordamerika. Der durchschnittliche weltweite Anstieg betrug neun Jahre.

Die Länder, in denen die Lebenserwartung in dieser Zeit gleich geblieben oder zurückgegangen ist, haben auf dieser Karte den Wert null und erscheinen daher nicht. Das ist in 24 Ländern der Fall, die Mehrheit davon liegt in Schwarzafrika, wo viele Menschen jung an Aids sterben.

**ANSTIEG IN DER LEBENSERWARTUNG**

Unten: Lebenserwartung in Jahren für den Jahrgang 1972
Oben: zusätzliche Lebenserwartung in Jahren für den Jahrgang 2002

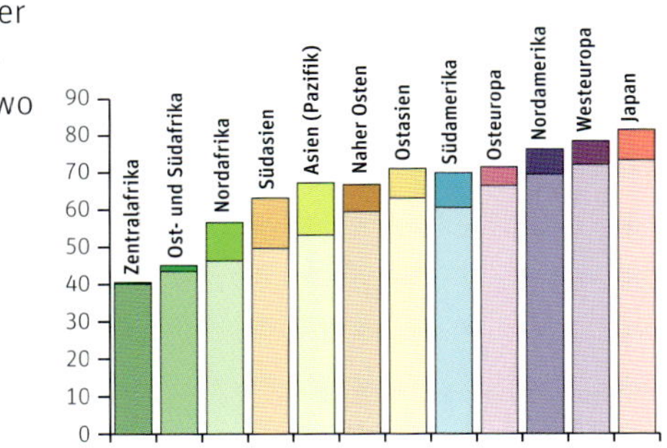

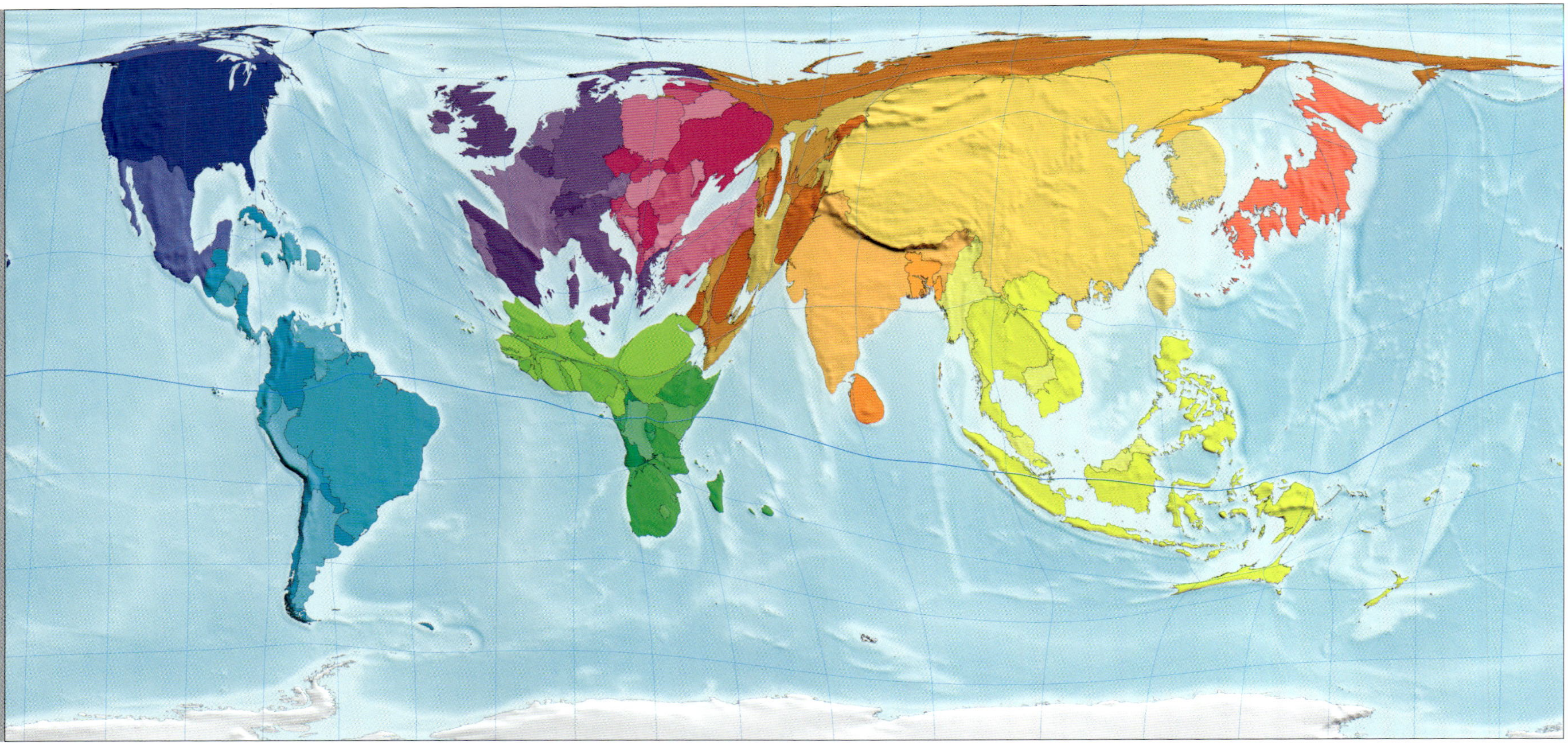



**HÖHERE LEBENSERWARTUNG VON FRAUEN GEGENÜBER MÄNNERN**

| Rang | Land | Jahre* |
|---|---|---|
| 1 | Russland | 12,3 |
| 2 | Kasachstan | 11,1 |
| 3 | Lettland | 10,7 |
| 4 | Weißrussland | 10,5 |
| 5 | Estland | 10,4 |
| 6 | Ukraine | 10,1 |
| 7 | Litauen | 10,1 |
| 8 | Brasilien | 8,6 |
| 9 | Ungarn | 8,3 |
| 10 | Thailand | 8,2 |
| 191 | Nigeria | 0,8 |
| 192 | Malawi | 0,7 |
| 193 | Guinea | 0,7 |
| 194 | Elfenbeinküste | 0,6 |
| 195 | Niger | 0,6 |
| 196 | Pakistan | -0,3 |
| 197 | Sambia | -0,4 |
| 198 | Nepal | -0,5 |
| 199 | Simbabwe | -0,8 |
| 200 | Malediven | -0,9 |

*Durchschnittliche Anzahl von Jahren, die Frauen länger leben werden als Männer, beide Jahrgang 2002

# 289 Längere Lebenserwartung bei Frauen

**Heute gibt es gibt nur wenige Länder, in denen die durchschnittliche Lebenserwartung der Frauen nicht höher ist als die der Männer.**

2002 war die durchschnittliche Lebenserwartung für Frauen fast überall höher als für Männer. Die größten Unterschiede zwischen den Geschlechtern gab es in Russland (zwölf Jahre) und Kasachstan (elf Jahre). Nur in Pakistan, Sambia, Nepal, Simbabwe und auf den Malediven haben Männer eine höhere Lebenserwartung. Den größten Unterschied gibt es auf den Malediven, wo Männer im Durchschnitt elf Monate länger leben als Frauen.

Länder, in denen Frauen eine niedrigere Lebenserwartung haben als Männer, sind auf dieser Karte nicht sichtbar.

*»Bis in die jüngste Geschichte der Menschheit war die Lebenserwartung für Männer höher als für Frauen.«*

Catol J. Hogue, Professor für Gesundheit bei Müttern und Kindern und Epidemiologie, Rollina School of Public Health, Emory University, 2006

**UNTERSCHIED IN DER LEBENSERWARTUNG**

Anzahl der Jahre, die Frauen länger leben als Männer, Jahrgang 2002

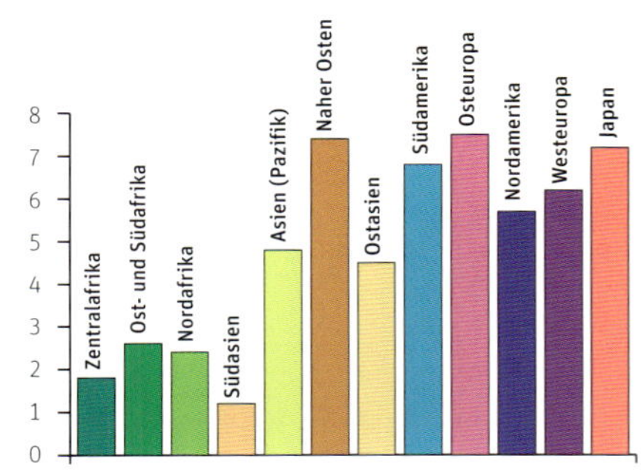

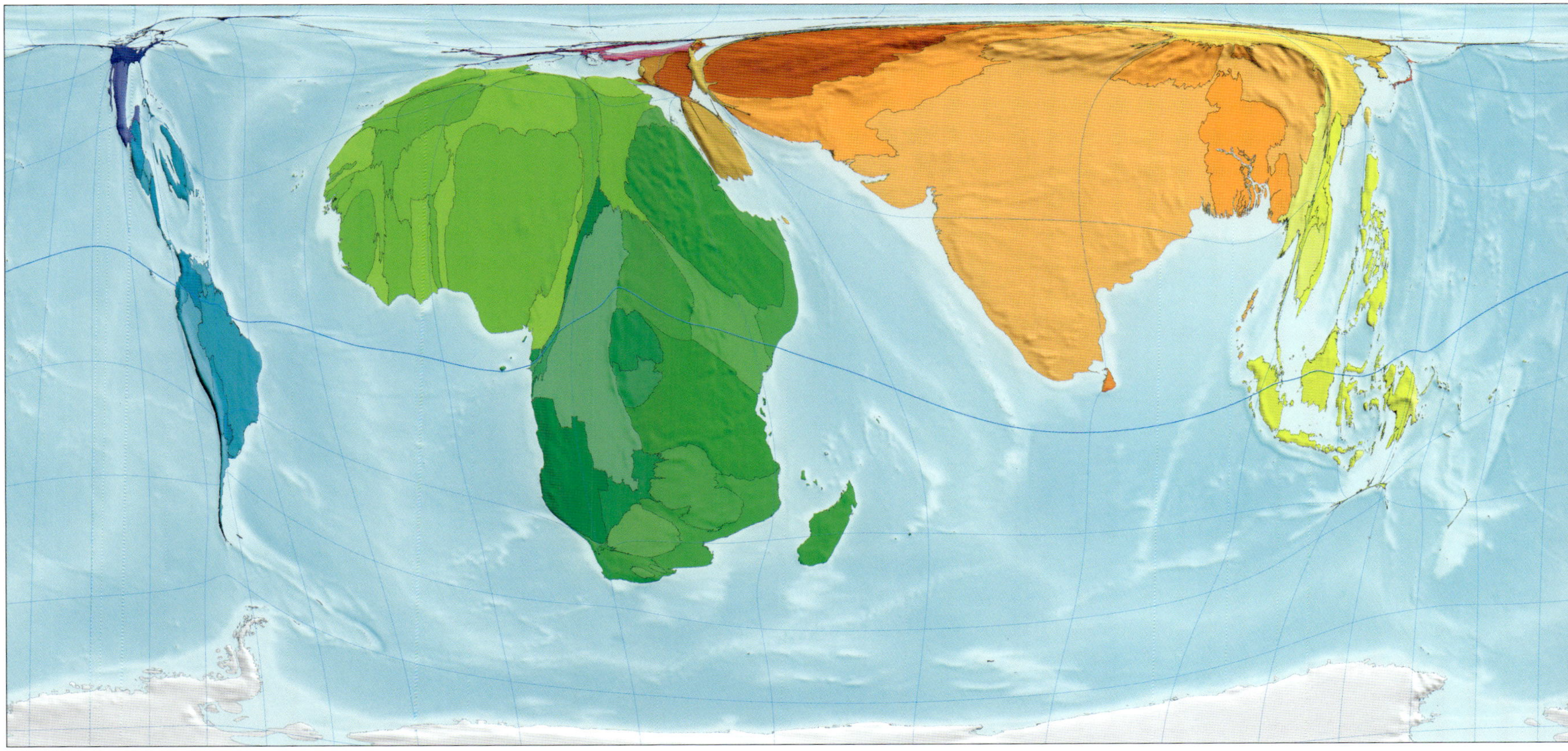

**HÖCHSTE UND NIEDRIGSTE MÜTTERSTERBLICHKEITSRATE**

| Rang | Land | Todesfälle* |
|---|---|---|
| 1 | Sierra Leone | 2000 |
| 2 | Afghanistan | 1900 |
| 3 | Malawi | 1800 |
| 4 | Angola | 1700 |
| 5 | Niger | 1600 |
| 6 | Tansania | 1500 |
| 7 | Ruanda | 1400 |
| 8 | Mali | 1200 |
| 9 | Somalia | 1100 |
| 10 | Tschad | 1100 |
| 191 | Kuwait | 5 |
| 192 | Portugal | 5 |
| 193 | Dänemark | 5 |
| 194 | Irland | 5 |
| 195 | Spanien | 4 |
| 196 | Österreich | 4 |
| 197 | Slowakei | 3 |
| 198 | Schweden | 2 |
| 199 | Malta | 0 |
| 200 | Island | 0 |

*Anzahl der Todesfälle pro 100 000 Geburten, 2000

# 290 Müttersterblichkeit

**Unter dieser Rubrik sind alle Todesfälle erfasst, die im Zusammenhang mit einer Schwangerschaft und bis zu sechs Wochen nach der Entbindung auftraten.**

Im Jahre 2000 starben mehr als 513 000 Frauen an Komplikationen, die in Zusammenhang mit einer Schwangerschaft standen. Die Karte zeigt, dass die meisten dieser Todesfälle in Südasien und Afrika auftraten. Die niedrigsten Müttersterblichkeitsraten gab es in Westeuropa und Japan.

Sierra Leone ist mit zwei Prozent das Land mit der höchsten Müttersterblichkeit. Am anderen Ende der Skala rangieren Malta und Island, wo für das Jahr 2000 kein einziger einschlägiger Todesfall gemeldet wurde. Die durchschnittliche Müttersterblichkeitsrate weltweit liegt bei drei Promille.

**MÜTTERSTERBLICHKEITSRATEN**
Anzahl der Todesfälle pro 100 000 Geburten im Jahre 2000

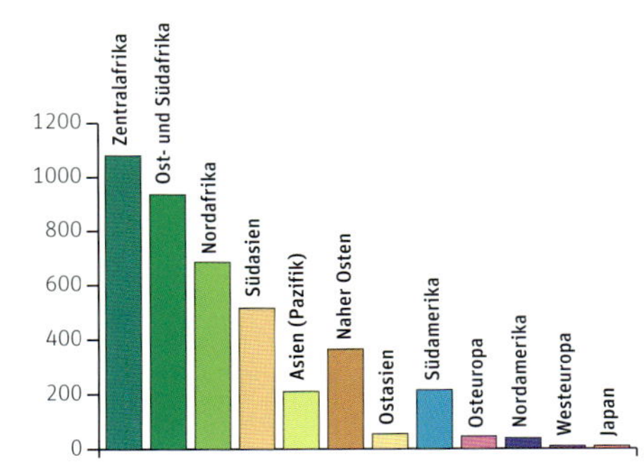

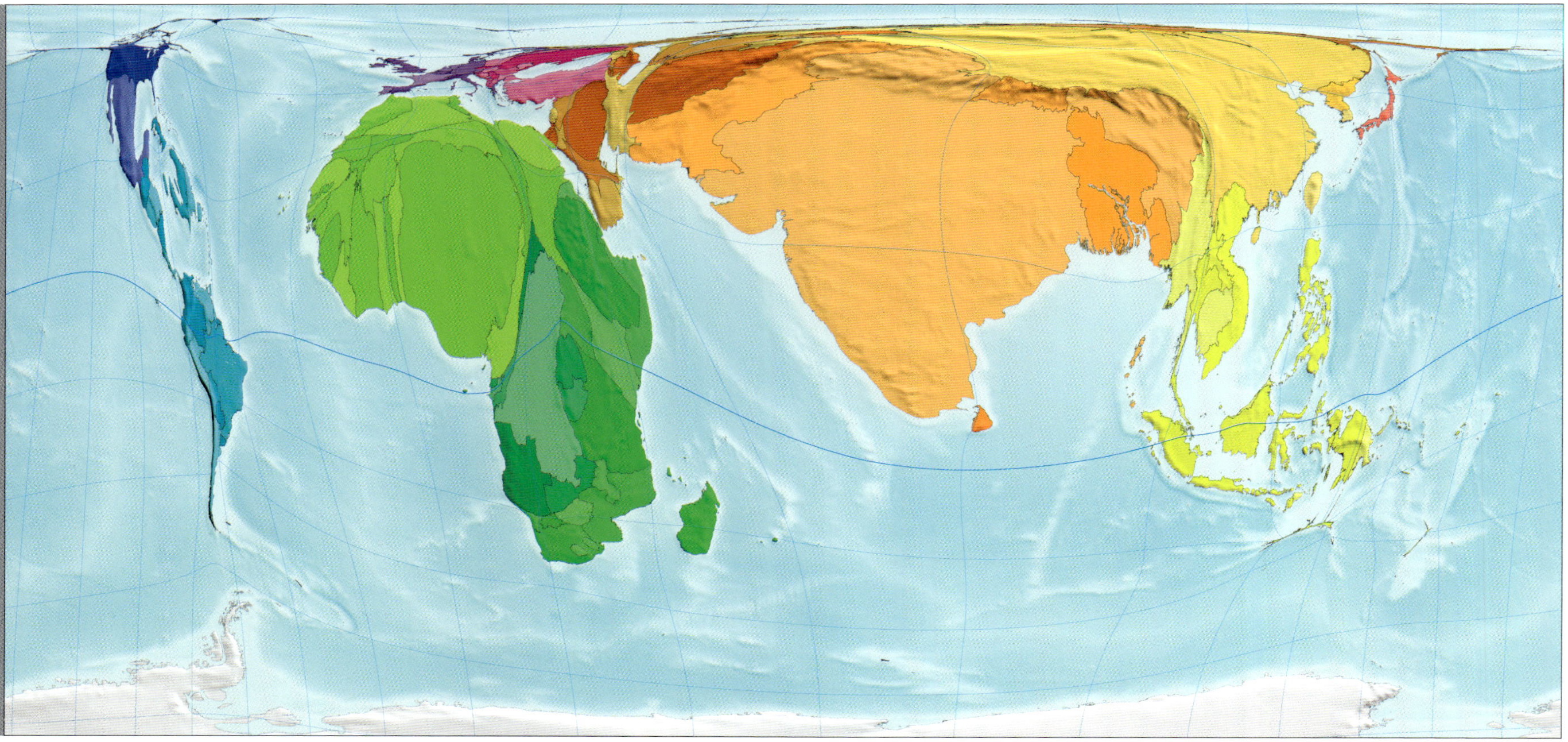

LÄNDER MIT DEN MEISTEN UND WENIGSTEN TOTGEBURTEN

| Rang | Land | Totgeburten* |
|---|---|---|
| 1 | Mauretanien | 63 |
| 2 | Liberia | 58 |
| 3 | Afghanistan | 54 |
| 4 | Elfenbeinküste | 53 |
| 5 | Sierra Leone | 50 |
| 6 | Nigeria | 48 |
| 7 | Angola | 48 |
| 8 | Zentralafrikanische Republik | 45 |
| 9 | Guinea | 45 |
| 10 | Somalia | 44 |
| 191 | Bahamas | 3 |
| 192 | Tschechien | 3 |
| 193 | Singapur | 3 |
| 194 | Italien | 3 |
| 195 | Neuseeland | 3 |
| 196 | Schweiz | 3 |
| 197 | Kanada | 3 |
| 198 | Australien | 3 |
| 199 | Schweden | 3 |
| 200 | Südkorea | 2 |

*Totgeburten pro 1000 Geburten, 2000

# 291 Totgeburten

**Als Totgeburten gelten Kinder, die nach der 28. Schwangerschaftswoche tot zur Welt kommen.**

Im Jahre 2000 gab es 3,3 Millionen Totgeburten weltweit. Mehr als ein Drittel der Fälle ereigneten sich in Südasien. Die Zahl der Totgeburten variiert von Region zu Region erheblich. In Zentralafrika gibt es 42 Totgeburten pro 1000 Geburten, in Westeuropa hingegen nur ein Zehntel dieser Zahl. Mauretanien verzeichnet mit 63 pro 1000 Geburten die höchste Rate an Totgeburten.

**TOTGEBURTEN**
Totgeburten pro 1000 Geburten, 2000

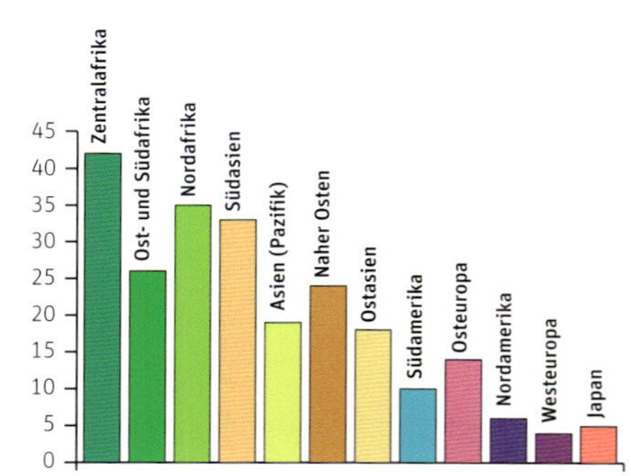

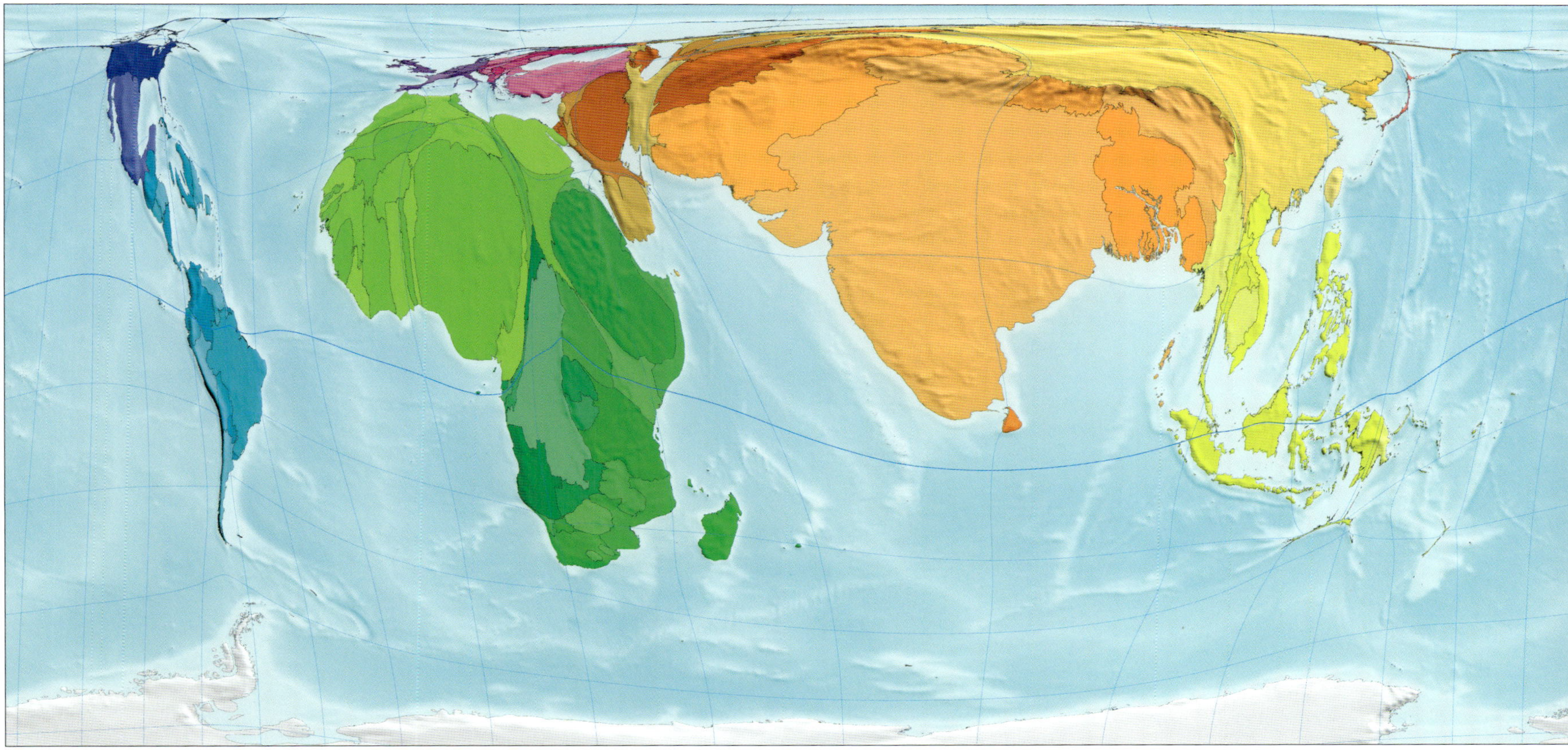

**LÄNDER MIT DER HÖCHSTEN POSTNATALEN SÄUGLINGSSTERBLICHKEIT**

| Rang | Land | Todesfälle* |
|---|---|---|
| 1 | Mauretanien | 52 |
| 2 | Liberia | 48 |
| 3 | Irak | 46 |
| 4 | Afghanistan | 45 |
| 5 | Elfenbeinküste | 44 |
| 6 | Sierra Leone | 42 |
| 7 | Nigeria | 40 |
| 8 | Mali | 40 |
| 9 | Angola | 40 |
| 10 | Äthiopien | 38 |
| 11 | Pakistan | 38 |
| 12 | Zentralafrikanische Republik | 38 |
| 13 | Guinea | 38 |
| 14 | Somalia | 37 |
| 15 | Gambia | 37 |
| 16 | Botswana | 37 |
| 17 | Guinea-Bissau | 36 |
| 18 | DR Kongo | 35 |
| 19 | Mosambik | 35 |
| 20 | Ruanda | 35 |

*Anzahl der lebend geborenen Kinder, die kurz nach der Geburt starben, pro 1000 Geburten, 2000

# 292 Postnatale Mortalität

**Diese Rubrik erfasst alle Todesfälle von Kindern, die in der ersten Woche nach der Geburt starben.**

Im Jahre 2000 starben drei Millionen Babys in der ersten Lebenswoche. Anders gesagt, 2,3 Prozent der im Jahre 2000 geborenen Kinder lebten nicht einmal eine Woche. Mauretanien verzeichnete mit einem Fall pro 20 Geburten die höchste postnatale Mortalitätsrate, Japan mit einem Promille die niedrigste.

Laut Weltgesundheitsorganisation (WHO) sind die häufigsten Ursachen postnataler Mortalität Sauerstoffmangel bei der Geburt, niedriges Geburtsgewicht (inklusive Frühgeburten) und Infektionen. Alle diese Ursachen könnten durch eine bessere medizinische Versorgung wirksam bekämpft werden.

*»Wir müssen unsere toten Neugeborenen zählen, und wir müssen dafür sorgen, dass ihr Tod zählt, anstatt ihn als unabwendbar hinzunehmen.«* Francisco Songane, Leiter der WHO Partnership for Maternal, Newborn and Child Health, 2006

**POSTNATALE MORTALITÄT**
Todesfälle in der ersten Lebenswoche pro 1000 Lebendgeburten, 2000

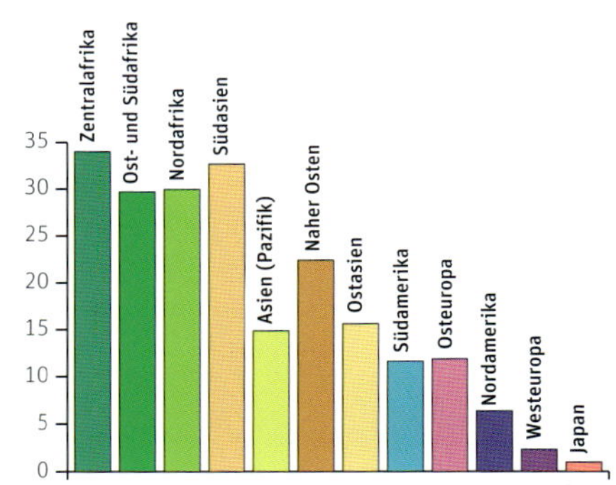

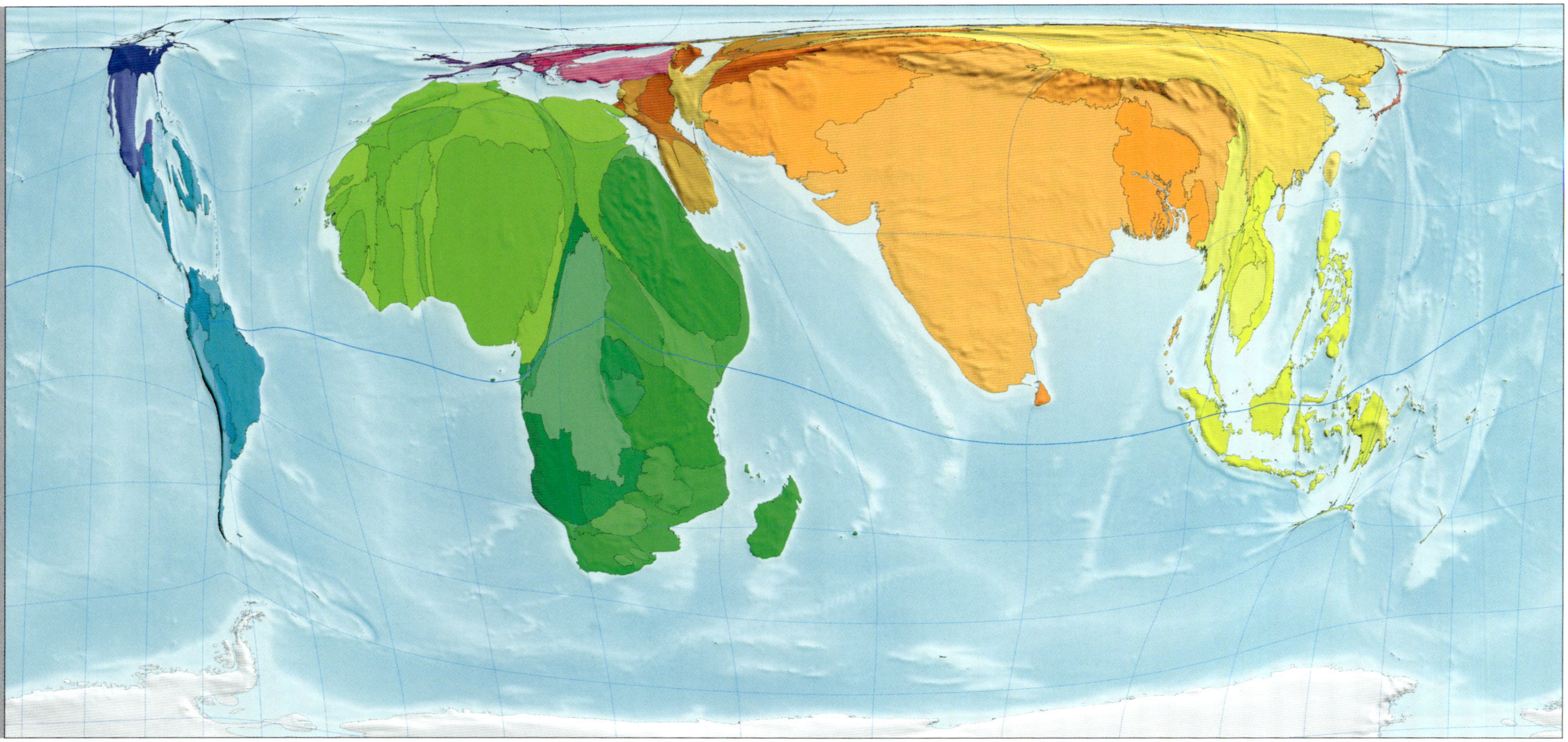

# 293 Säuglingssterblichkeit

**Die Größe der Flächen zeigt die Anzahl der Kinder, die im ersten Jahr nach ihrer Geburt starben.**

2002 starben 7,2 Millionen Kinder im ersten Jahr nach der Geburt – 5,4 Prozent dieses Jahrgangs. 2,3 Prozent von ihnen starben bereits in ihrer ersten Lebenswoche.

Das Land mit der höchsten Säuglingssterblichkeit war Indien: Im Jahre 2002 starben dort 1,7 Millionen Kinder, das sind 24 Prozent der weltweiten Todesfälle bei Säuglingen und sieben Prozent aller in Indien geborenen Kinder.

In 22 Ländern liegt die Säuglingssterblichkeit sogar bei über zehn Prozent, und alle liegen in Afrika. Sierra Leone weist mit 16 Prozent die weltweit höchste Säuglingssterblichkeit auf.

**HÖCHSTE SÄUGLINGSSTERBLICHKEIT**

| Rang | Land | Todesfälle* |
|---|---|---|
| 1 | Sierra Leone | 165 |
| 2 | Niger | 156 |
| 3 | Angola | 154 |
| 4 | Guinea-Bissau | 130 |
| 5 | DR Kongo | 129 |
| 6 | Mosambik | 125 |
| 7 | Mali | 122 |
| 8 | Mauretanien | 120 |
| 9 | Tschad | 117 |
| 10 | Zentralafrikanische Republik | 115 |
| 11 | Äthiopien | 114 |
| 12 | Malawi | 114 |
| 13 | Burundi | 114 |
| 14 | Nigeria | 110 |
| 15 | Guinea | 109 |
| 16 | Sambia | 108 |
| 17 | Burkina Faso | 107 |
| 18 | Swasiland | 106 |
| 19 | Tansania | 104 |
| 20 | Elfenbeinküste | 102 |

*Anzahl der Kinder, die innerhalb der ersten zwölf Monate nach der Geburt starben, pro 1000 Geburten, 2002

**SÄUGLINGSSTERBLICHKEIT**

Anzahl der Kinder, die im ersten Jahr nach der Geburt starben, pro 1000 Geburten, 2002

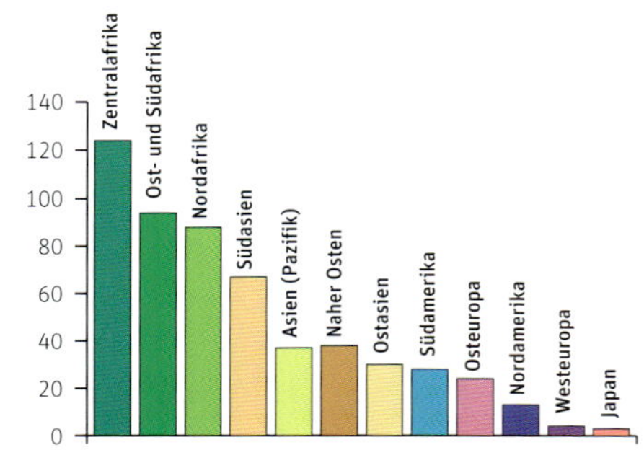

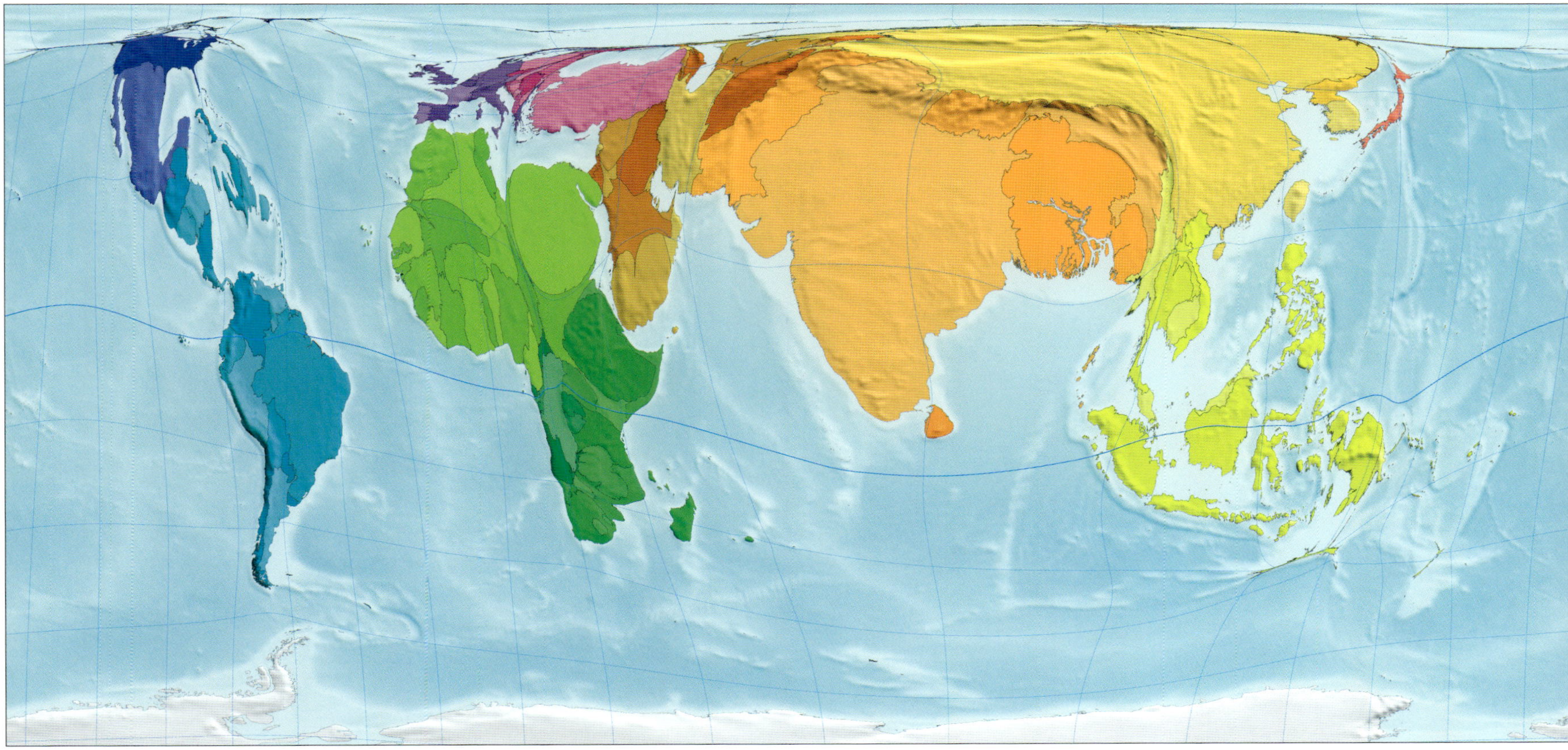

**GRÖSSTE UND GERINGSTE ERFOLGE IM KAMPF GEGEN DIE SÄUGLINGSSTERBLICHKEIT**

| Rang | Land | überlebende Säuglinge* |
|---|---|---|
| 1 | Ägypten | 122 |
| 2 | Jemen | 115 |
| 3 | Oman | 115 |
| 4 | Türkei | 114 |
| 5 | Tunesien | 114 |
| 6 | Algerien | 104 |
| 7 | Mali | 103 |
| 8 | Komoren | 100 |
| 9 | Nepal | 99 |
| 10 | Malediven | 99 |
| 191 | Schweiz | 10 |
| 192 | Island | 10 |
| 193 | Finnland | 9 |
| 194 | Norwegen | 9 |
| 195 | Niederlande | 8 |
| 196 | Schweden | 8 |
| 197 | Ukraine | 6 |
| 198 | Weißrussland | 5 |
| 199 | Lettland | 4 |
| 200 | Sambia | 1 |

*Abnahme der Säuglingssterblichkeitsrate pro 1000 Lebendgeburten, 1970–2002

# 294 Abnahme der Säuglingssterblichkeit

**Zwischen 1970 und 2002 wurden weltweit Erfolge im Kampf gegen die Säuglingssterblichkeit erzielt.**

Die durchschnittliche weltweite Säuglingssterblichkeitsrate pro 1000 Lebendgeburten ist seit 1970 um 51 gesunken. Wäre dies nicht der Fall gewesen, hätten 6,8 Millionen Kinder des Jahrgangs 2002 ihren ersten Geburtstag nicht mehr erlebt.

Die Säuglingssterblichkeit ist in jedem Land zurückgegangen, für das offizielle Zahlen zur Verfügung stehen. Die größten Fortschritte auf diesem Gebiet konnten der Nahe Osten, Zentralasien und Osteuropa verzeichnen.

*»Wir glaubten, böse Geister hätten unsere Babys krank gemacht …, man hat uns aber gelehrt, dass der Mangel an sauberem Wasser und die schlechten hygienischen Bedingungen die Ursachen sind.«*

Zeylu aus Äthiopen, zitiert in »The Rough Guide to a Better World«, 2004

**RÜCKGANG DER SÄUGLINGSSTERBLICHKEIT**
pro 1000 Lebendgeburten, 1970–2002

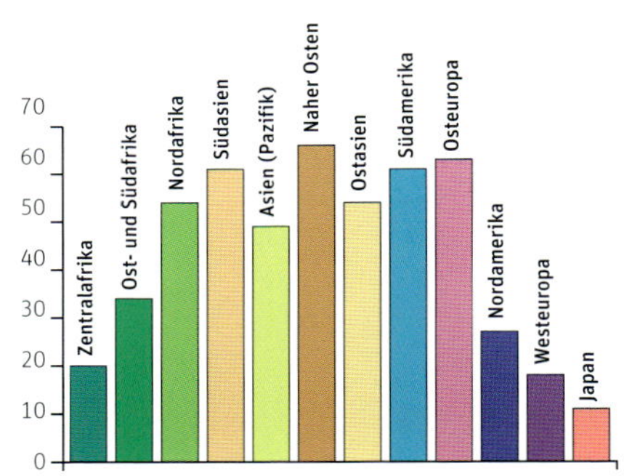

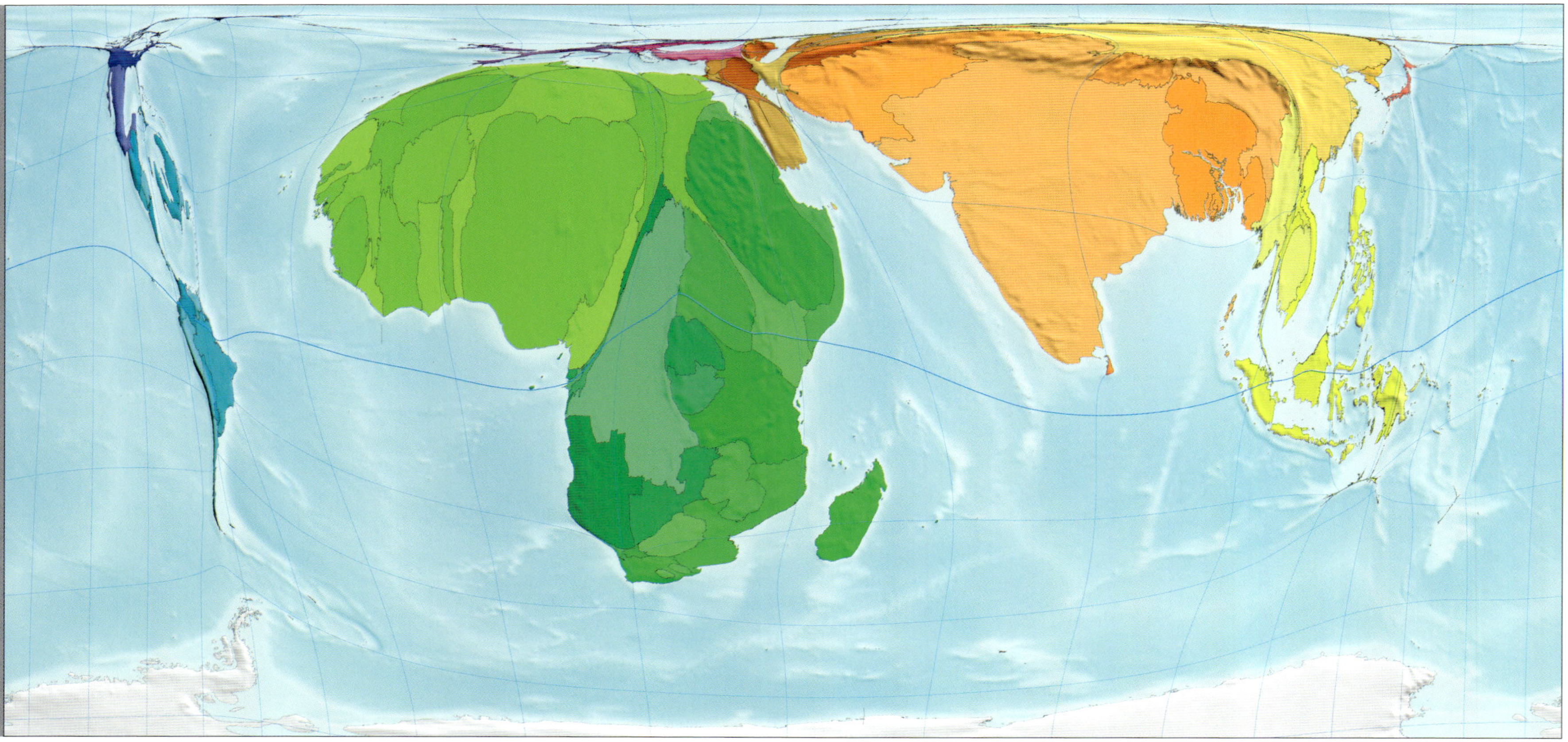

**HÖCHSTE STERBLICHKEITSRATE BEI KINDERN IM ALTER VON 1–4 JAHREN**

| Rang | Land | Todesfälle* |
|---|---|---|
| 1 | Sierra Leone | 119 |
| 2 | Niger | 109 |
| 3 | Angola | 106 |
| 4 | Mali | 100 |
| 5 | Burkina Faso | 100 |
| 6 | Ruanda | 87 |
| 7 | Sambia | 84 |
| 8 | Tschad | 83 |
| 9 | Guinea-Bissau | 81 |
| 10 | DR Kongo | 76 |
| 11 | Burundi | 76 |
| 12 | Elfenbeinküste | 74 |
| 13 | Nigeria | 73 |
| 14 | Mosambik | 72 |
| 15 | Kamerun | 71 |
| 16 | Malawi | 69 |
| 17 | Zentralafrikanische Republik | 65 |
| 18 | Benin | 63 |
| 19 | Mauretanien | 63 |
| 20 | Togo | 62 |

*Mortalität von Kindern im Alter von 1–4 Jahren, 2002

# 295 Kindersterblichkeit

**In Zentralafrika sterben fast 50-mal so viele Kinder in der Altersgruppe unter fünf Jahren wie in Westeuropa.**

Im Jahre 2002 starben 3,2 Millionen Kinder im Alter von ein bis vier Jahren, 29 Prozent davon in Südasien, 26 Prozent in Nordafrika und 18 Prozent im östlichen und südlichen Afrika. Das Land mit den numerisch meisten Todesfällen in dieser Altersgruppe war Indien mit 670 000.

Die Region mit der prozentual höchsten Mortalitätsrate bei Kindern dieser Altersgruppe war Zentralafrika, wo 79 von 1000 Kindern starben – dreimal so viele wie im Weltdurchschnitt. Die Region mit der niedrigsten Kindersterblichkeitsrate ist Westeuropa, mit 1,4 Todesfällen pro 1000 Kinder.

**KINDERSTERBLICHKEIT**
Zahl der Todesfälle bei Kindern im Alter von 1–4 Jahren, pro 1000, 2002

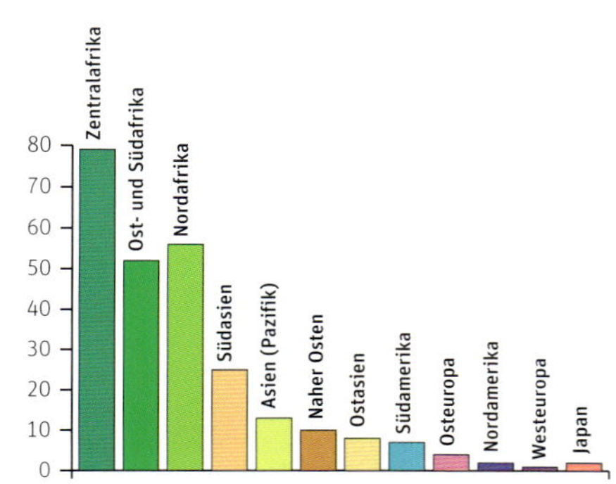

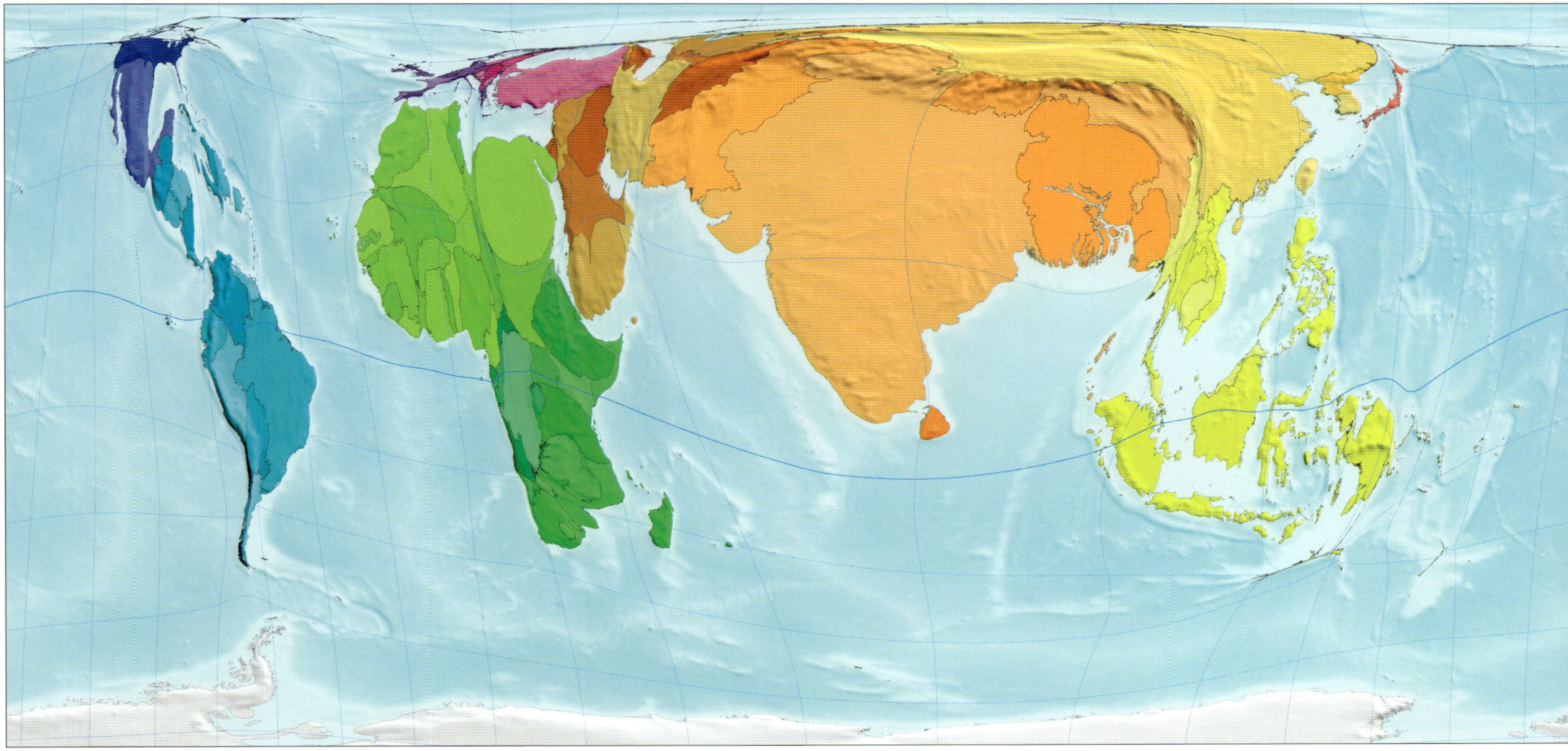

**GRÖSSTER UND KLEINSTER RÜCKGANG DER KINDERSTERBLICHKEIT**

| Rang | Land | überlebende Kinder* |
|---|---|---|
| 1 | Gambia | 101 |
| 2 | Bhutan | 91 |
| 3 | Guinea | 88 |
| 4 | Jemen | 81 |
| 5 | Algerien | 81 |
| 6 | Bolivien | 81 |
| 7 | Malediven | 79 |
| 8 | Mali | 75 |
| 9 | Ägypten | 72 |
| 10 | Malawi | 72 |
| 191 | Niederlande | 2 |
| 192 | Finnland | 2 |
| 193 | Schweiz | 2 |
| 194 | Norwegen | 2 |
| 195 | Ukraine | 1 |
| 196 | Italien | 1 |
| 197 | Lettland | 1 |
| 198 | Sambia | 0 |
| 199 | Ruanda | 0 |
| 200 | Island | 0 |

*Abnahme der Mortalität bei Kindern im Alter von 1–4 Jahren pro 1000, 1970–2002

# 296 Rückgang der Kindersterblichkeit

**Zwischen 1970 und 2002 ist die Kindersterblichkeit fast überall auf der Welt zurückgegangen.**

Nur Ruanda, Sambia und Island meldeten in diesem Zeitraum keine Abnahme der Kindersterblichkeit, und kein einziges Land verzeichnete eine Zunahme.

Im Weltdurchschnitt überlebten beim Jahrgang 2002 von 1000 Kindern 34 mehr als vom Jahrgang 1970. Die größten Fortschritte gab es in Gambia, Bhutan und Guinea. In Gambia starben im Jahre 2002 pro 1000 Kindern 101 Kinder weniger als noch 1970.

Regional gesehen gab es die größten Fortschritte in Südasien, wo die Sterblichkeit um 50 pro 1000 zurückgegangen ist. Demgegenüber ging die Sterblichkeitsrate in Westeuropa nur um vier Promille zurück, da die Kindersterblichkeit dort schon vorher verhältnismäßig niedrig war.

**RÜCKGANG DER KINDERSTERBLICHKEIT**
**Abnahme der Todesfälle bei Kindern im Alter von 1–4 Jahren pro 1000, 1970–2002**

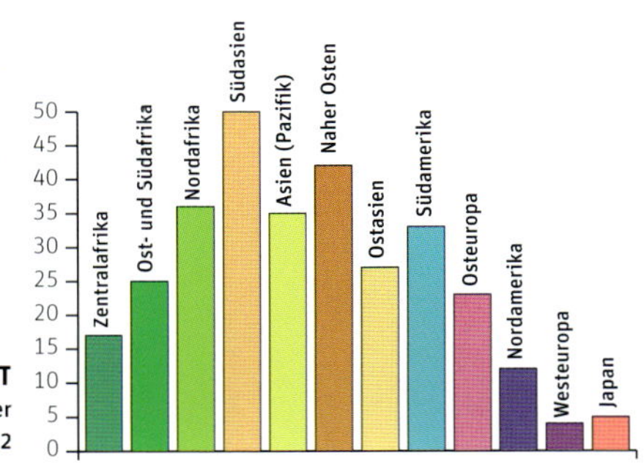


*»Millionen Kleinkinder könnten gerettet werden durch einfache, billige Maßnahmen wie Impfung, Antibiotika, Vitaminpräparate, mit Insektenschutzmittel behandelte Moskitonetze und verbesserte Stilltechniken.«* Carol Bellamy, Generaldirektorin der UNICEF, 2004

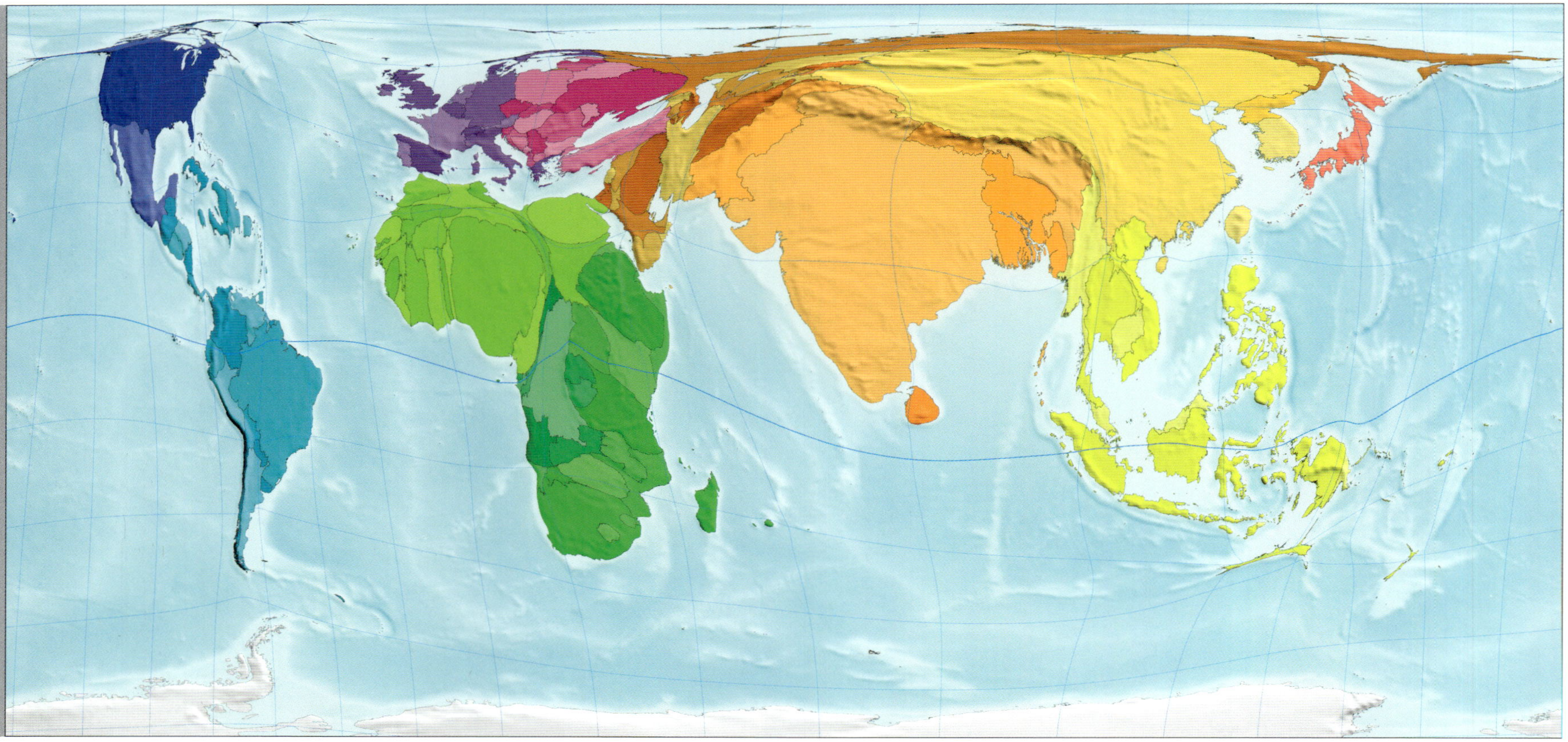

# 297 Mortalität bei Männern zwischen 15 und 60 Jahren

**Besonders in Afrika hat sich Aids verheerend auf die Sterblichkeit in dieser Altersgruppe ausgewirkt.**

Im Jahr 2003 gab es die meisten Todesfälle bei Männern zwischen 15 und 60 in Indien und China, gefolgt von Russland, Indonesien und Nigeria. Die hohe Sterblichkeit in diesen Ländern erklärt sich zum Teil aus der hohen Bevölkerungszahl.

Die höchste prozentuale Sterblichkeitsrate hatte hingegen Afrika zu verzeichnen.

Mit 91 Todesfällen pro 100 Einwohnern in dieser Altergruppe wies Lesotho die höchste Mortalitätsrate auf. Das bedeutet, dass dort fast kein männlicher Einwohner das 60. Lebensjahr erreicht. Die Länder mit den niedrigsten Sterblichkeitsraten sind Schweden, Kuwait und San Marino.

*»Es gibt keine Erwachsenen bei uns. Ich brauche einen Wasserhahn im Badezimmer und Kleidung und Schuhe …, aber ganz besonders brauche ich jemanden, der mich und meine Schwester abends ins Bett bringt.«*
Apiwe, 13, im National Children's Forum on HIV/AIDS, Südafrika, 2001

**HÖCHSTE UND NIEDRIGSTE STERBLICHKEIT BEI MÄNNERN IM ALTER VON 15–60 JAHREN**

| Rang | Land | Prozent* |
|---|---|---|
| 1 | Lesotho | 91,2 |
| 2 | Swasiland | 89,4 |
| 3 | Botswana | 85,0 |
| 4 | Simbabwe | 83,0 |
| 5 | Sambia | 71,9 |
| 6 | Burundi | 65,4 |
| 7 | Malawi | 65,2 |
| 8 | Südafrika | 64,2 |
| 9 | Zentralafrikanische Republik | 64,1 |
| 10 | Mosambik | 62,1 |
| 191 | Niederlande | 9,3 |
| 192 | Israel | 9,2 |
| 193 | Schweiz | 9,0 |
| 194 | Australien | 8,9 |
| 195 | Singapur | 8,7 |
| 196 | Malta | 8,4 |
| 197 | Island | 8,1 |
| 198 | Schweden | 7,9 |
| 199 | Kuwait | 7,3 |
| 200 | San Marino | 7,3 |

*Prozent der Männer, die das 60. Lebensjahr voraussichtlich nicht erreichen werden, Stand 2003

**STERBLICHKEIT BEI ERWACHSENEN MÄNNERN**
Mortalitätsrate der Altersgruppe 15–60 pro 1000

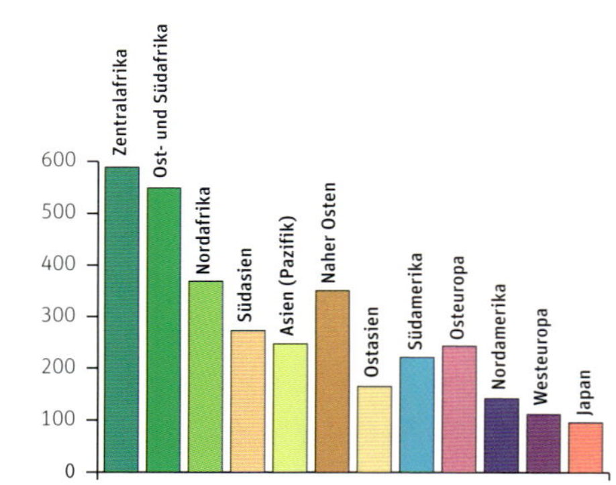

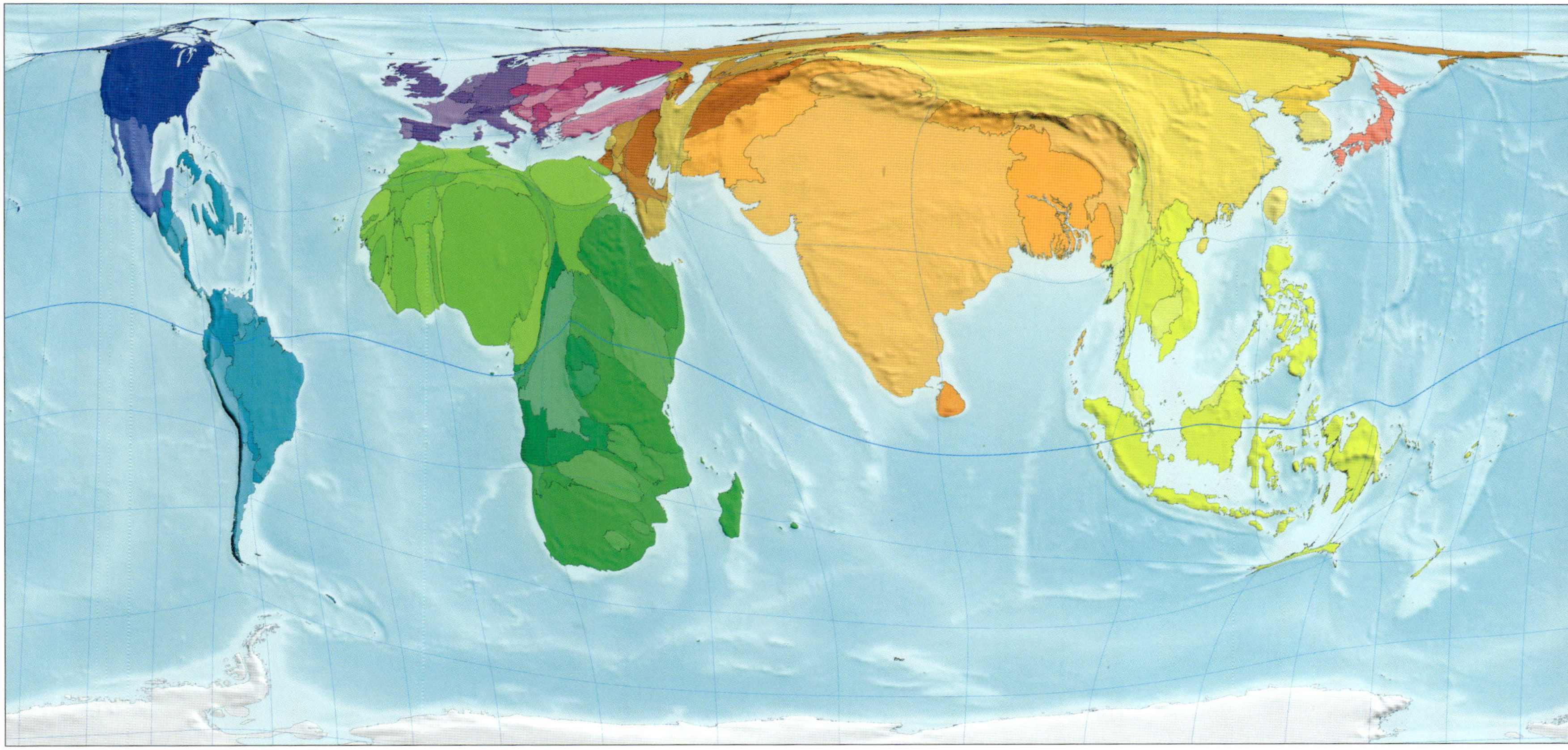

HÖCHSTE UND NIEDRIGSTE STERBLICHKEIT BEI FRAUEN IM ALTER VON 15–60 JAHREN

| Rang | Land | Prozent* |
|---|---|---|
| 1 | Botswana | 83,9 |
| 2 | Simbabwe | 81,9 |
| 3 | Swasiland | 79,0 |
| 4 | Lesotho | 78,1 |
| 5 | Sambia | 68,5 |
| 6 | Malawi | 61,5 |
| 7 | Zentralafrikanische Republik | 59,0 |
| 8 | Südafrika | 57,9 |
| 9 | Tansania | 55,0 |
| 10 | Mosambik | 54,3 |
| 191 | Schweden | 5,0 |
| 192 | Malta | 4,9 |
| 193 | Griechenland | 4,8 |
| 194 | Monaco | 4,7 |
| 195 | Italien | 4,7 |
| 196 | Zypern | 4,7 |
| 197 | Spanien | 4,6 |
| 198 | Japan | 4,5 |
| 199 | Andorra | 4,1 |
| 200 | San Marino | 3,2 |

*Prozent der Frauen, die das 60. Lebensjahr voraussichtlich nicht erreichen werden, Stand 2003

# 298 Mortalität bei Frauen zwischen 15 und 60 Jahren

**Allgemein liegt die Sterblichkeitsrate bei Frauen etwas niedriger als bei Männern. Aber auch hier zeigen sich die verheerenden Auswirkungen von Aids.**

Im Jahr 2002 hatten Frauen in 125 der 200 erfassten Länder eine Lebenserwartung von über 60 Jahren. Es wird also allgemein erwartet, dass Frauen dort ihren 60. Geburtstag erleben. Diese Karte zeigt jedoch, dass viele Frauen früher sterben. 300 Millionen der Frauen, die 2003 lebten, werden vermutlich das 60. Lebensjahr nicht erreichen.

Die höchsten Mortalitätsraten bei Frauen dieser Altergruppe findet man im östlichen und südlichen Afrika, insbesondere in Botswana, Simbabwe und Swasiland. Diese gehören auch zu den Ländern mit den höchsten HIV-Raten.

*»Ein Todesfall ist eine Tragödie. Eine Million Todesfälle sind ein Fall für die Statistik.«* Joseph Stalin, Diktator, Generalsekretär der Kommunistischen Partei der Sowjetunion, nicht datiert

**STERBLICHKEIT BEI ERWACHSENEN FRAUEN**
Mortalitätsrate der Altersgruppe 15–60 pro 1000

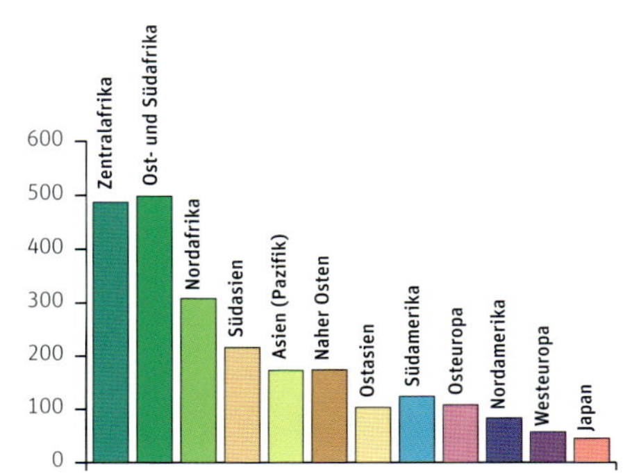

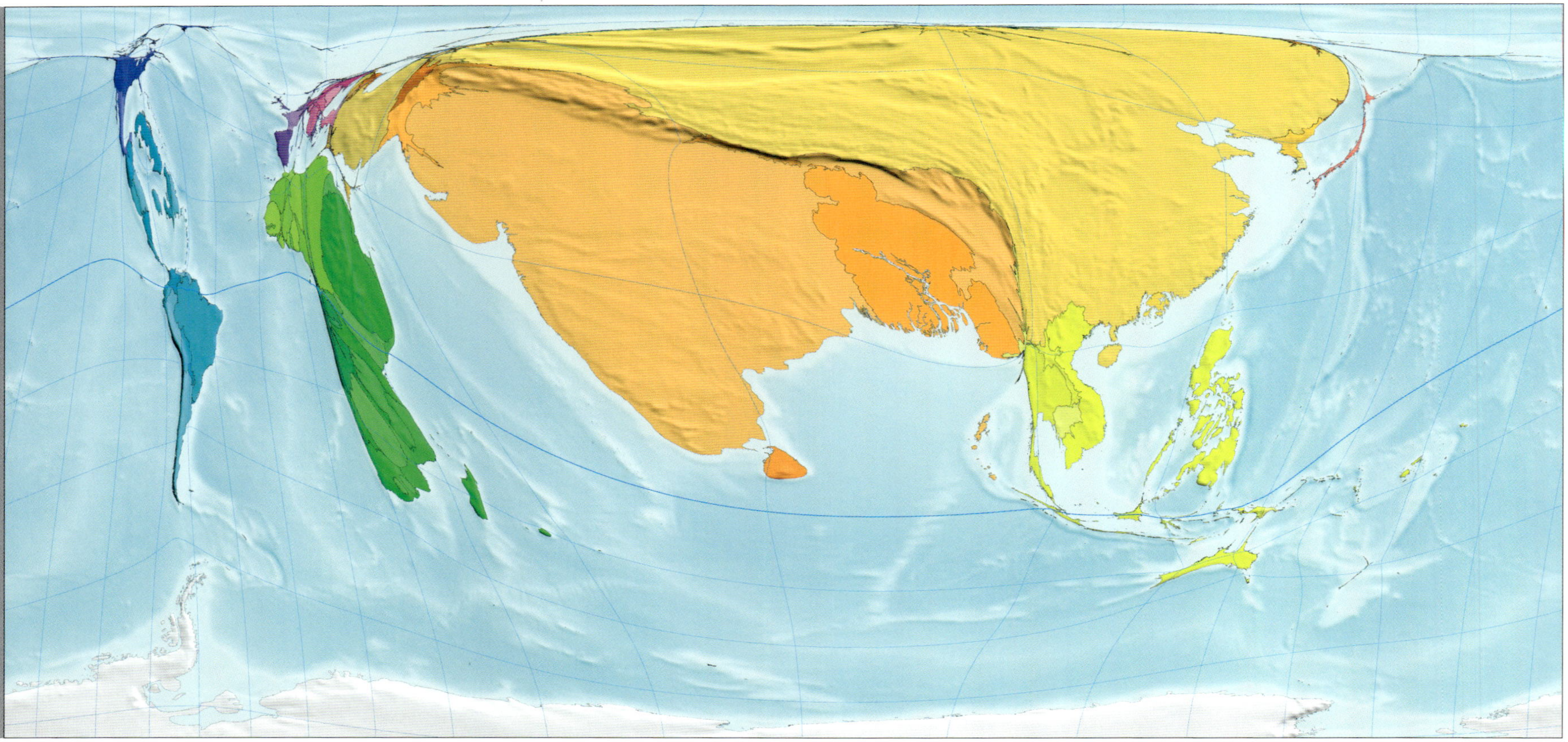

**ANZAHL DER MENSCHEN, DIE VON KATASTROPHEN BETROFFEN SIND**

| Rang | Land | Betroffene* |
|---|---|---|
| 1 | Botswana | 79 |
| 2 | Bangladesch | 71 |
| 3 | Simbabwe | 71 |
| 4 | Mauretanien | 68 |
| 5 | Malawi | 65 |
| 6 | Dschibuti | 65 |
| 7 | Indien | 58 |
| 8 | Swasiland | 54 |
| 9 | Mosambik | 53 |
| 10 | China | 53 |
| 11 | Hongkong | 49 |
| 12 | Antigua und Barbuda | 48 |
| 13 | Fidschi | 47 |
| 14 | Laos | 46 |
| 15 | Tonga | 46 |
| 16 | Samoa | 43 |
| 17 | Vanuatu | 42 |
| 18 | Äthiopien | 41 |
| 19 | Albanien | 37 |
| 20 | Eritrea | 36 |

*Anzahl der Betroffenen, pro 1000 Einwohner und Jahr, 1975–2004

# 299 Katastrophenopfer

**Fast 90 Prozent der Menschen, die zwischen 1975 und 2004 Opfer von Katastrophen wurden, lebten in Afrika und Asien.**

Internationale Hilfsorganisationen bezeichnen Katastrophen als Ereignisse, bei denen die lokalen Mittel zur Bewältigung der Auswirkungen nicht ausreichen, sodass Hilfe von außen in Anspruch genommen werden muss. Solche Ereignisse sind zum Beispiel Dürren, Epidemien, Vulkanausbrüche, Stürme, Feuer, Unfälle und indirekte Kriegsfolgen, nicht aber direkte militärische Aktionen.

Katastrophenopfer werden als solche definiert, wenn sie nicht in der Lage sind, ohne fremde Hilfe zu überleben. Solche Hilfe wird in Form von Unterkunft, Wasser, sanitären Anlagen, Medikamenten oder Nahrungsmitteln geleistet.

43 Prozent der Katastrophenopfer in den Jahren 1975 bis 2004 lebten in Südasien, 41 Prozent in Ostasien und fünf Prozent im östlichen und südlichen Afrika.

*»Wir können Katastrophen nicht verhindern, aber wir können uns besser darauf vorbereiten, damit wir im Ernstfall besser und schneller reagieren können.«* Winston Choo, Leiter des Roten Kreuzes Singapur, 2006

**ANZAHL DER KATASTROPHENOPFER**
pro 1000 Einwohner und Jahr, 1975–2004

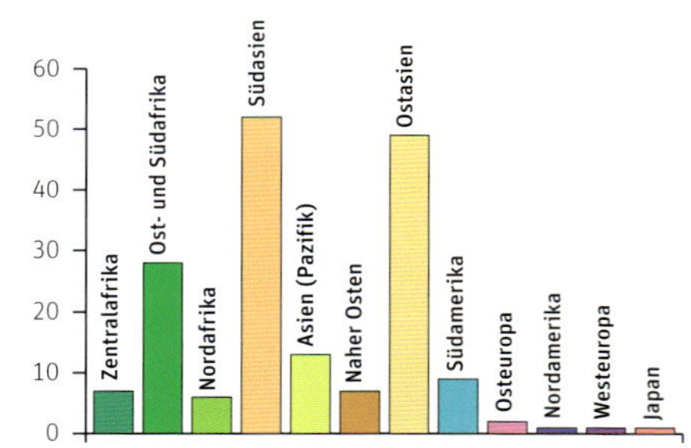

**ANZAHL DER TODESOPFER DURCH KATASTROPHEN**

| Rang | Land | Todesfälle* |
|---|---|---|
| 1 | Armenien | 269 |
| 2 | Mosambik | 184 |
| 3 | Sudan | 152 |
| 4 | Äthiopien | 146 |
| 5 | Honduras | 76 |
| 6 | Guatemala | 68 |
| 7 | Iran | 51 |
| 8 | Cookinseln | 46 |
| 9 | Venezuela | 40 |
| 10 | Bangladesch | 40 |
| 11 | Haiti | 31 |
| 12 | Nicaragua | 25 |
| 13 | Salomon-Inseln | 23 |
| 14 | Kolumbien | 21 |
| 15 | St. Lucia | 19 |
| 16 | Vanuatu | 19 |
| 17 | Afghanistan | 18 |
| 18 | El Salvador | 18 |
| 19 | Ecuador | 17 |
| 20 | Papua-Neuguinea | 17 |

*Durchschnittliche Anzahl der Todesopfer durch Katastrophen pro Jahr und Million Einwohner, 1975–2004

# 300 Todesopfer durch Katastrophen

**In den Jahren zwischen 1975 und 2004 ereigneten sich einige verheerende Katastrophen, die zahlreiche Todesopfer forderten.**

Diese Karte verzeichnet die Anzahl der Todesfälle, die in den Jahren 1975 bis 2004 sicher oder höchst wahrscheinlich durch Katastrophen verursacht wurden. In diesen Zeitraum fiel 1976 das Erdbeben in China, 1984 die Dürre im Sudan und in Äthiopien und 1991 der verheerende Wirbelsturm in Bangladesch.

Die Zahl der Todesopfer bei solchen Katastrophen kann durch menschliche Faktoren noch ansteigen. Die unmittelbare Ursache der Hungersnot 1984 in Äthiopien war zwar Dürre, aber die Situation wurde durch den Bürgerkrieg und das anfängliche Ausbleiben internationaler Hilfe noch verschärft.

*»Wir rechnen mit bis zu 1000 Todesopfern allein durch diese Überschwemmung.«* Inspektor Daniel Gezahenge zu den Überschwemmungen in Äthiopien im Jahre 2006, zitiert nach der Webseite der BBC

**TODESOPFER VON KATASTROPHEN**
**Todesfälle pro Million Menschen pro Jahr, 1975–2004**

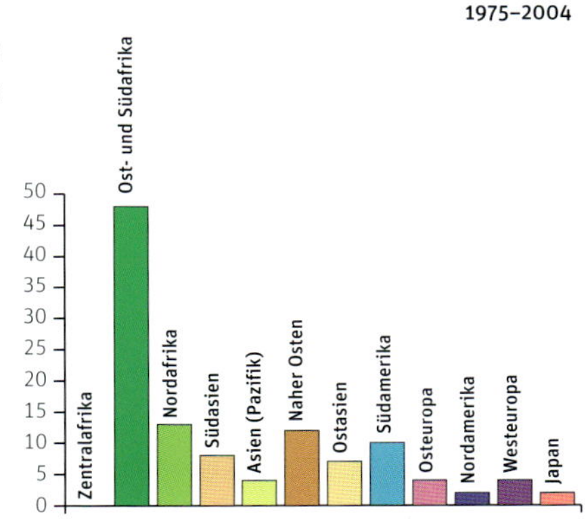

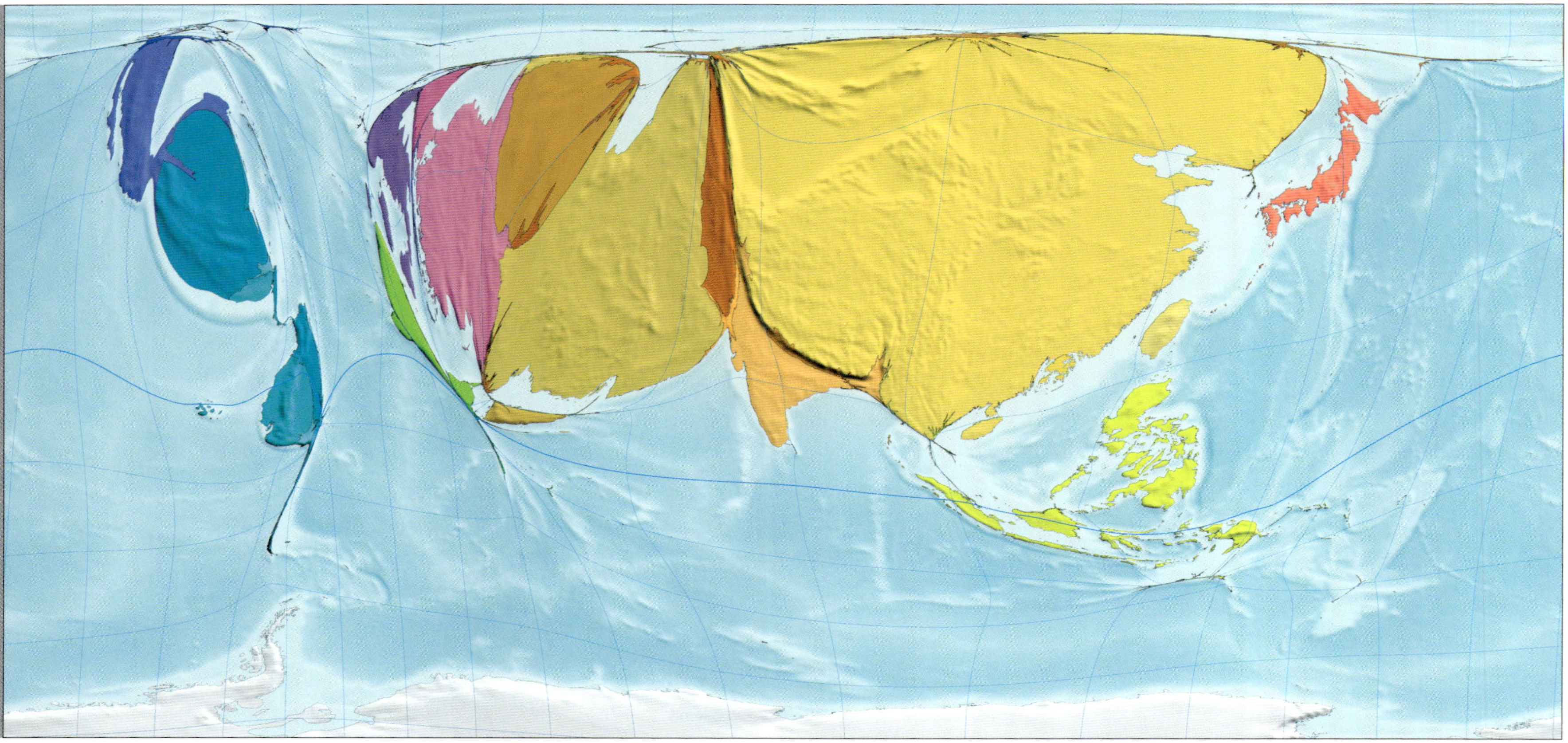

# 301 Todesopfer durch Erdbeben

**Manche Regionen neigen besonders zu plötzlichen Bewegungen der Erdkruste.**

**ANZAHL DER TODESOPFER DURCH ERDBEBEN**

| Rang | Land | Anzahl* |
|---|---|---|
| 1 | Armenien | 310 |
| 2 | Guatemala | 74 |
| 3 | Iran | 39 |
| 4 | Afghanistan | 14 |
| 5 | Türkei | 13 |
| 6 | China | 7 |
| 7 | Hongkong | 7 |
| 8 | El Salvador | 7 |
| 9 | Philippinen | 4 |
| 10 | Taiwan | 4 |
| 11 | Italien | 3,8 |
| 12 | Algerien | 3,5 |
| 13 | Mexiko | 3,4 |
| 14 | Jemen | 3,0 |
| 15 | Rumänien | 2,8 |
| 16 | Salomon-Inseln | 2,6 |
| 17 | Vanuatu | 2,3 |
| 18 | Georgien | 2,1 |
| 19 | Tadschikistan | 1,9 |
| 20 | Kolumbien | 1,9 |

*Anzahl der Todesopfer durch Erdbeben pro Jahr und pro Million Einwohner, 1975–2000

Erdbeben treten am häufigsten in der Nähe der aktiven Übergänge zwischen den Kontinentalplatten auf. Besonders oft treten schwere Erdbeben in Kolumbien und China, im Iran, in Indonesien, Indien, Japan, auf den Philippinen und in Peru auf.

Zwischen 1975 und 2000 kamen weltweit schätzungsweise 471 000 Menschen durch Erdbeben zu Tode, davon 52 Prozent in China – die meisten beim Tangshan-Erdbeben im Jahre 1976 – und 16 Prozent im Iran.

Wie viele Todesopfer ein Erdbeben fordert, hängt nicht nur von Stärke und Dauer des Bebens selbst ab, sondern auch von der Qualität der Bausubstanz und von den Fähigkeiten der lokalen Infrastruktur, die Folgen zu bewältigen. So wird die relative hohe Zahl von 18 000 Todesopfern beim Erdbeben von Izmit in der Türkei 1999 auch auf den Umstand zurückgeführt, dass die Häuser dort schlecht gebaut waren und den Erschütterungen deswegen nicht standhielten.

**ANZAHL DER TODESFÄLLE DURCH ERDBEBEN**
Pro Jahr und pro Million Einwohner, 1975–2000

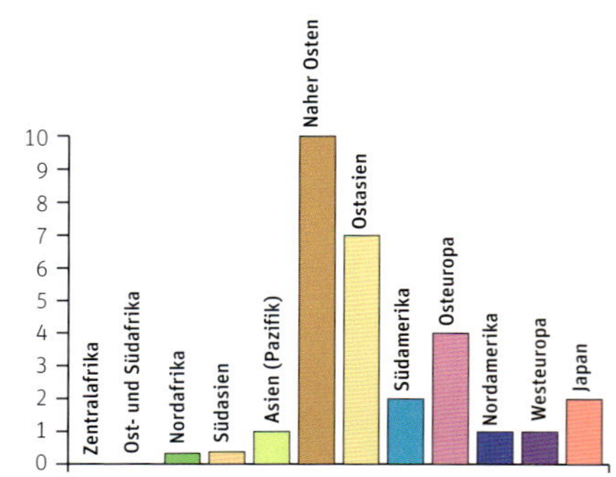

**TODESFÄLLE DURCH VULKANE**

| Rang | Land | Todesfälle* |
|---|---|---|
| 1 | Kolumbien | 877,31 |
| 2 | Kamerun | 68,58 |
| 3 | Philippinen | 27,65 |
| 4 | Indonesien | 25,35 |
| 5 | Mexiko | 4,62 |
| 6 | Vereinigte Staaten | 3,46 |
| 7 | Äthiopien | 2,46 |
| 8 | DR Kongo | 2,35 |
| 9 | Japan | 1,81 |
| 10 | Papua-Neuguinea | 0,35 |

*Zahl der Todesopfer pro Jahr, 1975–2000

**TODESRATE DURCH VULKANE**

| Rang | Land | Todesfälle* |
|---|---|---|
| 1 | Kolumbien | 20,17 |
| 2 | Kamerun | 4,37 |
| 3 | St. Vincent und die Grenadinen | 0,77 |
| 4 | Philippinen | 0,35 |
| 5 | Indonesien | 0,12 |
| 6 | Osttimor | 0,09 |
| 7 | Papua-Neuguinea | 0,06 |
| 8 | Komoren | 0,05 |
| 9 | DR Kongo | 0,05 |
| 10 | Mexiko | 0,05 |

*Tote pro Million Einwohner und Jahr, 1975–2000

# 302 Todesopfer bei Vulkanausbrüchen

**Diese Statistik erfasst nur jene Todesfälle, die unmittelbar auf Vulkanismus zurückzuführen sind, aber keine Opfer von Erdbeben und Tsunamis.**

Vulkanische Aktivitäten stellen in vielerlei Hinsicht eine Gefahr für den Menschen dar. Lavaströme, Schlammlawinen, pyroklastische Ströme (heiße Asche, Felsen und Gase), Erdrutsche und Ascheablagerungen sind eine ernst zu nehmende Bedrohung.

In den Jahren 1975 bis 2000 gab es in nur 17 Ländern Todesfälle infolge von Vulkanausbrüchen. 86 Prozent der Opfer starben in Kolumbien, die meisten davon in der Stadt Armero, die nach dem Ausbruch des Vulkans Nevado del Ruiz am 13. November 1985 unter einer Schlammlawine begraben wurde. Dabei kamen fast 22 000 Menschen ums Leben.

**TODESFÄLLE DURCH VULKANAUSBRÜCHE**
Todesfälle pro Million Einwohner und Jahr, 1975–2000

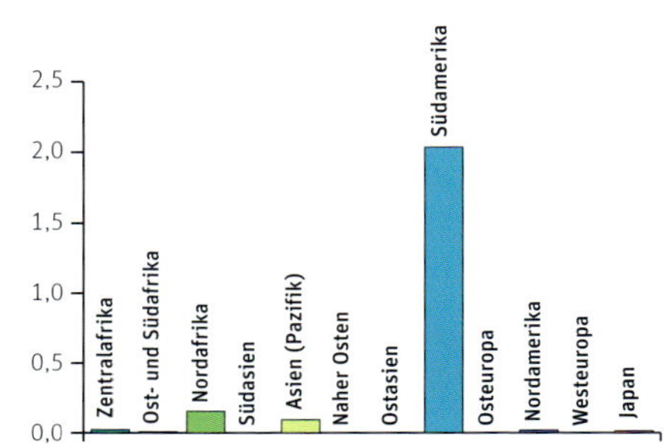

**GRÖSSTE ANZAHL OPFER VON DÜRREKATASTROPHEN**

| Rang | Land | Todesfälle* |
|---|---|---|
| 1 | Mosambik | 208,00 |
| 2 | Sudan | 175,36 |
| 3 | Äthiopien | 167,43 |
| 4 | Swasiland | 17,48 |
| 5 | Tschad | 13,90 |
| 6 | Somalia | 2,52 |
| 7 | Papua-Neuguinea | 0,67 |
| 8 | Indonesien | 0,24 |
| 9 | Uganda | 0,18 |
| 10 | Kenia | 0,10 |
| 11 | China | 0,10 |
| 12 | Osttimor | 0,10 |
| 13 | Hongkong | 0,09 |
| 14 | Guinea | 0,06 |
| 15 | Pakistan | 0,04 |
| 16 | Burundi | 0,04 |
| 17 | Indien | 0,02 |
| 18 | Bangladesch | 0,01 |
| 19 | Brasilien | <0,01 |
| 20 | Philippinen | <0,01 |

*Todesfälle infolge von Dürre pro Million Einwohner und Jahr, 1975–2000

# 303 Opfer von Dürrekatastrophen

**Längere Dürreperioden führen zu Missernten. Sie gefährden auch den Viehbestand und vernichten die Ernährungsgrundlagen der Menschen.**

Verglichen mit anderen Naturkatastrophen entwickeln sich Dürreperioden schleichend, und manchmal halten sie mehrere Jahre an. In den Jahren 1975 bis 2000 gab es dadurch weltweit schätzungsweise 560 000 Todesfälle. Obwohl sich die Opfer auf 20 der 200 erfassten Länder verteilten, konzentrierten sie sich – nämlich über 98 Prozent – auf drei Länder: Äthiopien, den Sudan und Mosambik. Eritrea, wo die Dürre von 1984 viele Menschenleben forderte, war damals noch ein Teil Äthiopiens.

**TOD DURCH DÜRREKATASTROPHEN**
Todesfälle pro Million Einwohner und Jahr, 1975–2000

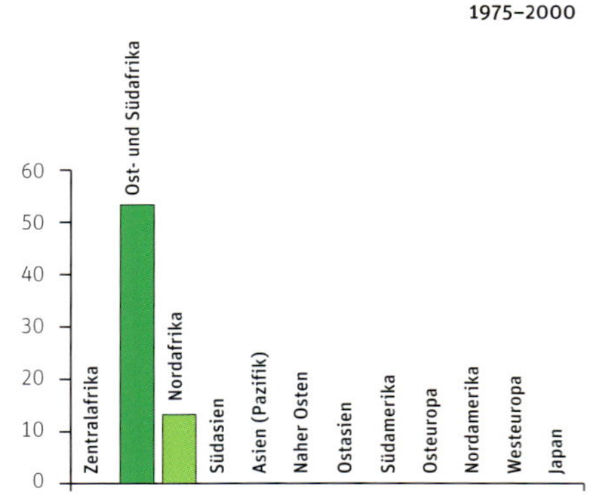

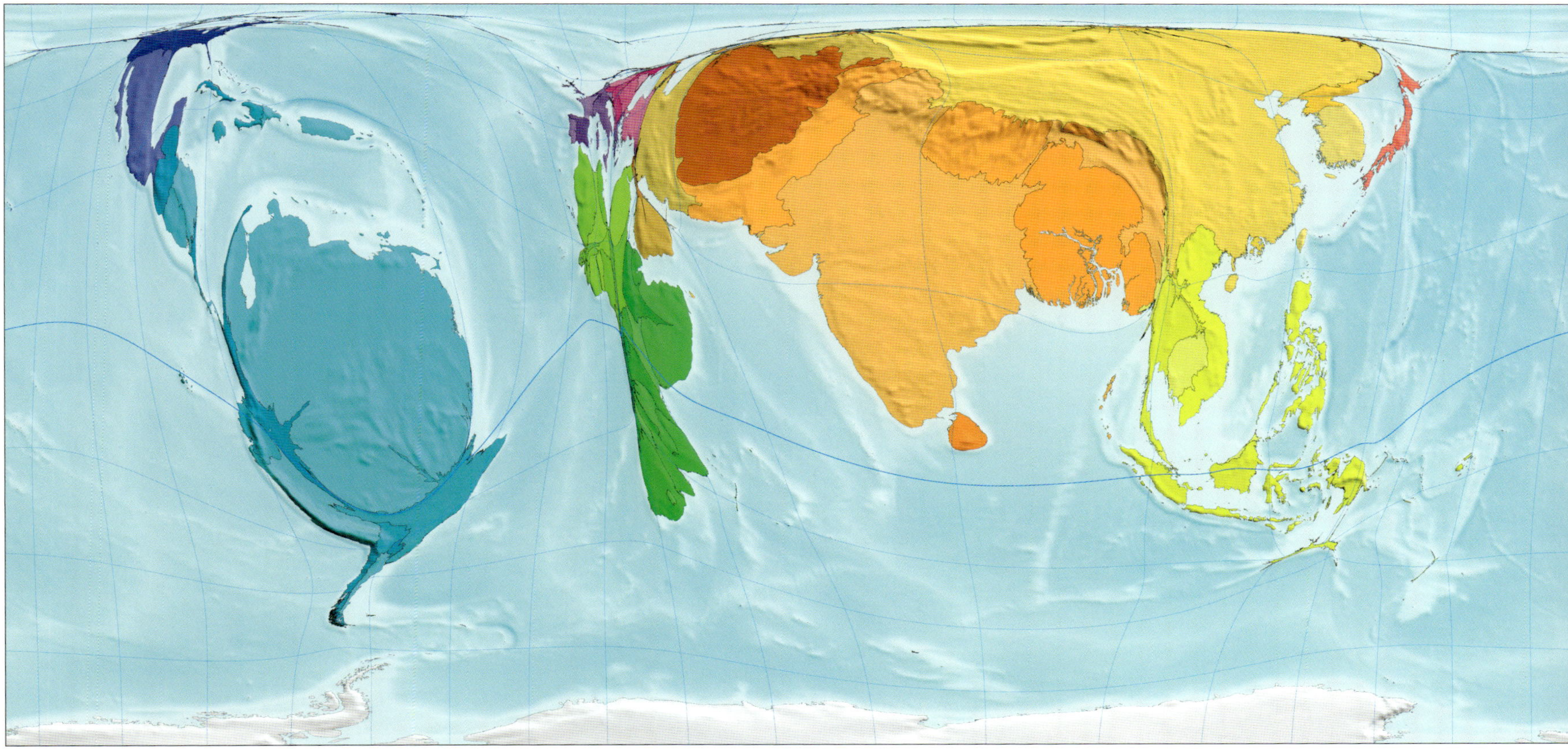

# 304 Flutopfer

**Todesopfer durch Überschwemmungen kann es überall auf der Erde geben. Nur eine Katastrophe verändert die Proportionen der Karte dramatisch.**

Zwischen 1975 und 2000 starben weltweit über 170 000 Menschen durch Überschwemmungen. Die meisten Todesopfer gab es in Südamerika, Süd- und Ostasien. Am anderen Ende der Skala lagen Zentralafrika, Japan und Westeuropa mit weniger als 0,6 Prozent der weltweiten Todesfälle.

Statistisch am gefährdetsten sind die Einwohner Venezuelas. 99 Prozent der Todesopfer in diesem Land starben 1999 nach mehrere Tage anhaltenden schweren Regenfällen. Im untersuchten Zeitraum war dies auch das Jahr mit den weltweit meisten Todesfällen durch Überschwemmungen.

**ANZAHL DER OPFER VON ÜBERSCHWEMMUNGEN**

| Rang | Land | Todesfälle* |
|---|---|---|
| 1 | Venezuela | 46,14 |
| 2 | Afghanistan | 15,10 |
| 3 | Somalia | 10,02 |
| 4 | Dschibuti | 9,89 |
| 5 | Tadschikistan | 8,90 |
| 6 | Nepal | 6,75 |
| 7 | Puerto Rico | 5,11 |
| 8 | Bhutan | 3,88 |
| 9 | Honduras | 3,76 |
| 10 | El Salvador | 3,38 |
| 11 | Peru | 2,98 |
| 12 | Kambodscha | 2,84 |
| 13 | Bangladesch | 2,65 |
| 14 | Guatemala | 2,57 |
| 15 | Mosambik | 2,51 |
| 16 | Jemen | 1,95 |
| 17 | Ecuador | 1,93 |
| 18 | Seychellen | 1,92 |
| 19 | Jamaika | 1,72 |
| 20 | Fidschi | 1,59 |

*Tote durch Überschwemmungen pro Million Einwohner und Jahr, 1975–2000

**TODESFÄLLE DURCH ÜBERSCHWEMMUNGEN**
Zahl der Toten pro Million Einwohner und Jahr, 1975–2000

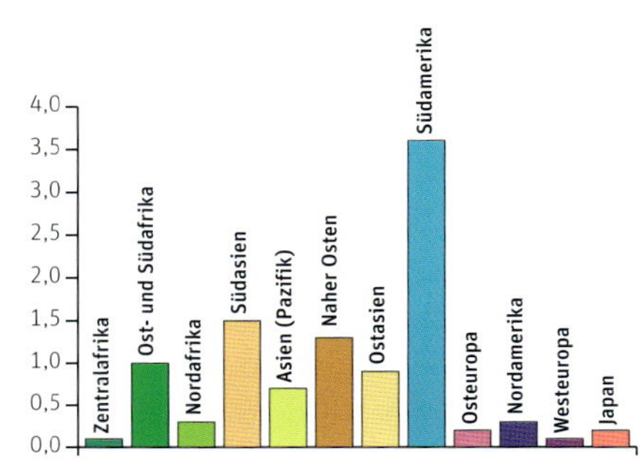

**ANZAHL DER OPFER VON STURM UND UNWETTER**

| Rang | Land | Tote* |
|---|---|---|
| 1 | Honduras | 83 |
| 2 | Cookinseln | 53 |
| 3 | Bangladesch | 42 |
| 4 | Nicaragua | 25 |
| 5 | St. Lucia | 22 |
| 6 | Vanuatu | 18 |
| 7 | Dominica | 17 |
| 8 | Philippinen | 9 |
| 9 | Fidschi | 8 |
| 10 | Salomon-Inseln | 8 |
| 11 | Dominikanische Republik | 8 |
| 12 | Haiti | 8 |
| 13 | St. Kitts und Nevis | 5 |
| 14 | Vietnam | 4 |
| 15 | Samoa | 4 |
| 16 | Komoren | 3 |
| 17 | Tonga | 3 |
| 18 | El Salvador | 3 |
| 19 | Antigua und Barbuda | 3 |
| 20 | Madagaskar | 3 |

*Zahl der Toten durch Unwetter pro Million Einwohner und Jahr, 1975–2000

# 305 Opfer von Sturm und Unwetter

**Südasien, insbesondere Bangladesch, haben besonders schwer darunter gelitten.**

Der Begriff »Unwetter« umfasst Zyklone, Orkane, Tornados, tropische Stürme, Taifune und Winterstürme. In den Jahren 1975–2000 gab es die meisten einschlägigen Todesopfer in Bangladesch, wo 1991 bei einem Zyklon 138 987 Menschen den Tod fanden. 72 Prozent der weltweiten Todesfälle durch Unwetter waren in Südasien zu beklagen.

Schwere Unwetter, die zahlreiche Opfer fordern, treten besonders oft in Inselstaaten oder in Ländern mit langen Küsten auf, besonders zwischen dem nördlichen und dem südlichen Wendekreis. Die 20 Länder mit den meisten Todesfällen durch Unwetter befinden sich alle entweder vollständig oder zumindest zu großen Teilen in diesen Breitengraden.

*»Ein Zyklon wird begleitet von sintflutartigen Regenfällen und starkem Wind; am schrecklichsten sind jedoch die Überschwemmungen durch Flutwellen.«*
Sazedur Rahman, ehemaliger Direktor des SAARC Meteorological Research Centre, Dhaka, 2001

**ANZAHL DER OPFER VON STURM UND UNWETTER**
Tote pro Million Einwohner und Jahr, 1975–2000

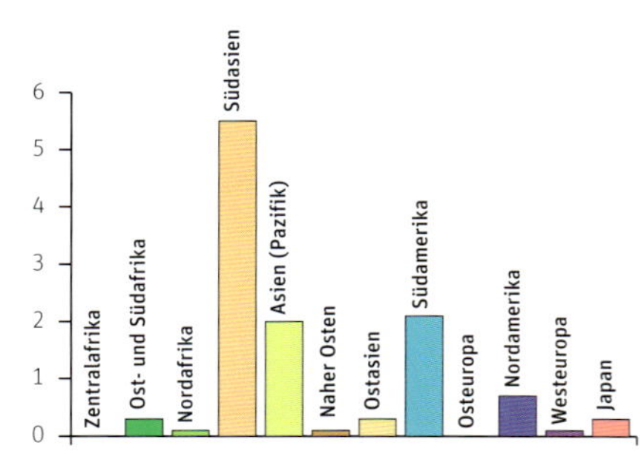

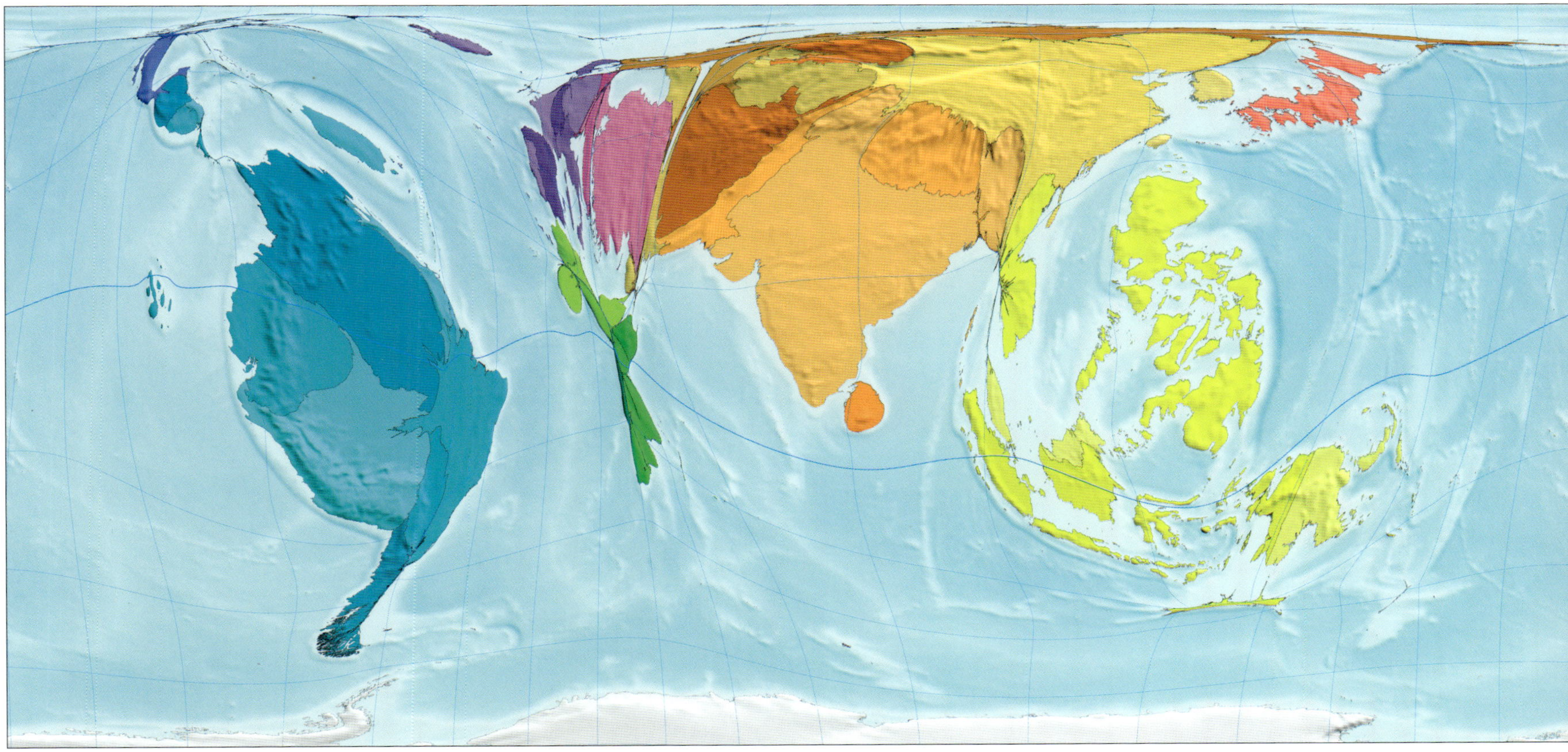

HÖCHSTE ANZAHL VON TOTEN DURCH LAWINEN UND ERDRUTSCHE

| Rang | Land | Todesfälle* |
|---|---|---|
| 1 | Island | 4,9 |
| 2 | Ecuador | 2,4 |
| 3 | Papua-Neuguinea | 2,2 |
| 4 | Tadschikistan | 2,2 |
| 5 | Peru | 1,6 |
| 6 | Kolumbien | 1,3 |
| 7 | Puerto Rico | 1,2 |
| 8 | Kirgisistan | 1,2 |
| 9 | Afghanistan | 1,2 |
| 10 | Nepal | 0,9 |
| 11 | Albanien | 0,7 |
| 12 | Bolivien | 0,7 |
| 13 | Philippinen | 0,6 |
| 14 | Liberia | 0,5 |
| 15 | Georgien | 0,5 |
| 16 | Chile | 0,5 |
| 17 | Guyana | 0,5 |
| 18 | Österreich | 0,4 |
| 19 | Türkei | 0,3 |
| 20 | El Salvador | 0,3 |

*Zahl der Toten pro Million Einwohner und Jahr, 1975–2000

# 306 Opfer von Lawinen und Erdrutschen

**Diese Naturkatastrophen beginnen oft mit einer kleinen Bewegung und entwickeln rasch eine todbringende Kraft.**

Bei Lawinen und Erdrutschen bewegen sich Schnee, Eis, Erd- oder Gesteinsmassen talwärts. Lawinen werden oft durch einen einzigen Skifahrer oder durch eine Erderschütterung ausgelöst und durch die Wirkung der Schwerkraft und die Bewegungsdynamik verstärkt.

1975–2000 forderten Lawinen und Erdrutsche fast 17 000 Menschenleben, das entspricht einem Toten pro Jahr und zehn Millionen Menschen. Die meisten Opfer gab es in Indien, China, Kolumbien und auf den Philippinen – in 69 Prozent der Länder kein einziges.

*»Augenzeugen berichten, dass am 9. Mai um 13.30 Uhr … Las Brisas, eine Siedlung mit circa 150 Wellblechhütten und 300 Menschen, von einem gigantischen Erdrutsch am Berg El Tierrero begraben wurde.«*

UNDHA, in einem Bericht über sintflutartige Regenfälle, Erderschütterungen und Erdrutsche im Nambija-Gebiet in Ecuador, 1993

**TODESFÄLLE DURCH LAWINEN UND ERDRUTSCHE**

Pro einer Million Menschen und Jahr, 1975–2000

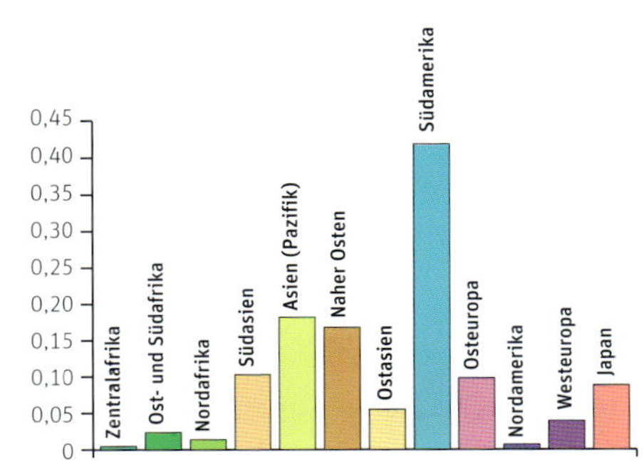

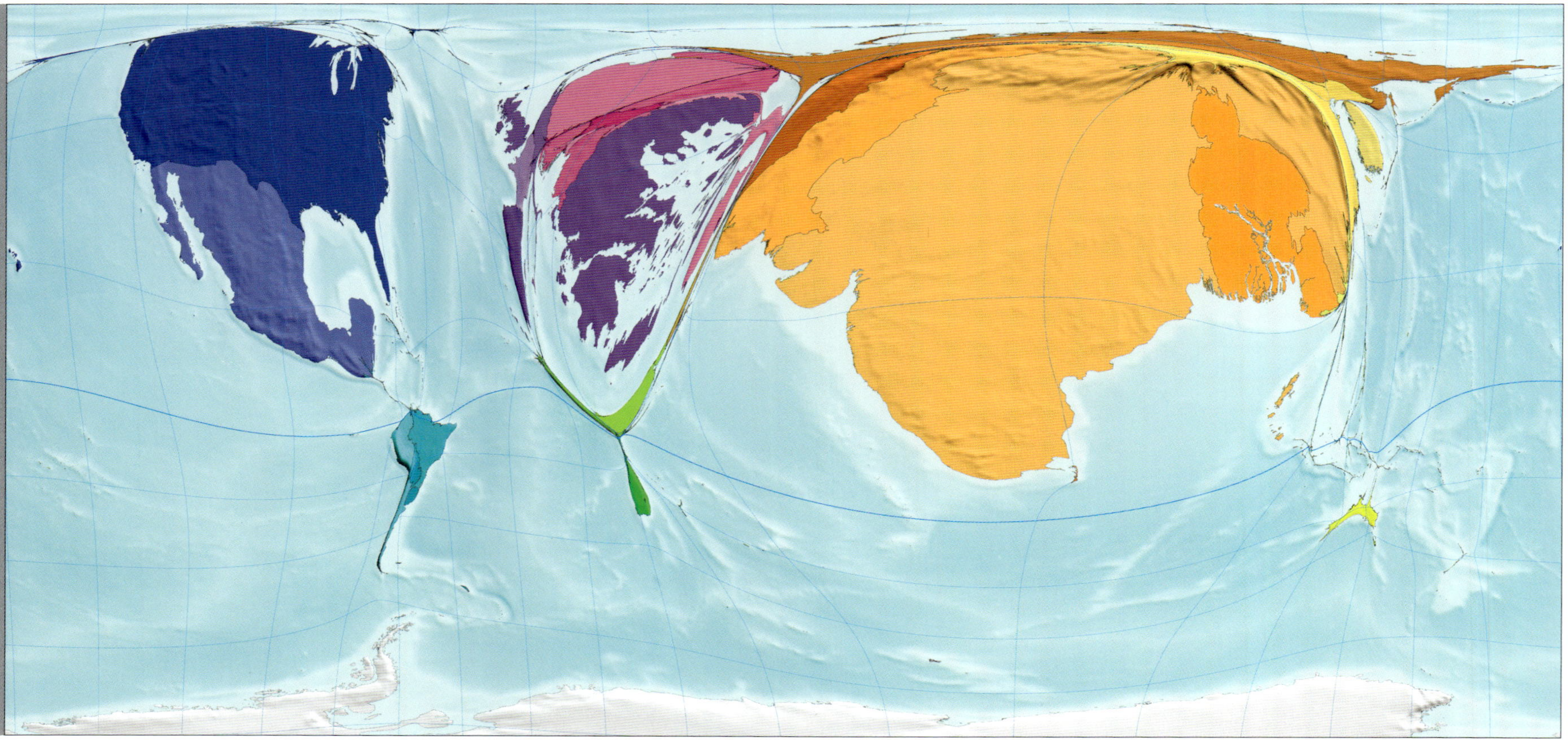

**ANZAHL DER TODESOPFER DURCH EXTREME TEMPERATUREN**

| Rang | Land | Tote* |
|---|---|---|
| 1 | Griechenland | 3,8 |
| 2 | Zypern | 2,7 |
| 3 | Albanien | 0,8 |
| 4 | Mexiko | 0,4 |
| 5 | Afghanistan | 0,4 |
| 6 | Litauen | 0,4 |
| 7 | Polen | 0,4 |
| 8 | Kroatien | 0,3 |
| 9 | Vereinigte Staaten | 0,3 |
| 10 | Bangladesch | 0,3 |
| 11 | Indien | 0,3 |
| 12 | Pakistan | 0,2 |
| 13 | Russland | 0,2 |
| 14 | Rumänien | 0,2 |
| 15 | Serbien und Montenegro | 0,1 |
| 16 | Jordanien | 0,1 |
| 17 | Kirgisistan | 0,1 |
| 18 | Uruguay | 0,1 |
| 19 | Spanien | 0,1 |
| 20 | Peru | 0,1 |

*Zahl der Todesfälle infolge von extremen Temperaturen pro Million Einwohner und pro Jahr, 1975–2000

# 307 Todesfälle durch extreme Temperaturen

**Besonders in Ländern mit Kontinentalklima bringen die Jahreszeiten oft extreme Temperaturschwankungen mit sich.**

Zwischen 1975 und 2000 starben über 15 000 Menschen infolge von Hitzewellen oder eisiger Kälte. Die meisten Todesfälle verzeichneten Indien, die Vereinigten Staaten, Griechenland und Mexiko.

In manchen Regionen der Erde sind entsprechend der Jahreszeit sowohl extreme Hitze als auch grausame Kälte keine Seltenheit. In Südasien sind zum Beispiel die Sommer sehr heiß und die Winter manchmal bitterkalt.

**TODESFÄLLE DURCH EXTREME TEMPERATUREN**
Opfer pro einer Million Menschen und Jahr, 1975–2000

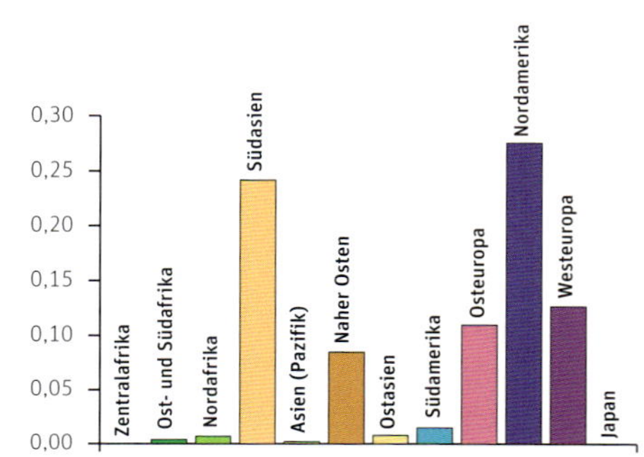

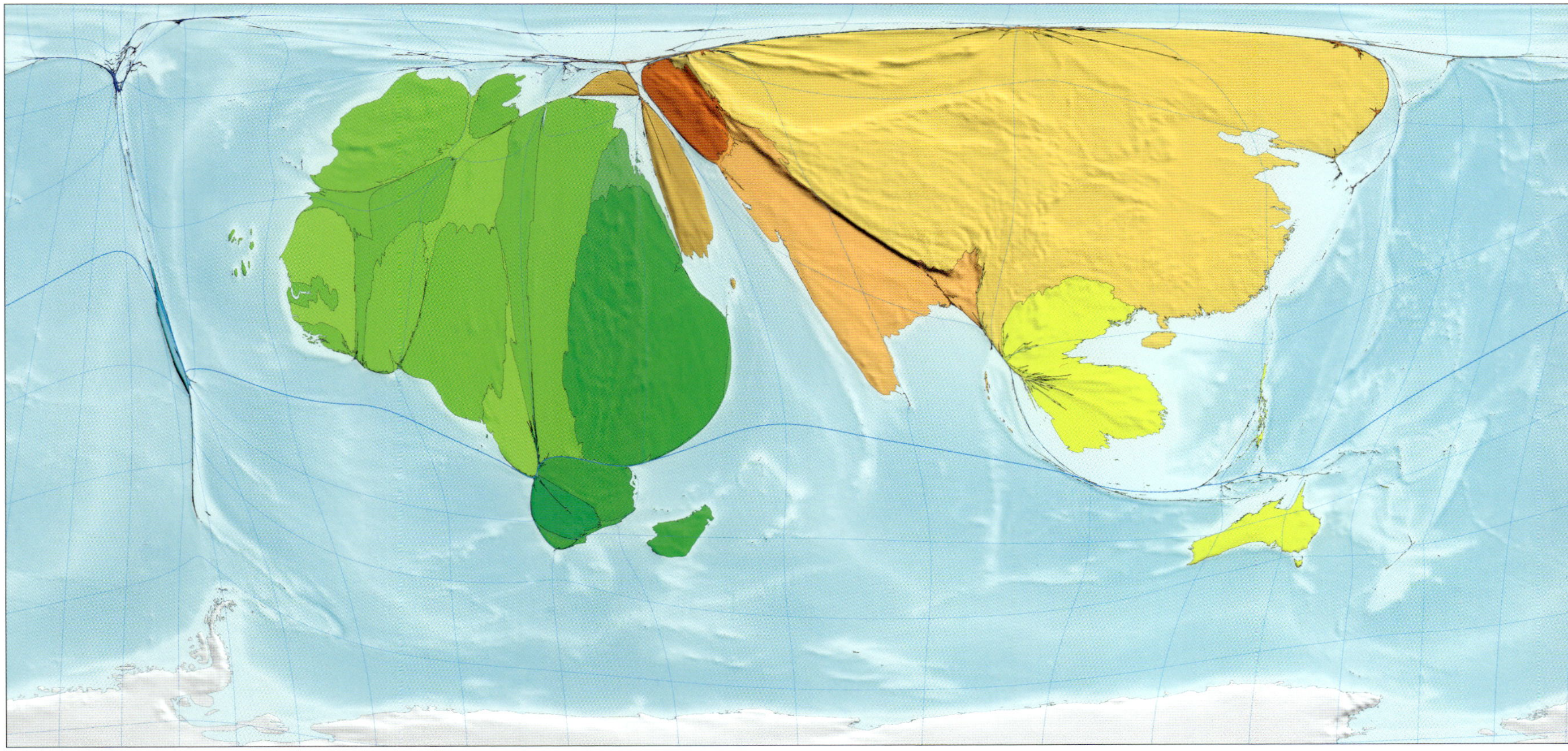

**ANZAHL DER MENSCHEN, DIE VON SCHÄDLINGSPLAGEN BETROFFEN WAREN**

| Rang | Land | Betroffene* |
|---|---|---|
| 1 | Tschad | 129 |
| 2 | Gambia | 129 |
| 3 | Senegal | 98 |
| 4 | Eritrea | 90 |
| 5 | Mauretanien | 89 |
| 6 | Burkina Faso | 81 |
| 7 | Guinea-Bissau | 81 |
| 8 | Sudan | 80 |
| 9 | Äthiopien | 74 |
| 10 | Mali | 74 |
| 11 | Niger | 67 |
| 12 | Kap Verde | 65 |
| 13 | Marokko | 58 |
| 14 | Kamerun | 40 |
| 15 | Sambia | 39 |
| 16 | Jemen | 39 |
| 17 | Tunesien | 36 |
| 18 | Vietnam | 32 |
| 19 | Afghanistan | 32 |
| 20 | Botswana | 32 |

*Anzahl der Betroffenen pro 1000 Einwohner und Jahr, 1975–2000

# 308 Schädlinge

**Unter den biblischen Plagen Ägyptens waren auch die Heuschrecken, die heute noch großen Schaden in der Landwirtschaft anrichten.**

Diese Karte zeigt nur jene Länder, in denen der Schädlingsbefall so schwerwiegend war, dass die Bevölkerung Hilfe von außen brauchte, um überleben zu können. Die größten Schäden richten Heuschrecken, Grashüpfer und die Larven der Motte *Spodoptera frugipeda* an. Nur in einem Fall, 1987 im Tschad, wurde die Katastrophe durch eine Rattenplage ausgelöst. Die Situation eskaliert, wenn die Insekten in so großer Zahl auftreten, dass sie großflächige Schäden durch Kahlfraß anrichten. Die drei Länder, in denen die meisten Menschen von Insektenplagen betroffen waren, sind China, Äthiopien und Indien.

*»Und die Heuschrecken kamen über das ganze Ägyptenland … und ließen nichts Grünes übrig.«*
Die Bibel, Exodus 10:14–15 (Luther-Bibel)

**SCHÄDLINGSPLAGEN**
Betroffene pro 1000 Menschen und Jahr, 1974–2004

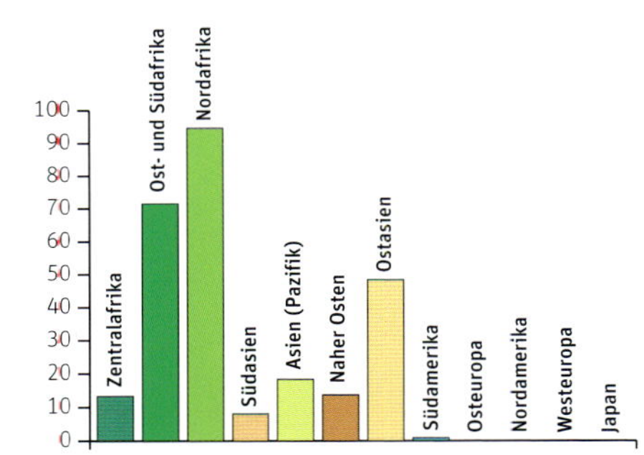

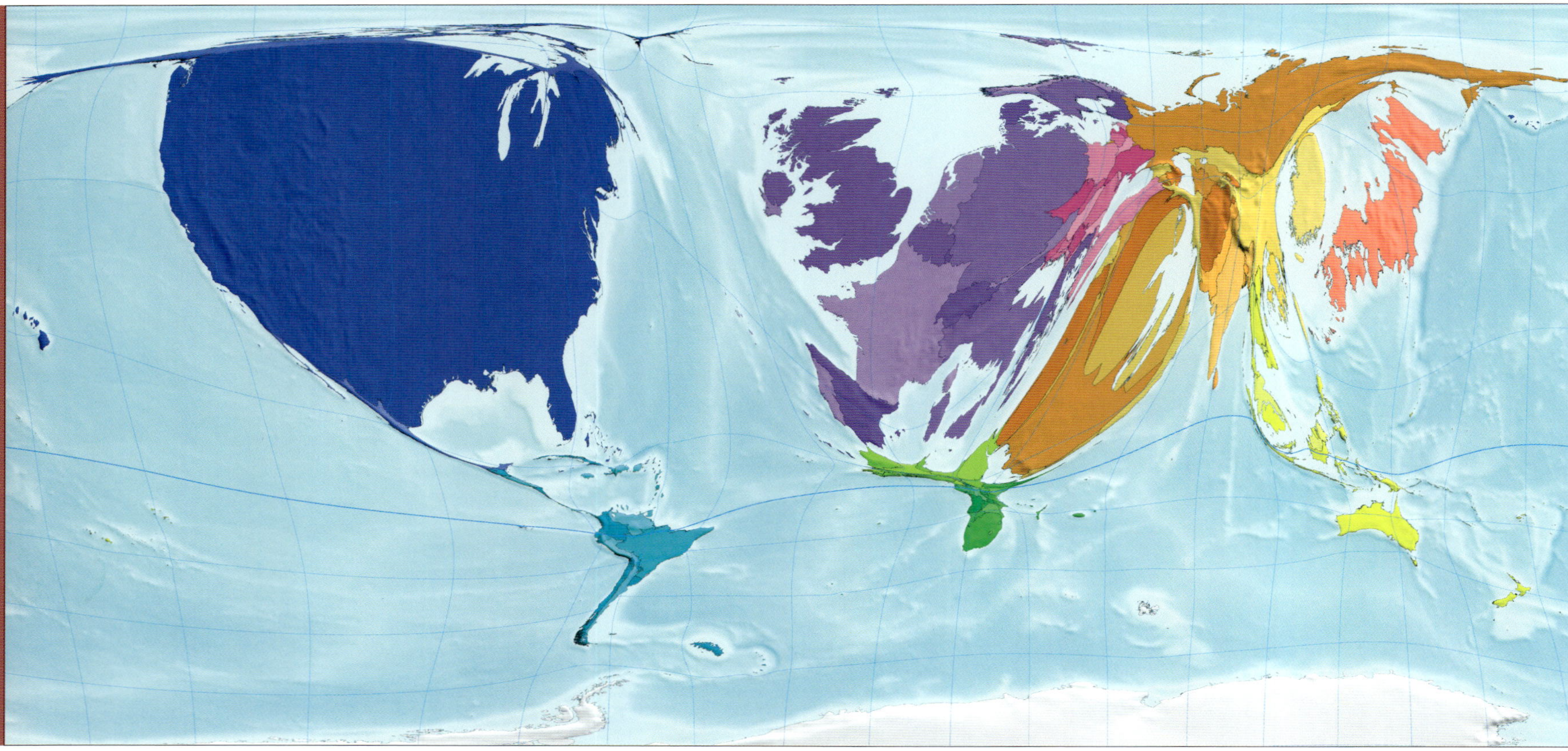

**HÖCHSTE UND NIEDRIGSTE RÜSTUNGSAUSGABEN 1990**

| Rang | Land | US-Dollar* |
|---|---|---|
| 1 | Kuwait | 12 968 |
| 2 | Katar | 6763 |
| 3 | Vereinigte Arabische Emirate | 3768 |
| 4 | Israel | 2132 |
| 5 | Saudi-Arabien | 1856 |
| 6 | Oman | 1779 |
| 7 | Vereinigte Staaten | 1688 |
| 8 | Norwegen | 907 |
| 9 | Singapur | 848 |
| 10 | Großbritannien | 821 |
| 191 | Madagaskar | 4,9 |
| 192 | Nigeria | 4,8 |
| 193 | Myanmar | 4,0 |
| 194 | Gambia | 4,0 |
| 195 | Bangladesch | 3,1 |
| 196 | Malawi | 2,6 |
| 197 | Nepal | 2,0 |
| 198 | Ghana | 1,3 |
| 199 | Island | 0 |
| 200 | Costa Rica | 0 |

*Rüstungsausgaben pro Kopf, 1990

# 309 Rüstungsausgaben 1990

**Den höchsten Rüstungsetat leisten sich die Vereinigten Staaten. Aber auch die drei in der Statistik folgenden Länder gaben mehr als dreimal so viel aus wie alle anderen Länder der Welt zusammen.**

Rüstungsausgaben setzen sich aus Personalkosten – inklusive Rekrutierung, Ausbildung und Sold – und den Kosten für militärische Ausrüstung, Verpflegung, Waffen sowie Baukosten zusammen. Diese Karte umfasst auch die Ausgaben für im Ausland geleistete militärische Hilfe.

1990 gaben die Regierungen weltweit geschätzte 954 Milliarden US-Dollar für ihre Streitkräfte aus. Der größte Anteil davon entfiel auf die Vereinigten Staaten mit 45 Prozent, gefolgt von Russland (damals UdSSR) mit sechs Prozent, dem in diesem Jahr wiedervereinigten Deutschland und Großbritannien mit jeweils fünf Prozent. Jedes dieser Länder hatte einen höheren Rüstungsetat als sämtliche Länder jeder der folgenden Regionen: Zentralafrika, Ostafrika und die südafrikanischen Länder, Nordafrika, Südasien, der asiatisch-pazifische Raum und Australien, Ostasien, Südamerika, Osteuropa und Japan.

Die höchsten Ausgaben pro Kopf der Bevölkerung leisteten sich die Ölstaaten des Mittleren Ostens, Kuwait und Katar. Kuwait gab pro Kopf der Bevölkerung mehr als zehnmal so viel aus wie Ghana.

**GESAMTAUSGABEN FÜR RÜSTUNGSZWECKE**
in Milliarden US-Dollar, 1990

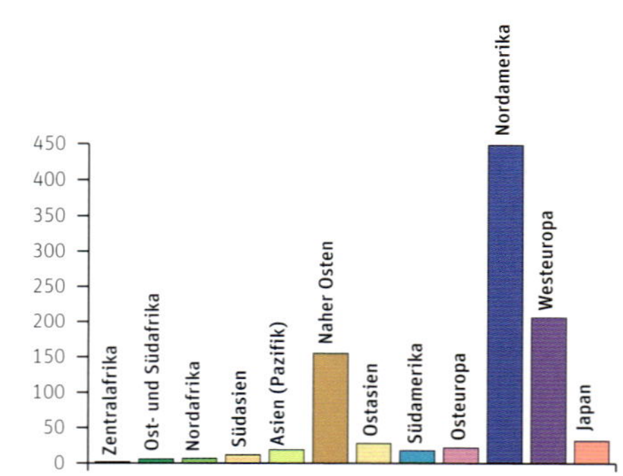

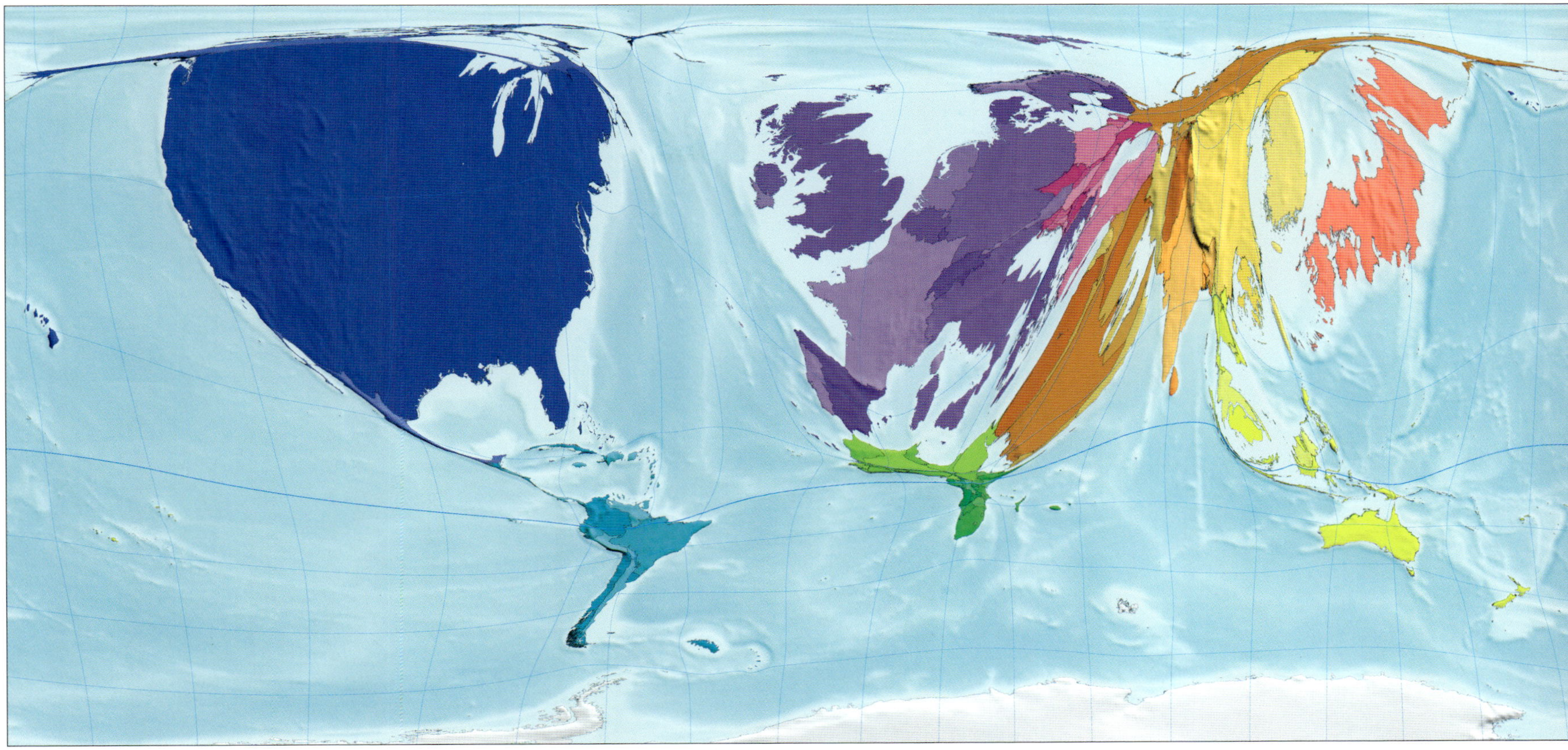

**HÖCHSTE UND NIEDRIGSTE RÜSTUNGSAUSGABEN 2002**

| Rang | Land | US-Dollar* |
|---|---|---|
| 1 | Katar | 1771 |
| 2 | Kuwait | 1534 |
| 3 | Israel | 1514 |
| 4 | Vereinigte Staaten | 1213 |
| 5 | Singapur | 1077 |
| 6 | Vereinigte Arabische Emirate | 906 |
| 7 | Oman | 892 |
| 8 | Norwegen | 889 |
| 9 | Brunei | 820 |
| 10 | Saudi-Arabien | 786 |
| 191 | Nepal | 3,1 |
| 192 | Tadschikistan | 2,7 |
| 193 | Zentralafrikanische Republik | 2,6 |
| 194 | Gambia | 2,6 |
| 195 | Niger | 2,1 |
| 196 | Ghana | 1,8 |
| 197 | Moldawien | 1,5 |
| 198 | Osttimor | 0 |
| 199 | Costa Rica | 0 |
| 200 | Island | 0 |

*Rüstungsausgaben pro Kopf, 2002

# 310 Rüstungsausgaben 2002

**Auch 2002 hatten die Vereinigten Staaten den weitaus größten Militäretat.**

2002 wurden weltweit schätzungsweise 789 Milliarden US-Dollar für die militärische Rüstung aufgewendet. Die Regierung der Vereinigten Staaten investierte allein 353 Milliarden US-Dollar – wieder 45 Prozent der weltweiten Ausgaben – in die Streitkräfte. Diese Summe ist fast neunmal so hoch wie die Militärausgaben Japans, das Land, das in diesem Jahr auf dem zweiten Platz steht.

*»Wenn die Reichen miteinander Krieg führen, sterben die Armen.«*

Jean-Paul Sartre, »Der Teufel und der liebe Gott«, 1951

**AUSGABEN FÜR RÜSTUNGSZWECKE**

Durchschnittlicher Betrag pro Person in Milliarden US-Dollar, 2002

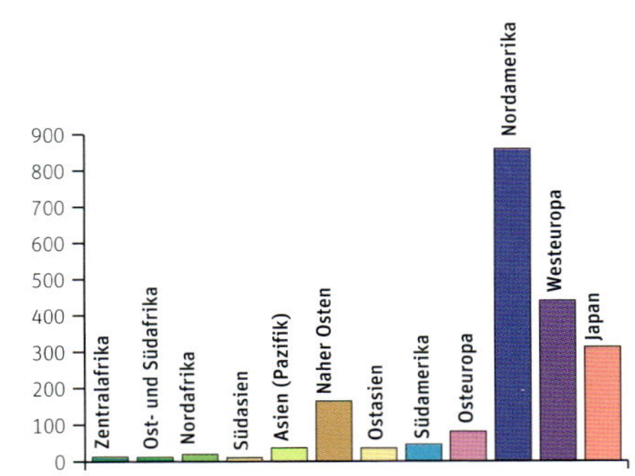

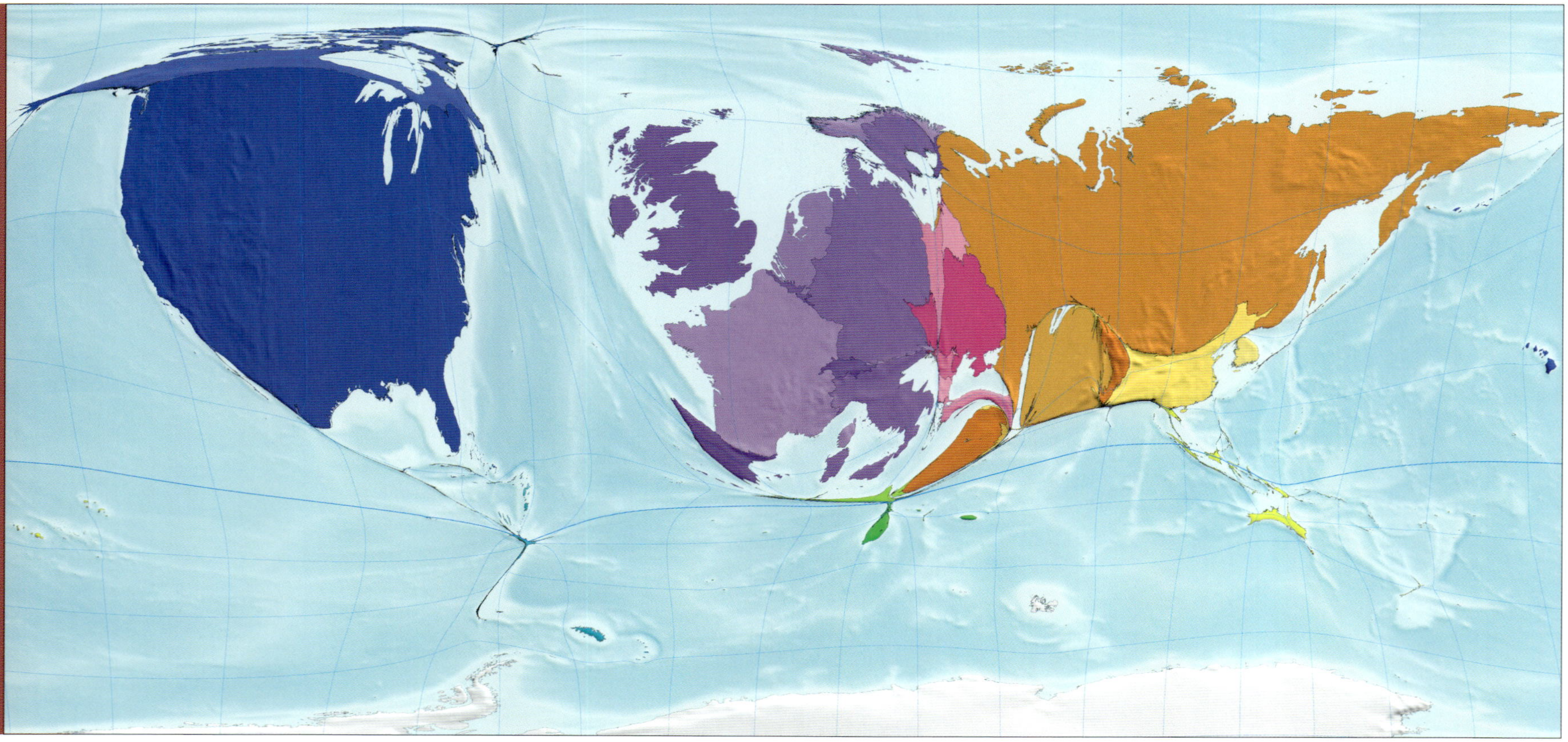



**GRÖSSTE WAFFENEXPORTE**

| Rang | Land | US-Dollar* |
|---|---|---|
| 1 | Russland | 39 |
| 2 | Israel | 34 |
| 3 | Norwegen | 33 |
| 4 | Frankreich | 22 |
| 5 | Vereinigte Staaten | 22 |
| 6 | Schweden | 21 |
| 7 | Kanada | 18 |
| 8 | Niederlande | 17 |
| 9 | Großbritannien | 16 |
| 10 | Tschechien | 5 |
| 11 | Libyen | 4 |
| 12 | Spanien | 3 |
| 12 | Polen | 2 |
| 14 | Island | 2 |
| 15 | Australien | 2 |
| 16 | Rumänien | 1 |
| 16 | Türkei | 1 |
| 18 | Katar | 1 |
| 19 | Südkorea | 1 |
| 20 | Bahrain | 1 |

*Pro-Kopf-Erlöse aus Waffenexporten, 2003

# 311 Waffenexporte

**Nur 22 Länder treten weltweit als große Waffenexporteure auf.**

Diese Karte berücksichtigt alle Kategorien der konventionellen Waffen und Waffensysteme wie Flugzeuge, Schiffe, gepanzerte Fahrzeuge, Raketen, Artillerie, Lenk- und Radarsysteme. Handfeuerwaffen und Munition sind nicht berücksichtigt.

Es sind nur einige wenige Länder, die sich die Masse der hier erfassten Waffengeschäfte teilen. Im Jahre 2003 entfielen 80 Prozent der weltweiten Waffenexporte auf die Vereinigten Staaten, Russland, Frankreich, Deutschland und Großbritannien. Die ersten 22 Länder auf der Liste waren verantwortlich für über 99 Prozent der weltweiten Waffenexporte – fragwürdige Geschäfte mit dem Tod.

**ERLÖSE AUS WAFFENEXPORTEN**
in Millionen US-Dollar, 2003

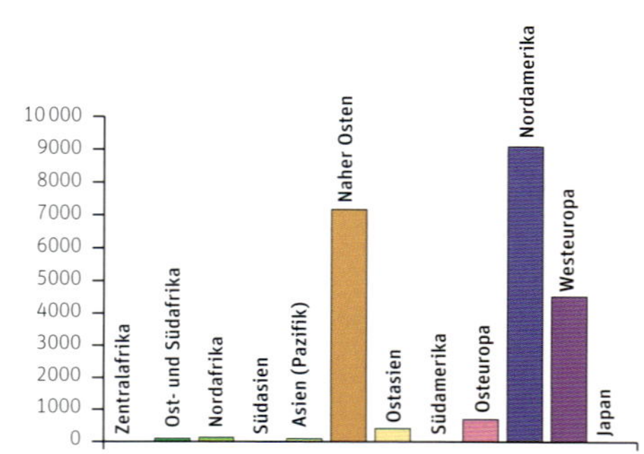

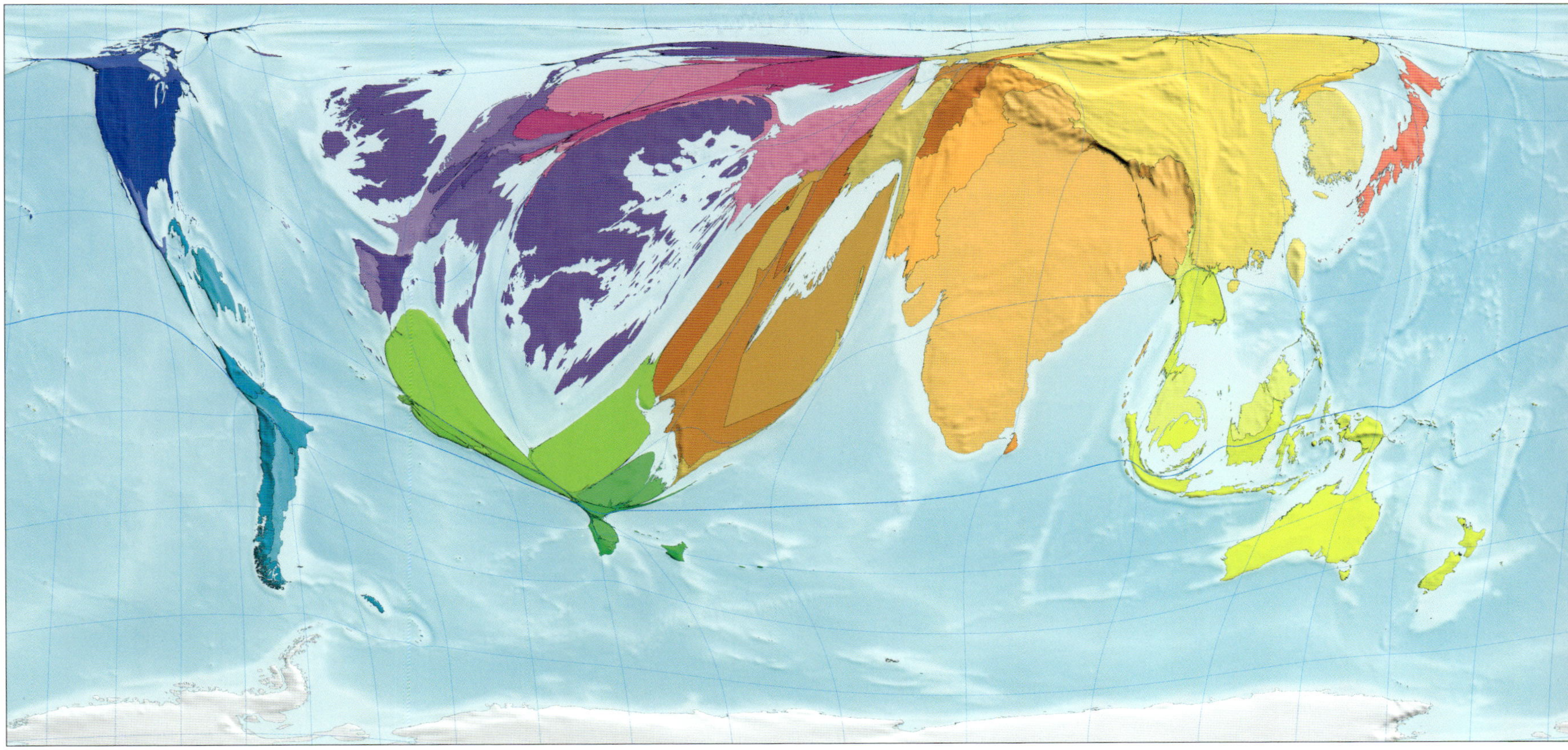

**GRÖSSTE WAFFENIMPORTEURE**

| Rang | Land | US-Dollar* |
|---|---|---|
| 1 | Vereinigte Arabische Emirate | 318 |
| 2 | Griechenland | 178 |
| 3 | Israel | 50 |
| 4 | Jordanien | 49 |
| 5 | Eritrea | 45 |
| 6 | Singapur | 29 |
| 7 | Australien | 25 |
| 8 | Finnland | 24 |
| 9 | Saudi-Arabien | 21 |
| 10 | Neuseeland | 19 |
| 11 | Katar | 17 |
| 12 | Algerien | 16 |
| 13 | Lettland | 13 |
| 14 | Estland | 12 |
| 15 | Tschechien | 11 |
| 16 | Polen | 11 |
| 17 | Malaysia | 10 |
| 18 | Chile | 10 |
| 19 | Großbritannien | 9 |
| 20 | Dominikanische Republik | 9 |

*Pro-Kopf-Wert der Waffenimporte, 2003

# 312 Waffenimporte

**Die Proportionen auf dieser Karte gelten nur für 2003, da Waffenimporte gewissen Schwankungen unterliegen.**

Im Jahre 2003 gaben Indien, China und Griechenland die höchsten Summen für Waffenimporte aus. Zusammen importierten sie 42 Prozent aller in diesem Jahre importierten Waffen. Die Länder Zentralafrikas gaben sehr wenig für Waffenimporte aus und sind daher auf der Karte kaum sichtbar. Die Ausgaben der Länder im Osten und Süden des afrikanischen Kontinents und Japans waren ebenfalls sehr niedrig. Da die Waffenimporte teilweise von Jahr zu Jahr schwanken, ergäbe die Karte für ein anderes Jahr möglicherweise eine etwas andere Verteilung.

**AUSGABEN FÜR WAFFENIMPORTE**
in Millionen US-Dollar, 2003

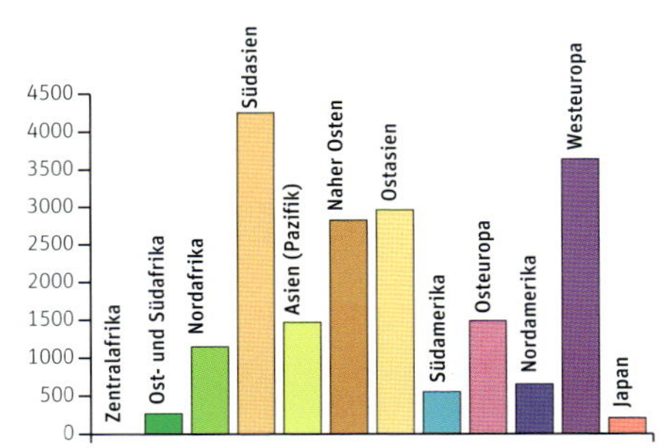

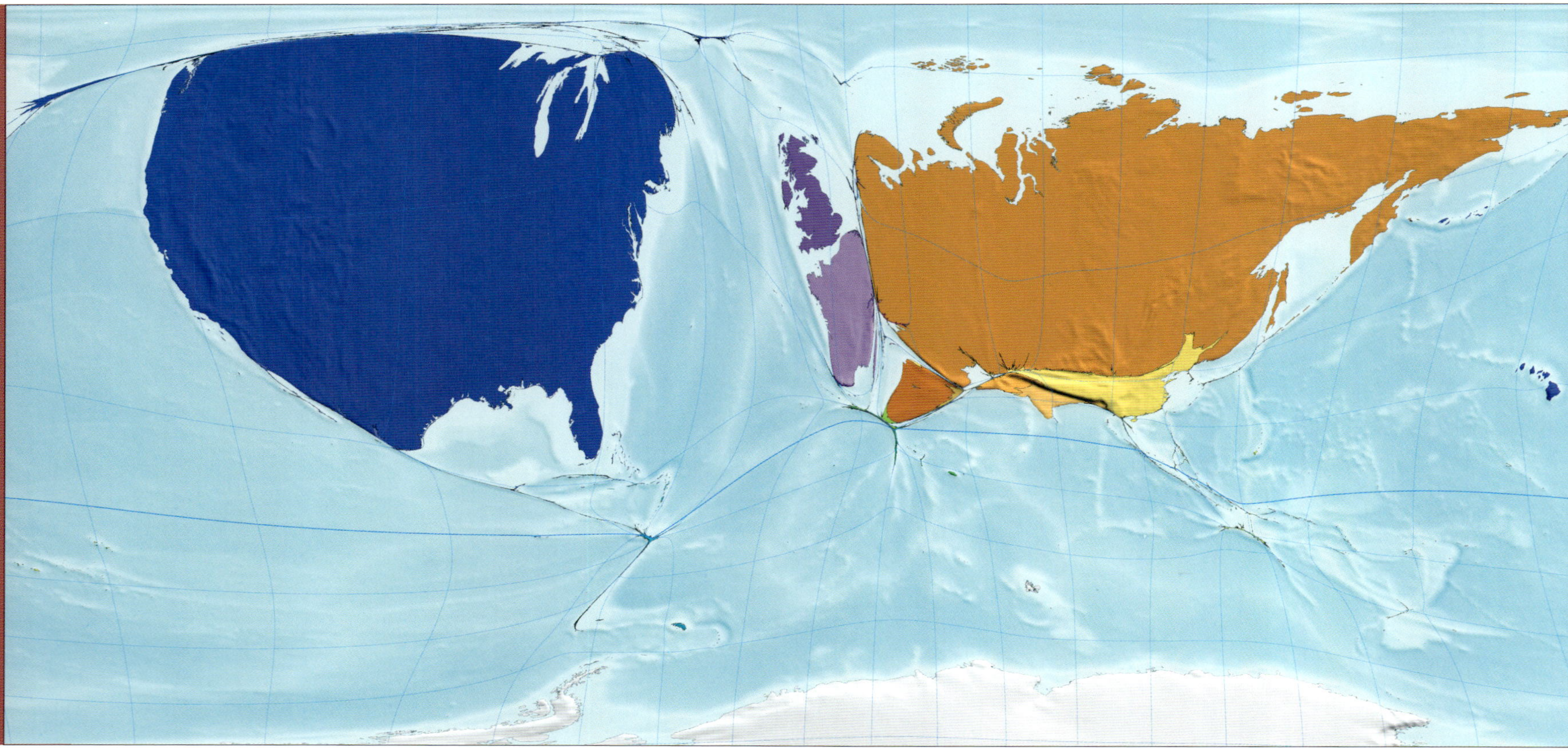

**GRÖSSTE ANZAHL STRATEGISCHER KERNWAFFEN PRO KOPF**

| Rang | Land | Stück* |
|---|---|---|
| 1 | Russland | 41,6 |
| 2 | Vereinigte Staaten | 29,7 |
| 3 | Israel | 23,8 |
| 4 | Frankreich | 5,9 |
| 5 | Großbritannien | 3,0 |
| 6 | Pakistan | 0,2 |
| 7 | China | 0,2 |
| 8 | Indien | 0,1 |

*Kernwaffen pro Million Menschen, 2002

**GRÖSSTE ANZAHL STRATEGISCHER KERNWAFFEN**

| Rang | Land | Stück* |
|---|---|---|
| 1 | Vereinigte Staaten | 8646 |
| 2 | Russland | 6000 |
| 3 | Frankreich | 350 |
| 4 | China | 250 |
| 5 | Großbritannien | 180 |
| 6 | Israel | 150 |
| 7 | Indien | 60 |
| 8 | Pakistan | 36 |

*Absolute Anzahl, 2002

# 313 Kernwaffen

## 2002 verfügten acht Länder über eine mehr oder weniger große Zahl an strategischen Kernwaffen.

Trotz weltweiter Abrüstungsbemühungen ist die Anzahl der Länder, die Atomwaffen besitzen, gestiegen. 2002 gab es acht Länder, die über strategische Atomwaffen verfügten – oder vermutlich verfügten: die Vereinigten Staaten, Russland, Frankreich, China, Großbritannien, Israel, Indien und Pakistan. Sollten weitere Länder im Besitz von Nuklearwaffen sein, hätten sie wahrscheinlich viel weniger davon als die hier aufgelisteten Länder und würden daher diese Karte nicht wesentlich verändern.

Das Land mit den meisten Atomwaffen, die Vereinigten Staaten, besitzt 240-mal so viel wie Pakistan, das Land mit den wenigsten Nuklearwaffen. Der 1968 ins Leben gerufene Atomwaffensperrvertrag soll die weitere Verbreitung von Nuklearwaffen verhindern. Bis März 2002 hatten ihn 187 Länder unterzeichnet.

*»Kernwaffen sind eindeutig inhumane Waffen. [Solange sie existieren], kann sich die Tragödie von Hiroshima und Nagasaki – irgendwann und irgendwo – wiederholen. Das ist ein unverzeihbarer Affront gegen die Menschheit schlechthin!«* Takashi Hiraoka, Bürgermeister von Hiroshima, 1995

**STRATEGISCHE KERNWAFFEN**
Geschätzter Bestand, 2002

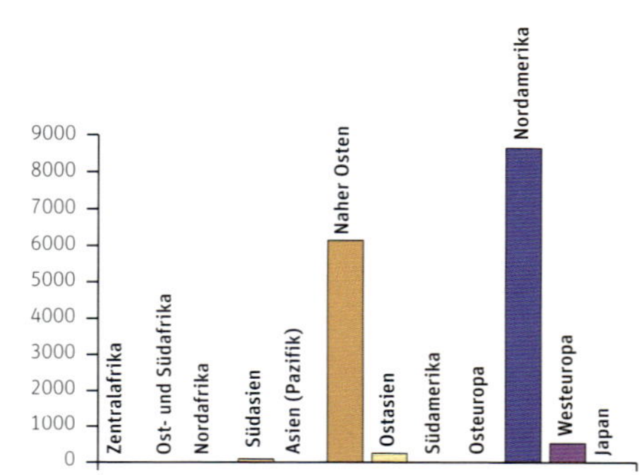

**HÖCHSTE VERLUSTE DURCH LANDMINEN**

| Rang | Land | Verluste* |
|---|---|---|
| 1 | Kambodscha | 69 |
| 2 | Irak | 50 |
| 3 | Burundi | 42 |
| 4 | Afghanistan | 42 |
| 5 | Laos | 33 |
| 6 | Kolumbien | 19 |
| 7 | Guinea-Bissau | 14 |
| 8 | Angola | 14 |
| 9 | Bosnien und Herzegowina | 12 |
| 10 | Eritrea | 12 |
| 11 | Georgien | 10 |
| 12 | Somalia | 9 |
| 13 | Gaza und Westbank | 7 |
| 14 | Aserbaidschan | 7 |
| 15 | Libanon | 6 |
| 16 | Albanien | 5 |
| 16 | Kuwait | 5 |
| 18 | Äthiopien | 4 |
| 19 | Sri Lanka | 4 |
| 20 | Kroatien | 4 |

*Geschätzte Anzahl an Toten und Verwundeten durch Landminen pro Million Einwohner, 2003–2005

# 314 Verluste durch Landminen

**In Kriegszeiten gelegt, können Minen noch lange nach Einstellung der Kampfhandlungen verheerenden Schaden anrichten.**

Landminen sind Sprengsätze, die ausgelegt oder flach im Boden vergraben werden und explodieren, wenn ein Mensch darauf tritt oder ein Fahrzeug darüberfährt. Sie können töten oder zum Verlust von einem oder mehreren Gliedmaßen führen. Obwohl sie primär in Kriegen eingesetzt werden, können sie noch jahrelang unentdeckt im Boden verbleiben. Die zahlreichen Unfälle mit Landminen sind das tragische Vermächtnis vergangener Kriege.

Zwischen 2003 und 2005 gab es weltweit fast 7000 Tote und Verwundete durch Landminen pro Jahr. Die meisten dieser Unglücksfälle ereigneten sich im Irak, in Afghanistan, Kambodscha und Kolumbien. In diesen vier Ländern gab es im genannten Zeitraum insgesamt fast 4000 Tote und Verletzte.

**VERLUSTE DURCH LANDMINEN**
Tote und Verwundete im Jahresdurchschnitt, 2003–2005

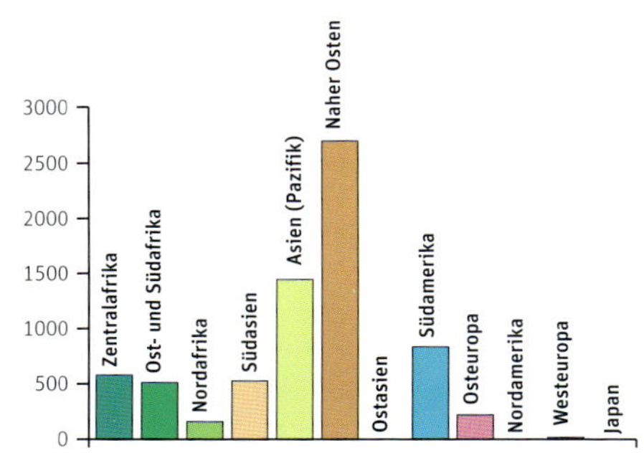

**GRÖSSTE UND KLEINSTE ARMEEN WÄHREND DES KALTEN KRIEGES**

| Rang | Land | Streitkräfte* |
|---|---|---|
| 1 | Russland | 37 |
| 2 | Seychellen | 24 |
| 3 | Syrien | 23 |
| 4 | Israel | 23 |
| 5 | Tschechien | 20 |
| 6 | Bulgarien | 18 |
| 7 | Griechenland | 18 |
| 8 | Vereinigte Arabische Emirate | 15 |
| 9 | Kuba | 15 |
| 10 | Brunei | 14 |
| 191 | Bangladesch | 0,64 |
| 192 | Ruanda | 0,63 |
| 193 | Papua-Neuguinea | 0,55 |
| 194 | Kamerun | 0,46 |
| 195 | Gambia | 0,45 |
| 196 | Kenia | 0,43 |
| 197 | Malawi | 0,42 |
| 198 | Mali | 0,37 |
| 199 | Burkina Faso | 0,31 |
| 200 | Niger | 0,18 |

*Aktive Soldaten 1985 pro 1000 Einwohner

# 315 Militärpersonal 1985

## 1985 dienten über 29 Millionen Menschen in den Armeen aller Länder der Erde.

Diese Karte erfasst Land-, See- und Luftstreitkräfte sowie Verwaltungspersonal bei den Streitkräften. 33 Prozent dieser Menschen dienten in Ländern des Mittleren Ostens und Zentralsasiens inklusive Russland (damals UdSSR).

Die drei Länder mit dem wenigsten militärischen Personal waren im gleichen Jahr Niger, Burkina Faso und Mali. Hier gab es weniger als einen Soldaten pro 1000 Einwohner, in Russland hingegen 37.

**MILITÄRPERSONAL 1985**
in Millionen Menschen

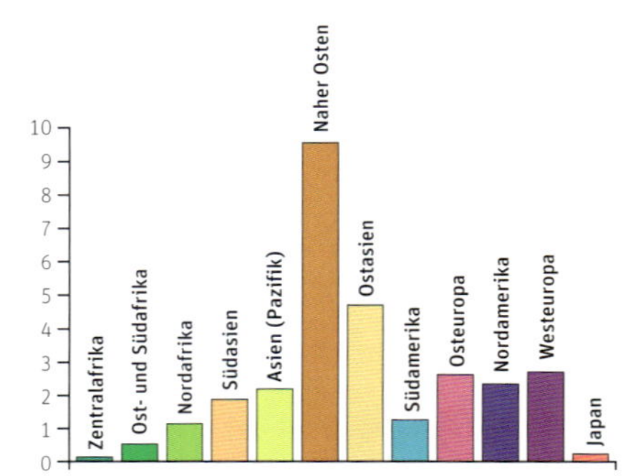

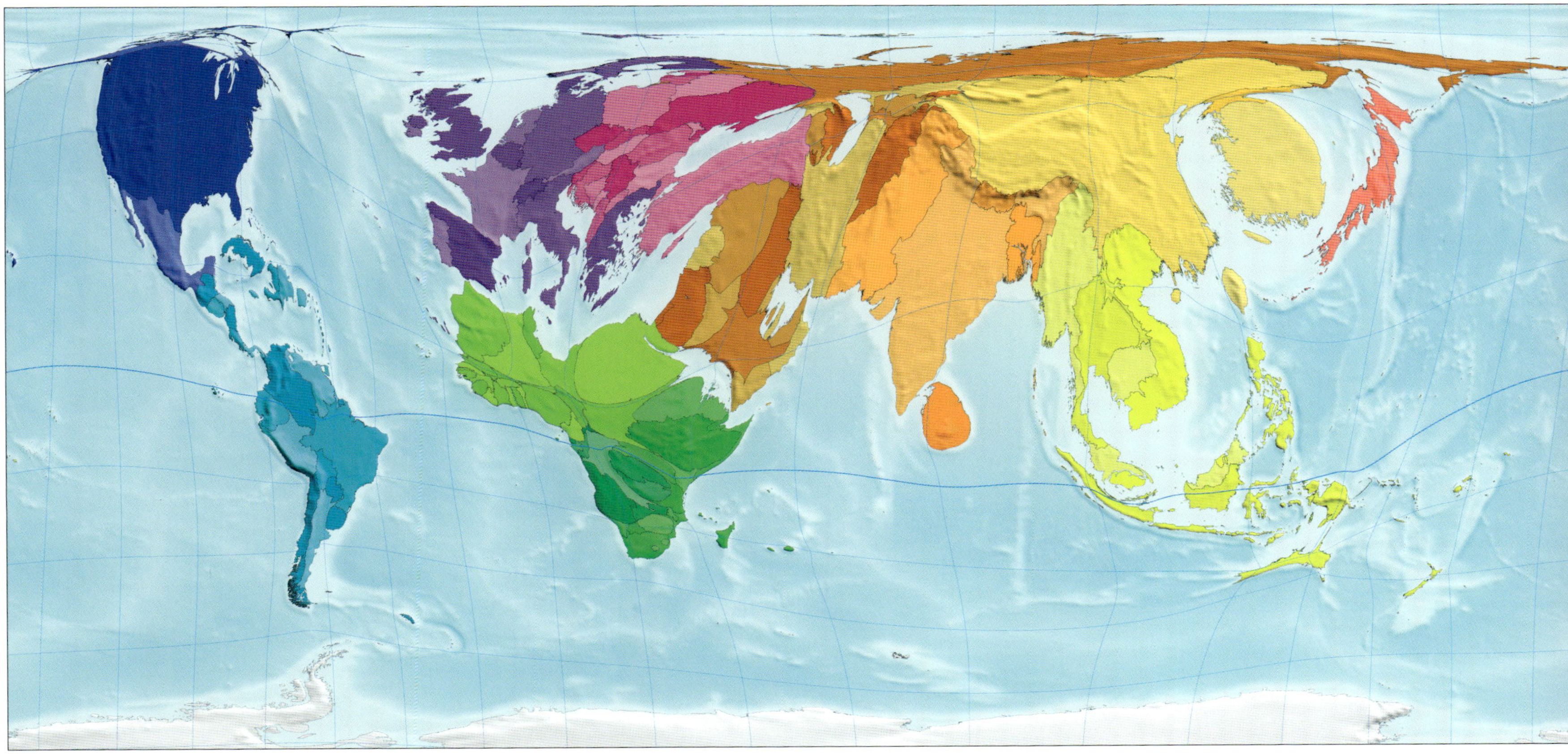



**GRÖSSTE UND KLEINSTE ARMEEN IM JAHR 2002**

| Rang | Land | Streitkräfte* |
|---|---|---|
| 1 | Eritrea | 43 |
| 2 | Israel | 26 |
| 3 | Brunei | 23 |
| 4 | Libanon | 20 |
| 5 | Katar | 20 |
| 6 | Jordanien | 19 |
| 7 | Syrien | 18 |
| 8 | Griechenland | 16 |
| 9 | Bahrain | 16 |
| 10 | Oman | 15 |
| 191 | Benin | 0,76 |
| 192 | Tansania | 0,74 |
| 193 | Gambia | 0,71 |
| 194 | Nigeria | 0,65 |
| 195 | Mosambik | 0,59 |
| 196 | Mali | 0,56 |
| 197 | Papua-Neuguinea | 0,54 |
| 198 | Niger | 0,43 |
| 199 | Malawi | 0,42 |
| 200 | Ghana | 0,34 |

*Aktive Soldaten 1985 pro 1000 Einwohner

# 316 Militärpersonal 2002

**Zwischen 1985 und 2002 ging die Zahl der Menschen, die bei den Streitkräften dienten, weltweit um ein Drittel zurück.**

Für diesen Zeitraum ist nicht nur eine Reduzierung, sondern auch eine Schwerpunktverlagerung festzustellen. 2002 unterhielt China die größte Armee, gefolgt von den Vereinigten Staaten und Indien. Zwei Fünftel des Personalabbaus beim Militär zwischen 1985 und 2002 entfielen auf Russland.

Weltweit dienten im Jahre 2002 insgesamt 19 Millionen Menschen bei den Streitkräften, das sind im Durchschnitt drei Promille der Bevölkerung. Die prozentual stärkste Armee unterhielt Eritrea (43 Promille). Am anderen Ende der Skala lag Ghana mit 0,34 Promille. Trotz des weltweiten Abbaus von Militärpersonal ist dessen Anteil an der Gesamtbevölkerung sowohl in Eritrea als auch in Ghana sowie in vielen anderen Ländern seit 1985 gestiegen.

*»Ältere Herren erklären den Krieg. Aber es ist die Jugend, die kämpfen und sterben muss.«*

Herbert Hoover, ehemaliger US-Präsident, 1944

**MILITÄRPERSONAL 2002**
in Millionen Menschen

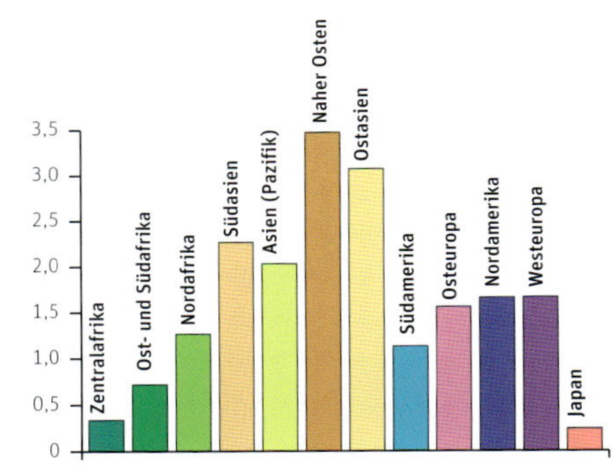

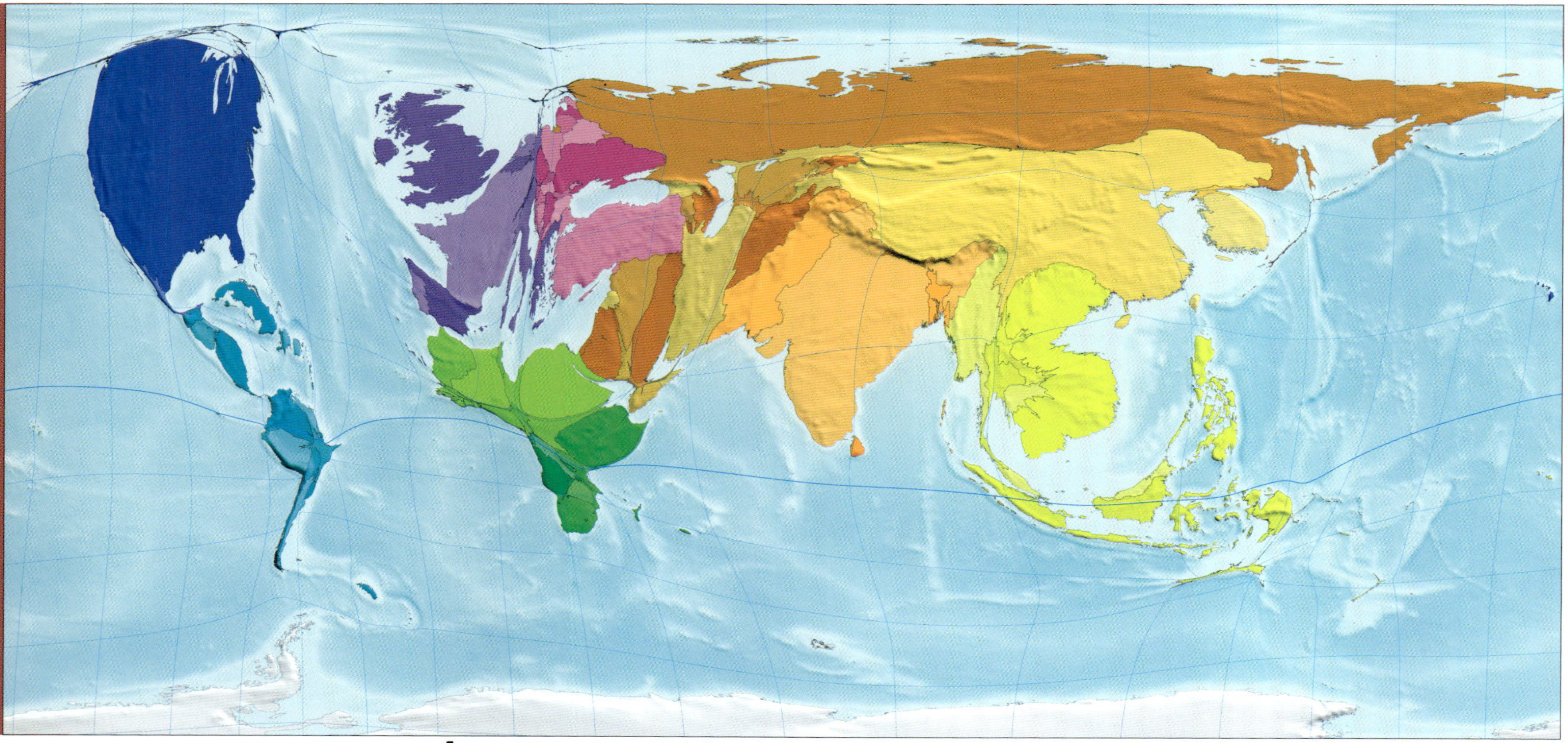

**GRÖSSTE ZAHL AN EINGESETZTEN KAMPFTRUPPEN SEIT DEM 2. WELTKRIEG**

| Rang | Land | Streitkräfte* |
|---|---|---|
| 1 | Russland | 18,3 |
| 2 | Israel | 13,5 |
| 3 | Nicaragua | 8,2 |
| 4 | Vietnam | 7,3 |
| 5 | Syrien | 6,2 |
| 6 | Laos | 6,2 |
| 7 | Frankreich | 5,4 |
| 8 | Großbritannien | 5,3 |
| 9 | Irak | 5,3 |
| 10 | Afghanistan | 5,1 |
| 11 | Türkei | 4,5 |
| 12 | Aserbaidschan | 4,3 |
| 13 | Armenien | 4,3 |
| 14 | Vereinigte Staaten | 4,3 |
| 15 | Tadschikistan | 4,1 |
| 16 | Kuba | 4,1 |
| 17 | Usbekistan | 4,0 |
| 18 | Iran | 3,9 |
| 19 | Myanmar | 3,8 |
| 20 | Georgien | 3,5 |

*Kampftruppen pro 1000 Einwohner und Jahr, 1945–2004

# 317 Kampftruppen im Einsatz 1945–2004

**Auch nach der Katastrophe des Zweiten Weltkriegs wurde die Welt nicht friedlich.**

Für diese Karte wurde die Zeit in Personen-Jahren gemessen. Ein Personen-Jahr bedeutet, dass eine Person ein Jahr lang kämpft. Bei großen Flächen auf dieser Karte könnte es sich daher um eine kleine Armee handeln, die viele Jahre lang kämpft, oder um eine große, die nur kurze Zeit im Kampfeinsatz steht, oder auch um jede Kombination, die dazwischen liegt. Dabei ist es auch möglich, dass die erfassten Streitkräfte außerhalb des eigenen Landes eingesetzt wurden. Im statistischen Durchschnitt waren zwischen 1945 und 2004 die Soldaten dieser Welt zwölf Millionen Personen-Jahre im Kampfeinsatz. Dabei entfallen über die Hälfte der Personen-Jahre in diesem Zeitraum auf die Streitkräfte von nur vier Ländern: Russland/UdSSR (22 Prozent), China (14 Prozent), die Vereinigten Staaten (11 Prozent) und Indien (8 Prozent). Die größten nicht eingesetzten Armeen waren die japanische, die schwedische und die österreichische.

**STREITKRÄFTE IM KRIEG**

**Durschnittliche Anzahl Militärpersonal in Krieg führenden Ländern in 1000 pro Jahr, 1945–2004**

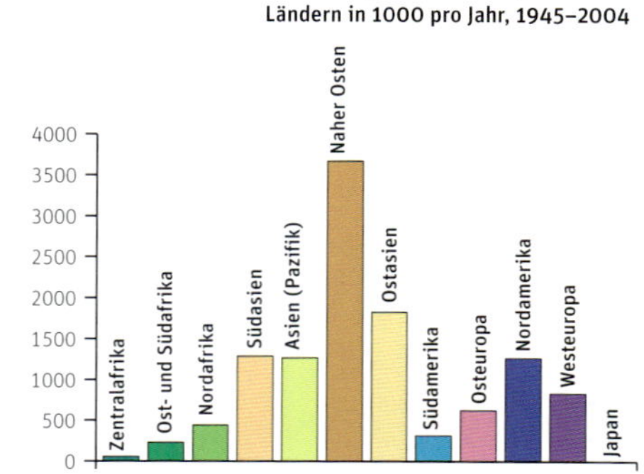

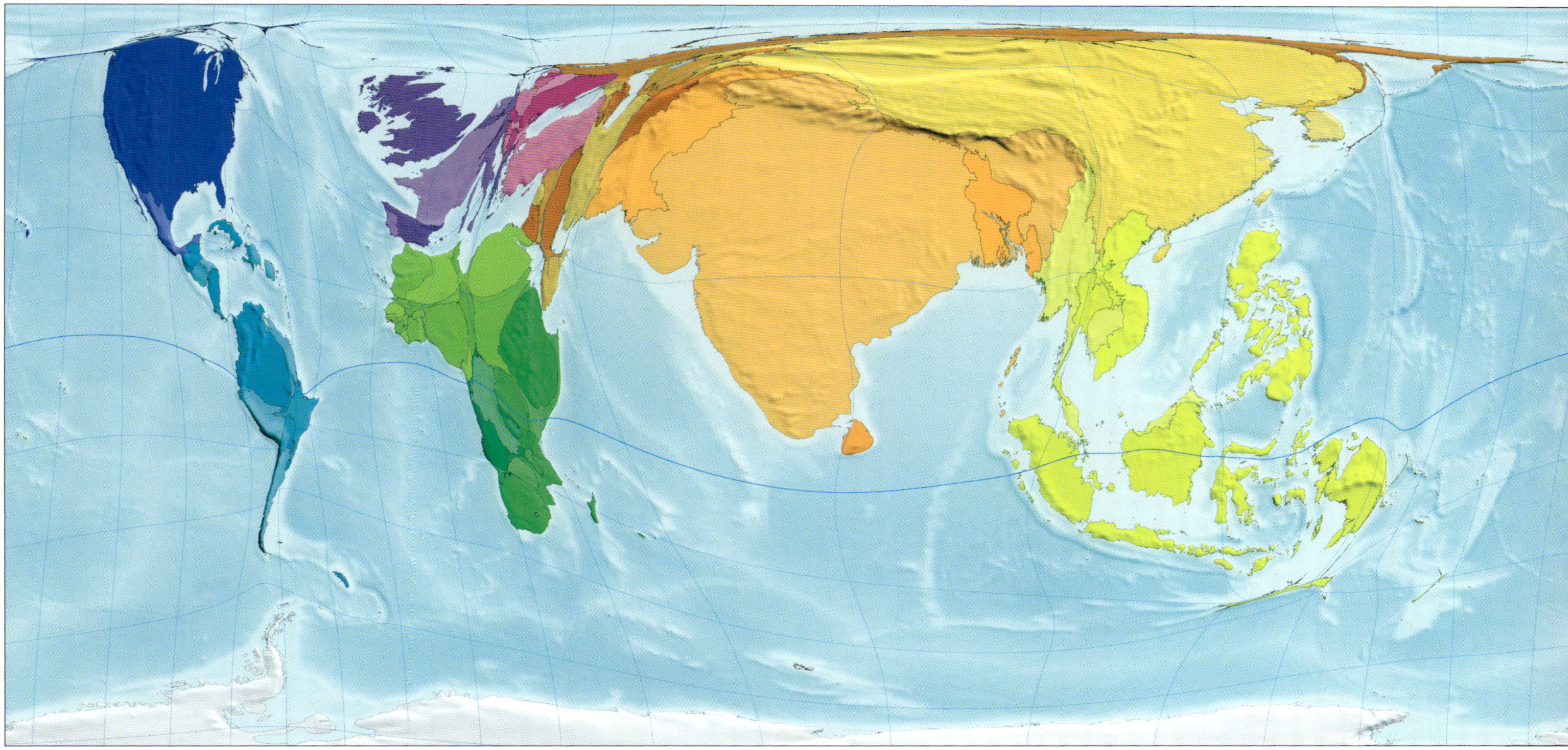

**KRIEGSZEITEN SEIT DEM 2. WELTKRIEG**

| Rang | Land | Prozent* |
|---|---|---|
| 1 | Myanmar | 100 |
| 2 | Großbritannien | 93 |
| 3 | Indonesien | 87 |
| 4 | Kolumbien | 85 |
| 5 | Philippinen | 80 |
| 6 | Indien | 77 |
| 7 | Kambodscha | 75 |
| 8 | Angola | 70 |
| 9 | Frankreich | 70 |
| 10 | Sudan | 68 |
| 11 | Nicaragua | 68 |
| 12 | Tschad | 67 |
| 13 | Laos | 63 |
| 14 | Äthiopien | 62 |
| 15 | Israel | 60 |
| 16 | Pakistan | 58 |
| 17 | Vereinigte Staaten | 58 |
| 18 | Vietnam | 57 |
| 19 | Irak | 55 |
| 20 | Afghanistan | 53 |

*Prozentsatz der Jahre 1945–2004, in denen sich das Land zumindest zeitweilig im Krieg befand

# 318 Menschen im Krieg 1945–2004

**Jedes Jahr lebten im Durchschnitt 2,8 Milliarden Menschen in Krieg führenden Ländern.**

29 Prozent dieser 2,8 Milliarden Menschen lebten in Indien, 20 Prozent in China.

In den 60 Jahren zwischen 1945 und 2004 erlebte jedes Land im Durchschnitt 48 Friedensjahre. Myanmar – das für den größten Teil dieses Zeitraums als Birma bekannt war – befand sich kein einziges Jahr im Frieden, und es gab nur vier Jahre, in denen sich Großbritannien nicht im Krieg befand. 22 Länder vermieden es jedoch während der gesamten Zeitspanne von 60 Jahren, in bewaffnete Konflikte verwickelt zu werden.

**ANTEIL DER KRIEGSJAHRE**

Prozent der Jahre zwischen 1945 und 2004, in denen Krieg geführt wurde, gewichtet nach Bevölkerungszahl

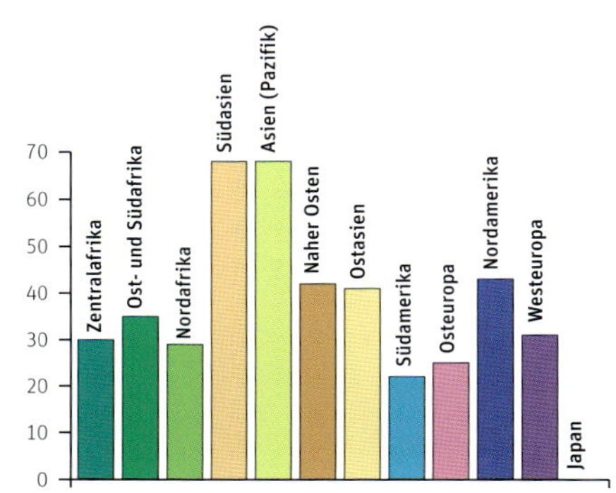

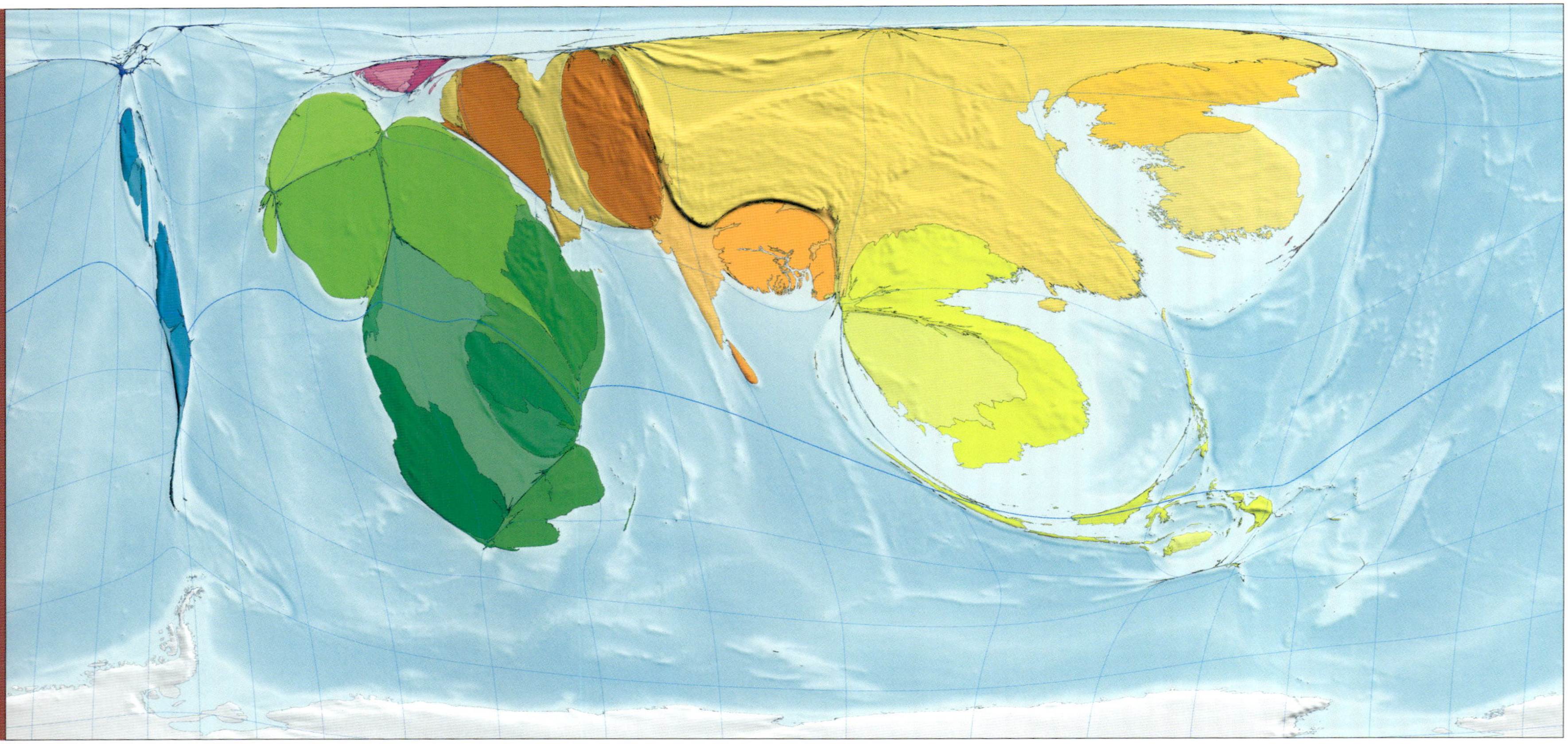

# 319 Kriegsopfer 1945–2000

**Fast ein Drittel aller Kriegstoten zwischen 1945 und 2000 kamen aus China.**

Schätzungen zufolge fanden in den zwischen 1945 und 2004 ausgefochtenen Kriegen 51 Millionen Menschen den Tod, fast ein Drittel davon in China. Nach China ist Vietnam das Land mit der höchsten Zahl an Kriegsopfern, gefolgt von der Demokratischen Republik Kongo und dem Sudan. Sehr geringe Verluste hatten Japan, Westeuropa oder Nordamerika zu beklagen, verhältnismäßig geringe auch Osteuropa und Südamerika, obwohl es in beiden Regionen Krisengebiete, wie Kroatien, Bosnien-Herzegowina, Serbien und Montenegro, Kolumbien, Bolivien und Guatemala gab, in denen eine große Anzahl Todesopfer verzeichnet wurden.

**GRÖSSTER ANTEIL AN KRIEGSOPFERN SEIT DEM ZWEITEN WELTKRIEG**

| Rang | Land | Kriegstote* |
|---|---|---|
| 1 | Kambodscha | 16,1 |
| 2 | Osttimor | 14,4 |
| 3 | Angola | 12,9 |
| 4 | Ruanda | 10,3 |
| 5 | Nordkorea | 10,0 |
| 6 | Afghanistan | 8,7 |
| 7 | Sudan | 8,4 |
| 8 | Burundi | 7,6 |
| 9 | DR Kongo | 5,9 |
| 10 | Mosambik | 5,0 |
| 11 | Südkorea | 4,7 |
| 12 | Vietnam | 4,7 |
| 13 | Irak | 4,6 |
| 14 | Westsahara | 4,4 |
| 15 | Libanon | 3,7 |
| 16 | Algerien | 3,5 |
| 17 | Liberia | 3,1 |
| 18 | Uganda | 2,8 |
| 19 | Kongo | 2,8 |
| 20 | Somalia | 2,7 |

*Kriegstote 1945–2000 in Prozent der Bevölkerung

**KRIEGSTOTE 1945–2000**
Millionen von Menschen, die im Rahmen von Kriegshandlungen den Tod fanden

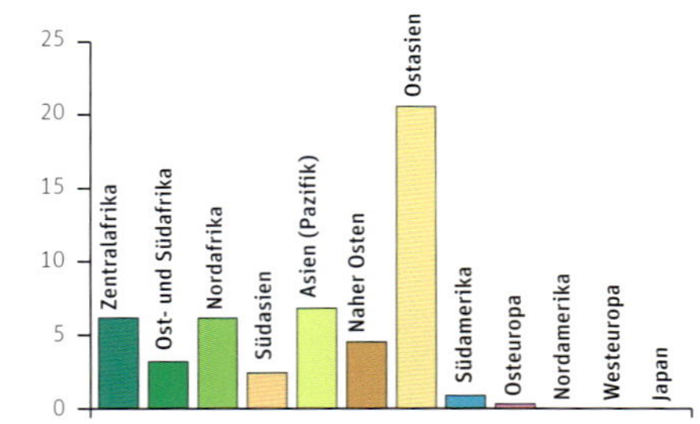

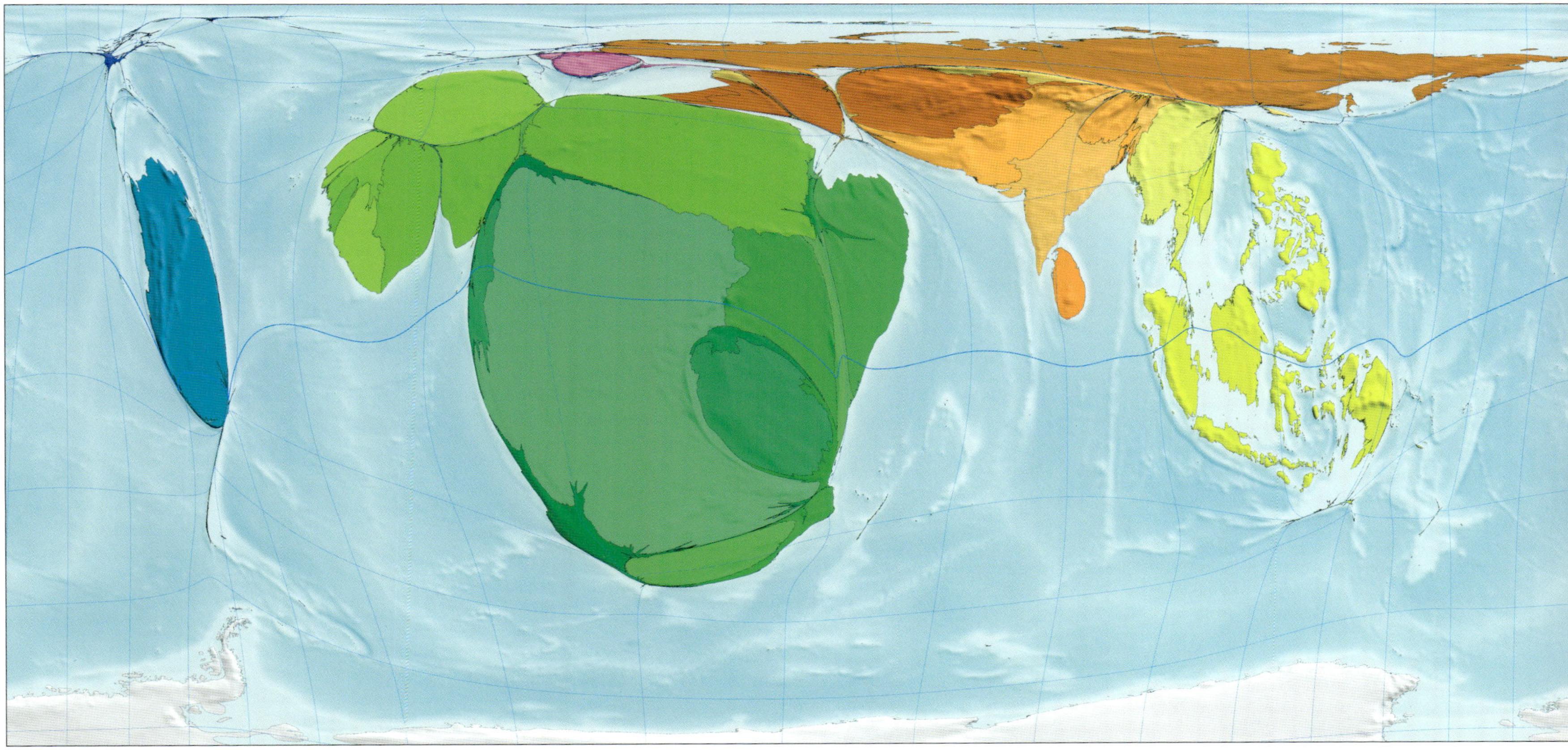

**KRIEGSTOTE 2002**

| Rang | Land | Kriegsopfer* |
|---|---|---|
| 1 | Burundi | 1246 |
| 2 | DR Kongo | 860 |
| 3 | Somalia | 722 |
| 4 | Liberia | 596 |
| 5 | Sudan | 464 |
| 6 | Mazedonien | 401 |
| 7 | Kongo | 359 |
| 8 | Gaza und Westbank | 314 |
| 9 | Uganda | 265 |
| 10 | Afghanistan | 257 |
| 11 | Elfenbeinküste | 235 |
| 12 | Simbabwe | 232 |
| 13 | Kolumbien | 190 |
| 14 | Algerien | 161 |
| 15 | Angola | 125 |
| 16 | Zentralafrikanische Republik | 122 |
| 17 | Russland | 119 |
| 18 | Guinea | 117 |
| 19 | Tadschikistan | 94 |
| 20 | Myanmar | 88 |

*Kriegsopfer pro Million Einwohner, 2002

# 320 Kriegsopfer 2002

## 172 000 Kriegstote in 80 Ländern

Im Jahr 2002 wurden weltweit schätzungsweise 172 000 Menschen Opfer militärischer Gewalt. Die Mehrzahl der Länder hatten keine Kriegsopfer zu beklagen. Die erfassten Todesfälle ereigneten sich in nur 80 der 200 Länder, 70 Prozent davon in nur neun Krisengebieten. Die meisten Kriegstoten verzeichnete die Demokratische Republik Kongo mit 26 Prozent Anteil. Prozentual zur Bevölkerungszahl war Burundi am schwersten betroffen. Dort starben 1,2 Menschen pro 1000 Einwohner.

Nach Regionen betrachtet hatten Somalia im östlichen und südlichen Afrika, Indonesien im asiatisch-pazifischen Raum, Kolumbien in Südamerika, der Sudan in Nordafrika, Indien in Südasien und Russland im Mittleren Osten und Zentralasien die meisten Opfer zu beklagen.

**KRIEGSOPFER 2002**
1000 Menschen, die in militärischen Konflikten umkamen

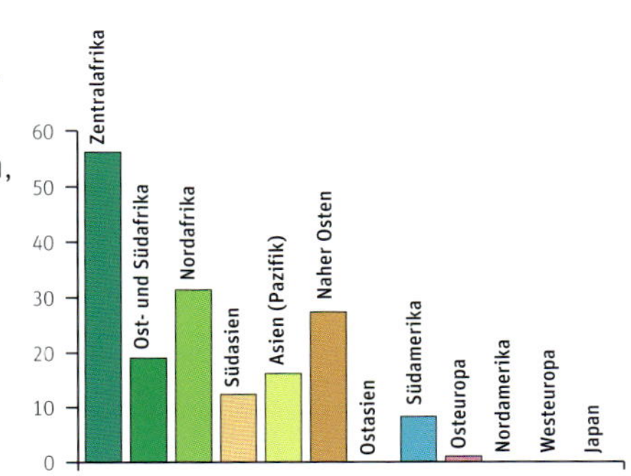


*»Auf dem ganzen Kontinent sind Männer und Frauen gestorben, weil sie versucht haben, diese Zustände zu ändern.«*
Gabriel Garcia Márquez bei der Verleihung des Literaturnobelpreises 1982

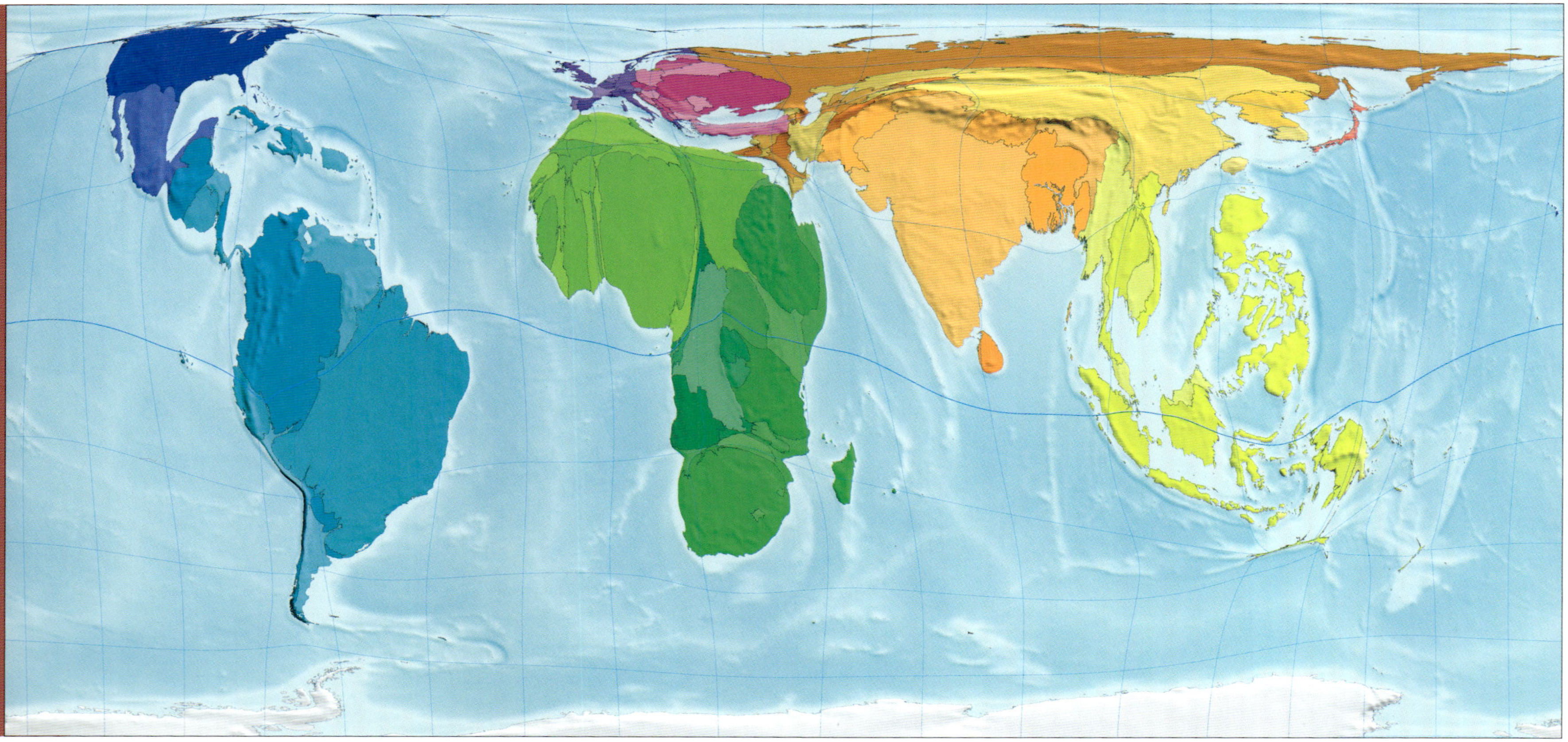

**HÖCHSTE UND GERINGSTE ZAHL AN TÖTUNGSDELIKTEN**

| Rang | Land | Tote* |
|---|---|---|
| 1 | Kolumbien | 724 |
| 2 | Sierra Leone | 500 |
| 3 | Südafrika | 431 |
| 4 | Angola | 395 |
| 5 | El Salvador | 385 |
| 6 | Guatemala | 372 |
| 7 | Venezuela | 353 |
| 8 | Somalia | 331 |
| 9 | Russland | 329 |
| 10 | Liberia | 329 |
| 191 | Singapur | 8,3 |
| 192 | Slowenien | 7,7 |
| 193 | Tonga | 7,6 |
| 194 | Deutschland | 7,2 |
| 195 | Israel | 7,1 |
| 196 | Frankreich | 6,8 |
| 197 | Japan | 6,2 |
| 198 | Island | 6,0 |
| 199 | Zypern | 2,3 |
| 200 | San Marino | 0 |

*Tötungsdelikte pro Million Einwohner, 2002

# 321 Tötungsdelikte

**In Japan und Westeuropa ist die Zahl der Tötungsdelikte verhältnismäßig gering.**

In dieser Karte sind Tötungsdelikte erfasst, die auf das Konto ziviler, nicht militärischer Gewalt gehen, wie Mord und Totschlag.

Im Jahre 2002 starben mehr als eine halbe Million Menschen eines gewaltsamen Todes, die meisten davon in Brasilien und Indien, wo es in diesem Jahr jeweils mehr als 57 000 Tötungsdelikte gab. Die Länder mit den höchsten Pro-Kopf-Raten an Tötungsdelikten waren Kolumbien, Sierra Leone und Südafrika.

Regional betrachtet verzeichnet Südamerika die meisten Fälle von Mord und Totschlag, gefolgt von Südasien und Nordafrika. Dagegen gab es in Japan und Westeuropa verhältnismäßig wenig Tötungsdelikte.

**MORD UND TOTSCHLAG**

Opfer nichtmilitärischer Gewalt pro Million Einwohner, 2002

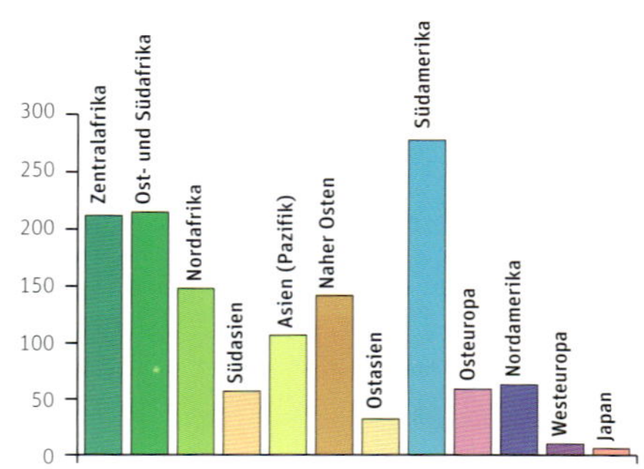

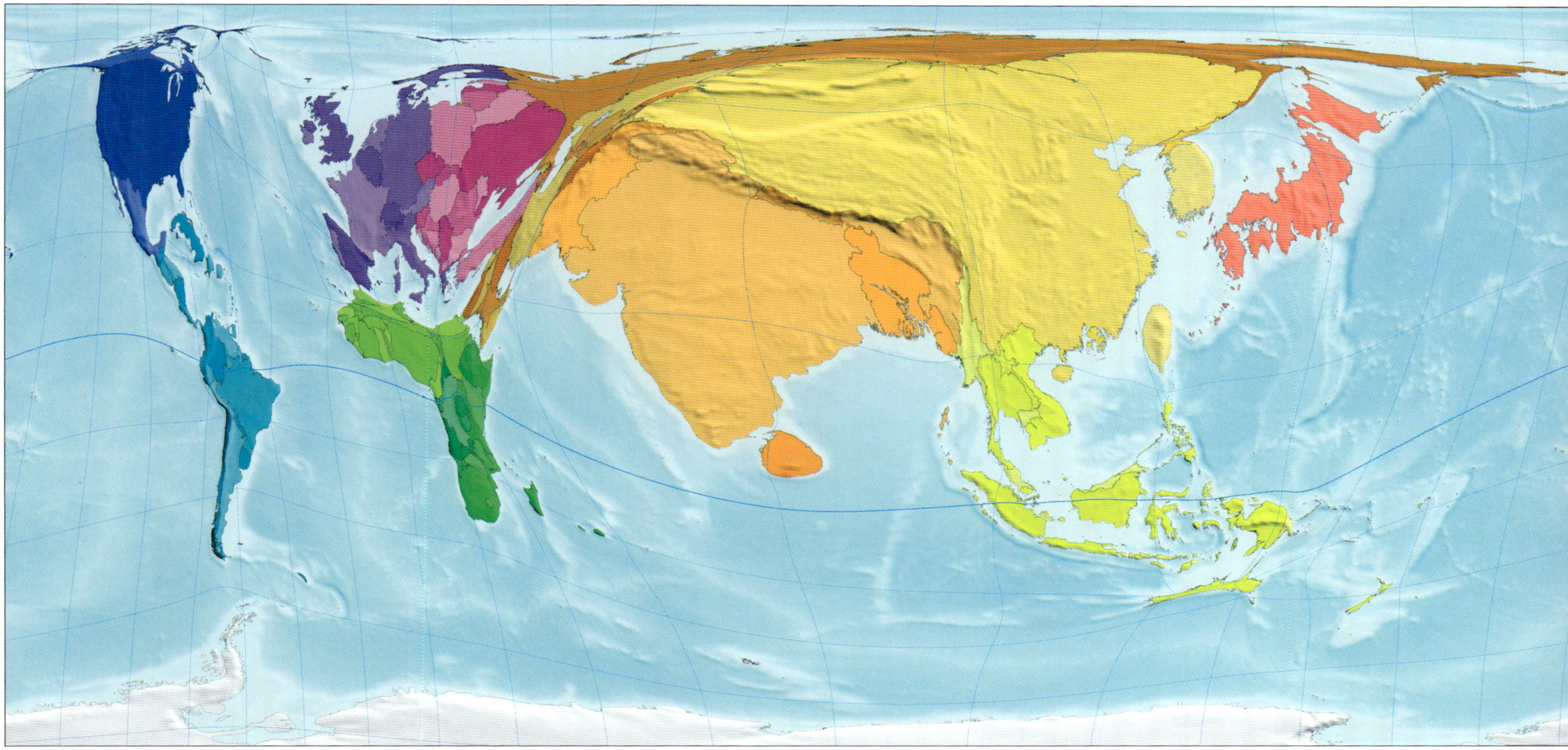

## HÖCHSTE UND NIEDRIGSTE SELBSTMORDRATE

| Rang | Land | Tote* |
|---|---|---|
| 1 | Litauen | 451 |
| 2 | Russland | 410 |
| 3 | Weißrussland | 383 |
| 4 | Kasachstan | 371 |
| 5 | Ukraine | 358 |
| 6 | Sri Lanka | 319 |
| 7 | Lettland | 308 |
| 8 | Estland | 295 |
| 9 | Slowenien | 293 |
| 10 | Ungarn | 282 |
| 191 | Philippinen | 17 |
| 192 | Ägypten | 15 |
| 193 | Haiti | 7 |
| 194 | Zypern | 7 |
| 195 | Syrien | 6 |
| 196 | Antigua und Barbuda | 4 |
| 197 | Jamaika | 1 |
| 198 | Kiribati | 0 |
| 199 | Dominica | 0 |
| 200 | St. Kitts und Nevis | 0 |

*Fälle von Selbstmord pro Million Einwohner, 2002

# 322 Selbstmorde

**Die höchsten Selbstmordraten verzeichnen Länder im ehemals kommunistischen Osteuropa.**

Fast 900 000 Menschen haben sich 2002 das Leben genommen, über die Hälfte davon in China und Indien. Weitere sieben Prozent der Selbstmorde wurden in Russland und weitere vier Prozent in Japan verübt.

Weltweit wählen jedes Jahr im Durchschnitt 141 von einer Million Menschen den Freitod. Die Region mit der niedrigsten Selbstmordrate ist Nordafrika mit 44 Selbsttötungen pro Million Einwohner. Unter den westlichen Industrieländern verzeichnet Japan mit 245 Selbstmorden pro Million Einwohner die höchste Selbstmordrate.

**SELBSTMORDE**
Fälle von Selbstmord pro Million Einwohner, 2002

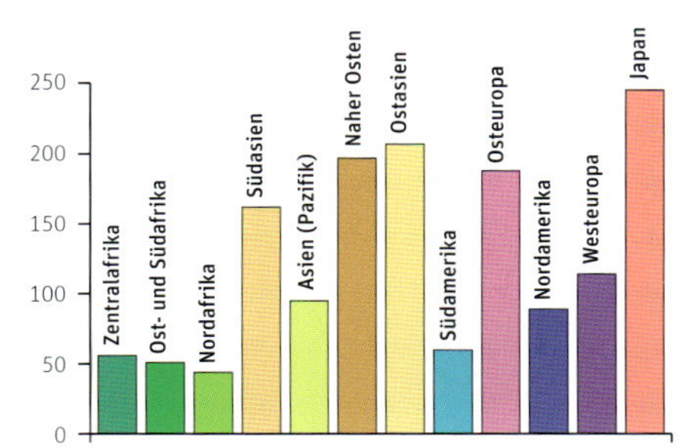

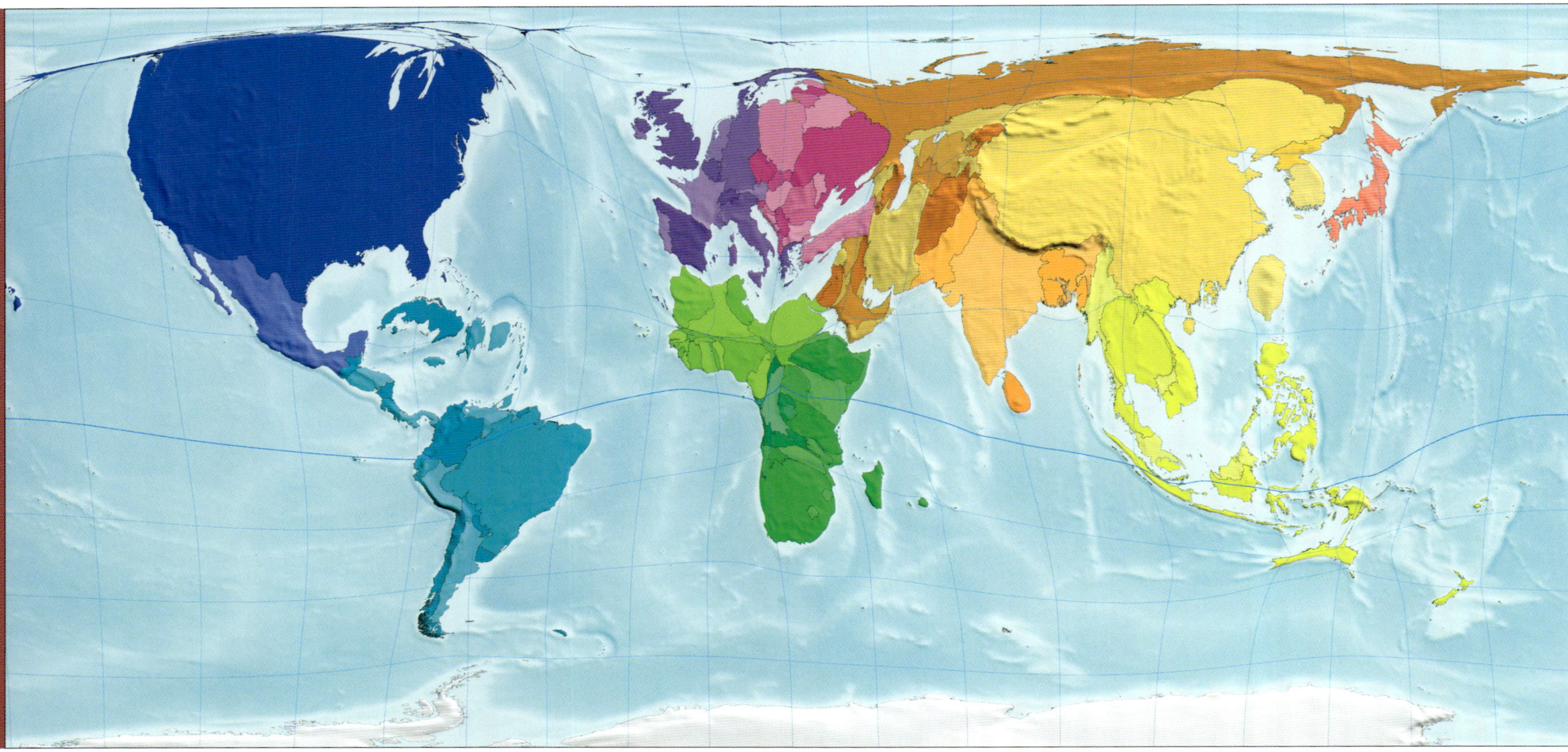

**HÖCHSTE UND NIEDRIGSTE ZAHL VON INHAFTIERTEN**

| Rang | Land | Gefangene* |
|---|---|---|
| 1 | **Vereinigte Staaten** | 7513 |
| 2 | **Russland** | 5985 |
| 3 | **St. Kitts und Nevis** | 5095 |
| 4 | **St. Lucia** | 5030 |
| 5 | **Bahamas** | 5000 |
| 6 | **Kuba** | 4867 |
| 7 | **Palau** | 4850 |
| 8 | **Surinam** | 4833 |
| 9 | **Turkmenistan** | 4583 |
| 10 | **Belize** | 4530 |
| 191 | **Mikronesien** | 361 |
| 192 | **Nigeria** | 335 |
| 193 | **Gambia** | 321 |
| 194 | **Mali** | 321 |
| 195 | **Indien** | 320 |
| 196 | **Nepal** | 290 |
| 197 | **Komoren** | 286 |
| 198 | **DR Kongo** | 255 |
| 199 | **Nauru** | 231 |
| 200 | **Burkina Faso** | 222 |

*Inhaftierte pro Million Einwohner, 2006

# 323 Häftlinge

**Ein Viertel aller weltweit inhaftierten Menschen sitzt in US-amerikanischen Gefängnissen.**

Im Jahre 2006 saßen weltweit schätzungsweise 9,3 Millionen Menschen im Gefängnis, die Hälfte von ihnen in nur drei Ländern: den Vereinigten Staaten (24 Prozent), China (17 Prozent) und Russland (9 Prozent). 0,15 Prozent der Weltbevölkerung sitzt im Gefängnis oder, anders gerechnet, einer von 670 Menschen.

Die Liste der Länder mit den höchsten prozentualen Inhaftierungsquoten wird ebenfalls von den Vereinigten Staaten angeführt (0,75 Prozent), gefolgt von Russland (0,60 Prozent). Die niedrigsten Inhaftierungsraten weisen Burkina Faso und Nauru auf, wo nur jeweils etwas über 0,02 Prozent der Bevölkerung in Gefängnissen sitzt.

*»Die Gedanken eines Gefangenen – sie sind auch nicht frei. Sie kehren immer wieder zu denselben Themen zurück.«*

Alexander Solschenizyn, »Ein Tag im Leben des Iwan Denissowitsch«, 1962

**MENSCHEN IM GEFÄNGNIS**

**Anzahl der Gefangenen pro 1000 Einwohner, 2006**

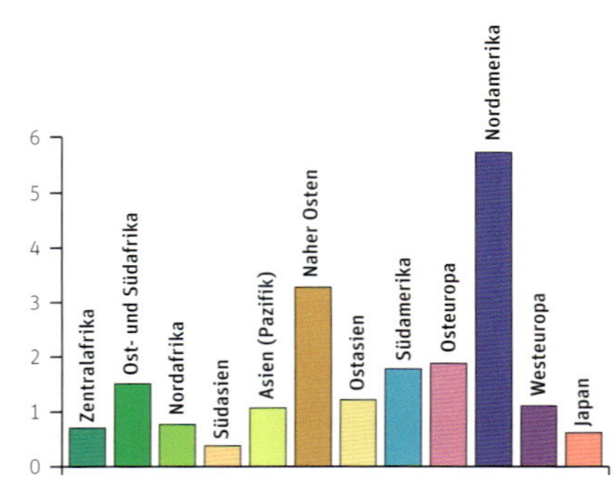

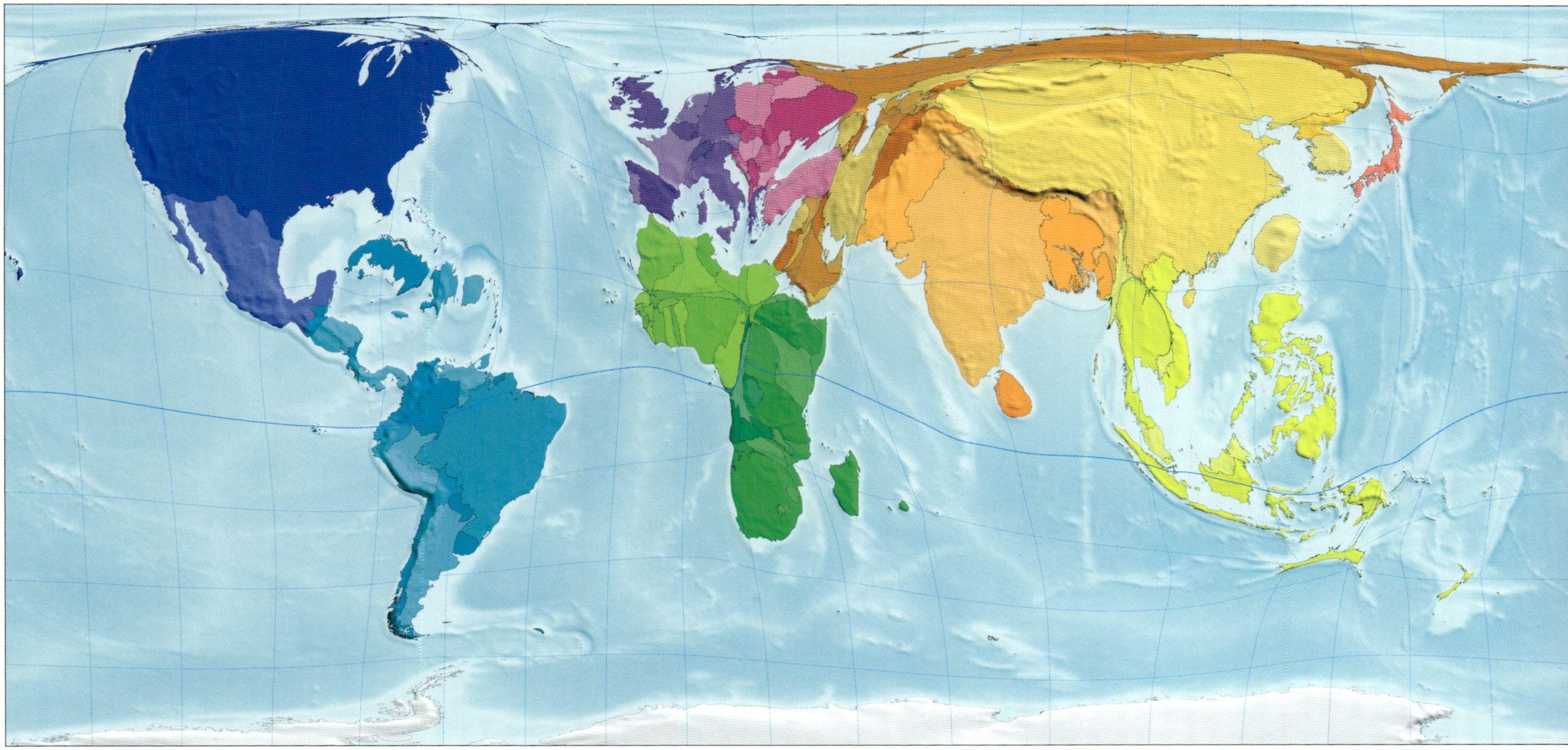

**HÖCHSTE ANZAHL DER UNTERSUCHUNGS-HÄFTLINGE**

| Rang | Land | Untersuchungshäftlinge* |
|---|---|---|
| 1 | Panama | 2243 |
| 2 | Bahamas | 2150 |
| 3 | Surinam | 2001 |
| 4 | Vereinigte Staaten | 1593 |
| 5 | Kuba | 1561 |
| 6 | Swasiland | 1463 |
| 7 | St. Lucia | 1429 |
| 8 | St. Kitts und Nevis | 1406 |
| 9 | Puerto Rico | 1401 |
| 10 | Libyen | 1240 |
| 11 | Uruguay | 1217 |
| 12 | Georgien | 1142 |
| 12 | Honduras | 1082 |
| 14 | Belize | 1065 |
| 15 | Trinidad und Tobago | 1055 |
| 16 | Südafrika | 1033 |
| 16 | Libanon | 1028 |
| 18 | Russland | 1012 |
| 19 | Mexiko | 905 |
| 20 | Argentinien | 873 |

*Anzahl der Menschen in Untersuchungshaft pro Million Einwohner, 2002

# 324 Untersuchungsgefangene

**In Nordamerika sitzen die meisten Untersuchungsgefangenen ein.**

Im Jahre 2006 saßen weltweit geschätzte 2,8 Millionen Menschen in Untersuchungshaft. Das sind 30 Prozent aller inhaftierten Personen. Die Länder mit den höchsten Anteilen an Gefangenen in U-Haft waren Haiti (84 Prozent der dort Inhaftierten), Andorra (77 Prozent) und Bolivien (75 Prozent). Die Länder mit der größten Anzahl an Untersuchungshäftlingen sind China und die Vereinigten Staaten. Dabei weist China bei weitaus größerer Bevölkerungszahl nur geringfügig mehr Untersuchungsgefangene aus. An dritter Stelle folgt Indien. In den Vereinigten Staaten sitzen pro 10 000 Einwohner 16 Menschen in Untersuchungshaft, in China sind es vier und in Indien zwei.

**UNTERSUCHUNGS- UND STRAFGEFANGENE**
Oben: Untersuchungshäftlinge pro 1000 Personen
Unten: Strafgefangene pro 1000 Personen

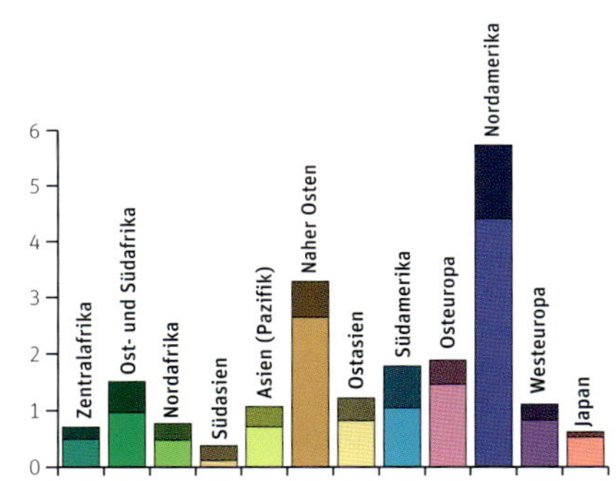

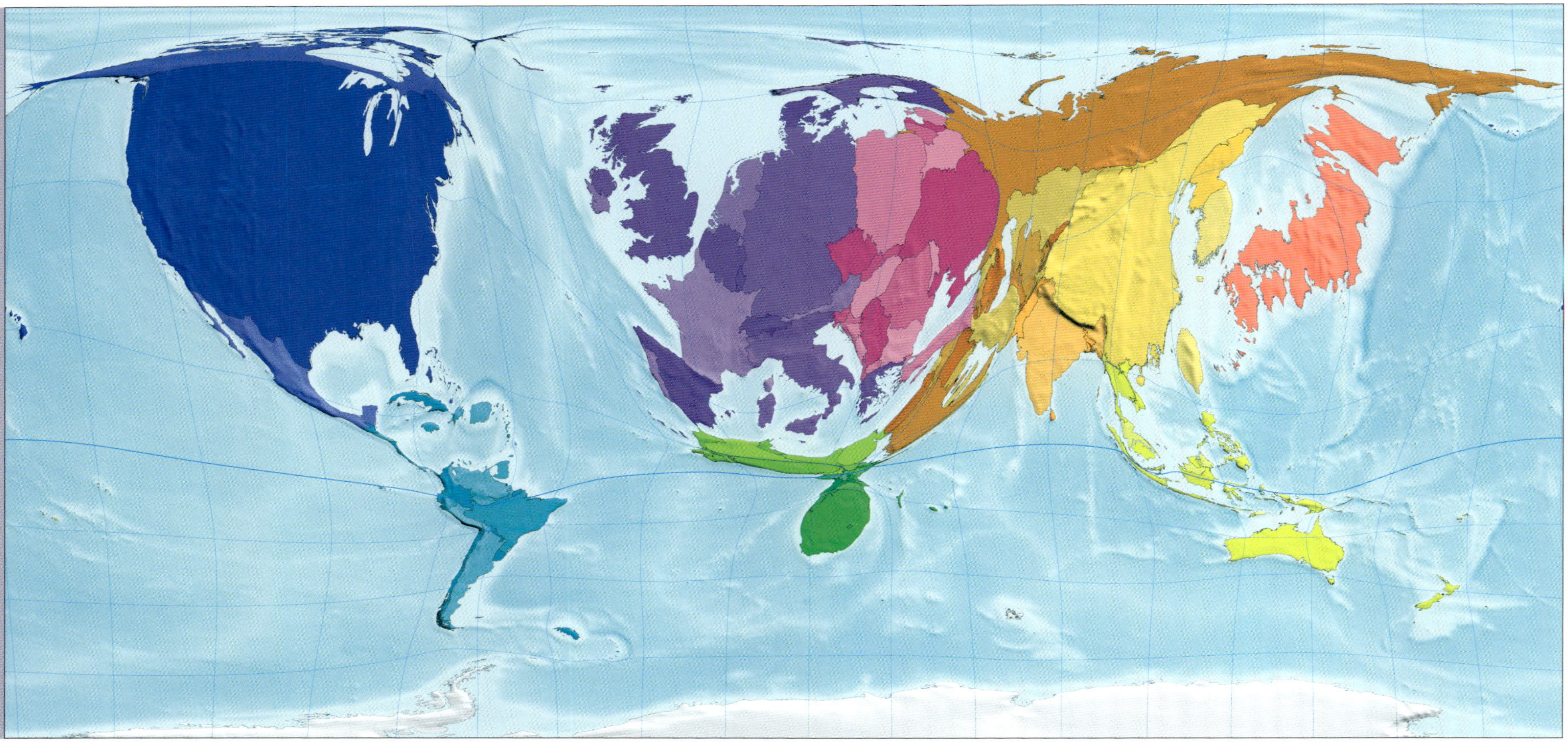



# 325 Kohlendioxidausstoß im Jahr 1980

**Der Kohlendioxidausstoß wird hauptsächlich für die globale Erwärmung verantwortlich gemacht.**

Man schätzt, dass ungefähr 60 Prozent der vom Menschen erzeugten Erderwärmung durch die Emission von Kohlendioxid ($CO_2$) verursacht wird. 16 Milliarden Tonnen dieses Gases wurden 1980 weltweit im Jahr ausgestoßen, 70 Prozent der Emissionen des Jahres 2000. Obwohl der Ausstoß in den letzten Jahren zugenommen hat, blieb die weltweite Verteilung der Emissionsmengen ungefähr gleich. 1980 waren die Vereinigten Staaten und China die Länder mit dem größten Ausstoß, und sie sind es auch heute noch. Aber die Unterschiede sind groß. In den Vereinigten Staaten wurde pro Kopf 14-mal mehr Kohlendioxid ausgestoßen als in China.

*»Die Welt muss unterscheiden zwischen den zum Überleben notwendigen Emissionen der Armen und den luxusbedingten Emissionen [der] Reichen.«* Sunita Narain, Direktorin des Zentrums für Wissenschaft und Umweltschutz, Neu-Delhi, 2002

**HÖCHSTER UND NIEDRIGSTER AUSSTOSS VON KOHLENDIOXID IM JAHR 1980**

| Rang | Land | Tonnen* |
|---|---|---|
| 1 | Luxemburg | 28,9 |
| 2 | Bahamas | 27,3 |
| 3 | Brunei | 25,5 |
| 4 | Katar | 23,0 |
| 5 | Vereinigte Staaten | 16,3 |
| 6 | Kanada | 13,4 |
| 7 | Deutschland | 13,1 |
| 8 | Belgien | 12,8 |
| 9 | Trinidad und Tobago | 12,4 |
| 10 | Dänemark | 11,7 |
| 191 | Komoren | 0,050 |
| 191 | Uganda | 0,050 |
| 193 | Niger | 0,049 |
| 194 | Bhutan | 0,031 |
| 194 | Burundi | 0,031 |
| 194 | Zentralafrikanische Republik | 0,031 |
| 197 | Nepal | 0,030 |
| 198 | Kambodscha | 0,029 |
| 199 | Tschad | 0,028 |
| 200 | Äthiopien | 0,027 |

*$CO_2$-Ausstoß pro Kopf

**KOHLENDIOXIDAUSSTOSS 1980**
Milliarden Tonnen

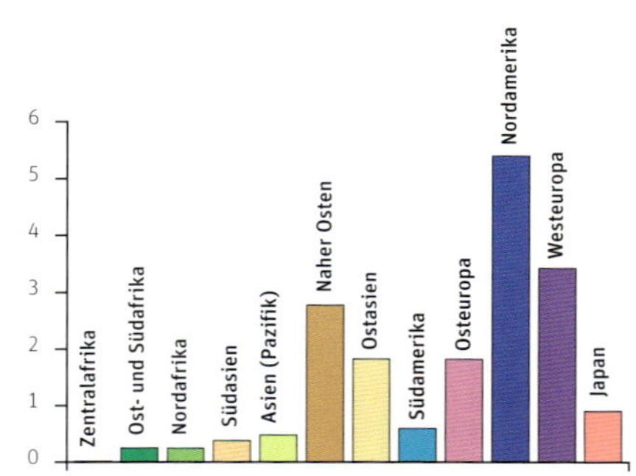

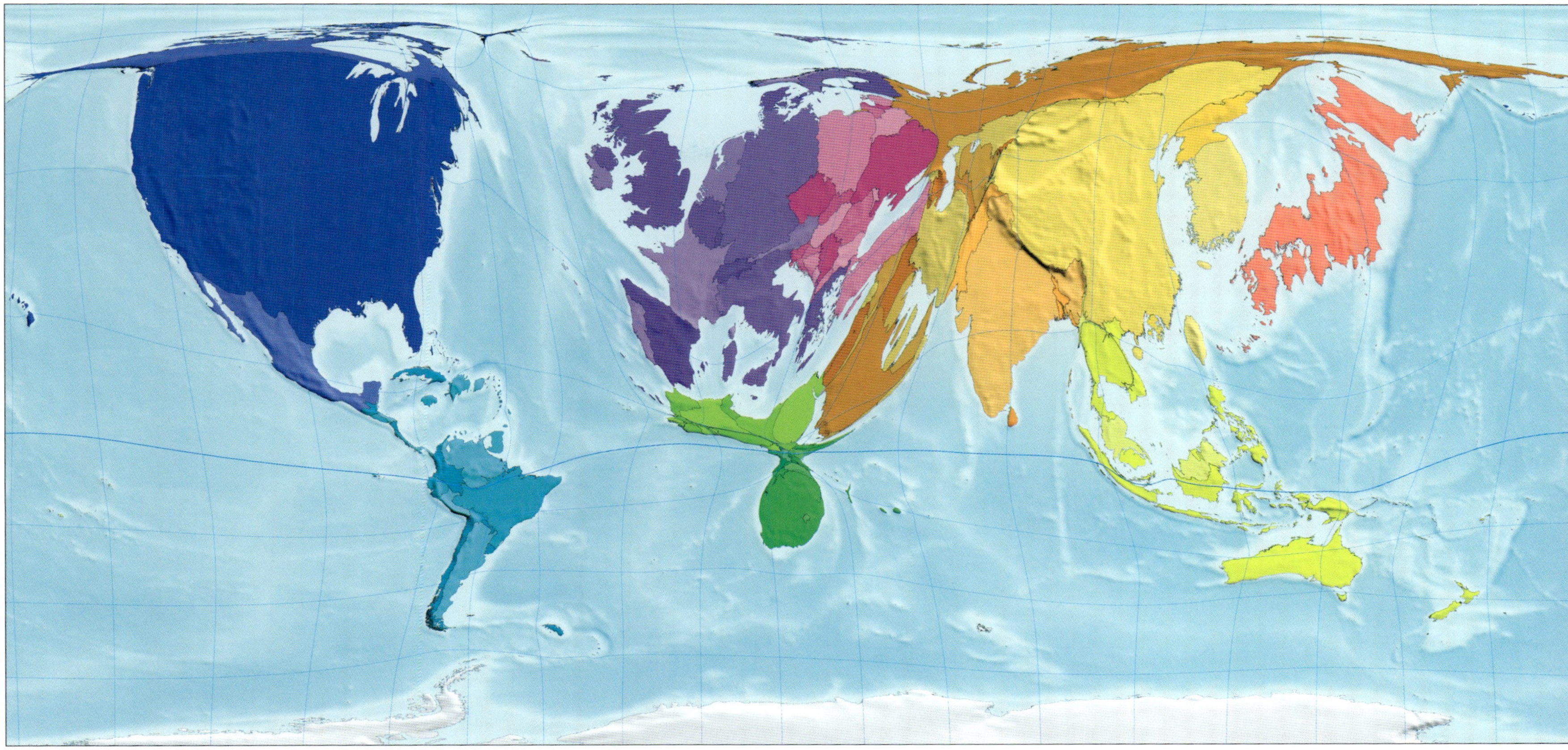

# 326 Kohlendioxidausstoß im Jahr 2000

**Auch im Jahr 2000 sind die Vereinigten Staaten und China die größten Umweltsünder, was die Emissionen von $CO_2$ angeht.**

Der Ausstoß von Kohlendioxid variiert von Land zu Land aufgrund der unterschiedlichen Lebensweisen und der verschiedenen Methoden zur Energieerzeugung erheblich. Er hängt auch von der Art und dem technischen Niveau der Industrialisierung, den benutzten Transportmitteln und dem Verbrauch von fossilen Brennstoffen ab. Die größten Verschmutzer stoßen tausendmal mehr Kohlendioxid pro Kopf aus als die Länder mit der geringsten Emission.

Im Jahr 2000 wurden weltweit fast 23 Milliarden Tonnen $CO_2$ in die Atmosphäre abgegeben. Unter den auf der Karte verzeichneten Ländern liegt Nordamerika ganz vorn, denn es war für 28 Prozent der gesamten $CO_2$-Emissionen verantwortlich. Den geringsten Ausstoß hatte Zentralafrika mit 0,09 Prozent. 21 Länder stießen über zehn Tonnen Kohlendioxid pro Kopf aus, 66 Länder hatten eine Pro-Kopf-Emission von weniger als einer Tonne.

### HÖCHSTER UND NIEDRIGSTER AUSSTOSS VON KOHLENDIOXID IM JAHR 2000

| Rang | Land | Tonnen* |
|---|---|---|
| 1 | Katar | 64 |
| 2 | Bahrain | 27 |
| 3 | Brunei | 21 |
| 4 | Kuwait | 21 |
| 5 | Trinidad und Tobago | 20 |
| 6 | Luxemburg | 19 |
| 7 | Vereinigte Staaten | 19 |
| 8 | Australien | 18 |
| 9 | Vereinigte Arabische Emirate | 18 |
| 10 | Saudi-Arabien | 17 |
| 191 | DR Kongo | 0,095 |
| 192 | Komoren | 0,094 |
| 192 | Malawi | 0,094 |
| 192 | Niger | 0,094 |
| 192 | Tansania | 0,094 |
| 192 | Uganda | 0,094 |
| 197 | Burundi | 0,048 |
| 197 | Kambodscha | 0,048 |
| 199 | Tschad | 0,047 |
| 200 | Afghanistan | 0,040 |

*$CO_2$-Ausstoß pro Kopf

**KOHLENDIOXIDAUSSTOSS 2000**
Milliarden Tonnen

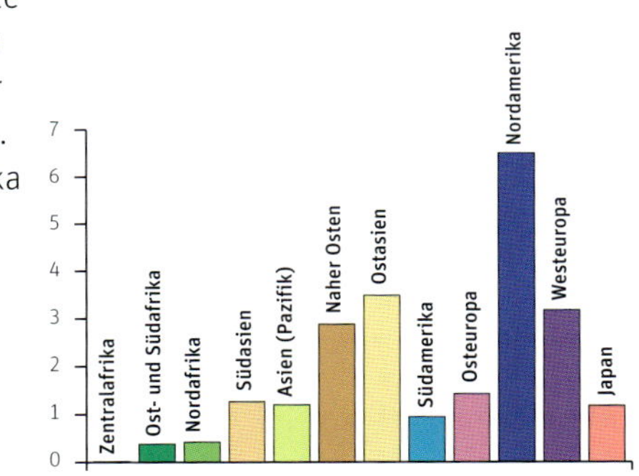

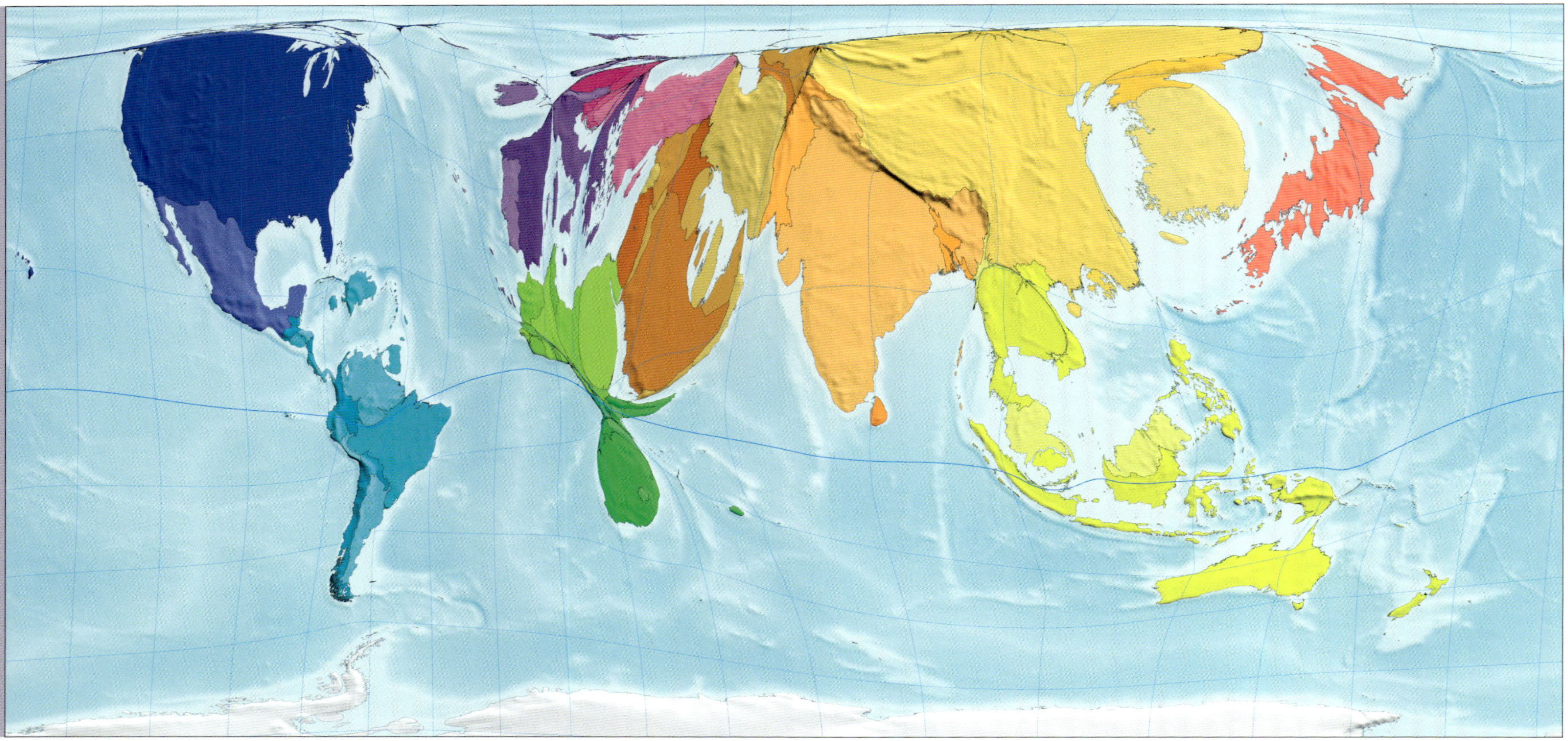

**GRÖSSTE ZUNAHME DER $CO_2$-EMISSIONEN 1980–2000**

| Rang | Land | Tonnen* |
|---|---|---|
| 1 | Katar | 41,1 |
| 2 | Bahrain | 15,6 |
| 3 | Kuwait | 11,7 |
| 4 | Saudi-Arabien | 11,2 |
| 5 | Vereinigte Arabische Emirate | 10,1 |
| 6 | Trinidad und Tobago | 7,7 |
| 7 | Australien | 7,1 |
| 8 | Singapur | 6,4 |
| 9 | Israel | 6,3 |
| 10 | Südkorea | 6,3 |
| 11 | Libyen | 5,7 |
| 12 | Oman | 5,4 |
| 13 | Malta | 4,9 |
| 14 | Malaysia | 4,7 |
| 15 | Irland | 4,6 |
| 16 | Zypern | 4,2 |
| 17 | Griechenland | 3,8 |
| 18 | Neuseeland | 3,4 |
| 19 | Turkmenistan | 3,4 |
| 20 | Portugal | 3,3 |

*Zunahme der $CO_2$-Emissionen pro Kopf

# 327 Zunahme der Kohlendioxidemissionen

**Zwischen 1980 und 2000 hat der Ausstoß an $CO_2$ in fast drei Viertel aller Länder zugenommen.**

Zwischen 1980 und 2000 stieg der Ausstoß von Kohlendioxid in 72 Prozent der Länder an, was zusammen zu einem Anstieg von 6,6 Milliarden Tonnen pro Jahr führte. Die restlichen Länder reduzierten ihre Emissionen zusammen um 1,9 Milliarden Tonnen pro Jahr. Gebiete, in denen der Ausstoß gleich blieb oder abnahm, haben auf dieser Karte die Größe null und sind somit nicht verzeichnet.

In China, den Vereinigten Staaten und Indien nahmen die $CO_2$-Emissionen in diesem Zeitraum am stärksten zu. 42 Prozent der Weltbevölkerung verursachten 45 Prozent der globalen Emissionen. Pro Kopf aber war die Zunahme in den Vereinigten Staaten mehr als dreimal so hoch wie in China und mehr als viermal so hoch wie in Indien. Der größte Pro-Kopf-Anstieg an $CO_2$-Emissionen war in Katar und Bahrain.

*»[Der] Ausstoß von Kohlendioxid – der wichtigste Grund für den Klimawandel – steigt in vielen Teilen der Welt weiter an.«*

Michel Jarraud, Generalsekretär der WMO, 2005

**VERÄNDERUNGEN DER $CO_2$-EMISSIONEN**

Millionen Tonnen pro Jahr, 1980–2000

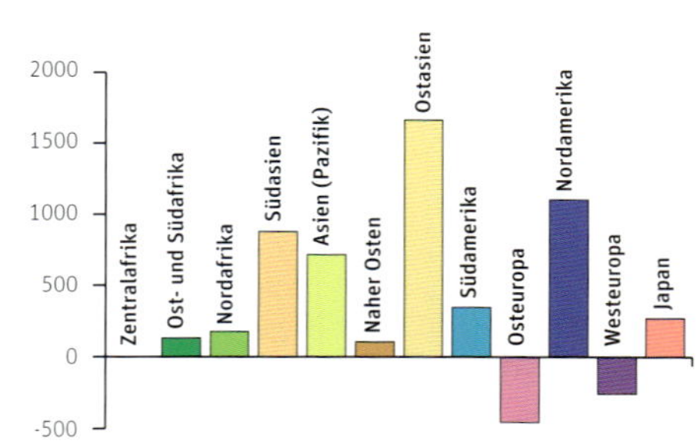

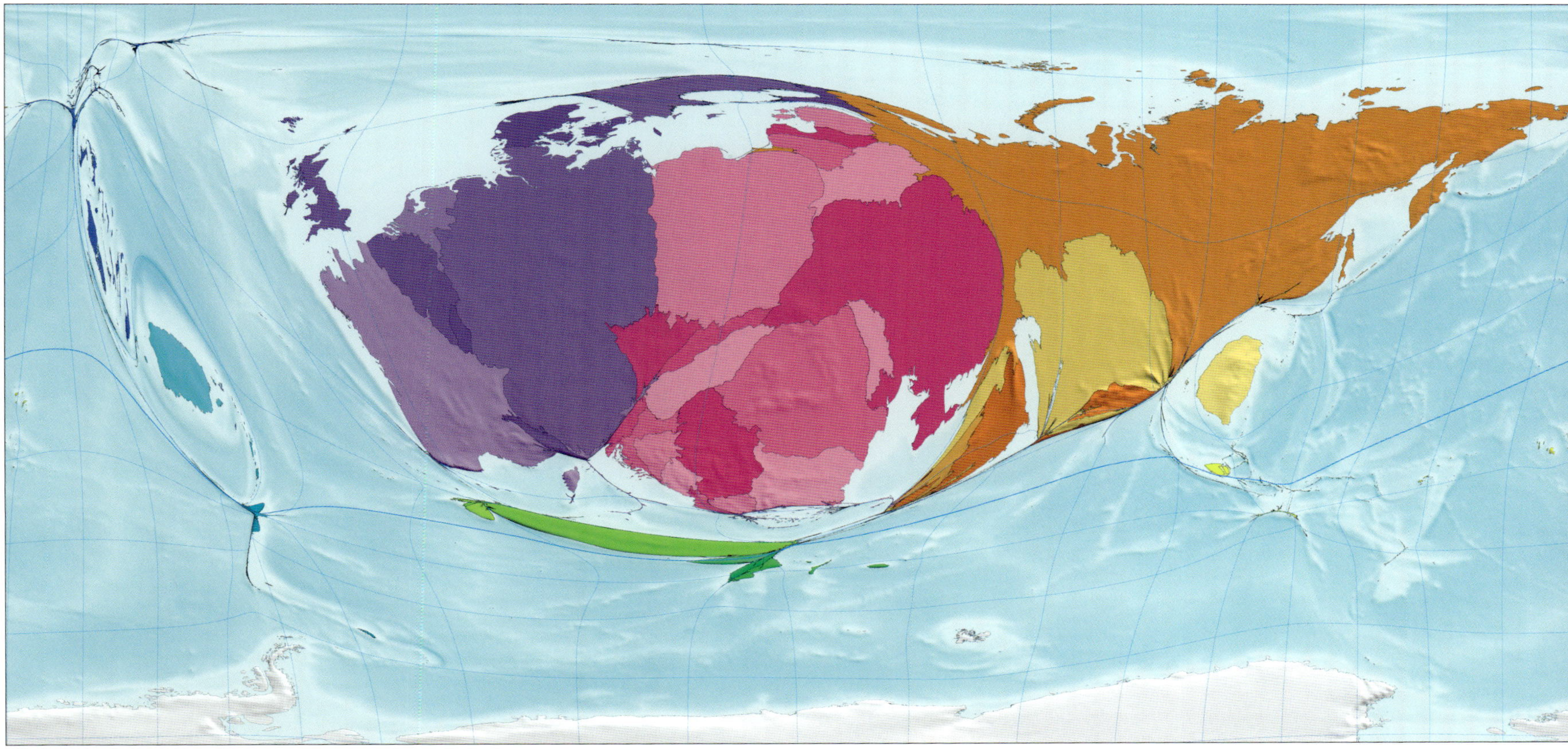



**GRÖSSTER PRO-KOPF-RÜCKGANG DER $CO_2$-EMISSIONEN 1980–2000**

| Rang | Land | Tonnen* |
|---|---|---|
| 1 | Bahamas | 21,6 |
| 2 | Luxemburg | 9,5 |
| 3 | Kasachstan | 7,7 |
| 4 | Estland | 6,7 |
| 5 | Puerto Rico | 4,6 |
| 6 | Brunei | 4,5 |
| 7 | Rumänien | 4,4 |
| 9 | Serbien und Montenegro | 4,3 |
| 9 | Bulgarien | 3,9 |
| 10 | Ukraine | 3,9 |
| 11 | Polen | 3,8 |
| 12 | Deutschland | 3,5 |
| 13 | Dänemark | 3,4 |
| 14 | Aserbaidschan | 3,3 |
| 14 | Russland | 3,3 |
| 16 | Belgien | 2,8 |
| 16 | Moldawien | 2,8 |
| 16 | Schweden | 2,8 |
| 19 | Weißrussland | 2,7 |
| 19 | Litauen | 2,7 |

*Rückgang der $CO_2$-Emissionen pro Kopf in Tonnen

# 328 Abnahme der Kohlendioxidemissionen

**Nur wenig mehr als ein Viertel aller Länder konnte zwischen 1980 und 2000 den Ausstoß an $CO_2$ reduzieren.**

28 Prozent der Länder haben zwischen 1980 und 2000 ihren jährlichen Ausstoß an Kohlendioxid verringert. Zusammen reduzierten diese Staaten ihre jährlichen Emissionen um 1,9 Milliarden Tonnen pro Jahr. Allerdings wird diese Verbesserung durch den mehr als dreimal so großen Anstieg in anderen Ländern zunichte gemacht. Länder, deren Emissionen gleich blieben oder anstiegen, haben auf dieser Karte die Größe null und erscheinen somit nicht.

Fast die Hälfte der Emissionsreduzierung wurde in den Gebieten der früheren Sowjetunion erreicht. Der Rückgang der industriellen Produktion und die Schließung von Fabriken trugen mit zur Reduzierung bei. Trotzdem war Russland im Jahr 2000 hinsichtlich der $CO_2$-Emissionen immer noch der drittgrößte Umweltsünder. Auch Deutschland (15 Prozent), Polen (8 Prozent) und Frankreich (6 Prozent) konnten ihren Ausstoß erheblich verringern.

**VERÄNDERUNG DER $CO_2$-EMISSIONEN**
Tonnen pro Jahr, 1980–2000

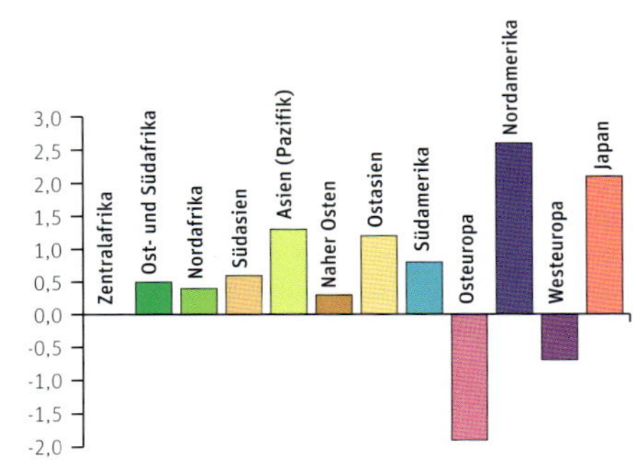

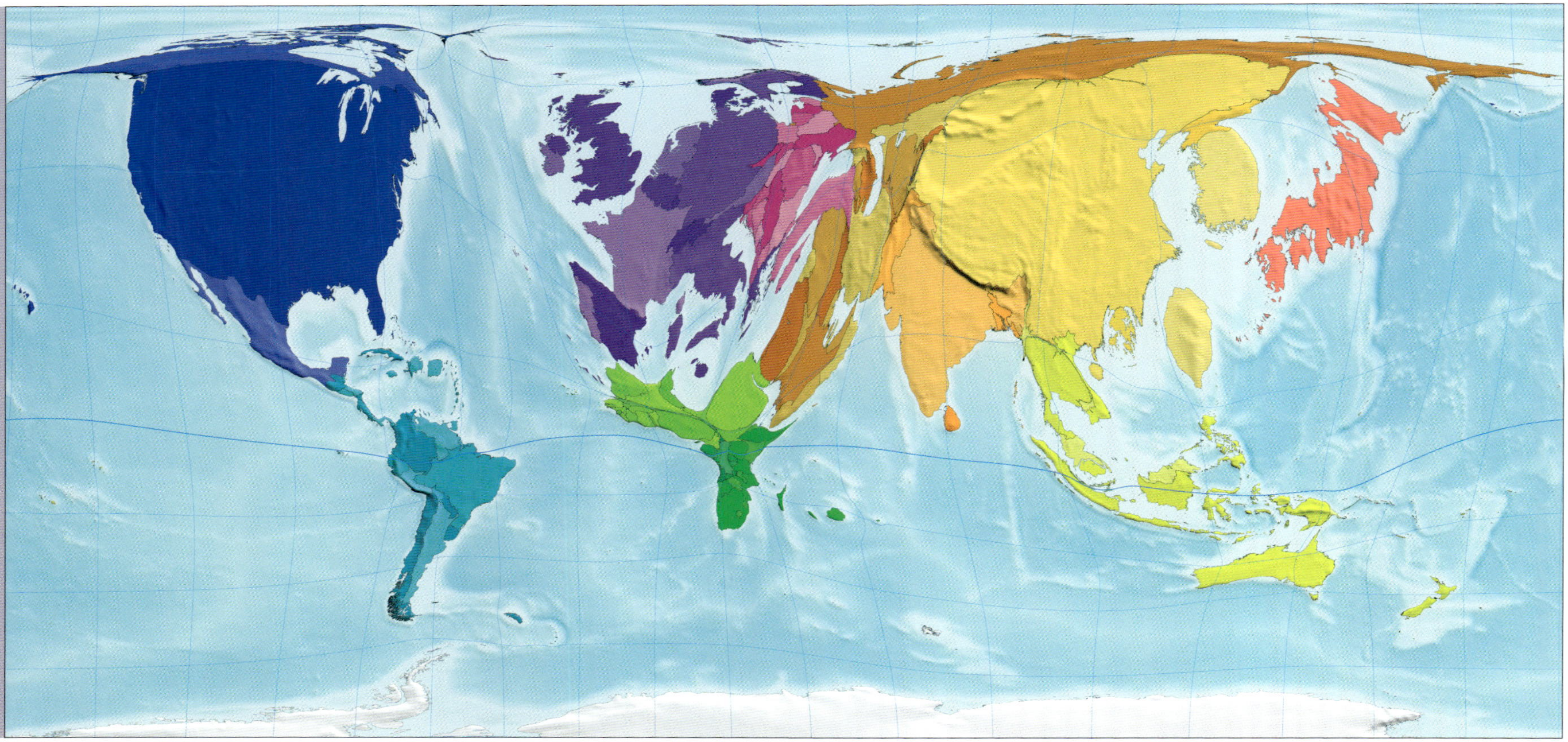



# 329 Geschätzter Kohlendioxidausstoß im Jahr 2015

**Die Proportionen veranschaulichen den für das Jahr 2015 prognostizierten Ausstoß an Kohlendioxid.**

**HÖCHSTE UND NIEDRIGSTE PROGNOSTIZIERTE $CO_2$-EMISSIONEN 2015**

| Rang | Land | Tonnen* |
|---|---|---|
| 1 | Malta | 108 |
| 2 | Zypern | 46 |
| 3 | Israel | 35 |
| 4 | Äquatorialguinea | 24 |
| 5 | Kanada | 22 |
| 6 | Vereinigte Staaten | 20 |
| 7 | Australien | 20 |
| 8 | Taiwan | 20 |
| 9 | Hongkong | 19 |
| 10 | Oman | 18 |
| 191 | Myanmar | 0,38 |
| 192 | Mongolei | 0,38 |
| 193 | Zentralafrikanische Republik | 0,38 |
| 194 | Sambia | 0,38 |
| 195 | Dschibuti | 0,35 |
| 196 | Sierra Leone | 0,35 |
| 197 | Haiti | 0,32 |
| 198 | Bangladesch | 0,31 |
| 199 | Niger | 0,27 |
| 200 | Afghanistan | 0,13 |

*Prognostizierte $CO_2$-Emissionen pro Kopf

Verglichen mit den Emissionen des Jahres 2000 wird der globale Ausstoß an $CO_2$ bis 2015 noch einmal um zehn Milliarden Tonnen pro Jahr ansteigen. Diese Prognose stammt von der US-amerikanischen Energieinformationsbehörde. Es wird erwartet, dass China mit zusätzlich vier Milliarden Tonnen den größten Zuwachs in diesem Zeitraum zu verzeichnen hat, gefolgt von den Vereinigten Staaten (mit zusätzlich einer Milliarde Tonne), dann Russland, Frankreich und Indien (jeweils 0,5 Milliarden Tonnen). Sollten sich die Prognosen als richtig erweisen, werden Nordamerika und Ostasien jeweils 24 Prozent der weltweiten Emissionen 2015 verursachen. Die afrikanischen Länder werden hingegen am anderen Ende der Skala stehen und nur vier Prozent beitragen.

In einigen Gebieten kann sich der Ausstoß aber auch verringern, entweder wegen eines wirtschaftlichen Rückgangs oder aufgrund von wirksamen Maßnahmen zur Reduzierung der $CO_2$-Emissionen.

**KOSTEN DER SCHÄDEN DURCH $CO_2$-EMISSIONEN**
(Geschätzt auf 20 US-Dollar pro Tonne Kohlenstoff)
US-Dollar in Milliarden, 2003

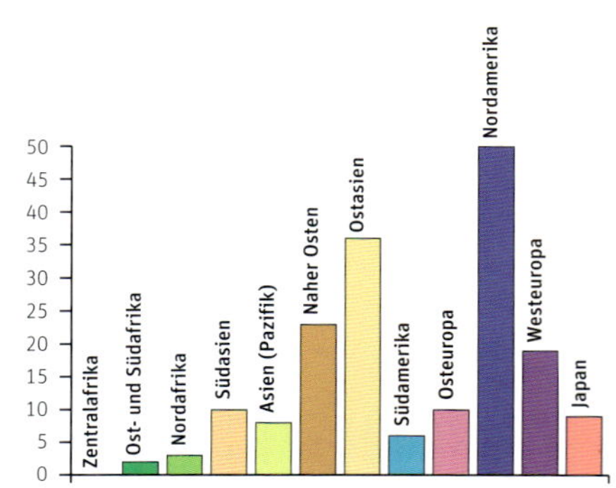

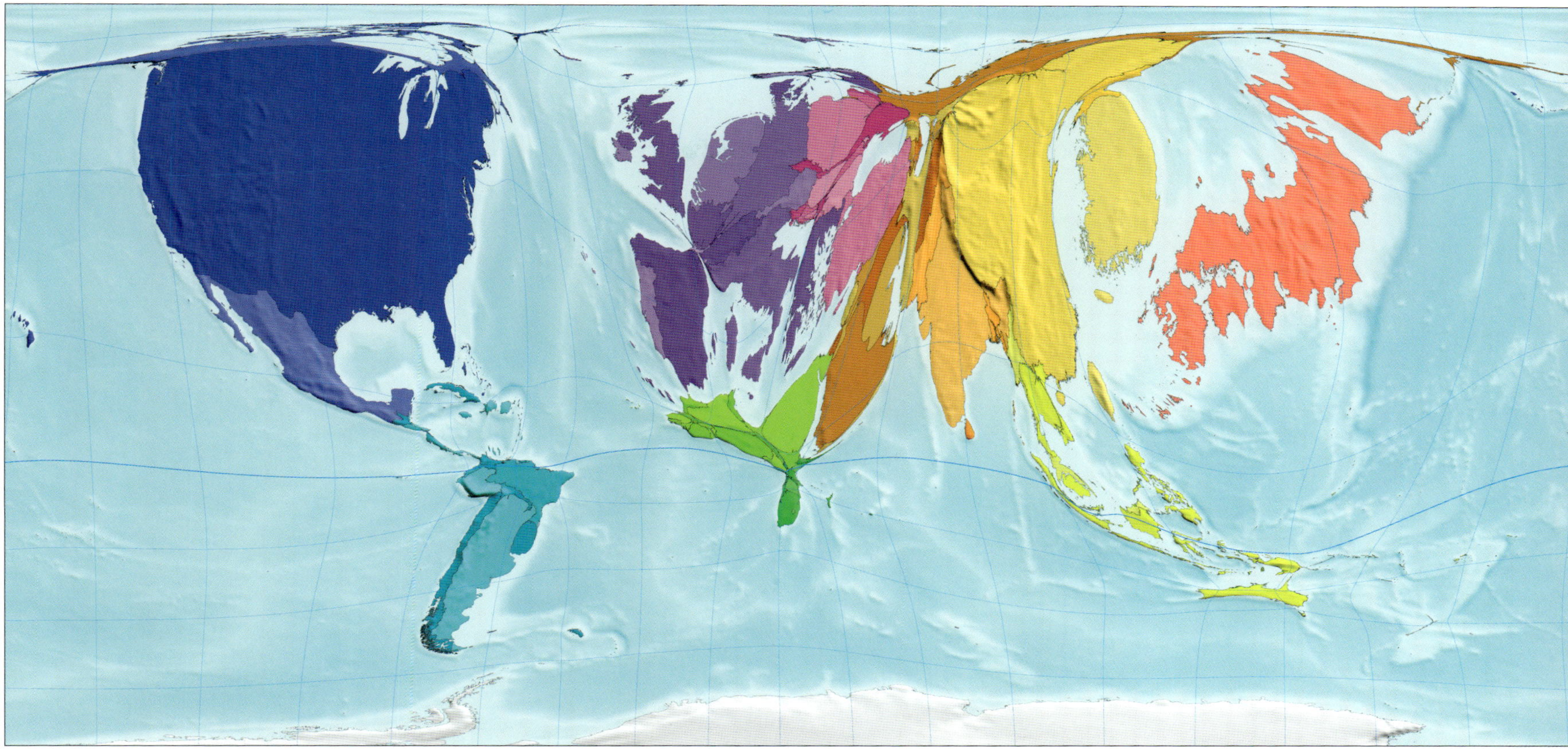

**GRÖSSTER SCHADEN DURCH FEINSTAUB-EMISSIONEN**

| Rang | Land | US-Dollar* |
|---|---|---|
| 1 | Kuwait | 358 |
| 2 | Vereinigte Staaten | 114 |
| 3 | Niederlande | 106 |
| 4 | Japan | 103 |
| 5 | Südkorea | 97 |
| 6 | Griechenland | 93 |
| 7 | Saudi-Arabien | 89 |
| 8 | Schweiz | 83 |
| 9 | Uruguay | 72 |
| 10 | Spanien | 68 |
| 11 | Singapur | 64 |
| 12 | Argentinen | 59 |
| 13 | Österreich | 54 |
| 14 | Belgien | 52 |
| 15 | Kanada | 49 |
| 16 | Portugal | 49 |
| 17 | Chile | 44 |
| 18 | Norwegen | 44 |
| 19 | Bulgarien | 44 |
| 20 | Italien | 43 |

*Kosten zur Verhinderung von Todesfällen aufgrund von Feinstaubemissionen in US-Dollar pro Kopf für das Jahr 2003

# 330 Luftverschmutzung durch Feinstaub

**Feinstaub ist gefährlich. Jahr für Jahr verursacht er zahlreiche Todesfälle. Dabei hielten sich die Investitionen, um die Emissionen zu reduzieren, in Grenzen.**

Luftverschmutzung durch Feinstaub ist eine Verunreinigung durch Staubpartikel mit einem Durchmesser von weniger als zehn Mikrometern. Die Hauptquellen sind mit fossilen Brennstoffen betriebene Kraftwerke, Autos, Heizsysteme und industrielle Prozesse. Feinstaub verursacht Herz-Lungen-Krankheiten, Lungenkrebs und akute Infektionen der Atemwege. Diese Karte basiert auf von der Weltbank angestellten Schätzungen der Investitionen, die erforderlich wären, um die Luftqualität so weit zu verbessern, dass Todesfälle wegen Feinstaub auszuschließen wären.

Nur wenige Länder sind in der Lage, diese Mittel aufzubringen, und ihre Ziele sind unterschiedlich weit gesteckt. Die Weltbank berücksichtigt diese Schwankungen, indem sie den Staaten, die zu mehr Investitionen bereit sind, höhere Kosten zuordnet. Diese Karte kann also für ein Land aus zwei verschiedenen Gründen hohe Kosten ausweisen: Entweder weil es überdurchschnittlich große Probleme mit Feinstaub hat oder weil es sich sehr um die Gesundheit seiner Bürger bemüht.

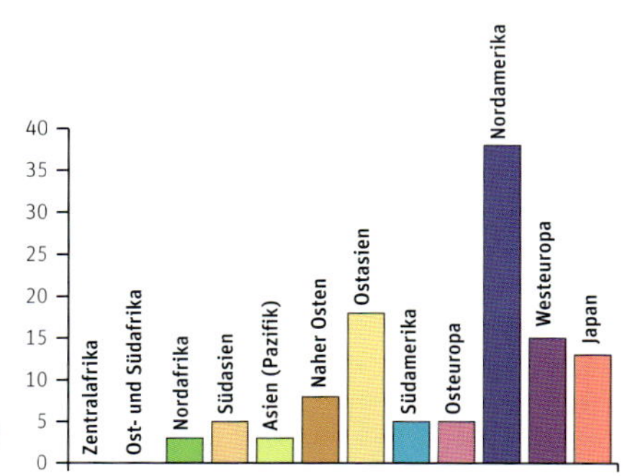


**KOSTEN DURCH LUFTVERSCHMUTZUNG**
Milliarden US-Dollar, 2003

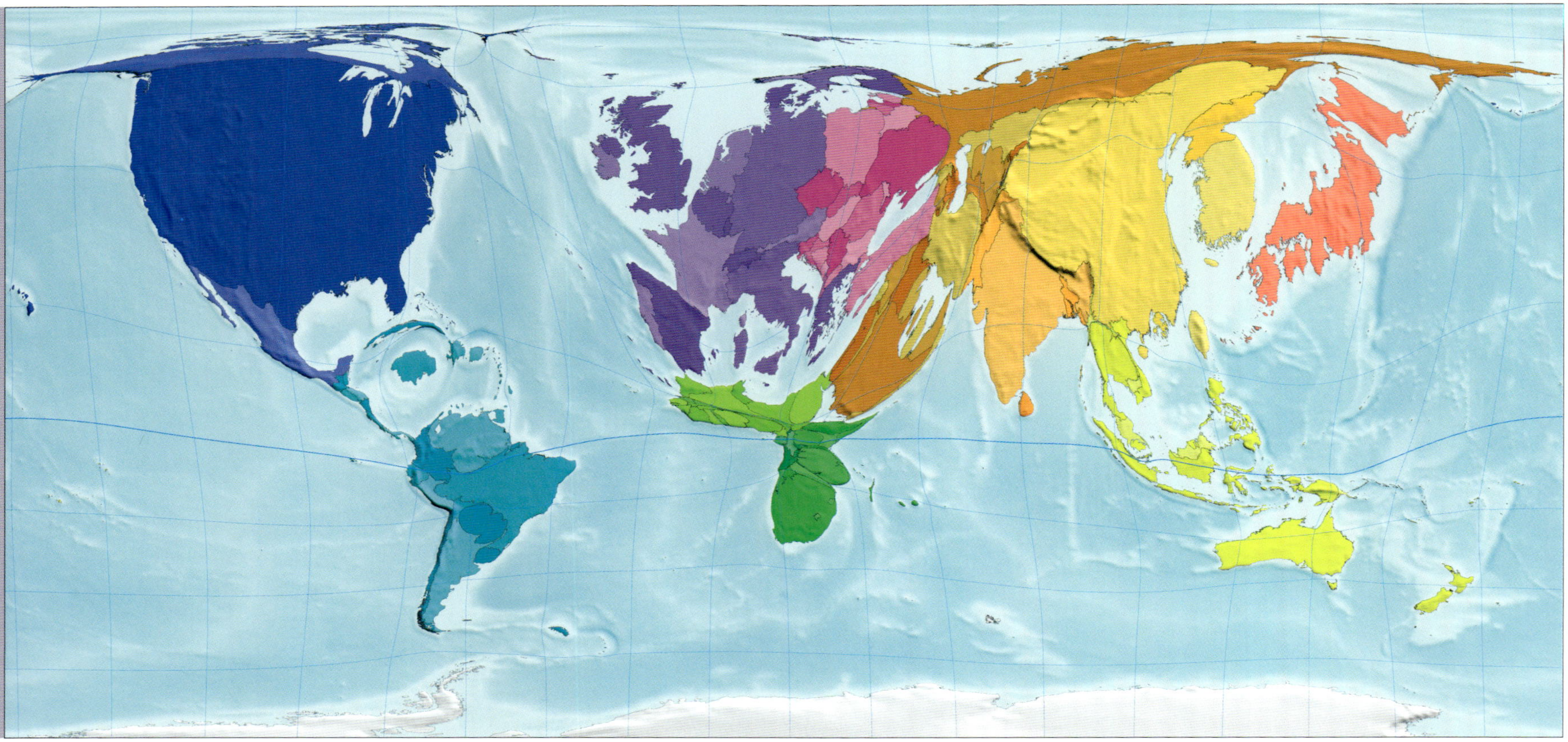

**HÖCHSTER UND NIEDRIGSTER AUSSTOSS AN TREIBHAUSGASEN**

| Rang | Land | Tonnen* |
|---|---|---|
| 1 | Katar | 86 |
| 2 | Jamaika | 45 |
| 3 | Bahrain | 37 |
| 4 | Kuwait | 27 |
| 5 | Luxemburg | 27 |
| 6 | Australien | 27 |
| 7 | Brunei | 26 |
| 8 | Paraguay | 25 |
| 9 | Vereinigte Arabische Emirate | 25 |
| 10 | Vereinigte Staaten | 23 |
| 191 | Mosambik | 0,18 |
| 192 | Eritrea | 0,18 |
| 193 | Madagaskar | 0,18 |
| 194 | Tansania | 0,18 |
| 195 | Liberia | 0,16 |
| 196 | Sierra Leone | 0,12 |
| 197 | Nepal | 0,11 |
| 198 | Afghanistan | 0,05 |
| 199 | Marshallinseln | 0,05 |
| 200 | Niue | 0 |

*Treibhausgas-Emissionen pro Kopf, entsprechend $CO_2$ in Tonnen, 2002

# 331 Treibhausgase

**Treibhausgase verhindern die Abstrahlung von Wärme in den Weltraum und führen zu einer globalen Erwärmung des Klimas.**

Diese Karte verzeichnet die Emissionen der drei wichtigsten Treibhausgase, Kohlendioxid, Methan und Stickoxid, die zusammen 98 Prozent des Treibhauseffektes verursachen. Zu den anderen, hier nicht berücksichtigten Treibhausgasen gehören verschiedene Fluorchlorkohlenwasserstoffe und Schwefelhexafluorid. Da einige Gase eine stärkere Wirkung als andere zeigen, wurden sie nach ihrem Beitrag zur globalen Erwärmung gewichtet.

Die Staaten mit dem größten Ausstoß an Treibhausgasen sind die Vereinigten Staaten, China, Russland und Japan. Die meisten Emissionen pro Kopf verzeichnet Katar– eine Klimabelastung, die der Emission von 86 Tonnen Kohlendioxid pro Kopf und Jahr entspricht. Katar verfügt über bedeutende Öl- und Gasreserven, hat aber weniger als eine Million Bewohner.

**AUSSTOSS AN TREIBHAUSGASEN**
Entsprechend der $CO_2$-Emissionen in Tonnen, pro Kopf und Jahr

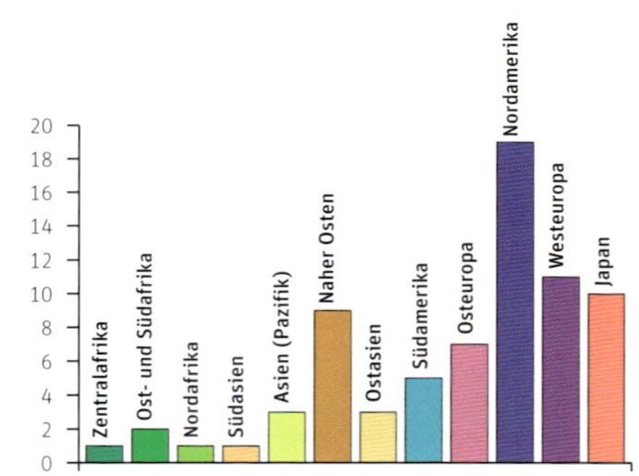

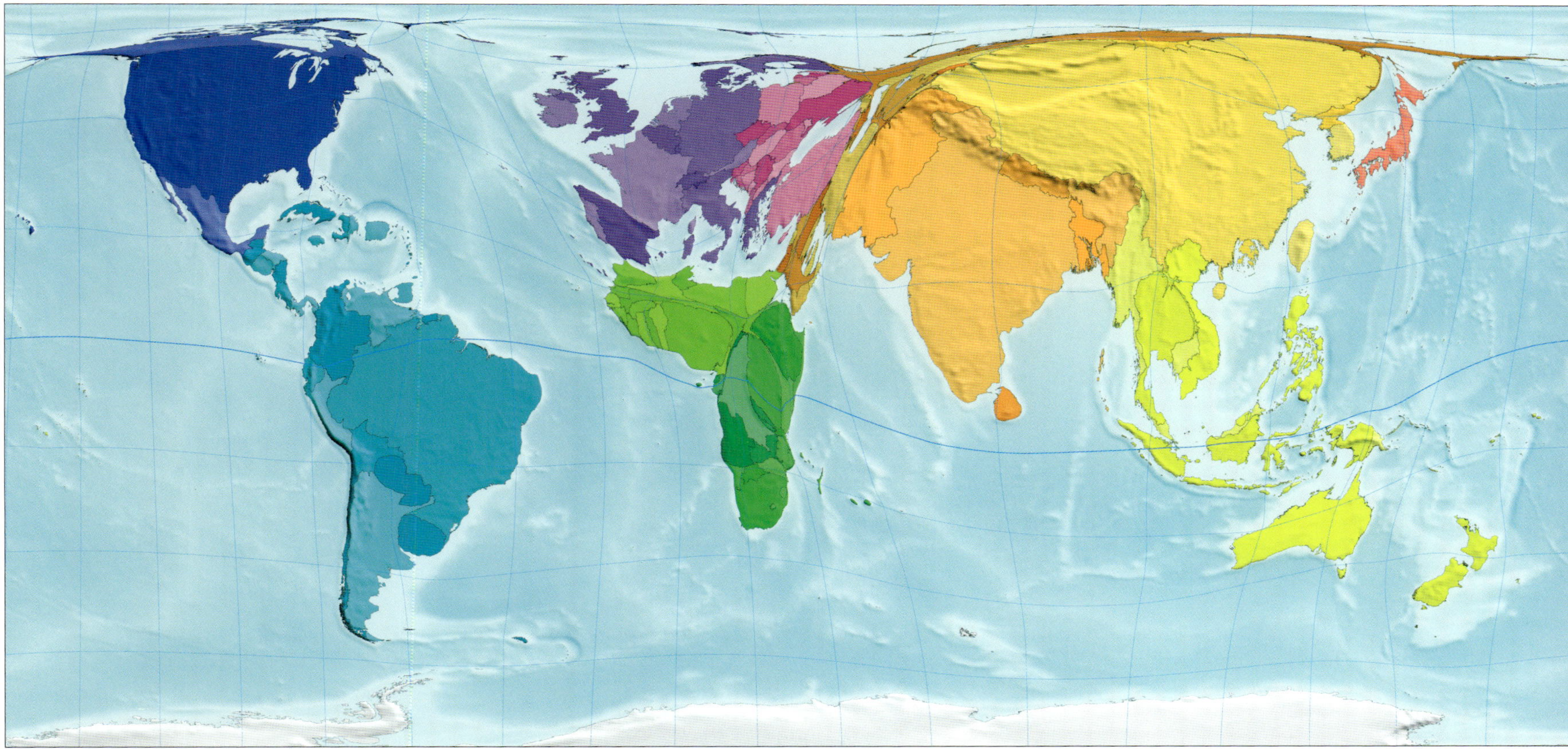

**HÖCHSTE UND NIEDRIGSTE EMISSIONEN VON TREIBHAUSGASEN IN DER LANDWIRTSCHAFT**

| Rang | Land | Tonnen* |
|---|---|---|
| 1 | Neuseeland | 9,7 |
| 2 | Brunei | 8,6 |
| 3 | Uruguay | 7,7 |
| 4 | Australien | 5,4 |
| 5 | Paraguay | 5,1 |
| 6 | Irland | 4,8 |
| 7 | Argentinien | 3,0 |
| 8 | Botswana | 2,8 |
| 9 | Bolivien | 2,7 |
| 10 | St. Vincent und Grenadinen | 2,6 |
| 191 | Sierra Leone | 0,044 |
| 192 | Mosambik | 0,031 |
| 193 | Madagaskar | 0,031 |
| 194 | Tansania | 0,031 |
| 195 | Kiribati | 0,006 |
| 196 | Afghanistan | 0,003 |
| 197 | Nauru | <0,001 |
| 198 | Grenada | <0,001 |
| 199 | Vereinigte Arabische Emirate | <0,001 |
| 200 | Singapur | <0,001 |

*Ausstoß pro Kopf, entsprechend $CO_2$ in Tonnen, 2002

# 332 Landwirtschaftliches Methan und Stickoxid

**Methan und Stickoxid sind Treibhausgase, die hauptsächlich in landwirtschaftlichen Betrieben ausgestoßen werden.**

Methan wird von Tieren und ihrem Dung produziert. Stickoxid steigt aus dem Boden auf, besonders dann, wenn stickstoffhaltige Dünger verwendet werden. Stickoxid hat als Treibhausgas größere Auswirkungen als Methan. Und beide zusammen sind wirksamer als Kohlendioxid: Methan verursacht einen 21-mal größeren Treibhauseffekt als Kohlendioxid, Stickoxid einen 310-mal so großen. Deswegen wurden die Emissionen auf dieser Karte nicht nur einfach quantifiziert, sondern auf die Menge an $CO_2$ umgerechnet, die den gleichen Effekt verursachen würde.

Unter dieser Prämisse verursacht Südamerika unter den Regionen die höchsten Pro-Kopf-Emissionen an Methan und Stickoxid. Das Land mit dem höchsten Pro-Kopf-Ausstoß ist Neuseeland. Dort entsprachen die Emissionen 2002 einem Gegenwert von 9,7 Tonnen Kohlendioxid.

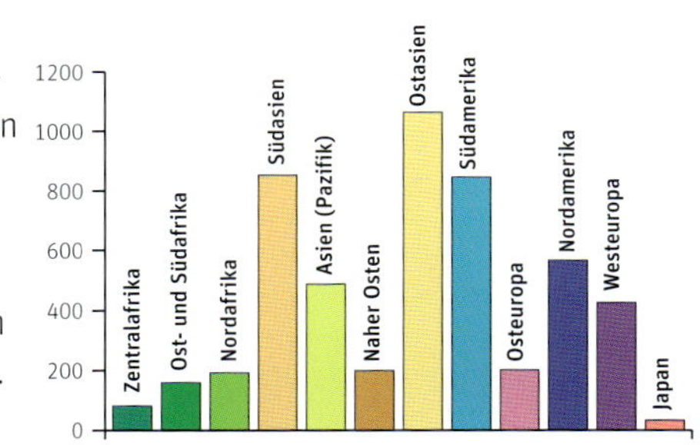


**EMISSIONEN AN LANDWIRTSCHAFTLICHEN GASEN**
Umgerechnet auf Millionen Tonnen $CO_2$ pro Jahr

*»Der Ausstoß von einer Tonne Methan in die Atmosphäre hat auf unser Klima über einen Zeitraum von 100 Jahren den gleichen Effekt wie der Ausstoß von über 23 Tonnen Kohlendioxid.«* Dominic Ferretti, Nationales Institut für die Erforschung von Wasser und der Atmosphäre, Neuseeland, 2005

**HÖCHSTE UND NIEDRIGSTE EMISSIONEN AN SCHWEFELDIOXID**

| Rang | Land | Kilogramm* |
|---|---|---|
| 1 | Bulgarien | 121 |
| 2 | Estland | 72 |
| 3 | Malta | 65 |
| 4 | Israel | 49 |
| 5 | Spanien | 47 |
| 6 | Antigua und Barbuda | 45 |
| 7 | Griechenland | 45 |
| 8 | Vereinigte Staaten | 43 |
| 9 | Jamaika | 40 |
| 10 | Kuba | 39 |
| 191 | Monaco | 1,3 |
| 192 | Bolivien | 1,2 |
| 193 | Georgien | 1,0 |
| 194 | Komoren | 0,6 |
| 195 | Costa Rica | 0,5 |
| 196 | Tadschikistan | 0,5 |
| 197 | Honduras | 0,4 |
| 198 | Jemen | 0,2 |
| 199 | Äthiopien | 0,2 |
| 200 | DR Kongo | 0,0 |

*Schwefeldioxid pro Kopf, freigesetzt bei der Verbrennung fossiler Stoffe, 2002

# 333 Schwefeldioxid

**Schwefeldioxid entsteht bei der Verbrennung von Steinkohle, Braunkohle und Erdölprodukten.**

Schwefeldioxid wird freigesetzt, wenn schwefelhaltige fossile Brennstoffe verbrannt werden. Es entsteht auch in der Natur bei Vulkanausbrüchen oder Waldbränden. Schwefeldioxid hat schädliche Auswirkungen auf Pflanzen, Tiere und Gebäude, schwefelhaltiger Smog kann für Menschen sogar tödlich sein. Der größte Schaden durch Schwefeldioxid entsteht aber, wenn es sich im Regenwasser löst und zu Schwefelsäure wird, die dann als saurer Regen niedergeht. Dieser kann Wäldern und auf Wasser basierenden Ökosystemen ebenso großen Schaden zufügen wie Gebäuden.

2002 wurden weltweit 97 Millionen Tonnen Schwefeldioxid ausgestoßen. Bulgarien hatte dabei den höchsten Pro-Kopf-Ausstoß, die Demokratische Republik Kongo den niedrigsten.

*»Ein bläulicher Dunst hängt über der indischen Hauptstadt ... Autos schieben sich Stoßstange an Stoßstange durch die Rushhour und stoßen dabei Dieselqualm, Blei, Schwefeldioxid und Kohlenmonoxid aus.«*
Sanjoy Hazarika, New York Times, 1994

**EMISSIONEN AN SCHWEFELDIOXID**
Kilogramm pro Kopf und Jahr, 2002

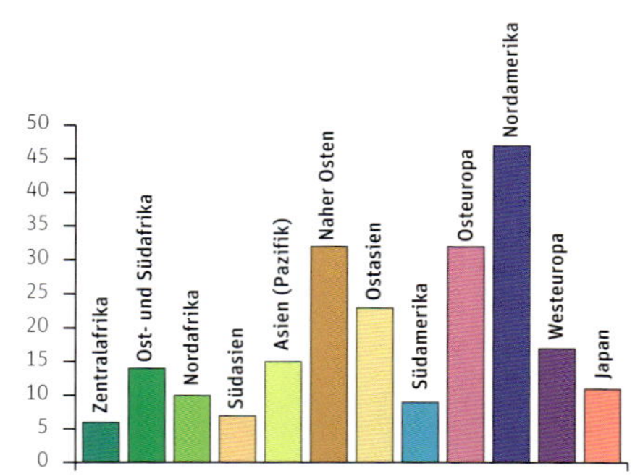

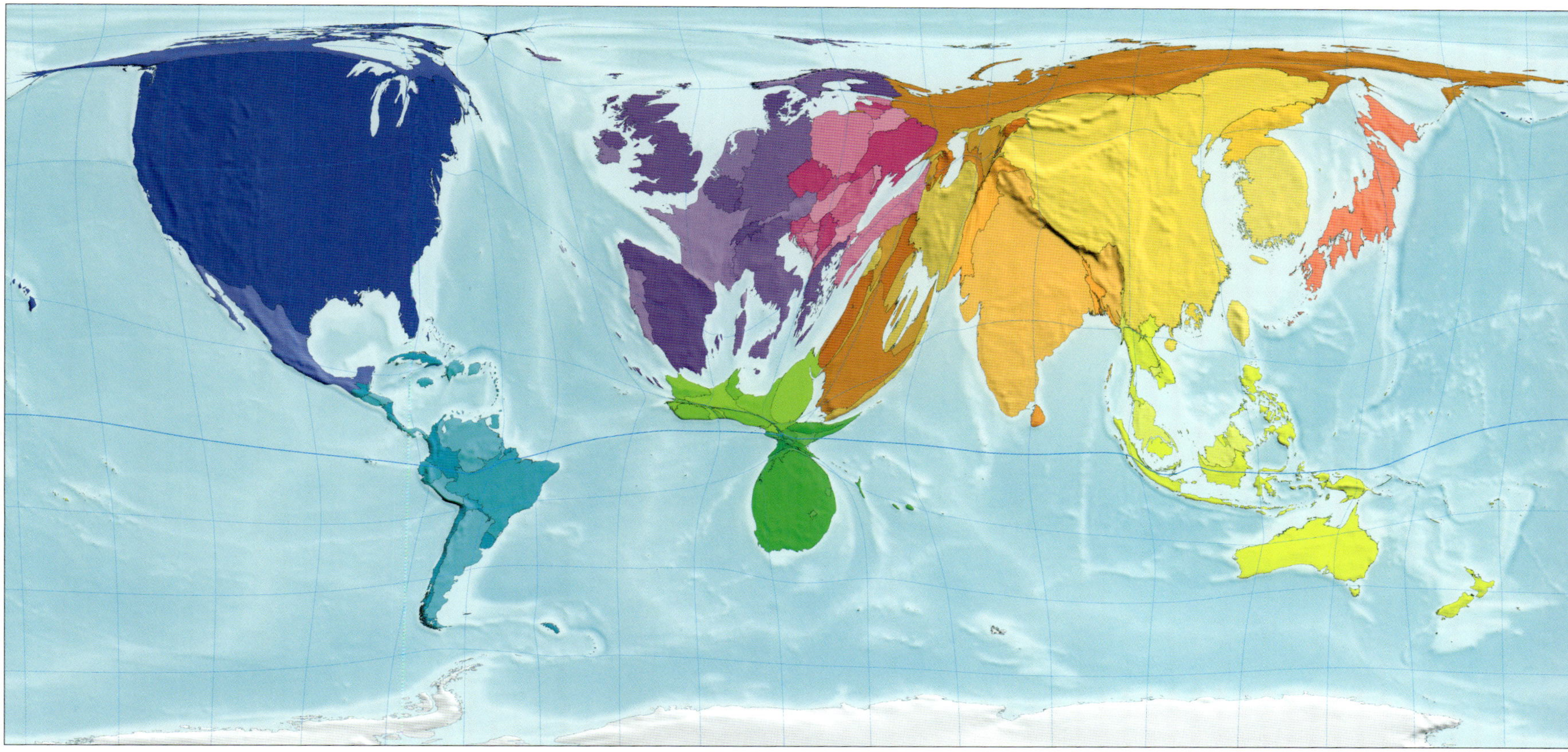

# 334 Stickoxide

**Stickoxide werden unter anderem bei der Verbrennung von Treibstoffen für Kraftfahrzeuge ausgestoßen.**

Stickoxide entstehen bei der Verbrennung verschiedener Kraftstoffe und sind besonders in den Auspuffgasen enthalten. Sie verursachen sauren Regen, tragen zum Treibhauseffekt und zum Abbau der Ozonschicht bei. Außerdem schädigen sie die Gesundheit des Menschen direkt, wenn sie zusammen mit Kohlenwasserstoffdampf und Sonnenlicht photochemischen Smog bilden.

2002 wurden weltweit 81,6 Millionen Tonnen Stickoxide ausgestoßen, 27 Prozent davon in Nordamerika, aber nur 0,1 Prozent in Zentralafrika. Bei der Bewertung der Pro-Kopf-Emissionen ergibt sich ein ähnliches Bild.

**HÖCHSTE UND NIEDRIGSTE EMISSIONEN AN STICKOXIDEN**

| Rang | Land | Kilogramm* |
|---|---|---|
| 1 | Island | 90,6 |
| 2 | Australien | 82,4 |
| 3 | Vereinigte Staaten | 65,4 |
| 4 | Israel | 59,3 |
| 5 | Neuseeland | 51,5 |
| 6 | Spanien | 45,6 |
| 7 | Norwegen | 43,7 |
| 8 | Finnland | 40,5 |
| 9 | Dänemark | 36,8 |
| 10 | Luxemburg | 36,2 |
| 191 | Haiti | 0,6 |
| 192 | Mali | 0,6 |
| 193 | Vanuatu | 0,5 |
| 194 | Bhutan | 0,4 |
| 195 | Burkina Faso | 0,4 |
| 196 | Barbados | 0,2 |
| 197 | Senegal | 0,1 |
| 198 | Eritrea | <0,1 |
| 199 | DR Kongo | <0,1 |
| 200 | Tuvalu | <01 |

*Stickoxide pro Kopf, freigesetzt durch Verbrennung organischer Kraftstoffe, 2002

**AUSSTOSS AN STICKOXIDEN**
Kilogramm pro Kopf und Jahr, 2002

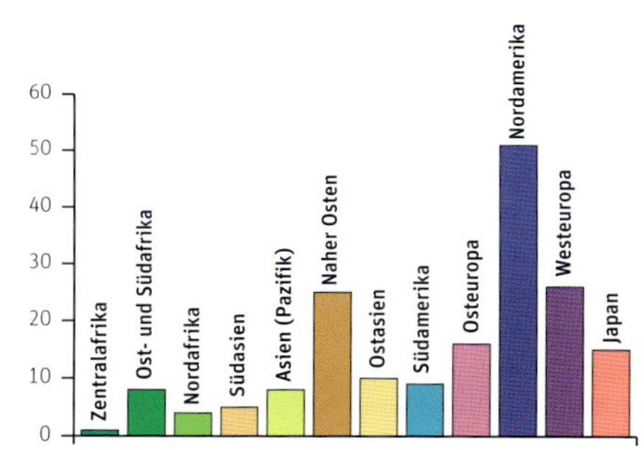

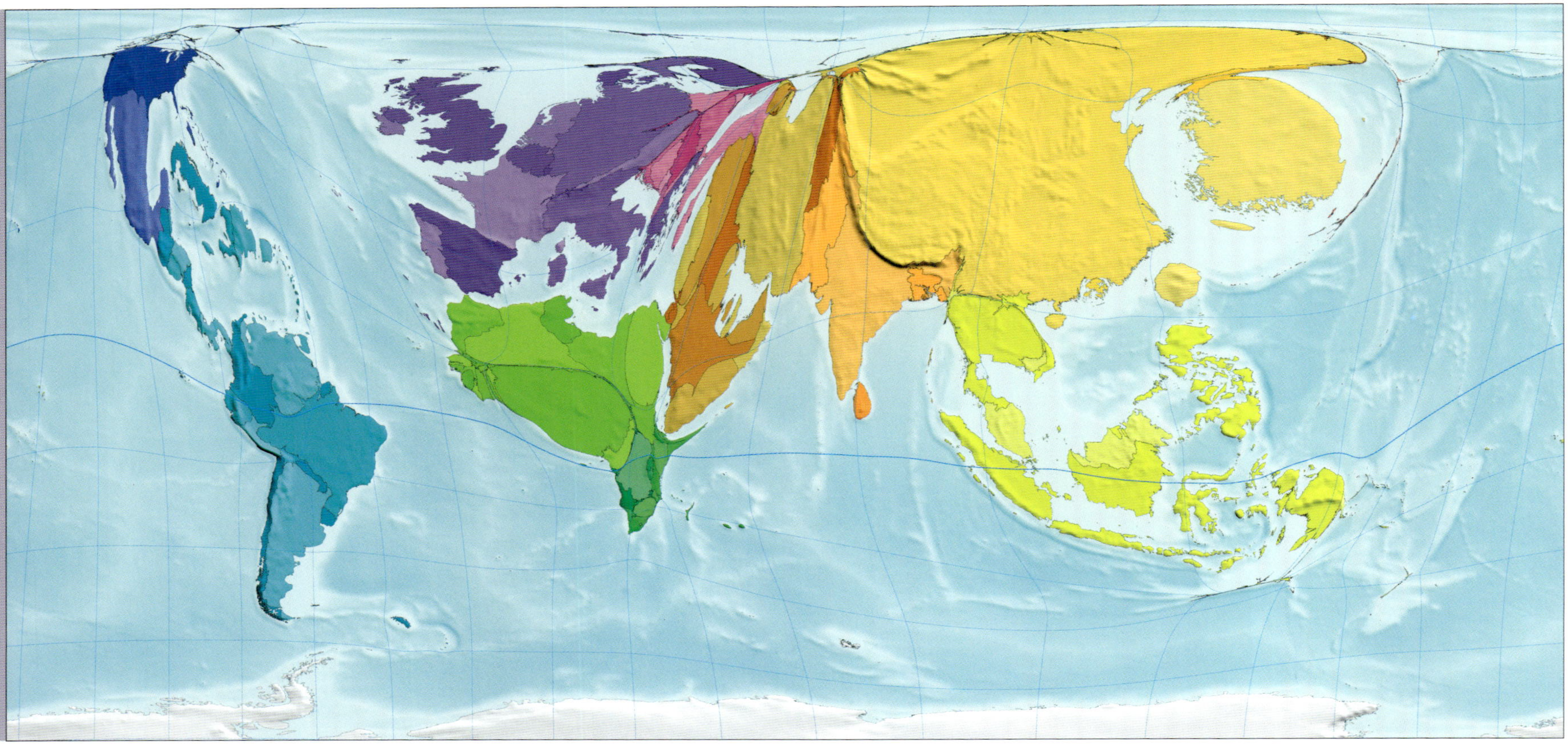

**HÖCHSTE UND NIEDRIGSTE EMISSIONEN VON FCKW**

| Rang | Land | Gramm* |
|---|---|---|
| 1 | Bahamas | 183 |
| 2 | Libyen | 182 |
| 3 | Zypern | 165 |
| 4 | Kuwait | 145 |
| 5 | Brunei | 145 |
| 6 | Katar | 145 |
| 7 | Südkorea | 140 |
| 8 | Libanon | 137 |
| 9 | Bahrain | 135 |
| 10 | Vereinigte Arabische Emirate | 128 |
| 191 | Schweiz | 0,47 |
| 192 | Madagaskar | 0,46 |
| 193 | Äthiopien | 0,43 |
| 194 | Kanada | 0,40 |
| 195 | Tschechien | 0,36 |
| 196 | Singapur | 0,20 |
| 197 | Slowenien | 0,20 |
| 198 | Japan | 015 |
| 199 | Slowakei | 0,15 |
| 200 | Ungarn | 0,03 |

*Pro Kopf und Jahr freigesetzte Fluorkohlenwasserstoffe, 2002

# 335 Fluorchlorkohlenwasserstoffe

**Trotz aller Bemühungen, die Verwendung von Fluorchlorkohlenwasserstoffen (FCKW) einzuschränken, gelangen immer noch große Mengen in die Atmosphäre.**

Fluorchlorkohlenwasserstoffe, oft als FCKW abgekürzt, sind eine Klasse synthetischer Gase, die in der Industrie ebenso wie in Konsumgütern, Kühlschränken, Spraydosen und bei der chemischen Reinigung vielfältig eingesetzt werden. In der Atmo-sphäre haben sie einen doppelt schädigenden Effekt auf die Umwelt: Sie bauen die Ozonschicht ab und tragen zur Erderwärmung bei. Das Montreal-Protokoll, das 1989 in Kraft trat, ist ein internationaler Vertrag, der einen Zeitrahmen für den Ausstieg aus der Verwendung von ozonschädlichen Substanzen, darunter FCKW, festlegt.

Diese Karte zeigt die weltweite Verteilung der schätzungsweise 110 000 Tonnen FCKW, die 2002 freigesetzt wurden.

**AUSSTOSS AN FCKW**

Gramm pro Kopf und Jahr

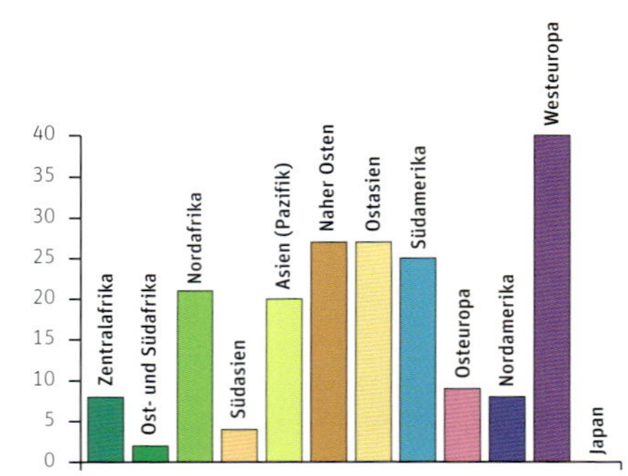

**NUKLEARER ABFALL PRO KOPF**

| Rang | Land | Gramm* |
|---|---|---|
| 1 | Kanada | 42 |
| 2 | Schweden | 35 |
| 3 | Frankreich | 19 |
| 4 | Litauen | 14 |
| 5 | Belgien | 14 |
| 6 | Finnland | 14 |
| 7 | Südkorea | 13 |
| 8 | Großbritannien | 11 |
| 9 | Slowakei | 11 |
| 10 | Slowenien | 10 |

*Produzierter nuklearer Abfall pro Kopf in Gramm, 2001

**NUKLEARER ABFALL IN TONNEN**

| Rang | Land | Tonnen* |
|---|---|---|
| 1 | Vereinigte Staaten | 1630 |
| 2 | Kanada | 1300 |
| 3 | Frankreich | 1146 |
| 4 | Japan | 996 |
| 5 | Großbritannien | 650 |
| 6 | Südkorea | 634 |
| 7 | Deutschland | 420 |
| 8 | Schweden | 310 |
| 9 | Belgien | 144 |
| 10 | Spanien | 136 |

*Produzierter nuklearer Abfall in Tonnen, 2001

# 336 Nuklearer Abfall

**Nuklearer Abfall fällt beim Betrieb von Kernkraftwerken an.**

Rund 8910 Tonnen von schwermetallhaltigem nuklearem Abfall werden jedes Jahr erzeugt, vornehmlich in Atomkraftwerken. Drei Staaten produzieren jährlich über 1000 Tonnen: die Vereinigten Staaten, Kanada und Frankreich. In Kanada fällt auch der meiste Abfall pro Kopf an, während Schweden nicht weit dahinter liegt.

Von den 200 hier erfassten Ländern produzieren 179 weniger als die weltweite Durchschnittsmenge an nuklearem Abfall pro Person, die bei 1,4 Tonnen pro Jahr und eine Million Menschen liegt. Die restlichen 21 Staaten, die meisten davon in Europa, sind für den restlichen Abfall verantwortlich.

*»Seit 50 Jahren finden wir in diesem Land keine langfristige Lösung für den Umgang mit hoch radioaktivem, sehr gefährlichem Abfall.«*
Gordon MacKerron, Vorsitzender des britischen Regierungskomitees für Atommüllfragen, 2006

**NUKLEARER ABFALL**
Schwermetallhaltiger nuklearer Abfall pro Jahr in Tonnen

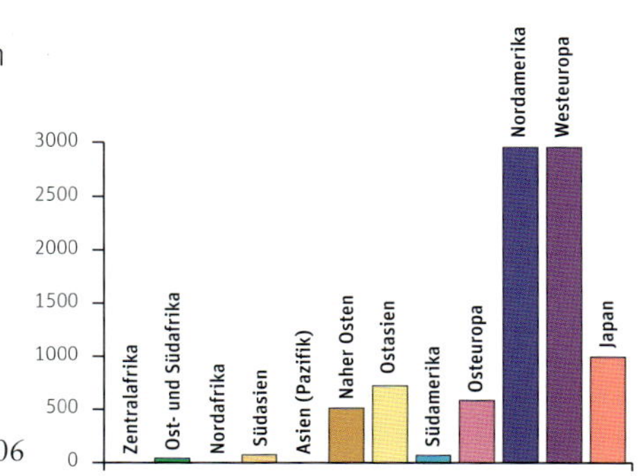

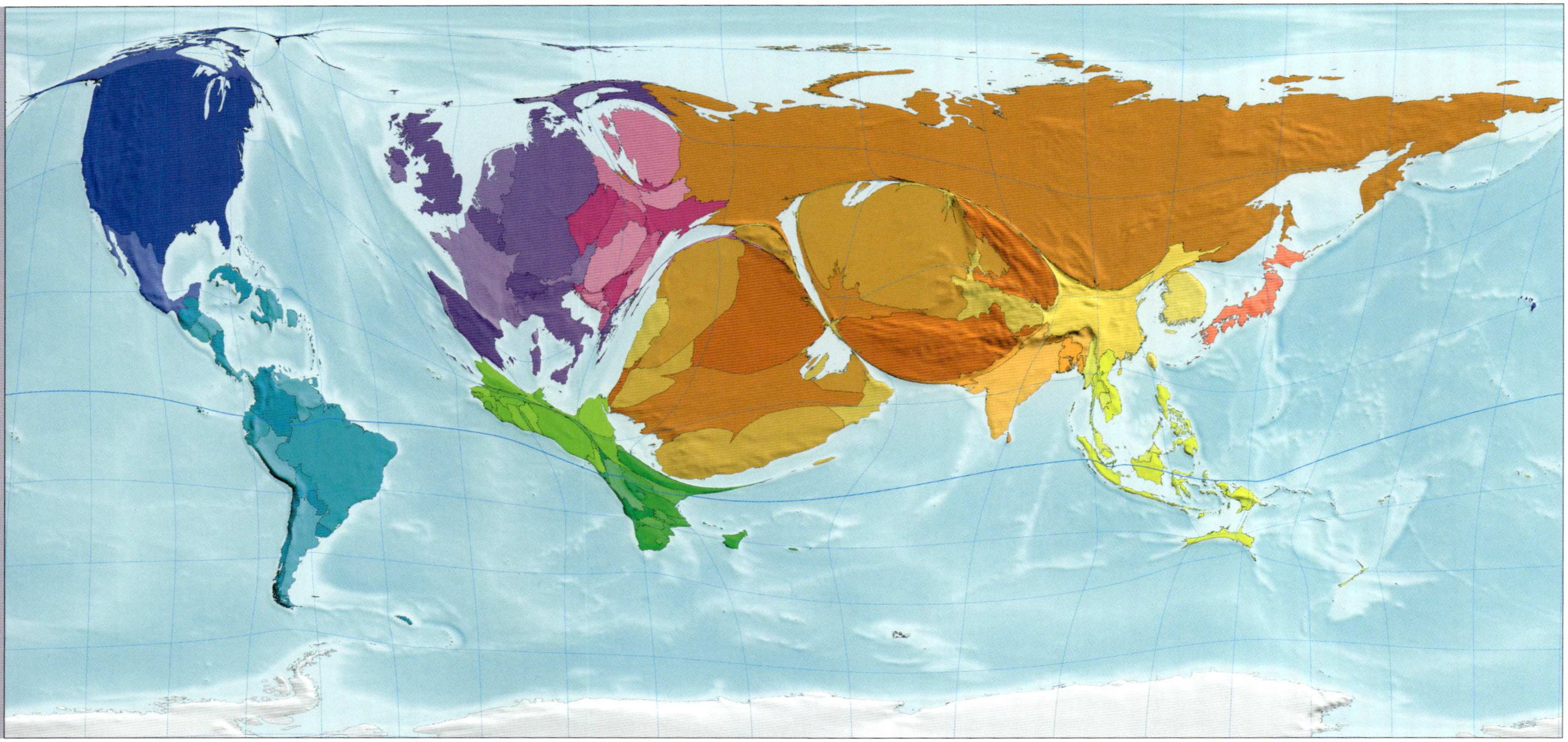

**HÖCHSTER UND NIEDRIGSTER ANFALL VON GIFTMÜLL**

| Rang | Land | Kilogramm* |
|---|---|---|
| 1 | Estland | 4774 |
| 2 | Kirgisistan | 1329 |
| 3 | Usbekistan | 1108 |
| 4 | Russland | 966 |
| 5 | Ungarn | 345 |
| 6 | Slowakei | 307 |
| 7 | Tschechien | 273 |
| 8 | Luxemburg | 253 |
| 9 | Finnland | 231 |
| 10 | Bahrain | 200 |
| 191 | Gaza und Westbank | 4,8 |
| 192 | Jamaika | 3,8 |
| 193 | St. Lucia | 3,4 |
| 194 | Moldawien | 2,8 |
| 195 | Belize | 2,7 |
| 196 | Iran | 2,5 |
| 197 | Sri Lanka | 2,1 |
| 198 | Niger | 2,1 |
| 199 | Aserbaidschan | 2,0 |
| 200 | Türkei | 1,0 |

*Pro Kopf anfallender Giftmüll, 2001

# 337 Giftmüll

**Reiche Industrieländer lassen einen großen Teil des bei ihnen produzierten Giftmülls in anderen Ländern entsorgen.**

Diese Karte zeigt, wo brennbarer, oxidierender, infektiöser, radioaktiver, giftiger und ätzender Abfall produziert wird. Der Ort, an dem Müll entsteht, ist aber nicht zwangsläufig der, an dem man mit ihm fertig werden muss: Einige Staaten schicken ihren Abfall zur Entsorgung in andere Länder.

Die drei größten Erzeuger von Giftmüll sind Russland, die Vereinigten Staaten und Usbekistan. Unter den Regionen sind der Nahe Osten und Zentralasien die größten Produzenten. Dagegen fallen in Südasien, im asiatischen (Pazifik-)Raum und in Australien sowie in Zentralafrika nur sehr geringe Mengen an Giftmüll an.

**GIFTMÜLL**
Kilogramm pro Kopf und Jahr

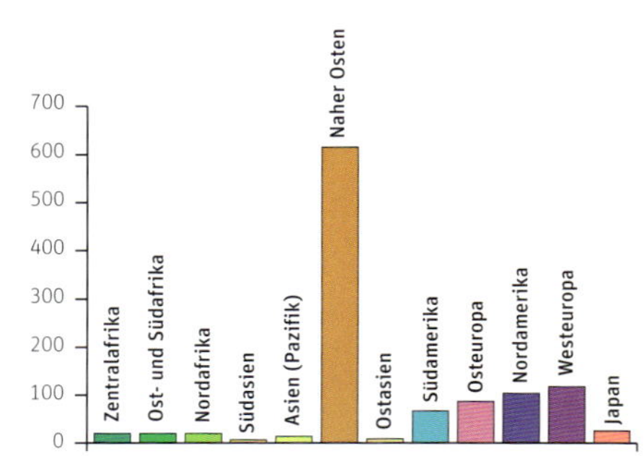

**HÖCHSTE UND NIEDRIGSTE MENGEN AN KLÄRSCHLAMM (IN OECD-STAATEN)**

| Rang | Land | Kilogramm* |
|---|---|---|
| 1 | Luxemburg | 41 |
| 2 | Südkorea | 34 |
| 3 | Deutschland | 30 |
| 4 | Dänemark | 28 |
| 5 | Schweiz | 28 |
| 6 | Österreich | 26 |
| 7 | Schweden | 25 |
| 8 | Vereinigte Staaten | 24 |
| 9 | Norwegen | 23 |
| 10 | Niederlande | 22 |
| 19 | Kanada | 16 |
| 20 | Japan | 13 |
| 21 | Irland | 10 |
| 22 | Polen | 9 |
| 23 | Ungarn | 9 |
| 24 | Belgien | 8 |
| 25 | Australien | 6 |
| 26 | Griechenland | 3 |
| 27 | Portugal | 3 |
| 28 | Island | 1 |

*Pro Kopf und Jahr erzeugter Klärschlamm, 1999 (nur für die damaligen 28 OECD-Mitglieder)

# 338 Klärschlamm

**Abwässer fließen idealerweise in eine öffentliche Kanalisation und werden in Kläranlagen aufbereitet.**

Abwässer sind häusliche oder industrielle Abfälle, die in das öffentliche Abwassersystem gelangen. Wo es keine Kanalisation gibt, wird kein Abwasser verzeichnet. Deswegen erscheinen Afrika, Südamerika und große Teile Asiens auf dieser Karte nur sehr klein. Das United Nations Environment Programme (UNEP) hält Klärschlamm zwar für einen nützlichen Dünger, der aber wegen umweltgefährdender Schwermetalle, organischer Verbindungen und Krankheitserreger nicht unbedenklich ist. Die größten Mengen Abwasser pro Kopf entstehen in Luxemburg.

*»Klärschlamm verursacht einen erheblichen Rückgang des im Wasser enthaltenen Sauerstoffs, denn der Schlamm enthält Substanzen, die eine Menge Sauerstoff für ihren biochemischen Oxidationsprozess benötigen. Das tötet massenhaft Fische.«* Oleksandr Poliakov, leitender Ichthyologe der regionalen Fischereikontrollbehörde von Luhansk, Ukraine, 2005

**KLÄRSCHLAMM**
Kilogramm pro Kopf, 1999

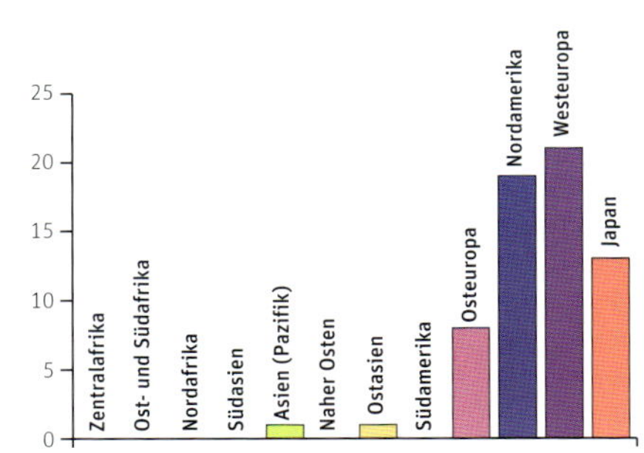

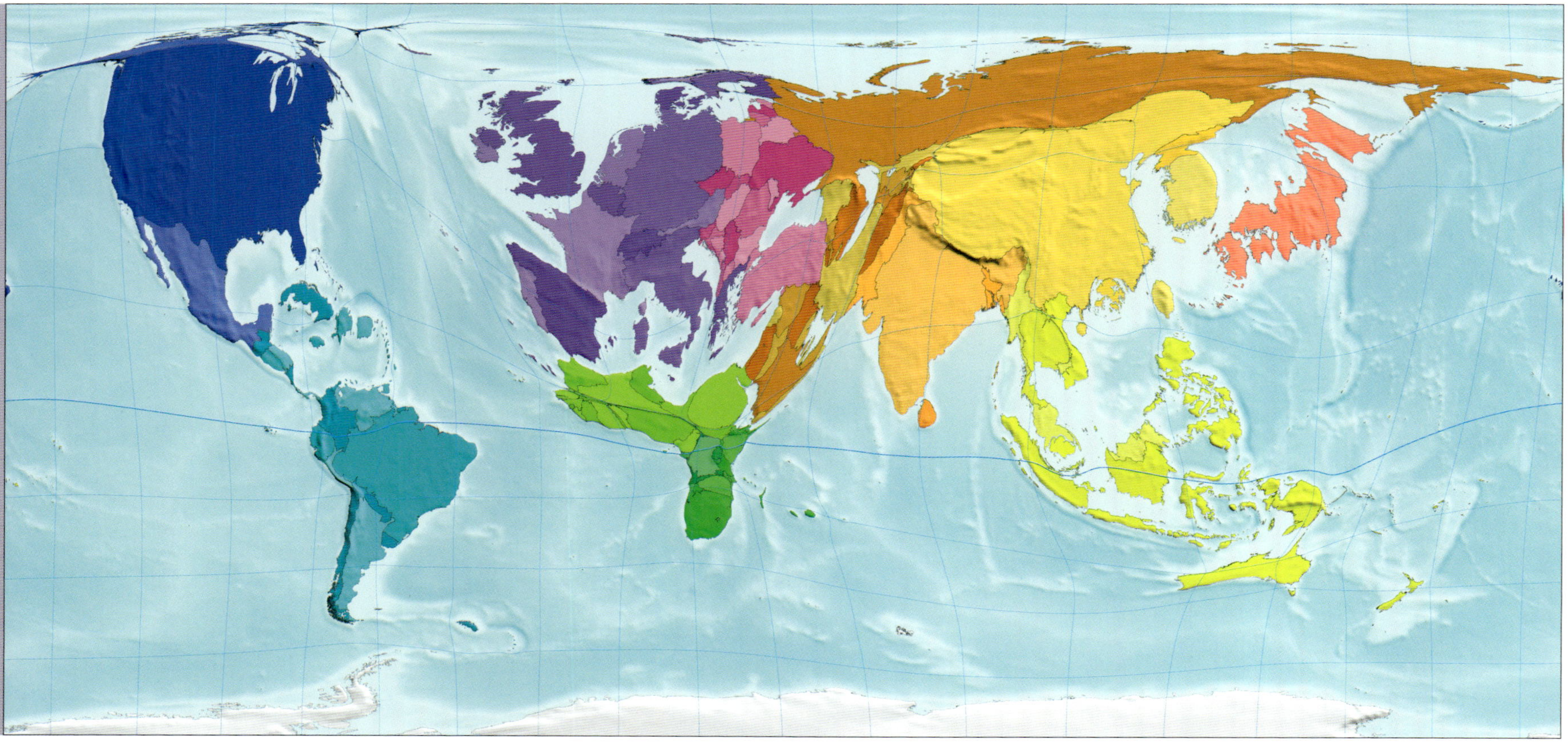



**LÄNDER MIT DEN GRÖSSTEN UND DEN GERINGSTEN ABFALLMENGEN**

| Rang | Land | Kilogramm* |
|---|---|---|
| 1 | Russland | 1439 |
| 2 | Monaco | 1176 |
| 3 | Georgien | 1058 |
| 4 | Singapur | 1048 |
| 5 | Aserbaidschan | 928 |
| 6 | Hongkong | 771 |
| 7 | Luxemburg | 735 |
| 8 | Vereinigte Staaten | 715 |
| 9 | Island | 697 |
| 10 | Norwegen | 680 |
| 191 | Kolumbien | 171 |
| 192 | Marokko | 156 |
| 193 | Benin | 149 |
| 194 | Panama | 131 |
| 195 | Bolivien | 77 |
| 196 | Peru | 54 |
| 197 | Costa Rica | 17 |
| 198 | Nepal | 17 |
| 199 | Burkina Faso | 10 |
| 200 | Madagaskar | 9 |

*Pro Kopf produzierter Müll, 2002

# 339 Produzierter Müll

## Die Menge des von Haushalten, Schulen, öffentlichen Einrichtungen und Unternehmen produzierten und kommunal eingesammelten Abfalls

Müll beinhaltet organische Abfälle, Papier, Verpackungen und Sperrmüll, wie Kühlschränke oder Matratzen. Die größte Müllmenge produzieren die Chinesen – das größte Volk der Erde. Die größte Pro-Kopf-Menge fällt aber in Russland an. Nur sehr geringe Mengen Abfall pro Person entstehen dagegen in Madagaskar, Burkina Faso, Nepal und Costa Rica.

In vielen Ländern ist es mittlerweile üblich, Verpackungsmaterial und Wertstoffe zu sammeln und wiederzuverwenden, was die anfallenden Müllmengen reduziert. Die Regionen, die den meisten Abfall pro Jahr erzeugen, sind – in absteigender Folge – der Nahe Osten und Zentralasien, Nordamerika, Ostasien und Westeuropa.

**HAUSHALTS- UND SONSTIGER MÜLL**
Kilogramm pro Kopf, 2002

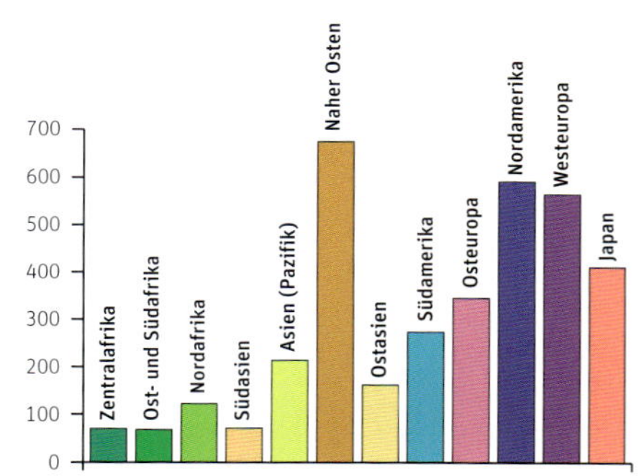

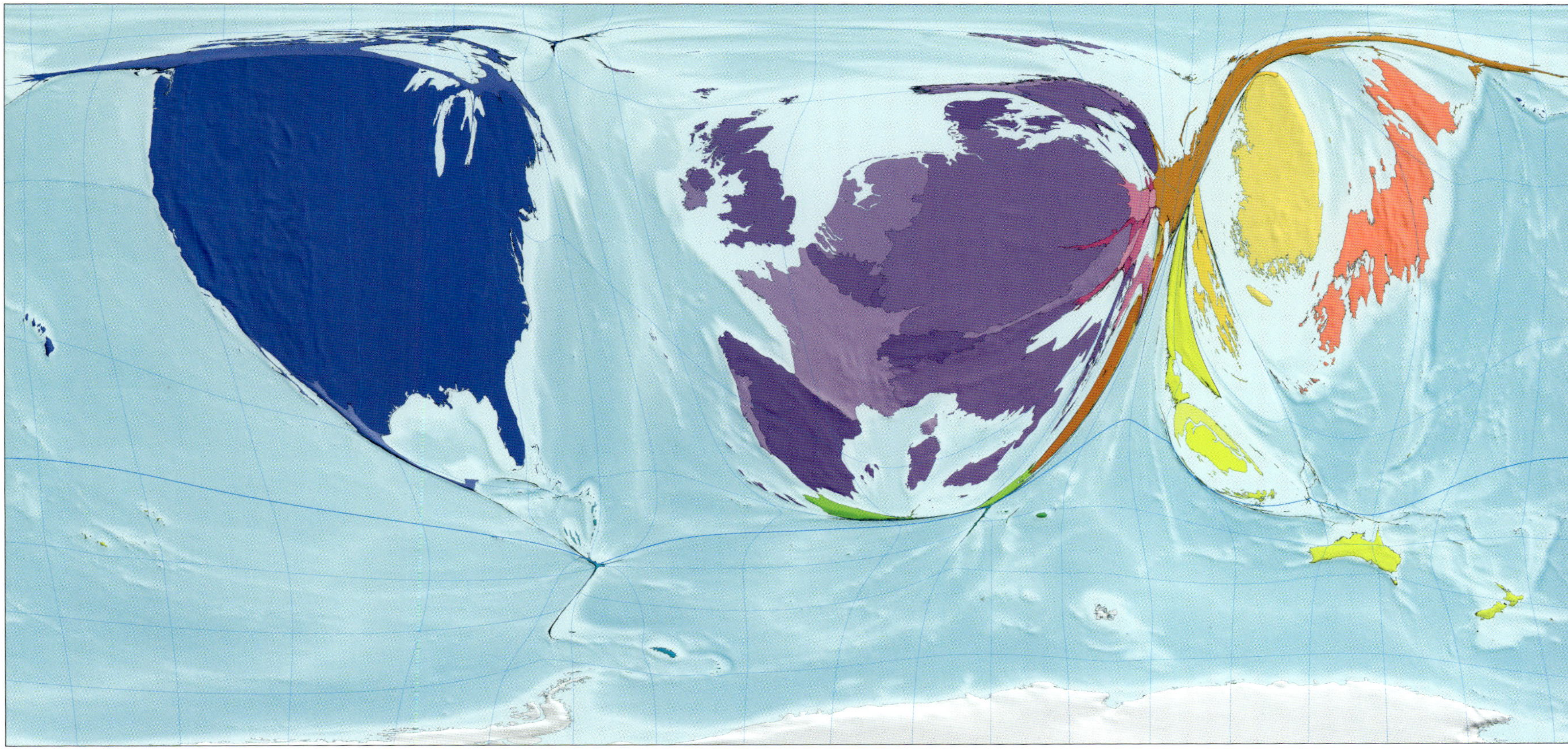

**MÜLLRECYCLING PRO KOPF**

| Rang | Land | Kilogramm* |
|---|---|---|
| 1 | Singapur | 433 |
| 2 | Hongkong | 280 |
| 3 | Niederlande | 279 |
| 4 | Norwegen | 264 |
| 5 | Deutschland | 247 |
| 6 | Dänemark | 230 |
| 7 | Vereinigte Staaten | 212 |
| 8 | Luxemburg | 201 |
| 9 | Israel | 184 |
| 10 | Schweiz | 180 |

*Pro Kopf recycelter Müll, 2002

**RECYCLINGANTEIL AM MÜLL**

| Rang | Land | Prozent* |
|---|---|---|
| 1 | Niederlande | 45,2 |
| 2 | Südkorea | 44,0 |
| 3 | Deutschland | 41,7 |
| 4 | Singapur | 41,3 |
| 5 | Norwegen | 38,8 |
| 6 | Schweden | 38,7 |
| 7 | Hongkong | 36,3 |
| 8 | Dänemark | 34,6 |
| 9 | Kanada | 32,2 |
| 10 | Israel | 30,8 |

*Recycling in Prozent der Müllmenge, 2002

# 340 Wiederverwerteter Müll

**In den reicheren Ländern ist die Recyclingquote tendenziell höher – aber auch die Menge des anfallenden Mülls.**

2002 wurden weltweit 6,6 Prozent des kommunal anfallenden Mülls wiederverwertet. Die Gebiete, in denen die größten Mengen Abfall wiederverwertet werden, finden sich hauptsächlich in Nordamerika und Westeuropa, aber auch Japan und Südkorea gehören dazu. Allerdings produzieren Westeuropa und Nordamerika größere Mengen an nicht wiederverwertetem Abfall als alle Entwicklungsländer zusammen und werden nur vom Nahen Osten übertroffen.

*»Eine der größten Herausforderungen unserer Zeit besteht darin, sich darüber abzustimmen, was Müll ist und was Secondhandprodukte sind – das bezieht sich auf ausgemusterte Schiffe ebenso wie auf Elektronik.«* Achim Steiner, Chef der UNEP, 2006

**RECYCELTER UND NICHT WIEDERVERWERTETER MÜLL**
Oben: recycelter Müll
Unten: nicht recycelter Müll in Millionen Tonnen, 2002

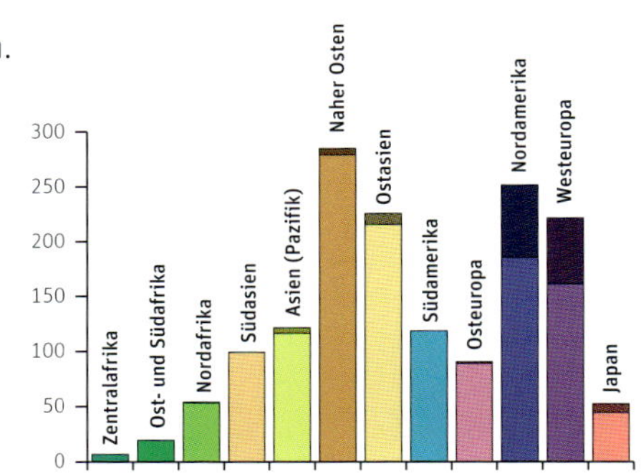

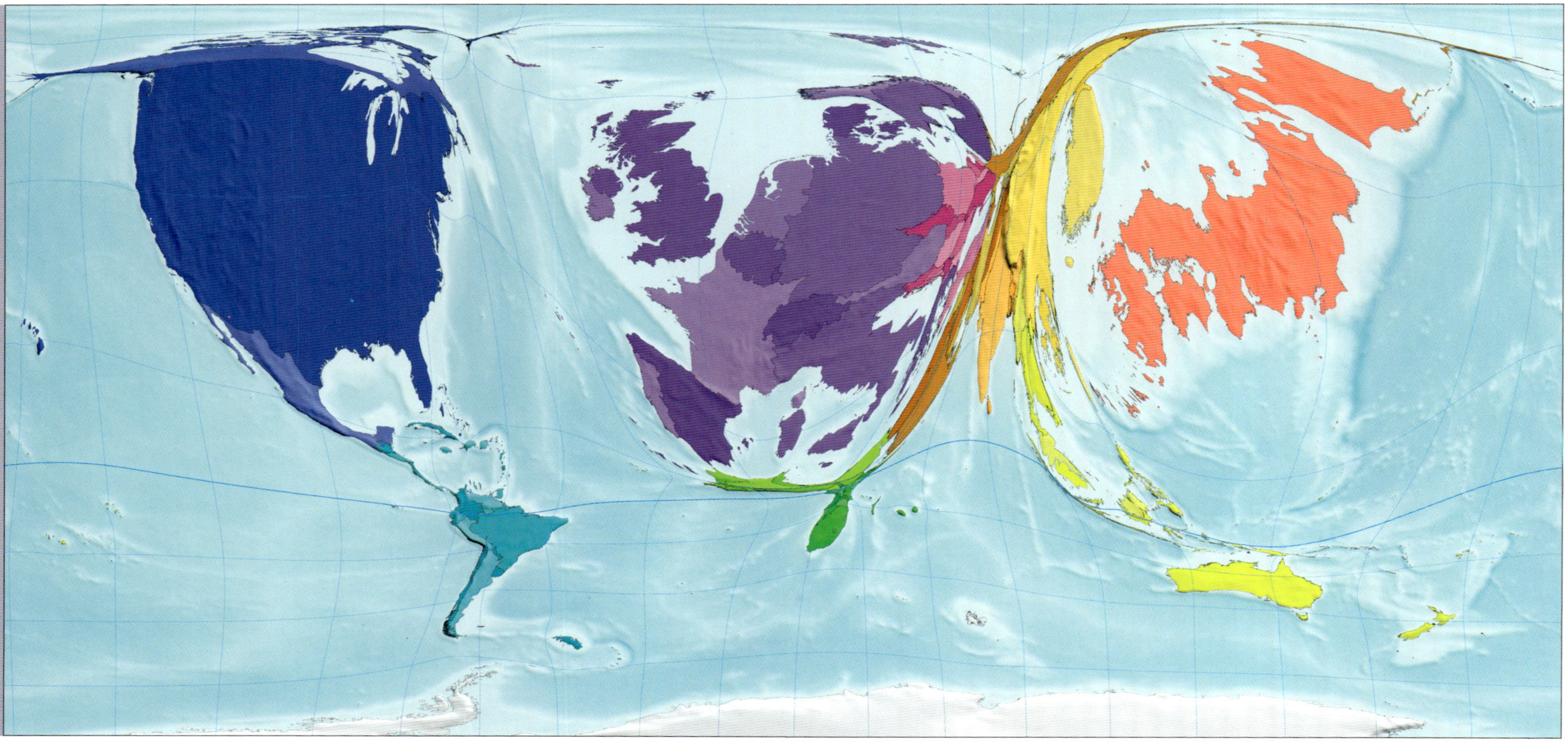

**HÖCHSTE UND NIEDRIGSTE KOSTEN FÜR DIE INSTANDHALTUNG VON GEBUNDENEM KAPITAL**

| Rang | Land | US-Dollar* |
|---|---|---|
| 1 | Norwegen | 70 |
| 2 | Schweiz | 62 |
| 3 | Japan | 54 |
| 4 | Dänemark | 51 |
| 5 | Vereinigte Staaten | 45 |
| 6 | Finnland | 44 |
| 7 | Schweden | 40 |
| 8 | Niederlande | 40 |
| 9 | Österreich | 39 |
| 10 | Deutschland | 38 |
| 191 | Eritrea | 0,13 |
| 192 | Sierra Leone | 0,11 |
| 193 | Malawi | 0,10 |
| 194 | Guinea-Bissau | 0,10 |
| 195 | Liberia | 0,09 |
| 196 | Haiti | 0,07 |
| 197 | DR Kongo | 0,07 |
| 198 | Nepal | 0,06 |
| 199 | Äthiopien | 0,05 |
| 200 | Burundi | 0,05 |

*Kapitaleinsatz pro Kopf und Jahr in 100 US-Dollar, 2003

# 341 Instandhaltungskosten

**Gebäude und Anlagen müssen instand gehalten werden, sonst verfallen sie. Je mehr ein Land davon besitzt, desto höher ist der erforderliche Aufwand.**

Ob Privateigentum oder im Besitz der öffentlichen Hand, wie zum Beispiel Gebäude, Industrie- und Gewerbeanlagen, aber auch das Schienen- und Straßennetz verfallen mit der Zeit und müssen instand gehalten oder ersetzt werden. Diese Karte gibt die gesamten Instandhaltungskosten in den einzelnen Staaten an.

Eine flächendeckend intensive und technologisch fortgeschrittene Infrastruktur kostet im Unterhalt natürlich wesentlich mehr als eine bescheidene und einfach gehaltene. Die Vereinigten Staaten, Japan, Deutschland und Frankreich müssen für die Instandhaltung fester Anlagegüter am meisten Geld aufwenden. Die Pro-Kopf-Kosten sind dagegen in Norwegen, der Schweiz und Dänemark am höchsten. Sie liegen dort knapp tausendmal höher als in Nepal, Äthiopien oder Burundi.

**UNTERHALTSKOSTEN FÜR FESTE ANLAGEGÜTER**
Milliarden US-Dollar, 2003

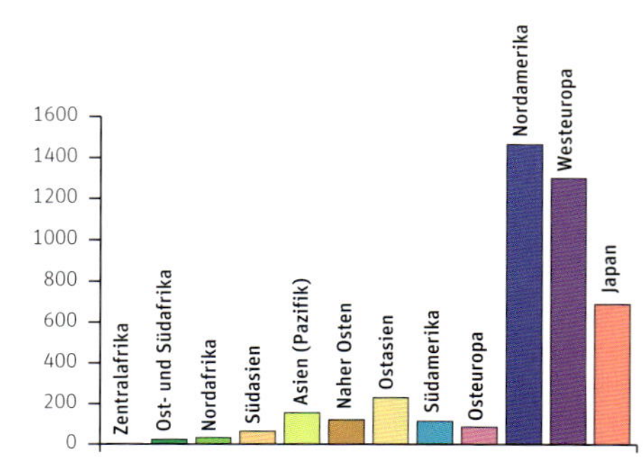

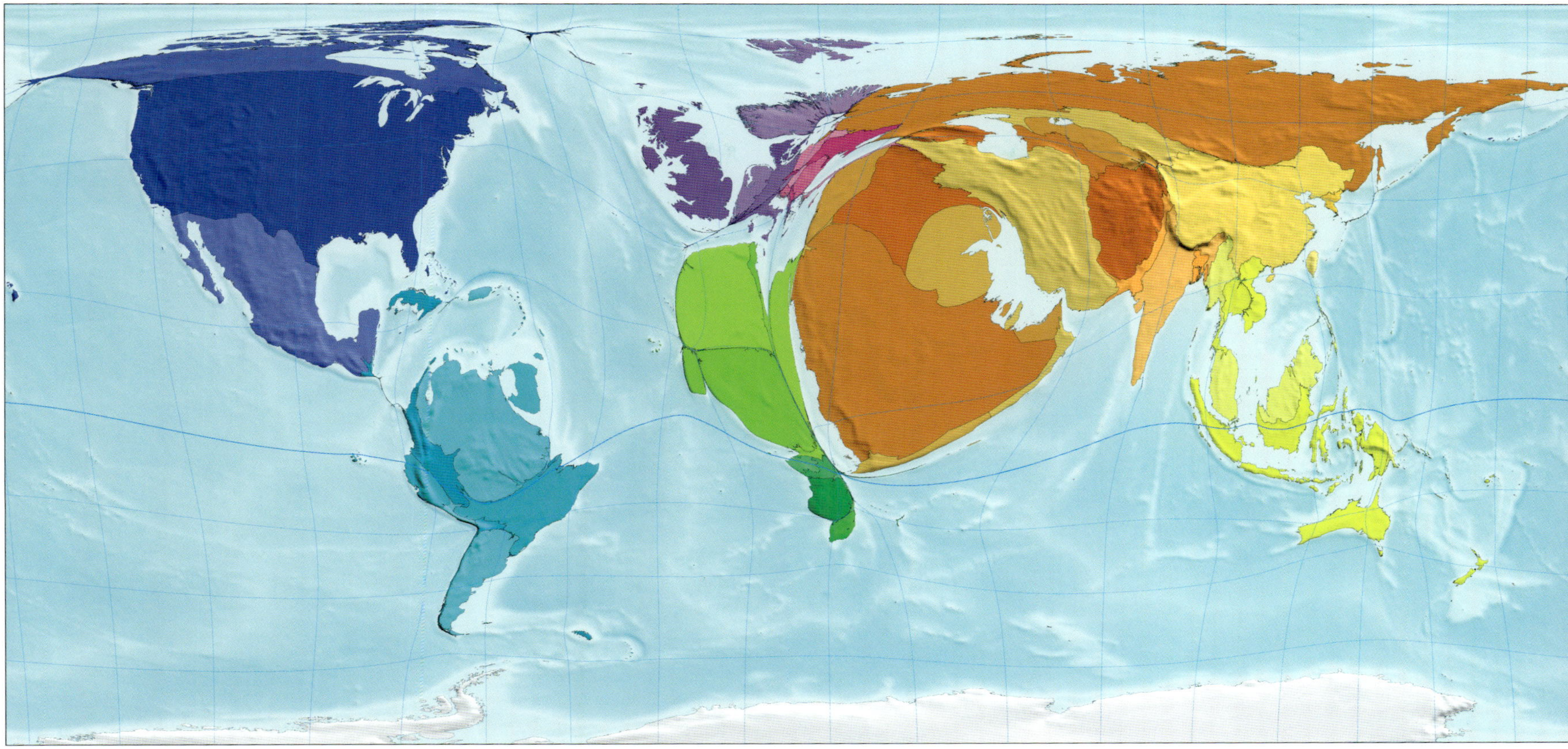

**HÖCHSTE UND NIEDRIGSTE FÖRDERRATEN FOSSILER BRENNSTOFFE**

| Rang | Land | US-Dollar* |
|---|---|---|
| 1 | Kuwait | 91 |
| 2 | Saudi-Arabien | 44 |
| 3 | Norwegen | 30 |
| 4 | Trinidad und Tobago | 30 |
| 5 | Venezuela | 13 |
| 6 | Kanada | 12 |
| 7 | Gabun | 8 |
| 8 | Russland | 8 |
| 9 | Algerien | 7 |
| 10 | Kasachstan | 7 |
| 191 | Komoren | 0,05 |
| 192 | Seychellen | 0,05 |
| 193 | Slowakei | 0,05 |
| 194 | Kirgisistan | 0,04 |
| 195 | Georgien | 0,03 |
| 196 | DR Kongo | 0,02 |
| 197 | Philippinen | 0,02 |
| 198 | Bulgarien | 0,02 |
| 199 | Bosnien und Herzegowina | 0,02 |
| 200 | Tadschikistan | 0,00 |

*Pro-Kopf-Wert der Förderung fossiler Brennstoffe, 2003

# 342 Ausbeutung fossiler Brennstoffe

**Ganz oben in dieser Statistik stehen die großen Erdölförderländer.**

Fossile Brennstoffe – Kohle, Erdöl und Erdgas – entstehen nur so langsam, dass sie als endliche Ressourcen betrachtet werden müssen: Wenn sie einmal verbraucht sind, können sie nicht mehr ersetzt werden. Diese Karte veranschaulicht den jährlichen Abbau der Reserven fossiler Brennstoffe in jedem Land.

In US-Dollar gerechnet, haben die Vereinigten Staaten die höchsten Förderraten an fossilen Brennstoffen, gefolgt von Russland, Saudi-Arabien und dem Iran. Die höchsten Förderraten pro Kopf hat dagegen Kuwait, gefolgt von Saudi-Arabien und Norwegen – die alle größtenteils von ihren Bodenschätzen leben.

*»Die moderne Energie kann die Produktivität erheblich steigern – durch künstliches Licht, das den Arbeitstag verlängert, und durch den Antrieb von Maschinen, die den Arbeitsertrag erhöhen und es den Haushalten erlauben, sich Aktivitäten zu widmen, die Einkommen schaffen.«*

Weltkohleinstitut, 2007

**AUSBEUTUNG FOSSILER BRENNSTOFFE**
Milliarden US-Dollar, 2003

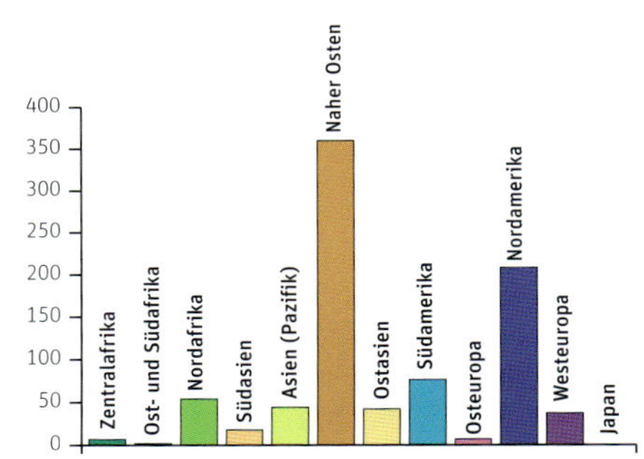

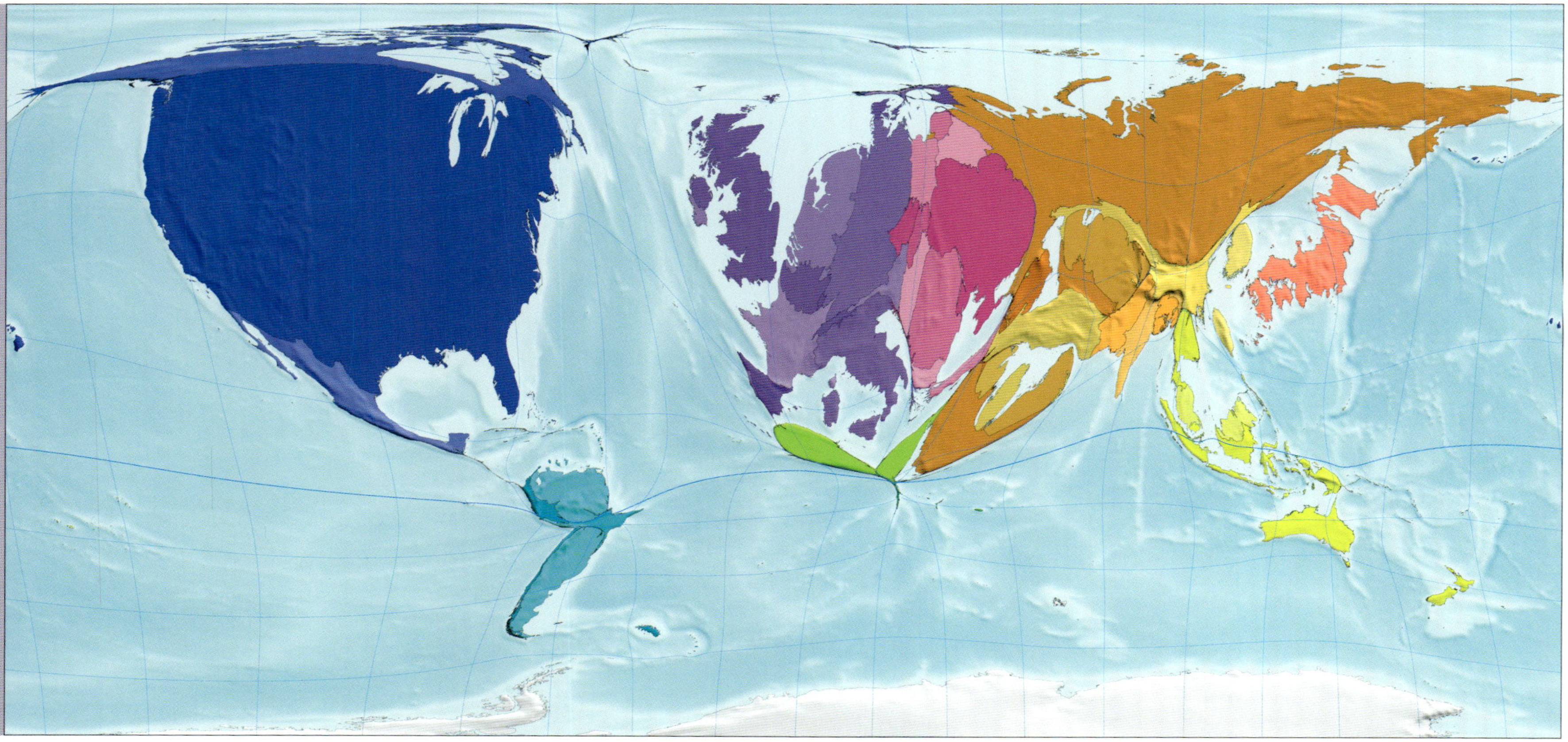

## HÖCHSTER ERDGASVERBRAUCH

| Rang | Land | Tonnen* |
|---|---|---|
| 1 | Katar | 385 |
| 2 | Vereinigte Arabische Emirate | 168 |
| 3 | Kuwait | 81 |
| 4 | Niederlande | 73 |
| 5 | Vereinigte Staaten | 72 |
| 6 | Russland | 71 |
| 7 | Kanada | 68 |
| 8 | Turkmenistan | 60 |
| 9 | Ukraine | 49 |
| 10 | Rumänien | 43 |
| 11 | Usbekistan | 41 |
| 12 | Aserbaidschan | 37 |
| 13 | Saudi-Arabien | 36 |
| 14 | Weißrussland | 34 |
| 15 | Luxemburg | 33 |
| 15 | Belgien | 33 |
| 17 | Großbritannien | 31 |
| 18 | Ungarn | 28 |
| 19 | Litauen | 28 |
| 20 | Slowakei | 26 |

*Erdgasverbrauch pro Kopf, umgerechnet in Tonnen Erdöl, 1965–2004

# 343 Verbrauch von Erdgas

**Die weltweiten Reserven an Erdgas sind begrenzt. Die Proportionen der Karte zeigen, wie viel davon jedes Land zwischen 1965 und 2004 verbraucht hat.**

Erdgas bildet sich so langsam, dass es keines mehr geben wird, wenn die existierenden Reserven aufgebraucht sind. In dem 40 Jahre währenden Zeitraum, der auf der Karte erfasst ist, wurde Erdgas im Gegenwert von fast 60 Milliarden Tonnen Erdöl verbraucht. Die Länder, die am meisten Erdgas verbrauchten, waren die Vereinigten Staaten, Russland, die Ukraine und Kanada.

Erdgas wird erst seit etwa 1965 als Energiequelle genutzt. Bis dahin hatte man es bei der Erdölförderung allgemein als nutzlos angesehen und abgefackelt. Seit man seinen Wert erkannt hat, wird es extensiv als Brennstoff verwendet.

**40 JAHRE ERDGASNUTZUNG**

Verbrauchtes Erdgas 1965–2004, umgerechnet in Milliarden Tonnen Erdöl

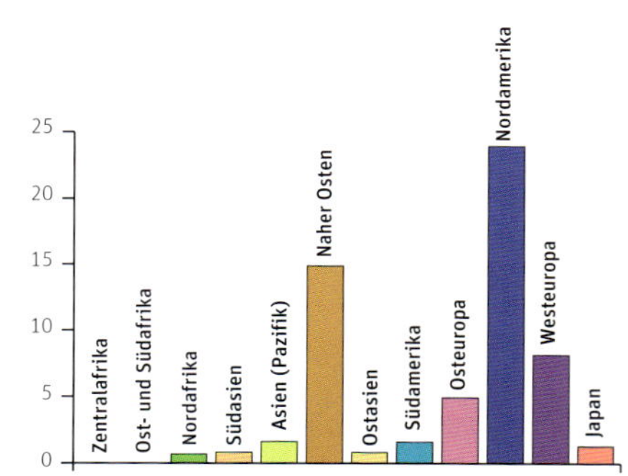

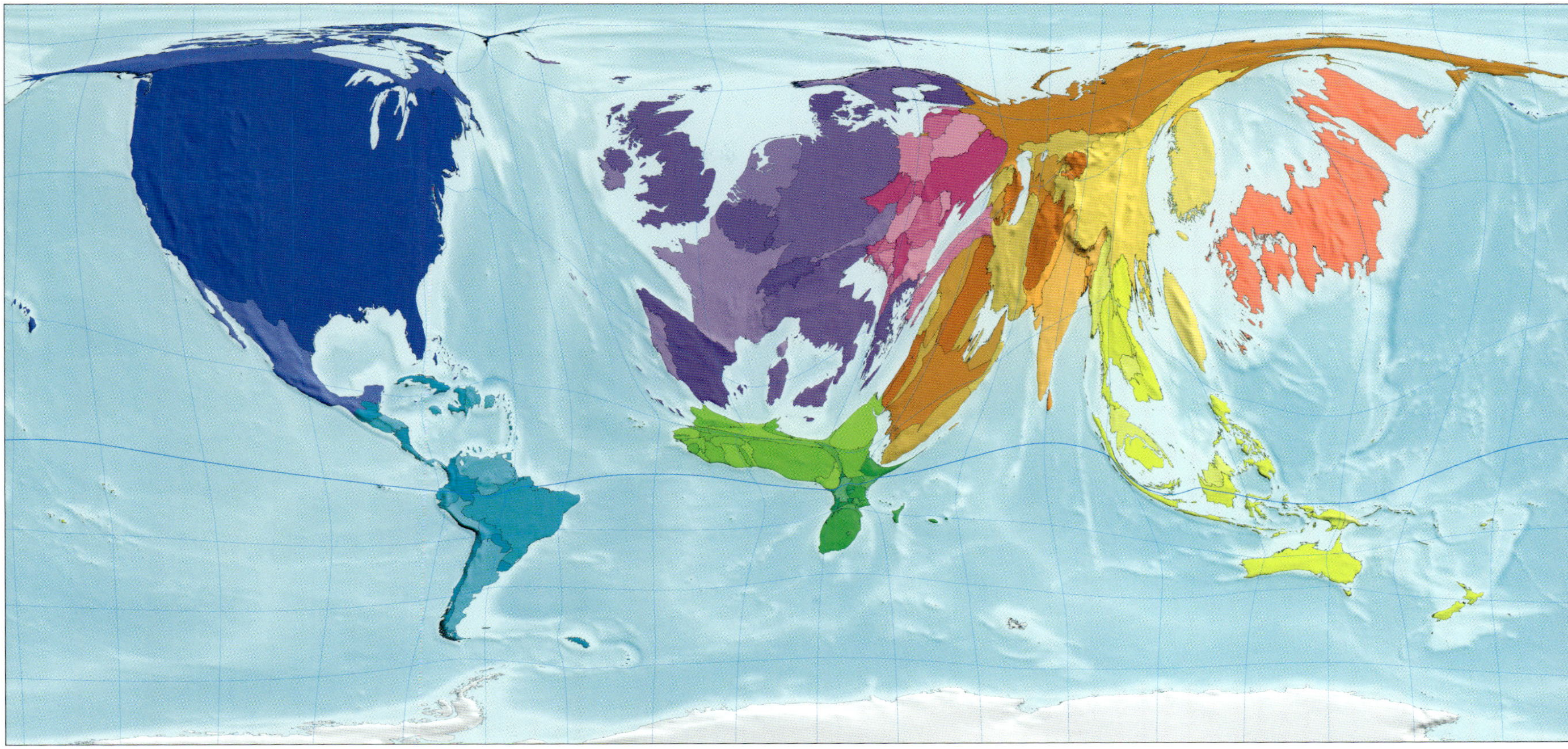

#### HÖCHSTER ERDÖLVERBRAUCH

| Rang | Land | Tonnen* |
|---|---|---|
| 1 | Singapur | 168 |
| 2 | Vereinigte Arabische Emirate | 112 |
| 3 | Kuwait | 108 |
| 4 | Vereinigte Staaten | 107 |
| 5 | Kanada | 101 |
| 7 | Luxemburg | 101 |
| 6 | Belgien | 101 |
| 8 | Schweden | 92 |
| 9 | Dänemark | 91 |
| 10 | Niederlande | 90 |
| 11 | Island | 87 |
| 13 | Finnland | 83 |
| 12 | Norwegen | 78 |
| 14 | Saudi-Arabien | 72 |
| 15 | Japan | 71 |
| 16 | Weißrussland | 70 |
| 17 | Katar | 68 |
| 18 | Schweiz | 68 |
| 19 | Litauen | 64 |
| 20 | Deutschland | 64 |

*Erdölverbrauch pro Kopf in Tonnen, 1965–2004

# 344 Ausbeutung von Erdöl

**Niemand weiß, wie viel Öl noch in der Erde lagert. Die Größe jedes Staates gibt die Menge Erdöl an, die zwischen 1965 und 2004 verbrannt wurde.**

Zwischen 1965 und 2004 wurden geschätzte 123 Milliarden Tonnen Erdöl weltweit verbraucht. Dies entspricht einem Durchschnitt von 19,7 Tonnen pro Person innerhalb von 40 Jahren (ausgehend von der Bevölkerungszahl im Jahr 2002). Die größten Verbraucher sind die Vereinigten Staaten, Japan, Russland und Deutschland.

Diese Karte zeigt, wo das Erdöl verbraucht, nicht wo es gefördert wird. Sie gibt auch keinen Hinweis darauf, wie viel Öl noch im Boden lagert. Wir wissen nur, wie viel wir verbrennen, aber nicht, wie lange das noch so weitergeht. Denn niemand kann sagen, wie groß die noch verbleibenden Reserven sind.

*»Mein Vater ritt auf einem Kamel. Ich fahre ein Auto. Mein Sohn fliegt ein Düsenflugzeug. Sein Sohn wird wieder auf einem Kamel reiten.«*
Sprichwort aus Saudi-Arabien, undatiert

**40 JAHRE ERDÖLVERBRAUCH**
Verbrauch 1965–2004 in Milliarden Tonnen

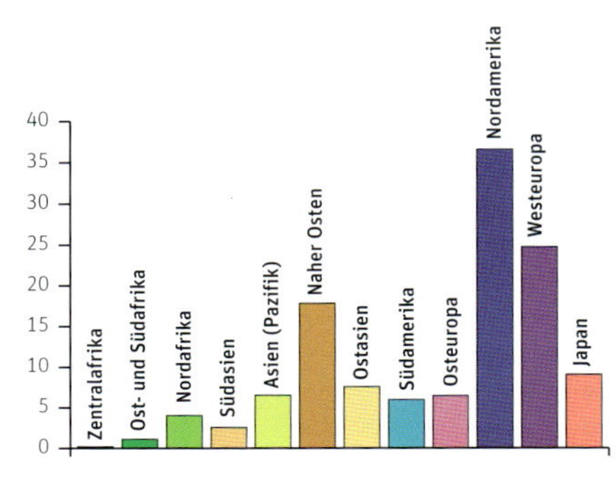

# 345 Ausbeutung von Mineralien

**Der Abbau von mineralischen Bodenschätzen ist für viele Länder eine wichtige Einnahmequelle.**

Zu den mineralischen Bodenschätzen zählen unter anderem Gold, Blei, Zink, Eisen, Kupfer, Nickel, Silber, Bauxit und Phosphat. Sie werden entweder für die Verarbeitung im Land oder für den Export abgebaut.

Die Staaten mit den höchsten Förderraten sind Australien, Brasilien, Chile und China. Australien ist der größte Produzent von Bauxit (Aluminiumerz), Brasilien von industriellen Diamanten, China von Wolfram und Südafrika von Platin und Gold. Die hier nur klein erscheinenden Länder haben entweder nur sehr geringe Vorkommen an Mineralien oder sie haben ehemals vorhandene Ressourcen bereits aufgebraucht.

**HÖCHSTE AUSBEUTUNG VON MINERALIEN**

| Rang | Land | US-Dollar* |
|---|---|---|
| 1 | Australien | 313 |
| 2 | Chile | 260 |
| 3 | Mauretanien | 74 |
| 4 | Papua-Neuguinea | 41 |
| 5 | Jamaika | 33 |
| 6 | Peru | 33 |
| 7 | Brasilien | 30 |
| 8 | Schweden | 29 |
| 9 | Irland | 28 |
| 10 | Südafrika | 25 |
| 11 | Kanada | 25 |
| 12 | Jordanien | 18 |
| 12 | Neuseeland | 16 |
| 14 | Venezuela | 14 |
| 15 | Griechenland | 13 |
| 16 | Mongolei | 11 |
| 16 | Dominikanische Republik | 11 |
| 18 | Indonesien | 10 |
| 19 | Kasachstan | 10 |
| 20 | Tunesien | 9 |

*Dollarwert des Pro-Kopf-Abbaus, 2003

**AUSBEUTUNG VON MINERALISCHEN BODENSCHÄTZEN**
Milliarden US-Dollar, 2003

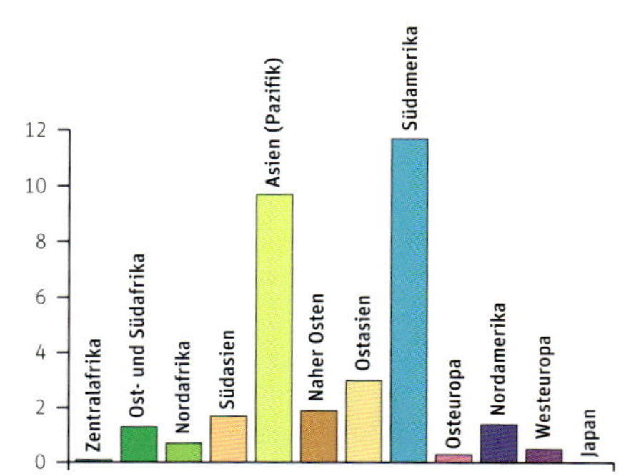

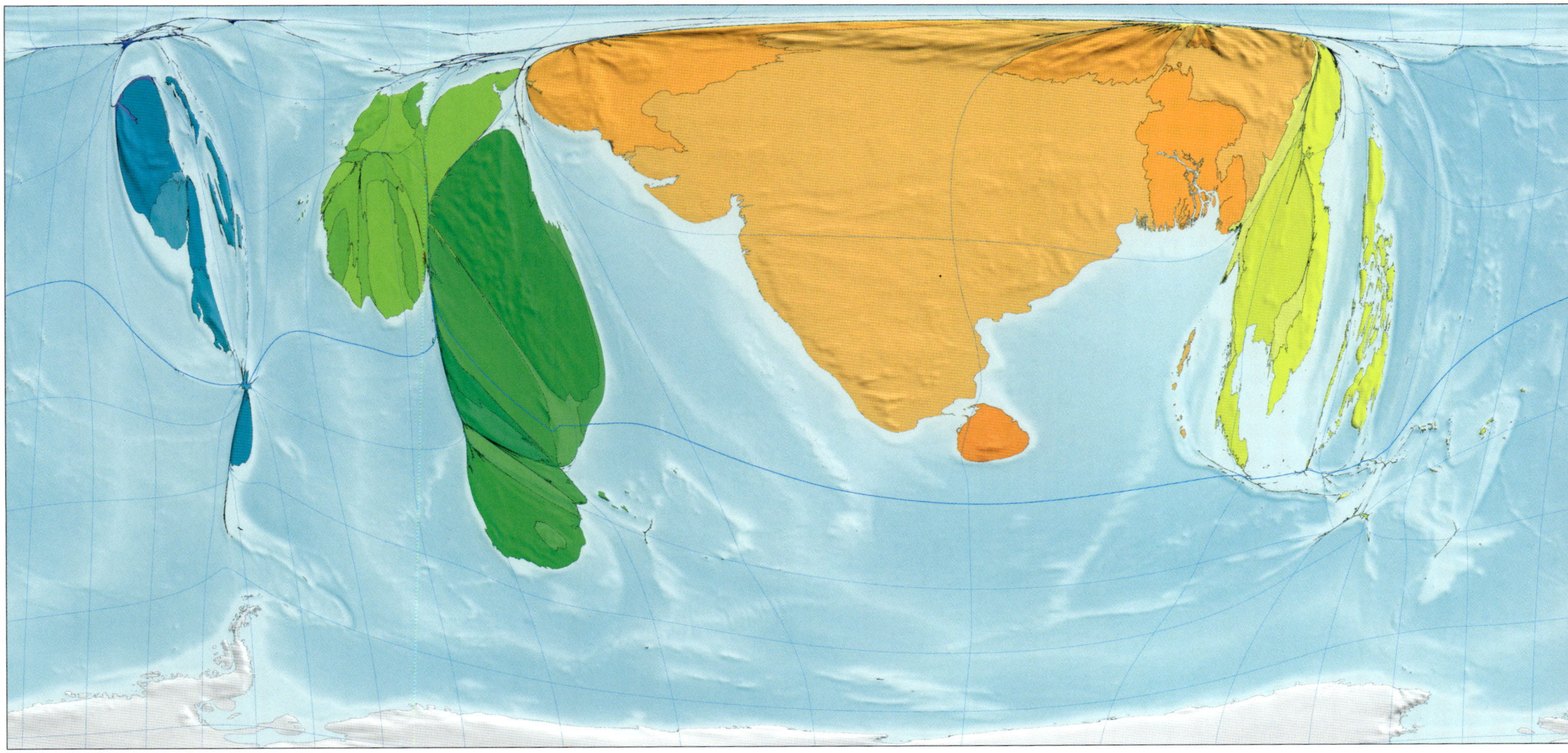

# 346 Raubbau an Wäldern

**Als Raubbau bezeichnet man Holzeinschlag ohne Wiederaufforstung, also das Gegenteil von nachhaltiger Forstwirtschaft.**

Diese Karte veranschaulicht die Nettorate an Waldverlusten durch Holzeinschlag ohne Wiederaufforstung. Der Verlust wird umgerechnet in den Marktwert von unbehandeltem rundem Nutzholz.

Den massivsten Raubbau weisen Indien, Äthiopien, Pakistan und Bangladesch auf. Fast die Hälfte der weltweiten Gesamtrate (46 Prozent) fällt auf Indien, wo der jährliche Raubbau an Wäldern den der nächsten 25 Staaten zusammen übersteigt. Allerdings ist auch die Bevölkerung in Indien fast so groß wie die dieser 25 anderen Länder zusammen genommen. Umgerechnet auf den Pro-Kopf-Wert liegt Indien daher keineswegs ganz vorn. Unter den Ländern, für die Daten verfügbar sind, steht es an 19. Stelle.

**RAUBBAU AN WÄLDERN**
Milliarden US-Dollar, 2003

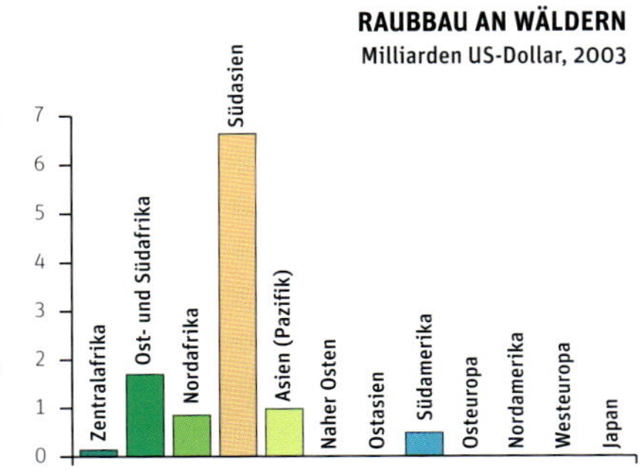


*»Eine Menge illegal geschlagenen Holzes wird von China und Japan gekauft und dann zu Produkten verarbeitet, die nach Europa, Nordamerika, Australien und Neuseeland verkauft werden. Das zerstört die Existenzgrundlage – es zerstört die Menschen.«* Annie Kajir, Geschäftsführerin des Zentrums für Umweltrecht, 2006

**GRÖSSTER RAUBBAU AN WÄLDERN**

| Rang | Land | US-Dollar* |
|---|---|---|
| 1 | Guatemala | 18 |
| 2 | Uganda | 15 |
| 3 | Burundi | 13 |
| 4 | Costa Rica | 13 |
| 5 | El Salvador | 12 |
| 6 | Äthiopien | 12 |
| 7 | Uruguay | 11 |
| 8 | Lesotho | 10 |
| 9 | Togo | 10 |
| 10 | Nepal | 10 |
| 11 | Sierra Leone | 9 |
| 12 | Nicaragua | 8 |
| 13 | Ghana | 7 |
| 14 | Ruanda | 7 |
| 15 | Guinea | 7 |
| 16 | Thailand | 7 |
| 16 | Liberia | 7 |
| 18 | Niger | 6 |
| 19 | Indien | 5 |
| 20 | Pakistan | 5 |

*Bestandsverluste durch Abholzung pro Kopf, 2003

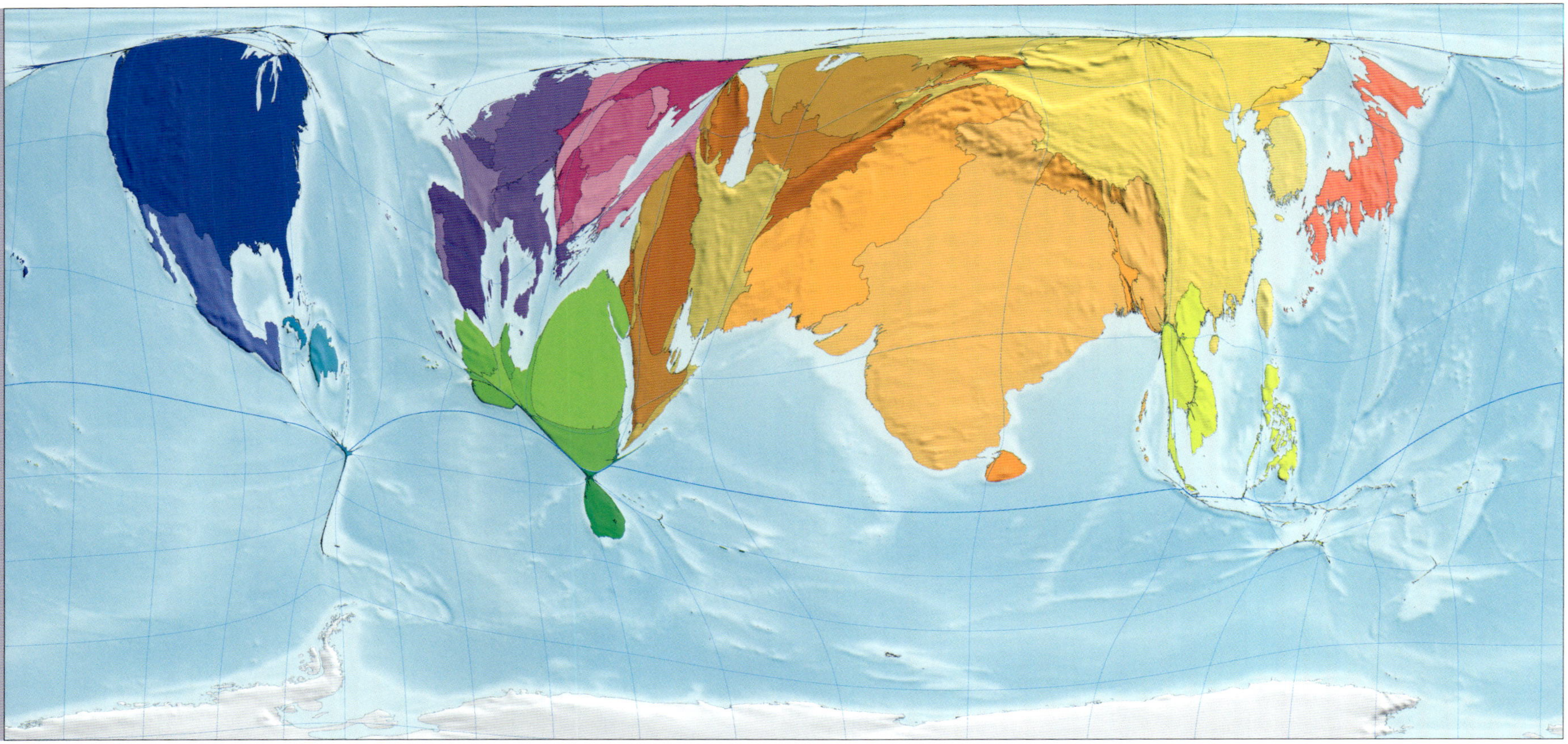

#### GRÖSSTE RATEN AN ÜBERMÄSSIGEM WASSERVERBRAUCH

| Rang | Land | Kubikmeter* |
|---|---|---|
| 1 | Turkmenistan | 4938 |
| 2 | Usbekistan | 2198 |
| 3 | Aserbaidschan | 1889 |
| 4 | Kasachstan | 1694 |
| 5 | Irak | 1599 |
| 6 | Bulgarien | 1470 |
| 7 | Kirgisistan | 1082 |
| 8 | Pakistan | 1003 |
| 9 | Rumänien | 975 |
| 10 | Ägypten | 933 |
| 11 | Afghanistan | 887 |
| 12 | Tadschikistan | 852 |
| 13 | Serbien und Montenegro | 835 |
| 14 | Iran | 833 |
| 15 | Libyen | 815 |
| 16 | Dominikanische Republik | 733 |
| 17 | Saudi-Arabien | 715 |
| 18 | Mazedonien | 700 |
| 19 | Moldawien | 674 |
| 20 | Vereinigte Staaten | 674 |

*Pro-Kopf-Verbrauch, der die 10 Prozent der vorhandenen Ressourcen übersteigt, 2003

# 347 Übermäßiger Wasserverbrauch

**Ein Wasserverbrauch, der zehn Prozent der erneuerbaren, in der Erde lagernden Frischwasserressourcen übersteigt, gilt als übermäßig.**

Ein Land, das jedes Jahr mehr als einen gewissen Anteil seiner Grundwasservorräte verbraucht, riskiert Wasserknappheit. Das Ausmaß des Risikos hängt von lokalen Gegebenheiten ab, und die Meinungen über den Anteil der Wasserressourcen, der unbedenklich verbraucht werden kann, gehen auseinander. Diese Karte zeigt, welche Länder jährlich mehr als zehn Prozent ihrer Wasservorräte verbrauchen und um wie viel mehr sie konsumieren.

Ägypten verbraucht pro Jahr mehr als das 33-Fache seiner gesamten Grundwasserressourcen. Das ist möglich, weil der Nil das Land mit Regenwasser aus anderen Gebieten versorgt. Andere Länder mit größeren Wasservorräten können mehr Wasser pro Person verbrauchen, konsumieren dabei aber immer noch einen kleineren Anteil ihrer Ressourcen. In vier Staaten liegt der Pro-Kopf-Verbrauch höher als in Ägypten, sie wenden dafür jährlich aber weniger als fünf Prozent ihrer Grundwasservorräte auf.

75 Länder benötigen weniger als zehn Prozent ihrer Frischwasserreserven und erscheinen deswegen nicht auf dieser Karte. 51 Staaten verbrauchen zwischen 10 und 100 Prozent, 15 Länder sogar 100 Prozent und mehr.

**ÜBERMÄSSIGER WASSERVERBRAUCH**
Über der Zehn-Prozent-Grenze, pro Person in Kubikmetern, 2003

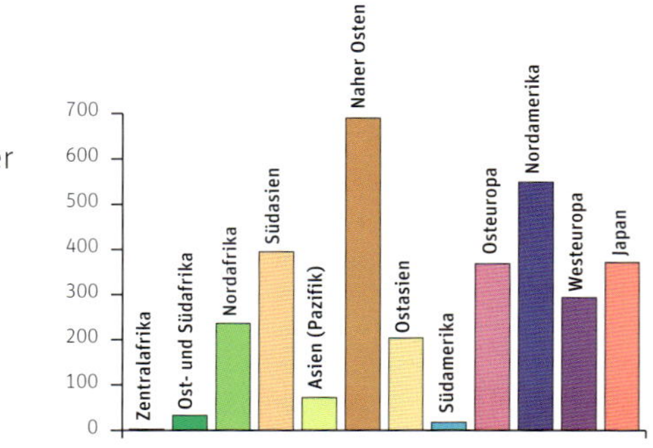

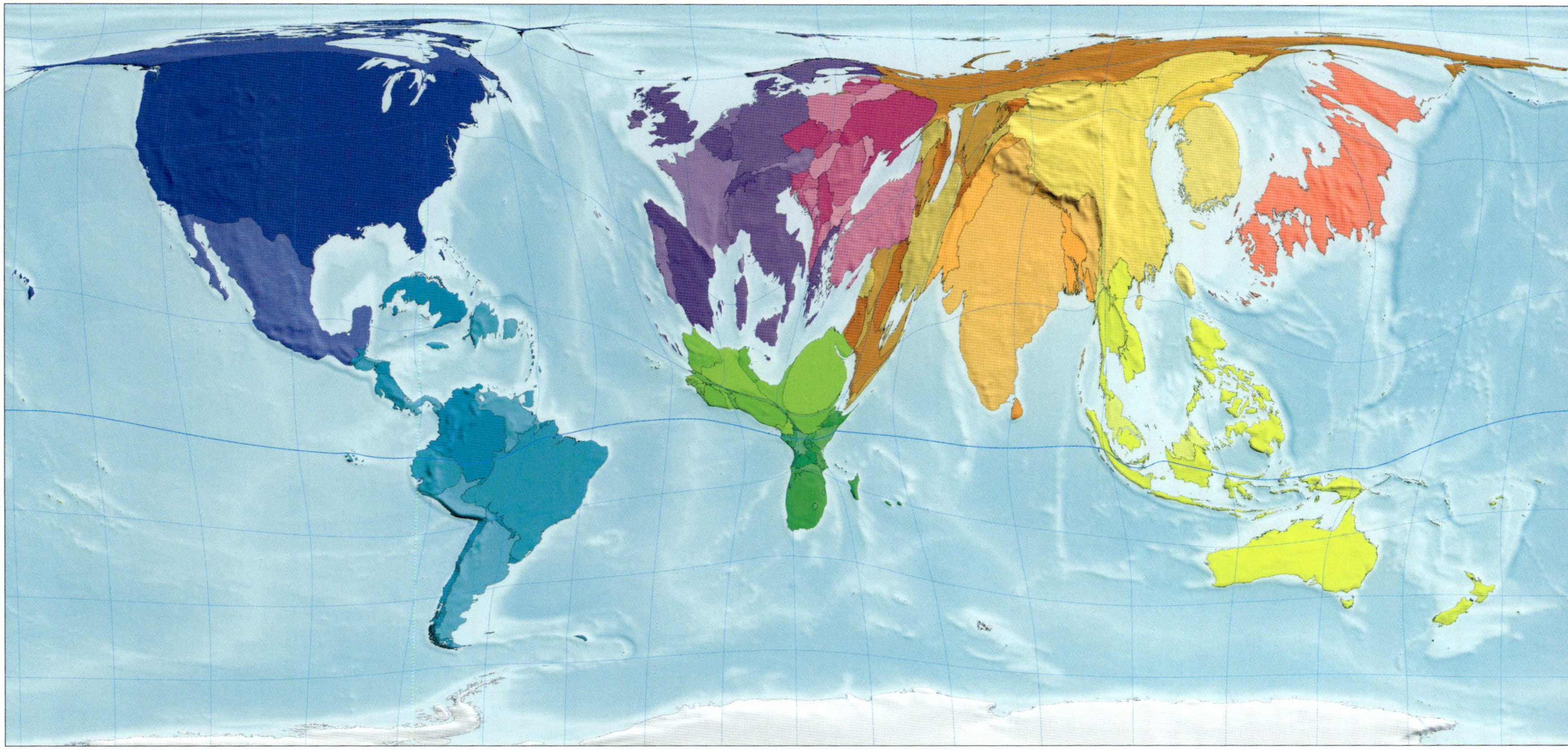



**HÖCHSTER UND NIEDRIGSTER WASSERVERBRAUCH IN HAUSHALTEN**

| Rang | Land | Kubikmeter* |
|---|---|---|
| 1 | Australien | 487 |
| 2 | Armenien | 281 |
| 3 | Kanada | 259 |
| 4 | Neuseeland | 242 |
| 5 | Kuba | 225 |
| 6 | Vereinigte Staaten | 209 |
| 7 | Singapur | 203 |
| 8 | Costa Rica | 184 |
| 9 | Vereinigte Arabische Emirate | 174 |
| 10 | Ecuador | 159 |
| 191 | DR Kongo | 4,8 |
| 192 | Tschad | 3,9 |
| 193 | Äthiopien | 3,5 |
| 194 | Benin | 3,5 |
| 195 | Tansania | 3,0 |
| 196 | Mosambik | 2,9 |
| 197 | Uganda | 2,6 |
| 198 | Somalia | 2,5 |
| 199 | Mali | 2,2 |
| 200 | Kambodscha | 1,8 |

*Pro Kopf verbrauchte Menge, 2003

# 348 Wasserverbrauch in Haushalten

**Zum Haushaltsverbrauch zählt auch Wasser, das in öffentlichen Einrichtungen und in der Gastronomie- und Hotelbranche verbraucht wird.**

Während viele Menschen nicht genug sauberes Wasser zum Trinken haben, können andere sogar Schwimmbecken damit füllen. Der Wasserverbrauch beinhaltet hier das gesamte Wasser, das als Trinkwasser, für öffentliche Einrichtungen sowie für die Gastronomie- und Hotelbranche benötigt wird. 325 Milliarden Kubikmeter Wasser werden in den Haushalten der Welt jedes Jahr verbraucht.

Der durchschnittliche Wasserverbrauch pro Kopf beträgt, global gesehen, 52 Kubikmeter jährlich, der tatsächliche Verbrauch aber variiert erheblich. Zwischen 1987 und 2003 verbrauchten die Bewohner Kambodschas, wo die Mehrheit keinen Zugang zu sauberem Wasser hat, durchschnittlich 1,8 Kubikmeter Wasser pro Jahr. In Costa Rica verbrauchten die Menschen 100-mal so viel, die Australier wiederum fast dreimal so viel wie die Bewohner Costa Ricas. In reichen Ländern wird sehr viel Wasser für die Bewässerung von Rasenflächen und die Befüllung von Swimmingpools verwendet.

**WASSERVERBRAUCH IN HAUSHALTEN**
Kubikmeter pro Person und Jahr, 1987–2003

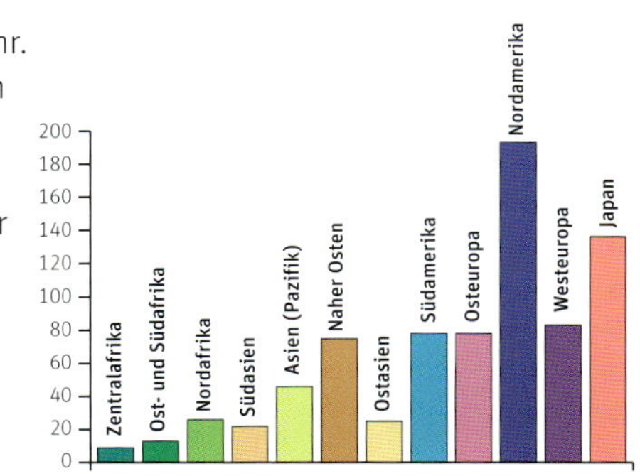

**HÖCHSTER UND NIEDRIGSTER INDUSTRIELLER WASSERVERBRAUCH**

| Rang | Land | Kubikmeter* |
|---|---|---|
| 1 | Bulgarien | 1303 |
| 2 | Serbien und Montenegro | 1061 |
| 3 | Kanada | 1009 |
| 4 | Vereinigte Staaten | 723 |
| 5 | Slowenien | 520 |
| 6 | Aserbaidschan | 497 |
| 7 | Moldawien | 453 |
| 8 | Frankreich | 389 |
| 9 | Deutschland | 388 |
| 10 | Rumänien | 383 |
| 191 | DR Kongo | 1,25 |
| 192 | Haiti | 1,22 |
| 193 | Mali | 1,11 |
| 194 | Äthiopien | 0,96 |
| 195 | Niger | 0,87 |
| 196 | Tansania | 0,66 |
| 197 | Mosambik | 0,65 |
| 198 | Uganda | 0,64 |
| 199 | Tschad | 0,48 |
| 200 | Kambodscha | 0,36 |

*Pro-Kopf-Verbrauch, 2003

# 349 Wasserverbrauch in der Industrie

**Der industrielle Wasserverbrauch ist doppelt so hoch wie der der Haushalte.**

Zwischen 1987 und 2003 wurde jährlich knapp zweimal so viel Wasser für die Industrie aufgewendet wie für die Haushalte. Weltweit verbrauchten Industrien durchschnittlich 665 Milliarden Kubikmeter pro Jahr. Knapp ein Drittel dieser Menge wurde in den Vereinigten Staaten verbraucht – weniger als ein Dreißigstel in allen 19 Staaten Ost- und Südafrikas. Auch Zentralafrika, Südasien, Nordafrika und der Asien-Pazifik-Raum sowie Zentralasien verzeichnen einen geringen industriellen Wasserverbrauch pro Kopf.

*»Mehr als die Hälfte der größten Flüsse der Welt werden entleert und verschmutzt, wodurch es zu einem Zerfall und zur Vergiftung der umliegenden Ökosysteme kommt, sodass die Gesundheit und die Existenz von Menschen bedroht sind.«*

Ismail Serageldin, Vorsitzender der Weltwasserkommission für das 21. Jahrhundert

**INDUSTRIELLER WASSERVERBRAUCH**

Kubikmeter pro Person und Jahr, 1987–2003

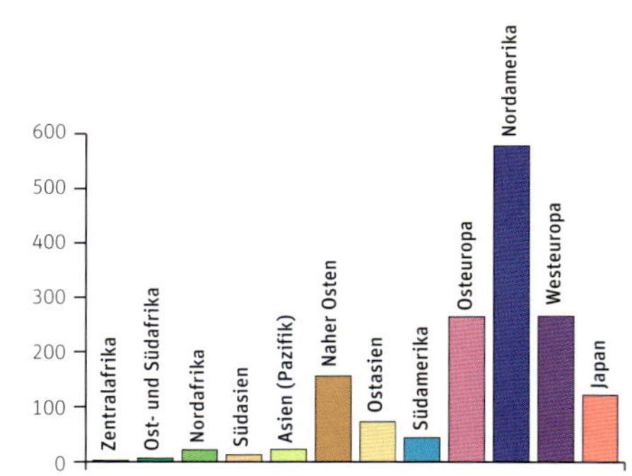

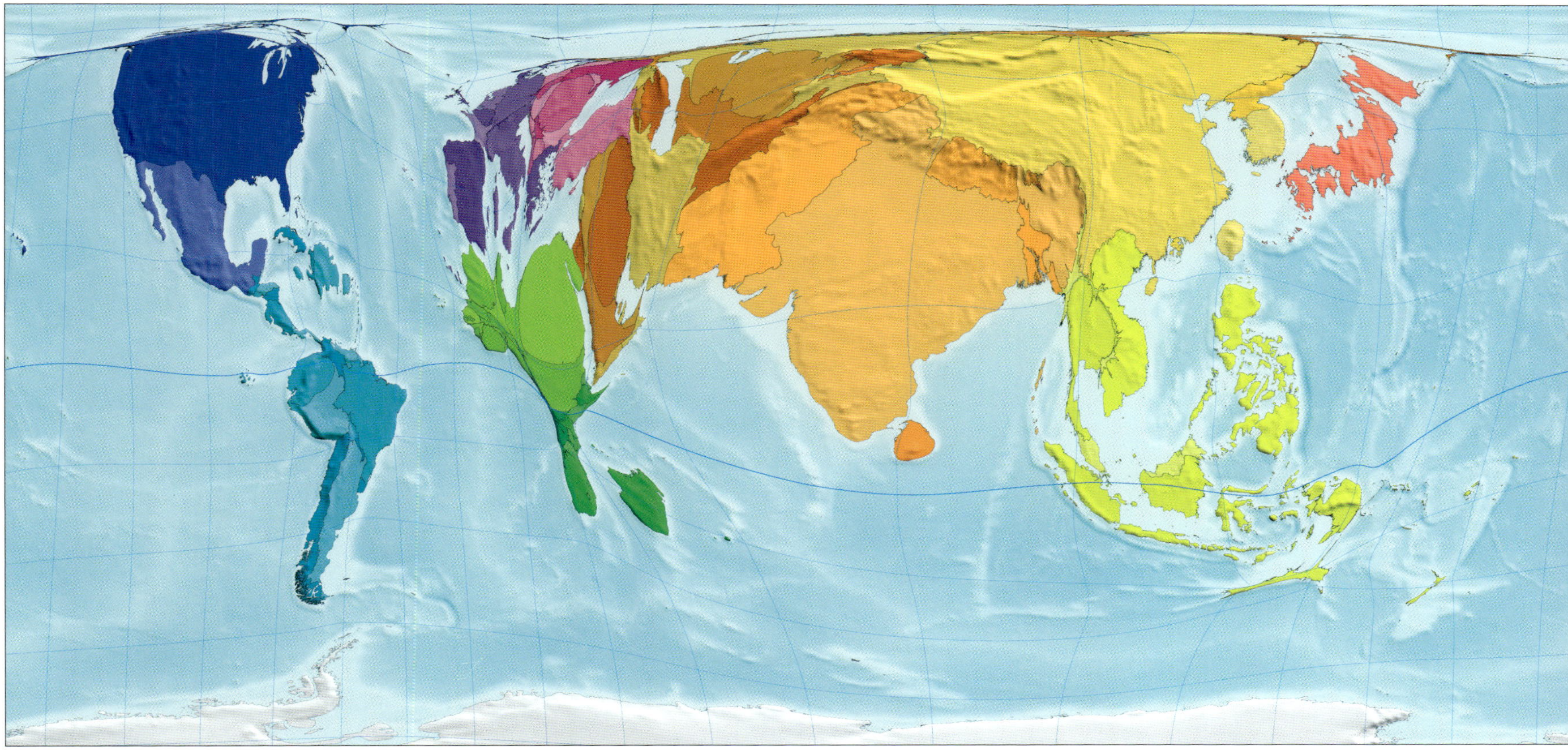

**HÖCHSTER UND NIEDRIGSTER WASSERVERBRAUCH IN DER LANDWIRTSCHAFT**

| Rang | Land | Kubikmeter* |
|---|---|---|
| 1 | Turkmenistan | 4859 |
| 2 | Usbekistan | 2125 |
| 3 | Kirgisistan | 1862 |
| 4 | Tadschikistan | 1766 |
| 5 | Aserbaidschan | 1392 |
| 6 | Nepal | 1167 |
| 7 | Costa Rica | 1132 |
| 8 | Afghanistan | 1127 |
| 9 | Chile | 1093 |
| 10 | Ecuador | 1089 |
| 191 | Slowenien | 6,5 |
| 192 | Kongo | 6,1 |
| 193 | Großbritannien | 6,0 |
| 194 | Tschechien | 5,3 |
| 195 | Togo | 5,2 |
| 196 | Uganda | 4,8 |
| 197 | Gabun | 4,6 |
| 198 | Litauen | 2,6 |
| 199 | DR Kongo | 1,8 |
| 200 | Kroatien | 0 |

*Verwendete Menge pro Kopf, 2003

# 350 Wasserverbrauch in der Landwirtschaft

**In der Landwirtschaft wird sehr viel Wasser verbraucht, vor allem zur Bewässerung von Feldern und Gärten sowie in der Viehwirtschaft.**

Zwischen 1987 und 2003 wurden weltweit durchschnittlich 2,4 Billionen Kubikmeter Wasser für die Landwirtschaft verbraucht. Ein großer Teil davon fällt auf asiatische Länder wie Indien, Pakistan, Nepal, China, die Philippinen, Indonesien, Japan und Vietnam. Einen hohen Pro-Kopf-Wasserverbrauch verzeichnen auch der Mittlere Osten und zentralasiatische Staaten wie Kirgisistan, Tadschikistan, Turkmenistan, Usbekistan, Kasachstan und Afghanistan.

Der Wasserbedarf in der Landwirtschaft ist dort geringer, wo es so oft regnet und die Temperaturen so gemäßigt oder niedrig sind, dass nur wenig Bewässerung nötig ist. Er fällt auch dort niedriger aus, wo weniger angebaut und weniger Vieh gehalten wird.

**WASSERVERBRAUCH IN DER LANDWIRTSCHAFT**
Kubikmeter pro Kopf und Jahr, 1987–2003

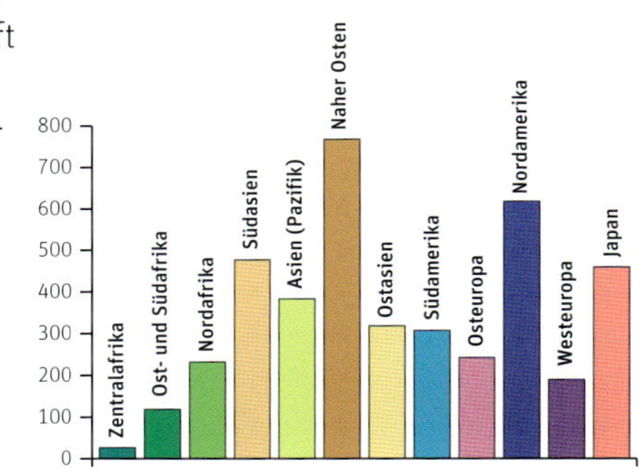

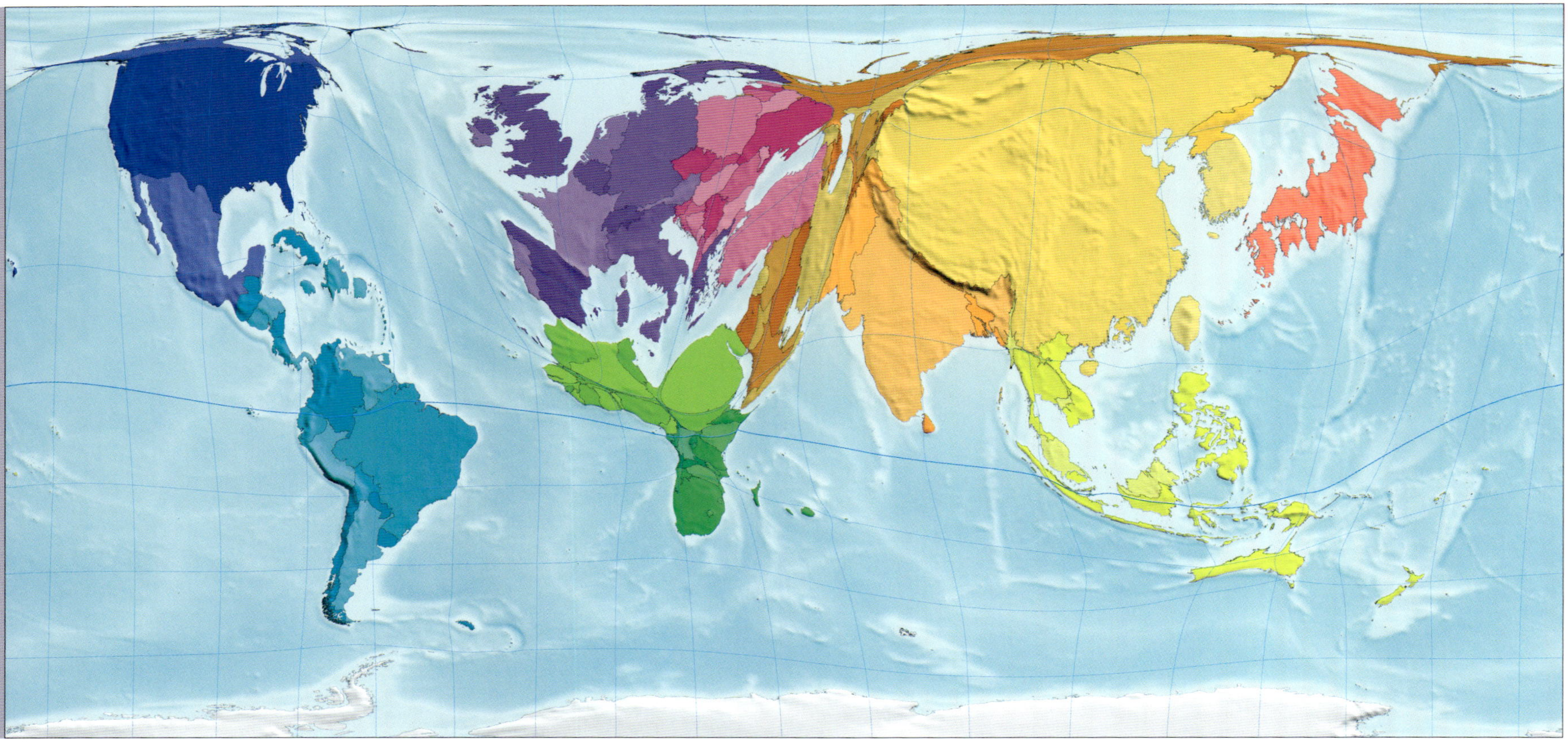

**WENIGSTE WASSERANSCHLÜSSE**

| Rang | Land | Prozent* |
|---|---|---|
| 1 | Somalia | 1 |
| 2 | Uganda | 1 |
| 3 | Afghanistan | 4 |
| 4 | Zentralafrikanische Republik | 4 |
| 5 | Tschad | 4 |
| 6 | Togo | 4 |
| 7 | Äthiopien | 5 |
| 8 | Burundi | 5 |
| 9 | Guinea-Bissau | 5 |
| 10 | Burkina Faso | 6 |
| 11 | Angola | 6 |
| 12 | Bangladesch | 6 |
| 12 | Madagaskar | 6 |
| 14 | Myanmar | 6 |
| 15 | Malawi | 7 |
| 16 | Niger | 8 |
| 16 | Mosambik | 8 |
| 18 | Ruanda | 8 |
| 19 | Äquatorialguinea | 8 |
| 20 | Kambodscha | 9 |

*Prozent der Haushalte, die an eine zentrale Wasserversorgung angeschlossen sind, 2004

# 351 Wasserleitungen

**Fließendes Wasser gehört in den Industrieländern zur Standardausstattung selbst der einfachsten Wohnungen.**

In Westeuropa sind fast alle Haushalte mit fließendem Wasser ausgestattet, in Zentralafrika dagegen nur zehn Prozent. Eine zentrale Wasserversorgung spart Zeit und Energie, die man sonst dafür aufwenden müsste, Trink-, Koch- und Waschwasser zu holen. Sie ist auch die Grundvoraussetzung für den Bau und den Betrieb eines Kanalisationssystems.

*»Sauberes Wasser ist lebenswichtig, und wohl die meisten von uns in Großbritannien halten es für selbstverständlich. Aber über eine Milliarde Menschen auf der Welt haben keinen Zugang dazu.«*

Barbara Frost, 2007

**HAUSHALTE MIT WASSERANSCHLUSS**

Prozentsatz der Haushalte, die über fließendes Wasser verfügen, 2004

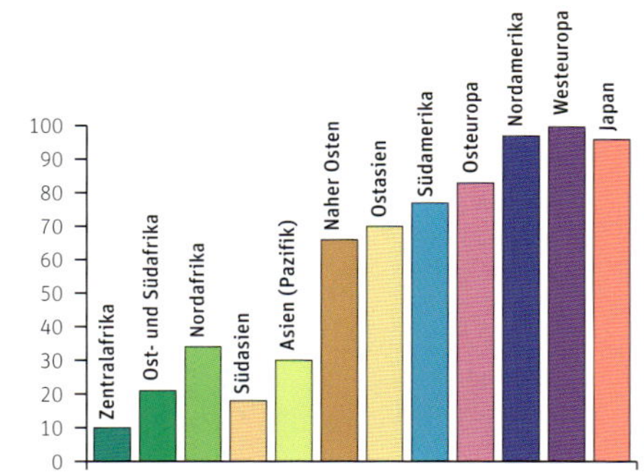

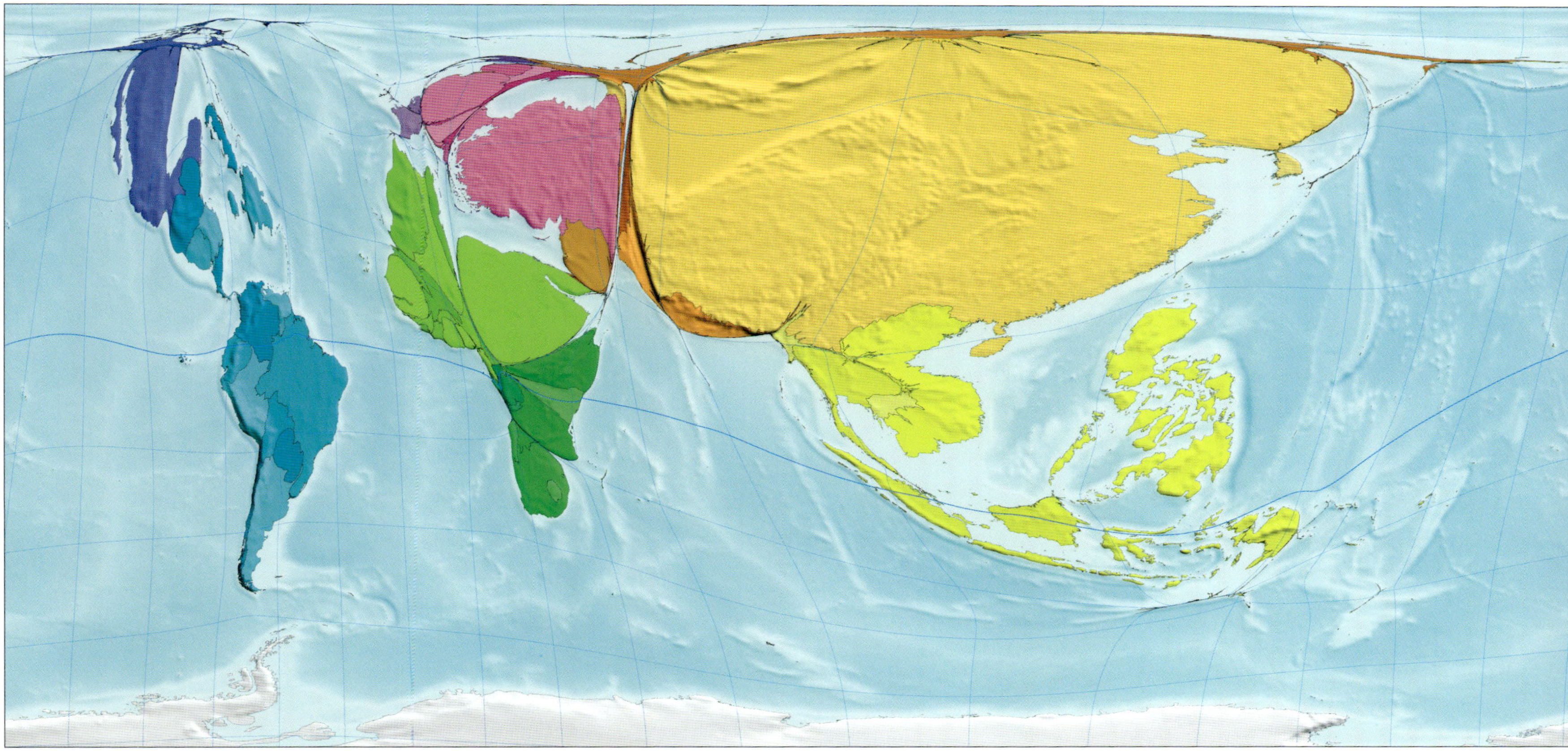

**HÖCHSTE RATEN NEUER WASSERANSCHLÜSSE**

| Rang | Land | Prozent* |
|---|---|---|
| 1 | Türkei | 24 |
| 2 | Paraguay | 18 |
| 3 | Guatemala | 17 |
| 4 | Senegal | 16 |
| 5 | Ägypten | 15 |
| 6 | Syrien | 14 |
| 6 | Philippinen | 14 |
| 8 | Vietnam | 13 |
| 9 | China | 12 |
| 10 | Lesotho | 12 |

*Prozent aller Haushalte, 1995–2004

**MENSCHEN MIT NEUEN WASSERANSCHLÜSSEN**

| Rang | Land | Personen* |
|---|---|---|
| 1 | China | 155 |
| 2 | Türkei | 17 |
| 3 | Philippinen | 11 |
| 4 | Ägypten | 11 |
| 5 | Vietnam | 10 |
| 6 | Indonesien | 9 |
| 6 | Mexiko | 8 |
| 8 | Brasilien | 7 |
| 9 | Russland | 4 |
| 10 | Thailand | 4 |

*Menschen in Haushalten, die an eine Wasserversorgung angeschlossen werden, in Millionen, 1995–2004

# 352 Zunahme der Wasseranschlüsse

**Der Anschluss eines Hauses an die zentrale Wasserversorgung bedeutet mehr Lebensqualität für alle seine Bewohner.**

Neue Wasseranschlüsse sind ein Mittel zur Verbesserung der Lebensbedingungen. Nur in wenigen Ländern sinkt der Anteil der Haushalte mit fließendem Wasser. Staaten, in denen die Zahl der Haushalte mit Wasseranschluss während des erfassten Zeitraums zurückging, haben die Größe null und erscheinen somit nicht auf der Karte.

Geschätzte 289 Millionen Haushalte wurden zwischen 1995 und 2004 neu an die Versorgung mit fließendem Wasser angeschlossen. Die meisten davon, 54 Prozent, in China. Andere Länder mit vielen neu angeschlossenen Haushalten waren die Türkei, die Philippinen, Ägypten und Vietnam.

Von den Staaten mit nur wenigen neuen Anschlüssen fehlen einigen schlicht die Ressourcen, um die Wasserversorgung zu verbessern, während andere schon so flächendeckend mit fließendem Wasser versorgt waren, dass nur noch wenige Neuanschlüsse nötig waren.

**ÄNDERUNGEN IN DER WASSERANSCHLUSSRATE**

Änderungen des Prozentsatzes der Menschen, die in Haushalten mit fließendem Wasser leben, 1995–2004

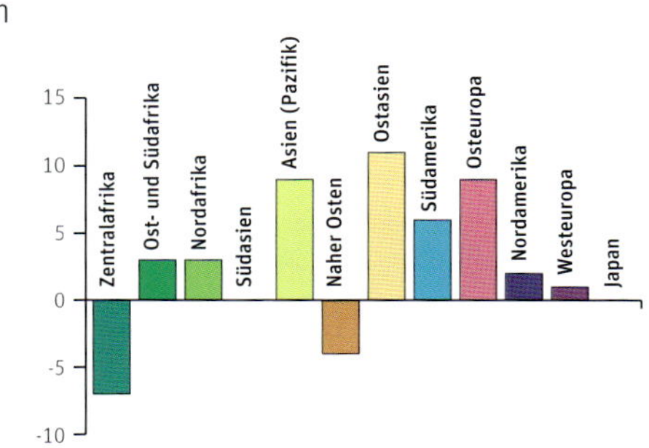

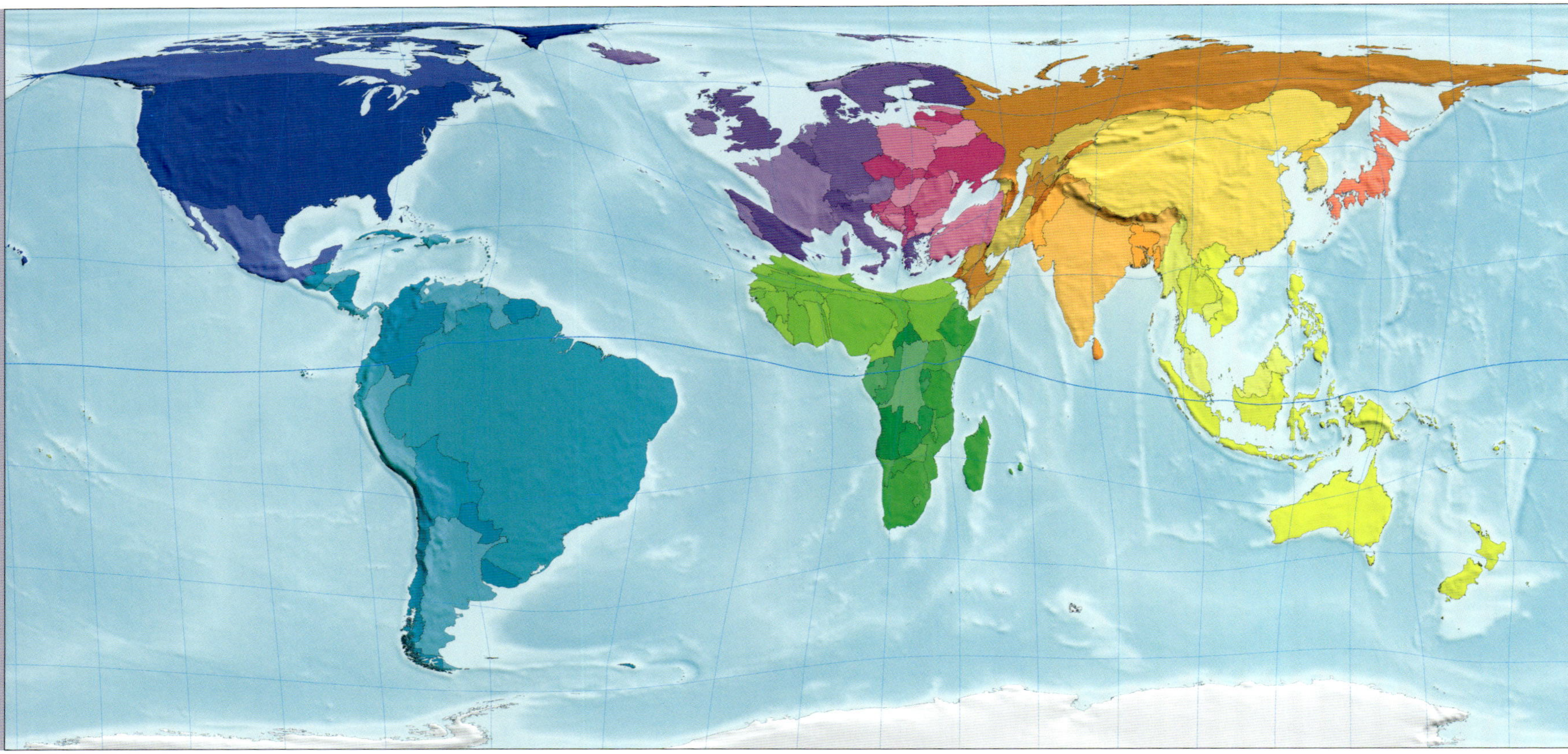

# 353 Biokapazität

**Die Biokapazität bemisst sich am Ertrag eines global berechneten Durchschnittshektars.**

Biologisch ertragreiches Land verfügt über Ackerland, Weideland, Wälder und Fischereizonen. Die Biokapazität wird in »globalen Hektar« gemessen, das heißt, der Ertrag eines »globalen Hektars« entspricht dem weltweit durchschnittlichen Ertrag eines Hektars Land. Anders gesagt ein Stück Land, egal welcher Größe, das die Biokapazität von einem »globalen Hektar« aufweist, ist biologisch so ergiebig wie ein durchschnittlicher Hektar.

Die Biokapazität eines Landes wird sowohl von natürlichen Gegebenheiten als auch vom Menschen beeinflusst. Ein aktuelles Beispiel ist der Irak, wo das mesopotamische Sumpfland einst zum Fruchtbaren Halbmond gehörte, einem Gebiet, das eine reiche Artenvielfalt und Umweltbedingungen aufwies, die die Entwicklung antiker Zivilisationen begünstigten. Weite Teile des Marschlandes sind inzwischen ausgetrocknet und zur Wüste geworden. Das Land im Irak gilt mittlerweile als das am wenigsten produktive der Welt.

Heute entfallen 16 Prozent der weltweiten Biokapazität auf Brasilien.

**HÖCHSTE UND NIEDRIGSTE BIOKAPAZITÄT**

| Rang | Land | Biokapazität* |
|---|---|---|
| 1 | Malta | 699 |
| 2 | Mauritius | 687 |
| 3 | Deutschland | 429 |
| 4 | Dänemark | 427 |
| 5 | Großbritannien | 403 |
| 6 | Luxemburg | 378 |
| 6 | Belgien | 378 |
| 8 | Tschechien | 362 |
| 9 | Niederlande | 357 |
| 10 | Frankreich | 351 |
| 191 | Botswana | 14 |
| 192 | Mali | 13 |
| 193 | Afghanistan | 11 |
| 194 | Niger | 11 |
| 195 | Somalia | 11 |
| 196 | Saudi-Arabien | 11 |
| 197 | Namibia | 11 |
| 198 | Algerien | 8 |
| 199 | Libyen | 3 |
| 200 | Irak | 2 |

*Produktivität von Land, gemessen in »globalen Hektar« pro km²

**GESAMTBIOKAPAZITÄT**
Globale Hektar in Millionen, 2002

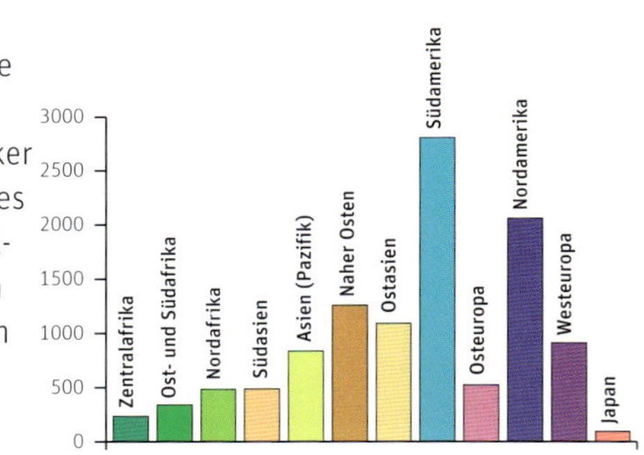

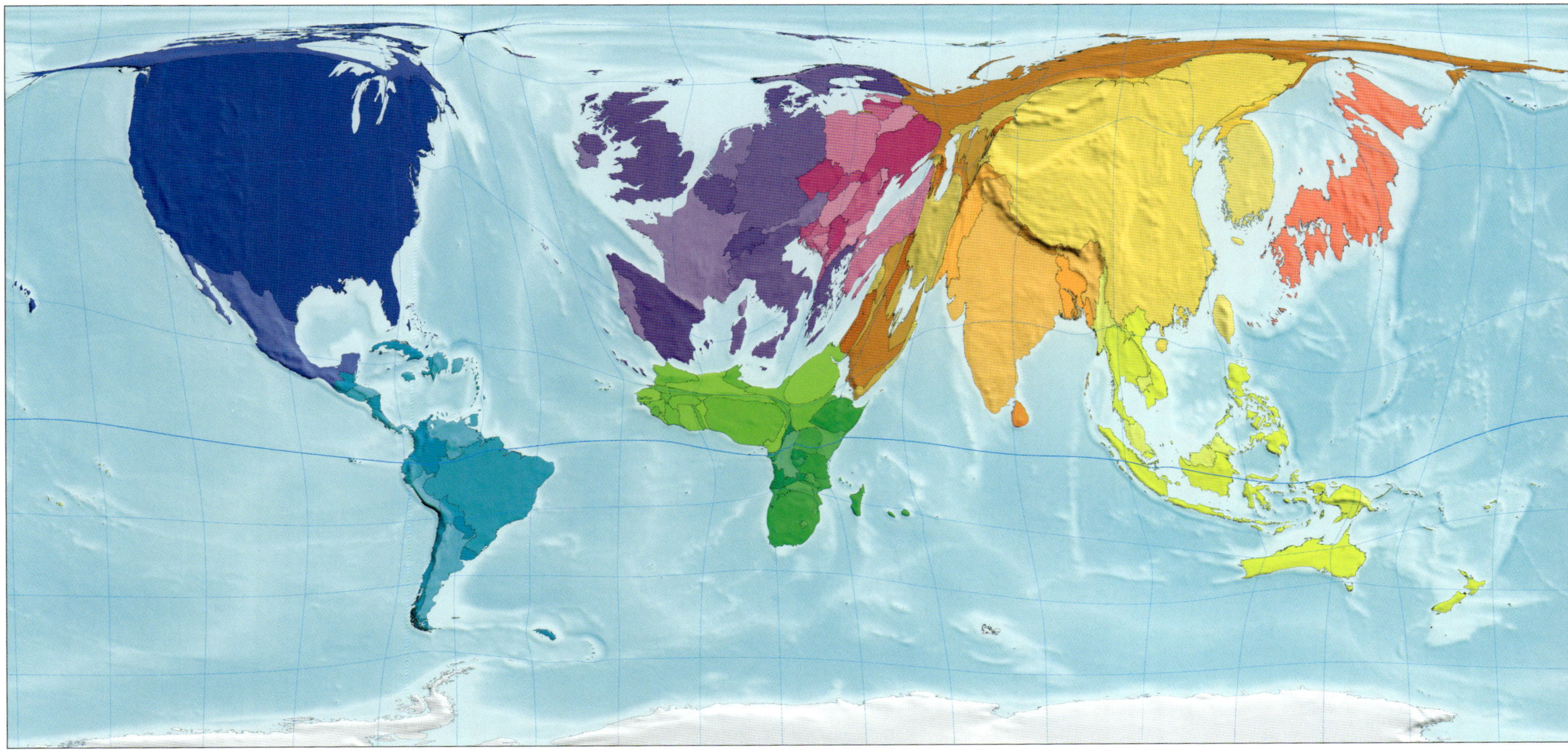

**GRÖSSTE UND KLEINSTE ÖKOLOGISCHE FUSSABDRÜCKE**

| Rang | Land | Hektar* |
|---|---|---|
| 1 | Vereinigte Arabische Emirate | 10,6 |
| 2 | Vereinigte Staaten | 9,7 |
| 3 | Kanada | 7,7 |
| 4 | Kuwait | 7,7 |
| 5 | Australien | 7,5 |
| 6 | Finnland | 7,4 |
| 7 | Estland | 7,0 |
| 8 | Neuseeland | 6,8 |
| 9 | Norwegen | 6,1 |
| 10 | Großbritannien | 6,1 |
| 191 | Nepal | 0,6 |
| 192 | DR Kongo | 0,6 |
| 193 | Sambia | 0,6 |
| 194 | Kongo | 0,6 |
| 195 | Malawi | 0,6 |
| 196 | Haiti | 0,6 |
| 197 | Kambodscha | 0,5 |
| 198 | Bangladesch | 0,5 |
| 199 | Somalia | 0,3 |
| 200 | Afghanistan | 0,1 |

*Ökologischer Fußabdruck pro Person, in globalen Hektar, 2002

# 354 Ökologischer Fußabdruck

**Die Größe jedes Landes spiegelt das für den Unterhalt seiner Bevölkerung in der dort üblichen Lebensweise benötigte Gebiet wider.**

Der ökologische Fußabdruck ist eine Maßeinheit für die Fläche biologisch durchschnittlich ertragreichen Landes – gemessen in »globalen Hektar« –, das benötigt wird, um den gegenwärtigen Lebensstandard eines Menschen, inklusive dessen Verbrauch an Nahrung, Brennstoffen, Holz und Fasern, nachhaltig zu sichern. Die von diesem Lebensstil erzeugten Verschmutzungen, wie $CO_2$-Emissionen, zählen ebenfalls zum ökologischen Fußabdruck.

Die Vereinigten Staaten, China und Indien hinterlassen die größten ökologischen Fußspuren. Die Abdrücke Chinas und Indiens sind allein schon aufgrund ihrer Bevölkerungsgröße gewaltig. Dagegen ist der individuelle Fußabdruck in beiden Staaten unterdurchschnittlich. Die Vereinigten Staaten wiederum haben eine viel kleinere Bevölkerungszahl, aber der ökologische Fußabdruck eines Amerikaners ist fast fünfmal so groß wie der globale Durchschnitt.

*»Die Menschen konsumieren Vorräte aus aller Welt, weswegen ihr Fußabdruck die Summe all dieser Gegenden ist, wo immer sie auch auf dem Planeten liegen mögen.«* WWF, The Living Planet Report, 2006

**DURCHSCHNITTLICHER ÖKOLOGISCHER FUSSABDRUCK**
eines Menschen in globalen Hektar

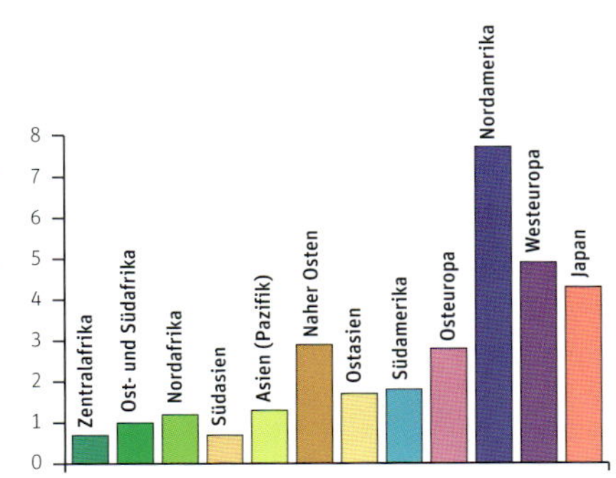

**HÖCHSTE VERLUSTRATEN AN ARTEN**

| Rang | Land | Arten* |
|---|---|---|
| 1 | Cookinseln | 172 |
| 2 | Mauritius | 135 |
| 3 | Vereinigte Staaten | 75 |
| 4 | Neuseeland | 35 |
| 5 | Haiti | 27 |
| 6 | Uganda | 27 |
| 7 | Kenia | 22 |
| 8 | Tansania | 20 |
| 9 | Sri Lanka | 20 |
| 10 | Dominikanische Republik | 19 |
| 11 | Australien | 16 |
| 12 | Kuba | 15 |
| 13 | Japan | 14 |
| 14 | Tonga | 13 |
| 15 | Seychellen | 11 |
| 16 | Mikronesien | 10 |
| 16 | Salomon-Inseln | 10 |
| 18 | Jamaika | 9 |
| 19 | Mexiko | 8 |
| 20 | Kanada | 7 |

*Ausrottung pro 1000 lokalen Spezies, 1500–2004

# 355 Ausgerottete Tierarten

**Besonders auf Inseln mit ihren sensiblen Ökosystemen wurden viele Tierarten zwischen 1500 und 2004 ausgerottet.**

Eine Art gilt als ausgestorben, wenn es keinen Zweifel mehr gibt, dass das letzte verbliebene Exemplar tot ist. Diese Karte zeigt den Lebensraum der 783 mittlerweile ausgerotteten Tierarten, die in der »Roten Liste« der Weltnaturschutzunion aufgeführt sind: Säugetiere, Vögel, Fische, Reptilien, Amphibien, wirbellose Arten und Pflanzen.

Neben anderen Ländern erscheinen die Vereinigten Staaten, Tansania, Uganda und Mauritius auf dieser Karte besonders groß, da dort viele der inzwischen ausgestorbenen Spezies lebten. Viele Inselstaaten erscheinen ebenfalls stark vergrößert, da Inseln oft Lebensraum für Arten sind, die nirgendwo sonst leben, wodurch diese gefährdeter sind als Spezies, deren Vorkommen weiter verbreitet ist. Auch die Verbreitung eingeschleppter Raubtiere stetzt den Inseltierarten zu.

**AUSGESTORBENE TIERARTEN**
**Weltweite Ausrottungen bis 2004**

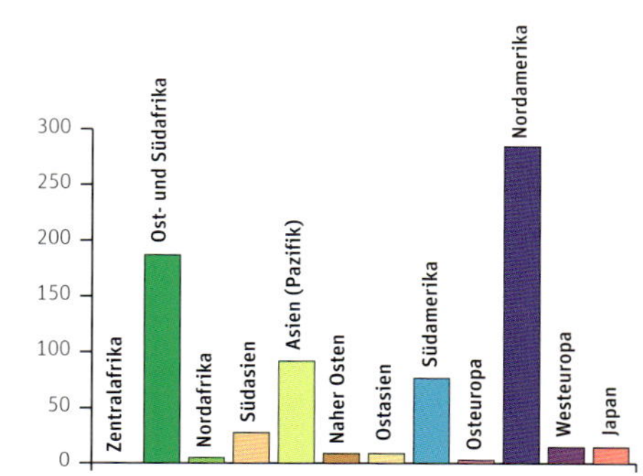


*»Aktuelle Aussterbeprozesse werden durch den weit verbreiteten Verlust an Lebensraum durch menschliche Aktivitäten … verursacht. Die verbleibenden Biotope sind klein und fragmentiert, ihre Qualität hat sich verschlechtert.«*
Anil Ananthaswamy, New Scientist, 2004

**ARTEN, DIE IN DER WILDNIS AUSGESTORBEN SIND UND NUR NOCH IN ZOOS ÜBERLEBEN**

| Rang | Land | Arten* |
|---|---|---|
| 1 | Westsahara | 4,4 |
| 2 | Vereinigte Staaten | 3,5 |
| 3 | Polen | 3,1 |
| 4 | Paraguay | 3,1 |
| 5 | Mexiko | 3,0 |
| 6 | Weißrussland | 2,7 |
| 7 | Litauen | 2,6 |
| 8 | Kuwait | 2,6 |
| 9 | Uganda | 2,6 |
| 10 | Tansania | 2,4 |
| 38 | Russland | 0,3 |
| 39 | Honduras | 0,82 |
| 40 | Sudan | 0,76 |
| 41 | China | 0,71 |
| 42 | Nigeria | 0,66 |
| 43 | Thailand | 0,61 |
| 44 | Südafrika | 0,59 |
| 45 | Brasilien | 0,53 |
| 46 | Malaysia | 0,39 |
| 47 | Indonesien | 0,29 |

*Ausrottung von Spezies in der Wildnis, die aber in Zoos überlebt haben, pro 1000 einheimischen Arten, 2004 (für 153 Länder liegen keine Daten vor)

# 356 Ausschließlich in Zoos lebende Tierarten

**38 Tierarten sind in ihren natürlichen Lebensräumen ausgestorben und überleben nur noch in Gefangenschaft oder durch spezielle Kultivierung.**

2004 waren 38 Tier- und 27 Pflanzenarten in der Wildnis ausgestorben und überlebten nur noch in Gefangenschaft oder durch spezielle Erhaltungsmaßnahmen. In den meisten der erfassten Länder geht es nur um eine betroffene Spezies, in den Vereinigten Staaten aber sind es zwölf und in Mexiko acht.

Bei den 38 Tierarten auf der Karte handelt es sich um 13 Weichtiere, 13 Fische, vier Säugetiere, vier Vögel, ein Krebstier, zwei Amphibien und ein Insekt. Von den 27 Pflanzenarten waren 21 blühende Exemplare, die anderen sechs waren Palmfarne, Monokotyle (Einkeimblättrige) und Algen. Die kontinuierliche Beurteilung des Aussterberisikos könnte dazu beitragen mehr Arten in Zoos zu erhalten.

**AUSSCHLIESSLICH IN ZOOS LEBENDE ARTEN**
Ausgerottete Spezies, die nur noch in Gefangenschaft oder durch Kultivierung existieren, bis 2004

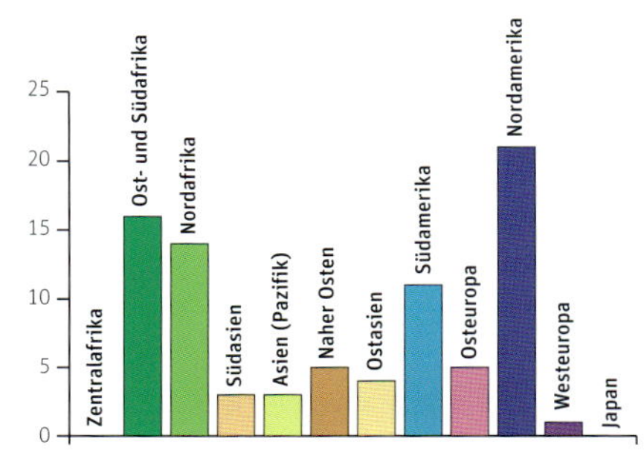

**HÖCHSTE UND GERINGSTE ANZAHL VOM AUSSTERBEN BEDROHTER ARTEN**

| Rang | Land | Arten* |
|---|---|---|
| 1 | Mauritius | 471 |
| 2 | Madagaskar | 443 |
| 3 | Ecuador | 431 |
| 4 | Sri Lanka | 395 |
| 5 | Jamaika | 382 |
| 6 | Kuba | 373 |
| 7 | Malaysia | 349 |
| 8 | Philippinen | 345 |
| 9 | Fidschi | 341 |
| 10 | Vereinigte Staaten | 335 |
| 191 | Estland | 30 |
| 192 | Gambia | 30 |
| 193 | Zentralafrikanische Republik | 30 |
| 194 | Luxemburg | 27 |
| 195 | Liechtenstein | 26 |
| 196 | Niger | 24 |
| 197 | Botswana | 19 |
| 198 | Burkina Faso | 18 |
| 199 | San Marino | 0 |
| 200 | Vatikanstadt | 0 |

*Vom Aussterben bedrohte Arten pro 1000 einheimische Spezies, 2004

# 357 Vom Aussterben bedrohte Tierarten

**Fast 25 000 Tier- und Pflanzenarten gelten als mehr oder weniger bedroht.**

Die IUCN (International Union for Conservation of Nature and Natural Resources) klassifiziert die einzelnen Arten nach ihrem Risiko, in einem lokalen Lebensraum auszusterben. Diese Karte zeigt die Verteilung der 24 495 Arten, die 2004 in mindestens einem Lebensraum als »vom Aussterben bedroht«, »stark gefährdet« oder »gefährdet« galten. Diese Zahl basiert auf allen Fällen möglicher lokaler Ausrottung, sodass eine gefährdete Spezies in zwei verschiedenen Ländern auch zweimal gezählt wird.

Die meisten gefährdeten Arten finden sich in Ecuador, den Vereinigten Staaten und Malaysia. In Ecuador gelten 2151 Spezies, darunter viele Pflanzen und 163 Amphibienarten, als gefährdet.

Prozentual nach den betrachteten Tierarten gewichtet, haben die Inseln Mauritius und Madagaskar die höchsten Raten an vom Aussterben bedrohten Arten.

**BEDROHTE ARTEN**

Lokal vom Aussterben bedrohte Spezies, 2004

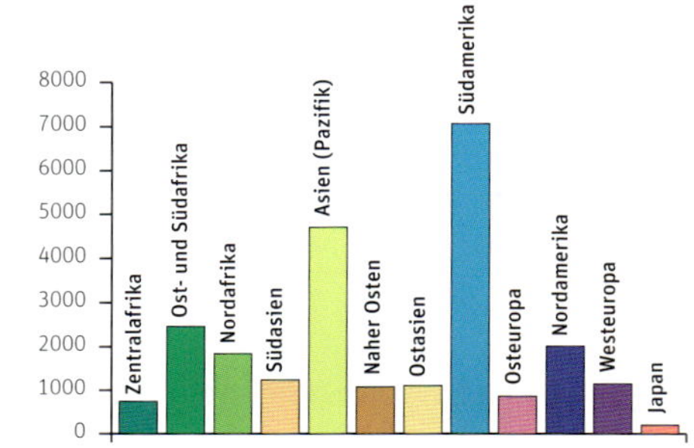

#### HÖCHSTE UND NIEDRIGSTE ZAHL WENIGER STARK BEDROHTER ARTEN

| Rang | Land | Arten* |
|---|---|---|
| 1 | Tuvalu | 356 |
| 2 | Gaza und Westbank | 281 |
| 3 | Nauru | 233 |
| 4 | Samoa | 220 |
| 5 | Osttimor | 203 |
| 6 | Monaco | 196 |
| 7 | Kiribati | 195 |
| 8 | Brunei | 178 |
| 9 | Vanuatu | 164 |
| 10 | Marshallinseln | 163 |
| 191 | Island | 40 |
| 192 | Surinam | 38 |
| 193 | Bhutan | 36 |
| 194 | Niger | 35 |
| 195 | Lesotho | 34 |
| 196 | Burundi | 33 |
| 197 | Mali | 33 |
| 198 | Grönland | 27 |
| 199 | Andorra | 19 |
| 200 | Vatikanstadt | 0 |

*Weniger stark vom Aussterben bedrohte Arten pro 1000 einheimischer Tierarten, 2004

# 358 Weniger stark bedrohte Tierarten

**Viele Tier- und Pflanzenarten sind zwar momentan nicht direkt vom Aussterben bedroht, aber potenziell gefährdet.**

Weltweit werden 12 639 Tier- und Pflanzenarten als »gefährdete Arten« eingestuft, die zukünftig in mindestens einem Lebensraum vom Aussterben bedroht sein könnten.

In Indonesien finden sich die meisten Arten dieser Kategorie: 471 sind es, zusätzlich zu den 833 stark gefährdeten von Karte 357. In Ecuador gibt es außer den 2151 gefährdeten Arten 402 potenziell gefährdete Arten. In Malaysia gelten 401 als kurz vor der Gefährdung stehend und 892 als gefährdete Arten.

Während Karte 357 die unmittelbar vom Aussterben bedrohten Arten zeigt, von einigen wenigen Ländern dominiert wird, sind auf dieser Karte die meisten Staaten vertreten, da potenziell gefährdete Spezies fast überall zu finden sind.

*»*Tylototriton shanjing *ist ein Krokodilmolch …, der durch seine massenhafte Verwendung in der Traditionellen Chinesischen Medizin ernsthaft gefährdet ist. Zunehmend wird er auch im internationalen Haustierhandel beliebt.«* World Conservation Union, 2004

#### LOKAL POTENZIELL GEFÄHRDETE ARTEN

Arten, die lokal weniger stark vom Aussterben bedroht sind, 2004

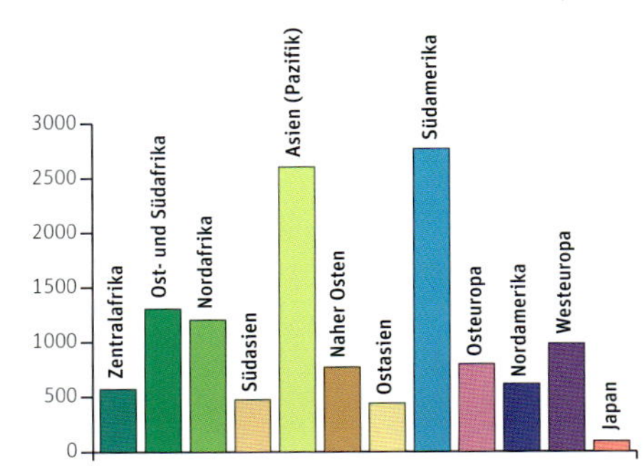

**LÄNDER MIT DEN MEISTEN VOM AUSSTERBEN BEDROHTEN PFLANZENARTEN**

| Rang | Land | Arten* |
|---|---|---|
| 1 | Ecuador | 364 |
| 2 | Jamaika | 298 |
| 3 | Sri Lanka | 281 |
| 4 | Mauritius | 279 |
| 5 | Malaysia | 267 |
| 6 | Madagaskar | 231 |
| 7 | Kuba | 224 |
| 8 | Fidschi | 223 |
| 9 | Jemen | 195 |
| 10 | Kamerun | 176 |
| 11 | Philippinen | 160 |
| 12 | China | 156 |
| 13 | São Tomé und Príncipe | 147 |
| 14 | Seychellen | 127 |
| 15 | Brunei | 125 |
| 16 | Puerto Rico | 116 |
| 17 | Tansania | 113 |
| 18 | Panama | 112 |
| 19 | Nigeria | 112 |
| 20 | Indonesien | 110 |

*Vom Aussterben bedrohte Pflanzenarten pro 1000 einheimischer Pflanzenarten, 2004

# 359 Gefährdete Pflanzen

**Global werden über 10 000 Pflanzenarten als gefährdet eingestuft.**

In einer 2004 durchgeführten Untersuchung wurde festgestellt, dass 10 335 Pflanzenarten in spezifischen Lebensräumen als vom Aussterben bedroht einzustufen sind. Diese Karte zeigt, wo diese Spezies wachsen. Durchschnittlich sind in jedem Land 53 Arten lokal bedroht. 8321 Spezies waren auch global gesehen vom Aussterben bedroht.

Das Land mit der höchsten Anzahl gefährdeter Arten ist Ecuador. Von den 2467 erfassten ecuadorianischen Arten wurden 74 Prozent als gefährdet eingestuft.

In Malaysia findet sich mit 58 Prozent aller erfassten Arten die zweithöchste Anzahl gefährdeter Spezies. Auf den weiteren Plätzen folgen China und Indonesien.

**GEFÄHRDETE PFLANZENARTEN**

Lokal vom Aussterben bedrohte Pflanzenarten, 2004

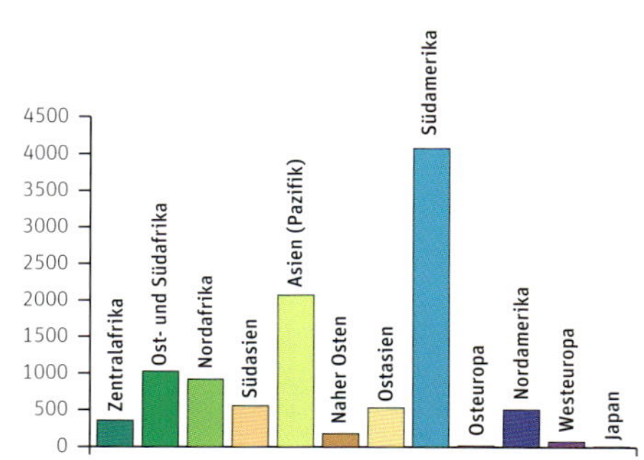

**MEISTE VOM AUSSTERBEN BEDROHTE SÄUGETIERARTEN**

| Rang | Land | Arten* |
|---|---|---|
| 1 | Salomon-Inseln | 48 |
| 2 | Indonesien | 42 |
| 3 | Madagaskar | 41 |
| 4 | Philippinen | 38 |
| 5 | Indien | 36 |
| 6 | Papua-Neuguinea | 36 |
| 7 | Russland | 36 |
| 8 | Japan | 34 |
| 9 | Samoa | 33 |
| 10 | Laos | 30 |
| 11 | Mikronesien | 29 |
| 12 | Turkmenistan | 29 |
| 12 | Kambodscha | 29 |
| 14 | Äthiopien | 28 |
| 15 | Vanuatu | 28 |
| 16 | China | 28 |
| 16 | Iran | 28 |
| 18 | Australien | 28 |
| 19 | Bhutan | 28 |
| 20 | Mexiko | 27 |

*Vom Aussterben bedrohte Säugetierarten pro 1000 einheimischer Tier- und Pflanzenarten, 2004

# 360 Gefährdete Säugetiere

**Über 2800 Säugetierarten gelten als lokal bedroht. Global gesehen standen rund 1100 Arten kurz vor der Ausrottung.**

Im Jahr 2004 wurden 2807 Säugetierarten in bestimmten Gebieten als vom Aussterben bedroht eingestuft und 1101 standen auch global kurz vor der Ausrottung. Durchschnittlich gelten in jedem Land 14 Säugetierarten als lokal gefährdet.

Zu diesen Säugetierarten gehört auch der Larvensifaka, eine Lemurenart auf Madagaskar, dessen Lebensraum, der Laubwald, abgeholzt wird, um Bau- und Brennholz sowie Holzkohle zu gewinnen, und der Inselfuchs auf den kalifornischen Channel-Inseln in den Vereinigten Staaten, der vom Gold- bzw. Steinadler gejagt wird.

In nahezu allen Ländern sind Säugetierarten gefährdet. Die, in denen keine Arten bedroht sind, sind generell sehr klein. Das Land mit den meisten gefährdeten Säugetierarten 2004 war Indonesien mit 146. In Indien sind 85 Arten bedroht und in China 80.

**GEFÄHRDETE SÄUGETIERE**

Lokal vom Aussterben bedrohte Säugetierarten, 2004

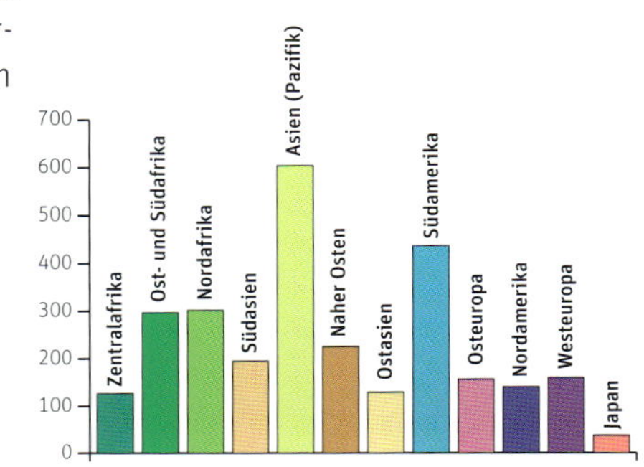

# 361 Gefährdete Vögel

## 2004 galten über 3300 Vogelarten in verschiedenen Lebensräumen als vom Aussterben bedroht.

**MEISTE VOM AUSSTERBEN BEDROHTE VOGELARTEN**

| Rang | Land | Arten* |
|---|---|---|
| 1 | Niue | 182 |
| 2 | Cookinseln | 172 |
| 3 | Neuseeland | 138 |
| 4 | Gaza und Westbank | 125 |
| 5 | Osttimor | 119 |
| 6 | Samoa | 77 |
| 7 | Nauru | 67 |
| 8 | Kiribati | 65 |
| 9 | Südkorea | 60 |
| 10 | Komoren | 54 |
| 11 | Philippinen | 53 |
| 12 | Salomon-Inseln | 51 |
| 13 | Hongkong | 49 |
| 14 | Japan | 49 |
| 15 | Fidschi | 44 |
| 16 | Nordkorea | 43 |
| 17 | São Tomé und Príncipe | 42 |
| 18 | Mauritius | 42 |
| 19 | Mongolei | 41 |
| 20 | Katar | 40 |

*Vom Aussterben bedrohte Vogelarten pro 1000 einheimische Tier- und Pflanzenarten, 2004

Allein in Indonesien leben 121 der 3371 als bedroht geltenden Vogelarten, in Brasilien nicht weniger als 120 Arten. Durchschnittlich sind in jedem Land 17 Vogelarten vom Aussterben bedroht.

Unter den gefährdeten Vogelarten ist auch der Gelbohrsittich, von dem man glaubt, dass er nur in den kolumbianischen Zentralanden überlebt hat, und der als stark gefährdet gilt. Diese Spezies, die durch Degeneration und durch den Verlust ihres Lebensraumes bedroht ist, wird schon seit 1988 als gefährdet eingestuft.

*»Arten wie der Spatz, die Schnepfe, der Star, der Kiebitz und die Kornammer gelten als europaweit verbreitete Spezies, aber diese Arten gehen in der britischen Landschaft seit Jahrzehnten immer weiter zurück.«* Mark Avery, Artenschutz-Chef der RSPB, 2004

**GEFÄHRDETE VOGELARTEN**

Lokal vom Aussterben bedrohte Vogelarten, 2004

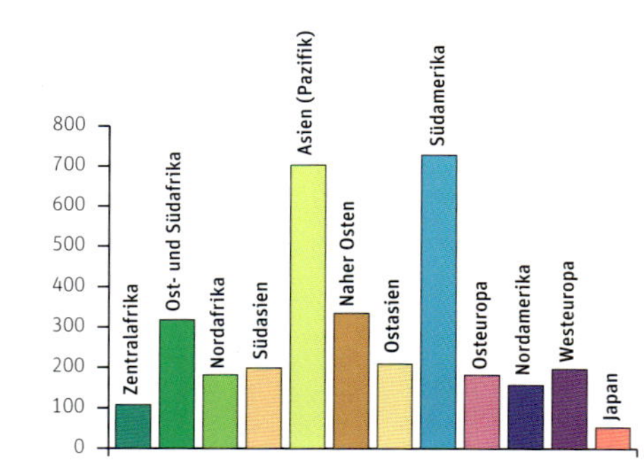

**MEISTE VOM AUSSTERBEN BEDROHTE REPTILIENARTEN**

| Rang | Land | Arten* |
|---|---|---|
| 1 | Tonga | 26 |
| 2 | Bangladesch | 24 |
| 3 | Dominikanische Republik | 24 |
| 4 | Cookinseln | 23 |
| 5 | Niue | 23 |
| 6 | Neuseeland | 22 |
| 7 | Tuvalu | 22 |
| 8 | Marshallinseln | 22 |
| 9 | Fidschi | 20 |
| 10 | Haiti | 20 |
| 11 | Grenada | 20 |
| 12 | St. Lucia | 19 |
| 13 | Bahrain | 18 |
| 14 | Puerto Rico | 18 |
| 15 | Osttimor | 17 |
| 16 | Australien | 17 |
| 17 | Georgien | 16 |
| 18 | Mauritius | 16 |
| 19 | Antigua und Barbuda | 16 |
| 20 | Vietnam | 15 |

*Vom Aussterben bedrohte Reptilienarten pro 1000 einheimische Tier- und Pflanzenarten, 2004

# 362 Gefährdete Reptilien

**Im Jahr 2004 waren über 300 Reptilienarten global vom Aussterben bedroht.**

Reptilien sind kaltblütige Wirbeltiere. Dazu zählen Land- und Wasserschildkröten, Schlangen, Eidechsen, Krokodile und Alligatoren. Der Begriff »Reptil« leitet sich ab vom lateinischen »reptilis«, was »kriechend« bedeutet.

2004 gelten 888 Reptilienarten als in mindestens einem Lebensraum vom Aussterben bedroht und 304 als global gefährdet. Im Durchschnitt sind in jedem Land fünf Reptilienarten lokal vom Aussterben bedroht, aber in einigen Staaten sind wesentlich mehr gefährdet: In Australien beispielsweise sind 38 Reptilienarten bedroht, in Indonesien 28 und in China 31.

Die Hälfte aller lokal gefährdeten Reptilienarten sind in Südamerika, dem asiatisch-pazifischen Raum und Australien zu finden. Innerhalb Südamerikas sind die meisten bedrohten Arten im nördlichen Teil beheimatet. Auch in den Ländern Mittelamerikas gibt es viele gefährdete Reptilienarten.

**GEFÄHRDETE REPTILIENARTEN**

Lokal vom Aussterben bedrohte Reptilienarten, 2004

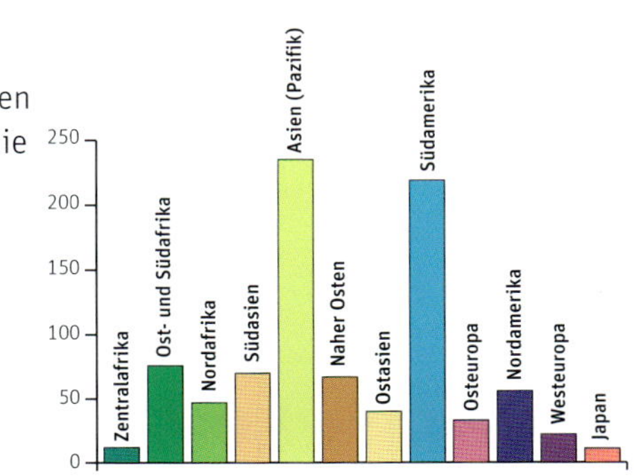

**MEISTE VOM AUSSTERBEN BEDROHTE AMPHIBIENARTEN**

| Rang | Land | Arten* |
|---|---|---|
| 1 | Haiti | 103 |
| 2 | Dominikanische Republik | 73 |
| 3 | Mexiko | 72 |
| 4 | Kuba | 64 |
| 5 | Kolumbien | 63 |
| 6 | Guatemala | 60 |
| 7 | Madagaskar | 46 |
| 8 | Sri Lanka | 44 |
| 9 | Honduras | 43 |
| 10 | Costa Rica | 40 |
| 11 | Philippinen | 36 |
| 12 | Ecuador | 33 |
| 13 | Venezuela | 30 |
| 14 | China | 30 |
| 15 | Panama | 30 |
| 16 | Puerto Rico | 29 |
| 17 | Indien | 28 |
| 18 | Kamerun | 26 |
| 19 | Peru | 26 |
| 20 | Chile | 25 |

*Vom Aussterben bedrohte Amphibienarten pro 1000 einheimische Tier- und Pflanzenarten, 2004

# 363 Gefährdete Amphibien

## 2004 gehörten 2083 Amphibienarten zu den in mindestens einem Lebensraum vom Aussterben bedrohten Spezies.

Amphibien sind Wirbeltiere, die sowohl im Wasser als auch an Land leben. Das griechische Wort »amphibion« bedeutet »zwei Leben« und bezieht sich auf eben diese Vielseitigkeit. Es gibt drei Ordnungen von Amphibien: Frösche und Kröten, Molche und Salamander sowie die selten zu sehenden Blindwühlen.

1770 der 2083 bedrohten Arten standen weltweit vor der Ausrottung. In Südamerika sind die meisten gefährdeten Amphibienarten zu finden, wo in jedem Land durchschnittlich 33 Spezies lokal vom Aussterben bedroht sind. Die meisten (208) gibt es in Kolumbien, gefolgt von Ecuador mit 163 Arten. In sechs anderen südamerikanischen Staaten waren über 50 Arten gefährdet. In Europa, im Nahen Osten und in Zentralasien hatte kein Land mehr als fünf und 102 Länder hatten überhaupt keine gefährdeten Amphibienarten aufzuweisen.

**GEFÄHRDETE AMPHIBIENARTEN**
Lokal vom Aussterben bedrohte Amphibienarten, 2004

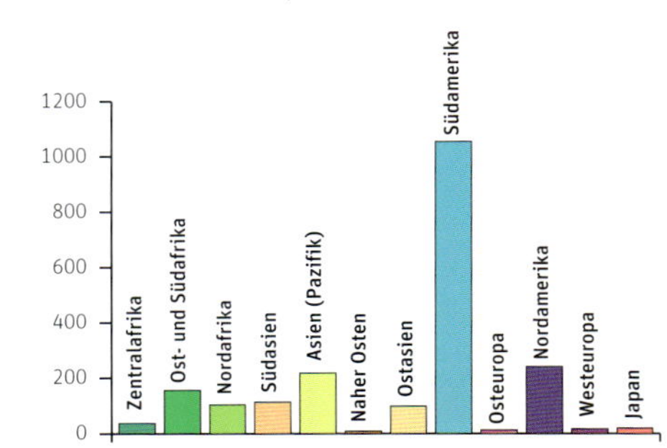

**MEISTE VOM AUSSTERBEN BEDROHTE FISCHARTEN**

| Rang | Land | Arten* |
|---|---|---|
| 1 | Monaco | 161 |
| 2 | Tuvalu | 111 |
| 3 | Nauru | 100 |
| 4 | Marshallinseln | 76 |
| 5 | Kap Verde | 70 |
| 6 | Niue | 68 |
| 7 | Grenada | 60 |
| 8 | Madagaskar | 55 |
| 9 | Kiribati | 52 |
| 10 | Tonga | 51 |
| 11 | Osttimor | 51 |
| 12 | Kroatien | 51 |
| 13 | Westsahara | 49 |
| 14 | Cookinseln | 46 |
| 15 | Vereinigte Staaten | 45 |
| 16 | Samoa | 44 |
| 17 | Mexiko | 40 |
| 18 | Griechenland | 40 |
| 19 | Malediven | 39 |
| 20 | Türkei | 38 |

*Vom Aussterben bedrohte Fischarten pro 1000 einheimische Tier- und Pflanzenarten, 2004

# 364 Gefährdete Fische

**Viele Fischarten sind bedroht, weil sie bei der industriell betriebenen Fischerei als Beifang sinnlos vernichtet werden.**

Es gibt über 29 300 bekannte Fischarten. Von diesen gelten 2545 als regional und 800 als weltweit vom Aussterben bedroht. Süß- wie Salzwasserfische sind auf dieser Karte enthalten: Die Seefische wurden den Ländern zugerechnet, vor deren Küsten sie leben.

In beinahe allen Staaten gibt es gefährdete Fischarten, die meisten in den Vereinigten Staaten, in Mexiko, Indonesien und Australien. Fische sind einer Vielzahl von Bedrohungen ausgesetzt. Der Napoleon-Lippfisch, der Rundkopf-Geigenrochen und der Sägefisch, *Pristis perotteti*, beispielsweise sind alle durch den Fischfang gefährdet, da sie unbeabsichtigt in den ausgeworfenen Netzen mitgefangen werden. Der Buntbarsch, *Paretroplus maculatus*, hingegen ist durch die Konkurrenz eindringender Fremdarten und Verlust seines Lebensraum ebenso bedroht wie durch den Fischfang.

**GEFÄHRDETE FISCHARTEN**

Lokal vom Aussterben bedrohte Fischarten, 2004

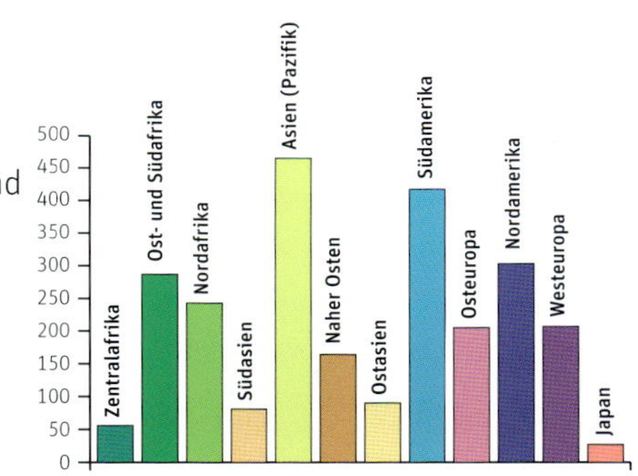

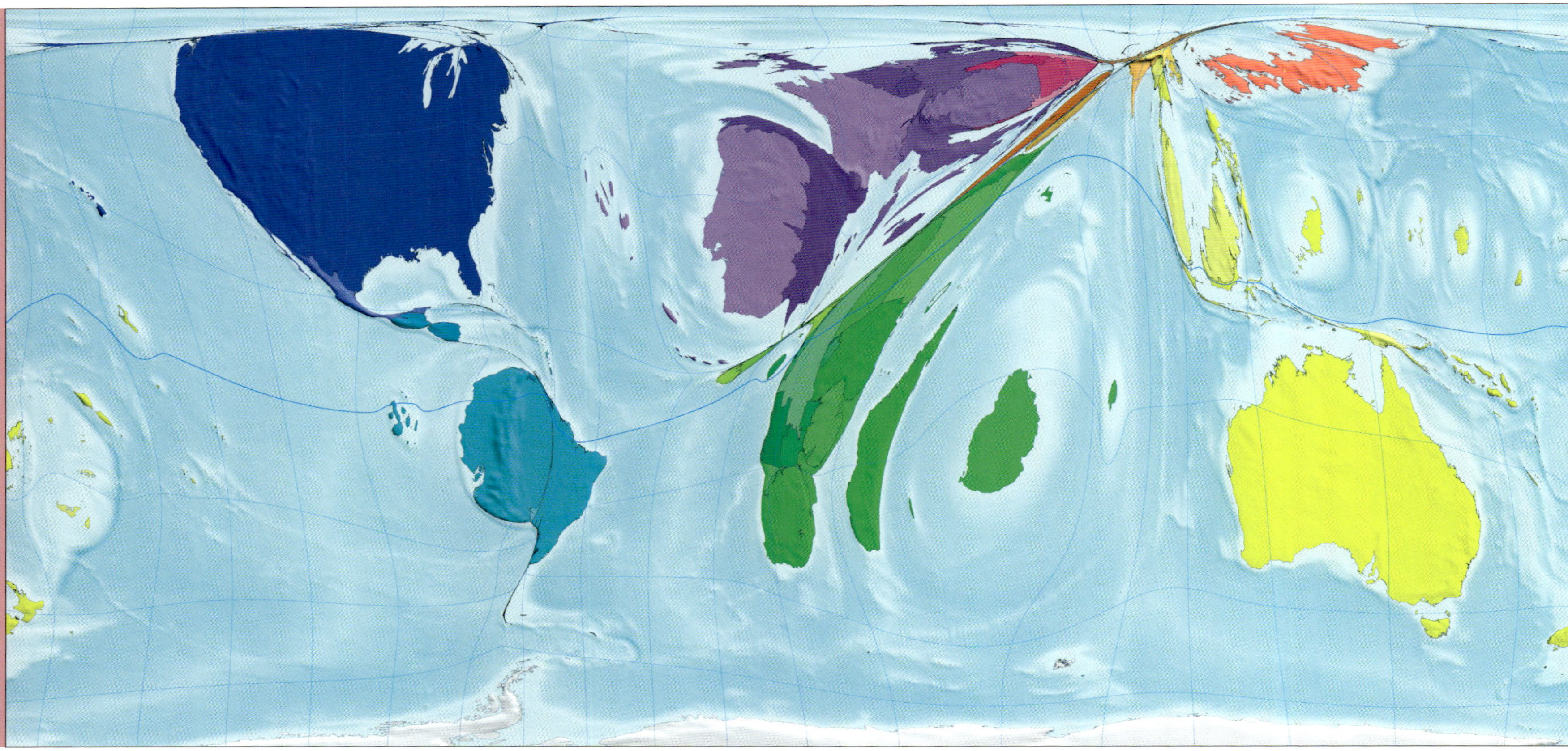

# 365 Gefährdete Weichtiere

**Die Größe jedes Landes verweist auf die Zahl der lokal vom Aussterben bedrohten Weichtiere.**

**MEISTE VOM AUSSTERBEN BEDROHTE WEICHTIERARTEN**

| Rang | Land | Arten* |
|---|---|---|
| 1 | Mauritius | 87 |
| 2 | Portugal | 82 |
| 3 | Australien | 78 |
| 4 | Vereinigte Staaten | 77 |
| 5 | Frankreich | 38 |
| 6 | Österreich | 34 |
| 7 | Spanien | 28 |
| 8 | Tonga | 26 |
| 9 | Japan | 23 |
| 10 | Palau | 23 |
| 11 | Tuvalu | 22 |
| 12 | Madagaskar | 20 |
| 13 | Italien | 20 |
| 14 | Mikronesien | 20 |
| 15 | Kiribati | 13 |
| 16 | Deutschland | 12 |
| 17 | Slowakei | 11 |
| 18 | Samoa | 11 |
| 19 | Marshallinseln | 11 |
| 20 | Südafrika | 11 |

*Vom Aussterben bedrohte Weichtierarten pro 1000 einheimischer Tier- und Pflanzenarten, 2004

Zu den Weichtieren gehören Nacktschnecken und Schnecken, Austern, Kalmare, Kraken und Tintenfische. Diese Lebewesen kommen hauptsächlich im Meer vor, einige aber auch im Süßwasser oder an Land. Es gibt bei den Weichtieren circa 70 000 bekannte Spezies. 970 Arten gelten in mindestens einem Lebensraum als vom Aussterben bedroht. Mehr als die Hälfte der gefährdeten Weichtierarten sind in den Vereinigten Staaten, in Australien, Portugal und Ecuador beheimatet.

Ein stark gefährdetes Weichtier ist das Dlinza-Waldwindrädchen, eine Schnecke, die nur im sehr kleinen Dlinza-Waldgebiet in Südafrika lebt. Aufgrund der Auswirkungen extremer Wetterverhältnisse und des Klimawandels schwindet ihr Lebensraum.

**GEFÄHRDETE WEICHTIERARTEN**
Lokal vom Aussterben bedrohte Weichtierarten, 2004

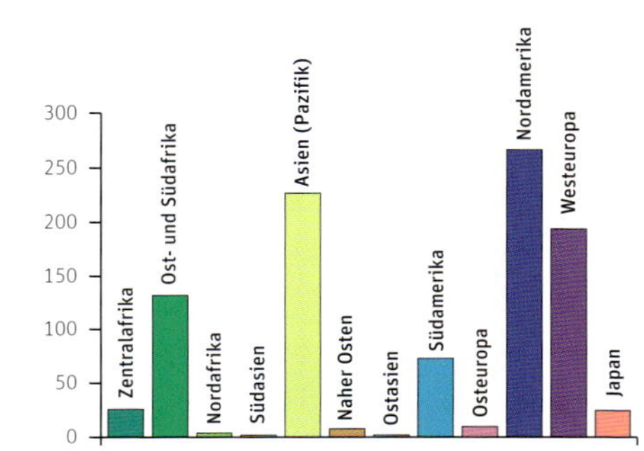

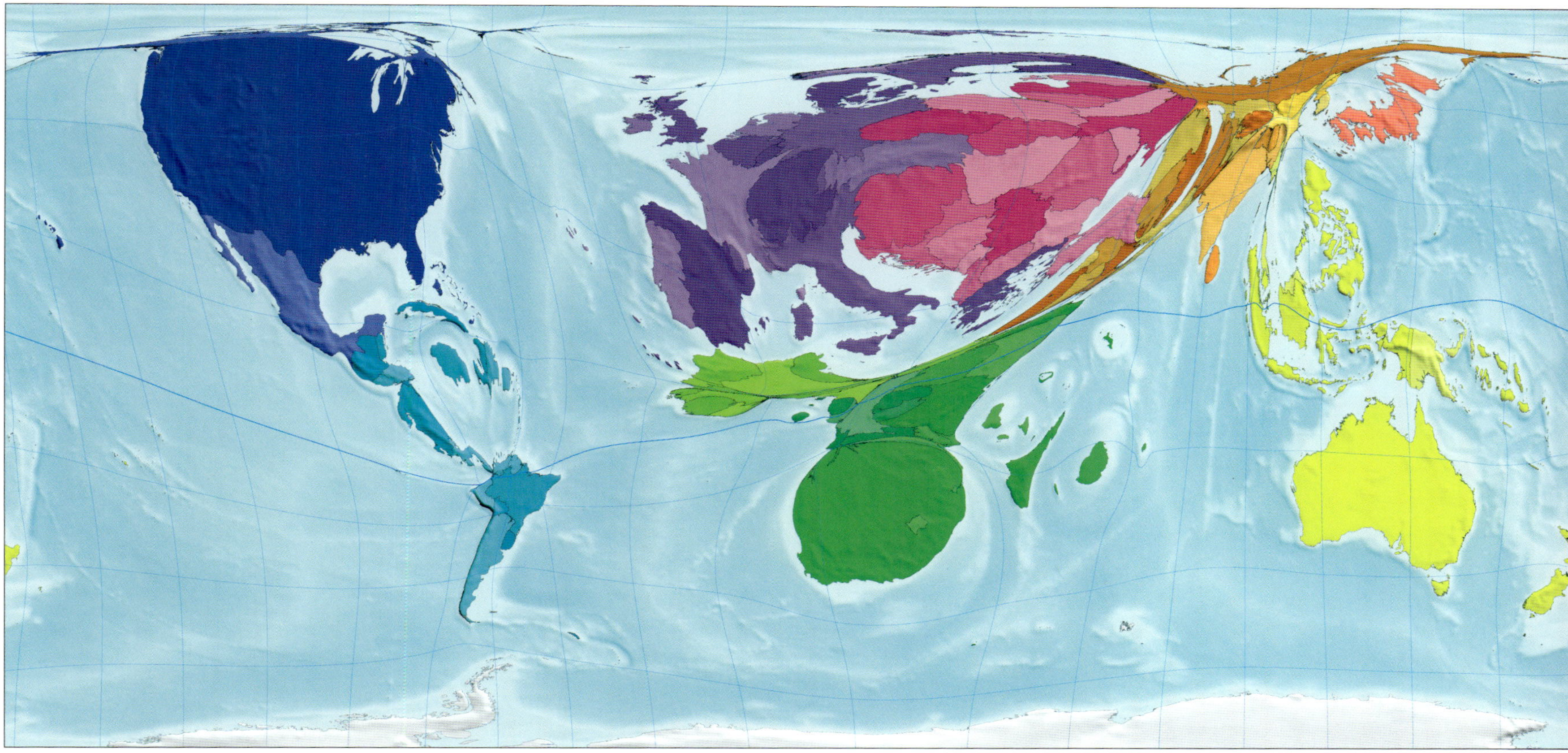

**MEISTE VOM AUSSTERBEN BEDROHTE WIRBELLOSE ARTEN**

| Rang | Land | Arten* |
|---|---|---|
| 1 | Vereinigte Staaten | 88 |
| 2 | Slowenien | 79 |
| 3 | Südafrika | 64 |
| 4 | Italien | 52 |
| 5 | Schweiz | 52 |
| 6 | Australien | 48 |
| 7 | Ungarn | 42 |
| 8 | Spanien | 37 |
| 9 | Rumänien | 36 |
| 10 | Frankreich | 34 |
| 11 | Österreich | 34 |
| 12 | Serbien und Montenegro | 31 |
| 13 | Tschechien | 29 |
| 14 | Deutschland | 29 |
| 15 | Russland | 24 |
| 16 | Slowakei | 24 |
| 17 | Ukraine | 24 |
| 18 | Bosnien und Herzegowina | 23 |
| 19 | Georgien | 23 |
| 20 | Polen | 22 |

*Vom Aussterben bedrohte Wirbellose pro 1000 einheimische Tier- und Pflanzenarten, 2004

# 366 Gefährdete wirbellose Tiere

**Zu den wirbellosen Tieren gehören außer den Weichtieren auch Insekten, Spinnen und Krustentiere.**

Wirbellose sind Tierarten, die keine Wirbelsäule haben. Einige weisen dafür ein Außenskelett oder eine Schale auf. Ameisen, Spinnen, Libellen, Krustentiere und Stabschrecken gehören alle zu den Wirbellosen. Weichtiere sind ebenfalls Wirbellose, auf dieser Karte aber nicht berücksichtigt, da sie auf der Karte 365 separat aufgeführt wurden.

Weltweit gelten 1496 Arten der Wirbellosen – ausgenommen Weichtiere – als in mindestens einem Lebensraum und 1018 als weltweit vom Aussterben bedroht. Das Land mit den meisten gefährdeten wirbellosen Spezies sind mit 300 bedrohten Arten die Vereinigten Staaten, gefolgt von Südafrika (109) und Australien (107).

*»Wirbellose spielen eine wichtige Rolle in der Nahrungskette und für die biologische Vielfalt – viele übersehen vielleicht ihre Bedeutung, da zahlreiche wirbellose Arten klein oder rätselhaft sind.«*

R. T. Ryti, »An Overview of the Role of Invertebrates in Risk Assessment«, 2000

**GEFÄHRDETE WIRBELLOSE**

Vom Aussterben bedrohte wirbellose Arten, 2004

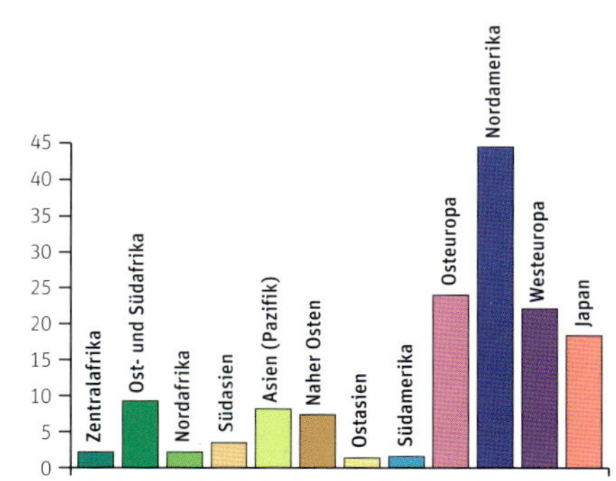

# Die Welt des Glaubens

## Religionen und Glaubensrichtungen

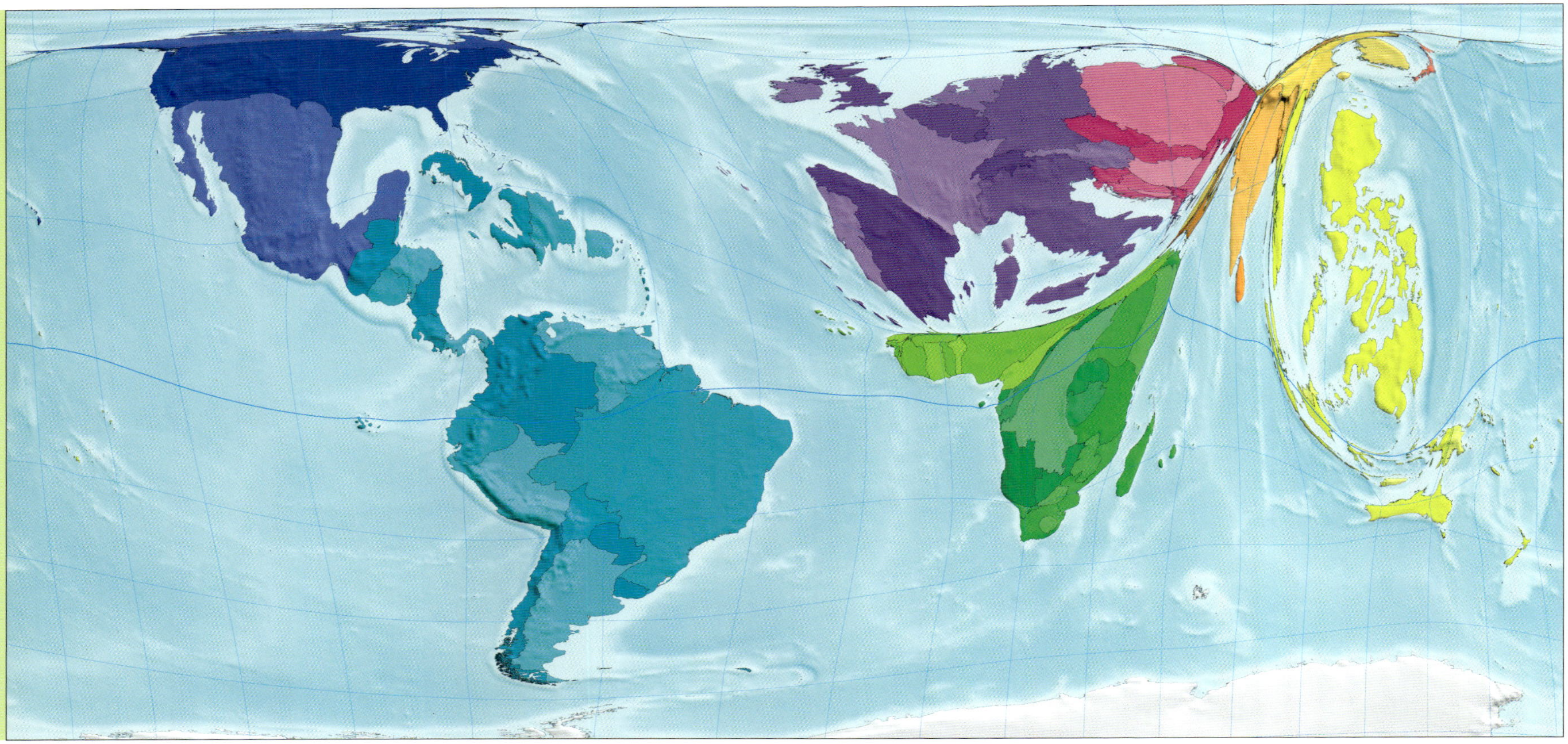

**HÖCHSTER ANTEIL VON KATHOLISCHEN CHRISTEN**

| Rang | Land | Prozent* |
|---|---|---|
| 1 | Vatikanstadt | 100,0 |
| 2 | Malta | 96,9 |
| 3 | Polen | 91,8 |
| 4 | Andorra | 91,1 |
| 5 | San Marino | 90,6 |
| 6 | Irland | 90,4 |
| 7 | Spanien | 89,3 |
| 8 | Kolumbien | 89,2 |
| 9 | Ecuador | 88,5 |
| 10 | Luxemburg | 87,6 |
| 11 | Mexiko | 86,2 |
| 12 | Paraguay | 85,7 |
| 13 | São Tomé und Príncipe | 85,6 |
| 14 | Portugal | 85,5 |
| 15 | Dominikanische Republik | 85,1 |
| 15 | Venezuela | 85,1 |
| 17 | Kap Verde | 84,8 |
| 17 | Slowenien | 84,8 |
| 19 | Seychellen | 84,6 |
| 20 | Monaco | 83,7 |

*Prozentualer Anteil der katholischen Christen an der Gesamtbevölkerung

# 367 Katholische Christen

**Die Größe des jeweiligen Landes zeigt die Anzahl der dort lebenden Anhänger der katholischen Glaubensrichtung des Christentums.**

Es wird davon ausgegangen, dass innerhalb der Religion des Christentums knapp eine Milliarde Menschen der katholischen Konfession angehören, wovon die Hälfte in Nord- und Südamerika lebt.

Ein Anhänger des Christentums wird als Christ bezeichnet, was bedeutet, dass derjenige der Lehre Jesu Christi folgt. Das Christentum ist die meistverbreitete Religion der Welt und seine größte Untergruppe ist die katholische Kirche, die nach dem Sitz ihrer höchsten Autorität auch römisch-katholische Kirche genannt wird. Das Wort ›katholisch‹ bedeutet ›universal‹ und steht für die ungeteilte christliche Kirche. Der Begriff wurde im 16. Jahrhundert nach der Reformation in Europa geprägt, um die römische Kirche von den sich damals und in der folgenden Zeit herausbildenden protestantischen Bekenntnissen zu unterscheiden. Die gesammelten heiligen Schriften des Christentums sind bekannt als die Bibel.

Die katholischen Christen bilden in Südamerika rund 70 Prozent der Gesamtbevölkerung, in Zentralafrika und Westeuropa 50 Prozent, in Nordamerika 40 Prozent und in Osteuropa 25 Prozent.

**KATHOLISCHE CHRISTEN**
in Prozent der Gesamteinwohnerzahl

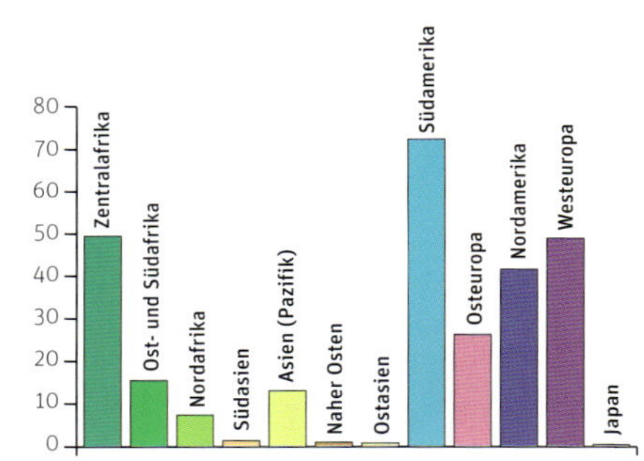

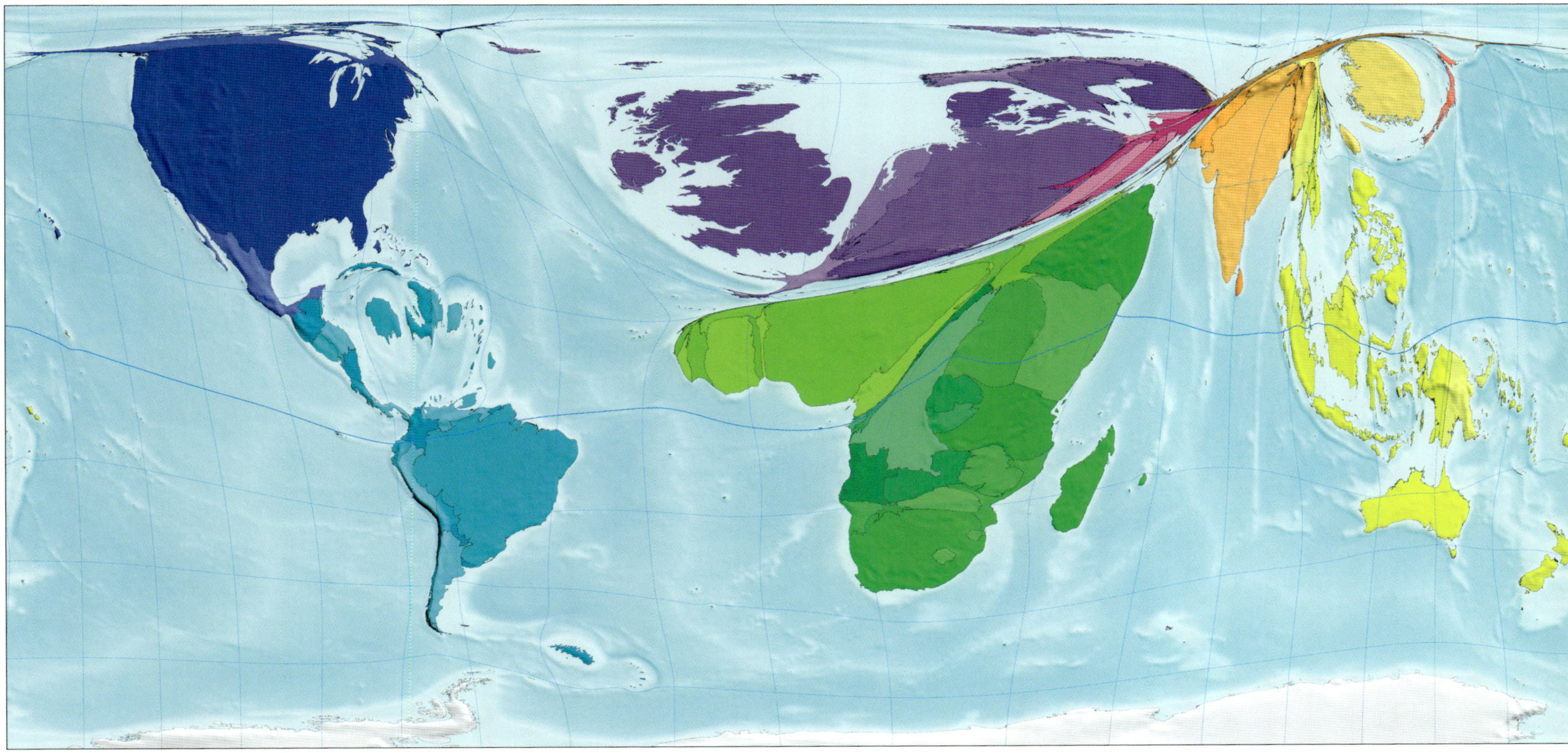

**HÖCHSTER ANTEIL VON PROTESTANTISCHEN CHRISTEN**

| Rang | Land | Prozent* |
|---|---|---|
| 1 | Grönland | 94,4 |
| 2 | Norwegen | 90,4 |
| 3 | Island | 87,7 |
| 4 | Finnland | 86,0 |
| 5 | Dänemark | 84,4 |
| 5 | Tuvalu | 84,4 |
| 7 | Barbados | 79,2 |
| 8 | St. Kitts und Nevis | 78,0 |
| 9 | Antigua und Barbuda | 77,1 |
| 10 | Marshallinseln | 70,6 |
| 10 | Salomon-Inseln | 70,6 |
| 12 | Bahamas | 68,8 |
| 12 | Vanuatu | 68,8 |
| 14 | Cookinseln | 67,8 |
| 15 | Schweden | 63,0 |
| 16 | Großbritannien | 61,8 |
| 17 | Jamaika | 61,1 |
| 18 | Papua-Neuguinea | 60,0 |
| 19 | Niue | 59,9 |
| 20 | St. Vincent und die Grenadinen | 58,6 |

*Prozentualer Anteil der protestantischen Christen (einschließlich Anglikaner) an der Gesamtbevölkerung

# 368 Protestantische Christen

**Die Größe des jeweiligen Landes zeigt die Anzahl der dort lebenden Anhänger der protestantischen Glaubensrichtung des Christentums.**

Es wird davon ausgegangen, dass weltweit mehr als 430 Millionen Menschen den verschiedenen protestantischen Bekenntnissen des Christentums angehören. Dazu gehören u. a. die Anglikaner, die Zeugen Jehovas, die Lutheraner, die Mormonen und die Quäker. Gruppen von Christen, die zu evangelischen Glaubensgemeinschaften wurden, spalteten sich erstmals im 16. Jahrhundert von der katholischen Kirche ab. Seitdem kam es immer wieder zu Abspaltungen, aus denen neue Glaubensgemeinschaften hervorgingen.

Fast ein Drittel der Einwohner Zentralafrikas sowie Ost- und Südafrikas sind Anhänger verschiedener evangelisch-christlicher Glaubensgemeinschaften wie auch ein Viertel der westeuropäischen und nordamerikanischen Bevölkerung.

*»Man zündet auch nicht ein Licht an und setzt es unter einen Scheffel, sondern auf einen Leuchter; so leuchtet es dann allen, die im Hause sind. Also lasst euer Licht leuchten vor den Leuten, dass sie eure guten Werke sehen und euren Vater im Himmel preisen.«* Die Bibel, Matthäus 5 : 15 – 16

**PROTESTANTISCHE CHRISTEN**
in Millionen

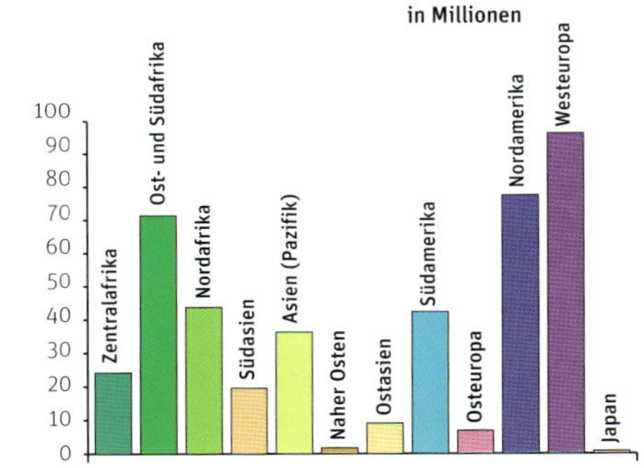

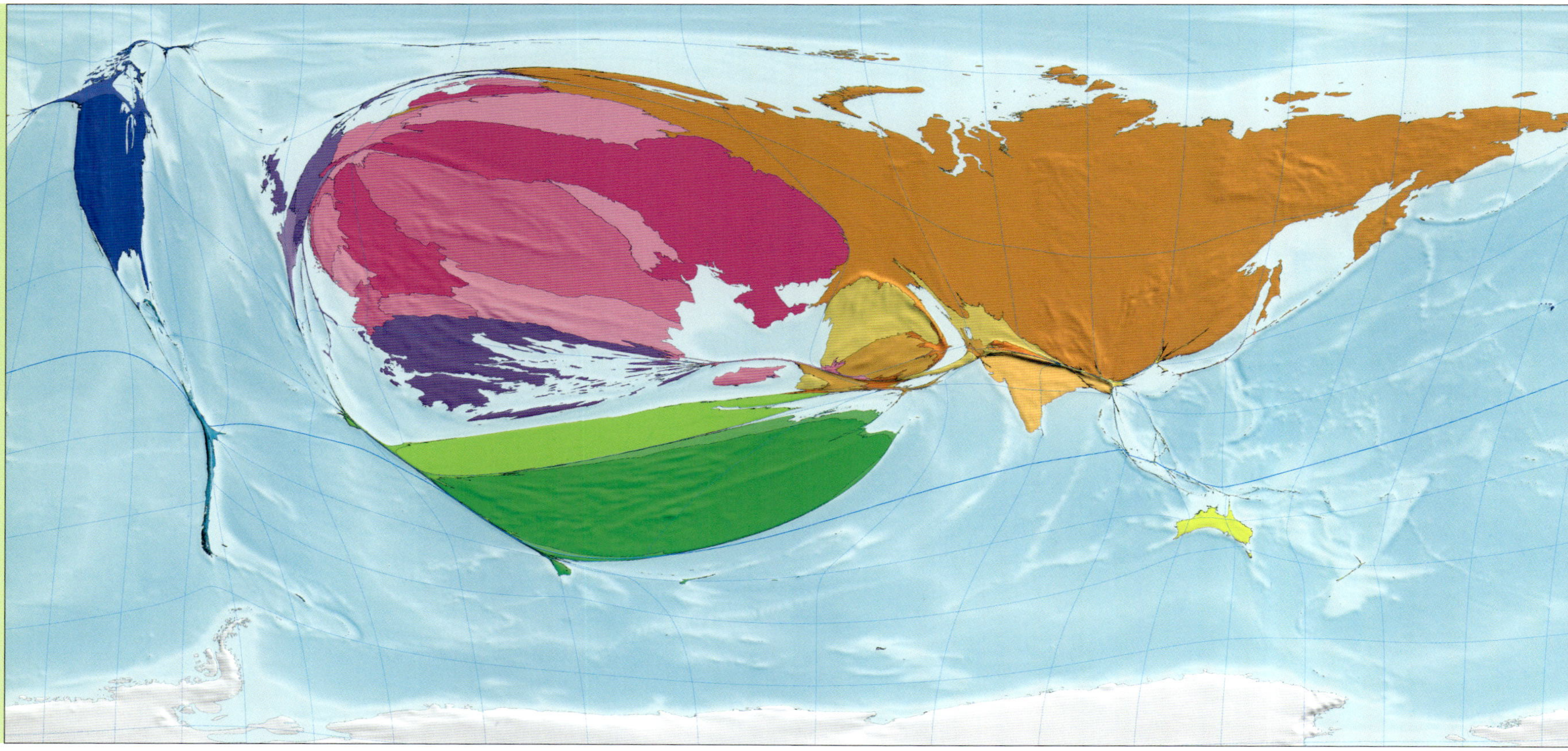

**HÖCHSTER ANTEIL VON ORTHODOXEN CHRISTEN**

| Rang | Land | Prozent* |
|---|---|---|
| 1 | Griechenland | 88,1 |
| 2 | Georgien | 81,0 |
| 3 | Rumänien | 80,1 |
| 4 | Zypern | 78,0 |
| 5 | Armenien | 73,9 |
| 6 | Bulgarien | 73,6 |
| 7 | Mazedonien | 61,6 |
| 8 | Russland | 61,0 |
| 9 | Serbien und Montenegro | 59,1 |
| 10 | Weißrussland | 56,0 |
| 11 | Ukraine | 51,3 |
| 12 | Moldawien | 49,7 |
| 13 | Eritrea | 42,2 |
| 14 | Äthiopien | 35,7 |
| 15 | Lettland | 31,3 |
| 16 | Estland | 29,9 |
| 17 | Bosnien und Herzegowina | 27,2 |
| 18 | Albanien | 23,7 |
| 19 | Ägypten | 13,2 |
| 20 | Kasachstan | 9,0 |

*Prozentualer Anteil der orthodoxen Christen an der Gesamtbevölkerung

# 369 Orthodoxe Christen

**Die Größe des jeweiligen Landes zeigt die Anzahl der dort lebenden Anhänger der orthodoxen Glaubensrichtung des Christentums.**

Weltweit sind rund 230 Millionen Menschen als Anhänger der verschiedenen orthodox-christlichen Glaubensgemeinschaften verzeichnet, welche sich bis zum 11. Jahrhundert getrennt von der westlichen katholischen Kirche herausbildeten. Diese Karte umfasst Anhänger der beiden Hauptgruppen des orthodoxen Christentums – der katholischen (chalzedonischen) Ostkirchen und der altorientalischen Kirchen – sowie kleinerer Glaubensgemeinschaften wie beispielsweise des Nestorianismus.

Ein Viertel aller Einwohner Osteuropas, Zentralasiens (einschließlich Russland) und des Nahen Ostens sind Anhänger christlich-orthodoxer Glaubensgemeinschaften, genau wie ein Zehntel der Menschen in Süd- und Ostafrika sowie drei Prozent der Westeuropäer. Etwa 78 Prozent der orthodoxen Christen Westeuropas leben in Griechenland, wo wiederum 88 Prozent der Einwohner Anhänger dieser Konfession sind.

*»Gott ist das einzige ewige Wesen. Jenseits von Zeit, Raum und allen Grenzen besteht Er ohne Anfang oder Ende fort.«* Kommission für Glaube und Kirchenverfassung der äthiopisch-orthodoxen Tewahedo Kirche, 2003

**ORTHODOXE CHRISTEN**
in Prozent der Gesamteinwohnerzahl

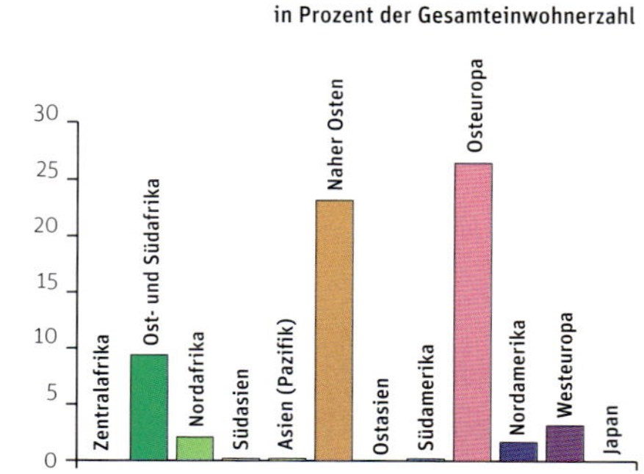

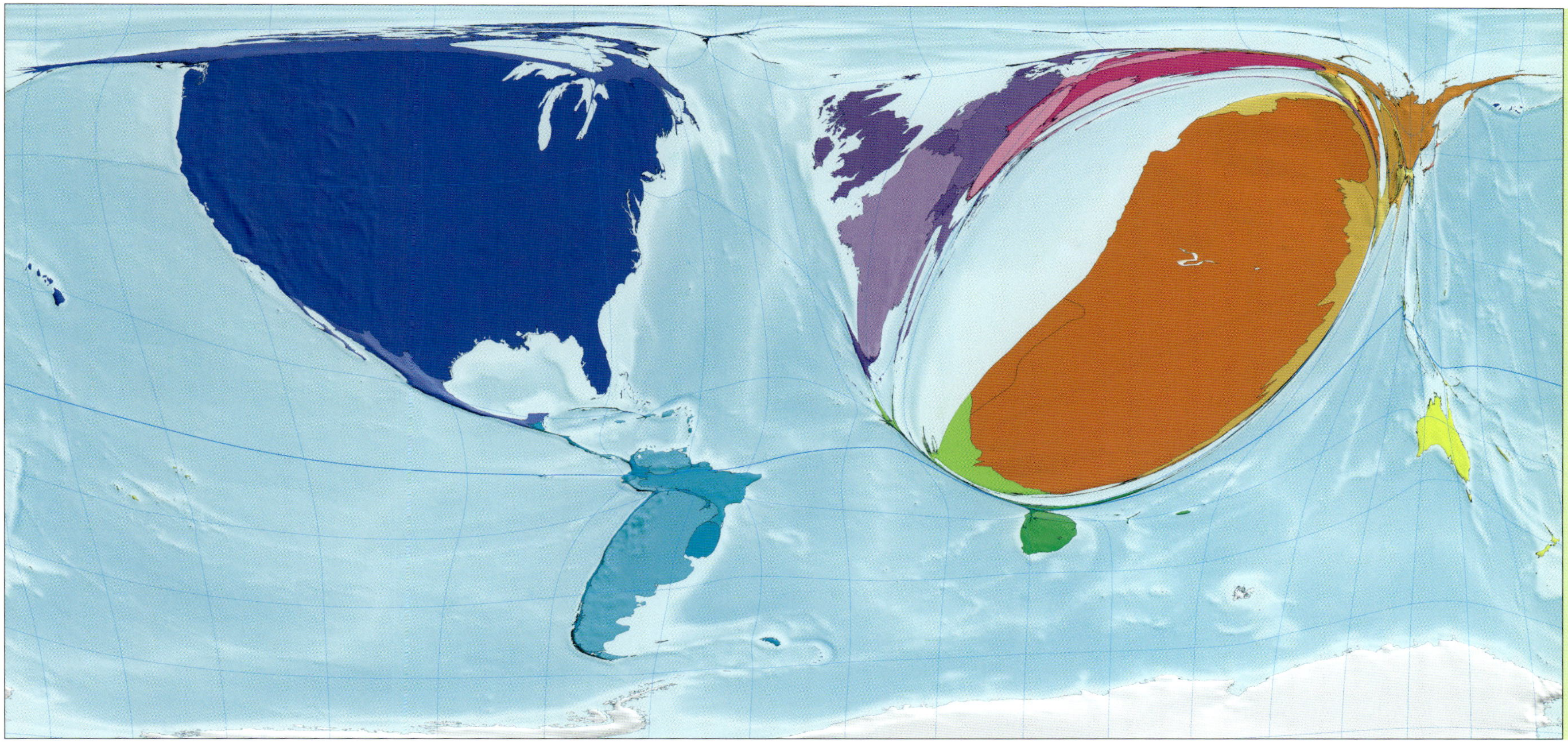

**HÖCHSTER ANTEIL VON ANHÄNGERN DES JUDENTUMS**

| Rang | Land | Prozent* |
|---|---|---|
| 1 | Israel | 71,39 |
| 2 | Gaza und Westbank | 11,82 |
| 3 | Vereinigte Staaten | 1,92 |
| 4 | Monaco | 1,70 |
| 5 | Argentinien | 1,32 |
| 6 | Kanada | 1,30 |
| 7 | Uruguay | 1,23 |
| 8 | Moldawien | 1,11 |
| 9 | Belize | 1,08 |
| 10 | Ungarn | 0,97 |
| 11 | Frankreich | 0,96 |
| 12 | Australien | 0,49 |
| 13 | Großbritannien | 0,47 |
| 14 | Georgien | 0,44 |
| 15 | Lettland | 0,41 |
| 16 | Ukraine | 0,39 |
| 17 | Andorra | 0,34 |
| 18 | Aserbaidschan | 0,32 |
| 19 | Belgien | 0,27 |
| 19 | Deutschland | 0,27 |

*Prozentualer Anteil der Anhänger des Judentums an der Gesamtbevölkerung

# 370 Anhänger des Judentums

**Die Größe des jeweiligen Landes zeigt die Anzahl der dort lebenden Anhänger des jüdischen Glaubens, auch bekannt als das Judentum.**

Weltweit gibt es knapp über 14 Millionen Anhänger des jüdischen Glaubens, einer Religion, die mit den Israeliten aus dem antiken Nahen Osten hervorging. Das Judentum ist die älteste der abrahamitischen Religionen; die anderen beiden Hauptgruppen sind das Christentum und der Islam. Die heiligste Schrift des Judentums ist die Thora.

Den höchsten Anteil von Anhängern des Judentums an der Gesamtbevölkerung hat Israel (71 Prozent), gefolgt von Gaza und der Westbank (zwölf Prozent). Es sei darauf hingewiesen, dass Israel und Gaza für dieses Kartogramm als eine territoriale Einheit zusammengefasst wurden, weswegen sie mit der gleichen Farbe dargestellt werden, obwohl die Grenze zwischen ihnen eingetragen ist. Die Westbank hingegen wird als separates Territorium behandelt.

Lediglich zwei Prozent der Nordamerikaner und ein Prozent der Bevölkerung des Nahen Ostens sind Anhänger des Judentums.

*»Am Anfang schuf Gott Himmel und Erde – die Erde aber war noch wüst und leer, Finsternis lag über der Tiefe und der Geist Gottes schwebte über dem Wasser. Da sprach Gott: ›Es werde Licht‹, und es ward Licht.«* Die Thora, Genesis 1 : 1 – 3

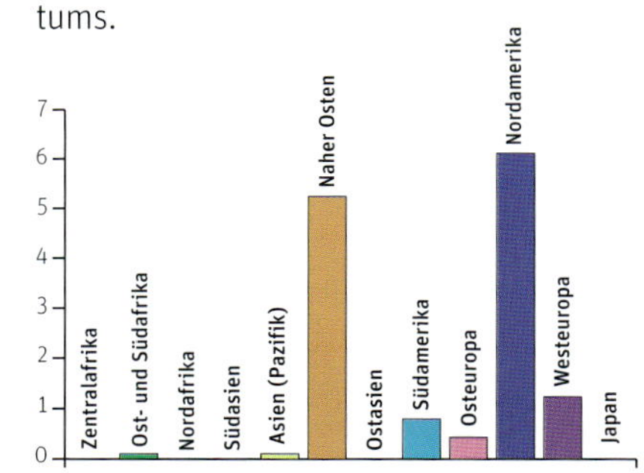


**ANHÄNGER DES JUDENTUMS**
in Millionen

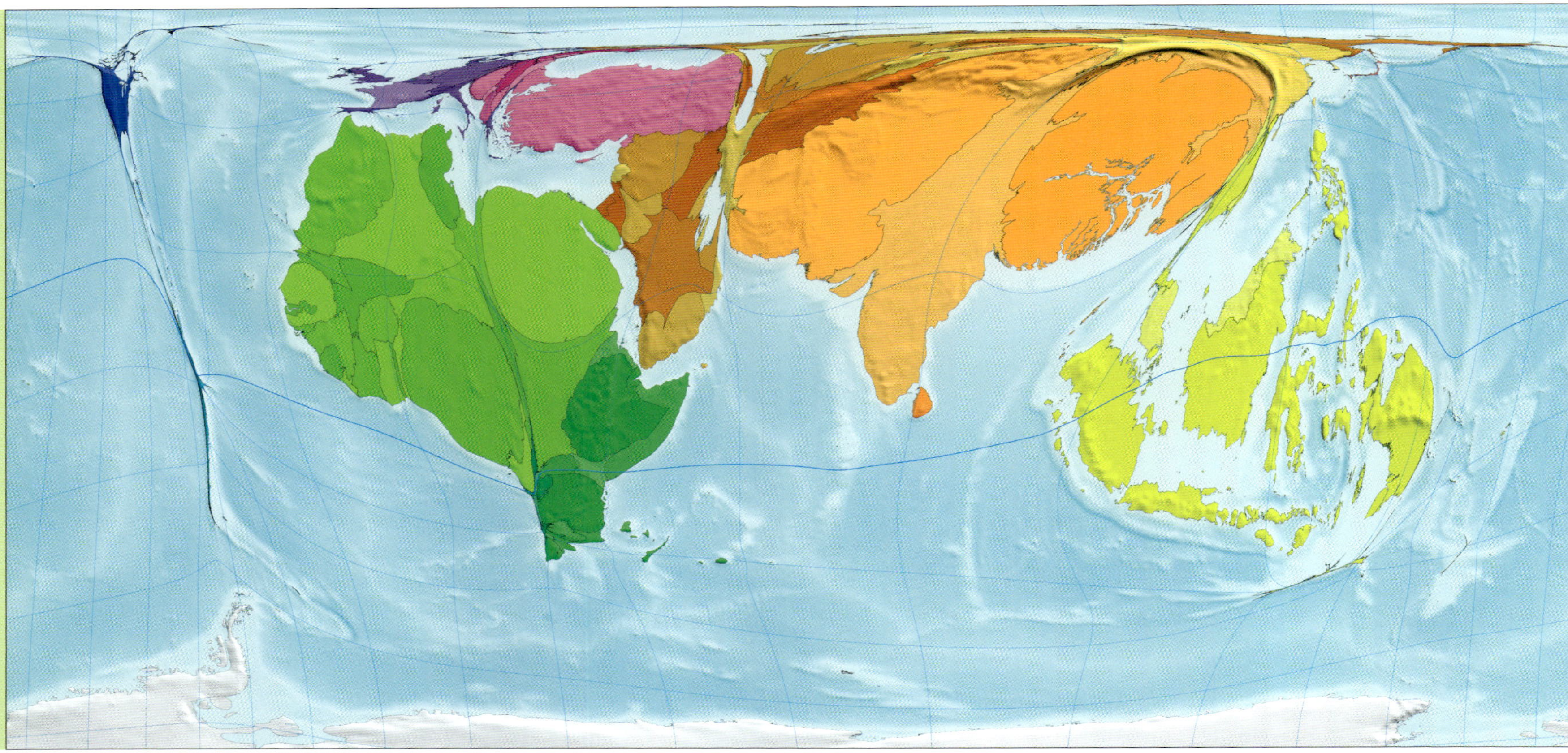

**HÖCHSTER ANTEIL VON SUNNITISCHEN MUSLIMEN**

| Rang | Land | Prozent* |
|---|---|---|
| 1 | Mauretanien | 98,1 |
| 2 | Somalia | 98,0 |
| 3 | Komoren | 97,3 |
| 4 | Tunesien | 97,0 |
| 5 | Marokko | 96,6 |
| 6 | Westsahara | 96,4 |
| 7 | Dschibuti | 96,0 |
| 8 | Libyen | 95,5 |
| 9 | Malediven | 93,5 |
| 10 | Algerien | 93,0 |
| 11 | Jordanien | 92,0 |
| 12 | Niger | 87,7 |
| 13 | Turkmenistan | 84,7 |
| 14 | Gambia | 84,5 |
| 15 | Ägypten | 84,1 |
| 16 | Senegal | 83,3 |
| 17 | Saudi-Arabien | 83,0 |
| 18 | Bangladesch | 82,7 |
| 19 | Afghanistan | 81,6 |
| 20 | Tadschikistan | 79,8 |

*Prozentualer Anteil der sunnitischen Muslime an der Gesamtbevölkerung

# 371 Sunnitische Muslime

**Die Größe des jeweiligen Landes zeigt die Anzahl der dort lebenden Anhänger der sunnitischen Glaubensrichtung des Islam.**

Die Zahl der Anhänger des sunnitischen Islam wird auf knapp über eine Milliarde geschätzt. Ein Anhänger des Islam wird Muslim genannt. Nach dem Christentum ist der Islam die zweitgrößte Religion der Welt, worin die Sunniten die größte Untergruppe bilden. Das Wort ›Islam‹ bedeutet ›Unterwerfung‹ oder die völlige Hingabe des Einzelnen an Gott (Allah). ›Sunnitisch‹ ist abgeleitet von dem arabischen Begriff ›Sunna‹, der in diesem Fall für die ›Wörter und Taten‹ Mohammeds, dem Propheten des Islam, steht. Die zentrale religiöse Schrift des Islam ist der Koran.

In Nordafrika sind zwei Drittel der Bevölkerung Sunniten, im Nahen Osten 35 Prozent, im asiatischen Pazifikraum und Australasien 30 Prozent, in Südasien und Osteuropa (einschließlich der Türkei) jeweils 25 Prozent und in Ost- sowie Südafrika 22 Prozent.

*»Und mischt nicht Wahrheit mit Unrecht durcheinander! Und veschweigt nicht die Wahrheit, wo ihr [sie] doch kennt. Und verrichtet das Gebet und entrichtet die Zakah und verneigt euch mit den Sich-Verneigenden.«*
Der Koran, 2 : 42 – 43

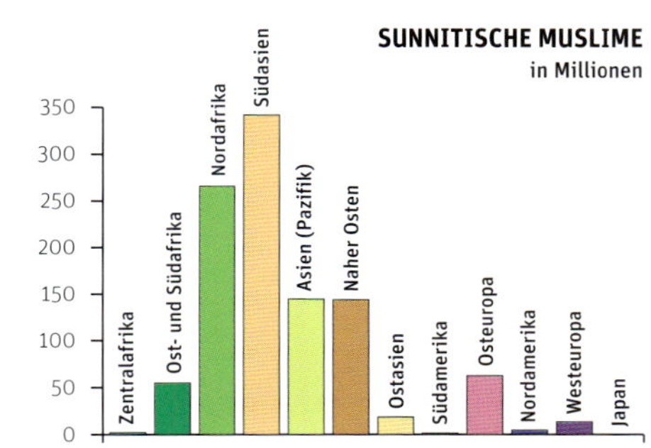

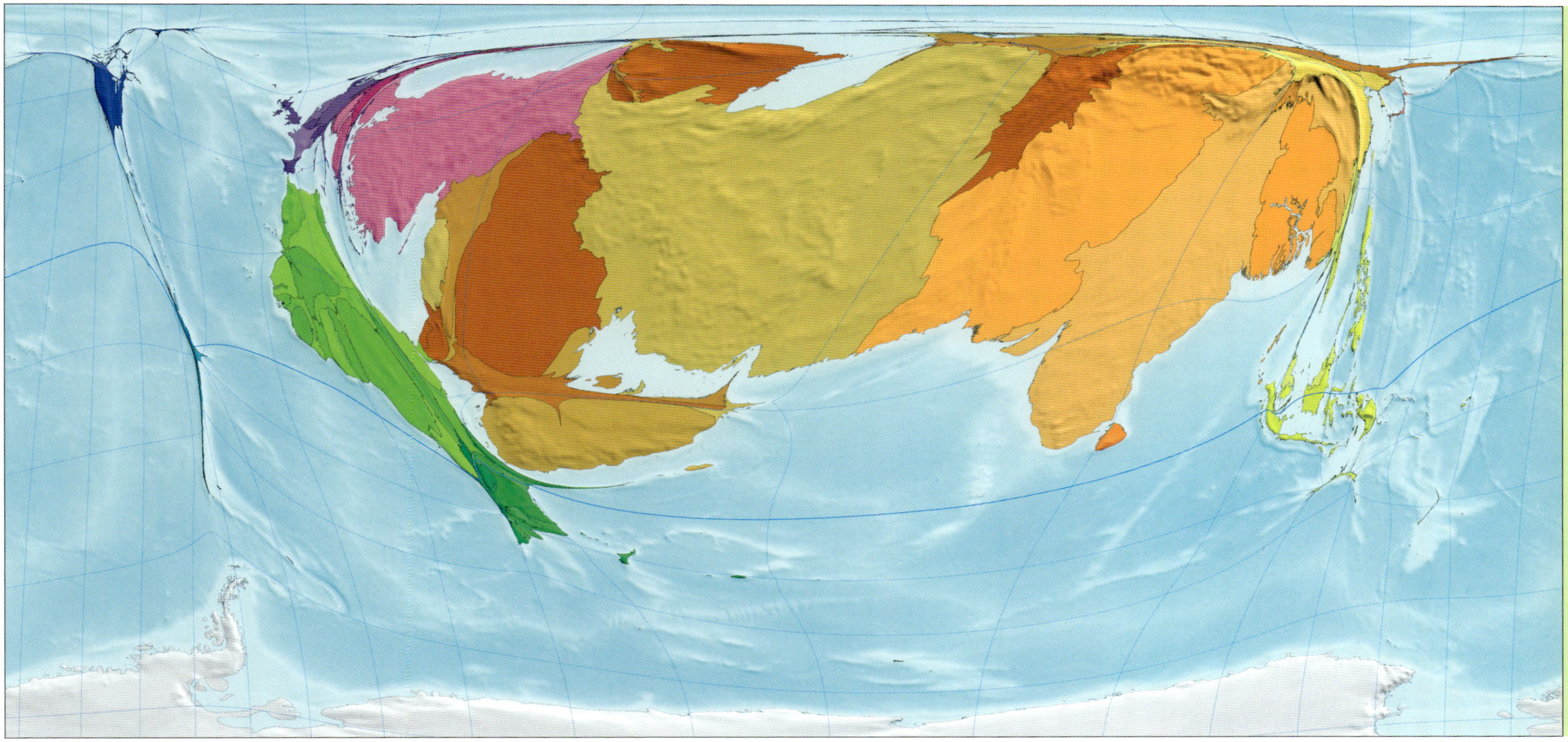

**HÖCHSTER ANTEIL VON SCHIITISCHEN MUSLIMEN**

| Rang | Land | Prozent* |
|---|---|---|
| 1 | Iran | 87,5 |
| 2 | Aserbaidschan | 69,6 |
| 3 | Irak | 62,9 |
| 4 | Bahrain | 58,5 |
| 5 | Jemen | 41,6 |
| 6 | Libanon | 35,6 |
| 7 | Kuwait | 30,0 |
| 8 | Türkei | 19,5 |
| 9 | Pakistan | 19,2 |
| 10 | Afghanistan | 17,9 |
| 11 | Syrien | 13,9 |
| 12 | Gaza und Westbank | 12,8 |
| 13 | Vereinigte Arabische Emirate | 11,4 |
| 14 | Albanien | 9,7 |
| 15 | Tschad | 9,2 |
| 15 | Saudi-Arabien | 9,2 |
| 17 | Brunei | 8,8 |
| 18 | Togo | 8,3 |
| 19 | Katar | 8,2 |
| 20 | Mali | 8,1 |

*Prozentualer Anteil der schiitischen Muslime an der Gesamtbevölkerung

# 372 Schiitische Muslime

**Die Größe des jeweiligen Landes zeigt die Anzahl der dort lebenden Anhänger der schiitischen Glaubensrichtung des Islam.**

Die Zahl der Menschen, die der schiitischen Glaubensrichtung des Islam angehören, wird auf knapp über 200 Millionen geschätzt, wovon die Hälfte im Nahen Osten lebt. Die Schiiten bilden nach den Sunniten die zweitgrößte islamische Glaubensgemeinschaft und machen etwa 15 Prozent aller Muslime weltweit aus. Schiitische Muslime hängen der Lehre des Propheten Mohammed an, unterscheiden sich jedoch von den sunnitischen Muslimen dadurch, dass sie auch der religiösen Führung seiner Familie, die *Ahl al-Bait* genannt wird, sowie einiger seiner Nachkommen, den schiitischen Imamen, folgen.

Im Nahen Osten und Zentralasien sind ein Viertel der Gesamtbevölkerung schiitische Muslime, in allen anderen Regionen erreicht ihr Anteil aber nie mehr als sechs Prozent. Knapp über die Hälfte aller schiitischen Muslime des Nahen Ostens lebt in der islamischen Republik Iran.

**SCHIITISCHE MUSLIME**
in Prozent der Gesamteinwohnerzahl

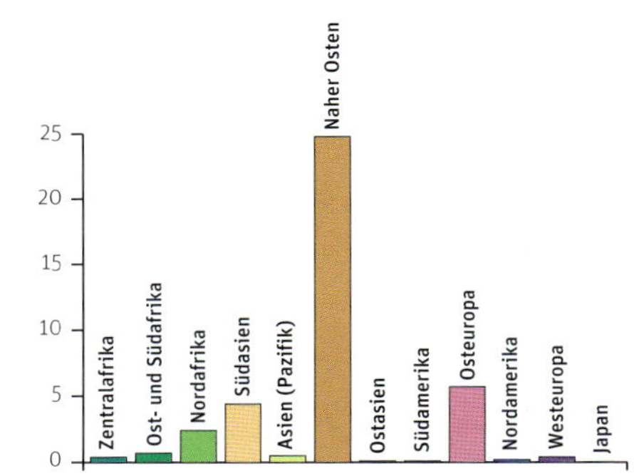

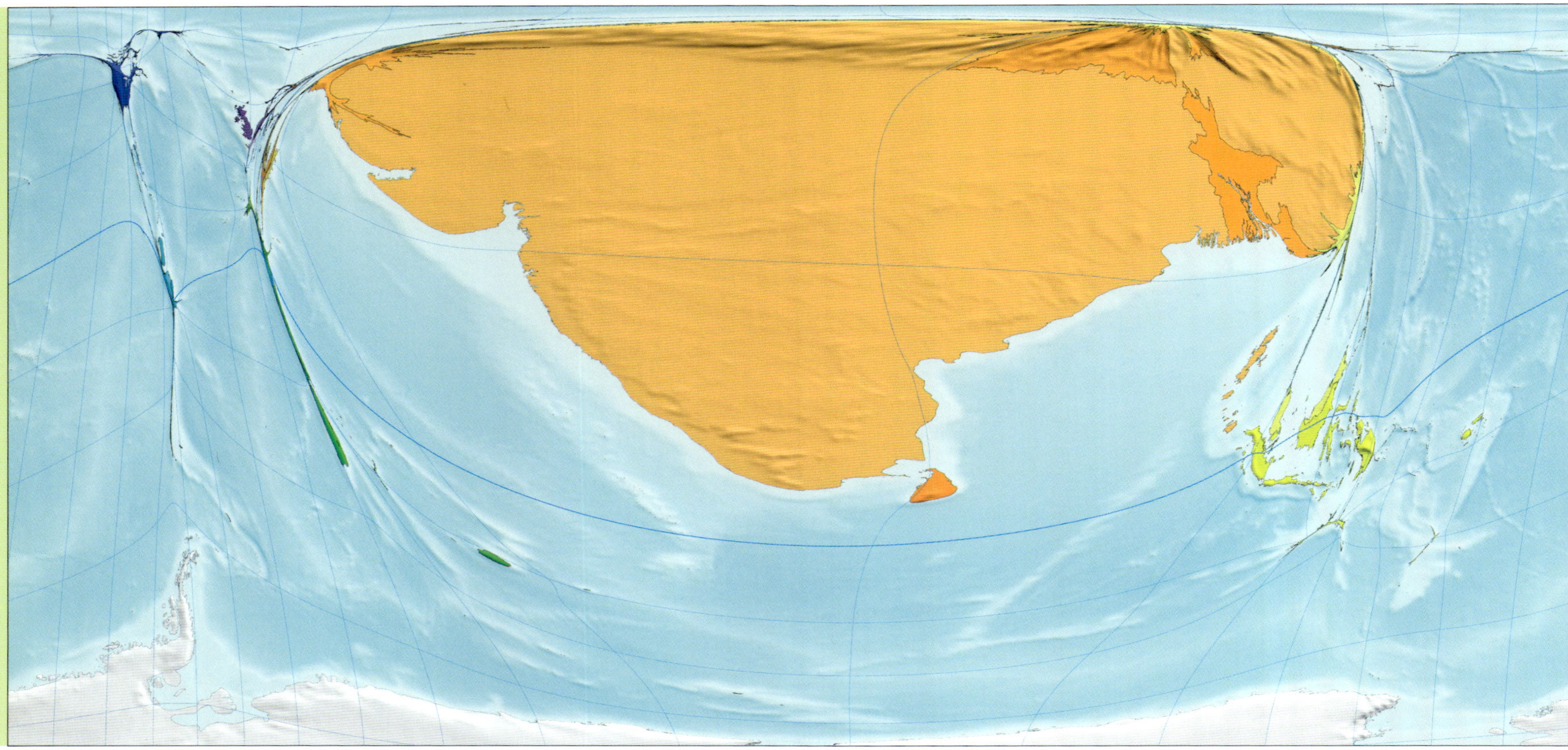

**HÖCHSTER ANTEIL VON HINDUS**

| Rang | Land | Prozent* |
|---|---|---|
| 1 | **Indien** | 72,8 |
| 2 | **Nepal** | 70,9 |
| 3 | **Mauritius** | 43,9 |
| 4 | **Guyana** | 32,9 |
| 5 | **Fidschi** | 32,1 |
| 6 | **Bhutan** | 27,6 |
| 7 | **Trinidad und Tobago** | 24,3 |
| 8 | **Surinam** | 17,2 |
| 9 | **Sri Lanka** | 11,4 |
| 10 | **Bangladesch** | 11,1 |
| 11 | **Vereinigte Arabische Emirate** | 8,1 |
| 12 | **Malaysia** | 7,3 |
| 13 | **Bahrain** | 6,3 |
| 14 | **Singapur** | 4,9 |
| 15 | **St. Vincent und die Grenadinen** | 3,4 |
| 16 | **Indonesien** | 3,2 |
| 16 | **Kuwait** | 3,2 |
| 18 | **Katar** | 2,5 |
| 19 | **Südafrika** | 2,4 |
| 20 | **Myanmar** | 2,0 |

*Prozentualer Anteil der Hindus an der Gesamtbevölkerung

# 373 Hindus

## Die Größe des jeweiligen Landes zeigt die Anzahl der dort lebenden Anhänger des Hinduismus.

Von den mehr als 820 Millionen Hindus auf der Welt leben fast alle in Indien oder Nepal. Der Hinduismus ist eine der ältesten Hauptreligionen der Welt, die bis heute praktikziert werden. Es handelt sich um ein buntes Gemisch verschiedener Überzeugungen und Traditionen ohne einzelnen Begründer. Nach dem Christentum und dem Islam ist der Hinduismus die drittgrößte Weltreligion und die verbreitetste der Dharma-Religionen, deren Ursprung auf dem indischen Subkontinent liegt und zu denen auch der Jainismus, der Buddhismus und der Sikhismus gehören.

In Südasien sind fast 60 Prozent der Gesamtbevölkerung Hindus, in anderen Regionen der Erde übersteigt ihr Anteil jedoch nie die Zwei-Prozent-Marke. Außerhalb von Indien und Nepal leben die meisten Hindus (in absteigender Reihenfolge) in Bangladesch, Indonesien, Sri Lanka, Pakistan, Malaysia, den Vereinigten Staaten und Südafrika.

**HINDUS**
in Prozent der Gesamteinwohnerzahl

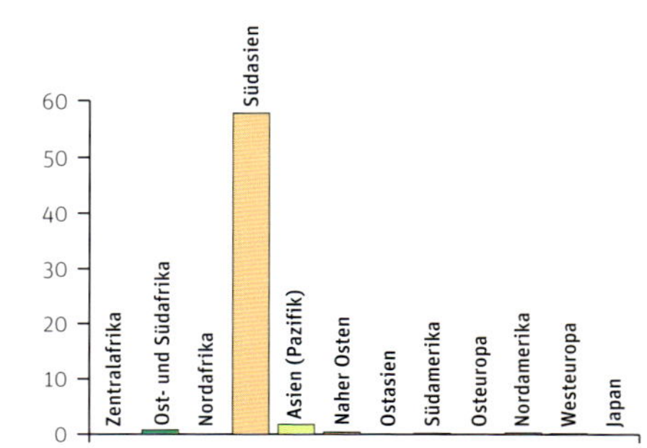

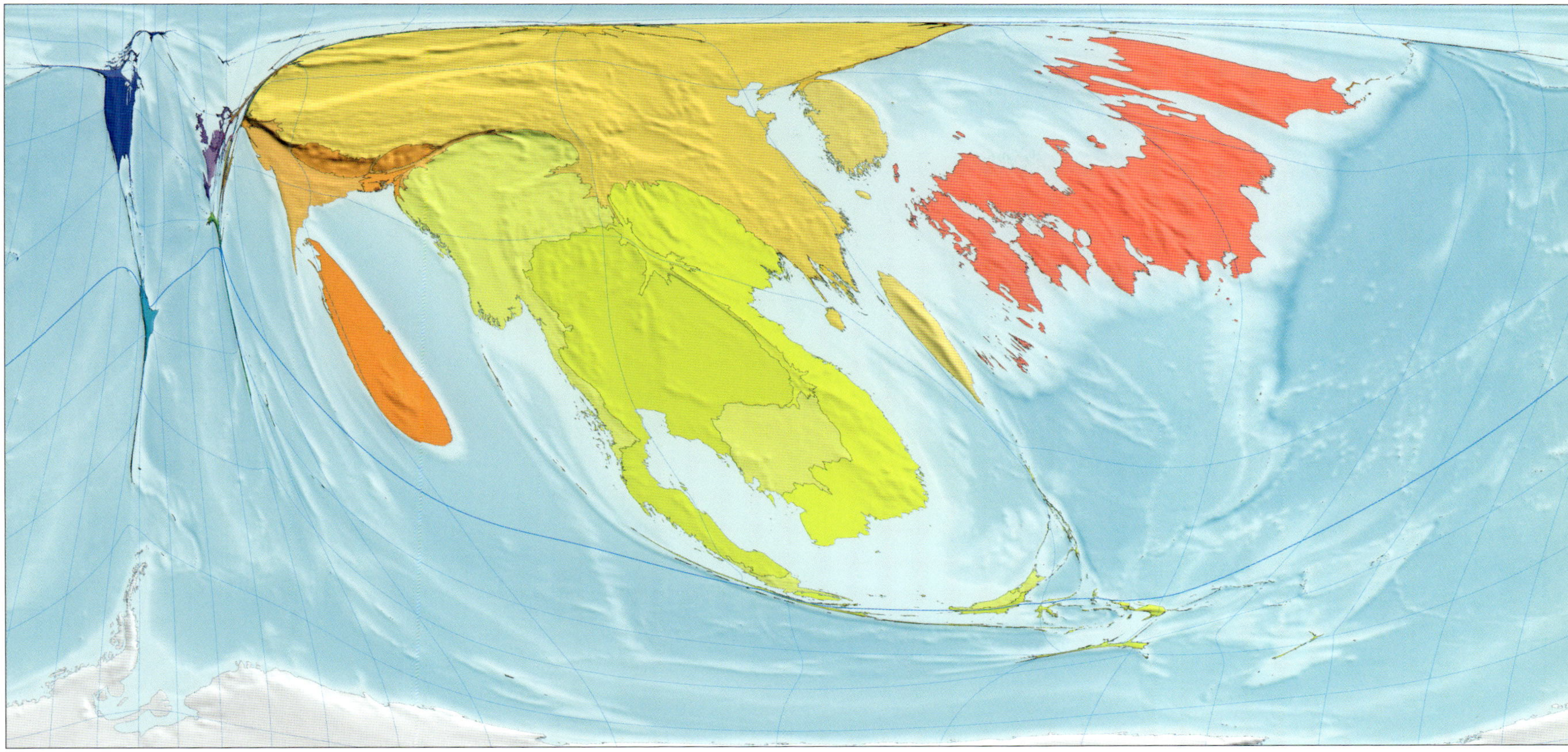

**HÖCHSTER ANTEIL VON BUDDHISTEN**

| Rang | Land | Prozent* |
|---|---|---|
| 1 | Kambodscha | 85,3 |
| 2 | Thailand | 83,0 |
| 3 | Myanmar | 73,7 |
| 4 | Sri Lanka | 68,4 |
| 5 | Bhutan | 65,9 |
| 6 | Japan | 55,0 |
| 7 | Vietnam | 48,2 |
| 8 | Laos | 43,1 |
| 9 | Mongolei | 22,5 |
| 10 | Taiwan | 20,8 |
| 11 | Südkorea | 15,1 |
| 12 | Singapur | 14,1 |
| 13 | Hongkong | 10,0 |
| 14 | Brunei | 9,7 |
| 15 | Nepal | 9,5 |
| 16 | China | 8,5 |
| 17 | Malaysia | 6,8 |
| 18 | Australien | 2,1 |
| 18 | Libanon | 2,1 |
| 20 | Vereinigte Arabische Emirate | 2,0 |

*Prozentualer Anteil der Buddhisten an der Gesamtbevölkerung

# 374 Buddhisten

**Die Größe des jeweiligen Landes zeigt die Anzahl der dort lebenden Anhänger des Buddhismus.**

Etwa 370 Millionen Menschen gehören verschiedenen buddhistischen Traditionen an und machen damit den Buddhismus zur viertgrößten Religion der Welt. Es gibt allerdings innerhalb der buddhistischen Lehre zahlreiche Variationen.

Vor ungefähr 2 500 Jahren nahm der Buddhismus mit der Lehre von Siddhartha Gautama (dem Buddha) seinen Anfang. Bei der buddhistischen Lebensweise steht das Streben nach der persönlichen spirituellen Weiterentwicklung im Mittelpunkt.

In Japan sind rund 55 Prozent der Einwohner Anhänger des Buddhismus, im asiatisch-pazifischen Raum und Australasien 26 Prozent und in Ostasien acht Prozent. Die größte Zahl von Buddhisten findet man in China (107 Millionen), gefolgt von Japan (70 Millionen), Thailand (52 Millionen), Vietnam (39 Millionen), Myanmar (36 Millionen) und Sri Lanka (13 Millionen).

**BUDDHISTEN**
in Prozent der Gesamteinwohnerzahl

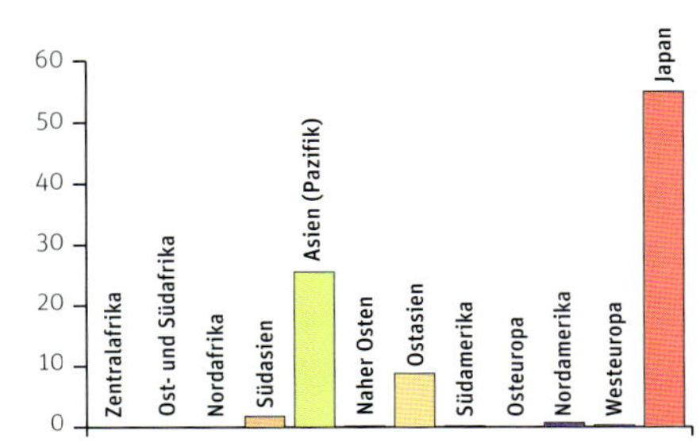

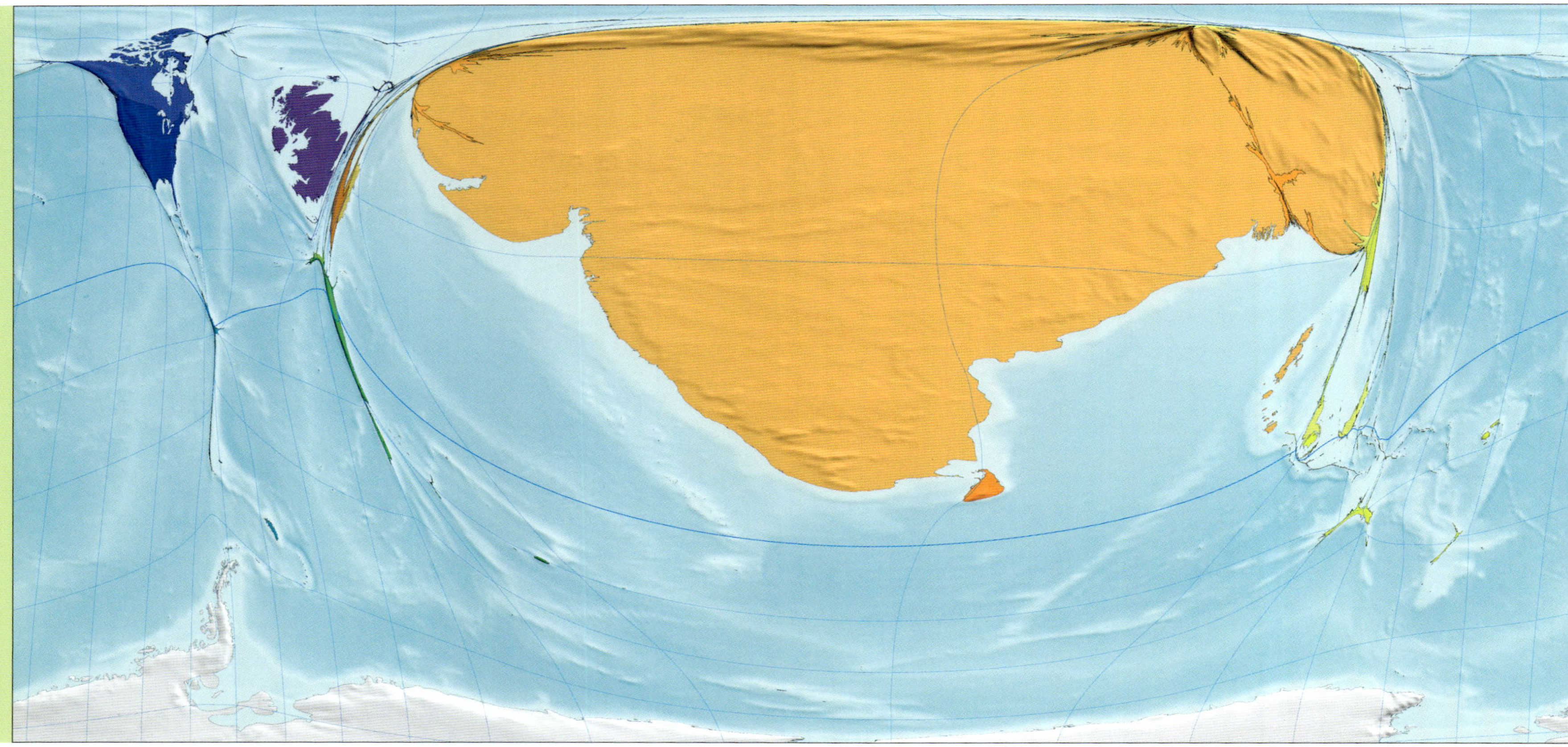



**HÖCHSTER ANTEIL VON SIKHS**

| Rang | Land | Prozent* |
|---|---|---|
| 1 | **Indien** | 2,19 |
| 2 | **Kanada** | 1,03 |
| 3 | **Großbritannien** | 0,64 |
| 4 | **Fidschi** | 0,59 |
| 5 | **Singapur** | 0,44 |
| 6 | **Sri Lanka** | 0,25 |
| 7 | **Vereinigte Arabische Emirate** | 0,24 |
| 8 | **Mauritius** | 0,22 |
| 9 | **Saudi-Arabien** | 0,19 |
| 10 | **Malaysia** | 0,17 |
| 11 | **Kuwait** | 0,15 |
| 12 | **Hongkong** | 0,11 |
| 13 | **Neuseeland** | 0,10 |
| 14 | **Australien** | 0,09 |
| 14 | **Kenia** | 0,09 |
| 14 | **Vereinigte Staaten** | 0,09 |
| 17 | **Thailand** | 0,08 |
| 18 | **Libyen** | 0,04 |
| 19 | **Nepal** | 0,03 |
| 19 | **Tansania** | 0,03 |

*Prozentualer Anteil der Sikhs an der Gesamtbevölkerung

# 375 Sikhs

## Die Größe des jeweiligen Landes zeigt die Anzahl der dort lebenden Anhänger des Sikhismus.

Die Zahl der Sikhs wird auf etwa 24 Millionen geschätzt, von denen 95 Prozent in Indien leben, obwohl sie dort nur zwei Prozent der Gesamtbevölkerung ausmachen. Der Sikhismus ist nach dem Christentum, dem Islam, dem Hinduismus und dem Buddhismus die fünftgrößte Religionsgemeinschaft der Welt.

Basierend auf den Lehren des Guru Nanak Dev und folgenden Gurus wurde der Sikhismus zwischen dem 15. und frühen 18. Jahrhundert in Nordindien gegründet. Das Wort ›Sikh‹ kommt aus dem Sanskrit, entweder von *śisya*, was ›Schüler‹ oder ›Lehrling‹ heißt, oder von *śiksa*, was für ›Anleitung‹ steht. Von den wenigen nicht in Indien lebenden Sikhs lebt knapp über ein Viertel in Großbritannien, knapp unter ein Viertel in Kanada und etwa ein Fünftel in den Vereinigten Staaten.

*»Der Sikhismus verkündet eine Botschaft der immerwährenden Hingabe und des Gedenken Gottes, des wahrhaftigen Lebens sowie der Gleichheit der Menschen und lehnt Aberglaube und blinde Rituale ab.«*

www.sikhs.org, 2003

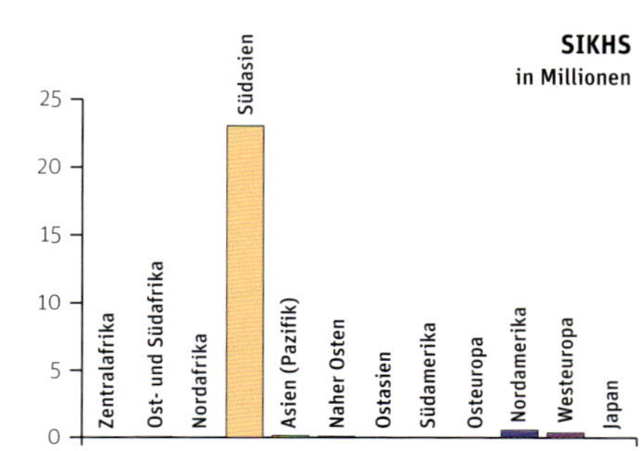

**HÖCHSTER ANTEIL VON JAINAS**

| Rang | Land* | Prozent** |
|---|---|---|
| 1 | Indien | 0,517 |
| 2 | Kenia | 0,192 |
| 3 | Seychellen | 0,041 |
| 4 | Nepal | 0,025 |
| 5 | Tansania | 0,023 |
| 6 | Uganda | 0,009 |
| 7 | Myanmar | 0,006 |
| 8 | Australien | 0,004 |
| 9 | Vereinigte Staaten | 0,003 |
| 10 | Frankreich | 0,002 |
| 11 | Jemen | 0,001 |

* In den zugänglichen Daten wurden die Jainas nur in diesen elf Ländern gezählt
** Prozentualer Anteil der Jainas an der Gesamtbevölkerung

# 376 Jainas

## Die Größe des jeweiligen Landes zeigt die Anzahl der dort lebenden Anhänger des Jainismus.

Weltweit gibt es etwa 5,5 Millionen Jainas, von denen 98 Prozent in Indien leben. Die Jainas sind Anhänger einer der ältesten Religionen der Welt, welche auf den Lehren der 24 Jinas (Bezwinger), die auch Tirthankaras (Furtbereiter) genannt werden, basiert. Der 23. Tirthankara ist der erste, der historisch belegt werden kann. Er lebte vor etwa 3 000 Jahren.

Die Jainas treten für den gewaltfreien Umgang mit jeglichen lebenden Wesen sowie für das Bemühen des Einzelnen um die persönliche spirituelle Weiterentwicklung ein. Der Jainismus beeinflusste die Entwicklung des Buddhismus und des Hinduismus, die wiederum Einfluss auf viele andere Religionen bis hin zu den jüngsten unserer Zeit haben. Die grundsätzlichen Prinzipien, auf die der Jainismus sich stützt, heißen *Tattva*.

Außerhalb Indiens leben die größten jainistischen Gruppen in Kenia (61 000), Tansania (8 000), den Vereinigten Staaten (7 000), Nepal (6 000), Myanmar (3 000) und Uganda (2 000).

*»Indem wir diesen wohltuenden Tätigkeiten nachgehen, erlangen wir Punya oder gutes Karma … Wenn die Punya reift, bringt sie weltliches Wohlgefallen und Glück hervor.«* Dritte Tattva

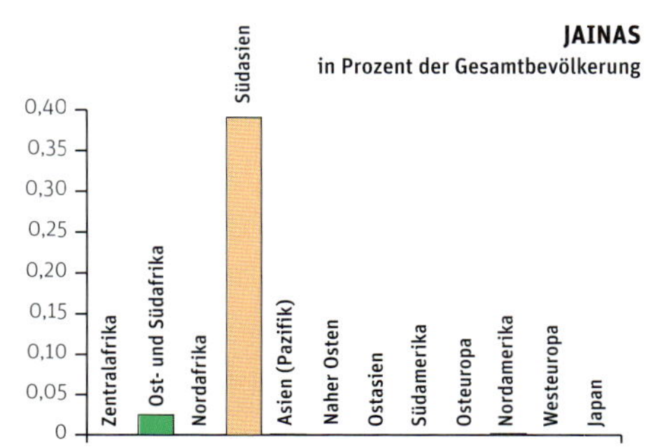

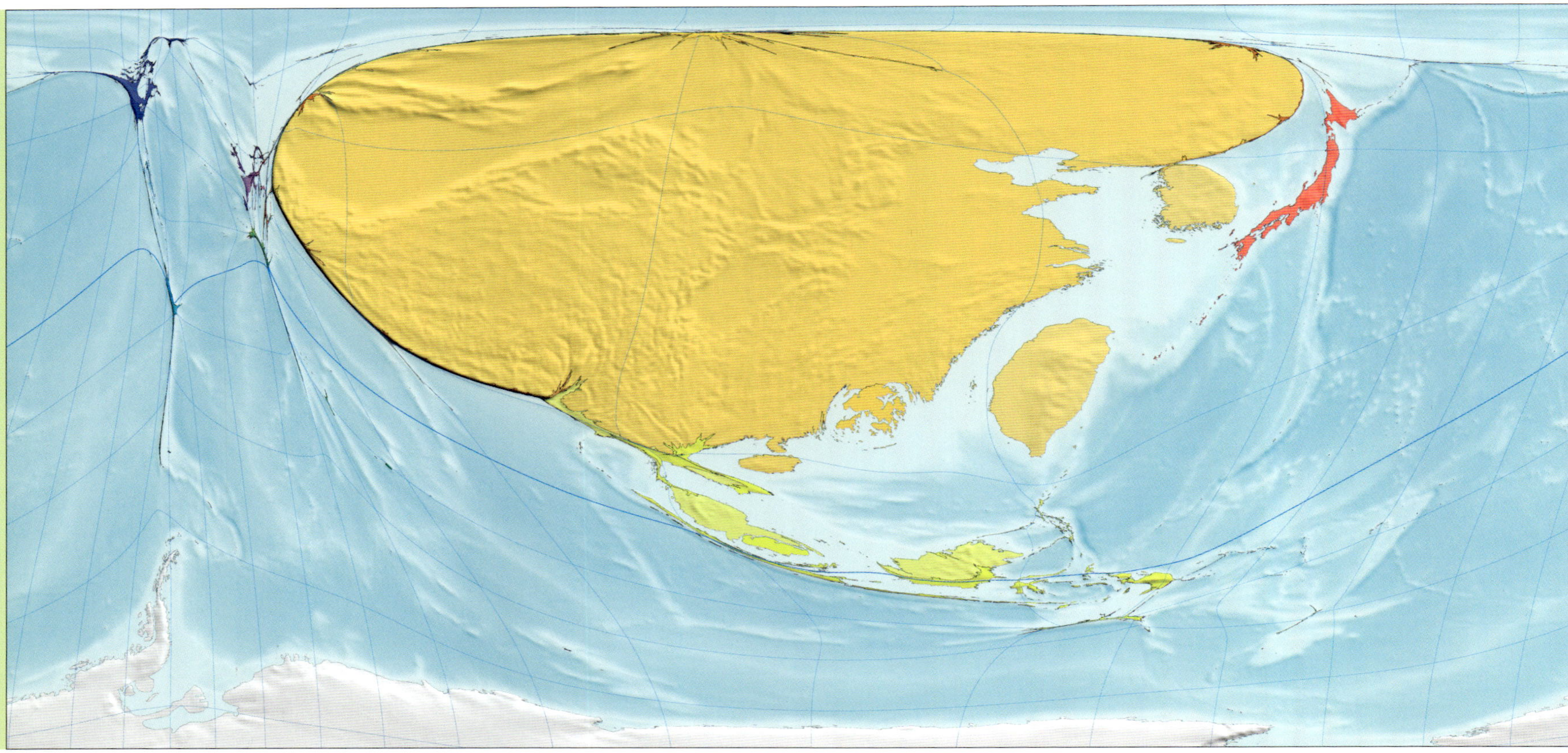

# 377 Taoistische Religionen

**Die Größe des jeweiligen Landes zeigt die Anzahl der dort lebenden Anhänger verschiedener taoistischer Religionen.**

Weltweit sind ungefähr 390 Millionen Menschen Anhänger der verschiedenen taoistischen Religionen, welche den Shintoismus, den Taoismus selbst, den Konfuzianismus und den chinesischen Universalismus einschließen. 90 Prozent der Anhänger taoistischer Religionen leben in China, wobei die meisten der 2,8 Millionen Anhänger des Shintoismus in Japan leben.

Im Mittelpunkt taoistische Religionen steht das ostasiatische Konzept des *Tao*, was grob als ›der Pfad‹ oder ›der Weg‹ übersetzt werden könnte. Gemäß der Vereinigung reformierter Taoisten bezieht sich *Tao* auf »eine empfindungslose, unpersönliche Kraft, die alle lebenden und nicht lebenden Dinge umgibt und durchfließt«. Der Taoismus selbst wurde von Lao-Tse, einem Zeitgenossen Konfuzius' (5.– 6. Jahrhundert v. Chr.), gegründet und ist insbesondere in Taiwan sehr verbreitet. Der Konfuzianismus konzentriert sich in China wie auch der chinesische Universalismus, der innerhalb der taoistischen Religionen bei Weitem die meisten Anhänger aufweist (380 Millionen).

**HÖCHSTER ANTEIL VON ANHÄNGERN TAOISTISCHER RELIGIONEN**

| Rang | Land | Prozent* |
|---|---|---|
| 1 | Taiwan | 60,9 |
| 2 | Hongkong | 58,0 |
| 3 | Singapur | 39,7 |
| 4 | China | 27,2 |
| 5 | Malaysia | 24,5 |
| 6 | Südkorea | 11,1 |
| 7 | Nauru | 10,5 |
| 8 | Brunei | 7,1 |
| 9 | Kambodscha | 2,9 |
| 10 | Japan | 2,4 |
| 11 | Kanada | 2,0 |
| 12 | Myanmar | 1,7 |
| 13 | Indonesien | 1,4 |
| 14 | Mauritius | 1,3 |
| 15 | Thailand | 1,2 |
| 16 | Vietnam | 1,0 |
| 17 | Australien | 0,7 |
| 18 | Mongolei | 0,6 |
| 19 | Costa Rica | 0,5 |
| 20 | Trinidad und Tobago | 0,4 |

*Prozentualer Anteil der Anhänger taoistischer Religionen an der Gesamtbevölkerung

**ANHÄNGER TAOISTISCHER RELIGIONEN**
in Millionen

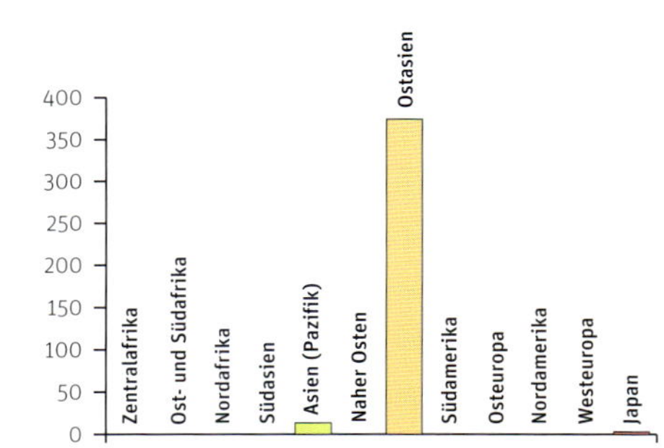

**HÖCHSTER ANTEIL VON BAHA'I**

| Rang | Land | Prozent* |
|---|---|---|
| 1 | Nauru | 9,6 |
| 2 | Tonga | 6,7 |
| 3 | Kiribati | 5,2 |
| 4 | Tuvalu | 5,0 |
| 5 | Vanuatu | 2,8 |
| 6 | Belize | 2,5 |
| 7 | São Tomé und Príncipe | 2,4 |
| 8 | Samoa | 2,3 |
| 8 | Vereinigte Arabische Emirate | 2,3 |
| 10 | Bolivien | 2,2 |
| 11 | Sambia | 2,0 |
| 12 | Mauritius | 1,9 |
| 13 | Dominica | 1,7 |
| 13 | Guyana | 1,7 |
| 15 | Marshallinseln | 1,6 |
| 15 | Mikronesien | 1,6 |
| 17 | Niue | 1,5 |
| 17 | St. Vincent und die Grenadinen | 1,5 |
| 17 | Surinam | 1,5 |
| 20 | Panama | 1,3 |

*Prozentualer Anteil der Anhänger des Baha'ismus an der Gesamtbevölkerung

# 378 Baha'i

**Die Größe des jeweiligen Landes zeigt die Anzahl der dort lebenden Anhänger der Baha'i-Religion.**

Weltweit gibt es knapp über sieben Millionen Anhänger des Baha'i-Glaubens. Der Baha'ismus wurde im Persien des 19. Jahrhunderts (dem heutigen Iran) von Bahá'u'lláh (1817 – 1892) gegründet und ist eine der jüngsten Hauptreligionen der Welt. Die Lehre des Baha'ismus beinhaltet die Aufgabe aller Vorurteile, die Beseitigung extremen Reichtums und extremer Armut sowie die Verwirklichung universaler Bildung.

Betrachtet man die Verteilung nach Regionen, so ist der Baha'i-Glaube am weitesten in Zentralafrika verbreitet, wo 0,5 Prozent der Bevölkerung dieser Religion anhängen. Auf Länderebene hat der Baha'ismus seine größte Anhängerschaft allerdings in Indien (1,8 Millionen) und den Vereinigten Staaten (800 000) sowie im Iran (400 000), in Vietnam (350 000), in Kenia (320 000), in Südafrika (300 000), auf den Philippinen (230 000), in der DR Kongo (220 000), in Sambia (210 000), in Bolivien (190 000), in Tansania (170 000) und in Venezuela (150 000). Insgesamt ist die Baha'i-Religion eine der am gleichmäßigsten verbreiteten Religionen der Welt.

*»Die ganze Welt ist ein einziges Land, und die Menschen sind seine Bürger.«* Bahá'u'lláh, undatiert

**BAHA'I**
in 1000

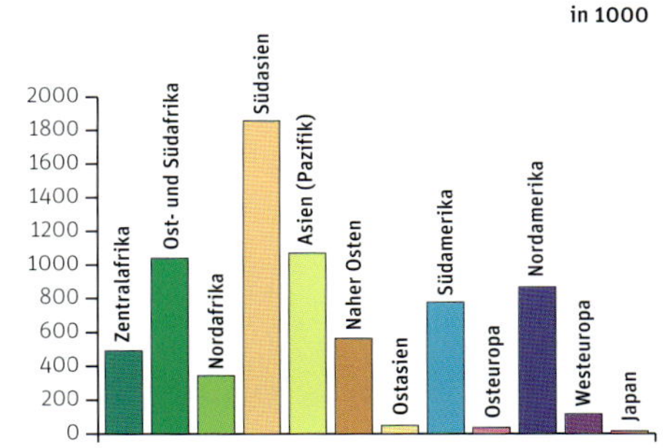

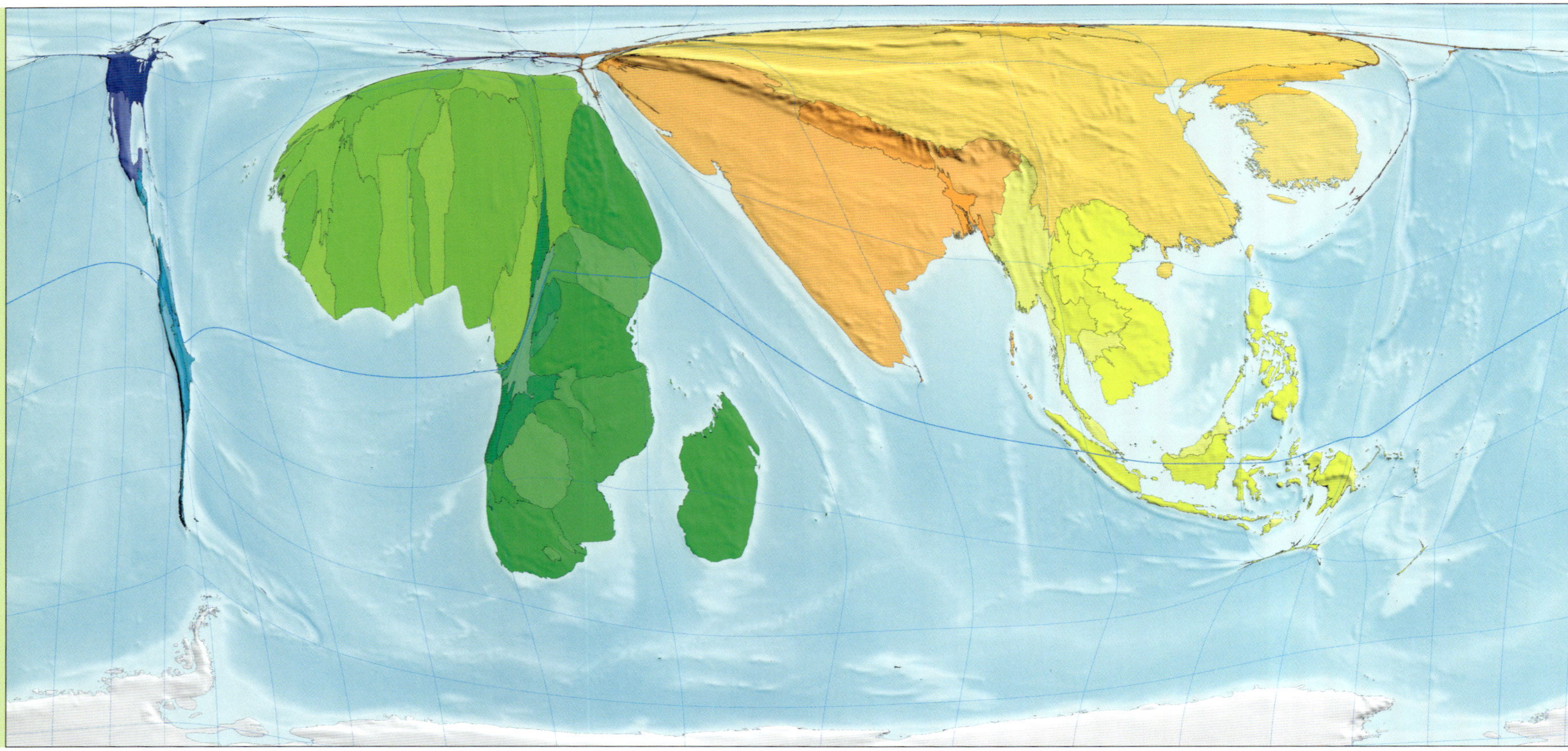

**HÖCHSTER ANTEIL VON HEIDEN**

| Rang | Land | Prozent* |
|---|---|---|
| 1 | Benin | 50 |
| 1 | Mosambik | 50 |
| 3 | Laos | 49 |
| 4 | Madagaskar | 47 |
| 5 | Guinea-Bissau | 45 |
| 6 | Liberia | 42 |
| 7 | Sierra Leone | 39 |
| 8 | Elfenbeinküste | 37 |
| 9 | Botswana | 35 |
| 9 | Togo | 35 |
| 11 | Burkina Faso | 32 |
| 11 | Mongolei | 32 |
| 13 | Simbabwe | 29 |
| 14 | Guinea | 28 |
| 15 | Kamerun | 22 |
| 15 | Ghana | 22 |
| 17 | Zentralafrikanische Republik | 19 |
| 18 | Mali | 16 |
| 18 | Südkorea | 16 |
| 20 | Tansania | 15 |

*Prozentualer Anteil der Heiden an der Gesamtbevölkerung

# 379 Heiden

**Die Größe des jeweiligen Landes zeigt die Anzahl der dort lebenden Anhänger verschiedener heidnischer Religionen.**

Die Zahl der Menschen, die heidnischen Religionen angehören, wird weltweit auf ungefähr 240 Millionen geschätzt, worin die Anhänger des Animismus, der Geisterverehrung, des Ahnenkults und des Schamanismus sowie Polytheisten, Pantheisten, Mitglieder des Cargo-Kults und Mitglieder messianischer Stammesbewegungen mit eingeschlossen sind. Viele dieser Religionen sind auf einen einzelnen Stamm oder ein einzelnes Volk begrenzt.

Nahezu alle Heiden leben in Afrika und Asien. In Ost- und Südafrika ist jeder siebte Mensch ein Heide, in Nordafrika jeder neunte, in Zentralafrika jeder 18., im asiatischen Pazifikraum sowie in Australasien und Ostasien jeder 21. und in Südasien jeder 31. Im Gegensatz dazu ist in Nordamerika nur jeder 167. ein Anhänger einer heidnischen Religion, in Südamerika jeder 189., in Westeuropa jeder 2 500., in Osteuropa jeder 12 000. und in Japan jeder 13 000.

*»[Unser] Respekt für das Leben und der Wunsch, mit anderen zu interagieren statt sie zu dominieren, sind stark.«*
Prudence Jones, Heidnische Föderation, 2000

**HEIDEN**
in Prozent aller Heiden

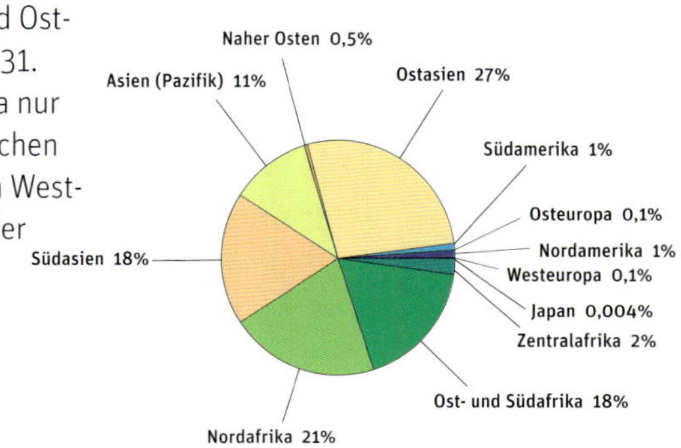

### HÖCHSTER ANTEIL VON SPIRITISTEN

| Rang | Land | Prozent* |
|---|---|---|
| 1 | Kuba | 17,2 |
| 2 | Jamaika1 | 10,1 |
| 3 | Basilien | 4,9 |
| 4 | Antigua und Barbuda | 3,6 |
| 4 | Surinam | 3,6 |
| 6 | Haiti | 2,7 |
| 7 | Dominica | 2,6 |
| 8 | Dominikanische Republik | 2,2 |
| 9 | Bahamas | 1,9 |
| 10 | St. Vincent und die Grenadinen | 1,8 |
| 11 | St. Lucia | 1,7 |
| 12 | Nicaragua | 1,5 |
| 13 | Trinidad und Tobago | 1,4 |
| 14 | Grenada | 1,3 |
| 14 | Guyana | 1,3 |
| 14 | St. Kitts und Nevis | 1,3 |
| 17 | Venezuela | 1,1 |
| 18 | Belize | 1,0 |
| 18 | Kolumbien | 1,0 |
| 20 | Honduras | 0,9 |

*Prozentualer Anteil der Spiritisten an der Gesamtbevölkerung

# 380 Spiritisten

**Die Größe des jeweiligen Landes zeigt die Anzahl der dort lebenden Anhänger des Spiritismus.**

Der Spiritismus hat weltweit ungefähr 13 Millionen Anhänger. Es handelt sich um eine philosophische Glaubenslehre, die Mitte des 19. Jahrhunderts in Frankreich basierend auf einer von dem französischen Pädagogen Hippolyte Léon Denizard Rivail (1804 – 1869) unter dem Pseudonym Allan Kardec geschriebenen Bücherserie begründet wurde. Über Rivails Grabkammer in Paris steht geschrieben: »Naître, mourir, renaître encore et progresser sans cesse, telle est la loi« (Übersetzung unten).

Über 97 Prozent aller Anhänger des Spiritismus sind in Südamerika zu finden. Davon lebt der Hauptteil in Brasilien (acht Millionen) und Kuba (zwei Millionen). Außerhalb Südamerikas leben die meisten Spiritisten in den Vereinigten Staaten (140 000), in Großbritannien (82 000) und in Frankreich (13 000).

*»Geboren werden, sterben, wiedergeboren werden und unaufhörlich fortschreiten, das ist das Gesetz.«* Grabinschrift Rivail / Kardec, 1869

**SPIRITISTEN**
in Prozent der Gesamtbevölkerung

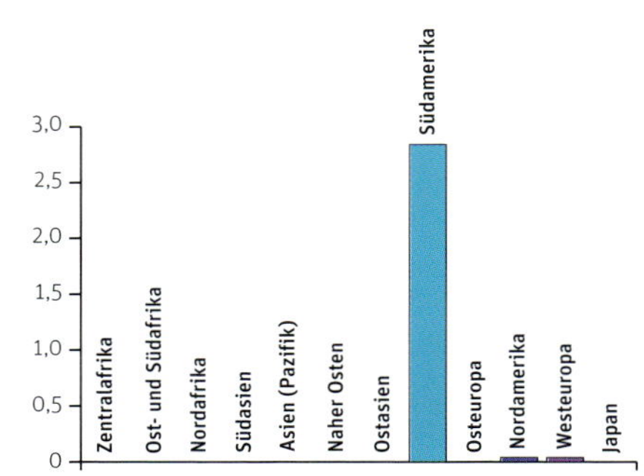

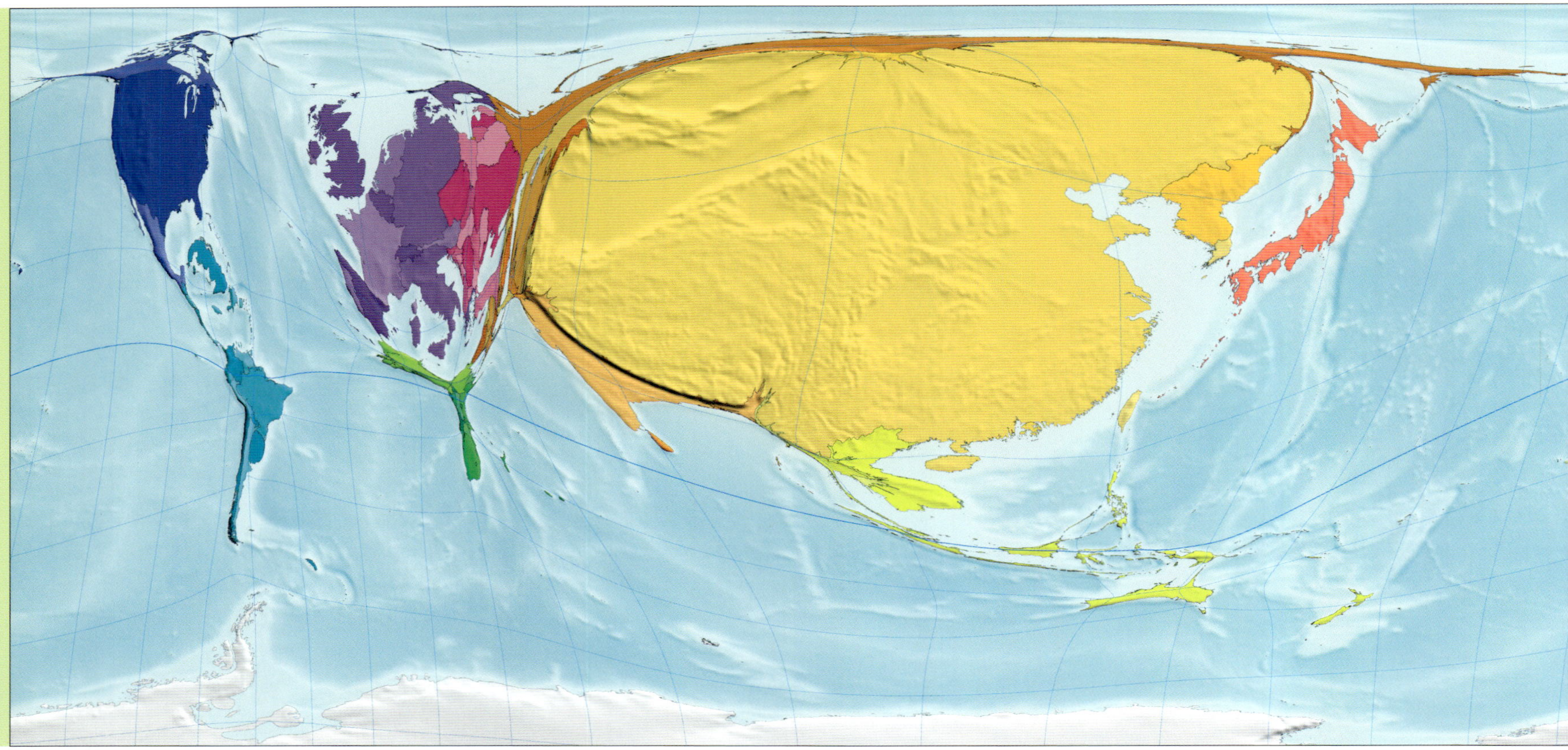

**HÖCHSTER ANTEIL VON AGNOSTIKERN**

| Rang | Land | Prozent* |
|---|---|---|
| 1 | Nordkorea | 55,7 |
| 2 | China | 41,5 |
| 3 | Tschechien | 30,6 |
| 4 | Mongolei | 30,2 |
| 5 | Uruguay | 27,5 |
| 6 | Kasachstan | 26,3 |
| 7 | Lettland | 25,4 |
| 8 | Weißrussland | 24,6 |
| 9 | Estland | 24,4 |
| 10 | Kirgisistan | 21,5 |
| 11 | Neuseeland | 20,0 |
| 12 | Niederlande | 19,0 |
| 13 | Kuba | 18,7 |
| 14 | Moldawien | 18,6 |
| 15 | Deutschland | 18,4 |
| 16 | Schweden | 18,1 |
| 16 | Usbekistan | 18,1 |
| 18 | Russland | 18,0 |
| 19 | Frankreich | 15,4 |
| 20 | Australien | 15,2 |

*Prozentualer Anteil der Agnostiker an der Gesamtbevölkerung

# 381 Agnostiker

**Die Größe des jeweiligen Landes zeigt die Anzahl der dort lebenden Menschen, die Religion gegenüber eine agnostische Einstellung haben.**

Die Zahl der Agnostiker wird auf rund 770 Millionen Menschen geschätzt, wovon 70 Prozent in China leben. Agnostizismus ist keine Religion. Agnostiker sind Menschen, die entweder glauben, dass es grundsätzlich unmöglich ist, sicher zu wissen, dass ein Gott existiert oder mehrere Götter existieren, oder alternativ der Meinung sind, dass individuelle Gewissheit zwar möglich sein könnte, sie selbst eine solche Gewissheit aber nicht haben. Agnostiker streiten die Möglichkeit der Existenz eines Gottes oder mehrerer Götter also nicht ab, gehören selbst aber keinem Glauben an.

Nach China (wo 540 Millionen Agnostiker leben) sind die Länder mit der größten Anzahl an Agnostikern die Vereinigten Staaten (28 Millionen), Russland (26 Millionen), Deutschland (15 Millionen), Indien und Japan (jeweils 13 Millionen).

*»… es ist falsch von einem Menschen, zu sagen, er sei sich der objektiven Wahrheit einer Behauptung sicher, sofern er keinen Beweis liefern kann, der seine Gewissheit logisch rechtfertigt.«* Thomas H. Huxley, 1889

**AGNOSTIKER**
in Prozent aller Agnostiker

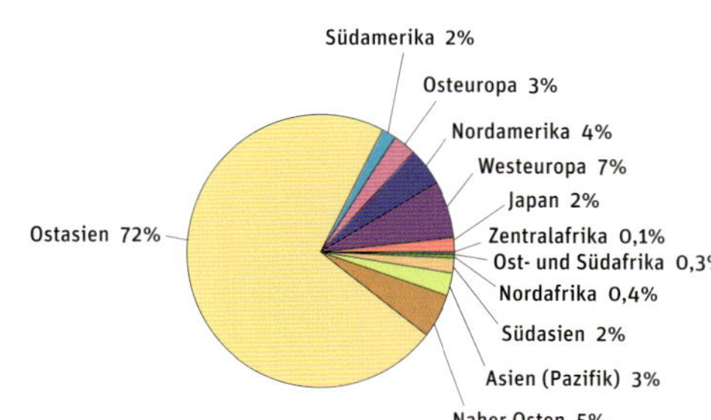

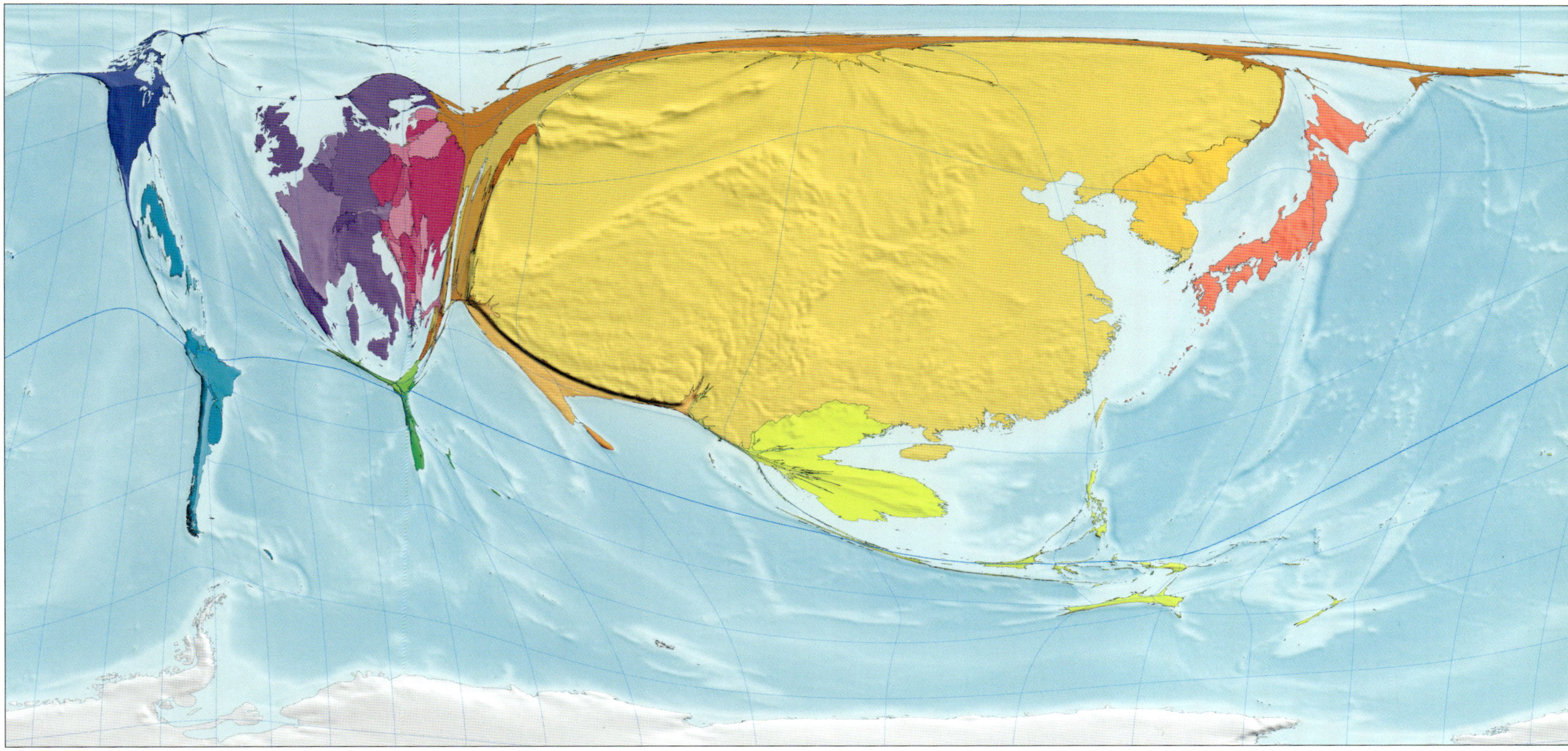

**HÖCHSTER ANTEIL VON ATHEISTEN**

| Rang | Land | Prozent* |
|---|---|---|
| 1 | Nordkorea | 15,6 |
| 2 | Schweden | 11,7 |
| 3 | Estland | 10,0 |
| 4 | Kasachstan | 9,4 |
| 5 | Mongolei | 8,8 |
| 6 | China | 8,2 |
| 7 | Vietnam | 6,9 |
| 8 | Uruguay | 6,3 |
| 9 | Kirgisistan | 5,9 |
| 9 | Lettland | 5,9 |
| 11 | Kuba | 5,8 |
| 12 | Tschechien | 5,1 |
| 13 | Weißrussland | 4,7 |
| 14 | Albanien | 4,6 |
| 15 | Armenien | 4,4 |
| 16 | Russland | 4,1 |
| 16 | Ukraine | 4,1 |
| 18 | Ungarn | 3,9 |
| 19 | Frankreich | 3,8 |
| 20 | Slowakei | 3,7 |

*Prozentualer Anteil der Atheisten an der Gesamtbevölkerung

# 382 Atheisten

**Die Größe des jeweiligen Landes zeigt die Anzahl der dort lebenden Menschen, die Religion gegenüber eine atheistische Einstellung haben.**

Die Zahl der weltweit lebenden Atheisten wird auf rund 150 Millionen geschätzt, wovon fast drei Viertel in Ostasien leben. Atheismus ist keine Religion, sondern der nicht vorhandene Glaube an die Existenz eines Gottes oder mehrerer Götter, oder die Ablehnung eines solchen Glaubens, der als unlogisch erachtet wird. Es gibt viele verschiedene Arten von Atheismus. Tatsächlich könnten Anhänger einiger Religionen, die nicht den Glauben an irgendeinen Gott verfechten, durchaus als Atheisten bezeichnet werden. Manche Formen des Buddhismus werden z. B. als atheistisch klassifiziert, obwohl sie für dieses Buch nicht als solche gezählt wurden.

Es wird davon ausgegangen, dass um die acht Prozent der Bevölkerung Ostasiens, drei Prozent der Einwohner Japans und jeweils zwei Prozent der Bevölkerung des Nahen Ostens, Zentralasiens und Europas Atheisten sind, obwohl angemerkt werden sollte, dass nicht alle, die sich selbst als Atheist bezeichnen, dies mit der gleichen Bestimmtheit in ihrem Bekenntnis zur atheistischen Einstellung tun.

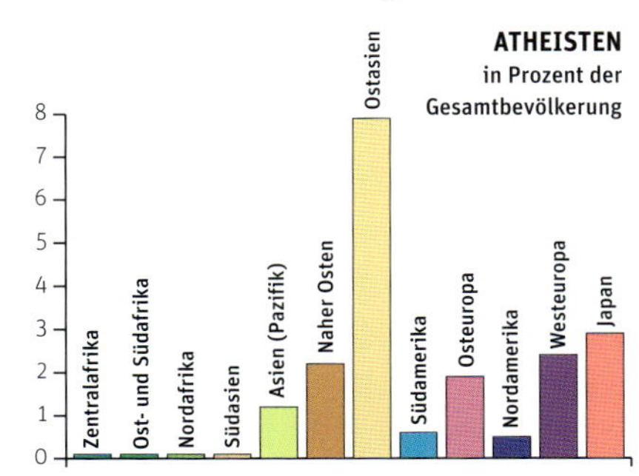


*»Genaugenommen muss ein Atheist moralisch sogar verantwortungsbewusster sein, gerade weil wir keinem Gott die Schuld für unser eigenes Handeln geben.«* Ivan Ratoyevsky, zeitgenössischer Kommentator

# Verzeichnis der Fachbegriffe und Abkürzungen

**Aids** Immunschwächesyndrom.

**BIP** Bruttoinlandsprodukt: Gesamtwert aller in einem Jahr und in einem Land produzierten Güter und Dienstleistungen.

**BNE** Bruttonationaleinkommen: Gesamteinkommen, das sich aus dem Gewinn der im eigenen Land produzierten Güter und Dienstleistungen sowie aus Produktionen oder Investitionen einheimischer Firmen im Ausland zusammensetzt.

**CEAR** Spanische Kommission zur Unterstützung von Flüchtlingen.

**ECE** UN-Wirtschaftskommission für Europa.

**FAO** Ernährungs- und Landwirtschaftsorganisation der Vereinten Nationen.

**FCKW** Fluorkohlenwasserstoffe.

**HIV** Humanes Immundefizienz-Virus.

**IDP** Flüchtlinge im eigenen Land.

**IWF** Internationaler Währungsfonds.

**ITU** Internationale Fernmeldeunion der Vereinten Nationen.



**IUCN** Weltnaturschutzunion.

**KKP** Kaufkraftparität (hier immer gemessen in US-Dollar): Sie definiert Geldbeträge anhand ihrer lokalen Kaufkraft, also der Menge dessen, was zum Beispiel mit 10 US-Dollar im jeweiligen Land erworben werden könnte. In Indonesien kann man damit wesentlich mehr kaufen als in den USA.

**MIT** Technische Hochschule Massachusetts.

**MSF** (Médecins sans frontièrs) Ärzte ohne Grenzen.

**Nettoexporte** Exporte minus Importe. Auf einer Nettoexporte-Karte haben die Länder, die weniger exportieren als importieren, die Größe null und erscheinen deshalb nicht.

**Nettoimporte** Importe minus Exporte. Auf einer Nettoimporte-Karte haben Länder, die weniger importieren als exportieren, die Größe null und erscheinen deshalb nicht.

**NGO** Nichtregierungsorganisation.

**OECD** Organisation für wirtschaftliche Zusammenarbeit und Entwicklung.

**Personenstunde** Die Arbeit oder Aktivität, die von einer durchschnittlichen Person in einer Stunde geleistet werden kann.

**RSPB** englische Vogelschutzgesellschaft.

**SAARC** Südasiatische Vereinigung für regionale Zusammenarbeit.

**STI** Sexuell übertragbare Erkrankungen.

**TBC** Tuberkulose.

**TEU** Container-Maßeinheit (2,44 x 6,1 Meter).

**Tonnenkilometer** Eine Tonne, die einen Kilometer weit befördert wird.

**UNDHA** Abteilung der Vereinten Nationen für humanitäre Angelegenheiten (seit 1998 OCHA).

**UNDP** Entwicklungsprogramm der Vereinten Nationen.

**UNEP** Umweltprogramm der Vereinten Nationen.

**UNESCO** Organisation der Vereinten Nationen für Erziehung, Wissenschaft und Kultur.

**UNFPA** Bevölkerungsfonds der Vereinten Nationen.

**UN-HABITAT** Programm der Vereinten Nationen für menschliche Siedlungen.

**UNICEF** Kinderhilfswerk der Vereinten Nationen.

**WHO** Weltgesundheitsorganisation.

**WIPO** Weltorganisation für geistiges Eigentum.

**WOM** Weltorganisation für Meteorologie.

**WSSD** Weltgipfel für nachhaltige Entwicklung.

**WTO** Welthandelsorganisation.

# Quellenverzeichnis

*Vorbemerkung*

Die meisten Karten in diesem Buch stützen sich auf sieben Hauptdatenquellen. Aus Platzgründen werden ihre Namen nur abgekürzt wiedergegeben. Die vollen Namen, Abkürzungen und die URL der Internetseiten der einzelnen Organisationen sind zu Anfang aufgelistet.

Jede Datenquelle, die zur Erstellung der Karten herangezogen wurde, wird durch vier verschiedene Datumsangaben bestimmt: (1) Der Zeitpunkt der Ereignisse, die in der Karte dargestellt werden. (2) Das Datum im Titel des Berichtes, der als Datenquelle herangezogen wurde. (3) Das Datum der ersten Veröffentlichung des Berichts, angegeben in Klammern vor dem Titel. (4) Das Datum des letzten Zugriffs auf die URL; alle URLs wurden Anfang 2008 überprüft, daher ist das Zugriffsdatum nur in Ausnahmefällen angegeben. Die entscheidende Zeitangabe ist die der dargestellten Ereignisse. Sie ist immer im Begleittext der Karte oder in den Anmerkungen zu den Tabellen und Diagrammen aufgeführt. Die hier in den Fußnoten angegebenen Zeitangaben beziehen sich deswegen nur auf die Titel und das Publikationsdatum der Quellen oder auf den Aufruf der Internetseiten.

Die genaue Herkunft der Kartendaten zu erläutern, würde den Rahmen dieser Publikation sprengen. Da nicht immer alle Daten zur Verfügung standen, wurden einige Statistiken unter Rückgriff auf die hier genannten großen Datensätze hochgerechnet. Für Leser, die die verwendete Methodik nachvollziehen möchten, haben wir eine Referenznummer in eckigen Klammern (‹1›) am Ende jedes Kartentitels angegeben. Auf *www.worldmapper.org* finden sich dazu entsprechende Kalkulationstabellen sowie technische Hinweise zu den Datenquellen. Die Kalkulationen bilden einen zeitlich eingefrorenen Datenbestand – das ist notwendig, da die Datenquellen im Internet ständig aktualisiert werden. Wenn sich die Tabellennummer einer Online-Datenquelle zwischen dem ersten und letzten Aufruf verändert hat, sind beide Zahlen angegeben.

Die Angaben der Tabellen sind fast immer prozentual, während die Karten sich auf absolute Werte beziehen. Die Ergebnisse werden in den Ranglisten in der Regel pro Kopf in Bezug auf die jeweilige Einwohnerzahl von 2002 angegeben (vgl. die Datenquelle für Karte 002 Weltbevölkerung).

*Abkürzungen und URLs*

**CIA** *http://www.cia.gov/library/publications/the-world-factbook/index.html*

**HDR** »Human Development Report« des UNDP *http://hdr.undp.org/en/reports/global/hdr2004/*

**HPI** Menschlicher Armutsindex der Vereinten Nationen

**IKRK** Internationales Komitee des Roten Kreuzes

**UNCTAD** Konferenz der Vereinten Nationen für Handel und Entwicklung (Internetseiten einzeln aufgeführt)

**UNEP** *http://geodata.grid.unep.ch/*

**UNICEF** Internetseiten einzeln aufgeführt

**WDI** World Development Indicators, 2005 der **Weltbank** *http://web.worldbank.org/data* (Die Zeitreihen werden als eine Folge von Großbuchstaben, durch Punkte getrennt, angezeigt: Mit ihnen erhält man Zugang zu den Originaldaten.)

**WHO** Internetseiten einzeln aufgeführt

**001 Fläche ‹1›** Economic and Social Research Institute (ESRI), »Digital Chart of the World« (1991); *http://www.maproom.psu.edu/dcw/dcw_about.shtml.* Staatsgrenzen werden als flächengetreu angezeigt. Binnengewässer und mit Eis bedeckte Gebiete werden in den Tabellen und Tortendiagrammen nicht erfasst.

**002 Weltbevölkerung ‹2›** UNDP (2004), »HDR, 2004«, Tabellen 5, 18, 33; *http://hdr.undp.org/en/reports/global/hdr2004/.*
– UNEP (2006), »Annual Report, 2005«; *http://geodata.grid.unep.ch/.*
– CIA (2007), »The World Factbook, 2007«; *https://www.cia.gov/library/publications/the-world-factbook/index.html.*

**003–006 Weltbevölkerung im Jahr 1 ‹7›, Weltbevölkerung im Jahr 1500 ‹8›, Weltbevölkerung**

**im Jahr 1900 <9>, Weltbevölkerung im Jahr 1960 <10>** A. Maddison (2007), »Historical Statistics for the World Economy: 1–2003 AD«; *http://www.ggdc.net/maddison/.*

**007 Geschätzte Weltbevölkerung im Jahr 2050 <11>**, UN Population Division (2006), »World Population Projections: The 2006 Revision«; *http://www.un.org/esa/population/unpop.htm.*

**008 Geschätzte Weltbevölkerung im Jahr 2300 <12>** UN Population Division (2004), »World Population in 2300: Proceedings of the United Nations Expert Meeting on World Population in 2300, United Nations Headquarters New York«, UN-Sekretariat für wirtschaftliche und soziale Belange, Bevölkerungsabteilung, Arbeitspapier 187, Revision 1; *http://www.un.org/esa/population/publications/longrange2/2004worldpop2300report finalc.pdf; http://www.un.org/esa/population/publications/longrange2/Country_Tables.xls.*

**009–010 Geburtenrate <3>, Geburtshilfe <4>** WHO (2005), »World Health Report, 2005«, Tabelle 8; *http://www.who.int/whr/2005/en/.*

**011–012 Kinder <5>, Alte Menschen <6>** UNDP (2004), »HDR, 2004«, Tabelle 5.

**013–014 Wahlrecht <359>, Wahlbeteiligung <360>** UNDP (2004), »HDR, 2004«, Tabelle 29; *http://www.idea.int/vt/survey/voter_turnout_pop2-2.cfm.*
– Internationales Institut für Demokratie und Wahlhilfe (1998) und Internationale Stiftung für Wahlsysteme (IFES, 2007), »Wahlführer«; *http://www.electionguide.org/.*

Tianjian Shi (1999), »Voting and nonvoting in China: Voting behavior in plebiscitary and limited-choice elections«, *Journal of Politics, 61*, 1115–1139.

**015–018 Auswanderer <16>, Einwanderer <15>, Nettoauswanderung <18>, Nettoeinwanderung <17>** Weltbank (2005), »World Development Indicators, 2005« (WDI), Tabelle 6.13; *http://web.worldbank.org/data.*

**019–020 Herkunftsländer von Flüchtlingen <14>, Aufnahmeländer von Flüchtlingen <13>** UNDP (2004), »HDR, 2004«, Tabelle 22.

**021–028 Herkunftsländer von Touristen <20>, Tourismusziele <19>, Netto-Urlaubsreisen ins Ausland <22>, Netto-Urlaubsreisen in ein Land <21>, Tourismusausgaben <24>, Tourismuseinnahmen <23>, Netto-Tourismuseinnahmen <25>, Nettoverlust im Tourismus <26>** Weltbank (2005), »WDI, 2005«, Tab. 6.14.

**029 Flüge im zivilen Luftverkehr <27>** Weltbank (2005), »WDI 2005«, Zeitreihen Flugzeugstarts (IS.AIR.DPRT).

**030–031 Strecken im zivilen Luftverkehr <28>, Passagieraufkommen im Luftverkehr <29>** UNEP (2006), »Annual Report, 2005«, Zeitreihen ziviler Flugverkehr.

**032–041 Bahnreisen <30>, Personenkraftwagen <31>, Krafträder <32>, Öffentliche Verkehrsmittel <142>, Zeitaufwand für den Weg zum Arbeitsplatz <141>, Straßen <35>, Lastkraftverkehr <33>, Eisenbahnlinien <36>, Bahnfracht <34>, Containerhafen <38>** Weltbank (2005), »WDI, 2005«, Zeitreihen Bahnstrecken und transportierte Passagiere (Passagier/km) (IS.RRS.PASG.KM); Pkw pro 1000 Menschen (IS.VEH.PCAR.P3); Zweiräder (IS.VEH.2CYL.P3); Tab. 3.11 ›Stadtentwicklung‹; Straßen (gesamtes Netzwerk in km) (IS.ROD.TOTL.KM); Lastkraftverkehr (IS.VEH.NVEH.P3 weniger IS.VEH.PCAR.P3); Fahrzeuge (IS.VEH.NVEH.P3); Bahnstrecken (Gesamtstrecken in km) (IS.RRS.TOTL.KM); Bahnstrecken und transportierte Güter (Tonne/km) (IS.RRS.GOOD.KM); Umschlag in Containerhäfen (TEU) (IS.SHP.GOOD.TU).

**042–043 Seegüterverkehr <40>, Öltanker <39>** UNCTAD (2005), »Handbook of Statistics Online«, Tab. 8.6 (18.01.2008: Tab. 5.4) ›World merchant fleet by flag of registration and by type of ship‹; *http://www.unctad.org/Templates/Page.asp?int|tem|D=1890&lang=1; http://stats.unctad.org/Handbook/TableViewer/tableView.aspx?Report|d=1303.*

**044 Luftfracht <37>** UNEP (2006), »Annual Report, 2005«, Zeitreihen ziviler Luftverkehr.

**045–048 Niederschlagsmenge <101>, Wasserressourcen <102>, Grundwasserneubildung <103>, Wasserverbrauch <104>** UNEP (2006), »Annual Report, 2005«, Zeitreihen Niederschlag nach politischen Grenzen; Datensatz erneuerbare Grundwasserressourcen (IRWR), Anreicherung und Verbrauch.

**049–052 Waldfläche 1990 <105>, Waldfläche 2000 <106>, Zunahme der Waldflächen <107>, Waldverlust <108>** Weltbank (2005), »WDI, 2005«, Zeitreihen Waldgebiete (AG.LND.FRST.ZS).

**053–054 Brennstoffverbrauch <119>, Zunahme des Brennstoffverbrauchs <120>** UNDP (2004), »HDR, 2004«, Tab. 21.

**055–056 Stromerzeugung <117>, Zunahme der Stromerzeugung <118>** Weltbank (2005), »WDI, 2005«, Zeitreihen Stromerzeugung (EG.ELC.PROD.KH).

**057 Verbrauch traditioneller Brennstoffe <109>** UNDP (2004), »HDR, 2004«, Tab. 21.

**058–062 Strom aus Wasserkraft <110>, Strom aus Erdöl <111>, Strom aus Erdgas <112>, Strom aus Kohle <113>, Strom aus Kernkraft <114>** Weltbank (2005), »WDI, 2005«, Zeitreihen Stromerzeugung aus Wasserkraft (EG.ELC.HYRO.ZS); aus Erdöl (EG. ELC.PETR.ZS); aus Erdgas (EG.ELC.NGAS.ZS); aus Kohle (EG.ELC.COAL.ZS); aus Kernkraft (EG.ELC.NUCL.ZS).

**063–072 Export von Primärgütern 1990 <347>, Export von Primärgütern 2002 <348>, Export von Sekundärgütern 1990 <349>, Export von Sekundärgütern 2002 <350>, Hochtechnologie-Exporte 1990 <351>, Hochtechnologie-Exporte 2002 <352>, Verschlechterung der realen Austauschverhältnisse <353>, Verbesserung der realen Austauschverhältnisse <354>, Schuldendienst im Jahr 1990 <355>, Schuldendienst im Jahr 2002 <356>** UNDP (2004), »HDR, 2004«, Tab. 15.

**073 Demonstrationen gegen den Irakkrieg 2003 <361>**, die Karte bezieht sich auf mehrere Quellen (vgl. *Worldmapper*-Website). Die drei Hauptquellen sind: D. Reynie (2004), »La Fracture occidentale: naissance d'une opinion européenne«, Paris, SS. 161–204; D. Gordon (2003), »The cost, consequences and morality of war in Iraq«, *Radical Statistics, 84*; *http://www.radstats.org.uk/no084/Gordon84.pdf*; sowie Y. Kimmons und B. Williams (2003), »How many Americans said no to war? A detailed study of 287 demonstrations for peace in the United States on February 15«, *Liberal Oasis*; *http://www.liberaloasis.co/peacereport.htm.*

**074 Verankerung des Völkerrechts <362>** IKRK (2007), »États parties aux principaux traités de DIH«; *http://www.icrc.org/Web/fre/sitefre0.nsf/iwpList103/ABFF592C8B3D842CC1256E3500 54B3D0.*

**075 Internationale Nahrungsmittelhilfe <363>** Welternährungsprogramm (WFP) (2005), »WFP Annual Report, 2005«, Anlage 5; *http://www.wfp.org/policies/Annual_Reports/index.asp?section=6&sub_section=3.*

**076 Fast Food <364>** Mc Donald's Corporation (2006), »Current Number of Restaurants per Country«; *http://www.mcdonalds.com/corp/news/media.html.*

**077 Stimmanteile im Internationalen Währungsfonds <365>** Internationaler Währungsfonds (2006), »Personal Correspondence with IMF Officials«; *http://www.worldmapper.org/technotes.php?selected=365.*

**078 Wer besucht unsere Website? <366>**, die Zahl verzeichnet die Anzahl der *Worldmapper*-Website-Aufrufe, nicht die der Besucher; zwischen 1. Januar und 31. Oktober 2006, dem durch die Karte erfassten Zeitraum, waren das 24,9 Millionen Aufrufe; *http://www.worldmapper.org/technotes.php?selected=366.*

**079–120 Obstexporte bis Genussmittelimporte <41>–<56>, Erzexporte <61>, Erzimporte <62>, Metallexporte <71>, Metallimporte <72>, Stahl- und Eisenexporte <63>, Stahl- und Eisenimporte <64>, Brennstoffexporte <115>, Brennstoffimporte <116>, Rohölexporte <75>, Rohölimporte <76>, Exporte von Erdölprodukten <65>, Importe von Erdölprodukten <66>, Exporte von Chemikalien <85>, Importe von Chemikalien <86>, Exporte von Gas- und Kohle <59>, Importe von Gas- und Kohle <60>, Exporte von Holz und Papier <73>, Importe von Holz und Papier <74>, Exporte von Naturprodukten <81>, Importe von Naturprodukten <82>, Exporte von Maschinen im Vergleich zu Computerimporten <87>–<92>** UNCTAD (2005), »Handbook of Statistics Online«, Tab. 4.2 (Jan. 2008: Tab. 3.2) ›International merchandise trade by product and by country‹; *http://www.unctad.org/Templates/Page.asp?int|tem|D=1890&lang=1; http://stats.unctad.org/Handbook/TableViewer/tableView.aspx?Report|d=1298.*
– Weltbank (2005), »WDI, 2005«, Zeitreihen Brennstoffexporte und -importe prozentual zum Güterexport (TX.VAL.FUEL.ZS.UN).

**121–140 Exporte von Transport- und Reisedienstleistungen bis Importe von Tantiemen- und**

**Lizenzgebühren ‹57›, ‹58›, ‹69›, ‹70›, ‹77›–‹80›, ‹83›, ‹84›, ‹93›–‹100›, ‹167›, ‹168›** UNCTAD (2005), »Handbook of Statistics Online«, Tab. 5.2 ›Trade in services by sector and country‹; *http://www.unctad.org/Templates/Page.asp?int|tem|D=1890&lang=1*; *http://stats.unctad.org/Handbook/TableViewer/tableView.aspx?Report|d=1304*. – UNDP (2004), »HDR, 2004«, Tab. 12.

**141–142 Ausgaben für Forschung und Entwicklung ‹165›, Angestellte im Bereich Forschung und Entwicklung ‹166›** UNDP (2004), »HDR, 2004«, Tab. 12.

**143–148 Wohlstandsverteilung im Jahr 1 ‹159›, Wohlstandsverteilung im Jahr 1500 ‹160›, Wohlstandsverteilung im Jahr 1900 ‹161›, Wohlstandsverteilung im Jahr 1960 ‹162›, Wohlstandsverteilung im Jahr 1990 ‹163›, Wohlstandsverteilung im Jahr 2015 ‹164›** A. Maddison (2007), »Historical Statistics for the World Economy: 1–2003 AD«; *http://www.ggdc.net/maddison/*. Für die Daten der Karte 2015 wurde die durchschnittliche jährliche BIP-Wachstumsrate für den Zeitraum von 1975 bis 2002 hochgerechnet.



**149–160 Armut** bis **Einkommen über 200 US-Dollar am Tag ‹149›–‹158›, ‹179›, ‹180›** UNDP (2004), »HDR, 2004«, Tab. 3, 4, 13, 14 und unter der Annahme von Lognormalverteilungen erstellt.

**161–164 Wohlstandsberechnung ohne KKP ‹169›, Wohlstandsberechnung bei KKP ‹170›, Wohlstandswachstum ‹171›, Rückgang des Wohlstands ‹172›** UNDP (2004), »HDR, 2004«, Tab. 13.

**165–168 Bruttonationaleinkommen ‹309›, Gesamtwirtschaftliches Sparguthaben ‹310›, Positive Sparquote ‹317›, Negative Sparquote ‹318›** Weltbank (2005), »WDI, 2005«, Tab. 1.1 ›World view: Size of the economy‹.

**169–172 Entwicklungsstand ‹173›, Armut nach dem HPI ‹174›, Verbesserung des Entwicklungsstandes ‹175›, Verschlechterung des Entwicklungsstandes ‹176›** UNDP (2004), »HDR, 2004«, Tab. 2.

**173–174 Unterernährung im Jahr 1990 ‹177›, Unterernährung im Jahr 2000 ‹178›** UNDP (2004), »HDR, 2004«, Tab. 7.

**175 Untergewichtige Kinder ‹182›** UNDP (2004), »HDR, 2004«, Tab. 3 und 4.

**176–178 Gleichstellung von Mann und Frau ‹181›, Einkommen von Männern ‹148›, Einkommen von Frauen ‹147›** UNDP (2004), »HDR, 2004«, Tab. 24 und 25.

**179–182 Getreideproduktion ‹123›, Fleischproduktion ‹125›, Konsum von pflanzlicher Nahrung ‹124›, Konsum von Fleisch und Fleischprodukten ‹126›** UNEP (2006), »Annual Report, 2005«, Zeitreihen Getreideproduktion (Tonnen pro Jahr), Fleischproduktion, durchschnittliche Gesamtkalorienzufuhr minus der aus tierischen Produkten (pro Kopf und Tag), Kalorienzufuhr aus tierischen Produkten.

**183–184 Traktoren ‹121›, Zunahme an Traktoren ‹122›** Weltbank (2005), »WDI, 2005«, Zeitreihen landwirtschaftliche Maschinen und Traktoren (AG.AGR.TRAC.NO).

**185–190 Männliche Arbeitskräfte in der Landwirtschaft ‹128›, Weibliche Arbeitskräfte in der Landwirtschaft ‹127›, Männliche Arbeitskräfte in der Industrie ‹130›, Weibliche Arbeitskräfte in der Industrie ‹129›, Männer in Dienstleistungsberufen ‹132›, Frauen in Dienstleistungsberufen ‹131›** UNDP (2004), »HDR, 2004«, Tab. 27.

**191–192 Hausarbeit von Frauen ‹137›, Hausarbeit von Männern ‹138›** UNDP (2004), »HDR, 2004«, Tab. 28 (und 27).

**193 Teenager-Mütter ‹136›** Weltbank (2005), »WDI, 2005«, Tab. 1.5.

**194 Kinderarbeit ‹135›** Weltbank (2005), »WDI, 2005«, Zeitreihen Arbeitskräfte, Kinder zwischen 10 und 14 (prozentual zur Altersgruppe) (SL.TLF.CHLD.ZS).

**195–196 Männer in Erwerbstätigkeit ‹140›, Frauen in Erwerbstätigkeit ‹139›** UNDP (2004), »HDR, 2004«, Tab. 27 (und 28).

**197–198 Männer als Führungskräfte ‹134›, Frauen als Führungskräfte ‹133›** UNDP (2004), »HDR, 2004«, Tab. 14 und 25.

**199–202 Arbeitslose ‹143›, Langzeitarbeitslose ‹144›, Arbeitslose junge Männer ‹146›, Arbeitslose junge Frauen ‹145›** UNDP (2004), »HDR, 2004«, Tab. 20.

**203–204 Gewerkschaften ‹357›, Streiks und Aussperrungen ‹358›** UNDP (2004), »HDR, 2004«, Tab. 31. – International Labour Organization (2002), »World Labour Report, 1997–1998«; *http://www.ilo.org/public/english/dialogue/ifpdial/publ/wlr97/annex/tab11.htm*.

**205–206 Städtische Bevölkerung ‹189›, Prognostizierter Anstieg der Stadtbevölkerung ‹190›** UNDP (2004), »HDR, 2004«, Tab. 5.

**207–210 Zahl der Privathaushalte ‹191›, Kosten für Wohnobjekte ‹194›, Menschen in beengten Wohnverhältnissen ‹192›, Feste Unterkünfte ‹193›** Weltbank (2005), »WDI, 2005«, Tab. 3a und 3.11.

**211–212 Städtische Slums ‹187›, Wachstum der Slums ‹188›** UN-HABITAT (2006), »Slum Population in Urban Areas, Millennium Development Goal«; *http://mdgs.un.org/unsd/mdg/Data.aspx*.

**213–216 Minimale Sanitärversorgung ‹183›, Sanitäre Grundversorgung ‹184›, Abwasserentsorgung ‹185›, Mangelhafte Wasserqualität ‹186›** UNDP (2004), »HDR, 2004«, Tab. 7. – UNEP (2006), »Annual Report, 2005«, Zeitreihen Bevölkerung mit sanitärer Grundversorgung.

**217–228 Kinder in Grundschulen bis Anstieg der Bildungsausgaben im Tertiärbereich ‹199›–‹204›, ‹207›–‹212›** UNDP (2004), »HDR, 2004«, Tab. 10 und 26. – UNDP (2005), »HDR, 2005«, Tab. 27.

**229–232 Alphabetisierungsrate bei Jugendlichen ‹195›, Geschlechtsabhängiger Analphabetismus ‹197›, Alphabetisierungsrate bei Erwachsenen ‹196›, Geschlechterverteilung Analphabetentum ‹198›** UNDP (2004), »HDR, 2004«, Tab. 11 und 26.

**233–234 Wissenschaftliche Forschung ‹205›, Wachstum bei der wissenschaftlichen Forschung ‹206›** Weltbank (2005), »WDI, 2005«, Zeitreihen Veröffentlichungen in Fachzeitschriften (IP.JRN.ARTC.SC).

**235–236 Kosten einer vollständigen Telefonversorgung ‹330›, Störungen im Telefonnetz ‹329›** Weltbank (2005), »WDI, 2005«, Zeitreihen Einnahmen pro Hauptleitung in US-Dollar (IT.MLT.REVN.CD); Telefonstörungen pro 100 Hauptstrecken (IT.MLT.FALT.M2).

**237–242 Anzahl der Telefonanschlüsse 1990 ‹331›, Anzahl der Telefonanschlüsse 2002 ‹332›, Anzahl der Mobiltelefone 1990 ‹333›, Anzahl der Mobiltelefone 2002 ‹334›, Internetnutzer 1990 ‹335›, Internetnutzer 2002 ‹336›** UNDP (2004), »HDR, 2004«, Tab. 12.

**243–247 Personal Computer ‹337›, Kabelfernsehen ‹338›, Fernsehgeräte ‹339›, Radiogeräte ‹340›, Tageszeitungen ‹341›** Weltbank (2005), »WDI, 2005«, Zeitreihen Personal Computer pro 1000 Personen (IT.CMP.PCMP.P3);
Bezieher von Kabelfernsehen pro 1000 Personen (IT.TVS.CABL.P3);
Fernseher pro 1000 Personen (IT.TVS.SETS.P3);
Radiogeräte pro 1000 Personen (IT.RAD.SETS.P3);
Tageszeitungen pro 1000 Personen (IT.PRT.NEWS.P3).

**248–251 Wochenzeitungen ‹342›, Neuerscheinungen Bücher ‹343›, Nutzung von Leihbüchereien ‹344›, Kinobesuche ‹345›** Online-Statistiken der UNESCO, *http://www.uis.unesco.org/* (10.10.2006).

**252 Elektrifizierung ‹346›**, International Energy Agency (2002), »World Energy Outlook«, Anlage 13.1; *http://www.iea.org/textbase/nppdf/free/2000/weo2002.pdf.*

**253–254 Öffentliche Ausgaben für Gesundheit ‹213›, Private Ausgaben für Gesundheit ‹214›** UNDP (2004), »HDR, 2004«, Tab. 6.

**255–259 Hebammen ‹215›, Krankenschwestern ‹216›, Apotheker ‹217›, Zahnärzte ‹218›, Ärzte ‹219›** WHO (2006), »Global Atlas of the Health Workforce« (Januar 2008: »Global Health Atlas«; *http://www.who.int/globalatlas/*.

**260 Medizinische Grundversorgung ‹220›** WHO (2004), »WHR, 2004: Changing History«, Web-Anhang Tab. 9; *http://www.who.int/whr/2004/en/*

**261 Krankenhausbetten ‹221›** Weltbank (2005), »WDI, 2005«, Zeitreihen Krankenhausbetten pro 1000 Personen (SH.MED.BEDS.ZS).

**262–269 Erschwingliche Medikamente** bis **HIV-Rate ‹67›, ‹68›, ‹222›–‹227›** UNDP (2004), »HDR, 2004«, Tab. 6 und 8.

**270–274 Tuberkulosefälle ‹228›, Malariafälle ‹229›, Todesfälle durch Malaria ‹230›, Cholerafälle ‹231›, Todesfälle durch Cholera ‹232›** WHO (2004), »Human Resources for Health: Basic Data« (21.03.2005, Tab. ›Communicable Diseases‹); für Tuberkulose: *http://www.who.int/tb/en/*; für Malaria und Cholera: *http://www.who.int/globalatlas/*

**275 Durchfall bei Kindern ‹233›** Weltbank (2005), »WDI, 2005«, Zeitreihen Diarrhoefälle (Prozentsatz der Kinder unter 5) (SH.STA.DIRH.ZS).

**276–280 Trachom ‹234›, Polio ‹235›, Gelbfieber ‹236›, Tollwut ‹237›, Grippeepidemien‹238›** WHO (2004), »Human Resources for Health: Basic Data« (21.03.2005, Tab. ›Communicable Diseases‹); *http://www.who.int/globalatlas/.* Für Tollwut und Grippe den Links auf der Seite zu »RabNet« und »FluNet« folgen.

**281 Diabetes <239>** Weltbank (2005), »WDI, 2005«, Tab. 2.18 ›Health: risk factors and future challenges‹.

**282 Alkoholkonsum <240>** WHO (2006), »Behavioural and Risk Factor Indicators: Global Information System on Alcohol and Health (GISAH)«; *http://www.who.int/research/en/*

**283–285 Männliche Raucher <242>, Weibliche Raucher <241>, Verkehrstote <243>** Weltbank (2005), »WDI, 2005«, Tab. 2.18 ›Health: risk factors and future challenges‹.

**286 Krankheitsjahre <244>** UNEP (2006), »Annual Report, 2005«, Zeitreihen gesunde Lebenserwartung (HALE).

**287–290 Lebenserwartung <255>, Anstieg der Lebenserwartung <256>, Lange Lebenserwartung bei Frauen <257>, Müttersterblichkeit <258>** UNDP (2004), »HDR, 2004«, Tab. 1 und 33.

**291–292 Totgeburten <259>, Postnatale Mortalität <260>** WHO (2005), »WHR, 2005«, Tab. 8; *http://www.who.int/whr/2005/en/.*

**293–296 Säuglingssterblichkeit <261>, Abnahme der Säuglingssterblichkeit <262>, Kindersterblichkeit <263>, Rückgang der Kindersterblichkeit <264>** UNDP (2004), »HDR, 2004«, Tab. 1 und 33.

**297–298 Mortalität bei Männern zwischen 15 und 60 Jahren <266>, Mortalität bei Frauen zwischen 15 und 60 Jahren <265>** WHO (2005), »WHR, 2005«, Tab. 8; *http://www.who.int/whr/2005/en/.*

**299–308 Katastrophenopfer** bis **Schädlinge <245>–<254>** UNEP (2006), »Annual Report, 2005«, Zeitreihen Katastrophen; von Insekten übertragene Seuchen, ergänzt durch Informationen des WHO Collaborating Centre for Research on the Epidemiology of Disasters (CRED), Emergency Events Database (EM-DAT); *http://www.em-dat.net.*

**309–312 Rüstungsausgaben 1990 <280>, Rüstungsausgaben 2002 <279>, Waffenexporte <281>, Waffenimporte <282>** UNDP (2004), »HDR, 2004«, Tab. 19 und 22.

**313 Kernwaffen <289>** Online-Statistiken des US-Zentrums für Verteidigungsinformationen; *http://www.cdi.org/issues/nukef&f/database/nukearsenals.cfm* (Okt. 2006).

**314 Verluste durch Landminen <290>** Landmine Monitor (2006), »Landmine Monitor Report, 2006: Toward a Mine-Free World«; *http://www.icbl/org/lm/2005/intro/survivor.html#Heading4.*

**315–316 Militärpersonal 1985 <283>, Militärpersonal 2002 <284>** UNDP (2004), »HDR, 2004«, Tab. 19.

**317–318 Kampftruppen im Einsatz 1945–2004 <285>, Menschen im Krieg 1945–2004 <286>** Daten 1945–1982: M. Kidron und D. Smith (1983), »The War Atlas: Armed Conflict, Armed Peace«, London. Daten 1983–1989: Zentrum zur Erforschung von Bürgerkriegen, Internationales Friedensforschungsinstitut in Oslo (PRIO) und Uppsala Conflict Data Program (UCDP), Institut für Friedens- und Konfliktforschung der Universität von Uppsala (2006), »Armed Conflicts, 1946–2004«; *http://www.prio.no/cwp/armedconflict/.* Daten 1990–2004 (inkl. der Kriege, die eher begannen und bis in diesen Zeitraum hinein andauerten): ›Table of wars, 1990–2004‹ in D. Smith und A. Bræin (2005), »The Atlas of War and Peace«, London, SS. 116–121.

**319 Kriegsopfer 1945–2000 <287>** M. Leitenberg (2001), »Deaths in wars and conflicts between 1945 and 2000«, Vortrag während der Konferenz ›Datensammlung zu bewaffneten Konflikten‹ in Uppsala, Schweden (8. bis 9. Juni 2001); *http://www.einaudi.cornell.edu/peaceprogram/publications/occasional_papers/Deaths-Wars-Conflicts3rd-ed.pdf* (Oktober 2006).

**320–322 Kriegsopfer 2002 <288>, Tötungsdelikte <291>, Selbstmorde <92>** WHO (2004), »WHR, 2004«, Web-Anhangtabelle ›Burden of disease‹; *http://www.who.int/evidence/bod/en/.*

**323–324 Gefangene <293>, Untersuchungsgefangene <294>** Internationales Zentrum für Gefängnisstudien (ICPS) (2006), »World Prison Brief Online«; *http://www.kcl.ac.uk/depsta/rel/icps/worldbrief/highest_to_lowest_rates.php* (14.09.2006).

**325–328 Kohlendioxidausstoß im Jahr 1980 <296>, Kohlendioxidausstoß im Jahr 2000 <295>, Zunahme des Kohlendioxidausstoßes <297>, Abnahme des Kohlendioxidausstoßes <298>** UNDP (2004), »HDR, 2004«, Tab. 21. – UNEP (2006), »Annual Report, 2005«; Datensatz: all_co2_mdg_total.

**329 Geschätzter Kohlendioxidausstoß im Jahr 2015 <315>** Energieinformationsbehörde (EIA) (2006), »Annual Energy Outlook, 2006«, Tab. A10 ›World carbon dioxide emissions by region, reference case, 1990–2030‹; http://*www.eia.doe.gov/oiaf/ieo/pdf/ieoreftab_10.pdf.*

**330 Luftverschmutzung durch Feinstaub <316>** Weltbank (2005), »WDI, 2005«, Tab. 1.1 ›World view: Size of the economy‹.

**331–334 Treibhausgase <299>, Landwirtschaftliches Methan und Stickoxid <300>, Schwefeldioxid <301>, Stickoxide <302>** UNSTAT, Abteilung für ökonomische und soziale Belange (2005), »Main Environmental Indicators«; *http://unstats.un.org/unsd/ENVIRONMENT/q2004indicators.htm.*

**335–338 Fluorchlorkohlenwasserstoffe <303>, Nuklearer Abfall <304>, Giftmüll <305>, Klärschlamm <306>** UNEP (2006), »Annual Report, 2005«; Datensätze: all_ozone_cfc used: Verbrauch von ozonvernichtenden Substanzen – Fluorchlorkohlenwasserstoffe (FCKW); all-waste_nuclear: Tonnen von Schwermetall pro Jahr; all-waste_haz_generated und all-waste_ sludge_ prod.

**339–340 Produzierter Müll <307>, Wiederverwerteter Müll <308>** UNSTAT, Abteilung für ökonomische und soziale Belange (2005), »Main Environmental Indicators«; *http://unstats.un.org/unsd/ENVIRONMENT/q2004indicators.htm.*

**341–342 Instandhaltungskosten <311>, Ausbeutung fossiler Brennstoffe <312>** Weltbank (2005), »WDI, 2005«, Tab. 1.1 ›World view: Size of the economy‹.

**343–344 Verbrauch von Erdgas <319>, Ausbeutung von Erdöl <320>** British Petroleum (BP) (2005), »Statistical Review of the World«; *http://www.bp.com/statisticalreview.*

**345–346 Ausbeutung von Mineralien <313>, Raubbau an Wäldern <314>** Weltbank (2005), »WDI, 2005«, Tab. 1.1 ›World view: Size of the economy‹.

**347–350 Übermäßiger Wasserverbrauch <323>, Wasserverbrauch in Haushalten <324>, Wasserverbrauch in der Industrie <325>, Wasserverbrauch in der Landwirtschaft <326>** Weltbank (2005), »WDI, 2005«, Tab. 3.5 ›World view: Freshwater‹.

**351–352 Wasserleitungen <327>, Zunahme der Wasseranschlüsse <328>** WHO und UNICEF (2006), »Joint Monitoring Program on Water and Sanitation Worldwide«; *http://www.wssinfo.org/en/sanquery.html.*

**353–354 Biokapazität <321>, Ökologischer Fußabdruck <322>** WWF (2006), »Living Planet Report«; *http://www.footprintnetwork.org; http://www.panda.org/news_facts/publications/living_planet_report/lp_2006/index.cfm.*

**355–366 Ausgerottete Tierarten <267>, Ausschließlich in Zoos lebende Tierarten <268>, Vom Aussterben bedrohte Tierarten <269>, Weniger stark bedrohte Tierarten <270>, Gefährdete Pflanzen <271>, Gefährdete Säugetiere <272>, Gefährdete Vögel <273>, Gefährdete Reptilien <274>, Gefährdete Amphibien <275>, Gefährdete Fische <276>, Gefährdete Weichtiere <277>, Gefährdete wirbellose Tiere <278>** IUCN (2006), »Red List of Threatened Species, 2004«, Tab. 5, 6a, 6b; *http://www.iucnredlist.org/.*

**367–382 Katholische Christen <555>, Protestantische Christen <557>, Orthodoxe Christen <556>, Anhänger des Judentums <563>, Sunnitische Muslime <566>, Schiitische Muslime <565>, Hindus <569>, Buddhisten <568>, Sikhs <571>, Jainas <570>, Taoistische Religionen <572>, Baha'i <553>, Heiden <577>, Spiritisten <578>, Agnostiker <581>, Atheisten <582>**
Die Hauptdatenquelle für diese Karten ist die World Christian Database; *http://worldchristiandatabase.org/wcd/.* Daten über die Religiöse Gesellschaft der Freunde (Quäker) kommen von den Quäkern selbst, mit freundlicher Unterstützung von Thecla Geraghty. Gelegentlich wurden Zahlen der ARDA – Association of Religious Data Archives (*http://www.thearda.com/*) und von *http://www.adherents.com/* genutzt. Die Originaldaten wurden zum Teil leicht abgewandelt, um Doppelzählungen in Ländern, in denen einige Menschen mehr als einer Religion anhängen, auszugleichen. Die Gesamtzahlen der Anhänger umfassen in der Regel auch Kinder, denen die Glaubensrichtung ihrer Eltern zugesprochen wurde.

# Zitatnachweis

**AKP** Gruppe afrikanischer, karibischer und pazifischer Staaten

**CICETE** Chinesisches internationales Zentrum für wirtschaftlichen und technischen Austausch

**DFID** Britisches Ministerium für internationale Entwicklung

**IRIN** Integrierte regionale Informationsnetzwerke

**NACLA** Nordamerikanischer Kongress für Lateinamerika und gleichnamige Zeitschrift

**NDRC** Nationale Entwicklungs- und Reformkommission

**NIWA** Nationales Institut für Wasser- und atmosphärische Forschung (Neuseeland)

**UNIFEM** Entwicklungsfonds der Vereinten Nationen für Frauen

**VSO** Ehrenamtlicher Auslandsdienst

**WWF** Internationale Naturschutzorganisation

**001 Fläche <1>** *http://www.oxfam.org.uk/what_we_do/index.htm* (16.01.2006)



**002 Weltbevölkerung <2>** Hania Zlotnik (2005), Rede anlässlich der 38. Versammlung des Wirtschafts- und Sozialrats der Vereinten Nationen, 4. April 2005; *www.un.org/esa/population/cpd/Statement_HZ_open.pdf* (Januar 2006)

**004 Weltbevölkerung im Jahr 1500 <8>** *http://www.bbc.co.uk/scotland/education/geog/population/profile.shtml?country=mexico* (14.03.2006)

**005 Weltbevölkerung im Jahr 1900 <9>** Anthony J. Parel, Hrsg. (1997), »Ghandi: ›Hind Swaraj‹ and Other Writings«, Cambridge, S. 36

**007 Geschätzte Weltbevölkerung im Jahr 2050 <11>** Bevölkerungsfond der Vereinten Nationen (UNFPA) (1999), »Y6B: World population hits 6 billion!«, *SouthPac News*, 7/1 (Juni); *http://www.un.org/popin/regional/asiapac/fiji/news/99jun/y6b.htm* (12.12.2005)

**009 Geburtenrate <3>** Aung San Suu Kyi (1997), »Letters from Burma«, Harmondsworth, S. 56

**010 Geburtshilfe <4>** *http://www.who.int/goodwill_ambassadors/liya_kebede/un/en/index.html* (06.01.2006)

**012 Alte Menschen <6>** HelpAge International, »State of the World's Older People 2002«, S. 8; *http://www.helpage.org/Resources/Policyreports#1118337662-0-11* (17.12.2005)

**017 Nettoauswanderung <18>** Dominic Bailey (2005), »EU outposts turn into fortresses«, BBC News (29. September); *http://news.bbc.co.uk/1/hi/world/europe/4294426.stm* (17.12.2005)

**018 Nettoeinwanderung <17>** Angela Partington, Hrsg. (1996), »The Oxford Dictionary of Quotations«, überarb. 4. Ausg., Oxford, S. 184

**020 Aufnahmeländer von Flüchtlingen <13>** Alexandra Fouche (2001), Interview mit Habib Souaïdia, in: »The Road to Refuge«, BBC News special; *http://news.bbc.co.uk/hi/english/static/in_depth/world/2001/road_to_refuge/foreign_land/testimony.stm* (18.12.2005)

**022 Tourismusziele <19>** Howard Rosenzweig (2003), »Copan update«, *Honduras This Week*, Online-Ausgabe, Nr. 37; *http://www.marrder.com/htw/* (15.01.2006)

**024 Netto-Urlaubsreisen in ein Land <21>** Angela Partington, Hrsg. (1996), »The Oxford Dictionary of Quotations«, überarb. 4. Ausg., Oxford, S. 667

**031 Passagieraufkommen im Luftverkehr <29>** Peter Haggett (2001), »Geography: A Global Synthesis«, Harlow, S. 652

**033 Personenkraftwagen <31>** Paul Harris (2006), »How the US fell out of love with its cars«, *The Observer* (29. Januar); *http://observer.guardian.co.uk/world/story/0,,1697517,00.html* (14.02.2006)

**035 Öffentliche Verkehrsmittel <142>** Yingling Liu (2006), »Bus Rapid Transit: A step toward fairness in China's urban transportation«, *Worldwatch* (9. März); *http://www.worldwatch.org/features/chinawatch/stories/20060309-1* (05.05.2006)

**036 Zeitaufwand für den Weg zum Arbeitsplatz <141>** »Bangkok's industrial ring road«, *Bridges* (März–April 2005) *http://www.bridgebuildermagazine.com/ME2/Audiences/dirmod.asp?sid=&nm=&type=Publishing&mod=Publications%3A%3ABB+Articles&mid=6E82BAC0CEF34C7F912D607986507460&AudID=FA0B7EC5E4FA43DB8CE50898D8DCA098&tier=4&id=5F6DB02AC6E34DBD8E8A2223933ED250* (07.05.2006)

**037 Straßen <35>** Ian G. Heggie (1994), »Management and Financing of Roads: An Agenda for Reform«, Africa Technical Department Series, Technical Paper Nr. 275; *http://www.worldbank.org/afr/findings/english/find32.htm* (17.01.2006)

**039 Eisenbahnlinien <36>** Yukinori Koyama (1997), »Railway construction in Japan«, *Japan Railway and Transport Review* (Dezember), S. 39; *http://www.jrtr.net/technology/index_technology.html* (17.01.2006)

**040 Bahnfracht <34>** *http://www.monologues.co.uk/Childrens_Favourites/Night_Mail.htm* (17.01.2006)

**041 Containerhäfen <38>** Jung Chang (1991), »Wild Swans«, London, S. 294

**042 Seegüterverkehr <40>** Alison Gee (2002), »Shipping firms call up pirate busters«, BBC News (6. August); *http://news.bbc.co.uk/1/low/business/2175819.stm* (17.01.2006)

**044 Luftfracht <37>** Kamau Ngotho (2005), »Kenya's in foreign hands«, *Sunday Standard* (17. April); *http://www.eastandard.net/archives/sunday/print/news.php?articleid=18216* (14.02.2006)

**046 Wasserressourcen <102>** *http://www.mre.gov.br/cdbrasil/itamaraty/web/ingles/divpol/norte/am/bamazon/index.htm* (04.04.2006)

**047 Grundwassererneuerung <103>** *http://www.wrl.unsw.edu.au/groundwater/hscresources/841002.html* (04.04.2006)

**048 Wasserverbrauch <104>** Céline Dubreuil (2006), »The Right to Water: From Concept to Implementation«, World Water Council; *http://www.worldwatercouncil.org/index.php?id=32* (04.04.2006)

**049 Waldfläche im Jahr 1990 <105>** The Rainforest Foundation (2004), »New Threats to the Forests and Forest Peoples of the Democratic Republic of Congo«, Informationspapier (Februar); *www.fern.org/pubs/briefs/DRC_RF.pdf* (04.04.2006)

**050 Waldfläche im Jahr 2000 <106>** *http://www.forest.ru/eng/news/news.html?cmd[36]=i-37-82faf499701b61b88bf9fc8f3d65ce60* (04.04.2006)

**051 Zunahme der Waldflächen <107>** *http://www.wisdomquotes.com/cat_children.html* (17.02.2006)

**052 Waldverlust <108>** E. G. Togu Manurung (2006), »Continuing problems remain unresolved«, *Jakarta Post* (10. Mai); *http://www.thejakartapost.com/Outlook2006/ec009b.asp* (15.05.2006)

**053 Brennstoffverbrauch <119>** Terry Costlow (2003), »Fuel cell research moving ›at light speed‹«, *Today's Engineer* (April); *http://www.todaysengineer.org/2003/Apr/fuel_cell.asp* (04.04.2006)

**054 Zunahme des Brennstoffverbrauchs <120>** »Preparation prevents higher oil price pain«, *China Daily* (28. März 2006); *http://www.chinadaily.com.cn/chinagate/doc/2006-03/28/content_554050.htm* (04.04.2006)

**055 Stromerzeugung <117>** *http://www.doe.gov/energysources/index.htm* (04.04.2006)

**060 Strom aus Erdgas <112>** Bernard A. Gelb (2006), »Russian Oil and Gas Challenges«, Washington, DC; *fpc.state.gov/documents/organization/58988.pdf* (04.04.2006)

**066 Export von Sekundärgütern 2002 <350>** »China doubles auto exports in 2006«, *People's Daily Online* (1. Januar 2007); *http://english.peopledaily.com.cn/200701/01/eng20070101_337593.html* (15.01.2007)

**067 Hochtechnologie-Exporte 1990 <351>** *http://www.somo.nl/html/paginas/pdf/ICT_China_report_NL.pdf* (06.02.2007)

**069 Austauschverhältnisse <353>** Graham Young (1990), »Fair trading«, *New Internationalist*, Nr. 204 (Februar); *http://live.newint/org/issue204/fair.htm* (06.02.2007)

**072 Schuldendienst im Jahr 2002 <356>** Ernest Harsch (2004), »Brazil repaying its ›debt‹ to Africa: President's tour of Southern Africa strengthens south–south ties«, *Africa Recovery*, 17/4 (Januar), S. 3; *http://www.un.org/ecosocdev/geninfo/afrec/vol17n04/174brazil.htm* (08.01.2007) (im Bezug auf Luiz Inácio Lula da Silva, Präsident von Brasilien)

**074 Verankerung des Völkerrechts <362>** *http://www.quotationsbook.com/quotes/9187/view* (aufgerufen 08.01.2007)

**075 Internationale Nahrungsmittelhilfe <363>** Martin Wroe und Malcolm Doney (2004), »The Rough Guide to a Better World: How You Can Make a Difference«, London, S. 52

**077 Stimmanteile im Internationalen Währungsfonds <365>** Barbara Gunnell (2004), »A conspirancy of the rich«, *New Statesman* (24. Mai); *http://www.newstatesman.com/200405240018* (08.01.2007)

**078 Wer besucht unsere Website? <366>** Horst Frenz, Hrsg. (1969), »Nobel Lectures ...: Literature,

1901–1967«, Amsterdam; *http://nobelprize.org/nobel_prizes/literature/laureates/1938/buck-speech.html* (08.01.2007)

**085 Getreideexporte <47>** *http://www.visit-laos.com/food/index.htm* (17.02.2006)

**087 Fleischexporte <49>** *http://www.mongabay.com/brazil.html* (17.02.2006)

**089 Fischexporte <51>** Helga Josupeit (2003), »Bericht des Expertenkonsiliums zum internationalen Fischhandel und zur Lebensmittelsicherheit«, Casablanca, 27.–30. Januar 2003; *http://www.fao.org/documents/show_cdr.asp?url_file=/DOCREP/006/Y4961E/y4961e05.htm* (17.02.2006)

**091 Lebensmittelexporte <53>** *http://www.icco.org/* (17.02.2006)

**093 Exporte von Alkohol- und Tabak <55>** *http://www.nps.gov/colo/Jthanout/TobaccoHistory.html* (17.02.2006)

**095 Erzexporte <61>** Kelly Hearn (2005), »South America's mining wars heat up«, Global Policy Forum (28. Juni); *http://www.globalpolicy.org/socecon/trade/2005/0628samines.htm* (02.03.2006)

**098 Metallimporte <72>** *http://www.world-aluminium.org/history/* (02.03.2006)

**100 Stahl- und Eisenimporte <64>** Anand S. T. Das (2006), »North India: A potential steel exporter to Pak [sic]«, *Chandigarh Newsline* (23. Februar); *http://cities.expressindia.com/fullstory.php?newsid=171003* (02.03.2006)

**101 Brennstoffexporte <115>** Melissa Dell (2004), »The devil's excrement: The negative effect of natural resources on development«, *Harvard International Review*, 26/3; *http://hir.Harvard.edu/articles/1261/* (14.04.2006)

**102 Brennstoffimporte <116>** Kunio Anzai (2004), »City Gas Industry's Agenda in Japan«; *www.gas.or.jp/english/letter/images/04/pdf/Agenda1.pdf* (14.04.2006)

**103 Rohölexporte <75>** Rupert Wingfield-Hayes (2006), »Satisfying China's demand for energy«, BBC News (16. Februar); *http://news.bbc.co.uk/1/hi/world/asia-pacific/4716528.stm* (15.03.2006)

**104 Rohölimporte <76>** BBC News (2006), »Japan in surprise trade deficit« (23. Februar); *http://news.bbc.co.uk/1/hi/business/4742582.stm* (15.03.2006)

**105 Exporte von Erdölprodukten <65>** Yoko Kitazawa (1990), »The Japanese economy and South-East Asia: The examples of the Asahan Aluminium and Kawasaki Steel projects«; *http://www.unu.edu/unupress/unupbooks/80a04e/80A04E07.htm* (15.03.2006)

**106 Importe von Erdölprodukten <66>** Rupert Wingfield-Hayes (2006), »Satisfying China's demand for energy«, BBC News (16. Februar); *http://news.bbc.co.uk/1/hi/world/asia-pacific/4716528.stm* (15.03.2006)

**107 Exporte von Chemikalien <85>** Patricia L. Short (2005), »Currency knocks chemical industry's exports, but companies still look for pickup in domestic demand«, *Chemical and Engineering News*, 83/2 (10. Januar), Seiten 23–25; *http://pubs.acs.org/cen/coverstory/83/8302wcoeurope.html* (15.03.2006)

**108 Importe von Chemikalien <86>** Rachel Carson (1962), »Silent Spring», Harmondsworth, 2000, S. 24

**110 Exporte von Gas- und Kohle <60>** Steven Eke (2005), »Russia threatens Ukraine gas cut«, BBC News (13. Dezember); *http://news.bbc.co.uk/1/hi/business/4526138.stm* (15.03.2006)

**111 Exporte von Holz- und Papier <73>** Eduardo Tadem (1990), »Conflict over land-based natural resources in the Asian countries«; *http://www.unu.edu/unupress/unupbooks/80a04e/80A04E04.htm#2..3%20The%20plunder%20of%20forest%20resources* (15.03.2006)

**112 Importe von Holz und Papier <74>** *http://www.fscus.org/* (15.03.2006)

**113 Exporte von Naturprodukten <81>** John H. Drabble (2004), »Economic history of Malaysia«; *http://www.eh.net/encyclopedia/article/drabble.malaysia* (15.03.2006)

**114 Importe von Naturprodukten <82>** M. Ghazanfar Ali Khan (2004), »Restrictions on trading in wildlife animals tightened«, *Arab News* (21. Oktober); *http://www.arabnews.com/?page=1&section=0&article=53221&d=21&m=10&y=2004* (15.03.2006)

**115 Exporte von Maschinen <87>** H. G. Wells (1898), »The Time Machine«, Kap. 12; *http://www.bartleby.com/1000/12.html#19* (16.03.2006)

**117 Elektronikexporte <89>** Michael J. Kelly (1997), »World Technology Evaluation Centre Panel Report on Electronics Manufacturing in the Pacific Rim« (Mai); *http://www.wtec.org/loyola/em/01_03.htm* (17.03.2006)

**119 Computerexporte <91>** Chun Wei Choo (1997), »Singapore's vision of an intelligent island«, Intelligent Environments, Hrsg. Peter Droege, Amsterdam und New York; *http://choo.fis.utoronto.ca/FIS/ResPub/IT2000.html* (17.03.2006)

**120 Computerimporte <92>** Tim Hirsch (2004), »Computers must be greener«, BBC News (8. März); *http://news.bbc.co.uk/1/hi/technology/3541623.stm* (17.03.2006)

**121 Exporte von Transport- und Reisedienstleistungen <93>** WTO, Abteilung für Dienstleistungshandel; *http://www.wto.org/english/tratop_e/serv_e/serv_e.htm* (21.04.2006)

**123 Exporte von Verkehrsmitteln <79>** BBC News (2005), »Airbus unveils ›superjumbo‹ jet« (18. Januar); *http://news.bbc.co.uk/1/hi/business/4183201.stm* (17.03.2006

**125 Pkw-Exporte <77>** *http://www.volkswagen.co.uk/company/wolfsburg* (17.03.2006)

**127 Exporte von Textilien <83>** Roland Buerk (2005), »Bangladesh garments aim to compete«, BBC News (6. Januar); *http://news.bbc.co.uk/1/hi/world/south_asia/4118969.stm* (17.03.2006)

**128 Importe von Textilien <84>** BBC News (2005), »EU and China reach textile deal« (5. September); *http://news.bbc.co.uk/1/hi/business/4214490.stm* (17.03.2006)

**129 Exporte von Spielzeug und Sportartikeln <57>** Agence France Presse (2000), »McDonald's employing child labour to produce toys« (17. August); *http://www.hartford-hwp.com/archives/55/336.hmtl* (18.02.2006)

**133 Exporte von Handels- und Geschäftsdienstleistungen <95>** Brian O'Rorke (1996), »Management consultants are pathfinders in Britain's export drive«; *http://www.bcctc.ca/management.html* (05.04.2006)

**135 Exporte von Finanzdienstleistungen <97>** Jack Schofield (2006), »Forget garages, coffee shops are where businesses get started«, *Guardian Unlimited* (23. Februar), Technology Blog; *http://blogs.guardian.co.uk/technology/archives/2006/02/23/forget_garages_coffee_shops_are_where_businesses_get_started.html* (05.04.2006)

**136 Importe von Finanzdienstleistungen <98>** Sherine Abdel-Razek (2005), »The hardest nut to crack: The insurance sector is next on the privatisation bloc«, *Al-Ahram*, Nr. 757 (August); *http://weekly.ahram.org.eg/2005/757/ec2.htm* (05.04.2006)

**137 Patente <167>** »The right to good ideas«, *The Economist* (21. Juni 2001); *http://www.jubileeresearch.org/finance/right_good_idea.htm* (10.07.2006)

**138 Tantiemen und Lizenzgebühren <168>** Bryan Chaffin (2005), »Hollywood unions want piece of iTunes video pie«, *Mac Observer* (14. Oktober); *http://www.macobserver.com/article/2005/10/14.14.shtml* (10.07.2006)

**139 Exporte von Tantiemen und Lizenzgebühren <99>** »World Intellectual Property Day, 2006«, *WIPO Magazine*, Nr. 2 (April 2006), S. 3; *http://www.wipo.int/freepublications/en/list.jsp?organisation=WIPO&collection=pubdocs&sub_col=mag&year=2006* (28.04.2006)

**140 Importe von Tantiemen und Lizenzgebühren <100>** »New international treaty: The Singapore treaty on the law of trademarks«, *WIPO Magazine*, Nr. 2 (April 2006), S. 2; *http://www.wipo.int/freepublications/en/list.jsp?organisation=WIPO&collection=pubdocs&sub_col=mag&year=2006* (28.04.2006)

**141 Ausgaben für Forschung und Entwicklung <165>** Kenneth Walker (2004), »Scholarship emerges in Africa«, *Carnegie Reporter*, 3/1 (Herbst), S. 1; *http://www.carnegie.org/reporter/09/scholarship/index.html* (15.07.2006)

**143 Wohlstandsverteilung im Jahr 1 <159>** *http://www.un.int/bangladesh/gen/intro.htm* (15.07.2006)

**144 Wohlstandsverteilung im Jahr 1500 <160>** Richard Effland (2003), »The rest of the story about Africa«; *http://www.mc.maricopa.edu/dept/d10/asb/anthro2003/legacy/africa/africa.html* (15.07.2006)

**145 Wohlstandsverteilung im Jahr 1900 <161>** »Industrialization and its consequences, 1750–1914 CE«, Weltgeschichte für uns alle (Projekt der San-Diego-State-Universität zusammen mit dem Nationalen Zentrum für Geschichte in den Schulen, Universität von Kalifornien, Los Angeles); *http://worldhistoryforusall.sdsu.edu/dev/eras/era7.htm* (15.07.2006)

**146 Wohlstandsverteilung im Jahr 1960 <162>** Luis Alberto Moreno (2006), »Beyond macro-reforms: Sound macroeconomies are necessary, but not sufficient, foundations for Latin America's development«, *Latin Business Chronicle* (11. Mai); *http://yaleglobal.yale.edu/display.article?id=7388* (15.07.2006)

**148 Wohlstandsverteilung im Jahr 2015 <164>** Martin Wolf (2003), »Asia's awakening«, *Financial Times* (21. September); *http://www.geog.psu.edu/courses/geog100/Asia's%20awakening.doc* (15.07.2006)

**151 Armut – die ärmsten 20 Prozent <151>** Anthony Jay, Hrsg. (1997), »The Oxford Dictionary of Political Quotations«, Oxford, S. 270, Nr. 11

**153 Absolute Armut <179>** Frantz Fanon (1961), »Damnés de la terre«; engl. Übers. Constance Farrington, »The Wretched of the Earth«, London, 1963, *http://www.cooper.edu/humanities/classes/coreclasses/hss3/f_fanon.html* (15.07.2006)

**158 Leben von 50 bis 100 US-Dollar pro Tag <156>** Arundhati Roy (2002), »Shall we leave it to the experts? Enron's power project in India demonstrates who benefits fom globalization«, *The Nation* (18. Februar); *http://www.ratical.org/co-globalize/AR021802.html* (18.06.2006)

**159 Leben von 100 bis 200 US-Dollar pro Tag <157>** Adam Smith (1776), »An Inquiry into the Nature and Causes of the Wealth of Nations«; *http://www.mdx.ac.uk/www/study/xsmith.htm* (18.06.2006)

**161 Wohlstandsberechnung ohne Kaufkraft-parität <169>** Deanne Julius (2005), »US economic power: waxing or waning?«, *Energy*, 26/4 (Winter); *http://hir.harvard.edu/articles/1287/* (21.07.2006)

**165 Bruttonationaleinkommen <309>** Robert F. Kennedy, Rede gehalten an der Universität von Kansas, Lawrence, 18. März 1968; *http://projectories.net/* (15.01.2007)

**166 Gesamtwirtschaftliches Sparguthaben <310>** Adam Smith (2006), »Interview mit Muhammad Yunus, ... poverty in the world is an artificial creation« (13. Oktober); *http://nobelprize.org/nobel_prizes/peace/laureates/2006/yunus-telephone.html* (15.01.2007)

**168 Negative Sparquote <318>** Lezak Shallat (2006), »Give them credit«, *New Internationalist*, Nr. 392 (August); *http://www.newint.org/features/2006/08/01/credit-card-system/* (15.01.2007)

**170 Armut nach dem HPI <174>** Angus Maddison (2002), »Research objectives and results, 1952–2002«; *http://www.ggdc.net/Maddison/content.shtml* (03.06.2006)

**172 Verschlechterung des Entwicklungsstandes <176>** Khaled Hosseini (2004), »The Kite Runner«, London, S. 38

**173 Unterernährung im Jahr 1990 <177>** Anthony Jay, Hrsg. (1997), »The Oxford Dictionary of Political Quotations«, Oxford, S. 276, Nr. 1

**174 Unterernährung im Jahr 2000 <178>** Lynn Brown (2004), »No drop in world hunger deaths«, BBC News (8. Dezember); *http://news.bbc.co.uk/2/hi/africa/4078003.stm* (03.07.2006)

**175 Untergewichtige Kinder <182>** BBC News (2006), »Malnutrition hits economic growth« (2. März); *http://news.bbc.co.uk/2/hi/business/4767864.stm* (03.07.2006)

**176 Gleichstellung von Mann und Frau <181>** *http://www.who.int/director-general/speeches/2000/english/20000609_newyork.html* (03.07.2006)

**178 Einkommen von Frauen <147>** Kimberly Goad (2006), »Big-earning wives (and the men who love them)«, *Redbook Magazine*; *http://redbook.ivillage.com/sex/0,,98b05ztg,00.html* (03.07.2006)

**179 Getreideproduktion <123>** John Travis (2002), »Hot cereal: Rice reveals bumper crop of genes«, *Science News* (6. April); *http://www.sciencenews.org/articles/20020406/fob1.asp* (16.05.2006)

**180 Fleischproduktion <125>** George Monbiot (2005), »The price of cheap beef: Disease, deforestation, slavery and murder«, *The Guardian* (18. Oktober); *http://www.guardian.co.uk/comment/story/0,,1594653,00.html* (16.05.2006)

**183 Traktoren <121>** Bharat Dogra (2000), »India: ›Green revolution‹ – bad news for poor labourers«, *Corp Watch* (22. Nov.); *http://www.corpwatch.org/article.php?id=309* (16.05.2006)

**186 Weibliche Arbeitskräfte in der Landwirtschaft <127>** Jonathan Swift (1754), »Gulliver's Travels«; *http://www.nri.org/ILUS/homepage.htm* (16.05.2006)

**188 Weibliche Arbeitskräfte in der Industrie <129>** UNDP, CICETE, NDRC und UNIFEM (2003), »China's Accession to WTO: Challenges for Women in the Agricultural and Industrial Sectors« (Juli), S. 61

**189 Männer in Dienstleistungsberufen <132>** Stephan Khan (2003), »Bombay calling ...«, *The Guardian* (7. Dezember); *http://www.guardian.co.uk/money/2003/dec/07/internetphonesbroadband.phones* (16.05.2006)

**190 Frauen in Dienstleistungsberufen <131>** Simon Montlake (2006), »China's factories hit an unlikely shortage: labor«, Christian Science Monitor (1. Mai); *http://www.csmonitor.com/2006/0501/p01s03-woap.html* (16.05.2006)

**191 Hausarbeit von Frauen <137>** Franz Kafka (1925), »Der Prozess« Frankfurt, 1953

**193 Teenager-Mütter <136>** Debbie A. Lawlor und Mary Shaw (2002), »Too much too young? Teenage pregnancy is not a public health problem«, *International Journal of Epidemiology*, 31, Seiten 552–554, auf S. 553

**194 Kinderarbeit <135>** Ndabaninga Sithole (1959), »African Nationalism«, London, S. 7

**201 Arbeitslose junge Männer <146>** Matthew Schofield (2006), »Youth unemployment in Europe is especially confounding in Greece«, *The State* (South Carolina, 28. April); *http://www.thestate.com/mld/thestate/news/world/14454313.htm* (16.05.2006)

**202 Arbeitslose junge Frauen <145>** ECE (2003), »Trends in Europe and North America: The Statistical Yearbook of the Economic Commission for Europe, 2003«, Kapitel 4; *http://www.unece.org/stats/trend/ch4.htm* (16.05.2006)

**203 Gewerkschaften <357>** Irwin Abrams, Hrsg. (1997), »Nobel Lectures ...: Peace, 1981–1990«, Singapur; *http://nobelprize.org/nobel_prizes/peace/laureates/1983/walesa-acceptance.html* (12.11.2006)

**204 Streiks und Aussperrungen <358>** Martin Wroe und Malcolm Doney (2004), »The Rough Guide to a Better World: How You Can Make a Difference«, London, S. 9

**206 Prognostizierter Anstieg der Stadt-bevölkerung <190>** John Vidal (2004), »Beyond the city limits«, *The Guardian* (9. September); *http://www.guardian.co.uk/life/feature/story/0,,1299798,00.html* (22.07.2006)

**207 Zahl der Privathaushalte <191>** Cat Lazaroff (2003), »Smaller households lead to vanishing biodiversity«, *Environment News Service* (13. Januar); *http://forests.org/articles/reader.asp?linkid=19308* (22.07.2006)

**211 Städtische Slums <187>** David Adam (2006), »Urban population to overtake country dwellers for first time«, *The Guardian* (16. Juni); *http://www.guardian.co.uk/international/story/0,,1798774,00.html* (22.07.2006)

**213 Minimale Sanitärversorgung <183>** Kevin Watkins (2006), »We cannot tolerate children dying for a glass of water«, *The Guardian* (8. März); *http://www.guardian.co.uk/comment/story/0,,1725919,00.html* (22.07.2006)

**214 Sanitäre Grundversorgung <184>** Bruce Gordon, Richard Mackay und Eva Rehfuess (2004), »Inheriting the World: The Atlas of Children's Health and the Environment«, Brighton, S. 16

**215 Abwasserentsorgung <185>** Peter Bane (2006), »Design for a solar moldering toilet«; *http://www.sunnyjohn.com/toiletpapers2.htm* (22.07.2006)

**216 Mangelhafte Wasserqualität <186>** »Ethiopia: Sanitation facilities severely lacking – UNICEF«, *IRIN News*, UN-Büro für die Koordination humanitärer Hilfe (7. September 2004); *http://www.irinnews.org/report.asp?ReportID=43065* (22.07.2006)

**217 Kinder in Grundschulen <199>** *http://chinesefood.about.com/library/blquotationsch.htm* (09.08.2006)

**224 Anstieg der Bildungsausgaben im Primär-bereich <208>** Adriana Puiggros (1996), »World Bank education policy: Market liberalism meets ideological conservatism«, *NACLA, Report on the Americas*; *http://www.indymedia.org/uk/en/regions/cambridge/2004/02/286118.html* (04.08.2006)

**226 Anstieg der Ausgaben bei weiterführenden Schulen <210>** Sutapa Choudhury (2005), »Teacher Professionalism in Punjab: Raising Teachers' Voices«, Islamabad: VSO Pakistan und DFID; *http://www.vso.org.uk/news/events/talking_teachers.asp* (09.08.2006)

**227 Ausgaben für Tertiärbildung <211>** Michael C. Gonzales (1999), »The World Bank and African primary education: Policies, practices and recommendations«, *Africa Today*, 46/1, Seiten 119–134; *http://muse.jhu.edu/journals/africa_today/vo46/46.1gonzales.html* (09.08.2006)

**228 Anstieg der Bildungsausgaben im Ter-tiärbereich <212>** Andreas Schleicher (2006), »Europe's university challenge«, *OECD Observer* (Mai), *http://www.oecdobserver.org/news/fullstory.php/aid/1889/* (09.08.2006)

**229 Alphabetisierungsrate bei Jugendlichen <195>** Koichiro Matsuura (2001), »Message from the Director-General [of UNESCO] on ... International Literacy Day, 8. September 2001«; *http://www.unesco.org/education/literacy_2001/en_dg.shtml* (09.08.2006)

**231 Alphabetisierungsrate bei Erwachsenen <196>** Stephen Jay Gould (1980), »The Panda's Thumb: More Reflections in Natural History«, New York; *http://www.wisdomquotes.com/cat_knowledge.html* (09.08.2006)

**232 Geschlechterverteilung Analphabetentum <198>** Bharati Silawal-Giri (2003), »Literacy, education and women's empowerment«, in »Literacy as Freedom«, Paris; *http://unesdoc.unesco.org/images/0013/001318/131823e.pdf* (09.08.2006)

**234 Wachstum bei der wissenschaftlichen Forschung <206>** Tharman Shanmugaratnam (2003), »Speech ... at the opening of the

International Conference on Materials for Advanced Technologies ... at Suntec Singapore International Convention and Exhibition Centre« (8. Dezember); *http://www.moe.gov.sg/speeches/2003/sp20031208.htm* (09.08.2006)

**237 Anzahl der Telefonanschlüsse 1990 <331>** Pekka Tarjanne (1997), »Programmatische Ansprache: The 21st Century Global Information Society«, Jakarta, 12. Juni; *http://www.itu.int/itudoc/osg/ptspeech/chron/1997/jakarta.txt* (16.02.2007)

**239 Anzahl der Mobiltelefone 1990 <333>** Anthony Zwane (2004), »Good to talk«, *New Internationalist*, Nr. 365 (März); *http://live.newint.org/columns/currents/2004/03/01/talk/index.php* (17.01.2007)

**241 Internetnutzer 1990 <335>** Gabriela Tôrres Barbosa (2006), »At the top of the hill«, *New Internationalist*, Nr. 386 (Januar); *http://www.newint.org/features/2006/01/01/brazil/* (17.01.2007)

**242 Internetnutzer 2002 <336>** *http://www.itu.int/partners/quotes.html* (17.01.2007)

**244 Kabelfernsehen <338>** *http://www.starhub.com/portal/site/CableTV/menuitem.227318645a7b5eb3f75eb1109b1000a0/?vgnextoid=2a572ec5ce53c010VgnVCM100000474114acRCRD#paytv* (08.02.2007)

**247 Tageszeitungen <341>** BBC News (2006), »Chechen war reporter found dead« (7. Okt.); *http://news.bbc.co.uk/1/hi/world/europe/5416218.stm* (14.01.2007)

**248 Wochenzeitungen <342>** *http://www.geocities.com/anita_job/quotes.html* (17.01.2007)

**251 Kinobesuche <345>** Phurba Gyalzen (2005), »Bollywood«, Green Cine; *http://www.greencine.com/static/primers/bollywood.jsp* (17.01.2007)

**254 Private Ausgaben für Gesundheit <214>** Phineas Baxandall (2001), »How U.S. health care stacks up internationally«, *Dollars and Sense* (Mai–Juni); *http://www.thirdworldtraveler.com/Health/How_USHealthCare_StacksUp.html* (08.08.2006)

**255 Hebammen <215>** *http://www.unfpa.org/news/coverage/2006/may6-12-2006.htm* (29.09.2006)

**256 Krankenschwestern <216>** Glenys Kinnock (2005), Rede vor der ACP-EU Joint Parliamentary Assembly, Edinburgh, 21. Nov.; *http://www.acpsec.org/en/jpa/edinburgh/kinnock_opening_spch_e.htm* (29.09.2006)

**257 Apotheker <217>** »Togo: New malaria drugs beyond the reach of many«, *IRIN News*, UN-Büro für die Koordination humanitärer Hilfe (o.J. [2006]); *http://www.irinnews.org/report.asp?ReportID=42112&SelectRegion=West_Africa&SelectCountry=TOGO* (29.09.2006)

**262 Erschwingliche Medikamente <222>** Salil Tripathi (2004), »Prevention is better than cure«, Apocalypse: The Truth about Aids, Seiten 108–119 (Index on Censorship, Sonderausgabe)

**263 Exporte medizinischer Produkte <67>** John Sulston (2001), »Preface, Patent Injustice: How World Trade Rules Threaten the Health of Poor People«, Oxfam-Informationspapier; *http://www.oxfam.org.uk/what_we_do/issues/health/patent_injustice.htm* (27.03.2006)

**264 Importe medizinischer Produkte <68>** Phil Bloomer (2005), »Millions in developing countries threatened by bird flu pandemic«, Oxfam-Pressemitteilung (20. Oktober); *http://www.oxfam.org.uk/press/releases/birdflu201005.htm* (27.03.2006)

**266 TB-geschützte Säuglinge und Kleinkinder <224>** Desmond Tutu (2006), »Advocacy, Communications and Social Mobilization to Fight TB: A 10-Year Framework for Action«, Genf: WHO; *http://www.who.int/tb/publications/2006/en/index.html* (16.09.2006)

**267 Anzahl der Männer, die Kondome verwenden <226>** Dan Smith und Ane Bræin (2003), »The State of the World Atlas«, 7. Aufl., London, S. 62

**268 Anzahl der Frauen, die Kondome verwenden <225>** UNESCO (2005), »Teachers For All: What Governments and Donors Should Do«, globale Kampagne für Bildung, Politikinformation; *http://www.vso.org.uk/Images/GCE_Teachers_For_All_tcm8-6873.pdf* (16.09.2006)

**271 Malariafälle <229>** Jong-Wook Lee (2006), »Report by the Director-General to the Fifty-ninth World Health Assembly«, Genf, 22. Mai; *http://www.who.int/mediacentre/events/2006/wha59/dr_lee_report/en/index.html* (16.09.2006)

**273 Cholerafälle <231>** Pascale Harter (2005), »Mauritania's deadly daily poverty«, BBC News (8. September); *http://news.bbc.co.uk/1/hi/world/africa/4219104.stm* (16.09.2006)

**274 Todesfälle durch Cholera <232>** »Mozambique: Cholera death toll rises«, *IRIN News*, UN-Büro für die Koordination humanitärer Hilfe (24. März 2004); *http://www.irinnews.org/report.asp?ReportID=40231&SelectRegion=Southern_Africa* (16.09.2006)

**277 Polio <235>** Matthieu Kamwa (2002), »Polio eradication in a war situation: The experience of the Democratic Republic of Congo«, WHO, *African Health Monitor*, 3/1 (Juli–Dez. 2002)

**279 Tollwut <237>** K. Sandeep (2002), »Man's worst foe«, *The Hindu* (6. Mai); *http://www.hinduonnet.com/thehindu/mp/2002/05/06/stories/2002050601220200.htm* (16.09.2006)

**281 Diabetes <239>** Unite for Diabetes (o.J. [2006]), »The case for a UN resolution«; *http://www.unitefordiabetes.org/campaign/resolution/* (16.09.2006)

**283 Männliche Raucher <242>** *http://www.cancercouncil.com.au/editorial.asp?pageid=370* (01.10.2006)

**284 Weibliche Raucher <241>** Simon Chapman (2001), »›Don't smoke‹ said the cigarette packet«, *News in Science* (9. März); *http://www.abc.net.au/science/news/stories/s256934.htm* (16.09.2006)

**286 Krankheitsjahre <244>** Jeffrey D. Sachs (2000), Rede bei der WHO-Konferenz Massive Effort Advocacy Forum, Winterthur, Schweiz, 5. Oktober; *http://www.winterthurhealthforum.ch/HtmlDoc/SpeechSachs031000.html* (16.09.2006)

**287 Lebenserwartung <255>** »AIDS cuts life expectancy in Zambia to 33 years«, *The Body* (6. Mai 2003); *http://www.thebody.com/cdc/news_updates_archive/2003/may6_03/zambia_aids.html* (12.11.2006)

**289 Längere Lebenserwartung bei Frauen <257>** Miranda Hitti (2006), »Why do women live longer than men? Researchers examine role of risky behavior in life expectancy«, *WebMD Medical News* (11. Mai); *http://www.webmd.com/content/article/122/114535.htm* (12.11.2006)

**292 Postnatale Mortalität <260>** »Africa: 1,16 million newborns in sub-Saharan Africa die each year: UN report«, Nachrichtenservice der Vereinten Nationen in New York (30. November 2006); *http://allafrica.com/stories/200611220148.html* (12.11.2006)

**294 Abnahme der Säuglingssterblichkeit <262>** Martin Wroe und Malcolm Doney (2004), »The Rough Guide to a Better World: How You Can Make a Difference«, London, S. 32

**296 Rückgang der Kindersterblichkeit <264>** Carol Bellamy (2004), »Progress for Children: A Child Survival Report Card«, Band 1, UNICEF, S. 3; *http://www.unicef.org/publications/index_23557.html* (12.11.2006)

**297 Mortalität bei Männern zwischen 15 und 60 Jahren <266>** »Southern Africa, special report: New thinking needed on ›AIDS orphans‹«, *IRIN News* (30. Oktober); *http://www.irinnews.org/S_report.asp?ReportID=37548* (12.11.2006)

**298 Mortalität bei Frauen zwischen 15 und 60 Jahren <265>** Susan Ratcliffe, Hrsg. (2000), »Oxford Dictionary of Thematic Quotations«, Oxford, S. 102

**299 Katastrophenopfer <245>** Ian Timberlake (2006), »Red Cross says preparation can mitigate the toll of disasters«, *Terra Daily* (20. Nov.); *http://www.terradaily.com/reports/Red_Cross_Says_Preparation_Can_Mitigate_The_Toll_Of_Disasters_999.html* (12.11.2006)

**300 Todesopfer durch Katastrophen <246>** BBC News (2006), »Hundreds dead in Ethiopian floods« (16. August); *http://news.bbc.co.uk/1/hi/world/africa/4797415.stm* (12.11.2006)

**305 Opfer von Sturm und Unwetter <251>** Sazedur Rahman (2001), »Tropical cyclone in Bangladesh«, *Nirapad Newsletter*, Nr. 4 (Sept.), S. 3; *http://nirapad.org/care_nirapad/Home/Magazine/chronology/currentissue/html/news1.html#tc* (17.11.2006, Originalseite nun *http://nirapad.org/Magazine/news3.html*)

**306 Opfer von Lawinen und Erdrutschen <252>** UNDHA (1993), »Ecuador: torrential rains, tremor and landslides in Nambija area«, *DHA Genfer Informationsberichte*, Nummern 1–2 (11. Mai); *http://wwwnotes.reliefweb.int/w/rwb.nsf/6686f45896f15dbc852567ae00530132/18a30abc59801977c1256575004f0e70?OpenDocument* (12.11.2006)

**308 Schädlinge <254>** Exodus 10:14–15 (Lutherbibel); *http://www.biblegateway.com/passage/?book_id=2&chapter=10&version=8* (01.12.2006)

**310 Rüstungsausgaben 2002 <279>** Anthony Jay, Hrsg. (1997), »The Oxford Dictionary of Political Quotations«, Oxford, S. 397, Nr. 1

**313 Kernwaffen <289>** Takashi Hiraoka (1995), »Friedenserklärung von Hiroshima« (6. August); *http://www.cdi.org/nuclear/nukequo.html* (05.12.2006)

**316 Militärpersonal 2002 <284>** Anthony Jay, Hrsg. (1997), »The Oxford Dictionary of Political Quotations«, Oxford, S. 183, Nr. 1

**320 Kriegsopfer 2002 <288>** Sture Allén, Hrsg. (1993), »Nobel Lectures ...: Literature, 1981–1990«, Singapur; *http://nobelprize.org/nobel_prizes/literature/laureates/1982/marquez-lecture-e.html* (14.12.2006)

**323 Häftlinge <293>** Susan Ratcliffe, Hrsg. (2000), »The Oxford Dictionary of Thematic Quotations«, Oxford, S. 309

**325 Kohlendioxidausstoß im Jahr 1980 <296>** Sunita Narain (2002), »All said and done«, *Equity Watch*, Sonderausgabe Nr. 3 (28. Okt.); *http://www.cseindia.org/html/cmp/climate/ew/ew_oct28/government.htm* (19.01.2007)

**327 Zunahme der Kohlendioxidemissionen <297>** UNEP (2005), »$CO_2$ storage may minimize climate change«, Pressemitteilung (26. Sept.); *http://www.unep.org/Documents.Multilingual/Default.asp?DocumentID=452&ArticleID=4960&l=en* (19.01.2007)

**332 Landwirtschaftliches Methan und Stickoxid <366>** NIWA (2005), »Polar ice reveals pre-industrial pollution«, Pressemitteilung; *http://news.mongabay.com/2005/0909-niwa_csiro.html* (18.01.2007)

**333 Schwefeldioxid <301>** Sanjoy Hazarika (1994), »Traffic makes New Delhi air most polluted in south Asia«, *New York Times* (11. Juni); *http://select.nytimes.com/gst/abstract.html?res=F70712FC3B5E0C728DDDAF0894DC494D81&n=Top%2fReference%2fTimes%20Topics%2fOrganizations%2fW%2fWorld%20Health%20Organization* (19.01.2007)

**336 Nuklearer Abfall <304>** Richard Black (2006), »Time for action on nuclear waste«, BBC News (27. April); *http://news.bbc.co.uk/2/hi/science/nature/4951522.stm* (19.01.2007)

**338 Klärschlamm <306>** Olena Tkachenko (2005), »Dead water: Every year 1,9 billion $m^3$ of crude sewage are dumped into the Sea of Azov«, *Day, Weekly Digest* (31. Mai); *http://www.day.kiev.ua/137967/* (19.01.2007)

**340 Wiederverwerteter Müll <308>** Hilary Osborne (2006), »Rich nations accused of dumping e-waste on Africa«, *Guardian Unlimited* (27. November); *http://environment.guardian.co.uk/waste/story/0,,1958353,00.html* (19.01.2007)

**342 Ausbeutung fossiler Brennstoffe <312>** *http://www.worldcoal.org/pages/content/index.asp?PageID=22* (19.01.2007)

**344 Ausbeutung von Erdöl <320>** *http://www.karavans.com/peakoil.html* (19.01.2007)

**346 Raubbau an Wäldern <314>** Chris Richards (2006), Interview mit Annie Kajir, *New Internationalist*, Nr. 391 (Juli); *http://newint.org/columns/makingwaves/2006/07/01/annie-kajir/* (19.01.2007)

**348 Wasserverbrauch in Haushalten <324>** Alex Kirby (2003), »Why world's taps are running dry«, BBC News (20. Juni); *http://news.bbc.co.uk/1/hi/sci/tech/2943946.stm* (19.01.2007)

**349 Wasserverbrauch in der Industrie <325>** Ismail Serageldin (1999), Sprecher vor dem Wasserforum, Niederlande, 30. November; *http://ct.water.usgs.gov/EDUCATION/morewater.htm* (21.01.2007)

**351 Wasserleitungen <327>** Wasserhilfe (o.J. [2007]); *http://www.wateraid.org.uk/uk/get_involved/drink_more_water/3114.asp* (21.01.2007)

**353 Biokapazität <321>** Tomás Bril Mascarenhas (2006), »The Privatization of Patagonia«, *New Internationalist*, Nr. 392 (August); *http://www.newint.org/columns/essays/2006/08/01/patagonia/* (23.01.2007)

**354 Ökologischer Fußabdruck <322>** WWF (2006), »The Living Planet Report, 2006«, Gland, Schweiz, S. 14

**355 Ausgerottete Tierarten <267>** Anil Ananthaswamy (2004), »Earth faces sixth mass extinction«, *New Scientist* (18. März); *http://www.newscientist.com/article.ns?id=dn4797* (21.12.2006)

**358 Weniger stark bedrohte Tierarten <270>** *http://www.iucnredlist.org/info/gallery2004* (21.12.2006)

**361 Gefährdete Vögel <273>** Tim Radford (2004), »Almost half of all Europe's bird species at risk«, *The Guardian* (8. Nov.); *http://www.guardian.co.uk/uk_news/story/0,3604,1345844,00.html* (21.12.2006)

**364 Gefährdete Fische <276>** Eva Kaszala (2002), »The Tisza River spill, the Romanian gold mine, and international environmental implications«, Trade Environment Database, Fallstudie Nr. 653 (Januar); *http://www.american.edu/TED/tisza-spill.htm* (21.12.2006)

**366 Gefährdete wirbellose Tiere <278>** R. T. Ryti (2000), »An overview of the role of invertebrates in risk assessment«, Papier zum jährlichen Treffen der »Society for Risk«; *http://www.riskworld.com/Abstract/2000/SRAam00/ab0ac313.htm* (21.12.2006)

**368 Protestantische Christen <557>** *http://bible.oremus.org/?passage=Matthew+5* (12.06.2009)

**369 Orthodoxe Christen <556>** *http://www.ethiopianorthodox.org/english/dogma/faith.html#salvation* (12.06.2009)

**370 Anhänger des Judentums <563>** *http://www.literarytranslation.com/workshops/thebible/texts/* (12.06.2009)

**371 Sunnitische Muslime <566>** *http://etext.lib.virginia.edu/koran.html* (12.06.2009)

**375 Sikhs <571>** Sandeep Singh Brar, *www.sikhs.org* (22.05.2009)

**376 Jainas <382>** Auszüge der dritten Tattva oder der Grundsätze des Jainismus auf *http://www.jainworld.com/philosophy/fundamentals.asp* (22.05.2009)

**377 Taoistische Religionen <572>** Das Zitat im Text zur Wortbedeutung von *Tao* stammt von *http://www.reformtaoism.org/beliefs_m-z.php#tao* (22.05.2009)

**378 Baha'i <553>** Das Zitat von Bahá'u'lláh, der für den letzten göttlichen Botschafter gehalten wird, stammt von *http://www.bahai.org/* (22.05.2009)

**379 Heiden <577>** *http://www. paganfed.org/paganism.php* (22.05.2009)

**380 Spiritisten <578>** *http://www.absoluteastronomy.com/topics/Allan_Kardec* (12.06.2009)

**381 Agnostiker <581>** Thomas H. Huxley, »Agnosticism« (1889), *http://www. religioustolerance.org/agnostic.htm* (22.05.2009)

**382 Atheisten <582>** *http://www.atheistbus.org.uk/ atheism/* (22.05.2009)

## Danksagung

Dieses Buch basiert auf der *Worldmapper*-Website der Autoren und wäre ohne die Hilfe vieler Kollegen nicht möglich gewesen. Wir danken insbesondere John Pritchard für die Gestaltung und Pflege der Homepage, für seine Hilfe bei der Quellensuche, Prüfung und Korrektur der verwendeten Daten und für seine unermüdliche Hilfsbereitschaft bei der Erstellung dieses Buches. Seine Unterstützung bei der Zusammenstellung und Überprüfung der Daten für die in dieser neuen Auflage ergänzten Karten zur »Welt des Glaubens« verdient erneut besondere Anerkennung. Unser Dank gilt auch den Mitarbeitern Graham Allsopp und Ben Wheeler, die uns ebenfalls stets mit Rat und Tat zur Seite standen. Außerdem danken wir Michael Gastner, der den Algorithmus mitentwickelte. Megan Barford und Lyndsay Pritchard halfen bei der Eingabe und Prüfung der riesigen Datenmengen. Bethan Thomas und David Dorling haben das Manuskript Korrektur gelesen, wofür wir ihnen sehr dankbar sind. Ebenso danken wir Jamie Camplin, Andrew Sanigar, Drazen Tomic und Gillian Somerscales von Thames & Hudson für ihre Fürsorge und Aufmerksamkeit.

Wir bedanken uns bei den folgenden Personen und Gruppen für ihre Erlaubnis, Kartogramme in der Einführung abzudrucken: Waldo Tobler für ein Computer-Kartogramm, das er vor 35 Jahren erstellt hat. Candida Lacey von Myriad Editions für ein Bild aus dem »The State of the World Atlas« von Dan Smith und Ane Bræin, sowie der *American Geographical Society* und dem *National Council for Geographic Education* (der Vereinigten Staaten) für Auszüge aus dem Werk von Erwin Raisz.

Zu guter Letzt möchten wir den Tausenden von *Worldmapper*-Besuchern danken, die uns in den letzten Jahren ihre Kartenvorschläge gemailt oder auf Fehler in den Zahlen oder Texten hingewiesen haben.